海口年鉴

HAIKOU YEARBOOK

2020

海口市人民政府　主管
海口市地方史志办公室　编

图书在版编目（CIP）数据

海口年鉴. 2020 / 海口市地方史志办公室编. -- 北京：方志出版社，2020.12
ISBN 978-7-5144-4624-1

Ⅰ. ①海… Ⅱ. ①海… Ⅲ. ①海口—2020—年鉴
Ⅳ. ①Z526.61

中国版本图书馆 CIP 数据核字(2020)第 262258 号

海口年鉴(2020)

编　　者： 海口市地方史志办公室
责任编辑： 黄　彦

出 版 者： 方志出版社
地址　北京市朝阳区潘家园东里 9 号（国家方志馆 4 层）
邮编　100021
网址　http : / / www. zgfzcb. org
发　　行： 方志出版社图书经销中心
电话（010）67110500
经　　销： 各地新华书店
印　　刷： 海南嘉豪椰城彩印包装有限公司

开　　本： 889×1194　　1/16
印　　张： 38
字　　数： 1178 千
版　　次： 2020 年 12 月第 1 版　2020 年 12 月第 1 次印刷
印　　数： 0001~1200 册

ISBN 978-7-5144-4624-1　　**定价：** 380.00 元

审图号：琼S（2019）101号 资料截至2019年9月

海口市地方志编纂委员会

顾　　问：何忠友

主　　任：丁　晖

副 主 任：鲍　剑　鞠　磊　林海宁　王小峰　冯　明　韩云秋

委　　员：（以姓氏笔画为序）

王世生　王如龙　王和娇　王晓龙　王善来　邓立松　龙舒华
冯　勇　朱　军　朱韶雄　伍振湘　庄儒勇　刘立武　李　翊
李冬青　李章儒　李蔡红　杨　柏　吴　优　吴　昆　吴升娇
吴树强　吴秋云　吴家宏　佟吉强　汪　娟　张伟斌　陆　敏
陈　力　陈　芳　陈全能　陈建军　陈积卫　林　成　林　明
林榕明　林耀平　欧少珍　柳战良　段福生　黄　娟　黄　舸
淡利锋　董承华　程守学　温海鸿　富天放　蔡　俏　裴克波
潘文利　潘永强

《海口年鉴》编辑部

主　　编：欧少珍

副 主 编：吕书萍　杜惠珍

责任编辑：吴坤涛　赵华锋　张纯龙　李　敏　王美芳　蒋　伊
姚　锐　陈清海　文海川

工作人员：吴　冰　颜　阳

图文编辑：杜惠珍（兼）

《海口年鉴（2020）》撰稿人员名单

（按姓氏笔画排序）

于　蕾	马国新	文福将	方亦高	王　旨	王　健	王　波	王乙嵋
王文帅	王闻隆	王振仲	王润鹏	王基庆	王跃聪	王雪梅	王瑞贝
王路明	王德润	王飘飘	王儒壮	韦海晶	玉洪卓	冯　绚	冯在华
冯琼花	冯锦川	包俊斌	台德超	司楠楠	田平君	邝红梅	邝素雀
刘　研	刘林海	刘金玉	刘美红	吉晓宇	孙　皓	孙金铜	孙维艺
朱启铭	朱珮珮	许杰峰	许修平	邢利山	严宇霞	何　倩	何启英
何定培	何雅娴	何德庆	吴　敏	吴川醌	吴云竹	吴玉转	吴叔晓
吴英珍	吴健宇	吴莹冰	吴淑华	吴淑邦	吴楷杨	宋文军	岑明多
张　宇	张　奕	张　峻	张向敏	张有权	张星明	李　伟	李　艳
李　敏	李　婷	李　霖	李之乔	李启燕	李佳源	李信文	李家志
李敦升	李紫妮	杜秀美	杜翠华	杨　丽	杨运仪	杨明汪	杨晓菲
沈音钊	沈韵雯	肖雯爱	苏小芹	苏岐勇	苏鋆淦	谷利丽	陈　帆
陈　彬	陈　刚	陈　创	陈　强	陈　敬	陈　琪	陈习之	陈文婷
陈兰芳	陈利君	陈宋明	陈思远	陈珊珊	陈碧雅	陈慧芳	麦春鸣
冼少云	周　伟	周　吉	周　婷	周发华	周玉菊	周吉玉	周运芳
周学峰	周晓东	周爱平	周琪雄	巫煌星	林　乔	林　威	林　涛
林　珺	林　慧	林书东	林师武	林怀宇	林秀茹	林凯哲	林贻巍
林晓君	林晓婵	罗志娟	郑尼亚	郑郁凰	姚　瑶	姚传洪	柳家盛
段芷薇	洪其宁	胡　琼	胡钟华	赵宁宁	郝上荣	钟文婷	钟生兵
钟国潇	唐仲文	唐顺德	夏　凡	徐　斌	海陆滨	莫　媪	莫祥壮
袁昭宇	郭运勇	顾少兴	高晨韵	康国鸿	曹　锐	梁　翩	梁少丽
梁丽芳	梁昌鹏	盛小彬	符英诗	符倩碧	符惠媛	符智臣	黄丹丹
黄云霞	黄方慧	黄名锋	黄壮锋	黄丽颖	黄妙丹	黄秋喜	彭宏军
曾　勇	曾　丹	曾　努	曾令铃	曾丽娥	焦怡茵	程世伦	董笑然
覃丽君	谢慧亮	韩龙帆	廖文霏	蔡丽萍	蔡勇斌	谭　斌	谭　静
谭传照	滕仰合	潘　侃	潘冬春	潘宇翔	潘孝悦	颜灵峰	薛鸿雅

序 一

国务院办公厅2015年8月印发的《全国地方志事业发展规划纲要（2015—2020年）》（以下简称《规划纲要》）要求，到2020年要做到地方综合年鉴一年一鉴，公开出版，实现省、市、县三级综合年鉴全覆盖。《规划纲要》还要求，坚持存真求实，正确处理质量与进度的关系，将精品意识贯穿于年鉴编纂出版工作全过程。2015年12月，中国地方志指导小组办公室启动中国年鉴精品工程，将其与先期实施的中国志书精品工程视为姊妹工程，一道作为加强地方志质量建设的重要抓手。

实施中国年鉴精品工程有助于推动中华优秀传统文化传承发展。近年来，在党中央、国务院的高度重视和关心支持下，全国地方志事业发展迎来最好的发展时期。年鉴编纂发端于欧洲，鸦片战争后被引入我国，在我国走过了100多年的发展历史。在长期的编纂中，年鉴在内容和形式上不断发展，逐渐演变成为适合反映中国国情、具有鲜明中国特色的一种文化载体，并在改革开放后出现了快速发展的局面。2006年5月，国务院《地方志工作条例》颁布施行，明确将地方综合年鉴纳入地方志工作范畴，年鉴工作走上了有法可依的轨道。《规划纲要》出台，为从依法编鉴转变到依法治鉴指明了方向。2016年12月，中国地方志指导小组印发《全国年鉴事业发展规划（2016—2020年）》，更进一步明确了到2020年全国年鉴事业的任务书、时间表、路线图。经过多年的发展，年鉴工作已经成为地方志工作的重要组成部分，成为中华民族优秀文化传统的有机组成部分，其存史、育人、资政作用日益彰显。实施中国年鉴精品工程，是年鉴工作者紧扣时代脉搏、坚持创新发展的一项重要举措，对于坚定文化自信，传承弘扬好中华优秀传统文化意义重大。

实施中国年鉴精品工程有助于为全面建成小康社会提供更多智力支持和历史借鉴。党的十八大作出全面建成小康社会的战略部署。党的十八届五中全会提出到2020年如期实现全面建成小康社会的目标要求。完成《规划纲要》确定的目标任务是年鉴工作者的神圣使命，更是年鉴工作者以自身力量为全面建成小康社会献上的厚礼。一方面，可以更好地利用年鉴这种年度资料性文献，及时记录各地区在全面建成小康社会伟大征程中每年取得的新成绩和新经验、出现的新情况和新问题、涌现的优秀人物和典型事迹等；另一方面，可以更好地积累地情、国情资料，为推动经济社会发展和深化改革提供智力支持，为推进国家治理体系和治理能力现代化提供历史借鉴。

实施中国年鉴精品工程有助于全面推进地方志事业转型升级。地方志不是单纯修志编鉴工作，而是全体方志人“修志问道，以启未来”的一项事业，这项事业包含着巨大的时代担当与使命追求。地方志工作要在“五大建设”总体布局和“四个全面”战略布局中发挥与其自身价值、功能相匹配的作用，就要因时而谋、乘势而上、顺势而为，全面推进地方志事业转型升级。转型升级，当下最重要的目标就是完成“两全”目标，包括“年鉴全覆盖”目标；长远的目标就是基本形成地方志编修体系、理论研究和学科建设体系、质量保障体系、资源开发利用体系、工作保障体系“五位一体”的地方志事业发展综合体系，包括“五位一体”的年鉴事业发展综合体系。中国年鉴精品工程是一项探索工程，也是一项创新工程，是推进地方志事业转型升级的重要内容。通过实施中国年鉴精品工程，不仅有助于确保年鉴质量，不断编纂出版具有鲜明时代特征、年度特点和地域特色的精品年鉴，也有助于推动年鉴工作适应经济社会发展形势和时代需要，不断改革创新，与时俱进。

多年来，在中国地方志指导小组办公室的指导和全国各级地方志工作机构的共同努力下，年鉴种类数量快速增长，年鉴成果粲然可观，为实施中国年鉴精品工程奠定了坚实的基础。实施中国年鉴精品工程，就是要在全国地方志系统起到示范作用，进一步培育精品意识，打造精品年鉴，以点带面，在提高年鉴质量方面探索出一条切实可行之路，使这项探索工程和创新工程能够积累经验，发挥引领作用。

“万山磅礴，必有主峰；龙衮九章，但挈一领。”实施中国年鉴精品工程，是筑牢地方志事业特别是年鉴事业发展根基之举，其意义与价值不言而喻。但编修出年鉴精品佳作，绝非朝夕之功，需要付出长期艰辛的努力。希望通过实施中国年鉴精品工程，能够进一步推进年鉴质量建设，使年鉴真正成为传承中华民族优秀传统文化的重要载体，成为展示中国国情、地情的重要窗口，成为“为当代提供资政辅治之参考、为后世留下堪存堪鉴之记述”的资源宝库，在全面建成小康社会过程中作出更大贡献。

是为序。

中国社会科学院原副院长
中国地方志指导小组原常务副组长 李培林

序 二

地方志是中华优秀传统文化的根与魂，积淀着中华优秀传统文化最深层的精神追求，代表着中华民族独特的精神标识。新时代坚持和发展中国特色社会主义，更加需要深刻把握人类发展历史规律，更加需要编修出传承不辍的精品志鉴，才能使后代在对历史的深入思考中汲取智慧、走向未来。伟大的时代，为地方志发展提供了取之不尽、用之不竭的源泉，同时也为全国年鉴工作提供了极大的机遇。

党的十九大报告中明确提出“质量强国”，“努力实现更高质量、更有效率、更加公平、更可持续的发展”，这为年鉴事业高质量发展指明了方向。按时、保质完成《全国地方志事业发展规划纲要（2015—2020年）》规定的“两全目标”任务，打造一批资辅当前、存鉴后世、经得起历史检验的精品佳作，不仅是一种法定职责，而且具有重要的政治意义、现实意义和历史意义。中国特色社会主义进入新时代，年鉴事业也进入新时代，呈现快速、稳步发展态势，在各方面都取得了新的显著成绩，包括年鉴编纂进度大大加快，年鉴编纂范围不断扩大，年鉴资源优势得到充分发挥，年鉴开发利用水平全面提升，而且年鉴质量保障机制逐步完善、质量持续提升。因此，在全社会关注质量发展的黄金时期，尤其是在完成“两全目标”任务的关键期，在狠抓进度的时候，实施中国年鉴精品工程更是恰当其时。年鉴工作者要投身于时代，为时代放歌，书写复兴华章，把出品更多的精品年鉴使命落实在实现中国梦的恢宏大业中。

习近平总书记说，精品之所以“精”，就在于其思想精深、艺术精湛、制作精良。中国年鉴精品工程紧扣时代脉搏，拓宽视野，围绕人民群众的美好生活，用精品记录新时代，为新时代新气象新作为留下真实、鲜活、生动、翔实的记录。实施中国年鉴精品工程，既是全面贯彻落实《全国地方志事业发展规划纲要（2015—2020年）》的重要举措，也是培育精品意识和精品年鉴、提高年鉴质量的重要手段；既是发挥年鉴存史、资治、教化功能的根基所在，也是年鉴工作者坚持创新发展、传承弘扬中华优秀传统文化的关键步骤。这不仅有助于坚定文化自信，讲述好中国故事，传播好中国声音，更有助于为决胜全面建成小康社会提供更多智力支持和更大精神动力。

实施中国年鉴精品工程顺应地方志进入新时代的历史潮流。“充实之谓美，充实而有光辉之谓大。” 党的十九大报告指出，我国的社会主要矛盾已经转化为人民日益增长的美好生活需要和不平衡不充分的发展之间的矛盾。党章修正案、宪法修正案把习近平新时代中国特色社会主义思想确立为我们党和国家的行动指南，我国的发展进入到新的历史方位。为适应这些重大变化，党和国家随之出台更多重大的举措、推出更多有力的措施。年鉴如何全方位地、开创性地记述这些历史性变化，如何充分记述我们党领导人民进行的伟大斗争、建设的伟大工程、推进的伟大事业、实现的伟大梦想，是新时代地方志工作需要深入思考探究的问题。中国年鉴精品工程正是呼应新时代新变化新要求，致力于在全国地方志系统进一步培育精品意识、打造精品年鉴，从而以点带面，在提高年鉴质量方面探索出一条切实可行之路，充分发挥中国精品年鉴的辐射效应，引领带动全国范围内年鉴质量的全面提高，切实推动年鉴事业转型升级。

实施中国年鉴精品工程要全面把握以人民为中心的发展理念。以人民为中心，贯穿于改革开放以来我们党推进中国特色社会主义文化建设的全过程。新时代把握新机遇，年鉴作为记录新时代地方年度历史的重要载体，应当以习近平新时代中国特色社会主义思想为指导，牢固确立以人民为中心的理念。中国年鉴精品工程始终坚持人民是历史的创造者和改革开放事业的实践主体，始终坚持文化发展为人民服务、为社会主义服务，充分记录人民的首创精神，凸显人民在文化建设中的主体作用，不断满足人民的精神文化需求。年鉴工作要深深扎根于人民之中，坚持以事系人，记载人民群众中的先进典型，内容充分体现社会民生和为民服务的举措。在此基础上，实施中国年鉴精品工程还要建立精品长效机制，逐步推进精品年鉴传播最优化和效益最大化，使精品年鉴能够不断满足人民群众对美好生活的新需要新期待，在铸就中华文化新辉煌的过程中更好地构筑中国精神、中国价值、中国力量的方向上不断努力。

实施中国年鉴精品工程是坚定文化自信的体现。习近平总书记说，文化兴国运兴，文化强民族强。没有高度的文化自信，没有文化的繁荣兴盛，就没有中华民族的伟大复兴。中华优秀传统文化是中华民族的文化根脉，其蕴含的思想观念、人文精神、道德规范，不仅是我们中国人思想和精神的内核，对解决人类问题也有重要价值。地方志是中华优秀传统文化的精神之脉，是中华优秀传统文化基因的真正传承者和发展者。精品年鉴正是从中华民族世世代代形成和积累的优秀传统文化中汲取营养和智慧，记录传承的文化基因，记录思想精华，展现精神魅力。实施中国年鉴精品工程，以时代精神激活中华优秀传统文化的生命力，推进中华优秀传统文化创造性转化、创新性发展，把传承和弘扬中华优秀传统文化同坚定文化自信统一起来，有助于引导人民树立和坚持正确的历史观、民族观、国家观、文化观，不断增强中华民族的归属感、认同感、尊严感、荣誉感。

用精品记录新时代，用奋斗铸就新辉煌。地方志植根于历史，内涵于历史，镌刻于历史之上，是中华民族在漫长历史中形成的区别于其他民族的独特精神标识，精品年鉴是地方志的“守护者”“传承者”，是地方志成果创造性转化创新性发展的“探路者”“先行者”。习近平总书记强调，凡是传世之作、千古名篇，必然是笃定恒心、倾注心血的作品。希望全国年鉴工作者齐心协力，坚持历史唯物主义立场、观点、方法，立足中国、放眼世界，立时代之潮头，通古今之变化，发思想之先声，推出一批有思想穿透力的精品力作，培养一批年鉴专家，充分发挥存史、育人、资政作用，为推动全国年鉴事业转型升级作出新的更大贡献。

是为序。

中国地方志指导小组办公室主任
中国地方志指导小组秘书长

编辑说明

一、《海口年鉴》是海口市人民政府主管、海口市地方史志办公室编纂出版的年度资料性文献。1995年创刊，每年出版1部，本年鉴是第26部。其宗旨是全面、系统地记述海口市自然、政治、经济、文化、社会和生态建设年度基本情况，为各级党政机关、研究部门、社会各界人士及中外投资者了解、认识和研究海口提供准确、翔实的参考。

二、《海口年鉴（2020）》以马克思列宁主义、毛泽东思想、邓小平理论、“三个代表”重要思想、科学发展观、习近平新时代中国特色社会主义思想为指导，坚持辩证唯物主义和历史唯物主义的立场、观点和方法，客观记载海口市的发展全貌及特点。

三、《海口年鉴（2020）》按分类法编辑，主体内容分为类目、分目、条目3个结构层次，以条目作为记述的基本形式。

四、《海口年鉴（2020）》着重反映2019年海口市的基本情况。全书设37个类目：（1）特载，（2）大事纪要，（3）海口概览，（4）中国共产党海口市委员会，（5）海口市人民代表大会，（6）海口市人民政府，（7）中国人民政治协商会议海口市委员会，（8）纪委监委，（9）民主党派·工商联，（10）群众团体，（11）外事 侨务 港澳台事务，（12）法治，（13）军事，（14）自贸区（港）建设，（15）经贸合作，（16）旅游业，（17）互联网产业，（18）经济管理，（19）农业，（20）工业·建筑业，（21）商贸服务业，（22）金融，（23）房地产业，（24）民营经济，（25）交通运输，（26）城乡发展，（27）生态环境，（28）科学技术，（29）教育，（30）文化，（31）卫生健康，（32）体育，（33）社会生活，（34）应急管理，（35）区情概览，（36）人物，（37）附录。共收录条目1659条，表格、名录74份，“链接”类资料11条，选用图片227幅。

五、本年鉴稿件主要由市直各部门、各区，以及部分驻海口中央、省直属单位和部分企（事）业单位编撰人员提供，并经单位领导审核。统计资料由市统计局提供。因统计口径等原因，有关部门所用个别数据与统计资料中的不尽一致，凡涉及海口地区国民经济和社会发展的全局性数据概以市统计局提供的资料为准。

六、本年鉴配备目录和索引双重检索系统。索引采用主题分类法，款目按汉语拼音字母顺序（同音字按声调）排列，并编制图索引、表索引。

2019 SHUSHUO HAIKOU

数说海口·2019

·总面积：3126.83 平方千米

·建成区面积：151.6 平方千米

·海域面积：830 平方千米

·海岸线长度：136.23 千米

·环境空气质量优良天数：340 天

·森林覆盖率：38.39%

·建成区绿地率：36.5%

·人均公共绿地面积：12.5 平方米

·常住人口：232.79 万人

·地区生产总值：1671.92 亿元

·人均地区生产总值：72218 元

·工业总产值：621.43 亿元

·农业总产值：117.59 亿元

·地方一般公共预算收入：185.34 亿元

·地方一般公共预算支出：265.86 亿元

·全社会固定资产投资：1110.9 亿元

·社会消费品零售总额：823.94 亿元

·外贸进出口总额：48.12 亿美元

·实际利用外资：6.72 亿美元

·旅游业总收入：320.61 亿元

·互联网产业营业收入：357.45 亿元

·互联网企业：3300 多家

·总部企业：24 家

·新开通国际及地区航线：9 条

·旅客运输量：10142 万人次

·货物运输量：14969 万吨

·港口货物吞吐量：11198 万吨

·机场旅客吞吐量：2421.66 万人次

·城镇常住居民人均可支配收入：38977 元

·农村常住居民人均可支配收入：16116 元

·居民消费价格总指数：103.3

·城镇登记失业率：1.75%

·学校及幼儿园：1114 所

·卫生机构总数：1078 个

（杜惠珍）

海口三江湿地清晨云雾奇观　　　　　　（石中华　摄）

◆ 海口市着力促改革、推创新，发展动能活力不断增强

2019 年 10 月 10 日，柬埔寨王国驻海口总领事馆在海口举行开馆仪式，系中华人民共和国成立以来外国在琼设立的首家总领事馆 （苏弼坤　摄）

2019 年 12 月 4 日，海口市与荷兰梅珀尔市签署友好城市关系意向书 （市委外办　供）

2019 年 8 月 13 日，新加坡海口国家高新区国际创新创业中心在新加坡揭牌。这是海南省首个具有招商引资、项目共同孵化、人才引进多功能研发孵化、科技成果转移转化等多功能的海外离岸孵化器

（海口高新区　供）

2019 年，海口市加大人才引进力度，进一步健全完善人才政策体系，为海南自贸港建设提供强有力的人才保障和智力支撑。图为市公安局办证中心民警正在办理引进人才落户相关业务。摄于 2019 年 11 月 29 日

（市公安局　供）

2019 年 12 月 12 日，海南海外人才创新发展论坛暨签约仪式在复兴城举办

（市外国专家局　供）

◆ 围绕打造社会主义现代化的先锋区、自贸港建设的新标杆和美好新海南的示范区，着力打基础、筑平台，江东新区建设蹄疾步稳

①

②

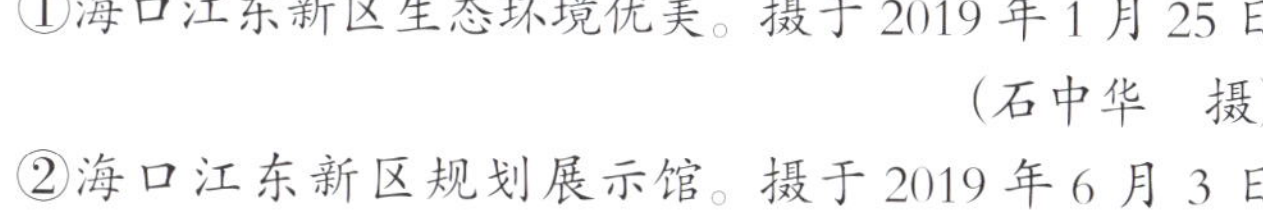

①海口江东新区生态环境优美。摄于2019年1月25日（石中华　摄）

②海口江东新区规划展示馆。摄于2019年6月3日（石中华　摄）

③2019年9月2日，海口江东新区在海南国际会展中心举办专场推介会。图为江东新区部分展板（石中华　摄）

④2019年11月10日，知名金融企业家海口行一行人，在江东新区规划馆考察（陈长宇　摄）

◆ 海口市贯彻新发展理念，稳中求进提质增效，经济发展谱写高质量新篇

2019 年 4 月 13 日，海口火山荔枝订购会在琼山区三门坡镇举行。现场签约订购海口火山荔枝合同总量 2725 万公斤，成交金额约 6.53 亿元 （石中华 摄）

海口在加快城市化进程的同时保护和建设好生态环境，努力实现生态环境保护和经济社会发展有机统一。摄于2019年　　（市委宣传部　供）

2019年12月27日，2019缤纷海南奥莱生活展在海南国际会展中心开幕　　（市商务局　供）

2019年7月1日，海口市郊列车试运行。图为绘有海口最具代表性元素之一——木棉花的一组市郊列车。（石中华　摄）

2019年，海口市率先启动5G商用服务，成为全国首批开通5G的城市之一。图为在5G体验区，工作人员展示5G速度。摄于2019年8月5日
（苏弼坤　摄）

①海文大桥，2019 年 3 月 18 日建成通车，是连接海口市与文昌市的跨海通道，全长 5.597 千米　（石中华　摄）

②2019 年 7 月 18 日，海南自由贸易试验区建设项目（第五批）集中开工和签约仪式举行。海口共有 17 个重点项目集中开工，16 个重点项目集中签约　（石中华　摄）

③海口市制药厂有限公司工人正在进行药片包装　（市科工信局　供）

①

②

①海口美兰机场二期扩建项目全貌。摄于2019年8月15日
（美兰机场　供）

②施工中的海口市文明东越江通道工程。摄于2019年7月25日
（张俊其　摄）

③建设中的海南国际会展中心二期。摄于2019年8月10日
（石中华　摄）

◆ 海口市委、市政府坚持以人民为中心，坚决打赢精准脱贫攻坚战，多措并举落实“菜篮子”保供稳价工作，提高城市管理社会治理能力，提升公共服务水平，让人民群众得到更多实惠

海口市坚持发展“枫桥经验”，推进“海口专职人民调解员全覆盖”和构建“大平台、大联动、大调解”模式的经验做法，得到司法部的肯定和推广。图为美兰区白龙司法所专职人民调解员接待群众来访，并受理矛盾纠纷。摄于2019年4月15日

（市司法局　供）

海口市秀英区石山镇美富村村民们自发组成队伍，将调解纠纷内容编成朗朗上口的歌词，用石山地区方言唱出来。摄于2019年7月25日

（陈长宇　摄）

在琼山区三门坡镇清泉村的标准化黑山羊养殖基地内，脱贫户卢照武正在查看羊圈内黑山羊的健康状况。摄于 2019 年 12 月 10 日 （苏弼坤　摄）

在脱贫户王大全的鸭舍内，已经当上老板的他高兴地展示自己的营业执照。摄于 2019 年 12 月 10 日 （苏弼坤　摄）

2019年，为切实保障非洲猪瘟防控期间生猪及其产品充足供应，海口市实施“点对点”安全猪肉销售。至5月7日，猪肉“点对点”供应销售网点共有83家。图为位于名门广场的华润万家放心肉供应点内，市民一大早前来购买放心肉

（苏弼坤　摄）

2019年8月30日至9月6日，台风“杨柳”“玲玲”“剑鱼”依次袭向海南。其间，市菜篮子末端网点均正常营业，并通过提高肉菜投放量，加大二次、三次配送补货频率，保障末端网点肉菜充足，满足市民需求

（市菜篮子集团　供）

海口市琼山区椰博小学是海南省装配式示范项目，学校西区从开工到建成仅用120天，比传统建筑施工工期缩短30%以上。摄于2019年
（苏弼坤　摄）

2019年9月1日，椰博小学正式开学。图为学校师生在建成的学校西区上课
（石中华　摄）

位于海口江东新区内的哈罗公学正在建设中。摄于2019年7月26日
（石中华　摄）

2019 年 5 月 27 日，海口市人社局举办失业人员家务操持培训班，为失业人员再就业进行技能培训 （市人社局 供）

在建的海口市骨科与糖尿病医院二期综合楼项目 （市卫健委 供）

伴随着海口湾畅通工程的快速推进，海口湾区域的深水休闲空间日益完善，逐渐成为全民健身“网红”打卡新阵地。摄于2019年10月11日（苏弼坤 摄）

图为改造完成的海口湾畅通工程（示范段）酒吧街段。摄于2019年10月6日（海旅集团 供）

由原海口市人民大会堂改造而成的海口湾演艺中心，于2019年12月30日开业首演

（海旅集团 供）

◆ 海口用“红色引擎”引领新时代文明实践中心建设，暖民心，解民忧，努力探索新时代文明实践新经验新成效

2019 年 10 月 7 日，海口市乡镇长者饭堂助餐服务启动仪式在琼山区红旗镇土桥社区举行。海口市 13 家乡镇长者饭堂同时揭牌，为广大老年朋友献上一份特殊的重阳节礼物

（张俊其　摄）

图为老人们在琼山区红旗镇土桥社区长者饭堂内就餐。摄于 2019 年 10 月 7 日

（张俊其　摄）

2019年4月15日，美兰区新时代文明实践微实事投票日启动仪式在演丰镇演丰村广化广场举行 （市委宣传部 供）

琼山区结合在新时代文明实践中心建设工作中的典型事例，通过群众喜闻乐见的琼剧形式，创作了新时代文明实践建设主题琼剧《美美的土墨村》，2019年3月5日在琼山影剧院首演，是琼山区新时代文明实践“八个一”系列作品之一 （市委宣传部 供）

2019 年 6 月，新时代文明实践志愿者在琼山区红旗镇道崇村开展最美系列宣讲活动

（市委宣传部　供）

2019 年 7 月 6 日，美兰区三江镇新时代文明实践所举办三江公仔戏暑期培训班

（苏弼坤　摄）

2019 年 8 月 10 日， 美兰区新时代文明实践志愿服务“有颗栗子”尤克里里音乐陪伴计划第四期，在演丰镇演东村新时代文明实践站开展免费培训

（陈长宇　摄）

美兰区新时代文明实践中心前台。该中心总面积近2万平方米，设有演艺厅、多功能厅、图书室、党群活动中心、健康宣传体验馆等多个功能室，共同组成丰富多元的便民服务综合体。摄于2019年5月15日

（陈长宇　摄）

在美兰区新时代文明实践中心的儿童阅览室内，不少小朋友在此“充电学习”。摄于2019年7月11日

（苏弼坤　摄）

美兰区演丰镇演东村新时代文明实践站内的村史馆。摄于2019年5月21日

（陈长宇　摄）

◆ 海口不断丰富旅游消费，全力打造“跨年到海口，来了不想走”的跨年狂欢品牌，丰富升级海口文旅融合新业态，助力海南国际旅游消费中心建设

2019年11月1日，以“寻味海南·美食狂欢”为主题的第四届美食文化节在海口名门广场开幕

（苏弼坤　摄）

2019年11月8—10日，2019爱奇艺动漫游戏嘉年华在海口日月广场举办　（苏弼坤　摄）

2019 年 11 月 15 日，2019 中国家庭帆船赛总决赛在海口假日海滩开幕

（苏弼坤　摄）

2019 年 11 月 23 日，2019 海南沙滩运动嘉年华在海口假日海滩开幕　（苏弼坤　摄）

2019 年 11 月 23 日，熊猫兄弟登岛一周年暨海野熊猫世界开幕一周年庆祝活动在海南热带野生动植物园举行　（石中华　摄）

2019 年 11 月 15—17 日，华晨宇火星演唱会在海口五源河体育场举行　（苏弼坤　摄）

2019 年 12 月 13 日，理查德·克莱德曼海口钢琴音乐会在海南国际会展中心演出　（石中华　摄）

2019 年 12 月 24 日，开心麻花携喜剧《谈判专家》登陆椰城　（苏弼坤　摄）

2019 年 12 月 28 日，《光景如诗·骑楼》沉浸式 5D 幻影时光体验剧场上演，吸引许多市民前来体验椰城乡愁梦幻　（苏弼坤　摄）

2019 年 12 月 31 日，湖南卫视海口跨年演唱会在海口五源河体育场举办　（市旅游文体局　供）

◆ 中华人民共和国成立70年来，海口取得四个“历史跨越”：一是实现从“凋敝落后”到“百业兴旺”的历史跨越；二是实现从“渔港小镇”到“现代都市”的历史跨越；三是实现从“边远封闭”到“开放前沿”的历史跨越；四是实现从“缺衣少食”到“小康生活”的历史跨越。海口70年发生的沧桑巨变，是新中国70年发展辉煌成就的一个缩影。海口将始终高举习近平新时代中国特色社会主义思想伟大旗帜，奋力答好海南自由贸易试验区和中国特色自由贸易港建设新征程中的“时代考题”，谱写新时代海口高质量发展新篇章

1950年5月1日，在海口，市民举着“庆祝海南岛全部解放”横幅及毛泽东、朱德画像在街上游行 （佚名）

1988年4月26日，中共海南省委员会、海南省人民政府挂牌成立，海口成为最年轻的省会城市

（省档案局 供）

2003年1月1日，海口市秀英、龙华、琼山、美兰四区成立大会举行 （王涛 摄）

20 世纪 70 年代，海甸岛上河流纵横
（市城建档案馆　供）

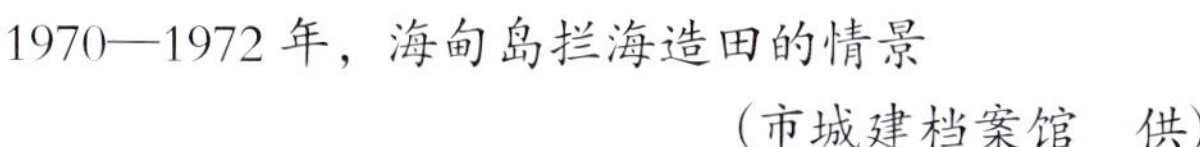

1970—1972 年，海甸岛拦海造田的情景
（市城建档案馆　供）

海甸岛新貌。摄于 2019 年　　（石中华　摄）

①20 世纪 70 年代的海口市区海府路向北至海甸溪一带（市城建档案馆 供）

②俯瞰海口市区图，海府路、海秀路向北至海边一带地区。摄于 2019 年（石中华 摄）

③2018 年的滨海大道国贸至龙昆沟段（市市政局 供）

④滨海大道龙昆沟出海口一带。摄于 1992 年 6 月（姜恩宇 摄）

⑤1975 年的滨海大道国贸段（佚名 摄）

● 70年来，海口实现了从“凋敝落后”到“百业兴旺”的历史跨越，初步构建了以热带特色农业、新型工业和服务业为主的现代产业体系

海口市大力发展特色农业，初步构建了以冬季瓜菜、热带水果、花卉等为代表的热带特色农业。2016年，发布十大农业品牌产品

（黄一冰　摄）

位于美兰区的灵山锦堂蔬菜示范基地冬季瓜菜。摄于2013年（美兰区政府办　供）

永兴荔枝。摄于2016年

（市农业农村局　供）

海口柏盈兰花产业园种植的兰花。摄于2019年　（苏弼坤　摄）

2015年，海口市加快发展互联网及相关产业，布局产业发展空间。挂牌成立复兴城等6个“互联网产业创新创业园”。图为复兴城互联网创新创业园一周年庆活动。摄于2016年

（复兴城　供）

2015年12月25日，海口海南云及大数据服务中心运营

（市科工信局　供）

海马工业园，摄于 2013 年　　　　　　（海口高新区　供）

2016 年 6 月 18 日，海口市林安物流交易信息中心落成并投入使用，打造线上＋线下一站式物流信息交易平台和农产品产业园　（黄一冰　摄）

在大英山机场原址上建起的海口日月广场，聚集各种商业业态为一体，形成海口新的商业经济圈。摄于 2017 年 6 月　　（李幸璜 摄）

● 70 年来，海口实现了从渔港小镇到现代都市的历史跨越。海陆空现代立体综合运输体系逐步形成，4G 信号全覆盖、5G 应用推进，骑楼历史文化街区等古迹修复重焕光彩，全国文明城市、国家卫生城市等诸多荣誉加身

1998 年 3 月 26 日，海南东线高速公路海口—琼海左幅竣工通车。至此东线高速公路左右两幅全线通车　　（姜恩宇　摄）

2003 年 1 月 7 日，粤海铁路通道轮渡开通，实现火车上岛，结束海南与大陆不通铁路的历史　　（姜恩宇　摄）

1999 年 3 月 28 日，海口美兰机场举行首航庆典。5 月 25 日正式通航　　（姜恩宇　摄）

1999 年 5 月 25 日，运营了 43 年的海口大英山机场关闭　　（姜恩宇　摄）

2003 年 7 月，海口美兰机场更名为“海口美兰国际机场”，对外国籍飞机开放。至 2019 年，开通航线 297 条，旅客吞吐量突破 2000 万人次，位居国内民航机场第 17 位　　（美兰机场　供）

2015 年 12 月 25 日，海口港新海港区开港营运。至此，海口港拥有秀英、新海、马村 3 处港区，有码头泊位共 46 个，旅客运输和货物吞吐量不断提高

（海南海峡航运股份有限公司　供）

2015 年 12 月 30 日，海南环岛高铁西段开通运营，与 2010 年 12 月开通运营的环岛高铁东段实现连通，旅客可实现 3 小时绕岛旅行

（李汉仁　摄）

2019 年，海口获批为全国首批开通 5G 的城市之一。图为海南联通工作人员在海甸五西路调试 5G 基站。摄于 2019 年 8 月 5 日

（苏弼坤　摄）

2002 年的海口中山路骑楼老街
（市地志办　供）

保护修缮后的中山路骑楼老街。摄于 2015 年 7 月 8 日（海口骑楼老街投资开发公司　供）

实施城市景观亮化工程让“夜海口”流光溢彩，别有一番风韵　　（市市政局　供）

1999 年 1 月 6 日，海口市获得首批“中国优秀旅游城市”称号

（王涛　摄）

2018 年 10 月 28 日，在阿联酋迪拜国际湿地公约第十三次缔约方大会上，海口市荣获全球首批“国际湿地城市”称号

（市林业局　供）

● 70 年来，海口实现了从边远封闭到开放前沿的历史跨越。海口综合保税区封关运行，离岛免税、跨境电商、汽车平行进口、59 国人员入境旅游免签等政策效益持续释放，举行越来越多具有国际影响力的节庆展览、论坛会议和文体赛事，与 41 个国际友城缔结友好城市，海口的“朋友圈”越来越大，“国际范”日益浓郁

1988 年 6 月起，海南开始对海外入境者实行“落地签证”。图为 1992 年，海口对海外入境者实行“落地签证”现场　　（摘自《海口市志》）

2018 年 5 月 2 日，海口迎来 59 国人员入境旅游免签政策实施以来的首批游客　　（石中华　摄）

1992 年 10 月 21 日，国务院批准设立海口保税区，中央赋予海口保税区比海南省经济特区其他地方更加优惠的政策。2008 年，海口保税区区位调整至海南老城经济开发区，并设立海口综合保税区。2011 年 3 月 16 日海口综合保税区封关运作，区内实行自由贸易　　（海口综保区　供）

2011年12月21日，在“国人离岛免税购物”政策试点颁布、海南岛成为全球第四个离岛免税地区的政策利好条件下，全国第一家设置在机场内的“离岛免税店”——美兰机场海口店首日营业　　（美兰机场　供）

2015年6月，海口港的海口汽车整车进口口岸通过国家验收运营。运营4年，政策实施效应逐步显现。摄于2017年5月11日　　（海口综保区　供）

2018年7月，中国（海口）跨境电子商务综合试验区获批，海口全面铺开跨境直购业务，建设跨境电商产业园　　（海口综保区　供）

2014 年 11 月 23—27 日，世界城市和地方政府联合组织（UCLG）世界理事会在海口召开

（李汉仁　摄）

2014 年 11 月 26 日，首届海口国际友城市长会议召开　（李汉仁　摄）

2018 年 11 月 26 日，北部湾经济合作组织第十次成员大会暨北部湾城市合作组织第二次大会在海口召开。会上海口等 10 个城市及相关企业分别签署合作（协作）框架协议　（张俊其　摄）

2008 年 4 月 20 日，中国铁人三项赛在海口举行。来自世界 39 个国家和地区 789 名选手参赛　　　　（李汉仁　摄）

2010 年 10 月 27—31 日，首届观澜湖世界职业明星高尔夫球邀请赛在海口举办　　　　（市旅游文体局　供）

2018 年 11 月 24 日，“2018（第十九届）海南国际旅游岛欢乐节”在海南国际会展中心开幕。图为欢乐节开幕式现场　　　　（石中华　摄）

2019 年 12 月 27 日，海口市与白俄罗斯格罗德诺市签署友城意向书，海口国际友城（含友好交流城市）增至 41 个，遍布五大洲 33 个国家　　　　（市委外办　供）

● 70年来，海口实现了从缺衣少食到小康生活的历史跨越。汽车、移动通信、互联网宽带等进入寻常百姓家，社保体系覆盖城乡，科教文卫事业发展长足进步，基本公共服务和民生保障水平持续提升，海口人民的幸福感获得感不断增强

20世纪90年代初的海口街头电话亭

随着人民生活水平的逐步提高，汽车、移动通信进入寻常百姓家庭。摄于2019年12月（王美芳　摄）

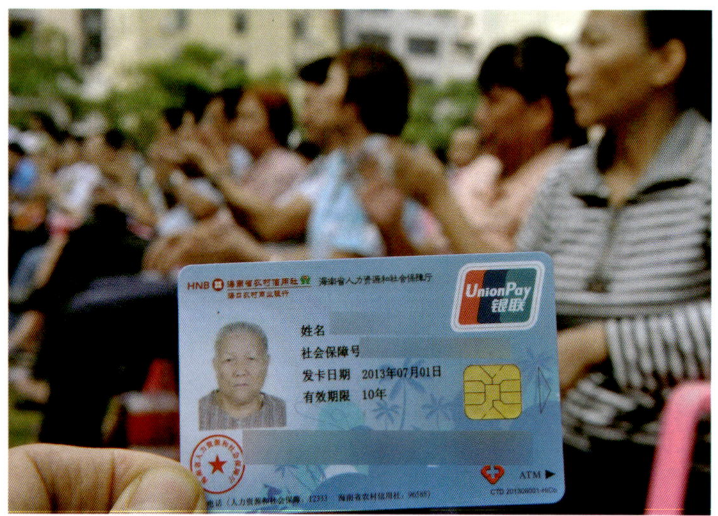

2013年10月25日，海口市在美兰区民安小区举行社会保障卡首发仪式

（李汉仁　摄）

美兰区三江镇敬老院里老人的安居生活。摄于2014年11月

（美兰区政府办　供）

海口市琼山区文明生态样板村龙鳞村，利用优美的村庄环境积极发展农家乐旅游，村民致富奔小康。摄于2010年10月1日

（琼山区委宣传部　供）

2014年12月28日，海口市永秀花园第三批保障房竣工并发放入住钥匙

（李汉仁　摄）

海口市实施优质教育资源引进工程，2017年9月，由海口市政府与北京师范大学合作创办的北京师范大学海口附属学校（高中部）开学

（范平健　摄）

2003 年 8 月 8 日，海口市人民政府与中南大学及海口市人民医院签订联合协议，将海口市人民医院建设成为中南大学湘雅医学院的附属医院。这种医院与教育部直属重点大学的跨省合作，彼时在国内尚属创新

（梁振谭　摄）

2015 年 12 月 25 日，位于海口市西海岸的海南省肿瘤医院建成开业，结束海南无肿瘤专科医院的历史，让肿瘤患者足不出岛便可就医

（市卫健委　供）

2017 年，海口市引进国内优质医疗资源，提升海口的医疗服务水平。图为引进的海口市骨科与糖尿病医院（与上海市第六人民医院海口骨科与糖尿病医院合作）

（市卫健委　供）

2015年，海口市在“双创”工作中实施环境综合整治项目，为市民创造良好的生活环境

（黄一冰　摄）

环境优美的西海岸吸引了众多游客市民骑行　（佚名　摄）

夏日周末，市民在海边休闲游玩。摄于2016年　（李汉仁　摄）

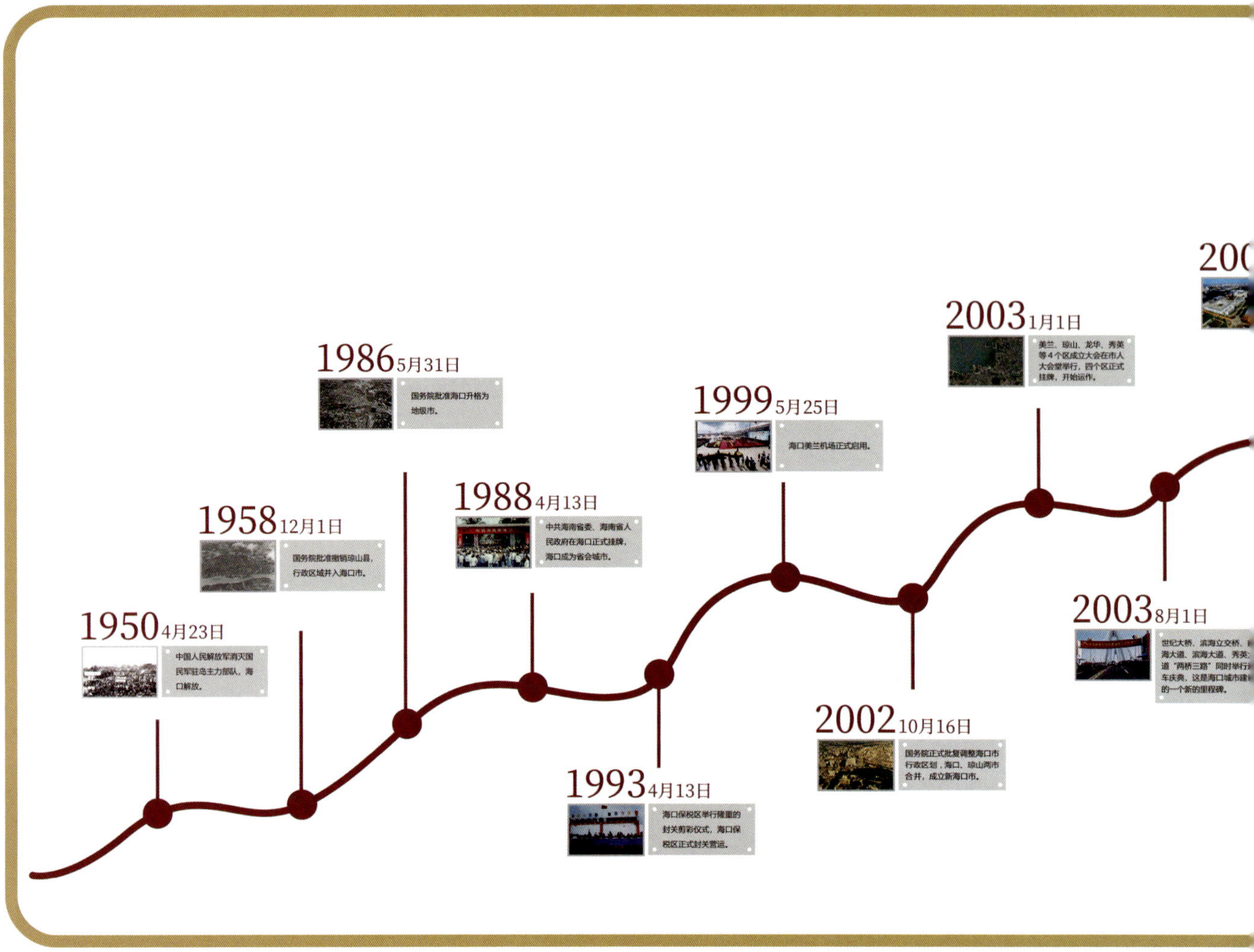

1950 4月23日
中国人民解放军消灭国民军驻岛主力部队，海口解放。

1958 12月1日
国务院批准撤销琼山县，行政区域并入海口市。

1986 5月31日
国务院批准海口升格为地级市。

1988 4月13日
中共海南省委、海南省人民政府在海口正式挂牌，海口成为省会城市。

1993 4月13日
海口保税区举行隆重的封关剪彩仪式，海口保税区正式封关营运。

1999 5月25日
海口美兰机场正式启用。

2002 10月16日
国务院正式批复调整海口市行政区划，海口、琼山两市合并，成立新海口市。

2003 1月1日
美兰、琼山、龙华、秀英等4个区成立大会在市人大会堂举行，四个区正式挂牌，开始运作。

2003 8月1日
世纪大桥、滨海立交桥、海大道、滨海大道、秀英道“两桥三路”同时举行车庆典，这是海口城市建的一个新的里程碑。

200

1950—2019年，海口市发展历程图

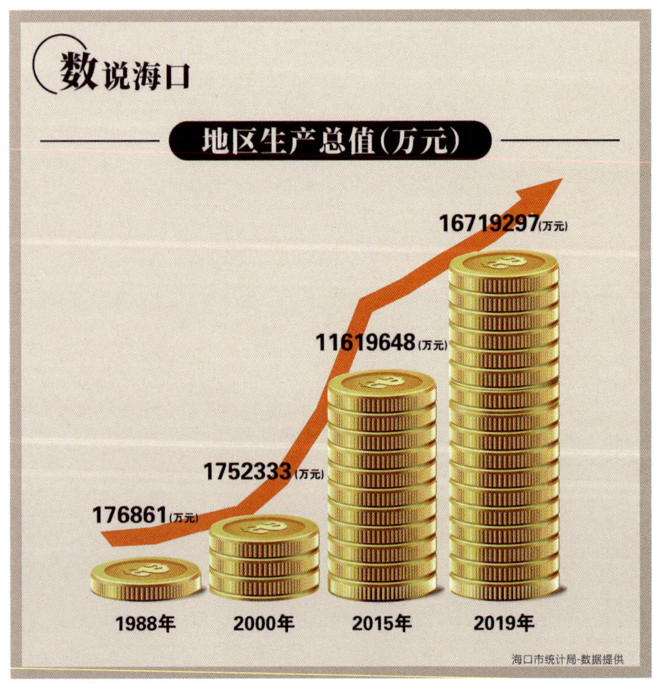

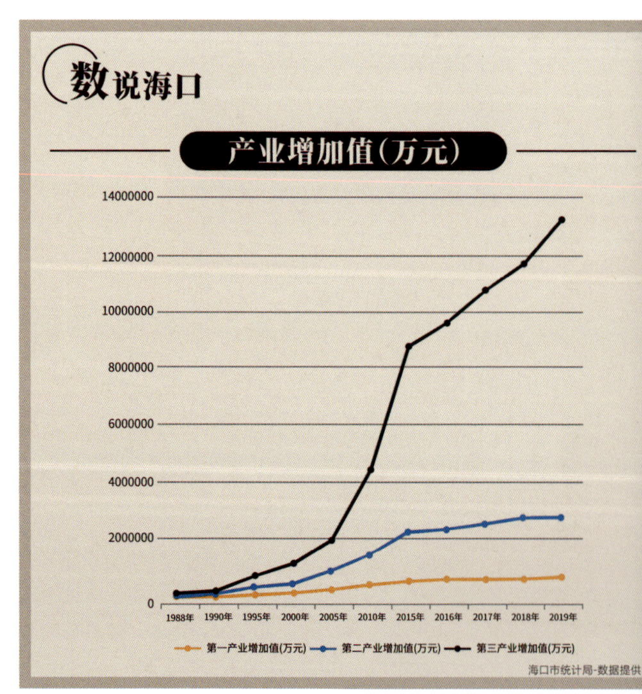

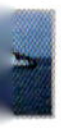

4 12月4日

随着首趟跨海旅客列车(海口至广州K408次)缓缓启动，中国第一条跨海铁路粤海铁路客运正式开通。

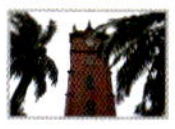

2007 3月

国务院批复同意将海口市列为国家历史文化名城。

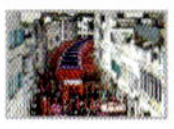

2009 6月

海口骑楼老街获评首批“中国历史文化名街”。

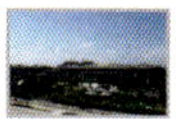

2011 1月13日

位于滨海大道长滨路的海口市新行政中心正式启用。

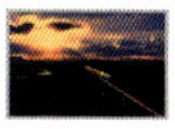

2015 12月31日

世界首条环岛高铁建成从海口始发，绕岛一周仅3小时。

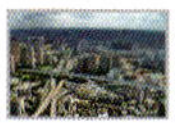

2016 9月

全线贯通的海口海秀快速路，让市民游客出行更加便捷畅通。

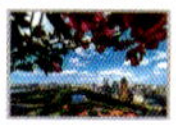

2017 7月

海口一举拿下全国文明城市、国家卫生城市两块金字招牌。

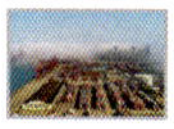

2018 4月13日

2018年4月13日，习近平总书记在庆祝海南建省办经济特区30周年大会上宣布：党中央决定支持海南全岛建设自由贸易试验区，支持海南逐步探索、稳步推进中国特色自由贸易港建设。海口迎来新时代高质量发展新篇章。

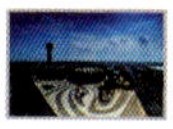

2018 6月3日

海南省委、省政府决定设立海口江东新区，努力建设成为中国（海南）自由贸易试验区的集中展示区。

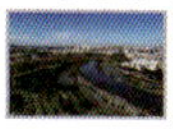

2019 10月10日

柬埔寨王国驻海口总领事馆开馆，系中华人民共和国成立以来外国在琼设立的首家总领事馆。

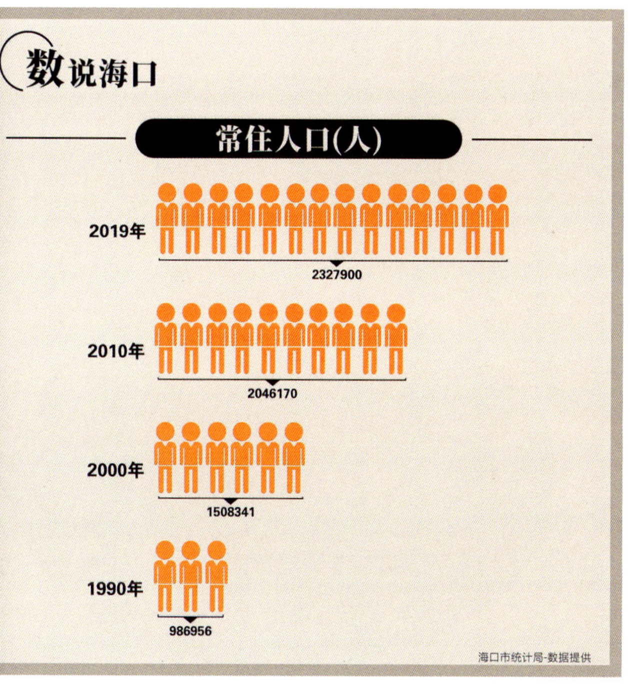

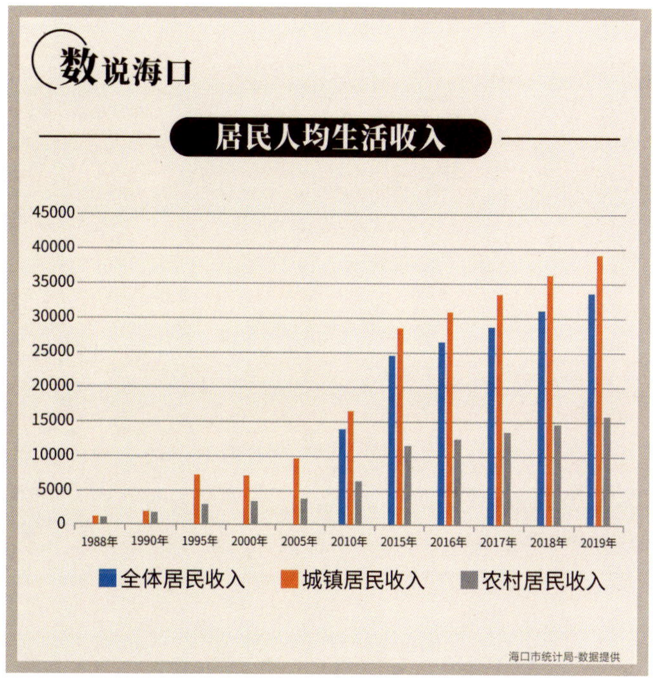

2019年9月27日，庆祝中华人民共和国成立70周年——海南省万人共跳竹竿舞活动在全省19个市县同时举行。图为在万绿园举行的海口主会场表演

（市委宣传部　供）

2019年9月28日，主题为“壮丽70年，与国同梦”的210米“花毯长卷”在海口市中山路骑楼老街展出，为新中国成立70周年献上祝福。该艺术花毯以时间为轴线，采用“讲故事”的方式，徐徐展开一幅绽放的新中国发展、新海南奋进、新海口扬帆的壮丽画卷，并通过多姿多彩的非物质文化遗产彰显海口风情（陈长宇　摄）

由108艘帆船摆出“70”“Hi”造型向中华人民共和国成立70周年献礼活动，在海口帆船帆板训练基地举行。摄于2019年10月1日

（市旅游文体局　供）

目 录

纪委监委

民主党派·工商联

群众团体

军　事

自贸区（港）建设

旅游业

互联网产业

经济管理

农　业

工业·建筑业

商贸服务业

金 融

房地产业

民营经济

交通运输

城乡发展

生态环境

科学技术

文 化

卫生健康

体 育

社会生活

人 物

附 录

索 引

厚积磨砺七十载 椰城华彩耀琼州

——中华人民共和国成立70年海口市经济社会发展

海口俗称椰城，因地处海南岛“母亲河”南渡江的入海口而得名，是古代海上丝绸之路重要驿站、中国最早的十大对外通商口岸之一，也是全国最年轻的省会城市。中华人民共和国成立70年来，在党中央、国务院和海南省委、省政府的坚强领导与关怀支持下，海口与祖国同行，与时代同步，既见证了中国改革开放的人间奇迹，也书写了琼州大地上的沧桑巨变。

70年来，海口实现了从“凋敝落后”到“百业兴旺”的历史跨越。 GDP由1949年的11.82亿元增加到2018年的1510.51亿元，增长126.8倍；人均GDP超过9900美元，达到中等偏上水平；公共预算收入由1706万元增加到2018年的450.42亿元，增长2639倍。初步构建了以冬季瓜菜、热带水果、花卉等为代表的热带特色农业，以医药、机电、汽车、食品饮料与农副产品深加工等为代表的新型工业，以旅游文化、商务会展、金融保险、航运物流、互联网信息技术等服务业为主导的现代产业体系，2018年三次产业结构比为4.2：18.3：77.5，三产占比高于全国25.3个百分点。

70年来，海口实现了从渔港小镇到现代都市的历史跨越。 借力海南建省办经济特区、国际旅游岛建设、海南自贸区自贸港建设等重大机遇，乘着改革开放浩荡东风，海口一跃成为中国最年轻的省会城市。海口城市人口由1949年的44.43万人增加到2018年的230.23万人，城镇化率78.64%；建成区面积由不足15平方公里拓展到151.6平方公里，绿化覆盖率41%。海陆空统筹，现代综合交通体系联通世界，公路路网密度278公里/百平方公里，内外贸海运航线达到30条，空中航线304条、通达境内外157个城市，海口还是全球首条环岛高铁的始发站，2018年铁路旅客运输突破2990万人次。2019年7月，随着市郊列车运营，助推海口进入“城铁时代”。城区、行政村光纤宽带网络和4G信号覆盖率100%，海口也是全国首批5G城市；作为全国最年轻的省会城市，海口先后摘得全国文明城市、国家卫生城市、国家园林城市、国家历史文化名城、中国优秀旅游城市、中国人居环境奖和国际湿地城市、世界健康城市等诸多桂冠。骑楼历史文化街区、府城七井八巷十三街、海瑞墓等古迹修复重焕光彩，观澜湖旅游综合度假区生机勃发，江东新区盛装启航蓄势待发。

70年来，海口实现了从边远封闭到开放前沿的历史跨越。 新中国成立初期，作为“老少边穷”地区（革命老区、少数民族聚居区、边区和欠发达地区）、国防前线，海南封闭落后。1988年，海南建省办经济特区，海口站到了祖国中国改革开放最前沿。累计引进外资企业超过8000余家，外资利用从1988年的2956万美元增加到2018年的2.5亿美元；2018年外贸进出口总额341.2亿元，增长62.3%，占全省40.2%。海口综合保税区封关运行，离岛免税、跨境电商、汽车平行进口、59国人员入境旅游免签等政策效益持续释放，越来越多具有国际影响力的节庆展览、论坛会议和文体赛事在这里举行，与38个国际友城缔结友好城市，海口的“朋友圈”越来越大，“国际范”日益浓郁。

70年来，海口实现了从缺衣少食到小康生活的历史跨越。 居民收入大幅提高，城镇、农村常住居民人均可支配收入达3.61万元和1.49万元，分别比1987年建省时增长31.5倍和18倍；居民存款余额1706.46亿元，增长507倍。生活质量显著提升，人均预期寿命由中华人民共和国时的54.3岁提高到79岁，城镇居民人均住房面积达到30.67平方米，平均受教育年限11.8年，汽车、移动通信、互联网宽带等进入寻常百姓家。社保体系覆盖城乡，科教文卫事业发展长足进步，基本公共服务和民生保障水平持续提升。

70年的发展历程，也是历史性的跨越与变迁。尤其是党的十八大以来，海南自贸区（港）建设启动建设后，海口市在习近平新时代中国特色社会主义思想的指引下，按照新发展理念和高质量发展要求，奋力答好自贸区（港）建设新征程中的“时代考题”。

搭建对外开放新平台。加快谋划和推进江东新区建设，创新管理体制机制，完成“1+6+13+16”规划体系编制，起步区生态CBD、临空产业区、南渡江越跨江通道等一大批先导工程上马建设，精准开展招商引资，培育基础产业，已有57家知名企业陆续申请入驻。与城市发展格局相匹配，在西部片区新谋划建设复兴城西海岸互联网总部基地和海南未来产业园，以造互联网+、跨境电商、物联网信息、智能制造、海洋科技、金融科技等6大产业集群为主攻方向，致力打造国际化、智慧型互联网科技园区。推动海口高新区与上海临港集团联手开发美安科技新城，上海临港集团(海南)科技城管理有限公司于2019年4月完成工商注册设立。

开创招商引才新境界。把招商引资作为开放发展的重要推手、追赶超越的重要动力，广泛凝聚抓开放、抓招商、抓环境的合力。2018年，海口招商取得历史性突破，全年引进世界500强企业4家、行业领军企业20家、知名品牌企业23家，世界四大会计师事务所全部进驻；新增外资企业93家、增长1倍，实际利用外资2.5亿美元、增长7.8倍；首批认定总部经济企业22家，占全省73%，中国旅游集团成为首家落户海南的央企一级总部。2019年上半年，又接待知名企业287家，签约23个项目，协议投资239.7亿元。全面落实“百万人才进海南行动计划”，实施5项人才引进计划、7项人才培养工程，累计引进各类人才2.7万人，占全省50%左右。

谋求营商环境新突破。持续深化“放管服”改革，“极简审批”模式获国务院通报表扬并向全国推广。网上办事大厅加快建设，“12345+营商服务”模式向全省推广。国际贸易“单一窗口”上线运行，整体通关时间压缩近半。海口爱奇艺知识产权供应链资产支持证券成功发行，成为全国首例知识产权资产证券化项目。工商注册全城通办，“二十证合一”升级为“三十一证合一”。严格落实结构性减税政策，设立市级中小企业发展专项资金，成立服务民营经济工作专班。2019年，相继推出建立企业秘书、项目集中审批日、“无税不申报”和“建筑工程施工承诺制”等一批新制度，推进全流程互联网“不见面审批”，市、区、镇（街）三级可实施不见面审批的1575个事项全部上线运行，占比达89.85%；企业设立登记、刻章备案、发票申领及社保登记“一网通办”，率先在全国将分支机构纳入简易注销适用范围；深化工程建设项目审批制度改革，将审批事项减至74项，政府投资项目审批用时压缩到75个工作日，一般社会投资项目审批用时60个工作日，推动项目建设提速提档。此外，海口保税区还推出区内企业享受增值税一般纳税人资格、进口商品“先入区后检测”“抽样即放行”等5项制度创新案例。营商环境不断优化带动创新创业活跃，2019年上半年新增市场主体4.03万户、增长42%，其中新登记企业增长48%。

培育产业发展新动能。始终用新发展理念武装头脑、纠偏对标、引领行动，突出供给侧结构性改革主线，加快产业结构调整，促进新旧动能转换，夯实高质量发展的产业之基。紧紧围绕“三大领域”“十二大重点产业”，出台互联网、总部经济等28项产业政策，全市十二个重点产业增加值占全省的37.6%，其中6个产业占全省比重超过50%。文旅产业融合发展，2018年共接待过夜游客2258万人次，旅游总收入298亿元，分别增长11%、12%。金融业加快对外开放，增加值GDP占比突破10%。成功引进阿里巴巴、蚂蚁金服、字节跳动、滴滴等一批行业巨头，互联网产业蓬勃发展，2018年实现相关营收235亿元，2019年上半年增长26.8%、达到175亿元。医药制造年均增长15%，成为首个过百亿的产业集群。

厚植城市生态新颜值。始终像保护自己的眼睛一样，坚持生态优先，坚守生态底线，让“绿水青山就是金山银山”的生态理念根植于脑、落实于行。以“多规合一”改革划定生态保护红线，通过生态立法重点强化对水源保护区、自然保护区、湿地、森林等敏感区域的生态保护；扎实开展城镇内河(湖)水污染治理、大气污染防治、土壤环境综合治理、林区生态修复和湿地保护等生态环境“六大专项整治”和海岸带专项整治工作，在全省率先推行“河长制”，纳入国家考核的19处水体全部消除黑臭，2019年获评全国黑臭水体治理示范城市，获中央财政4亿元奖补，海口水环境治理被国务院列为典型经验通报表扬。坚持湿地入城，湿地保护修复在全国林业系统推广，五源河、美舍河湿地公园双双获评“国家湿地公园”。2018年，海口荣评全球首批国际湿地城市。此外，还将生态环境建设融入城市更新，坚持还绿于民，还海于民，还景于民，让老百姓共享最好的空间资源。2019年，启动了全长19.6公里的海口湾畅通工程，骑行道、步行道、人行道并行，邀请国内外全球知名的建筑大师设计独具海口特色的海边驿站，打造最美“城市客厅”。采取土地只征不转方式，在西海岸南片区再造一个“万绿园”。

积极开展“彰显城市特色、践行绿色理念”建筑设计改革创新试点，在海口湾片区首推建筑师负责制，邀请21名国内顶尖建筑专家组成建筑大师工作营，提升城市颜值。

持续提升民生新温度。践行以人民为中心的发展思想不动摇，持续保障和改善民生，增进百姓福祉，民生支出占财政支出比重保持在75%以上。全面实施全民参保计划，城乡居民养老保险、城镇医保参保率均达95%以上，“新农合”参保率达99.7%以上。实施公办中小学校（幼儿园）三年建设计划，持续推进“一校两园”建设，近3年新建中小学校13所，新增学位3.5万个。市属公立医院全面取消药品加成，实施“先看病后付费”，哈罗公学、上海世外附属海口学校、复旦大学海南儿童医院等一大批优质资源加速汇集。创新居家养老服务模式，在25个社区启动“长者饭堂”助餐服务试点，受到市民群众广泛好评。脱贫攻坚成效显著，2018年、2019年连续两年获“全省脱贫攻坚大比武”第一名，2018年获全省扶贫开发成效考核第一名，全市贫困发生率已降至2018年底的0.12%。

海口70年发生的沧桑巨变，是新中国70年发展辉煌成就的一个缩影，生动诠释了中国共产党为中国人民谋幸福、为中华民族谋复兴的初心使命。党的十八大以来海口发展所取得的历史成就，根本在于以习近平为核心的党中央坚强领导，根本在于习近平新时代中国特色社会主义思想的科学指引。海口市委、市政府将始终高举习近平新时代中国特色社会主义思想伟大旗帜，在省委、省政府坚强领导下，守初心、担使命，找差距、抓落实，努力在海南自贸区（港）建设中打造标杆，在践行“三区一中心”定位中勇当先锋，做好表率，谱写新时代海口高质量发展新篇章！

（摘自市委副书记、市长丁晖2019年9月27日在海南省“北丽70年 奋斗新时代”系列主题海口专场新闻发布会上的讲话）

“不忘初心、牢记使命”主题教育

按照中央和省委要求，2019年9月16日，海口市“不忘初心、牢记使命”主题教育动员大会召开。主题教育启动后，市四套班子及89家处级单位、3396个党支部和79519名党员，迅速开展“不忘初心、牢记使命”主题教育，掀起学习教育、调查研究、检视问题、整改落实热潮。

4个月来，在省委第一巡回指导组悉心指导下，市委扛牢主体责任，坚持高站位谋划、高起点开局、高标准要求、高质量推进，扎实深入开展主题教育。全市各级党组织和广大党员干部坚持目标导向、问题导向、效果导向，做到“六个聚焦”，用担当诠释初心、用实干践行使命，取得了一批思想成果、调研成果、实践成果和制度成果，推动“两个确保”百日大行动、江东新区建设、脱贫攻坚、扫黑除恶等中心工作深入开展，涌现出冯晖、洪义乾、陈清琪等一大批坚守初心、担当使命的先进典型。中心工作得到有力推进，群众难题得到有效解决，政治生态更加风清气正，主题教育的成效有力地推动海口全面深化改革开放取得明显成效。央视“新闻联播”“朝闻天下”以“海口：以学促改、优营商软环境”为题，点赞海口主题教育成果；省市主流媒体多次对海口市主题教育成效进行深度宣传报道，得到广大党员群众的普遍赞誉。

2019年9月16日，海口市“不忘初心、牢记使命”主题教育动员大会召开

（敖日丹 摄）

一、聚焦理论学习有收获，进一步增强了对党的创新理论的政治认同、思想认同、情感认同。坚持把学习贯彻习近平新时代中国特色社会主义思想作为首要政治任务，推动学习往深里走、往心里走、往实里走，进

一步增强“四个意识”、坚定“四个自信”、做到“两个维护”。坚持全面系统学，市委常委班子带头读原著、学原文，集中学习研讨，带头深入党建联系点专题宣讲，示范带动全市各级党组织和广大党员干部通过理论中心组学习、举办读书班、集中交流研讨、专题讲座辅导等方式，全面系统学习习近平总书记“4·13”重要讲话和中央12号文件精神，以及《习近平关于“不忘初心、牢记使命”重要论述选编》《习近平新时代中国特色社会主义思想学习纲要》等规定科目，进一步加深对习近平新时代中国特色社会主义思想重大意义、科学体系、丰富内涵的理解，增强了贯彻落实的自觉性和坚定性，提高运用党的创新理论指导实践、推动工作的能力。坚持及时跟进学，紧密结合中央和省委部署，及时跟进学习习近平总书记关于“不忘初心、牢记使命”主题教育和海南工作的最新重要讲话、重要指示批示精神，及时跟进学习党的十九届四中全会、中央经济工作会议和省委七届七次全会等会议精神，领会精神实质，抓好贯彻落实，进一步提高学思用贯通、知信行合一的能力。坚持联系实际学，紧扣自贸试验区、自贸港建设实践，深入学习贯彻习近平总书记“4·13”重要讲话和中央12号文件精神，做到深学细悟、内化于心、外化于行。全市党员干部更加深刻认识习近平总书记亲自谋划、亲自部署、亲自推动的重大国家战略的重大意义，进一步增强政治责任感和历史使命感；更加深刻领会海南要争创新时代中国特色社会主义生动范例的历史使命，更加深刻理解把握海南“三区一中心”战略定位，进一步激发了投身自贸试验区、自贸港建设的热情。全市各级党组织和广大党员干部坚持全面系统学、及时跟进学、联系实际学，越学越有信心、越学越有力量，更加深刻认识到习近平新时代中国特色社会主义思想蕴含着强大的真理力量，是引领新时代、领航中华民族伟大复兴的精神旗帜，在学习思考中进一步坚定了信念、增强了信心、凝聚了力量。

二、聚焦思想政治受洗礼，进一步增强了守初心、担使命的思想自觉和行动自觉。坚持既抓思想引导，又抓行为规范。思想引导方面，坚持把理论学习、党性锤炼和作风建设紧密结合，市委常委班子带头开好专题民主生活会，严肃开展批评与自我批评。全市各级党组织围绕主题，召开了质量较高的专题民主生活会和组织生活会，受到了一次严肃的党内政治生活锻炼。依托省反腐倡廉警示教育基地、革命传统教育基地和新时代党性教育实践基地等资源，结合主题党日活动和庆祝中华人民共和国成立70周年系列活动，开展革命传统教育278场次、廉政警示教育212场次，受教育党员4.7万余人次，全市各级党组织和广大党员干部进一步搞清楚了我是谁、为了谁、依靠谁的问题，进一步增强了忠诚干净担当的主动性和自觉性。行为规范方面，深入开展“双学双争”活动，学习革命先辈的优良传统和革命精神，争当时代先锋；学习身边先进典型，争做海口榜样。从琼崖革命后代、革命先辈家属、驻市部队、离退休干部和先进典型中精心挑选20名成员组成宣讲团，进机关、进学校、进企业、进社区、进农村开展巡回宣讲70余场次，受教育党员群众达1.5万余人次，全市掀起了学先进、争先进、赶先进的浓厚氛围。深入开展“双重温双对照”活动，重温党章党规，对照合格党员标准，进行党性分析，检视自己的理想信念和思想言行，永葆政治本色；重温入党申请书，回顾入党初心，对照入党后个人思想和工作实际，深刻反思找差距，列出自身存在的问题和不足。通过上级点、集体议、群众提、自己找等方式，全市各级领导班子成员共查摆问题2676个，并逐项抓好整改。全市广大党员干部进一步筑牢了信仰之基、补足了精神之钙、把稳了思想之舵。

三、聚焦干事创业敢担当，进一步推动了在自贸试验区、自贸港建设中更好扛起海口担当。紧紧围绕自贸试验区、自贸港建设，认真落实省委“全面深化改革开放政策落实年”部署，抓好“两个确保”百日大行动，加快推动海口高质量发展，各项事业发展取得新进展。经济保持健康发展势头，集中开工七批130个自贸试验、自贸港建设项目，完成投资260亿元，项目数和投资额全省第一。改革发展活力明显增强，新增市场主体增长56.1%，实际利用外资实现翻番，新增高新技术企业140家、现有总数占全省的73%。园区建设持续加快，江东新区初步建立“1+6+13+16”规划体系，起步区、临空经济区建设全面开工；高新区获评国家知识产权示范园区，美安科技新城“园中园”开发模式取得突破；综保区进入全国百家综合保税区外贸28强；复兴城西海岸互联网总部基地开工建设。在推动改革发展中，坚持激励约束并重，提拔重用基层干部242名，出台干部澄清正名实施办法和查处公职人员诬告陷害行为实施办法，有效保护了干部工作的积极性。同时，严肃查处不作为慢作为乱作为等问题142件239人，给予党纪政务处分82人。全市广大党员干部的工作责任感进一步增强，只争朝夕、奋发有为的干劲进一步激发，改革发展稳定各项工作取得较好成效。

四、聚焦为民服务解难题，进一步强化宗旨意识，一批群众最急最忧最盼的问题得到解决。坚持以人民为中心的发展思想，站在人民立场开展主题教育，以“双访双看”“双整治双提升”等活动为抓手，着力解决群众的操心事、烦心事，人民群众得到更多实惠。访重点企业、看服务经济的举措是否到位，共访重点企业1287次，帮助企业解决实际问题640件。高新区为解决企业“多头跑、跑多趟”的问题，建立“企业秘书”制度，为园区6个集中开工项目和159个在建项目配备77名企业秘书，提供精准化、保姆式服务。访信访群众、看呼声强烈的问题是否解决，共访信访群众1616人次，帮助解决难点堵点问题1363件。通过市级领导包案的方式，妥善解决了市口腔所、中信台达、五源河公寓等5件信访事项，实现案结事了。整治党员干部政策落实难、侵害群众利益、“庸懒散虚”等突出问题，查处违反中央八项规定精神和“四风”问题241件353人，通报曝光97起143人。持续整治群众反映强烈、与百姓生活密切相关的物价高等问题，抓好非洲猪瘟疫情防控，抓好保供稳价，中秋、国庆期间14种基本蔬菜和猪肉价格下降15%，菜价高的问题得到一定改善。全市广大党员干部为民服务的宗旨意识不断强化，为群众办了一批看得见的实事好事。

五、聚焦清正廉洁作表率，持续正风肃纪反腐，坚决维护好海口政治生态上的“青山绿水”。把主题教育与正风肃纪反腐紧密结合起来，及时召开市领导班子会议和市委常委会，传达中央关于对张琦涉嫌严重违纪违法进行纪律审查和监察调查的决定，举一反三，引以为戒，警钟长鸣，从严从实压实全面从严治党责任，一体推进不敢腐、不能腐、不想腐，保持为民务实清廉的政治本色。深入开展警示教育，落实“一书两会三报告”制度，选取17起典型案件开展警示剖析，在受处分人员所在镇、村召开警示教育大会16次，做到了“查处一案、警醒一片、教育一方”。推动中央“基层减负年”和省委“政策落实年”落地见效，坚决破除形式主义、官僚主义，全市发文量下降超过20%，基层干部有了更多的时间和精力去抓工作、抓落实。零容忍惩治腐败，紧盯重大工程、重点领域、关键岗位，加大查处力度，全市纪检监察机关立案545件，给予党纪政务处分435人，移送检察机关37人，严肃查处了美兰区龙岐村棚改项目腐败案等一批违纪违法问题。推动全面从严治党向基层延伸，深化扶贫、环保等领域专项治理，共查处扶贫领域腐败和作风问题25件、处理123人，查处生态环保领域问题56件72人，维护了群众的切身利益。全市广大党员干部对全面从严治党的认识进一步深化，纪律意识和规矩意识得到提升，公正用权、依法用权、廉洁用权的自觉性得到增强。

六、聚焦专项整治抓整改，解决了一批事关长远、涉及大局的难题。持续强化政治监督，组织开展贯彻落实习近平总书记“4·13”重要讲话精神监督检查；启动对15个单位党组织的常规巡察，发现问题1379个，移交问题线索234件253人，立案审查47件47人，给予党纪政务处分13人。把开展专项整治作为重要抓手，以小切口入手，大力度抓问题整改。聚焦中央部署的8个方面专项整治、省委部署的“8+2+3+2”专项整治和深化措施，结合海口实际细化方案和措施，强化责任、挂图作战，重拳整治扶贫领域、教育医疗、环境保护、食品药品安全等方面侵害群众利益的问题取得实效。加大基层党组织软弱涣散整治力度，调整撤换村党组织书记10名、其他村“两委”干部25名，选派111名优秀干部任建档立卡贫困村和基层软弱涣散党组织村第一书记，基层党建工作力量得到增强。深入推进扫黑除恶专项斗争，打掉的团伙数、破案数、抓获团伙成员人数、打击“黑财”等指标均排名全省前列；立案查处涉黑涉恶腐败和“保护伞”案件80件86人，给予党纪政务处分73人，移送检察机关14人，扫黑除恶工作得到中央第十八扫黑除恶督导检查组肯定。以制度创新为核心，无税不申报等5项制度入选全省制度创新案例，以制度创新引领全面深化改革开放新格局加快形成。全市广大党员干部勇于自我革命的精神得到强化，有力推动了经济社会发展。

（摘自《在全市“不忘初心、牢记使命”主题教育总结大会上的讲话》）

大事纪要

海口十大新闻

1. 守初心、担使命，扎实推进主题教育；作贡献、抓落实，坚决打起海口担当。

2019年，海口各级党组织和广大党员学习贯彻习近平新时代中国特色社会主义思想，贯彻“守初心、担使命，找差距、抓落实”的总要求，推进“不忘初心、牢记使命”主题教育。市委常委班子深入贯彻习近平总书记“4·13”重要讲话和中央12号文件精神，牢记“三区一中心”战略定位，带头抓好学习教育、调查研究、检视问题、整改落实，推动一批群众最急最忧最盼的问题得到有效解决。以学促改，出台《关于进一步促进民营经济健康发展的若干政策措施》，打造法治化、国际化、便利化营商环境，得到央视《新闻联播》点赞。在“我为加快推进海南自由贸易港建设作贡献”的热潮中，浓墨重彩彰显了海口担当。

2. 江东新区奋进“两区一标杆”，自贸港建设海口当好“领头羊”。

2019年5月，《海口江东新区总体规划（2018—2035）》获批复，以此提纲挈领，江东新区“1+6+13+16”规划编制体系基本成型。通过海南自贸区建设项目集中开工和签约系列活动，一批先导性项目、产业项目加快建设，重量级企业和项目纷纷落地，江东新区管理局积极探索“法定机构＋市场运作”治理服务模式。这块欣欣向荣的热土全力以赴打造实现社会主义现代化的先锋区、中国特色自由贸易港建设的新标杆和建设美好新海南的示范区，海口努力以实际行动在推动建设自贸港中作表率，挑重担，当好“领头羊”。

3. 稳中求进提质增效，经济发展谱写高质量新篇。

2019年，海口坚持高质量发展，以供给侧结构性改革为主线，沉着应对经济下行压力，聚焦三大领域，围绕“十二大重点产业”，转方式、调结构、促发展取得新成效。全年全市实现地区生产总值1671.93亿元，增长7.5%；地方一般公共预算收入185.3亿元，增长9.1%。产业结构转型升级，医药、互联网、旅游、金融、会展、现代物流、特色农业提高发展质量。以项目为抓手，落实“两个确保”百日大行动。经济发展基础不断夯实。园区集聚效应不断放大，消费热点亮点层出不穷。

4. 水体治理树典范，生态海口添彩美丽中国。

2019年，海口牢固树立绿水青山就是金山银山的理念，坚持“生态环境只能变好不能变差”，严格抓好中央生态环保督察反馈问题的整改，纳入国家考核的黑臭水体全部消除黑臭，纳入全省考核的城镇内河湖污染水体全部达标，水环境治理被国务院列为典型经验通报表扬，获中央财政4亿元奖补。海口不断改善城乡人居环境，推进大气污染专项整治，环境空气质量位列全国168个重点城市前列，环境质量进一步提升。

5. “扫黑除恶”雷霆推进，“平安海口”不断深化。

2019年，海口坚持共建共治共享，推进社会治理现代化，加快构建基层社会治理新格局。按照中央和省委、省政府部署，以雷霆之势推动扫黑除恶专项斗争，打掉团伙数、抓获团伙成员数等指标均排名全省第一，得到中央督导检查组肯定。第一轮禁毒三年大会战顺利收官，获评全国禁毒示范创建工作先进城市。全市社会治安持续好转，平安海口建设扎实推进。石山派出所被公安部命名为首批“枫桥式公安派出所”，海口特色的调解工作走向全国。人民安居乐业、社会安定有序。

6. 改革聚力制度创新，营商环境更加法治化、国际化、便利化。

2019年，海口全面完成党政机构改革，构建系统完备、科学规范、运行高效的机构职能体系。对标法治化、国际化、便利化的营商环境和公平统一高效的市场环境，持续深化“放管服”改革，172个行政审批服务事项均纳入“一窗”集中受理。142项社会民生服务事项实现全流程“不见面”审批。无税不申报等5项制度入选全省制度创新案例。国企、司法、行政执法、知识产权保护等重点领域改革进一步激发活力。人才服务“一站式”平台广纳高层次人才。国际友城增至41个，柬埔寨王国驻海口总领事馆开馆，“一带一路”合作之路越走越宽广。

7. 贫困人口全部脱贫，乡村振兴捷报频传。

2019年，海口紧抓“两不愁、三保障”突出问题，坚决打赢精准脱贫攻坚战。以党建为引领，严查扶贫领域违纪违法问题，在产业扶贫、就业扶贫、金融扶贫、住房安全保障等方面多点开花，全市存量建档立卡贫困人口全部脱贫，建立稳定脱贫长效机制，连续两年获“全省脱贫攻坚大比武”第一名。乡村振兴加快推进。农村人居环境整治惠及父老乡亲，热带特色高效农业王牌打响全国，特色旅游点扮靓美丽乡村，农村集体产权制度改革稳步推进，集体经济发展蒸蒸日上。

8. 保供稳价持久发力，民生海口再创佳绩。

2019年，海口民生支出186亿元，增长7.8%。多措并举落实“菜篮子”保供稳价工作，全力抓好非洲猪瘟疫情防控，推动平价菜、放心肉进社区、上餐桌。市委、市政府坚持以人民为中心，提升公共服务水平，做好稳就业、教育优先、跨省异地就医住院医疗费用直接结算等工作，健全社会保障体系，试点城企联动普惠养老。海口湾畅通工程示范段建成，丘海大道、海瑞桥等6个积水点完成改造，提前一年实现建制村100%通客车，群众的获得感幸福感源源不断。

9. 跨海跨年共飨文旅盛宴，百场狂欢搅热国际旅游消费年。

2019年12月31日晚，“跨海·跨年 久久不见海口见”跨年狂欢季的重头戏——湖南卫视跨年演唱会在五源河体育中心震撼亮相，4万多名市民游客观演迎新年。海口响应海南国际旅游消费年，从2019年11月15日到2020年2月，密集推出华晨宇演唱会、《敦煌·慈悲颂》海南新年音乐会、“2020海南免税之夜”、“光景如诗·骑楼”等百场大型活动，紧扣吃、住、行、游、购、娱丰富旅游消费，全力打造“跨年到海口，来了不想走”的跨年狂欢品牌，丰富升级海口文旅融合新业态，助力海南国际旅游消费中心建设。

10. “长者饭堂”覆盖城乡，文明实践铸魂暖心。

2019年重阳节，海口市13家乡镇“长者饭堂”同时揭牌。海口积极探索、大胆实践，不断创新养老服务新模式，提高养老服务水平，以乡镇“长者饭堂”助餐服务活动开展为契机，在养老服务新模式上探索更多的可复制、可推广、可持续的经验。琼山区、美兰区入选全国首批50个新时代文明实践中心建设试点以来，海口用“红色引擎”引领新时代文明实践中心建设，自觉扛起举旗帜、聚民心、育新人、兴文化、展形象的使命任务，以志愿服务为抓手凝聚强大合力，暖民心，解民忧，努力探索新时代文明实践新经验新成效。

大事记

1月

5日　海口市进一步放宽人才落户的学历、年龄等条件，符合条件的，即可在海口市工作地或实际居住地申请人才落户。

8日　2019年海南首个原创国际文化IP——“30+国际艺术设计周”在海口市民游客中心开幕。活动持续至1月22日。

10日　中共海口市委十三届九次全会暨市委经济工作会议召开。全会由市委常委会主持。会议应到市委委员44人，实到37人；应到市委候补委员9人，实到7人，符合规定人数。全会听取市委常委会的工作报告、2018年海口市干部选拔任用工作报告，民主评议2018年度干部选拔任用工作和2018年新选拔任用干部，审议通过《中国共产党海口市第十三届委员会第九次全体会议暨市委经济工作会议决议》。

18日　2019年世界湿地日中国主场宣传活动在海口五源河国家湿地公园举行。在开幕式上，海口市湿地保护管理局获得首届“生态中国湿地保护示范奖”。

19日　位于海口市日月广场射手座、双子座的海口免税店开业，经营面积2.2万平方米，首期开业面积1.3万平方米。

28日　海口市人民政府与北京字节跳动科技有限公司在北京签订合作协议。北京字节跳动科技有限公司是当前中国知名互联网科技公司之一，旗下产品有“今日头条”“抖音”等。

1月　海口、福州、南昌、青岛、贵阳5个城市获批试点利用集体建设用地建设租赁住房。

△一群国家二级保护动物白鹈鹕飞落在龙华区龙泉镇美仁坡村，村民成立护鸟小组跟踪保护。

2月

8日　大型艺术展“我们的节日——首届海南岛国际艺术生活展”在海口市民游客中心开幕。300多件高雅艺术与民间艺术参展。展览持续至2月19日。

11日　全省2018年度“河长制”“湖长制”总结评估结果出炉，海口市获评优秀等次且考核成绩位列全省第一名。

△春节期间“禁燃令”的实施，使全省18个市县（不含三沙市）空气质量优良率达99.2%，优级天数比例较上年上升29.3%。其中，海口市环境空气质量等级全部为一级优，优秀率100%，为此前近几年同期最高。

13日　海口市人才服务“一站式”平台窗口在市政府服务中心启用。

20日　海口市委从市区机关、事业单位、国有企业、双管单位中选派800余名乡村振兴工作队员到全市所有镇、行政村开展工作。被选派的乡村振兴工作队员在经过两天半的学习培训后，分赴22个镇、248个行政村报到并开展工作。

21日　海口发放首批人才住房补贴共2.65万元。首批符合申请人才住房补贴条件的单位为5家，申请人为7人，其中本科学历6人、研究生1人。

22日　于20日召开的政协海口

市第十四届委员会第四次会议（简称“市政协十四届四次会议”）会议完成各项议程，在海南国际会展中心闭幕。大会选举郭燕红为市政协十四届委员会主席，选举张霁、陈洪为市政协十四届委员会副主席。会议审议通过市政协十四届四次会议关于常务委员会工作报告的决议、市政协十四届四次会议关于市政协十四届三次会议以来提案工作情况报告的决议，审议通过市政协十四届委员会提案法制委员会关于市政协十四届四次会议提案审查情况的报告和市政协十四届四次会议政治决议。

△央视财经频道《中国经济生活大调查（2018—2019）美好生活数据发布之夜》在北京举行。海口上榜2018—2019年度美好生活指数最高的10个省会城市和直辖市榜单。

23日 历时2天半的海口市第十六届人大五次会议，完成各项议程，在海南国际会展中心闭幕。大会补选冯琳为海口市第十六届人民代表大会常务委员会副主任；补选王丹靖、左娟、徐应新、黄小军为海口市第十六届人民代表大会常务委员会委员。大会表决通过《海口市第十六届人民代表大会第五次会议关于政府工作报告的决议》《海口市第十六届人民代表大会第五次会议关于海口市2018年国民经济和社会发展计划执行情况与2019年国民经济和社会发展计划的决议》《海口市第十六届人民代表大会第五次会议关于2018年海口市和市本级预算执行情况及2019年海口市和市本级预算的决议》《海口市第十六届人民代表大会第五次会议关于海口市人民代表大会常务委员会工作报告的决议》《海口市第十六届人民代表大会第五次会议关于海口市中级人民法院工作报告的决议》《海口市第十六届人民代表大会第五次会议关于海口市人民检察院工作报告的决议》。

25日 海口市机构改革动员大会召开，标志着海口市机构改革工作进入实质性落实和推进阶段。会议由市委副书记、市长丁晖主持，市人大常委会主任杜立文、市政协主席郭燕红出席会议，市委副书记鲍剑在会上宣读《海口市机构改革方案》。改革后，设置党政机构45个，其中纪律检查委员会监察委员会机关1个、市委工作机关13个、市政府工作部门31个。

2月 《海口市引进人才住房保障实施细则》印发实施。

3月

3日 2019海口马拉松开跑，万名比赛选手从起点美舍河凤翔湿地公园出发。该次马拉松全程42.195千米，半程21.0975千米，共13403人参赛，包括27名来自14个国家的外籍运动员。该次比赛共设全程马拉松、半程马拉松和欢乐跑3个项目，增设一个特别奖项：市民奖，旨在鼓励本地选手参赛。最终，肯尼亚选手基姆泰以2小时30分30秒的成绩夺得男子全程马拉松冠军，埃塞俄比亚选手阿贝贝和中国选手王涛分获亚军和季军。埃塞俄比亚选手塞曼以3小时12分57秒获得女子全程马拉松冠军，两名中国选手房广霞和孙艳平分获亚军和季军。

13日 龙华区新坡电商服务中心在新坡镇正式投入运营。该中心是海南省首个采用“区级+镇级+村级”三级联动运营的电商服务中心，通过打造上联生产、下联消费的新型营销模式，促进农产品销售，助力乡村振兴。

16日 蜈支洲岛杯2019第十届环海南岛国际大帆船赛在海口市国家帆船基地公共码头开幕，来自18个国家和地区的56支船队600余名选手展开为期8天的角逐。

18日 海南自由贸易试验区建设项目（第三批）集中开工和签约活动在海口国际免税城项目现场举行。海口第三批集中开工的项目共12个，总投资201.8亿元，涉及交通基础设施、医疗教育、生态文明建设等领域。其中政府投资项目7个、投资额63.3亿元、社会投资项目5个，投资额138.5亿元。

△15时，海文大桥正式通车。由此，从文昌铺前镇到海口的路程由原来的一个半小时缩短至20分钟。

25日 海口首条纯电动双层观光公交专线举行试运行仪式，15辆双层观光巴士投放试运行，规划的观光路线起讫站为新海港到花卉大世界。

26—27日 海口市新组建的政府机构——市卫生健康委员会（加挂市爱国卫生运动委员会办公室牌子）、市园林和环境卫生管理局、市司法局、市政务管理局、市市场监督管理局、市住房和城乡建设局、市农业农村局成立，并分别举行挂牌仪式。

27日 中共中央政治局常委、国务院总理李克强在出席博鳌亚洲论坛期间到海口考察。在海南金盘智能科技公司，李克强了解企业深化增值税改革实施情况；在美兰区海甸街道新安社区了解社区养老服务情况；在海南经贸职业技术学院，听取学校发展情况汇报。

28日 海南首条直达台湾的集装箱班轮航线——海口至台北航线，在海口港集装箱码头举行开航仪式。

29日 海口市新组建成立的党政机构——市委外事工作委员会办公室、市退役军人事务局、市医疗保障局分别举行挂牌仪式。

△海口首家医疗集团——海口市人民医院医疗集团签约成立。

4月

1日 《海口市公共租赁住房保障管理办法》（2019年修订）施行，有效期五年。

8日 中国银保监会批复同意常熟银行筹建兴福村镇银行股份有限公司，这是全国首家获批的投资管理型村镇银行，注册地址为海口市琼山区国兴大道2号海航豪庭南苑，是一家独立法人机构，实缴注册资本金13.8亿元。

△海口市建成全国首个环境振动自动监测站。该自动监测站可实时反映海口高铁沿线环境振动质量情况，并建立全市环境振动信息数据库。

11日　最高人民法院批复同意海南设立海口知识产权法庭和海南涉外民商事法庭，对全省技术类知识产权一审民事、行政案件和涉外民商事一审案件进行集中管辖，更好地适应海南自由贸易试验区建设的新形势和新需求，加快形成法治化、国际化、便利化营商环境和公平统一高效的市场环境。

14日　在第十七届中国国际人才交流大会“深圳论坛”上，2018年“魅力中国——外籍人才眼中最具吸引力的中国城市”发布，海口首次获评最具潜力城市。

△“海口火山荔枝”和“海口火山石斛”地理标志证明商标获得国家市场监督管理总局批准，火山系列农产品品牌价值不断提升。

21日　农业农村部接到中国动物疫病预防控制中心报告，经海南省动物疫病预防控制中心确诊，海口市秀英区1家生猪养殖户、澄迈县2家养殖户、保亭黎族苗族自治县1家养殖户、陵水黎族自治县2家养殖场户发生非洲猪瘟疫情。截至是日，秀英区发生疫情养殖户共存栏生猪252头，发病252头，死亡43头。

4月　上海市第六人民医院副院长张长青教授在海口骨科与糖尿病医院为1名32岁的男性患者移植肋软骨，成功进行国际公认首选的“保髋治疗”。这也是海南首例移植肋软骨手术，让“不死的癌症”患者得到有效救治。

5月

13日　《海口江东新区总体规划(2018—2035)》通过海南省政府常务会议审议，海口江东新区建设蓝图正式确定。

△海口市召开“彰显城市特色、践行绿色理念”建筑设计改革创新试点工作会议，启动建筑设计改革创新试点工作。

18日　海南自由贸易试验区建设项目（第四批）集中开工和签约，海口在金盘科技海口数字化工厂项目工地现场设分会场举行仪式。10个集中开工项目总投资55.4亿元，9个集中签约项目总投资124.3亿元。

21日　2019自由贸易园区发展国际论坛在海口开幕。论坛以“打造更好营商环境，建设自由贸易新高地”为主题，共800名政商学界代表参加，围绕自贸园区营商环境、服务贸易开放发展、金融创新、差异化发展等主题进行深入探讨。

24日　海口市青少年思想道德教育基地在中共琼崖“一大”旧址挂牌建立。

△海口市首个文明志愿服务专业培训基地投入使用。基地位于美兰区演丰镇曲口墟。

△农业农村部接到海南省农业农村厅报告，经评估验收合格，海南省儋州市、万宁市、海口市秀英区、澄迈县、保亭县、陵水县非洲猪瘟疫区解除封锁。

25日　海口市行政审批改革工作推出新举措，海口市社会民生服务百项业务“一窗式”“不见面”审批正式上线运行。172个行政审批服务事项纳入“一窗”集中受理；142个社会民生服务事项实现全流程“不见面”审批。

29日　海口市民游客中心举行揭牌仪式。

31日　海口市首个街道党建工作站在秀英区海秀街道天海社区居委会揭牌启用。该工作站的成立，开启海秀街道“组织联建、党员连管、活动联办、服务联升”四联共建的新模式。

△海南省首家“三甲”妇幼保健机构——海南省妇幼保健院举行“三甲”医院揭牌仪式，成为全省第一家三级甲等妇幼保健院。

5月　海口获评由财政部、住建部、生态环境部联合举办的第二批城市黑臭水体治理示范城市，成为20个全国黑臭水体治理示范城市之一，是海南省入围的唯一城市。

6月

6日　海口入选首批5G城市名单。

15日　在阿拉善盟行政公署和阿拉善SEE生态协会联合主办的“第七届中国企业绿色契约论坛暨第八届SEE生态奖颁奖典礼”上，海口获第八届SEE生态奖，也是海南省唯一一个入选城市。

24日　中国社科院（财经院）与经济日报社在北京共同发布“中国社会科学院（财经院）创新工程重大成果《中国城市竞争力报告No.17：住房，关系国与家》”。海口在2018年中国城市宜商竞争力排行榜中排名38名，在2018年中国城市宜居竞争力排行榜中排名42名。

△海口市人民政府批复同意建立五源河下游蜂虎保护小区，成为海口市除金沙湾蜂虎湿地保护小区外的第二个以蜂虎为保护对象的湿地保护小区。自此，海口湿地保护小区从45个增加到46个。

26日　全省首张“建筑工程许可告知承诺制”许可证在海口发放。

6月　海南海口，辽宁丹东，山东青岛、日照和威海，江苏连云港，浙江台州、温州，福建莆田，广西北海10个城市入选国家“蓝色海湾整治行动”城市，整治时间为2年。

△海口市琼山区三门坡镇晨光村、莲塘村，美兰区演丰镇边海村、林市村入选第五批中国传统村落名录。

7月

1日　《海口市志愿服务条例》施行。

△海南省税务局创新税务征管模式，从即日起在海口率先试点推广“无税不申报”制度。“无税不申报”税（费）种范围包括增值税和消费税及其附加税费等17个税（费）种，纳税人需同时满足当期无应税收入或计税依据为零等3个条件。

△海口市郊列车通车运营。海口市郊列车是国内第一条利用高铁开行的城际列车，也是海南省首条投入运行的快速城市轨道交通线路，运行最高时速160千米，共设置海口、长流、秀英、城西、海口东、美兰6个站点。

△海口公交专用道示范段启用，6条公交专用道示范段涉及25个公交站点，50余条公交线路全部调整至公交专用道全时段通行。

9日　根据《中国教育现代化2035》和《加快推进教育现代化实施方案（2018—2022年）》的部署，教育部联合海南省人民政府研究制定《关于支持海南深化教育改革开放实施方案》，支持海南创建国际教育创新岛。

12日　海口国家高新技术产业开发区获批创建国家知识产权示范园区，建设周期为2019年6月至2022年6月。

16日　海口市人民政府与西班牙波菲建筑设计有限责任公司（简称波菲建筑设计公司）签署合作框架协议。波菲建筑设计公司成为首家落户海口市的国际知名建筑设计公司，也是海南启动自由贸易试验区建设以来落户的最大的国外建筑设计公司。

18日　海南自由贸易试验区建设项目（第五批）集中开工和签约。海口共有17个重点项目集中开工，总投资88亿元；集中签约项目16个，协议投资额52.8亿元。

19日　“海口国际美食之都”授牌仪式在海口日月广场举行。

23日　海南省委深改办（自贸办）举行新闻发布会，对外发布中国（海南）自由贸易试验区第四批7个制度创新案例，海口“一站式”公共服务平台——椰城市民云入选。

24日　海南省委深改办（自贸办）发布中国（海南）自由贸易试验区第四批10项社会治理类制度创新案例，海口湿地保护管理三级网络体系上榜。

26日　2019海南国际旅游岛音乐产业发展论坛暨海口观澜湖国际音乐节在海口开幕，活动持续至8月1日。

28日　文化和旅游部公布第一批全国乡村旅游重点村名单，海口市美兰区演丰镇山尾头村和秀英区永兴镇冯塘村入选。

7月　海南省人民政府印发《关于支持海口江东新区发展的措施（试行）》等4个“一园一策”通知，其中明确海南制定出台9条具体举措，推动海口江东新区高质量发展，推进海南自由贸易试验区和中国特色自由贸易港建设。

△《海口市工程建设项目审批制度改革实施方案》公布，在全省范围内率先建立“全流程、全覆盖”的改革事项清单，做到清单化、表格化、标准化。

△海口市互联网医疗集团在复兴城国际社区医疗中心挂牌成立。该集团将整合海口辖区医疗资源，为市民提供以预约挂号、互联网门诊、在线复诊、私人医生、开药及配送等为主的线上线下结合的专业服务。

△由海口市妇幼保健院与广州达瑞生物科技有限公司合作共建的临床医学分子“国家地方联合工程实验室”“海口转化医学研究基地”在市妇幼保健院挂牌，标志着海口出生缺陷综合防治服务体系迈入“国家队”行列。

8月

13日　海口首次发布环境资源审判白皮书，通报2016年1月至2019年7月海口法院环境资源审判工作整体情况，披露10起环境资源审判典型案例。

14日　“全国关心下一代党史国史教育基地”挂牌仪式在海口市解放西路竹林里131号中共琼崖一大旧址举行。

29日　海口市首个海洋产业集聚区落户海口国家高新技术产业开发区国际科技创新中心世创联创新工场，海口市自然资源和规划局予以授牌。

8月　中央文明办向全国推介海口演东村新时代文明实践中心试点经验。

△由海口国家高新技术产业开发区、海口国家高新区孵化器运营管理有限公司、新加坡佳士科技创新工场与武汉光电工程院共同发起创建的“新加坡—海口国家高新区国际创新创业中心”在新加坡揭牌。这是海南省首个具有招商引资、项目共同孵化、人才引进多功能研发孵化、科技成果转移转化等多项功能的海外离岸孵化器，未来将引进多个优质项目到海口国家高新技术产业开发区落地转化。

9月

1日　即日起，琼州海峡客滚运输全面实行班轮化运营，实现“定船舶、定码头、定班期”。

△《海口市扶持会展业发展若干规定（修订）》实施，有效期5年。

5日　海口市驻法院人民调解室和律师调解室在海口市中级人民法院揭牌成立。

7日　海口首批试点农村房地一体及集体建设用地确权登记颁证仪式在琼山区云龙镇卜禄村举行，标志着海口农村宅基地有了“身份证”。

16日　海口市“不忘初心、牢记使命”主题教育动员大会召开。

17日　《海口市人民代表大会常务关于优化营商环境的决定》公布实施。

18日　2019年“新华信用杯”百佳信用典型案例获奖作品公示，海口市“信用+溯源”模式推动食品安全信用体系建设案例成功入选。“新华信用杯”由国家发改委指导，新华社等媒体主办，共有20多个省（自治区、直辖市）的300多份信用案例参评，海口市“信用+溯源”模式案例是海南唯一入选案例。

△海南自由贸易试验区建设项目（第六批）集中开工和签约，海口集中签约项目14个，总投资85.5亿元。

26日　海口知识产权法庭挂牌成立，是全国设立的第20家知识产权专门法庭，设置在海口市中级人民法院，对全省知识产权案件进行集中管辖，办理知识产权案件的立案、审判、执行工作。

27日　海口市美兰区在海府街道办事处举行政协委员联系点授牌仪式，在下辖的9个街道和4个镇分别设立政协委员联络点。这标志着海口市实现政协工作机构在全市43个镇（街）的全覆盖。

9月 《海口市促进跨境电子商务及国际快件产业发展暂行办法》对外发布，从支持跨境电商基础设施建设等6个方面提出资金扶持政策。

10月

7日 海口市13家乡镇长者饭堂同时揭牌，启动乡镇长者饭堂助餐服务。

10日 柬埔寨王国驻海口总领事馆正式开馆，这是中华人民共和国成立以来外国在琼设立的首家总领事馆。

11日 ATB区块链商学院在海口成立。

15日 海口五源河湿地教育中心揭牌。这是全省首个依托国家湿地公园设立的湿地教育中心，也是海口在探索保护地与社会组织共建湿地教育中心的一次管理模式和运营机制创新。

10月 海南省政府印发《海南省新一轮户籍制度改革实施方案（试行）》，明确海南省基本取消本省（除三沙外）落户限制。根据方案，省内居民可在有合法稳定住所（含租赁）的城区、建制镇的社区落户。省外居民取得本省居住证并参加海南省城镇从业人员基本养老保险（暂不含临时养老保险缴费账户）和海南省城镇从业人员基本医疗保险的，可在有合法稳定住所的城镇社区落户。

11月

1日 “跨海·跨年 久久不见海口见”海口跨年狂欢季活动开启，以“跨年+时尚+旅文+消费”为主线，推出九大欢乐盛典、九大狂欢活动、九大欢乐打卡地、九大文体活动、九大美食盛宴、九大话剧展演、九大主题博览会、九大休闲体育系列活动、九大好燃去处等80余项“心动海口，欢乐跨年”活动。活动持续至2020年。

△即日起，海口市市属二级以上公立医院在节假日、周末、夜间开设专家门诊，解决广大群众上班时间没有时间看病，节假日、周末、夜间没有专家看病问题。

2日 在德国纽伦堡国际发明展活动期间，海口市第一中学参赛团队所携的“自动寻光花盆”“小型智能隧道旋挖机”“磁力锁防盗门”以及“智能四合一水杯”4个参赛项目共获1金3银。

11日 海口科技金融路演中心在海口高新区美安管理中心揭牌并举行路演活动，这是海南首家科技金融路演中心。

18日 海口国际投资促进局（简称“海口投促局”）成立，将在承担服务总部企业、招商代理、引进外资、区域合作等法定职责范围内开展经贸活动。海口投促局是由海口市政府发起、依法登记设立的法定机构，不以营利为目的，不列入行政机构序列。

△海南自由贸易试验区建设项目（第七批）集中开工和签约，海口集中开工项目28个，总投资357亿元；集中签约项目16个，协议投资额1.84亿元。

22日 海南大学校长骆清铭当选中国科学院生命科学和医学学部院士。

27日 海口市公安局实施省内外居民落户海口新政，明确租房居住在海口的省内外户籍居民可落户，取消办理夫妻投靠业务中“市外夫妻投靠需结婚登记满一年”的限制条件。

11月 海口发放首块非道路移动机械环保号牌。

△琼山区甲子镇“甲子绿头鸭”获评国家地理标志证明商标。

△琼山区大坡镇树德村获评“国家森林乡村创建工作样板村”称号，是海南省唯一获此称号的乡村。

12月

3日 海口市与荷兰梅珀尔市签署建立友好城市关系意向书，海口国际友城（包括友好交流城市）增至40个。

6日 海口市召开全市领导干部大会，省委副书记李军出席全市领导干部大会和见面会，宣读中央和省委的决定：由何忠友任省委常委、同意任海口市委书记，并代表省委就此次人事安排作说明。

12日 2019第十五届全球橡胶大会在海口举办，有25个国家的官员、企业负责人、业内专家学者等近600人参加会议。该次大会是全球橡胶大会首次在中国举行。

△外国人来华工作许可（复兴城）服务站揭牌成立。

12—16日 2019年中国（海南）国际热带农产品冬季交易会在海南国际会展中心开幕，共有32个国家和地区的2700多家企业、5300多名客商参会。冬交会期间，超过57万人次参观，现场农产品订单及市县农产品订单累计774.5亿元。

15日 熊猫跳伞周年庆暨海口基地开业仪式在琼山区金林海口甲子通航基地举行。熊猫跳伞是海南省第一家跳伞基地，是海南省旅游项目开发的一个新尝试。

23日 海南省委深改办（自贸办）对外发布社会治理类4项制度创新案例，海口美兰区“微实事”创新社区参与式预算改革案例入选其中。

24日 “德耀椰城”第七届海口市道德模范暨2019年度“海口好人”颁奖仪式举行，共有19人被评为第七届海口市道德模范，21人被评为2019年度“海口好人”。

25日 科技部2019年度国家级科技企业孵化器认定结果公布，海口国家高新区创业孵化中心作为2019年海南省唯一一家孵化器通过认定，实现海南省5年来国家级科技企业孵化器“零”的突破，成为海口首家获批的国家级科技企业孵化器。

△五源河、美舍河两处试点建设的国家湿地公园通过国家林业和草原局验收，成为“国家湿地公园”。

27日 海口市与白俄罗斯共和国格罗德诺市在海口签署缔结友城关系意向书。至此，海口国际友城（含友好交流城市）增至41个，遍布全球五大洲33个国家。

29日 海口市获第五届“2019年社会治理创新典范”城市称号，在全国52个获奖城市中排名第二。

（杜惠珍）

海口概览

地理环境

【位置与面积】海口市位于北纬19° 31′32″～20°04′52″，东经110° 07′22″～110°42′32″。地处海南岛北部，东邻文昌市，南接定安县，西连澄迈县，北临琼州海峡与广东省隔海相望。东起大致坡镇老村，西至西秀镇拔南村，两端相距60.6千米；南起大坡镇五车上村，北至大海，两端相距62.5千米。总面积3126.83平方千米。其中，陆地面积2296.83平方千米，占73.46%；海域面积830平方千米，占26.54%。

【地形地貌】海口市地形略呈长心形，地势平缓，海南岛最长的河流——南渡江从中部穿过。西北部和东南部较高，中部南渡江沿岸低平，北部多为沿海小平原。全市除石山镇境内的马鞍岭（海拔222.8米）、旧州镇境内的旧州岭（199.9米）、甲子镇境内的日晒岭（171米）、永兴镇境内的雷虎岭（168.3米）等38个山丘较高外，绝大部分为海拔100米以下的台地和平原。马鞍岭为全市最高点。

海口市地质构造属于雷琼裂谷南部拗陷区。中新世及上新世海南岛王五—文教大断裂以北至琼州海峡发生断陷，形成陆海面积3135平方千米的琼北断陷盆地，堆积巨厚的新生代（第三纪）地层，至全新世（第四纪），并有多次地震和海底火山活动，有多期火山岩相间分布于第三纪和第四纪沉积层之中，出露于地表组成琼北基性（为主）火山熔岩台地，分布面积广。上新世晚期，海岛北部地壳上升，其中也有几次火山喷发；中全新世以后，北部和东北部地壳缓慢下降，接受沉积。海口市位于琼北新生代断陷盆地中，由新生代琼北断陷盆地（为主）与琼东北隆起（东南部）构成，位于区域性近东西向、近南北向、北东向和北西向断裂的交接复合部位。地层主要属新生代古近纪（为主）至第四纪的滨海相、海陆交互相地层。岩浆岩有零星出露的侵入岩和大面积广布的基性（为主）、超基性火山岩。

地貌类型大致分为滨海平原、河流阶地、丘陵及熔岩台地三部分。北部为滨海平原带，地势低平，面积广大，占总面积的52%；中部为南渡江沿江阶地带，占总面积的43%；东南部为丘陵台地带，西部为熔岩台地带，仅占总面积的5%。西北部和东南部较高，中部南渡江沿岸低平，北部多为沿海小平原。地表主要为第四纪基性火山岩和松散沉积物大面积分布，滨海以滨海台阶式地貌为主，西部以典型的火山地貌为主。

【土壤】分为水稻土、砖红壤、菜园土、潮沙泥土、滨海盐渍沼泽土、滨海盐土、滨海沙土、石质土8个土类，12个亚类，43个土属，110个土种。

（杜惠珍）

【气候】2019年，海口气候影响属一般年景，年平均气温偏高，年降水量正常，年日照时数正常。年平均气温25.8℃，较常年偏高1.4℃，各乡镇年平均气温在24.7℃～27.1℃之间，总体上呈北高南低分布。年总降水量1798.7毫米，较常年偏多6%，各乡镇年总降水量1221.9～2267.9毫米，中部、西部降水量较大。年日照时数为2017.6小时，较常年偏多62.9小时（3.2%），属正常年份。年内共受4个热带气旋（3个热带风暴和1个强热带风暴）影响，影响个数与常年持平，影响程度偏轻，总体受灾情况较往年略偏轻，主要气象灾害有雷雨大风、短时强降水、台风、高温、大雾等灾害性天气。

热带气旋　2019年7—9月，海口市共受4个热带气旋（3个热带风暴和1个强热带风暴）影响，影响个数与常年持平，影响程度偏轻，有1个台风日雨量超过200毫米，其他台风均在100毫米以下，影响时间均在2～4天。第4号台风“木恩”。7月1日20时在南海北部海面生成，2日21时在海南岛东部近海发展为第4号台风“木恩”（热带风暴级），3日凌晨0点45分前后在海南省万宁市和乐镇沿海登陆，登陆时中心附近最大风力8级（18米/秒）。受其影响，7月1日8时至3日14时，海口市普降大到暴雨，局地大暴雨，强降水中心位于东北部和南部地区，全市平均雨量76.4毫米，市区平均雨量52.1毫米，最大累积雨量为189.4毫米（灵山镇高速路口）。第7号台风

"韦帕"。7月30日17时生成，31日8时加强为第7号台风"韦帕"（热带风暴级），8月1日1时50分在海南文昌翁田镇沿海登陆，登陆时中心附近最大风力9级。8月1日17时40分前后再次在广东省湛江市坡头区沿海登陆，8月2日21时20分前后第三次在广西防城港沿海登陆，登陆时中心附近最大风力9级（23米/秒）。受其影响，7月30日8时至8月2日8时，海口市强降雨中心位于北部和西部乡镇，全市平均降水量236.1毫米，市区平均降水量274.0毫米，最大累积降水量390.2毫米（府城街道政法职业学院），陆地大部分地区伴有7~9级、近海陆地10~11级阵风，最大为29.4米/秒（11级），出现在灵山镇东营。第12号台风"杨柳"。8月27日8时在西北太平洋洋面上生成，中心附近最大风力8级，28日1时前后在菲律宾吕宋岛沿海登陆，29日8时由热带风暴级加强为强热带风暴级（10级），14时减弱为热带风暴级（9级）后向偏西方向移动，从三亚市东偏南方向约50千米的海面上上经过，30日1时30分前后在越南广平省沿海登陆，5时减弱为热带低压。受其影响，8月28日8时至30日8时，海口市过程降雨中心位于北、中、东部乡镇，全市平均降水量28.9毫米，市区平均降水量29.6毫米，其中最大降水量为47.0毫米（白龙街道），陆地大部分地区伴有6~7级、近海陆地8~9级阵风，最大为21.5米/秒（8级），出现在演丰镇北港。第14号台风"剑鱼"。8月31日20时生成，9月3日2时加强为第14号台风"剑鱼"（热带风暴级），并于3日2时30分前后在越南中部沿海登陆，中心附近最大风力8级（18米/秒），3日17时减弱为热带低压，4日2时减弱为低气压。受其影响，9月1日8时至4日8时海口市出现大雨到暴雨，局地大暴雨，降水中心位于市区和西部乡镇，全市平均降雨量176.9毫米，最大累积降水量274.6毫米（永兴镇永兴中学），极大风速23.7米/秒（9级），出现在演丰镇北港。

强对流天气　2019年2—10月，受冷空气、季风槽、海陆风影响，海口市多次出现雷雨大风、短时强降水、冰雹等强对流天气，共发布雷电预警信号20次、雷雨大风预警信号77次，暴雨预警信号20次。其中，2月18日三江镇出现龙卷，2月19日龙泉镇和旧州镇出现冰雹；5—8月海口出现短时强降水的日数最多，特别是5月21日至6月1日，连续11天出现全市范围的雷雨大风或暴雨天气，强对流天气造成城市内涝，对交通、市民生活、工农业生产造成一定的影响。

高温　2019年，海口35.0℃以上的高温日数共55天，高温日数较往年明显偏多，其中6月高温日数最多，达21天。海口永庄国家基准站在6月4—13日连续10天，6月20—30日连续11天出现高温天气。

干旱　2018年9月24日至2019年2月18日，海口市出现148天的秋冬连旱天气过程；2019年2月26日至3月31日出现34天春旱天气过程；4月8日至5月6日出现29天春旱天气过程；11月2日至12月31日出现60天秋旱天气过程。

大雾　2019年，海口市共出现16次大雾天气过程，主要出现在1—2月和12月，最小能见度174米（西海岸观海台），其中1月4—6日、10—11日，2月3日、4日、7日、22日大雾天气较连续。（钟文婷）

【水文】海口市水资源总量26.43亿立方米，地下水资源储量9.23亿立方米。海南岛最长的河流南渡江穿过海口市中部入海。南渡江主流在市区长75千米，流域面积1300平方千米，年径流量60.99亿立方米。海口市主要河流有43条。其中，南渡江水系7条，南渡江干流从海口市西南部东山镇流入境内，穿过中部，于北部入海，入海口段从西向东主要分流有海甸溪、横沟河、潭览河、迈雅河和道孟溪。支流有铁炉溪、三十六曲溪、鸭尾溪、昌旺溪（南面溪）、美舍河和响水河；独流入海的有18条。境内有风潭、铁炉、东湖、风圮、云龙、丁荣、岭北、玉凤、沙坡等水库，总库容量2.05亿立方米。海口市地处南渡江下游河口河网地带和休眠火山口地带，潜水、承压水分布广泛。地下水位于琼北自流盆地面积4605平方千米范围内，980米深度内共分布自上往下具生活饮用水、生活饮用水+饮用天然矿泉水、医疗热矿水三元结构的10个含水层：即潜水2层，半承压水1层，承压水7层。潜水含水层以南渡江三角洲潜水和玄武岩孔隙裂隙潜水为主，分布范围813.7平方千米，单位涌水量为20~5084.6立方米/日·米，允许开采量21.2万立方米/日。地下承压水处于雷琼盆地，含水总厚度200~350米。地下热矿泉水处于琼北自流水盆地东北部新生代厚层，分布面积约200平方千米。

【海域】海口市北面临海，海域面积830平方千米，海岸线长136.23千米。海水平均水温25℃，最高34℃，最低17.2℃。透明度1米，最大达2米。浅海盐度29.6‰~31.8‰。大部分海底平缓，以软泥为主，泥沙次之；靠近沙滩海岸一带海底以细沙为主。近海水质富含有机物质和无机盐。60~100米等深线以内的海域面积约200平方千米，10米等深线以内的浅海、滩涂面积上百平方千米。大部分海岸坡度平缓，岸线开阔连绵，沙岸带沙细洁白，有假日海滩、西秀海滩、粤海铁路通道南站码头海滩、白沙门海滩、东寨港海滨海滩、桂林洋海滩等海滨风景区和游乐区。港湾与近海还有少许岛礁和潮滩。近海海水清澈，常年风轻浪平，有多处为适宜游泳的傍岸泳区。

【自然资源】*动植物* 海口处在橡胶、胡椒等热带经济作物产区，拥有林地9.58万公顷，约占土地面积的42%。地上有野生植物1356种，其中海南特有的40多种，被列为国家一级保护的有苏铁、坡垒、海南黄花梨3种，国家二级保护的有黄檀、粗榧、土沉香、见血封喉等10多种。乔、灌木180多种，其中80多种属经济价值较高的树种，诸如橡胶、椰子、棕榈、龙眼、荔枝、菠萝密、咖啡、黄皮、莲雾、胡椒、槟榔等。药用植物1200多种，其中较著名的有巴戟、益智、砂仁等。境内有野生陆栖脊椎动物140种，其中红胸角雉、山鹧鸪、海南虎鳽（jiān）等5种为海南特有种；被列入国家一、二类重点保护名录的有蟒蛇、唐鱼、海南山鹧鸪等13种。

海洋资源 海口有830平方千米的海域、上百平方千米的海湾滩涂，有利于发展海洋捕捞及海水养殖。管辖海域内共有海岛13个，其中有居民海岛1个，即北港岛；自西向东分布着诸多天然港湾，如金沙湾、新海港、西海岸、秀英港、海口湾、东海岸、东寨港等。其中，海口港为海南交通枢纽和客货集散中心，是中国大陆沿海港口到东南亚各地通航贸易船舶的必经之港，素有“琼州门户”之称。港口岸线资源丰富，从西到东可分为马村岸段、盈滨—天尾岸段、海口湾岸段等多个岸段。马村岸段10米等深线离岸1500～1700米；盈滨—天尾岸段港湾开阔，对巨型船舶稳泊条件较好，适宜建深水港；海口湾的稳泊条件好，可建设大型港口。海洋渔业资源主要有鱼类、虾类、蟹类、贝类等。其中，鱼类有100多种，常见且质优的鱼类有马鲛鱼、黄花鱼、鲻、金线鱼、石斑鱼、海鲤鱼等；虾类有斑节对虾、沙虾、青虾等；蟹类有锯缘青蟹、小蟹、花蟹、膏蟹、梭子蟹等；头足类与贝类有乌贼、墨鱼、鲍鱼、泥蚶、牡蛎等；大型藻类主要为长茎蕨藻、麒麟菜、马尾藻等；传统药用海洋生物有海蛇、海马、海龙、海参、海胆、海星、海兔等。

矿　产 境内已探明矿产资源20种，其中能源矿产有石油、天然气、褐煤、低热值油页岩（油炭质页岩）、泥炭5种；金属矿产有铝土矿、钴土矿、褐铁矿3种；非金属矿产有高岭土、耐火黏土、砖瓦黏土、硅藻土、膨润土、沸石、浮石、建筑用玄武岩、建筑用砂9种；水气矿产有饮用天然矿泉水、热矿水、地下水3种。具备明显优势和开发潜力的矿产资源主要有饮用天然矿泉水、地热水、地下水，以及建筑大宗用的河砂、玄武岩石材、砖瓦黏土等；比较重要的矿产资源有钴土矿、铝土矿、褐煤、低热值油炭质页岩、高岭土、耐火黏土等。地热资源丰富，地热田控制面积约4平方千米，分布在350～700米深度内，水温39.5℃～49℃，矿化度1～2.3克/升。

（杜惠珍）

历史沿革

【建置沿革】西汉时期，海口分属珠崖郡的瞫都、玳瑁、珠崖三县（其治所均在今海口市境内），后珠崖郡被汉王朝废弃。唐高祖时期分属于崖州的舍城、颜卢、琼山三县，后分属于崖州的舍城县、颜城县和琼州的琼山县（其治所均在今海口市境内）。明洪武三年（1370）称海口都，洪武十七年（1384）设海口千户所，洪武二十八年（1395）筑海口城池，称海口所城，至清末不变。民国初年，时称海口港。宋元明清至民国初期，海口基本属琼山县管辖。民国15年（1926）12月9日，广东省批复设立海口市政厅，“习惯上始称海口市”，辖有第一、第二、第三警察区。民国18年（1929）8月，改市政厅为市政局。民国20年（1931）2月，复隶琼山县，设立警察区署进行管理。1949年8月7日，海南特别行政区行政长官公署代国民政府行政院内政部决定，从琼山县划出6个乡镇和部分村庄设立海口市政筹备处，筹备处隶属行政长官公署。1950年4月23日海口解放，市政筹备处自行消亡。1950年6月1日，海口市人民政府成立。1958年12月，琼山县并入海口市。1959年10月，琼山县恢复。1974年，中共广东省委通知将海口市恢复为省辖市，实行省、地双重领导。1988年4月13日，海南建省办经济特区，海口市为海南省省会。1990年11月，经国务院批准，设立振东、新华、秀英3个市辖区（县级）。2002年10月16日，经国务院批准，撤销琼山市和海口市振东区、新华区、秀英区，以原琼山市和海口市原秀英区、新华区、振东区的行政区域组成新海口市，设立秀英、龙华、琼山、美兰4个区。

【行政区划】海口市分设秀英、龙华、琼山、美兰4个区，2019年辖22个镇、21个街道办事处、196个社区、248个行政村。其中，秀英区辖秀英、海秀2个街道办事处，长流、西秀、海秀、石山、永兴、东山6个镇，共24个社区居民委员会、70个村民委员会；龙华区辖中山、滨海、大同、金贸、金宇、海垦6个街道办事处，城西、龙桥、龙泉、新坡、遵谭5个镇，共78个社区居民委员会、51个村民委员会；琼山区辖国兴、府城、滨江和凤翔4个街道办事处，龙塘、云龙、红旗、旧州、三门坡、甲子、大坡7个镇，岭脚、中税2个热作场和新民林场，共37个社区居民委员会、74个村民委员会，2个居（红明居、东昌居）；美兰区辖白龙、白沙、博爱、海甸、蓝天、海府路、人民路、新埠、和平南9个街道办事处，灵山、美兰、三江、大致坡4个镇，共57个社区居民委员会、53个村民委员会和三江居，海口市三江农场位于辖区内。

（杜惠珍）

2019 年海口市各区所辖镇、街道办事处、建制村（社区）一览表

表 1　　　　单位：个

区	镇、街	社　区	建制村
秀英区		24	70
	长流镇	长流墟、长信、长彤、镇海	长东、康安、会南、长丰、美德、博新、长南、堂善、长流、堂昌、长北、美李
	西秀镇	长滨、南港	博养、长德、龙头、祥堂、荣山、新和、丰盈、拔南、新海、荣山寮
	海秀镇	海榆西、海榆东	新村、水头、业里、儒益、周仁、永庄
	石山镇	石山墟	和平、扬佳、道堂、北铺、岭西、施茶、安仁、福安、建新、美岭、道育
	永兴镇	永兴社区	永秀、永德、美东、建中、雷虎、建群、罗经、博强
	东山镇	镇南、镇北	东星、儒万、永华、东山、东溪、光明、溪头、马坡、东苍、玉下、雅德、建丰、文塘、紫罗、前进、环湖、东升、溪南、射钗、东城、城西
	秀英街道办事处	秀华、秀海、秀中、秀新、高新	向荣、书场
	海秀街道办事处	海口港、东方洋、长秀、金鼎、十一支队、爱华、天海	
龙华区		78	51
	城西镇	仁里南、仁里北、府西、金盘、四季华庭、金沙、金星、丁村南、丁村北、山高东、山高西、头铺东、头铺西	高坡、沙坡、苍西、苍东、薛村、大样
	龙桥镇		挺丰、玉符、道贡、龙桥、龙洪、玉荣、永东、三角园
	新坡镇		文山、文丰、新村、雄丰、农丰、新彩、群益、群丰、民丰、新坡、光荣、仁南、仁里
	遵谭镇		新谭、群力、咸谅、龙合、咸东、东谭、遵谭
	龙泉镇	东占	翰香、扬亭、新江、五一、仁新、雅咏、大叠、椰子头、美仁坡、新联、元平、市井、富伟、永昌、美定、占符、国扬
	中山街道办事处	长堤、人和坊、居仁坊、园内里、竹林、得胜沙、富兴、义兴、西湖、西门外、永兴	
	滨海街道办事处	八灶、滨海新村、滨海、盐灶一、盐灶二、盐灶三、龙华中、滨港、泰华、玉河	
	金贸街道办事处	龙华南、珠江、万绿园、世贸、国贸、金海、玉沙、电力、嘉华	
	大同街道办事处	友谊、大同里、华海、龙昆上、龙昆下、正义、侨中、彩虹、义龙东、义龙西	
	海垦街道办事处	华垦、金垦、垦中、海秀、金山、顺发、疏港、金牛岭、秀英村、滨涯、滨濂南、滨濂北、滨秀、西岭	
	金宇街道办事处	银湖、昌茂、面前坡、坡博东、坡博西、坡巷、金坡、南沙、海德、坡博南	

续表 1

区	镇、街	社　区	建制村
琼山区		37	74
	龙塘镇	龙塘	三桥、龙富、仁三、潭口、龙光、新民、龙新、文道、仁庄、三联
	云龙镇	南区	云龙、云阁、云裕、云岭、云蛟、儒林、长泰
	红旗镇	土桥	昌文、大山、龙榜、合群、道崇、龙源、龙发、墨桥、红旗、苏寻三、福坡
	三门坡镇	庆丰、谭新	新德、文岭、美城、龙马、谭文、谷桥、乐来、清泉、友爱、文蛟、龙盘、晨光
	大坡镇	博坡	树德、福昌、中税、大坡、新瑞
	甲子镇	甲新	甲子、群星、新昌、民兴、红岭、昌西、青云、民昌、琼新、琼星、益新、益民、大同、仙民
	旧州镇	双拥	旧州、联丰、红卫、联星、池连、光明、岭南、道美、雅秀、文新
	国兴街道办事处	巴伦、攀丹、米铺、道客、文政、文坛、八一	
	府城街道办事处	府城、北官、忠介、文庄、云露、甘蔗园、龙昆南、北胜、鼓楼	
	滨江街道办事处	东门、城东、下坎、铁桥、博桂、北冲溪	
	凤翔街道办事处	大园、三峰、高登、桂林、凤翔、洗马桥、迈瀛	五岳、那央、儒逢、红星、石塔
美兰区		57	53
	灵山镇	晋美、仙云	东头、东湖、新琼、林昌、新管、新市、锦丰、福玉、东营、仲恺、爱群、灵山、群山、晋文、桥东、大林、红丰、大昌、新岛、东平、美庄、东和
	演丰镇	演丰	演海、边海、北港、演中、美兰、演东、苏民、山尾、演南、昌城、群庄、塔市、演西
	三江镇	三江、三江居	三江、茄南、道学、茄芮、苏寻三、上云、眼镜塘、江源
	大致坡镇	民乐、椰林、咸来	昌福、金堆、大东、永群、栽群、咸来、崇德、美桐、大榕、美良
	新埠街道办事处	新埠、新东、三联、土尾	
	海府街道办事处	东湖、白坡里、龙峰、龙舌坡、大英、南宝	
	蓝天街道办事处	龙岐、万华、下洋、塔光	
	博爱街道办事处	新风里、振龙、龙文、三亚、联桂坊、红坎坡、南联	
	海甸街道办事处	新安、沿江、金甸、海达、白沙门、福安	
	人民街道办事处	银甸、捕捞、邦墩、拦海、新利、万福、美丽沙	
	白龙街道办事处	美舍、振兴、五贤、千家、流水坡、群上	
	和平南路街道办事处	文明、君尧、上坡、琼苑、光阳	
	白沙街道办事处	锦山里、白沙坊、白龙、岭下	

人口民族

【人口】2019年，海口市常住人口232.79万人，比上年增加2.56万人，增长1.11%。其中，秀英区40万人，龙华区68.51万人，琼山区52.37万人，美兰区71.91万人。年末户籍人口182.89万人，其中城镇人口110.09万人，占60.2%；乡村人口72.8万人，占39.8%。

【民族】2019年，海口市常住人口中，有汉族、黎族、苗族、回族、满族、瑶族、蒙古族、朝鲜族、土家族、布依族、傣族、侗族、壮族等48个民族，其中汉族人口占97.7%，少数民族人口占2.3%。

【语言】海口市使用语言包括海南话、普通话、白话、军话、客家话、闽南话与四川、河南、湖南及其他地方话和各少数民族话等语种。主要方言为海南话，其中长流地区讲长流村话，东南部的龙塘、龙桥、石山、永兴、遵谭、云龙等镇及镇辖的部分村庄讲临高羊山土语。

【宗教】海口市的主要宗教有佛教、道教、伊斯兰教、天主教、基督教。各宗教分别成立爱国宗教团体，设有宗教活动场所，宗教活动正常开展。2019年，全市有宗教信徒约1.76万人，经批准登记的宗教活动场所33处。

（杜惠珍）

人文风情

【民俗】海口市经历近千年的发展，在不同历史时期文化熏陶和特定社会环境的共同催化下，逐渐形成自身的一些民风习俗。1988年海南建省后，海口市迅速发展，移民日益增多，海口传统文化风俗与外来文化相互渗透与融合。琼剧为海口市主要地方剧种，椰雕、贝雕是海口市的主要地方传统手工艺品。海口原居民民风淳朴，保留了较多的民间习俗。除夕吃围炉，年初一吃斋。农历正月初九是“老爸”生日，生日过后海口各村（坊）便陆续开始抬神公游村“行符”，驱走村中鬼邪。“行符”活动为2天，第一天晚上为“放灯”，第二天为正式“行符”日。农历正月十五日元宵节，海口人俗称小年，市民集聚府城、万绿园等地，相互送花、换花，传递友情，互祝好运，逐渐成为元宵换花节。农历二月初九至十二日，有“闹军坡”、赶庙会的传统，祭祀南北朝时期南方女英雄冼太夫人冼英，传统的祭祀也逐步演变成为每年在龙华区新坡镇主会场举办的海南冼夫人文化节。海口地区“公期”“婆期”较为繁多，一年四季几乎月月有。公婆期是公祖、婆祖神灵或历史人物的出生纪念日，由于各乡村供奉的神主不同，故其公婆期也不同，每到公期、婆期，以一乡或一村为单位庆祝，家家设宴，款待亲友；晚上还有戏班来演戏，谓“公祖婆祖戏”。海口人有喝“老爸茶”（又称大众茶）的习俗，这种花费10元左右，冲上一壶茶，配上一些小点心，边饮茶边叙情谊、谈家常、交流信息商情的大众茶在海口市随处可见。

【节庆】近年来，各类民俗节庆活动逐渐成为海口的一大亮点。吸引不少爱好者前来观摩或参与，文化与旅游进一步融合。海口市大型传统民俗活动有正月十五闹元宵灯会和换花节、舞龙、舞狮活动，三月初八纪念冼夫人（军坡节）等；大型节庆活动有中国海南岛欢乐节、万春会等。

府城元宵换花节　原称换香节，是琼山区府城镇的一个传统文化活动，意在香火不绝。每年正月十五，大批人潮涌到府城镇参加换香节。1984年，府城民间“换香”习俗改为“换花”，逐渐成为人们元宵闹春的主要活动，并演变成年轻人追求爱情的新习俗。2003年之前，府城元宵换花节活动由琼山市政府举办，内容有文艺演出、换花活动、花灯展、游园会及传统文化活动等。2003年海口市行政区划调整后，元宵换花节的范围扩大，从府城公园延伸到红城湖、海府路等，万绿园也成为换花节的活动场所。内容也不断充实，除换花以外，还增添万花迎春（盆景花展）、千灯照春（街巷灯展）、醒狮催春（舞狮摘星）、艺苑唱春（琼剧表演）、游园戏春（游艺娱乐）等。2019年2月19日，中国传统的元宵佳节当天，举办的府城元宵换花节推出花卉迎春、元宵文艺晚会、装马匹巡游、许愿祈福、雄狮闹春、广场换花舞表演等12项文体活动，吸引游人45万人次。

冼夫人文化节　2002年3月，由琼山市政府组织的首届冼夫人文化节在新坡镇冼夫人纪念馆举行。2003年1月，由海口市政府组织，是岛内最大的由政府指导的民俗活动之一。至2019年共举办18届，具体活动有开幕式文艺演出、“装军”巡游、冼夫人情缘会、冼夫人文化论、排球比赛等。冼夫人文化节，又称“军坡节”，是民间纪念冼夫人的传统节日，也是在海南岛流传最久、分布最广、最隆重热闹且具有丰富内涵的传统庙会活动，从唐代延续至今已有1400多年历史，有着深厚的群众基础。海口市龙华区新坡镇相传是冼夫人当年军队的驻营地，也是海南“军坡节”的源头，其活动模式和内容最具民俗特色，也最具有代表性。经过连续十多年的精心打造和培育，海口冼夫人文化节成为琼北地区民间纪念冼夫人民俗活动的重要载体和特色盛会，成为集纪念瞻仰、爱国教育、民俗文化传承、旅游观光、经济贸易于一体的大型群众性文化节庆活动。在龙华区新坡镇冼夫人纪念馆举行的系列活动，每年都吸引大量岛内外市民游客甚至海外游客、华侨华人返乡参与。2019年第十八届海口冼夫人文化节于3月12—18日（农历二月初六至二月十二日）举行。主会场设在龙华区新坡镇冼夫人纪念馆、冼夫人文化广场、冼夫人文化舞台，龙华区其他分会场设在城西镇、遵谭镇和中山街道得胜沙。4个活动点位在文化节期间将举办的民俗活动、文体活动等50场次。

欢乐节　2000年11月，海南省在海口举办第一届中国海南岛欢乐节，为期1个月。主要内容为花车大巡游、市民游客大联欢以及各种美食、展销活动。此后，海南岛欢乐节每年11月都举行一次。2015年开始，中国海南岛欢乐节更名为海南国际旅游岛欢乐节。至2019年共举办20届，其中海口作为主会场成功举办第一至第四届、第七届、第十五届至第二十届，作为主要分会场参与了其余几届活动。欢乐节期间，举办文化、经贸、旅游、会展等活动，内容丰富，吸引大批国内外嘉宾、旅游者来参加节庆考察、旅游观光，发挥节庆效应，打造海口市“阳光海口　娱乐之都”的城市形象，提升海口知名度和城市品位。欢乐节是继海南国际椰子节之后的又一项大型的由旅游搭台、文化唱戏的欢乐盛会，是海南省重要的文化品牌，每年11月海南国际旅游岛欢乐节期间，海口市均在市区进行花车巡游、广场演出等活动，并组织文艺团体参加省里组织的主会场文化活动。2019年，第十二届海南国际旅游岛欢乐节于11月22日至12月31日期间举办，设置海口主会场和三亚、儋州、琼海等5个分会场，“旅游+文化”“旅游+体育”的特点更加突出，200多项全域旅游欢乐主题月活动丰富多彩，活动规模为历年之最。

万春会　2006年1月29日，海口市组织新春系列群众文化活动——第一届万春会。至2019年，每逢春节，均在万绿园举办“万春会”，坚持“展示文化特色、丰富节庆生活”为宗旨，以“激情、欢乐、民俗、趣味、文明、和谐”六大元素为切入点，以全面展示海南、海口的“环境特色、城市特色、文化特色”为着力点，每届既保留往届万春会的精品项目，主打“历史文化名城”招牌，着重突出海口的民俗特色，又注重活动的参与性和趣味性，活动贯穿春节和元宵两大传统佳节，经过连续多年打造，万春会成为海口乃至全省人民及国内外游客热情参与的文化盛会，成为国内具有浓郁地方特色和文化影响力的春节文化活动品牌。2019年2月5日（大年初一）至2月10日（大年初六），第十四届海口万春会在海口万绿园和美舍河凤翔湿地公园举办，围绕“新目标、新使命、新愿景”展开系列文体活动，通过文化艺术连接城市发展和市民生活，让市民从万春会的文体活动中感受到海口的新春活力和发展的新动力、新愿景。

【文物古迹】2019年，海口市共有各级文物保护单位151处155点。其中，古遗址类有珠崖岭城址、琼山城墙、五里官道、旧州城遗址、东寨港琼北地震遗址、琼台福地遗址、北胜街古道等10处；古建筑类有五公祠、丘浚故居、琼山侯家大院、儒符石塔、常住宝塔、府城鼓楼、琼台书院奎星楼、天后宫、琼山县学宫大成殿、西天庙、曾氏宗祠等66处；古墓葬类有丘濬墓、海瑞墓、唐胄墓、周仁浚墓、张岳崧墓、薛远墓、吴贤秀墓、吴氏古墓群等31处；近现代重要史迹及代表性建筑有秀英炮台、中共琼崖第一次代表大会旧址、琼海关旧址、琼崖工农红军云龙改编旧址、镇琼炮台、敦笃亭、铁桥、冯白驹故居等39处；石刻类有宋徽宗“神霄玉清万寿宫诏”碑、丘濬祭抱元境神碑、三清观大型石雕像、石室仙踪摩崖石刻4处；其他2处。

【石山文化】羊山地区地处海口市区西南部，面积约1000平方千米，是火山喷发后形成的火山熔岩地区，属地新裂谷型基性火山活动地质遗迹。其行政区域，主要包括秀英区的石山镇、永兴镇、东山镇北部部分区域、长流镇、西秀镇，龙华区的龙桥镇、龙泉镇、遵谭镇、城西镇、新坡镇北部部分区域，琼山区的府城镇西部部分区域、龙塘镇、旧州镇西部部分区域。羊山地区，是较早移民聚居之所，也是海南岛文明肇始之地。在这片大面积火山熔岩堆积的地方，唐代时，是琼州和崖州州治所在，有厚重的人文积淀，是海南历史文化核心区域。历来重视文化教育，重礼制、倡儒教，办私塾建学校，培育后代。宋至清代，在羊山地区考中进士的有24人，占全海南进士人数的五分之一，是全岛考中进士、举人最多的地方。羊山古村落村名里最常出现“儒”“美”2字，以“儒”字冠首命名有110个，如儒张、儒王、儒成、儒匏、儒庄、儒钟等；以美字命名的有200多个，如美社、美梅、美玉、美雅等村，兼有典读、道育、文甲和仁学之类文气的村名杂糅其间。当地的文化人喜欢舞文弄墨，习惯将村名嵌入楹联的头一个字，或摹刻在村口牌楼两边的门柱上，或刻写在学校、公庙门前，独具地域文化特色。羊山地区被火山石覆盖，当地村民生活生产与火山石息息相关，因缺土、少水，形成独特的“岁时民俗”“崇拜与信仰”“故园人文”“人生礼仪”“风味小吃”“工艺与养殖”“乡土风物”和“火山民居”七大类习俗。由于自然旅游资源丰富、人文特色鲜明，拥有海口石山火山群世界地质公园、玉龙泉风景区、白玉蟾故里、儒符石塔等名胜景点，是海口市知名的旅游胜地。

【城市地标】海口市作为海南的省会城市，从一个小小的渔村发展而来，随着城市的发展、时间的推移，海口出现许多独具地理特色、体现城市发展建设风貌和精神文化内涵的城市地标，五层楼、华侨大厦、望海楼、中国城等老地标陪伴、见证海口的成长，并在城市发展中逐步被取代，假日海滩、东寨港国家级自然保护区、世纪大桥、海口市民游客中心等新的城市地标不断涌现。

五公祠　国家AAA级景区，全国重点文物保护单位。位于海府大道169号。是展示中国古代贬官文化、海南历史文化及具有海南特色的古代建筑艺术的文物古迹。始建于明万历年间（1573—1620）。占地面积6.67公顷，建筑面积2800平方米。包括五公祠（海南第一楼）、学圃堂、观稼堂、西斋（五公精舍）、东斋、苏公祠、两伏波祠、桐酌泉、浮粟泉、琼园和新建的五公祠陈列馆。系自北宋大文豪苏轼于绍圣四年（1097）被贬到琼，借寓金粟庵（今五公祠内）留存遗迹以来，历代不断在其周围增建、重修古迹而形成的以五公祠（海南第一楼）为代表的古建筑群。有为纪念唐宋两代被贬到琼的李德裕、李纲、赵鼎、李光、胡铨5位历史名臣而建的五公祠（海南第一楼），为纪念西汉的路博德、东汉的马援两位战功卓著的伏波将军而建的两伏波祠，为纪念在海南传播先进的中原文化做出重大贡献的北宋大文豪苏轼而建的苏公祠，也有为教兴后学、交流学术而建的西斋、东斋、学圃堂、观稼堂等，展现古代海南较高的建筑艺术水平，是全面了解海南历史、政治、文化及中国古代贬官制度的窗口。素有“琼台胜景”“瀛海人文”和“海南第一名胜”的美誉。

骑楼老街　也称骑楼文化街区，其范围为海甸溪南岸，长堤路以南，龙华路以东，和平路以西，文明中路以北，地处旧城区中心地带。该街区柱廊相连、骑楼相依的建筑群占地面积2.5公顷，骑楼式建筑600多座，其中挂牌保护的331座。在骑楼建筑中，以中山路沿街两旁保留较为完整的骑楼最多，共39座。骑楼传入海口，是在清咸丰八年（1858）《天津条约》签订后，条约将海口开辟为通商口岸，随后设立琼州海关。英、法、德等国在海口相继修建西洋风格的领事馆等建筑，海口渐渐成为面向南洋的一个商贸中心。由于海口的气候特点与南洋诸国十分相似，夏长冬短，太阳辐射强，且多雨，而骑楼具有遮阳、避雨、防太阳眩光作用，十分适合海口商业区。当年“下南洋”的琼籍华侨感受到这种建筑实用，后来，他们之中有些事业有成者，回乡建屋经商，带回中西文化结合骑楼建筑。骑楼结构设计一般是“前店后宅”或“下店上居”。海口的第一座骑楼建于道光二十九年（1849），地点在当时的四牌楼街，又叫城内街，现名博爱北路，到20世纪初，海口城内已有不少骑楼。海口骑楼老街的建筑文化在于它的建筑形态、立面和装饰。建筑的柱廊、敞廊、尖顶、雕花门窗和百叶窗，在南洋风格中融入欧洲建筑元素但又处处彰显着中国传统文化和海南本土风情。传统的灰塑、砖雕花饰图案，如龙凤呈祥、松鹤延年、梅兰竹菊、回纹圈绳等，体现海南文化和中国祈福文化的特征。骑楼老街也有典型的传统琼北民居风格，厅堂里为冷摊瓦、木梁架、空间隔断是立式壁木可持续发展结构，保留有明末清初的澜花落地木门窗和拜种祭祖的雕花木龛与神台，匠艺精美。民国13年（1924），军阀邓本殷主持拆掉海口城墙，兴建城市马路后，大量骑楼在新建的马路两边建立起来，使得骑楼街区渐成规模，老街一带成为海口繁华的商业街区。至20世纪30年代，海口骑楼街区进入最旺盛的发展时期。2009年6月，骑楼老街以其唯一性和独特性获得首批“中国十大历史文化名街”称号。

海口钟楼　海口市景区建筑，历史悠久，最早是为适应对外通商而建立，已成为海口最重要的标志性与象征性建筑物之一。位于长堤路北侧、人民桥西侧，面向入海口，南面与中山横街、中山路相对，北临海甸溪。初建于民国17年（1928），爱国商人周成梅倡议集资兴建，选址在海口大街天后庙广场（今中山横路）北端，为欧洲哥特式建筑风格，当时的钟楼为一座深棕色的欧式五层四面钟楼。高27.3米，占地16平方米，墙体用红砖砌筑，白石灰勾缝，设置在五楼的大钟古朴原始，以上海、广州海关钟楼的报时钟为参照样本，大钟四面外镶白色大理石钟面，分时针长度分别为160厘米、96厘米，每隔30分钟报时的音响由2个一大一小的生铁铸成的鸣钟组成，钟楼顶端四周共筑八支箭镞尖角，每一方向有3支并列的箭镞，均中间高，左右稍低（无论从哪个方向看均有三支箭镞）。20世纪60年代，钟楼因台风损毁后修复，四面墙上嵌上毛主席语录。1987年，按20年代的样貌进行再次修复，并对其内部设备进行升级，采用电子钟计时，改建成具有现代特色的新海口钟楼。同时，为方便交通，将钟楼迁移现址。红色的欧式海口钟楼依街傍水，与海甸溪畔的椰树绿地极为和谐。1990年，海口钟楼被评为“海口八景”之一，命名“古钟新声”。

雷琼海口火山群世界地质公园　位于海口市石山镇，距市区仅15千米。属地堑一裂谷型基性火山活动地质遗迹，也是中国为数不多的全新世(距今1万年) 火山喷发活动的休眠火山群之一，具有极高的科考、科研、科普和旅游观赏价值。AAAA级景区。1991年开始兴建，原称琼山县火山口公园；2004年1月获准建立海口石山火山群国家地质公园；2006年9月获联合国教科文组织批准为世界地质公园。地质遗迹主体为40座火山构成的第四纪火山群，其中马鞍岭火山口海拔222.8米，乃琼北最高峰。火山类型齐全、多样，几乎涵盖玄武质火山喷发的各类火山，火山地质景观极为丰富，熔岩隧道有30多条，最长到2000余米，其内部形态与景观丰富、奇妙，为国内外所罕见。园区在火山锥、火山口及玄武岩台地上发育热带雨林为代表生态群落，植物有1200多种，果园与火山景观融于一体。园区内保存有千百年来人们利用玄武岩所建的古村落、石屋、石塔和各种生产、生活器具，记载了人与石相伴的火山文化脉络，被称为中华火山文化之经典。园区总面积108平方千米。主要景点有马鞍岭、双池岭、仙人洞、罗京盘等。

假日海滩　国家AAAA级旅游景区。位于海口市西海岸滨海大道旁，东起西秀海滩，西至贵族游艇会，长约7千米，占地面积33公顷，距市中心11千米。1995年7月10日开放，是海南第一个不设门票的AAAA级旅游景区。区内分为十景：碧海林涛、千帆竞秀、轮滑天堂、印象海南、温泉遐思、海滩晚霞、城郭远眺、沧海明月、假日情怀和野炊之梦。主要项目及设施有：海岸温泉——无边落差泳池、儿童嬉水设施、温泉鱼疗、各种温泉泡池、养生水疗、标准游泳池等；运动休闲——国际轮滑赛场，2.4千米长的滨海自行车、轮滑景观道，国际标准沙滩排球赛场；此外还有椰林烧烤园、自驾露营、钟楼观景及冲浴房、换衣间和其他服务设施等。

海南东寨港国家级自然保护区 中国建立的第一个红树林自然保护区，1992年列入国际重要湿地名录。距市中心约30千米，地域跨美兰区演丰镇、三江农场、三江镇，与文昌市的罗豆农场交界，海岸线总长84千米。保护区总面积3337.6公顷，其中核心区面积1635公顷，缓冲区面积1167.1公顷，实验区面积535.5公顷。属于近海及海岸湿地类型中的红树林沼泽湿地，主要保护对象为红树林及水鸟。区内生长着国内成片面积最大、种类齐全、保存最完整的红树林，有红树植物19科、24属、35种，其中水椰、红榄李、海南海桑、卵叶海桑、拟海桑、木果楝、正红树、尖叶卤蕨为珍贵树种，海南海桑和尖叶卤蕨为海南特有。区内有鸟类159种，其中珍稀濒危、属国家二级保护鸟类有黄嘴白鹭、黑脸琵鹭、白琵鹭和黑嘴鸥等16种。《中日保护候鸟及其栖息环境协定》所列227种候鸟中，东寨港有75种；《中澳保护候鸟及其栖息环境协定》所列81种候鸟中，东寨港有35种。有鱼类记录57种，其中大多具有较高经济价值，如鳗鲡、石斑鱼、鲈鲷鱼等；有大型底栖动物92种，主要有沙蚕、泥蚶、牡蛎、蛤、螺、对虾、螃蟹等，具有较高的经济和食用价值。

世纪大桥 1998年4月动工兴建，2003年8月通车。位于龙昆北路的北延长线，跨越海甸溪入海处，北引桥与海甸五西路垂直连接。抗震烈度8度。长2663米，其中主桥长635.9米，南引桥长1325.1米，北引桥长651.4米。桥梁限高5米，限载30吨。主桥为双塔双索面三跨连续预应力混凝土边主梁斜拉桥。双主塔通过176根斜拉索承载桥面；主桥面宽29.8米，桥面为双向6车道，两侧设人行道；主桥下最高水位通航净高为24米，可通行3000吨级的轮船。世纪大桥是当时海南规模最大、技术含量最高、施工难度最大的桥梁工程，其中技术含量和施工难度在国内同类型桥梁中也名列前茅。世纪大桥不仅成为出入海甸岛的重要路段，还是很多游客必到的景点之一。

海口市民游客中心 2019年5月正式揭牌。位于海口滨海公园内，占地面积3.92公顷，总建筑面积2.98万平方米，地上建筑分4层，地下有1层。纯木结构屋面，共3层，间隔叠放设置，形成匠心独运的黎族船型屋顶设计，木屋顶面积9000平方米，是截至2019年亚洲建成的最大的纯木结构屋面；在内部空间结构上，汲取海口骑楼老街建筑元素，形成高低错落的立体空间；墙壁立面大面积使用本土火山岩材料，新建的道路推广生态透水铺装，广泛布局椰子树、大叶油草、三角梅等本地植物，完善园林景观。市民游客中心聚集“12345”海口智慧联动平台、旅游警察、数字城管、综治中心等14个单位和部门，集城市形象展示中心、便民利民服务中心、城市综合管理中心三大功能于一体，为市民游客提供城市规划展示、旅游服务咨询、城市综合管理等“最海口”的公共产品。是一个融入公园景观的开放式的“市民游客之家”，成为魅力“最海口”椰城新地标。

【市树】椰子树。1987年7月，海口市第九届人民代表大会第一次会议根据市民呼吁和代表建议，做出以椰子树为市树的决议。椰子树象征着海口市人民坚毅、自信、奋进、求实、奉献的高尚品质，认同椰风海韵、阳光沙滩是热带海岛滨海城市——海口的地方特色。

（杜惠珍）

经济社会发展

【概况】2019年，海口市实现地区生产总值1671.93亿元，比上年增长7.5%；人均地区生产总值72218元，增长6.3%。三次产业比例为4.3∶16.5∶79.2。实现农业增加值76.29亿元，下降0.7%；工业增加值162.6亿元，增长3%。地方一般公共预算收入185.34亿元，增长9.1%；地方一般公共预算支出265.86亿元，增长11.3%。社会消费品零售总额实现823.94亿元，增长4.7%。外贸进出口总额331.38亿元，下降2.9%。城镇常住居民人均可支配收入38977元，增长7.9%；农村常住居民人均可支配收入16116元，增长8.3%。

【新兴产业动能增强】2019年，海口市第三产业占GDP比重79.2%，对GDP贡献率达92.5%；其他营利性服务业增加值比上年增长29%，拉动GDP增长4个百分点；兖矿集团、华能集团等一批新引入企业推动批发业增加值增长17.5%，拉动GDP增长1.4个百分点。总部经济发挥重要支撑作用，24家省级总部企业实现营收417亿元、纳税28.6亿元。全市互联网产业营收增长17%。其中，复兴城互联网信息产业园新引进企业200家、增长34%；完成营业收入130亿元、增长30%；完成税收13亿元、增长3倍。跨境电商进口申报清单增长近15倍。

【投资结构优化升级】2019年，海口市固定资产投资完成1110.9亿元，比上年下降15.4%。固定资产投资占GDP比重64.9%，下降12.8个百分点，其中非房投资占比首次超过50%。深入推进“两个确保”百日大行动，集中开工七批130个海南自贸区、自贸港建设项目，完成投资260亿元，项目个数和投资金额全省第一；开工省重点项目25个，完成投资205.3亿元、占全年投资计划的108.4%。文明东越江通道进展顺利，美兰空港一站式飞机维修基地、顺丰海南国际生鲜港等项目开工建设，海口美兰国际机场二期飞行区竣工验收，椰海大道东延长线建成通车，国内首条利用高铁开通的市郊列车投入运营。海文大桥通车，海口市到文昌市铺前镇的路程缩短至20分钟。

【消费潜能不断释放】2019年，海口市策划组织海口跨年狂欢季等系列文体活动，全年举办跨年演唱会、新年音乐会、全国沙滩排球巡回赛总决赛等重大文体赛事活动38场次。推动博物馆、图书馆等夜间开放，鼓励商圈延长营业时间，打造12家“最海口”夜市。整合推出旅游、航空、文娱、免税购物等组合营销套餐，以大流量、大IP活动为牵引，以“吃住行游购娱”全链条协同配合为支撑的文旅消费模式，带来新的岛外消费人流，全年接待国内外过夜游客2358.7万人次、比上年增长4.4%；旅游总收入320.61亿元、增长7.5%，免税品销售额突破30亿元、增长40%。

【发展活力明显增强】2019年，海口市市场主体快速增长，新增市场主体8.78万户，比上年增长56.1%，市场主体占全省总数的41.5%。外资利用实现翻番，新增外资企业164家，增长74.2%；实际利用外资5.12亿美元，增长1倍。创新能力快速增长，全年新增高新技术企业140家、增长51%，总数达到414家、占全省的73%。新增省级重点实验室7家，医药产业新增国际注册品种53个，是上年的3倍，过亿元医药品种42个、增长35%。知识产权数量质量“双增长”，专利申请量5572件，增长35.5%，占全省的68%；专利授权量2627件、增长28.3%，占全省的67%。

【体制改革创新先行先试】2019年，海口市对标法治化、国际化、便利化的营商环境和公平开放统一高效的市场环境，持续深化“放管服”改革，优化营商环境，带动创新创业活力迸发；以制度创新为核心，无税不申报等5项制度入选全省制度创新案例；统筹推进国企、司法、行政执法、知识产权保护等重点领域改革，发展的内生动力进一步激发。实行更加积极主动的开放战略，国际友好城市增至41个，遍布全球五大洲33个国家；柬埔寨王国驻海口总领事馆开馆，成为中华人民共和国成立后外国在琼设立的首家总领事馆，对外开放进一步扩大。

【生态文明建设深化】2019年，海口市严格抓好中央生态环保督察反馈问题的整改，加大水环境治理力度，纳入国家考核的黑臭水体全部消除黑臭，纳入全省考核的城镇内河湖污染水体全部达标，水环境治理被国务院作为典型经验通报表扬，获中央财政4亿元奖补。完成造林绿化合格面积2040.78公顷。加强畜禽养殖污染防治，关停799家畜禽规模养殖场及养殖专业户。建立南渡江生态补偿机制，与澄迈县签订《南渡江流域上下游横向生态保护补偿协议》，与定安县签订《南渡江上下游（左右岸）横向生态保护补偿协议》。将乡村小微水体纳入“河长制”“湖长制”管理范围，打通河湖长制的最后一公里。实施《海口市湾长制规定》，在全国率先创新建立“湾长制”地方立法长效机制；共落实市、区、镇（街道）级湾长40名、社区网格员136名和专业网格员28名，实现全市“湾长制”全覆盖。持续推进垃圾分类工作，在秀英区海秀街道、龙华区滨海街道、琼山区凤翔街道、美兰区和平南街道开展垃圾分类示范区建设，垃圾分类工作取得初步成效，通过垃圾分类进入再生资源回收渠道的可回收物约100吨/日，餐厨废弃物收运处理量约400吨/日，大件垃圾处理量约40吨/日，垃圾分类回收利用率近15%。开展农村人居环境整治，围绕“清理农村生活垃圾、清理农村生活污水、清理禽畜粪污和农业生产废弃物、改造农村厕所、改造农村道路”推进整治工作。推进大气污染专项整治，海口环境空气质量位居全国168个重点城市前列，空气优良率93.7%。全市森林覆盖率38.39%，各类型湿地面积2.91万公顷，建成区绿地率36.5%，人均公共绿地面积12平方米。

【民生事业持续发展】2019年，海口市民生支出186亿元，比上年增长8.2%。被国家发改委列入城企联动普惠养老第一批试点城市。将城市低保标准、农村低保标准、特困供养标准提高；在全市设立211个社区居家养老服务站，投入运营78家日间照料中心，升级改造33个日间照料中心和农村敬老院；“长者饭堂”扩大到25个城市社区和24个乡镇社区。做好稳就业工作，12月末城镇登记失业率为1.75%，控制在全年的目标3%以内；全市创业小额贷款担保中心共发放创业担保贷款5570万元，帮扶418人自主创业，带动1390人实现就业。坚决打赢精准脱贫攻坚战，全市存量建档立卡贫困人口全部脱贫。完成棚改安置810户，发放住房租赁补贴5869户。落实“菜篮子”市县长负责制，做好非洲猪瘟疫情防控，抓好保供稳价，“菜篮子”工程扎实推进。5所新建公办中小学建成投入使用，设立一中南海分校，新增学位1.22万个；有4所公办幼儿园建成投入使用，新增学位1620个。20所公办学校完成空调安装，66人以上“超大班额”全部消除。引进优质医疗资源落户海口，全面提升海口医疗健康产业综合服务能力和保障水平，268个基层卫生医疗机构标准化建设全部开工，完工率全省第一。登革热疫情有效处置，得到国家卫健委肯定。秀英区获评第三批全国健康促进区。实施文化惠民工程，做强做优品牌文化活动，推动社区文化、广场文化建设，基本形成区、街道、社区、农村文体设施全覆盖的格局。成功申报3处文物古迹列入全国重点文物保护单位，新界定市级文物保护单位25处。《大爱人间》获全国“五个一工程”优秀作品奖，夺取全国性体育赛事冠军38个。

（杜惠珍）

中国共产党海口市委员会

综 述

【概况】2019年，中共海口市委坚持以习近平新时代中国特色社会主义思想为指导，深入学习贯彻党的十九届四中全会精神和习近平总书记“4·13”重要讲话、中央12号文件精神，学习贯彻省委七届六次、七次全会精神，扎实开展“不忘初心、牢记使命”主题教育。全面加强党的建设，推动全面从严治党向纵深推进。突出抓好江东新区规划建设，改革开放迈出重要步伐。落实高质量发展要求，以供给侧结构性改革为主线，聚焦“三大领域”，围绕“十二大重点产业”，转方式、调结构、促发展取得新成效。开展“两个确保”百日大行动，开展海南国际旅游消费年活动，离岛免税、夜市经济、乡村旅游等成为消费热点亮点。践行绿色发展理念，深化生态文明建设，生态环境质量不断改善。坚持共建共治共享，加强城市管理社会治理，海口获评全国禁毒示范创建工作先进城市。注重保障改善民生，不断增进人民群众福祉，人民群众获得感幸福感安全感得到提升。党的建设进一步加强，全市各项事业取得新的进展，努力在海南自由贸易试验区和中国特色自由贸易港建设中扛起海口担当。

【党的建设】2019年，中共海口市委落实新时代党的建设总要求和新时代党的组织路线，坚持把政治建设摆在首位，加强市委常委会自身建设，旗帜鲜明讲政治、顾大局、守规矩，认真汲取张琦违纪违法案件深刻教训，坚定不移推进全面从严治党。落实意识形态工作责任制，加强意识形态阵地建设管理，扎实抓好新时代文明实践中心试点工作，文化体育事业发展步伐加快，海口知名度和影响力进一步提升。全面完成党政机构改革，统筹抓好各领域党建工作，把每一个基层党组织都打造成坚强的战斗堡垒，党建引领江东新区建设等各项工作取得新成效，国贸大院治理案例被评为全国城市基层党建创新案例优秀案例。落实新时代好干部标准，提升干部高素质专业化水平，从严从实监督管理干部，打造忠诚干净担当的干部队伍。担负起管党治党责任，深入推进党风廉政建设和反腐败斗争，深化政治监督，有力保障中央决策和省委部署及市委工作安排的贯彻落实。严格落实中央八项规定及其实施细则精神，推动中央“基层减负年”和省委“政策落实年”落地见效。查处美兰区龙岐村棚改项目腐败案等一批违纪违法案件。加大群众身边的腐败和作风问题惩治力度。为敢于担当者担当，建立为受到不实举报干部澄清正名和查处诬告陷害行为工作机制，出台《关于为受到不实反映的干部澄清正名的实施办法》《中共海口市委办公室关于印发〈海口市纪检监察机关查处公职人员诬告陷害行为实施办法（试行）〉的通知》，有效保护干部工作的积极性。

【推动经济高质量发展】2019年，海口市以供给侧结构性改革为主线，围绕“十二大重点产业”，转方式、调结构、促发展取得新成效。开展“两个确保”百日大行动，椰海大道改造提升等项目建成投入使用；海秀快速路二期、龙昆南延长线市政化改造工程等项目加速推进，经济发展基础不断夯实。围绕建设现代化经济体系，做大做强医药产业，加快发展互联网产业，提升旅游业发展质量，巩固全省金融中心地位，发展壮大会展业，保持房地产市场平稳健康发展，加快布局现代物流业，打响热带特色高效农业品牌，产业结构进一步优化升级。园区集聚效应不断放大，海口综保区进入全国百家综合保税区外贸28强，高新区获评国家知识产权示范园区。开展海南国际旅游消费年活动，推出“跨海·跨年 久久不 见海口见”海口跨年狂欢季活动，离岛免税、夜市经济、乡村旅游等成为消费热点亮点。

【加强城市管理社会治理】2019年，海口市提升城市管理社会治理能力，确保人民安居乐业、社会安定有序。巩固创文创卫成果，不断提升城市形象和文明程度。海口湾畅通工程示范段建成，丘海大道、海瑞桥等6个积水点完成改造，提前一年实现建制村

100%通客车目标；“智慧城市”建设积极推进，5G商用正式启动，海口湾片区首推建筑师负责制，建筑设计改革创新试点工作取得新进展，城市品位不断提升。创新发展新时代“枫桥经验”，全国调解工作会议和全省综治中心、雪亮工程、网格化管理“三位一体”新机制建设现场会在海口召开，石山派出所获评全国首批“枫桥式公安派出所”，琼山区被评为全国“七五”普法中期先进区。社区矫正连续5年无脱管、漏管情况。信访总量、群众到省到市集体访等指标均下降，基层社会治理新格局加快构建。圆满完成全国“两会”、博鳌论坛年会、新中国成立70周年大庆安保维稳任务。刑事案件立案数为12年来最低，命案连续5年全破。扫黑除恶专项斗争深入推进，打掉的团伙数、抓获团伙成员数等指标均排名全省第一，得到中央第十八扫黑除恶督导检查组肯定。第一轮禁毒三年大会战顺利收官，获评全国禁毒示范创建工作先进城市，平安海口建设不断深化。

【保障改善民生】2019年，海口市不断提升公共服务水平，让人民群众得到更多实惠。坚决打赢精准脱贫攻坚战，连续两年获“全省脱贫攻坚大比武”第一名，全市存量建档立卡贫困人口全部脱贫。做好稳就业工作。深化教育改革，推动教育优先发展。提高医疗卫生服务质量和水平，跨省异地就医住院医疗费用直接结算加快推进。登革热疫情有效处置，得到国家卫健委肯定。秀英区获评第三批全国健康促进区。按照兜底线、织密网、建机制的要求，健全社会保障体系，被国家发改委列入城企联动普惠养老第一批试点城市。落实“菜篮子”市县长负责制，做好非洲猪瘟疫情防控，全力抓好保供稳价，“菜篮子”工程扎实推进。

【民主政治建设】2019年，中共海口市委坚持加强党对人大、政协、统一战线工作和群团组织的领导，广泛凝聚共识、形成合力。支持人大及其常委会依法履职，发挥地方立法作用，制定全国首部湾长制地方性法规，率先在全省作出《关于优化营商环境的决定》，加强对经济运行、生态文明建设、民生社会事业等方面的监督，依法治市步伐进一步加快。加强和改进对政协工作的领导，召开市委政协工作会议，支持政协依照章程履职尽责，支持成立区级政协联络机构，在43个镇（街）建立政协委员联系点，围绕优化营商环境、现代服务业创新发展等开展协商议政、课题调研、视察监督。巩固和发展最广泛的爱国统一战线，为海南自贸区（港）建设提供广泛力量支持。围绕增强“政治性、先进性、群众性”，更好发挥工会、共青团、妇联等群团组织作用，引导科协、社科联、侨联、台联、残联、贸促会、红十字会、计生协会等人民团体发挥作用，凝聚起改革发展的强大合力。

【促进民营经济发展】2019年10月29日，海口市委、市政府印发《关于进一步促进民营经济健康发展的若干政策措施》，从进一步精简审批、全面优化政务服务、进一步放宽市场准入、进一步减轻企业税费负担、进一步加大信贷支持力度等9个方面，提出32条促进民营经济发展的有关措施，旨在以更大力度、更优政策、更好服务支持民营企业发展，推动海口民营经济全面转型升级、提质增效、创新发展、做优做强，更好发挥民营经济在稳定增长、促进创新、增加就业、改善民生中的重要作用。

【实施乡村振兴战略】2019年，为推动中央和省委关于脱贫攻坚、乡村振兴战略重大决策部署在海口市农村基层落地见效，海口市委从市区机关、事业单位、国有企业、双管单位中选派826名乡村振兴工作队队员分赴22个镇、248个行政村开展工作。乡村振兴工作队坚持问题导向，深入开展走访调研、推进基层党建工作、开展人居环境整治、积极谋划发展产业项目，集中力量解决实际问题，激发乡村发展活力，为海口市乡村振兴工作打下坚实基础。贯彻落实中共中央办公厅《关于建设新时代文明实践中心试点工作的指导意见》以及中宣部、中央文明办对海口市开展新时代文明实践试点工作的指示要求，整合乡村振兴驻村人员队伍力量，开展新时代文明实践工作，凝聚群众、引导群众，以文化人、成风化俗，着力开创海口市农村文化建设、村风村容建设和乡村治理管理新局面。

【深化国资国企改革】2019年，海口市委、市政府出台《关于进一步深化国资国企改革的实施意见》，以习近平总书记“4·13”重要讲话精神引领国资国企改革工作全局，坚持党的领导与政府引导、产业整合升级发展、多种所有制融合发展、规范化与市场化发展四个原则，以优化国有经济布局为主线、市场化为方向、完善现代企业制度为抓手，着力推动全市国资国企调整重组与资源优化配置，推进国有企业产权多元化与资产证券化，完善国有资产监管体制机制，进一步提升国有经济的活力、带动力和影响力，提高国有资本对关键行业和重要领域的引领支撑作用，打造具有省会城市特色、面向战略性产业的国有经济布局，为海南自贸区（港）和全市社会经济发展作出积极贡献。

【综合协调服务】2019年，海口市委办公室贯彻中央第二批“不忘初心、牢记使命”主题教育活动部署，谋划、安排和推动全市主题教育活动顺利开展，第一时间服务全市动员部署大会，印发《海口市开展第二批“不忘初心、牢记使命”主题教育实施方案》，迅速在全市掀起学习热潮。按照全市落实“8+2+3+2”专项整治和深化措施的要求，开展3次全方位督查，推动主题教育活动各专项整治和深化措施取得实效。对中央、省委巡视反馈的违反中央“八项规定”精神问题整改情况要求“回头看”，针对全市各单位开展是否存在利用名贵特产类特殊资源谋取私利、违规吃喝、违规参加各类论坛、违规操办婚丧喜庆事宜等问题自查自纠，巩固建章立制工作。坚持精简文件原则，严格控制文件规格和篇幅，注重提高文件质量，严格控制发文范围，全年共印制文件511件，比上年减少48.4%。加快公文流转，提高公文办理效率，完成市委十三届九次全会的文件核校、印制、分发、签到等工作，全年共办理文件1967件，其中中央文件153件，省级文件743件，市级文件1071件。统筹协调市委主要领导调研自贸区（港）建设、党风廉政建设、脱贫攻坚、重点项目、生态治理、经济社会发展等工作53次；组织召开市委常委会39次、市委书记专题会议80余次，主办全市大型会议8次，组织会见活动43次；赴外地招商、考察及接待外市县到海口市考察活动12次，其他各种会议活动约200余次，共编辑《领导每日工作》234期。印发《海口市第二次党内规范性文件集中清理工作方案》，形成《海口市第二次党内规范性文件清理目录及责任分工表》，有序推进规范性文件清理工作。结合海口市实际，将中央、省委发布的党内法规转化为地方党内规范性文件，制定印发《海口市党员干部纪律教育工作实施方案》《关于进一步规范市委文件审核工作的规定》等文件74件，均上报省委备案，有力推进全市党内法规工作规范化、制度化、科学化。主动适应信息工作新要求，加强信息综合加工，优化信息工作平台建设，推动党委信息服务提质增效。全年共向中办、省办报送信息942条，被采用信息231条，信息采用量稳居全省各市（县）之首。刊出《海口要情》56期，采用各单位报来的信息298条。送培训到各单位2次，举办集中信息业务培训1次，培训信息员200名，超额完成全年绩效目标任务。多位省市领导在重要信息刊物上作出批示11件次。

资料链接：“8+2+3+2”专项整治

1. 落实好中央部署的8项专项整治

（1）整治对贯彻落实习近平新时代中国特色社会主义思想和党中央决策部署置若罔闻、应付了事、弄虚作假、阳奉阴违的问题。

（2）整治干事创业精气神不够，患得患失，不担当不作为的问题。

（3）整治违反中央“八项规定”精神的突出问题。

（4）整治形式主义、官僚主义，层层加重基层负担，文山会海突出，督查检查考核过多过频的问题。

（5）整治领导干部配偶、子女及其配偶违规经商办企业，甚至利用职权或职务影响为其经商办企业谋取非法利益的问题。

（6）整治对群众关心的利益问题漠然处之，空头承诺，推诿扯皮，以及办事不公、侵害群众利益问题。

（7）整治基层党组织软弱涣散，党员教育管理宽松软，基层党建主体责任缺失的问题。

（8）整治对黄赌毒和黑恶势力听之任之、失职失责，甚至包庇纵容、充当保护伞的问题。

2. 落实好省委结合海南实际提出的2项专项整治

（9）营商环境不优问题。

（10）人才引进培养存在问题。

3. 落实好3项深化主题教育效果的措施

（11）推动制度创新多出可复制可推广成果。

（12）推动“政策落实年”各项措施落地见效。

（13）推动脱贫攻坚创优保先。

4. 落实好中央“不忘初心、牢记使命”领导小组部署的2项专项整治

（14）整治领导干部利用名贵特产特殊资源谋取私利问题。

（15）整治“景观亮化工程”过度化等“政绩工程”“面子工程”问题。

【督查督办】2019年，海口市委办公室立足党办抓落实的基本职能，进一步规范全市督查检查考核工作，有力促进中央、省委重大决策部署和市委重要工作的落实。对全市贯彻落实习近平总书记“4·13”重要讲话和中央12号文件精神情况进行督查，推动达成共识、共谋发展，形成2期专题报告；对中办、省委督查组、省纪委监督检查组实地调研回访、督查海口市贯彻落实习近平总书记“4·13”重要讲话和中央12号文件精神情况反馈问题和建议事项、清单进行责任分解，印发《关于省纪委监委监督检查我市学习贯彻习近平总书记“4·13”重要讲话精神情况反馈问题和建议整改落实情况》2期，向省委报送《习总书记视察海南考察点问题整改台账》2次；对海南自贸区建设项目（海口市）集中开工项目进展情况开展专项督查，形成9期督查专报。对“两个确保”百日大行动89项重点任务进行督办，争取上级支持解决深化改革和项目推进中的难点、堵点问题，形成《督查专报》反馈1期；对编制江东新区总体规划及起步区规划等市委书记办公会议议定事项落实情况开展专项督查，印发《督查专报》7期。全年办理省、市领导批办件138件，其中省领导批办件62件，办结率88.7%；市委主要领导批办件138件，办结率81.2%。编发《海口督查专报》44期，《市委书记批示件办理情况》专报6期。

（林贻巍）

重要会议

【市委十三届九次全会】2019年1月10日，中国共产党海口市第十三届委员会第九次全体会议暨市委经济工作会议召开。会议应到234人，实到220人；其中，市委委员应到44人，实到37人。会议由市委常委会主持。会议听取了市委常委会工作报告，市委副书记、市长丁晖对2018年经济工作的总结和对2019年经济工作的安排部署，市委常委、市委组织部部长王艳萍作关于2018年度干部选拔任用工作报告。会议批准孙世文、符革、刘涌涛、韩忠泽辞去市委委员职务，递补杜梅英、邓立松、李世高、陈超、欧阳卉然、富天放为市委委员，并对2018年度干部选拔任用工作和2018年新选拔任用干部进行民主评议。会议号召，全市各级党组织和广大党员干部要更加紧密团结在以习近平为核心的党中央周围，持续深入学习贯彻习近平总书记“4·13”重要讲话和中央12号文件精神，发扬敢闯敢试、敢为人先、埋头苦干的特区精神，推动思想再解放、改革再深入、工作再落实，奋力开创新时代海口全面深化改革开放新局面，以实际行动和优异成绩迎接新中国成立70周年！

【市委常委会会议】2019年，海口市委常委会召开常委会会议39次。市委常委会会议以习近平新时代中国特色社会主义思想为指导，全面贯彻党的十九大精神，按照党委“总揽全局、协调各方”的原则，议大事、把方向、拿全局、用干部，充分发挥在同级党组织中的领导核心作用，就事关海口经济社会发展的重大问题进行研究。

十三届海口市委常委会会议主要议题一览表

（2019年）

表2

时 间	名 称	议题内容
1月4日	第1次（扩大）会议	1. 传达学习中央农村工作会议、全国扶贫开发工作会议精神及省委常委会有关工作部署精神 2. 传达学习省委主要领导调研“海澄文”一体化重要讲话精神 3. 审议海口市委十三届九次全会暨市委经济工作会议工作方案
1月9日	第2次（扩大）会议	1. 审议《市委常委会2018年度工作报告》等市委全会相关文件 2. 审议《海口市2018年国民经济和社会发展计划执行情况与2019年国民经济和社会发展计划草案的报告》等“两会”相关文件 3. 审议《海口市2019年为民办实事事项》等事项
1月15日	第3次（扩大）会议	1. 传达学习中央政治局会议精神 2. 传达学习十九届中央纪委三次全会精神 3. 传达学习《海南省生态文明建设目标评价考核实施细则（试行）》文件精神
1月24日	第4次（扩大）会议	1. 审议《中共海口市委 海口市人民政府关于表彰海口创建国际湿地城市先进单位及先进个人的通报》文件 2. 审议《海口市2018年开展扫黑除恶专项斗争工作总结》文件稿
2月2日	第5次（扩大）会议	1. 传达学习省“两会”精神 2. 传达学习省委农村工作会议精神，研究海口市贯彻落实意见 3. 传达学习省纪委七届三次全会精神，研究海口市贯彻落实意见 4. 传达学习1月13日省委常委会会议精神 5. 传达学习全国、全省宣传部长会议精神，研究海口市贯彻落实意见 6. 听取海口市环保督察及海洋督察整改情况汇报，研究海口市有关整改意见 7. 听取海口市春节期间工作安排情况汇报 8. 审议调整海口市“两会”召开时间等事项
2月13日	第6次（扩大）会议	1. 传达学习省委主要领导调研“海澄文”环保督察整改工作的讲话精神 2. 传达学习中央关于“三农”工作文件精神 3. 传达学习《中共海南省委关于推进全面深化改革开放“政策落实年”的意见》文件精神 4. 传达学习《中共海南省委 海南省人民政府关于加强海洋保护与利用管理的意见》，研究海口市贯彻落实意见 5. 听取海口市春节期间工作情况汇报 6. 审议《中共海口市第十三届纪律检查委员会第四次全体会议方案及工作报告》等文件

续表 2

时 间	名 称	议题内容
2月19日	第7次（扩大）会议	1. 传达学习2月15日省委书记专题会议精神 2. 传达学习省政协主席毛万春对海口市生态文明建设建议意见 3. 听取海口市“两会”筹备工作情况汇报 4. 审议《2018年政府工作报告》等“两会”文件 5. 审议《海口市选派乡村振兴工作队实施方案》等文件 6. 听取元宵节活动及有关工作安排情况汇报
3月12日	第8次（扩大）会议	1. 传达学习中央政治局会议精神 2. 传达学习全国、全省组织部长会议精神，研究海口市贯彻落实意见 3. 传达学习全国、全省统战部长会议精神，研究海口市贯彻落实意见 4. 听取海口市在全国“两会”期间及博鳌亚洲论坛期间相关工作情况汇报 5. 听取海口市“3·18”项目集中开工活动准备工作情况汇报 6. 审议《海口市2018年绩效考核工作方案》等文件
3月15日	第9次（扩大）会议	研究干部人事议题
3月22日	第10次（扩大）会议	1. 传达学习《中共中央办公厅关于解决形式主义突出问题为基层减负的通知》及省委主要领导相关批示精神 2. 传达学习习近平总书记有关自贸区（港）建设的重要批示精神及省委书记刘赐贵相关批示精神 3. 传达学习《中共海南省委关于刘赐贵同志访问阿联酋新加坡并赴香港情况的通报》，听取海口市任务分解情况汇报 4. 传达学习中央、省委政法工作会议精神、全省扫黑除恶专项斗争推进会精神，研究海口市贯彻落实意见
4月13日	第11次（扩大）会议	1. 传达学习李克强总理在海口市调研时的重要讲话精神 2. 传达学习省委七届六次全会精神 3. 审议《海口市人大常委会2019年立法计划》《海口江东新区总体规划（2018–2035）等文件 4. 传达学习中央纪委文件精神及省委书记刘赐贵相关批示精神
4月18日	第12次（扩大）会议	1. 传达学习《困扰基层的形式主义突出问题、原因分析及对策建议》调研报告及省委书记刘赐贵相关批示精神 2. 传达学习《党政领导干部选拔任用工作条例》 3. 听取海口市环保督察及海洋督察整改情况汇报 4. 听取海口市制度创新工作安排情况汇报 5. 审议《市委组织部关于上报“庆祝中华人民共和国成立70周年”纪念章颁发人员名单的请示》等文件 6. 审议《2019年海口市委巡察工作要点》等文件
4月23日	第13次（扩大）会议	通报非洲猪瘟疫情，听取海口市防控工作安排情况汇报等
5月9日	第14次会议	传达学习习近平总书记在全国公安工作会议上的重要讲话和全国公安工作会议精神，以及省委常委会会议精神
5月20日	第15次会议	研究干部人事议题

续表 2

时 间	名 称	议题内容
5 月 31 日	第 16 次（扩大）会议	1. 传达学习 5 月 29 日海南省党政代表团赴京津冀三地学习考察总结会精神 2. 传达学习省委书记刘赐贵在省委财经委员会第二次（扩大）会议上的重要讲话精神 3. 传达学习《国家生态文明试验区（海南）实施方案》 4. 传达学习国务院扶贫办主任刘永富在 4 月 27 日省领导干部周末学习专题讲座上的重要讲话精神 5. 传达学习《党政领导干部考核工作条例》《关于加强和改进城市基层党的建设工作的意见》等文件 6. 传达学习 4 月 2 日住房和城乡建设部城市体检会议精神及 5 月 13 日海口市召开的“彰显城市特色、践行绿色理念”建筑设计改革创新试点工作会议精神 7. 听取海口市环保督察及海洋督察整改情况汇报 8. 审议《中共海口市委 海口市人民政府关于表彰 2018 年度安全生产先进单位和个人的通报》
6 月 3 日	第 17 次（扩大）会议	传达学习中央“不忘初心、牢记使命”主题教育工作会议精神及海南省“不忘初心、牢记使命”主题教育动员大会精神
6 月 20 日	第 18 次（扩大）会议	1. 传达学习 6 月 19 日省长沈晓明在调研海口市座谈会上的重要讲话精神 2. 传达学习《海南省扫黑除恶专项斗争督导报告》文件精神 3. 传达学习《中央生态环境保护督察工作规定》及省委书记刘赐贵相关批示精神 4. 传达学习《中华人民共和国公务员法》《公务员职务与职级并行规定》《海南省公务员职务与职级并行制度实施方案》等文件精神 5. 审议《市委组织部关于海口市公务员职务与职级并行有关工作事宜的请示》等文件稿 6. 审议《市总工会关于召开海口市总工会第十六次代表大会的请示》等文件稿
7 月 3 日	第 19 次（扩大）会议	1. 传达学习《习近平新时代中国特色社会主义思想学习纲要》 2. 传达学习省委书记刘赐贵关于脱贫攻坚重要批示精神 3. 审议《中共海口市委机构编制委员会关于设立海口市退役军人服务中心的请示》等文件 4. 传达学习《关于防范化解重大风险督查情况报告》及习近平总书记、省委书记刘赐贵批示精神
7 月 15 日	第 20 次（扩大）会议	1. 传达学习中央第三生态环境保护督察组督察海南省工作动员会议精神 2. 审议《坚持和加强农村基层党组织领导扶持壮大村级集体经济的实施方案》《海口市 2019 年市管领导班子和市管干部考察工作方案》等文件 3. 传达学习全国巡视工作会议暨十九届中央第三轮巡视工作动员会以及七届省委第五轮巡视工作动员部署会议精神
8 月 16 日	第 21 次（扩大）会议	1. 传达学习习近平总书记在中央政治局第十五次集体学习时的重要讲话精神 2. 传达学习省委书记刘赐贵在省委自贸区（港）工委第 7 次会议上的讲话精神 3. 传达学习 8 月 16 日召开的确保全省经济持续健康发展、确保各项改革政策全面落实百日大行动动员大会会议精神 4. 传达学习《海南省在“不忘初心、牢记使命”主题教育中落实专项整治和深化措施的总体实施方案》

续表 2

时 间	名 称	议题内容
9 月 7 日	第 22 次会议	省委宣读干部人事情况
9 月 8	第 23 次（扩大）会议	1. 传达学习 9 月 7 日省委常委会议精神
		2. 传达学习 9 月 7 日省委书记刘赐贵与市人大、市政府、市政协主要领导谈话精神
		3. 传达学习 9 月 7 日市领导班子会议精神
9 月 12 日	第 24 次会议	1. 传达学习海南省“不忘初心、牢记使命”主题教育第一批总结暨第二批部署会、海南省第二批“不忘初心、牢记使命”主题教育工作会议精神
		2. 传达学习 9 月 11 日省委书记刘赐贵调研海口市保供稳价工作时的讲话精神
		3. 审议《关于调整市委“不忘初心、牢记使命”主题教育领导小组及办公室组成人员的请示》等文件
9 月 18 日	第 25 次会议	研究干部人事议题
9 月 30 日	第 26 次会议	1. 传达学习国家、全省安全生产电视电话会议精神及中央、省委重要领导批示精神
		2. 传达七届省委常委会第 127 次会议关于学习农村工作条例，研究农村基层组织建设、乡村振兴有关工作，以及省委书记刘赐贵在省委常委会上的讲话精神
		3. 审议《海口国际投资促进局设立方案》《海口江东新区管理局（海口临空经济区管理局）设立方案》等文件
		4. 研究有关干部处分事宜
10 月 9 日	第 27 次会议	传达学习 10 月 9 日上午省委书记刘赐贵调研江东新区时召开座谈会会议精神
10 月 16 日	第 28 次会议	1. 审议《中共海口市委 海口市人民政府关于进一步促进民营经济健康发展的若干政策措施》等文件
		2. 市委常委议军会议题
10 月 21 日	第 29 次会议	研究干部人事议题
11 月 2 日	第 30 次会议	传达学习《中国共产党第十九届中央委员会第四次全体会议公报》及 11 月 1 日省委常委会（扩大）会议精神
11 月 7 日	第 31 次会议	1. 传达学习《中国共产党问责条例》《中国共产党党内法规制定条例》《中国共产党党内法规和规范性文件备案审查规定》《中国共产党党内法规执行责任制规定（试行）》等文件
		2. 传达学习《中共海南省委关于深入学习宣传贯彻党的十九届四中全会精神的通知》
		3. 传达学习 11 月 5 日省委书记刘赐贵在三亚举行宣讲报告会时的重要讲话精神
		4. 审议《中共海口市委 海口市人民政府关于加强和完善城乡社区治理的实施意见》《海口市促进房地产市场平稳健康发展工作方案》等文件
11 月 12 日	第 32 次会议	传达学习中央政治局常委、国务院副总理韩正在推进海南全面深化改革开放领导小组全体会议上的重要讲话精神及省委深改委第 13 次会议暨自贸区（港）工委第 11 次会议精神
11 月 26 日	第 33 次会议	1. 传达学习《中共中央关于新时代加强和改进人民政协工作的意见》
		2. 传达学习《中国共产党党校（行政学院）工作条例》
		3. 传达学习《新时代爱国主义教育实施纲要》

续表 2

时 间	名 称	议题内容
11 月 26 日	第 33 次会议	4. 传达学习《中共中央办公厅 国务院办公厅关于在国土空间规划中统筹划定落实三条控制线的指导意见》 5. 传达学习《关于贯彻落实省委常委会精神推进违建别墅问题清查整治专项行动有关问题的通知》 6. 审议《市委常委班子“不忘初心、牢记使命”专题民主生活会方案》《海口市党的十九届四中全会精神宣讲工作实施方案》等文件 7. 研究有关干部处分事宜
12 月 1 日	第 34 次（扩大）会议	传达学习省委七届七次全会精神
12 月 3 日	第 35 次会议	研究干部人事议题
12 月 13 日	第 36 次会议	1. 传达学习《关于整治突出毒品问题的实施意见》以及刘赐贵书记在全省禁毒三年大会战（2020–2022）动员部署大会上的讲话精神，听取海口市贯彻落实意见 2. 审议《关于表彰全市禁毒三年大会战阶段性专项行动和专项工作先进个人的决定》《海口市纪检监察机关查处公职人员诬告陷害行为实施办法（试行）》等文件
12 月 18 日	第 37 次（扩大）会议	1. 传达学习中央经济工作会议精神、12 月 13 日省委常委会议精神 2. 听取 2019 年海口市经济运行情况汇报及 2020 年相关经济工作计划 3. 听取市委全会、市委经济工作会议筹备情况汇报 4. 审议《中共海口市人大常委会党组关于召开海口市第十六届人民代表大会第六次会议的请示》《中共政协海口市委员会党组关于召开政协海口市第十四届委员会第五次会议的请示》等文件
12 月 19 日	第 38 次（扩大）会议	1. 传达学习习近平总书记 2019 年 11 月 29 日在中央政治局第十九次集体学习时的讲话，研究海口市贯彻落实意见 2. 传达学习《中共中央 国务院关于推进贸易高质量发展的指导意见》，研究海口市贯彻落实意见 3. 传达学习《中共中央办公厅关于加强新时代民营经济统战工作的意见》，研究海口市贯彻落实意见 4. 传达学习《中共海南省委办公厅 海南省人民政府办公厅关于加强和改进生活无着的流浪乞讨人员救助管理工作的实施意见》，研究海口市贯彻落实意见 5. 听取海口市扫黑除恶专项斗争工作情况汇报 6. 听取市委政协工作会议材料准备情况汇报
12 月 27 日	第 39 次会议	1. 审议《海口市 2020 年元旦和春节假日工作方案》 2. 审议《海口市深化综合行政执法体制改革工作实施方案》 3. 审议《海口市 2019 年绩效考核工作方案》 4. 审议《2018 年度各区委书记、市直各党（工）委书记抓基层党建工作综合评价意见》文件 5. 传达学习全省巡视巡察工作会议暨七届省委第六轮巡视工作动员部署会精神，审议《十三届市委换届以来巡察工作情况报告》文件

【市委重要专题会议】2019年，海口市委召开的重要专题会议有：市委政法工作会议、全市宣传思想文化工作会议、全市机构改革动员会、市委教育工作领导小组会议、全市基层党建工作推进会、市委人才工作会议、市委政协工作会议、全市城市基层党建工作经验交流座谈会、市委农村工作和农村人居环境整治工作会议、市委理论学习中心组专题学习会等。

（林贻巍）

组织工作

【概况】2019年，海口市在机构改革中加强市委组织部的统一归口协调管理职能：市机构编制委员会改为市委机构编制委员会，调整优化市委机构编制委员会领导体制，市委机构编制委员会办公室作为市委工作机关，归口市委组织部管理；统一管理公务员工作，将市人力资源和社会保障局的公务员管理职责划入，对外加挂市公务员局牌子；统一管理人才工作，将市人力资源和社会保障局的专业技术人才管理职责划入，加挂市委人才发展局牌子，市人才工作领导小组改为市委人才工作委员会，具体工作由市委组织部承担。市委组织部内设18个科室，有下属参公事业单位2个，分别为市委组织部干部信息管理办公室、海口市党员教育中心；有下属财政全额拨款事业单位3家，分别为海口市老干部活动中心、海口市老年大学管理办公室、海口市老干部休养所。

2019年，海口市各级组织部门坚决贯彻新时代党的建设总要求和党的组织路线，按照稳中求进、守正创新的工作总基调，坚持抓基层打基础，切实推进党的组织体系建设，着力培养忠诚干净担当的高素质专业化干部队伍，努力把党员组织起来，把干部人才凝聚起来，把群众动员起来，为加快海南自贸区（港）省会城市建设提供坚强的组织保证。全市共有基层党组织3714个，其中党委154个、党总支189个、党支部3371个；下辖4个区22个镇、21个街道办事处、207个社区居委会、248个行政村的基层党组织，党员8.08万名，其中农村党员2.61万名、社区党员1.88万名。全年发展党员1274名。

【农村基层党建】2019年，海口市委组织部推动村党组织带头人整体优化提升，调整撤换10名村党组织书记，先后选派111名优秀干部任建档立卡贫困村和基层软弱涣散党组织村第一书记，826名干部参加乡村振兴工作队，启动第三轮100个党群活动中心建设，成立248支新时代文明实践乡村振兴志愿服务队，助力新时代文明实践活动。选拔重用85名优秀干部，选聘32名“两委”干部进入事业单位。研究制定《坚持和加强农村基层党组织领导扶持壮大村级集体经济的实施方案》，努力消除集体经济空壳村、薄弱村。至5月，全市22个贫困村全部达标出列，市委组织部被评为2018年度海南省打赢脱贫攻坚战先进集体。对2016年村（社区）组织换届以来的“两委”班子成员情况开展二轮“回头看”，把全市村（社区）受过刑事处罚、存在“村霸”和涉黑涉恶问题的25名“两委”班子成员、38名村民正副小组长清理出队伍。

【城市基层党建】2019年，海口市委组织部围绕加强社会治理创新抓实城市基层党建，11月29日召开2019年城市基层党建经验交流座谈会，11月出台《关于加强城市基层党建的二十条具体措施》，推动城市基层党建工作高质量发展。推进街道扩权赋能，赋予街道党工委对区派驻街道机构负责人的考核提拔同意权，对城市总体规划的参与权和对街道公共事务的管理权等职权。突出抓好网格党建，探索实行“12345+网格员”联动机制，推动治理工作落地。指导修订《海口市直属机关党建工作标准》，设置机关专职副书记岗位45个，不断推动机关基层党组织建设标准化规范化水平。2016—2019年，市级财政先后投入5亿多元，建设党群活动中心471个。充分发挥基层党组织和党员在社会治理中的作用，打造秀英区水头村、龙华区国贸大院、琼山公安分局飞鹰大队等一批城市基层党建示范点，国贸大院《党建引领聚民心 三无小区焕生机》治理案例被中组部评为全国城市基层党建创新案例优秀案例。

【“两新”组织党建】2019年，海口市委组织部抓党建主体责任落实，先后组织召开全市“两新”组织（新经济组织、新社会组织）党建工作会议暨党委书记抓基层党建工作述职评议会、全市两新组织主题教育动员部署会等会议，明确并推动相关行业管理部门、“两新”组织各级党组织书记抓党建责任。持续推进“两新”组织“两个覆盖”，及时跟进加强新群体、新行业摸排覆盖工作，注重提高单独组建率，调整联合党组织规模，进一步加强“两新”组织有形有效覆盖。年末，全市有非公有制企业党组织739个，党组织覆盖率83%；社会组织党组织106个，党组织覆盖率90.3%。加快推进“两新”组织党建示范基地、示范党支部建设，打造海口国家高新区党建共享平台、复兴城党群活动中心等“两新”组织党建示范基地和日月广场党群中心、齐鲁制药海南公司党总支等示范党支部，以点带面辐射带动周边非公企业。引导“两新”组织助力自贸区（港）建设、脱贫攻坚等中心工作，组织实施“党建促脱贫、两新助振兴”专项行动，策划“红色引领·助力自贸区（港）建设”专项行动，引导全市“两新”组织充分发挥自身优势资源，在自贸区（港）建设、脱贫攻坚、乡村振兴等中心工作中主动作为。强化经费保障，下拨2019年度“两新”组织党建工作经费930.5万元，其中党组织工作运行经费423.5万元，党组织书记工作补贴507万元。

2019年9月30日，海南省建设工程安全质量监督管理局、海口市建设工程安全质量监督站共建的“党建联创项目”在文明东越江通道项目指挥部挂牌

（市城投公司 供）

【国有企业党建】2019年，海口市委组织部提高基层党组织的书记履职力，坚持“书记抓、抓书记”，召开市国资系统党组织书记抓党建述职评议大会，对国资系统基层党组织书记抓基层党建工作情况进行考核，进一步检验工作成效。开展党建工作专项考核，对企业党委落实党建工作30项重点任务落实情况进行专项检查，切实压实国资系统党组织书记抓党建工作主体责任。组织市国资系统党支部书记前往延安学习培训，着力提高党支部书记的履职履责能力。加强党支部组织力建设，严格按照组织程序完成15个基层支部的换届选举，验收通过整治软弱涣散党支部8个。严格落实“三会一课”和主题党日、党员过政治生日等制度，全年市国资系统各支部共召开组织生活会256场次，组织主题党日活动上千余次。着力优化党组织设置，认真落实“支部建在工地上、党建融入项目里、党旗飘在队伍中”要求，在文明东越江通道项目成立临时党支部并组建党员突击队，在城建集团负责的24个在建项目成立临时党支部，充分发挥党支部的战斗堡垒作用和党员队伍先锋模范作用。

【公立医院党建】2019年，海口市委组织部加强党对公立医院的全面领导，全面落实党委领导下的院长负责制，指导全市公立医院修改章程，市属6家医院均把党委领导下的院长负责制和党建工作要求纳入医院章程，明确重要行政、业务工作应当由院长办公会议讨论通过，再由院级党组织会议研究决定，确立医院党委在医院决策中的领导地位；推行“双向进入、交叉任职”，推动医院党组织班子成员按章程进入管理层，医院管理层中的党员成员进入医院党组织领导班子，党员院长兼任医院党委副书记。持续开展软弱涣散基层党组织整顿，在全市公立医院中开展软弱涣散基层党组织摸排，排查出软弱涣散基层党组织1个，实行挂牌督导等加以整顿，切实完成转化。加强党组织书记培训，依托各级党组织书记培训班，举办公立医院党支部书记、党务干部培训班，培训所有公立医院党组织书记、党务干部，确保市区镇38家公立医院党组织书记、党务干部培训全覆盖。抓融合发展，着力提高党建引领公立医院建设，推行“双月双周”党组织例会，建立卫生系统党员领导干部联系服务制度，在主题教育活动过程中，推动解决患者反映强烈的问题、自身存在问题89个。

【学校党建】2019年，海口市委组织部着力推动中小学校党建工作，指导市教育局召开全市中小学校党建工作推进会，推动市、区两级教育部门和各级各类学校党组织将政治建设摆在首位，把加强学校党的建设作为办学治校的根本性建设，把党的教育方针全面贯彻到学校工作各方面。推进党组织规范化建设，组织在基层党组织中开展“建设一个规范化的活动场地，健全一套规范化的工作制度、建立一套规范化的档案资料、开展一系列规范化的组织活动”的“四个一”工程工作，各市直属单位（学校）基本做到“一室六有”，党员活动阵地环境进一步改善。抓好基层党组织换届工作，对任期届满的民办学校党组织进行换届改选，并按照《中国共产党党组工作条例》要求对直属学校党委换届进行指导，进一步着力优化基层党组织班子结构。做好发展党员工作，年内发展民办学校党员9名，培养入党积极分子42名，其中民办学校入党积极分子15名。开展“七一”党员表彰活动，表彰民办学校优秀共产党员8名，民办学校优秀党务工作者2名。

【干部选拔任用】2019年，海口市委组织部围绕市委、市政府中心工作，切实加强各级领导班子和干部队伍建设，提请市委常委会审议干部议题21批，选拔任用市管干部307人次，包括女干部46人、党外干部14人、少数民族干部6人；其中提拔重用51人次，平级调整253人次，在基层一线提拔（重用）干部6名，从省外考察引进处级干部3名。贯彻落实《海口市机构改革方案》，设置市级党政机构45个（其中，市委设14个机构，市政府设31个工作部门），完成新组建和调整部门主要领导任命、班子配备，对部门党委（党组）进行调整。有序推进区级机构改革，完成各区31个党政机构挂牌组建、干部任免、人员转隶等工作任务。出台《海口市在脱贫攻坚和乡村振兴一线考察识别选拔重用优秀干部实施办法》，激励干部在一线拼搏实干、建功立业，提拔（重用）基层一线干部242名。持续开展“百名科级干部基层挂职锻炼”工作，选派24名干部赴上海、广东等地区以及中央机关、省直单位跟班学习。出台《海口市领导干部日常考核暂行办法》，在国家环保督查等专项重点工作中成立一线考核评价组，充分发挥平时考核、定期考核和专项考核相结合的“指挥棒”作用。7—8月间，派出10个考察组，结合各区届中考核工作，对全市88个市管领导班子和923名市管干部进行全面考察调研，发挥考核的督促监督作用，并发现储备一批优秀年轻干部。

【干部教育培训】2019年，海口市委出台《关于贯彻落实〈2019—2023年海南省干部教育培训规划〉的实施意见》，把学习贯彻习近平新时代中国特色社会主义思想作为首要政治任务，举办党委（党组）书记、城市管理与社会治理、营商环境建设、干部周末英语学习等26个重点主体班次，培训干部2752人次；选派75名干部参加中组部、省委组织部重点主体班次学习。指导各区各单位共举办各类培训班、讲座、报告会591期，其中赴省外举办重点主体班次43期次，5万人次参加学习培训，近1万人次参加干部网络学习培训。11月1日，海口市“不忘初心、牢记使命”主题教育学习研讨会暨加快推进海南自贸试验区和自贸港建设赴新加坡专题培训班成果汇报会召开。会议结合“不忘初心、牢记使命”主题教育，学习借鉴新加坡等自由贸易港建设的经验做法，用新理念新知识新本领努力开创新时代海口全面深化改革开放新局面，为海南自贸试验区和自贸港建设作出新的贡献。

【干部日常监督管理】2019年，海口市委组织部从严从实开展干部日常监督管理。全市党委（党组）组织人事部门开展提醒谈话431人次、函询7人次、诫勉34人次，对21名涉及海岸带越权审批相关责任人进行全市通报，根据个人有关事项报告查核结果对33名不如实报告的领导干部从严处理。结合市委巡察对12家单位领导干部担当作为以及选人用人工作情况进行专项检查，清理规范162名在企业、社会团体兼职（任职）干部。

【公务员管理】2019年，海口市委组织部贯彻落实公务员法，持续推进公务员管理改革。加强对新修订《中华人民共和国公务员法》的学习宣传贯彻，推动公务员管理工作法治化、规范化、科学化。稳慎推动公务员职务与职级并行工作。制定《海口市公务员职务与职级并行制度实施方案》，全面启动海口市职务与职级并行工作。抓好公务员招录选调和培训。严把公务员招录、遴选等工作中的政治关，全年配合省委组织部完成党政急需紧缺人才公务员招录31名，海南省“聚四方之才”招聘会公务员招录12名、选调生招录11名，从优秀村（社区）党组织书记、村（居）委会主任中招录基层公务员11名。举办新录用公务员初任培训、科级干部任职培训等400多人次，组织网络学习培训9822人次，突出政治理论培训，落实宪法宣誓制度，提升公务员队伍履职能力。做好公务员（参照公务员法管理工作人员）登记、工资晋升、考核备案、表彰推荐等日常管理工作，市公安局琼山分局便衣警察大队（飞鹰大队）大队长冯晖被评为第九届全国“人民满意的公务员”。

【公务员职级并行制度实施】2019年6月1日，海口市以贯彻落实公务员法为主线，认真落实中央《公务员职务与职级并行规定》和《关于贯彻实施公务员法建设高素质专业化公务员队伍的意见》要求，稳步推进全市公务员职级改革。6月21日，组织召开全市公务员工作暨学习贯彻公务员法、公务员职务与职级并行制度实施动员部署会；9月12日印发《海口市公务员职务与职级并行制度实施方案》，全面启动海口市职务与职级并行工作。至年末，基本完成各区和77个市直机关职级套转工作，77个市直机关完成职级职数核定（含统筹数），各区正在进行职级职数设置；部分单位陆续开展职级晋升工作。

【老干部工作】2019年，海口市有离休干部228人。按革命时期划分，抗日战争时期46人，解放战争时期182人；按享受待遇划分，享受厅级待遇3人，享受处级待遇56人、乡科级及以下169人。全市有退休干部14991人，离退休干部党组织238个。市委组织部强化离退休干部党支部建设，举办全市离退休党支部书记培训班，提高党支部组织力和领导力。组织厅级老干部参加《政府工作报告》征求意见座谈会并积极建言献策；在全市组织开展老干部迎接新中国成立70周年系列主题活动，举办书画比赛等30余场次。加强对老干部的人文关怀。国庆节前，向全市离休干部发放238枚“庆祝中华人民共和国成立70周年”纪念章。全年慰问老干部近1000人次，发放慰问金、慰问品折合100万元；发放特殊困难离休干部帮扶资金99.4万元，帮助110名离休干部解决生活困难。做好关心下一代工作。在全市各中小学广泛开展“我为祖国点赞”主题教育系列活动，组织巡回宣讲报告120场，受教育学生10多万人次；组织“五老”和法官、律师志愿者，深入中小学校作法制教育报告70多场，放映禁毒教育电影100多场，不断加强对全市中小学生的爱国主义教育和法治教育。8月14日，“全国关心下一代党史国史教育基地”挂牌仪式在海口市中共琼崖一大会址举行，中国关工委主任顾秀莲出席仪式，海口市关心下一代工作得到中国关工委和省关工委充分肯定。

【"我是共产党员"专栏】2019年，海口市委组织部坚持每周一期、每期一人，在海口广播电视台、《海口日报》、海口网等新闻媒体同步推出"我是共产党员"专栏，至12月23日，累计推出193位基层一线党员代表，其中100名党员事迹在中组部党员教育网上播出，31名党员事迹在学习强国APP上展播。

（台德超）

宣传工作

【概况】2019年，海口市委宣传部坚持以习近平新时代中国特色社会主义思想为指导，围绕抓好全市各级党组织理论学习、意识形态责任制落实和学习强国平台注册推广应用等工作，推动意识形态责任制落实落地；坚持正确舆论导向，为推进海口经济社会全面发展营造良好氛围；扩大对外宣传力度，宣传海口在自贸区（港）建设中取得的新成就、新突破、新面貌；以建设新时代文明实践中心和社会文明大行动为抓手，全力推进文明创建工作；深化文化体制改革，增强文化自信，促进文化产业繁荣发展；开展群众性文化活动，丰富市民文化生活。向省委宣传部推荐的"秀英区新时代农民宣讲团"获"基层理论宣讲先进集体"，美兰区三江镇茄芮村书记（主任）王琼获"基层理论宣讲先进个人"，微视频作品《学习宣传贯彻党的十九大精神网上微宣讲—〈不忘初心 牢记使命 做合格党员〉》获"优秀基层理论宣讲微视频"。在开展全国社区网络春晚节目录制中，市文明办获2019年全国社区网络春晚"特别贡献奖"。海口市精选17部作品参选海南省"五个一工程"奖中有9部作品获奖，其中广播剧《大爱人间》获国家"五个一工程"奖，市委宣传部再次获得2017—2019年度海南省优秀精神产品奖（海南省"五个一工程"）组织工作奖。海口市新时代文明实践中心试点工作得到中宣部、中央文明办的肯定。7月，在全国新时代文明实践中心试点工作交流会上，中央文明办领导点评指出海口市有两项工作可供全国各地学习借鉴：市委高度重视一盘棋统筹高位推动试点工作，并与乡村振兴、脱贫攻坚等工作很好结合起来；把乡村振兴工作队伍整合成乡村志愿服务队，很好解决各地基层反映的没有队伍人才问题。8月底，中央文明办印发《精神文明建设专刊》，专门报道海口市美兰区演东村、江苏爱凌村、浙江傅家路村、山东张家寨子村4个实践站做法。9月出版的《时事报告》刊登琼山新时代文明实践工作经验。

年内，海口市加强市委宣传部的协调管理职能，将市文化广电出版体育局的新闻出版、电影管理职责划入，对外加挂市新闻出版局（市版权局）牌子，内设办公室、理论研究科、新闻科、社会宣传文化科、对外宣传科、精神文明建设科、出版和版权管理科、文化体制改革和文化产业发展办公室、电影科，下属事业单位中共海口市委理论教育讲师团。

【理论宣传】2019年，海口市委理论学习中心组紧扣学习宣传贯彻习近平新时代中国特色社会主义思想，围绕抓好全市各级党组织理论学习、意识形态责任制落实和学习强国平台注册推广应用等工作，组织开展市委理论学习中心组7次，印发《中共海口市委2019年理论学习指导意见》，规范全市各级党委（党组）学习的重点，指导各级党组织完成《习近平新时代中国特色社会主义思想纲要》《习近平扶贫论述摘编》等重点内容学习。督促全市各有关单位落实意识形态工作责任制，采取督查与日常监督相结合的方式，全年累计督导各单位发现意识形态苗头性问题2起，常规性问题5起，均完成整改。广泛发动党员注册使用"学习强国"平台，开展相关培训5场次，全市600多名机关企事业单位、社区农村和两新组织书记和党务工作者参训，至12月底，全市党员注册"学习强国"人数6.31万人。同时，发挥平台学习和宣传功能，全年报送30余条海口有关信息到平台，被采纳20条。组织开展"习近平新时代中国特色社会主义思想""习近平总书记4·13重要讲话精神""中央12号文件精神""庆祝新中国成立70周年""脱贫攻坚"等主题宣讲活动1134场次，受众人数5.83万人次。年内，海口市共获得3项省委宣传部表彰的基层理论宣讲荣誉，"秀英区新时代农民宣讲

2019年9月22日，"唱响新时代"海南省庆祝中华人民共和国成立70周年万人大合唱活动全省集中展演暨颁奖晚会在海口体育馆举行　（市委宣传部 供）

团”获“基层理论宣讲先进集体”，美兰区三江镇茄芮村书记（主任）王琼获“基层理论宣讲先进个人”，微视频作品《学习宣传贯彻党的十九大精神网上微宣讲——〈不忘初心 牢记使命 做合格党员〉》获“优秀基层理论宣讲微视频”。

【新闻宣传】2019年，海口市委宣传部深入宣传习近平新时代中国特色社会主义思想和党的十九届四中全会精神，组织媒体围绕新中国成立70周年、习总书记4·13重要讲话发表一周年、“七一”、国际湿地城市、脱贫攻坚、乡村振兴、扫黑除恶、禁毒、“不忘初心、牢记使命”主题教育、海口夜市、营商环境优化、市郊列车开通试运行、公交专用道等工作开展系列专题宣传，精心策划选题，发挥舆论引领作用。加大对环保督察工作宣传力度，配合做好第二轮中央生态环境保护督察新闻宣传，推送相关新闻稿件及相关信息600余条，省市媒体共报道及转载稿件近1000条。落实“扫黑除恶”宣传工作责任，对8家单位开展“扫黑除恶”宣传工作专项督导。强化舆情信息直报工作，7月启动舆情信息报送工作，全年共向中宣部报送舆情信息120条，被采纳11条；向省委宣传部报送舆情信息71条，被采纳65条。在推进城市更新工作中，开设专版专栏集中展示创建国际湿地城市、水体治理、大气污染防治“六个严禁两个推进”等新闻宣传，打造海口“湿地入城”“海口蓝”等海口生态名片，协调各级媒体广泛关注和大力宣传报道，较好提升海口的城市知名度和美誉度。

【典型人物宣传】2019年，海口市委宣传部配合市文明办，组织中央、省市媒体以及网络媒体，报道《2019年海口道德模范和“海口好人”揭晓》《海口2019十大“最美家乡人”揭起红盖头》《舍小家为大家的海口最美扶贫人——真帮实扶解民忧 俯身倾力谋发展》《五名环卫工人传递榜样力量》等稿件，其中“海口好人”冼少玉拾金不昧的事迹被央视“新闻直播间”以《海南海口环卫工拾金不昧 万元现金归还失主》播出。此外，《海口日报》、腾讯网、海口网、南海网等多家媒体先后对其事迹进行报道并点赞。对海口市广大扶贫干部感人的扶贫故事进行广泛宣传，建立全市好人好事宣传报道素材库，方便媒体宣传报道相关的典型事迹。

【社会宣传】2019年，海口市委宣传部完成博鳌亚洲论坛2019年年会、“不忘初心，牢记使命”主题教育、庆祝中华人民共和国成立70周年等重大主题活动宣传公益广告宣传。组织在国兴大道、龙昆南路、迎宾大道等17条道路悬挂灯笼4890盏；安装灯杆道旗4000多杆、高立柱宣传70多面、天桥广告宣传2000多平方米，建筑围挡更新广告宣传1.81万平方米；在大型商场、车站码头、机场、火车站、公园等公共场所安装户外大型LED屏300多处。以节庆为契机举办文化盛典，提升海口城市形象。与湛江市委宣传部联合策划“同一片海”琼州海峡经济带湛江·海口春节文艺晚会，加强海口湛江两市协同合作；与省委宣传部等联合举办2019“大海啊，故乡”大型交响新年音乐会、“舞典华章——第十一届中国舞蹈‘荷花奖’颁奖盛典”、《唱响新时代——走进海口》、“万人共跳竹竿舞”万绿园主会场、“万人大合唱”海口体育馆主会场、“万人升国旗仪式”省委大院主会场、“我和我的祖国”城市主题快闪活动、海口市庆祝新中国成立70周年音乐会等文艺活动。以基层干部群众为对象抓好群众性文化活动和文艺创作工作，举行“文化进万家”活动，指导市旅文局、市文联八大协会、各区委宣传部等单位开展美术书法展、广场文艺演出、文艺轻骑兵进农村基层等活动共300多场次。年内，海口市有9部作品获海南省“五个一工程”奖。

【对外宣传】2019年，中央主要媒体增强对海口的关注度，推出《海南自贸区启动建设一周年——蹄疾步稳开好局（在习近平新时代中国特色社会主义思想指引下——新时代新作为新篇章）》《生态治水 湿地入城》《如何拯救红树林（一）》《海口市郊列车今天正式运营》等新闻稿件500余篇。其中，《人民日报》报道60篇次；新华社报道118条次；中央电视台报道194条次，其中“新闻联播”播出海口单条新闻18条次。由市委宣传部策划制作的海口城市纪录片《海口百年》，反映海口城市百年发展历程，展现海口深厚的历史文化底蕴及城市发展成就，并投放于中央电视台等主流媒体进行宣传。通过“外宣新媒体看海南”采访活动，宣传海口在自贸区（港）建设中取得的新成就、新突破、新面貌，扩大海口对外宣传力度。举办30场新闻发

2019年1月6日，“舞典华章——第十一届中国舞蹈‘荷花奖’”颁奖盛典在海口市举行
（市委宣传部 供）

布会，推动新闻发布工作规范化建设。

【网络宣传】2019 年，海口市委宣传部围绕新中国成立 70 周年庆典，牵头推出“壮丽 70 年 奋斗新时代”网络专题和系列报道，刊发稿件 678 条。发布《人民记忆：70 年 70 城—海口》短视频等精品专题网宣作品，被中国（海南）微视频创摄大赛评选为年度最佳短片，微博端总播放量 50.6 万次，秒拍 288.5 万次。主动参与、融入“跨海跨年久久不见海口见”海口跨年狂欢季活动，与今日头条、新浪等新媒体合作，开展“# 抖出海口最美时光”2019 海口市抖音挑战赛、2019 年海口新媒体自媒体采风活动、2019 头条 & 抖音达人海口行活动等活动，3 场活动总曝光率 2 亿次，人民网、新华网等媒体对活动进行报道。在“人民记忆：70 年 70 城”专项评论引导活动中表现出色，被收录到《海南省委网信办关于转发中央网信办〈表扬信〉的通知》，被中央网信办点名表扬。

（王跃聪）

【新时代文明实践中心试点建设】2019 年，海口市成立新时代文明实践工作指导委员会、专家指导委员会和理论研究委员会；完善新时代文明实践相关制度和做好资金保障，出台《海口市新时代文明实践工作指导意见》《关于做好新时代文明实践中心志愿服务工作的指导方案》《关于统筹乡村振兴驻村人员队伍开展新时代文明实践工作的通知》等多项基础性文件，制定全市文明实践中心、所、站的十大标准配置；统筹精神文明建设、社会文明大行动等财政资金，加大保障力度，市级财政统筹安排资金 8500 多万元。创造性地把新时代文明实践工作融入乡村振兴和脱贫攻坚大格局，整合市区下派的乡村振兴工作队、驻村第一书记、帮扶责任人力量，组建 248 支新时代文明实践工作队；整合现有基础设施，把文化馆、美术馆、图书馆、党员电教中心、党员活动室、宣传文化室、农家书屋、农村健身活动广场、农村文化广场、闲置学校等 482 个阵地资源统筹起来，统一调配使用；整合志愿服务项目，建立新时代文明实践服务项目库，提高资源利用率和服务覆盖面，让更多群众享受到服务。年内共整合服务项目 179 个，开展活动 7000 多场。建好建强本土志愿队伍，以农村乡土文化人才、科技致富能人、“五老”人员、创业返乡人员等人群为重点，打造一支扎根本土、熟悉乡情的本地骨干志愿服务队伍。共发展本地骨干志愿服务队伍 1 万多名。组织开展新时代文明实践合唱比赛区、镇（街道）新时代文明实践中心、所组建“壮丽 70 年 飞扬中国梦”新时代文明实践合唱队，通过歌唱激发农民爱党爱国的热性，引领文明新风尚。开展线上线下融合发展。依托“12345”智慧联动平台和公共服务平台“椰城市民云”，建设新时代文明实践与“12345”联动综合服务平台，及时收集、监测、分析市民游客需求动态，为文明实践决策和活动策划提供依据，以信息化手段把文明实践引向深入。开展移风易俗。创作新时代文明实践建设主题琼剧《美美的土墨村》，引导村民转变观念、移风易俗；针对以往“公期”存在的大操大办、铺张浪费、赌博酗酒等陋习，坚持“简办”“减办”“合办”“新办”的原则，设计“美食大餐”“文化大餐”“知识大餐”“体育大餐”等“四盘菜”；推出“新风礼”系列活动，在传统节日或人生重要节点，组织开展拜年礼、孝亲礼、团圆礼、入学礼、成人礼、结婚礼、追思礼等，弘扬文明礼仪，树立文明新风。

海口市试点工作经验得到中宣部、中央文明办的肯定及各大媒体的宣传报道。7 月下旬，在浙江慈溪举办的在全国新时代文明实践中心试点工作交流会上，中央文明办领导指出海口市有两项工作可供全国各地学习借鉴：市委高度重视，一盘棋统筹、高位推动试点工作，并与乡村振兴脱贫攻坚等工作很好结合起来；把乡村振兴工作队伍整合成乡村志愿服务队，很好解决各地基层反映的没有队伍人才问题。8 月底，中央文明办印发《精神文明建设专刊》，专门刊发海口市美兰区演东村和江苏爱凌村、浙江傅家路村、山东张家寨子村 4 个实践站做法。9 月出版的《时事报告》、11 月出版的《精神文明导刊》分别刊登琼山、美兰新时代文明实践工作经验。

【公民道德建设】2019 年，海口市深入开展社会主义核心价值观 12 个主题词和“讲文明树新风”公益广告宣传。组织新闻媒体在重要时段、重要版面开设专题专栏，多层次多角度广泛深入宣传。开展践行社会主义核心价值观先进典型选树活动。张黑弟入选“中国好人榜”；洪义乾、张黑弟、黄靖洋被评为第七届海南省道德模范。开展第七届海口市道德模范和“我推荐、我评议身边好人”评选表彰活动，评出第七届海口市道德模范 19 人，2019 年度“海口好人”21 人。举办 2019 年海口市道德模范与身边好人中秋座谈交流会；组织道德模范、身边好人基层宣讲和故事汇巡演 8 场，开展先进事迹专题展览和公益广告展示活动。按照《海口市道德模范、身边好人待遇保障和生活困难帮扶办法》的有关规定，拨付 2018 年海口好人、中国好人奖励资金 3.5 万元。春节、中秋等节日走访慰问生活困难道德模范、身边好人。开展庆祝新中国成立 70 周年走访慰问道德模范和身边好人活动，为 20 名困难道德模范和身边好人送上慰问金与祝福。帮助生活困难的道德模范李素萍解决医药费等开支。全年先后出资 10 多万元，帮扶道德模范和身边好人 80 多人次，彰显好人好报、德者有得的价值导向。

【未成年人思想道德建设】2019 年，海口市开展“中国梦”主题教育实践活动。“六一”期间，组织开展“六一”儿童节关爱孤残儿童、留守儿童等慰问活动，开展“小手拉大手”活动。举办以“做新时代好少年”为主题的未成年人道德讲坛，先后在海口市海联中学、市英才小学等60所学校开讲，受益师生和家长6万人次。评选表彰“校园好少年”，596名同学被评为“校园好少年”，激励每一位学生积极争做“新时代好少年”。开展“传承最美乡音”2019琼剧文化进校园系列活动25场，举办2019年第二届海口寻找识字小达人·少儿汉语言文化知识大赛。

【群众性精神文明创建活动】2019年，海口市印发《关于征集文明单位结对帮扶项目的通知》和《关于2019年文明单位认领结对帮扶项目的通知》，组织文明单位分别对照评选标准的内容和要求，深入推进文明创建和结对帮扶工作。稳步推进文明生态村创建，以推进文明生态村创建为抓手，结合“脱贫攻坚”“乡村振兴”等工作，开展文明主题实践活动，推进农村人居环境整治，全年安排400万元专项资金，支持创建文明生态村65个，巩固提高文明生态村4个。全市累计建成文明生态村2243个，占自然村总数（2361个）的95%。市财政投入专项资金400万元，指导各区按照比例配套资金，发动村民开展村庄整治，改善生态环境。市委宣传部下发《关于充分发挥新乡贤作用推进新时代文明实践工作的通知》，依托新时代文明实践中心所站成立乡贤理事会。推进红白理事会成立工作，各区成立红白理事会164个。推进在全市行政村设置道德“红黑榜”，制定道德“红黑榜”创评方案，共公布红榜663例，黑榜61例，起到良好的激励约束作用。

【社会文明大行动】2019年，海口市按中央文明办全国文明城市测评体系要求组织2019年度全国文明城市考核工作。开展“全民公益日”宣传活动4场次。利用早晚高峰期，组织党员志愿者、青年志愿者、社会志愿者等各类志愿者，在主干道协助交通警察疏导交通拥堵，参与文明交通志愿服务劝导活动的志愿者11万余人次。推动立法建设，配合市法制局，推进《海口市公共停车场建设和管理规定》实施。协调各区尽快完成机动车停车位和非机动车停放点的划设工作，缓解全市停车难的问题。通过开展文明餐桌行动、文明旅游行动、诚信教育实践行动、网络文明行动、文化惠民行动、社会文明大行动宣传活动，发动各相关部门、社会团体和组织、企事业单位共同推进文明城市创建长效运行机制。（杜秀美 吴莹冰）

【舆论监督】2019年，海口市委宣传部指导海口日报社、海口广播电视台，通过开设专题专栏，设置曝光台等，开展舆论监督报道。海口广播电视台“椰城纠风热线”“热带播报”“直播12345”等舆论监督平台在力度、广度、深度上均比上年有较大提升。结合海口正在开展的社会文明大行动和“双巩”（巩固全国文明城市、巩固国家卫生城市）活动，继续在《海口日报》、海口广播电视台及其所属新媒体平台上开展“城管＋执法＋媒体”活动。

【网络管理】2019年，海口市委宣传部制定《海口市网络舆情与社会矛盾协同处置工作机制》，建立健全网络舆情风险评估预警、监测研判、应急引导、应急联动处置管控、应急处置和风险防控考核问责机制。严格落实属地管理责任，针对全市网络安全和信息化建设工作薄弱环节查找突出问题，指导海口网、海广网等市属重点网站建立规范的网络安全管理制度和网络安全技术防范措施。督促市政府党政办公网等网站做好系统漏洞整改。协同相关单位开展“护网2019”行动网络安全问题整改，协助省委网信办开展2019年海南省网络安全实战攻防演练。组织落实弱口令专项清理行动。配合推进智慧城市、政务信息整合共享等各项工作任务。协同市科工信局等相关部门开展网络“清朗”专项行动。协调军民融合项目落地海口。规范《海口日报》、海口广播电视台网络新闻业务及具有网络传播和社会动员功能业务的审批及日常监管。

（王跃聪）

统一战线

【概况】2019年，在海口市机构改革中，加强市委职能部门的统一归口协调管理职能，市委统一战线工作部统一领导民族事务工作，将市人民政府办公厅的民族事务管理职责划入，组建市民族事务局，与市委统一战线工作部合署办公，列入市政府工作部门序列，不计入机构个数；统一管理宗教事务、侨务、港澳事务、台湾事务，将市政府办公厅的宗教事务管理职责，市外事侨务办公室的侨务、港澳事务管理职责，市委台湾工作办公室的职责划入，对外加挂市宗教事务局、市侨务办公室、市台湾事务办公室牌子，不再保留市委台湾工作办公室。市委统战部内设科室由3个增至8个。按照全市统一部署，各区区委统战部的改革也顺利完成。4个区统战干部编制总数增加，在此基础上，秀英区委统战部新成立下属事业单位——民主党派服务中心，基本解决区级统战工作人员编制少、任务重的问题。

2019年，海口市委统战部通过加强党外代表人士队伍建设，提升海口市社会主义协商民主制度效能；深化服务引导，推进非公有制经济领域统战工作；加强经济文化交流，推进港澳台海外统战工作取得新业绩；抓好民族宗教工作，维护全市社会和谐稳定；科学统筹部署，推进海口新的社会阶层人士统战工作创新试点建设，推动统战各领域工作取得新的进展。年内，被省委统战部评为全省统战信息宣传工作先进单位，获全省统战理论政策研究创新成果一等奖，香港统战工作获得省委统战部2018年集体嘉奖；市民族事务局被省政府评为海南省民族团结进步模范集体，被省民宗委评为全省民族宗教系统信息工作先进单位；美兰区海甸街道新安社区被国家民委命名为第7批全国民族团结进步创建活动示范单位。海南南方民族艺术学校副校长陈彩英被评为国务院第七次全国民族团结进步模范个人，并受邀参加中华人民共和国70周年国庆阅兵观礼。

【多党合作和无党派人士工作】2019年，海口市有8个民主党派，共有民主党派成员3386人，全市民主党派干部中有厅级干部4名，处级干部49人；另有党外人大代表69名，占代表总数的23.88%，党外政协委员160名，占委员总数的60.38%。年内，市委统战部分别在西安交大、中改院等教育培训机构举办党外干部、少数民族干部、非公企业家、新的社会阶层、党外知识分子、宗教界代表人士培训班5期，培训784人次。会同市委组织部制定《党外干部工作联席会议制度》，以民主党派届中调整为契机，加强同组织部门的沟通协调，成功推荐2名党外干部到正处级领导岗位，3名副处级党外干部从民主党派机关交流至市政协、市贸促会等重要岗位工作。开展政协委员增补工作，甄选6名各界别优秀党外代表人士拟增补进入政协委员队伍，其中3名已就职，另外3名正在走程序。深化民主协商制度改革。起草《海口市关于在政府工作中进一步加强同民主党派、工商联和无党派人士联系的办法》（以下简称《办法》），由市委全面深化改革委员会会议审议通过。《办法》实施后，将为党外代表人士提供更广的参政议政平台。围绕助力海南自贸区（港）建设，引导各党派及有关团体深入调研，形成10余篇调研报告，并组织召开海口市统一战线理论研讨会，将研究成果编印成册供市领导决策参考。各民主党派全年提交提案、议案、社情民意等240余件，其中10余件被列为市领导督办案，《关于在海口建设自贸区（港）背景下，做好海口、台湾农业合作交流的建议》《关于营造法治化营商环境，助推海口市自由贸易实验区建设的建议》等提案引起相关职能部门的高度重视并研究落实措施。

2019年3月20日，海口市新的社会阶层人士统战工作实践创新示范基地在海口国家高新区红色基因教育馆举行揭牌仪式 （梁 杏 摄）

【新的社会阶层人士统战工作创新试点】2018年12月25日，海口市召开全市推进新的社会阶层人士统战工作创新试点动员大会，探索实践创新试点工作新路子。2019年，按照“试点先行、突出重点、以点带面、整体推进”的工作思路，部署新的社会阶层人士统战“1+2+3+N”创新试点工作。市委出台《海口市关于加强新的社会阶层人士统战工作实施意见》，成立新的社会阶层人士统战工作领导小组。成立海口市新的社会阶层人士联谊会，各区筹备成立相应的联谊组织，逐步实现横向到边、纵向到底的工作网络。创建南北通物流园等11个新的社会阶层人士示范实践基地，突出示范效应；突出新阶层人士培养，强化政治引领，举办新的社会阶层人士培训班6期，培训人数274人。

资料链接：统战“1+2+3+N”创新试点

“1”是指在新的社会阶层人士统战工作中始终坚持党的领导这条主线；“2”是指市、区两级联动，共同推进新的社会阶层人士统战工作创新试点；“3”是指建立一支可靠的代表人士队伍，搭建一个有效平台（成立海口市新的社会阶层人士联谊会），出台一项工作制度（即出台《海口市关于加强新的社会阶层人士统战工作实施意见》）；“N”是市、区建设一批新的社会阶层人士统战工作创新试点重点项目。

【党外知识分子及归国留学人员工作】

2019年，海口市委统战部采取走访调研和问卷调查方式，开展服务对象摸底工作，初步了解掌握党外知识分子约5000人，科员以上无党派人士约1280人，归国留学人员约230人，为下一步有效开展统战工作提供依据。全年先后选送24名无党派人士、党外知识分子、欧美留学人员参加省级组织的各类培训班，夯实思想政治基础。成立海口欧美同学会（海口留学人员联谊会）、党外知识分子联谊会筹备工作领导小组，筹备海口欧美同学会（海口留学人员联谊会）、党外知识分子联谊会成立相关事宜。

【港澳台和海外侨胞统战工作】2019年，海口市委统战部协助香港海口联谊会执行会长李妮注册繁星文化工作室（海南）有限公司，并在海口举办

“谭咏麟《银河岁月40载》巡回演唱会”和“2020年国际中华小姐中国内地海口站总决赛”。帮助解决湖湾小区、福嘉华园等18宗港澳台资企业反映的问题。协助台胞办理台湾居民居住证百余人次，有效解决台胞子女入学问题16人次。举办第十六届世界海南乡团联谊大会“寻根之旅”——海口站活动、“南侨机工回国抗战80周年图片雕塑展”、海口“侨乡风采”摄影大赛获奖作品展、“侨爱工程——琼剧进社区暨侨法宣传活动”。推荐林秋雅、陈学汉、符明潮等20多名侨界精英参加“海南华侨”电视栏目，与市电视台联合推出“侨企之路”栏目。为18位老归侨撰写口述历史《我的人生故事》。为270多名无固定收入、生活困难的归侨发放生活补贴33万元。

2019年5月11日，“2019海口香港产业融合发展研讨会”在海口观澜湖举办

（王雅婷 摄）

【非公经济领域统战工作】 2019年，海口市委统战部加强与市政府有关部门沟通，反映民营企业发展的痛点、难点问题，推动出台《中共海口市委、海口市人民政府关于进一步促进民营经济健康发展的若干政策措施》和《海口市服务民营经济发展联席会议制度》等政策制度，促进海口市营商环境进一步优化。组织民营企业家深入学习习近平新时代中国特色社会主义思想、习近平总书记在民营企业座谈会上的重要讲话精神，以及省、市民营企业座谈会精神，引导民营企业家进一步坚定理想信念，强化机遇意识和发展意识，把企业做强做优。举办海口市贯彻惠台措施宣讲座谈会，为台商详细解读“中央31条惠台政策”及“海南30条惠台措施”；组织民营企业家参加省工商联举办的“海南省民营企业创业创新发展与知识产权保护”宣讲会，帮助民营企业家了解掌握科技项目、科技创新和知识产权相关政策与知识；与市工商联联合举办“把握新机遇 激发新动力”民营企业家主题培训班，学习异地优秀民营企业的先进管理理念，进一步提高民营企业家素质，引导民营企业家把握新机遇，转型发展；组织非公企业参加海南自由贸易试验区招商推介会、海峡两岸（海南）民宿大会等活动，帮助企业推广产品、拓宽视野，促进琼台民营企业交流合作。开展民营经济组织走访调研活动，深入39家民营企业、行业商会和协会走访调研，了解企业生产经营和人才工作情况，帮助协调解决诉求27宗。开展非公有制经济代表人士综合评价工作，共创建评价批次14批，完成评价并提交综合评价计算人数148人（综合评价等级A级6人、B级115人、C级27人），进一步规范了民营经济人士推荐使用和重要评选表彰工作，促进民营经济健康发展和民营经济人士健康成长。此外，指导非公经济人士更新完善信息，进一步加强非公经济人士信息库建设。按照省、市有关高层次人才认定工作文件精神，做好36位非公经济人士申报高层次人才材料的初审工作，出具审核意见。引导民营经济企业家弘扬光彩精神，全年捐款捐物价值总额107.47万元，助力海口市脱贫攻坚工作。

【民族宗教事务工作】 2019年，海口市委统战部推动将党的民族宗教理论政策纳入各级党委理论学习中心组学习和市委党校教学内容，邀请中央社会主义学院理论教研部民族宗教教研室教授为全市处级以上领导干部作专题辅导报告。协商市委组织部和市委党校在2019年海口市公务员初任培训班中开展“用中国特色社会主义宗教理论指导宗教工作实践”专题教学。进一步提高全市干部对新时期宗教工作的认识，提升基层党组织和领导干部的宗教工作能力。举办全市宗教工作“四级”网络信息员培训班，邀请省委党校教授为全体宗教工作“四级”网络信息员授课，进一步提升基层宗教工作信息员的能力素质。开展民族团结进步创建宣传月活动，通过悬挂横幅、张贴海报、发放宣传资料和文艺演出等方式，广泛开展城市民族团结进步政策法规知识宣传活动，共发放宣传资料7000余份。

（梁昌鹏）

政策研究

【概况】 2019年，海口市委政研室共起草工作报告、重要文件、工作汇报等各类相关文稿300余篇、50多万字。编辑《书记专报》1期、《领导参阅》18期。有序推进机构改革工作，内设机构调整为秘书综合科、党建研究科、经济社会研究科、决策咨询科4个科室，将2名工作人员及相应职能划入市委改革办（江东办）。

【重点课题研究】2019年，海口市委政研室开展调查研究，完成《关于海口市优化营商环境的调研报告》《以文化为魂打造海口火山文化旅游品牌》调研报告。撰写的《放手放胆将海南岛建设得更好》，先后在《新东方》《今日海南》和《海口学刊》等刊物发表，并被推选进入"学习强国"海南学习平台内容全文转发。

链接：《关于海口市优化营商环境的调研报告》

2019年10月15—19日，海口市委政研室围绕海口着力营造一流的营商环境，赴辽宁省大连市和黑龙江省哈尔滨市开展专题调研，完成《关于海口市优化营商环境的调研报告》。在《报告》中，通过对比大连、哈尔滨、海口三市在优化营商环境方面的主要做法，指出海口作为省会城市、全省的经济中心，在打造法治化、国际化、便利化的营商环境方面还存在的短板弱项，主要是：各种市场准入限制、审批许可、不合理的管理措施还是较多，影响企业投资兴业和群众创业创新；市场监督不到位、检查任性、执法不力等问题依然突出，存在"以罚代管""以征代管"和选择性执法、随意性执法等现象；公共服务也有不少短板，一些政府和部门服务意识不强、办事效率不高，工作拖沓敷衍、推诿扯皮，企业和群众意见较多。针对存在的短板、弱项，参考在世界银行发布的《2018年全球营商环境报告》中，排名世界前列的中国香港地区和新加坡、迪拜三地在优化的营商环境方面的做法，提出几点思考和建议：

（一）持续深化"放管服"改革。加快推行"证照分离"和"多证合一"改革，全面推行建设项目"极简审批"和联合验收，优化"互联网+政务服务"。

（二）推行国际贸易"单一窗口"再升级。创新设立国际投资"单一窗口"，全面推行外商投资一口受理、专人服务、跟踪问效，全面深入实施准入前国民待遇加负面清单管理制度，最大限度减少申请设立外资企业的时间成本，加快建立完善外国人投资咨询服务机制，口岸通关效率达到全国先进水平。加快投资者司法咨询服务平台建设。

（三）创建国家社会信用体系建设示范城市。加快建设以信用监管为核心、与负面清单管理方式相适应的监管体系。建立守信激励、失信惩戒的公示机制，进一步扩大"椰城信用"信息的共享度和应用场景，构建政府监管、行业自治、企业自律、社会共管共治的"四位一体"综合监管新格局。同时，建立健全有利于自我纠错的信用修复机制。

（四）持续深化对照世行营商环境评价指标改革。通过流程再造，在办理施工、开办企业、跨境贸易、财产登记等世界银行营商环境评价指标上重点发力。

（五）全力支持民营企业发展。政府要重点围绕融资难、要素保障难、政策落地难、转型升级难、办事难等瓶颈问题，开展纾难解困活动，让民营企业像享受新鲜空气一样享受一流营商环境。

（六）努力营造公开透明、公平公正的法治环境。加快海口法治建设，着力破解影响营商环境的各种各样的"玻璃门""弹簧门""旋转门"，保护所有投资者权益，不断促进社会公平正义。构建"亲""清"新型政商关系，制定政商交往"负面清单"。加强社会主义法治宣传教育，引导广大群众自觉守法、遇事找法、解决问题靠法，做到"办事不求人"。

【市委各类文件起草】2019年，海口市委政研室完成《市委常委会2019年工作要点》《海口市2019年重点改革工作方案》以及市委十三届九次、十次全会暨市委经济工作会议文件起草任务，组织起草招商考察和学习交流等发言材料24篇次，通译研究部署和推动习近平总书记"4·13"重要讲话和中央12号文件精神在海口落实的各类会议参考材料58篇次。

（田平君）

机构编制

【概况】2019年海口市机构改革中，将海口市机构编制委员会改为海口市委机构编制委员会；调整优化市委机构编制委员会领导体制。市委机构编制委员会办公室（简称"市委编办"）作为市委工作机关，归口市委组织部管理。年内，市委机构编制委员会准确把握党对机构编制工作集中统一领导的重大政治原则，以深化改革为主线，以新一轮机构改革为契机，以保障自贸港建设为任务，稳妥推进重点领域和关键环节体制机制改革，创新机构编制管理，完成党政机构改革等重大工作任务。

海口市落实中央精神，在机构改革中调整市委编委管理体制。6月14日召开市委编委第一次会议，审议通过《中共海口市委机构编制委员会工作规则》《中共海口市委机构编制委员会办公室工作细则》，进一步强化市委对机构编制工作的集中统一领导，规范编委会议议事范围、议题确定、行文规定以及机构编制事项审核审批权限和程序，明确市委编办作为市委的工作机关定位、市委编委办事机构定位和参谋助手定位，理顺归口管理体制，严格规范机构编制事项审核审批权限和程序，并建立健全会议制度。

【党政机构改革】2019年2月2日，海南省委办公厅、省政府办公厅印发《海口市机构改革方案》；2月25日，海口召开全市机构改革动员大会，因地制宜调整优化市级党政机构和职能。年内，市委机构编制委员会办公室完成45个党政部门的挂牌组建、967名干部职工转隶以及44个部门"三定"规定印发等工作（市公安局"三定"规定待省统一部署公安系统改革时制定）。同时，加强指导，压茬推进各区机构改革工作。此次机构改革，新组建17个党政部门，重新组建5个政府工作部门，优化5个政府部门职责。改革后，设市纪律检查委员会监察委员会机关1个，市委工作机关13个，市政府工作部门31个。此次机构改革有以下突出特点：

坚持和加强党的全面领导。建立健全和优化市委对重大工作的领导体制机制，组建或调整优化13个市委议事协调机构及其办事机构。加强市委职能部门的统一归口协调管理职能，市委组织部统一管理市委编办、统一管理公务员和人才工作，市委宣传部统一管理新闻出版和电影工作，市委统战部统一领导民族宗教工作、统一管理港澳台和侨务工作，市委办公室统一管理保密机要工作。

坚持优化协同高效设置机构。在机构组建上严格落实中央和省的规定动作，机构设置与省保持总体对应。设置市级党政机构45个。市委机构方面，新组建市委全面深化改革委员会办公室、市委政策研究室、市委网络安全和信息化委员会办公室、市委外事工作委员会办公室、市委保密和机要局5个工作机关。市政府方面，新组建自然资源和规划局、生态环境局、旅游和文化广电体育局、农业农村局、卫生和健康委员会、退役军人事务局、应急管理局、政务管理局、市场监督管理局、医疗保障局、扶贫工作办公室、园林和环境卫生管理局12个工作部门；重新组建市人民政府办公室、科学技术工业信息化局、司法局、信访局、市政管理局5个工作部门；优化发展和改革委员会、商务局、住房和城乡建设局、审计局、林业局5个部门职责。

突出关键环节和重点领域改革。按照中央关于“各地可以在一些领域因地制宜设置机构”的精神，在机构设置上有鲜明的海口特色。市委组织部加挂市人才发展局牌子，统筹人才引进、人才发展，营造适宜各类人才生活、工作、创新的优良环境。市政务管理局，主抓政务服务整合工作，推进行政审批制度改革，切实提升政府服务能力建设。市委全面深化改革委员会办公室〔海南自由贸易试验区（自由贸易港）海口市工作委员会〕、市江东开发办公室主抓重点领域改革、自贸区建设、相关产业布局和江东新区规划开发建设。市林业局加挂市湿地保护管理局牌子，着重加强湿地保护、自然公园管理能力。在市人民政府办公室加挂金融工作办公室牌子，在市商务局加挂总部经济办公室、会展局牌子，在市科学技术工业信息化局加挂大数据发展局牌子，着重提升金融、总部经济、会展、大数据产业的发展促进和管理服务水平。

人大、政协群团等改革同步推进。与以往机构改革主要涉及政府机构和行政体制不同，这次机构改革是全面改革，除党政机构外，还涉及人大、政协、群团、事业单位及综合行政执法、基层管理体制改革等，体现了改革的系统性、整体性和重构性。对市人大、政协专门委员会设置进行优化调整。增强群团组织团结教育、维护权益、服务群众的功能。理顺事业单位职责配置，有序推进事业单位承担的行政职责回归行政机关。

【适应自贸港建设要求的机构职能体系初步建立】2019年，海口市建立健全和优化市委对重大工作的领导体制机制，组建或调整优化市委全面深化改革委员会等13个议事协调机构，发挥市委职能部门的统一归口协调管理职能。明确重点工作统筹部门，组建市江东开发办公室统筹协调江东新区开发建设，组建市政务管理局着力提升政务服务“软实力”；在市委组织部、市政府办、市商务局等部门加挂牌子，明确人才、金融、总部经济、会展、口岸、大数据、湿地保护等工作的统筹部门。加强民生领域机构职能配置，组建市、区卫生健康委员会、医疗保障局、退役军人事务局等。坚持问题导向，创新基层治理体系。各区设置城市运行管理局推动城市管理、社会治理深度融合，琼山区、美兰区在区委宣传部加挂新时代文明实践中心办公室牌子，着力探索新时代文明实践试点工作。人大、政协机构改革同步推进。市、区人大组建社会建设委员会，市政协组建农业和农村委员会，充分发挥人大、政协职能作用。各区设置政协联络机构，扩宽与政协委员沟通渠道，提高政治协商成效。相应调整人大、政协机关内设机构、人员编制和领导职数。全面精简机构编制，减少处级机构38个，减少处级领导职数45名，调剂71名市级行政事业编制充实各区。

【综合行政执法体制机制改革创新】2019年，海口市按照整合队伍、减少层级的改革要求，全面整合各部门行政执法职责和执法队伍。行政执法职责由综合行政执法局统一行使。整合市级原有14支执法队伍，下沉132名编制（154人）。改革后，市综合行政执法局设置6个支队，在各分局设置8个大队，整合市区相同执法队伍，实现市（区）“一支队伍管执法”，减少执法层级，提高执法效能。

【重点领域和关键环节改革】2019年，海口市有序推进重点领域和关键环节改革。加强机关党建，全面配齐市直机关各部门机关党委（支部、总支）专职副书记职数，有效破解机关党建“无专人抓、无专人管”的难题；按照“强三性，去四化”的要求有序铺开群团改革，完成工青妇、科协4家群团组织改革和相应机构编制调整工作；研究推进生态环境管理体制改革、集中行政复议权改革、行政审批制度改革等重要改革事项。

【事业单位机构编制管理与改革】2019年，海口市改革教育编制管理体制，优化教师编制资源配置，实施“县管校聘”。机构编制部门只核定教师编制总量，由教育部门具体分配使用，实现机构编制总量控制，教育部门区域统筹、动态流转、保障急需。编制资源持续向教育、卫生领域倾斜，向全市教育系统核增教师编制666名（中小学和幼儿园），其中市属中小学和幼儿园479名（主要用于补充北师大海口附属学校等12所中小学和幼儿园教师），下达给4个区教师编制187名。新设立海口市长彤学校。将市中心幼儿园的经费渠道财政拨款比率由70%调整为90%。安排农村订单定向免费医学生编制12名。配套党政机构改革，完成事业单位行政职能回归机关，将各类事业单位承担的1347项行政职能回归行政机关，并在新制定的行政机关“三定”规定主要职责中体现所剥离的行政职能，落实到具体承担的内设机构中。对机构改革涉及的127家事业单位进行转隶、撤并和调整隶属关系，其中整建制转隶95家、撤销25家、调整隶属关系2家、下放给区1家、编制划转4家，收回事业编制263名，调剂用于其他民生领域。围绕市委、市政府中心工作和保障民生，做好事业单位改革调整工作，设立市纪委监委综合服务保障中心、市市民游客中心、市退役军人服务中心等事业单位。完成市湿地保护管理中心增设海口国家湿地公园管理处、北师大海口附属学校增设国际交流与合作处以及部分市属事业单位内设机构更名等工作。

【机构编制法定化建设】2019年，海口市委编办加快推进机构编制法定化建设，对接《中共海南省委机构编制委员会强化机构编制刚性约束十条措施》《海南省机构编制核查实施办法》《海南省统筹使用各类编制资源管理办法》等最新机构管制管理规范，研究制定《海口市机关事业单位空岗通知卡办理暂行办法》《海口市机构编制核查工作实施细则》，进一步规范机关事业单位空岗卡办理流程和机构编制管理秩序。加强机构编制法规政策培训，组织2期共600人参加机构编制业务培训班，强化各部门机构编制纪律意识。

【机构编制监督检查】2019年，海口市委编办开展机构编制核查和机构改革“回头看”检查验收，建立新一轮机构改革后全市机关、事业单位机构编制和领导职数管理台账。在全市范围内组织开展党政机构改革基本完成后的首次机构编制问题摸排统计，印发《关于进一步严肃机构编制纪律的通知》，强化机构编制刚性约束。对机构改革情况进行检查验收，对各区及市直部门落实改革要求和职能运行的情况进行深入评估验收。开展教育编制管理体制改革专项督查。指导教育系统开展自查，确保“县管校聘”改革稳步实施。对机构编制监督检查中发现的个别部门领导班子配备不到位、超编超职数问题、部分新调整的职能划转和承接关系理不顺、区级行政审批制度改革推进缓慢、教育系统编制存量利用不灵活等问题，市委编办会同组织部门，统筹配齐空缺比较大的部门班子，研究制定相关政策办法，解决机构改革造成的超编超职数问题；建议各部门会同司法局，根据“三定”规定明确的职责分工，尽快对涉及全市地方性法规和政府规章部分提出修改意见，报请市人大常委会、市政府研究修订；敦促各相关部门进一步理顺设在本部门的议事协调机构的关系，建立健全议事协调机构管理制度，发挥好“归口管理”制度作用；指导区级行政审批制度改革；协同教育部门用好、盘活教育编制存量。

【事业单位登记管理】2019年，海口市委编办完成245家符合事业法人年审工作，年审合格率100%，并在编办门户网站公示。完成3家事业单位法人申请登记设立、85家法人变更工作。

【机关群团法人赋码】2019年，海口市委编办完成市应急管理局等14家机关机构代码初领，市委办等7家机关名称变更，市总工会等8家法人变更，市旅发委等7家机关注销工作。

【政务与公益域名管理】2019年，海口市委编办做好政务与公益域名管理工作，注册域名单位338个，域名395个（其中49个单位注册多个域名），完成率100%。中文域名新增注册3个，注销4个，网站挂标40个，网站挂标信息变更10个。

（谭传照）

机关党建

【概况】2019年海口市机构改革，中共海口市直属机关工作委员会更名为中共海口市委直属机关工作委员会（简称“市委直属机关工委”）。年内，市委直属机关工委指导市直属机关党的各项建设，按照“围绕中心、建设队伍、服务群众，推动党建和业务深度融合”的要求，强化理论武装，发挥基层党组织战斗堡垒作用和党员先锋模范作用，确保省委、市委决策部署以及自贸区（港）建设的政策措施在市直属机关顺利实施。结合“不忘初心、牢记使命”主题教育，开展干部思想状况调查和党建课题调研活动，将调研成果汇编成《海口市直属机关在海南自由贸易试验区（港）建设中党建工作的探索与思考》一书，下发市直属机关各级党组织和党员干部学习交流。创新党员教育形式，开展微党课征集评选活动，向省委、市委主题教育办公室选送优秀作品8部，获评优秀组织奖。收集优秀调研论文51篇参加省直机关评选，获评优秀组织奖。年末，市委直属机关工委所属基层党组织840个，其中党委62个、党总支部48个、党支部730个，党员总数14184名。

【机关党组织建设】2019年，海口市委直属机关工委依据《海口市直属机关党建工作标准》《党建任务清单》和《海口市直属机关党建标准化建设考评细则》对66个市直属机关党组织进行党建标准化建设量化考评，评定优秀党组织39个。结合机关机构改革和编制设定，指导市直属机关设立、更名、撤销党组织48个；设立机关纪委30个，设置率78.9%；在45个市直属机关党组织设置专职副书记，配备34名，配备率75.6%；通过调研论证，对13个机关群团组织和28个市直属机关的二级单位党组织配备专职党务干部队提出合理化建议。围绕解决机关党建“灯下黑”“两张皮”等问题，在《海口市直属机关党建工作标准（试行）》的基础上，重新修订《海口市直属机关党建工作标准》，相关做法在全市基层党建工作会议上进行交流推广。印发《2018年度市直属机关党组织书记抓基层党建工作述职评议考核实施方案》，召开现场述职评议会，8名市直属机关党组织书记进行现场述职，经评议考核，48名党组织书记综合评价为“好”，24名党组织书记综合评价为“较好”。指导所属的767个党支部召开2018年度专题组织生活会和民主评议党员，各支部共查找问题2300条，征求意见1719条，3721名党员评定为优秀，8055名党员评定为合格。通过举办2期党务干部培训班，提高党组织专职副书记和党务干部的工作能力，出台《机关党组织专职副书记管理规范》等4件规范性文件，进一步完善市直属机关党组织班子和党务干部队伍的制度建设。举办1期入党积极分子培训班，培训180余名入党积极分子，全年共吸收预备党员75名。

【机关党员思想政治建设】2019年，海口市委直属机关工委为创新党员教育形式，提高机关基层党组织党课质量，结合“不忘初心、牢记使命”主题教育开展微党课征集评选活动，共收集作品39部，向省委、市委主题教育办公室选送优秀作品8部，6部获市级表彰，海口市委直属机关工委获得优秀组织奖。先后举办各类培训班10期次，分别在井冈山、开封、海口等地依托红色教育资源开展党性教育培训，培训机关党务干部和党员2400余人次。同时，依托2期科级干部理论培训班，第一时间对党的十九届四中全会精神进行传达学习，帮助机关党员干部从思想观念、理论认知、业务技能等方面提高服务自贸区（港）建设的思想和能力水平。

【党建与业务融合】2019年，海口市委直属机关工委探索市直属机关党组织主动融入属地中心任务和党建工作，推动市直属机关党组织和党员在服务自贸区（港）建设中端口前移，主动融入城市基层党建。根据市委《关于全面加强城市基层党建工作的指导意见》，确定“一年有突破、两年出成效、三年上台阶”的目标任务，提出“共商、共联、共建、共治、共享”的工作思路。逐步探索融入属地中心任务和党建工作的具体抓手，结合党建示范点建设不断打造特色党建品牌，授予市社会福利院党支部等8个党组织为“市直机关党建示范点”，发挥试点单位的示范、带动、辐射作用。出台《海口市直机关主动融入属地中心任务和党建工作的指导意见》，并要求市直机关党组织确定对接联系的街道或社区，深入调研，形成方案，制定措施，将融入属地中心任务和党建工作纳入年度党建考核的重要内容。

【机关作风建设】2019年，海口市委直属机关工委制定印发《党风廉政建设和反腐败工作实施方案》《重点工作任务清单及责任分工》，结合“不忘初心、牢记使命”主题教育，召开党风廉政建设专题会议，压紧压实全面从严治党责任，确保“两个责任”落细落实，逐项逐条扎实推进。先后对机关作风纪律进行3次现场督查，对报送作风建设月报表及履行主体责任情况通报5次，市直机关单位针对作风纪律问题运用监督执纪“四种形态”处理132人；督促被海口广播电视台“椰城纠风”栏目曝光的6家单位针对作风纪律问题剖析整改。强化春节、“五一”、国庆等节假日期间监督检查，重申中央“八项规定”精神和作风纪律要求。对党的十八大以来，市委直属机关工作作出的党纪政务（政纪）处分决定11人的执行落实情况进行检查。全年共有26家单位的47名人员分别受到党纪、政务处分和司法处理。

（陈　强　姚传洪）

保密管理

【概况】2019年3月27日，海口市将市委保密委员会办公室（市国家保密局）、市委机要局（市国家密码管理局）的职责整合，组建市委保密和机要局（简称“市委保密机要局”），系市委工作机关，归口市委办公室管理，为正处级单位。年内，市委保密机要局制定完善《海口市保密工作制度汇编》，共收录《中共海口市委保密委员会工作规则》《海口市市直机关单位保密工作机构及职责》等23项制度，进一步规范保密工作日常管理。对市、区机关单位和企事业单位开展保密督查，做好保密宣传教育，全市保密和机要工作持续呈现积极向上的良好趋势。

【保密督查】2019年，海口市委保密机要局组成督查组对4个区、63个机关单位和企事业单位自查自评情况进行“全覆盖”督查，特别强化对新组建成立单位及保密工作比较薄弱单位上门开展保密专题指导。全年共抽查计算机454台、互联网邮箱70个。经考评，优秀单位61家，合格6家。通过对各单位的现场督查和实地检查，及时发现问题隐患，促进保密工作规范化管理更上一台阶。

【市委保密委员会全体（扩大）会议】

2019年4月28日，海口市委保密委员会在机构改革后首次召开全体（扩大）会议，市委保密委员会全体成员及4个区委保密委、区委保密和机要局负责同志34人参加会议。会议传达学习省委保密委员会全体会议暨全省保密工作会议精神；审议通过《中共海口市委保密委员会2019年工作要点》；总结2018年度全市保密和机要工作情况，安排部署2018年全市保密和机要工作。实现2019年机构改革后保密和机要工作良好开局。

【保密宣传教育】2019年，海口市委保密机要局加强对涉密人员和保密干部的培训工作。共投入60多万元，与秀英区、琼山区、美兰区联合组织市、区机关单位240余人次，分3期到西北工业大学国家保密学院、天津大学国家保密学院、中国海洋大学国家保密学院进行保密业务培训。加大对各机关单位的保密业务培训和指导力度。派员对市税务局、市审计局等17家机关单位进行专业指导授课，参加学习人员1200余人次。做好保密宣传教育资料及书籍刊物的征订工作。通过向全市52个单位、4个区和3个开发区的主要党政领导共78人点对点精确推送海口市党政领导保密责任温馨提醒短信，进一步明确党政机关的主要领导干部作为保密工作第一责任人应履行的保密义务。

【考试保密工作】2019年，海口市委保密机要局派出45余人次参加年内各类国家统一考试的考务工作，在考前、考中先后对其考点多次进行保密检查和巡查督导工作，对考试试卷的运送、保管、分发、回收进行现场监督和值班工作，确保全年各类考试保密工作万无一失。

（何雅娴）

党校教育

【概况】2019年，海口市委党校联合办班18期，培训人数1011人；协助办班5期，培训人数324人；送教约52场，受惠人数近8000人次；完成咨政报告8篇，发表论文近20篇，出版《海口学刊》4期，编辑《领导参阅》8期。12月18日开工建设新校区，选址于粤海大道与南海大道交叉口东北侧、富力盈溪谷项目以北区域，用地面积10公顷，总投资6.9亿元。

【干部培训】2019年，海口市委党校围绕市委、市政府总体思路和工作部署，坚持正确的办学方向，执行海口市干部教育培训计划安排，努力把握干部培训的时代要求，与时俱进，开拓创新，坚持党校姓党，突出熔炉特色，紧紧围绕党和国家工作大局，注重联系海南、海口实际，不断增强干部教育培训工作的针对性和实效性，在培训中以认真学习贯彻落实习近平新时代中国特色社会主义思想、党的十九大精神、习近平总书记“4·13”重要讲话精神等为主要内容，加强干部教育培训，求真务实，创先争优，有效地推进党校培训事业发展。

【教学格局】2019年，海口市委党校坚持党校姓党，在培训中突出党的理论教育和党性教育主业主课。采用多形式、多层次轮训和培训干部，确保党员干部经常接受理论教育和思想熏陶，实现党性教育全覆盖。结合扶贫等中心工作，深入解读生态文明建设、乡村振兴战略、精准脱贫攻坚等内容。在干部培训中坚持把习近平新时代中国特色社会主义思想、党的十九大精神、习总书记“4·13”重要讲话和中央12号文件精神等重大政治理论，作为干部教育培训的重要内容，并结合“不忘初心、牢记使命”主题教育活动，在18期培训班中安排相关的专题课。坚持质量立校，在教学中丰富党校特色的培训模式。走访市、区各有关单位开展需求调研，紧扣学员工作实际设置培训专题。举办学员座谈会，就培训需求和提升培训质量等问题进行专题研讨，增强实效性和针对性。在培训中坚持把本地教育与异地办学相结合，把课堂教学与实地考察相结合，把革命传统教育与反腐倡廉、警示教育相结合，把集中培训与网络培训、远程教育相结合，专门设置知识测试、分组讨论、学员论坛等教学环节，进一步增强学员参与度，巩固教学成果，提高学习实效。组织学员到中国浦东干部学院、焦裕禄干部学院、上海复旦大学等干校和高校培训，进一步拓宽学员视野，为学员更好地将异地经验运用到实际工作中奠定良好基础。结合现场教学基地，举行多样的现场教学活动，使教学更加直观生动。通过开展知识测试、分组讨论、学员论坛等形式丰富培训的方式，提高培训成效。在办好培训班的同时，以海南自由贸易区（港）建设和海口市精准扶贫工作为契机，深入到海口市直机关、企事业和基层单位进行理论宣讲，把党校教育从校内拓展到校外。坚持服务大局，培养提升领导干部“看家本领”。在培训中注重提高干部运用所学理论和知识指导实践、解决问题、推动工作的能力，坚持紧扣海南自贸区建设、海口中心工作与发展大局，开设各类培训班，并将与各机关单位联合办班工作转为常态，在培训中深入解读党的重大政治理论，讲授生态文明及乡村建设专业知识等，努力使海口市领导干部适应新的机遇和挑战，增强新本领及责任担当。

【党校课题科研】2019年，海口市委党校组织科研力量，充分发挥自身理论优势，加强对社会思潮的辨析和舆论引导，弘扬主旋律、传播正能量，针对社会上出现的新情况新问题保持敏感性，及时跟进研究，在国内各类杂志报纸上公开发表的理论文章20篇，出版《海口学刊》4期，全方位探讨海南自贸区（港）建设的重大理论和现实问题，聚焦乡村振兴推动三农发展，服务于海口干部素质的提高。紧扣海南自贸区（港）建设、扶贫党建等市委市政府中心工作，组成重点课题调研组深入龙华区、琼山区、美兰区，以及演丰镇、甲子镇等地开展调研；聚焦海口市新时代文明实践中心建设以及扶贫攻坚专题，完成《海口市产业扶贫经验研究报告》等系列咨政报告8篇，以《领导参阅》简报的方式报送市四套领导班子及市直相关单位和部门，为市委、市政府提供决策咨询参考，其中组织撰写的《关于海口市新时代文明实践中心的报告》被市委采纳并形成《海口市新时代文明实践工作的指导意见》，以文件的形式向全市发布。

（罗志娟）

（编辑：王美芳）

海口市人民代表大会

综述

【概况】至2019年年底，海口市有各级人民代表大会28个，其中区人民代表大会4个、镇人民代表大会23个；有各级人大代表2333人，其中全国人大代表1人、省人大代表56人、市人大代表284人、区人大代表746人、镇人大代表1246人；有市人大常委会委员39人，其中女委员10人；各界别委员中，党政领导干部28人、专业技术人员2人、企事业单位负责人8人、解放军1人，有海南省人大常委会委员1人。年内，海口市人大常委会紧紧围绕全市改革发展稳定大局，认真履行法定职责，主动担当作为，圆满完成市十六届人大五次会议确定的各项任务。全年共召开代表大会1次、常委会会议10次、主任会议10次，制定、修改、废止地方性法规5件，听取和审议专项工作报告8项，开展执法检查、代表视察和专题调研38次，作出决议、决定6项，办理代表提出的议案1件、建议212件，任免国家机关工作人员118人次，受理群众来信来访137件155人次。

【市人大机构改革】2019年2月23日，海口市第十六届人民代表大会第五次会议通过决定，市人大依法设立海口市第十六届人民代表大会社会建设委员会，主任委员为郑国建，副主任委员为肖惠珠，委员为王丹靖、朱宗英、陈文培、徐应新、黎永伟。根据中共海口市委办公室、海口市人民政府办公室关于印发《海口市机构改革实施方案》的通知，市人大常委会办公厅改为市人大常委会办公室。

【人大执法检查】2019年，海口市人大常委会组织开展1项执法检查。11月，检查《烟花爆竹安全管理条例》《海口市销售和燃放烟花爆竹管理规定》实施情况，实地查看海口市烟花爆竹仓储场所和零售点，听取市政府及市公安局、市生态环境局、市应急管理局、市市场监督管理局、市消防救援支队等职能部门的情况汇报，全面了解海口市销售和燃放烟花爆竹管理情况，提出“建立常态化宣传工作机制；强化管控力度，形成工作合力；构建烟花爆竹管控工作日常机制；加快对《海口市销售和燃放烟花爆竹管理规定》的修订工作”等工作建议。

【人大人事任免】2019年，海口市人大常委会坚持党管干部和人大依法任免有机统一，严明政治规矩，严肃任免纪律，严格执行拟任职人员任前法律考试、任前发言、宪法宣誓、颁发任命书等制度，依照法定程序做好人事任免工作。助推全市机构改革工作，依法任命机构改革后市政府组成部门有关负责人，确保省委、市委机构改革决策部署在海口全面落实到位。全年共任免国家机关工作人员118人次，其中选举、任命75人次，免职43人次。

【代表议案建议督办】2019年，海口市十六届人大五次会议期间及会后，代表共提出“关于修改《海口市销售和燃放烟花爆竹管理规》”1件议案和212件建议。4月，完成《海口市销售和燃放烟花爆竹管理规定（修改)》的起草工作，先后3次召开立法专题会议并组织专家进行论证，委托第三方开展立法社会稳定性风险评估工作，并于11月29日公开向社会征求意见。212件代表建议全部办结并答复代表，办复率100%，代表所提建议解决或基本解决的（A类）有49件，占23.11%；正在解决或列入计划解决的（B类）有149件，占70.28%。对办理工作态度满意的有209件，占98.58%，基本满意的有3件，占1.42%。代表对办理结果满意的有199件，占93.87%，基本满意的有8件，占3.77%，不满意的有5件，占2.36%。市人大常委会主任会议成员领衔督办的《关于营造良好法治化营商环境，助推我市自由贸易试验区建设的建议》《关于打造建设南渡江流域生态旅游的建议》等12件重点建议，已经解决或基本解决，代表对办理结果表示满意。

海口市第十六届人民代表大会第五次会议议案、代表建议一览表

表 3

议案号	代　表	议案题目	
1	张玉宽等 10 名代表	关于修改《海口市销售和燃放烟花爆竹管理规定》的议案	
建议号	代　表	建议题目	落实率
1	钱秋杏	关于调整东山镇儒万村产业结构的建议	C
2	郭贻跃	关于改善促进大致坡镇农业发展提高农民收入的建议	B
★3	吴坤平	关于解决咸来村委会村民饮水难的建议	B
4	冯学志	关于解决崇德村村民饮水难问题的建议	B
5	唐　硕	关于解决民联三村民小组企业留用地审批手续的建议	B
6	林二星	关于加强传统村落保护的建议	A
7	林二星	关于解决乡村振兴产业发展问题的建议	A
8	唐　硕	关于帮助解决江东大道二期道路沿线村庄出行及排水排污问题的建议	B
9	刘文民	关于树立海口品牌帮助贫困地区脱贫致富的建议	B
10	陈文强	关于对琼山区云龙镇水网进行基础改造的建议	B
11	符望春	关于大致坡镇崇德村新时代文化广场建设的建议	B
12	符望春	关于大致坡镇崇德村委会龙文革命模范村建设的建议	B
13	符望春	关于美良村庄小巷硬化的建议	C
14	王　健	关于将城西镇 6 个城中村自来水纳入市自来水公司供给的建议	B
15	王尤新	关于在全市开展富硒土壤调查和富硒农产品田间试验的建议	B
16	洪义乾	关于解决石山镇乡村振兴发展瓶颈问题的建议	A
17	洪义乾	关于羊山地区农村新建房子风貌管控补贴的建议	C
18	陈文强	关于利用“空心村”发展壮大镇域经济的建议	A
19	陈文强	关于加大投入扶持海口市花卉苗木产业的建议	A
20	陈文强	关于做好云龙镇辖区供水问题的建议	B
21	陈文强	关于解决农村居民建房现实问题的建议	A
★22	吴　干	关于苏民村委会村路硬化的建议	B
23	吴　干	关于帮助建设水塔的建议	B
24	吴　干	关于帮助解决演丰镇苏民村丁高肚田洋合理规划进行农业综合整治的建议	A
25	冯尔铭	关于帮助解决美兰墟道路硬化问题的建议	B
26	冯尔铭	关于帮助解决常年四季大棚种植瓜菜问题的建议	A
27	林维勇	关于修建东山镇南渡江右岸防洪堤的建议	B
28	林维勇	关于修建镇南社区广行街道临江段防洪堤的建议	B
29	符师晓	关于启动永庄水库水源二级保护区征地或者生态补偿的建议	B
30	符师晓	关于将秀英区主城区的海秀镇、长流镇、西秀镇的城中村污水治理纳入海口市 2019 年农村污水管网改造的项目范畴的建议	B
31	蒙　莽	关于在大坡镇门板水库建自来水厂的建议	B
32	李　忠	关于新建大坡村委会下水村、谭荘村农村道路的建议	A
33	吴坤贵	关于在海榆东线到福昌村委会主干道路安装路灯的建议	C
34	吴坤贵	关于解决大坡镇新瑞村委会集体土地和新瑞小学国有土地确权问题的建议	B
35	吴坤贵	关于帮助硬化中税村委会道宋村道路的建议	B

续表 3

建议号	代表	建议题目	落实率
36	吴坤贵	关于解决大坡镇新瑞村委会新云片区生活用水的建议	B
37	林　冠	关于重视引进企业到农村投资发展的建议	B
38	吴书生	关于为失地农民办理集体企业留用地手续的建议	B
39	张梦光	关于红旗镇昌文村委会谭墨坑基础设施改造的建议	B
40	吴书生	关于修建硬化琼山区凤翔街道石塔村委会至红星村委会高铁北侧沿线道路的建议	B
41	张梦光	关于解决红旗镇合群村委会保胆村饮水问题的建议	B
42	梁　树	关于对甲子镇高黄水厂扩容的建议	B
43	陈　发	关于解决红明农场属地化改革历史遗留问题的建议	B
44	杜梅英	关于进一步完善大坡镇墟公共基础设施的建议	B
45	梁　树	关于乡镇农村环境卫生管理的建议	A
46	陈信羽	关于帮助解决演丰镇群众加油难问题	B
47	陈信羽	关于继续完善塔市村给水管道建设，解决村民饮水难问题的建议	B
48	陈信羽	关于建设塔市新溪角国家二级渔港和休闲渔港的建议	A
49	符望春	关于大致坡镇崇德村委会福久村道路硬化的建议	B
50	郭贻跃	关于改善大致坡镇墟及农村饮水安全的建议	B
51	郭贻跃	关于覆盖贯穿大致坡镇墟剩余段过境沟渠的建议	B
52	郭贻跃	关于解决大致坡永群村根竹村小组土地归属问题的建议	B
53	郭贻跃	关于加宽大致坡凤潭水库主干渠大坝并扩建道路的建议	B
54	郭贻跃	关于启动大致坡镇园林东地块项目开发的建议	B
55	吕良丰	关于建设海口市菜篮子工程与脱贫产业链接系统，促进贫困户脱贫致富的建议	A
56	吴　敏	关于加快编制福坡村委会村庄规划的建议	B
57	韦世民	关于解决东山镇马坡洋蔬菜产业园项目遗留问题的建议	A
58	陈世荷	关于规划龙泉镇五一村委会农村建设用地的建议	A
59	符望春	关于建设大致坡镇园林东开发区的建议	B
60	陈文强	关于打造云龙镇云美路花卉苗木长廊的建议	A
★61	陈兴民	关于业里村集体留用地置换的建议	A
62	龙晨亮	关于加大“菜篮子”农产品供应的建议	B
63	周道华	关于加固琼山区云龙镇长泰村潭连防洪坝的建议	B
64	周道华	关于琼山区云龙镇长泰村农田沟渠修复和农田道路硬化的建议	B
65	林　冠	关于修订《海口市消防条例》的建议	B
★66	方慧玲	关于营造良好法治化营商环境，助推我市自由贸易试验区建设的建议	B
67	陈天新	关于完善医养结合，促进养老服务产业发展的建议	B
68	陈天新	关于进一步完善扶持社会办医发展政策的建议	B
69	李春明	关于加强公办幼儿园建设的建议	B
70	潘　洪	关于筹建《红色少年连陈列馆》的建议	B
71	刘文民	关于增加海口市公立幼儿园建设投入的建议	B
72	陈天新	关于加强中小学生心理健康教育的建议	B
73	杨秀英	关于推动职业院校与企业深度合作的建议	B
74	符青云	关于做好“特”“新”“融”三篇文章，让传统民俗文化焕发新活力的建议	B
75	陈天新	关于深化医保门诊特殊病种结算模式改革，减轻医疗机构资金周转负担的建议	B

续表 3

建议号	代表	建议题目	落实率
76	符望春	关于完善红色文化展览馆建设的建议	A
77	王　健	关于进一步规范学生托管机构管理的建议	B
78	邱淑慧	关于"城市建设必须根据人口密度预留足够教育用地"的建议	A
79	白树堂	关于在海口市实施医疗集团化建设的建议	B
80	赵金玲	关于建设海口旅游职业学院的建议	A
81	赵金玲	关于优化海口市语言环境的建议	B
82	徐　普	关于推进海口市口腔医院建设的建议	B
83	潘华莉	关于引进国内外优质教育资源，打造海南现代教育强市的建议	B
84	吴　欣	关于加强海口市中小学校开展教育国际合作与交流的建议	B
85	吴　欣	关于加快城区中小学布局规划的建议	B
★86	吴　欣	关于构建覆盖城乡布局合理的普惠性学前教育公共服务体系的建议	B
87	郑海娜	关于加强儿童文明礼仪教育的建议	B
88	李金兰	关于扶持海口市基督教府城堂二期工程建设打造新海口宗教文化品牌的建议	C
89	杨春霞	关于加强乡镇卫生院医疗技术人才队伍建设及加大医疗设备投入的建议	B
90	郭红星	关于建设中国民间艺术博览园的建议	B
★91	陈文培	关于挖掘和保护侨文化，擦亮"侨"字招牌的建议	B
92	吴丕安	关于加大体育运动资金投入的建议	B
93	杨长缨	关于建设"海上丝路"演艺中心、现代艺术馆的建议	B
94	王尤新	关于在迎宾大道与椰海大道交界处的昌茂城邦公园设立文体健身器材的建议	B
95	吴　欣	关于加大普惠性幼儿园扶持力度，着力构建覆盖城乡布局合理的普惠性学前教育公共服务体系的建议	B
96	刘文民	关于建立药谷园区污水处理厂的建议	B
97	李　坚	关于在铁（铁桥）龙（龙塘）路段安装路灯的建议	B
98	林志刚	关于帮助解决改造美兰区易积水点内涝问题的建议	B
99	张文义	关于加强城镇违法建筑管理的建议	B
100	符　曜	关于进一步规范我市道路标识的建议	B
101	符明全	关于推动城市规划"混合用地"设置的建议	B
102	符明全	关于出台市政桥梁设施建设与管养指导性意见的建议	B
103	符明全	关于加快推进我市装配式建筑的建议	B
104	符明全	关于建设人才公寓的建议	B
105	符明全	关于加强海口市河道水环境整治的建议	B
106	符明全	关于启动丘海大道快速化改造工程的建议	B
107	符明全	关于加大扶持本地城乡规划设计院的建议	A
108	符明全	关于海南城市运营设施智慧化建设的建议	B
109	郑文春	关于加快推进建设"海澄文"一体化的建议	A
110	郑文春	关于海口市 10 年以上住宅小区、办公楼公共维修基金使用的建议	B
111	欧英豪	关于整治我市公共停车场乱"圈地"收钱的建议	B
112	谢容芳	关于开通美苑路北段的建议	B
113	谢容芳	关于对我市住宅小区范围内临街铺面机动车与非机动车停放规范管理的建议	B
114	龙晨亮	关于解决天鹅湾小区电梯安全隐患的建议	B
115	韩春定	关于维修海口市西沙路路面的建议	B

续表 3

建议号	代表	建议题目	落实率
116	邱淑慧	关于“建立政府信息共享平台”的建议	B
117	龙晨亮	关于政府主导建立仓库数据平台的建议	B
118	符明全	关于推进世纪公园升级改造的建议	B
119	吴光亮	关于在文昌江（白石溪）建设污水处理厂的建议	B
120	陈文强	关于加快建设海榆东线拓宽工程的建议	A
121	唐晓莉	关于修建贯通海甸一西路与二西路之间道路的建议	B
122	唐晓莉	关于取消海甸三西路咪表停车位的建议	B
123	钟金雄	关于探索制定海南“新型产业用地（M0）管理办法”的建议	B
124	郭贻跃	关于大致坡镇墟园林东街和琼东街十字路口处安装红绿灯的建议	B
125	陈　政	关于将荣山河水体治理工程项目纳入市政管网建设的建议	B
126	胡余亨	关于将秀英区羊山地区生活饮用水及农业生产用水纳入市政管网建设及兴建水利设施的建议	B
127	冯尔铭	关于解决演丰镇美兰墟排污问题的建议	B
128	冯尔铭	关于帮助解决美兰墟道路硬化及污水管网问题的建议	B
129	贾　雯	关于在传统街区设立夜间露天咖啡、茶店的建议	B
130	郭红星	关于支持建设海洋产业集聚区，创新发展海洋产业的建议	B
131	王阳英	关于加大秀英区秀英大道与秀华路丁字路口钉子户拆迁力度的建议	B
132	胡余亨	关于优化调整秀英区用地规划的建议	B
★133	张新超	关于全面推进垃圾分类工作的建议	A
134	杜梅英	关于改造升级东昌居路灯设施的建议	B
135	梁　树	关于制定海南省长昌煤矿地区矿坑生态修复规划的建议	B
136	符明全	关于加快推进新能源汽车充电及配套基础设施建设的建议	A
137	陈　东	关于海口地区“三线”互搭乱接现象突出问题的建议	B
138	陈　东	关于涉电公共安全隐患专项排查整治的建议	A
139	陈　东	关于海口地区 35kV 及以上输电线路外力破坏治理的建议	A
140	吴友胜	关于解决长滨路两侧无绿化问题的建议	A
141	朱模安	关于扩建灵山——云龙路段的建议	A
142	朱模安	关于缩短审批农村住房报建手续时间的建议	A
143	李　强	关于完善市政道路功能的建议	B
144	谭理仁	关于加快推进业委会成立，努力打造社区事务“民事民议、民事民办、民事民管”格局的建议	B
145	谭理仁	关于发挥业委会亲民优势促进社区治理再创新的建议	B
146	陈天新	关于加快信息化、智能化公共交通建设提高城市管理水平的建议	A
147	刘文民	关于进一步完善公共服务设施的建议	A
148	刘文民	关于设置非机动车道，完善道路建设的建议	B
149	刘文民	关于建立企业家紧急事态应对机制的建议	B
150	林二星	关于打造永兴镇乡贤文化旅游经济带的建议	B
151	陈天新	关于促进我市民营经济发展的建议	B
152	谭春雷	关于在琼文公路与隆三公路十字路口设红绿灯的建议	B
153	谭春雷	关于在隆三公路部分路口设置减速或是限速标志的建议	B
154	廖文川	关于积极支持我市中小企业健康发展的建议	A
155	欧英豪	关于提升我市营商环境和政府服务能力的建议	A

续表 3

建议号	代表	建议题目	落实率
156	叶振平	关于进一步优化城市交通管理的建议	B
157	龙晨亮	关于定期开通海南至香港至澳门直通车货运专线的建议	B
158	吴　俊	关于加强乡村公共交通推动美丽乡村建设的建议	B
159	龙晨亮	关于加大新能源货车物流企业扶持力度的建议	B
160	洪义乾	关于建设施茶村旅游服务中心的建议	B
161	林贵营	关于进一步整顿海口旅游市场提高旅游服务质量的建议	B
162	林贵营	关于善待企业的几点建议	B
163	周　健	关于加大推进美兰临空产业园建设的建议	B
164	钱秋杏	关于在东山镇境内增设海屯高速公路互通接口的建议	C
165	龚银州	关于加强海口市五星酒店礼宾服务人员管理的建议	B
166	冯尔铭	关于解决美兰墟至海口市区公交车问题的建议	A
167	谢容芳	关于挪移或拆除三亚社区办公路口公交车站的建议	C
168	陆煜颖	关于进一步营造法治化营商环境的建议	A
169	陈天新	关于将海口打造成为康养旅居产业目的地的建议	B
170	艾景祥	关于进一步放开免税政策的建议	C
171	艾景祥	关于加大电动车治理力度的建议	B
172	何晓涛	关于在椰海大道以南新建一个针对菜农的蔬菜集散市场的建议	B
173	方慧玲	关于开通新民墟至甲子镇公交线路的建议	C
174	王子健	关于整治我市机场、火车站外地出租车乱象，规范营运秩序的建议	A
★175	符明全	关于打造建设南渡江流域生态旅游的建议	B
176	陈世荷	关于加快推进海口市龙华区龙泉镇屠宰场建设的建议	B
177	洪义乾	关于把施茶国群古村落打造成全省十大民宿的提议	B
178	林贵营	关于改善海口市营商环境的建议	A
179	肖就荣	关于解决长生路交通拥堵问题的建议	B
180	龙翔春	关于在我市实施独角兽企业引进计划和瞪羚企业培育计划的建议	A
181	龙翔春	关于引入国内外知名园区运营商合作开发运营美安生态科技新城的建议	A
182	刘　郴	关于提升和改善海口市交通发展结构的建议	C
★183	徐　普	关于进一步改善海口市交通环境的建议	B
184	黄　丹	关于在琼山区铁桥片区规划建设大型购物中心的建议	C
★185	方慧玲	关于加大投入全力保障龙塘水源饮用水环境安全的建议	B
186	陈文强	关于改进税收服务方便基层群众的建议	A
187	方慧玲	关于落实琼山区环卫一体化改革市级补助资金建议	B
188	方慧玲	关于帮助解决琼山区财政运行困难的建议	A
189	唐　硕	关于进一步改善和提高村“两委”干部待遇问题的建议	B
190	郑海娜	关于加大政府向社会组织购买家政、居家养老、特殊人群就业培训的建议	A
191	龙翔春	关于组建市人才安居平台公司的建议	C
192	谢容芳	关于大幅度降低社会保险费率的建议	A
193	张小林	关于优先引进基础教育人才，打造自贸区建设软实力的建议	B
194	林维勇	关于提高村（居）两委成员待遇的建议	B
195	蒋海涛	关于提高网格员待遇和完善社区网格化管理的建议	A

续表 3

建议号	代表	建议题目	落实率
196	陈文强	关于提高基层涉农工作人员待遇的建议	A
197	李　强	关于提高社区专职人员工资待遇的建议	B
198	何晓涛	关于将凤翔街道红星村委会村改居并予以分设两个社区的建议	B
199	李金兰	关于解决我市宗教爱国团体办公场地的建议	B
200	李金兰	关于解决海口市爱国宗教团体的办公经费的建议	B
201	吴　敏	关于切实提高基层干部住宿条件的建议	B
202	朱模安	关于提高我市村级农业技术员工资待遇的建议	C
203	李　忠	关于帮助解决海口市琼山区大坡镇东昌居办公楼建设资金缺口的建议	B
204	朱模安	关于提高我市镇级农产品检测员工资待遇及把“五险一金”列入财政预算的建议	A
205	王子健	关于建立人民法院网上诉讼服务平台的建议	
206	吴丕安	关于法院执行难问题建议	
★207	吴坤平	关于在咸来村委会安装太阳能路灯的建议	C
208	符明全	关于解决安置房小区专项维修资金缺失问题的建议	B
209	贾　雯	关于对 12345 政府服务热线的建议	A
210	郭贻跃	关于搬走海口大华中学学校操场内的高压线的建议	A
211	谢容芳	关于在和平南路延长线到五指山路丁字路口及五指山路与蓝天路交叉十字路口红绿灯处安装遮阳棚的建议	B

备注：1. 建议号带★的为市人大常委会重点督办建议。2. 落实率一栏，A 表示已经解决或基本解决；B 表示正在解决或列入计划解决；C 表示留作研究参考

【人大常委会自身建设】2019 年，海口市人大常委会深入开展“不忘初心、牢记使命”主题教育，共组织各类集中学习研讨和体验教育 58 次、专题党课 13 次，开展各项调研 15 次，以问题为导向制定 30 项整改措施并全部整改落实。组建市人大社会建设委员会，进一步完善人大工作机构。常委会领导围绕水体整治、脱贫攻坚、河湾巡查等深入基层一线指导检查、调研、督导 85 次，机关干部主动参加扶贫慰问、义务劳动、文明大行动巡查活动等近 200 人次；开展业务学习培训班 2 期，进一步提高干部队伍素质和能力。全年编发信息被省人大录用 212 篇。

（王振仲）

重要会议

【市十六届人大五次会议】2019 年 2 月 21—23 日，在海南国际会议展览中心举行。出席会议代表 273 名。会议补选冯琳为市人大常委会副主任；补选王丹靖、左娟、徐应新、黄小军为市人大常委会委员；选举郑国建为市人大社会建设委员会主任委员，肖

2019 年 2 月 21-23 日，海口市第十六届人民代表大会第五次会议在海南国际会议展览中心举行 （市人大办 供）

惠珠为副主任委员，王丹靖、朱宗英、陈文培、徐应新、黎永伟为委员。会议听取和审议《政府工作报告》《关于海口市2018年国民经济和社会发展计划执行情况与2019年国民经济和社会发展计划草案的报告》《关于2018年海口市和市本级预算执行情况及2019年海口市和市本级预算草案的报告》《海口市人民代表大会常务委员会工作报告》《海口市中级人民法院工作报告》《海口市人民检察院工作报告》，表决通过以上6项工作报告的决议。

【市人大常委会会议】2019年，海口市第十六届人大常委会在海口市第二办公区11号楼常委会会议厅共召开常委会10次，会议由市人大常委会主任杜立文主持。

第二十二次会议　1月9日召开。听取和审议《海口海事法院工作报告》《海口市人民代表大会法制委员会工作报告》《海口市人民代表大会财政经济委员会工作报告》等报告；表决通过市人大常委会关于《海口海事法院工作报告》的决议；表决将《海口市人民代表大会常务委员会工作报告》《关于海口市十六届人大四次会议以来代表变动情况的报告》等一系列文件材料提请市第十六届人民代表大会第五次会议审议。

第二十三次会议　1月12日召开。表决通过市人大常委会《关于调整海口市第十六届人民代表大会第五次会议召开时间的决定》。根据决定，海口市第十六届人民代表大会第五次会议的召开时间调整为2019年2月21日，其他事项不变。

第二十四次会议　2月14日召开。表决通过市人大常委会《关于调整海口市第十六届人民代表大会第五次会议议程的决定》，表决通过《海口市第十六届人民代表大会第五次会议日程（草案）》《海口市第十六届人民代表大会第五次会议选举办法（草案）》《海口市第十六届人民代表大会第五次会议关于设立海口市第十六届人民代表大会社会建设委员会的决定（草案）》《海口市第十六届人民代表大会第五次会议关于海口市第十六届人民代表大会社会建设委员会组成人员人选的表决办法（草案）》《海口市第十六届人民代表大会第五次会议代表团团长、副团长名单（草案）》提请市第十六届人民代表大会第五次会议审议；还表决通过有关人事事项。

第二十五次会议　3月20日召开。表决通过《关于提请富天放等同志职务任免的议案》《关于提请童伟华同志免职的议案》，决定任命机构改革后市政府组成部门有关负责人。

第二十六次会议　4月24日召开。审议并表决通过《海口市志愿服务条例》，待报请海南省人大常委会审查批准后颁布实施；听取和审议市政府《关于2018年度法治政府建设暨依法行政工作情况的报告》，并表决通过市人大常委会关于该报告的审议意见；还表决通过有关人事事项。

第二十七次会议　7月11日召开。初次审议《海口市湾长制规定（草案）》；听取和审议《市人大常委会关于开展农村生活污水处理设施建设运营情况专项检查的报告》，并表决通过市人大常委会关于该报告的审议意见；还表决通过有关人事事项。

第二十八次会议　9月11日召开。审议并表决通过《海口市湾长制规定》，待报请省人大常委会审查批准后施行；审议并表决通过《海口市人民代表大会常务委员会关于优化营商环境的决定》；听取和审议《关于海口市2019年上半年国民经济和社会发展计划执行情况的报告》《关于2018年市本级财政决算及2019年上半年财政预算执行情况的报告和2018年度市本级预算执行情况和其他财政收支的审计工作的报告》，并表决通过市人大常委会关于以上报告的审议意见，表决通过关于批准海口市2018年市本级财政决算的决议；审议批准2019年海口市和市本级政府性基金预算调整方案；听取和审议市政府《关于2018年度环境质量状况和环境保护目标完成情况的报告》，并表决通过市人大常委会关于该报告的审议意见；还表决通过有关人事事项。

第二十九次会议　9月19日召开。审议并表决通过《海口市十六届人大常委会代表资格审查委员会关于个别代表的代表资格审查报告》；审议《关于提请罢免张琦海南省第六届人民代表大会代表职务的议案》，并表决通过《关于罢免张琦海南省第六届人民代表大会代表职务的决议》。

第三十次会议　11月21日召开。审议并表决通过《海口市人民代表大会常务委员会关于市人民政府机构改革涉及本市地方性法规规定的行政机关职责调整问题的决定》；表决通过关于废止《海口市禁止生产和销售假冒伪劣商品条例》的决定；还表决通过有关人事事项。

第三十一次会议　12月19日召开。听取和审议市政府关于2018年度国有资产管理情况的综合报告、关于2018年度企业国有资产管理情况的专项报告以及市人大财经委关于海口市2018年度国有资产管理情况综合报告和企业国有资产情况专项报告的审查结果报告，表决通过市人大常委会关于上述报告的审议意见；会议补选何忠友、林泽锋为海南省第六届人民代表大会代表，选举结果报省人大常委会代表资格审查委员会审查，由省人大常委会确认并公告；还表决通过有关人事事项。

（王振仲）

人大立法

（参见《法治·人大立法》）

人大监督

【概况】2019年，海口市人大常委会听取和审议专项工作报告4项，计划、预决算报告3项，作出审议意见7件，审查批准海口市2018年市本级财政决算的决议；审议批准2019

年海口市和市本级政府性基金预算调整方案；向省人大常委会报备规范性文件4件，对35件市人民政府和各区人大常委会规范性文件进行备案审查。

【听取和审议专项工作报告】2019年，海口市人大常委会听取和审议4项专项工作报告。4月24日，听取和审议《海口市人民政府关于2018年度法治政府建设暨依法行政工作情况的报告》，并表决通过市人大常委会关于该报告的审议意见；9月11日，听取和审议市政府《关于2018年度环境质量状况和环境保护目标完成情况的报告》，并表决通过市人大常委会关于该报告的审议意见；12月19日，听取和审议市政府《关于2018年度国有资产管理情况的综合报告》《关于2018年度企业国有资产管理情况的专项报告》，并表决通过市人大常委会关于上述两个报告的审议意见。

【听取和审议计划、预决算监督报告】2019年9月11日，海口市人大常委会听取审议市政府《关于2019年上半年国民经济和社会发展计划执行情况的报告》《关于2018年市本级财政决算及2019年上半年财政预算执行情况的报告》《关于2018年度市本级预算执行和其他财政收支的审计工作的报告》，并表决通过市人大常委会关于以上报告的审议意见，表决通过关于批准海口市2018年市本级财政决算的决议；听取审议市政府《关于提请审议2019年海口市和市本级政府性基金预算调整方案的议案》，批准2019年海口市和市本级政府性基金预算调整方案。

【规范性文件备案审查】2019年，海口市人大常委会向省人大常委会报备规范性文件4件，对市人民政府和各区人大常委会报送的规范性文件进行界定，并对其中属于备案审查的35件采取委托审查与重点审查相结合的方式进行审查。

【农村污水处理设施建设运营专项监督】2019年，海口市人大常委会组织开展农村污水处理设施建设运营情况专项检查，提出加快推进农村生活污水治理，不断改善农村生态环境的针对性建议，并对建议整改落实情况再次组织跟踪调研，持续监督问效，推动建立农村生活污水治理长效机制，助推打造农村人居新环境。

【“菜篮子”工程建设运营专项监督】2019年，海口市人大常委会密切关注群众对保供稳价的关切，全年跟踪检查海口市“菜篮子”工程建设运营情况，要求相关部门做好蔬菜和生猪生产、供应和销售工作，确保市场保供稳价，助力提升群众获得感幸福感。

（王振仲）

专门委员会工作

【法制委员会】2019年，海口市人民代表大会法制委员会共召开7次全体会议，审议《海口市人大常委会2019年立法计划》，安排审议5件法规项目和调研起草、条件成熟时适时安排审议9件法规项目，作出决定1件；对5件法规草案进行统一审议，其中，《海口市志愿服务条例》《海口市湾长制规定》《海口市人民代表大会常务委员会关于优化营商环境的决定》《海口市人民代表大会常务委员会关于市人民政府机构改革涉及本市地方性法规规定的行政机关职责调整问题的决定》已经省人大常委会审查批准后公布施行，《海口市禁止生产和销售假冒伪劣商品条例》公布废止；作出《海口市人民代表大会常务委员会关于优化营商环境的决定》；积极推动备案审查工作，向省人大常委会报备规范性文件4件，对35件市人民政府和各区人大常委会规范性文件进行备案审查。

【财政经济委员会】2019年，海口市人民代表大会财政经济委员会审查《关于海口市2018年国民经济和社会发展计划执行情况与2019年国民经济和社会发展计划草案的报告》《关于2018年海口市和市本级预算执行情况及2019年海口市和市本级预算草案的报告》《关于海口市2019年上半年国民经济和社会发展计划执行情况的报告》《关于2018年海口市市本级财政决算及2019年上半年财政预算执行情况的报告》；审查《关于2018年度企业国有资产管理情况的专项报告》《关于2018年度国有资产管理情况的综合报告》；加强对政府公共财政预算、政府性基金预算、国有资本经营预算和社会保险基金预算四本预算的审查工作；开展促进民营经济发展情况调研，助推加快优化营商环境，推动中央和省委、省政府有关促进民营经济发展政策措施落实；配合在海口市开展“菜篮子”价格、发展海洋经济情况和自贸港建设情况调研。

（王振仲）

视察与调研

【代表视察】2019年，海口市人大常委会围绕市委中心工作，充分发挥人大代表的主体作用。2月23日，组织部分市人大代表视察海口市国家帆船基地公共码头、海口市民游客中心、五源河体育场，代表们通过实地察看、听取汇报等方式，详细了解海口高质量发展取得的新成就；4月12日，组织部分市人大代表、城建工委委员专家专项检查农村生活污水设施建设运营情况，提出“尽快出台农村生活污水治理相关规划、加快实施农村污水治理项目工程进度、加大农村污水治理项目资金投入、建设创新型农村污水治理运行管护机制”等建议；12月10日和13日，组织省六届人大代表和市十六届人大代表共138名，分五个视察组集中视察海口市营商环境建设、江东新区建设、公益诉讼和环境资源审判、学前教育发展、生态环保工作，详细了解掌握海口市经济社会、生态环境、民生民情和法治建设等情况，为省六届人大三次会议和市十六届人大六次会议期间提出代表意见建议做准备。

2019年12月10日，部分省、市人大代表视察海口市营商环境建设情况

（市人大办 供）

【调查研究】 2019年，海口市人大常委会围绕全市经济社会发展的重点工作，开展5项调研。

滨海湿地修复保护专题调研。4—5月，开展关于滨海湿地修复保护工作情况专题调研，实地查看海口五源河国家湿地公园和海口美舍河国家湿地公园等湿地保护修复工作，详细了解海口市滨海湿地修复保护工作情况及存在问题，提出“加快湿地保护修复工作步伐、加快湿地保护与合理开发利用、加强湿地科普宣教工作、加强资金保障及生物多样性保护、加快湿地科学研究与专业人才培养引进”等建议。

非物质文化遗产保护发展专题调研。5—7月，开展关于非物质文化遗产保护发展情况调研，实地查看市群众艺术馆、龙华区骑楼老街、琼山区龙塘镇文采村、美兰区新时代文明实践中心等地，深入了解海口市非物质文化遗产保护发展情况及存在问题，提出“建立法规体系，加强抢救保护；完善管理机制，强化宣传教育；深化保护开发，促进融合发展；培育相关人才，传承文化基因”等建议。

少数民族企业发展专题调研。9—10月，开展关于海口市少数民族企业发展情况专题调研，实地走访海南艺知伦文化艺术传播有限公司和海南南方民族艺术学校等少数民族企业，详细了解少数民族企业的基本情况及面临的主要困难和突出问题，提出“各级各部门要从思想上高度重视少数民族工作，进一步加大对少数民族企业的扶持力度；加大少数民族企业改革力度，大力培育加快发展的内生动力和活力，增强自我发展能力和后劲；少数民族企业要依托特色，打造品牌，切实提升市场化运作能力，加快企业提档升级步伐，把企业做大做强”等建议。

促进民营经济发展专题调研。10月，开展关于海口市促进民营经济发展情况调研，听取专题汇报、召开座谈会和实地走访相关企业，详细了解海口市民营经济发展情况及面临困难问题，提出“加大政策落实力度，切实加强促进民营经济发展工作；加快优化营商环境，积极为民营经济发展创造良好条件；加大创新力度，着力破解融资难融资贵问题；积极引导转型升级，大力扶持民营企业做优做强”。

扫黑除恶专项斗争专题调研。10月，开展关于海口市关于扫黑除恶专项斗争工作情况专题调研，听取相关部门汇报，深入灵山镇东头村、龙泉镇国扬村等基层一线，详细了解海口市扫黑除恶专项斗争工作情况，提出“提高整政治站位，把扫黑除恶专项斗争和开展‘不忘初心、牢记使命’主题教育相结合，切实增强专项斗争的责任感和使命感；坚持多措并举，强化突出问题的整改落实；加大打击惩处力度，在深挖整治上实现新的突破；坚持综合治理、齐抓共管、形成强大工作合力；强化制度建设，促进长效常治；进一步加大宣传力度”等建议。

（王振仲）

（编辑：陈清海）

海口市人民政府

综述

【概况】2019年，海口市政府系统机构改革完成。改革后，海口市人民政府设置工作部门31个，分别为市人民政府办公室、市发展和改革委员会、市自然和规划局、市旅游和文化广电体育局、市生态环境局、市农业农村局、市科学技术工业信息化局、市商务局、市财政局、市人力资源和社会保障局、市教育局、市卫生健康委员会、市公安局、市司法局、市民政局、市政务管理局、市市场监督管理局、市住房和城乡建设局、市市政管理局、市园林和环卫管理局、市交通运输和港航管理局、市水务局、市林业局、市退役军人事务局、市应急管理局、市审计局、市统计局、市医疗保障局、市扶贫工作办公室、市国有资产监督管理委员会、市信访局。全年，市政府召开全体会议1次、政府常务会议37次，提请市人大常委会审议法规议案2件，制定、修改、废止政府规章12件，209件人大代表建议、351件政协提案全部办复；实施、承办为民办实事事项12项；推行行政执法公示、执法全过程记录和重大执法决定法制审核“三项制度”，依法行政工作连续12年排名全省第一。紧抓海南自由贸易试验区和中国特色自由贸易港建设机遇，发扬“一天当三天用”的干劲，深入开展“两个确保”百日大行动，保持经济平稳健康发展，主要经济指标在全省占比不断提升，GDP占比由上年的31.3%提高到33%，对全省GDP贡献率42%；地方一般公共预算收入占比由22.6%提高到22.8%；实际利用外资占比由34%提高到43%；新增高新技术企业占比从63%提高到76%。

【政府重大施政事项】2019年，海口市全力开展“湾长制”工作。在全市建立“湾长制”工作机制，由市委书记和市长任双总湾长，建立市、区、镇（街道）三级湾长体系；在全国率先以地方立法形式出台《海口市湾长制规定》，于11月1日起实施，制定《海口市海洋污染物联防联控制度》《海口市湾长巡查制度》等7项配套制度，为海口市“湾长制”实施提供制度保障；开展海口市海洋生态环境本底调查、入海污染物总量控制制度、海洋灾害风险评估与区划、海岸带保护与利用规划、蓝色海湾整治行动等多个专项项目，摸清海洋生态本底，有效改善海洋生态环境，大力提升海洋环境资源效益。“湾长制”成为海口市抓实海洋环境保护和生态文明建设的重要举措。

推进一流环境监测体系建设。启动建设领先全国、覆盖全市的大气、水、土壤“三位一体”的环境监测监控系统。10月，市生态环境保护委员会办公室印发《海口市环境监测体系建设方案》，实施海口市环境监测体系设备购置项目，至年底，海口市环境监测体系设备购置项目开标；推进建设1个噪声自动站、5个固定式机动车尾气遥感监测龙门站、4个降雨自动监测站、3个重点旅游景区空气自动站、2个水质自动站、20个空气微观站、1个指挥中心、1个环境监测体系大数据平台、1辆VOCs移动监测车、12套应急监测设备。

完善污水处理设施建设，提升污水处理能力。开展中央环保督察反馈问题整改，按“流域统筹、区域治理、近远结合、分步实施”的方式改造和新建一批城镇污水处理设施及管网项目，确保城镇污水处理工作全面实现“全收集、全覆盖、全处理”的工作目标，启动建设（续建）海口市长堤路水质净化设施及湿地公园建设工程、海口市丁村污水处理厂项目、桂林洋污水处理厂改扩建工程、江东新区地埋式水质净化中心（一期）以及海口市14个镇域污水处理厂及配套管网工程项目建设，新建污水处理厂18座，计划新增污水处理能力8.5万吨/日。全年共处置污泥7.69万吨，全市污水处理厂共处理污水1.99亿吨，售水量2.18亿吨，污水处理率107.29%。年内，海口市获评全国黑臭水体治理示范城市荣誉称号，中央给予4亿元资金支持。省财政厅下达3亿余元专项用于支持海口城市黑臭水体治理示范，其中下达市水务局1.6亿元，市市政管理局4043.46万元。

建设城乡长者饭堂助餐服务点。年内，全市49家城乡社区长者饭堂全部建成运营，其中城区社区长者饭堂25家、乡镇社区长者饭堂24家，覆盖全市所有街道（社区）和乡镇，实现城乡社区长者助餐服务全覆盖。长者饭堂助餐服务受到社区老人的热烈欢迎，广大老年人获得感、幸福感普遍增强，得到社会各界的充分认可。

不断深化医药卫生体制改革。3月，海口市人民医院医疗集团在市人民医院挂牌启动，并与美兰区人民政府签订合作协议，以市人民医院为主体，承担美兰区区域内办医主体责任，整合所有辖区内基层医疗卫生机构，实行行政、人员、资金、业务、绩效、药械等统一管理，打破区域内医疗卫生机构间业务分离、资源分割的壁垒。秀英、龙华、琼山3个区推进区域医疗联合体组建。秀英区政府与海南省人民医院、龙华区政府与海南医学院第一附属医院、解放军总医院海南医院与市第三人民医院签订紧密型医联体合作协议。骨科与糖尿病专科联盟进一步深化，上海第六人民医院海口骨科与糖尿病医院作为海南省糖尿病专科医疗联合体的牵头单位，共与27个单位签订医联体协议，明确各医联体单位的责、权、利关系，建立双向转诊流程，对转诊病人提供优先接诊、优先检查、优先住院等服务，定期派人协助医联体单位开展临床带教、业务指导、教学查房等业务，实现医联体内检查结果互认。不断推进公立医院薪酬制度向深处改革。在市第三人民医院全面开展试点工作，制定《海口市第三人民医院2019年内部绩效考核与薪酬分配实施方案（试行）》《海口市第三人民医院绩效考核分配方案及实施细则》等，逐步探索建立适应海口市医疗行业特点的公立医院薪酬制度。继续巩固取消药品加成成果和严格控制医疗费用不合理增长。至年底，市区属6家公立医院取消药品加成减少的药品收入1.2亿元，调整医疗服务价格增加收入6693.64万元，财政投入补助1978.02万元，群众减少医药费用（让利百姓）5337.21万元。医疗总费用增幅平均7.97%（符合国家规定10%以内的目标要求）；药占比（不含中药饮片）平均29.86%（控制在国家30%左右的目标要求），比上年的32.41%下降2.55%；百元医疗收入消耗的卫生材料费平均16.39元（控制在国家20元以下的指标要求），比上年的31.32元下降14.93元。

【为民办实事】2019年，海口市为民办实事事项在向各区各部门以及全社会公开征集的基础上，按照民生实事更加符合广大人民群众愿望和要求的原则，经过多次会议研究，最终筛选出12项事项作为2019年为民办实事事项内容。至年底，各项为民办实事完成情况如下：

对全市268个基层卫生机构实施标准建设，建设715套乡镇卫生院周转房。年内，项目全部开工，开工率100%。至年底，完工项目244个，其中包含234个村卫生室、1个卫生院门诊部、5个社区卫生服务中心、4个卫生院装修项目已完工，完工率91.04%。建设海口市危重孕产妇救治中心、危急症新生儿救治中心、辅助生殖中心3个医疗服务中心。项目分为基建（装修）、医疗设备采购两部分，其中装修改造总面积3810.57平方米，包含辅助生殖中心、危急症新生儿救治中心、危重孕产妇救治中心及出生缺陷防控实验室4个部分。至年底，医疗设备共采购452台，全部到货；项目基建（装修）部分，项目的危急症新生儿救治中心、危重孕产妇救治中心、出生缺陷防控实验室完工，进入收尾调试阶段，辅助生殖中心实验室及门诊区域项目未开工。新建长彤学校、龙岐小学及长滨幼儿园，增加公办学位4890个，缓解所在片区的学位紧张问题。9月，长彤学校及长滨幼儿园建成投入使用；龙岐小学租用中亚学校场地上课，学校在建设中，施工进入收尾阶段。公办学校教室空调全覆盖工程（一期）。为6所高中及14所中考考点、1199间教室安装空调，改善教学环境。至年底，完成20所学校的空调安装。改造人民剧场。海口人民剧场及配套项目于12月28日完成竣工验收交付使用。建设城乡41个长者饭堂助餐服务点。至年底，海口市城乡长者饭堂达到49家，实现城乡社区全覆盖。建设菜篮子公益性大型农副产品批发市场二期及一、二期配套工程。项目二期工程：园区室外配套工程完成总工程量的100%，二期房建工程正在进行项目收尾工程及质量验收和消防验收检查整改工作；一、二期配套工程完成其总工程量的95%正在进行收尾工程。打通江东南五街B段延长线、育才路（学院路至苍峄路）、市英才小学滨江分校周边路网、金集路等4条断头路。年末，金集路完成总工程量67%；育才路（学院路至苍峄路）完成总工程量95%；市英才小学滨江分校周边路网项目和江东南五街B段延长线项目完工。解决部分中小学、幼儿园接送学生停车安全、停车难问题。至年底，完成琼山五小、景山学校（海甸分校）、五源河学校、西海岸九小、市教育幼儿园5所学校管道、基础和管道井及标线；海口中学完成西侧和北侧施工；设备采购部分经挂网公开招标确定中标单位并签订采购合同。新建5个小游园。龙昆南路与国兴大道交接口东南角小游园、长滨五路与长滨二街交叉口西南侧游园、海甸一西路与海甸二西路交叉口西北角街头游园、滨涯路与丘海大道交叉口东北侧游园4个小游园完工；万兴路与春华路交叉口西南侧游园，因控规调整为教育用地，用于建设海口市万兴幼儿园项目，取消其2019年为民办实事项目。建设6个小型消防站。年末，五源河、龙昆南、爱力大厦、大园路、白沙门5座小型消防站完成营房装修改造并投入使用；苍东村小型消防站受前期推进困难等原因整体进度较慢，市消防救援支队因此在银湖路附近选址建设银湖路小型站并投入使用，年度6个小型消防站建设任务完成。启动农村生活污水治理设施建设全覆盖工程。海口市需实施农村生活污水治理行政村共201个。至年底，开工建设57个行政村，建成污水治理设施4125套，覆盖455个自然村。

【政务公开】2019年，海口市人民政府办公室印发《海口市2019年政务公开工作要点》，围绕市委、市政府中心工作及群众关注关切点，加大公开、解读、回应工作力度，完善公开制度机制。

推动重点领域信息公开。细化“三大攻坚战”（防范化解重大风险、精准脱贫、污染防治）信息公开，重点做好扶贫项目、污染防治信息公开；深化审批服务改革信息公开，推行开办企业“一口受理、一网通办”，主要园区实行“极简审批”模式、建立项目集中审批制度、实施全流程互联网“不见面审批”改革；推进财政信息公开。公开市、区人大批准的政府预决算报告及报表，严格落实采购项目信息公开；加强民生重点领域信息公开，依托椰城市民云，全面搭建“海口市全民健康信息平台”。开展社保政策宣传活动30余场，制作社保宣传栏6期、各类宣传资料及印制业务知识汇编手册3000余份，在媒体刊登“社保大讲堂”专栏12期、通知公告11期。坚持房屋征收补偿安置方案的征求意见公示，集体经济组织成员认定和房屋权属调查情况公示。坚持日常环境检测信息公示，在新闻媒体上发布每日空气质量日报、海口市环境质量月报及年报以及环境整治等信息。完成信用信息共享平台和“信用海口”网站升级改造，上线“椰城信用APP”；规范执法信息公开。及时公开政府采购投诉处理和监督检查等处理决定、集中采购机构的考核结果、违法失信行为记录等监督处罚信息、食品药品抽检核查以及行政处罚案件信息、环境违法行为处置情况等。

加强政务公开平台建设。制定《海口市加快推进全市一体化在线政务服务平台建设实施方案》，优化政务服务平台建设。全力推进海口市政务服务一体化平台建设，实现政务服务“一网通办”。依托一体化平台，实现不动产、社保等高频办理事项全流程互联网“不见面审批”；完善“极简审批”网上服务平台的运作系统，实现“极简审批”网上服务平台与省、市线上政务服务平台的互联互通、信息共享，为企业提供线上“一站式”审批、咨询、查询等服务。加强政府网站建设。年内，因政府机构改革导致部分政府网站数据迁移、整合，共关停12家政府部门网站，新增2家，存有35家政府部门网站；完成政府网站IPv6改造工作，采用“标准化+个性化”模式及统一网站模板对海口市政府门户网站以及其他部门网站进行升级；在市政府门户网站部署试用智能问答系统；推进以“海口发布”为龙头的政务新媒体矩阵建设，对海口市政务新媒体进行摸底调查，对内容相近、功能重复、维护不力的政务新媒体坚决予以关停，至12月，全市71个部门（含区级）开设政务新媒体113个。持续优化“海口发布”微信平台的服务功能，建立生活服务栏目，涵盖教育信息、停水停电、交通路况、电动车上牌、居住证办理、城市建设、环境治理等诸多方面。加强日常监管和绩效考核，按照国家、省出台的政府网站和政务新媒体考核标准，坚持每日对政务新媒体进行检测，发布检测日记262篇；每月对全市政府网站进行检查，每季度发布全市政府网站和政务新媒体抽查情况通报，要求各部门对存在问题及时整改。完成国办政府网站找错系统留言办理44条，办结率100%。

回应社会关切，增强发布解读实效。全年共组织举办市郊列车试运行、《海口市湾长制规定》解读、“跨海·跨年 久久不见海口见—海口跨年狂欢季”等新闻发布会（媒体通气会）32场。提升“12345”政务服务能力，推进政务热线资源整合，全年“12345”热线平台呼入量238.03万件，日均呼入量6549件，办结率99.75%，满意率88.16%。积极扩大公众参与，开展2020年市政府为民办实事项目征集，共有984人提交1058条有效意见。规范政府信息公开申请办理工作，严格落实政府信息公开申请办理各项制度，全年共处理317件依申请公开文件。

【能源安全协调管理】2019年，海口市人民政府办公室协调电网投资完成20.22亿元，相继建成投产110千伏铁桥输变电工程及808个配网项目，投资2.97亿元完成新一轮农村电网升级改造，8个特色旅游小镇实现双电源供电。推进2017—2019电网三年行动计划各项工作，累计建设电缆沟269.93千米，清理电力线路树障63377棵；对2058个小区进行全面复查并对存在用电安全隐患的小区进行整改，玉龙公寓、市政花园、友利园小区、大骅商厦、万银大厦等5个易泡水小区配电设施进行全面整改达到用电安全规范；50个“三供一业”小区电力设施改造并实现抄表到户。年内，全市户均停电时间8.93小时/户，比上年下降4.33%，供电可靠性99.9%。

【政务督查】2019年，海口市人民政府办公室对省政府重点工作责任事项、省政府主要领导批示、省政府常务会议和省政府重要专题会议议定事项、省政府2019年重点工作的落实情况进行专项跟踪督办，共督办省政府主要领导批示146次，督办省政府重要会议议定事项84次。对市政府常务会议议定事项、市政府专题会议议定事项及市政府主要领导的批示进行跟踪督查，定期将进展情况、存在问题及建议报市领导，全年督办市政府主要领导批示件152件，督办市政府主要领导工作指示37项，印发督查通报近50篇。（曾 丹）

【海口市政府门户网站】2019年，海口市继续全面推进“互联网+政务服务”，引领海口市政府门户网站创新发展。在清华大学国家治理研究院发布的《2019年中国政府网站绩效评估报告》中，海口市政府门户网站位列省会城市政府网站第11名；在中国软件评测中心举办的2019年中国政府网站绩效评估中，海口市政府门户网站排名从上年的第15名上升至13名；在海南省2019年政府网站评估的优秀、良好、合格三个层级中，海口市政府门户网站以91.42分位列优秀层级。年内，海口市政府门户网站完成全站改版，根据国务院及省政府网站集约化要求，结合机构改革，加强重点领域信息公开，推进决策、执行、管理、服务、结果公开，做好重大政策解读回应，扩大公众参与，增强公开内容实效性，推进网站服务功能建设。按照海南省政府办公厅2019年政务公开和政府网站第三方评估的要求，进一步完善海口市政府门户网站栏目责任化工作，网站栏目信息更新更加及时准确，全年完成信息更新约3.3万条，海口市政府门户网站浏览量607万人次，独立IP134万个。（周发华）

重要会议

【市政府十六届第四次全体（扩大）会议】2019年2月3日，海口市委副书记、市长丁晖在第二行政办公区7号楼第三会议室主持召开十六届市政府第四次全体（扩大）会议。出席会议代表41人，列席26人。会议审议并全票表决通过《政府工作报告（送审稿）》《海口市2018年国民经济和社会发展计划执行情况与2019年国民经济和社会发展计划草案的报告（送审稿）》《2018年海口市和市本级预算执行情况及2019年海口市和市本级预算草案的报告（送审稿）》。

【市政府十六届常务会议】2019年，海口市政府召开第十六届52～88次常务会议，会议由市委副书记、市长丁晖主持。

第52次常务会　1月7日召开，出席会议代表7人，列席66人。会议讨论并原则同意《2019年政府工作报告》《海口市2018年国民经济和社会发展计划执行情况与2019年国民经济和社会发展计划草案的报告》《2018年海口市和市本级预算执行情况及2019年海口市和市本级预算草案的报告》，审议并原则同意《海口市2019年为民办实事责任分解表》等事项，传达学习省委经济工作会议精神及《海南省党政领导干部安全生产责任制实施细则（试行）》。

第53次常务会　1月25日召开，出席会议代表6人，列席43人。会议传达学习全省安全生产电视电话会议暨2019年全省道路交通安全专项整治第一次调度会精神，审议并原则同意《海口市学习浙江“千村示范、万村整治”工程经验推进农村人居环境整治工作方案（2019年）》等事项。

第54次常务会　2月3日召开，出席会议代表8人，列席65人。会议审议并原则同意《海口市引进人才住房保障实施细则》《海口市市属国有企业负责人经营业绩考核评价及薪酬审核实施办法》《海口市人民政府　北京字节跳动科技有限公司合作协议》等事项。

第55次常务会　2月4日通过钉钉会议系统召开，出席会议代表9人，列席1人。会议研究部署打击非法采砂专项工作。

第56次常务会　2月12日召开，出席会议代表9人，列席38人。会议审议并原则同意《海口市海洋牧场管理暂行办法》等事项。

第57次常务会　2月27日召开，出席会议代表6人，列席78人。会议审议并原则同意《2019年政府工作报告责任分解》《2019年政府投资计划》、拨付原海口市强制隔离戒毒所工程余款、《海口市人民政府　兖矿集团有限公司合作协议》《海口市人民政府　中铁海南投资建设有限公司合作框架协议》等事项，传达学习并部署落实省政协主席毛万春在《关于海南省部分地区非法采砂破坏生态问题整改情况的报告》上的批示精神。

第58次常务会　2月28日召开，出席会议代表9人，列席32人。会议审议并原则通过《海口市2018年绩效考核工作方案》《海口市2018年绩效考核奖励发放方案》《关于海口市2018年度绩效考核结果的通报》《关于解决办理房屋不动产权证历史遗留问题的若干意见（修改稿）》等事项，传达学习省长沈晓明关于稳定菜价工作的指示精神，听取菜价监测和近期田头菜价有关情况的汇报，研究部署海口市“菜篮子”保供稳价等工作。

第59次常务会　3月16日召开，出席会议代表6人，列席29人。会议审议并原则同意《海口市人民政府　上海均瑶世外教育科技（集团）有限公司　上海临港经济发展（集团）有限公司委托管理合作协议》《海口市人民政府　北京嘀嘀无限科技发展有限公司战略合作协议》《海口市人民政府　五八到家有限公司合作协议》《海口市人民政府　欧中“一带一路”旅游和文化发展委员会战略合作协议》《海口市人民政府　世界自由区组织合作协议》《海口市人民政府和华东建筑集团股份有限公司合作协议》《海口市人民政府　海南未来产业园投资营运控股有限公司关于“中国·海南未来产业园”建设合作协议》《海口市人民政府　深圳市金泰长丰科技有限公司合作协议》《海口市人民政府　兜趣（北京）有限责任公司合作协议》《海口市鼓励民航业发展财政补贴实施办法》等事项。

第60次常务会　4月11日晚召开，出席会议代表9人，列席55人。会议审议并原则通过《海口江东新区总体规划（2018—2035）》《海口市人民政府与上海临港集团合资组建运营公司方案》《海口市促进海洋经济创新发展若干规定》《“海南海口羊山荔枝种植系统”农业文化遗产管理暂行办法》《海口市村（居）民委员会依法履职和协助政府工作事项清单》《海口市人民政府关于修改〈海口市地价管理办法〉等6件政府规章的决定》《海口市人民政府关于废止〈海口市农村宅基地管理办法〉等3件政府规章的决定》《海口市人民政府关于修改〈海口市人民政府办公厅关于印发我市主城区个人住宅规划建设管理办法的通知〉等6件市政府规范性文件的决定》《海口市人民政府关于废止〈海口市人民政府关于印发我市农村宅基地建房管理办法的通知〉等2件市政府规范性文件的决定》等事项，研究部署迎接中央扫黑除恶督导、落实中央环保督察整改、开展营商环境整治专项行动等工作。

第61次常务会　4月12日召开，出席会议代表7人，列席20人。会议研究部署推进海口市扫黑除恶工作。

第62次常务会　4月30日召开，出席会议代表8人，列席43人。会议审议并原则同意《2019年海口市城市体检工作方案》《海口市专职人民调解员预防化解社会矛盾纠纷奖励办法（试行）》《海口市普惠性民办幼儿园认定及管理办法（草案）》《海口市2019年政务信息化项目投资计划》《中共海口市委 海口市人民政府关于表彰2018年度安全生产先进单位和个人的通报》等事项，传达学习《中共中央 国务院 中央军委关于新时代加强党政军警民合力强边固防的意见》、全国推进“大棚房”问题专项清理整治行动电视电话会议、全国清理拖欠民营企业中小企业账款工作电视电话会议、习近平总书记在中央政治局常委会上关于扶贫成效考核的重要讲话等精神。

第63次常务会　5月12日召开，出席会议代表7人，列席16人。会议审议并原则同意《海口市小微型客车租赁行业健康发展的实施意见》等事项。

第64次常务会　5月17日召开，出席会议代表7人，列席42人。会议审议并原则同意《海口市人民政府2019年度立法计划（草案）》《海口市农业农村局 中国航天建设集团有限公司战略合作协议》《中通快递集团海南省（海口）智能科技电商快递产业园及航空基地项目投资协议》《海口市人民政府 兖矿集团有限公司补充合作协议》《海口市人民政府 北京启明星辰信息安全技术有限公司合作协议》《海口市人民政府 北京市康讯通信设备有限公司合作协议》《海口市人民政府 北京腾康汇医科技有限公司合作协议》《海口市人民政府 北京圆心科技有限公司合作协议》等事项。

第65次常务会　5月21日召开，出席会议代表8人，列席45人。会议审议并原则同意《海口市加快工业发展若干规定（修订稿）》《海口市农村生活污水治理工作方案（2019—2020年）》《海口市2019—2020年学校美育工作改革与发展实施方案》《海口市2019年美丽乡村建设攻坚实施方案》《海口市城市地下综合管廊管理办法（草案）》及市级储备粮补库资金等事项，研究部署营造一流营商环境等事项。

第66次常务会　5月31日召开，出席会议代表7人，列席58人。会议审议并原则同意《制度创新成果考核评估办法》《海口市优化营商环境工作联席会议制度》《海口市政府系统制度创新项目库》《关于表彰2018年度消防工作先进单位、先进工作者和消防安全管理先进企业、先进个人的通报》《海口市人民政府关于禁止和严控露天烧烤的通告》《海口市民政局 海口市财政局关于提高困难群众生活保障标准的通知》《海口市人民政府 凯撒世嘉旅游文化发展集团股份有限公司合作协议》等事项，传达学习《国务院办公厅关于对2018年落实有关重大政策措施真抓实干成效明显地方予以督查奖励的通报》等文件和省党政代表团赴河北雄安新区、在天津市学习考察精神，以及省委全面依法治省委员会（扩大）会议、省委招商引资工作专题会、全省聚焦“两不愁三保障”脱贫攻坚“背水一战”推进大会、七届省政府第4次全体（扩大）会议、省政府常务会议及专题会议等会议精神。

第67次常务会　6月11日晚召开，出席会议代表7人，列席40人。会议审议并原则同意《海口市湾长制规定（草案）》《海口市公共信息导向系统设计方案》《海口市公共信息导向系统设计导则》《海口市“蓝色海湾整治行动”项目实施方案》《海口市人民政府关于鼓励科技创新的若干政策》《海口市人民政府关于鼓励科技创新的若干政策实施细则》等事项。

第68次常务会　6月27日晚召开，出席会议代表7人，列席54人。会议审议并原则通过《海口市落实沈晓明省长6月19日调研座谈会工作要求任务分解表》、中国旅游集团总部企业认定、《海口市电动自行车管理办法修正案（草案）》《海口市人民政府 北京控股集团有限公司战略合作协议》《海口市扶持小微企业助保金管理办法》《海口市人民政府 海南复兴城产业园投资管理有限公司关于“复兴城西海岸互联网总部基地”建设合作协议》等事项。

第69次常务会　7月4日召开，出席会议代表9人，列席55人。会议审议并原则同意《海口江东新区起步区控制性详细规划》《海口江东新区起步区城市设计》《海口江东新区起步区地下空间详细规划》《海口市中小学生校内课后服务实施方案》《中共海口市委办公室 海口市人民政府办公室 关于设立海口临空经济区管理局的通知》《海口市人民政府 欧绿保集团（亚洲）有限公司合作框架协议》《海口市地铁建设工作领导小组及工作机构筹建方案》等事项，研究部署下半年工作等。

第70次常务会　7月15日召开，出席会议代表8人，列席54人。会议传达学习《国家生态文明试验区（海南）实施方案》、中央第三生态环境保护督察组督察海南省工作动员会精神，研究部署新一轮中央生态环境保护督察工作；审议并原则通过《海口市人民政府 华为技术有限公司 江东新区5G+AI创新战略合作协议》《海口市人民政府 中国电信股份有限公司海南分公司 华为技术有限公司 江东新区5G创新战略合作协议》《海口市人民政府 中国移动通信集团海南有限公司 华为技术有限公司 江东新区5G创新战略合作协议》《海口市人民政府 中国联合网络通信有限

公司海南省分公司 华为技术有限公司 江东新区5G创新战略合作协议》《海口市人民政府与北京峰火百城文化发展有限公司合作协议》《海口促进航运业稳定发展办法》《海口市人民政府 北京弘润天源基因生物技术有限公司 北京安杰玛化妆品有限公司战略合作协议》《海口市人民政府 波菲建筑设计有限责任公司合作框架协议》等事项。

第71次常务会　7月23日召开，出席会议代表7人，列席49人。会议传达国务院总理李克强关于防汛抗旱工作的批示和国务委员王勇在全国重点地区防汛抗旱工作会议上的讲话精神，听取全市2019年上半年脱贫攻坚、安全生产、消防和全市禁毒三年大会战等工作情况汇报，审议并原则同意《海口临空经济区控制性详细规划》《关于成立海口市江东新区征地搬迁工作指挥部的通知》《海口市地下综合管线管理办法（送审稿）》和白沙坊K型口交通组织优化工程、滨海立交桥交通组织优化工程、国贸片区交通组织优化工程预算调整、解放西路改造工程概算调整等事项。

第72次常务会　7月27日晚召开，出席会议代表7人，列席9人。会议传达中央督察组组长何向红讲话精神，审议并原则同意《颜春岭生活垃圾处理设施环境影响问题整改工作方案》《海口市人民政府与吴家玮教授团队合作办学备忘录（送审稿）》等事项。

第73次常务会　7月31日召开，出席会议代表7人，列席66人。会议听取海口市营商环境调研有关背景、调查情况汇报及浙江省营商环境改革情况介绍，审议并原则同意《中共海口市委 海口市人民政府关于加强和完善城乡社区治理的实施意见》《海口市市属经营性国有资产集中统一监管实施方案》等事项。

第74次常务会　8月4日召开，出席会议代表8人，列席33人。会议审议并原则同意《海口国际投资促进局设立方案》《海口国际投资促进局设立和运行规定》《关于表彰2018年度热线工作先进单位及个人的决定（代拟稿）》等事项。

第75次常务会　8月27日召开，出席会议代表6人，列席8人。会议对《中共中央 国务院关于加强耕地保护和改进占补平衡的意见》（中发〔2017〕4号）、《中共海南省委 海南省人民政府关于加强耕地保护和改进占补平衡的实施意见》（琼发〔2017〕32号）进行再学习、再部署，审议并原则同意《海口市人民政府 山东省海洋局战略合作协议》等事项。

第76次常务会　8月31日召开，出席会议代表5人，列席46人。会议审议并原则同意《海口市优化营商环境行动计划（2019—2020年）》《海口市南海明珠生态岛控制性详细规划》《海口市促进跨境电子商务及国际快件产业发展暂行办法》《呈报省政府审议飞机维修基地项目公司组建方案》《海口市人民政府 国家开发投资集团有限公司战略合作框架协议》《海口市人民政府 中国旅游集团有限公司合作协议》等事项。

第77次常务会　9月2日召开，出席会议代表7人，列席7人。会议审议并原则同意《海口市轨道交通线网规划》等事项。

第78次常务会　9月20日召开，出席会议代表7人，列席70人。会议通报省政府工作报告第三方评估结果和市委、市政府2019年为民办实事事项完成情况，听取全市清理拖欠民营企业中小企业账款情况、全市“两违”整治工作进展情况汇报，审议并原则同意《海口市人民政府关于建立海口市服务民营经济发展联席会议制度的通知》《中共海口市委 海口市人民政府关于进一步促进民营经济健康发展的若干政策措施》《海口国家生态文明建设示范市创建专项规划（2019—2025）》《海口市金融业发展规划（2019—2025）》《海口市人民政府关于促进金融业发展的若干措施（试行）》《国有土地上房屋征收项目安置房成本指导价的测算办法》《海口江东新区管理局设立方案》《海口市市属国有企业负责人履职待遇、业务支出管理暂行办法》《中共海口市委 海口市人民政府关于进一步深化国资国企改革的实施意见》《海口市扶持会展业发展若干规定》《海南省商务厅 海口市政府 香港元邦金控三方战略合作协议》《海口市人民政府与中安华南控股有限公司合作协议》《城企联动普惠养老专项行动战略合作协议》《海口市城企联动惠普养老承诺书》等事项。

第79次常务会　10月8日召开，出席会议代表7人，列席20人。会议审议并原则通过《海口市科学技术工业信息化局 北京风云际会投资管理有限公司 海南复兴城产业园投资管理有限公司合作协议》《海口市科学技术工业信息化局 北京悟空相互保网络科技公司 海南复兴城产业园投资管理有限公司合作协议》《海口市科学技术工业信息化局 海南丰嵘股权投资合伙企业（有限合伙） 海南复兴城产业园投资管理有限公司合作协议》《海口市科学技术工业信息化局 芒果超媒股份有限公司 海南复兴城产业园投资管理有限公司合作协议》《海口市科学技术工业信息化局 五八企服（北京）信息技术有限公司 海南复兴城产业园投资管理有限公司合作协议》《海口市科学技术工业信息化局 北京五八融鑫信息技术有限公司 海南复兴城产业园投资管理有限公司合作协议》《海口市商务局 上海沪深企业集团有限公司合作协议》等事项。

第80次常务会　10月11日召开，出席会议代表6人，列席9人。会议审议并原则同意《江苏鱼跃科技发展有限公司在海南设立跨区域总部合作协议》《汤臣倍健药业有限公司在海南设立跨区域总部合作协议》《老百姓大药房连锁股份有限公司在海南设立跨区域总部合作协议》《湖南康立医药物流有限公司在海南设立跨区域总部合作协议》《一心堂药业集团股份有限公司在海南设立跨区域总部合作协议》等事项。

第81次常务会　10月22日晚

召开，出席会议代表6人，列席12人。会议审议并原则同意《海口市人民政府与山东能源集团有限公司合作协议》《国际免税城项目配套住宅用地供应相关问题的请示（代拟稿）》《海口市人民政府与海南国际能源交易中心运营总部有限公司合作协议》等事项。

第82次常务会　10月24日晚召开，出席会议代表5人，列席37人。会议传达全省违建问题清查整治暨“两违”整治工作电视电话会议精神和省领导在《海南省工业和信息化厅海南省清理拖欠民营企业中小企业账款情况汇报》上的批示精神，审议并原则同意《海口市轨道交通建设规划方案》《海口市商务局 辽宁国能发展有限公司合作协议》《海口市商务局 中煤地质集团合作协议》等事项。

第83次常务会　11月1日召开，出席会议代表7人，列席38人。会议审议并原则同意《海口市知识产权运营服务体系建设专项资金管理办法》《海口市2019年下半年促进农民增收二十三条措施》《海口市统筹推进农村土地制度改革试点工作实施方案》《中共海口市委办公室 海口市人民政府办公室关于成立海口市农村土地制度改革试点工作领导小组的通知》《海口市人民政府 中国海洋发展基金会战略合作协议》《海口市人民政府 海南苏宁易购商贸有限公司合作协议》《美安科技新城项目合作协议》，废止《海口市禁止生产和销售假冒伪劣商品条例》等事项。

第84次常务会　11月7日召开，出席会议代表7人，列席39人。会议传达学习中共十九届四中全会精神、关于《中共中央关于坚持和完善中国特色社会主义制度推进国家治理体系和治理能力现代化若干重大问题的决定》的说明、《中共海南省委关于深入学习宣传贯彻党的十九届四中全会精神的通知》精神、省委书记刘赐贵在三亚举行宣讲报告会精神，听取市文明办关于2019年未成年人思想道德建设工作落实情况的汇报，审议并原则同意《海口市人民政府关于建立消防救援队伍职业保障机制的通知》《海口国家高新区管委会支持齐鲁制药（海南）有限公司加快发展框架协议的补充协议》《海口国家高新区管委会与深圳证券信息有限公司战略合作协议》《海口市江东开发办公室与香港尚乘集团有限公司战略合作框架协议》《海口市江东开发办公室、上海浦东发展银行股份有限公司海口分行、PingPong Global Holdings Limited 三方共同在海南设立在岸人民币结算中心 合作协议书》《海口市江东开发办公室与香港新创建资产管理（中国）有限公司战略合作协议书》《海口市江东开发办公室与凤凰金信（银川）基金销售公司共同推进在海南设立基金销售公司合作协议书》等事项。

第85次常务会　11月17日召开，出席会议代表9人，列席39人。会议传达学习中共中央政治局常委、国务院副总理、推进海南全面深化改革开放领导小组组长韩正11月8日下午和11月9日上午在海口分别主持召开专家座谈会和领导小组全体会议精神，传达学习中共中央政治局常委、国务院副总理韩正在海南调研精神，传达学习省委书记、省委深改委主任刘赐贵主持召开省委深改委（自贸区港工委）会议精神，传达学习省委书记刘赐贵主持召开省委“不忘初心、牢记使命”主题教育领导小组会议精神及省政府党组书记、省长沈晓明主持召开省政府党组会议精神；审议并原则同意《海口市建筑垃圾管理和资源化利用实施方案》《海口国家高新区 杭州米跃企业管理有限公司合作协议》《海口市商务局与皇家生物科技公司合作协议》《海口市商务局与深圳前海电商供应链管理有限公司合作协议》《海口市商务局与山西世德能源有限公司合作协议》《海口市商务局与安徽口碑工作智能科技有限公司合作协议》《海口市商务局与第一太平洋戴维斯（中国）有限公司合作协议》《海口市科学技术工业信息化局 北京同城必应科技有限公司 海南复兴城产业园投资管理有限公司合作协议》《社会足球场地设施建设专项行动合作协议》等事项，研究部署年底各项工作。

第86次常务会　12月2日召开，出席会议代表7人，列席58人。会议审议并原则同意《海口市人民政府办公室关于促进生猪产业转型升级保障市场供应的实施意见（暂行）》《南渡江（海口段）沿岸生态修复与功能提升总体规划（2019—2023）》《海口市人民政府关于禁止露天焚烧秸秆及垃圾的通告》《海口市“一枚印章管审批”改革实施方案及划转事项》《海口市促进影视产业发展若干规定》《府城、大同、金贸、城西等4个片区控规及城市设计》、上报省委深改办制度创新案例（第六批）、《海口市2020年省重点项目投资计划》等事项。

第87次常务会　12月12日召开，出席会议代表7人，列席33人。会议审议《海口市生活垃圾分类和减量两年行动方案（2019—2020年）》，讨论并原则同意《海口市市属国有企业负责人经营业绩考核评价及薪酬审核实施办法》等事项。

第88次常务会　12月27日晚召开，出席会议代表7人，列席7人。会议审议并原则同意《海口市人民政府 中国诚通控股集团有限公司战略合作协议》等事项。

（曾　丹）

调查研究

【概况】2019年，海口市政府研究室承担起草、审改各类讲话和其他综合性文稿340篇、近80万字，组织全市经济社会发展等方面的重点、热点、难点问题的调查研究工作，以及全市政务信息和经济社会发展信息的搜集、筛选、整理、传递、交流和报送工作。

【重点课题调研】2019年，海口市政府研究室围绕建设海南自贸区（港）

建设中心工作，在自贸区建设、改善提升营商环境、贯彻中共十九大精神、省七次党代会精神、市第十三次党代会精神等方面开展调查研究，撰写《关于赴上海考察的情况报告》《中国特色自由贸易港背景下推进海口临空经济区建设的思考》《海口深化推进垃圾减量化和资源化利用研究》等调研报告。

【文稿起草】2019年，海口市政府研究室共撰写340篇、近80万字的综合文稿。其中，完成《海口市经济发展情况汇报》《海口市百日大行动情况汇报》《非洲猪瘟情况汇报》《江东新区工作情况汇报》《海口市菜篮子保供稳价工作进展情况》等汇报材料150余篇，近50万字；完成市政府常务会、重点项目推进会等重要会议文稿140余篇，近24万字；完成各种大型论坛、招商推介会、投资说明会、招待会上致辞50余篇，近6万字。

【信息服务】2019年，海口市政府研究室共编发《政务信息》199期，其中专刊52期。其中被海南省政府办公厅《政府要情》采用18条，《海南信息》采用7条，上报国办信息2条，6条信息获省领导10个重要批示。

【海口经济蓝皮书】即《2019年海口发展形势与预测》。全书约29万字，通过对2019年海口经济社会发展全面、深入、翔实的回顾与评价，对海口经济运行的主要因素进行分析，研究和预测，提出发展对策和建议。该书具有前瞻性和权威性，成为社会各界对海口经济形势进行分析的重要平台，也是外地了解海口的重要资料之一。

（周　婷　李紫妮）

行政审批改革

【概况】2019年，海口市继续围绕“改革、服务”主线，突出“放管服”重点，制定下发《海口市2019年深化“放管服”改革优化营商环境行动方案》，明确责任，细化分工，全面推进建设项目审批“一窗受理，集成服务”工作，推动海口市简政放权工作向纵深发展。

【行政审批标准化】2019年，海口市构建《海口市事项实施清单要素标准体系》，对外支撑新型网上政务服务的事项告知要素，对内支撑行政审批局业务的SOP全流程要素，实现同一事项名称及办事指南统一，最终实现市区两级无差别化办理。全年，市、区两级目录共梳理出5683项，其中市级2733项、区级2950项。

【“一枚印章管审批”改革】2019年2月，海南省政府审核通过海口“一枚印章管审批”改革实施方案及拟划转事项，确定拟划转事项共277项，涉及24家单位，第一批划转包含23家单位共197项，第二批划转包含15家单位共80项。年内，龙华区先行先试实施“一枚印章管审批”改革工作，将原来分散在24个单位、205项行政许可、其他权力、行政确认事项，划转至龙华区行政审批服务局统一实施，实现了建设领域、社会事务、民生事项等集中审批服务。

【“一窗受理”改革推进】2019年4月28日，海口市上线运行社会口“综合一窗”，将市交通港航局等19家单位172个行政审批服务事项纳入“一窗”窗口集中受理，实行无差别化一窗受理，达到“一窗通办”。体现了3个“减负”：窗口“减负”，窗口由原来的29个缩减为15个，精简48.28%；群众“减负”，让数据代百姓跑腿，压缩时间省时省力；材料“减负”，优化流程一次办全。如推出“网约车运输”等主题服务，将市交通港航局的网络预约出租汽车运输证核发和涉及交警部门的行驶证变更进行整合和流程优化，一次办全、一次办好，5个工作日即可办结取证，提速66.67%，同时通过数据共享、材料复用，申办材料减少50%。至此，海口市社会口、建设口、不动产登记、人才、商事登记等真正实现“前台综合受理、后台协同审批、统一窗口出件”工作模式。全年，社会口一窗总办件量38951件、不动产60分钟登记16项简单事项办件量14927件。

【四级行政审批服务体系建设推进】2019年4月，海口市启动区级行政审批服务事项标准化工作，并按“最小颗粒度”细化，进一步提高办事服务精准度，经梳理，秀英区867项、龙华区685项、琼山区590项、美兰区808项。组织完成区级新版行政审批系统平移上线工作，美兰区于7月1日上线，秀英区于8月28日上线，琼山区于8月30日上线，龙华区于9月2日上线。相比旧版行政审批系统，新版行政系统特点体现在：平台化，新版行政审批系统不仅是单一审批系统，更是支撑全市一体化政务服务的综合平台；规范化，新版行政审批系统与国家、省级门户形式统一规范，做到流程规范、文书规范、短信规范；体系化，新版行政审批系统拥有包括人脸识别、信息核验、在线缴款、免费寄递等强大支撑体系，高效助推各类便民举措落地。继续推行区、镇（街）、村（居）便民服务点“一窗受理”工作。美兰区在2018年12月1日选出海甸街道及9个社区作为“一窗受理”试点后，2019年，海甸街道“一窗受理”36项及9个社区“一窗受理”33项；2019年初，琼山区开始在11个镇（街）和113个村（居）推行“一窗受理”工作；9月1日，龙华区率先在4个区推行实施“综合一窗”受理工作，将181项事项纳入“综合一窗”全业务受理；12月27日，秀英区全面推行区、镇（街）两级“一窗受理”，其中区级“一窗受理”事项279项，镇

（街）“一窗受理”事项46项。推动“主题式”审批服务，以“一件事一次办”为目标，各区采取套餐服务梳理市、区协同推进、梳理结果市、区共同使用的方式进行套餐服务的梳理，全年上线一件事套餐服务5个，分别是“我要开便利店”“我要开饭店”“我要开酒吧”“我要开服装店”和“我要开健身馆”。

【建设工程项目审批制度改革】2019年5月，海口市工程建设项目审批制度改革领导小组成立，负责牵头推进全市此项改革工作。7月4日，市政府印发《海口市工程建设项目审批制度改革实施方案》（以下简称《方案》），全面展开海口市工程建设项目审批制度改革工作。按照《方案》要求，共精简审批事项17项，下放审批权9项，合并办理8项，转变管理方式3项，调整审批时序8项，14项不合法、不合理、不必要的工程建设审批事项被取消。同时，印发《工程建设八类项目审批流程图》，其中政府投资一般项目审批用时52个工作日，一般社会投资项目审批用时42个工作日，已推行极简审批改革的园区和“五网”区域项目审批时限压缩至26个工作日以内。为对接工改成果落地，市政务管理局完善建设项目审批综合窗口建设，并将水、电、气等公用服务报装事项集中到政务大厅集中办理（11月20日，市供电局、市水务集团、海南民生燃气有限公司、中国有线电视海口分公司等单位正式进驻政务大厅）；将竣工联合验收纳入系统管理，统一受理，同时验收，验收结果统一推送，进一步规范了建设项目竣工联合验收工作；拟定《海口市房屋建筑和市政基础设施工程项目竣工联合验收管理办法》，印发《海口市工程建设项目联合审批综合窗口工作规程》《海口市参与工程建设项目审批中介服务事项清单》等文件，通过加强制度建设强化工作的落实。为拉动全市固定资产投资，促进经济发展，7月18日，《海口市关于建立政策落实年项目集中审批日实施方案》出台，每周召开一次由常务副市长主持的市长专题会，对市级审批的社会投资工程建设项目和政府投资工程建设项目进入工程许可和施工许可阶段的审批情况进行分析研究，解决企业反映及审批中逾期、退档等问题。经过5次集中审批日市长专题会，对全市存在审批梗阻的57个工程建设项目进行集中审批，通过强化“搁置前置，同步审批”“容缺后补”“承诺办理”等措施，涉及的审批问题全部得到解决，有效促进40个项目的开工建设。12月18日，海口市工程建设项目改革审批系统上线试运行，工程审批制度改革各项工作稳步推进。

【极简审批改革】2019年，海口市配合省人大法工委推进“极简审批”新一轮的改革立法工作，并于3月28日公开发布《中国（海南）自由贸易试验区重点园区极简审批条例》，4月1日起正式施行，改革范围覆盖投资建设项目全流程，“极简审批”改革成果推广应用至全省所有重点园区。优化极简审批流程，在四个阶段的整体审批框架下，继续完善“极简审批”操作细则，推进“极简审批”深化改革，优化项目服务。虚拟技术开发应用。完成虚拟服务平台建设，进一步优化线上审批终端服务质量和效率。优化“极简审批”线上平台审批服务功能。完成“极简审批”网上服务平台与省、市线上政务服务平台的互联互通、信息共享工作，为企业提供线上“一站式”服务，进一步提高服务效率、优化服务质量。优化项目环评审批。推进园区“一城四园”规划环评及“三线一单”编制工作，突出对产业园区的环境管控，为园区建设项目的准入及环评文件审批的优化提供技术支持。做好“极简审批”项目的代办指导服务工作，全年服务“极简审批”项目77个，总投资324亿元，累计完成投资154.9亿元，占48%。

（谭　斌）

政务服务

【概况】2019年，海口市政务管理局突出“放管服”工作重点，着力在创新机制、规范管理、强化服务、提高效能等方面创新工作，充分发挥“12345”政府服务热线“指挥棒”“绣花针”“连心桥”的作用，不断规范公共资源交易活动，提高政府行政效能。“12345”海口市民服务智慧联动平台工作区实行节假日定时开放，增进市民游客与“12345”热线的了解与互动，共接待市民游客、机关、企（事）业单位、社会团体来访约1.6万人次。工作区设有“12345”热线座席200个，提供英语、日语、海南话等多种语言服务，通过电话、微信、市民云、短信等渠道，7×24小时在线受理市民游客的咨询、投诉、建议、举报等诉求；开设营商服务、人才服务、摄影像等专业化专席，并创新制定“30分钟响应处置”“首问责任制”“三级分析研判预警”等快速反应保障机制。全年“12345”海口智慧联动平台呼入量238.03万件，日均呼入量6549件，比上年增长24.91%；接通率94.4%，减少2.07%；办结率99.75%，减少0.24%，办件满意率88.16%，减少2.65%，一次性办结率76.14%%，增长6.86%。海口“12345”微信公众号关注用户达23万人。海口“12345”热线的高效运转不仅大大改善全市的营商环境、有力提升城市管理和社会治理的水平，更有效缓解全市信访维稳压力。年内，海口“12345”热线先后荣获全国巾帼文明岗、全国工人先锋号荣誉，省妇联授予“三八红旗集体”、团省委授予“第二十五届海南青年五四奖章”。9月，D3方评估平台联合零点有数举行的针对全国31个省（市）344条热线的测评中，海口市服务质量在副省级、省会城市中排名第一，获得“十佳热线奖”和“智慧创新奖”。

【全市一体化在线政务服务平台建设】2019年，海口市政务管理局制定

《海口市加快推进全市一体化在线政务服务平台建设实施方案》，不断优化政务服务平台建设。年内，政务服务基础管理平台初具雏形，平台公共支撑体系建设基本完成，数据共享及业务协同取得突破，实现海口市一体化政务服务平台联通省一体化政务服务平台、海南省电子证照库以及省在线监管系统；实现海口市政务服务平台与省政务服务网的深度对接和双向互动；实现87种170多万个电子证照可全省共享；满足国家和省对投资项目实行统一入口、统一赋码、统一服务、统一监管的要求；同时统一在线支付、免费物流、身份认证，解决办事群众重复提交材料、重复填写表格、重复身份认证等“三联通、三统一、三解决”问题。依托一体化平台功能支撑，实现不动产、社保等高频办理事项全流程互联网“不见面审批”。

打造“一平台”。完成审批信息系统平台化改造，在市社会口一窗以及4个区的政务中心全面部署上线；完成海南省政务服务网海口旗舰店的重新设计开发，部署上线工作；打造全新政务服务移动端“海好办”并部署上线；对接省级“好差评”管理信息系统，办件“好差评”功能全面实现。

完善“一体系”。完成一体化在线政务服务平台的公共支撑体系建设。对接财政非税缴款系统，畅通在线缴费通道；对接邮政EMS物流系统，实现审批结果免费邮寄送达，5月27日，第一份政府付费的邮寄证照准时发放至市民手中；与省级电子证照共享服务系统实现对接，证照信息开始在平台中使用；与省电子印章系统、省统一身份认证平台实现对接互认。

结成“一张网”。打造全市行政审批“一张网”。依托全市一体化平台打造新版行政审批系统，全面支撑审批服务事项跨部门、跨层级、跨区域办理，让市、区、镇（街）三级政务中心实现“一网运行”。全力推进平台信息共享，海口市一张网全面融入全省及全国一张网，与省政务服务网实现统一，通过省政务服务平台基本完成海口市、区两级事项与国家政务服务平台的关联匹配。通过省证照系统，建立国家、省、市互联互通的证照共享通道。大力推进事项全面进驻，结合最新一轮的政务服务“6+1”事项统一梳理成果，共有58个委办局2396个服务事项进驻海南省政务服务网海口旗舰店，实现依申请类政务服务事项全覆盖。

建成“一门户”。依托海南省政务服务网，全新打造全市统一网上办事大厅。依托椰城市民云APP，全新打造掌上办理平台“海好办”，满足各类人群网上办事需求。网厅与掌厅作为全市网上政务服务统一门户，汇聚全市各服务事项的办事指南，集信息查询、公告公示、网上预约、在线办理、进度查询、咨询投诉、表格下载等服务于一体，根据不同用户群体需求，针对性推出多项主题索引服务。全力为海口市民打造统一、高效、便捷的网上办事体验。

实现“一证办”。借助平台统一认证、人脸识别、信息核验、在线缴款、免费寄递等强大支撑功能，推进高频事项表单填写精简化、证照提交最少化，各类高频事项实现“简化办”“刷脸办”。其中，不动产“个人权属证书、登记证明的换发登记”、社保局“灵活就业人员缴费申报与核定”、烟草局“烟草专卖零售许可证核发”“变更”“延续”“歇业”等近10个事项实现“一证办”，即市民只需填报身份证或营业执照即可办成事。实现申请表格零提交、申报材料零提交、线上即可缴费、证照免费寄递、全程无须跑腿。就业局“失业登记和失业保险金申领”事项实现“简便办”，不动产“商品房转移登记，即个人对个人的买卖”事项部分办件更是实现“智能批”，即系统自动审批，全程无人工干预。

【统一调度联动服务指挥体系构建】 2019年，海口市成立以市委、市政府主要领导任组长的“12345”海口智慧联动工作领导小组；“12345”海口市民服务智慧联动平台构建覆盖市、区、街道、社区、网格员的五级联动指挥体系，平台直接连通4个区79个主要部门、所有街道社区和机场、港口等重点单位，区（局）长一把手每月定期在“12345”海口智慧联动平台轮值，实现横向到边、纵向到底，发挥城市管理“指挥棒”作用。在管理架构上，形成“呼叫平台、数据平台、处置平台、指挥平台”四位一体，全面落实扁平化、可视化理念，开发视频指挥系统，确保“12345”海口智慧联动平台可以直接视频指挥到各区、各街道、各社区和最基层的每一个社区网格员，实时在线联动核实情况、处置问题，精准指挥协调解决问题。在监督考核上，每月开展一次市民开放日活动，邀请市民对城市管理工作进行公开监督；市纪委监委、市委组织部、市委督查室、市属新闻媒体与“12345”海口智慧联动平台紧密配合，定期开展专项督察、开通媒体跟踪督办，制定热线疑难办件会商、监督考核问责、首问责任、紧急办件处理、督办通报等多项制度，加强督查管理。全年海口“12345”热线督办件共188件，解决160件，解决率85.11%。

【热线办件快速反应机制建立】 2019年，海口市建立热线快速反应机制，积极应对处置。实现“一号对外”。除110、119、120等全国统一设置的紧急求助热线和服务热线外，全市范围内非紧急类求助热线全部归口到海口市“12345”热线，“用一根针连起了群众万家线”，“12345”海口智慧联动平台先后整合83条政府部门服务热线，提供7×24小时全天候服务。实施紧急办件“30分钟响应处置”。明确规定城市治理紧急类办件30分钟响应或到现场解决、非紧急类30分钟内签收办件、咨询和建议类24小时内回复、投诉类48小时内回复，年内基本实现办件“零逾期”。标准化业务“秒派”办件。将各类城市治理问题科学分类，实行四级业务体系（一级6项，二级88项，三级977项，四级1919项），各类问题汇总后可以“秒派”到责任部门，极大提升管理效率，从根本上避免推诿扯皮问题。推进“12345+ 网格化 + 志愿者”模式。坚持管理重心下移，增强基层网格力量，以民政网格为最小基础，叠加城管、综治、环保、市场监管等专业网格员，建立覆盖综合网格员、专业网格员、志愿者、专职调解员的微信工作群，主城区治理力量平均每个网格由原来的 0.7 名提高到 3.7 名。全年网格员主动上报办件总数 10.27 万件，办结 10.24 万件，办结率 99.77%，志愿者团队上报办件 126 件。推广使用微联动 APP，要求社区网格员、专业网格员安装使用微联动 APP，年内安装用户 3058 人。

【构建一张风险地图】2019 年，“12345”海口市民服务智慧联动平台构建一张风险地图抓安全机制。应急指挥方面，大力推进城市管理类视频资源的汇聚整合，“12345”指挥大屏系统汇聚 21 个应用系统，省、市三防、省交通厅等 3 个视频会商平台，天网、交警、综治等 16 个视频监控平台 17267 路视频，强化对港口、机场、车站等重点点位的实时监控和对进出岛车辆、人流量、车客流量等信息的监控、统计、分析，应用单兵指挥设备开发可视化指挥功能，满足春运、三防、马拉松等重大活动的应急指挥调度要求。安全生产方面，新增“两客一危”即旅游大巴、客运巴士、危险品运输车的运载信息，包括车辆所属单位信息、经营许可证号、车牌编号、运载情况、GPS 监控等。水体治理方面，推出“12345+ 河长制”监控平台，接入全市 476 个主要水体视频信息，实时监测河湖水质变化，打通与河长办巡查人员的信息互通，巡查发现的问题上报热线平台快速联动解决。智慧社区建设方面，在秀英区东方洋和海口港试点推进智慧社区建设，东方洋社区完成 113 个设备的安装，海口港社区完成 107 个设备的安装；在试点社区安装 220 个物联网监测设备。物联网设备无线实时报送数据，打造“能感知”的城市，一旦出现异常传感报警，“12345”海口智慧联动平台第一时间调配力量处置，将防范风险的关口进一步前移。

【“12345+挪车”业务开通】2019 年 9 月，“12345”海口市民服务智慧联动平台开通“12345+ 挪车”业务，市民通过拨打“12345”热线提供堵车车辆的详细车牌号，话务员即刻联系车主挪车并 10 分钟后反馈，如仍未挪车“12345”热线会通知交警现场处置。挪车业务自开通后共处理挪车办件 73423 余件，日均 700 余件，为广大市民提供了又一项便民服务。

【“12345+人民调解”工作落实】2019 年，“12345”海口市民服务智慧联动平台建立人民调解参与化解矛盾纠纷类办件机制，全市 44 个基层司法所、16 个人民调解委员会、497 名专职人民调解员、143 位行业专家信息全部录入热线系统，系统可以快速匹配就近调解员，办件“秒派”到责任人，全年共处置 219 件。

【窗口办件服务】2019 年，海口市政府服务中心窗口受理办件 11.72 万件，办结 10.31 万件，提前办结率 96.36%，群众满意度 99.83%。申请停止计时办件 814 件，批准 664 件，不予批准 149 件。网上预约量 2.11 万人次，网上申报办件 8688 件，大厅日均受理量约 473 件。审批结果邮政速递业务 5515 件，推行便民利民举措，全年共配合不动产登记窗口开展上门服务 24 宗。

【大厅服务运行与管理】2019 年，海口市政府服务中心有 32 个职能局派驻窗口进驻，24 个职能局审批办进驻，进驻人员 213 人。市政府服务中心对进驻人员开展“新版行政审批系统培训”2 场次、“文明礼仪培训”1 场次。全年妥善处理各类信访投诉件 36 件。加大对逾期办件的督办力度，每月汇总整理各进驻单位逾期办件量，发文督办并限期整改，有效改善逾期办件的情况，提高行政效能。开展月考核、季评比、年表彰工作，通过表彰先进促提升，全年共评比 4 个季度的进驻窗口“文明服务之星”101 人次，表彰年度政务服务先进个人 32 名。

【“双随机一公开”抽查机制落实】2019 年，随着海口市机构改革，部分单位撤销合并、职责划转、事项移交，“一单二库”（随机抽查事项清单、随机抽查对象库、执法检查人员名录库）动态调整较大。全市“双随机一单二库”包含 42 家单位（市直属单位 29 家、垂管单位 6 家、开发区 3 个和 4 个区）829 项随机抽查事项，20.42 万个抽查对象和 2835 名检查人员名录。至 12 月 31 日，全市（含市级、区级、垂管单位）抽查事项减少 74 项，抽查对象减少 241 个，执法人员增加 230 人。具体为：市级 29 家单位抽查事项减少 15 项，抽查对象减少 10550 个，执法人员增加 47 人；4 家垂管单位抽查事项增加 5 项，抽查对象减少 10211 个，执法人员增加 137 人；区级、开发区抽查事项共减少 64 项，抽查对象增加 98 个，执法人员增加 46 人。年内，抽查事项覆盖率 94.4%（市级单位的抽查覆盖率 88.85%），3 个开发区抽查覆盖率 100%，4 个区抽查覆盖率 98.66%；4 家垂管单位抽查覆盖率 50%（未完成的单位有原海口市食药监局 38.46%、原海口市质监局 2.08%）。

【行政审批服务监管】2019 年，海口市政务管理局加强行政审批服务监管，实行办件月通报制度，编写《政务办件情况月报》12 期。严格督办逾期办件，将进驻单位逾期办件监督考核情况纳入绩效考核共性目标。通过新版行政审批系统中的“实时监督”“异常监控”“督办管理”功能对一体化平台办件进行实时督查管理。建立政务服务“好差评”机制，印发《关于建立政务服务“好差评”体系的实施意见》，确保企业群众可通过网上办事大厅、移动端及实体政务大厅评价器等渠道对政务服务机构、政务服务平台和人员进行评价，形成评价、反馈、整改、监督全流程衔接。全年全市行政审批系统接入海南省在线审批监管平台并使用上报的办件总数4586件，办结4570件。其中，市级部门涉及审批项目2328件，办结2313件；区级部门涉及审批项目2053件，办结2052件；开发区涉及审批项目205件，办结205件。

【简政放权工作全面开展】2019年，海口市进一步深入开展简证放权工作。大力清理证明，取消证明事项10项，同时对中介服务机构和事项、行业协会、涉企行政事业性收费项目及标准、职业资格许可和认定等进行清理规范。优化人才一站式办理流程，审核部门由原来12个压缩至6个，承诺办结时限由原来的20个工作日压缩为10个工作日内，审核时间压缩50%。

【海口市民游客中心】2019年5月29日，海口市民游客中心正式揭牌。该中心属海口市政务管理局下属经费全额预算管理事业单位。既是“全方位”展示海口特色的靓丽窗口，也是“一站式”服务市民游客的大本营。中心以“为民、便民、利民”为服务宗旨，具有“便民利民服务中心、城市综合管理中心、城市形象展示中心”三大功能，开设“12345”热线服务区、政务服务窗口（临时）、规划展厅、智慧城市数字展厅、报告厅、文体活动室等功能区域。自2018年12月28日正式启用以来，取得良好的社会效果。至2019年底共接待市民游客来访469个团队、28万人次。

2019年5月18日，由海口广播电视台FM1044承办的交通出行主题英语角活动在海口市民游客中心举行 （市政务管理局 供）

便民利民服务　设置于海口市民游客中心的“12345”海口市民服务智慧联动平台工作区实行节假日定时开放，增进市民游客与“12345”热线的了解与互动，全年接待市民游客、机关、企（事）业单位、社会团体来访约1.6万人次。工作区设有“12345”热线座席200个，提供英语、日语、海南话等多种语言服务，通过电话、微信、市民云、短信等渠道，7×24小时在线受理市民游客的咨询、投诉、建议、举报等诉求；开设营商服务、人才服务、摄影像等专业化专席，并创新制定“30分钟响应处置”“首问责任制”“三级分析研判预警”等快速反应保障机制。同时“海口12345”微信公众号推出“政务网上办事大厅”功能，市民登陆即可上传材料进行网上申报；研发自主填报、进度查询、排队预约等便利功能，为市民和企业提供优质、高效、便捷的政府服务。年内，海口“12345”微信公众号关注用户23万人。

城市综合管理　海口市民游客中心致力于强化城市运行综合管理和应急联动指挥能力建设，大力推进城市管理类视频资源的汇聚整合。“12345”指挥大屏系统汇聚21个应用系统，省、市三防、省交通厅等3个视频会商平台，天网、交警、综治等16个视频监控平台17267路视频，做到城市运行的实时监测，省交通厅将海口市民游客中心设立为全省春运工作应急指挥中心。中心还配套设有联勤联动室、应急指挥室、应急医疗室，用以承担突发重大事件时应急值班、指挥调度和联勤联动的功能，全年开展5次防汛防风应急指挥演练，并圆满完成“剑鱼”“木恩”等台风，春节、元宵节等节假日，演唱会、“马拉松”迎新跑等重大活动的

2019年5月29日，海口市民游客中心正式揭牌 （市政务管理局 供）

应急服务保障工作。

城市形象展示　海口市民游客中心在中心规划展厅科学展示海口的概况（历史沿革、地理位置、辖区范围、人口等）和智慧城市的发展，讲述海口城市演变的历程，描绘未来的城市形态、城市风貌、公共空间和城市特色，以及海口城市智慧化管理（城市大脑）的建设成果。中心围绕定位，打造"智慧论坛""英语角"及"公益日"三大品牌活动，将中心建设成为海口市民游客文化生活的重要阵地。全年举办"聚焦湿地保护"、琼州文化大讲堂、急救知识讲座等主题"12345"智慧论坛22场，江东新区规划展、动漫展、艺术展等12场；周末开展公益日活动21场、英语角活动29场；报告厅接待论坛、宣讲、交流会、新闻发布会等189场；建立"海口市提高公民外语水平基地"。

（谭　斌）

人事管理

【机关事业单位工资福利】2019年，海口市根据国家及省有关工资福利政策规定，提高机关事业单位干部职工工资福利。印发《关于调整国家机关事业单位工作人员死亡后遗属生活困难补助标准的通知》，2019年度人均提高补助标准160元。印发《关于进一步做好海口市事业单位绩效工资管理工作实施意见》，促进事业单位职工收入合理有序增长。完成2019年全市事业单位财政统发供养人员工资的发放工作。

【事业单位岗位管理】2019年，海口市人社部门为323家次事业单位办理岗位调整，其中共调整各类岗位2259人，人员聘用备案7780份。

【事业单位公开招聘】2019年，海口市人社部门进一步规范事业单位公开招聘工作程序，共核准批复21家事业单位公开招聘方案，核准录用人员781名。

【人事服务】2019年，海口市人社部门完成4个单位功勋荣誉表彰奖励（全国教育系统、全国审计机关，全国、全省档案系统、全国市场监管系统）推荐评选工作，推荐参加评选全国先进集体单位7个，先进工作者3名，推荐参加评选全省先进工作者4名。

（莫祥壮）

信　访

【概况】2019年，海口市信访总量、到省到市集体访、进京到非接待场所上访持续下降，网上信访量占比提升，在中华人民共和国成立70周年庆祝活动、全国"两会"、博鳌亚洲论坛年会等重点时期服务保障有力，实现"零"到非接待场所上访，信访形势呈现"总量减少、结构向好"态势。"人民满意窗口"创建成效明显，龙华区信访局、美兰区信访局被省信访联席办评为创建先进单位；信访"三率"（及时受理率、按期办结率、群众满意率）等多项工作得到省信访局的高度肯定，在全省信访系统进行经验交流。

【信访接待】2019年，海口市信访局推行领导干部大接访大下访活动，各级各部门领导干部共接访下访群众2368批次8031人次，解决各类群众反映强烈的热点难点问题1409件；不断创新基层矛盾纠纷源头预防，实行月排月报、随排随报、急排急报的"三排三报"机制，组织集中开展矛盾纠纷排查化解活动15次，调处各类社会矛盾纠纷5233宗，成功率96.9%。

【信访平台建设】2019年，海口市信访局推进完善市、区、镇（街道）三级信访机构建设，打造网上信访信息系统、人民网领导留言板、南海网地方领导留言板"三个平台"，提高网上信访事项的办理效率、质量和服务水平，实现"让数据多跑腿，让群众少跑路"。全年共办理信访事项1617件，及时受理率99.5%、按期办结率99.3%、群众满意率68.1%。

【信访督查复核】2019年，海口市信访局与市委督查室、市政府督查室等单位组成联合督查组，通过实行"月自查、季实地督查"长效机制，先后进行督查督办283次，推进69件信访突出问题及一大批信访事项的有效化解。

【中央督察督导转交办件办理】2019年，海口市信访局针对中央第三环保督察组、中央扫黑除恶督导组在海南省督察督导期间移交海口市的127件信访事项，准确交办、全程跟进，通过采取"一把手"负责制、领导包案责任制、领导会商机制、"一案三审核"机制、联合督查督办机制等措施，全部按期办结、按期反馈。

（周学峰）

（编辑：李　敏）

中国人民政治协商会议海口市委员会

综 述

【概况】2019年，政协海口市第十四届委员会共有32个界别，委员269人（其中，中国共产党15人、民革12人、民盟12人、民建14人、民进10人、农工党10人、致公党10人、九三学社4人、台盟2人、无党派7人、共青团1人、总工会1人、妇联1人、共青团青联1人、工商联1人、科学技术协会1人、台联2人、侨联7人、文化艺术5人、科学技术4人、社会科学2人、经贸62人、农业3人、教育4人、体育1人、新闻出版4人、医药卫生5人、友好人士2人、社会福利保障1人、少数民族2人、宗教4人、特邀人士59人），常委会组成人员50人，省政协委员14人。市政协设办公室、督查研究室和提案法制委员会、经济委员会、农业和农村委员会、教文卫委员会、港澳台侨委员会5个专门委员会。年内，海口市政协团结带领各参加单位和广大政协委员履行政治协商、民主监督、参政议政职能，充分发挥思想引领、协调关系、汇聚力量、建言献策、服务大局作用，调查研究扎实深入，协商议政广泛开展，民主监督力度增强，团结联谊不断拓展。全年共召开全体会议1次、常委会议6次、主席会议12次，开展专项课题调研6个、专题视察10次，立案提案406件，编报《社情民意专报》40期。

【市政协机构改革】2019年2月25日，根据中共海口市委办公室 海口市人民政府办公室关于印发《海口市机构改革实施方案》的通知，市政协办公厅改为市政协办公室，组建农业和农村委员会。4月19日，经政协海口市第十四届委员会常务委员会第十六次会议协商决定：设立政协海口市第十四届委员会农业和农村委员会。6月21日，根据中共海口市委机构编制委员会办公室《关于市政协机关科级内设机构更名的通知》，市政协办公室内设的秘书处和社情信息处分别更名为秘书科和社情信息科。

【政治协商】开展全体会议集体协商。2019年政协海口市十四届四次会议期间，组织委员讨论“一府两院”工作报告及其他重要报告，举行议政大会与市委、市政府领导面对面协商议政，围绕政府效能提升、“放管服”改革、营商环境优化、招商引资、招才引智、重点园区建设、江东新区发展、产业转型升级、城市建设管理、生态环境保护、脱贫攻坚、乡村振兴、创新社会治理、保障和改善民生等问题坦诚建言、踊跃献计，提出建议300多条，提交提案408件、议政发言68份，许多协商成果有效转化为海口市重大决策和工作措施。

开展常委会议重点协商。围绕海口市招商引资、法治化营商环境、社会文明大行动等工作，举行议政性常委会议，邀请市委、市政府、市中级人民法院主要领导及有关部门负责人到会通报情况，听取政协常委意见建议。常委们从对标“三大领域”“十二大重点产业”精准招商、加大民营企业司法保障力度维护企业家合法权益、巩固提高“创文创卫”成果等方面，提出许多意见和建议，有力助推全市相关工作发展。

开展专委会对口协商。各专委会分别就海口市优化营商环境、推动59国入境免签政策落地、加强农村饮水安全工作、推动文化创意产业发展等专题，组织委员开展调研，与政府有关职能部门座谈协商，形成专题协商报告，提出建设性意见建议。此外，探索建立“委员直通车”制度，各专委会就委员反映的智慧房产系统不完善、小微企业专项扶持资金申请难、民营企业融资难、工业项目用地难等问题与政府相关职能部门协商，较好推动相关问题的有效解决。

抓好政协提案办理协商。全年共收到提案408件，立案406件，办理答复率100%。挑选60件事关海口市经济社会发展重大问题的提案列为重点提案，并将“关于营造法治化营商环境促进民营企业稳健发展的建议”等20件作为市政府领导、市政协主席会议成员重点督办案。通过实地视察、召开协商督办会等形式，督促承办单位认真采纳提案合理化意见建议。如，“关于提升政府服务能力，打造好的营商环境的建议”等5个提案提出的对策建议，在市委市政府制定出台的《海口市优化营商环境行动计划（2019—2020）》《海口市服务民营经济发展联席会议制度》等政策规定中得以体现。此外，通过《海口日报》公示提案办理落实情况，接受委员和群众监督，推动提案办理工作由“答复型”向“落实型”转变。

【参政议政】聚焦自贸区（港）建设献良计。2019年，海口市政协协同省政协开展“推进海南自贸区（港）建设”课题调研，围绕深化改革开放政策落实等五大问题，对海口市相关工作连续开展2个月的调研，针对制约海口市改革发展政策落实的瓶颈问题，提出争取中央和省里更大支持的具体意见建议，被省政协课题报告吸纳。围绕江东新区规划建设工作，组织政协常委专题视察，开展主席会议专题协商，为江东新区谋划产业布局、招商引资、人才引进等工作献计献策。聚焦琼州海峡交通瓶颈问题与省政协持续开展跟踪调研，协助破解港航一体化推进中的难点问题，得到全国政协、交通部、广东省的高度重视和大力支持。

聚焦经济高质量发展谋良策。围绕推进海口市民营经济、现代服务业、文化旅游产业、康养旅居产业、国际化会展经济发展等课题开展调研，所形成的课题报告得到省委常委、市委书记何忠友的充分肯定和市委副书记、市长丁晖等市领导的批示，要求有关部门认真吸收课题研究成果。如，针对破解民营经济发展瓶颈问题及培育和扶持重点会展项目提出的建议，分别被市政府出台的《关于进一步促进民营经济健康发展的若干政策措施》和新修订的《海口市扶持会展业发展若干规定》所采纳。

聚焦城市精细化建设管理建诤言。围绕农贸市场建设管理、住宅小区环境卫生整治、公共厕所建设管理、公交运营秩序监管等工作开展调研献策，有力助推海口市社会文明大行动十大专项整治工作深入开展。组织委员就城区中小学校学位紧张及公立幼儿园占比较低问题开展协商调研，提出对策建议，助推中小学校和公办幼儿园建设。

聚焦重点专项工作添助力。全力服务“两个确保”百日大行动，联合江东办成立招商工作小组，邀请知名企业到海口考察座谈，组团赴深圳开展点对点招商，与市政府共同举办“知名企业海口行”活动，成功推动中国诚通集团等6家知名企业与江东新区签订投资协议。根据市委安排，3名主席会议成员分别兼任社会文明大行动、脱贫攻坚和乡村振兴、三年禁毒大行动指挥部领导工作。发动委员积极参加社会公益活动，关心慰问海口特殊学校儿童。

助力打赢脱贫攻坚战。按照市委统一部署，市政协主席会议成员率领委员深入挂点包点区、镇、村视察调研，指导脱贫攻坚大比武工作，督促产业、就业、教育、医疗、社保等帮扶措施落地见效。发动企业界委员参与产业扶贫，投资发展花卉、沉香种植和肉鸽、黑山羊养殖，以“公司+合作社+农户”方式带动贫困户发展生产、增加收入。引进国家部委直属企业在琼山区投资整镇推进产业振兴。多方筹集资金为帮扶户送生产资料、生活用品，开展送文化下乡活动，以实际行动展现政协的责任担当。

助推乡村振兴战略实施。围绕“海南乡村振兴战略”协同省政协开展专题调研，提交的“海南农村人居环境整治、乡村‘五网’建设、公共服务问题及对策”调研报告，从“加强统筹管理，建立科学的长效管理机制”“聚焦农村发展规划，勾勒美丽乡村蓝图”“推动农村土地改革，争做自贸区（港）实践新高地”“推动重点工作进程，打好环境整治攻坚战”“强化主体意识，提升农村农民建设主体的历史自觉性”5个方面提出具体意见建议，得到了省政府和省政协领导的充分肯定和高度评价。

【民主监督】2019年，海口市政协围绕国家生态文明试验区建设目标任务，组织委员持续开展“六个严禁两个推进”民主监督，推动海口市大气污染防治工作制度化、常态化发展；落实“河长制”责任，加大文教河巡查力度，指导防治面源污染；开展南渡江海口段河道治理专项监督，助推中央环保督察和国家海洋督察反馈问题整改落实。围绕“农村人居环境整治”开展视察监督。组织市政协常委开展专题视察，并与政府及有关职能部门协商座谈，就海口市清理农村垃圾、清理农村生活污水、清理禽畜粪污及农业生产废弃物、农村厕所改造、农村道路改造、建立长效机制等“三清两改一建”工作存在的问题，从做好科学规划、发挥主体作用、完善长效机制等方面提出对策意见。积极促进民生事业发展。围绕基层医疗卫生机构标准化建设开展视察监督，助推海口市268个基层医疗卫生机构标准化建设项目的加快推进；持续开展“菜篮子”工程建设专项视察，就扩大自身产能、强化产销对接、增强直销力度等工作提出建议；开展公交线网优化工作专项监督，提出优化公交网线布局、加强基础设施建设、加快公交信息化建设等意见建议，推动海口市公交服务整体能力提升。推动城市治理现代化水平提升。围绕棚户区改造、城市增绿项目、鸭尾溪景观提升工程、海口湾畅通工程开展监督建言，较好推动海口市城市更新重点工作发展；围绕依法治市及法治宣传教育工作开展专题视察，为海口市不断提升全民法治意识和社会治理法治化水平提出意见和建议。

【提案工作】2019年，政协海口市十四届四次会议后，政协委员、政协各参加单位和各专委会共提交408件提案，经市政协提案法制委员会审查，决定立案406件。立案提案中，委员个人或联名提案297件，各民主党派、工商联、人民团体和政协专委会提案109件。至年末，提案全部办理并答复。提案人对办理工作满意率99.26%。提案议题广泛、内容丰富、针对性强，许多意见建议引起市委、市政府主要领导高度关注，一些意见建议落实在工作中，体现在行动上，为服务决策、推动工作发挥重要作用。

【反映社情民意】2019年，海口市政协从17个参加单位和各镇街挑选60

2019 年 9 月 6 日，海口市秀英区政协工作联络领导小组办公室挂牌成立

（市政协办 供）

人担任特邀信息员，拓展社情信息来源渠道。全年共征集社情民意信息 98 条，报送《社情民意专报》40 期，均得到市委、市政府领导批示，推动有关部门较好解决群众反映强烈的公交专线与站台设置不合理、中小学校门口停车难、老城区积水严重、西秀海滩市民游泳安全隐患等问题。

【镇（街）政协工作机构实现全覆盖】 2019 年海口市“两会”后，市政协贯彻落实习近平总书记“要按照协商于民、协商为民的要求，大力发展基层协商民主，重点在基层群众中开展协商”和“重点解决市县政协基础工作薄弱、人员力量薄弱问题”的要求，全力推进区级政协工作联络机构、街道（镇）政协委员联系点设立工作，指导各区做好办公场地、人员配备、建章立制等前期准备。9 月 6 日，秀英区政协工作联络领导小组办公室率先在秀英区政府举行揭牌仪式，随后琼山、龙华、美兰 3 个区先后挂牌成立区级政协工作联络机构，成立由区委副书记任组长，区委常委、统战部长任副组长的政协工作联络领导小组，在区委统战部设办公室，并在各区下辖的街道、镇设立政协委员联络点。9 月 27 日，美兰区在海府街道办事处举行政协委员联系点授牌仪式，正式在下辖的 9 个街道和 4 个镇分别设立政协委员联络点，标志着海口市实现了政协工作机构在全市 43 个街道（镇）的全覆盖。在区、街道（镇）两级设置政协工作机构，旨在进一步推动政协工作向基层延伸，密切同群众的联系，更好地收集社情民意，构建基层信息员联系网络，不断拓展基层协商民主工作平台。

（刘林海）

重要会议

【市委政协工作会议】 2019 年 12 月 19 日，海口市委政协工作会议在第二办公区综合楼多功能厅召开，省委常委、市委书记何忠友出席会议并作讲话，市政协党组书记、主席郭燕红主持会议。共 430 多人参加会议。会议传达中央政协工作会议暨庆祝中国人民政治协商会议成立 70 周年大会以及省委政协工作会议精神，强调要认真学习领会中央政协工作会议暨庆祝中国人民政治协商会议成立 70 周年大会特别是习近平总书记重要讲话精神，按照省委政协工作会议的部署和省委书记刘赐贵的要求，埋头苦干、开拓奋进，为推动海口全面深化改革开放、加快海南自贸区自贸港建设扛起“政协担当”、谱写“政协篇章”。

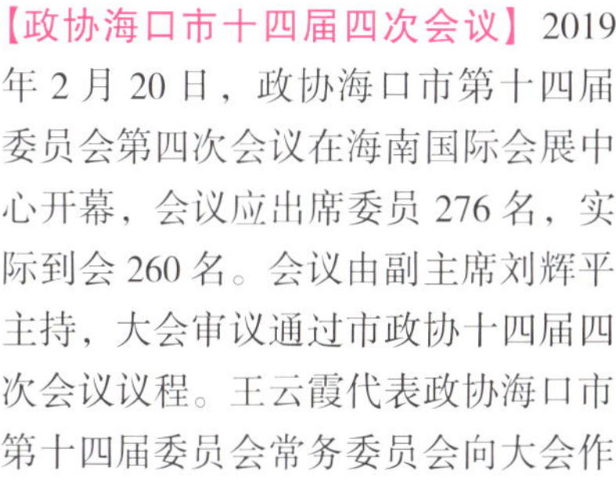

【政协海口市十四届四次会议】 2019 年 2 月 20 日，政协海口市第十四届委员会第四次会议在海南国际会展中心开幕，会议应出席委员 276 名，实际到会 260 名。会议由副主席刘辉平主持，大会审议通过市政协十四届四次会议议程。王云霞代表政协海口市第十四届委员会常务委员会向大会作工作报告，李顺华向大会报告市政协

2019 年 2 月 22 日，政协海口市第十四届委员会第四次会议闭幕后，市政协班子成员集体合影

（毛爱民 摄）

十四届三次会议以来的提案工作情况。2月21日，政协海口市第十四届委员会第四次会议举行议政大会。会议由副主席冯玉英主持。市委、市政府领导到会听取发言，并就委员提出的相关问题作出回应。2月22日，政协海口市第十四届委员会第四次会议圆满完成各项议程，在海南国际会展中心闭幕。会上，郭燕红当选政协海口市第十四届委员会主席，张霁、陈洪当选政协海口市第十四届委员会副主席。会议审议通过市政协十四届四次会议关于常务委员会工作报告的决议，市政协十四届四次会议关于常务委员会提案工作情况报告的决议，政协海口市第十四届委员会提案法制委员会关于提案审查情况的报告以及市政协十四届四次会议政治决议。

【市政协常务委员会会议】2019年，海口市政协在海口市第二办公区召开市政协十四届第十三次至十八次常务委员会会议。

十三次常委会议　1月8日，由市政协主席王云霞主持召开。会议传达学习中央和省委近期重要会议精神，审议通过政协海口市第十四届委员会第四次会议相关会议文件。会议审议通过市政协十四届四次会议议程（草案）、日程及工作日程、常务委员会工作报告（草案）、提案工作情况的报告（草案）、各次全体会议执行主席和主持人名单、秘书长副秘书长名单、选举办法（草案）、总监票人、监票人名单（草案）、主席建议人选名单、委员分组讨论和各组召集人名单、工作报告报告人名单和关于授权主席会议审议市政协十四届十三次常委会议未尽事宜的决定；审议通过关于接受冯鸿浩辞去市政协十四届委员会副主席职务、委员资格请求的决定。会议同意郭燕红为市政协十四届主席建议人选，市委组织部副部长冯行锐作建议人选说明。

十四次常委会议　2月19日，由市政协主席王云霞主持召开。会议传达学习省“两会”精神及省委书记刘赐贵、省长沈晓明参加海口代表团审议时的讲话精神（书面）；审议通过增补市政协十四届委员会委员名单、选举办法（草案）、副主席建议人选名单（草案）（市委组织部作说明）；委员讨论编组和各组召集人名单。会议增补张霁、陈洪为市政协十四届委员会委员，建议张霁、陈洪为市政协十四届委员会副主席候选人。

十五次常委会议　2月21日，由市政协主席王云霞主持召开。会议听取各小组召集人汇报本小组讨论各项决议（草案）和酝酿候选人名单（草案）情况；审议通过市政协十四届四次会议选举办法，总监票人、监票人名单，主席、副主席候选人名单，常务委员会工作报告的决议（草案），提案工作情况报告的决议（草案），提案审查情况的报告（草案），政治决议（草案）；审议通过市政协十四届委员会常务委员会关于接受王云霞同志辞去十四届市政协主席职务请求的决定。会议协商决定郭燕红为市政协十四届委员会主席候选人，张霁、陈洪为副主席候选人。

十六次常委会议暨推进海口市招商引资工作专题协商会　4月19日，由市政协主席郭燕红主持召开。会议就进一步推进海口市招商引资工作进行民主协商。市委副书记、市长丁晖出席会议并对海口市今年一季度经济运行情况和市政府2019年度重点工作进行通报，副市长冯鸿浩介绍海口市招商引资政策及有关情况。会议还传达学习了近期习近平总书记重要讲话精神和中央有关文件精神以及省委七届六次会议精神，会议协商通过《政协海口市第十四届委员会常务委员会关于设立农业和农村委员会的决定》《政协海口市第十四届委员会常务委员会2019年工作要点》《政协海口市委员会关于进一步加强委员、常委出席全体会议和常务委员会会议考勤工作的规定（试行）》《关于进一步加强委员、常委考核工作的规定（试行）》，通报关于表彰市政协2018年度优秀提案、提案组织工作和提案办理工作先进单位以及个人的决定等。会议还研究了其他事项。市委统战部、市委台办及市发改、财政、商务、市场监管等相关部门负责人，市政协各参加单位负责人及其他委员等约200人参加会议。

十七次常委会议　7月29日，由市政协主席郭燕红主持召开。会议

2019年4月19日，政协海口市十四届委员会常务委员会第十六次会议暨推进海口市招商引资工作专题协商会召开 （市政协办 供）

2019年海口市政协十四届四次会议重点提案目录一览表

表4

序号	案号	案由	提案者
1	1	关于营造法治化营商环境 促进民营企业稳健发展的建议	市政协提案法制委
2	3	关于加快民营旅游产业创新升级 促进海口旅游业快速健康发展的建议	林青、黄新春
3	5	关于创新服务样板构建知识经济 打造海南自贸新经验的建议	孙荣芸
4	18	关于培育旅游新业态 加快国际旅游消费中心建设的建议	文德林
5	26	关于加快海南自由贸易试验区营商环境建设和招商引资的建议	致公党市委会
6	32	关于在海口大力推进研学旅行发展的建议	吴肖淮、王安兴 唐山荣
7	37	关于推进海口国际友好城市工作发展的建议	市政协港澳台侨委
8	38	关于加快建设海口国际化旅游诚信体系的建议	张会发
9	39	关于深化体制机制创新 加强港澳台侨的深度融合的建议	邢丹丹
10	42	关于打造国际旅游消费中心 增强海口国际影响力的建议	朱鼎耀
11	53	关于加快推进海口美丽乡村建设的建议	市社科联
12	54	关于我市建立绿色金融体系的建议	台盟市委会
13	58	关于建设自由贸易区（港）背景下发展海口邮轮经济的建议	董万程
14	61	关于抢抓机遇 突出特色 全力推进美丽乡村建设的建议	李晓峰
15	64	关于把海口打造成为服务贸易开放新高地的建议	何冬妮
16	69	关于依托自贸（区）港政策 努力将海口打造成互联网第四高地的建议	市民革
17	71	关于找准经济增长的重大突破点 将海口打造成为全球闻名的数字经济之都的建议	邢　明
18	78	关于大力发展远洋渔业 助力海洋经济创新发展的建议	市政协经济委员会
19	82	关于在海南自由贸易实验区建设背景下 加快海口东营渔港建设与转型的建议	民进市委会
20	88	关于加快海口会展产业发展的建议	梁小喜
21	104	关于改善营商环境 促进海南自贸区（港）建设的建议	李爱国
22	110	关于重视产城融合发展的建议	叶　茂、黄　德
23	117	关于擦亮国际湿地城市新名片 加快发展生态旅游的建议	叶丽锋
24	121	关于在我市大力发展海洋高科技产业的建议	潘玲玲
25	130	关于建立实施乡村振兴战略整体推进机制的建议	徐建荣
26	131	关于在海口江东新区设立华侨海归创新创业园的建议	市侨联
27	147	关于优化创业环境减少创业枷锁的建议	市科协
28	152	关于建设金融创新产业园的建议	九三学社市委会
29	161	关于提升政府服务能力 打造好的营商环境的建议	市民建
30	171	关于尽快构建高效便捷轨道交通网络 推进“海澄文”一体化省会经济圈建设的建议	曹成伟
31	180	关于扩大工商联管理范围　设立政府和工商协会交流平台的建议	市工商联
32	188	关于加强人民调解员队伍建设 化解矛盾促进社会和谐的建议	蔡　铁
33	193	关于营造法治化营商环境 助推我市自由贸易试验区建设的建议	民盟市委会
34	202	关于加快出台体育产业扶持政策 促进建设体育旅游示范区的建议	富天放

续表 4

序号	案号	案　由	提案人
35	206	关于加强古村落保护开发 推动乡村振兴的建议	蔡爱丹
36	207	关于深入挖掘伏波将军、冼夫人、关羽、王佐等历史名人资源，弘扬中华传统精神，为我市增加文化内涵的建议	市总工会
37	220	关于在骑楼老街落地常态化文化创意项目的建议	陈积流
38	228	关于实施“四个一批”加强海口历史文化研究传播的建议	冼心福
39	232	关于扛起党的助手和后备军的责任担当 引领全市团员青年保护湿地筑青春的建议	王丹靖
40	236	关于海口市优先发展健康产业的政策选择的建议	黑启明
41	243	关于将“陆归计划”作为我市人才引进重要举措的建议	匡贤明
42	245	关于加大推进公办性质幼儿园建设力度 让更多的孩子享受优质学前教育的建议	符傲霜 陈　月
43	253	关于构建海洋人才培养体系 促进海口海洋产业发展的建议	邓世明
44	258	关于进一步加强我市环境监察执法力度的建议	农工党市委会
45	263	关于农产品安全体系建设的建议	市台盟
46	269	关于加强家政服务业规范化管理的建议	徐应新
47	283	关于建立海口市教育资源数据库的建议	市民进
48	286	关于提高绿化建设及绿化管理的精细化程度 打造靓丽的滨海花园城市的建议	李书茂
49	300	关于培养本地人才的建议	民革市委会
50	301	关于加强消防应急救援能力建设的建议	李泳昌
51	305	关于加快推进我市中职教育产教结合 校企合作的建议	麦惠萍
52	306	关于加强全科医生培养 提高分级诊疗制度的建议	康　岚
53	327	关于强化历史文化街区保护的建议	王大新
54	337	关于以自贸区（港）建设为导向 加快推进我市基础教育国际化发展的建议	市政协教文卫委
55	344	关于将海口市既有住宅加装电梯的建议	江　玫
56	367	关于建立海口国际中医高级培训基地的建议	王　德
57	370	关于综合提升市民人文素质 推动我市文明城市建设长效常态化的建议	唐树宝
58	371	关于推进国家生态文明试验区建设 探索生态环境保护的“海口经验”的建议	宋延巍
59	377	关于加强生活饮用水共公卫生监测的建议	市妇联
60	384	关于完善我市生态文化体系 助推我市国家生态文明试验区建设的建议	民盟市委会

2019 年海口市政协十四届四次会议市政府副市长督办案一览表

表 5

序号	案号	案　由	提案者	督办领导
1	71	关于找准经济增长的重大突破点 将海口打造成为全球闻名的数字经济之都的建议	邢　明	副市长鞠磊
2	220	关于在骑楼老街落地常态化文化创意项目的建议	陈积流	副市长任清华
3	61	关于抢抓机遇 突出特色 全力推进美丽乡村建设的建议	李晓峰	副市长文斌
4	286	关于提高绿化建设及绿化管理的精细化程度 打造靓丽的滨海花园城市的建议	李书茂	副市长冯鸿浩
5	283	关于建立海口市教育资源数据库的建议	民进市委会	副市长龙卫东
6	301	关于加强消防应急救援能力建设的建议	李泳昌	
7	236	关于海口市优先发展健康产业的政策选择的建议	黑启明	副市长邓海华

2019 年海口市政协十四届四次会议主席会议成员督办案一览表

表 6

序号	案号	案　由	提案者	督办领导
1	1	关于营造法治化营商环境促进民营企业稳健发展的建议	市政协提案法制委	主席郭燕红
2	26	关于加快海南自由贸易试验区营商环境建设和招商引资的建议	致公党市委会	
3	104	关于改善营商环境，促进海南自贸区（港）建设的建议	李爱国	
4	161	关于提升政府服务能力，打造好的营商环境的建议	民建市委会	
5	193	关于营造法治化营商环境，助推我市自由贸易试验区建设的建议	民盟市委会	
6	38	关于加快建设海口国际化旅游诚信体系的建议	张会发	副主席王传荣
7	258	关于进一步加强我市环境监察执法力度的建议	农工党市委会	副主席刘辉平
8	202	关于加快出台体育产业扶持政策，促进建设体育旅游示范区的建议	富天放	副主席符军
9	325	关于加快完善校园垃圾分类收运处理机制的建议	厉　春	副主席厉春
10	245	关于加大推进公办性质幼儿园建设力度，让更多的孩子享受优质学前教育的建议	符傲霜、陈月	副主席李顺华
11	37	关于推进海口国际友好城市工作发展的建议	市政协港澳台侨委	副主席冯玉英
12	53	关于加快推进海口美丽乡村建设的建议	市社科联	副主席张霁
13	117	关于擦亮国际湿地城市新名片，加快发展生态旅游的建议	叶丽锋	副主席陈洪

通报全市上半年工作情况，传达学习中央、省、市近期重要会议及文件精神。会上，市委副书记、政法委书记、市社会文明大行动指挥部指挥长鲍剑通报海口市社会文明大行动活动推进情况，副市长王磊通报海口市上半年经济运行情况，市政协副主席王传荣通报市政协上半年工作情况。会议增补郭胜兰为政协海口市第十四届委员会委员，同意李顺华辞去政协海口市第十四届委员会副主席职务、委员资格。会议还审议通过了其他人事事项。

十八次常委会议　10 月 25 日，由市政协主席郭燕红主持召开。会议传达学习习近平总书记近期重要讲话精神、《中共中央关于新时代加强和改进人民政协工作的意见》、中央政协工作会议和省委政协工作会议精神，听取关于区级政协联系机构有关情况的通报、关于市政协助力开展社会文明大行动有关情况通报、市中级人民法院关于海口市法治化营商环境建设情况通报。

【市政协主席会议】2019 年，海口市政协在第二办公区召开市政协十四届主席会议 12 次。

三十次主席会议　1 月 4 日，由市政协主席王云霞主持召开。会议审议市政协十四届四次会议有关文件，审议通过有关人事事项，决定于 2019 年 1 月 8 日召开市政协十四届十三次常委会议。会议审议市政协十四届四次会议议程（草案）、日程（草案）及工作日程、常务委员会工作报告（草案）、提案工作情况的报告（草案）、各次全体会议执行主席和主持人名单（草案）、秘书长名单（草案）、副秘书长名单（草案）、选举办法（草案）、总监票人、监票人名单（草案）、主席建议人选名单（草案）、委员分组讨论和各组召集人名单（草案）、常务委员会工作报告报告人名单（草案）、提案工作情况的报告报告人名单（草案）、关于授权主席会议审议市政协十四届十三次常委会议未尽事宜的决定（草案）；审议关于接受冯鸿浩辞去市政协十四届委员会副主席职务委员资格请求的决定（草案）；协商通过政协海口市第十四届委员会常务委员会第十三次会议方案。

三十一次主席会议　1 月 12 日，

受市政协主席王云霞委托，由副主席厉春主持召开。会议审议关于调整市政协十四届四次会议召开时间事宜。根据政协海口市第十四届委员会常务委员会授权，经市政协十四届三十一次主席会议协商决定：政协海口市第十四届委员会第四次会议召开时间由2019年1月14—16日调整为2月20—22日，其他事项不变。

三十二次主席会议　2月19日，由市政协主席王云霞主持召开。会议审议通过市政协十四届四次会议日程；审议增补市政协十四届委员会委员名单（草案）、选举办法（草案）、副主席建议人选名单（草案）、委员讨论编组和各组召集人名单（草案）、市政协十四届十四次常委会议方案、会议改期增加经费预算事宜。

三十三次主席会议　2月20日，由市政协主席王云霞主持召开。会议审议市政协十四届四次会议选举办法（草案）、总监票人、监票人名单（草案）、补选市政协十四届委员会主席、副主席候选人名单（草案）、关于常务委员会工作报告的决议（草案）、关于常务委员会提案工作情况报告的决议（草案）、关于市政协十四届四次会议提案审查情况的报告（草案）、政治决议（草案）、关于接受王云霞辞去十四届市政协主席职务请求的决定（草案），同意将上述（草案）提交常委会议审议。

三十四次主席会议　2月26日，由市政协主席郭燕红主持召开。会议研究主席会议成员工作分工。

三十五次主席会议　4月17日，由市政协主席郭燕红主持召开。会议传达学习习近平总书记重要讲话精神、中央有关文件精神和省委七届六次全会精神，审议通过市政协有关文件，研究人事事项。会议协商通过《政协海口市第十四届委员会常务委员会关于设立农业和农村委员会的决定（草案）》《政协海口市第十四届委员会常务委员会2019年工作要点（草案）》《政协海口市委员会关于进一步加强委员、常委出席全体会议和常务委员会会议考勤工作的规定（试行）（草案）》《关于进一步加强委员、常委考核工作的规定（试行）（草案）》，审议通过《政协海口市委员会关于表彰2018年度优秀提案、提案组织工作和提案办理工作先进单位以及个人的决定》，会议协商决定“市政协十四届十六次常委会议暨推进我市招商工作专题协商会”于4月19日召开。

三十六次主席会议　4月24日下午，由市政协主席郭燕红主持召开。会议审议通过《海口市政协委员年度量化考核实施方案（试行）》《政协海口市委员会办公室印章使用管理制度》《政协海口市委员会办公室党政办公自动化系统应用和管理办法》。

三十七次主席会议　5月7日，由市政协主席郭燕红主持召开。会议确定2019年度重点提案和主席会议成员督办案，审议各专委会委员组成名单。

三十八次主席会议　6月5日，由市政协主席郭燕红主持召开。会议听取机关1—5月收支情况汇报，审议海口市政协办公室公务接待工作规定（草案），研究加强政协门户网站管理工作。

三十九次主席会议　7月8日下午，由市政协主席郭燕红主持召开。会议传达学习习近平总书记在第十五次集体学习时的重要讲话精神、中共中央关于印发《习近平新时代中国特色社会主义思想学习纲要》的通知，《中华人民共和国公务员法》《公务员职务与职级并行规定》《海南省公务员职务与职级并行制度实施方案》；全国地方政协工作经验交流会和政协第十三届全国委员会常务委员会第七次会议精神；6月18—19日省长沈晓明率省政府班子成员在海口调研座谈时讲话精神；省政协主席毛万春关于儋州燃烧秸秆问题的指示精神；市委全面深化改革委员会（2019年）第一次会议精神。听取2019年上半年机关经费开支情况汇报，审议课题调研专项工作经费管理制度（试行），协调决定市政协十四届十七次常委会议暨常委会专题视察工作方案，研究人事事项等。

四十次主席会议　9月6日上午，由市政协主席郭燕红主持召开。会议传达学习习近平总书记重要讲话和中央、省市有关会议精神，听取设立区级政协联络机构有关情况和机关2019年绩效考评职能目标考核工作汇报，审议办公室固定资产管理办法和采购管理细则等。

四十一次主席会议　10月10日下午，由市政协主席郭燕红主持召开。会议传达学习习近平总书记重要讲话精神、《中国共产党宣传工作条例》，审议市政协十四届五次会议筹备工作方案、市政协十四届十八次常委会议暨常委专题视察工作方案等。

（刘林海）

专题调研与视察

【概况】2019年，海口市政协共开展6项专题调研，主要涉及现代服务业、国际化会展经济、民营经济、中小学学位、康养旅居产业和文化与旅游产业6个领域。通过调研形成《海口现代服务业创新发展的问题与建议》《海南自贸区（港）建设背景下海口国际化会展经济发展对策研究》《破解海口民营经济发展瓶颈的对策研究》《关于调整优化我市中小学校布局、切实解决城区学位紧张问题》《海口市康养旅居产业创新推进调研报告》《关于推进海口文化与旅游产业融合发展研究》6个调研报告。有许多成果得到采纳并转化到实际操作中。如：《破解海口民营经济发展瓶颈的对策研究》中提出的坚持“非禁即入”原则、在“多规合一”框架下全面实施“极简审批”、优化政企互动交流渠道等多条意见，被市委出台的《关于进一步促进民营经济健康发展的若干政策措施》所采纳；《海南自贸区（港）建设背景下海口国际化会展经济发展对策研究》中提出的合理安排会展业发展专项资金，健全资金保障和绩效管理，充分利用好财政资金的杠杆功能等建议，被新修订的《海口市扶持会展业发展若干规定》所采纳。

【“海口创新发展现代服务业的问题与对策”课题调研】 2019 年 6—12 月，海口市政协课题组先后赴厦门、武汉、成都等地，通过访谈、查阅文献资料、省内外实地考察等多种方式，对海口市现代服务业发展现状和存在问题进行全面、系统、深入的了解和分析，借鉴参考国内一些城市的成功经验，形成《海口现代服务业创新发展的问题与建议》调研报告。报告从“解放思想，大胆推行‘先行先试’”和“强化规划布局，推动现代服务业产业集聚发展”等两个方面提出海口市现代服务业创新发展的思路，并指出打造全球航空服务产业高地、文化旅游融合发展高地、国家热带现代农业服务基地、健康中心城市、医美旅游目的城市和国际化会展品牌 5 个重点领域的意见建议。

【“海南自贸区（港）建设背景下海口国际化会展经济发展对策研究”课题调研】 2019 年 4—10 月，海口市政协成立专门课题组，先后赴武汉、长沙、贵阳等地，通过政策研究、市内调查、省外考察、座谈交流、咨询论证等方式，围绕课题进行为期半年时间的调查研究，形成《海南自贸区（港）建设背景下海口国际化会展经济发展对策研究》调查报告。报告在充分调研海口市会展经济发展现状的基础上，分析海口会展经济取得成绩与存在问题，借鉴境内外城市会展经济发展经验，提出“完善海口会展场馆基础设施建设”“政府规划引领，推进品牌化进程，提升会展竞争力”“利用地理区位优势，加快会展经济国际化发展”“加大政策扶持”“发挥集聚蝶变效应，推进融合化发展”“实施人才战略，提升会展人才素质”“重视并充分利用媒体资源，加大对外宣传”“理顺管理体制，建立健全服务保障机制”等 8 个方面的具体建议。

【“破解海口民营经济发展瓶颈的对策研究”课题调研】 2019 年 6—12 月，海口市政协成立专门课题组，先后赴温州、福州、泉州（晋江）等地进行考察，学习借鉴民营经济发达地区的经验做法，多次组织召开课题专项座谈会，充分听取相关职能部门、政协委员和企业家代表的意见建议，形成《破解海口民营经济发展瓶颈的对策研究》调研报告。报告分析海口民营经济主要贡献与存在问题以及制约海口民营经济发展的主要瓶颈，借鉴国内先进城市经验，从“营造一流营商环境”“畅通融资渠道，推进金融制度创新”“建立民营经济发展用地保障机制”“打造社会诚信体系”“分类实施培训服务工程”“建立理旧账机制，解决历史遗留问题”6 个方面提出建议。

【“调整优化我市中小学校布局、切实解决城区学位紧张问题”课题调研】

2019 年 4—10 月，海口市政协成立专门课题组，通过政策研究、市内调查、外出考察、座谈交流、咨询论证等方式，围绕课题进行近半年时间的调查研究，形成《关于调整优化我市中小学校布局、切实解决城区学位紧张问题的调研报告》专题报告。报告深入分析调整优化中小学校布局面临的形势和任务，查找海口市基础教育学位紧张的主要问题及原因，借鉴山东、河南等省成功经验和做法，从深化思想认识、加强顶层设计、优化资源配置、加大资金投入、坚持问题导向、建立完善建设新机制 6 个方面提出优化中小学生布局、切实解决城区学位紧张问题的具体建议。

【“海口康养旅居产业创新推进”课题调研】 2019 年 4—12 月，海口市政协成立专门课题组，多次召开座谈会，征求各区和各主管部门的意见，分别赴博鳌乐城医疗先行试验区和外省开展实地考察调研；课题组主要成员还拜访国家部委的主管领导以及重点大学、科研机构的专家学者。在广泛征求意见，系统借鉴、吸收国内外发展康养旅居产业成功经验的基础上，形成《海口市康养旅居产业创新推进调研报告》。报告分析康养旅居产业面临的形势和任务，借鉴全国各地发展康养旅居产业的主要经验，正视海口康养旅居产业的新进展和主要制约因素，从创新发展思路和方法、强化保障措施 2 个方面提出加快海口康养旅居产业发展的 22 条具体对策建议。

【“推进海口文化与旅游产业融合发展研究”课题调研】 2019 年 4—11 月，海口市政协成立专门课题组，赴青岛、厦门、福州等城市考察学习，就如何通过文旅深度融合发展，催生文旅新业态来满足人民群众美好生活需要，不断开创文化建设和旅游发展新局面，助力建设海南自贸区（港）等问题进行专题研究，形成《关于推进海口文化与旅游产业融合发展研究》调研报告。报告充分阐述海口市文化旅游业的发展现状及其存在的主要问题，深入分析海口市文化旅游融合发展瓶颈及机遇，提出加快海口文化旅游融合发展的原则，从“完善文旅规划，为文化旅游融合发展理清思路”“深挖文化内涵，提升讲好文化旅游中海口故事水平”“丰富线路设计，为文化旅游融合发展增加新的热点”“重点项目带动，形成文化旅游融合发展的新引擎”“加强城市营销，提升海口旅游城市的知名度”“盘活土地资源，破解文化旅游融合发展的难题”“加大资金投入，为文化旅游融合奠定坚实的基础”“强化政策引领，为文化旅游融合发展保驾护航”“创新融资方式，探索文化旅游融合发展新模式”“加快人才培养引进，为文化旅游融合发展提供智力支撑”“创新管理体制，为文化旅游融合发展提供保障”等 11 个方面提出加快

2019 年 10 月 25 日，海口市政协常委、委员到秀英区石山镇美富村、昌道村开展专题视察，实地了解单体管网安装、集体公厕、污水管网安装、农村生活污水处理站建设以及人居环境整治等情况（廖新宇 摄）

海口文化旅游融合发展的对策建议。

【委员专题视察】2019 年，海口市政协共组织政协委员开展专题视察 10 次。6 月 28 日，市政协副主席厉春率领教文卫委员会部分委员对海口市学前教育发展情况进行专题视察。视察组先后深入美兰区博爱幼儿园、美丽沙幼儿园实地视察并召开座谈会，听取 4 个区政府、市教育局、市财政局、市资规局有关工作情况汇报，围绕如何更好推动海口市学前教育发展问题进行深入交流探讨。7 月 29 日，市政协组织开展常委专题视察活动，对江东新区规划建设、鸭尾溪景观提升工程、海口湾畅通工程等重点项目推进情况进行专题视察。8 月 9 日，市政协组织政协委员对农贸市场专项整治情况进行视察并召开座谈会。调研组先后实地察看美兰区白龙市场、沿江三市场和龙华区文华市场。8 月 12 日，市政协组织政协委员对住宅小区环境卫生管理专项整治工作进行视察并召开座谈会。8 月 13 日，市政协组织政协委员对公共厕所管理专项整治情况进行视察并召开座谈会，为公厕管理工作开“良方”。9 月 25 日，市政协副主席候选人郭胜兰带领部分市政协委员、市政协提案法制委成员组成的视察组，对海口市依法治市暨全民普法工作进行视察。视察组先对美兰区扫黑除恶教育园、琼山区宪法主题公园进行现场视察、指导，对海口市依托扫黑除恶教育园和宪法主题公园等载体开展法治文化建设的方式表示赞赏，并要求积极创新方式方法，加大普法宣传力度，大力弘扬宪法精神，不断增强全民法治意识。10 月 15 日，市政协副主席符军率领教文卫委员会医卫界委员，对海口市基层医疗卫生机构标准化建设情况进行专题视察。委员们深入永兴镇中心卫生院、海港社区卫生服务中心实地视察，并召开座谈会听取 4 个区政府和市发改、财政、人社局、卫健、资规等单位工作汇报，围绕如何更好推动海口市基层医疗卫生机构标准化建设进行深入交流探讨。10 月 25 日，市政协常委、委员到秀英区石山镇美富村、昌道村开展专题视察，实地了解单体管网安装、集体公厕、污水管网安装、农村生活污水处理站建设以及人居环境整治等情况，并召开座谈会与相关部门座谈交流，提出意见和建议。11 月 20—25 日，全国政协民族和宗教委员会主任王伟光率团，到海南省开展“全面开放新格局下的民族宗教工作”视察。11 月 20 日，视察团到中共琼崖第一次代表大会旧址参观学习；11 月 21 日，视察江东新区发展规划展示中心，下午在海南迎宾馆召开视察座谈会。11 月 22 日，市政协副主席冯玉英带领部分政协委员视察海口市城市更新、旧城改造情况。视察组先后实地视察美兰区美苑路下洋瓦灶棚改项目、琼山区红城湖棚改安置房项目、海口湾贯通工程（龙华区示范段）。

（刘林海）

（编辑：陈清海）

综 述

【概况】2019 年，海口市纪委监委有 15 个内设机构、14 个派驻纪检监察组，以及市干部作风监督中心、市综合服务保障中心、市纪委机关信息中心 3 个下属事业单位。海口市委的工作机关中共海口市委巡察机构领导小组办公室设在海口市纪律检查委员会。2019 年，海口市各级纪检监察机关自觉践行初心使命，坚持稳中求进、实事求是、依规依纪依法，坚持不敢腐、不能腐、不想腐一体推进，纪检监察工作在高质量发展上取得新进展新成效。全市各级纪检监察机关立案 545 件，比上年增长 2.1%，给予党纪政务处分 435 人；留置 30 人，增长 150%；涉嫌犯罪移送检察机关 37 人，追缴涉案款物 3190 多万元。立案查处市管干部 55 人，增长 22.2%。全市纪检监察机关运用“四种形态”处理 1080 人次。

【政治监督】2019 年，海口市各级纪检监察机关把开展习近平总书记“4·13”重要讲话和中央 12 号文件精神贯彻落实情况专项监督检查，作为践行“两个维护”的具体实践，作为常态化任务，制定监督检查清单，把监督内容细化分配到各监督部门和派驻机构，通过日常监督、集中监督和专项检查，共发现问题 206 个，督促立行立改 86 个。配合省纪委监委开展自贸区（港）建设、扶贫领域等 8 个方面的监督检查，同时结合海口实际，开展“漠视侵害群众利益问题”和“城镇内河（湖）水污染整治”专项检查，发现问题 84 个，并专题报告省纪委和市委，推动党中央重大决策部署在海口落地见效。严明政治纪律和政治规矩，立案查处违反政治纪律党员干部 9 人。坚决贯彻落实习近平总书记重要批示精神，强化生态环保领域监督执纪力度，深挖彻查秀英区建及公司非法采砂背后的腐败和作风问题，共查处 30 人，涉嫌犯罪移送检察机关 9 人，问责 5 人，给予秀英区水务局原党组改组问责，并督促相关部门复绿复垦 91.2 万平方米，有力保障习近平总书记重要批示精神在海口不折不扣贯彻落实。

【强化管党治党政治责任】2019 年，海口市各级纪检监察机关压实各级党组织主体责任，督促各级领导干部开展谈话提醒 2676 人次，推动全市各部门开展履职行权监督检查，发现问题线索 130 件，督促各级党组织处理 269 人。强化精准问责。学习贯彻《中国共产党问责条例》，规范问责程序，细化问责情形，严查贯彻落实党中央重大决策部署、履行全面从严治党政治责任等方面的失职失责行为，全市共问责 1 个党组织和 32 名党员领导干部。

【“四种形态”运用】2019 年，海口市各级纪检监察机关贯通运用监督执纪“四种形态”。严格依据法纪、事实两个定量，充分考虑态度这个变量，运用“四种形态”处理 1080 人次。运用第一种形态，约谈函询、批评教育 622 人次，占总人次的 57.6%；运用第二种形态，给予轻处分、组织调整 308 人次，占 28.5%；运用第三种形态，给予重处分、重大处分调整 90 人次，占 8.3%；运用第四种形态，处理严重违纪违法涉嫌职务犯罪，以及给予因其他犯罪被判刑人员开除党籍、开除公职共 60 人次，占比 5.6%，充分体现惩前毖后、治病救人的一贯方针。

（孙维艺）

重要会议

【市纪委十三届四次全体会议】2019 年 2 月 23 日召开。海口市委常委、市纪委书记、市监委主任冯汉芬主持会议并作工作报告。会议深入学习贯彻习近平新时代中国特色社会主义思想，全面贯彻落实党的十九大和十九届中央纪委三次全会精神，按照省第七次党代会、省纪委七届三次全会和市委十三届历次全会的部署，总结 2018 年纪检监察工作，部署 2019 年工作任务；审议并通过《中国共产党海口市第十三届纪律检查委员会第四次全体会议工作报告》和《中国共产党海口市第十三届纪律检查委员会第

2019年2月23日，海口市纪委十三届四次全体会议召开　（市纪委监委 供）

四次全体会议决议》。

【深化扶贫领域腐败和作风问题专项整治推进会】2019年5月13日，市纪委召开深化扶贫领域腐败和作风问题专项治理工作推进会，研究部署相关工作任务。市纪委监委领导班子成员和各相关室组负责人、各区纪委监委主要负责人、市级扶贫牵头责任单位相关领导54人参加会议。会议要求，要坚持问题导向，紧盯扶贫物资采购、公共工程、产业项目和惠民惠农财政补贴资金“一卡通”等四个领域的突出问题。重点对物资采购、公共工程、产业项目、惠民惠农财政补贴资金“一卡通”管理等4个方面进行整治，要把4个领域的集中整治作为2019—2020年扶贫领域腐败和作风问题专项治理重点工作之一。“一卡通”领域的整治范围延伸到2017年至2018年，重大事项可以追溯至以前年度。

【十三届市委第七轮巡察暨巡视巡察上下联动工作动员部署会】2019年4月28日召开。会议传达学习习近平总书记关于巡视工作的重要讲话精神、全国巡视工作会议暨十九届中央第三轮巡视工作动员部署会精神、七届省委第五轮巡视工作动员部署会精神，总结2018年巡察工作，对新一轮巡察工作进行动员部署。市委常委、市委组织部部长、市委巡察工作领导小组副组长王艳萍宣布十三届市委第七轮巡察及配合七届省委第五轮巡视第一巡视组开展发改系统联动交叉和提级交叉巡察授权任职和任务分工的决定。市委常委、市纪委书记、市监委主任、市委巡察工作领导小组常务副组长冯汉芬主持会议并作动员讲话。按照会议部署安排，市委本轮共派出3个巡察组，对市卫生健康委员会党组、共青团海口市委员会党组、市文学艺术界联合会党组、市红十字会党支部、市人民医院党委、市中医医院党委、市妇幼保健院（市妇女儿童医院）党委等7个市本级单位党组织开展常规巡察，并延伸巡察相关单位所属各级党组织。同时，按照省委第一巡视组关于开展巡视巡察上下联动的要求，经市委授权，三亚市派出的1名巡察组组长、6名巡察专员，与海口市派出的6名巡察专员组成联动交叉巡察组，负责对市发改委党组开展巡察“回头看”，成立提级交叉巡察组，对各区发改委党组开展提级交叉巡察。

【全市巡察工作会议暨十三届市委第八轮巡察工作动员部署会】2019年9月29日，海口市委巡察工作领导小组召开全市巡察工作会议暨十三届市委第八轮巡察工作动员部署会，传达全国市县巡察工作推进会、中央第四轮巡视工作动员部署会、全省巡视巡察工作会议暨七届省委第六轮巡视工作动员部署会精神，对今后一个时期市委巡察工作进行安排部署。海口市委常委、市纪委书记、市监委主任、市委巡察工作领导小组常务副组长冯汉芬主持会议并作动员讲话。会议要求，各巡察组要深入监督检查被巡察单位党组织，落实党的路线方针政策和中央、省委、市委决策部署情况，落实全面从严治党战略部署情况，落实新时代党的组织路线情况，落实巡视巡察、审计、“不忘初心、牢记使命”主题教育整改情况，把巡察监督与抓好日常监督、保持惩治腐败高压态势结合起来，与深化改革、完善制度结合起来，与巩固深化主题教育成果、促进践行初心使命结合起来，聚焦被巡察单位的职能职责，扎实开展好该轮巡察工作。会上，市委巡察组、市委组织部、琼山区委、市纪委监委第六审查调查室和驻市市政管理局纪检监察组有关负责同志作经验交流发言。据悉，市委第八轮巡察安排8个巡察组，对市国资委党委、市政务管理局党组、市政府服务中心党组、市信访局党组、市供销合作社联合社党委、中国国际贸易促进委员会海口市支会党支部、市公共交通集团有限公司党委、市水务集团有限公司党委8个市本级单位党组织开展常规巡察，并延伸巡察市国资委管理的市燃气集团公司、市国有资产经营有限公司、市金融控股有限公司、市医疗健康产业投资发展有限公司等4个国有企业党组织；对秀英区西秀镇荣山寮村、东山镇儒万村、石山镇和平村，龙华区龙桥镇挺丰村、永东村、城西镇大样村，琼山区滨江街道铁桥社区、凤翔街道红星村、国兴街道攀丹社区，美兰区演丰镇群庄村、灵山镇新琼村、新埠街道三联社区等12个村（社区）党组织采取市、区上下联动的方式开展提级交叉巡察。市区巡察机构，市纪委监委，市委组织部等单位部门的有关同志共130人参加会议。

（孙维艺）

纪检监察体制改革

【加强党对反腐败工作的集中统一领导】2019年，海口市全面落实“两为主一报告”制度，市纪委向省纪委请示报告立案、处分等事项24件次，向市委请示报告对市管干部初核、立案、留置、处分194人次，及时受理各区纪委报告事项；各区纪委向同级党委请示报告相关事项160人次；市纪委会同市委组织部提名考察下一级纪委监委负责人2人。指导各区监委向43个镇（街）全部派出监察室，把监督延伸到最基层。

【纪检监察机构改革深化】2019年，海口市各级纪检监察机关突出监督首责，调整优化内设机构、职能权限设置和人员编制配备，在力量上向监督倾斜。成立市纪委监委综合服务保障中心，加强留置场所和看护队伍管理，强化留置安全保障。调整市级派驻机构设置，将市中级人民法院、市人民检察院、市市场监管局纳入派驻监督范围，实现市级68个部门派驻监督全覆盖。出台派驻机构工作规则，建立派驻机构和监督部门联动协作、驻巡结合工作机制，整合监督力量，提高监督质量，全市派驻机构共立案116件，结案91件，处分86人，分别增长41.5%、59.7%和50.1%。

【纪委监委协作机制建设】2019年，海口市各级纪检监察机关健全职务违法犯罪问题线索移交机制，对监督对象既涉嫌违纪又涉嫌违法的案件，同步进行党纪政务立案、审理、处分，实现纪法协调贯通。完善监察机关与检察机关办理职务犯罪案件工作衔接机制，对重大疑难复杂案件实行检察机关提前介入；协调公安机关依法开展搜查、技术调查、限制出境等调查措施，推动法法衔接高效顺畅。严格按照刑事审判标准开展调查、审核证据，移送司法机关的16件职务犯罪案件，均予以起诉和作出有罪判决，案件质量明显提升。

【纪检监察体制改革机制完善】2019年，海口市各级纪检监察机关制定市纪委监委政治监督清单模板，健全清单化监督机制，深化“清单再造”工作。健全巡察整改工作机制，推动被巡察党组织整改主体责任、纪检监察机关和组织部门整改监督责任，以及巡察机构牵头统筹责任有机贯通。严格按照纪检监察体制改革评价体系，客观评价反映改革成效，及时发现问题短板，明确深化改革的路径和措施。完善绩效考核与干部考核制度，做到平时考核与年终考核相结合、部门考核与干部考核相衔接，切实发挥考核“指挥棒”作用。

（孙维艺）

监督工作

【日常监督】2019年，海口市各级纪检监察机关深化拓展日常监督，细化日常监督方法，提高发现问题能力。全年日常监督发现问题线索转立案101件，占立案总数18.5%。加强改进信访工作，市纪委监委出台《改进和规范信访举报件阅处工作办法》，定期分析信访举报情况，以精准有效监督促进问题整改。推进党员领导干部廉政档案系统建设，在全省各市县纪委监委中第一个建成市管干部廉政档案系统并应用于实际工作中，回复党风廉政意见2235人次，提出暂缓使用建议16人次，把好选人用人政治关、廉洁关。

【专项检查】2019年11月18—30日，海口市纪委监委在全市开展“漠视侵害群众利益问题”和“城镇内河（湖）水污染整治”2个专项检查。检查内容将专项整治与当前正在开展的扶贫领域腐败和作风问题专项治理、环保领域督察整改等重要工作结合起来，与集中整治形式主义、官僚主义突出问题、为基层减负活动结合起来，聚焦5个方面16个检查事项，由牵头派驻组协调相关派驻组成立检查组，对驻在部门落实情况开展检查；需要延伸到区、镇（街）、村（居）的，由牵头派驻组协调职能部门、区纪委监委成立专班，根据实际情况，开展延伸检查或交叉检查。通过开展2个专项检查，发现问题84个，处理52人，形成专题报告报送省纪委监委和市委，推动党中央重大决策部署在海口落地见效。

【营造良好干事创业环境】2019年，海口市纪委监委践行“三个区分开来”，出台《关于为受到不实反映的干部澄清正名的实施办法》，及时为受到不实举报的干部澄清正名，筛选5个典型案例在全市通报，取得良好的政治效果、纪法效果和社会效果；12月31日，海口市委印发《海口市纪委监委机关查处诬告陷害类信访举报行为实施办法（试行）》，为敢于担当的干部撑腰鼓劲，释放严惩诬告陷害行为的强烈信号，营造良好的政治生态和干事创业环境。

（孙维艺）

审查调查

【概况】2019年，海口市各级纪检监察机关持续强化不敢腐的震慑，共立案545件，比上年增长2.1%，给予党纪政务处分435人；留置30人，增长150%；涉嫌犯罪移送检察机关37人，追缴涉案款物3190多万元。聚焦“关键少数”，立案查处市管干部55人，增长22.2%。紧盯群众关切的突出问题，深挖彻查美兰区龙岐村棚改项目腐败案件，共立案审查调查25人，涉嫌犯罪移送检察机关20人，追缴涉案款物1133万元。在高压震慑和政策感召下，全市有17人主动投案、66人主动交代违纪违法问题，党员干部检举控告类信访举报下降18.9%，正风反腐呈现良好态势。深化追逃防逃工作，全市追回在逃人员6人，累计追回17人。对党的十八大以来处分决定执行情况开展监督检查，纠正执行不到位问题746个，坚决维护纪律严肃性和权威性。

【深化以案促改】2019年，海口市各级纪检监察机关实行处分决定公开宣布，督促发案单位召开专题民主生活会17场、警示教育会17场。规范纪检监察建议工作，针对监督检查和审查调查中发现的体制机制问题，通过分析制度漏洞和问题根源，发出纪检监察建议书50份，提出可操作、可落实的整改建议98条，督促相关单位认真整改问题、严格责任追究，有针对性地完善制度44项，不断扎牢制度笼子。

（孙维艺）

专项治理

【深化扶贫领域腐败和作风问题专项治理】2019年，海口市各级纪检监察机关巩固拓展扶贫领域专项治理成果，部署开展扶贫物资采购、公共工程、产业项目和惠民惠农财政补贴资金“一卡通”4个领域突出问题集中整治，督促职能部门整改问题81个。严格落实直查快办、交叉复核等工作机制，全市各级纪检监察机关严肃查处扶贫领域腐败和作风问题25起，给予党纪政务处分15人，通报曝光14起典型案例，持续压实责任。

【民生领域突出问题整治】2019年，海口市各级纪检监察机关加强生态环保领域专项监督，严格落实中央环保专项督察、海岸带专项检查移交的问责事项，严肃查处生态环保领域问题12件90人。牵头开展漠视侵害群众利益问题专项整治，督促20个牵头单位建立问题清单、细化工作措施、落实整治责任，集中整治教育、医疗、低保、住房等民生领域突出问题。通过大下访、摸排问题线索、领导包案督办等方式，加大执纪问责力度，严肃查处漠视侵害群众利益问题45件60人，以整治实效提升群众获得感。

【打击黑恶势力“保护伞”】2019年，海口市各级纪检监察机关加强与政法机关的协作配合，建立问题线索双向移送、协同办案等工作机制，成立21个案件倒查组，对1707个涉黑涉恶和人身伤害案件卷宗倒查审阅，发现疑似问题261个，全部移送公安、检察、法院等单位核查。全市各级纪检监察机关立案查处涉黑涉恶腐败和“保护伞”问题61人，给予党纪政务处分57人，涉嫌犯罪移送检察机关12人，比上年分别增长90.6%、256.3%和500%。深挖彻查盘踞海口江东新区28年的甘某黑恶势力团伙背后的“保护伞”，共立案审查调查15人，其中处级干部3人，科级干部6人，一般干部6人。认真整改中央扫黑除恶第18督导组反馈的问题，对移交的问题线索严格处置、及时反馈。

（孙维艺）

作风建设

【违反中央八项规定精神问题查处】2019年，海口市各级纪检监察机关坚持不懈落实中央“八项规定”精神，严格按照“锲而不舍、持续发力、再创新绩”的要求，坚持暗访、查处、追责、曝光“四管齐下”，持续加大正风肃纪力度。全市共查处违反中央“八项规定”精神问题152件192人，通报曝光39件60人。持续抓好省委巡视反馈违反中央八项规定精神“四个方面”问题的整改，给予党纪政务处分50人。

【破除形式主义和官僚主义】2019年，海口市各级纪检监察机关落实中央“基层减负年”和省委“政策落实年”的要求，市纪委监委制定《解决形式主义突出问题为基层减负监督清单》，把形式主义、官僚主义问题纳入监督检查、审查调查和巡察重点，坚决查处贯彻党中央和省委决策部署打折扣搞变通、文山会海、不作为慢作为乱作为等问题。全市共查处形式主义、官僚主义问题142件239人，给予党纪政务处分82人。市纪委监委机关带头务实戒虚，制定委机关克服形式主义减轻基层负担的7条措施，发文和会议分别比上年减少34%和42%，实现真正“减负”。

【专项整治】2019年，海口市各级纪检监察机关开展党员干部利用名贵特产类特殊资源谋取私利问题专项整治，督促全市各单位自查自纠，约谈21人，坚决防止“四风”反弹回潮。

（孙维艺）

巡察工作

【巡察监督】2019年，海口市巡察机构强化政治监督，将习近平总书记“4·13”重要讲话精神贯彻落实情况作为巡察监督首要任务，把脱贫攻坚、乡村振兴、扫黑除恶、生态文明建设等纳入巡察监督重点，对16个市直单位党组织开展常规巡察和巡察“回头看”，查找和纠正被巡察党组织政治偏差。全市巡察共反馈问题3599个，发现问题线索408件，有关单位根据移交线索立案96人，给予党纪政务处分45人。

【巡察整改落实】2019年，海口市巡察机构加强巡视巡察整改落实情况的监督检查，全市发现并移送整改不到位问题101个；督促有关单位全面清查滥发津补贴等巡视整改不到位问题，共追缴违规资金1864.6万元，处理348人，建章立制425项，整改工作质效进一步提升。对巡察整改报告实行被巡察单位整改报告需经被巡察单位党委（党组）书记、市委巡察办、市委巡察组、市纪委监委联系纪检监察室（或派驻纪检组）以及分管市领导“五方”审核把关、确认属实后，方可进行党内公开和社会公开的“五方联审”制。

【巡察工作体制机制完善】2019年，海口市巡察机构健全“纪巡一体化”机制，推行巡察报告问题底稿、巡察后评估等巡察工作制度，全面运用巡视巡察数据管理系统，不断提升工作规范化水平。建立市、区巡察上下联动机制，坚持市委巡察带动各区巡察，对12个村（社区）党组织开展提级巡察。制定《关于推动巡察工作向村（社区）党组织延伸全覆盖的实施方案》，督促指导各区巡察向基层党组织延伸。

（孙维艺）

队伍建设

【党员干部纪律教育】 2019年，海口市各级纪检监察机关落实《海口市党员干部纪律教育工作实施方案》，举办纪律教育专题班，编印警示教育读本，拍摄警示教育片。在全市举办警示教育巡回展，组织3.2万名党员干部参观。推动警示教育下基层，在田间地头召开警示教育会17场，现场宣读处分决定书，组织受处分村干部现身说纪、悔过自新，打通警示教育“最后一公里”。不断强化治本作用，深刻剖析龙歧村棚改腐败案，撰写的剖析报告得到省纪委监委肯定并转发全省纪检监察系统学习借鉴。运用好“一网一微”平台，及时发布党风廉政建设和反腐败信息1060条，引导党员干部筑牢思想堤坝。

2019年12月18日，海口市监察委员会召开第一届特约监察员聘请暨培训会议，并为15名特约监察员发放聘书　（市纪委监委 供）

【“椰城清风讲堂”开讲】 2019年6月19日在第二行政办公区综合楼开讲。市委常委、市纪委书记、市监委主任冯汉芬作动员讲话，并作题为“深入学习贯彻习近平新时代中国特色社会主义思想，努力做好新时期纪检监察工作”的专题授课。市、区纪检监察干部、巡察干部、下属事业单位全体人员、各镇（街）专职纪检监察干部480人参加辅导。举办“椰城清风讲堂”，是市纪委监委贯彻落实中央纪委全会、省纪委全会要求，深入开展纪检监察干部培训工作的创新之举，其目的是进一步提升全市纪检监察干部的政治素质、业务水平和实际工作能力，打造政治过硬、本领高强的纪检监察队伍，推动全市纪检监察工作高质量发展，为海口扛起海南新一轮全面改革开放中的省会担当提供坚强的纪律法律保障。

2019年6月19日，由海口市纪委监委举办的“椰城清风讲堂”在第二行政办公区综合楼开讲　（市纪委监委 供）

【聘请15名特约监察员】 2019年12月18日，海口市监察委员会召开第一届特约监察员聘请暨培训会议，优选聘请15名特约监察员。会议通过解读《中华人民共和国监察法》、参观海口市反腐倡廉警示教育基地等方式，对特约监察员进行集中培训。特约监察员的主要工作职责有：对纪检监察机关及其工作人员履行职责情况进行监督，提出加强和改进纪检监察工作的意见、建议；对制定纪检监察法律法规、出台重大政策、起草重要文件、提出监察建议等提供咨询意见；参加监察委员会组织的调查研究、监督检查、专项工作；宣传纪检监察工作的方针、政策和成效。

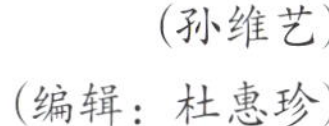

（孙维艺）

（编辑：杜惠珍）

民主党派·工商联

民革海口市委会

【概况】2019年，民革海口市委会做好组织发展、参政议政和社会服务、祖国统一等工作，海口市“两会”期间，共提交集体提案10件、个人提案32件、社情民意6件。全年共出民革简讯12期，发展新党员25名。至年底，共有基层支部4个、党员419人。年内50名党员受到民革海南省委会成立30周年纪念活动表彰。

【民革市委会组织建设】2019年，民革海口市委会发展新党员25名，至年底，共有党员419人。制定开展示范支部创建工作实施方案和激励机制，组织各支部主委参加省委会创建示范支部培训班，赴浙江、重庆等地学习借鉴示范支部创建的先进经验和做法。推荐多批近40人次党员参加民革省委，省、市统战部，市政协等组织的高层次培训班学习。继续抓好“民革党员之家”建设，继续增强与内地民革交流，琼山区总支与李济深故居苍梧县委会缔结友好组织；继续打造海口民革文化沙龙品牌，各级组织纷纷开展以中华传统文化、双自贸、社会文明大行动等为主题，以读书会、健康养生、礼仪培训、自贸论坛、电影文化等各具特色、形式多样的沙龙活动，增强支部活力、凝聚力和向心力。民革市委会的组织建设工作得到上级民革组织的肯定，并在民革（中南）六省交流学习会上做经验交流。年内，秀英区一支部获得民革全国示范支部荣誉称号；党员罗大明代表省委会参加民革中央庆祝新中国成立七十周年演讲比赛获得一等奖；党员张玉花获得海南省劳动模范称号；党员张发长、梁乔荣、李作凡参与海南首部扶贫现代琼剧电影《圆梦》的制作。加强与各级党委和统战部门的联系，积极举荐干部，上半年分别向省、市统一战线人才库和妇联换届代表、执委举荐人选。党员中获得海南省五四青年奖章1名；提拔使用正处级领导干部1名，平级调动三套班子副秘书长使用1名；列为新一届妇联代表和执委候选人人选1名。

【民革市委会思想建设】2019年，民革海口市委会深入开展“不忘合作初心、继续携手前进”主题教育活动。举办“不忘初心，筑梦新时代”新党员座谈会，邀请资深党员讲述与海口民革共成长的精彩故事；召开“五一口号”纪念座谈会，重温多党合作历史，在弘扬优良传统中深化政治共识；组织党员到新建成的市民游客中心参观，了解海口近年来的发展成就。年内，各总支、支部主动作为，积极开展主题教育活动。民革市委会赴广西开展“观故居，走多党合作之路”活动，瞻仰李济深故居、参观梧州中山纪念堂，到六连岭革命基地开展“不忘合作初心、继续携手前进”主题教育现场教学活动，协办南侨机工回国抗战80周年图片雕塑展；秀英区总支在施茶村石斛园组织“不忘合作初心、继续携手前进”主题教育活动，沿着中共中央习近平总书记考察海南时走过的路线健康徒步，区内各兄弟党派和省、市民革党员50多人参加。海口民革团结艺术团指导并主演秀英区委统战部组织的“我和我的祖国，听多党合作故事”文艺演出；琼山区总支赴江东新区开展主题教育活动，调研自贸区港建设的江东新风貌。各级基层组织还开展丰富多彩的“我和我的祖国”“观故居、走多党合作之路”活动，增强党员的使命感和对组织的认同感。

【民革市委会参政议政】2019年，民革海口市委会在“两会”期间，共向市政协十四届四次会议提交大会发言2份、集体提案10份、委员提案32份。其中《关于培养本地人才的建议》《关于依托自贸区（港）政策努力将海口打造成互联网第四高地的建议》《关于加快民营旅游产业创新升级促进海口旅游业快速健康发展的建议》3份提案被列为重点提案。围绕海南自贸区（港）建设，加大调研工作统筹力度，先后组织党员参与省民革课题调研组的调研，并根据界别特色开展“在乡村振兴战略实施中的人才困境对策研究”“关于海南自贸区（港）建设中对标全球减税免税政策的建议”“海口市现代服务业创新发展问题与建议”“人居环境治理和城市更新”等课题调研，并形成初步成果。组织课题组赴广西南宁、梧州开展城市更新、改善人居环境和水体治理、乡村振兴调研，美兰总支开展平抑菜价调研、美丽乡村建设调研等。全年共完成调研报告、提案和社情民意30余篇。加强涉台调研，彰显民革祖国统一特色，形成《在海南建设自贸区（港）背景下，如何做好琼台农业合作交流》《琼台乡村振兴战略调研报告》2篇调研报告。

【民革市委会社会服务】2019年，民革海口市委会共组织开展社会文明各类活动100余次，参与党员300多人次。深入推进脱贫攻坚工作，挂点帮扶户在脱贫的基础上收入均得到巩固提升，新增的建档立卡低保贫困户在6月底完成危房改造并入住，于10月底完成脱贫。党员和机关干部线上线下购买扶贫产品共4万多元。市委会和各基层组织持续开展慰问帮扶老党员、困难群众和捐资助学、文化下基层、送戏下乡、义诊活动。龙华三支部、琼山三支部分别到龙泉镇、大坡镇开展助学支教、送戏下乡活动；团结艺术团、中山书画院、博爱旗袍队成员多次送文化下基层，志愿者服务队定点万绿园并多次深入社区开展急救类宣传教学活动。

（李信文）

民盟海口市委会

【概况】2019年，民盟海口市委会做好自身建设、参政议政和社会服务等工作，市“两会”期间，提交集体提案8份、个人提案55份，其中1份集体提案被列为主席督办案，1份集体提案和3份个人提案被列为重点提案。全年发展新盟员15人，盟员总数880人。被评为“政协海口市委员会十四届三次会议提案组织工作先进单位”和“海口市统战部信息宣传工作先进单位”。1个调研课题入选为省民盟重点调研课题。张铎镔被评为民盟中央思想政治建设和宣传工作先进个人盟员；黄光周获“海南省模范退役军人”荣誉称号；蔡铁被评为“全国优秀基层政协委员”；黄茜子受国侨办委派到泰国进行为期1年的华文教育工作。

【民盟市委会组织建设】2019年，民盟海口市委会发展新盟员15人。举办2期培训班，80名骨干盟员参与；选派34名骨干盟员参加省市各级组织的学习培训5次；向市委统战部推选优秀年轻干部1名和前往湛江交流挂职干部1名；从基层选拔2名年轻骨干盟员进入市政协社情民意信息员队伍；2名盟员被聘为海口市首批人民调解专家。创新盟务工作开展方式，以庆祝传统节日为契机，组织基层总支开展“弘扬爱国奋斗精神、建功立业新时代”主题教育系列活动5次，约150人次参与；以庆祝新中国成立70周年、政协成立70周年及九九重阳节等重大历史节点和节日为契机，组织各基层组织开展“不忘合作初心，继续携手前进”主题教育活动17次，参与人数约360人次。开展系列社会服务活动来提升盟员政治使命感和责任感。琼山区总支组织15名盟员志愿者前往精准扶贫帮扶村群星村委会土良村开展志愿服务；25名盟员履行海南省监狱管理局“爱心大使”社会帮教志愿者职责。筹备创办“民盟之家”为基层支部搭建活动交流固定平台，用组织的温暖凝聚人心。

【民盟市委会参政议政】2019年，民盟海口市委会结合中共十九大、海南自贸区（港）建设两大专题，通过微信群及时传达各类文件精神和政策，发动各总支开展专题学习研讨会，选派盟员参加省市级各类培训班，帮助盟员把握好参政议政主题方向，提升参政议政写作水平。“两会”期间，共提交集体提案8份、个人提案55份。精心挑选课题，由盟内专家带领年轻骨干盟员组成课题调研组，形成“全体参政议政，老新传帮带”的课题研讨氛围。围绕海南建设自由贸易区和自由贸易港开展课题调研并形成调研报告3篇，1篇选定为2020年市“两会”议政大会发言稿；1个课题入选为民盟海南省委2019年参政议政重点调研课题。

【民盟市委会社会服务】2019年，民盟海口市委会动员全市盟员自发购买贫困户各类农产品，金额累计5万余元，发动盟内企业家爱心结对帮扶贫困户，筹集爱心助学金8000元。进村入户开展扶贫工作不少于100次，进行节日慰问4次。获得甲子镇2019年优秀帮扶责任单位称号，帮扶责任人因扶贫工作表现突出获得甲子镇2018年优秀帮扶责任人称号。组织民盟海口市法律服务专门委员会前往美兰、秀英各区镇中小学共11所学校，进行主题为“提高全民法律素养，推进法治社会建设”的送法进校园普法讲座活动。该活动已持续进行3年，共为32所学校和1万余名孩子进行普法教育。发挥盟员志愿者力量助力海口市“社会文明大行动”，发动盟员志愿者到包点水头村进行宣传、巡查、指导社会文明大行动工作累计80余次，组织2次志愿者活动，累计参与人数40人次。

【民盟市委会宣传工作】2019年，民盟海口市委会组建各区总支信息员队伍，畅通上下信息宣传交流渠道。扩大宣传渠道，4月底创办“海口民盟”微信公众号，共发布28篇文章。全年上报省市各级报道60多篇。

（李　艳）

民建海口市委会

【概况】2019年，民建海口市委会在海口“两会”期间，共提交建议4件、提案26件、社情民意3件。全年发展会员18名，至年底在册会员总数403人。年内，被民建中央评为脱贫攻坚全国先进集体，3名会员被评为先进个人。2名会员被民建海南省委会评为思想宣传工作先进个人。

【民建市委会组织建设】2019年，民建海口市委会以“一站一刊一栏”作为宣传阵地，开辟“海口民建”公众号，出版1期《海口民建》。在民建海南省委会举办的“庆祝新中国成立

70周年、人民政协成立70周年、多党合作制度确立70周年”征文活动中，获得全省“组织奖”，1名会员获“中央优秀作品奖”，2名会员获二等奖，2名会员获三等奖。组织机关工作人员和各总支骨干会员前往民建河北省委会、山西省委会、天津市委会、长春市委会交流学习，并与来海口调研的民建长治市委会、南宁市委会、重庆秀山支部工委等进行座谈交流。与民建南宁市委会、长治市委会、长春市委会“结对子”签订友好合作协议。4个总支也与省内外基层组织开展形式多样的“结对子”活动。与民建海南省委会联合在重庆社院举办“民建海南省委会骨干会员培训班”；选派骨干会员参加市委统战部在西安举办的“党外和少数民族干部培训班”、2019年中国风险投资论坛、民建中央企业家培训、2019中国（兰州）非公有制经济发展论坛等。年内共发展新会员18名，平均年龄36.6岁。至年底，共有403名会员。

【民建市委会思想建设】2019年，民建海口市委会以各种形式深入学习贯彻习近平新时代中国特色社会主义思想，学习贯彻习近平总书记在庆祝中华人民共和国成立70周年大会上的讲话、在庆祝海南建省办经济特区30周年大会上的讲话、在民营企业座谈会上的讲话、在庆祝改革开放40周年大会上的讲话、在中央政协工作会议暨庆祝中国人民政治协商会议成立70周年大会上的重要讲话精神，以及中共十九大及十九届历次全会、民建中央十一届历次会议、中共海南省七届历次全会、民建海南省委六届历次会议和中共海口市十三届历次全会精神。按照民建中央和民建海南省委会的要求，深入开展“不忘合作初心，继续携手前进”主题教育活动，成立以叶霞主委为组长的主题教育活动领导小组，制定主题教育活动方案，召开工作部署会，全市各级组织围绕主题，开展28次形式多样的主题教育活动，编发28期主题教育活动工作简报，推动主题教育活动落到实处。

【民建市委会参政议政】2019年，民建海口市委会共有市人大代表6名，市政协委员12名。海口市“两会”期间，民建海口市委会的人大代表、政协委员共提交建议4件、提案26件、社情民意3件。其中《关于改善营商环境，促进海南自贸区（港）建设的建议》《关于提升政府服务能力，打造好的营商环境的建议》被列为主席督办案，《关于提高绿化建设及绿化管理的精细化程度，打造靓丽的滨海花园城市的建议》被列为市长督办案。被评为市政协十四届会议提案组织工作先进单位，1名会员被评为优秀提案委员。

【民建市委会社会服务】2019年，民建海口市委会深入精准扶贫点琼山区甲子镇大同村委会开展帮扶工作。发动会员给帮扶户购买牛、羊、鸡等物资帮助发展生产，捐款1万元帮助贫困户修缮房屋；在重要的节日期间，组织企业家会员走访慰问帮扶户，年内2户帮扶户实现脱贫。秀英总支联合省妇委会到秀英区东山镇开展新年慰问活动，捐款捐物折合2.65万元，并多次赴秀英区石山镇儒洪村小学开展“爱心传递”活动。美兰总支参加美兰区统一战线助学帮扶慰问活动和中秋节前慰问自闭症儿童活动。全年，民建海口市委会在扶贫开发、捐资助学、帮扶贫困户以及对孤寡老人、残疾人等弱势群体的社会服务中共投入50余万元。（梁丽芳）

民进海口市委会

【概况】2019年，民进海口市委会新增会员3名，总数664名。被民进海南省委评为“先进地方组织”“参政议政先进单位”“宣传思想工作先进单位”“民进海南省成立30周年纪念活动先进集体”，4个总支和5个支部被民进海南省委评为“先进基层组织”，15位会员被民进海南省委会评为先进个人。1个基层组织被民进中央评为“民进全国先进基层组织”，1名会员获评“民进全国先进个人”。

【民进市委会组织建设】2019年，民进海口市委会对664名会员进行摸底，走访11个支部的负责人，制作会员花名册，建立后备干部档案。5月，组织21名骨干会员赴万宁参加民进海南省委会基层组织研讨班。8月，联合民进海南省委会赴安徽举办1次民进基层组织负责人研修班，参训15人。5月、6月和9月分别接待常州民进、营口民进、广州民进一行，就基层组织建设进行座谈交流。

【民进市委会思想建设】2019年，民进海口市委会结合“不忘合作初心继续携手前进”主题教育活动，各总支和支部开展形式多样的学习活动。组织5次“不忘合作初心，继续携手前进”主题教育活动的学习与宣讲，共200人次参与。召开10次主委和委员会议，学习习近平总书记“4·13”重要讲话和中共十九届四中全会精神，学习和传达民进中央各类工作会议精神等。

【民进市委会参政议政】2019年，民进海口市委会制定《民进海口市委参政议政调研课题管理办法》《民进海口市委参政议政调研课题资助经费使用办法》，从制度与经费上支持各总支及支部开展调研。在海口市“两会”期间，共提交提案13件，其中3件集体提案被列为海口市政协重点提案。5月，部署开展《推动琼州海峡港航一体化》《发展本地企业 助推乡村振兴》《特别关注关爱关心充分激发内生动力》3个课题调研。

【民进市委会社会服务】2019年中秋节前夕，民进海口市委会组织教师代表慰问贫困户，向甲子镇大同村委会赠送宣传栏，慰问贫困户。结对帮扶的3户贫困户全部脱贫且无返贫迹象，自身发展动力较足。组织赴省托老院慰问演出1场，选送1个舞蹈节目参加秀英区文艺会演，组织开展书画入村入校3次。

（吴玉转）

农工党海口市委会

【概况】2019年，农工党海口市委会履行参政议政、民主监督职责，在市政协会议提交集体提案5件，个人提案21件。深入开展“不忘合作初心，继续携手前进”主题教育活动，组织党员参加农工党省委会培训学习3次，开展集中学习研讨会5次，指导各总支组织开展集中学习4次，开展各项活动15次。组织中、高级医务人员到街道、托老院、乡镇、农村开展3次大型义诊、送医送药活动，派出党员100多人次，1000多人次受益，免费发放药品总价值3万元。发展新党员20名，共有党员430名。

【农工党市委会组织建设】2019年7月20日，农工党海口市委会组织5个总支和15个支部的党员骨干参加学习海南省2019年“不忘合作初心、继续携手前进”主题教育暨新党员培训班，农工党中央副主席、省委会主委及海南省副省长王路作“加强自身建设、提升履职能力”主题报告，100多人次参加。发展有代表性、层次高、参政议政能力强的人员入党，新发展20名新党员。至年底，共有党员430名。

【农工党市委会思想建设】2019年，农工民主党海口市委员会、各级基层组织有计划地开展政治理论学习，及时召开主委会4次、委员（扩大）会3次、机关工作会议进行专题学习研讨，部署全市各总支组织党员学习中共十九大、习近平总书记“4·13”重要讲话和12号文件精神，以及市第十三次党代会精神。深入开展“不忘合作初心，继续携手前进”主题教育活动，组织党员参加农工党省委会培训学习3次，开展集中学习研讨会5次，指导各总支组织开展集中学习4次，开展各项主题教育活动15次。充分发挥党刊和新闻媒体的宣传作用，征订和发放农工中央刊物《前进论坛》《中国统一战线》和省内部刊物《农工》。

【农工党市委会参政议政】2019年，农工党海口市委会履行参政议政、民主监督职责。完成市政协十四届四次会议集体提案5件，个人提案21件，共26件，其中集体提案《关于进一步加强我市环境监察执法力度》被列为市政协十四届四次会议主席会议成员督办案（第258号）。党员麦惠萍《关于加快推进我市中职教育产教结合　校企合作的建议》、党员邓世明《关于构建海洋人才培养体系　促进海口海洋产业发展的建议》被列为重点提案。

【农工党市委会社会服务】2019年7月7日，农工党海口市委会联合海口同和医院开展“巩固海口双创成果，促进社会文明大行动医疗义诊”活动。组织内科、妇产科、骨科、儿科、中医科等13名医疗专家、7名护士参加活动，受诊人数100多人次，赠送药品价值3000多元。8月31日，组织医疗专家到海口市重点项目海秀快速路二期工地为工人开展义诊送健康活动，受诊人数约100人，赠送健康宣传册150份、矿泉水100箱、药品价值约4000元。9月20日，联合致公党海口市委会、九三学社海口市委会、台盟海口市委会和中共旧州镇委、镇政府在琼山区旧州镇联合举办“不忘合作初心，继续携手前进”大型义诊及赠药活动，为旧州镇干部群众免费进行医疗体检300多人，赠送价值1.2万元的药品。组建新时代文明实践志愿服务队伍，到琼山区大坡镇田心村开展“珍爱生命，拒绝毒品”禁毒宣传及开展送医送药义诊活动；开展“欢聚田心一家亲，携手同乐迎重阳”志愿服务活动，走访慰问孤寡、病残、特困老人、老党员、老军人。指导社区利用社区农村特点，加快调整优化扶贫部署，强化政策措施落实，根据缺少劳动力、缺乏资金的致贫原因，推广鸡蛋产销一条龙的帮扶模式，为贫困户购买小母鸡（每户60只），帮助贫困户发展蛋鸡生产，所生产的鸡蛋由帮扶责任人包销，解决农户的销路难问题，带动农户勤劳致富，增加收入。

（林　珺）

致公党海口市委会

【概况】2019年，致公党海口市委会履行参政议政、民主监督职能，以集体和个人名义提交提案15件。其中1件为主席督办案。年内发展新党员9名，共有党员305名。

【致公党市委会组织建设】2019年，致公党海口市委会发展新党员9名，共有党员305名。9月21日，与各民主党派联合在海南大学中日友好交流中心举办“不忘合作初心，继续携手前进”主题教育活动宣讲培训班，邀请中央社院统一战线高端智库特约研究员为海口市各民主党派成员进行主题为“牢记多党合作初心、提升共担民族复兴使命和能力”的宣讲培训。组织26名党员参加省委会举办的4期“2019年党员素质提升培训班”，对党员进行分层次、分批次轮训。参加省委统战部“不忘合作初心、继续携手前进”主题教育延安培训班。组织党员参观中共琼崖一大会址，重温“二十三年红旗不倒”的伟大精神，进一步筑牢共同思想政治基础。

【致公党市委会思想建设】2019年，致公党海口市委会组织市委委员及各基层组织召开专题会议学习贯彻习近平总书记“不忘合作初心，继续携手前进”指示精神，落实中共十九大精神、致公党十五大精神和海南省七次党代会精神，贯彻落实习近平总书记“4·13”重要讲话和12号文件精神，大力弘扬和践行社会主义核心价值观；运用各种书籍、影像资料和爱国主义教育基地等载体，教育引导广大党员从内心真正认同，增强“四个意识”，坚定“四个自信”，做到“两个维护”，充分利用微信新媒体及时向基层党员转发各类会议精神、学习文件和材料，号召全体党员认认真真学习，切实将会议精神学深学透、学出成效。结合庆祝中华人民共和国成立70周年和自身党派实际，开展多样化的主题教育活动，如联合市“五侨”单位，举办纪念南侨机工回国抗战80周年图片雕塑展，弘扬“侨海报国”精神。

【致公党市委会参政议政】2019年，致公党海口市委会以集体名义和个人名义提交15篇提案，其中《关于加快海南自由贸易试验区营商环境建设和招商引资的建议》和《关于建立海口国际中医高级培训基地的建议》为重点提案，《关于加快海南自由贸易试验区营商环境建设和招商引资的建议》被列为市政协主席督办案。为更好围绕海南建设自由贸易试验区和中国特色自由贸易港、助力乡村振兴工作建言献策，开展一系列调研活动。4—12月，分别牵头完成《关于坚持“多规合一”理念，科学制定海南“乡村振兴”规划的建议》《关于支持大型民生海鲜广场等琼菜特色品牌发展规划和用地政策》《建立环境污染强制责任保险制度的建议》《关于以康养文旅小镇建设为抓手 助力乡村振兴》的课题调研。其中，《关于坚持“多规合一”理念，科学制定海南“乡村振兴”规划的建议》列入政协海南省七届一次会议第0090号重点提案；《关于提高农村学校教育质量的建议》（第260号）、《关于应急演练为抓手，倒逼企业提升安全生产管理水平的建议》（第305号）、《关于琼剧文化传承的建议》（第208号）分别得到承办单位市教育局、市应急管理局等采纳和答复。

【致公党市委会社会服务】2019年7月，致公党海口市委会为助力琼山区新时代文明实践活动和乡村振兴工作，引导民主党派优秀人才加入琼山区志愿服务队伍，组建致公党海口市琼山区新时代文明实践队。7月18日，组织市120急救中心志愿者到田心村举办“安全防范 自救互救”现场急救知识专题讲座。7月20日，组织11名市人民医院的致公党党员医疗专家，联合美兰区志愿服务联合会到三江镇开展“致力为公 爱心义诊”新时代文明实践志愿服务活动，共为200多名群众义诊咨询，赠送价值1.2万多元的药品、1000余元血糖检测器材，发送健康卫生宣传资料400多份。8月4日，组织党员前往琼山区大坡镇田心村，开展“关爱留守儿童、绘画美丽人生”志愿服务，辅导儿童用手中的画笔，描绘心中的图画。9月11日，开展“庆中秋、话团圆、促和谐”为主题的系列活动，在村民中广泛开展爱国主义教育。9月20日，与农工党海口市委会、九三学社海口市委会、台盟海口市委会和中共旧州镇委、镇政府在琼山区旧州镇联合举办“不忘合作初心，继续携手前进”大型义诊及赠药活动，共为旧州镇广大干部群众免费提供医疗体检300多人次和价值1.2万多元的药品。致公党海口市美兰区总支部志愿服务队深入龙峰社区与社区工作人员开展消杀灭蚊登革热防控工作。12月12日，举办“信仰的力量”和“五一口号”发布71周年图片展。通过一幅幅生动的历史图片，在重温历史中铭记合作初心，在弘扬优良传统中深化政治共识。组织专业的医疗组入户给贫困户检查身体，帮助贫困户拓宽农产品的销售渠道，发动爱心企业为贫困户提供1万多元的物资捐赠，帮扶的3户贫困户全部脱贫。

（章丽君）

九三学社海口市委会

【概况】2019年，在海南省“两会”期间，九三学社海口市委会向省政协委员提交省政协提案2件、社情民意1件、议政大会发言材料1件。在海口市“两会”期间，九三学社海口市委的人大代表和政协委员共提交人大代表建议案8件，政协提案24件（集体提案12件、个人提案12件），社情民意7件。其中，1件提案被市政协列为重点提案，1件提案被市政协作为议政大会发言稿。有5名社员被九三学社海南省委会评为“2018年度参政议政和社情民意信息工作先进个人”。全年发展和接收社员8名，至年底，共有社员249名。年内，九三学社海口市委会被九三学社海南省委会评为先进基层组织，17名社员获优秀社员称号，1名社员获优秀社务工作者称号。专职副主委林银燕被九三学社中央委员会评为“2019年度九三学社组织工作先进个人”，秀英区基层委员会主委徐宏获“全国巾帼建功标兵”称号，九三学社市委会委员刘芳芳获得海口市“湿地卫士”先进个人称号。

【九三学社市委会自身建设】2019年，九三学社海口市委会开展“不忘合作初心，继续携手前进”主题教育活动，组织社员200余人次参加省市各类学习培训。9月1日，在海南省图书馆开展“不忘合作初心，继续携手前进”主题教育活动座谈会，并组织社员参观九三学社海南省委会成立三十周年书画展。9月21日，海口市八个民主党派在海南大学中日友好交流中心联合举办“不忘合作初心，继续携手前进”主题教育活动宣讲培训班。10月12日，开展纪念重阳节暨“不忘合作初心，继续携手前进”主题教育学习活动，组织老社员观看电影《我和我的祖国》，进一步增强社员们的爱国情怀。10月28日至11月2日，组织各基层领导班子成员及骨干社员，前往重庆市、四川省广元市、绵阳市开展“不忘合作初心，继续携手前进”主题教育实地学习，并围绕九琼合作、参政议政、社会服务、旅游发展等内容进行专项课题调研。12月1日，召开“讲九三故事，学九三精神”——不忘合作初心，继续携手前进主题教育宣讲会。全年向九三学社中央委员会、九三学社海南省委会、中共海南省委统战部、中共海口市委统战部等各类刊物、网站报送宣传信息稿件，共40篇简讯被各级网站采用。年内，九三学社海口市委发展和接收社员8名。至年底，共有社员249名。

【九三学社市委会参政议政】2019年，九三学社海口市委会共有省政协委员1名，市人大代表5名，市政协委员8名。海口市“两会”期间，九三学社海口市委的人大代表和政协委员共提交人大代表建议案8件，政协提案24件（集体提案12件、个人提案12件），社情民意7件。其中，集体提案《关于建设金融创新产业园的建议》被市政协列为重点提案。九三学社海口市委被市政协评为“提案组织工作先进单位”；专职副主委林银燕被评为“提案组织工作先进个人”；集体提案《关于推进发展我市智慧养老的建议》、林银燕的《关于海口智慧城市建设应优先解决市民生活难点问题的建议》、李宏文的《关于加强生态文明建设、打造绿色城市的建议》、李世杰的《关于加快琼州海峡经济带建设，推动海峡两岸一体化发展的建议》等提案被市政协评为优秀提案。开展考察调研活动，完成《九三学社海口市委员会关于开展“不忘合作初心，继续携手前进”主题教育学习调研的调研报告》《九三学社海口市委员会关于开展“九广合作基地”扶贫调研的调研报告》《九三学社海口市委员会关于学习广元经验，深化发展全域文旅的调研报告》等调研报告。

【九三学社市委会社会服务】2019年，九三学社海口市委会深入精准帮扶点琼山区旧州镇岭南村开展帮扶工作，春节、中秋等节庆日做好贫困户的慰问走访工作，针对患病的贫困户做好医疗扶助工作，发动社员向贫困户捐赠教育慰问金、向岭南村捐赠环卫工作经费。5月29日，联合美兰区白龙街道振兴社区居委会，深入振兴社区的海口雨润特殊儿童教育培训中心开展“欢度六一 情暖雨润”活动，为孩子们送去节日慰问品。6月3—4日，联合九三学社儋州市委筹备委员会、海口市博研学堂、海口市乐趣学堂深入儋州市兰洋镇中心学校、长坡中学、新州镇中心学校开展扶贫支教活动暨庆祝“六一”儿童节活动，开展外籍教师授课、向贫困学生捐赠书籍300本、书包60套等活动。7月15日，联合台盟海口市委、海口中山医院在旧州镇岭南村举办“关爱健康，文明同行”健康普查义诊暨新时代文明实践卫生健康志愿服务活动，义诊150余人次，捐赠药品价值4000元。9月20日，联合农工党海口市委会、致公党海口市委会、台盟海口市委会和中共旧州镇委、镇政府在琼山区旧州镇联合举办“不忘合作初心，继续携手前进”大型义诊及赠药活动，为旧州镇广大干部群众免费提供医疗体检300余人次和价值1.2万余元的药品。12月30—31日，连续第11年做好“九三学社海口市委员会医疗专家服务基地”甲子镇卫生院医疗帮扶工作，对重点人群（60岁以上）提供免费中风筛查服务。

（邝红梅）

台盟海口市委会

【概况】2019年，台盟海口市委会紧扣台盟中央提出的“全盟抓好理论学习，以盟史教育为特色，做到入心入行；抓好队伍建设，以优秀骨干为重点，做到有为有位；抓好制度保障，以信息化建设为载体，做到规矩规范；促进参政党履职能力进一步增强、促进参政党履职特色进一步彰显；提升台盟新时代中国特色社会主义参政党建设水平，展现出新时代的新气象”总体工作思路，投身于海南建设自由贸易试验区和探索建设中国特色自由贸易港的进程当中，以开展“不忘合作初心，继续携手前进”主题教育活动为主线，以履行参政党职能为核心，全面有序推进各项工作。年内新发展盟员2人，共有盟员71人；有琼山总支、秀英支部、美兰支部、龙华支部4个基层组织。

【台盟市委会自身建设】2019年，台盟海口市委会深入开展“不忘合作初心，继续携手前进”主题教育活动，并以此作为履职能力提升、推进自身建设的强有力抓手。运用新型信息手段，通过建立理论学习中心组微信小群及全体盟员学习微信大群，随时传达各项应学应会内容；领导班子进行包点督导，参加和指导支部理论学习活动，基本做到人员与内容全覆盖。注重后备干部及普通盟员的理论知识培养锻炼，选派骨干盟员参加省政协、省委统战部、台盟省委、市委统战部举办的各类培训班近60人次，接近市委会盟员总数。开展参观中共琼崖一大旧址、联合海口市其他民主党派共同举办主题为“牢记多党合作初心、提升共担民族复兴使命和能力”联合宣讲培训班等各类形式的主题教育大型活动共6次，共有盟员约150人/次参与。关心盟员的工作和生活，利用各类节假日和盟内活动契机开展好盟员的联谊活动。年内，四个基层组织举办“践行新时代文明·弘扬传统文化”为主题的盟员亲子活动等各类基层活动共6次，使组织凝聚力得到不断增强。年底，美兰支部与武汉武昌支部缔结为友好支部，就盟务工作、参政议政工作开展跨地区交流活动。

【台盟市委会参政议政】2019年，台盟海口市委会在市“两会”期间提交集体提案6件、个人提案2件，社情民意信息1件，其中《关于农产品安全体系建设的建议》《关于我市建立绿色金融体系的建议》被列为重点提案。参与台盟中央《从台资企业发展看营商环境优化的现状与对策》课题大调研活动，与台盟省委会共同完成《海南自贸区（港）建设新形势下优化台资企业营商环境的建议》分课题。撰写《关于建设海南（海口）人民币大宗商品期货交易所自由港试验区的调研报告》。赴演丰互联网小镇，参观台资企业海南泽印物联科技有限公司，并就在自贸区（港）建设背景下，台湾创新创业青年到琼工作情况开展调研座谈。赴深圳前海、珠海横琴、广州南沙开展“自贸区风险防范创新机制研究”课题调研工作。年内，藉得台盟中央2019年度参政议政工作突出进步奖。

【台盟市委会社会服务】2019年，台盟海口市委会在原先社会服务工作开展的基础上，不断拓展社会服务的深度与广度，打造三个社会服务品牌，社会服务工作取得新进展。打造与新时代文明实践相结合的志愿社会服务品牌。5月27日，联合台盟海南省委会走进旧州镇中心小学，举办“新时代文明实践‘爱心护蕾·呵护未来’未成年防性侵知识讲座暨庆‘六一’捐赠仪式”，向260名学生传授自我保护知识并捐赠价值3000余元的学习用具。打造爱心关爱特殊群体的社会服务品牌。5月29日，到美兰金色儿童（自闭症）康复训练中心调研并看望慰问特殊儿童，赠送价值4000多元的文体用具及生活用品；7月26日，联合台盟海南省委会对华海社区开展 “社区送清凉”活动，为在高温酷暑环境下工作的环卫工人、城管工作人员送去价值5000余元的消暑保健品。打造以精准扶贫为依托的社会服务品牌，以精准扶贫为依托，将扶贫与社会服务有机结合。端午节、中秋节期间，为对口帮扶对象送去生活物资；7月上旬，联合九三学社市委会到旧州开展医疗下乡活动，义诊群众150多人，捐赠药品价值4000余元；9月下旬，联合农工党市委会、致公党市委会、九三学社市委会联合开展“关爱健康，守护生命，践行初心，牢记使命——不忘合作初心，继续携手前进”大型扶贫义诊活动，为旧州镇群众免费提供体检和医疗服务300多人次，发放价值1.2万余元药品。对口帮扶的4户贫困户年均人收入稳步增长，均接近或超出1万元/人；1户新增户提前实现脱贫摘帽。在海口市、区级帮扶责任单位扶贫工作考核中，取得在全市303个被考核单位中排名第20名的好成绩；获得旧州镇脱贫攻坚先进单位称号，并获赠旧州镇“情系旧州老百姓，携手帮扶奔小康”锦旗。

【对台联络】2019年，台盟海口市委会不断加强与在琼台商的交流沟通，实地走访海南金德丰农业开发有限公司、海南坤捷农业开发有限公司等本省十分具有代表性的台资企业，深入了解海南省落实中央惠台政策的现状及台商和台湾青年创业者的基本情况，听取诉求和建议，建立沟通与交流的情谊，进一步助力优化台湾青年在祖国大陆创新创业环境方面的研究。同时，加强两岸沟通交流与融合，大力配合台盟海南省委做好对台联络重点工作。7月30日，在“情系两岸，琼台一家”姻亲回乡省亲活动期间，与20名返琼回乡的台籍海南乡亲展开深入交流，通过活动搭建交流平台，持续加深两地民众彼此了解及融合。元旦、春节前夕，对7名老盟员、困难盟员进行慰问，为他们送去组织的关怀和温暖。

（吴云竹）

海口市工商联（总商会）

【概况】2019年，海口市工商联（总商会）做好对全市非公有制经济人士的教育、培训、引导、融资、维权、联谊及宣传等各项服务工作，引导全市非公经济人士积极参政议政，参与精准扶贫及其他社会事务工作，促进全市非公经济按照“两个健康”（非公有制经济健康发展，非公经济人士健康成长）发展目标发展。全年共组织会员企业中工商界政协委员提交政协提案43件；先后为海南晟视传媒公司等12家企业协调解决有关问题，积极为企业维权；走访会员单位37家，通过调研座谈，进一步了解企业的发展情况，形成《海口市2018年度非公经济发展调研报告》；发展新会员43家，指导成立1家海口异地商会，组织举办企业经营者培训5场，受训人员550多人次。

【市工商联参政议政】2019年，海口市工商联（总商会）组织企业做好参政议政工作，全年共提交政协提案43件，其中集体提案3件、工商界委员个人提案40件。3月，根据全国工商联的工作要求，组织会员企业海南王品农业科技开发有限公司向全国工商联上报题为《对关于农村土地流转问题的思考》的社情民意。4月，在组织召开海口市政协第十四届委员会第十六次常委会议上，被表彰为市政协第十四届三次会议提案组织工作先进单位，团体提案《关于出台优化改善非公经济发展环境政策的建议》被评为优秀提案。

【工商联课题调研】2019年，海口市工商联（总商会）走访会员单位37家，召开关于加强非公党建引领及优化营商环境的座谈会5次，发放调查表40份。通过调研座谈，进一步了解企业发展情况，形成《海口市2018年度非公经济发展调研报告》。通过“不忘初心、牢记使命”主题教育成果交流会，把准非公经济领域脉搏，形成《海口市非公党建工作调研成果报告》《海口市2018年度非公经济发展情况调研成果报告》《关于琼海市调研考察乡镇商会建设成果报告》3份调研报告。

【招商与融资服务】2019年6月，海口市工商联（总商会）联合滨海国际电子商务产业园在海豚众创空间大厅举办中小企业融资公开课第5期，70余名企业负责人参加。9月，联合市电子商务公共服务平台、海口滨海国际中小企业总部基地、海豚众创空间、海口工商银行共同举办海南省中小企业融资公开课第7期，40余名中小企业负责人参加。

【光彩事业】2019年，海口市工商联（总商会）引导非公有制企业和非公有制经济人士响应政府号召，主动开展农村扶贫工作及社会光彩事业工作。分别发动齐鲁制药（海南）有限公司、海南威特电器集团有限公司、海南钢多多科技有限公司、海南今时有限公司、海南逸展宏图文化传媒有限公司、海灵制药有限公司、中南城建第一工程局有限公司、海南正泰电器公司、海口昆岳汽车销售有限公司及海口市长流实验学校董事长参与公益事业，共捐资19.4万元助学。5月非洲猪瘟防控期间，组织海口四川岳池商会和海南腾辉集团购买近2万元的饮品慰问演丰镇非洲猪瘟防控指挥部和防控工作一线人员。7月，发动会员企业海南王品科技有限公司捐助5000元为4户新增贫困户每户购买生活用品，发动会员企业海南寿南山酒店有限公司捐赠1万元资助2户贫困户修建厕所。9月，组织4家爱心企业，共同前往市福利院参加“爱心开放日”活动，为市福利院的孤寡老人、孤疾儿童送去价值1.3万元的慰问品。

【企业维权与服务】2019年，海口市工商联（总商会）主动走访多家企业（商会），先后为海南晟视传媒公司等12家企业协调解决有关问题。与市检察院联手为企业提供法律服务，挂牌设立“海口市人民检察院派驻市工商联（总商会）工作检察站”，制定《海口市人民检察院派驻市工商联（总商会）检察工作站制度》《海口市人民检察院派驻市工商联（总商会）检察工作站职责》，落实每周五上午专门安排一名检察官到市工商联值班制度。先后为企业提供法律咨询80余件次，通过检察站反映涉案线索7件，办结5件，2件正在办理中。同时，共同组织召开2次企业家座谈会及1次“检察开放日”活动，了解企业诉求，共同寻找为企业服务新方法。针对海口市中小微企业生产经营中存在经济纠纷多、法律诉讼耗时耗力花费大、有些胜诉案子执行难等问题，与市中级法院共同组织召开民营企业家座谈会，商谈如何畅通为企业提供司法诉讼服务的新渠道。市中院指定接收企业反映诉求的专门部门，为企业反映诉求提供方便快捷通道。

【非公党建】2019年，海口市工商联（总商会）指导成立海南省涉源堂有限公司等5家党支部。至年底，共有12个党支部和58名党员。7月1日，组织非公企业新入党党员进行“不忘初心、牢记使命”“七一”主题党日活动。7月29日，组织3家企业参加海口市非公党支部书记主题教育培训会。9月，组织50名非公企业党务工作者到遵义举办为期一周的党务工作培训。

【会员队伍建设】2019年，海口市工商联（总商会）做好非公经济的人士和会员企业教育引导和表彰工作，不断发展和壮大会员队伍。全年共吸收43家企业入会；办理海口万宁商会等4家商会法人代表申请变更批复；办理海口湖北仙桃商会等8家商协会年检初审。8月18日，海口市工商业联合会第十五次代表大会在龙华区人民政府召开，全市272名非公经济代表人士参加。会议听取和审议海口市工商业联合会第十四届执委会工作报告，选举产生海口市工商业联合会第十五届执委会和领导班子。11月，与市委统战部分别到秀英、龙华、琼山、美兰区委统战部协商推进乡镇（街道）商会组建工作。根据市委组织部、市委统战部通知要求，推荐2名企业家为市政协委员增补建议人选；按省委统战部要求，收集整理并上报市委统战部10名企业家、5家商协会人才创业创新工作材料。

【商会联谊与交流服务】2019年1月16日，海口市工商联（总商会）在华彩华邑大酒店举行以“发展壮大民营企业，助力海口经济腾飞”为主题的工商界迎春联谊会，约450名企业家参加。3月6日，组织50名女企业家开展喜迎三八国际妇女节企业精细化管理主题沙龙活动。5月31日，组织35名新老会员赴龙泉集团旗下两家项目产业园开展观摩学习交流活动。6月23日，携手海南省物联网协会、海南省保健养生协会，在海南大学邵逸夫学术交流中心举办“驱动世界·链接未来”2019海南自贸区（港）区块链应用场景专题知识讲座活动，专家学者、企业家、商协会负责人、高校大学生、区块链从业者及社会各界人士近200人参加活动。6月24—25日，组织40名企业家在海口万豪大酒店参加由市委、市政府主办的“2019海上丝绸之路（海南）金融高峰论坛”。9月，组织龙华、美兰、琼山三个区工商联及有关乡镇、街道工作人员，到琼海市开展乡镇商会建设观摩学习活动；组织企业家参加省委统战部组织召开的“民企人才助力自贸区（港）动员大会”及省工商联组织的“APEC商旅卡”推介会。

（刘　研）

（编辑：蒋　伊）

群众团体

海口市总工会

【基层工会建设】2019年，海口市工会会员40.32万人，基层工会组织4644个，工会组织覆盖法人单位7951家。完成实名制采集基层工会组织共2323家，工会会员实名制录入30.4万人，全面完成30万人预定目标的101.3%。开展“八大群体”（货车司机、快递员、护工护理员、家政服务员、商场信息员、网约送餐员、房产中介员、保安员）入会建会工作，建立“八大群体”基层工会组织299家，涵盖职工数2.2万人，发展会员2万人。

【职工合法权益维护】2019年，海口市总工会畅通“12351”职工维权热线，开展“律师在线”服务活动，与2个律师事务所签订工作合同，常年每周二、周四上午免费为职工提供咨询。参与劳动能力鉴定230宗，受理信访事项130件，调解劳动争议93宗，提供维权咨询服务210人次。筹资1000万元，充实农民工欠薪周转金，建立农民工工资支付应急保障机制。完善“三方五家”集体协商机制，认真实施2019年工资集体协商“百日要约行动”，签订集体合同覆盖企业1.1万家，涵盖职工15.8万人。全市实行厂务公开、建立职代会制度的基层企业工会5300余家，覆盖企业1.3万家。其中，国有及其控股企业、集体企业推行厂务公开和职代会制度率达100%。面向全市征集优秀职工代表提案，其中海南红塔卷烟有限责任公司《关于建设公司光伏太阳能车棚的提案》被全国厂务公开协调小组办公室通报表扬。创建评选“四星级”职代会达标单位13家、“三星级”达标单位16家。

【劳模表彰与关怀】2019年，海口市总工会向劳模发放援助金153.56万元，开展慰问劳模510人次，组织80名劳模进行疗休养，对全市337名在册劳模进行健康体检。开展劳模工作生活状况及劳模工作调研，形成报告上报省总工会，打牢劳模管理服务工作基础。创建海南金盘智能科技股份有限公司“李辉全国劳模创新工作室”。组织召开2019年迎春劳模座谈会，听取劳模代表对全市经济社会事业发展和劳模服务管理等方面的意见建议。推选的海口市政府服务中心“12345”海口服务热线智慧平台获得“全国工人先锋号”称号，推选的洪义乾、闫路恺等12名同志获得2019年海南省劳动模范和先进工作者荣誉称号；全市有31名全国劳模获得中共中央、国务院、中央军委颁发的“庆祝中华人民共和国成立70周年”纪念章。

【职工慰问帮扶】2019年，海口市各级工会开展“两节”（元旦、春节）送温暖活动180场次，慰问职工1.3万人次，发放慰问金685万元。慰问扫黑除恶一线干警、非洲猪瘟防控工作一线干部职工、户外劳动者1.2万人次，发放70万元防暑劳保用品。向5100名农民工发放“暖心返乡路”购票补贴130.5万元。全年开展医疗、生活救助等1200人次，发放帮扶金167万元。帮助215户困难职工子女上大学，发放金秋助学金93.5万元。完成第二期职工医疗互助补助金发放963.26万元，受助4244人次。

【职工文化建设】2019年，海口市总工会深化“中国梦·劳动美”主题教育活动，充分借力主流媒体和发挥工会网站、椰城工会微信公众号作用，向职工宣传党的十九大和十九届四中全会精神，宣传党的路线、方针、政策，宣传劳模和先进典型事迹等。深化“职工学堂”项目，做到每月有活动、每周有课堂，服务职工1261人次。推出“职工大舞台”，开展“我为祖国放声歌唱”——庆祝中华人民共和国70周年海口市职工新歌声大赛，参赛选手近600人。开展“送春联、惠职工”活动，免费为职工群众书写万幅春联。开展“金秋迎国庆，电影惠职工”活动，邀请5000名职工代表参加免费观影活动。开展“观巨变 聚共识——建设美好新海口”活动，组织1万名职工亲身感受海口发展的巨变，推出《我们都是追梦人》和各行业职工寄语祖国视频宣传片。此外还举办“盛世祖国共筑梦——海口市职工庆祝新中国成立70周年暨新歌声大赛颁奖晚会”“4·13”千名职工凤翔湿地公园活力跑、“庆祝建党98周年‘听党话、跟党走’主题职工书法展”“网聚职工正能量、争做中国好网民”主题活动、“工会杯”

羽毛球乒乓球比赛、全总文工团慰问演出等，惠及职工共10万人次。

【职工普惠工作】2019年，海口市总工会搭建“互联网+工会”平台，改版升级市总工会门户网站、开通椰城工会微信公众号，充分依托“海南工会云”平台，网上网下相互促进，进一步提高工会服务职工的普惠化、便捷化水平。筹资360万元，利用“海南工会云”平台拓展职工服务项目，开展“免费公交”“8元观影”“免费月饼”等线上普惠活动，惠及职工8万人次。投入82万元，为基层送琼剧42场，并将法制宣传、综治禁毒、计划生育服务等工作贯穿于各项面对面的服务和活动中。建成6处户外劳动者爱心服务站，为职工提供各项爱心服务。免费为2000名一线职工（农民工）进行健康体检。

【劳动竞赛】2019年，海口市总工会以“当好主人翁、建功自贸港”为主题，组织开展市环卫系统职工劳动技能大赛、导游行业服务技能竞赛暨第四届全国导游大赛海口选拔赛、护理操作技能竞赛、教师粉笔字大赛、高新区园区企业安全技能大赛、第五届琼北地区旅游饭店服务技能大赛、第四届供销社系统农民（工）技能竞赛等多行业多工种的“工会杯”系列劳动和技能竞赛，深入实施职工素质工程，开展职工技能提升、岗位练兵活动，全市共超过10万名职工参与竞赛，覆盖行业企业和职工参与度创历届活动之最。

【职工（农民工）技能培训】2019年，海口市总工会共投入活动经费156万元，开展“农民工求学圆梦”行动，举办“育婴员培训班”“菲式家政服务技能培训班”“创业再就业培训班”等，培训贫困户、困难职工、下岗职工等2000余人。

【职工活动阵地建设】2019年，海口市总工会稳步推进海口市职工活动中心建设，全面完成海口市职工活动中心项目江东3公顷地块征地手续；西海岸五源河片区职工活动中心2.73公顷新址获批，并进入实质性建设阶段，职工活动阵地建设取得历史性突破。

（吴　敏）

2019年11月5—13日，海口市供销社在新坡镇农丰村举办第四届“工会杯”农民（工）技能比赛　（市供销社　供）

共青团海口市委员会

【概况】2019年，共青团海口市委员会共有团组织2920个。其中，直属机关事业单位团组织29个，学校团组织1829个，国有企业团组织24个，直属非公企业团组织55个，城市社区团组织181个，农村团组织269个。经机构调整，共青团海口市委员会机关内设办公室、组织部、宣传与网络工作部（新媒体中心）、志愿服务与社会工作部（市青年志愿者协会秘书处）、青年发展部（联络部、市青年联合会秘书处）、学校与少年部（权益部、市学生联合会秘书处、市少先队工作委员会办公室）6个正科级职能机构，有1个正科级下属事业单位，即海南（海口）青少年活动中心。

【团组织建设】2019年，共青团海口市委员会结合“智慧团建”系统全面开展团组织隶属关系梳理排查，梳理全市各级团组织的组织架构和组织体系，统一将基层团组织的名称、组织类别、行业类别等基本信息录入“智慧团建”系统。印发《关于“加强团的基层组织建设着力提升团的组织力”的行动方案》《团支部建设参考标准》等文件通知，进一步加强社区、机关、学校、企业和新经济组织、新社会组织等基层团组织建设。全年新建市直属团组织12个，指导5个市直属团组织召开换届大会。

【团员发展】2019年，共青团海口市委员会落实《中国共产主义青年团发展团员工作细则》的有关要求，加强团员发展调控，做好团学比例统筹工作，结合“全团大抓基层”“全团抓学校”工作要求，以“智慧团建”为抓手，扎实开展团员团干部基本信息采集录入及团员团组织关系转接工作。至年底，全市4.2万名团员全部录入“智慧团建”系统，基本完成毕业团员团组织关系转接工作，“学社衔接”率96%，“升学衔接”率95%。通过摸清底数、统筹调控、系统管理等方式，对全市团员发展计划进行研究，全年发展团员4753名（含机动指标500名）。

【青少年思想政治引领】 2019年，共青团海口市委员会坚持以习近平新时代中国特色社会主义思想为指导，深入学习宣传贯彻党的十九大和十九届二中、三中、四中全会精神、习近平总书记关于海南工作的重要讲话和重要指示批示精神、团十八大精神，组建青年讲师团，各级团干部带头深入企业、农村、校园等基层团组织进行集中性宣讲交流活动33场次，不断深化青少年党史和国情政策教育。结合清明、“五四”“六一”“十一”等重要时间节点，策划开展“清明祭英烈”“青春心向党·建功新时代”“我与祖国共奋进——国旗下的演讲”等主题实践活动400余场次，帮助广大青少年自觉培育和践行社会主义核心价值观。依托“椰青汇”官方微博、微信公众号等团属新媒体平台，推送一批青少年喜闻乐见的新媒体文化产品，扎实推进“青年大学习”行动，动员全市团员青年参与网上主题团课36期，参与人数37万余人次，切实引导椰城青少年坚定不移听党话、跟党走。

【少先队组织建设】 至2019年底，海口市有207所学校成立少先队，共建有4438个中队，全市大队辅导员319名，中队辅导员4548名。共青团海口市委深化团教协作机制，联合市教育局印发《关于印发〈2019年海口市学校少先队活动课程建议表〉的通知》，对学校少先队活动的课时要求、课程内容进行详细部署；联合市教育局在全省率先成立两所市级“少先队名辅导员工作室”，发挥带头、示范、辐射作用，助推少先队辅导员队伍专业化成长，带动全市少先队改革工作创新发展。组织50名来自全市各学校团、队组织团干部、少先队辅导员参加海口市团委书记、少先队辅导员培训班，着力提高全市少先队辅导员的思想政治理念与工作能力水平。

【青年就业创业服务】 2019年，共青团海口市委员会坚持履行联系服务青年工作职能，针对青年就业创业普遍需求和现实困难，多领域、多层次提供优质服务。开展海口市创业沙龙暨金融知识进校园主题活动，联合市农商行、市农信社、市创业小额贷款中心等金融机构深入5所高校，为高校青年宣传创业政策、提供创业指导和相关金融服务。举办4场以“青春创未来，建功自贸区”为主题的2019年海口市电商分享会，邀请电商项目创业者、历届获奖人员、电商知名专家等为近300名电商创业参赛选手进行全方位的培训，选送53组优秀项目参加2019年海南青年电子商务创业大赛总决赛，7组项目分别获得一、二、三等奖和优秀奖，共青团海口市委获优秀组织奖。关注农村青年就业创业需求，举办政府部门与农村青年“倾听心声·共促发展”面对面座谈会，人社、农业、商务、农商银行等5个单位相关业务负责人及农村青年100余人参加，收集农村青年意见建议20余条，编撰印发《海口青年创新创业政策文件汇编》100册；以“椰青号”创业扶贫直通车活动为抓手，深入全市乡镇开展“农村致富带头人故事分享会”“奋斗的青春最美丽”报告会、“乡村振兴青春行动”交流会等；组建创业导师队伍，深入全市4个区12个乡镇送去政策、农资、农技、金融、渠道、机遇等六大资源，通过实地走访、产销对接、“志愿筑梦 帮创兴农”等活动，提供“一站式”服务和一对一帮扶，覆盖近1000名农村创业青年；打造20家青年创业就业示范基地，并充分发挥示范基地作用，有效促进农村青年创业就业。打造海口市青年创业创新社会组织孵化基地，成功搭建一个以政府扶持、部门指导、社会参与、市场化运营的创业孵化、创业就业综合服务孵化平台，招募入驻18个青年创业团队和初创企业以及3个团市委主管和指导的社会组织，惠及创业青年50余人。

2019年4月30日，海口市各级团组织、团干部和团员青年代表在市民游客中心举行“青春心向党·建功新时代”纪念五四运动100周年特别主题团日活动

（罗 明 摄）

【青少年志愿者行动】 2019年，共青团海口市委员会践行服务大局工作主线，在旅游、社区、交通、环保、助残、应急、扶贫等领域开展各类志愿服务活动。全年开展“暖冬行动”“湿地讲解”“清凉驿站·爱心助考”“禁烟控烟”“公益假期”“文明交通”“防艾禁毒”等品牌化、常态化志愿服务活动共4500多场次。在春

2019 年 6 月 9 日，海口青年志愿者湿地保护讲解团团员在凤翔湿地公园开展湿地讲解志愿服务活动 （团市委 供）

节、元宵节期间，发动 2 万多人次志愿者开展禁放烟花爆竹宣传志愿服务活动，助力减少城市噪音和大气污染；参与新时代文明实践中心试点工作，策划开展“足球小将成长计”“红树芽小课堂”“守护一米之内”等市级新时代文明实践志愿服务项目 120 多场次；做好大型赛会服务保障工作，组织 2000 余名青年志愿者保障 2020 湖南卫视跨年演唱会、巡回演唱会等大型赛会；持续深化“创业扶贫直通车”“希望工程圆梦行动”“志愿扶贫建功新农村”志愿服务等品牌工作，在 2019 年希望工程圆梦行动中，多渠道筹集爱心善款 330.62 万元，资助 557 名贫困大学生，助贫困学子圆大学梦。

【青少年成长关爱】2019 年，共青团海口市委员会充分发挥海南（海口）青少年活动中心校外教育阵地的重要作用，策划推出“领巾飞扬”公益冬夏令营，覆盖城乡各类青少年群体 1500 余人次；打造“椰城童趣汇”少儿活动品牌，举办各类少年儿童喜闻乐见的公益活动 24 场次，吸引 4000 余名少年儿童参与。开展“阳光护航 助梦同行”重点青少年帮教项目，紧扣农村留守儿童的实际需求，组织大学生青年志愿者、专业心理咨询师、安全自护教育讲师、法律工作者深入 5 所试点农村小学开展帮扶，全年开展相关主题活动 41 场次，提供帮教服务留守儿童 740 余人次。不断完善社工帮教机制，依托 5 个示范基地，安排专职社工驻点开展“兴趣课堂”“亲情陪护”“心理疏导”等帮教活动 460 余场次。做好未成年人心理健康辅导，依托海口市未成年人心理健康辅导站，通过电话、网络、现场辅导三种方式对重点青少年进行专业心理疏导，全年共开展公益讲座 27 场，团辅活动 47 场次，微课 2 次，个案辅导 81 人次，受益人数达 1.3 万人。聚焦青年婚恋交友问题，面向全市各领域青年开展“情缘共牵手·爱在 520”“情缘共牵手·爱在自贸区”等活动 9 场次，为广大青年搭建婚恋交友的平台。

【青年服务技能大赛】2019 年 9 月，共青团海口市委员会联合市人力资源和社会保障局、市旅游和文化广电体育局共同举办“青春心向党 建功自贸区”2019 年海口市青年服务技能大赛，全市近 300 名各行业、各领域职业青年参赛，通过以赛促学方式，激发广大青年爱岗敬业和创新创业热情，并选拔推荐 18 名优秀选手代表海口市参加全省 3 个赛项的总决赛，获得冠军 2 个，亚军 1 个，季军 3 个，优秀奖 6 个和优秀团队奖 5 个，共青团海口市委获得优秀组织奖。

【青年文明号创建】2019 年，共青团海口市委员会持续深化青年文明号创建工作，评选出 2017—2018 年度市青年文明号集体 28 个，发动窗口、服务和涉旅等 54 家集体参与 2019—2020 年度市青年文明号创建。发动市级各级青年文明号单位、各争创单位开展“骑行健走”主题宣传活动、“讲诚信 守信用”签名活动、“个人信用承诺书”签订活动、“擦亮青年文明号 助力海南自贸区”青年文明号开放日活动、千号万岗微笑服务海南自贸区（港）建设活动等宣传实践活动 44 场。动员全市各行各业青年文明号集体、争创集体成立“河小青”（参与保护母亲河行动、助力河长制工作的参与者、支持者）志愿服务队 89 个，1200 余名青年志愿者累计开展巡河护河活动和“随手拍、随手捡、随手护”等“微活动”44 场。

（周 吉）

海口市妇女联合会

【妇女组织】2019 年，海口市区、镇（街道）、村（社区）四级妇联组织健全率 100%，全市建立妇联组织共 523 个，形成无断层的妇联组织网络。其中，区妇联 4 个，镇妇联 22 个，街道妇联 21 个，社区妇联 198 个，村妇联 248 个，同时在村（居）成立“妇女之家”446 家，“两新”组织妇联 16 家；全市机关、事业单位成立妇委会 72 家；团体会员工会女职工委员会 1127 个。

【妇女发展服务】2019 年，海口市妇联推选表彰一批先进个人和集体，授予市财政国库支付局第八核算站等 10 个单位海口市三八红旗集体荣誉称号，授予吴俊等 10 人“海口市三八红旗手”荣誉称号，授予朱美英等20人“优秀妇女工作者”荣誉称号。市政府服务中心12345海口智慧平台和市政府投资项目管理中心、琼山区女职工委员会获“海南省三八红旗集体”荣誉称号。田淑霞获“海南省三八红旗手标兵”荣誉称号，蔡冬梅等8人获“海南省三八红旗手”荣誉称号。美兰区妇联被评为“全国维护妇女儿童权益先进集体”，海口市慈善总会被评为“全国维护妇女儿童权益先进集体”。秀英区人民法院汤璇被评为“全国维护妇女儿童权益先进个人”，吴妳梅获“全国三八红旗手”荣誉称号，徐宏、冯月娥获“全国巾帼建功标兵”荣誉称号。举办两期海口市、区、镇（街）、村（社区）基层妇联主席培训班，全市400多名基层妇联主席参加培训；举办两期海口市女干部“创新与管理”能力提升培训班，市属机关、基层妇女组织、市妇儿工委成员单位等共70余名干部参加培训；举办海口市实施妇女儿童发展纲要规划监测统计培训班，来自市、区政府妇儿工委办和市政府妇儿工委各成员单位联络员共约80人参加业务培训。开展海口市庆“三八”2019城市健康舞蹈大赛，2000多名妇女群众近百支舞蹈队参加比赛。

【家庭教育】2019年，海南“最美家庭”“最美妈妈”揭晓活动在三亚举行，一批全国“最美家庭”、海南省“最美家庭”名单揭晓，海口市一批家庭获得荣誉称号。黄变家庭获得全国“最美家庭”荣誉称号，孙海岛家庭等19户家庭获得海南“最美家庭”荣誉称号，黄娇花等4人获得海南“十佳最美妈妈”荣誉称号，同时海口市妇联获得2019海南“最美家庭”活动优秀组织奖。年内，市妇联开展家庭教育进社区、进农村巡讲活动。指导、联合四个区妇联在全市举办“百万家庭共成长”家庭教育社区乡村行活动和传播好家风好家训主题讲座等活动8场，惠及500余名家长。

【助推巾帼创业就业】2019年，海口市妇联开展“创业创新巾帼行动”。推选13个创业女性项目参加海南首届创业创新大赛，13个企业项目均进入决赛，其中2个项目分别获创新、创意组一等奖；举办“挑战自我不负芳华 建功新时代”2019巾帼创客创业故事分享会、致敬创业2020海口创业跨年演讲，激励广大妇女投身创业创新。创办“巾帼学堂”，为全市城乡有创业就业需求的女性提供线上线下学习交流的平台，接入“椰城市民云”打造“网上妇联”，为广大市民提供便利的学习生活服务；组织5场次专场招聘会，提供就业岗位5285个，帮助730人实现市内就地就近转移就业、427人签订初步就业双边意向书。筹建“海口市农村妇女技术培训学校”，通过线上线下，对农村妇女进行农业科技培训，为乡村振兴培养新时代的职业女农民。针对当地妇女生产、生活的实际需求，分别在秀英区西秀镇、龙华区龙桥镇、琼山区甲子镇琼星村举办瓜菜种植培训班，培训妇女群众240多人。开展职业技能培训，在4个区开展职业技能综合实践课活动，设置4期咖啡面点课程。加大小额贷款工作力度，加强沟通协调，帮助妇女解决贷款难、担保难问题，共帮助1883名妇女获得贷款1.08亿元，贴息251.37万元。

【妇儿权益保障】2019年，海口市妇联将“12338”妇女维权热线与“12345”热线并线，畅通妇女儿童诉求渠道，充分发挥“12338”热线、维护妇女儿童合法权益律师志愿者服务中心和心理咨询师队伍的作用，使来访妇女接受专业法律工作者和心理工作者的服务与帮助。积极协调公安、法院、法律援助中心等单位，处理好每一个来访、来电、来信。全年市、区妇联共受理来访来电来信195例，处理率100%。以“三八”维权周等为契机，开展维权宣传活动9场，发放反家庭暴力、反性侵、反拐等相关资料2万余份，提供家庭暴力、婚姻家庭等方面的法律咨询服务。联合北京市千千律师事务所深入秀英区西秀镇五源河农贸市场举办送法进乡镇公益讲座，使广大妇女群众进一步增强学法、守法、用法的意识和能力。

【妇女儿童关爱】2019年，海口市妇联通过慰问、关爱帮扶、心理关护、志愿服务等形式，开展“椰童圆梦 让心不再孤单”“呵护童年 远离毒品”“守护花蕾 防范性侵”等10多场活动、讲座，关爱贫困、留守、流动儿童和自闭症儿童。联合海口慈善总会组织开展关爱特困单亲母亲活动，筹集资金116.4万元，资助388名特困单亲母亲。举办“粉红绽放与爱同行”——关爱“两癌”女性、事实无人抚养儿童系列公益活动，筹集救助资金39万元。举办“礼赞新中国70周年”海口市2019庆“六一”童声合唱音乐会，800余人参加，有35.5万人次围观和关注网络直播。深入4个区组织开展“书香飘万家”亲子阅读活动，通过亲子阅读，增进亲子情感，打造浓厚的家庭学习氛围。开展“给妈妈的一封信”征文活动，共征集全市中小学生和市民所写的书信近700封。评选表彰20所“最美书香幼儿园”和100户“最美书香家庭”。

【妇联禁毒工作】2019年，海口市妇联加大禁毒宣传，在“三八”维权周、“6·26”禁毒日等活动中开展禁毒宣传，发放禁毒宣传资料1万多份，还组织开展留守儿童禁毒宣传活动5场。关爱涉毒家庭，开展“大家访”活动，组织志愿者到社区戒毒康复人员家中慰问。开展禁毒帮教活动，组织“妈妈训教团”志愿者走进海口市罗牛山强制隔离戒毒所，为戒毒人员解疑答惑、疏导情绪。加强禁毒队伍的培训，举办“妈妈训教团”成员培训班，150名志愿者参加培训。开展“双承诺”活动，全市各级妇联组织层层向上级妇联组织承诺，全市各个家庭向所在基层妇联组织承诺，承诺做到“不让毒品进我家”。

【妇女工作制度创新】2019年，海口

2019 年 5 月 15 日，海口市妇联和琼山区妇联到琼山区甲子镇新民小学，举办“守护花蕾 防范性侵”暨“春雷行动”禁毒宣传走进新民小学主题教育讲座

（市妇联 供）

市妇联通过创新方法、手段，多措并举推进妇女儿童事业发展。制定妇联基层联系点制度，包括建立调研制度，明确执委工作制度、宣传服务制度、监督指导制度等。建立妇女议事会制度，全市共 43 个镇（街）、445 个村（居）成立妇女议事会。落实网上妇联联系服务制度，利用网站、微信、椰城市民云等妇联系统网络和新媒体资源，创新建设“椰城女性”网络平台，并接入“椰城市民云”，为市民提供便捷服务。构建联系网、工作网、服务网整体合一的“互联网 + 妇联”工作新格局。

【妇女儿童活动中心项目推进】2019 年，海口市妇联积极协调推进市妇女儿童活动中心项目。市妇女儿童活动中心是 2019 年市政府重点投资项目改造工程，位于义龙东路 29 号，属于旧楼装修工程，占地面积 1000 平方米 ，建筑面积 4000 平方米，项目总投资 1560.4 万元。但此处的规模和功能仅适应区一级功能服务，远不能满足省会城市 300 万妇女儿童活动的需求，11 月，市妇联另向市政府申请海口市妇女儿童活动中心项目建设用地。

（苏岐勇）

海口市科学技术协会

【概况】2019 年，海口市科协有区科协 4 个、农技协 20 家、市级学会 11 个、农村科普示范基地 60 家，科普网络体系逐渐完善和形成。3 月 13 日，召开海口市全民科学素质工作领导小组第 12 次全体会议。6 月，海口市委印发《海口市科协系统深化改革实施方案》，推进全市科协系统改革。年内，市科协联合市教育局举办第十五届海口市青少年科技创新大赛；围绕节能减排、登革热防治等热点民生需求主题，开展各类科普活动；以学会建设为抓手，发挥桥梁纽带作用，为科技工作者服务；开展科技工作者调查和建立科技工作者数据库，共采集科技工作者调查信息 101 人，建立海口市自然科学领域科技工作者数据库汇总表。

【青少年科技竞赛】2019 年 2 月，海口市科协联合市教育局举办第十五届海口市青少年科技创新大赛。全市共有 1600 多件作品参加比赛。选送 132 个项目参加海南省青少年科技创新大赛，共获得一等奖 20 项、二等奖 33 项、三等奖 47 项。市科协获得第三十一届海南省青少年科技创新大赛优秀组织奖。6 月 2 日，联合市教育局共同举办海口市第七届“七巧科技”竞赛。全市 25 所学校共 288 名学生参加现场竞赛，共评选出一等奖 10 组、二等奖 20 组、三等奖 30 组。

【科普活动】2019 年，海口市科协开展科普知识讲座、爱国教育宣传等主题活动 120 次，接待参观、考察 5 万人次。围绕节能减排、登革热防治等热点民生需求主题，邀请专家在 7 个社区开展 10 场宣传活动，并为 1500 多名村民和居民提供义诊服务。邀请专家开展 4 期“非洲猪瘟”科普知识讲座。举办“奥秘万千·海口市青少年科普知识竞赛”，选送的海口景山

2019 年 10 月 27 日，由海口市科协主办的“奥秘万千·海口市青少年科普知识大赛”在市第四中学举行

（市科协 供）

学校最终在省级比赛中获得季军。开展“中国流动科技馆”海南巡展，活动共接待中小学生近3万人次。联合市委组织部举办一期全市科技领导干部垃圾分类科普知识培训班。

【科技交流与服务】2019年，海口市科协以学会建设为抓手，发挥桥梁纽带作用，全力为科技工作者服务。支持各类学术交流活动，组织专家88人次开展18期专家咨询、义诊、科技指导等各种科普活动，受益9960人次。与海口市创新服务中心创业基地联合承办各类主题沙龙20期。举办以各区科协、各学会、协会负责人、各行业科技工作者参加的座谈会，广泛听取收集各协会、行业科技工作者的意见和建议。联合市财政局开展“基层科普服务能力”建设项目，共评选出市级获奖单位20个，发放奖补资金41万元，省级获奖单位7个，发放奖补资金80万元。开展科技工作者调查和建立科技工作者数据库。共采集科技工作者调查信息101人，建立海口市自然科学领域科技工作者数据库汇总表。完善海口市科学技术协会创新创业孵化基地建设。基地共有孵化企业35家，年服务企业和团队数量约30家，覆盖各类科技创新和创业人员200多人次，带动就业人数400余人。探索行业协会商会类、科技类、公益慈善类、城乡社区服务类社会组织依法直接登记制度。协调推进海南科技馆建设，前期协调海南科级馆项目完成项目选址意见书、可研批复、建筑设计及展教设计招标。

（王润鹏）

海口市文学艺术界联合会

【概况】2019年，海口市文联下属作家协会、戏剧家协会、音乐家协会、舞蹈家协会、影视家协会、美术家协会、书法家协会、摄影家协会八大协会，共有会员1816人，其中国家级会员97人，省级会员457人。全年组织重大文艺活动33项，文艺志愿服务76场，文艺培训25场，文艺交流5场，文艺展览12场。9月14日，海口市作家协会创作基地揭牌暨顾问颁发聘书仪式在美兰区东寨港红树林的枷定山居举行，这是海口市作协成立以来设立的首个创作基地。

【文艺志愿服务】2019年1月9日，“我们的中国梦”——文化进万家活动在秀英区长流镇文化广场启动，海口市文联文艺小分队开展送作品进万家、迎春惠民演出等活动。春节期间，组织60人次的市书法家协会会员赴龙华区龙泉镇、秀英区西秀镇、琼山区甲子镇、美兰区演丰镇开展义务挥春服务活动6场次，为村民赠送春联1万余幅；组织150人次市摄影家协会会员开展以“中国梦”为主题及体现社会主义核心价值观的摄影作品制作成年画，到龙华区龙泉镇和龙桥镇、秀英区西秀镇和长流镇、琼山区甲子镇和府城三角公园、美兰区演丰镇和灵山镇进行展览并赠送年画10场次，赠送画框年画800余幅；组织230人次市音乐家协会、市曲艺家协会会员举办“我们中国梦”——文化进万家海口市文联文艺小分队迎春惠民演出5场次，到场观众共5000余人次。

【文艺培训】2019年4月13—17日，由海口市文联、市群艺馆主办，市舞蹈家协会承办，4个区文化馆协办的“海口市第十二期社区文艺辅导员（舞蹈类）培训班”在市群艺馆开班，邀请海南大学艺术学院教授进行以胶州秧歌、蒙古舞、朝鲜舞、花鼓舞等内容的免费授课，培训社区文艺辅导员83人次。5月5日，由市文联主办，市戏剧家协会协办的戏曲进校园活动启动，以海口市第十一小学、市义龙中学、市玉沙实验学校、市第二中学、海南省农垦直属第三小学为基地，历时2个月，共举办5场次。活动将“戏曲”与学校文化建设相结合，融入日常的学习和生活之中，拉近戏曲艺术与学生的距离，传承推广地方戏曲文化，激发学生对传统戏曲艺术的兴趣爱好。秀英区书协在冯塘绿园和三台书社举办书法国学公益支教班55期、成人公益书法班5期。

【文艺展览】2019年，由海口市委宣传部、市文联、市文体局主办，市美协、市文研中心承办的“厚积与蝶变——庆祝海南建省办经济特区三十周年海口市经典美术作品展”先后于3月6—21日在海南省博物馆、7月19日至8月10日在海口市民游客中心展出，由南方出版社出版的展览作品集也同时发布。本次展览及画册荟萃建省以来海口55位美术家创作的195幅国家级入选和获奖作品、全国性展览入选和获奖作品、省级展览获奖作品以及旅琼画家代表性作品等，收集10位评论家各时期18篇评论文章，是对30年来海口市美术成就进行的细致的梳理。3月8日，由海口市文联、市美术家协会、朱乃正艺术研究中心主办的“碧境琼天——北京、海南女画家美术作品邀请展”在海口骑楼老街国新书苑开幕。此次展览展现海南“50后”到“90后”几代女画家，以及北京女画家联谊会画家的艺术面貌和成就。共展出作品50多幅，展期持续至3月28日。9月18—30日，由市文联主办，市摄影家协会、市群众艺术馆承办的“夜市让海口更美丽”摄影作品展在海口市群众艺术馆一楼展览馆展出，展出作品131幅，由海南省书法家协会、海口市文联、万宁市文联主办的海口·万宁书法作品交流展，9月26日至10月6日在海口市文联展演展示厅、10月28日至11月5日在万宁市文化馆展出，有153幅作品入选参展，其中特邀作品27幅、海口市60幅、万宁市66幅。10月13—19日，由市委宣传部、市文联、市教育局主办，市书协承办的“庆祝中华人民共和国成立70周年海口市中小学生书法作品展”在市文联五楼展厅展出，有1270名中小学生参与，共评出各等级奖作品460幅，其中一等奖20

2019年9月26日至10月6日、10月28日至11月5日，由海南省书法家协会、海口市文联、万宁市文联主办的海口·万宁书法作品交流展，分别在海口市文联展演展示厅、万宁市文化馆展出　（市文联　供）

名，二等奖20名，三等奖20名，优秀奖60名，优秀指导老师奖60多名。展出其中优秀作品120幅。

【文联展演展示厅投入使用】为解决文艺家活动阵地问题，海口市文联将位于龙华区玉沙路30号玉沙中环五楼的1070平方米的办公场所改造成海口市文联展演展示厅，2016年8月31日动工，2018年12月22日竣工，2019年9月26日投入使用。该展演展示厅是集作品展览、学术交流、文艺演出、艺术创作、文艺培训、影视观摩等多种功能于一体的海口文艺之家。

海口市归国华侨联合会

【概况】2019年，海口市有海外侨胞50多万人，归侨侨眷30多万人，是海南三大侨乡之一。其中，美兰区有海外侨胞20万人，琼山区有12万人，龙华区有11万人，秀英区约7万人；美兰区有归侨侨眷10万人，琼山区有8万人，龙华区有7万人，秀英区有约4万人。年内，市侨联坚持“以侨为本，为侨服务”的宗旨，有序推进各项工作。通过帮助第二代、第三代华人开展寻根问祖活动，增强他们对祖籍国的归属感、认同感；开展华文教育、海南话歌曲和文艺、武术等交流活动，增进友谊；利用“亲情中华”“南洋文化节”和“寻根之旅”等活动，密切与海外侨社团的联系。拓展海外联谊，向海外华侨介绍海口经济社会发展情况，宣传海南自贸区（港）有关政策。关心困难归侨侨眷，全年共发放慰问金和慰问品11.2万元。

【侨联组织建设】2019年4月，海口市归国华侨联合会召开市十三届侨联第四次全委会，增补6名常委，聘请4名海外顾问。6月18日，指导海口市印尼侨友会成立。12月10日，成立海口市侨联青年委员会。按照中国侨联关于加强基层侨阵地建设的指示精神，在各区选择归侨侨眷相对比较集中的镇街、村居委会推进基层侨阵地建设。9月27日，在琼山区大坡镇东昌居举办“文明和谐侨居”授牌仪式及系列文体活动。

【侨联参政议政】2019年9月27日，海口市侨联召开市侨界人大代表、政协委员参政议政座谈会，围绕新发展理念和海南省自贸区（港）建设情况开展调研，并积极撰写提案，共提交个人提案7件，集体提案3件。其中，林玉娇委员《关于加大力度　建设良好的营商环境的建议》被定为市政府副市长督办案，同时被市政协评为优秀提案；林漳育委员《关于建设琼州乡贤文化广场　促进海口人文景观繁荣发展的建议》和徐世亮委员《关于完善海口市分级诊疗问题的建议》被市政协评为优秀提案。

【侨谊联络交流】2019年，海口市侨联共接待多个国家和地区回乡探亲、寻根问祖、侨情交流的侨社团和侨领7批100多人次。帮助第二代、第三代华人开展寻根问祖活动。开展华文教育、海南话歌曲和文艺、武术等交流活动，增进友谊。利用“亲情中华”“南洋文化节”“寻根之旅”等活动，密切与海外侨社团的联系。3月29日，应海南省符确历史文化研究会邀请，出席世界符氏总会成立揭牌仪式暨海口符氏宗亲会成立揭牌仪式，来自符氏海外华侨、国内符氏宗亲600余人参加活动。4月，应泰国海南会馆和亚太控股集团的邀请，《海南华侨》之“一带一路”看海南华侨华人考察采访活动赴泰缅开展第四站活动。考察团到访泰国曼谷、湄索和缅甸克伦邦智慧新城，拜访湄索市市长并商讨海口——湄索的直飞航线事宜。10月14日，日本海南商会会长符明潮、早稻田大学名誉教授岩本伸一博士一行到访海口。10月24日，泰国南部教育访问团一行到访海南华侨中学。12月，组团赴日本拜访日本海南总商会，介绍海口经济社会发展情况，宣传海南自贸区（港）有关政策，并探讨琼籍侨二、三代回海南进行夏（冬）令营活动等事宜。12月17日“中国寻根之旅冬令营海口营”活动启动，37名马来西亚中学生与海南华侨中学学生参加活动，以开展汉语课、文化课、户外拓展、

2019 年 4 月 12 日，海口市中级人民法院和市侨联联合成立的海口涉侨纠纷调解中心正式揭牌　（宋　研　摄）

文化交流等形式，提高华裔青少年对中华文化的认知力，增强家乡情结。

【为侨服务】2019 年 1 月，海口市被列入全省涉侨纠纷多元化解五大试点市县之一，并成立由市中院和市侨联有关人员组成的试点组织领导机构。4 月 12 日，市中级法院和市侨联联合成立海口市涉侨纠纷调解中心并举行揭牌仪式，为 56 名涉侨纠纷调解中心调解员颁发聘书，并分别在市侨联和市中级法院设立涉侨纠纷调解工作室和联络点，为开展涉侨纠纷多元化解工作打下坚实的基础。同时，举办 1 期调解员培训和 2 场次的侨法宣传和知识讲座。关心困难归侨侨眷。春节期间，与“五侨”单位一起共同慰问 295 户困难归侨，并送去每人 200 元的慰问和慰问信。到医院慰问和看望因病住院的归侨侨眷和离退休老干部，做到“家有丧事必访、有重大疾病必访、有重大困难必访”。发动各区侨联积极争取区政府部门的支持，慰问困难归侨侨眷 260 户。11 月，按照中国侨联要求，再次慰问 20 户困难归侨侨眷。全年共发放慰问金和慰问品折合 11.2 万元。

【南洋华侨机工回国抗战图片、雕塑展】2019 年 9 月 22 日，“庆祝中华人民共和国成立 70 周年暨纪念南洋华侨机工回国抗战 80 周年图片、雕塑展”在海南省图书馆开幕。展览为两站巡回展，第一站从 9 月 22 日至 10 月 11 日，展出 20 天；第二站从 10 月 18 日至 11 月 2 日，展出 15 天。本次展览展出南侨机工图片 300 多张，分为英雄墙、英雄事迹、祖国召唤、共赴国难、血铸丰碑、功返南洋、光照千秋、重走滇缅路等多个板块；同时，展出由海南省著名雕塑家陈学博创作的南侨机工双人胸像、南侨机工雕塑等雕像和相关历史雕塑图片等 10 多组，参观人数 6 万多人次。

（陈　创）

2019 年 9 月 22 日，“庆祝中华人民共和国成立 70 周年暨纪念南洋华侨机工回国抗战 80 周年图片、雕塑展”在海南省图书馆开幕　（市侨联　供）

海口市社会科学界联合会

【概况】2019 年，海口市社会科学界联合会（简市社科联）完成重点课题研究 2 项，完成规划课题研究 80 项；组织文明礼仪宣讲 60 场；编辑出版《今日海口》（第四卷）《立时代潮头》《慧聚新征程》3 本社科类书籍，专门为脱贫攻坚工作编辑印刷《扶贫更要扶志扶智》5000 本，进一步丰富海口社科知识和实现社科成果的转化；参加全国大中城市会议和“一带一路”沿线城市智库联盟大会；筹建成立社科社团 4 个，组织开展社团工作会议 1 次；联合海南省社科联、三亚市社科联组织社科专家、学者参加为期 7 天的社科普及业务能力提升研修培训班一期。获得“全国先进社科组织”称号。

【社科课题研究】2019 年，海口市社科联组织社科专家开展海南营商环境、羊山文化等专题调研，收集第一手资料，实地调研走访江东新区、羊山地区了解情况，形成调研成果专报 4 篇，其中调研成果《中国特色自由贸易港建设背景下海南营商环境的问题与对策》被海南省委政研室《政研专报》第16期（总第79期）采用。组织社科规划课题研究，共收到各类课题申请163项。3月29日召开规划课题立项评审会，确定海口市2019年度社会科学研究规划课题立项80项，其中资助课题20项、自筹课题60项。12月10日，召开社科规划课题结项评审会，完成70项课题的结项工作，课题内容涉及乡村振兴、海南自贸区（港）建设、精准扶贫、生态文明建设、乡村旅游和民俗文化保护等11大类别。

【社科成果评奖】 2019年9月25日，海口市社科联开展海口市第六届社会科学优秀成果评奖工作，参评的成果为2017年1月1日至2018年12月31日期间，海口市哲学社会科学工作者和各社会科学学会会员公开发表或出版的论文、研究报告、专著、编著、译著、教材、科普读物、古籍整理出版物、工具书，在市级及以上新闻出版部门批准的内部刊物上发表的论文、研究报告。经评审，评出37项优秀社科成果，其中专著类7项、编著类6项、论文类24项，其中《跨国公司垄断势力纵向传导机制及规制研究》获得专著类一等奖，《黎族原始制陶技艺产业化研究》获得编著类一等奖，《建省以来海南对外开放度测度及与其他经济特区的比较—兼论海南建设自由贸易港的政策建议》获得论文类一等奖。

【社科知识普及】 2019年7月，海口市社科联联合海南省社科联、赴湖南省委党校举办2019年社科普及业务能力提升研修班，全省社科普及业务骨干共60多人参加。培训班为期一周，以“继承发扬红色文化　开创科普工作新局面”为主题，12个单位代表围绕自贸区建设新的形势下社科普及工作所面临的形势、任务以及下一步开展社科普及工作的方式方法进行广泛交流。11月4—7日，市社科联结合海口市第二批“不忘初心、牢记使命”主题教育活动，与市直机关工委联合举办2019年海口市直属机关科级领导干部理论培训班，每期2天，市直机关单位的科级领导干部共600余人参加培训。联合海口新时代国学发展研究院组织专家围绕习近平总书记有关孝道家风讲话精神，组织开展“善德家风”中华优秀传统文化活动，在市民游客中心、省图书馆、海口骑楼老街、各社区等地共开展讲座15场，2000余名群众参与活动。开展文明礼仪宣传教育活动。全年共开展文明礼仪宣讲60场，投入资金4万余元，培训听众9200人次，宣讲单位涵盖市、区政府服务中心、市直单位、企事业单位、医疗卫生系统、中小学校、乡镇、街道等。

2019年6月22日，海口市社科联在省图书馆开展善德家风中华优秀传统文化活动　（市社科联　供）

【社科社团管理】 2019年，海口市经过审核登记的社科社团组织共27个，年内批准海口市新时代社会治理研究所、海口新时代国学发展研究院和海口市礼仪协会3家社会组织成立。抓好“两新”社会组织党组织建设，8月27日，经市总商会联合党委批复成立海口市社科系统社会组织联合党支部。12月，经海口市非公有制经济组织与新社会组织党工委批准同意，组建中共海口市社科系统社会组织综合委员会。10月31日召开2019年海口市社科类社会组织工作会议，传达全国大中城市社科联第30次工作会议精神，总结2019年海口市社科类社会组织工作及部署2020年工作。搭建平台，开展丰富多彩的社团活动。其中，市冼夫人文化学会举办“冼夫人走向世界”论坛、开展文化大讲堂，市龙文化研究会开展龙抬头节活动，市比干文化研究会与省内外单位开展文化交流，市闯海人交流合作协会每年举办闯海节、闯海发展论坛，市乾易国学研究院开展公益讲座等。

【海口市社科专家库建立】 2019年，海口市社科联从100余名申报社科专家中挑选出40名进入海口市社科专家库，年龄段主要集中在40～60岁之间，全部为正教授级别，主要来源于海口地区的各大高校。为规范社科专家库管理，制定《海口市哲学社会科学专家库管理办法》。市社科专家库成员参与社科成果评奖、社科课题评审和重点课题的研究。

（赵宁宁）

海口市残疾人联合会

【概况】2019年，海口市共有残疾人8.98万人，有持证残疾人2.52人。全年发放扶残助残资金4631.4万元。在第六次全国自强模范暨助残先进表彰大会上，海南残服爱心服装有限公司总经理李王花荣获“全国自强模范”称号、海口海燕心智障碍者家庭支持中心理事长陈勋虎荣获“全国助残先进个人”称号、海口市慈善总会和海口市龙哥哥爱心社荣获“全国助残先进集体”称号。

【残疾人基础性工作】2019年，海口市残疾人基本服务状况和需求信息数据动态更新工作有序开展，489名区、镇（街道）、村（社区）数据动态更新业务骨干参加培训，完成所有持证残疾人入户调查、录入和数据核查工作。年内，全市新申请办理残疾人证1580人，持证总人数25198人，办证率提高至29.2%。

【残疾人教育】2019年，海口市残联将全市符合条件的贫困残疾人子女学生全部纳入“阳光助学”范围，对学前残疾儿童、义务教育阶段和高中教育阶段的残疾学生及残疾人子女学生分别给予3000元、750元和3000元资助，共有1498名残疾学生及残疾人子女学生得到资助，资助金额219.6万元。协同市教育局对在海口市参加高考的残疾考生提供合理的便利服务，共有17名残疾考生被普通高校录取。

【残疾人维权】2019年，海口市残联拓宽残疾人信访渠道，处理网上信访件2件，“12345”政府服务热线办件30件，“12385”残疾人服务热线办件100件，信访件5件，办结率均为100%。组织开展重度（一级）残疾人免费乘坐公共交通工具相关工作，为79人次残疾人报销乘坐公共交通的费用。组织开展全市无障碍环境建设现状摸底调查，推动海口市“十三五”全国无障碍环境城市创建工作；为1600户残疾人家庭开展个性化无障碍改造。为335名残疾人发放2019年度燃油补贴，共8.71万元。

【残疾人文体宣传活动】2019年全国助残日期间，海口市社会各界组织开展贫困残疾人走访慰问、贫困残疾人资助、志愿助残集市、农村残疾人就业招聘会、辅助器具适配、残疾人免费体验、“唐宝宝”快闪、歌唱“我和我的祖国”等系列活动。市残联充分利用“海口市残疾人联合会”微信公众号、《海口残联专刊》以及残联网站对残疾人自强模范以及助残先进事迹进行高频次宣传。开展残疾人特殊艺术文化基地创建，举办1期残疾人文化艺术讲座和培训班，为50名残疾人分别开展声乐、器乐、舞蹈、戏曲等科目的学习和普及活动。结合庆祝新中国成立70周年和“不忘初心、牢记使命”主题教育，组织开展残疾人文化周活动，举办残疾人特殊艺术文化下乡演出。在第十届全国残运会暨第七届全国特奥会上，代表海南省队参加比赛的海口市残疾人运动员获得优异成绩，张中华获得残奥乒乓球T11级男子单打和双打2项冠军，吴民获得羽毛球肢体组男子双打亚军，黄奕湘获得群众组飞镖项目女子站立组冠军，特奥项目中海口市特奥运动员获得5金7银10铜，由海口特奥运动员为主组成的特奥篮球队获得队制赛男子H组冠军。

（孙　皓）

海口市台湾同胞联谊会

【概况】2019年，海口市台联围绕“全心全意服务台胞，推进祖国和平统一”的初心和使命，着力抓好台胞沟通、服务、联谊等工作。全年走访慰问台胞97人次，组织台胞联谊活动8次，组织台胞240人次参加志愿服务活动。开展“新形势下进一步做好台胞服务工作”专题调研。

【市台联参政议政】2019年，海口市台联动员台胞参与国家政治生活和社会治理并建言献策，向市政协十四届四次会议提交《关于推进落实海南惠台30条措施的建议》《关于深化琼台农业合作提升农业现代化水平的建议》等集体提案3件，台联界别政协委员向市政协十四届四次会议提交大会书面发言材料2份、个人提案2件。

【台胞服务与联谊】2019年，海口市有台胞人数870人。年内，市台联开展台胞走访调研，共梳理更新108个台胞家族档案，并设立家族联系人。做好60岁老台胞补助登记核查、台胞身份认定、高考政策加分信息核查等工作，报送全国台联特困定居台胞家庭3个。针对台胞反映更改台籍存在的问题，主动到公安部门做政策宣讲和沟通协调。针对残疾台胞就医困难问题，联系省台联、残联、卫生等部门寻求帮助。在春节、中秋等传统节日，对第一代老台胞（遗孀）、病困台胞、老理事等走访慰问共97人次。主动与到琼工作、生活、学习的台湾同胞交流，宣传惠台政策，了解他们的需求和困难，帮助推进惠台措施真正落实。举办“庆国庆、迎重阳”台胞活动、“三八节”女台胞活动、“践行新时代，弘扬传统文化”端午节盟员台胞亲子活动、台胞急救知识培训，组织台胞参加全国台联台胞青年千人夏令营海南分营、海南省台胞青年夏令营、海南省台胞亲子夏令营、海南省第二届“台联杯”羽毛球赛共8次台胞联谊活动，增进台胞情谊。

（胡钟华）

海口市青年联合会

【概况】2019年，海口市青联有11个会员团体，分别为共青团海口市委员会、海口市青年志愿者协会、海口市学生联合会、海口市青年致富带头人协会、海口市青年创业就业促进会、海口市青年电商协会、海口市青少年活动中心、共青团海口市秀英区委员会、共青团海口市龙华区委员会、共青团海口市琼山区委员会、共青团海口市美兰区委员会。有六大界别，各界别委员人数分别为：公共管理界别21人、教育科技卫生界别30人、经济界别30人、农林与宗教界别30人、社会组织界别29人、文体艺术与新闻媒体界别28人。2019年，市青联围绕脱贫攻坚、创新创业、自贸区（港）建设等全市重点工作，结合共青团主责主业，充分发挥青联在经济社会发展建设、青年爱国统一战线等方面的作用。

【非公企业团建】2019年，海口市青联扩大共青团在“两新”组织有效覆盖，推进非公企业团建工作。年内，海南逸展宏图文化传媒有限公司、腾辉科技集团（海南）有限公司、海南新健康美兆体检医院、海南大可文化服务有限公司、海南白鹭科技有限公司、天涯社区网络科技股份有限公司建立了团组织。

【青春建功活动】2019年，海口市青联围绕脱贫攻坚、慈善公益、青年成长成才、拥军优属等民生领域的问题和受困对象，发挥青联委员作用，共同发展进步。助力脱贫攻坚。市青联委员通过产业扶贫的方式，对接开展果子狸养殖、百香果种植、陈符林糟粕醋等扶贫项目；以消费扶贫的方式，多次在“海南爱心扶贫网”上购买贫困户农产品；参与希望工程圆梦行动活动，为6名贫困大学生捐助3万元学费。开展公益志愿服务。组织西盟足球俱乐部支持团市委开展“足球小将成长计”乡村少儿足球志愿服务项目，为三江镇和云龙镇的小学生提供专业的足球教练志愿者和教学方案；组织志愿服务队参与爱心助考、中秋扶贫慰问等志愿服务。促进青年成长成才。文化艺术与新闻媒体界别与团市委共同举办2019年“情缘共牵手·爱在520”青年联谊交友活动；支持举办2019年海南省大学生市场营销大赛，为大学生创业就业搭建良好平台、提供专业指导；参与海南省大学生实习实训基地申请及评选活动，并提供就业实习岗位。做好军地共建工作。由近30名委员组成的慰问团，在“八一”建军节之际，到海口市武警某中队开展拥军慰问活动，赠送空调、洗衣机、体育用品、书籍等慰问品，与部队官兵建立深厚友谊。

【青年友好交流】2019年，海口市青联借助委员们自身的优势资源以及各类学习交流活动，搭建委员之间、对外联络的学习交流平台，有效促进市青联整体组织活力和凝聚力。开展会内走访互访活动。经济界别组织分别走访海南盛世欣兴格力贸易有限公司、中南城建第一工程局有限公司；教育科技卫生界别组织走访海南华侨中学观澜湖学校；农林与宗教界别组织走访古姑姑餐饮连锁企业。开展会外交流学习活动。市青联策划开展“青春建功海口·喜迎五四100周年”主题宣传教育活动，组织全体委员到海口市民游客中心进行参观学习；组织委员参加2019海南共青团微电影（微视频）全国大赛颁奖暨青春正能量传递活动启动仪式；选派委员参加全国新文艺青年骨干“青社学堂”专题培训班及2019年世界海南青年论坛；配合省青联接待澳门青年博彩从业员协会赴琼人员，加强沟通交流。7月10日，山东聊城青年企业家协会部分会员到海口进行创业投资调研，与共青团海口市委和青年企业家代表进行交流。

（林　威）

海口市红十字会

【红十字会慰问】2019年初，省市两级红十字会整体联动，开展“博爱送万家”活动，为300多名生活困难群众发放包括米、油及爱心企业赠送的保健品价值5万多元的慰问品。

【无偿献血】2019年，海口市红十字会在“5·8”红十字博爱周、“6·14”无偿献血日等主题宣传日，宣讲红十字知识，传播红十字精神，发放《中华人民共和国红十字会法》《海南省红十字会条例》《海南经济特区公民无偿献血条例》等法律法规书籍，以及无偿献血知识、捐献造血干细胞知识、捐献器官知识等各种宣传单，日常急救宣传手册，现场接受群众咨询1000余人次。1月和7月，安排工作人员前往万绿园和海口市行政中心开展无偿献血活动。截至11月，全市无偿献血比例达到20‰，远远超过中央文明办“创文”要求的10‰的比例。全年全市献血60297人次，献血量967905单位。

【遗体器官捐献】2019年，海口市遗体、器官捐献工作取得突破性进展，登记7例，累计登记30多例，并实现捐献1例。

【救护知识培训和普及】2019年，根据海南省红十字会和省教育厅通知要求为提高中小学师生的自救互救能力和溺水事件预防安全意识，海口市红十字会牵头组织应急救护培训，在全市中小学全面铺开，先后在46所学校开展23期教职工应急救护培训，培训人数3300余人。

【红十字志愿服务】2019年，海口市红十字会登记注册的志愿者队伍有造血干细胞服务队、无偿献血服务队、救援队、志愿服务队，有志愿者380多名。其中海口市曙光应急救援服务大队是通过登记注册的民间组织，为海口市红十字应急救援队，长期为市红十字会开展各类公益活动和志愿服务，关爱老人、留守儿童及弱势群体。

（王雪梅）

（编辑：蒋　伊）

外事 侨务 港澳台事务

外 事

【概况】按照《海口市机构改革方案》，2019年3月29日，中共海口市委外事工作委员会办公室（海口市外事办公室）（简称“市委外事办”）在海口市行政中心挂牌，是中共海口市委主管外事工作的工作机关，为正处级，内设秘书科、友城和国际交流科、外事管理科（领事科）。

2019年，海口市委外事办服务国家总体外交大局，完成博鳌亚洲论坛2019年年会海口市服务保障工作，成功举办第12届“海口—东盟国家驻广州总领馆对话会”。不断扩大海口对外交流与合作，全年接待25个国家的政府、企业、协会组织来访外宾共53批554人次，其中外国驻华使领馆7批63人次，推动全省首个外国领馆—柬埔寨王国驻海口总领事馆落户海口；妥善处置13件领保案（事）件。海口市友好城市（含友好交流城市）增至41个，遍布全球五大洲33个国家，涉及“一带一路”沿线23个国家27个城市。

【外事接待与大型涉外活动】2019年，海口市共派出17个团组45人次赴菲律宾、马来西亚、印度尼西亚等11个周边国家开展旅游促销、友好访问、招商引资及参加体育赛事等活动（其中市领导出访5批次，访问8个国家）；接洽欧中“一带一路”旅游文化发展委员会代表团、世界拳击组织、俄罗斯塔斯社、菲律宾总统特使王威廉、中国美国商会代表团、美国纽约州议会团、美中硅谷协会等来自25个国家的政府、企业、协会组织来访外宾，共53批554人次；接待美、英、韩、泰等7个国家驻华使领馆官员63人次，重要团组有英国驻广州总领事梅凯伦、韩国驻广州总领事洪性旭和泰国驻广州总领事孔雀丽访问团等。3月26—29日，市委外事办牵头海口市服务保障2019年博鳌亚洲论坛工作，并利用论坛年会平台资源，配合招商部门借助参会契机主动上门对接美国培生集团、英国阿斯利康公司、加拿大哈斯基能源、巴林投资公司、美国嘉吉投资及国家开发投资集团、光大集团、中国银行、一龄医院管理集团等国内外知名企业参会代表，安排10余场市领导与企业一对一会谈，主动开展对外招商引资工作。11月21—23日，成功举办第12届“海口—东盟国家驻广州总领馆对话会”，泰国、菲律宾、马来西亚、新加坡4个国家驻广州总领馆和柬埔寨驻海口总领馆总领事或代表出席。活动期间，双方共同探讨海口市与东盟国家和地区相关产业领域合作的问题；参会代表实地考察江东新区展示馆、市民游客中心和海口公共码头（海口市国家帆船帆板基地）等市政设施，进一步深化海口与东盟国家的了解和各领域的交流与合作。

【柬埔寨王国驻海口总领事馆开馆】经国务院批准，2019年10月10日，柬埔寨王国驻海口总领事馆在海口举行开馆仪式，系中华人民共和国成立以来外国在琼设立的首家总领事馆。柬埔寨王国驻海口总领事馆的领事区覆盖海南全省，业务涵盖签发临时旅行证件、延长护照、签发签证以及向柬埔寨人民提供领事援助等，黄万达担任首任柬埔寨王国驻海口总领事。

2019年6月5日，海口市领导会见第一太平戴维斯企业代表，商谈设立区域总部事宜（市委外办 供）

2019年到访海口的重要外国客人一览表

表7

序号	时间月/日	接待团组	主要客人	人数(人)	国家或地区	访问目的
1	1.8	法国阳光纪录片节	伊夫·雅诺	10	法国	影视产业合作交流
2	1.16	外交部海南全球推介使节回访团	科迪图瓦库	26	斯里兰卡等	礼节性回访考察
3	1.23	阿联酋驻华大使	阿里·扎希里	7	阿联酋	考察自贸港建设
4	1.23	南非文创代表团	阿里·贾思维德	4	南非	文创产业合作
5	1.29	欧中一带一路文旅委员会	伊什特万·乌伊海伊	10	欧盟	战略合作签约
6	2.27	哈罗公学	爱德华·古尔德	6	英国	哈罗海口国际学校项目
7	3.26	（博鳌）巴林投资公司	哈茨·本盖茨	2	巴林	博鳌论坛招商－产业投资
8	3.27	（博鳌）韩华生命保险	吕昇柱	6	韩国	博鳌论坛招商－服务业
9	4.10	南非科学院士代表团	范尼克	11	南非	高新技术
10	4.11	英国总领馆	诺杰	2	英国	礼节性拜会
11	4.17	美中跨太平洋基金会	梅根·赖斯	14	美国	配合省外办接待
12	4.21	贝氏建筑设计事务所	贝礼中	5	美国	江东新区中行总部大厦
13	4.28	世界拳击协会主席	史蒂夫	3	澳大利亚	引进国际拳击赛事
14	5.9	菲律宾总统特使	王威廉	10	菲律宾	配合省外办接待
15	5.10	达尔文市代表团	布霍利斯	5	澳大利亚	友好访问及合作洽谈
16	5.14	美国总领馆文化领事	马科林	3	美国	教育交流推广
17	5.17	韩国总领事	洪性旭	4	韩国	礼节性拜会
18	5.22	英国总领事	梅凯伦	7	英国	礼节性拜会
19	5.22	中国美国商会	葛国瑞	26	美国	商务投资考察
20	5.27	主流媒体记者团	马丁内兹	33	拉美国家	配合省外办接待
21	6.5	第一太平戴维斯	麦家洛	5	英国	设立区域总部
22	6.6	丰田汽车	秋田隆	6	日本	丰田海南移动出行项目
23	6.7	现代事业工程	权纯镛	8	韩国	设立区域总部和建设韩企中心
24	7.3	欧绿保集团签约	史伟哲	9	德国	市政府签署合作框架协议
25	7.9	柬埔寨经贸团	洪森妮	8	柬埔寨	总部设立合作洽谈
26	7.10	中海油对外招商推介	威诺德、钱翔	9	美国	油气资源开发合作
27	7.14	藤本壮介	藤本壮介	5	日本	海口湾建设设计
28	7.16	波菲建筑	里卡多波菲	8	西班牙	江东新区金融大厦
29	7.22	泰国总领事	孔雀丽	6	泰国	礼节性拜会
30	7.24	白俄罗斯团	利斯科维奇	7	白俄罗斯	配合省外办接待
31	8.25	缅甸媒体代表团	吴梭奈	13	缅甸	配合省外办接待
32	9.3	亚足联考察团	帕维尔卢扎诺夫	5	俄罗斯	海口市申办亚洲杯场地考察

续表 7

序号	时间月/日	接待团组	主要客人	人数（人）	国家或地区	访问目的
33	9.21	哈罗国际学校教育分享会团队	梅尔莫洛维奇	3	英国	举办海口哈罗国际学校教育分享会
34	9.25	美国纽约州议会	詹姆斯桑德斯	13	美国	配合省外办接待
35	9.26	美国驻广州总领事	李　靖	3	美国	礼节性拜会
36	10.10	卑尔根卡特德拉高中	丽思何森	5	挪威	友好回访
37	10.22	达尔文市市长团	瓦茨卡里斯	8	澳大利亚	友城合作交流、航线开通
38	11.4	top rank 代表	鲍勃艾鲁姆	10	美国	顶级拳赛落户海口 2020 年 2 月
39	11.5	蒙特利尔大学	盖伊拉菲布尔	6	加拿大	合作办学项目
40	11.5	华纳媒体	艾利克李	5	亚太区	海口富德卡通世界项目
41	11.9	知名金融企业海口行	谢哈列德	37	阿联酋等	金融企业参与海南自贸区港建设
42	11.14	杜福睿 Dufry 集团	辛　格	5	亚太区	免税商品中心落户海口事宜
43	11.18	俄罗斯科学院与国立大学	维克多·费什施特	13	俄罗斯	高新技术项目合作与人才发展
44	11.18	日本北海道登别洞爷广域观光圈协会	小笠原春一	17	日本	旅游产业合作和地质公园项目
45	11.21	第 12 届东盟对话会代表团	陆　毅	6	东盟	海口与东盟友好合作
46	12.2	荷兰梅珀尔市团	理查德·科特兰	5	荷兰	友城意向书签约
47	12.11	欧中一带一路文旅委员会	乌伊海伊·伊斯特万	8	欧盟	设立区域总部，推动投资合作
48	12.12	罗马尼亚阿拉德代表团	拉兹万·卡达尔	2	罗马尼亚	配合省外办接待
49	12.13	马来西亚吉打州议员	陈国耀	6	马来西亚	配合省外办接待
50	12.27	白俄罗斯格罗德诺州	波波夫	6	白俄罗斯	友城签约

【国际友好城市工作】2019 年，海口市加强与国际友城交流合作，推进与国外友城的结好。先后与阿尔及利亚布迈德斯市、荷兰梅珀尔市和白俄罗斯格罗德诺市签署友好城市意向书。推进与国际友城政府高层互访、文体赛事交流、学生交流，参与国际友城会议和拍摄友城系列片等，开展务实交流合作，不断提高海口国际化程度，增强友城影响力、吸引力。海口国际友好城市（含友好交流城市）增至 41 个，遍布全球五大洲 33 个国家。5 月和 10 月，澳大利亚达尔文市政府高级别来访团组到访，与海口市领导会见，召开友城工作专题会议，与海航集团、海口广播电视台达

2019 年 10 月 22 日，达尔文市市长团到访海口，在参观海口广播电视台后与电视台工作人员合影留念
（市委外办 供）

成有关合作意向。6月中旬，市委外事办派摄制组赴友城达尔文市拍摄友城系列纪录片，记录友城之间的交流合作，拍摄友城的优美景色和风土人情，进一步推动双方市民的了解和友谊，讲述好友城故事。7月初，市领导率团访问友城塞舌尔维多利亚市，就推动两地人才交流与生态保护相关内容进行交流，并达成有关意向。7月17日，海口市参加在美国休斯敦由“中国人民对外友好协会”和“美国国际姐妹城协会”共同主办的第四届“中美友城大会”，并围绕海南自贸区建设三大定位相关内容进行发言。8月中旬，海口市文化交流代表团访问塞舌尔维多利亚市，调研当地教育情况、艺术品产业发展情况以及中非艺术交流中心建设情况，就海口市与维多利亚市文化、教育、艺术领域的务实合作进行深入探讨，达成初步共识。9月2日，韩国东海市青少年代表团到访，在海口参与海南枫叶国际学校的全英文课程，参观海南大学、海南省博物馆、海口骑楼老街，沉浸式体验海南高校氛围和海口的历史文化底蕴。11月18—24日，市委外事办协调塞舌尔国家合唱团参加第二届海南（21世纪海上丝绸之路）合唱节。

【对外交流】2019年4月，海口市领导率团出访参加UCLG执行局会议；9月，参加21世纪海上合作委员会“海洋经济与城市发展—港口合作”论坛、UCLG亚太区执行局会议暨“一带一路”经贸合作对话会等会议。10月，派员参加中欧区域政策高级别论坛、尼斯创新城市峰会，参与中欧案例城市合作，进一步拓宽与法国尼斯市在中欧区域合作机制下的合作空间。11月，海口连任2019—2022届UCLG世界理事会理事、执行局成员。

【公务出访管理】2019年，海口市委外事办共受理出访团组55个162人次，其中培训团组9个40人次。按团组性质划分，党政团组42个140人次，其他团组13个22人次；按组团方式划分，双跨团组20个32人次，自组团组35个130人次，55个受理团组中拒批、未成行团组11个27人次。

【外国人来华签证邀请函办理】2019年，海口市委外事办共受理和签发24份外国人来华签证邀请函，其中外国留学人员来华签证申请22份和《邀请核实单》2份，被邀请人共24人次，被邀请人国家包括俄罗斯、菲律宾、土耳其、乌兹别克斯坦、哈萨克斯坦、比利时、意大利、挪威、韩国、德国、新西兰、波兰、印度、泰国等，支持海口市文化、体育、教育等产业的交流和发展。

【APEC商务旅行卡】随着国家“一带一路”等重大战略的不断推进，为助推海口市民营企业参与亚太经合组织合作的步伐，提升外事工作服务地方经济发展的能力，2019年，市委外事办批准市民营企业高管及高级技术人员递交的APEC商务旅行卡申请书21人次。

【对外宣传平台】2019年，海口市委外事办利用微信公众号“海口外事”“HAIKOU GUIDE”（海口导读），保持每月10篇文章以上的推送频率，推出“发现海南”“外国人看海南”系列短视频，面向外国人宣传推介海口经济社会的发展情况。公众号订阅量2115人次，阅读量突破11万人次。联合海口广播电视台制作“外国人在海口”系列纪录片，以在海口长期居住的外国友人为主角，讲述外国人在海口生活、寻梦的故事，以外国人的独特视角和体验看海口。与热带海南英文网站联手，及时发布海口市经济社会发展的各类信息，为在海口投资兴业的外籍人士提供便利，网站年浏览量突破600万，点击量突破1000万次。

（何德庆）

【外国人在海口】2019年，海口市外国专家局充分挖掘和发挥海口地区外国专家、外国友人的作用，多渠道宣传海口，讲好海口故事，提升海口国际能见度。继续联合市委外事办、海口广播电视台开拍反映外国友人在海口工作、学习、生活感受的《外国人在海口》系列纪录片，以外国友人的独特视角展现真实、立体、全面的海口，营造国际化氛围。共拍摄四季20期节目。在“热带海南”英文网站增设“外国人在海口”（Foreigners in Haikou）栏目，发布海口的正面信息，宣传海口，提高海口的国际知名度，营造良好的营商环境。联合市委外事办，委托“热带海南”英文网站

2019年1月5日，海口市组织外国友人体验海口——湿地寻踪和本土美食活动

（市外国专家局 供）

团队运营“海口导读”（Haikou Guide）纯英文公众号。至年底，上线文章196篇，关注人数2500人。该公众号的开通，让外国友人更好地了解海口、关注海口、爱上海口，进一步支持和参与海南自贸港省会城市建设。为外国人才提供联谊交流的平台。组建“Haikou Foreigner's Community”（海口外国人社区）微信群，组织策划“外国友人体验海口”系列活动，先后组织外国友人体验海口——湿地寻踪和本土美食体验、冼夫人文化节及乡村振兴、2019火山荔枝月徒步、庆中华人民共和国70周年徒步大会、阿陀岭森林公园徒步等系列体验活动，旨在让更多外国友人了解海南、走近海口，深入了解海口，关注海口并激发其热爱海口。（陈兰芳）

2019年6月11日，“侨爱工程—琼剧进社区暨侨法宣传活动”在滨海新村社区举办（朱青 摄）

侨务 港澳台事务

【概况】2019年，海口市委统战部共接待港澳台侨来访团组51批约1400人次，组织海口市侨务团组赴泰国、缅甸、日本等地考察交流3批19人次。举办第十六届世界海南乡团联谊大会“寻根之旅”——海口站活动、侨爱工程—琼剧进社区暨侨法宣传活动、南侨机工回国抗战80周年图片雕塑展、海口“侨乡风采”摄影大赛获奖作品展等。支持海外华文教育，向马来西亚新山宽柔中学捐赠中文书籍224册。为270多名无固定收入困难归侨发放生活补贴33万元，为18位老归侨撰写口述历史《我的人生故事》，留住老归侨家庭记忆。加强侨法宣传，在重点侨乡灵山、三江居、东昌居新增8个侨法宣传栏，全年更新侨法宣传栏3期。

【涉侨服务】2019年春节期间，海口市委统战部领导带队走访慰问4户困难归侨侨眷。为270多名无固定收入的困难归侨每人每月发放生活补贴100元，全年共发放33万元。共办理“三侨生”审批18人次（其中高考8人、中考10人），归侨侨眷身份认定7人次。

【侨资及港澳资企业服务】2019年，海口市委统战部开展走访调研，帮助港资企业运鸿房地产公司解决馨园一号项目复工问题、湖湾小区项目恢复建设问题；帮助港资企业长宜房地产公司解决企业增补建筑容积率问题；走访澳资企业南光华高置业公司，推动西海湾二期项目建设；走访泰资企业万达包装制作公司，协助企业对接市资规局，推动企业转型发展。召开企业家座谈会，联合市市场监管局及涉侨相关部门开展侨企普查。

【港澳台同胞及海外侨界联谊】2019年，海口市委统战部共接待香港中华总商会代表团、澳门公务员团体、台湾地区新党主席郁慕明、上海台商代表团、美国南加州海南会馆等港澳台侨各类商会、社团考察团共51批约1400人次（其中港澳访团21批约800人次，侨团16批300多人次，台团14批255人次）。组织海口市侨务团组赴泰国、缅甸、日本等地考察交流3批19人次，在海外开展海南自贸区（港）建设政策宣传。协助市委、市政府主要领导赴香港进行自贸区、自贸港政策招商推介。组织海口国家高新区及市商务、旅游、发改等部门赴港澳台参展推介、交流学习19批93人次，与港澳台企业开展点对点招商，其中对接台企22家，签订框架协议1宗，达成合作意向8宗。举办“2019海口香港产业融合发展研讨会”，签订投资合作意向6宗，涉及近8亿元投资。发挥香港海口联谊会、市台资企业协会、市海外联谊会作用，举办“2019年港澳台青年海口研学活动”“2019琼港澳台青年足球友谊赛”。协助香港教育局交流团、马来西亚亚庇中学、新加坡工艺教育学院、新加坡华侨中学、新加坡成康中学与海口市第一中学、市第七中学、海口实验中学、市五源河学校开展互动交流。举办第十六届世界海南乡团联谊大会“寻根之旅”—海口站活动，170余名乡亲回乡考察。（梁昌鹏）

（编辑：杜惠珍）

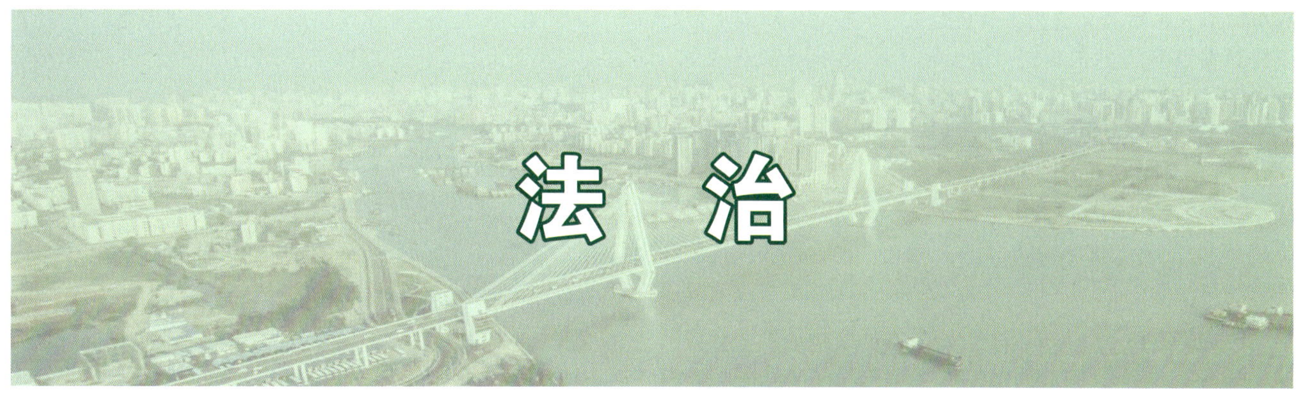

人大立法

【概况】2019年，海口市人大常委会共审议地方性法规5件，其中制定4件、废止3件；开展立法调研9项。4月24日，审议通过《海口市志愿服务条例》，为保障志愿者、志愿服务组织、志愿服务对象的合法权益，弘扬奉献、友爱、互助、进步的志愿精神，培育和践行社会主义核心价值观，促进社会文明进步提供法律保障；9月11日，审议通过《海口市湾长制规定》，为保障湾长制实施，加强海湾管理，保护和改善海湾生态环境提供法律保障；审议通过《海口市人民代表大会常务委员会关于优化营商环境的决定》，从市场环境、政务环境、法治环境等方面出台优化营商环境的管理制度，为海口市加快形成法治化、国际化、便利化的营商环境提供制度保障。11月21日，审议通过《海口市人民代表大会常务委员会关于市人民政府机构改革涉及本市地方性法规规定的行政机关职责调整问题的决定》，重点保持安全生产、应急救援、维护社会稳定等各项工作的连续性、稳定性，为确保机构改革在法治轨道上有序推进提供有力的制度保障；废止《海口市禁止生产和销售假冒伪劣商品条例》。年内，根据市治理管理需求，开展江东新区生态环境保护、城市养犬管理及智慧城市促进条例等立法调研。

【《海口市志愿服务条例》】2019年4月24日海口市第十六届人民代表大会常务委员会第二十六次会议通过，6月1日海南省第六届人民代表大会常务委员会第十一次会议批准。共7章44条，分总则、志愿者、志愿服务组织、志愿服务活动、促进与保障、法律责任、附则等部分。《海口市志愿者条例》对志愿者的权利义务、志愿服务组织的条件，志愿服务活动的开展等方面都进行详细规定；要求志愿服务组织应当依法向市、区民政行政管理部门登记，并接受其监督和管理；志愿服务组织安排志愿者参与可能发生人身伤害风险的志愿服务活动，应当为志愿者购买相应的人身意外伤害保险；从维护志愿者合法权益的角度，规定在开展可能发生人身伤害风险的志愿服务活动、连续提供1个月以上志愿服务、在本行政区域以外开展志愿服务活动等情形下应当签订书面的志愿服务协议；明确了应对作出突出贡献的志愿者和志愿服务组织予以表彰和奖励，并可以通过购买服务等方式支持志愿服务运营管理；实行注册志愿者星级评定制度，依照志愿服务时长和服务质量等确定志愿者的星级，并作为表彰、奖励、回馈志愿者的主要依据；对有良好志愿服务记录的志愿者，可采取乘坐公交、进入公益性文体场馆和旅游景点享受优惠等礼遇措施予以激励；志愿者在从事志愿服务活动中所支出的交通、误餐等费用，志愿服务组织可以给予适当补贴。

【《海口市湾长制规定》】2019年9月11日海口市第十六届人民代表大会常务委员会第二十八次会议通过，9月27日海南省第六届人民代表大会常务委员会第十四次会议批准。共25条，分别从湾长的设置和职责、湾长制工作机构及其职责、湾长巡查机制、湾长督办和约谈机制、协调联动机制、法律责任等方面作具体规定。《海口市湾长制规定》明确市人民政府组织建立市、区、镇（街道）三级湾长体系，市设置市总湾长和市级湾长、沿海湾的区设置区级湾长、沿海湾的镇（街道）设置镇（街道）级湾长；要求市人民政府以及沿海湾的区人民政府应当组织建立湾长制议事协调机制，依法设置湾长制工作机构，承担湾长制的日常实施工作；明确各级湾长的巡查要求，市总湾长每半年巡查不少于一次，市级湾长、区级湾长每季度巡查不少于一次，镇（街道）级湾长每月巡查不少于一次；明确各级湾长应当根据海湾管理保护方案列明的事项和要求，重点对海湾水质、入海排污口、垃圾倾倒、海水养殖、海湾岸线、采挖海砂、围填海等事项进行巡查，并如实记载巡查情况；明确市级湾长、区级湾长发现本级或者下级有关行政管理部门不履行或者不依法履行海湾管理保护职责的，应当责成其依法履行职责，必要时可以以督办函等形式督办；明确市级湾长应当推动和督促建立跨区或者本级跨部门的海湾管理保护协调联动机制，协调和督促解决跨区、跨部门的海湾管理保护问题。

【《海口市人民代表大会常务委员会关于优化营商环境的决定》】 2019年9月11日海口市第十六届人民代表大会常务委员会第二十八次会议通过。共27条，分别从优化营商环境的原则和方向、加强市场主体保护、优化市场环境、提升政务服务能力和水平、加强法治保障、强化评价监管等方面作出规定。《海口市人民代表大会常务委员会关于优化营商环境的决定》确定市政府应当加强对本市优化营商环境工作的组织领导，统筹推进、指导协调、督促落实优化营商环境相关改革；明确从市场准入、企业开办、获得水电气、纳税、融资、人才保障、交通物流、涉企收费、创业创新、产权保护等方面优化市场环境；明确从政务平台建设、政务服务水平提升、政府采购和招标投标等方面优化政务环境；明确从制度建设、市场监管、诚信政府、司法公正、纠纷调处等方面优化法治环境；明确市人民政府应当建立健全本市营商环境评价机制，组织开展营商环境评价，制定具体整改目标和措施，改善和提升营商环境；要求市、区政府和有关部门应当建立健全损害营商环境行为投诉、举报制度以及特邀监督员制度；规定市、区政府应当建立健全容错纠错机制，营造支持改革、鼓励担当、宽容失误的良好氛围。

【《关于市人民政府机构改革涉及本市地方性法规规定的行政机关职责调整问题的决定》】 2019年11月21日海口市第十六届人民代表大会常务委员会第三十次会议通过，12月31日海南省第六届人民代表大会常务委员会第十六次会议批准。该决定明确海口市现行地方性法规规定的市级行政机关职责和工作的承担问题，确定相关职责尚未调整到位之前，由原承担该职责和工作的行政机关继续承担；明确海口市现行地方性法规规定的区级行政机关职责和工作的承担问题，规定区政府及其部门，承担本市地方性法规规定的职责和工作需要进行调整的，按照上述原则执行；明确职责调整完成后的上级行政机关履行管理监督指导职责问题，规定由《海口市机构改革方案》确定承担该职责的上级行政机关履行管理监督指导等职责；明确实施机构改革方案需要立法、修法的程序，规定需要制定、修改本市地方性法规或者作出相关决定的，市政府应当及时提出议案，依照法定程序提请审议；明确机构改革组织实施的要求，强调本市各级人民政府及其有关部门应当精心组织，周密部署，确保行政机关履行法定职责、开展工作的连续性、稳定性、有效性，特别是做好涉及民生、应急、安全生产等重点领域工作。

（王振仲）

政法委与综治工作

【概况】 2019年，海口市政法部门围绕市委中心工作，坚持一手推动政治安全和社会稳定，一手抓推动政法事业长远发展，采取有力措施，加大工作力度，推进落实政法工作。年内，海口市受全国、全省和市表彰的先进集体48个，先进个人134名，其中受全国表彰的先进集体5个、先进个人23名，受省表彰的先进集体23个，先进个人39名，立功集体24个，立功个人589名。年内，海口市获得“2019年社会治理创新典范城市”荣誉称号，在全国52个获奖城市中排名第二。

【依法治市机制建设】 2019年4月，海口市委成立全面依法治市委员会及其办公室，统筹协调和推动依法治市各项工作。委员会主任、副主任分别由市委主要领导和市人大、市政府、市委政法委领导兼任。委员会办公室主任由市委副书记、市委政法委书记兼任。10月29日，市委全面依法治市委员会召开第一次会议，会议审议通过市委全面依法治市办、市委全面依法治市委员会4个协调小组成员名单及相关工作规则；审议通过《中共海口市委全面依法治市委员会2019年工作要点》《关于贯彻落实〈关于全面推进海南法治建设 支持海南全面深化改革开放的意见〉任务清单和责任分工》，明确各协调小组及成员单位2019年法治工作重点以及2035年前全市法治建设的整体部署，初步完成全面依法治市工作的组织机构设置、顶层制度设计等基础性工作。

【社会治理“三位一体”工作机制】 2019年，海口市政法部门按照国家治理体系和治理能力现代化总要求，落实省委政法委的工作部署，创新实践综治中心、“雪亮工程”、网格化服务管理“三位一体”工作机制，不断提高社会治理社会化、法治化、智能化、专业化水平。进一步深化综治中心实体化运作、信息化支撑、网格化管理、组团化服务、实战化运行“五化”运行模式，以市综治中心为牵引，有效形成4个区、桂林洋经济开发区综治中心规范化运行，43个镇（街）458个村（居）综治中心建设应用实战化功能进一步强化，全市综治中心基本实现矛盾纠纷联调、社会治安联防、重点工作联动、治安突出问题联治、服务管理联抓、基层平安联创。推进“雪亮工程”建设，中央支持资金2200万元，保障项目建设应用，按照“政法牵头、部门配合”的工作原则，一期项目基本建设完成。依托“12345”海口智慧平台累计整合全市学校、医院、港口、水务、农贸市场、城区巷道等共1.53万路视频监控并实现视频资源数据共享。深化“雪亮工程”体系建设与应用，为社会治安提供强大的信息化、智能化支撑，通过监控视频事前预警社会治安案（事）件1674宗1897人，公安机关案后查处案件1324宗，抓获犯罪嫌疑人2193人，其中成功破获4起命案。加强网格化管理。市委政法委印发《关于进一步加强农村网格化服务管理工作的实施意见》，全市调整划分城乡网格4479个，配备专（兼）职网格员2286名，实现全市城乡网格管理一体化、全覆盖。7月，全省综治中心、雪亮工程、网格化管理“三位一体”新机制建设（海口）现场会召开，向全省复制推广海口市的经验做法。

【矛盾纠纷排查化解】2019年，海口市政法部门深化“枫桥经验”实践，建立完善“大调解”16项运行机制，市委政法委印发《关于创新综治中心与镇（街道）矛盾纠纷排查调处中心、网格化服务管理深度融合，推进基层矛盾纠纷排查调处工作机制建设的意见》，推动全市43个镇（街）党（工）委、政府（办事处）每月召开一次矛盾纠纷排查调处工作联席会议等制度机制落实；围绕涉众型经济案件利益受损群体、征地拆迁、环境“邻避”、劳资纠纷、涉法涉诉、涉军等重点领域、重点群体、重点人员排查出风险隐患问题40个。年内，房地产领域到省、到市集访或聚集31起，比上年下降8.8%，工作成果在全省房地产风险防范推进会上作经验交流。

【司法体制改革】2019年，海口市政法部门深入推进司法体制改革，全面落实司法责任制，完善各项配套措施。强化执法检查，对政法各部门工作专项执法检查，开展“监督维护在押人员合法权益”专项活动，推进执法司法规范化建设。推进审判工作改革，出台《关于全市法院案件繁简分流的工作规程（试行）》等7项工作制度，在全市法院普遍开展一审案件繁简分流工作，积极探索二审案件的繁简分流；推进诉前分流调解，依托人民调解室和律师调解工作室分流案件；设立专门的速裁庭，加快办案节奏，快速审结案件，打造繁简分流机制改革和“分调裁审”机制建设的“海口标准”及“海口方案”。推动执行联动机制建设，加大执行工作力度，加强执行难源头治理制度建设；加强海口市社会信用体系建设，进一步完善“执转破”工作机制和司法救助制度。推进海口知识产权法庭实体化运行，在市中院设立海口知识产权法庭，对全省知识产权案件进行集中管辖。深化司法责任制改革，推动入额院领导办案成为新常态，执行检察长列席同级法院审判委员会制度。持续深化“放管服”改革，公安机关自主研发“椰城警民通”移动办理平台、移动智慧警务便民服务站，建成全省首家全天候不打烊的综合便民服务站。加大知识产权保护力度。持续完善知识产权案件“三合一”机制，海口知识产权法庭挂牌成立并实体化运行。公共法律服务实现新发展。受理公共法律援助案件5631件，接待法律咨询4万多人次，不断推动公共服务实体平台、热线平台、网络平台融合。扎实推进国家司法救助各项工作，共发放国家司法救助资金424.14万元，对164个案件193人实施国家司法救助。

【见义勇为工作】2019年12月20日，海口市见义勇为奖励基金会第十二次理事会议召开，对理事会、监事会组成人员进行调整。加强见义勇为的表彰奖励，12月27日召开海口市第十次见义勇为人员表彰大会，对海口市2017年7月以来涌现的26名见义勇为先进分子、积极分子和先进群体、3个市见义勇为工作先进群体、先进单位、爱心企业进行表彰奖励，发放奖励金54万元。有10名见义勇为人员和一个群体被评为全省见义勇为先进个人及先进群体。同时，加大见义勇为人员的帮扶救助，为见义勇为人员发放春节慰问金30万元，争取省助学金约15万元；争取省表彰奖励和慰问金55万元；3名患有重病者获爱心企业捐助6万元。全年共为见义勇为人员发放救助、慰问、奖励资金170多万元。

【扫黑除恶专项斗争】2019年，海口市围绕“深挖根治”的阶段性目标，坚持高位推动、聚力攻坚，扎实推动专项斗争深入开展。全市共打掉涉黑涉恶犯罪团伙29个，抓获团伙成员461人。“打伞破网”立案查处“保护伞”86人，“打财断血”累计冻结、扣押涉案财产15.63亿元，追缴偷漏税款1.99亿元。专项斗争成效逐渐显现，社会治安明显好转。全市刑事案件立案比2017年（专项斗争开展前）下降18.4%，为近12年来最低。行业秩序明显改观。共打掉“运霸”“砂霸’“菜霸”团伙16个，交通运输、果疏批发、矿场开采等行业乱象得到有效遏制。基层组织明显增强。清理不合格“两委”干部和村民小组组长63名，基层政治生态持续向好。营商环境明显改善。打掉一批长期盘踞一方的黑恶团伙，保障全市重点项目顺利落地开工，2018—2019年间无一出现阻工现象，海口入选20个“2019年中国最佳营商环境城市”，位列第9名。

（冯 绚 冯绵川 曾 努）

法治政府建设

【概况】2019年，海口市政府对标《法治政府建设实施纲要（2015—2020）》《市县法治政府建设示范指标体系》，开展创建“全国法治政府建设示范市”的工作，海口市入选“全国法治政府建设示范市”候选地区。将法制审核作为市政府常务会议议题的必经程序，先后对16件重大产业规划、重大项目、江东新区建设和163件次市政府招商引资协议进行法制审核。创新审核方式，委托专业律师事务所对市政府主要负责人的行政决策事项进行第三方合法性评估。出台《海口市全面推行行政执法公示制度执法全过程记录制度重大执法决定法制审核制度实施方案》，全面推行行政执法公示、执法全过程记录、重大执法决定法制审核制度，明确执法权限，规范执法标准。

【政府立法】2019年，海口市司法局围绕营造一流营商环境、创新社会治理、生态环境保护和保障社会民生，编制《海口市人民政府2019年度立法计划》，安排24件立法项目（含调研）。全年推动出台地方性法规3件；

制定出台政府规章3件，修改6件，废止3件。创新政府立法工作机制，建立政府规章立法后评估机制，开展立法项目委托起草检查，规范立法项目委托起草工作。

【规范性文件审查备案】2019年，海口市在全省率先委托第三方机构对行政处罚自由裁量权标准规范性文件进行审查，完善规范性文件制定与备案管理机制。全年市司法局审查各类文件648件次；办理市政府规范性文件向省政府备案登记29件，报备率100%；受理各区政府、市直各部门规范性文件向市政府备案登记26件，其中对存在不符合“统一登记、统一编号、统一印发”原则、内容不合法等问题的13件规范性文件予以纠正，最终准予备案登记23件。对11件市政府规范性文件进行有效期预警，确保各项政策措施顺利衔接、平稳过渡。

【行政应诉】2019年，海口市政府共收应诉案件245件。其中，一审案件119件，审结102件，胜诉65件，胜诉率63.7 %；二审案件98件，审结68件，胜诉50件，胜诉率73.5%；再审案件26件，审结19件，胜诉17件，胜诉率89.5%；诉讼监督案件2件，办结2件。建立行政机关为被执行人的案件台账，对全市各单位、各区建立作为被执行人的案件台账情况进行检查。

【行政复议】2019年，海口市各级行政复议机关共办理行政复议申请492件，复议案件涉及公安、市场监管、房屋征收补偿、不动产登记、环保等多个领域。办理以市政府为被申请人的省政府行政复议答复25件，办结率100%。加强行政复议案件的听证审理工作，市政府复议机关共开展听证48次，比上年增加118%。督促行政复议决定执行，下发《履行行政复议决定告知书》和报送行政复议决定执行情况的通知，督促涉案责任单位依法履行行政复议决定。加强行政复议信息化建设，对各区、市政府直属部门开展培训指导，完成市政府为复议机关的2018年、2019年度共299件行政复议案件信息在全国行政复议工作平台的信息录入。加大行政复议宣传力度，开展纪念《中华人民共和国行政复议法》颁布实施20周年、“以人为本，复议为民，建设法治海口”主题集中宣传活动。 （巫煌星）

【执法领域改革】2019年，海口市全面整合各部门行政执法职责和执法队伍，行政执法职责由综合行政执法局统一行使，实现市（区）“一支队伍管执法”，减少执法层级，提高执法效能。有序推进行政执法监督工作，开展“双随机一公开”监管工作，规范行政执法行为；全面推行行政执法公示制度、执法全过程记录制度、重大执法决定法制审核制度，对市政府直属单位开展行政执法案卷评查。创新市场监管机制，构建以信用监管为基础的事中事后监管体系；开展全市清废妨碍公平竞争政策措施自查工作，确保无违反公平竞争相关规定；组织开展滥用行政权力排除、限制竞争行为专项检查工作；建立公平竞争审查联席会议制度，推进公平竞争审查制度有效落实。创新开展人民调解工作，专职人民调解员实现全覆盖，人民调解“海口经验”获得司法部高度肯定并向全国推广。推进行政复议体制改革，落实“一级政府只设一个行政复议机构”的要求。

（冯锦川 曾 努）

【行政执法监督】2019年，海口市司法局加强行政执法事中事后监管。全市“双随机一公开”系统抽查事项覆盖率市级单位81.53%，3家开发区100%，区级4家单位97.04%，垂直管理单位48.18%。加大行政执法案卷抽查评查力度，采取实地查看、查阅案卷等方式，抽查11家市政府直属行政执法单位执法案卷190件，其中行政许可77件，行政处罚113件。组织459名行政执法人员参加全省执法资格考试。开展“媒体＋执法”行动，出动52车次、152人次，同步对城管执法队员执法过程进行拍摄。采取动态巡查、联合检查、定点检查3种方式，对全市43个镇（街）城管执法中队队容风纪进行常态化检查纠察，共检查657人次，纠正226人次。市交通执法部门配备180余部智能执法记录仪和警翼采集工作站等设备。

【政府法律事务】2019年，海口市司法局审查市政府常务会议和“两重一大”专题会议议题182件，审核涉及政府投资、财政支出、国有企业、行政执法等方面的市政府行政决策事项594件，参加各类涉法工作会议229次。组织开展市政府主要负责人决策事项第三方合法性评估和2016年以来市政府合同清理工作，提高市政府依法行政水平。

（巫煌星）

公 安

【概况】2019年，海口市公安局围绕新中国成立70周年大庆安保维稳工作这一主线，忠诚履职、敢于担当、勇于创新，有力维护国家政治安全和社会大局稳定。全年全市共立刑事案件1.03万起，比上年下降7.1%；受理治安案件1.68万起，下降4.5%，社会治安大局继续保持平稳向好。市公安局有1个集体荣立集体一等功、9个集体荣立集体二等功，203名民警分别荣立个人一、二、三等功，美兰分局被评为“全省优秀公安局”，冯晖被中央组织部、中央宣传部授予第九届全国“人民满意的公务员”称号，是全省公安系统唯一获此殊荣的民警。秀英分局石山派出所被公安部授予首批100个“枫桥式公安派出所”称号，是海南省公安派出所中唯一获此殊荣的派出所。

【公共治安管理】2019年，海口市公安局持续开展“一标三实”基础信息集中采集和系统行政（管辖）区域及网格划分标绘工作，全年采集录入

72 万条，累计采集录入数据 568.3 万条，完成行政（管辖）区域及网格划分标绘。受理治安案件 1.68 万起，查处 1.66 万起，抓获各类违法嫌疑人 6644 名。破获赌博案件 751 起，其中刑事案件 21 起、刑事拘留 85 人、行政案件 730 起，行政处罚 1221 人。查处涉黄违法犯罪案件 685 起，其中刑事案件 25 起、刑事拘留 76 人、行政案件 660 起，行政处罚 1224 人。自 2018 年 1 月起开展为期两年的打击整治涉枪涉爆专项行动以来，全市共破获涉枪涉爆案件 67 起，抓获涉枪涉爆违法犯罪嫌疑人 88 人，收缴各类枪支 55 支，子弹 3.6 万发，废旧炮弹 35 枚，山猪炮 33 枚，管制刀具 282 把。全面加强金融系统安全检查，对新建、改建 36 个金融营业网点和自助银行进行审核和验收，核发“安全防范设施合格证” 34 张；组织开展 25 个省级重点挂牌建设项目内部安全防范的督导工作。在全市铺开“护校安园联盟”建设工作，每天有 3000 余人在上放学高峰期开展勤务。严密城市巡逻防控体系，春节、端午节、国庆节及博鳌亚洲论坛年会期间全面启动一级勤务，每天投入 2000 余名警力开展全天候武装巡逻防控。加大对公共娱乐场所、旅馆业监管力度，检查旅馆业单位 780 家次，暗访抽查旅馆 450 家次，行政罚款 101 家违规经营旅馆。协同市文旅、市市场监管局、消防等部门开展娱乐场所联合巡查 12 次，共检查娱乐场所 203 家次，发现问题隐患 30 处，现场整改 21 处，限期整改 9 处。旅馆业治安管理信息系统共上传旅客入住登记信息 1143 万余条，抓获网上逃犯 7 人。升级旅馆业“人证同一”设备 1383 台，开展身份证容缺办理入住 1200 余人次。推进“枫桥式公安派出所”创建活动，石山派出所被公安部命名为全国首批“枫桥式公安派出所”。

2019 年 11 月 21 日，海口市公安局、市教育局在滨海第九小学联合举行“护校安园联盟”启动仪式，海口市“护校安园联盟”正式成立　　（市公安局 供）

【刑事犯罪侦查】 2019 年，海口市共立刑事案件 1.03 万起，比上年下降 7.1%，连续 3 年出现下降，为 12 年来最低；连续 5 年命案全破；八类严重暴力案件下降 20.7%，“两抢”案件下降 47.8%；抓获各类犯罪嫌疑人 4532 名，社会治安大局继续保持平稳向好。深入推进以扫黑除恶斗争为龙头的打击枪爆违法犯罪、电信网络诈骗犯罪、“净网 2019” 等专项行动，有力促进社会治安形势持续向好。全年共打掉黑恶团伙 29 个，破案 411 起，抓获团伙成员 461 人，查封、扣押、冻结涉案资产折合 15.63 亿元，移交纪委监委机关的涉黑涉恶公职人员和农村干部 64 人，打掉的团伙数、抓获团伙成员人数等各项指标均排名全省首位，其中打掉的黑社会性质组织占全省的 36.1%，受到中央第十八扫黑除恶督导检查组和省领导的充分肯定。特别是组织侦办的吴某隆黑社会性质组织案件，涉嫌杀死 5 人、重伤 7 人，是近年来全省打掉的手段最残忍、性质最恶劣、涉案资产（估值达 10 亿元）最多，也是海南省在境外抓获犯罪嫌疑人最多（3 人）的涉黑案件。

【经济犯罪侦查】 2019 年，海口市公安局不断强化打击主业，始终保持对经济犯罪活动的严打高压态势，全力侦办党委政府重视、人民群众关注、社会影响广泛的大案要案，深入开展专项打击行动，坚决遏制经济犯罪的高发势头。全市公安经侦部门相继破获海南贝格富科技有限公司涉嫌非法吸收公众存款案、海南九洲盛世涉嫌非法吸收公众存款案等多起案件，为群众挽回经济损失 1.1 亿元。深入推进打击电信网络诈骗违法犯罪活动，共立电信网络诈骗案件 796 起，比上年上升 3.92%；打掉团伙数 44 个，抓获人数 335 名，是上年的 9.57 倍；共止付账户 3976 个，冻结账户 1351 个，止付资金 7585 万余元，冻结资金 2236 万余元。其中，成功侦破“901”电诈专案，打掉 6 个团伙，抓获违法犯罪嫌疑人 151 人，捣毁作案窝点 11 个；从中缅边境将 18 名诈骗犯罪嫌疑人押解回琼，这是年内海南省破获的第二起境外打击电信网络诈骗犯罪团伙案件。

【禁毒工作】 2019 年，海口市公安局坚持以打开路，纵深推进禁毒三年（2017—2019 年）大会战各个专项行动，全年共破获毒品案件 478 起，抓获犯罪嫌疑人 1034 人，缴获各类毒品约 14.4 千克，强制隔离戒毒 251 人，为第一轮禁毒三年大会战收官战画上圆满句号，也为新一轮禁毒三年大会战奠定坚实基础。禁毒三年大会战以来，全市共破获毒品案件 3219

起，其中破获部省级毒品目标案件62起；抓获犯罪嫌疑人4624人，摧毁贩毒团伙226个，缴获各类毒品约6.98吨；至2019年底，现有吸毒人员较会战前下降22%，占比下降到3.07‰（低于3.7‰的预期目标），禁毒工作呈现“四升四降”良好态势（“四升”：青少年毒品拒毒意识增强、群众满意率上升，打击成效不断提升，戒治能力和水平不断提升，管控力度不断提升；“四降”：新发现吸毒人员不断下降，现有吸毒人员不断下降，抓获犯罪嫌疑人中吸毒人员占比不断下降，涉毒刑事、治安发案率和刑事、治安总体发案率连续三年下降），海口市获评为“全国禁毒示范创建工作先进城市”。

【流动人口与出租屋管理】2019年，海口市公安局制定《“一标三实”基础信息集中采集具体实施工作方案》，将流动人口与出租屋纳入“一标三实”系统平台进行信息化管理。对全市派出所共划分责任网格区412个，动员采集力量6989人，对全市基层信息进行采集。年内，通过“一标三实”信息平台共采集信息72万余条，其中采集到流动人口数20.2万人，出租屋3.3万间。

【出入境管理】2019年，海口市公安局共受理、审批公民出国（境）证件29.58万件，占全省42%，比上年减少9%。其中，护照10.15万件，占全省37%，增加8%；港澳（含自助）15.63万件，占全省43%，减少16%；台湾3.81万件，占全省56%，减少15%。受理、审批境外人员证件5651件，下降4.4%。市公安局办证大厅共办理5288件，其中居留许可4505件，停留证件571件，普通签证212件；美兰机场口岸办理363件，其中个人旅游签证272件，团队旅游签证91件。围绕“底数清、情况明、管得住、不出岛、服务好”的工作目标，持续提升外国人管理服务能力，保障海南59国免签政策顺利施行。全年共办理“三非”案件183起，增加5起。其中，非法居留案件130起，减少22起；非法入境案件25起，与上年持平；非法就业（非法聘用）案件28起，增加27起。全年境外人员住宿登记29.36万人次，增加12.5%，其中外国人增长23%，港澳台居民减少3.9%。全年从海口美兰国际机场享受59国免签入境人员共11.03万人次，其中提前申报入境团队4621个10.36万人次；提前申报个人游4609人次；不了解59国政策在机场应急申报2128人次。

（王路明）

【边防执勤】2019年，海口海岸警察支队围绕中华人民共和国成立70周年大庆安保维稳主线，突出抓好队伍管理教育、辖区维稳管控以及执法规范化建设，大力推行沿海治安管控新机制，较好地完成各项公安工作任务。年内，开展支队“双争”先进个人评选活动，共190余人次获评“双争”先进个人。红岛派出所因工作突出，分别获得集体三等功、集体嘉奖、优秀基层党组织荣誉，所长刘智获评“全国最美基层民警”。

辖区维稳。开展反暴恐专项行动。全面梳理排查辖区涉危涉爆场所及企事业单位、船舶26家，建立重点人员滚动排查机制，逐人登记造册并制定管控措施。全年，共滚动核查管控重点人员2245人，核查录入流入流出辖区关注人员1245人次，并组织警力坚持每天在辖区万绿园、世纪公园、白沙门公园等周边重点路段的重点时段开展武装巡逻。严厉打击各类违法犯罪活动。以深入推进上级部署的“扫黑除恶”“云剑行动”等专项行动为发力点，集中侦破一批案件。全年共接处警17370起，立刑事案件656起，破获315起，破案率48%；受理行政案件682起，查处617起，查处率90.5%；打击处理各类违法犯罪嫌疑人580人，打掉团伙27个。推进禁毒三年大会战。强化情报导侦，依托毒品检查站和船管站，加强重点船舶、重点部位、重点岸线的巡查管控，形成“港口截、入口堵、岸上查”的工作格局。全年共破获毒品刑事案件42起，打掉贩毒团伙11个50人，抓获犯罪嫌疑人110名，缴获各类毒品共279.3克，收戒收治吸毒人员37名，其中强制隔离戒毒31名、行政拘留5名、罚款1名。特别是在毒品堵源截流方面，联合市公安局禁毒支队，成功破获公安部“2019-422”毒品目标案件，打掉一个贩毒、抢劫、敲诈勒索犯罪团伙，摧毁一条横跨三省三市三县的贩毒网络，抓获犯罪嫌疑人39名，缴获海洛因、冰毒、麻古等毒品疑似物约210克，并带破抢劫、敲诈勒索案件62起。年内，支队1人获全省三年大会战阶段性专项行动先进个人荣誉称号，2人获全市三年大会战阶段性专项行动先进个人称号。完成多项重大安保任务。针对敏感节点及重大安保任务，支队各级共出动警力3296余人次，船艇97艘次，组织开展以“查隐患、堵漏洞、保稳定”为主要内容的治安秩序整治行动12次，组织开展治安巡逻200余次，排除安全隐患43处，完成各级“两会”、博鳌亚洲论坛年会、建国70周年大庆安保等安保任务，以及海安港省际公安检查站联勤查控任务等53项各类安保警卫任务。

沿海管控。构建“双岸长”监管责任制，牵头出台《海口市沿海管控“双岸长制”工作方案》，初步建立由乡镇街道、派出所负责人任沿海岸线岸长的“双岸长制”工作机制；实行责任捆绑、勤务捆绑，推动沿海乡镇（街道）在辖区重点港口、岸线树立岸长公示牌17块；发动沿海各区、乡镇政府和辖区渔船民参与沿海治安管理工作，通过整合各类资源，建立二级岸长26名、岸管员41名，岸线巡查管控的综合实战能力大幅提升，齐抓共管的沿海岸线管控工作模式基本形成。开展港口船舶集中整治行动。联合渔政、海事等职能部门开展港口水域船舶整治工作，对辖区本港籍船舶及长期停靠本港的外港籍船舶进行全面走访核查，推进船舶边防治安管理识别号牌编制工作。共核查登记各类船舶2808艘，排查管控异地船舶148艘，登记列管涉嫌违规出海重点船舶21艘，为“三无”船舶编刷治安识别号牌1031块。打击各类涉海涉船违规活动。结合"打击成品油走私""扫黑除恶""禁毒大会战""毒品大堵截"等专项行动，严格落实船舶进入港检查签证制度，及时掌握各类船舶特别是赴中远海作业船舶的动态情况。全年共检查各类船舶1.71万艘次，渔船民2.2万人次，查获涉嫌走私红油1吨，查处违规船舶案件67起，处罚渔船民70人；查处涉嫌违规运输活禽、违禁品船只13艘；查获涉砂案件5起，查获违规运输入岛活体动物案件23起、活体动物1.3万余只，涉案价值约40余万元；捣毁沿海岸线违规登陆点7处，查处涉嫌非法采砂船舶8艘，取缔3艘。

推行学习"枫桥经验"，重点提升防范化解辖区重大风险、服务辖区群众和治安打防控管能力。全面落实走访措施。结合禁毒大会战、反恐维稳等重点关注和辖区治安热点问题，以辖区在册吸毒前科人员、案件当事人、涉访、涉诉和辖区困难群众为重点，组织官兵深入辖区开展走访活动。年内，共走访地方党委政府、公安机关21次，汇报工作21次，走访群众6万余人，企事业单位400余家次，收集群众意见建议60余条。做好矛盾纠纷排查化解工作。以创建"枫桥式派出所"活动为抓手，做好矛盾纠纷多元化解工作，共化解各类矛盾纠纷69起，成功处置或协助处置群体性事件13起。深入开展宣传教育。将治安形势教育、伏季休渔期、禁毒宣传与"大走访"活动结合起来，开展"送法进乡村""安全防范上渔船"等宣传教育活动，为群众讲授《中华人民共和国治安管理处罚法》等法律法规及防火防盗等安全知识，发放各类宣传单3万多份，开展各类文明建设活动40余场。实施便民利民服务。在全面走访摸排、掌握实情的基础上，配套开展"共建平安边防辖区"为主题的爱民活动，推行"居住证"上门核查登记等措施，并协调有关职能部门，全力推动解决群众实际困难。红岛、东营、水上、长堤、塔市等派出所积极为民办实事、做好事，帮助民工讨薪25万元，收到群众赠送的锦旗16面。 （邢利山）

【户籍管理】2019年8月30日，海口市公安局推行人才落户承诺制，将以往"先确认后办理"的审批模式调整为"先办理后复核"的服务模式，办理时间从一至两周缩短至当场办结；10月30日起实行人才落户线上不见面审批业务。全年共办理人才落户1.85万人。根据省政府办公厅印发的《海南省新一轮户籍制度改革实施方案（试行）》，海口市各户政窗口自11月27日起执行新一轮户籍制度改革政策。至12月底，共1.78万人落户（其中省内居民合法稳定住所落户1.05万人，省外居民居住参保落户7251人）。稳步推进不见面审批业务工作，实现4项居住证业务网上办理全覆盖；除首次申领外，其他4项身份证业务均可网办；61项户口业务可网办。全年共办理出生登记2.82万人，死亡注销4119人，迁入5.71万人（含各类迁移业务），迁出8431人，办理居住证52万张（含网办），办理身份证 13.7万张（含网办）。

【道路交通管理】2019年，海口公安交警围绕全省道路交通安全专项整治三年（2018—2020年）攻坚战的工作部署，加强道路交通秩序管理，全年共查处各类交通违法案件110.95万起，比上年增加17.5%；发生一般程序处理的交通事故848起，上升9.84%；死亡129人，上升5.74%；受伤920人，上升11.79%；经济损失201.95万元，上升63.59%；万车死亡率1.52，上升0.03%；全市道路交通拥堵平均指数1.29，下降0.16。坚持常态开展夜间清查整治，查处酒驾1094起、醉驾460起，分别增长60%和25%。依托交通集成指挥平台监控预警，科学合理布岗拦截查扣套牌车辆23辆、报废车辆82辆、逾期未年检车辆305辆，监控预警成功拦截率24.6%，查处率78.5%。严格执行货运车辆入市登记制度，审核办理货车入市通行证9157张，查处货车违反禁令入市行为1.06万起。与交通、公路部门建立超限超载联合整治工作机制，查处货车超载行为908起、非法改装行为2178起，查扣超载货车908辆。坚持严管严治规范电动自行车通行秩序，查处电动自行车交通违法19万余起，查扣电动自行车8万余辆，对违法行为人现场教育11万余人次、网上学习教育6.5万人次。坚持每月开展交通安全整治统一行动，紧盯国省道和农村公路，查处无证驾驶机动车行为892起，查处农用车、拖拉机违法载人行为15起。

【监所管理】2019年，海口市公安局以开展看守所"五化建设"、拘留所"三项重点工作"和戒毒所"两基础四深化"工作为推手，推进基础信息化、警务实战化、执法规范化、队伍正规化"四项建设"，进一步夯实基础工作，确保监管安全，实现全年无非正常死亡、无自杀、无脱逃、无集体中毒、无疫情传播的安全工作目

2019 年海口市交通事故统计表

表8

事 项	数量（2019/2018）	比上年同期增长（%）
接处警总量（次）	85066/82116	3.6
事故起数（起）	848/823	9.84
死亡人数（人）	129/122	5.74
受伤人数（人）	920/823	11.79
财产损失（元）	2019540/1234500	63.59
交通事故万车死亡率（%）	1.52/1.49	0.03

2019年9月5日，海南省公安机关中华人民共和国成立70周年大庆安保维稳誓师大会暨全警实战大练兵启动仪式在海口举行（曾 程 摄）

标。狱侦大队和各监所充分发挥监管场所阵地优势和资源优势，通过教育感化和深挖犯罪工作，协助办案单位在监管场所组织涉案相片辨认共2.8万余人次；共收集获取犯罪线索172条，其中涉嫌黑恶势力犯罪线索24条，贩毒线索45条，吸毒线索50条，其余线索53条；协助安徽等地警方破获潜逃20年故意杀人案、持枪抢劫和杀人碎尸案、重大贩毒案等各类刑事案件共22宗，抓获犯罪嫌疑人22人（其中网上在逃人员14人）。核查在押人员不明身份31人次，化解矛盾2起。第二看守所被评为“全国一级看守所”，同时也是“全国标兵看守所”；行政拘留所被评为“全国一级拘留所”，同时也是“全国标兵拘留所”。

【110联动服务】2019年，海口市公安局110报警服务台共接报警电话95.5万余次，有效警情48.1万起。其中“两抢”类警情296起、盗窃警情3.6万起、诈骗警情6428起、群体性事件541起1.66万人次、交通类警情11.1万起，帮助群众解决纠纷3.9万起、解决群众求助19.2万起。共受理“12345”热线办件11.3万件，比上年上升62%，办结100%，满意率92%。

【警卫安保】2019年，海口市公安局聚焦“践行新使命、忠诚保大庆”主题活动，以战时状态抓防风险、保稳定、护安全各项工作的落实，圆满完成70周年大庆安保维稳工作，顺利实现“六个坚决防止、三个确保”的工作目标。因成绩突出，龙华分局刑警大队被公安部授予一等功；市公安局2名民警代表全省公安系统受邀参加首都70周年大庆庆祝活动。全年圆满完成大型活动安保任务226次，参加活动人数268.6万人次，圆满完成各级警卫任务103批次，确保万无一失。

（王路明）

检 察

【概况】2019年，海口市检察机关充分发挥检察职能，努力在民主、法治、公平、正义、安全、环境等方面满足人民群众新期待、新要求，各项检察工作稳步向前发展。全市检察机关有37个集体、216人次受到市级以上单位表彰，其中国家级表彰13个（集体3个，个人10人次），省级表彰42个（集体7个，个人35人次），美兰区检察院获评全省先进基层检察院。全市检察工作多次得到省委、最高检、省检察院、市委领导的批示肯定。

【刑事检察】2019年，海口市检察机关受理审查逮捕案件2167件3760人，批准和决定逮捕1756件2957人；受理审查起诉案件2747件4658人，审结2581件4089人、起诉2171件3491人（均含往年受理案件）。突出打击影响群众安全感的刑事犯罪，助推平安海口建设。持续严惩故意杀人、绑架等严重暴力犯罪，起诉76人，比上年增长20.6%。起诉抢劫、盗窃、诈骗等多发性侵财犯罪697人，下降13.1%。依法维护网络秩序，起诉利用电信网络实施犯罪48人，上升23.1%。依法严惩腐败犯罪，受理监察委员会移送职务犯罪34件36人，决定逮捕41人、起诉59人，其中厅级干部5人。监督侦查机关立案176件、撤案21件，分别下降5.4%和增长320%；监督行政执法机关向公安机关移送案件10件，下降60%；纠正侦查违法行为213次，上升6.5%；追加逮捕漏犯31人，下降11.4%；追加起诉漏犯40人、漏罪201人，分别增长37.9%和下降6.1%。探索解决人民群众有案难立、立案难查诉求，在市区公安机关设置5个派驻检察室，实施同步监督。强化刑事审判监督，对认为确有错误的刑事裁判提出抗诉34件，下降2.9%；收到裁判的二审抗诉案件34件，法院采纳抗诉意见21件，采纳率61.8%。贯彻宽严相济刑事政策，最大限度减少社会对立面。对没有逮捕必要的决定不批捕290人，对犯罪情节轻微、依法可不判处刑罚的决定不起诉437人，分别增长25.5%和74.8%；对不构成犯罪或证据不足的决定不批捕494人、不起诉115人，分别增长16.8%和33.7%，确保无罪的人不受刑事追究。

【民事检察】2019年，海口市检察机关通过抗诉纠正确有错误的生效裁判，维护司法公正，共审结民事生效裁判监督案件172件，提请提出抗诉22件，收到法院再审判决裁定12件，改判率100%。在办理的某证券公司与钟某波财产损害赔偿纠纷案件中，市检察院经过5年坚持不懈的抗诉努力，终获得法院支持改判，有力维护证券公司的合法权益。坚持程序与实体并重，通过检察建议促进法院规范司法程序。针对超期审理、违法送达等民事审判程序中的违法行为发出检察建议18件，法院采纳18件，分别比上年上升260%、350%。紧盯执行活动的重点领域和关键环节，纠正执行违法行为，助力解决执行难问题。向法院发出执行监督检察建议15件，法院回复采纳21件（含上年年底发出）。办理的当事人申请跟进执行监督一案，通过市区两级检察机关“接力”监督，获得法院支持，纠正17年前的错误执行裁定。

2019年7月11日，海口市检察院开展公益诉讼——五香羊案件调查工作

（市检察院 供）

【行政检察】2019年，海口市检察机关办理行政生效裁判监督案件27件，比上年增长170%；提出再审检察建议2件，取得历史性突破。市检察院在办理海南某公司利用诉讼扩充土地容积率一案中，向法院发出再审检察建议并获裁定再审，为政府挽回少收取的增容费4000余万元。提出非诉行政执行检察建议12件，法院采纳10件（2件未回复）。龙华区检察院办理的涉海口市交通港航综合执法支队行政非诉执行监督案件，针对港航执法支队40余件行政处罚适用法律错误案件同时发出检察建议，港航执法支队回函采纳并整改。向行政机关提出改进工作检察建议4件，采纳4件。针对办案中发现的海口市国资委在国有资产监管方面的漏洞，发出检察建议督促加强治理，防止国有资产流失。探索类案监督工作机制，针对法院起诉状副本送达不及时的普遍性问题，及时发出检察建议，确保送达程序合法，保障当事人诉讼权利。

【公益诉讼】2019年，海口市检察机关共办理公益诉讼案件199件，比上年增长55.47%；进入诉前程序177件，增长88.30%；提起诉讼3件，增长50%。市检察院办理的某公司生产销售不合格包装饮用水民事公益诉讼案，入选最高检“保障千家万户舌尖上的安全”公益诉讼专项监督活动典型案例。督促美兰区综合行政执法局加强对违法处置建筑垃圾行为的监管，该局经依法调查对违法行为人作出39万余元罚款的行政处罚，并追缴渣土处置费用184万余元。坚持改革创新理念，制定《海口市人民检察院关于加强公益诉讼一体化工作的意见》，建立完善以市院为枢纽、区院为基础的上下一体、区域联动、协调高效的一体化办案机制，增强公益诉讼检察工作整体效能和综合效果。探索建立跨区域公益保护工作新机制，市检察院与湛江市检察院共同签署《关于建立琼州海峡海洋生态环境和资源保护司法协作的框架协议》，就琼州海峡海洋生态环境保护等检察公益诉讼领域建立六大工作机制，对跨海峡公益保护进行有益探索。围绕整治大气污染、海洋生态、非法采砂等生态保护中的突出问题，共办理案件99件。依法办理吴某等3人非法采砂案，该案涉嫌非法采砂382.28万立方米，涉案金额约2.2亿元，通过办案有力守护河道生态环境。深入开展“守护海洋”检察公益诉讼专项监督工作，加强对海洋生态环境的司法保护。针对某公司非法倾废污染海洋环境一案，依法向主管单位发出诉前检察建议，并向法院提起民事公益诉讼，有力震慑破坏海洋环境违法行为。

【检察机关服务保障自贸区（港）建设】2019年，海口市检察机关持续深入开展“创造一流营商环境、强化产权司法保护、服务自贸区（港）建设”专项活动，起诉走私、非法经营、逃税骗税等破坏市场经济秩序犯罪276人，突出打击侵犯知识产权和制售假冒伪劣商品犯罪，起诉14人。以服务保障重点项目落地、重点企业发展为抓手，按照省人民检察院《关于狠抓制度创新高标准高质量服务保障自贸区自贸港建设的实施意见》，分解任务，责任到人，起诉与项目建设、干扰企业正常经营相关的刑事犯罪9件103人。在重点项目、重点园区、重点企业设置派驻检察工作站16个，为项目和企业提供法律咨询78次，化解涉法疑难矛盾纠纷20件。

【扫黑除恶专项斗争】2019年，海口市检察机关坚决惩治黑恶势力犯罪，共批捕涉黑涉恶犯罪344人、起诉329人。依法从严从快办理陈某等61人、赵某等18人等一批重大疑难涉黑涉恶案件。发挥检察监督作用，纠正漏捕3人、漏诉21人，不批捕6人，不起诉6人。深挖彻查“破网打伞”，发现移送黑恶势力犯罪背后“保护伞”线索36条。牵头对中央扫黑除恶第18督导组移交的“查否”后仍反复被举报的91条线索开展再复核，核查出问题线索18条，并移交相关部门办理，获中央督导组肯定。

【禁毒三年大会战持续深化】2019年，海口市检察机关批捕涉毒犯罪680人，起诉800人，分别比上年下降44.3%、43.7%；纠正漏捕1人，纠正漏诉同案犯4人，追诉漏罪25人，保持对毒品犯罪“零容忍”。坚持提前介入引导侦查，从严从重从快办理符某等5人跨省贩卖毒品案等一批社会影响恶劣的重特大涉毒品犯罪案件。坚持打防结合，参与禁毒综合治理，在全市30多所学校举办禁毒宣传讲座58次，深入开展“禁毒帮扶入村镇”宣传教育活动35次。认真落实创建督导责任，挂点单位城西镇禁毒工作成效明显，被评为“海口市禁毒优秀街镇”。

（钟国潇）

法院

【概况】2019年，海口两级法院共受理各类案件10.18万件，比上年增长12.23%，占全省法院案件总数的42.99%；结案9.41万件，增长11.58%，结案率92.50%，收结案数均再创历史新高；法官人均结案349件，是全省法院人均结案数的1.81倍。其中，市中级法院本级受理各类案件1.36万件，增长5.21%，占全省中级法院案件总数的41.63%；结案1.29万件，增长5.37%，结案率95.02%；法官人均结案168件，是全省中级法院人均结案数的1.62倍，收结案数和法官人均结案数均位居全省中级法院第一。市中级法院连续8年在中国社科院组织的司法透明度指数测评中名列前茅，2019年获全国法院第二名，先后获评“全国法院审判管理优秀业务单位”“全国法院调研工作先进集体”“2018—2019年度全国法院出版工作先进集体”。

【刑事审判】2019年，海口两级法院受理刑事案件3000件，审结2833件，其中市中级法院本级受理759件，审结678件。全力开展扫黑除恶专项斗争，依法从严从重惩治黑恶势力犯罪，加大“打伞破网”“打财断血”力度，将扫黑除恶专项斗争向纵深推进。海口两级法院审结涉黑恶案件63件387人，重刑率（判处被告人5年以上刑期的刑事案件比例）41.09%，判处财产刑3061.72万元；集中公开宣判涉黑恶案件4次15案。加强涉黑涉恶线索摸排，向公安机关和纪检监察机关移送有效举报线索13条。深入推进禁毒三年大会战，审结毒品犯罪案件592件1127人。组织禁毒公开宣判活动9场，公开宣判毒品案件104件211人。依法审结故意杀人、伤害、抢劫等暴力犯罪案件326件506人。持续保持反腐败高压态势，审结省人民医院原党委副书记、院长李某日受贿案等职务犯罪案件82件124人。严厉打击各类经济犯罪，审结非法吸收公众存款、集资诈骗案件4件5人，审结走私、洗钱犯罪案件420件936人。严格落实宽严相济的刑事政策，对216名罪行轻微的被告人判处非监禁刑或免予刑事处罚，对5名被告人依法宣告无罪。

【民商事审判】2019年，海口两级法院受理民商事案件6.24万件，审结5.78万件。其中，市中级法院本级受理7038件，审结6807件。加强产权司法保护。审结涉公司股权、财产权属等纠纷案件296件；审结商业诋毁、虚假宣传等不正当竞争案件6件；审结涉征地补偿款和农村承包合同案件3903件；开通涉民营企业案件绿色通道，加大对民营企业家的人身、财产保护力度，妥善审理各类涉民营经济主体案件2.75万件；召开民营企业家座谈会4次，听取意见和建议。助力风险防控化解。审结金融借款、保险、证券、融资租赁等金融纠纷案件1925件，保障金融市场和谐稳定；引导和规范民间融资行为，审结民间借贷案件3559件；贯彻落实省委、省政府房地产调控政策，审结房地产纠纷案5553件，保障房地产市场健康发展。服务供给侧结构性改革。稳步推进破产案件审判工作，成立专门破产案件合议庭，审结破产清算案件54件，推动“僵尸”企业依法退出市场；规范“执转破”案件处理措施，将9家没有履行能力的企业及时转入破产程序；制定破产审判

2019年3月31日，海口市中级法院对海南省首例涉黑“套路贷”赵某等18人涉黑案件进行一审公开宣判并召开新闻发布会　（宋研 摄）

规程、破产考核管理等10项制度，切实规范破产审判工作；推进破产费用专项基金设立工作，保障破产程序顺利进行。服务创新驱动发展。落实知识产权案件“三合一”审理机制，审结知识产权案件389件；在市中级法院设立海口知识产权法庭，对全省知识产权案件进行集中管辖，并于9月26日揭牌成立当天开庭审理案件；在海南知识产权服务港、三亚崖州湾科技园等5个高新技术集中地设立巡回办案点和诉调对接中心，实现知识产权纠纷多元化解，主动靠前服务科技创新；出台10项知识产权审判制度，完善知识产权审判机制。保障生态文明建设。审结环境资源案件152件，其中非法采砂案件12件38人；深入推进环境生态恢复性司法工作，逐步完善环境公益诉讼审判机制，为海南建设国家生态文明试验区提供有力司法保障；发挥家事法庭、旅游法庭、交通法庭、物业法庭等特色法庭的巡回审判作用，方便群众维权，减轻群众诉累；全年审结婚姻家庭案件1657件，审结劳动争议案件2595件，高效处理交通事故案件1.92万件，审结医疗纠纷案件54件，有效化解物业纠纷案件975件。

【行政审判】2019年，海口两级法院受理行政案件2268件，审结2137件，其中市中级法院本级受理1283件，审结1235件。依法审结涉及行政许可、公司登记、资源管理等行政案件492件，规范行政管理秩序，营造公平法治、稳定透明的营商环境。准确把握“让利不让地”的司法政策，服务清理闲置土地专项整治工作。进一步完善“三步工作法”，妥善审结534户坡博坡项片区房屋征收补偿集团诉讼等棚改、拆违案件579件。健全司法与行政良性互动机制，促进行政机关依法行政水平进一步提高。

名词解释：“三步工作法”

第一步，诉前指导，即对执法程序、诉讼程序、案件当事人进行法律指导；第二步，诉中协调，即对存在协调可能的案件尽量通过协调结案，彻底解决行政争议，对无法协调的案件则加快审理进度，保障政府重点项目的顺利推进；第三步，判后反馈，即对案件当事人进行释明，促使当事人息诉服判，对行政机关在执法过程中存在的程序瑕疵及时反馈，提高行政执法的规范程度。

【案件执行】2019年，海口两级法院执结案件2.08万件，执行到位金额29.94亿元，其中市中级法院本级执结1258件，执行到位金额14.22亿元。有财产可供执行案件法定期限结案率93.68%，终本案件合格率100%，信访办结率100%，执行案件执结率91.04%。继续推动与市场监管、住建、公安、银行等部门的执行联动机制建设，完善综合治理执行难工作大格局。持续推进执行长效机制建设，市中级法院在全省法院中率先出台《关于构建解决“执行难”长效机制的实施意见》。抓积案化解，组织开展“利剑行动”“集中清理执行积案月”“执行突击”等专项执行活动，集中执结涉民生、金融、党政机关等特殊主体案件及长期未结案件8536件。强化执行惩戒，司法拘留117人，限制消费1.39万人，限制出境8人，纳入失信名单3103人，以拒执罪移送公安机关立案侦查10人，督促1389名失信被执行人主动履行还款义务。推进网络司法拍卖工作，共352件案件进入网拍程序，成交金额4.91亿元，拍卖的成交率和溢价率大幅提升，最大程度保护当事人的权益。

【审判监督】2019年，海口市中级法院依法审结国家赔偿案件10件，审结再审案件91件，其中改判31件。推动减刑假释案件规范化管理，利用科技法庭和远程视频系统提高办案效率，办结减刑假释、监外执行案件1369件。依法审结检察机关提起的抗诉案件33件，支持25件。办理检察建议12件。

【立案信访】2019年，海口市区两级法院深化立案登记制改革，两级法院当场登记立案率97.5%。优化和完善诉讼服务中心功能分区，设立送达、鉴定、保全等集中办理窗口，对审判辅助事务实行集约化管理。自9月开通移动微法院后，全面推行跨域立案、网上立案，全市法院共完成跨域立案176件，网上立案715件，让信息多跑路、群众少跑腿。落实“最多跑一次”的便民要求，开通微信缴纳诉讼费服务功能，共收取诉讼费2.26亿元，其中上缴国库2.17亿元。实行诉讼费退费窗口集中办理，有效减轻当事人诉累。至12月31日，市中级法院诉讼服务质效评估指标得分在全省法院中排名第二，4个区法院排名均名列前茅。为符合条件的7462个当事人缓、减、免诉讼费1154.63万元，为149名生活确有困难的当事人发放司法救助金400.98万元。及时办理和回复网上投诉。接待涉诉信访当事人1900余次，处理网上信访及来信881件，做到件件有回声。

【审判体制改革】2019年，海口市区两级法院推进多元解纷机制建设，以建设一站式多元解纷机制为目标，把多元解纷工作融入党委领导、政府支持、社会协同、公众参与、法治保障的社会治理体系；建立法院主导的诉前联动纠纷解决机制，市中级法院与市司法局、市侨联、市知识产权局、省律师协会、省银行业协会等单位联合出台相关文件，促进多元解纷和诉调对接实质化；在诉讼服务中心设立人民调解室、律师调解室、高级法官调解室，引进人民调解员、律师、退休法官等社会调解力量参与诉前调解工作；制定35项规章制度，为多元解纷工作提供具体操作规程和制度规范。推进人民法院在线调解平台的深度运用，海口市区两级法院通过平台调解案件1.18万件，调解成功9863件，成功率83.76%。加强审判监督管理。出台17项规章制度，有效指导审判管理。组织开展案件质量常规评查2次，专项评查6次，评查案件1156件，促进案件质量的提升。全市法院一审案件服判息诉率86.05%；发改率5.81%，申请再审率0.33%，调撤率50.12%。在全省优秀裁判文书评比中，海口市区两级法院有32篇文书获奖，占全省中基层法院的40%。落实院庭长办理重大疑难案件机制，海口市区两级法院院庭长办理案件5.64万件，占案件总数的55.43%。深化案件繁简分流。在基层法院设立专业速裁庭或速裁团队，快速审结案件6390件，实现用少量审判资源审理大量的简单案件；继续推进刑事案件庭审程序简化改革，对960件认罪认罚案件适用要素式裁判文书，对858件轻微刑事案件适用快速审理机制，大大提高刑事审判效率；对执行案件实行繁简分流，速执结简单案件5961件，做到简案快执；推进诉前分流调解，分流案件17415件，成功调解12001件。推进执行机制创新。创新“四统一”管理体制，推动全市法院执行“一体化”建设和改革，推进执行指挥中心实体化运行；推行查控、外勤、辅拍等执行辅助事物集约化办理。将刑事财产性判项执行案件与减刑、假释案件相结合，加大对刑事案件财产性判项的执行力度，执行到位金额4882.26万元，其中上缴国库2282.9万元，刑事附带民事赔偿到位金额2599.37万元。推进智慧法院建设。推进电子卷宗随案同步生成系统的应用工作，汇聚率73.93%；完成知识产权法庭信息化改造，建设远程调解室，引入智能语音识别系统和中英文翻译系统，不断提升审判智能化水平；进一步扩大远程庭审、提讯的覆盖范围，完成市第一看守所远程庭审系统建设，提高刑事审判工作效率。

2019年12月1日，海口市中级法院与市知识产权局联合签署《关于深入推进知识产权纠纷多元化解工作机制建设的实施方案》（蔡笛 摄）

【司法公开】2019年，海口市区两级法院继续强化“四大公开”（审判流程信息、庭审活动、裁判文书、执行信息公开），直播庭审8491件，公开生效裁判文书4.52万篇。拓宽公开方式，组织开展“法院开放日”活动54次，主动邀请代表委员和社会各界人员4000余人次参观座谈和旁听庭审，增进社会公众对法院工作的了解。加强司法宣传工作，各类媒体报道法院工作1.21万篇次，为法院公正司法营造良好的舆论氛围。落实“谁执法谁普法”责任制，开展“法律六进”活动，组织普法宣传活动72场，1.4万人次受到法制教育。市中级法院在微信公众号开设“家林微评”“大海说法”特色专栏，并对辖区学校开展“登记式”普法，取得良好的社会效果。发布知识产权、环境资源、破产、毒品案件、行政审判白皮书和典型案例，向相关部门发出司法建议书8份。

名词解释：“登记式”普法

指市中级法院对辖区学校采取“学校申请为主，定期宣传为辅”的普法宣传方式，以各校实际需求为出发点，根据学校选择的普法主题，组织法官走进校园开展普法。

【环境资源审判白皮书首次发布】2019年8月13日，海口市中级法院召开新闻发布会，首次发布海口市区两级法院环境资源审判白皮书及10个典型案例。白皮书显示，2016年1月至2019年7月，海口两级法院共受理各类环境资源案件721件，其中涉环境资源刑事案件146件，涉环境资源民事案件28件，涉环境资源行政诉讼案件43件，涉环境资源非诉行政执行案件504件。白皮书指出，环境资源案件包括环境和资源两类案件，跨越刑事、民事、行政3个诉讼门类，具有不同法律关系交织和法律责任竞合的特征，点多面广，内容丰富，类型复杂，审判理念与裁判规则也有其特殊性，由此决定环境资源案件必须走专门化审判道路。自2011年成立专门的环境资源审判机构起，海口市区两级法院通过建立健全“三合一”综合受案模式和跨区域集中管辖制度，在包括海口市在内的南渡江流域地区建立起“全覆盖”的较为完善的环境资源审判组织体系，推动全市环境资源审判工作向纵深发展。

【琼山区人民法院山湖海小区调解工作站成立】2019年，海口市区两级法院开展和推动诉讼调解与人民调解、行业调解等之间的诉调对接工作，整合法院、综治、司法、信访、行业调解、律师调解等各类解纷资源，并与区、镇（街）、村（居）互联互通，形成党委统一领导下就地化解矛盾的强大合力，打造共建共治共

2019 年 10 月 24 日，海口市琼山区法院率先在云龙镇山湖海小区设立海口首个基层法官调解工作站 （蔡 笛 摄）

享的基层治理新格局。琼山区法院云龙法庭结合法院工作实际，率先启动内外协同、多元共治的诉调对接新模式，于 10 月 24 日在云龙镇山湖海小区设立海口首个基层法官调解工作站，派驻法官将联合村调委重点开展法律咨询、诉前引导、诉前调解等工作，对不愿意进行诉前调解的简单案件即时登记立案、送达，对复杂案件在工作站立案后移转诉讼程序，开启及时就地化解矛盾纠纷新模式。琼山区云龙镇云裕村、云岭村法官调解工作站（室）也同步授牌。 （胡 琼）

司法行政

【概况】2019 年海口市机构改革，将市司法局与市法制局职责整合，重新组建市司法局，3 月 27 日挂牌成立。内设职能机构 17 个，其中副处级机构 1 个，正科级机构 16 个，派出机构 1 个即桂林洋司法所；局直属单位 5 个：海口市罗牛山强制隔离戒毒所、海口市法律援助中心、海口市未成年人法制教育中心、海口市椰城公证处、海口市椰海公证处；另管理 56 家市属律师事务所、11 家基层法律事务所。秀英、龙华、琼山、美兰 4 个区均设有区司法局，全市有 44 个司法所。市委依法治市委员会办公室设在市司法局，“一个统筹、四大职能”（统筹全面依法治市工作，承担行政立法、行政执法、刑罚执行和公共法律服务职能任务）工作布局全面落实。年内，全国调解工作会议在海口召开，会上总结推广“海口专职人民调解员全覆盖”做法和构建“大平台、大联动、大调解”模式，海口的经验做法得到司法部和与会领导的高度肯定。市司法局先后获得“全国首次国家统一法律职业资格考试工作表现突出单位”“2018 年度全省司法行政工作先进集体”“海南省 2018 年度市县政府依法行政考核优秀等次”“海南省司法行政系统新闻宣传工作先进单位”“海口市 2018 年禁毒工作优秀单位”等称号。

【人民调解】2019 年，海口市司法局深入贯彻落实海口市政府办公室关于《海口市加强专职人民调解员队伍建设工作实施方案》，在全市招聘 497 名专职人民调解员，实现区、镇（街道）、村（居）、行业性专业性人民调解组织全覆盖。出台《海口市专职人民调解员管理办法》《海口市专职人民调解员考核办法》《海口市专职人民调解员预防化解社会矛盾纠纷奖励办法》等 10 项工作制度，全市专职人民调解员配备统一工作服装、袖章、标识和编号，强化专职人民调解员队伍建设制度化、规范化管理。研发“智慧调解系统”手机 APP，依托海口“12345”热线平台，推行“12345+ 网格员 + 人民调解”模式，构建“大平台、大联动、大调解”新格局。年内，全市共开展矛盾纠纷排查 9890 次，预防矛盾纠纷隐患 2989 宗，调处矛盾纠纷 6792 宗，成功调处 6590 宗，成功率 97%。

【全国调解工作会议在海口召开】2019 年 5 月 9—10 日，全国调解工作会议在海口召开，全国司法行政系统 200 余名司法厅（局）长、处长及

2019 年 5 月 9—10 日，全国调解工作会议在海口召开 （市司法局 供）

部分中央部委司（局）长参加会议。会议认真贯彻落实习近平总书记在中央政法工作会议、省部级主要领导干部专题研讨班和全面依法治国委员会第二次会议上重要讲话精神，深入贯彻落实《关于加强专职人民调解员队伍建设的意见》。会上总结推广“海口专职人民调解员全覆盖”做法和构建“大平台、大联动、大调解”模式，海口的经验做法得到司法部和与会领导的高度肯定。

【专职人民调解员实现全覆盖】2019年，全国调解工作会议在海口召开，会议总结推广“海口专职人民调解员全覆盖”做法。2015年以来，海口市坚决落实习近平总书记关于人民调解工作的重要指示精神，把人民调解工作作为深入贯彻落实习近平总书记“4·13”重要讲话和中央12号文件精神的具体实践，坚持发展“枫桥经验”，创新发展海口专职人民调解工作，以更大力度推动人民调解工作不断升级，至2019年实现区、镇（街道）、村（居）、行业性专业性人民调解组织全覆盖，进一步筑牢维护社会和谐稳定的“第一道防线”。

搭建区镇村三级调解网络。在区镇（街）村（居）全面成立人民调解委员会，合理配备专职人民调解员，为区、镇（街道）调解组织选聘2名专职人民调解员、村（居）调解组织选聘1名专职人民调解员、行业性专业性调解组织选聘3名专职人民调解员。全市共选聘专职人民调解员497名，配备兼职调解员3302名，实现区、镇（街）、村（居）、行业性专业性调解组织专职人民调解员全覆盖。组建行业专业调解网络。成立交通、旅游、医疗等领域行业性专业性人民调解组织23家。聚焦商事纠纷，成立商业总会调委会，选聘2名退休资深法官为专职人民调解员，聘请北京德和衡（海口）律师事务所19名律师作为兼职人民调解员，并与市中级法院巡回法庭联合办公，实行“一站式”全链条服务，有效降低解决矛盾纠纷的时间成本。建立专家库调解网络。聘请检察官、律师、医学专家、法学教授等20多个行业领域143名专家，组建海口市人民调解专家库，补足专业短板。

调解队伍专职化建设。采取政府购买服务的方式，通过公开招聘和组织推荐相结合的形式，在城区及行业性专业性调解组织中，优先选聘大专以上学历、懂法律、会电脑的人员为专职人民调解员；在农村地区，优先选聘当地威望高、公道正派、明礼识事的“乡贤”或“五老”人员。抓好专业化培训。出台《海口市专职人民调解员管理办法》《海口市专职人民调解员预防化解社会矛盾纠纷奖励办法》等10项规章制度，指导专职人民调解员开展规律性矛盾纠纷排查和专业化矛盾调解。抓好岗前专业培训，实行持证上岗。定期开展实践业务交流研讨，通过专家讲授、案例评析、现场观摩、旁听庭审、实训演练等方式，加强法律政策、调解技能培训。坚持激励与约束两手抓，严格日常考核、年度考核，要求专职人民调解员每周深入辖区开展矛盾纠纷预防排查3次以上。实行“基本补贴（每人每月2500元）+办案补贴+年终优秀奖”绩效管理，以案定补、梯次奖励，充分激发调解员的积极性和主动性。对不称职的调解员予以解聘，做到能上能下、能进能出。对工作突出、成绩显著的进行表彰，树立正面典型。

依托“12345”海口智慧联动平台，建立“12345+人民调解”联动机制。研发“智慧调解系统”手机APP，做到矛盾纠纷实时上报、在线调解、视频调解、案件卷宗电子化存储等，实时督导专职人民调解员开展矛盾排查和纠纷调处工作，切实提升矛盾纠纷排查、收集、研判、联动的大数据处置能力；快速收集矛盾、快速分流联动、快速响应调处，实现一号对外、一网管理、一个平台监控。构建多元化纠纷解决机制。市司法局与市中级人民法院印发《关于深入推进多元化纠纷解决机制的意见》，与海南省第一中级人民院签署多元解纷合作框架协议，建立诉调对接机制，在法院成立人民调解室，选派专职人民调解员做好诉调对接案件线上线下委派、委托工作及案件调解工作。建立外部资源支撑调解机制。用好专业行业调委会、调解专家库、村居法律顾问等资源，对涉及跨部门、跨区域的矛盾纠纷，坚持多方参与，形成调解合力。推动形成“专兼职+党员”协同机制。将人民调解的法治与社区网络管理自治相结合，确立以“专兼结合、以专为主、以专带兼”的调解工作理

2019年9月5日，海口市中级法院与市司法局、省律师协会共同为驻点市中级法院的人民调解室和律师调解室揭牌
（蔡 笛 摄）

念，推动在各级人民调解组织和网格中建立党员调解小分队，发挥党组织和专兼职人民调解员覆盖面广的优势，建立“专兼职+党员”协同调解工作机制，努力实现“小事不出村（居）、大事不出镇（街），矛盾不上交、就地化解”。

【民主法治示范村创建】2019年，海口市司法局对照全国及省级“民主法治示范村（社区）”的创建标准，对获评“全国民主法治示范村（社区）”称号的龙华区城西山高村、琼山区府城镇五岳村委会和美兰区演丰镇塔市村委会，获评“全省民主法治示范村（社区）”称号的秀英区石山镇施茶村委会等50个村（社区）开展复核工作。全市保留“全国民主法治示范村”2个（琼山区府城镇五岳村委会和美兰区演丰镇塔市村委会），龙华区城西镇山高村因更名被注销“全国民主法治示范村”称号，保留“全省民主法治示范村（社区）”38个。

【司法所建设】2019年，海口市司法局按照司法部司法所规范化建设标准，全新打造全市44家司法所的外观、标志、上墙制度，加强司法所工作人员培训，规范基层工作信息管理，进一步推进司法所制度化、标准化、规范化建设。

【法律援助】2019年，海口市法律援助中心大力推进法律援助惠民工程，强化法律援助案件质量管理，为加快推进海口国际化滨江滨海旅游城市建设和海南自贸区（港）建设提供坚实的法律服务保障。共办理法律援助案件6950件，接待群众来电来访法律咨询3.43万人次，为受援人挽回经济损失和取得经济利益7799万元。10月9日至11月8日，全市开展“绿岛法援——惠民服务进社区、进农村”主题宣传服务活动，共举办主题法律援助现场宣传服务活动11场次，发放各类宣传资料6万份，解答群众法律咨询500多人次，现场受理法律援助申请43件，活动参与群众6万人次。

【诚信教育】2019年，海口市司法局组织开展海口市首届诚信教育暨信用修复培训会，97家企业参加信用修复考试。开展“诚信建设万里行”活动、诚信经营示范市场（店）创建宣传活动，组织100家商务企业签署诚信经营承诺书。海口市《“信用+溯源”模式推动食品安全信用体系建设》获评“全国优秀信用案例”。

【安置帮教】2019年，海口市司法局强化刑满释放人员安置帮教工作，严格落实特赦人员必接必送工作制度，完成国庆70周年特赦工作任务。全市共接收刑满释放人员2000多人，落实帮教小组和签订帮教协议100%。

【社区矫正】2019年，海口市司法局致力于提高社区矫正对象的德行和素质，强化教育改造质量，依托监狱系统教育师资力量，连续第4年开展四期主题为“立德迁善·共享阳光”的中华优秀传统文化集中教育活动。委托专业心理咨询机构从心理健康测评、心理健康讲座、个人访谈、团体心理辅导等方面着手，帮助全市列管社区矫正对象塑造健康人格，提升心灵智慧，促进其再社会化。严格执行法定不批准出境人员的通报备案制度，对社区矫正对象的法定不批准出入境报备和护照、往来港澳通行证、大陆居民往来台湾通行证进行法律监督。落实好社区矫正对象电子腕带、手机APP定位工作，基本实现信息化监管。加强元旦、春节、“两会”、博鳌亚洲论坛、新中国成立70周年大庆期间社区矫正监管安全工作，开展隐患大排查专项活动，确保敏感时期无脱管、漏管和再犯罪现象发生。至年底，全市累计接收社区矫正对象5626人，累计解除4824人。

【戒毒管理】2019年，海口市司法局强化戒毒场所基础设施建设，启动市美仁坡戒毒康复管理所项目和改扩建工作项目建设。分步完善市罗牛山强制隔离戒毒所五大中心建设配套，教育矫正中心、康复训练中心基本建成，心理矫治中心、诊断评估中心正在施工，戒毒救治中心建设项目报市政府待批。落实“国庆安保百日行动”，戒毒场所持续实现“六无”安全目标。

【未成年人法制教育】2019年，海口市司法局建立健全法治教育、优秀传统文化教育、心理健康教育、文化教育、养成教育以及职业技术教育“六位一体”的教育矫治模式，因人制宜开设职业技术课程，增强学员自立本领，提升教育矫治水平。开设家长学校，强化“中心+家庭”互动互助互帮的教育帮教作用。开展各类主题拓展活动，加强学员和家长之间理解、包容与沟通。市未成年法制教育中心累计接收学员2030人。

【法治宣传】2019年，海口市各普法成员单位采取“法治集市”“法治讲座”“法治文艺演出”“网上法律知识竞猜”“琼剧普法”“崇尚宪法徒步活动”等措施，开展“宪法宣传周”、全民禁毒宣传月、“服务大局普法行”等各类主题法治宣传活动356场次，其中扫黑除恶专项斗争法治宣传100场次、禁毒宣传102场次，“法律进机关、进单位”31场次，“法律进校园”36场次，“法律进农村、进社区”37场次，“法律进企业”22场次，《日照大园》普法琼戏、“为了明天——法治文艺进校园”等法治文艺演出活动28场次，发放《宪法知识读本》《百姓法治宝典》等法治宣传资料10万多份。建设秀英区宪法主题公园。开设普法电视栏目“看法”252期、普法广播栏目“依家与法”54期，开展网络法治知识竞答活动11期，推送相关普法信息856条。琼山区获“全国‘七五’普法中期先进集体”称号，市教育局、市司法局、市应急管理局、市禁毒办4个部门获“海南省‘七五’普法中期先进集体”称号。

（巫煌星）

（编辑：姚 锐）

军事

海口警备区

【概况】2019 年，海口警备区坚持以习近平新时代中国特色社会主义思想为指导，深入贯彻党的十九大精神、习近平强军思想、新时代军事战略方针及军委国防动员部、南部战区、省军区党委扩大会议精神，加强党的建设，坚持举旗铸魂，聚焦练兵备战，严格正风肃纪，圆满完成年度工作任务，全面建设呈现出良好的发展态势。

【警备区思想政治建设】2019 年，海口警备区扎实抓好理论武装和思想政治教育。在省军区统一部署下，结合警备区实际完成“传承红色基因、担当强军重担”主题教育暨党委理论学习中心组 4 个专题理论学习。常态化落实跟进学习习近平主席重要讲话精神机制，每月对习主席最新讲话内容进行一次收集整理，印发给每名党员干部，有力促进习近平主席系列重要讲话精神入心入脑、落地落实、推动工作。结合阶段性工作特点，定期开展思想调研，准确掌握官兵、职工思想动态，有针对性地做好经常性思想工作，广泛开展问卷调查、谈心交心和排忧解难活动，及时有效化解思想矛盾，官兵职工思想稳定、工作积极。从 9 月开始，部署开展第二批“不忘初心、牢记使命”主题教育，坚持“学习教育、调查研究、检视问题、整改落实”四项重点措施融合渗透、一体推进。

【警备区战备训练】2019 年，海口警备区大力抓实战备值班，增强官兵战备观念。4 月，梳理各级相关值班规定，完善下发《海口警备区作战值班规范》《明确新体制下海口警备区值班有关问题》，进一步规范值班场所设置，规范战备秩序，严格落实战备制度规定。深入学习贯彻习近平主席 2019 年开训动员令及军委《关于聚力推进备战打仗的决定》，研究制定《关于坚决贯彻落实习主席训令的措施》，总结部署年度军事训练任务，通过党委会、支部会、军人大会等形式，第一时间将习近平主席训令传达到每一名官兵；严格按照军事训练大纲，组织实施国防动员课目训练，较好提高干部军事理论素养和训练水平。

【兵役工作】2019 年，海口警备区按照“一季征兵、全年准备”的思路，围绕征兵“五率”（报名率、体检上站率、合格率、择优率、退兵率）工作要求，注重军地协力、上下联动，严把兵员质量，严实廉洁征兵，持续掀起征兵宣传热潮。全市 18 周岁适龄男青年网上兵役登记率 100%，男青年征集人数和大学生、大学毕业生比例均超过省征兵办下达任务，完成年度征集任务。

【警备区部队管理】2019 年，海口警备区梳理安全工作重点，明列清单，确保全年安全管理工作有序开展。抓好春节、“两会”、博鳌亚洲论坛、国庆等重要时期和节日期间安全管理。先后召开安全管理工作会议研究分析安全形势，查摆问题，制定解决措施。常态组织中国人民解放军共同条令、新《中国人民解放军安全条例》《中国人民解放军警备条令》的学习教育，着力提升官兵条令法规意识。7—8 月，先后协调秀英区人武部和龙华区消防大队，组织官兵进行抢险救灾安全常识教育和消防知识宣讲，并进行灭火器操作使用培训。大力抓好营院安全，规范机关、办公、营院秩序，抓好勤务班战士、执勤人员一日生活制度，加强岗哨执勤、人员管控、手机网络管理，确保警备区整体安全可控。

【国防动员】2019 年，海口警备区为推进国防动员建设“十三五”规划重点任务落实，组织市国动委各专业办进行集中会商和现场调研，经充分论证，制定下发《海口市国防动员建设“十三五”规划重点任务分工》，专题召开任务部署会，研究解决矛盾问题，制订工作计划和任务分工明细，确保国防动员建设“十三五”规划重点任务有序推进。着眼解决国防动员专业保障队伍组织建设不实、能力底数不清等问题，研究制定《海口市国防动员专业保障队伍调整组建方案》。6 月下旬，在民兵训练基地组织拉动点验，并围绕重点分队担负任务，精选化学品泄漏处置、通信基站抢修、无人机应急救援、海图作业和抛投器使用、城市灭火和应急医疗救护、机场跑道抢修、强电线路抢修 7 个应急应战课目展开演练，有效锻炼和提升专业保障能力。抓实潜力统计调查。年初，按照省国动委统一部署，研究制定《海口市2019年度国防动员潜力统计调查工作方案》，专题召开市国动委会议，部署调查任务。4月中旬，组织市国动委成员单位联络员进行业务培训，按照全面普查各个领域潜力数据内容，分单位下发数据采集清单、表格，有序开展潜力统计调查。12月上旬，接受省国动委考评，受到考评组肯定。

【国防教育】2019年，海口市委宣传部建立军地联动机制，举办“光荣与梦想——庆祝新中国成立70周年系列活动之‘八一’主题国防教育活动”，组织70名共产党员、共青团员、少先队员前往三亚进军营、登军舰参观，增强爱国情感和海防意识。组织在海口动车东站候车大厅举办“快闪”活动，合唱《歌唱祖国》激发大家爱国主义热情。开展征兵宣传工作，利用市内多个公交车站亭广告位、多个户外大型LED广告位投放征兵宣传广告，利用1000多辆出租车的车顶LED装置播放征兵标语，利用《海口日报》报纸夹页的方式发放8万份征兵宣传单，在学校新生军训时发放8万多份国防知识手册，制作征兵宣传片在海口电视台多套栏目播出。8月1日，举办“光荣与梦想——庆祝新中国成立70周年系列活动之‘八一’主题国防教育活动”，利用多种宣传形式，报纸、微信、微博、抖音、快手等全平台多层次报道，关注度10多万人次。

【警备区综合保障】2019年，海口警备区加强营区正规化建设，先后完成士官、执勤人员集体宿舍及社会化保障人员休息房整修、办公楼加装电梯、家属区挡土墙建设、营区东南角空余菜地清理和围墙工程等项目施工，开展配电房改造项目招标工作，着力改善官兵工作和生活条件。每月组织对营区水、电、气和空余营房进行安全检查，及时搞好水电保障和公寓房室内整修，有效堵塞安全漏洞。

【警备区扶贫攻坚工作】2019年，海口警备区党委贯彻落实习近平主席和中央军委关于军队参与脱贫攻坚的决策指示，始终把参与脱贫攻坚作为严肃政治任务大事大抓，先后7次到定点扶贫村开展慰问、调研、帮建等工作。派出班子成员指导加美村党支部书记进行换届选举，培训“两委”(村党支部委员会、村民自治委员会)成员，提升党员干部能力素质。全年投入帮扶资金110万元用于建设光伏发电和进村牌坊、候车亭及周边绿化。同时，协调文昌市共投入390.32万元扶贫专项资金，用于加美村排水管道建设工程。11月，迎接省扶贫工作组检查考评，并得到工作组充分肯定。

【警备区双拥共建】2019年，海口警备区扎实做好拥军优属工作，重点抓好优抚安置工作落实，驻市部队子女入学、随军家属就业安置工作有序推进。8月，组织协调军队领导和院校教授进校园、进单位，开展国防知识内容宣讲活动。“八一”建军节期间，协调配合地方政府部门，开展“军事日”和参观爱国主义教育基地等活动，深入进行爱国拥军光荣传统教育，不断增强人民群众的国防观念和拥军意识。

(孙全铜)

武警海南总队海口支队

【概况】武警海南总队海口支队(简称“海口支队”)于2017年12月31日挂牌成立，主要担负警卫、留置、守卫、看押、看守、城市武装巡逻及处置突发事件等任务。2019年，在新旧转换任务集中、上下衔接工作交汇、要求标准压力叠加的情况下，支队党委团结带领全体官兵以习近平主席强军思想为统领，以党在新时代的强军目标为引领，以“两个维护”(维护国家安全和社会稳定、保卫人民美好生活，维护政治安全特别是政权安全、制度安全)新时代使命任务为牵引，按照总队党委“四稳四进”(先稳再进、抓稳谋进、边稳边进、固稳促进)抓建思路，围绕向建设“三个相适应”全面过硬一流目标，始终稳住心神抓思想固忠诚、卯足劲抓备战提能力、扑下身抓基层打基础、绷紧弦抓安全保稳定、用气力抓建设强保障，在上年实现先进的基础上，部队建设有了长足进步。

【海口支队思想政治建设】2019年，海口支队深入学习贯彻“党的十九大”和军队党建工作会议精神，始终坚持把习近平主席系列重要讲话作为首要政治任务抓紧抓实，官兵“四个意识”更加巩固。深入开展“学训词、铸军魂、开新篇”专题教育，不断强化官兵对兵权归一、军令归一的思想认识。严密组织“传承红色基因，担当强军重任”主题教育活动，7次组织官兵进行集体授课辅导，6次专题思想辨析，教育的感召力和实效性不断增强。抓实部队经常性思想政治教育，采取不定期“推门听课”的方式，对基层教育制度落实情况进行检查，先后邀请5名地方专家为官兵授课辅导。评选表彰10名最受官兵喜爱的政治教员和20篇优质政治教案，有效促进部队教育质量的提升；有4名官兵被总队表彰为十佳“四会”(会搞思想调查和计划安排教育、会运用现代化教学手段备课讲课、会做思想工作、会进行心理教育疏导)政治教员。

【海口支队党委班子建设】2019年，海口支队组织召开本级党的建设会议，围绕习近平主席指出的“四个不纯”(思想不纯、政治不纯、组织不纯、作风不纯)、“七个弱化”(组织意识弱化、大局意识弱化、核心意识弱化、看齐意识弱化、纪律意识弱化、理想信念意识弱化、党的领导意识及党员意识弱化）问题逐人查摆剖析，强化党员意识、组织观念。反复学习《民主集中制读本》《党委会工作方法》等民主集中制重要论述，始终坚持做到议事决策有理有据，决不违规操作，决不触犯纪律底线。先后召开18次党委常委会对涉及部队重大事项进行研究部署，部队选人用人、经费开支、工程建设、物资采购等敏感问题阳光规范运作。全年共研究调整使用干部112人，部队官兵上下服气满意。认真贯彻武警部队关于团以上领导干部落实《关于新形势下党内政治生活的若干准则》，着力巩固深化党的各项学习教育活动成果，坚持领导带头上党课、带头参加双重组织生活，逐一规范“三会一课”制度落实。坚持用好批评与自我批评这一武器，班子成员之间坚持做到常“咬耳扯袖”、常“红脸出汗”，组织生活党味辣味浓厚。刚性执行党中央八项规定、军委十项规定和武警部队32条措施，先后召开3次专题组织生活会，对照“形式主义、官僚主义”及“和平积弊”问题清单，在深入查摆剖析问题的基础上，制定《支队纠治形式主义、官僚主义18条措施》和《海口支队纠治和平积弊23条措施》。结合肃清郭伯雄、徐才厚流毒影响，扎实开展“张阳案”“房峰辉案”警示教育，清理相关资料信息750余份。支队先后责成7个党组织作出深刻剖析，对37名个人进行追责问责，问题整改率100%。持续纠治基层“微腐败”和不正之风，常态对表70条问题“负面清单”查纠整改，组织风气监督员网上培训，明确阶段关注重点和工作方法。6月，通过总队对支队风气监察联系点建设检查验收，官兵对基层风气建设满意度超过95%；11月，做好配合武警部队党委巡视工作，以此全面检视部队党风廉政建设情况，不断推动正风肃纪走深走实。

【海口支队战勤工作】2019年，海口支队严格落实训词训令和新大纲要求，深入纠治训练积弊，运用“六种组训模式”和“魔鬼周”极限训练平台，分3批次组织官兵勤训轮换和博鳌年会专勤专训，时间为38天。先后组织31名冲锋舟驾驶员集训、22个应急班集训，树立起大抓实战化训练的鲜明导向。211人参加总队警官考核，成绩优良率48.2%（及格率95.3%）；在总队群众性练兵比武活动中取得6金6银6铜的佳绩，获得团体总分第二名；在指挥员比武中取得支队指挥员第一、分队指挥员第二的好成绩；在预备特战队员集训比武中，包揽前4名；特战二中队下士谢琦昕在武警部队快反射击课目演示蒙眼记忆射击中，取得16发全中的好成绩，为总队赢得荣誉。扎实开展两项执勤安全教育整顿，组织召开固定勤务“三班四哨”（三班：作战勤务值班、编班、领班；四哨：上哨、站哨、换哨、下哨）规范试点观摩会，部队执勤秩序进一步规范。以迎接军委、武警部队战备检验拉动为牵引，强力推进“3+1”战备力量（武警部队战备值班力量、总队战备值班力量、支队战备值班力量、基层应急班力量）体系建设，加强战备要素值班，规范各类战备库室建设，结合支队实际修订完善4类预案27份，先后12次组织所属战备分队进行实装拉动训练，部队“两个不经，一个保持”（不经临战训练、不经调整补充；常态保持应急战备水平）能力明显提升。

【海口支队部队管理】2019年，海口支队扎实开展“条令年”活动，将落实总队“六三八六”（六三：正三相，站相、坐相、走相；纠三手，背手、袖手、插手；扣三扣，衣扣、袖扣、裤扣；剪三长，长头发、长胡须、长指甲；系三带，领带、腰带、鞋带；振三响，掌声响、歌声响、呼号响。八六：八项制度，起床、早操、整理内务和洗漱、开饭、操课、午睡、课外活动、点名；六次集合）行为规范和“六六三十”（六六：每天利用六次时机，做好“六清”。六次时机：早操后、三餐后、午睡起床后、就寝前。六清：地面卫生清扫、营产物品清洁、衣物卧具清洗、油污水渍清除、营区环境清整、生活垃圾清理。三十：通过整理室内、营院、个人三类卫生，实现营区舍无杂物、窗无灰尘、厨无油污、墙无污痕、具无凌乱、装无损坏、区无垃圾、地无水渍、厨无异味、树无杂乱“十无”要求）营区管理规范贯穿始终，严密组织开展条令主题演讲比赛和知识竞赛，先后6次派出工作组对基层落实情况进行检查督导，推动条令条例在基层末端高效落实，官兵依法依规办事意识明显提高。按照武警部队“八严”纪律规定，对部队在制度落实、对外交往、内部关系建设等8个方面情况进行筛查，紧盯重点人员、内容、部位和时段，每日不定时抽查干部在位和部队工作落实情况，有效实现对部队的全面掌控。先后责成3名执勤履职不认真的机关干部作出深刻检查，对违规使用手机、不假外出、违反执勤规定等26名官兵作出严肃处理，有效警示教育部队。借助安全大检查、“百日安全竞赛”活动和“八个规范”（安全教育、安全训练、安全组织、安全制度、安全环境、安全设施、安全活动、安全责任）检查评比等载体，严密部署开展4个“警示教育日活动”，采取自下而上、层层摸排等手段查隐患、补漏洞，有效纠治安全工作和管理教育各类问题413处，部队安全发展逐步托底见效，步子迈得更加稳健。被武警部队评为暑期“百日安全竞赛”活动优胜单位。

【海口支队执勤处突】2019年，海口支队先后完成各类临时勤务387起，动用兵力5059人次。4月29日，执勤四中队成功处置一起监护对象企图自杀事件。9月23日，执勤十四中队成功处置一起无人机航拍目标监区事件。9月25日至10月7日，完成海南省敬献花篮、海南省庆祝中华人民共和国成立70周年升国旗和海口城区及3个县市联勤武装巡逻、车站码头定点警戒任务。

【海口支队综合保障】2019年，海口支队突出“一组五队”（后勤指挥组、综合信息保障分队、运输油料保障分队、军需给养保障分队、维修技术保障分队、卫勤保障分队）建设，积极备战总队后装专业大比武，严密组织炊事员、军械员、卫生员集训，开展5批次汽车驾驶员复训和职业技能鉴定，定期组织拉动训练，完成博鳌年会安保、“魔鬼周”极限训练、“卫士-19·海南”演习等13次后装保障任务。重点抓好指挥协同、人装结合、战地野炊、自救互救等课目训练，应急保障能力全面提升。加大编制预算执行力度，规范大项物资采购和工程招投标管理，推动各项工作科学化、规范化运转。重点抓好后勤领域“清仓归零”整治，按照“边查边改、立查立改、彻查彻改”的要求，坚持全面从严查纠。海口支队机动二大队临时部署营区营房综合整治项目完成竣工验收，6个基层大（中）队营房维修项目持续推进，5个待建项目初步方案和设计任务书上报总队。3月，支队机关公寓楼顺利实现搬迁入住，有效缓解官兵住房难的问题。严格落实伙食管理“1126”（早餐1杯牛奶，1个煮鸡蛋，2种主食，6个菜）、“6211”（中晚餐6个菜，2种主食、1种汤和1种水果）保障模式，加强副食品集中配送管控，官兵伙食满意率98%以上。动用车辆2114台次，实现安全行车超过23万千米。

【海口支队基层建设】2019年，海口支队认真学习贯彻武警党委1号文件，研究制定支队按纲抓建“两个办法”（海口支队按纲建队考评实施办法、海口支队基层经常性工作量化考评实施办法），着力构建机关抓建基层科学评价体系。加大帮扶力度，坚持一队一案、定人定责，特别是对8个连续4年以上未先进的基层单位，落实“一队一案”精准帮建，着力破解瓶颈难题，推动基层建设整体进步。先后派出4批次21个联合工作组深入基层一线“解剖麻雀”。至年底，连续11年未先进的执勤七中队有望“脱贫摘帽”，执勤六中队（16年）和执勤十中队（6年）进步明显，定安中队被总队推送评选武警部队“基层建设标兵中队”，基层建设总体形势进一步向上向好。组织召开大队建设座谈会，强化大队在抓工作末端落实的第一责任，为机关抓建基层放好“前卫哨”，确保上下联动紧密，各项工作在基层落地有声。机关每月派出经常性工作督导组，对所属基层中队检查覆盖一遍，加大一线指导力度，坚持立说立行、现查现改，全面纠治基层在抓工作末端落实中存在的问题，不断夯实部队建设基础。支队在基层年度评比中，将经常性基础性工作分值比重调整到35%，有效树立抓在平时、比在平时的科学导向。坚持科学选人用人导向，加大机关基层岗位任职交流，充实提高机关参谋队伍，选准配强基层干部骨干队伍，突出岗位学习和实践锻炼，先后组织支队干部网上培训、参加总队大队主官集训和开展士官岗位大练兵活动，不断打牢人才队伍履职尽责能力基础。全年共选拔35名优秀干部到基层大中队主官岗位任职，有效立起抓建基层的“四梁八柱”，质量效益明显。6个基层党支部被总队表彰为“先进基层党组织”，52名个人分别被海南总队、海口支队评为“优秀党务工作者”和“优秀共产党员”。

（潘宇翔 许修平）

武警海警总队海南支队海口大队

【概况】根据党中央和习近平总书记关于国防和军队现代化建设的部署要求，海警队伍整体划归武警部队，履行海上维权执法职责。为贯彻落实党中央和中央军委统一部署，2019年4月1日，组建武警海警总队海南支队海口大队（简称“海口大队”），对外执法称海口海警局。自组建以来，海口大队党委坚持以习近平强军思想为指导，深入学习贯彻习近平主席训词及习近平主席对武警海警总队所作重要指示精神，团结带领全体官兵，紧跟改革整编步伐，主动作为，攻坚克难，按照“开局即正规、起步即规范”的总要求，扎实开展部队管理教育，不断提升综合保障能力，紧盯主责主业，完成各项执法执勤任务，在打击海上走私、维护海上治安等方面发挥举足轻重的作用，为海南建设自由贸易港战略保驾护航。

【海口大队党委班子建设】2019年，海口大队深入贯彻海警总队和海南支队两级级党委扩大会议精神，着手制定大队党委工作规则、党委议事决策细则等规章制度，突出抓好民主集中制、领导干部双重组织生活等基本动作、基本环节的落实。严格按程序召开党委会议，广泛征求下级党支部和党员群众的意见，拓宽党内民主渠道。聚焦履行党委主体责任，大力推进党风廉政建设，加强对重大敏感事项的监督管理，开展廉政纪律党课活动15课，进一步树正党内廉政风气。

【海口大队政治教育】2019年，海口大队深入开展“不忘初心、牢记使命”主题教育，党委书记带头上党课，党委成员分批次深入各舰艇、工作站开展宣讲、调研，深学笃行习近平总书记系列重要讲话和党的十九届四中全会精神。组织召开党委组织生活会，深刻剖析班子自身建设存在的突出问题，为所属党支部作出示范表率。开展“反渗透、反心战、反策反、反窃密”专题教育和反邪教、网络赌博等专项排查整治活动，教育引导官兵坚定“四个意识”，提升队伍纯洁度、向心力。

【海上维权执法】2019年，海口大队聚焦主责主业，紧密围绕“7+1”（打击海上违法犯罪、维护海上治安和安全保卫、海洋生态环境保护执

海口大队在辖区海域例行检查砂船。摄于2019年9月20日　（海口大队 供）

法、海洋资源开发利用执法、海洋渔业管理执法、海上缉私执法、协调指导地方海上执法加海上维权执法）职责使命，全面部署海上巡逻任务，常态保持7×24小时网格化巡逻管控，持续深化海上严打严防管控态势。多次登临检查外籍渔船，成功侦破海南支队成立以来首起过失致人死亡案，破获涉毒案件1起，办理非法捕捞水产品案8起、“三无”船舶案20起，无证驾驶机动船舶案14起，实施海上救助17起，调查人员失踪1起。查获无检验检疫证书等合法证明的鸽子活体2400只，查获渔获物9500多千克，查获海砂1.72万吨，罚款11.42万元，确保辖区海域平稳可控。此外，还完成伏季休渔巡逻监管、火箭飞行警卫安保、琼州海峡巡逻监管等任务，较好地履行海警队伍的职责使命。

【海口大队安全管理】2019年，海口大队严格落实安全工作八个基本规范，扎实开展暑期百日安全竞赛和安全大检查活动，对零散人员实施“谁审批谁管理，谁管理谁负责”管理模式，压实责任，营造“严抓严管”态势。加强舰艇、执法、军事体育等课目训练，按照“干什么、练什么、缺什么、补什么”的原则，严格按纲施训、严密组训，切实建立起战斗力这一唯一的根本标准。提高对小远散单位战备督察频次，围绕机要、保密、枪械、油料等重点部位开展督察检查，及时发现、整改问题，确保大队安全工作零事故。

【海口大队后勤综合保障】2019年，海口大队根据上级定点部署选址标准，深入调研40余次，择优选取工作站临时部署点，解决官兵进驻后工作生活场所问题。完成大队零星工程改造、执法办案场所建设，并配发给养器材与营产营具，进一步改善大队以及下属工作站办公、生活条件。组建“舰艇维修专班”，制定合理维修方案，帮助舰艇勘验故障。刚性落实大队安全检查各项制度，全面加强枪弹安全管理。严格落实车场日、出车前检查、干部带车提醒等制度，组织车辆安全专项教育，及时检查、更换装备车车胎、刹车片，实现全年车辆行驶零事故。加强审计监督，严格规范财务、资产、油料、车辆、舰船维修、物资采购等工作，提高保障规范化建设水平。

（李佳源）

人民防空

【概况】2019年，海口市人防办严格人防工程项目规划建设审批和竣工验收，加强人防工程建设和管理，抓好人防各项任务落实。10月15日，制定印发《海口市人民防空办公室关于下放人民防空工程行政管理事项的实施方案》，将主城区外房屋建设工程、主城区内建筑面积5万平方米以下的房屋建筑工程的附建式人防工程的规划报建审批、质量安全监督、竣工验收备案等权限下发至各区。对照事项清单，梳理审批事项，减少审批环节，压缩审批时限，把人防工程规划审批时限由原来的7个工作日，压缩到3个自然日，极大提高审批效率。对被列入海口市“10·18”“11·18”“12·18”等集中开工项目，凡涉及人防审批的，建立项目清单，一次性告知整改意见，施行“挂账销号”，全力以赴推动项目如期开工。推动两处人防疏散基地建设。开展行政执法检查43次，依法查处未按设计建设人防工程问题。

【人防工程建设与维护管理】2019年，海口市人防办严格坚持“应建必建、应收必收”原则，依法办理人防工程规划审批，尤其是严格办理易地建设项目审批，科学设置前置程序，杜绝人防工程易地建设费征缴不到位现象发生，严格执行国家和省委军民融合办有关人防易地建设费政策，避免发生收取及减免不规范、标准不统一的问题。全年共审批人防规划项目182件，其中易地审批项目55个；核计易地建设费1941.8万元，减免金额288.4万元，实收1653.4万元。人防项目验收备案147件。

【人防规划和防空工作】2019年，海口市人防办高标准编制海口市整体人防规划和江东人防发展规划，根据海南自贸区和自贸港建设定位，委托第三方高标准编制《海口市城市人民防空建设专项规划》和《海口江东新区人防发展规划》。其中，《海口市城市人民防空建设专项规划》完成前期的编制工作，并经专家初步评审，正修订完善；《江东人防发展规划》完成初稿。2个规划的编制，将弥补海口市人防规划空白。委托第三方修编《海口市人民防空方案》，增强海口市人民防空军事斗争准备的预见性和针对性，全面提升海口市人民防空战备水平和组织筹划能力、行动实施能力。

【疏散演练及防空警报试鸣】2019年，海口市人防办组织全市“9·18”防空演练，动员45余万人参加演练活动，有效检验海口市人民防空指挥控制和通信保障机制、重要经济目标及专业队伍的应战能力，增强广大市民的国防观念和防空意识。配合省委军民融合办开展“10·29”防空警报试鸣工作，全市300多台警报器100%鸣响，有效助推人防工作高质量发展。

（王 健）

2019年4月11日，海口市人民政府在长流镇举行为烈属、军属和退役军人等家庭悬挂光荣牌启动仪式

（梁毓婧 摄）

退役军人事务

【概况】2019年，海口市在机构改革中，将市委组织部、市人力资源和社会保障局的军官转业安置职责，市民政局的退役军人优抚安置、拥军优属拥政爱民工作职责整合，组建市退役军人事务局，作为市政府工作部门，于3月29日挂牌成立，加挂市拥军优属拥政爱民工作领导小组办公室牌子，不再保留单设的市拥军优属拥政爱民工作领导小组办公室，同时成立副处级事业单位海口市退役军人服务中心。市退役军人事务局成立后，围绕维护退役军人各项权益，维护社会和谐稳定，开展拥军优抚褒扬工作，做好退役士兵由政府安排工作和转业干部移交安置及军休干部的服务工作，开展退役军人就业创业服务和推进退役军人服务体系建设。年内，海口市获得“海南省第十届双拥模范城（区）”称号，海口市革命烈士纪念物管理所被表彰为全国退役军人工作模范单位，海口市第一军休离休退休干部休养所被评为“海南省退役军人工作模范单位”。

【优待抚恤】2019年8月1日，海口市按照国家退役军人事务部的通知精神调整优抚对象抚恤金标准，按时足额定期发放抚恤金。年内，办理发放病故军人家属一次性抚恤金；办理伤残军人换证调级；对符合享受因公牺牲军人遗属定期抚恤待遇的遗属办理定期抚恤待遇；为烈属、军属和退役军人家庭悬挂光荣牌。

【烈士褒扬】2019年，海口市升级改造解放海南岛战役烈士陵园，以丰富革命文物资源，更好发挥其弘扬英烈精神、纪念重大历史事件、宣扬革命传统的教育作用。做好清明节、“七一”中国共产党建党日、“八一”建军节、9月3日抗战胜利纪念日、9月30日烈士纪念日等节日服务保障，共接待参观、缅怀、祭拜人员60万余人。

【军民共建】2019年，海口市投入资金支持驻市部队建设。在春节、“八一”建军节走访慰问驻市部队，发放慰问金。8月7日，组织开展“慈善拥军情 爱心进军营”活动，椰树集团捐赠资助款90万元，资助300户海口市辖区内困难官兵家庭。海口市协调解决驻市部队随军家属就业和军人孩子入学。加强对立功受奖同志表彰宣传力度，发放军功奖150万元，扩大军人荣誉激励影响。

【退役军人就业创业服务】2019年，海口市动员广大退役军人参加高职院校对口单独招生报名，加强与省内高职院校招生部门对接，多名退役军人被省内14所高职院校录取。7月20日，市退役军人事务局联合省退役军人事务厅举办海口市退役军人、随军家属就业服务专场招聘会暨高职院校扩招推介会，82家企业、13所高校、5家金融及就业创业服务机构等100多家单位参会。“八一”建军节前夕，到海南武警总队海口支队开展退役军人就业创业政策进军营活动，面向即将退役的部队官兵宣讲转业安置政策、职业规划、就业创业政策、税收优惠政策及创业小额担保贷款政策等内容，以电视会议形式，把政策送到边防海岛等几十个分会场。12月13日，根据海南省退役军人事务厅关于“建立两级退役军人就业创业协会”的要求，推动退役军人企业海南文骏实业有限公司发起成立海口市退役军人就业创业协会。

（徐 斌）

（编辑：张纯龙）

自贸区（港）建设

综 述

【概况】 2019年，海口市深入学习贯彻习近平总书记“4·13”重要讲话、中央12号文件精神和海南自贸区（港）总体方案，严格按照省委对总体方案细化分解的184项任务中涉及海口的任务事项进行认真跟踪、逐项落实，紧扣“三区一中心”战略定位，在全省一盘棋、全岛同城化中积极推进和加快谋划海口高质量发展，推动自由贸易试验区建设，以江东新区为先导推动海南自贸区（港）在海口开好局、起好步。3月27日，中共海口市委全面深化改革委员会办公室（简称“市委深改办”）成立，是中共海口市委的工作机关，为正处级，加挂海南自由贸易试验区（自由贸易港）海口市工作委员会办公室（简称“市自贸办”）牌子。市委深改办（市自贸办）承担中共海口市全面深化改革委员会（简称“市委深改委”）、海南自由贸易试验区（自由贸易港）海口市工作委员会（简称“市自贸工委”）的日常工作。海口市江东开发办公室（简称“市江东办”）是海口市人民政府工作部门，为正处级，与市委深改办合署办公。8月30日，市委深改委印发《市委全面深化改革委员会〔海南自由贸易试验区（中国特色自由贸易港）海口市工作委员会〕工作规则》及其办公室工作规则。年内，围绕《中国（海南）自由贸易试验区总体方案》，印发实施《海口市贯彻落实〈中国（海南）自由贸易试验区总体方案〉赋予海南30条特殊政策措施的方案》。根据省委办公厅印发的《关于贯彻落实海南省建设国际旅游消费中心实施方案的任务清单和责任分工》，制定完成海口贯彻落实的相关细化方案。10月16日启动《海南自由贸易港海口江东新区条例》编制工作。

（谢慧亮 黄方慧）

【对外开放交流力度加大】2019年，海口市引进南非文创团，加强南非院士科技团、美国硅谷高科技人才团等团组与高新区、复兴城等重点园区交流合作。推进海口与欧洲案例城市合作。柬埔寨王国驻海口总领事馆顺利开馆，这是中华人民共和国成立后外国在琼设立的第一家总领事馆。全年全市进出口总值331亿元，实际利用外资6.7亿美元，比上年增长164%；跨境电商进口申报清单增长近7倍；出入境游客140.1万人次，增长22.1%。

【自由贸易区（港）改革深化】2019年，海口市高标准谋划江东新区建设。新区总体规划、起步区控规、临空经济区控规等批复实施，国际综合服务、文化交往、高教科研和离岸创新创业等组团控规和市政工程、综合交通等专项规划加快推进，“1+6+13+16”规划体系基本完成。推进18部委30条自贸区（港）政策落实，在提升投资贸易便利化水平、扩大金融领域开放、加快航运领域发展、其他领域改革4个方面开展落实创新工作，平行汽车进口监管创新、创新国际会展检验检疫监管模式、中外律所联营，混合供地改革等23条政策落实，比例近80%。筑牢重点园区发展基础。江东新区策划和储备“五网”基础设施项目241个，开工建设白驹大道改造及东延长线工程、海口哈罗公学等重点项目，中国银行、大唐集团等13家企业选址摘地。中国石化、山东能源等16家企业初步选址。海口国家高新区与上海临港集团合作协议落地，园中园开发模式取得突破。海口综合保税区跃进全国百家综合保税区外贸28强，复兴城加快推进智能物联、数字贸易等数字经济产业，观澜湖加快推进影视、旅游等产业。加强精准招商。瞄准世界500强、全球行业领军企业和知名品牌企业，开展集中签约活动、“知名企业海口行”等，引进兖矿集团、招商局集团、欧绿保集团(亚洲)公司、中国机械工业集团等企业，全年共签约137个项目，协议投资额521亿元，其中61个项目注册69家公司，运营（或开工）25家。24家省级总部企业实现营收417亿元、纳税30亿元。

（陈利君）

制度创新

【概况】2019年，海口市委深改办（市自贸办）围绕“十二个方面制度创新”，按照“三个一批”（即围绕现有制度创新，深化实施一批；围绕重点功能拓展，积极储备一批；围绕服务相关国家战略，主动对接一批）

分步骤分阶段予以推进，重点聚焦投资自由化便利化、货物贸易及服务贸易创新发展、金融开放创新、营商环境便利、产业能级提升等 7 个方面，面向四套班子领导、各级各部门征集制度创新的意见建议，共收到市四套班子成员和全市各级各部门制度创新意见和建议数 264 项（其中四套班子领导 59 项，各级各部门 205 项），并以此作为基础材料，以问题为导向，将可以从制度层面进行突破的建议作为制度创新培育案例储备列入案例库，将梳理出的 39 项成熟案例，重点开展调研并深化提升，形成 23 项制度创新案例成果上报省委深改办。全年省委深改办发布海口市制度创新案例 5 条，分别是“率先成立湿地保护管理三级网络体系”“推行税（费）种按次申报”，实行“无税不申报”“一日办结许可，实行建筑工程施工承诺制”“基于城市大脑的全市公共服务一体化平台创新实践——椰城市民云”“以‘微实事’创新社区参与式预算改革”，案例数居全省前列。

【“率先成立湿地保护管理三级网络体系”案例】2019 年 7 月，海口市的“率先成立湿地保护管理三级网络体系”上榜海南省委深改办（自贸办）发布的中国（海南）自由贸易试验区制度创新案例（第四批）社会治理类制度创新案例。

案例主要内容：在全国率先建立湿地保护管理三级网络体系。首创设立海口市湿地保护管理局，负责海口湿地生态保护修复工作，编制湿地保护规划，监督管理湿地的开发利用等；设立海口市湿地保护管理中心（事业单位），负责拟定和实施湿地保护方案，协调海口市各区及市有关部门按照职责分工保护和合理利用湿地，管理湿地保护重点工程项目等；首创设立区级湿地保护管理中心，开展海口市各区湿地的具体管理保护工作。全市协同配合开展湿地保护管理。成立海口市湿地保护修复工作领导小组，市长担任组长，统筹指挥和协调全市湿地保护修复工作；先后颁布实施《关于加强东寨港红树林湿地保护管理规定》《关于加强湿地保护管理的决定》《海口市美舍河保护管理规定》《海口市湿地保护若干规定》等法规；组建海口市湿地保护专家委员会，为湿地保护管理提供外部智力支持。

创新之处：在全国率先构建湿地保护管理三级网络体系，实现海口湿地资源统筹规划、系统管理，有效提升海口湿地保护效果，使“国际湿地城市”成为海口靓丽的新名片。

效果：有效加强和完善海口市湿地保护管理机制。加强规划引领。编制实施《海口市湿地保护修复总体规划（2017—2025 年）》，并制定《海口市湿地保护与修复工作实施方案》和《海口市湿地保护修复三年行动计划（2017—2019）》等方案。加强宣传组织。共组织开展进企业、进农村、进机关、进校园、进社区、进家庭、进公共场所等“七进”活动 200 多场次，提升全民湿地保护意识。有效发挥社会志愿者力量。出台《湿地保护志愿者制度》，有效组织引导全市 9000 多名湿地保护志愿者开展常态化服务活动，并推动志愿者队伍专业化提升。创新打造“湿地保护 +”系列模式。如，以湿地 + 水体治理模式建设美舍河国家湿地公园，以湿地 + 水利工程 + 海岸带治理模式建设五源河国家湿地公园，以湿地 + 土地整治模式建设潭丰洋省级湿地公园，以湿地 + 红树林保护模式建设海南东寨港国家级自然保护区，以湿地入城 + 生态修复 + 水环境综合治理模式建设海口东西湖、大同沟、鸭尾溪等城市黑臭水体等。成功打造湿地保护与产业经济协同共生模式。成功打造龙华区龙泉镇涵泳村千亩荷塘、红树林湿地民宿、湿地文化与农耕文化相结合的乡村生态旅游等一批产业项目，实现湿地保护的经济效益、社会效益和生态效益协同共生。获得国际、国内多项湿地管理保护类奖项。2018 年，海口市获国际湿地公约第 13 届缔约方大会全球首批“国际湿地城市”称号；海口美舍河、海口五源河入选生态环境部、住房和城乡建设部联合评选的全国黑臭河流生态治理十大案例；2019 年，获中国绿色基金会颁发的首届“生态中国湿地保护示范奖”、阿拉善 SEE 生态协会颁发的阿拉善第八届 SEE 生态奖。

【“无税不申报”案例】2019 年 7 月，海口市实行“无税不申报”上榜海南省委深改办（自贸办）发布的中国（海南）自由贸易试验区制度创新案例（第四批）优化营商环境制度创新案例。

案例主要内容：明确适用“无税不申报”的纳税人范围。纳税人需同时满足以下三个条件：当期无应税收入或计税依据为零；未做票种核定，即已申请发票票种核定、领购发票的纳税人不适用；属于增值税小规模单位纳税人，包括国家机关、企事业单位、社会团体等。明确“无税不申报”的税（费）种范围，包括增值税和消费税及其附加税费、土地增值税、资源税、房产税、城镇土地使用税、环境保护税、车船税、车辆购置税、烟叶税、印花税、耕地占用税、契税、文化事业建设费等 17 个税（费）种。推行税（费）种按次申报。对于适用“无税不申报”制度的纳税人，将相关税（费）种的纳税期限由按期改为按次。加强后续监管。通过涉税数据分析、定期比对和第三方数据利用等方式，及时发现和纠正纳税人不报、漏报税行为，加强税收违法惩罚力度，打击税收违法行为。

创新之处：实现在风险可控的前提下还责还权于纳税人，有效促进海口市营商环境的优化提升。

效果：有效减轻纳税人办税负担。该制度很大程度上改变以往纳税人即使未发生法定纳税义务也要按期零申报的做法，惠及海口市无票种核定小规模单位纳税人 5.9 万户（占海口市全部小规模单位纳税人约 54%、全部单位纳税人约 45%），每年减少无票种核定小规模单位纳税人零申报约60万户次，有效提高纳税人的办税效率和满意度，并引导纳税人正确履行纳税申报义务，自觉提高纳税遵从度。有效减轻基层税务人员负担。该制度每年减少税务机关启动责令限期改正约13万条，行政处罚1.76万起，非正常户认定约5700户，使税务人员从繁杂事务性工作中解放出来，缓解大量零申报业务对税务部门办税服务工作造成的压力，促进税务管理资源的优化配置。

【“建筑工程施工承诺制”案例】 2019年7月，海口市“一日办结许可，实行建筑工程施工承诺制”上榜海南省委深改办（自贸办）发布的中国（海南）自由贸易试验区制度创新案例（第四批）优化营商环境制度创新案例。

案例主要内容：优化施工许可条件。根据建筑工程项目投资额、面积、层数的不同，探索推行多种与监管要求相适应的优化方式，对建筑面积在1000平方米以下且不超过五层的房屋建筑取消施工图审查，简化施工许可条件。实行工程质量监督手续告知承诺制办理，且与施工许可证合并。推动人防监督手续与施工许可证核发同步办理的落地实施。办理实行告知承诺制审批。施工许可部门一次性告知施工许可申请资料，申请材料实行目录清单管理，施工许可部门不得擅自增设清单之外的条件资料。申请人对具备施工条件以及承担的法律责任进行书面承诺，提交施工许可申请。施工许可部门依据申请人承诺，不再对申请资料进行实质性审查，1个工作日内发放施工许可证。加强事中事后监管。明确建设单位质量安全的首要责任，规范发包行为、保障建设资金和安全文明施工措施费到位、理顺建设单位和施工单位关系。对实行承诺制审批取得施工许可证的所有项目，在做出施工许可决定3个月内由施工许可部门进行核查。经核查不符合施工许可条件、存在虚假承诺的，施工许可部门采取责令停工整改、处罚、诚信扣分、限制承诺、列入黑名单等监管措施。强化信用监管作用的发挥，通过不良行为记录、列入诚信黑名单等加大企业失信成本。

创新之处：率先在全省范围实行建筑工程施工许可告知承诺制审批，并加强事中事后监管，实现施工许可证1个工作日发放，进一步压缩审批时限，提高审批效率，实施效果走在全国前列。

效果：审批速度大幅提升。实行施工许可告知承诺制后，审批时限由国家规定的7个工作日压缩到1个工作日办结，申请人在短时间内取得施工许可证，有效提升政策红利获得感。推进政府职能转变。监督管理逐步向“轻审批、重监管”转变，施工许可部门监管重心从事前审批转向事中事后监管，通过审批后核查加强工程质量安全监督管理。以企业承诺方式代替对申报材料的实质性审查，既强调建设单位质量安全首要责任，又充分调动了施工许可部门对建筑工程的动态监管。

【“椰城市民云”案例】 2019年7月，海口市“基于城市大脑的全市公共服务一体化平台创新实践——椰城市民云”上榜海南省委深改办（自贸办）发布的中国（海南）自由贸易试验区制度创新案例（第四批）优化营商环境制度创新案例。

案例主要内容：打破部门壁垒，持续打通数据与服务。海口市将62家省、市级单位，包括民生保障、交通旅游、就业创业、健康医疗、家庭生活、文体教育、婴幼服务、环境气象等在线公共服务472项（包括全部“一网通办”事项）统一纳入平台。同时，借助城市大脑对海量数据的收集、分析和共享功能，为用户提供更优化的信息服务。打造全市统一身份认证体系。通过建立市民和企业法人身份信息权威数据源，汇集不同来源的用户注册信息，打造统一规范、权威的用户身份库，构建用户实名认证体系。用户只需一个实名账号，即可通享椰城市民云的全部公共服务。

创新之处：海口市加强对政务APP数量“瘦身”，统筹打造“一站式”线上公共服务平台——椰城市民云，将城市多类服务统一纳入平台，“一站式”满足市民多样化需求，实现一个APP生活在海口，旅游在海口，办事在海口。

效果：解决政务类APP资源浪费和数据孤岛问题。椰城市民云于2017年12月14日上线，是海南省首个城市级公共服务一体化平台，实现跨层级、跨部门、跨业务的公共服务整合，解决海口市政务类APP多头建设、重复开发导致的公共服务资源浪费问题，杜绝了“僵尸APP”出现。同时，有效解决各部门信息平台自成体系、数据没有统一标准、系统之间互不兼容，形成一个个条块分割的信息孤岛的问题。提供统一规范、高效便捷公共服务体验。截至2019年底，椰城市民云注册用户突破127万，约占海口市常住人口的55%。用户使用椰城市民云APP，实现了申请受理、材料提交、进度查询全程网上办，有效提高办事效率。实现电子证照互认互通。椰城市民云APP是海南首个实现电子证照互认互通的公共服务平台，居民个人电子驾照、电子健康证、电子献血证已在区域范围内试点电子证照应用场景。

【“以‘微实事’创新社区参与式预算改革”案例】 2019年12月，上榜海南省委深改办（自贸办）发布的中国（海南）自由贸易试验区制度创新案例（第六批）社会治理类制度创新案例。此案例在国内外形成良好示范效应，不仅在国内被中央改革类时政刊物《中国改革》评论为“国内最为完整，参与度最高的一次参与式预算改革”，亦在国外被《华尔街日报》报道。案例被江西省南昌市西湖区、江苏省苏州市吴中高新区分别以“幸福微实事”“和谐微实事”等模式进行复制推广。

案例主要内容：实现财政权下移。海口市美兰区把对民众开放的社区公共服务（主要指公共设施建设与教育、科技、文化、卫生、体育等公共事业服务）预算编入年度预算计划，每年由区财政进行专项投入，先后选取海甸、人民、白龙、和平南、白沙、新埠6个街道和4个镇37个村（居）作为试点单位，按照每个街道120万元、每个社区30万元的标准将财政预算权下沉到社区，调动基层社区的积极性、自主性、能动性。实现决策权下移。在财政权下移的基础上，美兰区进一步将公共服务项目用途的决策权下沉，由基层居民民主协商自定，并形成公共服务项目用途自主决策制度体系。公共服务项目用途自主决策制度体系共分为9个环节：项目启动、项目提议、项目认捐、项目筛选、项目投票、项目公示、集中回复、项目实施、项目评价，环环相扣充分形成基层自主“提议＋协商＋投票”等民众自定的完整闭环。辅助引导，设定可行性标准。通过财政权与决策权的双下放，改变过往以政府为主导的固定资产投资管理的方式开展公共服务项目建设的模式。在此过程中，政府做最少的干预，而更多的是发挥引导作用，仅依据公共服务项目可行性设定标准，辅助社区群众在提议阶段剔除存在瑕疵的项目，充分发挥并利用好社会行政资源，最大程度做好风险管控。广泛宣传，促进全民参与。综合利用各类媒介、座谈会、村（居）干部、网格员、志愿者进行广泛宣传，包括动员试点社区内的中学年满15周岁的学生和教职工近2万人积极提议，引导师生关注社会、关注发展，全面提升群众参与度。与此同时，在便民服务中心、小区物业管理处和群众活动密集的场所设置168个固定提议点和715个流动提议箱，安排专人引导，协助村（居）民提议；开发并更新升级微实事微信公众号，方便村（居）民线上提议、投票。发挥美兰区社会组织孵化基地的作用，为社区奉献精品服务项目。重点培育、扶持和孵化23家生活服务类、公益慈善类和居民互助类社会组织，引导他们深入社区调研村（居）民需求，参与策划服务项目，先后有37个为老为少、服务特殊群体项目得以实施。形成实施体系，确保稳定实施。从四个方面形成完整的实施体系，确保“微实事”可持续的稳定实施：强化改革试点工作的领导，美兰区委、区政府成立“微实事”领导专项工作组，由区长任组长，常务副区长任副组长；充分发挥“智库”作用，聘请专家学者担任项目顾问；科学谋划实施方案，区委书记、区长分别多次主持召开区委常委会和区政府常务会、研究审议“微实事”实施方案；强化培训和督导，区委常委、常务副区长多次主持召开“微实事”项目动员会暨培训会、专题会，以及深入基层督导“微实事”项目落地。

创新之处：美兰区通过社区参与式预算改革，问需于民、问计于民，将有限的财政资金用于解决群众“危急难”民生公共服务项目，实现从“政府配菜”向“百姓点单”，“为民做主”向“由民做主”，“单一供给”向“多元参与”三个根本性的转变。

效果：美兰区形成“政府＋社会各类力量”共建的良好格局，完成政府财政资金投入4050万元，社会爱心企业和热心市民志愿认领的民生“微实事”项目达到11个，实现政府资本撬动社会资本共同参与公共服务的突破，使城乡社区治理的原动力和内生力不断增强。由民众自主提议的543个公共服务项目，包括工程建设类266个、设备采购类123个、公共服务采购类154个，受益群众35.6万人，满足群众需求，进一步改善民生环境。 （谢慧亮 黄方慧）

营商环境

【概况】2019年，海口市贯彻党中央国务院、省委、省政府有关优化营商环境部署，把打造一流营商环境作为建设自由贸易试验区（港）重要抓手。从立法层面出台优化营商环境规范性文件，9月，市人大常委会审议通过《海口市人大常委会关于优化营商环境的决定》，从营商环境定义、实施主体、实施内容等方面进行规定，为营商环境提供法制化保障。加快推动国际贸易“单一窗口”，进一步营造贸易便利、监管高效的口岸营商环境，实施“百国千企”计划，引导外资贸易型企业集聚，形成海南特色“全球贸易之窗”。结合世行营商环境指标体系，对标中国营商环境评价指标，重点抓好营商环境评估18个指标提升，按照“整体推进、重点突破”的工作思路，力争在开办企业、纳税、政务服务、用水用气、办理破产等5项指标实现率先突破，争创全国一流；加快推进其他13个指标的提升工作。继续开展营商环境评估，开展部门营商环境绩效评价。进一步推进诚信体系建设，做好民营经济发展工作。对标自贸港政策落地要求，以发展中难点、堵点问题为切入点，以审批、服务、改革为重点，形成一批制度创新案例。全面梳理和评估各行业扶持政策，围绕海南自由贸易试验区和自由贸易港建设，结合海口产业布局，进一步优化效果显著的，取消与实际发展不匹配的，确保产业精准扶持，在关键环节给予政策资金支持，推动营商环境更加优化，市场秩序更加有序。

【营商环境评估与评价参评】2019年5月，国家发改委对包括海口在内的40个城市进行营商环境评价工作，海口市政府组织全市40多个部门80个人员集中到北京进行问卷填报工作。国家发改委测评结束后在北京召开全国经验交流现场会，其中海口市优化用水用气指标获得先进并作典型发言。为了解海口营商环境现状，主动参照世行和中国营商环境指标体系，结合海口实际，上半年委托毕马威公司开展海口市营商环境试评价，对海口市营商环境总体情况进行了解。下半年委托普华永道就营商环境进一步全面评估，为制定海口市优化营商环境行动计划提供依据，同时针对省优化营商环境40条的落实情况进行评估。定期评估均通过对市场主体、相关政府职能部门调研，多个维度和视角进行评价，找出海口营商环境的问题痛点，提出整改提升建议。

【优化营商环境联席工作会议制度建立】2019年6月，海口市政府制定印发《海口市优化营商环境联席工作会议制度》。联席会议根据中国营商环境评价要求和海口工作实际，下设开办企业、办理建筑许可、获得电力等19个工作小组，领导小组定期或不定期召开联席会议研究解决优化营商环境存在问题。自联席会议建立以来，市长丁晖共召开3次联席会议研究营商环境工作，特别是对省委财经办、省自贸办调研报告，省委书记刘赐贵批示件反映的营商存在问题进行研究部署。

【优化营商环境行动计划制定】2019年，海口市对标中国营商环境评价体系，以问题为导向，制定《海口市优化营商环境行动计划（2019—2020）》，从衡量企业生命全周期维度、反映投资环境吸引力维度、体现监管和服务维度等方面涉及的指标、工作提出88条优化提升的措施。

延伸阅读：《海口市优化营商环境行动计划（2019—2020）》（简称《行动计划》）

《行动计划》从优化企业准入、创新工程项目许可办理、提升获得电力便利度、提升获得用水用气便利度、完善财产登记流程、优化纳税服务、提升跨境贸易便利度、完善破产办理、提高信贷质量、优化诉讼与执行合同环境、强化劳动力市场监管、优化政府采购流程、推进招投标信息化建设、提升政务服务效能、完善知识产权创造保护和运用、加强市场监管、包容普惠创新等17个方面提出88条具体举措，力争达到“保护市场主体权益、优化市场环境、提升政务效能与强化监管力度”四大目标。

《行动计划》以“加强执行力、提升系统性、优化便利性、强化精准性，增强获得感”为导向，以“简审批、优流程、强服务”为手段，主要凸显以下特点：

(1) 采用国家最新的营商环境测评指标体系。海口行动计划严格对照国家发改委最新的指标体系所涉及的18个测评维度，其中保护中小投资者和执行合同两个指标在行动计划中合并为诉讼与执行合同。在政府采购、招标投标、包容普惠创新等新增指标方面，提出一批创新举措，如：开办企业免费刻章；推动政府采购电商化改革。促进“互联网+”与公共服务融合，在“椰城市民云”APP中提供多途径、全方位的在线服务。《行动计划》直接以国家发改委最新指标体系为导向，形成更加系统、更加全面的政府营商环境行动指南。

(2) 强化现有优势、彰显海口特色。对海口正在全国推广的“极简审批”模式，全省推广的“12345+政务服务”模式进行拓展提升，进一步巩固优势、打造品牌。如：极简审批模式中的“规划代立项”“区域评估取代单个项目评估”“推行承诺制”“实行联合验收”等创新举措在全国有明显的创新性和示范性，在《行动计划》中提出：一方面要探索将极简模式向园区项目和“五网”项目之外的领域推广；另一方面要继续挖潜，向更深层次、更广领域去突破创新。

(3) 坚持考评导向，突出量化指标。在国家发改委组织的全国重点城市营商环境测评中，海口在测评之列。为加强执行力，便于考核评价，对能量化的指标尽量量化。整个行动计划共88条，其中33条明确具体量化目标，指标量化率37.5%。具体量化指标类型有：开办企业、办理建筑许可、获得电力、获得用水用气、登记财产、纳税、跨境贸易、知识产权创造保护和运用、政务服务等九大类指标。

(4) 补足薄弱环节，制定创新举措。聚焦于项目审批、行政效能、融资渠道、权益保障、公共服务、扶持政策等薄弱环节，通过“减少材料、精简环节、优化流程、压缩时间、并联审批、制度创新、优化服务”等系列举措，有效弥补短板，提出例如：探索“一表申请、统一受理、并联审批、统一出证”的全链条“索引式”办事服务模式。探索企业“一址多照”“一照多址”改革，实现“一张营业执照、多个经营地址、一次行政许可”；开办企业免费刻章等。实现园区极简审批项目和“五网”项目审批时限不超过57个工作日。建立电子招投标系统。深入推进“综合窗口”受理制度改革。由原来分散办理的方式，整合为“一张清单、一口受理、一次性告知、一网通办、一窗出证”的“一窗受理集成服务”模式，由“一事跑多窗”变为“一窗办多事”等创新举措。

(5) 建立反馈机制，提升企业获得感。构建良好营商环境，关键是提升企业获得感和满意度。《行动计划》从企业实际需求出发，进一步强化投资便利化、贸易便利化、政务服务便利化举措，同时建立相应信息平台和反馈机制，形成政企良性互动氛围，让企业在海口发展得更舒心、更安心、更有获得感，为海口构建国际一流营商环境奠定坚实的基础。

【深化“放管服”改革优化营商环境系列配套措施制定】2019年，海口市为深入推进“放管服”改革工作扎实有效开展，制定《海口市2019年深化“放管服”改革优化营商环境行动方案》《海口市工程建设项目审批制度改革实施方案》《海口市加快推进全市一体化在线政府服务平台建设实施方案》《海口市委市人民政府关于进一步促进民营经济健康发展的若干政策措施》《海口市促进金融业发展的若干措施》《海口市优化电力接入营商环境制度创新实施方案》《海口市中级人民法院破产案例立案规程（试行）》等系列配套措施。

【“放管服”改革优化营商环境】2019年，海口市持续深化“放管服”改革，“一窗受理”事项达93.8%，建成全市一体化在线政务服务平台，

"一网通办"能力显著提升。

以制度创新为核心，不断提升营商环境成效度。推进建设工程项目审批制度改革。探索工程建设项目审批制度的"容缺受理、容缺审查"工作模式，取消设计变更备案等17项不合理的工程建设审批事项，实现建设工程项目审批再提速50%以上。进一步深化"极简审批"改革，优化极简审批流程。建立"企业秘书"制度。海口国家高新区为园区133家企业、80个在建项目重新安排企业秘书，均由委领导、部门局长和副局长等干部担任，并实行每周"一调度、一汇报、一统筹、一现场和难件转办"举措。深化商事制度改革。实施全程电子化（网上）办理工商登记；压缩企业开办时间，海口市企业开办时间在国务院8.5天的基础上缩减至5天；在全省率先试行"企业名称自主申报"，逐步推行市场主体自主申报登记制；工商注册同城通办，"二十证合一"升级为"三十一证合一"；实行简易注销改革，简易注销时间压缩到7天，较国家规定的20天大幅度缩短。建立容错机制，对于被终止简易注销登记的企业，允许其符合条件后再次依程序申请简易注销。推进减税降费工作向纵深开展，全年落实减税降费政策共减免税费57.39亿元。

以夯实政务服务基础为支撑，不断提升审批服务精准度。全面开展全市简政放权工作。做好取消下放事项工作。落实国务院2013年以来取消事项103项，自主取消事项97项；承接国务院下放事项3项；经审查海口市已有的地方性法规、政府规章和规范性文件设定证明事项共12项，公布取消10项；在原承诺时限缩减50%的基础上，再次压缩审批时限共2722个工作日；对中介服务机构和事项、行业协会、涉企行政事业性收费项目及标准、职业资格许可和认定等进行清理规范，确保严格按照国家规定执行。省下放的控制性详细规划和产业规划编制、修改的审批权，项目用林用地用海(房地产项目除外)审批权，以及建设项目排污许可、环境影响评价审批权等省级审批权限已按要求全部承接，均录入市级事项管理系统，梳理办事流程，更新办事指南及事项目录表，并在市政务大厅进行受理。推进行政市区镇（街）村居多级联动审批，把原先需办事群众跑腿进行资料流转的流程，转由政府部门内部电子化流转审批、办结及存档，群众只需在网上申请或"跑一次"提交个人信息和相关材料，即可申办成功。

以"互联网＋政务服务"为切入点，提升政务服务便利度。实施以群众办事零跑腿为目标的全流程互联网"不见面审批"改革工作，实现不见面审批事项"应上必上",除有法律法规依据必须在现场受理的事项外，全部纳入可实施不见面审批范围。加快推进一体化政务服务平台建设。年内，审批信息系统平台化改造基本完成，政务服务基础管理平台初具雏形；平台公共支撑体系建设基本完成，与财政非税缴款系统、邮政EMS物流系统、省电子印章系统、省统一身份认证平台等实现对接互认，做到"五个统一"，即统一在线支付、统一物流服务、统一电子印章、统一电子证照、统一身份认证；完成与不动产的业务协同，数据共享及业务协同取得突破。解决办事群众重复提交材料、重复填写表格、重复身份认证等问题，审批成效不断提升。在建设工程项目、社会民生服务、不动产登记等方面实行"一窗受理"改革工作，实现上述进驻部门服务窗口"前台综合受理、后台协同审批、统一窗口出件"工作模式。推进不动产登记业务便民利民。依托一体化平台与资规、住建和税务等3个部门自建系统互联互通、协同办理，借助"不动产一窗"综合受理子系统，实时将受理材料同时推送给3个委办部门进行同步审批，线上通过移动端、PC端实现网上预约，实体大厅实现不动产转移登记办理，"一窗受理、一次取号、一个系统、一份材料、最多跑一次"和"免填表、免提供完税证明"。将承诺办结时限由19个工作日提速为3个工作日，提速率84.2%；只需要申办人提供申报材料5份，精简率82%。与金融机构建立合作机制，实现不动产登记窗口向银行端延伸；选取甲子镇作为试点将不动产登记网点延伸至乡镇。强化"12345+"平台功能。强化"12345+营商服务"运营，主动上门走访总部经济企业，收集企业需求和建议，解决企业提出的问题，解决率93%，"12345+营商服务"模式已向全省推广；强化"12345+政务服务"融通。发挥12345"一号通用"优势，畅通12345政务服务总客服，提供"7×24小时"全天候服务，打造"不打烊"的政务服务；强化"12345+网格"联动，发挥网格员熟悉管辖区域、靠前工作的优势，主动收集社区民情，及时发现上报问题，核实群众问题处理结果，办结率99.77%。

【服务民营经济机制建立】继2018年11月28日，海口市成立服务民营经济专门机构——服务民营经济办公室后，2019年，结合海口市机构改革，在市发改委增设民营经济服务科，负责统筹本市扶持民营经济发展的服务工作。印发《海口市人民政府关于建立服务民营经济发展联席会议制度的通知》，由市领导担任召集人，各涉企单位主要领导为会议成员，通过联席会议加强服务民营经济工作统筹协调，研究推动解决影响或制约企业发展的复杂、重大问题，重点事项会议督办，真正为企业排忧解难。在全面梳理海口市民营企业存在的难点、痛点问题的基础上，出台《海口市委市人民政府关于进一步促进民营经济健康发展的若干政策措施》，在降低生产要素成本、企业融资、减税降费、拓展国内外市场等方面为民营企业提供更好的政策支撑。（王洪卓）

【信用城市建设】2019年，海口市社会信用制度进一步完善。信用工作顶层设计制度基本覆盖国家发改委提出的9个领域，信用分项制度覆盖近60个行业细分领域，初步构建社会信用制度体系。信用信息化建设稳步推进。市级信用信息共享平台完成升级改造并上线，全年归集法人和自然人行政许可、行政处罚等“双公示”（行政许可和行政处罚公示）信息11.3万条，并通过“信用中国”“信用海南”和“信用海口”等渠道向公众和企业开放查询。实现公共资源交易领域联合奖惩自动化嵌入。在海口市公共资源交易平台嵌入自动信用核查功能和联合奖惩功能，为业务经办人在公共资源交易评审过程中自动提示申请主体的联合奖惩信息，对失信被执行人、严重税收违法案件当事人、拖欠农民工工资黑名单等12类经国家认定的黑名单主体，按照危害程度，在政府采购和工程招标过程中分别采取系统自动禁入、纳入评标参考等惩戒措施。建立公共信用信息和金融信用信息共享机制。探索在公共信用信息管理事项中使用信用记录和信用报告，市信用办与13家商业银行签订公共信用信息共享合作备忘录。依托公共信用信息管理系统，通过查询检索、数据服务接口等服务方式，依法向银行共享并定期更新税务、市场监管、公共事业收费等领域的红黑名单记录及行政许可、行政处罚等公共信用信息，发挥信用信息对金融风险的控制作用。开展“诚信建设万里行”等信用宣传50余场次，在全社会营造守信重诺氛围。联合市商务局、市交通港航局、市旅游文体局、市市场监管局发布《海口市“诚信经营 放心消费”倡议书》，对市场经营主体、消费者、第三方评价机构发出倡议，推进建设安全放心消费环境。全年完成27家企业行政处罚信用修复；市信用办面向本地失信主体和各行业主管部门，举办诚信教育及信用修复培训会和城市信用综合监测工作培训会2场信用主题培训。年内，海口市“椰城信用”APP入选首届全国信用APP观摩会，市食品安全“信用+溯源”模式获评全国优秀信用案例。

（杨运仪 张宇 吴楷杨）

【“12345+营商服务”】2019年，12345海口市民服务智慧联动平台设立“营商服务”专席受理总部经济企业诉求，并主动上门走访总部经济企业，收集企业需求和建议，为企业解答政策咨询，提出解决方案，加强职能单位与企业的沟通联系，建立联席会议制度协调解决企业问题，同时对企业提出的问题分析研判，形成专项报告上报市政府。全年“营商服务”专席共联系服务企业130家，走访企业48家（其中世界百强企业6家，海南百强企业17家），通过各渠道受理办件511件，解决诉求480件，完成率93%，企业对营商专席服务满意度100%。

（谭 斌）

江东新区建设

【概况】江东新区于2018年6月3日设立。位于海口东海岸区域，东起东寨港，西至南渡江，北临东海岸线，南至绕城高速二期和212省道。总规划用地面积约298平方千米，分为东部生态功能区和西部产城融合区。其中，东部生态功能区约106平方千米，包含33平方千米的国际重要湿地东寨港国家级自然保护区；西部产城融合区192平方千米，包含临空经济区、滨海生态总部聚集中心、滨江国际活力中心、国际文化交往组团、国际综合服务组团、国际离岸创新创业组团、国际高教科研组团。总体定位为：全面深化改革开放试验区的创新区、国家生态文明试验区的展示区、国际旅游消费中心的体验区、国家重大战略服务保障区的示范区。2019年有人口21.6万人，现状建设用地总面积91平方千米。

区域内拥有海口美兰国际机场、环岛高铁美兰站等重大基础设施，是中国步入全球网络、连接“一带一路”国际化大通道的又一个重要支点。以美兰国际机场为契机，江东新区将成为城市“一江两岸、东西双港驱动，南北协调发展”的东部核心区，与文昌、澄迈深度融合，对推动“海澄文”一体化发挥更加重要的作用。

江东新区临江临海临湖，水系入城的本底格局明显，拥有被誉为“海上森林公园”的东寨港国家级红树林自然保护区，以及美丽的海岸线资源，区内水、林、田、湖、草等生态要素兼具，整体呈河流、农田、村庄相互交织的自然形态，生态环境本底资源优越而独特，具备打造国际化滨江滨海花园城市的高水平生态本底。海岸线全长31千米，湿地资源丰富，现状湿地面积约90平方千米；河网密集，有河道9条、水渠4条、水库4座；植物种类繁多，林地面积96平方千米，生态公益林面积20平方千米。

【江东新区规划】2019年，按照海南省委、省政府“科学规划、统筹谋划、先谋后动”的部署，海口市以总体规划为基础，进一步完善片区规划、专项规划和专项研究，逐步形成“1+6+13+16”的规划编制体系，即1个总规 + 6个重点片区规划 + 13个重点专项规划 + 16项前期研究。江东新区规划编制，体现“世界眼光、国际标准、海南特色、高点定位”的规划原则。为支撑服务江东新区总规及控规的编制工作，从2018年4月开始陆续邀请权威部门开展地质、水利、安全和生态等16项专题研究，2019年12月前全部完成。

总体规划 《海口江东新区总体规划（2018—2035）》于1月27日在北京通过专家评审，按照法定程序于2月3日至3月21日完成社会公示，4月11日经市政府常务会审议通过，4月13日经市委常委会审议通过，5月25日获得省政府批复。

6个重点片区规划 《海口江东新区起步区控制性详细规划及城市设计》按照法定程序于4月11日通过专家评审，4月8日至5月20日完成社会公示，7月4日通过市政府常务会议审议，7月22日获市政府批复。《海口临空产业园区（南区）控制性详细规划》按照法定程序于3月5日通过专家评审，3月25日至5月7日完成社会公示，6月22日在北京召开民航专家研讨会，对海口临空经济区规划建设工作再进行把脉，7月23日通过市政府常务会审议，8月7日获得市政府批复。国际文化交往组团、国际综合服务组团、国际离岸创新创业组团、国际高教科研组团控制性规划于12月1日在北京召开专家意见征询会，12月27日通过专家评审，并依法依规进行规划公示。

专项规划　完成3个专项规划。《江东新区水安全保障总体方案专项规划》于4月通过省水利厅批复；《江东新区起步区地下空间详细设计专项规划》于7月22日获得市政府批复；《海口美兰机场货运物流及关键运行设施专项规划研究》成果纳入《海口市临空经济区控制性详细规划》中，于8月获市政府批复。

完成成果并通过专家评审的成果4个　10月，《江东新区综合管廊专项规划》通过专家评审并根据意见修改；8月7日，《江东新区高品质饮水保障方案》通过专家论证会并根据意见修改调整；12月，《海口市美兰机场综合交通规划》通过专家评审会，正根据意见修改；《产业发展专项规划》于9月26日在北京通过专家论证会并根据意见修改完成编制，12月19日提交最终成果。

完成阶段性成果6个　《市政工程专项规划》《城乡融合乡村振兴专项规划》《江东新区消防专项规划》《综合防灾专项规划》及《海口美兰机场市政专项及管线综合专项规划》形成初稿，正在对接四组团控规修改完善；《综合交通专项规划》形成初稿。

（谢慧亮　黄方慧）

【海口江东新区总体规划（2018—2035）】2019年5月25日，海南省政府批复《海口江东新区总体规划（2018—2035）》。江东新区位于海口市东海岸，地处海口市主城区与文昌木兰湾之间，是海口市“一江两岸，东西双港驱动，南北协调发展”的东部核心区域；同时也是“海澄文一体化”的东翼核心。江东新区规划范围东起东寨港，西至南渡江，北临海口东海岸线，南至绕城高速二期和212省道，规划范围298平方千米。总体规划以“开放创新、绿色发展”为总纲，坚持以人民为中心，坚持新发展理念，坚持高质量发展，将江东新区定位为“全面深化改革开放试验区的创新区、国家生态文明试验区的展示区、国际旅游消费中心的体验区、国家重大战略服务保障区的核心区”。

【海口江东新区起步区控制性详细规划】2019年7月22日，海口市政府批复《海口江东新区起步区控制性详细规划》。海口江东新区起步区控制性详细规划秉承江东新区“全面深化改革开放试验区的创新区、国家生态文明试验区的展示区、国际旅游消费中心的体验区、国家重大战略服务保障区的示范区”的总体定位，坚持共生、共融、共享的规划理念，建设走向世界的先锋之城，打造全球领先的生态CBD。规划范围东起芙蓉河，西至道孟河，北邻东海岸线，南至江东大道，规划面积179公顷。规划起步区城镇建设用地总面积128.5公顷，建筑面积总规模不超过180万平方米。起步区就业人口2.6万人，其中，在起步区内居住的人口0.52万人。

【海口江东新区起步区地下空间详细规划】2019年7月22日，海口市政府批复《海口江东新区起步区地下空间详细规划》。该规划在对起步区地下空间现状条件研究和未来发展预测的基础上，提出地下空间的开发策略，并对地下空间开发利用的功能、规模与形态做出科学规划，具体包括地下空间城市设计、地下空间控制性详细规划和专题研究3个部分。

【海口江东新区起步区城市设计】2019年7月22日，海口市政府批复《海口江东新区起步区城市设计》。规划起步区建设用地面积为128.5公顷，总建筑面积规模不超过180万平方米，起步区当量人口2.6万人，人均建筑面积69.2平方米。规划以中央活力区为中心，两翼各布局总部办公区，东侧预留弹性发展区。在中央活力区内布局文化展示、酒店娱乐、商业休闲、金融商务、综合服务等功能，在总部办公区布局总部办公、园区服务和配套居住等功能。起步区将打造为未来生态CBD的“先锋之城”。

（司楠楠）

【江东新区条例编制】2019年10月16日，根据省人大立法计划安排，海口市政府组织编制《海南自由贸易港海口江东新区条例》，并纳入省人大立法目录。《条例》的编制，使江东新区发展、建设、管理有重要法规依据，同时把各项改革试验通过法律法规的形式进行明确和固化，为未来江东新区的发展营造更加法制化、规范化的环境。为加快推进编制工作，年内，组织召开立法调研座谈会、江东新区入驻企业座谈会，并派员前往深圳前海、浙江舟山、上海陆家嘴等地进行考察。

【江东新区招商引资】2019年3月，江东新区展示中心建成，面积3971平方米。展示中心核心讲述海南自由贸易试验区、自由贸易港的谋篇布局，集中展示海口江东新区规划成果，形成海口建设自贸区（港）形象展示、学习交流、招商推介一体的服务平台。全年接待国内外300余批次企业家考察交流及商务洽谈，接待8000多名社会各界人士参观调研交流。全年海口江东新区出让产业用地13宗95.2公顷，美兰国际空港一站式飞机维修基地等7个产业项目开工建设，中国银行、大唐集团等9家企业选址摘地。5—12月，分别召开“首届自由贸易园区发展国际论坛”“海南自贸区（港）产业园区投资合作大会”“第十六届世界海南乡团联谊大会江东新区推介会”“2019‘知名企

2019年3月，海口江东新区展示中心建成　　（市江东办 供）

业海口行’”等大型招商和推介活动。

【江东新区项目建设】2019年，海口江东新区共41个重点项目开工，总投资约260.33亿元，其中，政府投资项目34个，投资207.46亿元；社会投资项目7个，投资52.86亿元。主要围绕“内联外通”原则，构建“八横八纵”主干路网，重点打造江东新区与主城区、CBD、临空经济区等内部及组团间的联络联系。至年底，城镇污水处理续建项目—桂林洋污水处理厂改扩建工程和江东南五街B段延长线项目竣工。

【江东新区基础设施及生态建设】2019年，海口市江东新区建立“五网”基础设施项目库，入库项目241个。年内开工建设“路网”建设项目15个，总投资103.41亿元；“水网”项目3个，分别为江东新区地埋式水质净化中心（一期）工程、海口市美兰机场二期扩建场外排水工程、城镇污水处理续建项目——桂林洋污水处理厂改扩建工程，总投资12.68亿元；“生态建设”项目4个，分别为海口迈雅河区域生态修复项目、海口江东新区防潮堤与海岸带生态修复工程（起步区段）、海口市江东新区起步区水系（道孟河、芙蓉河）综合治理工程（示范段）、海南东寨港国家级自然保护区湿地生态修复工程，总投资18.05亿元；“公共设施”项目12个，总投资73.32亿元。

【江东新区“12·18”项目集中开工】2019年12月18日，海南自由贸易试验区海口江东新区“12·18”项目集中开工活动举行，临空经济区基础设施配套建设项目二期等7个项目集中开工，计划投资29.46亿元，涵盖“五网”基础设施、生态治理、产业发展、民生保障等多个领域。其中，临空经济区基础设施配套建设项目（二期）是集中开工项目中投资金额最大的建设项目，总投资11.4亿元，包括桂江大道（中段）、空港环路、顺达路、美溪路（西段）、林香一路、南贸大道（东1段）共6条市政道路，总长超过9千米。在临空经济区，还启动新建云美大道南延线、空保一横路项目，总长近4千米。此次集中开工项目中最大的生态项目是迈雅河区域生态修复项目，紧邻江东新区CBD区域。规划总面积567.8公顷，分期实施，总体规划布局划分为海防林保护修复区、湿地生态修复区、村落有机更新示范区及村落基础设施提升区4个区域，通过建设湿地保护和生态利用示范区，打造江东新区城景融合新标杆。有3个涉及教育基础设施项目集中开工，分别是海南省机电工程学校教学楼项目、海南旅游公共实训中心建设项目、海南省文化艺术学校美术与图书楼项目。

【支持江东新区发展的“省九条”出台】2019年7月，海南省人民政府印发《关于支持海口江东新区发展的措施（试行）》等4个“一园一策”通知，其中明确海南省制定出台九条具体举措（简称“省九条”），推动海口江东新区高质量发展，推进海南自由贸易试验区和中国特色自由贸易港建设。根据“省九条”，海南从创新管理体制机制、依法赋予行政审批权限、加大财政扶持力度、统筹保障建设用地、推动重点产业发展、加大总部经济扶持、鼓励支持科技创新、鼓励创新土地制度、加强人才保障等方面，制定出台高含金量的举措，打出政策“组合拳”，助力江东新区发展提速升级。其中，创新管理体制机制方面，“省九条”明确，海南探索建立“法定机构＋市场运作”的治理服务新模式，设立由海口市管理的法定机构，负责开发、建设、管理江东新区；依法赋予行政审批权限方面，将海口江东新区纳入省重点园区名录，通过法定程序推广适用特别极简审批；加大财政扶持力度方面，每年根据海口江东新区基础设施建设项目和产业发展实际需要，通过年度新增债券资金优先安排支持；统筹保障建设用地方面，授权海口市政府编制颁布实施江东新区内土地基准地价，海口江东新区新增建设用地指标由省政府统筹保障；推动重点产业发展方面，支持推动海口临空经济区享受保税区政策，并推动在临空经济区内设立海关特殊监管区，开展航空保税维修、融资租赁等业务，重点产业发展按照“对赌”原则对年度发展目标完成情况实施考核奖励；加大总部经济扶持方面，经认定为海南省总部企业，注册在海口江东新区内，对带动新区产业结构调整、就业及税收贡献突出的，在现有政策基础上加大资金扶持力度，相关专业人员可按规定享受人才优惠政策；鼓励支持科技创新方面，探索科技成果使用处置和收益管理改革，完善职务发明、科技成果转化制度，试点开展赋予科研人员职务科技成果所有权或长期使用权；鼓励创新土地制度方面，鼓励海口江东新区大胆探索宅基地所有权、资格权、使用权“三权分置”制度创新，盘活利用存量、空闲宅基地和房屋；加强人才保障方面，允许海口江东新区根据全省高层次人才标准进行自主认定，报省委人才发展局备案，并制定本区急需紧缺人才目录，享受全省统一的人才补贴政策。

“省九条”出台后，海口市推进各项措施在江东新区落地开花。在行政审批权限上，将省级审批权限“重要规划控制区控制性详细规划审批、城乡规划编制单位乙级、丙级资质许可、建设项目用地审批、占用或者征收林地审批、海域使用申请审批（不含填海）、排污许可证核发、环境影响报告书审批”等9个事项录入市级事项管理系统。在财政扶持上，将省转贷专项地债重点支持江东新区开发建设，江东新区省、市两级税收全部奖励给园区，以“一企一策”的方式落实土地出让金奖励。在保障建设用地上，农村土地制度改革试点工作正在推进中，采取共享收益等多种方式对江东闲置土地创新处置。在推动重点产业发展上，临空经济区特殊监管区正在加快申报中，出台并实施金融业发展规划、促进金融业发展的若干措施，国际产权交易场所正在推动中。在总部经济扶持上，以点对点对接、一对一谈判方式，引进阿里巴巴、中国大唐等世界500强、中国500强、央企、跨国公司以及国内行业龙头企业，建立总部经济发展联席会。在科技创新上，出台鼓励科技创新的若干政策及其实施细则，细化“加强科技成果转化平台建设、科技成果交易”等方面政策。在创新土地制度上，出台农村存量空闲集体建设用地使用权审批登记指导意见，印发村房地一体及集体建设用地确权不动产登记颁证工作方案，明确土地改革原则与方向，同时制定改革模式选定试点区域。在人才保障上，《江东新区急需紧缺人才目录》正在编制中。

【海口江东新区管理局成立】海口市根据省政府印发的《关于支持海口江东新区发展的措施（试行）》中关于“探索建立‘法定机构＋市场运作’的治理服务新模式”要求和精简高效原则，于2019年10月30日成立海口江东新区管理局（海口临空经济区管理局），依法登记为海口江东新区管理局有限公司，对外简称“江东管理局”。江东管理局是依法设立的特设机构，实行企业化管理、市场化运作，不以营利为目的、不列入行政机构序列、不从事法定职责外事务，经地方性法规授权履行相应的行政管理和公共服务职能；由海口市人民政府发起，受市委、市政府直接管理，依法在海口市注册成立，登记为企业法人；市国资委代表市政府作为出资人，认缴注册资本金为1000万元。主要负责海口江东新区的综合协调、制度创新、开发建设、运营管理、招商引资、行政审批等工作。内设党政办公室、规划建设部、自贸推进部、经济发展部、计划财务部、临空发展部和政务服务中心。其治理结构为：设立江东管理局党工委；成立由工委书记、局长、常务副局长、知名专家学者组成的决策咨询委员会（成员数量为单数），行使重大事项的决策权；江东管理局履行法定或授权职责，接受市政府各部门和社会各界的监督。实行市场化为主、多种用人方式并存的用人机制，实行年薪制，实行职位分类管理，吸引国内外高端人才参与江东管理局管理。10月30日，面向全球公开招聘人才35个岗位，共有2813人报名，通过资格审查964人，实际到考785人，其中硕士研究生270人，博士18人，博士后2人，最终聘用15名。

（谢慧亮 黄方慧）

重点项目建设

【概况】2019年，海南省政府下达海口市省重点项目26个，其中单体项目23个、打捆项目3个，总投资1180.64亿元，占全省总投资20.07%，年度计划投资189.33亿元。全年全市完成投资205.27亿元，占全年投资计划108.42%；完成年度计划任务项目12个，其中海口文明东越江通道工程、海秀快速路（二期）项目分别超额完成年度计划任务的383.66%、117.09%。

【在建项目推进情况】2019年，海口市实施的26个省重点项目中，竣工项目5个，分别是光纤预制棒扩建项目、海口市菜篮子公益性大型农副产品批发市场（一期、二期）项目、北大附中海口学校项目、农村人居环境整治工程、城镇污水处理续建项目，其中海口市菜篮子公益性大型农副产品批发市场、北大附中海口学校投入使用。续建项目13个，其中8个续建项目按序时推进，分别是长影海南“环球100”（一期）项目、海口观澜湖度假区项目、海南国际会展中心（二期）项目、英国（海口）哈罗公学项目、海口五源河奥林匹克中心（二期）项目、南渡江引水工程、海口文明东越江通道工程、海口白驹大道改造及东延长线工程；招商局集团区域总部项目、海口复兴城西海岸互联网总部基地项目、省中医院新院区项目、海口美兰国际机场（二期）扩建项目和海南师范大学桂林洋校区（二期）建设项目5个续建项目，分别因征地拆迁、资金未及时下达导致投资进度滞后。

【新开工项目推进情况】2019年，海口市 8个新开工省重点项目中，中免集团总部基地项目、海口美兰临空产业园基础设施项目、临空物流产业项目、海澄文一体化海口海秀快速路

(二期) 项目、海口充电基础设施项目、省委党校（海南省行政学院.海南省社会主义学院）新校区项目、海南大学三年校园更新工程正常开工建设，海南未来产业园项目因征地拆迁问题未能开工。

（杨运仪 张 宇 吴楷杨）

【海南自贸区建设项目集中开工和签约活动】2019 年，海南省共举行 5 个批次的海南自由贸易试验区建设项目集中开工和签约活动。

3 月 18 日，海南自由贸易试验区建设项目(第三批)集中开工和签约活动在海口市国际免税城项目现场举行。该次集中开工项目共 131 个，总投资 476 亿元；集中签约项目共 50 个，总投资 935 亿元。其中，海口第三批集中开工的项目共 13 个，总投资 115.4 亿元，涉及交通基础设施、医疗教育、生态文明建设等领域。

5 月 18 日，海南自由贸易试验区建设项目（第四批）集中开工和签约仪式分别在三亚、海口、澄迈、琼海等地举行，全省开工项目 80 个、总投资 256 亿元。海口在金盘科技海口数字化工厂项目工地现场设分会场举行仪式。有 10 个集中开工项目，总投资 55.4 亿元，涉及高新技术、医疗、教育、基础设施改造建设等领域，其中社会投资项目 6 个，投资额 52.7 亿元；政府投资项目 4 个，投资额 2.7 亿元。集中签约项目 9 个，总投资 124.3 亿元，涵盖医疗健康、信息安全、旅游文化、农业、仓储物流等产业。

7 月 18 日，海南省举行海南自由贸易试验区建设项目（第五批）集中开工和签约仪式，全省集中开工项目 96 个，总投资 372 亿元，项目类型涵盖产业发展、“五网”基础设施提质升级、民生公共服务等领域。其中，海口 17 个重点项目集中开工，总投资 88 亿元，涉及低碳制造、基础设施建设、生态修复等领域；集中签约 16 个重点项目，协议投资额 52.8 亿元，项目涵盖 5G 技术、医疗健康、互联网、建筑服务业、低碳制造、娱乐等产业。

9 月 18 日，海南省各地举行海南自由贸易试验区建设项目(第六批)集中开工和签约活动，全省集中开工项目 110 个、总投资 613 亿元，集中签约项目 76 个、总投资 213 亿元，涵盖重大基础设施、重点产业、社会民生等各领域。其中，海口市集中签约项目 14 个，总投资 85.5 亿元，涉及互联网、高新技术、交通旅游、低碳制造等领域和产业。

11 月 18 日，海南各地举行海南自由贸易试验区建设项目（第七批）集中开工和签约活动，开工项目共 129 个、总投资 1254 亿元，签约项目 45 个、总投资 199 亿元，是七个批次集中开工项目中总投资规模最大的一次。其中，海口市集中开工项目 28 个，总投资 357 亿元，年度投资 28 亿元；集中签约项目 16 个（投资项目 2 个，非投资性项目 14 个），协议投资额 1.84 亿元，主要涉及互联网、高新技术、服务贸易、总部经济、热带农业等多个领域和产业。

（谢慧亮　黄方慧）

招商引资

【概况】2019 年，海口市举办 5 批次海南自由贸易试验区海口集中签约活动及博鳌亚洲论坛 2019 年年会靶向对接、2019 海南自贸区（港）投资合作大会、“知名企业海口行”系列招商活动等 22 场次高规格招商活动；瞄准北京、上海、广州、厦门及香港等全国经济发达区域，开展点对点精准招商活动，共接洽 421 家重点企业。通过开展各类活动，全年签约项目 137 个，协议投资额 521 亿元。在经贸合作方面，不断深化与国内各省市区域合作，进一步加强与泛珠三角区域、丝绸之路经济带城市及北部湾经济合作组织的经济合作与交流，组织代表团参加 2018 第三届海南国际旅游贸易博览会、2019 广州博览会、中国国际投资贸易（厦门）洽谈会等 6 场经贸活动。继续加大培育发展新兴行业协会、商会的力度，打造新型行业协会的品牌。由市商务局为业务主管部门培育成立的商贸行业协会共 15 家，异地驻市商会以市商务局为业务主管部门的商会 22 家。

2019 年 7 月 16 日，海口市政府与波菲建筑设计有限责任公司合作框架协议签约仪式举行

（市委外办 供）

【精准招商】2019年，海口市招商工作坚持把招商引资和推进项目落地作为核心要务，突出专题招商，重点瞄准世界500强、全球行业领军企业和知名品牌企业，争取引进一批符合“多规合一”和生态环保要求的项目，实现从招商引资到招商选资，盲目招商到目标招商，粗放招商到精准招商的转变。通过开展各类活动，共签约137个项目，协议投资额521亿元，其中61个项目注册69家公司，运营（或开工）25家。其中，引进兖矿集团有限公司、中铁海南投资建设有限公司、上海浦东发展银行、华为技术有限公司等7个世界500强企业，唯品会（中国）有限公司、华润健康集团、招商局集团等16个中国500强企业；引进欧绿保集团（亚洲）有限公司、德国皇家生物科技公司、香港英基环球集团等19家外资企业；引进中国航天建设集团有限公司、中国机械工业集团、国家开发投资集团有限公司等10家央企；引进北京控股集团有限公司、华能碳资产经营有限公司、广州王老吉药业股份有限公司等5家国企。

【点对点招商活动】2019年，海口市依托2019中国北京世界园艺博览会、第30届港贸发局美食博览、第27届广州博览会、2019厦门国际投资贸易洽谈会、第二届中国国际进口博览会等国内知名会议会展金贸活动，由市政府分管领导或职能部门主要领导率队赴北京、上海、广州、厦门及香港等地，在参加经贸活动的同时，务实开展点对点招商工作。主要对接中国建筑股份有限公司、中国国际贸易促进委员会、东兴证券股份有限公司、中国企业家俱乐部、厦门国贸集团、弘信集团、中国保利集团公司、上海泛亚航运有限公司、广州天肌投控集团、广州环球瑞都国际文化传播公司、广州复元生命科技有限公司等近50家企业及机构，共洽合作事宜，助力海口经济发展。年内，全市招商引资领导小组成员单位共接待421家重点企业，组织企业与市领导会见座谈138场次，来访代表团主要有新加坡丰树集团、第一太平戴维斯咨询公司、德国皇家生物科技公司、日新技研株式会社等一批国际知名企业，中建集团、中国诚通集团、中冶集团、中国大唐集团、华润置地、华润双鹤、华润雪花等一批央企国企，深圳筑梦之星科技有限公司、康芝药业等一批民营企业，以及香港全国人大代表考察团、欧盟商贸团、柬埔寨商贸团、屯门商会等国家政府及商会组织的考察团。

【海南自由贸易试验区海口集中签约活动】2019年，海口市举办“3·18”“5·18”“7·18”“9·18”“11·18”5批次海南自由贸易试验区海口集中签约活动。其间，共签约68个项目，占全年签约项目数54.4%，涵盖教育、互联网、高新技术、现代服务、医疗健康等十二大重点发展产业，使更多国内外知名企业投身建设海南自贸区（港）事业中。

【海口国际投资促进局成立】2019年11月18日成立。由海口市政府发起、依法登记设立的法定机构，不以营利为目的，不列入行政机构序列。由市商务局、海口国家高新技术产业开发区管理委员会、海口综合保税区管理委员会、市城市建设投资有限公司、市城建集团有限公司、海口旅游文化投资控股集团有限公司、海南银行股份有限公司等部门和单位出资，并设立理事会，实行理事会领导下的局长负责制，在承担服务总部企业、招商代理、引进外资、区域合作等法定职责范围内开展经贸活动。海口国际投资促进局的成立是海口市委、市政府贯彻落实习近平总书记“4·13”重要讲话和中央12号文件精神，推进全面深化改革和扩大对外开放的重要举措，是以制度创新为核心，在探索开放型经济发展新机制、新模式、新途径上的重要突破。

（谢慧亮 黄方慧）

【2019年海南自贸区（港）产业园区投资合作大会系列活动】2019年8月31日至9月3日，由海南省人民政府主办，省商务厅、省工商联和海口市人民政府承办的2019年海南自贸区（港）产业园区投资合作大会系列活动在海南迎宾馆及海口国际会展中心相继展开，海口市参加并举办6场专题活动。该次投资合作大会围绕“三大领域”“十二个重点产业”安排重大项目投资并购招商推介、综合推介、分园区推介、现场考察等环节。活动期间，有1300余家境内外企业参会，其中邀请境内外意向投资海口的243家企业参会。江东新区、海口综合保税区、海口国家高新区、复兴城互联网创新创业园、海口观澜湖旅游产业园五大重点园区分别开展专场招商推介，共签约11个项目，涉及高新技术、现代服务、总部经济在内的多个重点产业领域。其间，海口市市长丁晖、副市长王磊代表海口市开展点对点招商，分别会见包括中建集团、中旅集团、中冶集团在内的10家重点央企国企、民营企业。

【“知名企业海口行”系列招商活动】2019年，围绕十二大产业发展方向，海口市制定《2019年“知名企业海口行”系列专场招商推介活动总体工作方案》，从10月到12月，每周开展一次重点产业专题推介活动，共举办11场专题招商活动，分产业、分批次邀请美国通用电气公司（GE）、美国霍尼韦尔公司、美国联合技术公司、英国AJW集团、法国佛吉亚集团、新加坡丰树集团（淡马锡）、阿联酋宾扎耶德集团、中国石化、中国人寿、深圳市优必选科技股份有限公司、华讯方舟科技有限公司、擎安（台湾）医疗科技国际控股集团、爱尔眼科医院集团、深圳宝能投资集团等140家国内外行业知名企业参会，结合实地考察调研，进行小范围、有重点、重实效的点对点招商推介活动。活动期间，共签约54个项目，协议投资额76.4亿元，占全年签约

2019 年 10—12 月，海口市组织开展“知名企业海口行”系列招商活动。图为“知名金融企业海口行”招商活动（市商务局 供）

项目数 39.7%，涵盖热带农业、现代金融、医疗健康、教育、高新技术、现代物流等海口市重点发展产业。

（李 伟）

区域合作

【区域协调发展推动】2019 年，海口市推动区域协调发展，主动对接粤港澳大湾区、北部湾城市群，推进琼州海峡经济带合作与发展，提升现有跨海峡运输通道功能。完成《“海澄文”一体化综合经济圈发展规划》修编研究（海口版块），启动 G15 沈海高速海口段、G360 文临高速及澄迈至海口至文昌市域列车等“海澄文”一体化综合经济圈联通工程。推动城乡协调发展，发挥好农村地区作为自贸港建设广大腹地的优势，推进乡村振兴战略，深入推进“美丽海南百镇千村”建设、农村人居环境整治及“厕所革命”，加快补齐乡村基本公共服务和“五网”基础设施短板，制定新一轮美丽乡村建设三年行动计划。

【海口与欧洲案例城市合作】2018 年 4 月，海口市被国家发改委推荐为中欧区域政策合作机制下国际城镇合作项目案例城市。7 月 16 日，与尼斯市签订中欧区域政策合作机制国际城镇合作项目案例地区联合声明，双方交流合作正式开启。7 月 17—18 日，第 13 次中欧区域政策合作研讨会在郑州召开，海口市发出海口邀请。7 月 19—21 日，欧洲代表团对海口进行实地考察，该次案例城市考察是中欧区域政策对话合作机制下国际城镇合作项目的一次重要活动，为促进城市间的交流合作奠定了基础。9 月 12—21 日，海口市赴欧（西班牙、意大利、法国）考察，分别与格拉纳达、罗马、尼斯开展一系列关于医疗健康、旅游、文化体育、智慧城市、可持续能源、中小型企业创新等交流活动。2019 年，海口推进与中欧区域政策合作欧方案例城市合作。分别赴比利时布鲁塞尔参加中欧区域政策高级别论坛，前往德国汉诺威市、曼海姆市进行调研交流，到法国尼斯参加“尼斯创新城市峰会”，在工业 4.0、智慧城市、旅游文化、职业教育、中小型企业创新、可持续城市建设等方面与当地政府、相关机构和企业进行广泛深入交流，对开展合作进行积极探讨。

（陈利君）

【琼州海峡一体化发展】2018 年，海南全岛获准建设海南自由贸易区（港），粤港澳大湾区规划颁布实施，南北两岸合作进入新阶段。至 2019 年，海口市和湛江市人均国内生产总值分别为 71821 元和 42322 元，折合 10342 美元和 6094 美元，均为世界银行标准的中高收入地区。

产业优势互补 海口基本形成以旅游为中心，低碳制造、互联网、会展、文创、体育等产业高度融合，金融保险、商贸流通为支撑的大旅游产业链，2019 年旅游总收入 320.61 亿元，服务业对经济增长贡献率 95%。湛江形成以家用电器、家具建材、水海产品等传统产业为基础，石化、钢铁、造纸先进制造业为骨干，装备制造业和海洋经济为发展方向的工业体系，2016 年入选首批国家海洋经济创新发展示范城市，2018 年湛江经济技术开发区被国家发改委、自然资源部列入首批海洋经济发展示范区。

生态环境优越 2019 年，海口空气质量优良率 93.7%，湛江空气质量优良率 92.1%；城市供水水源和近岸海域环境功能区水质 100% 达标。海口先后获得“国家卫生城市”“全国环保模范城市”等称号，纳入国家重点生态功能区转移支付范围；湛江入选联合国可持续发展先锋城市。

改革开放同步 两岸推进供给侧结构性改革，“三去一降一补”有序开展。探索构建“多规合一”为中心的空间治理新体系，促进行政审批改革、管理体制改革和资源要素市场化改革不断深入。湛江、海口被列入国家“一带一路”15 大沿海重点建设节点港口城市，湛江市成功举办中国海博会、水博会、东盟农博会和湛江海洋周。

合作潜力巨大 琼州海峡南北两岸生态资源相近、地缘文化相通，海澄文、湛江隔海相望，是南海开发前沿。南向共同拓展“一带一路”市场，西向提升北部湾城市群发展能级，北向承接粤港澳大湾区高端要素转移。共同面对海洋经济、港口经济和生态经济发展议题，在农业发展、旅游合作、航运物流、港城互动、通关协作等领域合作潜力巨大。

重大规划研究取得新进展 《琼州海峡经济带发展规划研究》编制完成；争取将海口、湛江两市的核心诉求纳入琼粤两省《琼州海峡经济带和南北两岸发展规划》中。 （郝上荣）

【琼州海峡客滚运输班轮化运营实施】2019年，为激发琼州海峡客滚运输市场主体活力，解决大轮班中的装卸作业时间过长、运输效率较低、服务水平不高等问题，交通运输部珠江航务管理局和广东、广西、海南三省（区）交通运输厅联合印发《琼州海峡客滚运输班轮化运营实施方案（试行）》（简称《方案》），于9月1日起，琼州海峡客滚运输实行班轮化运营，实现“定时、定港、定船”三定目标。同时，为推动班轮化顺利实施，广东、广西、海南等三省（区）港航企业共同研发筹建“琼州海峡联网售票服务信息系统”，于8月20日上线试运营。班轮化航线有4条，即新海港至海安港航线、秀英港至海安港航线、新海港至海安新港航线和秀英港至海安新港航线。琼州海峡徐闻与海口间航线(不含铁路轮渡航线)有广东、海南两省共6家航运公司、49艘船舶参与运营。船舶按照淡季、旺季和超旺季排班，南北两岸每天24小时都有船舶发出，所有船舶到点必须发班，晚点则会受到处罚，非特殊原因不允许换船。一系列新举措有效保障两岸居民和旅客的过海需求。“班轮化”运输实现“三定”，旅客司机可提前知悉抵达港、时刻点和船舶，方便旅客司机自主选择和规划行程，改变以往由港口调度随机安排的现象，旅客司机过海自主度和体验度得到很大提升。同时，发班间隔大幅缩小，从轮班运营模式时的间隔60分钟一班的频率调整到每30分钟甚至15分钟一班，有效减少旅客过海待渡时间。码头运转效率也得到极大提高，且大量减少船舶海上滞留时间，降低船舶来往的安全风险隐患，航线的竞争力得到提升。此外，琼州海峡客滚运输班轮化运营极大减轻两岸港口泊位安排及车客配载的工作难度，使港口企业能够按照航班计划，充分利用泊位资源，高效引导船舶靠离泊。依照购票信息进行车、客配载，压缩“挑车拢客”的操作空间，为琼州海峡两岸相关航运企业营造良好的市场环境。据统计，9月1日至12月31日，琼州海峡客滚运输海安航线每日投入运力49艘次，累计投入运力5978艘次；运送旅客250.44万人次，比上年同期增长2.5%；运送车辆68.98万辆次，增长7%。

（黄壮锋）

【海口、湛江互派干部挂职交流】2019年，海口市委组织部与湛江市委组织部继续履行《互派干部挂职锻炼合作框架协定》，进一步加强两市互派干部交流培养。湛江市选派10名干部到海口市市政管理、政务中心、房屋征收、农业，以及4个区等有关部门挂职锻炼；海口市选派10名干部到湛江市政法、公安、交通运输、环境保护等部门，以及街道、乡镇、企业挂职锻炼，挂职时间均为半年。5月，两市互派挂职的20名干部锻炼期满，双方接收单位分别对挂职干部进行考核。通过互派干部挂职交流，进一步完善区域间互派干部挂职锻炼工作机制，促进人才资源共享和优化配置，有效推动琼州海峡经济带建设及一体化发展。 （台德超）

【海澄文地区经济发展】2019年，“海澄文”（海口市、澄迈县、文昌市）地区生产总值2259.1亿元，比上年增长7%，占全省经济总量的42.6%（2017年占全省42.2%，提高0.4个百分点），增幅高于全省1.2个百分点；固定资产投资631.8亿元，下降20.7%，占全省总量的47.3%，减幅低于全省1.4个百分点；地方一般公共预算收入226亿元，增长8.5%，占全省总量的27.8%，增幅高于全省0.3个百分点。海口为“海澄文”地区发展贡献突出。2019年，海口地区生产总值占“海澄文”地区总量74%（2017年占三市县73.8%，提高0.2个百分点）；固定资产投资占“海澄文”地区总量76%（2017年占三市县72.6%，提高3.4个百分点）；地方一般公共预算收入占“海澄文”地区总量82%（2017年占三市县76.7%，提高5.3个百分点）。海口作为省会城市和“海澄文”中心城市的首位度进一步凸显。

【海澄文一体化建设推进】2019年，“海澄文”基础设施互联互通程度不断提高。海口市依托美兰空港、海口海港，推进“东西双港驱动”，支撑和引导“海澄文”一体化区域大发展。海澄文三地以高速公路的形式联通，构建海澄文一体化综合交通网络，基本形成半小时交通圈。2019年，江东大道二期、海文大桥通车，海口江东地区与文昌铺前直接联通，海秀快速路二期、绕城高速二期加快建设。海南环岛高铁海口至美兰段市域列车开通运行，在此基础上谋划二期，将列车东加开至海口江东、文昌段，西至澄迈。美兰机场二期、新海港区三期、马村港区三期、四期、定海大桥海口段连接线等项目稳步推进。产业合作有所突破。海口的综合保税区、马村港以飞地的形式在澄迈加快建设。美安科技新城正着力打造“3+X”产业体系，与海南生态软件园基本形成产城融合型片区，园区产业初步形成差异化发展态势。海口市积极推进与文昌在航天产业链上形成对接。以“海澄文”为核心的琼北旅游圈发展势头良好。2019年，“海澄文”区域接待国内外过夜游客2130.4万人，比上年增长4.3%。规划编制取得新成果。为适应自贸区（港）建设的发展需求，省政府对2016年4月编制完成的《海澄文一体化综合经济圈发展规划（2016—2030年）》进行修编，海口市同步制定《海澄文一体化区域基础设施规划》，并将成果纳入“多规合一”总体规划。谋划上百个“海澄文”一体化重大项目，项目涵盖基础设施、产业、社会民生和生态环境四大领域，为推动“海澄文”一体化发展提供项目储备支撑。跨区域生态保护成效明显。海口市协同澄迈、文昌共同推进海口湾、澄迈湾、铺前湾、东寨港等重点近岸海域的整治。海口与澄迈签订南渡江联防联控协议，共同构筑区域生态环境安全防护体系。与文昌加强东寨港红树林的生态修复合作，东寨港的生态质量大幅提升。多次联合澄迈县、文昌市生态环保部门开展环境执法检查，打击区域内各类环境违法行为，跨区域生态保护取得明显成效。公共服务投入不断加大。加大辐射“海澄文”区域的基本公共投入，三市县居民医疗和社保共享进一步深化，确保在海口务工的文昌、澄迈等地随迁子女的义务教育。增加优质教育、医疗资源供给，北师大附中附小、人大附中、北大附中附小等学校相继开学，近5年（2015—2019年）海口累计增加中小学位3.8万个，非海口籍学生约占40.6%；累计增加公办幼儿园学位4690个，非海口籍学生约占46%；省肿瘤医院、省儿童医院、上海六院海口骨科与糖尿病医院等陆续运营。公共交通服务向外辐射延伸，开通海口至澄迈老城的公交线路。创新体系建设有序推进。2019年，海口市每万人有效发明专利拥有量9.73个，占全省71.9%。“十三五”以来海口新建1家企业国家级重点实验室，引进国家新能源工程技术研究中心海南分中心等国家级技术研发中心，建立创业孵化基地43家，努力构建科技、体制、机制、政策、市场等多位一体的创新体系。（郝上荣）

人才建设

【概况】2019年，海口市坚持党管人才原则，按照“一条主线”、坚持“双轮驱动”、实施“三个五人才发展计划”思路，把人才队伍建设作为海南自贸区（港）建设的关键因素整体谋划，着力推进人才发展体制机制改革创新，统筹推进各类人才队伍建设。持续加大人才工作资金投入，用于人才保障住房建设、住房补贴发放、人才引进培养、人才站点建设等。年内，市公安局办理引进人才落户18488人（不含随迁4540人），其中博士学历51人，硕士学历690人，本科学历7490人；海口签批外国人来华工作许可666件，办理居留许可4505件。至年底，全市有高层次人才797名，其中杰出人才6名，领军人才103名，拔尖人才92名，其他类高层次人才596名。

【人才制度体系完善】2019年，海口市重视加强顶层制度设计，推进人才发展体制机制改革创新，打造“人才高地”。科学制定人才发展目标，坚持人才培养与引进“双轮驱动”，明确提出：到2020年，吸引培育重点人才10万人以上；到2025年，吸引培育重点人才50万人以上，努力将海口市打造成具有海南特色、海口特点、与国际接轨的人才集聚新高地。在人才发展路径上，明确提出通过实施“三个五人才发展计划”，即“五个引才计划”（海内外“高精尖缺”人才集聚、项目招商引才、党政事业单位人才招录延揽、柔性引才引智、用人单位自主引才荐才）、“五个人才培养工程”（党政人才专业素养提升、技能名师和专技英才培养、教文卫骨干队伍培养、企业经营管理精英培养、乡村振兴实用人才培养）、“五类人才站点建设”（海外人才工作联络站、人才综合工作站、“候鸟”人才服务站、项目产业孵化站和农村实用人才培育站），大力吸引培育各类人才。制定出台《海口市引进人才住房保障实施细则》和《海口市人民政府关于鼓励科技创新的若干政策》等人才引进激励政策，实现人才工作制度化、规范化和科学化。围绕“三大领域、十二个重点产业”，编制发布《急需紧缺人才目录》，开展团队引才、平台引才、项目引才工作。同时，以新一轮党政机构改革为契机，按照省委组织部、省委人才发展局的部署要求，逐步构建人才工作“一委一局一中心”工作格局：成立市委人才工作委员会，由市委书记担任主任，加强全市人才工作统一领导和科学决策，突出人才工作重要地位；组建市委人才发展局，牵头抓总、统筹推进全市人才工作；筹建市人才发展中心，增强人才服务力量。下辖的4个区和园区（开发区）也相应成立人才工作机构，创新完善人才工作领导体制和工作机制，形成人才工作整体合力，着力打造具有海口特色的人才制度体系。

【人才发展环境优化】2019年，海口市设立人才服务“一站式”平台，探索推行“一站式受理、一次性告知、一条龙服务”。聚焦人才落户过程中的痛点，加快推进人才发展领域“放管服”改革，全面推行服务事项承诺制办理，优化办事流程缩短审批时间，办理时间从之前的20个工作日压缩至现在的当场办结，30分钟内拿到户口准迁证。充分开发、利用国际人才资源，努力提升外国人才的管理服务水平，在海口复兴城互联网创新创业园设立外国人来华工作许可服务站，探索实行外国人工作许可审批“否决权复核”规定，为外国人才在海口创业发展提供便利条件，年内共有教育、旅游、医药等行业1050名外国人持有效工作许可证在海口工作；依托“12345”热线平台开设多种外国语专席，给国际人才提供便利的语言沟通咨询服务，着力优化海口市人才服务保障水平。2019年，海口首次当选“魅力中国——外籍人才

眼中最具吸引力的中国城市”，说明海口对外开放和国际化水平不断提升、吸引力不断增强。兑现落实人才服务保障政策，为1327人发放人才住房租房购房补贴682.87万元；12月率先全省安排首批急需紧缺人才入住海旅人才公寓。协调安排106名高层次人才子女入学；协调安置14名高层次人才配偶就业。建立市委联系服务重点专家制度，全市遴选确定50名重点专家和20名后备专家，通过做好后续跟踪培养和服务工作，全力营造市委、市政府“关心人才、爱护人才、服务人才”的浓厚社会氛围。

（王飘飘）

【全方位人才培育体系构建】2019年，海口市打造全方位、多元化、立体式的人才培育体系。实施党政干部素质提升工程，8月11—22日，组织选派25名干部赴新加坡开展专题培训；择优选派15名各行各业的业务骨干人员参加省“双百工程”赴国（境）外培训班，分别是：“新乡村运动”赴韩国培训班、“精致农业与农产品营销”赴台湾地区培训班、“打造国际旅游消费中心背景下的国际氛围”赴英国培训班；加强与湛江市、上海临港集团等互派干部挂职锻炼，选派17名业务骨干到中央国家部委和发达地区跟班学习；开办英语学习培训“周末课堂”，组织举办全市处级及以上领导干部自贸区自贸港建设系列专题讲座9场次，不断培养领导干部的世界眼光、国际视野和战略思维。实施海口市“万名农村实用型人才培育计划”，设立施茶村、永兴电商扶贫中心等农村实用人才培育站点，培养一批乡村带头人，在脱贫攻坚、乡村振兴中发挥作用。组织实施“好校长、好教师”培养工程，2018—2019年全市共培养中小学骨干校长31名，省级学科带头人和骨干教师198名。组织开展评选市拔尖人才工作，共评选拔尖人才29名，科技创新创业团队2个。鼓励支持全市各领域人才参评海南省第一批“南海系列”育才计划，海口市有115人入选（南海名家4人，南海名家青年项目9人，南海英才69人，南海工匠13人，南海乡土人才20人）。组织举办第五届全国应用型人才综合技能大赛，有来自全国各地的1100多所院校、1.5万支队伍报名参赛，既搭建引聚优秀人才的桥梁，也促进本土实用型人才的培养。

（王飘飘 陈兰芳）

【引才渠道拓宽】2019年，海口市通过“敲门引才”，围绕“三大领域、十二个重点产业”，多渠道引进急需紧缺人才来海口创新创业。海口江东新区面向全球招聘35名急需紧缺人才，吸引国内外785名人才（其中美国、英国等外籍和港澳台同胞6人，硕士研究生270人、博士18人、博士后2人）报名参加考试。开展“精准引才”，依托全市28个省级“院士工作站”，79个国家、省、市级重点实验室，67个企业工程技术研发中心等研究类中心、研发机构精准引进专业人才。海南赛诺实业有限公司引进国际知名研究机构退休院长、留学博士等276名国际人才。通过“项目引才”，先后引进北师大附中、人大附中、安永、蚂蚁金服等教育、卫生、金融、城市管理多个领域项目，中旅集团总部、中海油区域总部等多家企业总部先后落户海口，以项目引进带动一大批人才集聚海口，引发广泛积极的社会效应。推进优质教育资源和“好校长、好教师”引进工作，2018—2019年，海口市直属学校共面向全国招聘（引进）863名校长、教师，进一步集聚国内优质教育资源，辐射带动海口市基础教育创新发展，提高全市中小学校办学水平和教育质量。推进医疗卫生人才队伍建设，通过与中南大学湘雅医学院合作办学，市人民医院共培养硕士毕业生235人，博士毕业生8人；组织实施海口市医疗卫生系统“候鸟型国内外知名临床专家柔性引进工程”，市人民医院与上海六院合作创办的市骨科与糖尿病医院，柔性引进医疗专家人才37名。“百万人才进海南”行动计划实施以来，全市卫生健康系统引进卫生专业人才647人，其中高级专家34人，柔性引进3个专家团队。

2019年8月11—22日，海口市组织选派25名干部，在新加坡举办“海口市加快推进海南自贸区和中国特色自贸港建设赴新加坡专题培训班”（市外国专家局 供）

【专业技术人才管理】2019年，海口市实施技能名师和专技英才培养工程。组织开展职业技能鉴定和专业技术人才评审工作，重点培养一批技能名师和专技英才入选“南海名家”“南海英才”“南海工匠”等人才工程项目。支持举办各种形式的职工技能竞赛，扶持设立一批实际以上技能大师、名师等工作室。鼓励海口旅游职业学校依托特色优势学科开设创新创业专业培训。实施“千名科技人才助力基层计划”，围绕乡村振兴优势

2019年1月，“海口国家高新区离岸创新创业基地—南非创新合作中心”在海口国家高新技术开发区挂牌成立 （市外国专家局 供）

特色产业需求，每年培养选派约1000名科技人员到基层一线提供专业化服务。 （王飘飘）

【国外智力引进】2019年，海口市外国专家局通过“请进来、走出去”方式，依托海外引智工作站和联络站，先后组织引进南非文创团、南非院士科技团、美国院士团等团组到访海口，并组织海口科技团组赴美国开展国际合作交流活动，以项目带动，引进海外人才，取得一定效果。依托南非引智工作站。1月，组织南非文创代表团到海口访问，举办海口—南非文创资源对接交流座谈会，在高新区挂牌成立“海口国家高新区离岸创新创业基地——南非创新合作中心”。4月，创响中国海南站启动仪式——海口国家高新区南非院士科学家路演暨签约活动举行，海口国家高新区，南非科技创新代表团、南非金雅迪国际交流中心及海南聚能科技创新研究院有限公司进行签约，三方共同在选择性透光农用薄膜、金属部件高速3D打印系统、100%全降解塑料项目、院士工作站建设、高端人才及团队培养等方面展开长期合作。依托美国硅谷联络站。7月，海口市科技团一行4人赴美国休斯敦和旧金山等城市进行为期5天的访问，进一步密切与休斯敦创新孵化和医疗机构的联系，巩固和通畅海口和美国硅谷科技创新合作通道。9月，海口市邀请美国硅谷高科技人才代表团一行5人访问海口，与省科技厅、市人才办、江东办、罗牛山产业园、海师科技园、美安科技新城和聚能创新院等相关部门及企业开展合作交流，其中乔纳森·特伦特院士的高效经济循环利用生态（OMEGA）系统落地罗牛山产业园的合作意向初步达成。在热带海南英文网站创建海南首家免费线上国际人才招聘库，为有招聘外国人才需求的省内企业及外籍求职者提供供需对接专业服务平台，吸引更多国际人才到海南来工作和发展。

【外国人来华工作许可服务】2019年，海口市外国专家局进一步完善海口市市级政府人才管理公共服务事项清单，与全省统一相同政务服务事项名称以及办事指南一致，并将所有审批环节纳入不见面审批事项，建立全市“外国人服务综合窗口”，为外国人来海口工作提供公共服务便利。同时，把外国人来华工作许可服务事项作为服务外国人才来海口工作的一个重要抓手，从提高服务质量和效率上下功夫，缩短审批时间和流程，将《外国人工作许可通知》和“外国人工作许可证”的审批时限从法定20个工作日压缩到10个工作日；对高端A类人才采取“1小时审批制”，即受理、审核、审批三个流程共1个小时即可完成办理。对引进外国人才分“轻重缓急”，采取“急事急办”“材料容缺后补”措施，引进海口市急需的外国人才，得到用人单位和外国人的赞誉和认可。至12月31日，新增注册单位251家，签批666件（其中新制许可证262张，A类10张、B类217张、C类35张），与上年同期注册单位132家签批440件相比增长90.1%和51.3%，涉及俄罗斯、美国、加拿大、荷兰、日本、肯尼亚、南非、新加坡等30多个国家和地区，工作领域主要有：文教、医药、制造业、体育产业、餐饮酒店服务业等。创新服务方式，12月12日在复兴城离岸创新创业大厦挂牌成立“外国人来华工作许可（复兴城）服务站”，把服务送到基层、人才聚集园区。 （陈兰芳）

【“12345+人才服务”专席设立】2019年，“12345”海口市民服务智慧联动平台设立人才专席，建立外国人才服务大厅，积极对接市委组织部和人社部门，对政策规定进行详细深入研究，尽最大努力解答企业商户、市民游客的咨询诉求。全年，“12345”热线共受理人才引进政策咨询办件42316件，其中受理外籍人才落户、就业问题260件，办结率100%；设立外国语座席，主要涉及英语、韩语、日语3个外国语种，全年海口“12345”热线共受理外籍人士、企业投诉咨询类办件1100余件，办结率100%。

（谭　斌）

（编辑：杜惠珍）

利用外资及港澳台资

【概况】2019年，海口市实际利用外资及港澳台资6.7亿美元，比上年增长164%，占全省实际利用外资及港澳台资15.4亿元的43.5%，占比数比上年提高9.5个百分点。投资来源地主要是中国香港地区，占99.8%。全年新批设外资及港澳台资企业168家，增长86.61%，其中港资企业76家、台商投资企业9家。

【外资及港澳台资直接投资的行业和规模】2019年，海口市实际利用外资及港澳台资投资行业集中导向第三产业。主要行业为租赁和商务服务业，实际利用外资及港澳台资2.77亿美元，科学研究和技术服务业1.47亿美元，建筑业1.43亿美元，房地产业0.74亿美元，此外还有供应业、交通运输、信息技术服务业、卫生、文化体育等。

【外商投资企业经济运行】2019年外商联合年报，海口市共有582家外资企业参报，有570家外资企业出具回执，比上年增长1.24%。年报企业投资总额311.3亿美元，增长5%；销售（营业）收入568.6亿元，下降50.5%；纳税总额37.1亿元，增长11%；就业人员37743人，下降29.4%。

（廖文霏）

对外贸易及外经合作

【进出口贸易】2019年，海口市外贸进出口总额 331.4亿元，占全省进出口总额905.9亿元的35.6%，比上年下降2.9%，低于全省8.7个百分比（全省同比增长6.8%）。其中，出口86.3亿元，增长28.4%；进口245亿元，下降10.6%。

【货物贸易】2019年，海口市一般贸易、租赁贸易占比大，保税物流进出口和免税品进口有所增长。其中，一般贸易进出口138.2亿元，比上年下降12.6%，占全市进出口总额的41.7%；租赁贸易进出口116.9亿元，下降31.4%，占比35.2%；加工贸易进出口10.7亿元，下降52.7%；保税物流进出口34.7亿元，增长361.1%；免税品进口29.5亿元。机电产品和高新技术产品出口增势明显。其中，机电产品出口50.2亿元，增长46.1%，进口133亿元，下降44%；高新技术产品出口43.8亿元，增长185.8%，进口119.5亿元，下降47.2%；农产品出口13.9亿元，增长3.4%，进口25.1亿元，增长141.4%；水海产品出口11.4亿元，增长0.4%，进口1.2亿元，下降26.2%；飞机及其他航空器进口83.1亿元，下降58.7%。外贸投资企业为外贸主力，国有企业和民营企业保持大幅增长。其中，外商投资企业进出口156.6亿元，下降36.7%；国有企业进出口63.2亿元，增长1971.1%；民营企业进出口110.3亿元，增长21.4%。

【对外经济合作】2019年，海口市有42家企业实际对外投资5.53亿美元。企业投资主要集中在亚洲，对外投资主涉及油气勘探、IT产业、医药、农业种植及加工等领域，其中海南顶益绿洲生态农业公司建设的“柬埔寨——中国热带生态农业合作示范区”，部分项目已入园生产。

【服务贸易】2019年，海口市服务贸易进出口总额约136亿元，比上年增长14.94%。在海南服务贸易前 30名企业中，注册地在海口市的14家，服务贸易进出口总额104.3亿元。年进出口额超过亿元企业有7家，其中海航集团、阿里传媒两家企业占全市的64.11%。

根据《海南省人民政府办公厅关于印发海南省深化服务贸易创新发展试点实施方案的通知》及《海南省服务贸易先导性行动计划（2019—2020年）任务细化表》要求，海口市牵头开展“在海关特殊监管区域内拓展保税检验检测、融资租赁、文化产品交易等业务；打造航空维修服务出口基地；以海口临空产业园为载体，加快推进航空维修基地建设，引进产业链项目，扩大维修服务出口工作任务”等方面，深化服务贸易试点工作。依托注册在海口综合保税区的海航集团旗下海航技术和大新华，开展飞机检测维修业务；同时探索开展手机、笔记本电脑等电子产品的保税检测、测试和维护业务，打造研发培训和维修

2019 年海口市贸易主要出口国家统计表

（数据来源于海口海关）

表 9

国家	美元值（万元）	美元值同比（%）	人民币（万元）	人民币同比（%）
新加坡	31785.06	3144.69	224682.70	3452.69
美国	24678.56	110.37	169674.52	118.01
越南	10423.97	386.02	71836.87	398.47
印度	5315.03	168.04	36393.11	177.69

2019 年海口市主要进口国家统计表

（数据来源于海口海关）

表 10

产终国	美元值（万元）	美元值同比（%）	人民币（万元）	人民币同比（%）
美国	157334	−38.63	1076892	−37.66
法国	37839	−60.26	261991	−59.29
智利	19707	87886.69	134959	91479.01
澳大利亚	15678	324.26	108297	336.66
英国	13563	378.51	93273	394.48

2016—2019 年海口市按主要贸易方式分进出口商品贸易额统计表

表 11　　单位：万美元

项　目	2016 年	2017 年	2018 年	2019 年
出口总额	79299.35	81837.14	101320.96	124658.62
#一般贸易	56639.28	58962.98	67004.25	73835.37
来料加工	3119.43	3287.22	2674.34	2375.31
进料加工	17908.02	17255.30	23545.97	7905.62
租赁贸易			1700.00	31300.00
其他贸易	620.26	254.88	596.92	138.19
边境小额贸易				
保税物流			5799.48	9098.36
国家间、国际组织无偿援助和赠送的物资				5.77
进口总额	312543.89	229091.35	407453.18	356494.07
#一般贸易	111585.10	136910.13	172442.43	127080.99
来料加工	2426.67	3245.44	2163.85	1465.51
进料加工	2855.18	4225.63	5729.17	3780.53
租赁贸易	166528.25	79098.50	221648.75	138456.32
其他贸易	3995.74	255.83	97.73	1966.54
保税物流			5371.24	41648.47

（资料来源：市统计局）

检测中心。推进保税融资租赁业务发展，继续支持渤海租赁、光大租赁及新注册的国铁融资租赁有限公司、国投融资租赁（海南）有限公司等企业开展融资租赁业务，逐步将保税融资租赁业务从飞机、模拟机领域向动车、核电设备等大型设备领域拓展。发挥海关特殊监管区域政策功能优势，探索开展影视文化、文化艺术品展示交易拍卖、文化创意等文化保税业务。位于海口综合保税区的海口保税文化艺术馆于 2019 年 11 月 18 日开馆，389 件来自美国、俄罗斯、印尼、黑山、肯尼亚等国家和地区的艺术作品和回流文物公开展出。开馆当日，国家文物进出境审核海南管理处在海口综合保税区设立工作站。推动跨境电商业务继续保持较快增长，海口综保区入驻跨境电商企业 104 家，福建陆地港集团、跨境网、易派客、一宠等知名电商企业完成公司注册落地。海南黑虎科技、海南新毅国际、海南高培乳业等企业，探索开展“跨境电子商务网购保税进口商品保税展示业务线上线下整合”模式，线下跨境电商体验店陆续开业；开展以宠物食品为重点的海南差异化发展跨境电商品类。加快航空维修服务出口基地建设，国际空港一站式飞机维修项目于 11 月 18 日开工；飞机附件维修基地及航材保税仓库项目完成项目地勘及设计工作并实现开工。

【外贸企业发展扶持】2019 年，海口市大力发展外贸新业态。加快推进跨境电子商务综合试验区建设，制定出台《海口市促进跨境电子商务及国际快件产业发展暂行办法》及《实施细则》，市政府印发《中国（海口）跨境电子商务综合试验区建设实施细案》，极大地推动了保税备货模式（1210 监管模式）和跨境直购模式 B2C（9610 监管模式）业务顺利开展。发挥专项资金产业引导作用。组织开展外经贸专项资金申报工作，根据省商务厅、省财政厅《关于做好 2019 年度外经贸发展专项资金支持外贸企业开拓国际市场提升国际化经营能力方向项目申报工作的通知》，初审通过33家公司申报2019年外经贸发展专项资金，支持外贸企业开拓国际市场提升国际化经营能力方向81个项目，拟申请项目资金592.2万元；积极应对中美贸易摩擦，推动进出口银行、中信保为企业提供信贷信保支持，组织企业申报外贸企业开拓国际市场提升国际化经营能力方向及国际贸易融资申报项目。根据省商务厅、省财政厅《关于做好2019年外经贸发展专项资金国际贸易融资、外贸融资担保项目申报工作的通知》，初审通过8家公司申报的2019年国际贸易融资8个项目，拟申请项目资金489.9万元。加大服务企业力度。按月跟踪进出口前20名外贸企业订单、项目、增长点、缺口等动态情况，协调解决企业困难问题，夯实外贸支撑点。推动落实自贸区建设方案项目——百国千企—全球贸易之窗项目，出台扶持政策，12月31日由市商务局、市财政局联合印发《全球贸易之窗项目租金扶持暂行办法》。

2019年海口市外贸进出口额排名前20企业名单

（数据来源于海口海关）

海南航空控股股份有限公司
国投国际贸易（海南）有限公司
海航进出口有限公司
中免集团（海南）运营总部有限公司
海南国贸有限公司
兖矿（海南）智慧物流科技有限公司
康宁（海南）光通信有限公司
中海石油（中国）有限公司崖城作业公司
海南海航航空进出口有限公司
海南文盛新材料科技股份有限公司
海南德旺高贸易有限公司
海南金盘智能科技股份有限公司
海南佳德信食品有限公司
海南东洋水产有限公司
海南美乐康药业有限公司
一汽海马汽车有限公司
海南蔚蓝海洋食品有限公司
海南恒兴饲料实业有限公司
海南泉溢食品有限公司
海口嘉里大通物流有限公司

（廖文霏）

贸易促进

【概况】2019年1—5月，海口市贸促会围绕省市中心工作及“十二大”重点产业，合理布局全年的展会活动。上半年全市共举办上规模会议和展览活动186场，完成全年计划的51%。其中，会议172场，比上年增长13%；千人以上会议20场，增长33%；1万平方米以上展览11场，增长22%。5月机构改革后，市贸促会不再挂市会展局牌子，会展职能划归市商务局，在持续推进自身机构改革进程的同时，主动立足贸促工作职能和任务，探索在海南自贸区（港）建设形势下，贸促工作即将担当的使命和顺应发展思路，打基础、抓调研、育人才，扎实开展各项工作。下半年牵头组织北京世园会“海口日”活动，参与3场推介活动，其中岛内2场、国外1场；协助保障首届自由贸易园区发展国际论坛、2019第十届中国国际创意设计海南推广周、2019首届海口国际新能源汽车展览会、2019第十六届海南国际汽车展览会等展会；组织实施“两个确保”百日大调研活动，对海口市2018年度进出口产值500万元以上的156家外贸企业进行走访调研，形成报告上报市政府；完成原产地证书签证代办点的申报工作。

【涉外法律服务】2019年，海口市贸促会为落实《中共海南省委关于高标准高质量建设全岛自由贸易试验区 为建设中国特色自由贸易港打下坚实基础的意见》中“尽力与国际惯例相衔接的商事海事仲裁与争端调节机制”工作要求，与市司法局组成学习考察小组赴中国贸促会商事法律服务中心学习考察，并完成调研报告。年内，为中国贸促会海南调解中心推荐6名执业律师作为国际商事调解员，并为市贸促会培养出初步掌握调解规则相关法律法规的合格的调解员打下基础。

【开设原产地证签证点申请】2019年7月，海口市贸促会向海南省贸促会提交开设出口货物原产地证签证点的申请，并选派人员参加中国贸促会的商事证明统一培训并通过考试；8月初，省贸促会批复同意设立原产地证书签证代办点；10月下旬，省贸促会将相关申报材料上报中国贸促会。该申请正待中国贸促会审批中。

【海口经贸投资推介活动】2019年3月26日和4月6日在海口观澜湖举办两场国际高尔夫球赛事活动—“2019澳洲职业业务对抗赛”和“第二届东盟赛”。赛事期间，市贸促会与海口观澜湖旅游度假区共同谋划，市商务局、市旅游委共同参与，向境内外人士开展经贸投资推介活动，对海口市会展、旅游、热带特色农业、旅游购物、海洋旅游、健康医疗、互联网产业、特色高效农业、航天产业等方面进行宣传。来自澳大利亚、新加坡、马来西亚、印尼、泰国、菲律宾约400位高端商务客人参加。通过活动，加深国际友人对海口市贸易与投资领域及市场需求方面的了解，促进国际高端商务人员参与海口市农业、矿业、房地产业、中草药、手工工艺品、会展业的合作机会。

【赴缅甸和印度开展招商推介活动】

2019年9月2—9日，应缅甸工商联合会和印度工业联合会的邀请，海口市贸促会派员随海南省贸促会组织的经贸代表团访问缅甸和印度，拜访缅甸商务部、国际贸易促进会、国际贸易中心、中国贸促会驻印度代表处、印度工业联合会等150多家当地机构和企业，协助省贸促会举办多场招商推介会、经贸合作座谈会等活动，共开展公务活动10场，落实5项合作签约；通过当地媒体、宣传视频、宣讲、现场推介交流等形式大力宣传海口市旅游、贸易、会展、文体等投资环境，宣传介绍海口市水产品重点外贸企业，推介并发放海南水产行业的营商形象宣传资料和企业出口产品资料，邀请缅甸、印度企业到海南考察

2019 年 1 月 10—13 日，2019（首届）海口国际新能源汽车展览会在海南国际会展中心举办　　（石中华　摄）

洽谈合作。受代表团组的邀请，缅甸工商联合会、缅甸嘉富集团、印度丝路亚太发展协会、印度小规模工业企业协会阿格拉分会等机构组团参加 2019 年“冬交会”，并考察“全球贸易之窗”项目，现场预定 30 个标准展位。

【2019 首届海口国际新能源汽车展览会】 2019 年 1 月 10—13 日在海南国际会展中心举办。以“绿色发展·建设美好新海南”为主题，由中国国际贸易促进委员会汽车行业分会、中国国际商会汽车行业商会以及中国国际展览中心集团公司共同主办，海口市贸促会（市会展局）与北京中贸国汽经贸有限公司共同承办。展览面积 4 万平方米，其中室内展览面积 3.5 万平方米，室外展览面积 0.5 万平方米。分为 A 馆、B 馆、C 馆 3 个展区。室外还特别开辟试乘试驾、主题活动、卡丁车体验区等多个专业区域。展览共展出新能源车型 197 辆，展示全球新能源汽车产业的新技术、新概念。

【2019 自由贸易园区发展国际论坛】 2019 年 5 月 21—22 日在海口举行，由中国贸促会、海南省人民政府共同主办，商务部支持，中国国际商会、海南省贸促会和海口市人民政府共同承办，市会展局（市贸促会）为具体会务执行单位之一。论坛以“打造更好营商环境，建设自由贸易新高地”为主题，围绕自贸园区营商环境、服务贸易开放发展、金融创新、差异化发展等主题进行深入探讨。本届论坛呈现以下特点：国际化程度高。论坛吸引国内外政府部门、工商界和智库的广泛参与，共有 10 家国际知名自贸园区、5 家相关国际组织、17 家驻华使领馆、22 家世界 500 强企业代表和众多学术机构等代表近千人参会，其中外方代表超过 200 人。演讲嘉宾层次高。澳大利亚前总理陆克文、马来西亚总理对华特使陈国伟、海南省人民政府省长沈晓明、中国贸促会会长高燕等出席开幕式并致辞；联合国贸发会议、世界自由区组织等国际组织负责人，中国美国商会、中国欧盟商会等重要商协会负责人和美国 IBM、海航集团、法国赛诺菲、德国思爱普公司等众多世界 500 强企业均派代表参会交流。行业领域针对性强。与会外方代表来自 47 个国家和地区，其中自贸园区领域代表包括迪拜等成熟自贸园区、吉布提等新兴自贸园区和国内各省市自贸区；参会企业既涉及能源、化工、建筑、农业、金融等传统领域，也涉及跨境电商、绿色能源、人工智能等新兴产业，符合海南自贸区（港）建设发展方向；海南各相关政府部门、研究机构和企业代表等 200 多人参会学习。论坛上发布《自由贸易园区发展海口倡议》，提出支持贸易自由化、便利化、扩大相互投资、加强产业合作、拓展合作领域、优化营商环境、加强交流互鉴 6 项倡议。该论坛是在国内举办的首个讨论自贸园区发展规模最大、层次最高的国际论坛，达到展示改革开放成就、宣示政策主张、凝聚开放共识、交流发展经验和宣传推介海南自贸区建设成果、促进海南自贸区与世界各自贸园区（港）合作发展的预期。

2019 年 5 月 21—22 日，由中国贸促会、海南省人民政府共同主办的 2019 自由贸易园区发展国际论坛在海口举行　　（市贸促会　供）

【第十届中国国际创意设计海南推广周】2019年8月16—18日在海南国际会展中心举办，由中国贸促会主办、海南省贸促会承办、海口市贸促会协办。中国国际创意设计推广周是创意设计领域的国家级展会，是海南3个“国”字头品牌展会之一。以“创意·定制美好生活”为主题，设置旅游创意商品展览会、中国（海口）文化创意产业发展论坛和2019年国际高校商业精英挑战赛创新创业竞赛三大板块。展会展览面积约5000平方米，有3万人次的境内外观众参与，现场达成采购与合作意向700多个，现场洽谈交易额6000多万元。有来自印度、日本、印度尼西亚、缅甸和老挝等“一带一路”国家，以及国内和海南本土近千名高校师生、政府相关产业部门、文创企业和创意界的专家、学者参展参会参赛，共同探讨、挖掘海南旅游和文创资源与潜力。

（周　伟）

海口综合保税区

【概况】2019年，海口综合保税区实现营业总收入484.25亿元，比上年增长101.68%；完成工业总产值88.67亿元，下降16.51%；财政收入21.2亿元，增长13.12%；完成进出口货值92.79亿，增长178.35%，其中进口82.61亿元，增长585.56%，出口10.18亿元，下降52.18%。固定资产完成投资10.48亿元，完成年度投资计划的78.33%，下降21.67%。引进新注册企业218家，下降42.63%，其中外资企业48家，增长100%。

【综保区固定资产投资】2019年，海口综合保税区固定资产在建项目19个，拟建项目4个。全年固定资产投资在原计划13.38亿元的基础上增加8%，调整为14.45亿元。至年底，完成投资10.48亿元，完成年度投资计划的78.33%，比上年下降21.67%。其中社会投资项目完成7.81亿元，占97.8%，政府投资项目0.17亿元，占2.2%。其中非房地产项目完成7.52亿元，占94.2%；房地产项目完成0.46亿元，占5.8%。

【综保区招商引资】2019年，中国旅游集团迁址海口综合保税区，中免集团、国机集团、国投集团、国铁投资公司等8家央企在区内注册12家公司；唯品会、厦门国贸等知名企业也在园区落户。京华民健康产业园、松之光进口商品分拨中心、进口名贵木材仓储分拨、高培进口健康营养品、明发现代服务业基地、跨境电商二期、冷链二期等项目正在加快建设。中国远洋海运集团有限公司、中国能源建设集团有限公司2家央企落户，国家AAAAA级跨境物流企业福建陆地港集团落户跨境电商产业园，将启动智慧跨境口岸项目建设；在招商推进的4个实体经济项目中，中外合资的泰新智能光电项目于7月18日签约，投资近5亿元的外资项目明发物流基地（新区）于7月18日动工，民营企业上海创志的机器人项目初步达成共识，外资企业金盘智能科技投资3亿元的数字化工厂进场作业。

【保税区制度创新】2019年，海口综合保税区深入贯彻落实《国务院关于促进综合保税区高水平开放高质量发展的若干意见》，结合海口海关推出的平行进口汽车保税仓储监管、跨境电商线上线下融合发展、简化特殊监管区域一线申报手续等十项制度创新成果，推出海口综保区内企业享受增值税一般纳税人资格，飞机融资租赁

2019年海口综合保税区主要经济指标完成情况统计表

表12

指标名称	本年累计完成	上年累计完成	累计同比（%）	备注
营业总收入（亿元）	484.25	240.11	101.68	
其中：产品销售收入	90.70	111.79	–18.87	
工业总产值（亿元）	88.67	106.20	–16.51	
进出口总值（亿元）	92.79	33.34	178.35	上年同期数不含电子元件进口
其中：出口值	10.18	21.29	–52.18	
进口值	82.61	12.05	585.56	上年剔除电子元件
财政收入（亿元）	21.20	18.74	13.12	税务对上年同期数有调动
实际利用外资（万美元）	10257.30	3995.87	156.70	中远海运后面投入的1.86亿美元商务部未予以认定
固定资产投资（亿元）	10.48	13.38	–21.67	
从业人员（人）	17929	16498	8.67	
新增注册企业数（家）	218	380	–42.63	
其中：外资企业数（家）	48	24	100.00	

尝试“非实际入区”和海关异地监管，艺术品以“旅客携带”入区、“信用担保”出区，以及进口商品“先入区后检测”“抽样即放行”等5项制度创新措施；探索实行进口商品入区“自由账册”管理，非特殊货物入区免备案批准，创新FT账户的监管做法，园区人防集中化建设和回流文物、艺术品担保出区存放等5项制度创新。

【保税通关便利化举措】2019年，海口马村港海关进一步落实“先入区、后检测”“抽样后即放行”，推广“关税保证保险”和“自报自缴、汇总征税、海关缴款书自行打印”、用好“银行保函信息查询系统”“监管证件联网核查”等多项通关便利化举措。此外，针对跨境电商、文化保税等新业态、新业务，提供“私人订制”服务，在确保有效监管的前提下，基本实现通关极简化。如跨境电商进口包裹实现“零等待”通关；文物进出境实现凭清单提前预约，即可“入区即完成文物登记鉴定”。

【综保区商贸服务业】2019年，海口综合保税区商贸服务行业完成营业收入248.31亿元，比上年增长67.35%。随着央企陆续进驻园区并开展经营活动，总部经济对商贸企业的拉动作用日益突出。其中国投贸易、海南国贸、中免集团等企业实现营业收入173.11亿元，占全区比重约35.75%，外贸业务71.39亿元，约占全区的76.94%。

【综保区外贸新业态发展】2019年，海口综合保税区平行汽车进口、跨境电商、冷链物流等外贸新业态发展势头良好。全年，新进平行进口汽车941辆，超过上年全年总量，在全国28个汽车口岸排名前十；跨境电商通关流程不断优化，进口包裹实现“零等待”，交易量超过15.78万票，增长18倍，在全国新批准的22个跨境电商综试区中位居中游，中铁保税冷链物流中心开业1年已货物满仓，供不应求，并于9月18日启动二期建设。20号标胶期货交割仓于8月获得上海期货交易所批准，12月3日首批201吨20号胶进入交割库。

【落户综保区企业发展】2019年，海口综合保税区落户央企、重点企业共完成营业收入338.9亿元，进出口总值71.39亿元。其中国投贸易完成进出口货值近31亿元。其中，中免集团下属83家全资或控股子公司股权已划转到中免（海南）运营总部，自7月完成系统调试和海关数据对接后，完成进出口货值约17.95亿元；日月广场免税店实现营业收入约7.5亿元；中旅集团、中免集团系统共缴纳各项税收6000多万元；国机股份旗下苏美达（海南）供应链完成营业收入约62.99亿元；厦门国贸成立的海南国贸公司完成进出口货值约11亿元。

【文化保税产业】2019年，海口综合保税区创新发展文化保税产业，先后举办“再现毕加索”国际文化艺术品展示交易会、清朝服饰文物回流等活动。根据现有场所（近4000平方米）改造升级的海口保税文化艺术馆于11月18日开馆，致力于打造集国际艺术品保税展示、交易、拍卖等功能为一体的综合服务平台。

（唐顺德）

【海南省首票金伯利进程毛坯钻石在综保区入库】2019年12月5日，海南省首票金伯利进程毛坯钻石在海口综合保税区办结海关手续正式入区，标志着海南省金伯利进程毛坯钻石进出口业务正式落地，该批毛坯钻石重17.1克拉，货值4.6万元。为支持中国（海南）自由贸易试验区建设，促进海口综合保税区钻石珠宝加工产业发展，经海关总署批准，海口海关所属马村港海关于9月16日起开展金伯利进程证书制度业务。海口海关所属马村港海关作为金伯利进程证书制度实施机构，受理加工贸易项下毛坯钻石进出口申报，实施核查检验，签发金伯利进程证书。（林　慧）

海口国家高新区

【概况】2019年，海口国家高新技术产业开发区（简称“海口国家高新区”）完成工业总产值完成269.2亿元，比上年增长6.9%；营业总收入339亿元，增长0.7%；一般公共预算收入完成43.1亿元，增长12%；地方一般公共预算收入完成10.4亿元，下降1.57%。固定资产投资40.2亿元，下降41.2%。新增注册企业280家，新增注册资金31亿元，共有注册企业3081家。有高新技术企业111家。年内获批为国家级知识产权示范园区，成为海南省第一家成功创建试点又成功获批示范的园区。

【高新区产业发展】2019年，海口国家高新区产业业态呈现多元化发展。产业结构向二三产融合迸发，园区产业类型涵盖省十二大重点产业中的十个产业，商贸批零、建筑业及服务业等新业态的营业收入比重上升至3成。投资结构不断调整优化。园区非房地产项目与房地产项目的固定资产投资比例从2017年的4∶3调整至2019年的2∶1。高新技术企业完成工业总产值占园区工业总产值7成。制药业保持园区工业增长核心地位，完成工业总产值160.6亿元，比上年增长14.9%，占园区工业总产值近60%，占全省制药业工业总产值的61%。医药产品逐渐成为高新区进出口业务主力，园区制药企业完成出口总额6395.5万元；医药产业出口占比逐步提升，占比由上年的23.2%提升至52.4%。高新技术企业成为发展主引擎。园区48家企业通过高新技术企业认定，新增高新技术企业34家，高新技术企业总数111家，约占全省 20%、全市 27%；完成工业总产值 187.8 亿元，增长 11.2%，占园区工业总产值 69.8%，对园区工业总产值增长贡献率为 108.6%。

【高新区招商引资】2019 年，海口国家高新区共开展招商活动 30 次，涉足北京、上海、浙江、江苏、湖南、湖北、陕西、深圳、广州、中国香港、台湾等地区以及新加坡。举办 5 次大型招商项目签约活动。推行企业秘书制度，组建全天候保姆式服务平台。坚持“环保挑业态”（即对入园项目能耗需求、环境影响等方面进行审核）。坚持“四个瞄向”不动摇（瞄向世界 500 强企业和央企；瞄向前沿科技、新兴产业和品牌项目；瞄向发达地区产业转移，承接符合产业导向和“零污染”的高新技术项目；瞄向能够带来中下游产业链的龙头企业和涵养培育优质税源的项目），坚持精准招商，围绕 2019 靶向招商项目清单，全年签约项目 16 个，投资总额 109.14 亿元；新增注册企业 280 家，注册资金 31 亿元；引进外资企业 3 家，外资注册资金 828 万美元。

【美安科技新城建设】2019 年，海口国家高新区开展《美安科技新城海绵城市专项规划》《美安科技新城一期城市设计及风貌专项规划》编制。强化功能配套和服务保障。在全省率先完成 5G 网络试点建设并成功开通，园区道路实现功能性通车，南北全面贯通。园区的雨污水及给水建设已完成、燃气管道已贯通，基础设施配套已基本满足入园企业需求。创新园区开发建设模式，引进上海临港集团实行整体开发建设。美安科技新城已引进的产业项目中，海玻、康迪、德法、海控环保、九州通、朗腾、华研、南莱北调等项目建设完成；威特一期完工、二期在建；南海幸福汇一期完工、二期三期在建；维力、灵康、雅葆、西城汇、总部经济区、南区福邻中心、产业加速器、美安华府、新甲、美海、粤海、长安、海医、医疗器械研发、浦升汽车物流、东风南方品牌汽车物流、粤铃汽车物流等项目均在建。至年底，美安科技新城完成工业总产值 20.6 亿元，营业总收入 40 亿元。

【美安“新药谷”建设】2019 年，美安“新药谷”道路实现功能性通车，基础设施配套基本满足企业入驻需求。年内，有 11 家医药健康类项目入园，有美国 Tetranov International 医药公司高端医药保健品生产研发项目、贵州益佰制药股份有限公司国际高端药品生产基地项目、广州维力医疗器械有限公司海南医用乳胶产品建设项目、海南朗腾医疗设备有限公司血液透析耗材生产基地、海南华研生物科技有限公司、海南德法药品包装用复合膜及 PVC 硬片生产厂、海南灵康美安生产基地、长安制药美安科技新城新厂建设项目 8 家医药及医疗器械生产性企业，2 家研发机构［海南医学院药物药物研究与开发科技园、海南省药物研究所医疗器械研发孵化基地（一期）］和 1 家制药业综合服务机构（海南高新九州通大健康综合服务平台）。其中，朗腾、华研、维力、九州通等企业投产。全年完成工业产值约 0.5 亿元，营业收入约 3 亿元。

【高新区项目建设】2019 年，海口国家高新区有上海世外学校、长安制药等 11 个项目开工建设，总投资约 37.5 亿元。其中：威特低碳制造业产业园二期项目 7 月 18 日开工建设；9 月 18 日，椰树集团狮子岭工业园生产基地项目、海南省药物研究所医疗器械研发孵化基地（一期）项目开工；11 月 18 日，长安制药、海南医学院科技园、上海世外学校项目、齐鲁三期污水处理厂项目、雄塑二期项目 5 个项目开工。

【高新区推进三园新发展】2019 年，海口国家高新区推进云龙产业园、狮子岭工业园、药谷工业园控规修编，保障园区高质量发展与老旧企业转型升级。在狮子岭工业园，椰树新生产基地入驻，打通断头路、设立 4 处公交站台，解决上万名村民和员工出行问题。对云龙产业园重新定位，成为江东新区和临空产业园开发建设的核心区域以及高新区发展的东部增长极。推动药谷国科园片区“退二进三”。加大盘活“僵尸企业”、支持老旧企业转型升级、帮助高新技术企业“零地技改”、鼓励企业将工业用地变更为商业用地及商务办公用地的力度，有 2 家企业分别利用存量土地打造国际科技创新中心世创联创新工场和鑫汇项目、2 家企业已建成转型项目正在招商；支持海南枫叶国际学校、东智庄园国际幼儿园、睿博得幼儿园扩大办学规模与影响力，完善园区配套。

【高新区科技培育】2019 年，海口国家高新区制定促进产业发展奖励暂行规定实施细则、高新技术企业奖励暂行规定实施细则；举办园区科技进步与提质增效奖励大会，奖励优秀企业和个人共 650 万元；举办 2019 海南自贸区（港）建设背景下科技创新与园区高质量发展论坛；与深交所全资子公司深圳证券信息公司合作搭建海南首家“海口科技金融路演中心”，帮助科技型、高新技术型企业利用资本市场和金融工具做大做强。为企业举办 8 场有关高新技术发展、专利申请应用、数据统计的专业培训。完成园区第四次全国经济普查工作，同时，利用经普机会，抓好企业纳统形成增量。至年底，园区有 35 家企业被认定为国家科技型中小企业，有 36 个国家、省、市级重点实验室、工程技术研究中心等创新平台，园区企业拥有 1583 件有效专利、72 个省高新技术产品，入选省“专精特新”中小企业重点（后备）培育名单企业数 41 家，约占全省 29%。

【高新区创新创业建设】2019年，海口国家高新区持续加大创新创业支持力度。探索国际化发展路线。推动政府主导的海口国家高新区创业孵化中心和民营企业主导的海南聚能科技创新研究院2个国际离岸创新创业基地建设。建立“南非创新合作中心”，举办南非院士科学家项目路演暨签约活动。“新加坡—海口国家高新区国际创新创业中心”在新加坡揭牌，是海南首个兼具招商引资、项目共同孵化、人才引进多功能研发孵化、科技成果转移转化等多项功能的海外离岸孵化器。与大湾区“独角兽”企业汇桔网联合主办2019年“创客中国”国际中小企业创新创业大赛，完成瑞士专场赛举办。与海南国际仲裁院合作，设立海南国际仲裁院海口国家高新区离岸创新创业基地仲裁调解中心。强化基础设施及服务功能建设。为企业提供人力资源和金融对接服务、商务英语等技能培训，与海南大学多个学院、海南海洋产业联盟建立合作关系，与海南嘉扬知识产权公司签订孵化器首家知识产权战略合作框架协议，定期对合同期满企业进行考核评估。全年拨付中小企业发展专项资金1250万元给园区3家创新创业特色载体，着力提升园区载体市场化专业化服务水平，提高创新创业资源融通效率与质量，促进中小企业专业化高质量发展，推动地方构建各具特色的区域创新创业生态环境。

【高新区人才工作】2019年，海口国家高新区落实“百万人才进海南行动计划”，为企业招聘和人才就业搭台。举办6场靶向招聘会，参与企业161家，为人才提供就业岗位近3400个，吸引应聘人员5300余人次，达成就业意向1700余人。搭建海口市创新创业服务平台、“候鸟型”人才站、人才服务平台等，完成188家入统企业和58家入孵企业的人才工作数据采集，累计服务328名人才入园落户。开辟“政策解读会堂”“创新创业辅导会堂”“人力资源主管能力提升堂”“自贸区外语学习乐园”等，聘请创业导师20名长期服务，组织各类主题培训31期超1000人次参与。完善人才创新创业配套。美安南区福邻中心基本建成，药谷人才房建设按时序推进，云龙人才公寓加快施工。高新区国际科技创新中心世创联创新工场加快建设，建成后将为人才创新创业提供2.5万平方米空间；支持园区企业建设各类工程技术中心、重点实验室、院士工作站、博士后工作站等30多个，吸引海外高端人才和专业领军人物。

【高新区“极简审批”改革试点】

2019年，海口国家高新区作为“极简审批”改革试点园区之一，配合省人大法工委推进“极简审批”新一轮改革立法，《中国（海南）自由贸易试验区重点园区极简审批条例》于4月1日正式施行，改革范围覆盖投资建设项目全流程，“极简审批”改革成果推广应用至全省所有重点园区。进一步优化审批流程，在立项用地规划许可、工程建设许可、施工许可、竣工验收4个阶段的整体框架下，重新梳理优化“极简审批”流程并纳入海口市工程建设项目审批改革方案。构建虚拟服务系统，通过开展线上虚拟现实场景建设，实现办事人员与工作人员“不跑腿也能见面”，突破时间空间限制开展业务。建立线上审批专属模块，对接省、市政务中心，依托省投资项目在线审批监管平台，推进“极简审批”模块建立，解决线上线下改革不同步问题。

【高新区孵化器公司被评为国家级孵化器】2019年12月25日，科技部2019年度国家级科技企业孵化器认定结果公布，海口国家高新区创业孵化中心作为2019年海南省唯一一家孵化器通过认定，实现海南省5年来国家级科技企业孵化器“零”的突破，成为海口首家获批的国家级科技企业孵化器。海口国家高新区创业孵化中心是海口国家高新区管委会投资建设的公益性、综合型科技企业孵化器，承担着培育高新技术企业、聚集创新创业人才、产业转型升级的重任，于2015年被海南省科技厅认定为省级科技企业孵化器。有注册企业1321家，运营管理着生物医药协同众创空间、引领科技众创园、滨江互联网+影视文漫众创空间3个创业孵化空间。海口国家高新区通过建设国际离岸创新创业基地、出台奖励政策等方式，引导科创服务载体进一步提高市场化、专业化服务水平。

（何 倩）

【海口国家高新区发展控股有限公司】

2019年，公司完成固定资产投资15亿元，资产总额91.87亿元，所有者权益56.72亿元。

国企改革推进 根据业务发展方向及特点，围绕“一二三六”（公司的一大愿景是致力发展成为“一流园区运营商”，两大支柱是园区综合服务和园区产业投资，三个业务中心是基础配套、园区服务和产业地产，六大提升工程是主营业务拓展、能力素质提升、管理水平提高、国企改革转型、作风转变深化和创建学习型企业）发展战略，结合实际，不断完善《国企改革实施方案》，明确改革目标和改革举措。成立国企改革试点工作小组，启动大物业混合所有制改革试点。引入上海临港集团组建合资公司，共同探索美安园区开发建设运营新模式。

园区项目建设 推进美安园区基础设施路网项目甩项现状验收，完成C+A2区和B区基础设施路网工程甩项验收、A区初验。美安白莲干渠迁改工程、云龙产业园纵一路完成总进度均为85%，药谷片区雨污水管道改造、锦绣路分别完成总进度26%、60%。长滨西六街具备通车条件，狮子岭工业园区火炬横路等7条道路绿化亮化提升工程完成竣工验收。园区产业配套项目建设持续推进，美安新总项目处于外立面及室内装饰阶段；南区福邻中心项目进行施工收尾；国际科创中心一期完成竣工验收。启动美安新总部经济区、南区福邻中心和国际科创中心3个项目的运营，美安园区招商引资能力明显提升。

政府代建项目　承接海口市教育系统、公安系统、市政基础设施及文体系统等市政府前期代理、代建项目共66个，总投资63亿元。年内，教育系统龙岐、坡巷、康安、长滨、新海5所学校项目建设中，长滨小学、坡巷小学于9月1日投入使用，提供学位近3000个。新承接的万兴幼儿园、白沙门幼儿园、滨海幼儿园、博义幼儿园、秀英区时代幼儿园、琼山区椰合幼儿园6个项目，市中心幼儿园长滨分园、秀英区金集幼儿园和市高坡幼儿园3个项目分别于11月18日、12月18日进场施工，9个项目总投资3.17亿元。

人才公寓建设　主动对接海口市人才发展战略和高新区“人才强区”战略布局，加快启动人才公寓开发策划建设，将为园区和海口市提供近6000套住房。药谷人才公寓于3月开工，是全省首个新建人才公寓项目，至年底完成投资1.41亿元，完成北区建安投资额23.5%。云龙人才公寓项目相关评审报告待核；美安南区福邻中心完成基本建设，项目建成后将提供312套住宅、254套单间出租公寓和1.48万平方米的商业服务中心。　　（郑尼亚）

海口桂林洋经济开发区

【概况】海口桂林洋开发区全区域隶属海口江东新区核心区，规划面积4130公顷，是一个由工业区、生活区（含72个自然村）、农业综合区、海滨旅游区、高校区组成的综合型经济开发区。桂林洋开发区是江东新区核心区，新区起步项目绝大多数都集中在桂林洋开发区内，如：179公顷的总部经济区项目、40公顷的国际社区项目、9.67公顷的哈罗公学项目、6.8千米的江东大道二期项目、2.3千米的白驹大道延长线项目等，江东新区六组团功能区中有3个组团在开发区内，即总部经济区、江东离岸创新创业组团、国际高教科研组团。

2019年，实现生产总值24.25亿元，比上年增长11.7%。其中：第一产增加值0.71亿元，下降48%；第二产增加值9.42亿元，增长29.5%，其中工业增加值5.75亿元，增长49.5%；第三产增加值14.12亿元，增长8%。产业结构为3∶39∶58。固定资产投资，完成30.87亿元，增长16.5%，完成目标任务28亿元的110%。公共财政收入2.62亿元，下降6.5%。居民人均可支配收入完成30495元，增长7.5%。

【桂林洋开发区产业发展】2019年，海口桂林洋经济开发区有在册单位367家，减少43家。其中企业341家，非企业26家。第二产业中工业企业35家，建筑企业41家。第三产业中房地产业7家，住宿和餐饮业企业14家，其他第三产企业239家。主导产业主要集中在健康教育产业，全年生产总值（GDP）6.5亿元，占第三产业的46%。其次集中在农产品加工及制造业和制药业，上规模的农产品加工及制造业有9家，年产值12.55亿元，增加值2.9亿元，占全区GDP的12%。制药业有6家，年产值10.88亿元，增加值2.55亿元，占全区GDP的11%。全年出口创汇约4.4亿元，增长10%，出口创汇企业主要有：海南蔚蓝海洋食品有限公司出口创汇2.5亿元；海南泉溢食品有限公司出口创汇0.9亿元；海南华绿食品公司出口创汇0.5亿元；海南普利制药厂出口创汇0.5亿元。

第一产业　完成产值1.36亿元，比上年下降47.9%；增加值0.71亿元，下降48%，主要原因是受非洲猪瘟疫情和禁养鱼虾和畜禽的影响。其中，渔业产值0.62亿元，占45.59%，增加值0.28亿元，养殖面积133.33公顷，水产品总产量2182吨；种植业产值0.54亿元，占40%，增加值0.27亿元，收获面积666.67公顷，粮食、瓜菜产量8000多吨，花卉产量800万支；畜牧业产值0.07亿元，占5.15%，增加值0.04亿元，全年出栏畜禽3.5万只（头）；农林牧渔服务业、林业，产值0.13亿元，占10%。

第二产业　完成产值38.17亿元，下降38.5%；增加值9.42亿元，增长29.5%。工业方面：工业企业（正常生产）有30家，产值25.15亿元，占66%，增长63.5%。主要是食品加工（制造）业产值占的比重较大，有14家食品加工（制造）业，加工（制造）食品5.3万吨，产值12.89亿元，增长55%，占工业产值51.25%。其次是制药企业，有6家制药企业，年生产药品6亿（件、瓶、盒），产值10.9亿元，增长85%，占工业产值43.34%，其中产值最大的制药企业海南普利制药股份有限公司，产值8.5亿元，占制药企业产值78%。其他工业行业产值1.36亿元，占工业产值2%。30家工业企业中，规模以上企业有18家，产值24.43亿元，占工业产值97%，增长77%。年内新增投产的车间（生产线）有普利欧美标准注射剂生产线，年新增产值5亿多元，是区内工业新的增长极。建筑业方面：全年完成产值13.03亿元，增长7%，占二产的34%；增加值3.67亿元，增长7%。

第三产业　完成产值14.12亿元，增长8%。有入驻的法人单位300多家，个体户1200多户。其中，教育事业的GDP贡献率最大，全年增加值6.5亿元，占第三产业产值46%；房地产业增加值2.96亿元，占21%；住宿餐饮和批发零售业增加值2.68亿元，占19%；其余的第三产业占14%。个体户当中，批零和住宿餐饮业约有900户，占三产个体户75%。

【桂林洋开发区招商引资】2019年，是贯彻落实省委、省政府关于江东新区“两年出形象、三年出功能、七年基本成形”要求的重要一年，也是落实实施江东新区规划的开局之年。海口桂林洋开发区积极谋划，推进各项自主招商工作。3次赴北京开展招商洽谈活动，先后走访中国进出口银行运营管理部、新华社新媒体中心、北京市文化投资发展集团有限责任公司、中广热点（北京）物联网科技股份有限公司、北京尚8集团等16家企业，就合作推进江东新区建设、北京招商平台战略合作及项目合作有关事宜进行推介洽谈，初步取得积极成效。为巩固前期招商活动成果，制定《依托新华社总社新媒体中心新闻发布大厅建立海口桂林洋经济开发区招商平台工作方案》，通过依托知名媒体中心建设招商平台，与企业开展项目洽谈，引进高新技术产业，接待包括中国电力建设集团有限公司、中广热点（北京）物联网科技股份有限公司、北京文投大数据有限公司、印尼PT Golden Nutria Asia公司、新华社新媒体中心等24批次共89家企业考察团前来实地考察。参与省市组织的招商活动及配合市江东办招商工作，参加多场招商推介会，宣传开发区和江东新区的基本情况和相关优惠政策以及最新进展情况；对接辖区内重点企业项目，为营造法治化、国际化、便利化的营商环境，强化服务水平，使得招商引资更顺利地开展工作，开发区推行企业“虚拟注册地址”并实体化，建立并试点推行“企业秘书”服务工作机制，为海南盛地世金置业有限公司、中投（海南）投资有限公司、海南智慧中心建设发展有限公司（海南国际能源交易中心大厦）等多家入驻企业注册办理到项目动工建设提供全方位的“保姆式”服务。

【桂林洋开发区基础设施及配套建设】

至2019年底，海口桂林洋经济开发区（含外来企业）先后投入280亿元完成水、电、路、通信、通气、排污、垃圾处理站、综合办公楼、综合厂房、综合仓库、教学楼等基础设施及配套建设。年内，建成江东大道二期项目、大学城盒子街夜市、琼台学院学生公寓、普利公司欧美注射剂生产线项目、海南江东中学项目等。

【村庄搬迁及房屋征拆】白驹大道延长线（桂林洋段）拆迁项目。2019年，根据海口市江东新区“两路”项目工作指挥部专题会议决议精神，白驹大道延长线（桂林洋段）拆迁项目拟征收开发区传忠社区居委会大办村及燕尾小村村庄建设用地共3.71公顷，房屋建筑面积约1.91万平方米。年内，完成项目前期征收调查、项目立项和选址、安置平面布置设计方案和管网规划设计、征收补偿安置方案及概算批复等前期工作，同时开展安置地地面清表补偿工作；签订征收补偿安置协议45个编号，拆除32个编号，拆除房屋建筑总面积8714.51平方米，附属物总面积4266.95平方米，燕尾小村的公庙重建工作开始实施。江东大道二期景观提升工程。项目涉及农场17.6公顷国有土地（其中国有建设用地约1.07公顷，国有农用地4.27公顷，储备地12.27公顷）。至年底，农用地和储备地征收基本完成；剩下涉及村庄搬迁段约2.67公顷，完成涉迁房屋的编号工作、安置区项目立项和选址（和白驹大道延长线桂林洋段项目捆绑安置）、安置区平面布置设计方案和管网规划设计等前期工作。

【桂林洋开发区内重点项目土地征收】

2019年，为确保海口江东新区起步区、白驹大道延长线等辖区重点项目收地工作顺利开展，海口桂林洋开发区根据制定的收地工作方案，开展各重点项目的土地征收工作。江东新区起步区项目。用地面积178.91公顷。年内，制定和印发博泰隆地块面积63.28公顷土地的清理搬迁工作方案并组织实施；完成51.89公顷建设用地的征收补偿。尚需征收约63.74公顷，考虑到各种因素的影响，本次收地面积大于协议收地面积，实际收地面积72.7公顷。至12月底，征收工作小组累计清点完成56.21公顷，清点比例77.31%；套价47.72公顷，占清点比例84.9%；发放补偿款28.23公顷，占已套价比例59.17%。白驹大道延长线项目。总长8.6千米，其

2019年4月1日，海口桂林洋经济开发区管理委员会与中国电力建设集团有限公司、中国建设科技集团股份有限公司签署战略合作协议　（桂林洋开发区 供）

中桂林洋段约2.3千米，涉及54.15公顷用地，其中农用地50.44公顷，村庄地块约3.71公顷。至年底，全部完成50.44公顷农用的征收工作并提交工作面；村庄地块房屋征迁工作有序开展。

【“两河一堤”项目】海口市江东新区起步区水系（道孟河、芙蓉河）综合治理工程（示范段）。项目位于海口市江东新区，对道孟河、芙蓉河进行治理，治理长度分别为2.1千米和1.815千米，治理内容主要包括生态道、挡潮闸、河道蓝线管理、景观工程等。道孟河、芙蓉河均建设园林景观工程，将河道沿线断断续续的湿地以及坑塘连通活化，回归为自然河流，建设红树林公园，打造多目标共赢的生态文明治水理念；实行以保护湿地、鱼塘为基础的低影响改造模式，在满足防洪排涝的同时，形成蓝绿交织的生态基础设施海绵体河流。项目于2019年10月18日动工建设，总投资7.21亿元，至年底完成投资8703万元。海口江东新区防潮堤与海岸带生态修复工程（起步区段）。主要建设内容包括对起步区段海岸带防浪林进行修复，对现状10年一遇桂林洋老堤进行生态化改造（全3.96千米），在主堤前打造防潮生态缓冲带并对该区域进行生态修复与景观提升。主要建设内容为景观及设施工程、防潮林工程、电气工程、给排水工程、防潮堤改造工程。项目于10月18日动工建设，总投资2.35亿元。至年底完成投资2866万元，完成开工区栈道及自行车道路清表工作，约2.1公顷；完成老堤栏杆人工拆除约1200米；管理用房出鱼塘回填土方8000立方米；自行车道碎石基层铺设300立方米；养殖塘淤泥翻晒2000平方米；两座人行桥之间现状河道围堰填筑；大门处出清表约220平方米，放线挖树坑、地形整理及沙丘修复500平方米。

【桂林洋美丽乡村建设】根据省委、市委关于实施乡村振兴战略及江东新区绿化工程和美丽乡村建设战略部署，桂林洋开发区将美丽乡村建设作为开发区核心工作，重点在创新驻村工作制度、美丽乡村规划设计、拆除乱搭乱建及提升人居环境等方面取得突出成果，即：创新深化驻村工作制度，推行“一线工作法”，成立6个驻村工作组，全面进驻12个社区居委会覆盖全区72个自然村，充分发挥桂林洋“地方不大、离村近、进村快”的驻村优势，第一时间发现问题、解决问题，打造永不撤退的驻村工作队，为快速高效解决驻点村庄难题提供组织保障；邀请设计院对桂林洋村庄进行全面规划设计，编制出台《桂林洋开发区美丽乡村规划设计纲要》并通过专家评审，搭建起全区美丽乡村建设的概念性框架，明确开发区美丽乡村建设大规模、成建制理念思路、发展方向及做法，并完成高山、五一、迈进、振家和新群社区居委会美丽乡村规划编制工作；高山居委会高山村和迈进居委会迈德村于2017年获得省级授牌为三星级美丽乡村，同时迈德村列入第四批国家传统村落保护名录，也是开发区唯一一个获得批准列入国家传统村落保护名录的自然村。2018年9月，五一居委会被评为第三批“海南省一星级美丽乡村示范村”。2019年，桂林洋开发区推动打造新群社区居委会美丽乡村建设，巩固提高高山社区居委会及迈进社区居委会美丽乡村建设成果，充分发挥各驻村工作组代表作用，动员村庄居民开展环境卫生整治工作，清理陈年堆积垃圾、乱拉乱挂、乱堆乱放及乱涂乱画。同时，整合开发区美丽乡村建设资金，结合上述3个社区居委会实际情况，组织实施新群居委会道立村景观改造提升项目、新群社区居委会旧文化室修缮项目、高山社区居委会绿地绿化提升改造工程项目及迈德村美丽乡村建设工作项目。

（林书东　周爱平　苏小芹　周玉菊）

工业园区

【概况】海口工业园区包括海口国家高新区管辖的药谷工业园、狮子岭工业园以及云龙产业园、海马第二汽车工业园以及美安园区，海口综合保税区管辖的南海大道原保税园区和位于澄迈老城的保税园区，以及海口桂林洋经济开发区。2019年，海口国家高新区、海口综合保税区和桂林洋开发区有规模以上工业企业78家，占全市146家规模以上工业企业数的53.4%；完成工业产值259.9亿元，比上年下降10%，占全市规模以上工业总产值46.8%；完成销售产值276亿元，同比持平，占全市规模以上工业销售产值的51.2%；完成出口交货值13.8亿元，下降45%，占全市规模以上工业出口交货值75.4%。

【海口国家高新区工业】海口国家高新技术产业开发区管委会管辖的产业园范围包括：药谷工业园（港澳开发区和国科园）、狮子岭工业园、云龙产业园、海马第二汽车工业园、开发建设中的美安园区和国际创意港，主要产业有电子信息、汽车配件、生物制药、光伏组件制造、印刷包装、新材料等。2019年，园区内规模以上工业企业有61家，完成工业总产值238.77亿元，比上年增长4.3%，工业销售产值222.36亿元，增长1.9%，工业产值和销售产值分别占全市规模以上工业的43%和41.2%。

【海口综合保税区工业】2019年，海口综合保税区（包括美国工业村）有工业企业33家，其中规模以上企业20家，主要产业有汽车制造、医药制造、飞机维修和机电设备等。受宏观经济形势影响，园区工业持续下滑。园区内规模以上企业完成工业总产值72亿元，比上年下降17.2%，占全市规模以上工业总产值的13%。全年，海马汽车及设备配套厂仅完成

2019 年海口国家高新区规模以上工业企业生产与销售总量统计表

表 13

指 标 名 称	企业单位数（家）	本年实际产值（万元）	比上年增长（%）
工业总产值总计（现行价格）	61	2387745	4.3
在总计中：轻工业	47	2078204	7.2
重工业	14	309541	–12.3
在总计中：国有企业	0	0	0.0
集体企业	0	0	0.0
股份合作企业	0	0	0.0
股份制企业	3	14290	–32.8
外商及港澳台商投资企业	3	36873	21.6
其他经济类型企业	0	0	0.0
在总计中：国有控股企业	2	355793	4.0
在总计中：大中型工业企业	19	1725961	7.4
其中：国有企业	0	0	0.0
工业销售产值总计（现行价格）	61	2223623	1.9
在总计中：出口交货值	9	8748	23.1

（市统计局供）

工业总产值 3.77 亿元，下降 83.59%，拉低规模以上工业总产值增速 15.38 个百分点；累计产量 361 辆，下降 98.74%，其中出口仅 251 辆。海马汽车的国内市场空间日趋萎缩，企业战略转向开发以伊朗为主的海外市场。由于美国对伊朗实施经济制裁，企业出口业务几乎停滞，只能通过特殊途径实现少量出口。医药制造业完成工业总产值 54.88 亿元，增长 0.29%。机电行业完成工业总产值 28.95 亿元，增长 6.34%。

【海口桂林洋经济开发区工业】2019 年，海口桂林洋经济开发区有工业企业 30 家（正常生产），其中规模以上工业企业有 18 家，主要工业产业有食品和水产品加工、医药制造等产业。全年园区内规模以上企业完成工业总产值 24.43 亿元，比上年增长77%，占全市规模以上工业总产值的 4.4%。

【药谷工业园区】海口药谷工业园区包括药谷一期、二期和国科园。2019 年，药谷工业园区共有 51 家企业，其中规模以上工业企业 33 家（一期 7 家、二期 24 家，国科园 2 家）；规模以上工业高新技术企业 27 家。主要产业有制药、医疗器械、印刷包装、酒、化妆品生产等，是海口市医药生产企业聚集区，也是全省医药生产企业聚集区。园区内规模以上工业企业总产值 165.27 亿元，比上年增长 12.2%。其中规模以上制药企业 27 家，占全市规模以上制药企业的 56.3%，完成工业总产值 157.55 亿元，增长 14.5%，占全市医药产业比重62%。

【海马汽车工业园】分为一期园区和二期园区，其中一期园区由海口综合保税区管理，有 5 家规模以上企业；二期园区由海口国家高新区管理，有 2 家规模以上企业。2019 年，园区内的 6 家规模以上零部件配套生产企业由于受一汽海马整车生产销售低迷的影响，完成工业总产值 1.55 亿元，比上年下降 66.5%。

【狮子岭工业园】2019 年，海口狮子岭工业园重点发展新能源、新材料、节能环保、轻工包装业和食品饮料业。园区主要有海南英利光伏电池、现代包装工业园等项目，吸引投资超过百亿。共有 14 家工业企业，其中规模以上工业企业有 11 家，规模以上企业完成工业总产值 18 亿元，比上年下降 18.9%。

【云龙产业园】为综合科技产业园。2019 年，园区依托空港优势，重点发展航空装备及应用技术的研发和制造、航空运输指向性的现代制造业、依托机场发展的现代物流业及航空服务业，卷烟和净水设备是主要产业。有工业企业 5 家，完成工业总产值 37 亿元，比上年增长 4%。

【永桂开发区工业】2019 年，海口永桂开发区有 3 家工业企业，均为规模以上企业，分别是海南通用三洋药业公司、海南通用同盟药业公司、海南海力制药公司，完成工业总产值 14.2 亿元，比上年下降 20.2%。

【金盘开发区工业】2019 年，海口金盘工业区有工业企业 11 家，其中规模以上工业企业有海南金盘饮料有限公司、雪花啤酒（海南）有限公司、海南莱仕普卫浴有限公司、海南广鑫印务股份有限公司 4 家，主要生产啤酒、矿泉水、建材、印刷品和化工等产品。全年规模以上企业完成工业总产值 1.73 亿元，比上年下降 10.4%。

【江东开发区工业】2019 年，海口江东开发区有工业企业 8 家，其中 7 家为规模以上企业，主要产业有食品及农副产品加工、医药制药和新材料制造业。全年规模以上企业完成工业总产值 10.58 亿元，比上年下降 5.7%。

（潘冬春 薛鸿雅）

（编辑：杜惠珍 吴坤涛）

综述

【概况】2019年，海口市旅游文体局以推进海南自由贸易试验区、中国特色自由贸易港建设为主线，围绕提升海口国际旅游消费中心建设，旅文融合工作有序推进，旅游文化产品不断丰富，产业发展稳步提升。全年接待游客2820.39万人次，比上年增长5.6%；旅游总收入320.61亿元，增长7.55%。其中接待国内游客2791.27万人次，增长5.54%；实现国内旅游收入313.82亿元，增长7.22%。接待入境过夜游客29.12万人次，增长11.44%；实现旅游外汇收入1亿美元，增长22.08%。实现旅游业增加值167.63亿元，增长5.4%。从在全省的占比情况来看，海口国内外过夜游客接待量和旅游总收入别占25.17%和25.83%。

【入境旅游】2019年，海口市接待入境过夜游客29.12万人次，比上年增长11.44%；实现旅游外汇收入1亿美元，增长22.08%。接待外国人入境过夜游客19.32万人次、增长21.2%，其中来自亚洲的游客有13.69万人次、欧洲2.25万人次、美洲1.25万人次、大洋洲7970人次、非洲1221人次、其他1.21万人次；接待港澳台同胞9.8万人次，下降3.38%。

【出境旅游】2019年，海口市旅行社组织公民自费出境旅游25.32万人次。其中，出国游21.46万人次、香

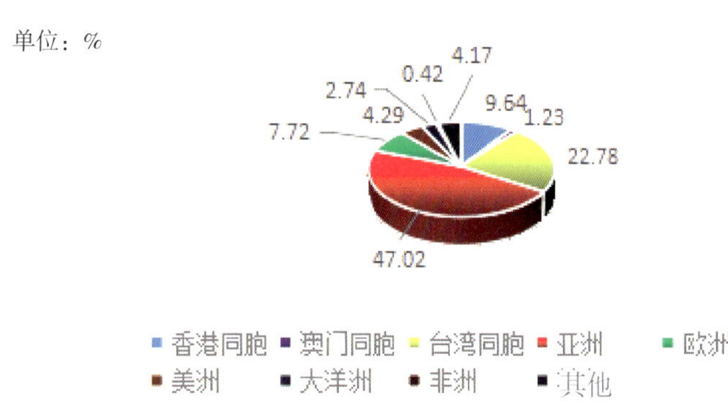

2019年海口市接待入境过夜游客分布图

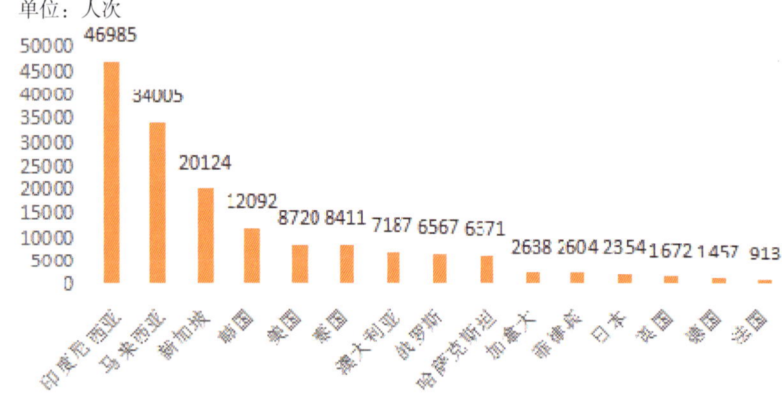

2019年外国入境海口游客源分布图

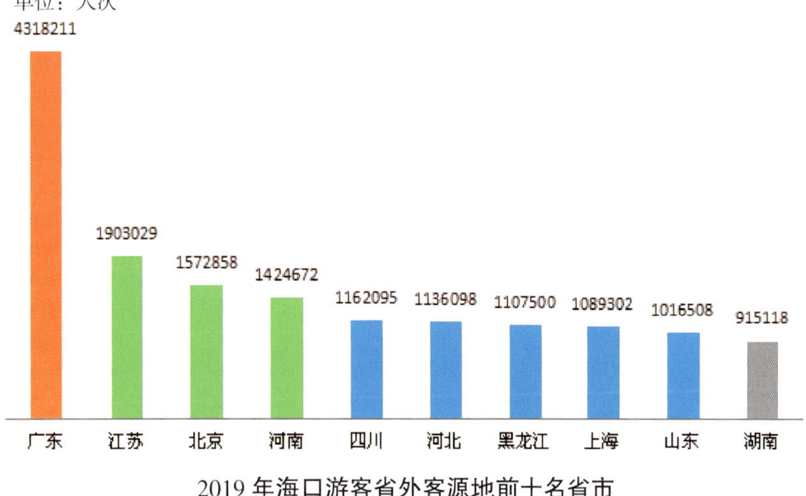

2019年海口游客省外客源地前十名省市

港游 1.86 万人次、澳门游 1.25 万人次、台湾游 0.75 万人次。出国游到达主要目的地依次为泰国、新加坡、越南、日本、马来西亚。

【旅游客源市场】 2019 年，海口旅游客源持续变化，自驾游和自由行游客仍是客源主体，会展商贸类客源占比上升。西南、西北部地区客源市场上升明显，两广地区客源市场有所上升。年内接待外省区游客客源地排名前十名分别是广东、江苏、北京、河南、四川、河北、黑龙江、上海、山东、湖南。（郑郁凰）

2019 年 10 月 22 日，海南省博物馆 AAAA 级旅游景区揭牌仪式举行

（市旅游文体局 供）

旅游项目建设

【旅游配套设施建设】 2019 年，海口市旅游文体局继续推进厕所革命，新建旅游厕所 30 座，完成计划 100%。9 月召开加强旅游厕所管理工作现场会，对列入国家旅游厕所系统内的 213 座旅游厕所的管理进行责任分工。明确旅游厕所的日常管理、监督检查和考核工作任务。全年完成 1532 块标志标牌的国际化、标准化改造建设工作，标志标牌基本达到双语以上标准。旅游信息咨询中心新增多种语言服务资料和应急救援服务等功能。国庆期间在主要景区和三大港口等设立文明旅游服务点，为游客提供文明旅游咨询和服务。为海垦花园夜市、金盘夜市、滨濂观光夜市、寻常里夜市、泰龙城小吃街、福地美食街、市博物馆、市群众艺术馆设置 8 块外部车流导向牌。

【旅游文体项目建设】 2019 年，海口市有旅游文体重点项目 3 个，完成总投资额 59.42 亿元。其中，五源河文体中心二期项目中，体育馆项目于 2019 年 6 月 12 日开工，游泳馆项目设计基本完成，网球馆完成项目立项、用地选址等；长影"环球 100"奇幻乐园新增冰雪世界、电影博物馆等游乐项目，进一步丰富游客游玩体验；冯小刚电影公社老北京街和广场街项目完成建筑单体的土建工程。

【海南省博物馆首挂 AAAA 级旅游景区】 2019 年 10 月 11 日，海南省博物馆被正式批准为国家 AAAA 级旅游景区。10 月 22 日，海南省博物馆国家 AAAA 级旅游景区揭牌仪式在省博物馆一期历史馆大厅举行。作为展示海南历史文化的重要载体，省博物馆创建国家 AAAA 级旅游景区丰富海南文旅产品的类型和种类，有利于引导更多国内外游客前来参观、了解海南历史文化，助力海南历史人文推广。

【熊猫跳伞海口基地开业】 2019 年 12 月 15 日，熊猫跳伞周年庆暨海口基地开业仪式在琼山区金林海口甲子通航基地举行。熊猫跳伞是海南省第一家跳伞基地，该基地的打造，是海南省旅游项目开发的一个新尝试，为国内开发高空跳伞运动和竞技性旅游业开启良好的端口，是海南发展新型旅游产业的一次展示，是实现旅游供给侧改革的重要探索。

【旅游产品开发】 2019 年，海口市旅游文体局发布暑期线路、中秋线路、新春线路以及狂欢季线路共 38 条。其中暑期线路 10 条，中秋线路 8 条，新春经典线路 8 条，狂欢季线路 12 条。

【海口两村入选首批全国乡村旅游重点村名录】 2019 年 7 月 12 日，文化和旅游部发布《关于公示第一批拟入选全国乡村旅游重点村名录乡村名单的公告》，海口市秀英区永兴镇冯塘村、美兰区演丰镇山尾头村名列其中。冯塘村（冯塘绿园）被称之为"火山岩上的绿宝石"。绿园以古石屋为根基、以橄榄园为核心，围绕古村庄和村边茂密的热带火山雨林和郁郁葱葱的橄榄林，开辟出龙栖谷、橄榄园、景观大道、古村、荷花塘等五大主题景观；园区集火山雨林风光、乡村田园风情、古村历史文化、会务聚会、休闲娱乐、餐饮住宿、露营以及校园科普实践基地为一体，为游客提供各种个性定制体验活动。山尾头村（连理枝渔家乐乡村旅游点），可乘船欣赏独特的红树林风光，或探险奇妙的野菠萝岛、奇特的海底村庄，或品尝鲜美的咸水鸭和各种海产品，零距离走进渔民生活等。

【旅游商品研发】 在 2019 年 9 月 3—9 日举办的中国特色旅游商品大赛上，海口有 13 项旅游商品研发产品获奖。其中，"罐君·椰奶冻酪""大力神图腾－图案＋海岛热恋银饰套装" 2 项旅游商品获金奖，"尚南工坊＋海南红色娘子军红色经典文化创意衍生品""锦囊妙计＋新风格 DIY－黎锦时尚手工包系列”“品味黎家·青金橘”“海南博鳌传奇系列”“海南岛拼图”5项旅游商品获银奖，“梦尼诗·桑葚白兰地”“黎岛·黎之恋”“黎品·黎蛙下南洋”“古椰皂坊·变脸皂系列”“菠味儿·四味菠萝酥系列”“锦绣织贝·阡陌百卉—植染围巾系列”6项旅游商品获铜奖。年内，市旅游文体局根据新坡镇仁里村、大致坡镇昌福村、东山镇玉下村、红旗镇合群村4个扶贫村的农特产品资源优势和季节性特点，开发并推出仁里鹧鸪茶、仁里土蜂蜜、昌福火龙果、昌福百香果、玉下鸭稻米、玉下稻田鸭蛋、合群青金橘、合群番石榴等“一村两品”特色旅游扶贫商品。（郑郁凰）

【海口旅游文化投资控股集团有限公司】海口市属国有大型旅游文化产业集团，是海口旅游和文化产业的投融资平台、旅游景区运营管理平台、旅游中介与会展活动服务平台。经营范围包括景区运营、旅游中介服务、彩票销售代理、展会活动筹办、政府项目代建等。2019年，集团总资产10.5亿元资产规模，营业收入1.02亿元，完成政府代建项目投资总投资26.5亿元。

文旅活动 2019年，海旅集团旗下假日海滩景区、白沙门公园、骑楼老街建筑历史文化街区、海口市国家帆船基地公共码头、海口帆船酒店（冠军之家）、海口旅游咨询门店等游客接待点累计接待量突破757万人/年，占海口接待总量的26.8%。海旅集团全年举办、承办、协办各类文化体育活动168场次，包括“二月二”海洋民俗文化节、海南木球公开赛、海南亲水运动季沙滩运动嘉年华、海南岛国际帆船大赛、“博海争霸”海上拳击赛、沙滩马拉松等体育赛事；举办谭盾《敦煌·慈悲颂》新年音乐会，“海旅盛宴 嗨爆椰城”之“光景如诗·骑楼”等文旅活动。年内，再次承办“中国帆船年度盛典”，促使中帆协年会、中国帆船联赛总决赛、中国帆船家庭赛总决赛、中国帆船荣誉殿堂等系列活动在海口成功举行，引入准奥运会级别的世界龙骨帆船锦标赛。顺应旅游市场升级的趋势，丰富旅游消费新业态，营销旅游消费新热点。在骑楼老街深挖文化内涵，全新打造的“海口非遗文化展示馆”顺利开馆，引进特色民宿和文化餐厅，实现旅游、文化产业的融合发展；在假日海滩、公共码头、帆船训练基地丰富旅游+体育体验产品，推动帆船运动的大众普及；在白沙门公园开拓自然科普教育基地游学品牌，实现从观光游览到互动体验的转型升级。

产业拓展 海旅集团顺应文化旅游产业发展和市场的需求，延伸和扩展原有产业。文化演艺：实现海口人民剧场12月31日成功首演目标，与北京保利剧院管理有限公司合资成立海口海旅保利剧院管理有限公司，推进剧场联合运营，统筹剧场周边业态及海口湾演艺中心二期建设，丰富和开拓海南演艺文化市场。酒店管理：开拓酒店管理业务，将海口市帆船帆板训练基地（主题酒店）升级为海口帆船酒店（冠军之家）；装修打造海旅文体中心4号楼为“海洋之星”酒店公寓，并开业试运营，延伸公司酒店品牌运营业态产业链。商业物管：海旅文体中心（住宅区、商业楼）项目作为海口文旅产业孵化基地，住宅楼1、2、3号楼为海口市人才公寓，于12月26日迎来首批专家入驻；建设海口会展工场项目和扬帆工场项目，提供4.5万平方米物业服务于海南自贸区（港）总部经济建设，计划在2020年分别引进央企及区域公司联合办公，为总部企业提供高品质商业物管服务。

项目建设 海旅集团承担的政府代建及企业自建项目的数量和投资金额显著攀升。2019年，处在前期推进的项目35个，总投资约100亿元；在建项目13个，总投资26.5亿元。其中，三角池片区（二期）综合整治项目延续三角池一期项目先进理念，于6月30日完工迎客，建设完成后的东、西湖的景观连成闭环，周边环境显著提升；美舍河文物+旅游工程一期（明昌塔）项目，遵循修旧如旧的原则重建明昌塔，12月工程主体竣工并对外开放；海口湾畅通工程，打造全长19.6千米的最美城市客厅、国际化卓越港湾，一期（示范段）于9月30日实现自行车道、跑步道、漫步道的“三道”贯通，12月基本完工，成为海口高品质滨海滨水公共休闲空间，畅通工程二期已开工，三期工程和17个驿站正在推进中；海南国际会展中心维修工程项目于6月30日完工。海口市国家帆船基地公共码头项目，继2018年12月工程水域部分完工开港后，2019年开工陆上游客中心，完成水上灯塔、维修车间等工程。（蔡勇斌）

旅游业态

【概况】2019年，海口市旅游文体局以推进海南自由贸易试验区、中国特色自由贸易港建设为主线，围绕提升海口国际旅游消费中心建设，以“发展全域旅游，壮大旅游产业”为目标，以旅游供给侧结构性改革为导向，坚持“点线面”结合，不断推动产业转型升级，丰富旅游新业态，培育旅游经济发展的新动能。

【乡村旅游】2019年，海口市主要乡村旅游点有36处，其中椰级乡村旅游点12家（五椰级3家、四椰级4家、三椰级5家）。全年椰级乡村旅游点共接待游客95.22万人次，比上年增长21.5%；经营总收入4756.6万元，增长3.17%。年内，市旅游文体局完成仁里村和昌福村2个旅游扶贫示范村规划，推广冯塘绿园共享农庄为扶贫济困型共享农庄，推出8款旅游扶贫商品，设立25个旅游扶贫商品销售区，推出5条季节性乡村旅游扶贫采摘线路和2条乡村旅游扶贫精品线路；开展乡村旅游和文化等专项培训17场次，培训人数738人次；策划推出15个乡村旅游和旅游扶贫招商项目。人民骑兵营和三角梅共享农庄获评四椰级乡村旅游点，果果都市农庄获评三椰级乡村旅游点。

【红色旅游】2019年8月12日，海口市旅游文体局在举办的“我和我的祖国”红色旅游系列主题活动暨红色旅游线路推介会上，推出5条红色旅游线路，分别为“不忘初心之旅”：互联网运营中心→火山石斛园→石山网红老粉→美富家风家训施茶馆→施茶村党群活动中心→互联网运营中心；“红色情怀之旅”：琼崖工农红军云龙改编旧址→琼山区红旗镇游客接待中心→本立村（海南第一社）→琼山区红旗镇游客接待中心（品当地特色美食）→大胡桥花卉→洋边村（将军故里）；“重走红军之路”：万绿园→红色仁台主题博物馆→仁台革命根据地→农家特色午餐(品尝当地特色农家菜)→重走红军古漫道→农家特色蔬菜采摘→潭丰洋湿地公园→八仙冷泉→返程；“红色探秘之旅一日游”：万绿园→冯白驹将军故居→琼崖工农红军云龙改编旧址→陶公山→冯小刚电影公社→万绿园；“红色文化之旅”：万绿园→中共琼崖第一次代表大会旧址→李硕勋烈士纪念亭→冯白驹将军故居→琼崖工农红军云龙改编旧址→本立村（海南第一社）→万绿园。通过线路的推介，把琼山区的红色旅游点串成线，引导游客在此旅游和住宿。8月17日，主题为“重走红军路，忆苦思甜”的海口红色旅游青少年夏令营在红旗镇本立村开启，200多位小学生和家长们参观冯白驹故居、琼崖红军云龙改编旧址和琼崖纵队抗日第一枪纪念园。8月31日，在琼山区红旗镇合群村和琼山区旅游咨询服务中心举行主题为“星星之火，情暖人心”的公益扶贫活动。暑假期间，先后有11个社会机构到琼山区组织开展暑期家庭亲子游学红色景点体验活动，参与人数近6000人次。

【休闲度假游】2019年，海口观澜湖旅游度假区创建省级旅游度假区，加快旅游核心吸引物打造，拓展旅游消费发展空间。依托喜来登、万豪等西海岸五星酒店群推出滨海度假游产品。市旅游文体局指导新坡镇和红旗镇创建旅游小镇、评定三角梅共享农庄、人民骑兵营为四椰级乡村旅游点，果果都市农庄为三椰级乡村旅游点；印象海上花为金宿，连理枝、人民骑兵营、火山石坞、冯塘绿园为银宿，创历年品牌建设之最。沐心石屋民宿获得海南十佳民宿荣誉，冯塘村和山尾头村被评为全国乡村旅游重点村，推动乡村休闲游发展。

【房车露营游】2019年8月，根据海南省旅文厅要求，海口市开展全市旅居车自驾车营地及自驾游发展情况摸底调查工作，梳理海口自驾车旅居车营地建设以及自驾游接待、自驾游支持政策、专项规划等情况。海口市共建成白沙门房车露营地、洋边农庄自驾游房车营地、冯塘绿园房车营地、枷椗山美食苑微营地，全年共接待自驾车房车露营游客9000多人。12月27日，第五届海南国际房车（汽车）露营休闲旅游博览会在海口世纪公园开幕，博览会总面积约3万平方米，分为房车展区、木屋展区、户外装备展区、低空飞行展区、露营商品展区、房车露营体验区、海洋旅游装备展区七大主题展区，集中展示房车文化与房车产业链。展会上还同期举办第十二届中国露营旅游论坛暨《自驾游目的地等级划分》《自驾车旅居车营地质量等级划分》标准培训班，来自全国部分省（区、市）文化和旅游部门相关业务处室负责人、各省自驾游房车露营行业协会负责人、行业重点企业管理者近200名嘉宾参加。

【康养体育游】2019年9月27日，海口市旅游文体局配合市卫健委举办中医药健康旅游和服务贸易论坛，共同推动海口市中医药健康旅游和服务贸易工作，让国内外游客享有中医药服务的获得感和幸福感。全年共举办2019海口马拉松、2019CFA中国之队·海口国际青年足球锦标赛、2019年第三届“一带一路”杯海口国际沙滩足球邀请赛、2019中国帆船年度盛典系列活动、全国沙滩排球巡回赛总决赛（海口站）等10个大型体育赛事活动，并获评中国帆船帆板协会“优秀帆船城市奖”。进一步扩大海口城市影响力，提升体育旅游消费，助力海南国际旅游消费年提质增效。

【游艇帆船游】2019年，海口全年接待游艇帆船游客约10.8万人次，坐游艇、玩帆船、海钓成为海口旅游新玩法。海口市国家帆船基地公共码头成功举办2018年、2019年中国帆船年度盛典，举办第十届环海南岛国际大帆船赛、国际职业拳王争霸赛等活动，海口正在向帆船游艇旅游城市迈进。依托海口市国家帆船基地公共码头资源优势，鼓励游艇俱乐部企业到海口投资合作，引进海南力道帆船俱乐部、海南海洋传奇休闲产业公司、海南司楠游艇公司等8家游艇企业。推出单体龙骨帆船、快艇等海上休闲娱乐项目，丰富广大市民游客游玩体验。

【民宿经济】2019年10月30日，海口市旅游文体局举办2019海峡两岸民宿大会暨海口美丽乡村合作推广活动，通过旅游资源推介、美丽乡村休闲旅游高端对话、琼台民宿合作经验交流会、乡村产业投资考察活动和台商投资考察经验座谈会等环节，向到会的150名台商和200多名嘉宾通过集中展示海口市优越的旅游资源，吸引企业投资。活动的举办，推动海口农村区域经济对台融合互动，拉开琼台两岸合作新篇章，为民宿行业的品牌建设树立标杆和榜样。年内，印象海上花客栈获评海南省“金宿级”乡村民宿，冯塘绿园乡村民宿、海口连理枝民宿、火山石坞民宿和人民骑兵营民宿获评海南省“银宿级”乡村民宿。莫奈民宿、五月琚民宿、沐心石屋民宿获评“海南十佳民宿”。

（郑郁凰）

旅游经营

【概况】2019年，海口市有A级景区11家（AAAA级5家、AAA级5家、AA级1家）；高尔夫球会7家共16个球场；游艇专用码头4个共914个水上泊位；秀英港兼用邮轮泊位2个。市旅游文体局围绕国际旅游消费中心建设，按照“两个确保”百日大行动要求，注重形象宣传，创新工作思路，加强网络推广，形成全年、成系列、不间断的宣传促销，共完成18场境内外专题推广营销，推进海口旅游营销精准化。持续扩大境外客源市场开发，新开国际航线9条，国际航班上座率持续提升。首次将国际旅游营销的专业性大会引进海口，举办中国（海口）入境旅游发展大会。2019年（第四届）海南世界休闲旅游博览会期间，由市旅游文体局负责设计搭建的海口馆获得博览会最佳人气奖。

【旅游营销】2019年，海口市旅游文体局创新营销工作，开拓国内外市场，努力提升海口旅游目的地形象。发动各旅游企业按季度开展不同主题旅游营销，推进营销精准化，旅游营销更加贴近市场、贴近终端消费者。依托旅行社和包机公司开展国内、国际营销。共完成8场境外、10场境内专题推广，其中联合旅行社在国内开展7场，联合柳州、湛江开展区域联合营销3场。持续扩大境外客源市场开发。修订实施《海口市鼓励民航业发展财政补贴实施办法》，新开国际航线9条，国际航班上座率持续提升；开展俄罗斯、德国、美国专场推介，委托釜山航空、联合航空等公司在国际航线的境外端开展海口专场营销，联合省旅文厅赴港澳台地区开展联合营销，在澳大利亚机场、车站投放海口旅游广告。首次将国际旅游营销的专业性大会引进海口，举办中国（海口）国际入境旅游营销大会，欧美约150位优质买家与海口市旅行社进行深度对接并达成合作；国内成都、桂林、张家界、贵阳等城市也前来参与“一程多站”入境旅游推介。巩固国内市场开发成果。接纳万宁市加入琼北旅游同盟，在高德地图、驴妈妈、今日头条等国内知名网络平台开展“一键游海口”和海口旅游产品推广活动，实现产品内容设计和形象推广宣传的同步转化。

【旅游宣传】2019年，海口市旅游文体局主要策划设计《海口过大年》《琼北地区暑期优惠活动》《海口跨年狂欢季》3种宣传折页，更新海口旅游宣传片1辑，系统性完整呈现海口旅游形象和产品线路，总投放量超过20万册（张）。有市内固定公共产品投放点（店）100余个，包括机场、码头、星级酒店、游客服务中心等，并配套国际、国内促销活动及市会展、商务、外办等招商推广、会晤等活动投放公共产品。全年关于海口旅游宣传原创报道共6452篇（条），其中电视 452篇（条），报纸348篇（条），网络2864篇（条），新媒体2788篇（条）。其中，“海口旅游”微信平台作为海口旅游文体局的官方宣传口，关注粉丝数39万多，发布微信链接下半年总阅读量超过145万人次，微信菜单栏移动微网点击量突破238万人次。微信号月均发稿15篇，国内旅游产品篇条一经推出，各大平台媒体大量转发推介，实现全国范围内的全媒体传播声势。椰城市民云椰城旅游端口全年突破389万次点击量。

【国家全域旅游示范区创建】2019年，海口市旅游文体局以旅游联席会议制度为平台，对照国家全域旅游示范区验收细则进行责任分解，指导和推动各区、各部门做好推进产业转型升级、丰富旅游产品等全域旅游示范区创建工作。完成国家全域旅游示范区创建预演，配合省旅文厅完成对各区创建的第三方评估，为各区创建县级示范区摸清家底。年内，海南省博物馆通过评审成为AAAA级旅游景区，长影环球100创建AAAA级、桂林洋农业公园创建AAA级旅游景区，观澜湖创建省级旅游度假区通过初评。

【旅游节庆活动】2019年，海口市旅游文体局完成“看熊猫玩长影，海口过大年”春节推广活动、赴徐闻参加“菠萝文化节”“519中国旅游日”海口会场活动、海口旅文促销·荔枝红采摘季、“海口有福”春节宣传推介活动、“山盟海誓·相约粤桂琼”暑期旅游宣传推介活动及“今日游学海口出发”研学产品发布系列活动，赴茂名、南宁开展海口（北部湾）推广活动、2020年（第二十届）海南国际旅游岛欢乐节海口会场活动、跨年狂欢季系列活动、2019年暑期产品及琼北地区景区景点优惠活动发布会、2019年海口五一假日旅游新闻发布会、2019海口（琼北）秋季旅游线路产品发布会、2019年七月旅游·文化·体育活动发布会等14场次营销活动。

【海南岛欢乐节】2019年11月22日，第二十届海南国际旅游岛欢乐节在海南国际会展中心东方环球剧院开幕，有境外20个国家和地区，国内21个省区市的多个政府机构、旅游企业参展，是历年来规模最大、层次最高、参加人数最多的一届。从11月22日开始，陆续在海口举办欢乐节开幕式、“欢乐海南”大型旅游推介会、“天容海色”国家美术精品展、欢乐节“艺术演艺周”、2019第四届海南世界休闲旅游博览会、第五届海南国际旅游美食博览会、2019年第四届海口蓝色国际电子音乐节、第二届中国—东盟大学生文化周、“山盟海誓·相约粤桂琼”旅游推介会、2019“畅游海南·欢乐海口”全国健康舞蹈大赛、“欢乐海南，从海口开始”——2019年海南草莓音乐节、熊猫登岛一周年暨熊猫世界开幕一周年活动、陈慧娴海口演唱会、海口乐购嘉年华、2019抖音直播美好盛典、2019国际房车（汽车）露营休闲旅游博览会、湖南卫视海口跨年演唱会和欢乐节闭幕式。这些活动涵盖会展活动、文艺演出活动、商务交流活动等多种形式，为市民游客提供丰富多彩的欢乐体验。其中，2019海南草莓音乐节、海口乐购嘉年华、第五届海南国际旅游美食博览会等活动实现人气、消费拉动效益两丰收：2019海南草莓音乐节直播观看人数超过80万人，各大媒体传播报道总计传播量超过2亿条；海口乐购嘉年华共拉动产生

2019年7月22日，以“绿色生活·美好新海口”为主题的北京世界园艺博览会“海口日”活动举行。图为由省级传承人陈素珍表演的非遗项目“琼剧”折子戏《春草闯堂之施计改信》（石中华 摄）

38.8亿元销售额；第五届海南国际旅游美食博览会总交易额5.6亿元，现场销售总额7600多万元。2019年12月31日，第二十届海南国际旅游岛欢乐节在三亚市闭幕，海口市政府获得该届海南欢乐节最佳组织奖和博览会文旅融合创新奖，由市旅游文体局负责设计搭建的海口馆获得博览会最佳人气奖。

【北京世界园艺博览会“海口日”活动】 2019年7月22日，北京世园会迎来“海口日”，围绕“绿色生活·美好新海口”主题，通过举办特色文艺演出、非遗表演、旅游营销及湿地城市推介、互动体验和特色产品展等活动，让中外嘉宾和游客近距离体验椰风海韵的独特魅力，感受海口之美。活动期间，海口共举行3场旅游推介会，宣传推介海口旅游和湿地城市建设成就，展示海口特色文化和热带特色农产品，展现绿色生活、美好新海口。为向广大游客生动再现海口本地文化，安排3场非遗表演，由国家一级演员、中国戏剧“梅花奖”获奖者、国家非物质文化遗产“琼剧”项目省级传承人陈素珍带队表演的琼剧折子戏《春草闯堂之施计改信》，由海南公仔戏项目省级代表性传承人冯海、市级传承人邢汝祝表演的公仔戏《张文秀之三姐偷包袱》颇受嘉宾游客青睐。同时，为让中外嘉宾和游客更加了解海口丰富的物产，7月21—23日，海口8家知名品牌企业参展，并开展免费品尝椰子、菠萝蜜、咖啡等热带水果和特色产品等互动活动。中国贸促会贸易投资促进部副部长俞海燕、英国驻华大使馆区域事务处主管傅珍妮、英国驻广州总领事馆经济领事裴铭修、英国驻华大使馆华南区域联络官陈维臻、海南省贸促会会长李志杰、海南省文学艺术界联合会副主席王艳梅、海口市副市长王磊、市旅游文体局党组书记王如龙以及海口市友好城市代表，市相关部门领导、企业代表和游客等约300人出席启动仪式。

【旅游区域合作】 2019年，海口市强化区域旅游协同合作与发展，落实北部湾经济合作组织第十次成员大会暨北部湾城市合作组织第二次大会会议精神，深化北部湾区域合作。3月2—3日，由1名副市长带队赴茂名、南宁开展海口（北部湾）推广活动，三地达成做优做精两地“一程多站”旅游产品、实现旅游消费全时全域共享合作。4月29日，跨过海峡助力徐闻举办2019菠萝文化旅游节，挖掘、整合两地资源，进一步深化湛江与海口融合发展的步伐。7月，组织召开琼北旅游发展大会，接纳万宁市加入琼北旅游同盟。8月31日，联合湛江市、柳州市文旅局共同在广州旅博会上开展“山盟海誓·相约粤桂琼旅游推介会”。11月23日，利用海南国际旅游岛欢乐节的契机，邀请柳州、湛江市文旅局和琼北各市县旅文局到海口市开展“山盟海誓·相约粤桂琼”旅游宣传推介，利用各自旅游资源，三地携手开拓北部湾城市群客源市场，实现资源共享、市场共建、利益共赢。12月30日，广东省湛江文旅产业课题调研组抵海口调研座谈，共同探讨旅游产品开发、旅游线路设计、旅游宣传等方面对策与对接机制。

【2019年中国（海口）国际入境旅游营销大会】 2019年10月21—24日，“2019中国（海口）国际入境旅游营销大会”（以下简称WTE China）在海口召开，来自欧美澳等地的130余家实力旅行商以及国内200多家旅游企业共350余名嘉宾参会。在为期4天的主题活动中，开展了海口旅游线路考察活动、海南旅游专场推介活动、海口旅游企业与国际重要旅行商深入洽谈活动、海口市旅游专场推介活动、WTE China旅游行业高峰论坛（全体大会）、WTE China行业展会、买卖双方“一对一”洽谈会、以海口为核心的中国入境游区域联程产品发布、WTE China行业培训会、张家界市旅游专场推介、成都旅游专场推介、WTE China闭幕式暨贵阳旅游专场推介等众多精彩的活动。WTE China高峰论坛针对中国旅游市场现状，围绕中国入境游产品（定制、孵化、营销）开展旅游贸易论坛、旅游产品推广、旅游产品调研踩线等多样化的贸易推广交流活动，通过“深度论坛+专业展览+调研踩线+同期活动”四个优质板块联动，构建起“论坛与产品定制并行，旅游推介交流与实地调研踩线相结合”的旅游产业全链条互相拉动的立体平台。大会发布

2019年10月23日，2019中国（海口）国际入境旅游营销大会在海口开幕
（张俊其 摄）

《欧洲出境游市场研究报告》《美国出境游市场研究报告》。会上，8家国际旅行商与16家海口当地的涉旅企业签署合作框架协议，输送更多国外游客来到海口，体验海口优美的风景。大会的成功举办进一步推动海口作为国际旅游目的地城市的发展，提升海口市国际知名度，提高入境人数和国际航线开发，进一步增强海口旅游的品牌影响力，建立起与海外旅行商长期沟通合作的机制，畅通海口旅游产品的销售渠道。

【农特产品转化旅游商品活动】 2019年9月，海口市旅游文体局根据新坡镇仁里村、大致坡镇昌福村、东山镇玉下村、红旗镇合群村等4个扶贫村的农特产品资源优势和季节性特点，推出仁里鹧鸪茶、仁里土蜂蜜、昌福火龙果、昌福百香果、玉下鸭稻米、玉下稻田鸭蛋、合群青金橘、合群番石榴8款旅游扶贫商品，制作8000个不同的旅游商品包装盒（罐）送给贫困村的合作社和贫困户。同时，将旅游扶贫商品上架景区、乡村旅游点、旅游咨询服务中心等25个旅游扶贫商品销售区，并在海岛生活电商平台开设海口旅游扶贫商品专区，8款旅游扶贫商品通过线上线下各种销售渠道共销售32万元。 （郑郁凰）

旅游服务

【概况】 2019年，海口市旅游文体局着力提升旅游服务质量，优化旅游营商环境。继续推进"简政放权、放管结合"职能转变工作，率先把旅行社服务网点登记备案事项由承诺件3个工作日提升为即办件60分钟办结。推动海口旅游数据综合服务平台建设，旅游大数据分析系统、旅游数据统计系统、产业监测系统、景区运行监测系统及人工智能应用等海口城市大脑旅游版块五大应用的建设完成。

【旅游服务标准化建设】 2019年，海口市旅游文体局继续推动旅游标准化工作，共组织培训及会议4场，600多人参加。9月，派出70多人次对32家第七批旅游标准化试点企业进行督导工作。10—11月，派出160多人次完成第三、第五批旅游标准化示范单位的复核验收及第七批旅游标准化试点单位的终期评估验收工作；派出40多人次到省级试点单位进行学习交流。经考核，海南宝华大酒店管理有限公司等29家企业通过2019年度"海口市旅游标准化示范单位"复核，皇马假日醉海南大酒店等11家企业被评为旅游标准化示范单位。至年底，全市旅游标准化示范单位共130家。选送7家旅游企业参选省级第三批旅游标准化试点单位；编制并发布《旅游餐饮夜市服务质量规范》和《海南特色旅游美食英文译写规范》2个地方标准，参与《海上旅游客运服务质量规范》地方标准的修订。

【免税购物】 2019年3月18日，海口市国际免税城项目开工建设，总投资约110亿元，总占地约45公顷，建设用地约32.33公顷，计划2023年12月建成，是大型国际免税综合体建筑群，涵盖免税商业、有税商业、办公、酒店、人才公寓等。年内，海口日月广场免税店一二期全部开业，营业面积共2.2万平方米，近200个国际知名品牌入驻。全年离岛免税接待购物人数376.2万人次，比上年增长35%；销售额134.92亿元，增长38.5%；销售商品1819.9万件，增长37.3%。

【"我和我的祖国"红色旅游主题活动】 2019年8月12日至10月7日，海口市旅游文体局举办"我和我的祖国"红色旅游主题活动。主题活动围绕继往开来、忆苦思甜、情暖人心、不忘初心、举国欢庆五个主题进行组织策划，设置开幕式、红色夏令营、公益扶贫、研学线路、全城互动五大板块，历时一个半月，1000余人参加。通过参观体验、夏令营活动、研学、助力扶贫等方式，将革命历史、革命传统和革命精神通过旅游传达给广大市民游客。

【2019年度扶贫日海口"送旅游"活动】 为响应国家扶贫日的号召，2019年10月17日，海口市旅游文体局在龙华区新坡镇仁里村开展2019年度扶贫日海口"送旅游"活动。现场配套扶贫市集、海口旅游扶贫商品展等活动。市旅游文体局组织60家旅行社企业走进仁里村，同时发布两条旅游扶贫精品线路（仁台村—斌腾村—潭丰洋湿地—文山村；本立村—泮边村—香世界庄园），引导更多的游客关注有旅游资源的扶贫村。

（郑郁凰）

旅游管理

【概况】2019年，海口市旅游文体局开展旅游行业市场治理活动，切实履行行业安全监管责任，旅游市场平稳有序运行，文明旅游建设成效显著。坚持严管重罚的高压态势，打击不合理低价游等专项整治活动，大力整治旅游市场。充分发挥“1+3+N”综合执法优势，做好投诉问题的处置，为市民、游客挽回经济损失。加强对元旦、“五一”国际劳动节、国庆节等节假日，博鳌亚洲论坛、“两会”以及跨年演唱会等重大时间节点的安全生产检查，行业市场执法覆盖率和普法覆盖率均达100%，全年旅游市场零安全事故发生。组织全市旅游和文体行业开展巩固全国文明城市、国家卫生城市系列活动，营造全行业参与，倡导文明诚信、爱城市爱岗的浓厚氛围。督促全市旅游文化行业防控登革热疫情，开展消杀灭蚊、病媒生物防治、环境卫生整治。

【旅游饭店管理】2019年，海口市有旅游饭店和社会旅馆1319家，其中星级旅游饭店36家（五星级4家、四星级14家、三星级15家、二星级3家）。市旅游文体局通过进一步完善海口旅馆业管理系统，完成全市旅馆基本信息等经营数据的采集及统计工作，为下一步智慧旅游系统的开发打下基础。经审核，将海南中源酒店、海口龙华鑫雅乐轩酒店、海南望海青云公寓管理有限公司 、广州市璞泽酒店有限公司海口分公司（海口新埠岛诺富特酒店）4家酒店，海南鸿龙泰实业有限公司（寻尝里美俗夜市）1家夜市，长影环球100奇幻乐园 1家景区，海口市连理枝乡村旅游点 1家椰级乡村旅游点纳入海口市旅行社开发客源市场奖励系统。

【旅行社及导游管理】2019年，海口市有旅行社313家（全省有旅行社388家），注册导游10161名。年内，市旅游文体局组织编写《海口市旅游行政执法案例汇编》并向旅行社发放3000册，以案例来引导企业规范经营。开展普法培训，培训600名旅游从业人员，主要培训旅行社旅游保险、消费环节赔偿先付制度，引导企业规范经营。对4家违规经营的旅行社进行处罚，其中2家旅行社聘用无证导游，1家旅行社租用无营运资质的旅游车，1家旅行社未取得经营许可资质。选送10名导游参加全省导游服务技能大赛，2名选手获得全省一等奖，并代表海南参加全国第四届全国导游服务技能大赛，其中敖燕军获得第五名，被评为全国“银牌导游员”；董行获得全国“优秀导游”称号。

【旅游市场监管】2019年，海口市旅游文体局大力加强对旅游市场的监管。市区两级联动，开展假日联合检查。在重点节假日期间，联合区旅文局，分3个专项检查组，出动人员200人次，重点督导检查40家酒店的接待、卫生和文明服务等情况。开展市场巡查。共出动旅游执法人员1200余人次，完成对300家酒店、对150家旅行社及服务网店及所10家景区店的巡查覆盖。开展旅游暗访工作，查处不合理低价游。3—8月，分四批次到岛内外暗访，以暗访为手段，严厉打击扰乱旅游市场秩序的违法违规行为。打击街头发放旅游虚假广告传单人员，查获并现场销毁非法传单和小卡片2万余张，劝离发卡人员200余人次。全年联合旅游警察、市场监督管理局开展对旅游市场综合执法检查26次，进一步加强对旅游市场的监管。市旅游管理部门共立案查出20起，处罚旅行社8家，罚金62万元，吊销旅行社经营许可证1家，处罚旅游从业人员1人。

【旅游安全管理】2019年初，海口市旅游文体局组织召开旅游安全专题会议，分析现阶段旅游和文化行业存在的安全隐患，研究部署2019年旅游和文化行业安全和市场管理。成立安全工作领导小组，下设督察组和4个检查小组，加强对全市旅游和文化市场的安全生产监管。全年出动检查人员1012人次，检查生产经营单位356家次，全面排查安全隐患，杜绝安全事故发生。举办旅游行业安全生产培训3次，组织消防应急演练1次；在中华人民共和国成立70周年大庆、春节黄金周、博鳌亚洲论坛、“五一”国际劳动节及端午、中秋等节假日组织开展安全生产检查；委托第三方公司，对各旅游企业进行隐患排查。全年旅游和文化行业未发生重大安全生产责任事故。

【旅游教育培训】2019年，海口市旅游文体局组织全市涉旅企业开展标准化系列培训，培训人数1000多人次；组织开展“工会杯”琼北旅游饭店服务技能大赛、海口旅游景区内导游青年服务技能大赛、海口导游服务技能大赛并举办行业安全生产培训3次，900多家旅游和文化企业参加培训，强化旅游行业员工的服务技能培训，提升从业人员服务水平。

（郑郁凰）

（编辑：姚 锐）

2015—2019年海口市旅游饭店（宾馆）接待设施统计表

表14

指 标	单位	2015年	2016年	2017年	2018年	2019年
饭店（宾馆）	家	148	150	157	171	185
客房总数	间	24432	25619	26163	33289	36301
#空调房	间	24432	25619	26163	33289	36301
床位总数	张	40536	42070	42832	53262	66949
#空调房床位数	张	40536	42070	42832	53262	66949
客房开房率	%	59.84	60.93	63.42	64.57	61

（资料来源：市统计局）

互联网产业

综 述

【概况】2019 年，海口市科工信局打造海口城市大脑，实现交通、政务、物联网、医疗、旅游和移动办公六个智能应用，提升城市治理能力。根据宽带发展联盟发布的 2019 年第三季度《中国宽带速率状况报告》（第 25 期），海口市固定宽带平均可用下载速率为 38.53Mbit/s，在全国主要城市中名列第 10 位。同时，扶持和发展互联网产业，打造海南复兴城互联网信息产业园和海南数据谷等重点园区，紧盯互联网、大数据、人工智能等领域龙头企业，主动赴北京、上海、深圳等地开展靶向对接活动、上门招商，并举办“知名互联网企业海口行”等招商活动，成功引进字节跳动、薪火相传、同城必应、五八企服等行业知名企业 40 家，为海口市经济发展注入新动力。全市共有互联网企业 3300 多家，全年互联网产业营业收入 357.45 亿元，比上年增长约 10%，占全省比重 43.3%。其中，终端设备制度业营业收入 62.45 亿元，信息传输服务营业收入 49.63 亿元，网络技术服务营业收入 221.64 亿元，相关设备和产品批发零售营业收入 23.73 亿元。年内，椰城市民云 APP 用户数129.5 万。至 12 月底，海口市自然村 4G 信号覆盖率 100%、光纤覆盖率 98.66%，农垦居民小组 4G 信号覆盖 100%、光纤覆盖率 98.84%。完成电信业务总量 334.1 亿元、增长率 58.1%，固定互联网宽带接入用户数 109.97 万户，移动互联网用户数 334.55 万户。

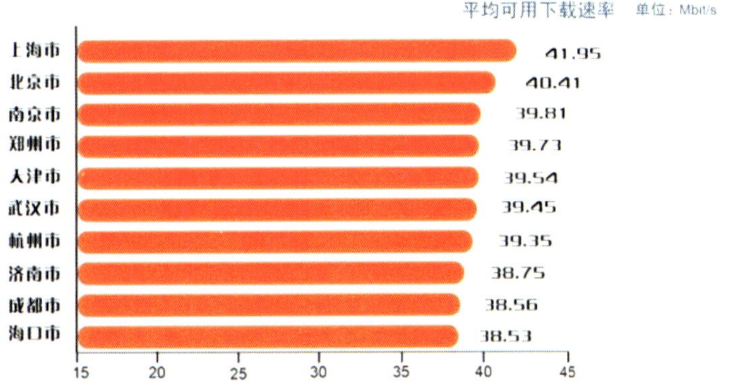

2019 年第三季度，海口市固定宽带平均可用下载速率达到 38.53Mbit/s，在全国主要城市中排名第 10 位 （市科工信局 供）

【互联网产业发展扶持】根据《海南省互联网产业发展专项资金管理暂行办法》《海口市促进互联网产业发展若干规定及实施细则》，2019 年，海口市重点从人才引进和培育、互联网创新创业聚集地扶持、互联网企业培育等多维度扶持本地互联网企业创新发展。全年累计兑现省、市互联网产业发展专项资金 12666.27 万元，共扶持企业 406 家次。其中，兑现省级互联网产业发展专项资金 7944.5 万元，扶持企业 261 家次；兑现市级互联网产业发展专项资金 4721.77 万元，扶持企业 145 家次。

（潘孝悦　梁少丽　杨明汪　陈思远　文福将）

信息基础设施建设

【光纤宽带网络建设】2019 年，海口市科工信局落实《海南省信息化建设领导小组办公室关于印发 2019 年海南省信息基础设施建设任务考核方案的通知》，推进光纤宽带网络建设。全年新建 9 个光纤行政村、794 个光纤自然村、28 个光纤农垦居民小组，完成光节点双向改造 1415 个、光改提速用户 8.74 万户，新建千兆宽带小区 15 个。

【通信设施建设】2019年，海口市优化通信设施，完成DC机房28个，乡镇重保基站第二路由光缆建设11个以及乡镇重保基站备用电源改造224个，优化146个移动通信信号盲点。

【4G网络建设】2019年，海口市深化4G网络覆盖，新增城区4G网络499个，城区热点移动网络厚覆盖700个，新建4G行政村54个、自然村244个、农垦居民小组17个，新建5个高铁精品网络、102个农村基站。

【5G网络建设】2019年，海口市成为全国首批开通5G的城市之一。年内，中国电信海口分公司领衔推进5G网络建设覆盖，建有基站220个，对重要试点园区、厂区及商业区形成区域规模覆盖；海口移动公司完成5G试点建设348个，新增开通5G站点507个，实现海口主城区超30%区域的5G覆盖；海口联通公司建成5G基站37个。7月18日，海口市启动江东新区5G+AI示范项目；10月31日，海口市5G商用正式启动。年内，列入5G应用项目计划21个，其中洽谈推进中18个，市妇幼远程医疗、市江东5G会议系统、市公安秀英分局5G智能机器人3个项目完成应用。全年建成5G基站576个。

（潘孝悦　梁少丽　杨明汪　陈思远　文福将）

产业载体建设

【复兴城互联网信息产业园】省市重点产业园区之一，分为一期互联网创新创业园和二期西海岸互联网总部基地。其中，复兴城互联网创新创业园2019年新引进企业约200家，截至年底累计注册企业784家，比上年增长17%；全年园区企业营收130亿元，增长30%；税收近14亿元，是上年的3.3倍。12月30日，在海南智能物联产业发展大会上，海南智能物联产业基地、海南物联网应用创新基地、海南5G应用联合实验室、海南智能物联产业联盟4个机构在复兴城互联网创新创业园揭牌，江苏省电老虎工业互联网有限公司、中路和合物联网科技有限公司等7家企业现场签约，落地海南智能物联产业基地，共同助力海南智能物联产业发展。二期复兴城西海岸互联网总部基地，是2018年12月28日海南自由贸易试验区建设（第二批）集中开工项目之一，重点围绕智能物联、数字贸易、金融科技和国际离岸创新创业四大产业方向，打造国际数字经济总部集聚区、国际离岸创新创业基地。园区占地17.12公顷，建筑面积90万平方米，项目计划总投资80亿元，截至2019年底累计完成投资约8亿元。

【石山镇互联网农业小镇建设】2019年，海口市秀英区石山镇作为海南省唯一乡镇代表参加全国新农民新技术创业创新博览会。推广火山石斛园经验，持续打造胜嵘生物科技石斛产业园、火山药谷、火山牛大力南药产业园、崇华休闲农业观光基地等一批物联网农业产业园。实现石斛种苗培育从无到有突破，全年共成功培育金钗石斛种苗9000万株，驯化成功7000万株，石斛产值1.3亿元。推动旅游业和特色农业与海岛生活、淘宝、京东等电商平台接轨，实现线上线下同步销售；实施品牌农业战略，举办“石山豆腐宴”及“农夫集市”等系列活动，积极推广宣传石山“土特产”，擦亮石山黑豆、石山雍羊等国家地理标志农产品金字招牌。打造升级版“掌上游石山”导航系统，实现全镇域吃、住、行、游、购、娱一体化服务。全年接待观光游客、党员团队、交流单位221万人次。2019年，全镇地方一般公共预算收入1.53亿元，比上年增长61%。农村常住居民可支配收入21061元，增长30%。

【海南数据谷建设】至2019年，海南数据谷孵化超200个项目，孵化项目融资额超5亿元，孵化了海澜环宇、飞行者科技、火吧、捞月狗等一批知名创业企业，招商入驻科大讯飞、滴滴出行、360企业安全、蔚来汽车等一批知名企业，构建海南互联网创新创业生态圈，成为海南互联网创新创业的一张名片。2019年，园区入驻企业贡献产值超10亿元，培育了一批具有海南特色的互联网企业。结合互联网创业群体发展需求，海南数据谷打破时空限制，实现线下空间与线上服务相结合，建成“创业云平台”“海南数据开放平台”“服务外包平台”3个线上服务平台。正在规划以

2019年12月30日，海南智能物联产业发展大会暨海南智能物联产业基地、海南物联网应用创新基地在复兴城揭牌

（市科工信局　供）

一期项目为基础、以大数据联盟为抓手，围绕大英山CBD总共超10万平方米的大数据产业经济带，进一步聚集大数据创新企业，以百亿元产值为目标，助力海南自贸区（港）建设。

（潘孝悦 梁少丽 杨明汪 陈思远 文福将）

电子商务

【概况】2019年，海口市以服务贸易推进供给侧改革和贸易转型升级，着重发展电子商务产业，以加速发展电子商务产业发展，提升海口市经济发展的创新动力，促进产业转型升级，电子商务产业进入快速发展的新阶段，生产规模持续扩大，产业基础逐步夯实，产业范围逐步扩展，平台建设富有特色，电子商务在旅游业、农业、商贸业等领域的应用不断拓展，逐渐形成与实体经济深入融合的发展态势，带动传统产业转型升级。

【电子商务发展扶持】根据《海口市促进电子商务发展若干规定》，市商务局自2019年1月22日开始征集2018年电子商务发展扶持奖励资金项目，至3月30日征集期满，共征集到24家企业28个电子商务发展项目，总申请资金1418.62万元。市商务局委托第三方机构进行评审，评选出海南苏宁易购商贸有限公司等13家企业13个项目符合市电子商务奖励标准，共安排资金514.89万元。

【电子商务产业园】2019年，海口滨海国际电子商务产业园重点打造以电商总部企业入驻为主，新增企业116家，落户企业总数756家。企业营业收入约34.2亿元，纳税额约2.2亿元；园区企业直接带动就业人数3000人，间接带动就业人数7800人（不包括房地产企业）。年内，围绕电子商务、金融、高新技术、创业创新等主题共组织开展系列活动50余场，涵盖政策宣导、沙龙论坛、培训辅导、和君商学、顺丰专场电商扶贫等，参与企业超过5000家，惠及1万人次。被商务部评为“国家电子商务示范基地”。（杨晓菲）

【跨境电商】2019年1月1日，海口跨境电商综合试验区跨境电商保税备货模式B2B2C（1210监管模式）新政正式上线实施，保税备货模式和跨境直购模式B2C（9610监管模式）业务开展顺利。全年，海口综保区完成跨境电商交易量15.78万单、6163万元，仅12月跨境电商交易量超过全年单量的1/3。

海口市强化对跨境电商政策扶持，出台《海口市促进跨境电子商务及国际快件产业发展办法》《中国（海口）跨境电子商务综合试验区建设实施细案》，鼓励发展跨境电子商务仓储物流，对跨境电商国内物流（含快递）配送企业给予补贴，并就支持国际快件监管场所设施建设，支持国际快件监管场所经营企业与运营企业，支持国际货运企业作出具体规定。海口综合保税区管委会配套制定推进跨境电子商务业务发展的奖励措施，对入驻跨境电商产业园区企业进行仓储租金减免和销售奖励。不断完善服务和保障体系，海口综保区跨境电商产业园，企业入驻办公、海关监管查验、进出口商品O2O展示、仓储服务、金融服务和政务综合咨询服务等，发挥出应有作用；仓储、打包、分拣等一站式服务等基本成型。跨境物流信息推送慢的问题得到解决，EMS的物流信息推送时间由初期的平均6小时压缩到0.5小时以内。9月18日，跨境电商产业园二期开工建设，用地面积2.14万平方米、配有海关办公及监管仓、公共仓、智能仓、恒温仓等，具备跨境电商保税备货模式所需各项功能。（廖文霏）

【在线交易】2019年，海口网络交易额1558.49亿元，占全省69.37%，比上年增长14.94%。其中网络零售额328.13亿元，占全省47.38%。在阿里系平台和京东平台“十大优势网商”中，海口市分别占9个和7个。行业中，大宗及B2B网络交易额1230.36亿元，在网络交易额占比78.95%，是网络交易额的主导力量；同时，网络零售额328.13亿元，增长24.03%，较海南高出2.46个百分点。网络零售额中，实物型网络零售额、服务型网络零售额分别实现275.16亿元、52.97亿元，在网络零售额分别占比83.86%、16.14%，其中服务型网络零售额在整体网络零售额中占比提升0.39个百分点，对网络零售额贡献加强。（杨晓菲）

游戏动漫

【概况】2019年，海口市共有规模以上文化体育娱乐业企业29家，实现营业收入15.29亿元，比上年增长0.4%。探索发展电子竞技产业，成立海口电子竞技产业协会；全年举办NEST2019全国电子竞技大赛大众公开赛海南站、腾讯《欢乐斗地主》TDT全民星选拔赛、LPL全明星周末、TGC腾讯数字文创节等13场电竞活动，吸引30多万人次参与。

【海口电子竞技产业协会成立】2019年9月2日，海口电子竞技产业协会成立，共有30家会员单位，海口市电竞产业见雏形。年内，协会举办穿越火线百城联赛南大区决赛、NEST2019全国电子竞技大赛大众公开赛海南站、2019英雄联盟全明星周末等电竞赛事活动。

【本土漫画《晴雯何处》在爱奇艺平台上线】2019年7月5日，由海口影动创意文化传媒有限公司制作，爱奇艺及旗下“叭哒动漫APP”独家签约连载的少女古风漫画作品《晴雯何处》上线。《晴雯何处》作品具有浓厚的“海南创造”属性，是爱奇艺与海南文化企业在漫画领域的第一次合作，人气值累计1.6亿，成为海南省

第一部在爱奇艺平台人气值过亿的本土漫画作品。

【2019 中国数字艺术产业高峰论坛在海口举行】2019 年 9 月 28 日，在海南国际会展中心举行。由中共海南省委宣传部、海南省旅游和文化广电体育厅指导，海口市人民政府、中国动漫集团、海南广播电视总台（集团）主办，中城乐（北京）文化产业投资管理有限公司、海南广电联动文化传播有限公司承办。共 400 多人参会。参会代表围绕数字文化产业发展趋势等话题，分享前沿的数字技术、数字设备、行业动态，共同为海南数字文化产业发展建言献策。现场还举行动漫产业年会启动仪式，正式宣布动漫产业年会进入工作筹备阶段。论坛共设有 1 个主论坛、2 个分论坛。主论坛以“自信·精品·形象——数字艺术引领文化和旅游产业高质量发展”为主题，通过主题演讲、圆桌讨论等形式，在推进数字文化产业高质量发展、数字艺术如何促进文化产业创新驱动发展、数字艺术产业如何激发文化旅游产业投资活力等方面进行全方位、深层次探讨与分享。两场分论坛分别以“数字文化时代的创意革命”“数字技术与文化艺术融合发展”为主题，针对数字艺术作为大众消费领域的新热点、数字智能时代下的文化计算研究与实践等议题展开圆桌对话。同期举行的“中国形象·阳光海南”数字艺术作品及新技术体验展，邀请高科技企业展示最新产品和设备，现场推介中国动漫集团沉浸式交互动漫文化和旅游部重点实验室、故宫博物院“数字故宫”、国家博物馆、数字敦煌等中华传统文化数字化展示。

【爱奇艺动漫游戏嘉年华活动举办】2019 年 11 月 8—10 日，2019 爱奇艺动漫游戏嘉年华在海口日月广场举办。活动现场集结新生代偶像代表 SNH48 与易安音乐社为观众献上跨次元的舞台，有宇宙英雄奥特曼系列、国内知名配音演员夏磊、冯骏骅及中国首支声优偶像女团 V17 声优少女和日本偶像团体 PIDL 未来 stage 等嘉宾加盟，萧忆情 Alex、妖扬、佑可猫、RaJor 等音乐人在现场进行表演；并与尼克儿童频道旗下全球知名动画《海绵宝宝》深度合作，邀请其作为本年度嘉年华的压轴嘉宾，为现场观众带来惊喜彩蛋；现场还安排了 i 市集、i 敢潮、i 乐玩等丰富活动环节。活动期间共吸引 7 万余人现场围观，各类话题网络阅读量超 7839 万人次。通过输入优质的头部娱乐资源，为海南动漫产业发展做出积极探索。

【2019 英雄联盟全明星赛在海口举办】2019 年 11 月 30 日至 12 月 1 日，2019 英雄联盟（LPL）全明星周末赛在海口观澜湖华谊冯小刚电影公社 1 号摄影棚举办。赛程分成 2 天，11 月 30 日为红毯仪式、年度颁奖盛典和 Solo King 系列赛；12 月 1 日则举办娱乐表演赛、新生挑战赛、传奇对抗赛和全明星周末正赛。首届 LPL 全明星落地海南，为广大玩家及粉丝带来一场集娱乐性与体育竞技性，大众化与职业化的全民狂欢盛典。

【TGC 腾讯数字文创节】2019 年 12 月 20—25 日，2019TGC 腾讯数字文创节海南站在海口日月广场举办。共设置四大主题场馆：明日博物馆、艺术共创馆、电竞潮流场、数字文化趣味市集。整场活动以腾讯游戏 IP 为基础，联动腾讯电竞、腾讯影业、腾讯动漫、腾讯音乐等众多数字文化业务，同时携手故宫博物院、敦煌研究院、中央美术学院等文化领域合作伙伴，为大众带来超过 50 个 IP、超过 60 项的优质数字文化体验，为集游戏、动漫、电竞、科技、艺术、文化于一身的数字文创潮流盛宴。

（郑郁凰）

互联网应用

【概况】2019 年，海口市加快推进以“城市大脑”为重点的一批政务信息化工程建设，进一步推进政府决策科学化、社会治理精细化、公共服务高效化，让数据多跑路、市民少跑腿，提高市民获得感。打造 12345 海口市民服务智慧联动平台。以“12345”热线为受理渠道，以信息化技术为手段支撑，以“12345+ 网格化”治理为重点内容，以一线解决问题为目标，打造“12345”海口市民服务智慧联动平台，形成“一个统一协调指挥体系抓调度、一个大数据管理平台抓管理、一个快速反应机制抓处置、一张城市风险地图抓安全”的综合治理格局，先后多次获得“先锋奖”“骏马奖”“金铃奖”“金数奖”。打造“互联网 +”一站式公共服务平台——椰城市民云。至年底，椰城市民云平台整合 62 家单位的 469 项便民服务，注册用户突破 119 万，并列入中国(海南)自由贸易试验区第四批制度创新案例。平台通过云计算、大数据等技术将各单位公共服务和数据整合接入，实时对接社保、公积金、不动产、公安、税务等多个公共服务，公共服务的范围涵盖婚育婴幼、文体教育、民生保障、家庭生活、交通旅游、健康医疗等。市民仅需注册一个实名认证账号即可实现全市的“一网通办”。打造“政、企、产、学、研”的一站式科技创新综合服务平台。椰城创新云平台汇聚 103 个国家 1 亿条中英文知识产权数据、科技文献、国内外 20 万高层次专家人才、科研机构、50 万套仪器共享设备、试验基地等各类科技载体与信息库，为广大用户提供科技成果转化服务、知识产权、中试孵化、检测测试等一站式科技创新服务。基于城市大脑计算资源和数据资源基础平台，落地交通、政务、物联网、医疗、旅游和移动办公 6 个智能应用。

【政务信息资源共享体系建设】为贯彻2018年4月13日，习近平总书记在海南省政务数据中心时，强调各级党委和政府要强化互联网思维，提出“善于利用互联网优势，着力在融合、共享、便民、安全上下功夫，推进政府决策科学化、社会治理精细化、公共服务高效化，用信息化手段更好感知社会态势、畅通沟通渠道、辅助决策施政、方便群众办事，做到心中有数”的指示精神，加快建设“数字海口”，推动大数据在政府管理、政务等工作中应用。依据省政府《海南省政务信息整合共享专项行动实施方案》有关要求，海口市于2017年和2018年分别启动政务信息整合共享专项工作和海口市城市大脑2018年示范项目，着力解决国家、省和市级部门之间的数据共享信息互通问题，并利用数据资源实现政府效能提升、保障和改善民生、产业转型及结构优化升级，打造覆盖政务、民生及产业的各领域应用，创新城市管理模式，改善城市公共服务水平，开创城市经济、政治、文化、社会和生态文明建设新局面。至2019年，海口市已初步建成政务信息资源共享体系。

【“智慧海口”建设】2019年，海口市围绕海南自贸区（港）战略定位新要求，以需求为导向，持续推进智慧海口建设。物理整合，推动业务系统上云。指导“南海云”和“太极云”2个市场云平台建设，按照非涉密系统及数据必须上云的原则，统一向市场购买云服务，推动全市各部门的业务系统和数据资源逐步向云平台迁移；推动《政务云管理办法》及相关工作指南的编制工作，对云平台进行统一规范和管理。搭平台、数据驱动，打造综合“城市大脑”。按照“5+N”的顶层设计推动海口市城市大脑项目建设，打造计算资源和数据资源基础平台，落地交通、政务、物联网、医疗、旅游和移动办公6个智能应用。构建联动平台，以一线解决问题为目标的12345海口智慧平台，形成“一个统一协调指挥体系抓调度、一个大数据管理平台抓管理、一个快速反应机制抓处置、一张城市风险地图抓安全”的综合治理格局，实现一屏看全市、一屏掌全局、一屏助指挥，为决策层提供交通指挥、政务一网通办和医疗总览等13种场景的指挥调度能力。按照“共享是原则、不共享是例外”的要求，推动数据汇聚融合，用数据驱动城市运行，在海口市级政务信息共享采集平台的基础上，升级打造海口市城市大脑数据资源平台。通过打通国家、省、市和区四级的数据共享通道，汇聚超过10多亿条的数据资源池。在此技术基础上对数据进行清洗融合，形成共享数据接口627个，支撑了交通、政务、医疗、文旅、物联网五大领域智慧应用。在政务方面，实现“商事业务”一网通办、“税务业务”全城通办、“不动产”刷脸网办等；在交通方面，在国内首个试点大面积AI智能调控交通信号灯，实现全市42个重要路口的AI智能调控；在医疗方面，实现智能质检；在物联网方面，试点美舍河区域的水位水质实时监控，实现下水道、井盖溢出、道路积水事件的主动预警和一线联动，极大的提高排水治理的响应速度；在文旅方面，实现对海口市热门景区游客人数的未来预测、实时监测和提前预警。提高科技创新服务能力，打造一站式综合服务平台“椰城创新云”。该平台汇聚国内外20万高层次专家人才以及各类科研机构等科技载体，整合103个国家1亿条中英文科技文献、知识产权数据，50万套仪器共享设备，主要为各类创新创业机构及个体提供服务。至年底，“椰城创新云”移动端的出入口内置在“椰城市民云”APP中，有48项服务，PC端服务达到65项。

（潘孝悦　梁少丽　杨明汪　陈思远　文福将）

【地理空间数据库建设】2019年，海口信息中心围绕海南自贸区（港）建设的需要，加快海口辖区地理空间数据及其相关数据库建设，加大基础地理空间数据更新速度，为自贸区（港）信息化发展奠定良好的数据基础。在海口政务地图更新方面，利用影像数据及矢量地形图，更新的新增和改造道路数据1206条，约453千米；逐步完成主城区南部区域及江东区域约25平方千米地图更新建库，拓宽政务电子地图的覆盖范围。在海口市实景影像数据库建设方面，采集新增全市主干道路约1000千米实景影像。持续更新海口影像数据库，完成2次卫星影像拍摄并建库，第一次拍摄时间为1—3月，覆盖海口全境约2392平方千米；第二次拍摄时间为10—12月，覆盖海口全境约2392平方千米。利用卫星影像数据圈出新增、新建的建筑物图斑上半年及下半年2批次，为海口市违法建筑防控提供数据依据。提升政务地图服务能力，各部门业务需求得到有效保障，为社区服务信息化平台、数字城管、“12345”热线、违建等业务系统提供持续的地图共享服务，编制领导调研图、违建分布图、社区网格图、棚改地图等共8529张，提供地图数据共103次。（王儒壮）

【“椰城市民云”运行】“椰城市民云”APP是海南自贸区（港）转变政府服务模式，以海口为试点建立的城市级一体化服务平台，通过信息共享与业务整合，向市民企业提供统一、高效、便捷、集约的在线公共服务，也是海口城市大脑输出服务能力的移动端总出口。至2019年，“椰城市民云”被中央电视台、《人民日报》《光明日报》等央媒以及《海南日报》《海口日报》等28家媒体累计报道上千次，并向国务院副总理韩正、国家国务院督察组及海南省委书记刘赐贵、省长沈晓明等领导，以及太原、厦门、柳州、九江等城市考察团进行对外演示80余次。7月23日，“椰城市民云”入选第四批中国（海南）自由贸易试验区制度创新案例。至年底，平台接入省、市单位62家，整合在线公共服务472项，注册用户数突破127万，超过海口市常住人口的55%，数据仍在实时增长中。从打通的部门数量和实时数据、整合服务数、用户增长率和市民覆盖率等多个维度横向比较，“椰城市民云”APP

已进入国内同类APP前列。

【互联网+政务】至2019年，海口市通过对各类行政审批事项进行流程梳理，推动行政审批事项改革，实现“商事业务”一网通办、“税务业务”全城通办、“不动产”刷脸网办和“人才服务”主题式一窗办理等。打通各委办业务审批系统，为市民提供能用、好用的网上申报入口，实现审批业务全程不见面，“不见面审批”事项占比提升到17%左右。

（潘孝悦 梁少丽 杨明汪 陈思远 文福将）

【互联网+城市治理】2019年，海口市政务管理局以大数据平台为抓手，加强城市管理治理服务体系建设。打通城市管理主要系统。主要数据一窗共享、主要情况一屏覆盖，先后打通数字城管、网格中心、海口“12345”热线、公共安全“12345”海口智慧平台、交警指挥中心、综合执法等城市管理治理主要系统，各类城市管理信息实时汇总到“12345”海口智慧联动平台，所有办件全部通过GPS“打点定位”，各类问题的上报、处置、反馈、考核全过程实现数字化，任何一个环节都可以随时查看、监督。开发面向领导决策的大屏展示系统、面向社会公众的微信公众号、APP和门户网站、面向前端热线员的多媒体座席系统等共10个子系统，市民通过移动终端上报问题、了解办理进度。建立数据分析预警机制。对噪音、停水停电、讨薪、安全生产、交通堵塞、重大群体事件等社会治理热点问题，根据事件的严重性、紧急性划分为三级，第一级报市委市政府主要领导，第二级报市政府分管副市长，第三级由中心联动各区各职能部门解决。深入挖掘数据信息。针对重大节假日、台风等特殊时期和农民工讨薪、环保督查、登革热疫情等社会和民生热点问题，分区域分专题提前研判预警，形成专题分析报告为市委市政府提供信息和决策支撑。全年完成专题分析报告25份，形成日、周、月报400余份。应用大数据抓管理。通过12345海口智慧平台反映出来的市民诉求，以问题为导向，对城市管理相关的9个领域进行数据分析并提出解决措施，深化数据的挖掘利用，提高数据综合分析研判和运用能力，初步实现精准发现问题，精细研判对策和精心服务群众。每半年举办热线大数据应用新闻发布会（通报会），向广大市民、媒体展示海口探索利用热线大数据在提升城市管理治理体系现代化的成果。

（谭 斌）

【互联网+交通】至2019年，海口市构建了统一的交通智能集成指挥平台，在国内首个试点大面积AI智能调控交通信号灯，实现全市42个重要路口的AI智能调控，由传统人工调控向自动调控转变，使城市道路平均通勤时间缩短5分钟。

【互联网+医疗】至2019年，海口市整合省市两级12家二甲医院诊疗、号源、床位等数据，实现医院间数据互联互通，市民可以在椰城市民云的医疗健康服务内随时查看在其中任何一家医院的诊疗记录；实现智能质检，即对24小时内医院产生的病历及用药数据进行分析，强化医疗行业管理。

【互联网+旅游】至2019年，海口市打造一键游海口，为游客提供目的地“吃住行游购娱”的全面信息，发动全市景区、特色餐饮、酒店等，在高德上全面直观展示，让服务无处不在，旅行轻松自在；提升管理，实现对海口市热门景区游客人数的未来预测、实时监测和提前预警。

【智慧物联】至2019年，海口市通过打造美舍河智慧排水系统，对美舍河沿线管网、排口等液位高程以及水质水体进行实时监控，实现下水道、井盖溢出、道路积水事件的主动预警和一线联动，改变以往人力巡检或市民投诉的被动接收模式，极大地提高排水治理的响应速度。

（潘孝悦 梁少丽 杨明汪 陈思远 文福将）

通信业

【电信通信】2019年，中国电信海口分公司业务收入完成12.8亿元，较上年增长0.23%，其中移动互联网、云存储、物联网、5G等新兴业务增长比例大幅提升。年内，中国电信海口分公司运营的“12345”服务热线荣获“全国十佳热线奖”与“智慧创新奖”。

基础设施建设　2019年，海口是中国电信首批5G开通试点城市，中国电信海口分公司领衔推进5G网络建设覆盖，建有基站220个，对重要试点园区、厂区及商业区已形成区域规模覆盖。同时，持续优化高速光纤网、4G无线网，对自由贸易区（港）新建区域（包括农村）等地开展基础建设，新增光纤端口6.1万个，累计容量可满足135万用户使用；扩容及新建4G基站160个，开通室内无线站点285个，满足市民通信需求。

业务经营　2019年，中国电信海口分公司经营的业务有4G移动语音、4G移动互联网、固定电话、光纤宽带等业务，以及5G、主机托管、系统集成、云和大数据、物联网等新型信息业务。其中，与海口国家高新技术产业开发区美安生态科技新城、海南金盘智能科技股份有限公司开展5G业务合作，共同探索5G在物联网、工业互联网、人工智能、人脸识别、AR、VR等领域的应用；与39家医院合作开展互联网医院项目、与市政府开展南海云专属云项目，实现云业务在多个领域的应用；参与雪亮工程、城市大脑、视频汇聚、海建大数据等新型集成业务项目建设，取得较好成果。

（黄丽颖）

【移动通信】2019年，海口移动公司有遍布全市城乡的各类营业服务网点800余家，结合O2O平台、在线公司、京东等渠道开展“线上＋线下”的融合营销模式。

基础设施建设　海口移动公司积极与各级政府开展密切合作，持续深化在基础网络、城市信息化等领域的投资建设，助力海口经济社会实现跨越式发展。按照2019年信息基础设施建设任务推进落实建设工作，完成情况具体为：行政村光网建设完成8个（目标8个），自然村光网建设完成463个（目标37个），农垦光网建设完成15个（目标3个），光改提速用户3.5万户（目标3.5万户），小区千兆宽带建设完成5个（目标5个），城区新增4G覆盖建设完成370个（目标250个），城区热点移动网络厚覆盖完成350个（目标200个），自然村4G覆盖建设完成50个（目标50个），高铁精品网完成3个（目标3个），DC机房完成27个（目标26个），乡镇重保基站第二路由光缆建设完成3个（目标3个），网络寻盲补弱完成19个（目标19个），5G试点建设完成348个（目标88个）。

降低流量资费　5月起，陆续推出“查网龄、送流量”“语音翻番”“畅享50G套餐”等优惠活动；不断优化粤港澳漫游资费和全球通无限尊享计划资费，针对全球通用户免费赠送港澳等方向国漫包，下调法国、澳大利亚、德国等国际长途资费；普及百兆企业宽带，推出100M企业宽带特惠款，开展“速率倍增”行动，为100M以下企业宽带客户免费升档；线上线下全面公示所有在售资费套餐，同时加大“0000”查询退订统一业务宣传。

网络建设　至年底，海口基站超9000个，实现海口主城区、乡镇镇区、高铁高速连续覆盖，重点商圈、交通干道、高校、景区等重要区域纵深覆盖，完善城区NB连续覆盖。同时大力推广5G网络建设工作，新增开通507个5G站点，实现海口主城区超30%区域的5G覆盖。累计建成城市光网小区超6200个，光网行政村近140个，宽带接入端口数量超过130万个。

业务经营　围绕“份额”为核心，补齐“网络”和“服务”两大短板，立足渠道转型、宽带突破、政企提升三大举措，全力推动公司转型升级。年内，运用大数据微营销平台促量增效，巩固移动市场优势，推动渠道转型。重点攻坚家庭市场，提升数字家庭发展能力，有线宽带用户规模持续扩大。持续强化政府、酒店、互联网、教育等重点行业的拓展，致力推动5G、专线、移动云、IDC等产品融入百业；陆续签约海口市疾控中心政务云、美兰人民街道办智慧社区、海南国际知识产权交易中心互联网数据中心等多个信息化项目，把握数字化、网络化、智能化融合发展的契机，以信息化、智能化为杠杆培育新动能。

信息化建设　海口移动公司聚焦战略业务转型，优化资源配置，在多领域开展信息合作，同时积极参与社会民生建设。积极响应政务电子化转型需求，为海口市政府党政机关信息化系统提供云计算服务；发挥网络资源优势，牵头建设中共海口市美兰区政法委雪亮工程项目，为大致坡、灵山、演丰、三江镇等区域搭建视频监控网络，有效提升当地治安防范管理手段；为社区戒毒、社区康复人员办理近2800部专用工作手机，在社区戒毒康复服务管理工作中发挥良好作用；以“物联网＋水务”模式助力农村污水项目远程管理试点工作，提升农污处理信息化水平；推动落实警务通、智慧社区等项目的建设，为执勤民警交通违规管理及社区网格智能化管理提供有力保障；以5G合作为嵌入点，结合行业转型升级契机，与《海南日报》报业集团共同成立5G融媒体联合创新实验室，为旗下南海网提供数据迁云，成功打造全省首家融媒云案例，实现行业破冰，助力传媒行业信息化转型。

移动通信保障情况　强化省市协同，提升应急保障能力，有效完成“风神”“杜鹃”等台风应急保障工作。完成五源河跨年演唱会、冬季交易博览会、观澜湖音乐节等71场重要活动及节假日的网络保障任务；完成新建基站超100个，扩容基站近700个，开通应急车辆近65次。保障期间，累计投入保障人员近420人次，完成近500站次的巡检，各项活动会议期间保障工作效果良好。

（袁昭宇）

【联通通信】2019年，中国联合网络通信有限公司海口市分公司（简称“海口联通”）坚持以优质的4G网络和丰富多彩的“互联网＋”行业应用产品服务于市民，在云计算、大数据、物联网等创新领域实现较大突破。至年末，共有服务网点1044家，其中营业厅13家、合作营业厅13家、专营店180家、代理点53家、便民点785家，形成覆盖全市范围的服务网点，同时通过10010客服热线、网上营业厅、手机营业厅、微信等互联网新型服务渠道，为用户搭建立体化的营业及服务网络。

基础设施建设　新建4G网基站311个，扩容站点125个；基站光缆建设共51段，总长43.45皮长公里，其中直埋光缆长度2.46皮长公里，管道光缆长度25.84皮长公里，架空吊挂光缆15.15皮长公里。固网通信设施主要由接入网机房、主干光缆、EPON设备、交接箱等节点组成，全年新建75个小区BTO，共开通FTTH端口9456个。

网络建设　继续推进4G精品网络建设，至年底，共有3G基站2301个，4G基站2115个，5G基站37个，形成覆盖全市的4G高速网络，完成高校、绕城高速、环岛高速、海秀快速路、环岛高铁、AAAA级以上景区、星级酒店、重点商业区等重点区域的网络优化、升级。持续开展光改及光纤网络建设工作，实现光纤网络接入2943个小区、社区，建成52.7万个百兆互联网宽带接入端口。

创新业务　全面落实“互联网＋”行动计划，在云计算、大数据、物联网等创新领域寻求突破，聚焦八大热点行业推进产业互联网发展，为媒体运营商、设备制造商、专用通信网及政府机关、企事业单位的通信网络提供技术服务，如“海口市政府12345短信服务平台项目”“海口市公共WIFI项目”“海口市热点区域人流热力图大数据项目”等，提升集团政企客户通信信息服务感知。

（梁　翩）

（编辑：吴坤涛　蒋　伊）

宏观经济调控

【概况】2019 年，海口市地区生产总值完成 1671.92 亿元，比上年增长 7.5%。其中，第一产业增加值 71.18 亿元，下降 1.4%；第二产业增加值 275.99 亿元，增长 3.6%；第三产业增加值 1324.75 亿元，增长 8.8%。三次产业比例 4.3：16.5：79.2，较上年的三次产业比例 4.2：18.3：77.5 看，第三产业在互联网、文体、物流等服务业带动下，GDP 占比进一步提升。

【政府投资项目计划编制】2019 年，为贯彻落实党的十九大、习近平总书记“4·13”重要讲话、中央 12 号文件精神，海口市结合中国（海南）自由贸易试验区总体方案“三区一中心”的重大战略定位，围绕“双港驱动”、江东新区、“海澄文”一体化等重点，高标准、高规格梳理一批补短板、惠民生、促发展的项目，按“保续建、促新建、备前期”轻重缓急的原则，分门别类编制形成 2019 年政府投资项目计划 639 个，包括政府投资代建制项目计划、政府和社会资本合作（PPP）项目计划和政府投资前期项目计划等，年度计划投资 274.59 亿元。

【固定资产投资】2019 年，海口市固定资产投资 1110.9 亿元，比上年下降 15.4%，占全省比重 34.6%。其中，基础设施建设占比下降4.7 个百分点。生产性项目完成投资占固定资产投资比重 35.5%，比上年降低 23.5 个百分点。按辖区划分，秀英区完成投资下降 10.9%，龙华区完成投资下降 3.1%，琼山区完成投资下降 6.4%，美兰区完成投资下降 30%，海口综合保税区完成投资下降 13.38%，海口高新区完成投资下降 41.2%，海口桂林洋经济开发区完成投资增长21.7%。全市施工项目个数增长 12.2%，其中年内新开工项目下降 4.8%。

三次产业投资结构　海口市三次产业投资结构比为 0.3：9.8：89.9。第一产业完成投资下降 45.9%；第二

2019 年海口市分产业（行业）固定资产投资完成情况统计表

表 15

产业（行业）名称	比上年增长（%）
固定资产投资总额	-15.4
第一产业	-45.9
农林牧渔业	-45.9
第二产业	11.2
采矿业	14.6
制造业	-8.9
电力、燃气及水的生产和供应业	30.3
建筑业	-57.5
第三产业	-17.4
交通运输、仓储和邮政业	-71.7
信息传输计算机输服务和软件业	-19.4
批发和零售业	-57.3
住宿和餐饮业	-9.3
金融业	543.4
房地产业	-14.8
租赁和商务服务业	189.4
科学研究技术服务和地质勘查业	-33.4
水利环境和公共设施管理业	13.6
居民服务和其他服务	2453.9
教育	-11.2
卫生、社会保障和社会福利业	-7.6
文化、体育和娱乐业	-48.9
公共管理和社会组织	-2.8

产业完成投资增长 11.2%，其中琼山区镇域污水处理厂及配套管网工程项目、椰树集团狮子岭椰子汁饮料及保健产品生产基地等新建扩建项目进展顺利，中国海洋石油集团有限公司 2018 年国内自营油气田产能建设项目、光纤预制棒车间技术改造扩建项目有序推进；第三产业完成投资下降 17.4%，其中居民服务和其他服务领域增长较快，增长 2453.9%，高于全市固定资产投资增速 2469.3 个百分点。

基础设施投资　海口市基础设施完成投资下降 29%，占全市固定资产投资比重 24.9%。椰海大道延长线建成通车，三永公路、海榆东线改扩建工程（晋文互通至云龙镇段）、哈罗公学周边配套路网工程等项目加快推进，绕城高速二期、文明东越江通道、海口湾畅通工程（二期—美兰区段）项目、白驹大道改造及东延长线工程、灵桂路工程等项目开工建设。

【项目集中开工】2019 年，海口市继续承办海南自由贸易试验区建设项目“3·18”“5·18”“7·18”“9·18”“11·18”集中开工活动。海口会展工场改建项目、江东新区起步区路网项目、威特低碳制造业产业园等 92 个重大项目开工建设，总投资 793 亿元，占全省集中开工项目投资 26.7%；年内完成投资 171 亿元，占海口市固定资产投资的 15.4%。

【项目审批管理】2019 年，海口市加强项目前期管理，做好项目的可行性研究报告、概（预）算审查，严格项目投资规模审查。对涉及面广且专业跨度较大项目，为确保前期工作质量，按照国家相关政策法规及行业技术规范，审查项目的建设内容、规模、技术方案、投资等内容。全年全市共签署 343 个项目的代（理）建合同，委托可研评估 161 项。年内，做好概预算审查和部门经费及其他费用的复（审）核，共完成审核 173 项，总送审金额 426.11 亿元，审核 333.87 亿元，核减 92.24 亿元，核减率21.65%。

（杨运仪　张　宇　吴楷杨）

【总部经济发展服务】至 2019 年，海口市认定总部企业 24 家，其中综合型（区域型）总部企业 19 家，高成长型总部企业 5 家。7 月 1 日，启动第二批海南省总部企业申报认定工作，有 40 家企业提交申报材料。其中，申报跨国公司地区总部 1 家、综合型第一产业总部 1 家、综合型第二产业总部 4 家、综合型第三产业总部 13 家、高成长型总部 18 家、国际组织机构 3 家；共 7 家企业基本符合认定条件。为引进对海口市产业发展具有重要带动作用的龙头企业，以“一企一策”方式同意认定海南字节跳动科技有限公司为总部企业，并上报省联席办做相应备案手续。加强总部经济管理服务。组建政府招商专家团队。11 月 18 日，海口国际投资促进局成立，主要职责为探索开放型经济发展新机制、新模式、新途径，承担服务总部企业、招商代理、引进外资、区域合作等国际经济促进工作；引进服务行业龙头企业，建立与总部经济相适应的配套服务体系；着力发展与总部经济相适应的现代服务业，大力引入重点项目和行业龙头企业，进一步扩大开放、放宽市场准入，深化行政审批制度改革，最大程度给予市场主体公平竞争的机会，最大限度地让各类企业进得去、施展得开，从而带动发展金融服务、信息技术服务、中介服务，以及由教育培训、会议展览、国际商务、现代物流等组成的专业配套服务，推进服务业与总部经济的良性互动发展，不断提升服务业的规模与能级，逐步提高城市的现代服务业发展水平。已引进普华永道、安永、毕马威等国际知名中介服务机构，为总部企业提供优质的投资管理、咨询、法律、会计、知识产权、人力资源等专业服务。持续优化营商环境，打造有利于总部经济发展的生态链。组织编制《海口市总部经济发展奖励资金申报兑现操作细则》。

（刘美红）

【海洋经济发展推动】2019 年，海口市资规局出台《海口市促进海洋经济创新发展若干规定》，落实自然资源部、财政部支持海口海洋经济创新发展示范城市的工作部署，培育和壮大海洋经济产业。安排两部委专项补助资金 8280 万元，支持海口海洋经济产业链协同创新发展项目 21 个，研发创新产品 328 个，申报专利 185 项，新增品牌 5 个，带动社会新增就业 1492 人，实现税收增收超过 1000 万元。市政府与中国海洋发展基金会签署战略合作协议，8 月 29 日，海口市首个海洋产业集聚区落户海口国家高新区国际科技创新中心世创联创新工场，为海口市第一个海洋产业集聚区，为海洋产业落户海口集群化发展提供平台及政策支持。在授牌仪式上，有国脉海洋信息发展有限公司、海南蓝魅影文化传媒有限公司等 7 家海洋产业企业签约进驻海洋产业集聚区。

（司楠楠）

【推进数字经济发展】2019 年，海口市招商引资实现新突破，成功引进互联网相关产业，落地 12 家企业；全年互联网相关营收约 275 亿元，比上年增长 17%；电信业务量 307.1 亿元，增长 43.3%；开通 5G 基站 448 个，超额完成省下达全年任务的 267%。公共服务一体化平台—“椰城市民云”，被列入中国（海南）自由贸易试验区第四批制度创新案例；海口城市大脑上线服务，犹如高速运转的城市“CPU”，不断提升政府服务效能。

【消费经济促进】2019 年，海口市打造国际化消费平台，鼓励吸引国际邮轮注册，发展国际邮轮和外国游客入境旅游业务。增加机场、港口、大型景区、购物中心货币兑换窗口，引导境外游客使用移动网络支付。加快推进海口国际旅游消费中心城市建设，推进全球消费精品展示中心、国际免税城等项目建设。提升文化旅游消费水平，全年举办明星演唱会不少于 7 场，海口湾演艺中心举办各类演出不少于 150 场，举办海口马拉松等 9 场大型体育赛事活动，推出石山火山风情旅游小镇、演丰红树林风情旅游小镇特色美食、健康养生、文化创意、风情民宿等消费产品。抓好保税文化产业，跟踪对接南海文博园项目。做大海口历史文化和南洋文化消费，进一步挖掘元宵换花、骑楼小吃等内在消费需求。丰富旅游产品供给，引进文旅企业开发文旅项目，推动长影环球100奇幻乐园创建AAAA级旅游景区和观澜湖旅游度假区创建AAAAA级旅游景区，举办海南免税购物节等活动，推出购物优惠券、折扣券等，丰富免税品种，提升免税商品促销力度。拓展消费形态，推动传统夜市、特色美食街转型升级，鼓励有条件的A级景区、高尔夫球场等开设夜场、夜市，打造夜游海口湾等夜游产品，举办消夏节等活动，吸引市民游客夜间出游消费。加快文物单位旅游化改造进程，发展特色低空旅游，鼓励发展文化主题酒店、特色家庭旅馆、共享农庄，支持组建大型餐饮集团和餐饮连锁企业。（陈利君）

国有资产监督管理

【概况】2019年，海口市国有资产监督管理委员会（简称市国资委）履行出资人职责的15户重点企业（三江农场及三江发控公司合并统计）的资产总额为1691.23亿元，较上年末增加5.21%；负债总额1237.45亿元，增加4.89%；所有者权益总额453.78亿元，增加6.07%；归属母公司的所有者权益总额446.43亿元，增加6.15%；资产负债率73.17%，减少0.22个百分点。全年累计实现营业收入36.18亿元，增长11.9%；利润总额2.54亿元，下降33.72%；实现净利润1.26亿元，下降52.87%；上缴税金7.09亿元，增长39.95%。

【国资监管机制创新】2019年，海口市国资委加强国资监管工作，出台《海口市国资委出资企业投资负面清单》，重新梳理《海口市国资委责任清单》，确定市国资委10类49项具体事项和17项事中事后监督管理制度；8月，市委办公室、市政府办公室印发《海口市深化国有企业负责人薪酬制度改革方案》。配合有关部门落实市政府向人大报告国资监管情况，保障市属国企国有资产安全，维护所有者权益，进一步规范企业违规经营投资行为；创新国资监管手段，增强信息化监管的有效性和针对性，根据国资监管信息系统建设规划，加快国资监管信息系统建设，按要求完成系统详细设计方案和系统的研发，年内该系统完成初步验收，正在试运行优化完善阶段。系统运行后可实现国资监管责任清单信息化全覆盖，监管企业次级全覆盖，以资本为核心推进监管信息化，从而实现统一国资委各监管企业信息工作平台以及数据分析平台信息共享。

【国资国企监督管理机制】2019年，海口市制定下发《关于建立健全海口市市属重点国有企业监事会的实施意见》，组织监事会主席和专职监事的招录考试，完成监事会人员考察和任职，7月，“一监多企”工作全面开始实施；制定《海口市市属国有企业负责人经营业绩考核评价及薪酬审核实施办法》和《关于市属企业功能界定与分类的实施方案》，进一步完善海口市国有资产管理体制，充分调动市属国有企业负责人的工作积极性和创造性；以建立健全公司法人治理结构、规范现代企业制度作为工作重点，制定《关于市国有独资公司董事会建设的指导意见》，开展选聘企业外部董事工作调研，启动外部董事选聘方案及外部董事管理办法的制订，为进一步规范市属重点企业董事会的建设，建立更加科学的现代企业制度提供制度保障；制定《海口市市属国有企业领导人员履职待遇、业务支出管理暂行办法》，经市政府专题会议、市政府78次常务会研究通过，并根据会议精神进一步修改完善后提请市委常委会议审议。严格按照“三重一大”决策制度要求制定和规范投资事项的决策程序和流程，避免决策随意性。严格投资审批管理，向各市属重点企业派出5个监事会，将企业对外投资中存在问题予以关注，纳入检查范围，并督促企业抓好整改要求的落实。全年市国资委核准出资企业投资项目18个，涉及金额27.96亿元。加强引进人才与管理。启动千人入库计划，将15家市属企业2278名人才全部入库，大幅度降低企业招聘成本；引进高端人才，市国资系统共引进人才304名，其中高层次人才7名，具有硕士研究学历21名，具有中级职称的人才27名。加强对市属重点企业投资监督管理。

【国有资产处置】2019年，海口市属4家国有企业公开挂牌处置12辆公务用车，评估价8.4万元，成交价16.53万元，增值196.78%。

【国资国企改革】2019年12月，海口市委市政府印发实施《关于进一步深化国资国企改革的实施意见》，对进一步推进市属重点企业混合所有制改革，健全公司法人治理结构，完善现代企业制度等工作作出重要的指导。推动重组整合。市国资委制定《海口市市属国企重组整合方案》，把市属15家重点企业重组整合为若干个大的集团公司，重组整合方案经市政府专题会议研究。启动市属重点企业混合所有制改革，选择市城建集团下属企业监理公司和公交集团维修板块作为混合所有制改革试点，监理公司试点方案上报市政府，维修板块的试点方案还在征求企业意见当中。专项改革扎实有效。7月，市政府出台《海口市属国有企业公司制改制工作实施方案》，全面规范改制工作，年内完成三江农场、燃气集团、保税区建总公司的公司化改制工作；启动市属重点企业的下属二级及以下全民所有制企业开展公司制改制工作。完成市属国有企业公务用车改革，企业运行成本下降54.18%（含港航划转减少的成本）。8月，市委市政府印发实施《海口市深化国有企业负责人薪酬制度改革方案》，进一步健全企业负责人薪酬发放的监督管理、经营业绩和综合考核评价机制；制定《海口市属国有企业负责人经营业绩考核评价及薪酬审核实施办法》，已通过市委深改委审议。推动国有企业“三供一业”（企业的供水、供电、供热和物业管理）移交改造工作，制定下发《海口市国有企业职工家属区“三供一业”分离移交工作实施方案》和“三供一业”维修改造标准，基本完成“三供一业”分离移交工作。加快“僵尸企业”处置，“僵尸企业”出清步伐进一步提速，列入处置范围的共33家，至年底完成7家，正在处置20家。强化国有资产集中统一监管。12月，印发《海口市市属经营性国有资产集中统一监管实施方案》，进一步规范行政事业单位经营性资产的归口运营管理，提升国有资产的使用效率。推进以补民生短板为主深化供给侧结构性改革。市菜篮子集团共建立215个末端销售网点，其中进小区网点有90个；市水务集团主导编制的《海口城区供水安全保障三年行动计划》获市政府批复印发；市公交集团新开通市郊列车接驳等公交线路10条，优化调整线路26条，新建成公交场站7个、面积8.8公顷，开通3条公交专用道示范段，市民和游客出行更加便捷、舒适。强化国资监管方式创新，搭建国有资产监管信息平台。投资330万元建设海口市国资委国有资产监管信息系统，年底完成初步验收。

【国企重点项目推进】2019年，海口市国资系统承担在建的建设项目共232个，项目总投资423.51亿元，累计完成投资173.68亿元，占总投资的41.01%。其中，本年度投资计划144.84亿元，完成投资99.41亿元，占年度投资计划的68.63%。年内，市国资委作为业主单位的海口市民游客中心、海口会展工场改建等4个项目进展顺利，总投资8.34亿元，累计完成投资7.97亿元，占总投资计划的95.56%。资金来源由政府拨付。政府代建的文明东越江通道、白驹大道改造及东延长线、海秀快速路二期等共181个项目，总投资338.19亿元，累计完成投资114.77亿元，占总投资计划的33.93%。其中，本年度投资计划130.09亿元，完成投资85.36亿元，占年度投资计划的65.62%。资金来源由政府拨付。企业在建的自营项目有哈罗公学、金都二期、椰风水韵等共47个项目，总投资计划76.98亿元，累计完成投资50.94亿元，占总投资计划的66.17%。其中，本年度投资计划14.75亿元，完成投资14.05亿元，占年度投资计划的95.25%。资金来源企业自筹。

【服务央企落地海口】2019年，根据海口市委市政府的工作部署，市国资委负责对接央企落地海口的保障服务工作。年内，市国资委为20家落地央企的建设项目、生产经营做好协调服务工作，服务的落地央企完成固定投资11.02亿元，实现营收685.53亿元，税收3.75亿元。（李家志）

【海口市国有资产经营有限公司】2019年，公司资产总额65.02亿元，负债总额42.21亿元，所有者权益22.81亿元，资产负债率64.92%，累计实现营业收入7647.06万元，净利润4212.91万元，上缴税收4666.52万元，上缴托管资产经营收益2508万元。下属全资子公司4家，分别是海口市创新产业投资有限公司、海口市国运置业发展有限公司、海口市财金投资管理有限公司、海口市国运物流投资经营有限公司；重要参股企业6家，分别是海南椰岛集团股份公司、金元证券股份有限公司、海口美安（新海）物流园开发公司、海南产权交易所、海南肿瘤医院、海南世锦文化股份有限公司；其他三级投资参股或市国资委授权管理的企业20家。受托管理130多家改制、关闭、破产国有企业；受市国资委委托管理市水产供销总公司、6家粮油储备企业。有员工80人。

国资国企改革　不断推进改革转型工作，借助外部中介机构完善国有资本运营平台方案。持续进行政府投资平台搭建工作，广泛开展行业尽职调查，充实投资项目库，对重点关注企业尽职调查做好合作准备，并持续推进小微企业股权投资征集工作，同时构建信息共享平台探索合作业务模式。开源增收，开展委贷业务，年内新增委贷6笔，累计开展业务6100万元，累计收回款项5100万元，于11月提前超额完成5000万元年度任务。完成市种子公司企业关闭工作，安置在职和退休职工48人；完成市水务局钻井队事转企和企业关闭工作，安置在职和退休职工62人。

国有资产运营管理　在行政事业单位资产方面，对接资产移交单位8家，新增移交资产25宗。完成4批次经营性资产挂牌工作，涉及承租户26人，招租房产面积3745平方米，通过公开挂牌招租，租金收入435万元，比上年增长240%，实现国有资产保值增值。签订租赁合同45份，其中挂牌合同27份、转租合同13份、协议出租合同5份，租金收入4454.1万元，增长26.44%，上缴税收1400万元。在企业经营性资产方面，完成3批次资产挂牌工作，招租房产面积2034.79平方米；签订租赁合同31份，租金收入1549.09万元，上缴税收232万元。

参股企业及投资项目管理　持续关注海南椰岛股权终止转让窗口期的经营动态和重大工作事项，继续加强对海南椰岛经营困境的关注和管理，依法维护国有股东权利。加快推进到期投资项目的清理工作。调查研究海口市体育馆在产权移交、土地过户、股东出资等方面遗留问题，并上报市国资委，为下一步招商引资项目做好基础性工作；对创投平台的海南英利、波恩钒电池、全星制药等6个到期股权或债权项目，以法律程序、协调磋商推动股权回购等多种手段，加快项目清理工作；加强政府扶持平台服务业项目的投后管理，多举措争取按时回购实现投资退出，协助肿瘤医院增资扩股，完成1350万元投资收益催收；推进农业产业扶贫项目盘活工作。

配合政府完成重点工作　配合省市战略布局，完成为中海油海南区域总部落户海口提供办公用房工作。为贯彻落实省委、省政府部署的“百万人才进海南行动计划”，按照市政府安排，完成收购海航首府双语学校项目配套教师楼180套房及地下车位，为急需紧缺人才引进提供住房保障。受市财政局委托完成海口市45家非参公事业单位251台公务车辆处置及车辆过户等工作。承担解决换地权益书历史遗留问题市场对接工作，自筹资金3000万元收购海南联合资产管理公司及下属公司的7宗价值4289.58万元换地权益书。配合办理红旗中心镇建设项目（一期）A-09地块土地溢价款拨付工作，按市政府要求代拟涉及项目代建单位及土地溢价款收款单位变更的补充合同。做好粮食储备管理及员工稳定工作，借资1198万元帮助下属粮企解决市级储备粮补库资金缺口、职工工资社保缴纳、粮仓改造及日常运营等问题；清理7家粮企拖欠的中小民营企业工程款439.55万元，涉及12家中小民营企业的14项工程；完成三江粮库和甲子粮库的机构、库区、储粮任务、人员等整合工作，7家粮企整合为6家，注册成立海口市军粮配送公司；完成省粮食与物资储备局下达的粮油储备任务。

自营项目　“滨江名苑”开盘销售，累计成交107套，成交面积8669.97平方米，成交金额1.25亿元。完成民生工程长秀市场项目的可研报告、项目报建文本编制等，并上报主管部门。（林怀宇）

自然资源管理

【概况】2019年海口市机构改革，将市规划局、市国土资源局的职责，市农业局、市林业局、市水务局的自然资源调查和确权登记管理职责，市海洋和渔业局的海洋经济、海洋自然资源调查和确权登记管理等职责整合，组建市自然资源和规划局（简称“市资规局”），作为市政府工作部门，加挂市海洋局、市测绘地理信息局牌子，不再保留市规划委员会、市国土资源局、市海洋和渔业局。内设21个正科级机构，在4个区设4个分局，为副处级派出机构；4个分局共设22个管理所，为正科级派出机构；下属9个事业单位，其中包括市国土资源执法监察局、市规划编制审查办公室2个副处级参公单位，市土地储备整理中心、市国土资源信息化建设与宣教管理中心2个副处级事业单位，市土地交易中心、市不动产登记中心、市土地测绘院、市规划勘测测绘服务中心、市规划信息资料服务中心5个正科级事业单位。

年内，市资规局不断提升自然资源要素保障能力，严格落实耕地保护责任，强化自然资源执法监管，全面推进农村土地制度等自然资源重点领域改革，提升生态保护治理能力，夯实自然资源管理基础，培育和发展“蓝色经济”，保障全市经济高质量发展。

【土地储备】2019年，海口市政府修订《海口市土地储备办法》，开展储备地数据库的升级改造，初步构建新储备地管理系统。全年收储入库土地70宗1135.01公顷，办理出库96宗300.87公顷。发现并制止违占储备地9宗，完成储备地清场13.93公顷。办理储备地解押约372.53公顷。

【土地交易与评估】2019年，海口市资规局扎实开展土地挂牌工作，保障省市重点项目落地需求。至年底，全市完成土地挂牌72宗，其中工业用地16宗、商业用地56宗，成交面积287.87万平方米，成交金额147.75亿元。落实棚改项目地价评估工作，确保在时间节点内提供评估成果。全年召开专家评审会72次，地价评审会13次，评估备案625宗，按时完成江东国际社区、江东CBD总部项目等土地挂牌评估及重点项目评估工作。

【地价管理】2019年，海口市开展新一轮基准地价更新工作，开展对城镇基准地价、集体建设用地土地定级及基准地价、集体农用地土地定级及基准地价等地价体系的编制评估工作，建立健全政府自然资源价格体系。认真做好地价动态监测工作并完成全年地价动态监测报告。

【土地征用】2019年，海口市发布征地项目公告58个，总用地规模489.33公顷，超额完成年度征收任务（原计划400公顷）。其中，秀英区8个，面积74.47公顷，占比15.22%；龙华区10个，面积13.67公顷，占比2.79%；琼山区13个，230.46公顷，占比47.10%；美兰区27个，面积170.73公顷，占比34.89%。

【土地供应】2019年，海口市资规局供应国有建设用地105宗450.67公顷，其中棚改项目25宗53.09公顷，产业项目16宗100.48公顷，基础设施12宗16.55公顷，其他类项目52宗公顷280.55公顷。出让67宗257.02公顷，划拨38宗193.6公顷。实现土地收益217.32亿元，其中土地出让金174.9亿元，划拨成本费41.1亿元，其他收入1.32亿元。

【闲置土地清理处置】2019年，海口市资规局处置闲置土地209宗1193.33公顷，促进动工开发146宗423.47公顷，收回59宗698.4公顷，收回用于土地复垦14宗629.53公顷。至年底，共收回用于土地复垦1112.4公顷，征缴闲置费4宗72.29公顷4842.49万元。

【地籍管理】2019年，海口市资规局办理土地所有权、使用权变更登记、土地确权业务73宗；根据《海口市人民政府关于农村存量空闲集体建设用地登记的指导意见（试行）》，组织召开动员培训会，统筹推进空闲地审批登记工作；加快农垦遗留问题土地确权工作，完成农垦土地确权3宗，土地划转变更登记8宗，作价出资3宗；推进省级重点项目海口绕城公路琼山段跨区土地纠纷调处，完成17宗跨区争议地的调处。

【自然资源确权】2019年，海口市资规局启动自然资源统一确权登记工作，制订试点工作方案，开展项目招投标工作，与技术服务单位签订服务合同，并完成基础资料收集及整理工作。

【重点项目用地服务】2019年，海口市资规局完成绕城公路二期、文明东越江通道等43个项目用地预审，保障省委党校新校区、未来产业园、兖矿集团、江东金融中心、“一校两园”、顺丰生鲜港等56个项目的土地供应。

【不动产登记】2019年，海口市资规局开展不动产登记，实行“一窗受理、集成服务”，全年受理1.04万件；延伸登记服务范围，与6家银行网点签约，选取甲子镇作为试点，将不动产登记网点延伸至乡镇；开展上门服务44次；设立实体经济企业专窗，专人跟踪办理32宗；开发企业客户端，有121家企业申请；实现不动产登记费用线上支付并试行线上换证业务。全年颁发不动产权证书17万本、不动产登记证明9.7万份，分别比上年增长17.24%、11.49%，自助查询房屋信息12.7万件。

【国土调查】2019年，海口市资规局根据《国务院关于开展第三次全国土地调查的通知》要求，扎实推进海口市第三次国土调查工作。至年底，内业核查成果全部合格，顺利通过国家级核查，差错率均低于1%，位居全省前列，并根据国家的整改要求，完成内业整改上报国家三调办。

【农村土地制度改革试点】2019年，海口市资规局开展农村宅基地和经营性集体建设用地以及房地一体确权登记试点工作，完成25个村共353户登记发证，为农民增加财产性收入提供产权保障。组织实施《海口市统筹推进农村土地制度改革试点工作实施方案》，大胆试，自主改，推动儒教村首个整村土地征收试点，瑶城村闲置集体土地和空闲农房盘活利用项目主体工程完工。

【土地测绘】2019年，海口市资规局完成省外测绘单位在海口的项目登记备案11宗；做好测绘成果使用申请初审12宗；协助开展151家测绘资质单位的科技信息数据统计；完成测绘资质巡查和测绘成果质量检查30宗；核查151家海口市测绘资质单位的年度报告；完成22家丙、丁测绘资质单位及大宗保密数据用户单位保密检查；完成草拟稿《关于开放农宅报建测绘服务的实施方案》。

【矿产资源管理】2019年，海口市出让玄武岩采矿权1宗，储量291.9万立方米，成交价款1.36亿元，有效保障重大基础设施项目砂石料的市场需求。指导市城建集团有限公司对海口市工程项目用地范围内不用于工程建设的砂石料进行统一管理处置。

【海域管理】2019年，海口市资规局组织实施《海口市海岸带保护与利用规划实施方案》，启动《海口市海岸带保护与利用规划》编制。完成南海明珠大桥（临时栈桥）项目、东海岸海洋牧场示范基地项目、海口湾畅通工程一期（美兰区和龙华区示范段）项目海域使用权审批，批准用海域面积54.37公顷。征收海域使用费225.92万元。

【地质灾害防治】2019年，海口市开展主城区地质灾害危险性评估项目前期工作。汛期期间，指导、督促有关单位和矿山企业做好防汛工作，指导各分局加强辖区矿山、地灾隐患点、积水点和废弃矿坑等巡查检查。加强矿山安全生产工作，组织矿山安全生产培训会议5次，指导、督促各分局加强矿山安全生产检查工作。

【土地执法监察】2019年，海口市资规局加强2018年度土地卫片执法督导检查，至年底，全市1930宗违法图斑整改到位1695宗，完成率87.82%。开展违建别墅清查整治专项行动，图斑中265个别墅类项目完成整改172宗，完成率65%。推进土地例行督察整改，844个问题完成整改796个，完成率94.3%。开展打击非法采砂专项整治工作，立案查处26宗，结案23宗。14件中央环保督察举报件全部办结。国家海洋专项督察整改涉及海口的27项整改措施，落实22项，其他5项达到时序进度。（司楠楠）

公共资源交易管理

【概况】2019年，海口市公共资源交易中心交易平台完成公共资源交易项目841个，交易金额415.22亿元。其中，政府采购项目287个，交易金额25.39亿元，节约资金0.94亿元，节约率3.57%；工程建设项目交易完成554个，交易金额389.83亿元，节约资金5.99亿元，中标下浮率1.51%。

【交易便民服务】2019年，海口市公共资源交易中心围绕“便民、高效”的工作主线，以“放管服”为依托，以优化营商环境为工作要求，不断优化网上办事流程，上线运行网上报名系统、专家随机抽取系统等，实现受理登记、信息发布、投标报名、专家抽取、现场监督、中标公示、保证金收退、获取招标文件、资料存档等全程电子化运行。全面推进信息化建设，打造更加透明、规范、高效、廉洁的公共资源交易环境，即时公开交易公告、资格审查结果、成交信息、中标候选人公示等交易信息，做到应公开尽公开，以政务信息公开推动精细化服务。

【公共资源交易规章制度建设】2019年，海口市公共资源交易中心注重交易规章制度建设，制定《海口市公共资源交易中心开标评标服务工作制度》，重新梳理《外带专家抽取服务（暂行）规定》《投标保证金收退管理办法》《投标保证金退付工作流程》《集中采购流程服务清单》等制度，做到“工作有程序，程序有控制，控制有标准”。（谭斌）

财政

【财政收入】2019年，海口市完成地方一般公共预算收入185.34亿元，为预算100.1%，比上年增长9.1%；加上债务转贷收入25.2亿元和转移性收入163.9亿元，收入总计374.5亿元。市本级完成地方一般公共预算收入114.9亿元，为预算的105.7%，增长15.2%；加上债务转贷收入25.2亿元和转移性收入186.3亿元，收入总计326.4亿元。

【财政支出】2019年，海口市完成地方一般公共预算支出265.86亿元，为预算的101%，比上年增长11.3%；加上债务还本支出31.5亿元和转移性支出73.8亿元，支出总计370.5亿元；收支相抵，年终结余结转4亿元。市本级完成地方一般公共预算支出154.9亿元，为预算的102.2%，增长10.8%；加上债务支出31.5亿元和转移性支出136.2亿元，支出总计322.6亿元；收支相抵，年终结余结转3.8亿元。

【民生保障支出】2019年，海口市贯彻以人民为中心的发展思想，持续加大民生领域投入。全市一般公共预算中用于民生支出186亿元，占比70.2%。在落实好教育、文化、卫生、社会保障和就业等民生政策的基础上，集中资金保重点、补短板。

全力推进脱贫攻坚。全年拨付6341万元专项用于扶贫工作。资金助推产业发展，扶贫资金投入产业比例50%以上。转变补贴方式，将财政资金由过去的直接补贴种植户的方式，转向投入营销和品牌宣传环节，提升海口农产品的核心价值和知名度。规范扶贫资金使用程序，实现扶贫资金动态化监控。开展扶贫资金专项监督检查并建立各区日常监督管理长效机制，加强扶贫资金项目常态化监管。年内，海口市财政专项扶贫资金绩效工作全省排名第一，获得省级奖励1100万元；市财政局农业农村科被人社部和财政部授予“全国财政系统先进集体”荣誉称号。

支持教育优先发展。全年教育支出41.2亿元。拨付5.8亿元，继续改善办学条件，扩大教育资源供给，开展“一校两园”计划。拨付2.73亿元，完善城乡义务教育经费保障机制，提高义务教育办学质量及城乡覆盖。拨付9831.6万元，继续实施现代职业教育质量提升计划，对中职学校实现全面免学费补助，发放国家助学金和优秀学生奖学金等。拨付5097.7万元，用于普惠性民办幼儿园奖补及残疾幼儿、经济困难幼儿生活补助，将普惠性民办幼儿园在园幼儿比例提升到30%以上，幼儿生活补助标准由每人每年750元提高到每人每年1300元。

坚持健康海口战略。全年卫生健康支出25.6亿元。拨付5.6亿元，全面落实医保政策，保障45.3万人参加城镇居民医保、59.7万人参加新农合保险。拨付1.09亿元，加大公立医院与外省合作投入力度，引进国内外优质医疗资源，继续加强与上海六院海口医院（海口市骨科和糖尿病医院）、岳阳医院、华山医院等医院的合作。拨付1.35亿元，保障全市常住人口227.21万人基本医疗和基本公共卫生服务，免费为辖区常住居民（指居住半年以上的户籍及非户籍居民）提供基本医疗和基本公共卫生服务。拨付3212万元，用于改善目前药品供应保障体系，保障人民群众安全用药。拨付1978万元，用于巩固取消药品加成成果，基层群众“看病难，看病贵”进一步缓解。拨付2149万元，用于登革热疫情防控，有效抑制疫情扩散。

完善社会保障体系。全年社会保障和就业支出29.3亿元。拨付2.68亿元，用于城乡居民养老保险补助。拨付6591万元，用于企业养老保险基金补助。拨付4840.4万元，用于就业社保补贴、公益性岗位补贴等各项就业补助，全市城镇新增就业3.65万人。拨付7555.7万元，用于发放城乡低保补助，实现应保尽保。拨付4215.2万元，用于发放残疾人补贴。拨付1063万元，提高孤儿基本生活最低养育标准和困境儿童生活补贴标准。拨付1422.1万元，用于城乡居民、城镇居民医疗保险缴费，医保参保45.3万人。

【城市生活品质提升支出】2019年，海口市城乡社区支出29.4亿元。拨付6.1亿元，用于公交企业综合补贴，全市公交线网规模为145条，公交线路总里程3291.5千米。拨付18.1亿元，建设海口湾畅通工程、海口人民剧场、海南国际会展中心、五源河文体中心，满足市民文体生活需求。拨付2.7亿元，用于城际快线列车运营及市政配套设施建设，海口迈入“城铁时代”。拨付5972.8万元，及时做好市政设施、路网的排水防涝建设。拨付3525万元，拆除违法建筑65.78万平方米，全面规范全市城乡规划建设。

【生态建设支出】2019年，海口市节能环保支出5.9亿元，用于推进生态环境建设。提升污水处理能力，拨付3.4亿元，用于镇域污水治理、农村生活污水治理、白沙门污水处理厂（二期）除臭升级改造、金沙湾污水提升泵站、药谷片区污水管道改造等工程。做好生态环境治理，拨付3115.3万元，用于生态系统生产总值（GEP）核算体系建设、区域空间生态环境评价、老旧车淘汰和污染治理、饮用水水源地保护、环境监测体系建设等工作。全市空气质量继续保持一流水平，水环境质量总体良好，近岸海域水质达标率100%，主要江河、湖库水质总体良好。抓好生态资源保护，拨付2298万元，用于支持生态修复工作，提升红树林湿地生态系统功能，建设五源河国家湿地公园，持续推进国际湿地城市建设。

【“三农”发展支出】2019年，海口市农林水财政支出21.9亿元。拨付1.5亿元用于应对非洲猪瘟疫情，开展宣传引导、疫情排查及处置、应急物资补充、检测实验室建设等工作，有效控制疫情。拨付6598万元，支持蔬菜常态储备及动态储备工作，保持价格总水平基本稳定。拨付5150万元，补贴夏秋季叶菜种植和菜篮子基地建设，新增无公害产地认定247.2公顷。拨付3800万元，扶持农业龙头企业，省级农业龙头企业增加至45家，占全省1/4；推出火山石斛、云龙淮山等十大农业品牌，永兴黄皮、荔枝获得国家地理标志认证。拨付1736万元，用于瓜果菜等农产品安全性检测，检测抽样合格率98%。拨付3466.1万元，改造农村卫生厕所18万户，覆盖率99.4%。拨付1155万元，用于农民小额贷款贴息及小额信贷风险补偿，为促进金融机构服务“三农”提供信贷资金支持。

【城市建设资金投入】2019年，海口市财政局拨付30.3亿元，用于棚户区改造。拨付4911万元，用于白沙坊、红城湖片区等棚户区改造项目的周边路网等配套基础设施建设。拨付4641.7万元，用于政府组织实施的公共租赁住房项目。拨付1634.5万元，向城镇中低收入家庭发放公共租赁住房补贴，惠及4123人次。拨付959.9万元，全面完成2019年农村危房改造任务。

【财政预算管理】2019年，海口市财政局坚持从严从紧、有保有压的原则，优化支出结构。统筹资金保障全市重点工作，服务重大决策事项，加大教育、医疗卫生、社会保障和就业等重要民生事项的保障力度。全年全市一般公共预算中民生支出186亿元，占比70.2%；持续推进“厉行节约”，一般性支出压减10%以上，“三公”经费压减3%以上。

【财政资金使用管理】2019年，海口市不断推进国库集中支付制度。全市累计1008个单位参加国库集中支付制度改革，占预算单位总数99.21%；市区县预算财政支出中通过国库集中支付占本级预算财政支出84.68%；22个乡镇全部纳入国库集中支付改革范围；公务卡结算制度得到有效落实，发卡量、使用率逐年上升，全市预算单位累计发放公务卡3.41万张。

【公务支出管理】2019年，海口市继续从严控制一般性支出，树立“过紧日子”思想，坚持有保有压，优先保障重点支出。由于上年底海口市公安局购置执法执勤车辆并于2019年初结算支出“公务用车购置费”1079.8万元，全市“三公”经费支出6211.7万元，比上年增长4.9%；剔除该项因素后，全市“三公”经费支出5131.9万元，下降13.4%。

【国库监管】2019年，海口市财政资金监控系统触发预警阀值1.18万笔，总金额543.58万元，涉及预算部门（单位）291家；主动灭灯9970笔，金额228.92万元；被动灭灯1809笔，金额314.66万元。其中，红灯预警2379笔，金额498.45万元，涉及预算单位163家，占预警总笔数20.19%，日均约9.11笔，比上年增加96.44%；黄灯预警3269笔，金额4.72万元，减少24.64%；蓝灯预警6131笔，金额40.4万元，减少9.45%。红灯预警增加主要表现在化整为零资金支付监控点，年内各单位的项目资金分期付款、同类资金支付、资金支付同一家单位都会造成红灯预警。

【国有资产收益管理】2019年，海口市本级行政事业单位经营性国有资产共116宗，涉及土地面积4.6万平方米、房产面积13.6万平方米，租金收入4190万元，比上年增长9.34%。

【非税收入管理】2019年，海口市市本级非税收入完成266.29亿元，比上年增长16.6%。其中，政府性基金收入243.33亿元，增长15.1%，主要原因是土地出让收入大幅度增加；专项收入12.6亿元，增长9.8%，主要原因是城市基础设施配套费收入增加，相应计提的水利建设资金增加；行政事业性收费收入2.25亿元，下降17%，原因是受减税降费政策影响，公安、自然资源行政事业性收费大幅下降；罚没收入1.77亿元，增长108.2%，原因是公安罚没收入大幅度增加；国有资本经营收入0.52亿元，下降21.9%，原因是产权转让收入增加；国有资源（资产）有偿使用收入3.41亿元，增长114.5%，主要原因是土地出让金收入增加，资规部门土地出让金保证金专户缴交的其他利息收入增加；其他收入2.41亿元，增长100%，主要是一次性非税收入。

【彩票管理】2019年，海口市彩票管理中心开展彩票监督检查行动。彩票中心监管人员按区域划分范围分段分组每天巡查彩票市场，共出动1745人次，检查4个区乡镇、街道所有“两彩”投注站、“快2”销售厅、飞鱼、体彩乐吧，及时将“两彩”投注站兼卖非法彩票线索13条报送省彩票管理中心及辖区公安分局。通过派发宣传单、发送宣传资料、宣传品以及19条线路350台公交车全天循环播出彩票公益宣传片等方式宣传，进一步提高公益彩票的社会认知度，普及私彩违法的意识，推动海口市彩票市场健康发展。年内，海口市福利彩票电脑型投注站点有496个，高频销售厅9个，全年销售额5.56亿元；体育彩票电脑型投注站点606个，高频销售厅13个，全年销售额3.43亿元。

【“政保贷”业务】2019年，海口市政

府通过搭建三方合作“政保贷”平台，创新小微企业融资模式，降低企业融资门槛和融资成本，解决小微企业的融资难、融资贵问题。7月28日，出台《海口市政府扶持小微企业助保金管理办法》，相较之前颁布的办法在代偿比例、贷款额度、贷款期限、申退时间、风险防范、执行期限等方面进行优化。

【预算支出绩效考核】2019年，海口市预算项目绩效目标编报及事中跟踪、部门整体支出绩效评价和预算单位绩效自评实现标准内全覆盖。其中，纳入预算项目绩效目标编报管理的100万元以上项目477个；部门整体支出绩效评价数量80家，覆盖全市所有一级预算部门（保密部门除外）；预算单位2018年项目支出绩效自评和2019年预算项目绩效跟踪监控也实现全覆盖；全市65个扶贫项目全部纳入财政扶贫资金动态监控平台，“花钱必问效”的责任契约机制逐步形成。全年全市完成9个重点民生、重点财政政策支出项目的绩效评价，涉及资金9.42亿元。

【政府采购】2019年，海口市继续推动政府采购电商化改革。利用海南省政府采购网上商城的高效率、低成本和透明化3个优势，将集中采购目录中的协议供货产品推向政府采购网上商城购买，打造互联网+政府采购的新业态，实现“市场可买、价格可比、便捷高效、公开透明”。年内，海口市政府采购网上商城交易5463笔，金额9567.54万元，节约资金1272.85万元，节约率11.74%。进一步优化简化政府采购流程，政府采购的采购计划模块实现单位送审采购计划系统自动备案，提高采购效率。

【PPP项目管理】2019年，为进一步规范PPP项目运作，根据财政部《关于推进政府和社会资本合作规范发展的实施意见》及财政厅《转发财政部关于推进政府和社会资本合作规范发展的实施意见的函》等文件精神，海口市委托专业咨询机构，借助专家团队专业力量，对市本级纳入隐性债务系统的39个PPP项目（总投资约473.16亿）进行合规性审查并出具审查报告。 （董笑然）

税务

【概况】2019年，海口市税务局推进落实税源专业化管理，突出行业管理和风险管理，提升税源掌控力，确保收入均衡入库。全年组织税收收入458.6亿元，比上年增长5.5%。其中，地方级收入253.4亿元，增长8.1%；市级收入158.1亿元，增长5%。全年国内增值税、土地增值税比上年增收超10亿元，两税种合计入库236.1亿元，占整体税收收入的51.5%，对整体税收贡献率114.3%，拉动整体税收增长6.3个百分点。“无税不申报”和容缺办税服务2项制度创新入选中国（海南）自由贸易试验区制度创新案例，为全国其他自贸区提供可复制、可推广的海南方案。

【社保费和非税收入征缴】2019年，海口市政府印发《社会保险费和非税收入征管职责划转工作部门沟通协调机制》，市税务局加强与人社局、财政局的沟通协调，承接残疾人就业保障金等9项非税收入项目、机关事业单位养老保险和城乡居民两险的征收工作，实现社保费和非税收入征管职责平稳划转。年内，市税务局稳定缴费方式、优化缴费服务，完成城乡居民两险征缴任务必达95%的目标和社保费各险种预算收入任务，非税项目收入平稳增长。全年组织各项规费收入196.3亿元，比上年增长25.8%，增收40.2亿元。

【减税降费政策全面落实】2019年，海口市税务局推进减税降费各项工作。健全组织领导体系，推动成立以分管副市长为组长，财政、审计、医保、人社等部门参与的减税降费工作领导小组，形成政府主导、部门合作、内部联动、社会协同的良好局面。抓好政策落细落实，推进小微企业普惠性税收减免、深化增值税改革、降低社会保险费率、个人所得税改革等减税降费政策落实。创新宣传辅导举措，搭建“传统媒体+新媒体”模式，采取“线上+线下”“分散+集中”的方式推进培训，点对点精准“滴灌”纳税人，累计培训辅导纳税人130.98万户次。全年落实减税降费政策共减免税费57.39亿元，其中税收减免46.91亿元，税务部门征收社会保险费和非税收入减免10.48亿元。

【税收执法方式规范】2019年，海口市税务局统筹落实行政执法“三项制度”。制定《国家税务总局海口市税务局“双随机 一公开”工作实施办法（试行）》，组建法制科室、公职律师和外聘法律顾问相结合的3大法律支持团队。优化案件审理机制，加快案件审理进度，全年办理行政复议案件4件，行政诉讼案件17件。持续推进内控机制建设，实现风险源头防控、纠错提前介入、操作全程留痕和

单位：万元

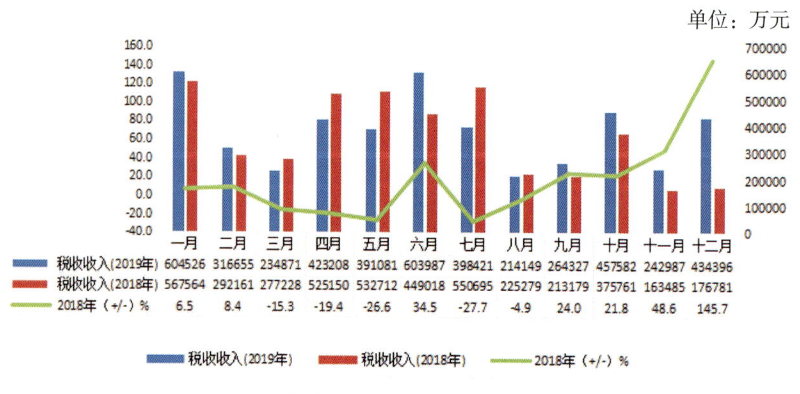

	一月	二月	三月	四月	五月	六月	七月	八月	九月	十月	十一月	十二月
税收收入(2019年)	604526	316655	234871	423208	391081	603987	398421	214149	264327	457582	242987	434396
税收收入(2018年)	567564	292161	277228	525150	532712	449018	550695	225279	213179	375761	163485	176781
2018年（+/-）%	6.5	8.4	-15.3	-19.4	-26.6	34.5	-27.7	-4.9	24.0	21.8	48.6	145.7

2019年海口市税收收入示意图

过错实时追究。全年利用内控平台做好税收执法责任制考核，确认税务机关执法过错480条，按税收执法责任制追究17人次。

【发票风险防控】2019年，海口市税务局建立健全“货物和劳务税科—信息中心—税收风险管理局—税源管理岗”4层发票风险管控机制和增值税发票快速反应机制。全年接收国家税务总局下发的发票快速风险任务户数6户，在全省占比比上年下降87.76%。开展电子发票第三方平台乱收费专项整治，“一对一、面对面”约谈第三方平台，取消不符合规定的收费。上线增值税电子发票公共服务平台，累计开具电子发票60份、增值税普通发票217份，最大限度杜绝第三方平台“搭车收费”等现象。

【税收制度创新】2019年7月1日，海口市税务局在全省率先试点推广“无税不申报”制度。“无税不申报”税（费）种范围包括增值税和消费税及其附加税费等17个税（费）种，纳税人需同时满足当期无应税收入或计税依据为零等3个条件。该项制度在全国率先明确适用纳税人范围，改变以往纳税人即使未发生法定纳税义务也要按期零申报的做法，惠及海口市6万户纳税人，优化税务征管力量配置。推行更广泛的容缺办税服务。对7大类203小类524项涉税资料实行容缺办理，其中324项资料直接留存备查，降低办税门槛。“无税不申报”和容缺办税服务两项制度创新均入选中国（海南）自由贸易试验区制度创新案例。

【税收征管模式改革】2019年，海口市税务局在全省首推个体户分类分级管理试点，建设税管员工作管理平台，打造分事项清单式团队管理，划分为欠税追缴组、基础管理组、复杂事项组和风险应对组四大类，以事项为中心，因事设岗配人。此举将税管员从全职能保姆式管理中解放，将有限的征管资源配置于税收风险防控工作中，推动落实从“管户”向“管事”的转变。

2019年，海口市税务局开辟“自助办税”阵地，自助办税厅辐射国贸、世贸、海甸岛等重点商圈提供7乘24小时全天候标准化自助服务　（市税务局 供）

【纳税服务】2019年，海口市税务局持续优化纳税服务工作。精简资料，在国家税务总局关于取消20项税务证明基础上，对报告、发票、证明、申报、备案5大类48小类441小项业务涉税资料精简“瘦身”。错峰预约，主动推广“椰城市民云”APP、“海口税务”微信公众号，为纳税人提供错峰预约办税服务，减少办税等候时间。整合资源，合并世贸东、琼州大道、秀华3家实体办税厅，同时借助乡镇自助银行现有资源，逐步推广自助办税服务厅各乡镇全覆盖。探索“掌上办税”新模式，成功推出房产微信申报、网上银联快捷缴款功能，实现购房涉税事项申报、审核、开具过户证明一条龙掌上办结。力推“互联网＋税务”新模式，推广电子税务局的使用，纳税人足不出户便可网上办理税费一体化申报缴纳、发票管理等400余项涉税业务。开发“短信服务”新平台，对批扣成功提醒、逾期未申报提醒等33项常用涉税事项，生成个性化短信内容，定向发送短信69.5万条。开辟“自助办税”新阵地，启用新港和置地花园等12个自助厅（其中4个全自助厅），安装自助办税终端144台，辐射国贸、世贸、海甸岛等各重点商圈，提供7×24小时全天候标准化自助服务。

【税务服务地方经济发展】2019年，海口市税务局聚焦减税降费、十二大产业、民营企业等市委、市政府关注热点，按季做好减税降费政策效应分析，向地方政府报送专题分析报告6篇。多渠道广泛宣传离境退税政策，精准服务有意向企业，全年备案退税商店增至8家，进一步扩大离境退税政策效应。开展“扫黑除恶”专项工作，加强与公安、法院、工商等部门的协作配合，建立线索移交机制，全年接收两条转办线索，查补税款1.77亿元。配合市政府开展招商引资，对字节跳动、安永等82家重点企业开展一对一税务辅导，帮助招商企业尽快落地生根，共入库税款20.5亿元。

（程世伦）

审计

【概况】2019年，海口市在机构改革中优化市审计局职责，将市发展和改革委员会的重大项目稽查职责、市财政局的预算执行情况和其他财政收支情况的监督检查职责、市国有资产监督管理委员会的国有企业领导干部经济责任审计和市国有企业监事会相关职责划入市审计局，同时组建市委审计委员会，作为市委议事协调机构，该审计委员会办公室设在市审计局。机构改革后，市审计局机关内设12个正科级职能机构，直属1家事业单位，为海口市工程项目审计中心。

2019年，海口市审计局共完成财政、民生、领导干部经济责任、自然资源资产离任、政府投资、专项资金、国有企业等审计项目136个，发现问题496个，查出违规和管理不规范金额205.85亿元，比上年增加21.38亿元，增长11.6%；核减工程造价18.9亿元，核减率26.2%；提出审计建议312条，做出审计决定12个。被评为“全国审计机关先进集体”。

【市审计委员会成立】2019年，海口市组建中共海口市委审计委员会。年内，市委审计委员会召开会议2次，出台《审计委员会工作规则》《审计委员会办公室工作细则》以及《重大事项报告重要文稿报送工作机制》；制定《关于加强国有企业审计监督工作的实施方案》《市管党政主要领导干部和国有企事业单位主要领导人经济责任审计整改工作操作规程（试行）》，为加强国企审计和推动审计整改提供有力指导。市委审计委员会办公室全年共向市委审计委员会呈报各类请示、报告、信息等14项。

【民生审计】2019年，海口市审计局扎实推进脱贫攻坚工作，市区联动开展财政扶贫资金专项审计，覆盖市、区、镇、村四级和8个职能部门，抽查资金2.48亿元，涉及19个乡镇180个行政村（居），入户、电话访问2761户贫困户。聚焦“安全、规范、绩效”，揭示问题22个，追回及盘活资金960万元，实现扶贫审计镇域、资金、政策全覆盖。审计成果得到相关单位充分运用，为海口在全省扶贫大比武中取得优异成绩贡献审计力量。组织开展全市常年蔬菜种植政策落实情况专项审计调查，根据全省统一部署，统筹审计、测绘、农业管理人员协调联动，对全市154个常年蔬菜种植基地进行现场核查，共涉及9个部门、22个乡镇、114个行政村，摸清全市蔬菜种植情况底数，为解决菜价高问题提供决策参考。组织开展农村生活污水治理项目实施情况专项审计调查、为民办实事事项跟踪审计调查、菜篮子公益性大型农副产品批发市场（二期）预算执行审计等项目，重点关注政策执行、资金使用、项目管理、主管部门履职等情况，发现问题33个，提出审计建议7条，促进资金规范管理、民生政策落实、项目效益提升，推动民生实事按期高效完成。

【财政审计】2019年，海口市审计局根据全省统一部署开展本级预算执行审计，重点关注财政预算执行、预决算编报、政府隐性债务化解、产业资金使用绩效等情况，共发现问题15个，涉及金额138.61亿元，做出审计决定2个，促进积极财政政策加力提效。年度审计工作报告全面、综合地反映2018年市本级预算执行和其他财政收支的审计监督情况，涉及7大类118个问题，获得市人大肯定。在全省市县中率先实现一级预算单位预算执行审计全覆盖，以预算编制执行、往来款清理、固定资产管理、专项资金绩效为重点，统筹全局审计业务骨干及协审人员组成审计组，采取“综合研判+大数据分析+分类指导+现场核查”的组织方式，对52家大数据筛查发现疑点的单位同步实施现场审计，揭示共性问题11个，涉及金额28.87亿元，发出审计整改建议书50份，做出审计决定10个，有效强化预算刚性约束。实施7个单位财务收支审计，重点反映预算编制不合理、固定资产管理不规范、租金收取不及时、往来款项未及时清理、低价向享受住房政策的职工出租公有住房等问题61个，提出审计整改建议20条。

【经济责任审计】2019年，海口市审计局深入学习把握《党政主要领导干部和国有企事业单位主要领导人员经济责任审计规定》要求，贯彻落实中央关于经济责任审计的各项制度安排，及时更新完善审计对象动态管理数据库，充分发挥联席会议作用，加大经济责任审计力度。对标自贸区（港）建设新形势新任务，重点关注贯彻落实新发展理念、优化营商环境等情况，对15名领导干部开展经济责任审计。严格落实习近平总书记关于“把干部在推进改革中因缺乏经验、先行先试出现的失误和错误，同明知故犯的违纪违法行为区分开来；把上级尚无明确限制的探索性试验中的失误和错误，同上级明令禁止后依然我行我素的违纪违法行为区分开来；把为推动发展的无意过失，同为谋取私利的违纪违法行为区分开来”的指示精神，包容审慎，客观评价，指出问题119个，涉及金额8.92亿元。

【自然资源资产离任审计】2019年，海口市审计局根据落实生态环境保护“党政同责”和“一岗双责”要求，对龙华区、市农业局2名领导干部开展自然资源资产离任审计，紧盯“六大责任”履行，重点关注中央环保督查、国家海洋督查以及六大专项整治等问题整改情况，对领导干部任期履行自然资源资产管理和生态环境保护责任情况作出客观评价，揭露问题19个，提出审计建议6条。

【政府投资审计】2019年，海口市审计局围绕自贸区（港）建设，对文明东越江通道、会展中心二期等23个重大项目开展跟踪审计，聚焦项目审批、招投标、合同审核、现场管理、造价控制“六个控制”的目标进行监督，出具跟踪审计报告22份、审计月报208期、整改建议函89期，发现问题185个，提出审计建议180条，有力推进项目进度，规范项目管理。快速落实市政府交办的南海明珠岛、天尾港项目等11项审计任务，严肃揭示虚报工程量、违规加建等问题，有效服务政府科学决策。完成竣工结算审计项目62个，核减金额18.9亿元，核减率26.2%。

【专项资金审计】2019年，海口市审

计局根据中央支持海南全面深化改革开放有关文件精神，开展中央支持海南全面深化改革开放综合财力补助资金专项审计调查，涉及“五网”基础设施建设、支持经济结构转型、社会事业发展三大方面，揭示下达资金不及时，项目资金未按时完成支出，项目进展缓慢以及监理工作不严格、不规范等问题，涉及问题金额26.99亿元。对海口市2016—2018年文明生态村建设资金进行专项审计调查，重点核查文明生态村的项目计划与安排、实施与绩效等内容，涉及资金0.31亿元，职能单位8个，乡镇22个，项目222个，入户调查524人，揭示政策措施落实不到位、资金管理使用不够严格、建设项目管理不够完善、施工合同签订不规范、部分项目建成后闲置、使用效果不明显等问题，提出审计建议3条。对海口市扶贫资金、非洲猪瘟强制扑杀补贴资金、渔船补助资金、耕地地力保护补贴资金等四项专项资金管理使用情况进行专项审计调查，涉及22个部门、20个乡镇、96个行政村，企业2家、农户737户。审计揭示个别政策措施落实不到位、部分资金管理不规范，资金发放审核不规范、档案资料不齐全等9个问题，提出审计建议3条。

【国有企业审计】2019年，海口市审计局对市属3家国有企业及其下属公司的资产、负债、损益情况进行审计，重点关注企业政策措施执行落实情况、经营管理与收益绩效情况、代建项目管理运作情况和对外投资合作项目风险隐患情况。通过审计，揭示部分国企经营效益低下、投资收益不理想并存在损失风险、部分代建项目推进缓慢、固定资产监管缺位以及财务管理不规范等23个问题，涉及金额1亿元，提出审计建议12条。

【审计整改】2019年，海口市审计局设立审计执行科，专人跟踪督办，多措并举，协调推进，审计整改工作实现常态化、制度化。市委、市政府共召开7次专题会部署审计整改工作，纪检机关将审计整改事项纳入督办工作，组织部门将未整改事项纳入各单位主题教育检视问题的重要内容。全年共231个问题整改销号，纠正问题金额48.22亿元，促进政府和相关职能部门建章立制16项，提升管理水平。（吴川醌）

统 计

【统计服务】2019年，海口市统计局立足新发展战略开展统计分析研究，研判经济发展重点热点难点，发挥统计参谋决策作用。共撰写宏观经济分析报告22篇、信息4条，有关观点被党委、政府报告采用。利用《海南日报》《海口日报》、海口广播电视台等新闻媒体回应社会关切，引导社会各界全面准确看待海口经济形势。完成《海口统计年鉴》《海口领导干部手册》的编辑出版和《海口统计月报》《横向对比资料》等册子数据收集整理编印工作，通过单位网站发布全市国民经济主要指标数据和经济形势运行情况分析报告、统计年鉴数据，满足社会各界了解海口的数据需求。修订海口市2016年度自然资源资产负债表，编制2017年、2018年度自然资源资产负债表，出台《海口市自然资源资产负债表编制制度(2019年试行)》。

【统计执法】2019年，海口市统计局继续加大统计执法监督力度，坚持依法治统。开办普法宣传和法律知识讲座50次，参与人员5000多人，强化对全市领导干部、统计人员和调查对象的统计法治教育。推动统计公开透明，协助省统计局办好第十届中国统计开放日活动。完成“双随机”执法检查，全市共抽取64家单位，完成年度任务100%。加大统计违法案件的查处力度，全年立案查处6家违法企业。开展全市农业统计质量大检查，涉及22个乡镇，没有发现统计违法行为。

【统计调查】2019年，海口市统计局完成核算、农业、工业、投资、商贸、服务业、文化产业、城乡居民收支、劳动工资、能源、名录库、人口、投入产出调查等方面日常统计，以及妇女儿童“两纲”监测、1%人口变动抽样调查，各项数据按时上报、如期公布，客观真实反映全市经济社会发展情况。为确保统计数据的可靠性与准确性，抓好基层企业统计基础工作，要求企业保存统计原始记录，建立健全统计台账。及时了解数据大起大落的企业情况，杜绝瞒报虚报漏报行为，确保数据的真实准确。组织完成海口市创建国家生态文明建设示范市公众对生态文明知识暨生态文明建设满意度问卷调查、2019年上半年海口市群众对卫生状况满意率问卷调查、海口市生态文明建设公众参与度暨一次性消费品使用情况问卷调查、海口市2019年注册资本5000万元以上新增单位基本信息的收集入库调查、海口市食品安全群众满意度问卷调查、2019年下半年海口市新增人才统计调查调查、2019年海口市部分行业事业单位统计调查，以及海口市城乡环境卫生第三方考评工作和海口市园林PPP项目绿化养护第三方监督考评工作。举办2019年乡镇统计员培训班，有11名基层统计员参加。

【第四次全国经济普查】2019年，海口市统计局通过在海口旅游交通广播组织2期局长座客答疑解惑第四次全国经济普查工作节目，在《海口日报》刊发2期《关于开展经济普查的公告》，做好经济普查正式登记阶段的宣传工作。按照《国务院第四次全国经济普查方案》《海南省第四次全国经济普查实施方案》和《海口市第四次全国经济普查实施方案》，分工指导全市各区具体业务，帮助各联系点解决普查工作中遇到的问题，督促指导按时做好各项普查工作。组织培训36场，培训普查指导员、调查员4817人次，为入户工作、保证数据的真实性打基础。随报随审通过pad初审上报的数据，对数据进行平衡关系、逻辑关系和大数审核，多方面对比、审核、评估检查重要指标，发现错误查明原因，及时将问题打包反馈普查员修改。加强普查表的质量控制，注重数据质量。全年共普查企业6.44万家、个体户9.34万家，审核和核实各类错误10万余条。

【统计信息化建设】2019年，海口市统计局按阶段完成“海口市十二个重点产业及中小企业统计监测系统”政府投资项目的招投标，协调实施单位对项目涉及的13个部门产业相关报表和中小企业调查报表制度开展需求调研，推进项目开发。整理《海口市统计文件柜系统和统计数据移动发布客户端》项目资料，着眼统计生产过程的各阶段数据，聘用专业驻场服务人员，完成自2003年以来的统计年鉴、综合数据、月报小册子数据及各项普查、调查数据标准化结构性处理归档，夯实建设统计大数据基础。做好年度信息化报表；按照国家、省统计局的要求，开展地区经济社会发展统计监测预警预测，重点分季度、分年度预警预测海口市的经济社会发展运行情况及热点、难点问题。组织召开全市小康监测工作会议，按实际情况为2020年全面建成小康社会做好小康指标的监测。

【纳统服务】2019年，海口市统计局跟踪梳理集中开工项目、棚改项目。每月及时与集中开工项目、区局、棚改办等单位沟通，了解项目进展情况，督促项目完善相关手续，及时将项目入库资料按要求纳入国家统计库；对因相关手续不全而未能纳入统计的，进一步加大协调服务力度，争取及时纳入统计，做到应统尽统。全年全市有6批105个集中开工项目，入库76个。跟踪“招商项目、总部经济”签约落地情况。年内，全市登记注册的118家“招商项目、总部经济”企业，有31家企业纳入统计，共认定总部经济企业23家。核查超限额以上企业情况。对省统计局下发的在经济普查中发现的超限额企业，下发给各专业、各区核查，确认达规企业386家，做好符合纳统条件167家企业的入库纳统工作。召开全市各区、各专业处室“一套表”业务培训，完成2018年年度“一套表”调查单位的审核验收及2019年月度、年度调查单位的申报、审核确认，新增入库80家。与省统计局、市直相关部门和区局单位保持无缝对接，进一步做好项目纳统，服务好总部经济及百日大招商各项基础性工作；明确跨区域项目划分办法。（林　涛）

物价管理

【概况】2019年，海口市居民消费价格指数（CPI）累计上涨3.3%。上涨幅度控制在3.8%调控目标内。为贯彻落实省政府“菜十条”、市政府“菜十六条”措施，中秋、国庆期间，海口市开展蔬菜猪肉倡议价活动，重点监测的14种基本蔬菜价格和猪肉价格均比节前平均价下降15%。

【价格调控】2019年，海口市对2020年春节期间旅游饭店客房价格实行政府指导价管理，市发改委对全市100家旅游饭店春节期间（2020年1月24—30日）标准间客房价格核准备案，并在海口市发展和改革委员会官方网站上向社会公布。全年市发改委会同市住建局完成商品房销售价格备案811件。其中，首次办理商品房价格备案287件；办理商品房（含普通住宅、商铺、办公、车位等）价格调整、数量变更、维持原价备案项目524个，其中主动办理价格下调备案项目198个，申请维持原价销售项目191个。年内，为将增值税税率降低红利让利于终端用户，根据海南省发展改革委《关于落实减税降费政策调整部分市县管道燃气非居民用气销售价格及有关问题的通知》精神，将非居民用气销售价格（居民用气第三档气价）由3.89元/立方米调整为3.8645元/立方米。组织召开“海口火车站至美兰机场站”市域列车公交票价方案听证会，合理制定市域列车公交票价。

【农业水价综合改革】2019年，海口市发改委全面贯彻落实全省农业水价综合改革推进会的部署，继续以强基础为工作重点，在巩固现有改革工作成果的基础上，全面加快改革步伐。新增开展改革试点面积2416公顷，其中，渠灌区1333.33公顷，位于秀英区东山镇岭北灌区；高效节水灌区1082.67公顷（秀英区434.67公顷，龙华区198.67公顷，琼山区316公顷，美兰区133.33公顷）。根据第三方成本监审机构数据，联合市水务局、市财政局、市农业农村局于2月出台《关于农业水价综合改革农业用水价格》。加快推进试点灌区工程建设，秀英区岭北水库灌区农业水价综合改革工程完成项目可行性研究报告编制，龙华区农业水价综合改革项目（龙泉镇蛟龙村和新坡镇新坡洋）完成初步设计及概算审批等前期工作，美兰区农业水价综合改革项目（三江镇眼镜塘村委会和大致坡镇咸来村委会）完成初步设计及概算审批等工作并开始施工，琼山区农业水价综合改革项目完成相应试点灌区计量设施安装。

【收费规范与审批】2019年3月5日起，海口市开展各行政事业性收费单位2018年度收费单位情况和收支状况报告工作，共58个收费单位上报收支情况，涉及行政事业性收费金额29.64亿元。7月1日起，海口市免征申请办理变更登记、更正登记及办理森林、林木所有权等部分不动产登记费；降低无线电频率占用费、出入境证照类收费、商标注册收费等部分行政事业性收费标准。全年市发改委办理教育收费审批27家，保障性住房物业服务收费审批2家，停车设施车辆停放服务收费审批3家，集贸市场摊位租赁收费标准审批1家。

【价格监督检查】2019年，海口市市场监督管理局强化保供稳价工作，约谈各类市场经营主体255家次，发放

《稳定市场价格提醒告诫书》1.25万份，对"菜篮子"集团进驻小区的84个销售网点免于登记注册，纠正106家摊位明码标价不规范行为，对全市未按规定明码标价的18家农贸市场摊主下达《当场处罚决定书》，处理有关蔬菜肉类的价格投诉588宗。检查宾馆酒店收费，对违规收费的酒店停车场，当场处罚2家，责令整改22家，规范36家。检查旅游景点收费，发放明码标价签1.3万余张，处理景区景点旅游价格投诉55宗。集中开展小微企业收费优惠减免政策落实情况专项抽查，抽查行政收费单位10家。开展转供电环节电价重点治理，督促全市49个物业小区整改到位；对整改不到位、投诉反映较多的物业小区立案调查2宗，处理转供电投诉900多宗。

【市场价格监测预警与信息发布】2019年，海口市发改委重点做好国家价格监测中心的日报、周报、旬报、月报、季报等监测报表上报工作，及时准确反映海口市市场价格动态。全年完成半年价格监测预警与分析1篇、价格监测预警与分析1篇。重大节日、台风期间每日上报价格情况，每周完成1篇《海口市主要食品价格监测快报》。年内，重点监测分析菜肉禽蛋等主要居民消费代表品价格，发现可能引发价格异常波动的苗头性、倾向性问题，迅速预警并收集上报，提出加强调控监管政策建议，确保市场蔬菜价格平稳运行。非洲猪瘟疫情期间，监测人员加强市场蔬菜价格应急监测，增大价格监测频次，实行每日监测，每天安排人员巡查农贸市场和超市，了解猪肉的市场供求和价格变化情况，及时预警汇报。加强监测重大节日、灾害天气市场价格，启动应急监测，实行每日监测。安排专人关注网络、报纸等新闻渠道，及时了解相关热点、焦点问题，通过"椰城市民云"、网站、微信平台等渠道向社会发布价格信息开展宣传引导。

【社会救助和保障标准与物价上涨挂钩联动机制】2019年5—12月，针对海南省居民消费价格指数（CPI）同比涨幅达到《海南省人民政府关于进一步完善社会救助和保障标准与物价上涨挂钩联动机制的通知》要求的启动条件，海口市发改委启动物价上涨挂钩的联动机制，共向城乡低保户、特困人员、优抚对象、领取失业保险金人员、全日制在校大中专（含技校）学生补贴资金1598.84万元。

【价格核批】2019年，为进一步扩大公交覆盖，方便服务市民乘客出行，海口市发改委重新核定批复公交1路、2路、3路、4路、7路、18路、87路等67条线路 1元收费线路票价。公布海口市辖区内发班至江西南昌、抚州、宁都、赣州，贵州从江、福建福州、云南昆明，湖北潜江、荆州9条省际客运班线，以及省内海口西站至白沙青松乡1条班线，根据上限定价（每公里成本价）、站务费、燃油附加费等制定上限票价。

【农产品成本收益常规与直报调查】2019年，海口市完成早、晚稻、瓜菜、蛋鸡等8个品种生产成本收益调查。

晚稻成本收益　调查农户种植晚稻平均亩产量306.67千克，比上年增长4.63%，产值和收益也随之增加。晚稻主产品产值平均每亩779.17元，增长6.33%；产值合计平均每亩785.39元，增长6.26%；晚稻总成本平均每亩1238.97元，增长6.54%；每亩现金收益平均206.38元，增长11.11%，扣除种子、化肥、农药、人工成本等，种植晚稻平均每亩仍亏损453.58元，与上年亏损程度相差无几。

瓜菜成本收益　调查露地西红柿、露地黄瓜、露地茄子、露地菜椒、露地大白菜等5个品种，与上年同期相比，5个品种亩均产量三升两降、总成本五升、总产值四升一降、现金收益四升一降、净利润四升一降。露地西红柿产量2966千克（平均每亩，下同），下降22.25%；总成本9499元，增长3.86%；总产值1.22万元，下降17.08%；净利润2744.47元，下降51.16%。露地黄瓜产量2941.67千克，增长13.19%；总成本7646.16元，增长13.40%；总产值1.22万元，增长74.09%；净利润4525.69元，增长1718%。露地茄子产量3455.19千克，增长36.76%；总成本7644.41元，增长28.63%；总产值9351.76元，增长58.25%；净利润1707.35元，比上年的－33.32元增加1740.67元。露地菜椒产量2151.00千克，增长1.59%；总成本6991.76元，增长11.11%；总产值6133.39元，增长23.98%；净利润－858.37元，比上年的－1345.54元亏损下降487.17元。露地大白菜产量1415.29千克，下降6.46%；总成本5450.87元，增长9.9%；总产值4319.16元，增长71.91%；净利润－1131.71元，比上年的－2447.24元下降亏损1315.53元。

【成本专项调查与调研】2019年，海口市完成农户种植意向、农户购买农资情况、农户存粮和售粮情况调查，早晚稻、甘蔗成本预测调查，上下半年大规模生猪生产成本收益调查等工作。

农户种植意向调查　种植意向调查户主要是瓜菜种植户，分布于遵谭镇、长流镇、西秀镇。通过调查19户农户，结果显示农户平均耕地面积0.24公顷，比上年同期减少0.007公顷。调查户预测平均播种粮食作物面积预计0.056公顷，减少0.005公顷，其中早籼稻、晚籼稻减少0.003公顷，粮食作物播种面积减少。糖料作物种植面积预测保持0.007公顷不变。调查户预测平均播种蔬菜面积0.83公顷，增加0.024公顷。预测菜农种植蔬菜的主要品种为黄瓜、苦瓜、青菜、油菜、菠菜、空心菜、大白菜、小白菜、西红柿、豆角、茄子、青椒、尖椒、大葱、蒜等，种植品种结构变化不大。近郊的调查农户，交通方便，主要是选择种植本地市场销路好、价格高、收益好、时间短、上市快的菜心、小白菜、空心菜、芹菜等叶菜类；而较远的乡镇农户，交通不便，主要选择便于保管储运出岛的青椒、瓜类、豆角和茄子等冬季瓜菜和反季节瓜菜。

2018—2019年农户存售粮基本情况调查 2018—2019年，海口市农户存粮售粮调查点（户）17户，分布在龙华区、秀英区、琼山区，户均人口数6人。户均耕地面积0.454公顷；户均粮食播种面积0.358公顷，增长5.57%；户均粮食总产量2009.85千克；户均出售粮食1185.45千克；至4月1日户均存粮（稻谷）350千克，下降21.84%。2018年调查户户均稻谷总产量2009.85千克，比2017年增长19.89%；2018年4月1日至2019年3月31日期间，户均出售稻谷1185.45千克，增长60.9%。因2018年天气良好，稻谷种植收获期未受天气、病虫害影响，稻谷结穗率高、收成好，早稻每亩收成在340～400千克，晚稻每亩收成在260～280千克。 （陈 琪 黄秋喜）

市场监管

【概况】2019年3月，海口市在机构改革中组建成立海口市市场监督管理局（简称“市市场监管局”），整合市工商行政管理局、海口质量技术监督局、市食品药品监督管理局的职责，以及市发展和改革委员会的价格监督检查与反垄断执法、市商务局的经营者集中反垄断执法、市科学技术工业信息化局的知识产权管理、市农业局的原产地地理标志管理等职责，为负责全市市场、药品监督管理和知识产权工作的市政府工作部门，正处级单位，加挂海口市知识产权局、海口市药品监督管理局牌子。同时，保留市、区食品安全委员会，具体工作分别由市市场监督管理局及其分局承担；不再保留市工商行政管理局、海口质量技术监督局、市食品药品监督管理局。市市场监督管理局设副处级派出机构，实行市以下垂直管理体制。下设秀英、龙华、琼山、美兰、综合保税区、国家高新技术产业开发区、桂林洋经济开发区、美兰机场等8个副处级分局，下辖43个镇、街道监督管理所，内设29个科室。

2019年，海口市市场监管局强化市场监管，保障食品药品、产品质量、特种设备安全和维护良好市场秩序。全年查处各类违法违章案件402宗，办结383宗，罚没款1755.76万元，案值177.04万元。全年全市没有发生重大或社会影响恶劣的食品药品安全事故，没有发生特种设备安全事故，市场秩序平稳有序。

【企业登记管理】2019年，海口市市场主体存量38.92万户，占全省41.83%，比上年增长19.87%。其中，企业17.1万户，占全省57.95%，增长18.37%；个体户21.6万户，占全省34.87%，增长21.35%；农民专业合作社2207户，占全省13.85%，降低2.82%。企业类型中，内资（非私营）企业1.47万户，增长8%；外资企业1830户，增长9.45%；私营企业15.45万户，增长19.61%。市场主体存量三大产业结构比（户数）由上年同期2.5：8.5：89调整为2.2：7.9：89.9。全年新增市场主体9.54万户，增长54.43%，占全省39.03%。其中，企业4.15万户，增长25.98%，占全省57.26%；个体户5.39户，增长87.38%，占全省31.44%；农民专业合作社78户，降低36.07%，占全省10.82%。企业类型中，内资（非私营）企业2296户，增长1.68%；外资企业241户，增长18.14%，私营企业3.89万户，增长27.84%。

【市场主体退出便利化】2014—2019年，海口市市场主体注销户数逐年增加。2017年，企业简易注销登记政策的实施，是市场主体退出便利化的拐点，是年退出增长率由2016年的11.52%升至76.51%，市场主体退出便利化效果显著。2019年，注销户数3.68万户，是2014年的6.3倍。从企业类型看，2019年企业注销2万户，占55.56%；个体户退出1.62万户，占44%。从行业来看，市场主体退出主要集中在“批发和零售业”“住宿和餐饮业”“租赁和商务服务业”“居民服务、修理和其他服务业”“建筑业”五大传统行业，注销户数合计2.84万户，占总退出比例的77.25%。从退出比例看，“交通运输、仓储和邮政业”“住宿和餐饮业”“房地产业”退出比例最高，分别为14.10%、13.07%和12.43%。

【商事登记改革】2019年，海口市市场监管局进一步推进商事制度改革，优化营商环境。推进企业注册极简办理，在全省率先开发“海口市企业开办全程网上办系统”，通过与公安、税务、社保业务系统连接，实现企业设立、刻章备案、税务发票和社保登记业务“一窗受理、一网通办”，企业开办时间压缩至3个工作日，并于9月底与全省同步。推进企业极简注销。适用简易注销范围不断扩大，除上市股份公司外适用所有类型企业；注销公告时间不断压缩，较国家层面规定的20天公告期压缩至7天；提

2019年海口市新登记市场主体统计表

表16 单位：户

市场主体数/类型			2019年新增数	2018年新增数	比上年增长（%）
市场主体数			95409	61781	54.43
企业	总数		41461	32910	25.98
	其中	内资	2296	2258	1.68
		外资	241	204	18.14
		私营	38924	30448	27.84
个体户			53870	28749	87.38
农民专业合作社			78	122	-36.07

供便利的注销申请途径，应用省市场监督管理局海南e登记平台，实行企业简易注销在线自主申报，实现企业简易注销全程不见面审批，足不出户即可办结简易注销登记；建立容错机制，被终止简易注销的企业，允许其符合条件后再次依程序申请，改变原先企业只能申请一次简易注销的做法；5月通过系统自动派单给全省各市县注册官网上审核，实现全岛通办。

【市场监督专项整治行动】2019年，海口市市场监管局先后开展黄花梨原木、建材、野生动物保护、房地产、农资、农贸市场等市场监管专项整治行动，共检查各类市场主体6000多家次。其中，排查黄花梨销售点740家次、仓储库房9个，登记保存黄花梨170.8千克并移送市林业局执法大队查处；检查建材经营店234户次，约谈119家，责令整改3家；针对野生动物保护，检查餐饮店729家、工艺品店204家，排查广告60条，联合、配合其他部门执法5次；检查房地产企业185家次，约谈房地产企业25家次，与住建等部门联合检查7次，立案1宗，结案1宗，罚没款60万元；检查各类农资经营户264家次，农资市场22家次；约谈农贸市场开办者84家次，督促并组织农贸市场业主清运卫生死角垃圾216吨，规范商品摆放户数390家，清除小广告160处；检查商店超市54个次、购物点416个次、海鲜大排档239家次、水果摊点2382家次、旅行社22家次、酒店宾馆130家次、游乐场所1家次、其他企业167家次，行政约谈市场主体115家次。

【信用监管】2019年，海口市市场监管局通过主体责任落实、信息归集公示、事中事后监管、信用约束管理4个抓手强化信用监管工作。截至6月30日（每年6月30日为上一年度年报报送的截止时间），海口市辖区企业共11万余户报送2018年度年报，年报率86%。至年底，海口市市场主体事中事后协同监管平台上线以来共归集相关政府部门的行政许可信息5万余条、行政处罚2万余条，并通过国家企业信用信息公示系统（海南）对外公示。全年对1万余户市场主体登记事项、公示信息、电子商务经营行为、商标使用行为、广告经营行为、拍卖活动经营资格等检查事项实施“双随机、一公开”抽查；依法将2.2万余户企业列入经营异常名录，使2000余户企业因受信用约束，主动改正错误并申请移出经营异常名录，彰显信用约束措施的作用。

【反垄断和反不正当竞争】2019年，海口市市场监管局推进扫黑除恶专项斗争，开展市场监管领域涉黑涉恶涉乱线索摸排，共摸排涉乱线索45条，移交市扫黑办14条。整治保健市场乱象，约谈海口地区直销企业分支机构和服务网点、经销商负责人，对全市58家直销企业服务网点、经销商和13家“权健”产品门店开展专项检查。经过整治，5家“权健”门店关门停业，4家被列入经营异常名录；全年查处违法案件106宗，罚没款816.28万元。开展公平竞争审查。组织全市27个市直部门清理清查2018年6月以后出台的规章、规范性文件及其他政策措施，共审查文件36个，全部落实公平竞争审查制度，无违反公平竞争相关规定。查处垄断和不正当竞争行为，立案查处2家房地产公司虚假宣传行为，共处罚80万元，同时依法将23家混凝土企业和5家物流企业涉嫌垄断协议行为线索上报省市场监督管理局。打击非法传销，查办传销案件4宗，移送公安机关案件线索2宗，查处利用直销产品虚假宣传案件4宗。

【网络市场监管】2019年，海口市市场监管局组织开展“网剑行动”，规范网络市场经营行为，共约谈第三方平台18个次、网店22个次，网上检查网站、网店452个次，实地检查网站、网店经营者43个次。全年办理网店营业执照电子链接标识50个，处理网络投诉250宗，查办网络案件3宗、结案2宗、罚没款7万元。开展网上销售砗磲制品排查行动，检查在海口市登记注册且经营旅游工艺品的网站、网店54家次，排查涉及销售砗磲制品广告60条，未发现销售砗磲制品。

【消费维权】2019年，海口市市场监管局“12315”系统依托全国“12315”平台、省“12315”热线、市政府“12345”热线等渠道，共接收处理消费咨询、投诉、举报办件11.37万件，均在法定时限内办结，通过“12315”平台帮助消费者挽回损失914.85万元。3月15日，原海口市工商局开展主题为“信用让消费更放心”的“3·15”国际消费者权益日宣传纪念活动，各区政府、原食药监、质监、商务、烟草等职能部门、多家银行以及各类企业共同参与。活动期间，共受理投诉举报1689件，其中投诉1518件，举报171件，挽回经济损失16.57万元。全年市市场监管局组织座谈会1场次、普法活动25场次；开展大型现场宣传咨询活动点10个，发放宣传资料1.39万份，播放宣传标语及公益广告1520条，消费者参与活动3823人次，经营者参与数量509户次。年内，组织或参加消费协调会13次，内容涉及企业因押金超时未退还、无法退预付款以及禁止携带食物入园等问题引起的消费投诉，现场均要求企业切实履行主体责任，研究制定解决措施，主动处理好消费者投诉，化解消费纠纷。

【食品生产监管】2019年，海口市有发证管理食品生产企业450家，食品小作坊备案登记392家。年内，市市场监督管理局先后开展豆腐及其制品、粉丝粉条面制品、粽子、月饼、米粉、冷冻饮品、猪肉制品、食品小作坊以及重大节假日、重大活动期间等11项食品生产环节食品安全整顿治理及专项检查，共检查食品生产企业、食品小作坊1270家次，办理食品生产领域案件24宗、结案17宗，罚没款100多万元，移送涉刑案件 1 宗。

【食品流通监管】2019 年，海口市市场监管局针对食品流通环节热点难点问题，开展元旦、春节期间食品安全、调味面制品等休闲食品、流通环节粮食质量、非洲猪瘟防控、批发市场规范管理等专项整治行动；严格落实“菜篮子”市长负责制考核，开展食品安全规范化农贸市场创建。全年检查食品批发市场、农贸市场、食品销售主体等约 13 万家，全市食品流通环节无重大食品安全事故发生。

【食品安全规范化农贸市场创建】2019 年，海口市市场监管局制定《海口市食品安全规范化农贸市场创建方案》，计划利用 3 年时间的创建工作，实现全市农贸市场食品安全规范化管理的目标，同时根据该方案制定食品安全规范化农贸市场标准清单。11 月 14 日，市市场监管局召开创建工作培训会，对各分局、市场监管所的监管人员、全市农贸市场负责人及食品安全管理员共 200 人进行食品安全规范化农贸市场创建标准及食用农产品相关法律法规的培训。

【食品安全监督抽检】2019 年，海口市市场监管局完成食品安全监督抽检 3402 批次，收到不合格报告 110 份，食品抽检合格率 97%，不合格产品的核查处置率 100%。先后组织开展红糖馒头和发糕、挂面和方便面、粉丝粉条面制品、海南米粉（河粉）、豆腐及其制品等专项监督抽检。每日出动 5 辆食品快检车对农贸市场、超市果蔬、水产品、面制品、肉类等检测农药残留、二氧化硫、硼砂、甲醛、瘦肉精等项目，全年共检测 2.52 万批次，其中 20 批次不合格，合格率 99.92%。组织开展食品生产企业风险监测后处理工作，约谈问题较为集中的品种及存在安全隐患的企业 51 家，处理食品抽检 26 批次，下达责令整改通知书 10 份，提出整改意见 39 条。

【特殊食品监管】2019 年，海口市市场监管局对保健食品生产经营企业、非实体店、旅游购物店开展专项清理整治。年内，整治规范保健食品标签标志，检查生产经营主体 2416 家次；整治虚假违法保健食品广告，检查生产经营主体 1446 家次；整治保健食品虚假宣传，检查生产经营主体 2071 家次；打击传销和非法直销，检查生产经营主体 459 家次；打击保健食品非法添加等违法犯罪行为，检查生产经营主体 368 家次，共发现存在问题的经营主体 26 家，责令改正 22 家，立案查处 4 宗，罚没款 80 万元。开展保健食品“进社区、进乡村、进网络、进校园、进商超”科普宣传活动 35 场次，科普宣传面对面覆盖 1.24 万人次。

【餐饮服务食品安全监管】2019 年，海口市有发证管理餐饮服务单位 1.44 万家，其中特大型餐馆 13 家，大型餐馆 217 家，学校食堂（包括幼儿园）942 家。年内，市市场监管局开展元旦、春节等节假日、农村集体聚餐、网络餐饮等 8 项餐饮服务食品安全隐患排查，共检查餐饮服务单位 4.2 万家次，责令改正 407 家次，立案查处 29 件，罚没金额 37.87 万元。完成博鳌亚洲论坛会议、国际帆船赛、省“两会”、市“两会”等 29 项重大活动餐饮服务食品安全保障工作任务，现场食品原料快速检测 1222 批次，保障 6.1 万多人次安全用餐。推进明厨亮灶工程建设，共 815家学校（幼儿园）食堂实施，覆盖率 86.3%。

【校园食品安全治理】2019 年，海口市市场监管局开展 2019 年春秋季开学、中高考等 3 项校园及周边食品安全专项排查工作。共出动执法人员 4758 人次，检查辖区内学校（幼儿园）食堂及校园周边食品经营单位 5121 家次，发现部分学校存在食品自查自纠工作落实不到位、食品原料进货台账记录不全、食品留样不规范等问题，约谈学校食品安全负责人 834 人次，责令改正 450 家，警告 5 家，立案查处 5 家，罚没款 2 万元。

【食品安全示范工程建设】至 2019 年底，海口市累计建成欢乐海岸、京华城、兴丹路、桫椤湾等 10 条示范街（区），有 18 家学校食堂获得省级食品安全示范学校食堂荣誉称号。

【药品监管】2019 年，海口市市场监管局组织开展全市药品质量安全暨执业药师“挂证”集中整治，出动执法人员 200 多人次，检查药品零售企业 100 多家次，下达责令整改通知书 28 份，收回 GSP 证书 7 张。完成药品流通领域抽样 234 批次；全覆盖检查 4 个区疾控中心、256 个疫苗预防接种点；开展禁毒相关药品检查，检查麻精药品批发企业 14 家，医疗用毒性药品批发企业 2 家，生产企业 20 家，覆盖率 100%；开展登革热疫情防控药品监管，严控退烧药品流向，向辖区药品零售企业出动执法人员 350 人次，统一发放关于提醒购买退烧药的发热病人及时到医院就诊的温馨提示牌 1500 张。

【医疗器械监管】2019 年，海口市市场监管局开展无菌和植入性医疗器械监督检查，检查医疗器械经营企业 86 家次，责令改正 34 家次、警告 30 家，立案查处 5 家，罚款 4 万元，涉案货值金额 11.64 万元。打击无证经营医疗器械和经营使用未经注册医疗器械行为，检查医疗器械经营企业 343 家，限期整改 14 家；检查医疗器械使用单位 241 家，限期整改 1 家。监督检查 34 家未按时上报 2018 年度医疗器械经营质量自查报告的第三类医疗器械经营企业，责令改正 33 家次、警告 30 家，9 家企业主动注销“医疗器械经营许可证”。开展医疗器械质量安全隐患排查，检查医疗器械经营企业和体验店等 52 家。全年完成医疗器械网络销售企业备案 85 家，第一类医疗器械产品备案 52 个。现场检查 220 家第三类医疗器械经营企业许可申请。

【质量安全监管】2019年，海口市有工业产品生产许可证获证企业54家。年内，市市场监管局共开展食品相关产品、电线电缆、重点工业产品、危险化学品、防爆电器、烟花爆竹、儿童和学生用品、境外电视传播秩序、安全帽等特种劳动防护用品、塑料塑胶玩具产品增塑剂等工业产品专项监督检查11次，出动执法人员2907人次，检查企业1487家次，累计质量监管方面立案检查35宗，罚款55.42万元。

【标准化监督管理】2019年，海口市市场监管局组织开展企业产品标准“双随机、一公开”监督抽查，抽查产品标准40项。督促企业开展产品标准网上自我声明公开，265家企业、1618项标准在国家企业标准信息公共服务平台公开。年内，国家级农业标准化示范区海南泓缘蛋鸡有限公司通过终期考核验收；国家级服务标准化试点单位海口民间旅行社有限公司、海口金贸文华农贸市场，国家级社会管理和公共服务综合标准化试点单位海南托老院分别通过中期评估。开展《海口市合格电动自行车销售登记目录》编制，15个品牌、94个型号电动车被编入目录并向社会公布。

【特种设备安全监管】2019年，海口市市场监管局开展液化石油气瓶专项整治、危化品行业特种设备大整治、百日隐患大整治等专项整治活动，提高企业安全生产意识。共检查特种设备相关企业516家，下发指令书44份，查封隐患设备25台（套），查处特种设备案件1宗，罚款7万元。全市特种设备运行情况良好，无事故发生。推进老旧电梯更新改造项目。全市老旧电梯需改造1169台，累计受理符合条件的246家单位551台老旧电梯申请材料，209家454台电梯经综合验收使用并获得政府补贴款4406万元。

【计量监督管理】2019年，海口市有强检计量器具备案企业947家、计量器具2.73万台。年内，市市场监管局开展眼镜专项监督检查，检查企业25家，监督抽样定配眼镜产品50个批次；开展加油机计量监督专项检查，出动执法车辆96台次、执法人员260人次，检查加油站80家、在用加油机485台（件）。全年累计处理涉及计量投诉件26宗，办结26宗。

【认证认可监管】2019年，海口市市场监管局集中开展认证检测领域专项整治，监督检查全市165家强制性认证产品销售及生产企业、46家质量管理体系认证企业、20家建筑类检验检测机构，立案查处强制性产品认证类案件10宗、质量管理体系认证类案件2宗、建筑类检验检测机构案件7宗，涉及疑难复杂情况移送省市场监管局协调处置案件线索5宗。

（谭　静）

口岸管理

【概况】海口市有海口美兰国际机场口岸和海口港口岸（秀英港区）2个国家一类开放口岸。2019年，海口口岸出入境旅客140.1万人次，比上年增长22.1%，均为海口美兰机场口岸出入境旅客人数。出入境交通工具1.22万架/艘次，增长20.7%。其中，海口美兰机场口岸出入境飞机1.17万架次，增长24.8%；海口港口岸出入境船舶544艘次，下降29.1%。出入境货物136.87万吨，下降16.6%。其中，海口美兰机场口岸国际及地区货邮量0.66万吨，增长55.4%；海口港口岸出入境货物136.21万吨，增长16.4%。

【口岸开放】2019年，海口市空港口岸新开古晋、大阪、阿拉木图、曼德勒、西哈努克、清州、胡志明、河内、釜山9条空中境外航线，执飞境外航线37条。下半年开始，新埠岛沿海水域（东营海上景区）临时对外开放审批权限由交通部下放至海南省政府。7月8日，省政府批复新埠岛沿海水域（东营海上景区）临时对外开放期限延长至2020年1月15日。

【口岸查验】2019年，海口市继续开展免除查验没有问题外贸企业吊装移位仓储费用全面试点工作。自2016年6月1日开展试点工作至2019年3月31日，共免除查验没有问题外贸企业吊装移位仓储费用73.7万元（中央下达经费）。2019年3月后，因国家下达的专项经费已用完，试点工作暂停，待省财政向国家申请经费并下达海口市后再行开展。压缩海港口岸进出口货物整体通关时间。海口空港口岸进口货物整体通关时间48.81小时，与2017年相比压缩61.6%；出口货物整体通关时间3.04小时，压缩97.2%。海港口岸进口货物整体通关时间53.77小时，与2017年相比压缩57.7%；出口货物整体通关时间3.23小时，压缩97%。继续做好降低集装箱进出口环节合规成本有关工作。8月，市商务局联合市发改、市财政、市交通等部门对口岸收费情况进行全面排查，经查无违规收费情况；4月和8月，分别将空港、海港口岸收费清单报送省商务厅在“单一窗口”平台进行公示。配合省商务厅（口岸办）继续抓好国际贸易“单一窗口”在海口市的推广应用工作，海口市“单一窗口”货物申报、舱单申报、运输工具申报应用率均为100%。

【重大活动通关与服务】2019年3月15—23日，第十届环海南岛国际大帆船赛在海南省举办期间，海口市商务局协调海港口岸各有关单位做好大帆船赛通关服务保障工作，确保8艘外籍帆船、50名外籍船员安全、便捷通关。2019年3月26—29日，博鳌亚洲论坛年会召开期间，协调空港口岸各有关单位做好论坛年会通关服务保障工作，确保821人次境外嘉宾，2架次公务机，42批次礼遇代表团，7批次警卫团队安全、便捷通关。

（顾少兴）

海关监管

【概况】2019年，海口海关强化综合治税，全年税收净入库81.5亿元。提升后续监管效能，深化“多查合一”改革，完善“核查属地化、稽查集约化”机制，稽查追补税额2905.8万元。年内，海口海关1个集体获“全国工人先锋号”“全国巾帼文明岗”称号，7人次分别获“全国最美家庭”“庆祝中华人民共和国成立70周年纪念章”“海南省先进工作者”“海南省三八红旗手”等荣誉，10个单位获评全国和省级青年文明号。

【通关监管】2019年，海口海关优化布控查验水平，进、出口查验率达到考核要求，人工分析布控查获率9.47%，远超全国平均水平。加强口岸实际监管，查获枪支、濒危物种制品、大麻种子等案件171宗，违禁出版物418件（本）；移交案件线索58宗，查发30起核生化有害因子监测情事。严守进出口食品安全防线，销毁、退运不合格进口食品、化妆品13批，加强口岸食品饮用水及公共场所卫生监督，有力保障博鳌亚洲论坛等重大活动安全。严把进出口商品质量安全关，检出不合格进口煤炭18批，危险化学品短重涉及货值369.45万美元，未发生危化品安全责任事故。强化进出境动植物及产品检疫，截获有害生物1136种次，检疫性有害生物19种次，其中锯角斑皮蠹、弯刺天牛、棉小造桥虫等6种为全国口岸首次截获，小灰长角天牛、白带圆皮蠹等12种为海南口岸首次截获，邮检渠道首次查获虎骨制品。持续巩固口岸核心能力建设，支持海南顺利通过全国消除疟疾考核检查，确诊传染病151例，比上年增加22.8%。强化口岸安全风险防控，发现并处置5例输入性登革热病例，封存处理来自疫区的猪及其产品57.5吨，加强供港活猪注册场所监管，对全部进口冻肉实施100%现场查验和送检，有力保障海南生态安全。

【海关缉私】2019年，海口海关深入推进“智慧缉私”建设，完成指挥中心与情报中心互联互通，全面接入公安网、互联网、海关网、运行网等平台，电子物证实验室获批司法鉴定中心。编制《缉私警务装备发展规划（2021—2025年）》，推动海南省反走私情报中心、海南省社管平台反走私平台建设。开展“国门利剑2019”“国门勇士2019”“禁毒三年大会战”等专项行动，查发各类精神药品案件10余宗，查获违规精神药品3312粒，缴获大麻2600余克，打掉大麻种植点1个，有效堵截毒品走私入境通道。打击洋垃圾、象牙等濒危野生动植物及其制品走私，布控查获禁止进口固体废物3批372.16吨，退运、无害化处置固体废物2927.6吨，查获象牙等濒危物种及其制品17宗、走私加利福尼亚湾石首鱼鱼鳔案3宗，查缴涉案成品油2.8万吨。全年查办案件291宗。其中，刑事立案66宗，案值5.6亿元，涉税1.9亿元，行政立案225宗；获批总署一级挂牌督办案件7宗，是前4年一级挂牌督办案件数量的总和。

【海关监管制度创新】2019年，海口海关在博鳌乐城国际医疗旅游先行区创新进口特殊物品“先审批入仓，后核销出仓”监管，支持洋浦推出保税仓和出口监管仓库容整合改革，境外游艇入境关税保证保险制度、优质农产品出口免于出具检验检疫证书和备案考核、保税油品同船混装运输3项全国首创改革被列入海南自贸区创新案例。出台10条措施促进海关特殊监管区域高质量发展，推动马村港成为国家机构改革后首家获批的金伯利进程证书制度指定口岸，推动平行进口汽车、跨境电商等新业态快速发展。支持国际旅游消费中心建设，有力保障离岛免税政策第五次调整，监管离岛免税品销售1819.9万件、销售金额134.9亿元，创历史新高，比上年增长均超30%。全年海南外贸进出口905.9亿元，增长6.8%。

【口岸营商环境优化】2019年，海口海关落实国务院减税降费政策，推动行邮税政策改革落地实施，全面排查下属事业单位收费情况。深化“放管服”改革，实行全省原产地签证一体化；配合海南省实现企业注销“一网”服务，海关行政审批事项实行100%“一个窗口”和网上全程办理，行政审批承诺办理时限提速32.9%。通关便利化水平提升，启动“两步申报”改革试点，深入推进“查检合一”，落实价格、原产地预裁定等便利化措施，实现海南邮轮电信检疫全覆盖，国际贸易“单一窗口”主要申报业务应用率100%。持续巩固压缩整体通关时间成效，口岸进、出口整体通关时间44.24小时，比上年压缩65.2%；出口整体通关时间3.2小时，压缩97.1%，提前2年完成国务院要求到2021年底整体通关时间较2017年压缩一半的任务。

【海关智慧监管】2019年，海口海关升级改造离岛免税申报录入功能和游艇监管系统，优化离岛免税系统自动核销和库存管理机制。完成视频监控集成平台升级，实现对关区所有接入监控指挥中心视频监控智能运维和进出口货物全过程可视化监控。提升监管装备应用效能，完成H986“先期机检”模块开发建设，安装CT机等设备24台，提升“智能审图”成效，完善“人—机—犬”模式。顺利推广应用新一代通关管理系统（H2018）、新一代查验管理系统、风险作业系统、旅客通关管理子系统、移动查验单兵系统和队伍建设综合管理平台。

【海关实验室能力建设】2019年，海口海关实验室检测能力进一步拓展，获得海关总署非洲猪瘟初筛实验室资格、海南省第一批非洲猪瘟授权检测实验室资格，技术中心检测项目增长46.61%，保健中心实验室检测范围扩展至62项。稳步推进一流的国际旅行卫生保健中心建设，完善热带虫媒传染病检测实验室等设施设备。建立当前国内濒危级别最高、保存数量完整的濒危兰科植物物种DNA基因库，濒危物种快速检测鉴定技术研究取得显著成效。参加北京世界园艺博览会兰花国际竞赛获金奖3项，植物种质资源引进、新品种新技术示范栽培研究成果丰硕。

【游艇关税保证保险制度案例】2019年4月11日，海南省委深改办（自贸办）在海口召开中国（海南）自由贸易试验区制度创新案例（第二批）新闻发布会，发布“全国率先实施境外游艇入境关税保证保险制度”等5项自贸区制度创新成果。海口海关因地制宜，在全国率先将关税保证保险制度应用于境外游艇入境关税担保领域，助力海南游艇产业发展，支持海南拓展高端旅游市场。此项制度以境外游艇所有人委托的游艇服务企业或其他经海关注册的企业作为投保人，海关为被保险人，企业向开展关税保证保险业务试点的保险公司购买关税保证保险后，凭借保险公司出具的《关税保证保险单》向海关办理税款类担保手续，实现“先放行、后缴税”。境外游艇入境关税保证保险制度的实施，大幅降低境外游艇入境成本。以一艘完税价格为2000万元游艇为例，未实施关税保证保险制度前，该游艇入境需缴纳760万元税款担保金。实施关税保证保险制度后，该游艇入境30天，只需向保险公司支付约1万元保费，由保险公司承担税款担保责任。

2019年4月11日，海口海关推出的游艇关税保证保险制度入选中国（海南）自由贸易试验区制度创新案例（第二批） （王纯豪 摄）

【查获侵犯知识产权案件入选《2018年中国海关保护知识产权典型案例》】

2019年4月30日，经海关总署评选，海口海关所属美兰机场海关于2018年11月18日在空运渠道查获的侵犯“Supreme”著作权和“LV”“CHANEL”“PUMA”“BUBERRY”“PLAYBOY”等商标专用权案件入选《2018年中国海关保护知识产权典型案例》。该案为海口海关在全国通关一体化模式下，加强跨关区执法联动和信息交换，有效整合海关监管执法力量，协同深圳海关跨关区联合处置，根据深圳海关的布控指令查获的，涉及出口服装、鞋靴等货物1052件，价值2.24万元，这是海南省口岸查获的知识产权案例首次入选。

【平行进口汽车汇总征税通关便利化措施推行】2019年3月13日，海口海关受理海口综合保税区金港华宇国际贸易有限公司35辆平行进口汽车出区申请，企业通过汇总征税模式纳税，享受“先放后税”的通关便利，这是海口海关办理的首批平行进口汽车汇总征税业务。汇总征税是海关为优化营商环境，提升贸易便利化水平而开展的一种新型集约化征税模式，企业在提供有效担保下可享受“先放后税”的通关便利，当月应缴税款在下月第5个工作日前完成汇总支付即可。平行进口汽车使用汇总征税模式，是海口海关贯彻落实《中国（海南）自由贸易试验区总体方案》的一项重要举措，标志着平行进口汽车企业汇总征税通关便利化措施落地实施。

【原产地证书自助打印推广实施】2019年5月20日起，海口海关全面推广实施原产地证书自助打印，原产地业务电子化办理“最后一公里”顺利打通。首批实施自助打印的原产地证书类别共15种，包括中国—澳大利亚、中国—新西兰、中国—巴基斯坦、中国—智利、中国—瑞士、中国—冰岛、中国—格鲁吉亚、中国—新加坡、中国—韩国自贸协定原产地证书，还包括海峡两岸经济合作框架协议原产地证书、《亚太贸易协定》原产地证书（输韩国）、非优惠原产地证书、烟草真实性证书、转口证明书以及加工装配证书。原产地证书自助打印是海关贯彻落实国务院持续优化营商环境、促进跨境贸易便利化工作部署的重要举措。

【离岛免税购物分发首个行邮税调整“优惠礼包”】2019年4月3日，国务院常务会议决定下调对进境物品征收的行邮税税率，促进扩大进口和消费，其中对食品、药品等由15%降至13%，纺织品、电器等由25%降为20%。海口海关于4月8日16时至9日凌晨6时启动海南离岛免税行邮税税率调整工作，根据海关总署2019年第63号《关于调整〈中华人民共和国进境物品归类表〉和〈中华人民共和国进境物品完税价格表〉的公告》，指导关区免税店经营企业同步调整免税品销售系统税率参数，完成税率调整压力测试，保障行邮税税率调整落实到位。4月9日9时24分发出，某旅客购买的风衣扣除单件单次 8000 元免税额度后，缴纳的行邮税费较税率调整前节省 239 元，减税降费“优惠礼包”实实在在落到消费者手里。

【海南首例进境飞机维修业务】2019 年 5 月 30 日，澜湄航空（柬埔寨）股份有限公司一架空客 A320 在海口美兰国际机场完成为期 11 天的 C 检维修和整机喷漆服务后顺利出境。这是海南建设自贸区以来首例国际客户飞机进境维修业务，也是海口海关助力构建海口临空产业园“一站式”飞机维修服务基地的一次实践。为保障此次进境飞机维修业务顺利开展，海口海关所属海口美兰机场海关加强与相关部门和企业的联系配合，指导企业用足优惠政策，利用保税仓对飞机维修所需保税航材进行监管，解决进境飞机税款担保过高和航材替换件进出口问题，有效降低企业经营成本，为飞机进境维修做好前期准备工作；开通国外飞机进境维修便捷通道，安排专人跟踪进展，专门制定方案支持开展境外飞机喷涂等高附加值业务，确保飞机维修和整机喷涂全过程顺畅进行。同时，实施飞机单一工卡管理，准确记录维修使用航材，利用系统联网对保税维修航材从入仓、出仓到装机使用实行全过程信息化管控，实现保税维修航材监管“管得住”，“通得快”。

【自贸区首票境内外航空公司联运转关出口业务】2019 年 7 月 4 日，海口海关所属海口美兰机场海关完成由中国南方航空公司、新加坡酷虎航空公司联合运输的不锈钢餐具转关出口马来西亚的监管通关任务。这是海南建设自贸区以来首票由境内外航空公司联运转关出口的货物，也是海口海关助力打造高效顺畅的国际中转品牌的一次成功实践。境内外航空公司联合运输转关出口是由企业在境内转关时自主选择国内航空公司来运输货物，出境时由境外的航空公司来负责承接出口运输的一种境内外联运出口方式。不同于以往由一家航空公司单独承运整条国内段与国际段航线模式，利用该运输方式转关出口货物，可以更加灵活地选择货物运输的航班和时间，有效地降低运费成本。为保障此联运转关业务顺利开展，海口美兰机场海关主动对接企业，宣传全国通关一体化改革政策，引导企业用足改革红利进行属地申报。设立出口“绿色通道”，叠加“提前申报”“预约通关核销”“24 小时预约查验”等便利措施，全力保障货物快速通关。

【海南首份商品条码申报报关单完成填报】2019 年 8 月 1 日，海口海关指导海南省免税品有限公司完成海南口岸首票商品条码辅助填报报关单的填报，标志着“单一窗口”商品条码申报功能在海南口岸的落地实施。全国“单一窗口”商品条码申报功能是海关税收征管改革中的一项大数据技术应用，企业通过商品条码申报，可实现报关单商品部分申报信息的自动储存、智能辅助填制。商品条码在国际上一般称为“全球贸易项目代码”，简称 GTIN 码，是国际物品编码协会（GS1）标准中应用最广泛的一种编码标识。商品条码由一组规则排列的条、空及其对应代码组成，其中的商品代码是商品流通过程中的全球唯一身份标识，是商品在市场流通的“身份证”和“通行证”。这项辅助功能减轻了报关人员填报工作量、提高申报的准确度，为企业信息化、智能化、规范化申报提供快速便捷的新工具。

【海南首份中智原产地证书签发】

2019 年 3 月 13 日，海口海关为海南蔚蓝海洋食品有限公司出口的冻罗非鱼片签发新版中国—智利自贸协定原产地证书。按照新版中智自贸协定关税减让表，凭此证书该公司出口智利的鱼片关税从 6%降为零，为企业减免关税 2.2 万元。这是自 3 月 1 日《中华人民共和国政府和智利共和国政府关于修订〈自由贸易协定〉及〈自由贸易协定关于服务贸易的补充协定〉的议定书》正式实施后，海口海关签发的首份中智原产地证书。中智自贸协定升级《议定书》是至 2019 年中国货物开放水平最高的自贸协定。实施后双方总体零关税产品达到 98%。升级后，中智原产地规则更为灵活，原产地标准更为宽松，出口商品更易获得“中国原产”资格，证书申办利用更为便利，证书内容设置更为完善。

【海南首份升级版中国—东盟自贸协定优惠原产地证书签发】2019 年 8 月 20 日，海口海关所属海口港海关为海南中信化工有限公司签发首份升级版中国—东盟自贸协定优惠原产地证书，该公司也成为海南省第一家获得新版中国—东盟原产地证书的企业。凭借该份原产地证书，该公司一批价值 4.4 万美元的阴离子表面活性剂将在越南享受零关税待遇，税款减免约 2200 美元。《中华人民共和国与东南亚国家联盟关于修订〈中国—东盟全面经济合作框架协议〉及项下部分协议的议定书》于 2019 年 8 月 20 日起正式实施。原产地证书是由出口国或者地区签发的，可作为确定优惠关税待遇、证明产品品质的依据，在国际贸易中享有“纸黄金”的美誉。本次升级版的东盟自贸协定，出口商品项目数覆盖面更广、原产地标准更为宽松、申领对象范围更加明确、操作程序更加简化，对于中国与东盟各国实现共同繁荣和互利合作共赢起到良好的促进作用。

【首份归类预裁定决定书制发】2019 年 6 月 20 日，海口海关制发海南首份出口产品归类预裁定决定书，产品是海南省主要出口农产品——罗非鱼产品。预裁定工作是指在货物实际进出口前，海关应已注册登记的对外贸易货物收发人申请，对其进出口商品的价格、归类、原产地等海关事务提前做出有关裁定的制度，意味着将商品涉税要素业务从通关环节继续前推，促进通关效率提升，降低企业贸易成本。该项业务以“无纸化”办理，提出预裁定的企业只需要在公司电脑登陆中国电子口岸“海关事务联系系统”即可提交申请，海关通过后台对企业申请资料审核后制发的预裁定决定书在全国海关有效，为企业后续通关环节提供便利。

【海南首份平行进口汽车价格预裁定决定书制发】2019年8月30日，海口海关制发海南首份平行进口汽车价格预裁定决定书，标志着《中国（海南）自由贸易试验区总体方案》中关于平行进口汽车企业可以使用价格预裁定等通关便利化措施落地实施。价格预裁定是指在货物实际进口前，海关根据注册登记的对外贸易货物收发货人申请，对其进口货物完税价格相关要素、估价方法等海关事务提前做出有关裁定。实施价格预裁定，将商品涉税要素业务从通关环节进一步前移，有利于促进通关效率提升，降低企业贸易成本。

【海南首份原产地预裁定决定书签发】 2019年9月25日，海口海关为海南东洋水产有限公司申请进口的冻对虾仁签发原产地预裁定决定书，这是海口海关签发的首份原产地预裁定决定书。作出原产地预裁定后，在有效期内，原产地预裁定可以在货物申报进口时作为原产地证据文件提交，贸易便利化程度大大提升。传统模式下，使用原产地证书通关的进出口企业，需要经过原产地证书申请、原产地证书签发、原产地证书转交、原产地证书提交等环节，且均是“一批一证”，手续较为烦琐，在时效要求越来越高的国际贸易中常常出现原产地证书“赶不上”物流安排的情况。原产地预裁定采用“一次裁定、3年有效”的模式，在实际货物进出口前由货物进出口收发货人向海关申请预裁定，海关对进出口货物做出原产地预裁定后，在三年有效期内，全国海关对企业申报的原产地予以认可，货物进出口可获得更优的通关便利。

【海南获批金伯利指定口岸】2019年9月16日，海口海关金伯利进程证书制度指定口岸申请获海关总署批准，标志着马村港口岸正式成为金伯利进程国际证书制度指定实施口岸，这也是国家机构改革以来，全国首个获批的金伯利进程证书制度指定口岸，意味着毛坯钻石能从国外一站式运到海南，将对海南钻石珠宝加工产业产生积极影响。金伯利口岸是实现海南加工贸易转型升级、打造高端饰品产业链的重要条件，为企业开展毛坯钻石、成品钻的保税贸易和转口贸易提供了平台，为海南承接钻石进出口及高端饰品加工、打造钻石珠宝加工产业奠定良好基础。

【海南首例飞机保税退租再租赁创新业务】2019年12月16日，一架海南航空控股股份有限公司租赁的波音飞机在海口办结海关监管手续后直接飞往昆明，转交新承租人昆明航空公司投入使用。此举标志着海南首例飞机保税退租再租赁创新业务顺利开展。随着“进出口大型设备（租赁飞机）异地委托监管”等政策出台，飞机在非出租人注册地即可办结海关监管手续，省去相关航油费、地面服务费等各项费用，为企业节约运营成本，进一步提升投资贸易便利化水平。

2019年海口海关主要业务统计表

表17

指标		单位	累计	同比增长%
货物监管	进出口货运量	万吨	3405	5.8
	进口	万吨	2815	3.6
	出口	万吨	590	18.2
	监管运输工具数	艘架次	25764	13.9
	进出境船舶	艘次	5482	1.0
	邮轮	艘次	8	-94.1
	游艇	艘次	20	5.3
	进出境汽车	辆次	0	—
	进出境飞机	架次	20282	17.9
关税税收	实际入库税收	亿元	81.5	-14.5
	实际入库关税	亿元	7.9	-17.6
	实际入库代征税	亿元	73.6	-14.1
货物检验检疫	进出境货物检验检疫批次	批	21022	8.3
	进境	批	10612	11.7
	出境	批	10410	5.1

（林　慧）

（编辑：赵华锋　文海川）

农 业

综述

【概况】2019年，海口市机构改革，将市农业局的职责，市委农村工作领导小组办公室的统筹城乡协调发展职责，市海洋和渔业局的渔业管理职责，市发展和改革委员会的农业投资项目、市财政局的农业综合开发项目、市国土资源局的农田整治项目、市水务局的农田水利建设项目管理等职责整合，组建市农业农村局，作为市政府工作部门；市委农村工作领导小组办公室设在农业农村局，不再挂市统筹城乡协调办公室牌子；不再保留市农业局。海口市农业农村局内设市委农办秘书科、办公室、组织人事科、计划投资和政策法规（行政审批办）、农村社会事业和乡村产业发展科、种植业和农业机械化管理科、农业合作经济指导科、农产品质量安全监管和科技教育科、市场信息和交流合作科、畜牧兽医科、农田建设管理科、水产养殖科、渔政鱼监科13个科室；下属单位有海口市农民技术学校、海口市农业技术推广中心、海口市农业综合执法大队、海口市农业检验检测预警防控中心、海口市动物疫病预防控制中心、海口市农机安全监理所、海口市海洋和渔业监察支队、海口市水产技术推广站。

2019年，海口市农业农村局克服非洲猪瘟疫情等不利因素，切实抓好农业产业扶贫工作、菜篮子”供给保障、品牌农业、农村集体产权制度改革等工作，农业农村经济稳步发展，农民收入持续增加。全市农林牧渔业总产值117.59亿元，增加值76.29亿元，较上年下降0.7%；农村常住居民人均可支配收入16116元，增长8.3%。

2015—2019年海口市耕地面积统计表

表18 单位：公顷

指 标	2015年	2016年	2017年	2018年	2019年
年末耕地面积	48293	47880	48071.5	48855	51020
水 田	18763	19096	18535.3	19056	17775
旱 田	6750	6890	7295	7603	9057
旱 地	22780	21894	22241	22196	23098
年内增加的耕地面积	25	2	186.6	546	113
年内减少的耕地面积	210	453	140.08	809	351
# 国家基地占用	67	453	68.45	679	307

（资料来源：市统计局）

2015—2019 年海口市农林牧渔业总产值统计表

表 19 单位：万元

年 份	总 计	农 业	林 业	牧 业	渔 业	农林牧渔业服务业
2015	932000	413488	53082	307759	102007	55664
2016	1038285	479570	54843	328752	113274	61846
2017	1010370	480740	56568	290066	118594	64402
2018	1035085	497620	63102	276586	124948	72829
2019	1175871	579820	61780	335571	114315	84384

注：2017—2018 年为农业普查衔接数 （资料来源：市统计局）

【农业品牌建设】2018 年、2019 年，海口市连续举办两届“海口火山荔枝月”活动，通过举办一系列活动，打响“海口火山荔枝”品牌，促进产业增效、农民增收。已注册且在有效期内的涉农商标 4297 件。驰名商标有椰树、力神、南国、椰岛和神农大丰 5 个；有效期内省著名商标有“卓津”“牧榕”“贡京”等 111 个，省名牌产品有“久之美”等 11 个，省名牌农产品有“金德丰”“裕昌龙”“芭芭乐”等 16 个。全年新增“三品一标”（无公害农产品、绿色食品、有机食品、地理标志农产品）9 个，其中无公害农产品 7 个、地理标志农产品 2 个。有效期内无公害农产品 95 个，绿色食品 19 个。共有海口火山荔枝、海口火山石斛、永兴荔枝、永兴黄皮、永兴佛手瓜、石山壅羊、石山黑豆、石山红芝麻、云龙淮山、大坡胡椒、三门坡荔枝、云龙莲雾 12 个农产品获得国家市场监督管理局（国家工商总局）地理标志证明商标。同时，永兴荔枝、永兴黄皮、石山壅羊、三门坡荔枝 4 个农产品获农业农村部（原农业部）农产品地理标志登记证书。

【农业保险】涉及海口市农业保险工作的有水稻、橡胶、能繁母猪、育肥猪、甘蔗、香蕉、大棚瓜菜、蔬菜价格指数、羊、鸡、胡椒树、天然橡胶价格（收入）保险 12 个险种。2019 年，农业保险收入 8034 万元，累计赔款支出 2855 万元（已决数据），赔付率 35.53%。

【农产品质量安全监管】2019 年，海口市实现农产品质量安全事件零发生。市农业农村局加大投入确保农产品质量安全监管工作开展。全年安排农产品质量安全监管专项资金 1876.69 万元，增加投入 554.8 万元，新增投入 42%。严格落实市政府与省政府签订的农产品质量安全监管工作责任书要求，完成市级年度农产品（含种植、畜禽和水产品三大类）定性（快检）和定量检测任务 26.41 万例，其中，定量检测 2492 例、定性检测（快检）24.86 万例；农业农村部种植业产品例行监测合格率 97.08%，农业农村部农产品监督抽查合格率 100%。定量抽检合格率 98.48%，实现国家和省定农产品合格率目标。共出动执法人员 1100 多人次开展动物卫生监督执法检查，共立案 33 宗（其中违规入岛 21 宗、未经检疫 11 宗），移交司法机关追究刑事责任 1 宗，处罚款 66.44 万元；加强农资市场执法巡查力度，累计出动执法人员 3500 多人次，检查农药、兽药经销单位 950 多家次，物流企业 167 家次，种植基地 120 家次，查处违法行为 9 起，立案 8 起（其中农药案 6 起、兽药案 2 起），1 起案件线索移送公安机关，8 件立案办结，罚没款 10.67 万元。组织完成市、区、镇、村四级检测员 616 人培训任务。推广使用“国家农产品质量安全追溯平台”和“海南省重要农产品质量安全监管平台”，全市有 139 家农业企业（合作社）入驻两个平台。遴选 22 家农业生产经营主体开展食用农产品追溯信息采集试点工作，并动员各市全力配合市商务部门及相关技术单位协调推进。

【新型农民职业培训及农技培训】2019 年，海口市新型农民职业培训教育投入 60 万元，完成培训教育 200 人。培训对象为新型农业经营主体带头人。年内，通过集中办班、现场观摩、现场指导和培训等方式开展农业技术培训，推广农业技术，共培训 1902 人次。培训对象主要为贫困户、农民、种养专业户、基层农技人员等，培训内容包括热带水果种植技术、瓜菜种植技术、水稻高产栽培技术、畜牧养殖技术等。

（谷利丽）

种植业

【概况】2019年，海口市以促进农业增产、农民增收为目的，抓好种植业产业结构调整，加快发展热带果蔬产业，发展无公害产业，提高果蔬产品质量，取得显著成就。有常年瓜菜基地保有面积2959公顷，瓜菜设施大棚380公顷。瓜菜种植面积2.68万公顷，产量51.06万吨，分别比上年下降1.44%和5.42%；农作物种植面积6.59万公顷；水果种植面积1.65万公顷，产量22.8万吨，分别下降3.65%和7.3%。

【粮食生产】2019年，海口市粮食作物播种面积2.54万公顷，总产量12.23万吨，分别比上年下降1.6%和增长1.6%。其中：早稻种植面积1.05万公顷，产量5.38万吨，分别下降12.9%和15.9%；晚稻种植面积1万公顷，产量4.83万吨，分别下降1.1%和增长14.3%。薯类种植面积4436.14公顷，产量1.87万吨，分别下降31.3%和46.9%；豆类种植面积422.46公顷，产量1623.90顿，分别下降11.5%和增长1.6%。

【热带经济作物生产】2019年，海口市热带经济作物种植面积2.05万公顷，其中新种面积1144.32公顷；收获面积8813.96公顷。其中，橡胶种植面积1.14万公顷，收获面积2758万公顷，产量3621.85吨，增长19.9%；槟榔种植面积4258.67公顷，收获面积2026.91公顷，产量4998.82吨，增长48.34%；椰子种植面积1342.53公顷，总产量1008.728万个，下降1.2%。

【蔬菜生产】2019年，海口市常年瓜菜基地保有面积2959公顷，其中瓜菜设施大棚380公顷。瓜菜种植面积2.68万公顷，产量51.06万吨。为提高种植叶菜积极性，继续实施扶持叶菜生产政策。继续开展叶菜价格指数保险工作，累计投保面积5919.85公顷，比上年增长16%，涉及农业企业与菜农户超过8000户次，共理赔1806.98万元。采取补贴5年地租方式集中流转土地，引入16家有农业企业、合作社创建叶菜生产基地，规模种植叶菜780公顷，有效地扩大叶菜生产，提高市场供给。继续落实5—10月淡季露地叶菜补贴政策，每亩每造补贴200元，全年补贴4670.34公顷，补贴资金1401.1万元，增长4.8%。

【育种基地】2019年，海口市累计建成5个集约化育苗中心，面积1.67公顷，共集中育苗1808万株，主要有苦瓜、丝瓜、南瓜、毛瓜、泡椒、线椒、尖椒等品种。

【水果种植】2019年，海口市水果种植面积1.65万公顷，其中当年新种面积315.62公顷，总产量22.8万吨。其中，荔枝种植面积6210.72公顷，产量4.3万吨，分别比上年增长7%和下降20.8%；香蕉种植面积2889.75公顷，产量8.46万吨，分别下降13.42%和增长1.2%；菠萝种植面积1536.55公顷，产量5.14万吨，分别下降30.37%和增长1.7%；龙眼种植面积478.24公顷，产量1599吨，分别下降13.25%和23.1%。

【十大品牌农产品种植】2019年，海口十大农业品牌种植面积1.24万公顷。其中，海口火山荔枝7200公顷、海口莲雾373.33公顷，美兰三角宁地200公顷、永兴黄皮926.67公顷（优良嫁接品种613.33公顷）、云龙淮山413.33公顷、大坡胡椒2800公顷、石山黑豆273.33公顷、海口火山石斛146.67公顷、海口蜜柚126.67公顷、海口甲子牛大力66.67公顷。

【海口火山凤梨】海口市主要热带特色水果之一。种植于火山岩土壤，汲取火山灰中丰富的矿物质元素和有机质，品质优良，营养丰富，含有大量的果糖、葡萄糖、维生素、磷、柠檬酸等物质。外形美观，肉色金黄，香味浓郁，肉质脆爽，清甜多汁。2019年，种植面积933.33公顷，收获面积633.33公顷，产量2.25万吨。

【海口火山沙姜】20世纪70年代末80年代初开始种植，为一年生草本植物，果实为蒴果，花期长，耐旱、耐瘠怕浸，属粗生易长作物。海口土壤肥厚，富含矿物质元素及有机质，土质松软，保水保肥能力强，通透性好，非常适宜于沙姜生长。海口火山沙姜表皮呈浅褐色或黄褐色，略带光泽，根茎呈圆形或尖圆形，断面白色光滑而细腻，富于粉质，气味芳香醇浓，略同樟脑。除了可用作调味品外，还是一种药材，具有温中、消食、疏通经络祛风除湿的功效。2019年，种植面积666.67公顷，收获面积533.33公顷，产量2万吨。

【三江莲雾】莲雾种植是美兰区三江镇的优质产业之一，也是重点扶贫项目之一，种植面积和种植规模在全省名列前茅。三江莲雾果实色泽鲜艳，果肉扎实，海绵体少，清甜爽口，鲜脆多汁，富含多种维生素和矿物质元素，营养价值高。2012年被选为博鳌亚洲论坛指定专用果品。三江镇推行“基地+农户”的方式带动群众发展莲雾产业。2019年，三江莲雾种植面积306.67公顷，亩产量3250公斤，年产量1495万公斤，产值2.09亿元。

【三江蜜柚】产自美兰区三江镇，以红色果皮、红色海绵层、红色果肉及红色老区、红色酸性土壤种植而闻名。2019年，三江镇种植蜜柚120公顷，年产量235万公斤，产值4500万元。

【三江三角宁地瓜】为海口市本土优良地瓜品种，因其独特的三角形瓜叶而得名，种植历史有300多年。三江三角宁地瓜种植在天然的盐沙地，因其盐度高，极少有病虫害的侵袭，避免农药的使用，出产的地瓜绿色无污染，且因沙地中含有海盐成分，使其吸收土壤中的盐分，形成独特的甜中带咸的清新口感。具有皮嫩薄、肉晶

海口市美兰区大致坡镇种植的道统蜜橙。摄于2019年9月（石中华 摄）

莹、味咸甜、口感粉糯的特点。2019年，种植面积66.67公顷，产量95万公斤，产值1520万元。

【道统蜜橙】产自美兰区大致坡镇，个大饱满，皮薄汁多，果肉橙红，肉质细嫩，清甜可口。维生素C含量高达37.4毫克/100克。大致坡镇地势西南高，东北低，多为海拔在10～48米之间的坡地，土壤由新老沉积物和变质岩发育而成的砖红壤土，土地肥沃，土质黏重，酸度大，植被覆盖度好，有机质丰富。镇域内有三条河流，演洲河、美浑溪、美帖溪，演洲河上游有风潭水库，有效库存为2180万立方米，镇域内灌溉网密布。良好的土壤，丰富的水资源，热带海洋性季风气候所具有的光热充足、雨水充沛的条件，非常适宜种植蜜橙。大致坡镇有5个基地种植道统蜜橙共86.67公顷。2019年，道统蜜橙产量25万公斤，销售总额400万元。

【海口火山荔枝品牌打造】2019年，海口市持续打响“海口火山荔枝”品牌，提升“海口火山荔枝”品牌价值，促进产业提质增效和农民增收。制定果品标准和标准化生产示范基地实施方案，通过组织订购会、参加农博会、承办第十七届中国（海南）荔枝龙眼产销活动，与阿里巴巴、苏宁、京东等多家平台开展合作线上线下全力销售，海口火山荔枝继续走俏一线城市及中高端市场。创新使用卡通形象作为2019年海口火山荔枝品牌代言，以“荔志叔”和“海口火山荔枝萌宝”为原型，打造一系列海口火山荔枝文创产品。年内，“海口火山荔枝”被国家市场监督管理总局授予国家地理标志证明商标，品牌价值不断提升。4月13日至6月20日，举办2019海口火山荔枝月活动。活动期间，举行2019海口火山荔枝月暨首届火山石斛节开幕式、2019海口火山荔枝订购会、2019海南省“区域品牌的商标注册”培训班、“海口火山荔枝”地理标志证明商标保护专项活动、2019中国国际现代农业博览会——海口火山荔枝品牌馆展览及现场推介会活动、2019海口火山荔枝电商推介会暨消费者扶贫集市活动、聚划算卖空海口火山荔枝原产地战略发布会暨海口火山荔枝吉尼斯挑战活动、乡村采摘游活动、第十七届中国（海南）荔枝龙眼产销对接活动暨2019海口火山荔枝节开幕式、2019骑楼老街海口火山荔枝宴活动10场主要活动。全市共销售“海口火山荔枝”6.3万吨，产地平均收购价格6.8元/斤，比上年增长32%；销售金额8.57亿元，增长10.2%。

【火山荔枝标准化示范基地建设】

2019年，海口市农业农村局制定《海口火山荔枝标准化生产示范基地建设2019年实施方案》，以发展高产优质高效海口火山荔枝和提升产品市场竞争力为目标，以实施荔枝产业标准为主要内容，加快荔枝新品种、新技术推广应用，努力提高海口火山荔枝标准化建设水平。第一批评定火山荔枝标准化示范基地253.07公顷，第二批评定火山荔枝标准化示范基地664.2公顷，总面积917.27公顷。

（谷利丽）

【花卉产业】2019年，海口市大力发展热带高效花卉产业，花卉种植面积4733公顷，占全省花卉生产面积的49.3%，花卉年产值11.7亿元。花卉企业上规模的有300多家，从事花卉农户1500多户，花卉从业人员约3万人，花农年人均收入过万元。全市有大小花卉市场12个，其中综合性花卉交易市场2个。

加快推进花卉产业项目建设，11月18日，海南会美热带花卉苗木产业园和金盛达花卉产业园项目开工建设。两个项目均为建设花卉交易和展示平台，项目建成后为集现货交易、电子交易、开展花卉拍卖业务、仓储物流于一体的区域性大型国际花卉交易市场和物流中心。开展以花卉产业精准扶贫取得明显成效。琼山区红旗镇三角梅高新技术产业园基地和东山镇海口文心兰种植基地作为产业扶贫基地，海南大湖桥园林股份有限公司实行“保底分红＋超额利润分红”的合作方式，年内1387户贫困户分红567万元。海南柏盈兰花公司与新坡镇31户贫困户签订“精准扶贫点”协议书，通过“带动生产、安排就业、入股分红”等形式帮扶贫困群众解决技术、资金、销路、就业等问题。贫困户将部分政府扶贫资金以“入股分红”的方式参与到兰花产业中，入股资金15.5万元。贫困户在基地不仅可以学到技术，参与企业经营生产，还可以到基地打工，在年底获得分红的同时，每月还能领到固定工资。年底，31户贫困户分红3.1万元。（岑明多）

【高标准农田建设】按照相关规定，实施中的高标准农田建设项目由原实施单位继续完成。2019年，由海口市资规局和原市农业综合开发办公室完成高标准农田建设1620公顷，累计投入资金6336.3万元，其中中央财政资金2304万元，省财政资金3232.3万元，市财政资金800万元。2019年省农业农村厅下达海口市高标准农田建设任务1933.33公顷，任务分配至琼山区、美兰区和龙华区等实施单位。（谷利丽）

【南渡江流域土地整治】海口市南渡江重大土地整治项目由27个子项目组成，批准建设规模21.71万公顷，总投资27.95亿元，建成高标准基本农田1.41万公顷，新增耕地341.22公顷。至2019年底，27个子项目全部竣工验收。（司楠楠）

【“两区”划定工作】2019年，海口市水稻生产功能区划定面积1万多公顷，涉及14个镇、1个农场、1117个行政村，划定片块数487块，划定地块数6056块。天然橡胶生产保护区划定面积3732.47公顷，涉及6个镇、1个农场、37个行政村，划定的片块数124块，划定地块数757块。至12月底，全面完成海口市水稻生产功能区和天然橡胶生产保护区划定工作，并将划定地块数据全部上图入库、建档立卡。

【农作物病虫害防治】2019年，海口市主要农作物病虫害发生面积7.5万公顷次，其中病害发生面积2.27公顷次、虫害发生面积5.23万公顷次。防治面积8.84万公顷次，其中病害防治面积2.37万公顷次、虫害防治面积6.47万公顷次。4月30日，海口市首次发现草地贪夜蛾，也是海南省首次发现。全市各级农业部门组织力量开展监测防控工作，共调查农作物面积71.07公顷，发生面积12.22公顷，防治面积69.87公顷。由于行动及时，措施有力，有效地控制该虫的蔓延为害。

【农药管理】2019年，海口市农业农村局采取日常监管与专项检查相结合的方式，以农药经营企业、物流企业和种植基地为重点检查对象，开展以假冒伪劣农资、禁用农药为重点的农资监督检查工作。出动执法人员1832人次，检查农资经销单位2056家次、物流企业167家次、种植基地35家次，口头教育整改30多次，查处违法行为7起，其中1起案件线索移送公安机关、6件立案办结，共罚没款10.6万元。查获违法经营农药130个品种70件12505（瓶、包、盒），查获禁用农药600箱（其中禁用农药百草枯水剂200箱、敌草快水剂400箱），查获擅自购买农药进岛的农药多效唑24件。（谷利丽）

林 业

【概况】2019年海口市机构改革，优化市林业局职责，将市国土资源局、市水务局等部门的自然保护区、风景名胜区、自然遗产、地质公园管理等职责划入市林业局，增加湿地资源保护和管理职责，市林业局加挂市湿地保护管理局牌子，归口市自然资源和规划局管理。市林业局是主管全市林业工作的海口市人民政府工作部门，内设办公室、政策法规和人事科、生态保护修复科、森林资源和湿地保护管理科（行政审批办公室）、林业改革发展科；下属海南东寨港国家级自然保护区管理局（省市共管正处级事业单位）、海口市林业行政执法支队（副处级事业单位）、海口市湿地保护管理局（副处级事业单位）、海口市森林病虫害防治检疫站（正科级参照公务员管理事业单位）、海口市石山火山群国家地质公园管理处（正科级事业单位）、海口市林业服务中心（正科级事业单位）。

2019年，海口市有林地面积8.99万公顷，森林面积8.68万公顷，活立木总蓄积量282万立方米，森林覆盖率38.39%；各类型湿地面积2.91万公顷，湿地率12.7%。全市有花卉企业300多家，全市花卉种植面积4733公顷，占全省49.3%。全年林业经济总产值49.75亿元，比上年下降12.45%。9月，海南金棕榈园艺有限公司获得国家级林业产业化龙头企业称号，是全省获批的唯一一家企业，海口金棕榈种质资源科技产业园

2019年海口市主要农作物病虫害发生、防治及损失情况统计表

表20

类别	发生面积（万公顷次）	防治面积（万公顷次）	挽回损失（吨）					实际损失（吨）				
			粮食	油料	果树	蔬菜	其他经作	粮食	油料	果树	蔬菜	其他经作
病虫害合计	7.5	8.84	9184	57	2820	25283	960	488	5	313	1533	25
病害小计	2.27	2.37	2302	22	1820	4098	460	122	3	220	128	15
虫害小计	5.23	6.47	6882	35	1000	21185	500	366	2	93	1405	10

获省级现代农业产业园称号。共有6家省级现代农业产业园示范园称号。

【林下经济】2019年，海口市林业局充分利用丰富的动植物资源，大力发展"林蜂""林药"和"林禽"模式的林下经济产业。林下套种新增石斛3.5公顷，新增"林药"面积5公顷。同时，因地制宜发展林下养鸡、养鸭、果子狸、滑鼠蛇、龟等驯养业。充分利用有限森林资源发展立体林业，演丰、灵山、三江、红旗、云龙、三门坡、咸来等镇及岭脚热作农场，依托橡胶林及果园种植散尾葵、巴西铁、龟背竹等鲜切叶1500公顷，鲜切叶产量3.33亿枝，产值1.42亿元。

【苗木基地】2019年，海口市苗木基地有5个，全年育苗面积26.67公顷，主要育苗种类油茶50万株、槟榔144万株、马占相思苗木10万株等。年内，海南金棕榈园艺景观有限公司在云龙基地育有各类苗木100多万株，品种以唐棕、老人棕、高大叶贝棕、黑杆蜡棕、虎克棕、玛瑙棕、斐济棕、霸王榈、黄金熊等大规格苗木为主导，销售收入6547.83万元。海南香树沉香苗木基地增加30万株沉香育苗，产量12.69吨，产值6380万元。海南大湖桥园林股份有限公司红旗三角梅繁育基地育苗26.67公顷。

【林业科技】2019年，由海南柏盈兰花产业开发有限公司申报的国兰、洋兰及百合种质创新与应用，项目单位以兰花和百合为材料进行深入的研究，突破国内花卉产业发展的巨大瓶颈，缺乏自主产权的花卉新品种。项目创新培育国兰新品种8个，洋兰新品种8个，百合新品种35个，同时首次发现百合多倍体二倍化及体细胞核转移遗传现象，并创建多倍体二倍化育种新技术，为百合育种开辟了一条新途径。项目获得国家专利15项，成果推广经济效益和社会效益显著。获得海南省科学技术进步奖三等奖。

【涉林违法案件执法】2019年，海口市林业行政执法支队建立热线举报平台，先后组织开展加强野生动物保护管理及打击非法猎杀和经营利用野生动物违法犯罪活动专项行动、秋冬季候鸟等野生动物保护行动及木材加工经营场所专项整治行动，同时加大对木材运输进出岛的执法检查，有效打击破坏野生动物资源、滥伐林木、无证收购木材和违法运输木材、无证生产经营林木种苗等行为。全年共外出执勤检查1380人次，约360车次，立案查处涉林行政案件85宗，罚没收入27.5万元，共没收或收留陆生野生动物1357条（只），没收苗木293珠，木材33立方。在海口南港、新海港、秀英港等地联合开展打击非法调运森林植物及其产品专项行动。共检疫检查外来调运森林植物3601车次，复检除害处理3008车次，查处违规调运植物车辆292车次，并依法依规进行处理。（岑明多）

畜牧业

【概况】2019年，海口市全力开展非洲猪瘟防控以及稳定生猪生产和猪肉保供稳价工作。继续以"稳猪、促禽、增牛羊"为畜牧业发展思路，以调整畜牧产业结构、畜禽粪便资源化利用和发展种养结合的循环农业为工作重点；加大畜产品安全执法力度，确保畜禽产品质量安全，推动畜牧业生产整体维持稳步、健康、协调发展。全年全市出栏生猪41.57万头、禽1231.86万只、牛56万只、羊8.25万只；禽蛋产量8026吨，肉类总产量6.27万吨。猪肉缺口55%，禽肉、鸡蛋自给有余。畜牧业总产值33.56亿元，比上年减少14.1%；增加值19.7亿元，减少14.8%。

【畜禽养殖废弃物综合利用率提高】
2019年，海口市农业农村局通过对畜禽规模养殖场粪污处理设施进行核查、粪污资源化利用情况监测显示，海口市畜禽养殖废弃物综合利用率81.63%，畜禽规模养殖场粪污处理设施装备配套率79.61%，大型畜禽规模养殖场粪污处理设施装备配套率达到100%，粪污资源化利用率提高。

【家禽养殖】海口市家禽养殖以文昌鸡、鸭、鹅等为主。家禽业是海口畜牧产业中发展速度快、规模比重大、产业化水平高的产业。2019年，肉鸡出栏5万只以上的规模场15个，年存栏万只以上的蛋鸡场12个。家禽产业持续向标准化、规模化、产业

海南（潭牛）文昌鸡股份有限公司的文昌鸡养殖场。摄于2019年

（市农业农村局 供）

化、自动化养殖方向发展。

【猪养殖】 2019年4月，爆发的非洲猪瘟疫情重创海口市生猪产业，生猪规模场从204个减少到75个，生猪存栏量从58万头减少到19.96万头。年末，全市生猪存栏18.39万头，减少42.69%。其中，能繁母猪1.83万头，仔猪9万头，100公斤以上1.75万头；生猪出栏42.5万头，比上年减少41.66%。年内，市政府出台《海口市促进生猪产业转型升级保障市场供应实施意见》《2019—2020年海口市生猪规模养殖场稳定生产财政补贴实施方案》，通过强化非洲猪瘟防控、着力提升生物安全水平、大力发展规模化标准化养殖等具体措施，促进生猪产业升级，保障市场供应。对生猪规模养殖场新进能繁母猪、仔猪补贴；对新改扩建年出栏5000头以上的生猪规模养殖场（含年出栏500头以上的黑猪规模养殖场）建设栏舍给予补贴；对本地生猪养殖企业、异地生猪养殖企业及调运商调运生猪到海口定点屠宰给予补贴。

【食用牛羊养殖】 海口市饲养的牛的品种主要是当地海南黄牛（雷琼黄牛）和海南水牛，仍以农户散养为主，没有形成规模化，标准化生产。饲养羊主要是当地海南黑山羊（东山羊），但缺口大，生产供不应求。年末，出栏肉牛1.56万头，期末存栏牛3.27万头；出栏肉羊8.25万头，期末存栏羊7.29万头。

【特种动物饲养】 海口市饲养的特种动物主要有鸽子、肉兔、鹌鹑、蜜蜂等。2019年，出栏肉鸽78.49万只，鸽肉产量338.71吨。肉兔、鹌鹑海口市农户饲养不多，饲养量少，产品主要依靠岛内外供应。

【非洲猪瘟防控】 2019年4月21日，海口市秀英区发生非洲猪瘟疫情。海口市成立非洲猪瘟防控指挥部，制定《海口市非洲猪瘟防控工作实施方案》，明确26个成员单位职责清单，先后建立指挥长调度会议、防控工作日报告、重要事项会商、督导组例会等工作制度，累计召开46次指挥部调度会，编发《疫情简报》33期、《防控工作简报》56期、《督导简报》52份。建设PCR（基因扩增）新实验室并于6月投入使用，对年屠宰5万头以上屠宰场和年出栏3000头以上养殖场实行重大动物疫病病原学实验室自检制度。

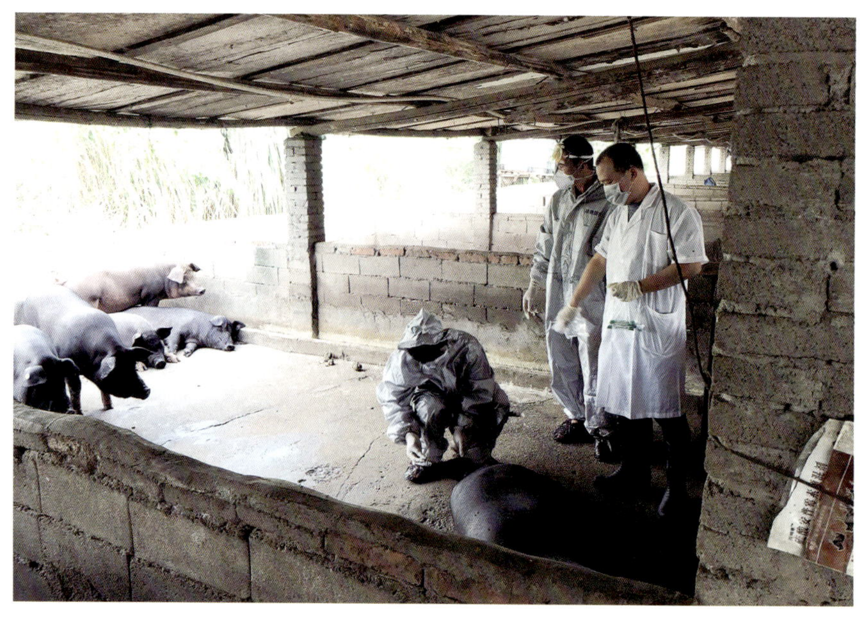

2019年4月15日，海口市非洲猪瘟防控工作人员在秀英区儒林村核查发生非洲猪瘟疫情确诊病例情况

（市农业农村局 供）

全市各级各部门密切配合，通力协作，一手抓非洲猪瘟防控，一手抓生猪稳产保供。重塑“生猪供应—屠宰—配送—市场监管”保障体系，出台生猪调运屠宰及乡镇配送指导意见，从5月5日开始“点对点”调运屠宰，2家屠宰场共屠宰生猪26.6万头，其中海口猪源13.5万头、岛外调运10037头，猪肉流通保障体系运行平稳。同时，加大猪肉替代品投入，鼓励潭牛、牧榕等龙头企业大力发展家禽养殖规模，以牛、羊产业为突破口，促进畜牧业转型升级。邀请两院和海南大学等权威专家开展防控知识和技能培训5次，市指挥部对各区开展专题培训7次。组织生猪养殖场（户）签订《非洲猪瘟防控承诺书》8571份，完成率100%。强化对泔水从产生到无害化处理全程监管，组织主城区8023家餐饮企业（综合体夜市按一家计算）签订收运协议，在城区外18个镇设置18个集中收集点，查处违规餐饮企业251家，处罚53宗。加大重点区域监测和流行病学调查力度，降低传播风险。为确保迅速恢复生猪产能，重点对天兆畜牧、罗牛山新昌种猪场2家核心育种场周边500米范围内的小散养殖户、专业户和小型规模养殖场进行清理，建立生物安全隔离带，消除风险隐患。防控期间，在秀英港、新海港、南港3个港口和53个重要路口设立防疫检查点，侦办车辆冲闯警戒区案件4起，查扣非法运输车辆48辆，个人违规携带猪肉制品4次。累计排查猪肉制品生产加工企业和小作坊371家次、场销售者和专卖店14.8万家次、商场超市3128家次、冷冻库663家次、单位食堂等餐饮场所3.5万家次，对涉嫌违法违规生产经营者立案调查9家，罚款6万元。全市累计设立防疫消毒点197个、卡口185个。5月24日12时，秀英区疫区解除封锁。

【兽医兽药管理】 2019年，海口市农业农村局加大饲料兽药监管工作，严格落实生猪屠宰企业“瘦肉精”自检制度，确保畜产品安全。定期对全市规模生猪、牛、羊养殖企业及所有屠宰场进行“瘦肉精”抽检。全年抽检待宰生猪尿样16247份，完成随机抽检1440份猪尿样，市“瘦肉精”专项监测89份，经现场盐酸克伦特罗、莱克多巴胺、沙丁胺醇阳性快速检测，所有抽检样品均为阴性，检测全部合格。加强兽药经营产品追溯体系建设，全市74家兽药GSP经营企业全部注册追溯体系并上传数据。在兽药经营环节，要求各区主管部门不定期对兽药产品质量进行抽检，全年做到对每家企业至少一次现场监管检查。对动物诊疗机构违规用药问题立案查处1宗，罚没款2.5万元；在畜产品质量环节，监督抽查11批次畜产品进行兽药残留检测。认定并发放“执业兽医师资格证书”和“执业助理兽医师资格证书”39份。

【屠宰监管】2019年，海口市根据非洲猪瘟防控工作需要，先后关停7家不合格生猪屠宰场（点），正常运营的屠宰场（点）有罗牛山食品集团有限公司桂林洋屠宰场和秀英区茂亦生猪屠宰点，并按规定严格落实“两项制度”，配齐官方兽医，认真开展PCR非洲猪瘟自检工作，做到“批批检、全覆盖”。强化信息化手段运用，做好非洲猪瘟疫情防控期间生猪屠宰、调运、监管保障体系，迅速恢复“放心肉”供应。全市有运输生猪备案车辆209辆，均安装GPS/北斗导航定位系统；有运输生猪产品备案车辆186辆，开通绿色通道，保障运输的猪肉安全卫生不受污染。全年举办屠宰管理培训班1次，参加培训人员84人；捣毁私屠宰滥宰窝点2个，关闭10个不符合防疫条件的屠宰场点；开展打击私屠宰滥宰执法152次，出动人员601多次；开展联合执法63次，出动人员628人，没收并无害处理的病害肉0.2吨。（谷利丽）

渔　业

【概况】2019年，海口市以水产养殖业转型升级为主线，坚持生态优先、养捕结合的生产方针，着力推进水产养殖业绿色发展，渔业产业取得较好的发展。全市共有渔业户3991户，渔业人口2.5万人。有登记在册海洋捕捞渔船1846艘，总吨1.19万吨，总功率2.14万千瓦。全市水产养殖水面总面积约7400公顷，其中淡水养殖水面面积约6600公顷（包含水库、坑塘，水库和坑塘面积约3266.67公顷），海水养殖水面面积约800公顷。全市禁养区面积5200公顷。全年水产养殖面积6811公顷，产量3.5万吨。其中，海水养殖面积4265公顷，产量1.38万吨；淡水养殖面积2546公顷，产量2.12万吨。海洋捕捞产量1.72万吨，内陆捕捞产量1164吨。渔业总产值11.4亿元。

【海洋捕捞】2019年，海洋捕捞渔船1846艘，总吨1.19万吨，总功率2.14万千瓦（其中45千瓦以上渔船34艘，总吨5227吨，功率7292千瓦；44千瓦以下渔船1812艘，总吨6645吨，功率14070千瓦）。全年海洋捕捞产量1.72万吨，比上年减少2.3%。海洋捕捞作业方式主要以流刺网、张网、拖网为主，捕捞产量分别为7889吨、6352吨、723吨，分别占海洋捕捞总产量的45.8%、36.9%、4%；兼顾围网、钓具、其他渔具，捕捞产量分别为418吨、523吨、1321吨，三者约占海洋捕捞总产量的13.1%。海洋捕捞产品种40多种。其中，鱼类26种，产量1.29万吨，约占捕捞总产量的75%〔海鳗、鲷鱼、石斑鱼、鲷、白姑鱼、大黄鱼、小黄鱼、带鱼、梭鱼、鲅鱼、鲳鱼、鲻鱼12个品种（产量在400吨以上的品种）产量9421吨，约占捕捞鱼类产量72.9%〕；甲壳类7种，产量2426吨，约占捕捞总产量的14%；头足类3种，产量533吨，约占捕捞总产量的3%；贝类、藻类及其他种类产量1345吨，约占捕捞总产量的7.8%。

【海水养殖】海口市海水养殖主要分为池塘养殖、滩涂养殖和网箱养殖等。2019年，池塘养殖面积约1000公顷，主要养殖区域集中在秀英区（荣山、拔南、新海村）、美兰区（三江、演丰、灵山镇）和桂林洋，养殖品种有南美白对虾、石斑鱼、军曹鱼、牡蛎等，总产量1.17万吨。滩涂及海上养殖面积约1333.33公顷，主要集中在美兰区演丰镇沿海，涉及养殖户（企业、合作社）159个，养殖品种有牡蛎、血螺、文蛤等，总产量9332吨。海上网箱养殖（浮排）700多口，主要集中在秀英区新海村和美兰区演丰镇，养殖品种有军曹鱼、石斑鱼、红友鱼等，总产量1360吨。海水养殖主要优势品种有：南美白对虾，约1000公顷，产量1.11万吨；牡蛎，约666.67公顷，产量386吨。

【淡水养殖】2019年，海口市淡水养殖面积2546公顷，以罗非鱼养殖为主，面积2089.69公顷，产量1.77万吨。年约生产罗非鱼种苗4.2亿尾。罗非鱼在海口市已形成从种苗、养殖、饲料到加工与运销一条龙的产业链。其他养殖品种有草鱼、鲢鱼、鳙鱼、鲤鱼、鲫鱼、鲶鱼、鳗鲡、龟、鳖、蛙等，养殖面积340.95公顷，总产量0.35万吨。

【支渔惠渔】2019年，海口市2018年度渔业油价补助资金发放工作稳步推进，共发放1238.26万元，受益渔船1551艘。为缓解渔民因休渔时间延长带来的生活压力，市政府办公厅印发《关于印发2018年海口市休渔渔民生产生活补助发放实施方案的通知》，首次为海口市2018年度休渔渔民发放休渔生活补贴，这在全省系首例，是一项创新工作。年内完成海口市大中型渔船的2018年休渔生活补助发放工作，共发放资金564.99万元，受益休渔渔船1772艘，为保障休渔期渔民的基本生活进行了一次有益尝试。

【渔业资源保护】2019年，海口市加大渔业资源保护力度，积极开展南渡江禁渔、南海伏季休渔等工作。休渔期间，通过走访港口、渔村宣传，悬挂横幅、张贴农业部休渔通告、发放休渔、水生野生动物保护等宣传资料开展休渔宣传工作，通过“渔信通”平台向渔船发送短信1800余条，推进休渔工作的顺利开展。多渠道深入开展休渔主题宣传报道。分别在4月30日、5月1日的《海口日报》上刊登2019年休渔公告，并公布休渔举报电话，向全市市民告知；同时联合海南电视台“直播海南”“晚间新闻”等媒体栏目对休渔宣传工作进行专题系列报道。全市应休渔渔船数量1840艘，总功率1.87万千瓦，休渔渔民4822人。加快推进东海岸海洋牧场示范基地建设项目。完成通航评估报告编制与备案等前期工作；完成水下监测网、人工鱼礁前后期跟踪调查与评价、海上浮标警示灯招标工作，并进行人工鱼礁期跟踪调查与评价工作和制作海上浮标警示灯；取得海域使用许可证，申请面积47.86公顷，完成全部360个人工渔礁投放工作。

【渔业技术推广和服务】2019年，海口市水产技术推广站通过农业农村部水生动物防疫系统实验检测能力验证，参加的白斑综合征、病毒性神经坏死病、罗非鱼湖病毒3项检测项目验证结果均为满意，具备一定的水生动物疫病检测能力。获得2020年国家及省级水生动物疫病监测计划相应疫病检测实验室备选资格。开展水产品质量安全快速检测工作。按照要求，在琼山区、桂林洋、三江抽取50个罗非鱼样品进行氯霉素、孔雀石绿、呋喃妥因代谢物等7个项目进行快速检测，共检测项目350批次，检测合格率100%。举办“2019年对虾生态健康养殖技术与水产品质量安全培训班”，为养殖户讲解对虾生态健康养殖技术与渔业用药安全等知识，提高养殖户环保意识。在秀英区西秀镇荣山村和拨南村分别举办两期对虾生态健康养殖技术与质量安全培训班，培训人数120多人次。组织技术人员开展实用技术咨询活动7次，人数在110多人次。

【渔船渔政管理】2019年，海口市农业农村局推动“检管分离”改革试点工作取得成效。积极探索船舶第三方检验工作，建立检管分离工作机制。委托船检第三方完成1755艘小型渔船检验，制作船检档案材料7000多页，解决多年来海口市船检工作人员、技术不足的实际问题。加强渔业执法监管。强化“巡打联动”“海陆结合”，依法开展渔业执法行动，严打各类非法捕捞行为。全年共开展休（禁）渔执法、违规网具整治等渔业执法行动148次，联合执法行动10次，渔业执法检查178次，检查渔船607艘次，排查存在隐患渔船311艘，查处休渔期违规渔船34艘，罚款22.78万元；落实秀英区检察院下达两份关于清理整治违规网具的检察建议书，召开工作部署会议5次，开展联合清网行动20次，没收违规网具2208张，有效保护生态环境，维护渔区社会秩序稳定。规范渔港渔船管理。组织大中型渔船、职务船员培训12期，培训渔民806名，发放渔业船员证书735本；办理渔船保险入保渔船49艘，渔民海上人身意外伤害险4204人，收缴保费611.65万元，接处案件26宗，累计赔付62.8万元；探索老旧渔船材质勘验机制，对全市40艘渔船进行拆解。

【渔业安全生产监管】2019年，海口市农业农村局共开展渔业安全生产大检查3次，开展安全隐患排查280次，排查一般事故隐患279项，整改279项，整改率100%。做好渔业安全生产教育宣传培训。开展大中型渔船主安全生产培训班2期，培训渔民150名；开展职务船员培训7期，培训渔民484名。组织宣传包括“5·12防灾减灾日”等的主题宣传活动2次，利用渔业安全生产的横幅、发放宣传单、现场检查宣教等多种形式进行广泛的宣传教育，共深入渔港渔村开展宣传教育280次。根据《海口市渔业船舶水上安全突发事件应急预案》，对水上火灾、应急自救等项目对渔民和应急队伍人员开展演练3次。做好渔业防风防汛工作。全年通过北斗、渔信通等向渔民发送包括气象预警在内的安全生产相关信息78.76万条。（谷利丽）

农业产业化

【观光休闲农业】至2019年底，海口市共有从事和涉及观光休闲农业产业的企业81家，其中农家乐7家、休闲农园47家、休闲农庄22家、休闲乡村5个。全年带动农户9505户，接待游客207.33万人次，营业收入6.6亿元。

【共享农庄建设】海口市自2017年起，开始推进共享农庄建设。经省农业农村厅评审，2017年共享农庄试点7家，其中2家在2018年通过认定获“海南共享农庄”称号；2018年共享农庄试点12家。2019年，向省农业农村厅申报共享农庄试点7家，全部获批。至年底，海口市共享农庄创建试点共有26家，获得320万元财政专项资金支持。

【农民专业合作社】2019年，海口市制定《开展农民专业合作社“空壳社”专项清理工作方案》，召开专题会议，全面摸底排查，开展清理整顿，加强监督检查，取得阶段性成效。经排查，在税务登记的海口市农民专业合作社有1376家，工商显示经营异常的农民专业合作社有534家，指导注销农民专业合作社52家。至年底，全市合作社总数2207个，其中省、市级农业专业合作社示范社38家，社员人数1.48万人，带动农户6.37万户。拨付扶持农民专业合作社项目资金75万元，用于培育5家农民专业合作社示范社或联合社，每家15万元。

【农业龙头企业】2019年，海口市有龙头企业45家，其中国家级龙头企业6家，省级龙头企业39家。全年营利44.51亿元，税收5445.49万元。（谷利丽）

【丝路海口田园综合体建设试点项目】2019 年，海口市菜篮子产业集团积极推进项目的 2017 年产业化项目实施工作，对接各级政府部门并协调相关施工问题，确保推进国家试点项目进展工作，至年底，完成 2017 年度产业化项目总体工程量 20%；2018 年度产业化项目共 4 个子项目，其中《海南省海口市 2018 年度年产 3500 吨蔬菜生产基地新建项目》《海南省海口市 2018 年度 1900 亩蔬菜生产基地设施提升项目》完成立项；《海南省海口市 2018 年度田园综合体农业综合产业园新建项目》《海南省海口市 2018 年度田园综合体年处理 4500 吨农产品配送中心新建项目》正在申请立项当中。为做好项目推进工作，合理性规划，积极对接社会资本方进行合作事宜并结合“海南自贸区（港）百日大招商”活动，拟定《百日大招商活动之“丝路海口·田园综合体”项目招商方案》，通过省市政府平台开展项目招商引资。

（周晓东）

【海口市三江农场发展控股有限公司（海口市三江农场）】2017 年 12 月成立，2019 年 8 月 1 日运营，与三江农场施行“一套人马，两块牌子”的经营模式，承接原三江农场管理域内土地资源。设立 5 个党支部和 7 个业务部门，有员工 46 人（不含下属企业），均为从农场整体导入。有 2 家二级子公司。其中，海口三江农场物业服务有限公司成立于 2015 年 6 月，注册资金 200 万元，经营业务涉及水电管理，土地租金收缴、市政设施管养，道路环卫、绿化，水库、防潮闸日常管理，安保等服务；海口福满三江农业开发有限公司成立于 2019 年 9 月，注册资金为 1000 万元，主要从事种植业、农业观光旅游项目开发等。年内，公司及下属公司总营业收入 718.86 万元，资产总额 5832.86 万元，负债总额 444.87 万元，所有者权益 5388.01 万元，实现营业利润 22.85 万元，资产负债率 7.63%，净资产收益率 0.42%。全年签订应收租金承包合同 407 份，盘活农场糖厂等资产；完成与中屹公司成立合资公司的洽谈工作并上报国资委审批，结合公司资源优势策划包装澳牛产业等新项目。

推动市政府、市发改委、市资规局分别完成海南海口三江红树林省级湿地公园项目前期土地情况统计和详细规划、项目建议书、项目规划选址、项目用地意见的批复，并开展项目环评、水保方案编制。开展海南海口三江红树林省级湿地公园退塘还湿自然保护区生态修复工程项目，完成 2018—2019 年退塘还湿任务 170 公顷，涉及金额 5049.5 万元。代建新埠洋菜篮子基地等 7 个政府投资工程项目，总投资额 7530 万元，完成投资额 5372 万元，占任务数 71%。农业公司项目全面启动 2.33 公顷生态瓜菜基地、9.2 公顷椰子基地种植工作，对接推进 66.67 公顷菜篮子种植基地项目。

（陈 帆）

农业机械化

【概况】2019 年，海口市农业机械化工作以服务“三农”为中心，以规范执行农机购置补贴为抓手，以强化农机安全生产监管为重点，扎实开展农机督查和宣传教育，各项农机化工作有序开展。全市拥有农业机械总动力共 57.02 万千瓦；农机具总量 32930 台，其中拖拉机 4715 台，拖拉机配套农具 1469 部，收割机 454 台，耕整地机械 7869 台（套），排灌机械 10279 台（套）等。年内，市农机管理部门举办常规农机驾驶员培训班 5 期，培训学员 218 名，培训内容包括道路交通法等理论教育和场地及道路的驾驶训练，学员培训后通过各科目考试合格可以取得拖拉机驾驶证。

【农业机械化作业】2019 年，海口市完成机耕作业面积 7.74 公顷，机收作业面积 4.73 公顷，水稻机耕水平 88.45%，水稻机收水平 90.49%：农机作业综合水平 62.5%。其中，主要农作物水稻机耕面积 1.98 万公顷，水稻机收面积 2.02 公顷，水稻机耕水平 91.24%，机收水平 92.68%；农机作业综合水平 64.3%。

【农机购置补贴】2019 年，海口市根据《海南省 2018—2020 年农机购置补贴实施指导意见》的要求，在继续沿用 2018 年农机购置补贴资金的基础上，补贴车辆 42 台，受益农户 30 户，使用资金 35.82 万元。年内，海南省农业厅安排给海口市农机购置补贴中央资金 192 万元、农机购置补贴省级资金 20 万元，海口市完成购机补贴资金 112.041 万元，受益农户 53 户，补贴机具 73 台。

【农机专业合作社】2019 年，海口市有 8 个农机合作社，分别是红旗镇农机作业合作社、海口琼南农业机械专业合作社、海口金宇农机服务专业合作社、海口益民农机作业服务合作社、海口云阁收割机服务专业合作社、海口云岭农机服务专业合作社、海口应民农机专业合作社、海口亦民农机作业服务专业合作社。合作社从业人数 101 人，有机具 169 台，全年完成机耕面积 2924.97 公顷，机收面积 3023 公顷。

【农机质量监管】2019 年，海口市有 19 家农机维修网点，均取得相应等级的“农业机械维修技术合格证”；从业人员 45 人，均办理相应的职业资格证书。市农机管理部门开展“3·15”农资打假活动，检查 10 个农机经销商及农机产品 1402 件，经检查，均有合格证明。

（谷利丽）

（编辑：杜惠珍）

工业·建筑业

综 述

【概况】2019年，海口市始终贯彻中央的“六稳”（稳就业、稳金融、稳外贸、稳外资、稳投资、稳预期）要求，工业经济稳中向好发展，经济发展方式转变效果明显，产业结构调整持续推进。全市工业企业完成工业增加值162.6亿元，比上年增长3%；工业总产值621.43亿元，下降0.4%；制造业固定资产投资26.4亿元，下降8.9%；工业环节入库税收累计完成74.9亿元，增长21.1%。全市规模以上工业企业156家，完成工业总产值563.3亿元，下降0.8%；利润总额49.84亿元，增长41.1%；亏损企业40家，增加9家；亏损企业亏损额7.47亿元，下降57.2%。

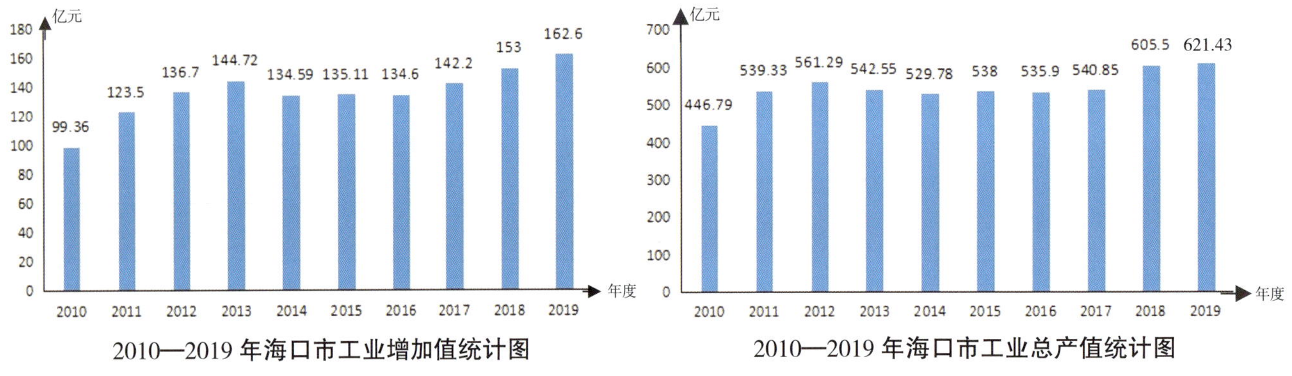

2010—2019年海口市工业增加值统计图　　2010—2019年海口市工业总产值统计图

2019年海口市工业经济主要指标统计表

表21

指标名称	全年累计（万元）	比上年增长（%）
一、全部工业总产值	6214312	–0.4
二、规模以上工业总产值	5633027	–0.8
1. 按轻重工业分		
轻工业	3894728	6.6
重工业	1738299	–5.3
2. 按经济类型分		
国有企业	615978	9.2
有限责任及股份有限公司	4169399	-100.0
私营企业	229476	–0.6
外商及港澳台投资企业	618174	12.1
其他经济类型企业	0	-100.0
在总计中：国有控股企业	1215965	3.4
大型企业	1168879	2.3
中型企业	3066304	10.1
三、规模以上工业销售产值	5394150	0.9
#出口交货值	183268	–37.4
四、规模以上工业销售率（%）	97	–1.7

说明：1. 本表绝对数按当年价格计算，增长速度按可比价格计算； 2.规模以上工业为年主营业务收入2000万元及以上工业企业（本表由市统计局统计报表提供）

2019 年海口市主要工业行业工业总产值统计表

（监测的 140 家工业企业）

表 22

主要行业	监测重点企业数（家）	2019 年总产值（亿元）	上年同期总产值（亿元）	累计增速（%）	占规上企业比重（%）	对规上增速的影响（%）
汽车及运输设备制造业	10	4.9	23.3	−79.1	0.9	−3.3
食品及农副产品加工业	39	122.0	118.2	3.3	22.0	0.7
医药制造业	48	252.3	231.3	9.1	45.4	3.8
机电电子及金属制品业	11	66.4	67.1	−1.1	12.0	−0.1
水电气供应业	6	61.1	58.2	4.9	11.0	0.5
印刷塑料及纸制品业	12	9.6	10.0	−4.0	1.7	−0.1
建材化工等其他制造业	14	29.2	25.2	15.9	5.3	0.7
合计	140	545.5	533.3	2.3	98.2	2.2

（本表为市科工信局运行监测数据统计）

2019 年海口市工业主要产品产量统计表

（规模以上工业）

表 23

指标名称	单位	2019 年累计	比上年增长（%）	指标名称	单位	2019 年累计	比上年增长（%）
售电量	亿千瓦时	86.13	11.0	化学纤维	万吨	0.0	0.0
配混合饲料	万吨	91.53	−12.8	聚酯切片	万吨	0.0	0.0
罐头	万吨	19.20	8.3	塑料制品	万吨	1.01	2.3
啤酒	万吨	2.14	−38.1	汽车	辆	361	−98.3
软饮料	万吨	55.38	6.7	轿车	辆	322	−91.7
卷烟	亿支	118.00	0.4	变压器	万千伏安	1252.75	−2.8

（本表由市统计局提供）

【工业主要行业运行监测】 2019 年，海口工业主要行业有汽车及运输设备制造业、食品及农副产品加工业、医药制造业、机电电子及金属制品业、水电气供应业、印刷塑料及纸制品业、建材化工等制造业。有规模以上工业企业 156 家，累计完成工业增加值 146.1 亿元，比上年增长 3.2%；完成工业总产值 563.3 亿元，下降 0.8%。亿元以上企业共有 75 家，其中 40 亿元以上的企业 2 家，20 亿元 ~ 40 亿元的企业 3 家，10 亿元 ~ 20 亿元的企业 8 家，1 亿元 ~ 10 亿元的企业 62 家。

规模以上工业企业生产经营稳中有忧。具体表现为：工业产出率有所提高，工业增加值率 26.3%，比上年提高 1 个百分点；工业企业产销基本平衡，企业累计完成销售产值 539.4 亿元，增长 0.9%；产销率 97.1%，下降 1.7 个百分点，处在合理区间；工业企业盈利能力增强，盈利企业 116 家，利润总额 49.84 亿元，增长 41.1%，亏损企业 40 家，增加 9 家，亏损面提高 5.5 个百分点，亏损额 7.47 亿元，下降 57.2%，盈利的企业利润增长，亏损的企业亏损减少，反映整体盈利能力得到加强，但亏损面扩大；工业企业销售情况平稳，企业销售收入 546.9 亿元，下降 0.4%，应收账款 130.02 亿元，增长 0.5%，销售收入和应收账款一跌一涨，企业资金回笼速度减慢；工业企业去库存成效显著，企业产成品库存 24.89 亿元，下降 15.2%，比销售收入增速低 14.8 个百分点；工业企业生产效率提高，企业用工人数合计 4.59 万人，下降 6.6%，用工人数连续 7 年下降，但人均工业增加值和工业总产值有较明显提升；工业企业出口下跌明显，企业累计完成出口交货值18.3亿元，下降37.4%，出口下降主要受美国制裁伊朗影响，汽车出口受阻，受中美贸易摩擦影响，水产和机电下半年出口也有所放缓；医药产业出口保持较快增长势头；工业企业债务负担加大，企业总资产841.7亿元，增长6.5%；总负债408.1亿元，增长18.3%；资产负债率49.1%，上升3.7个百分点，企业负债大幅提高，资金链愈发紧张。

从产业转型升级的情况来看，低碳制造业、医药产业和高新技术产业对工业经济拉动作用明显。其中：医药制造业完成规模以上工业总产值252.3亿元，增长9.1%，拉动规模以上工业总产值增长3.8个百分点；低碳制造业完成规模以上工业总产值456.6亿元，增长1%，拉动规模以上工业总产值增长0.8个百分点；高新技术产业完成规模以上工业总产值302.8亿元，增长4.6%，拉动规模以上工业总产值增长2.4个百分点。

从产业结构调整的情况来看，医药制造业在工业经济中的占比进一步扩大，累计完成规模以上工业总产值252.3亿元，占规模以上工业总产值45%，比上年提高3个百分点。汽车产业比重萎缩，累计完成规模以上工业总产值4.9亿元，占规模以上工业总产值1%，下降3个百分点。其他产业占比相对稳定，机电电子及金属制品业完成规模以上工业总产值66.4亿元，占规模以上工业总产值12%，与上年持平。食品及农副产品加工业完成规模以上工业总产值122亿元，占规模以上工业总产值22%，与上年持平。（潘冬春　薛鸿雅）

【工业生产者价格持续上涨】2019年，在全球经济增速放缓，国内经济下行压力较大的背景下，受医药行业发展势头持续向好的影响，海口市工业生产者出厂价格（PPI）和购进价格（IPI）总水平分别上涨1.4%和0.5%。出厂价格与指数为101.4，比上年涨幅扩大0.9个百分点；购进价格与上年同期103.5相比，涨幅缩小3个百分点。

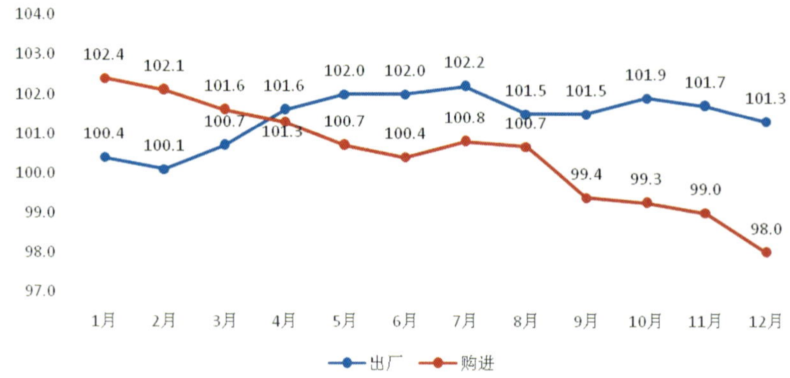

2019年海口市工业生产者价格各月同比走势图

出厂价格。按生产生活资料分，生产资料出厂价格下降，生活资料出厂价格上涨，呈两极分化态势。全年全市生产资料类产品价格下降1%，其中加工工业价格下降0.9%，原材料工业价格下降1.3%。生活资料类产品价格上涨3%，其中一般日用品类价格上涨5%，食品类价格上涨2.9%，耐用消费品科价格下降0.4%。

购进价格。九大类原材料产品价格涨多降少，呈“六升三降”态势。其中，有色金属材料及电线类涨幅最大，为4%；农副产品类、建筑材料及非金属类、其他工业原材料及半成品类、黑色金属材料类、燃料、动力类涨幅分别为2.5%、2.4%、1.7%、1%和0.6%。九大类原材料购进价格比上年下降的有化工原料类、纺织原料类和木材及纸浆类，降幅分别为12.8%、2.5%和1%。

（焦怡茵　王德润　林秀茹　林乔　张向敏）

【工业发展专项资金】2019年，根据《海口市加快工业发展若干规定》和《海口市鼓励医药企业积极开展仿制药质量和疗效一致性评价工作的若干规定》等相关规定，市科工信局兑现工业发展专项资金5.6亿元，惠及企业112家，其中医药产业兑现5亿元，占比89%，惠及医药企业57家。

【中小企业扶持】2019年，海口市通过中小企业专项资金扶持贷款贴息项目204个，贴息金额1274.25万元；信用担保体系建设项目8个，奖励金额172万元；中小企业公共服务平台项目12个，奖励金额130万元。海口市中小企业获得2019年海南省评审入库的“专精特新”重点培育企业11家，占全省61%；“专精特新”后备培育企业36家，占全省60%。

【工业招商引资】2019年，海口市科工信局根据海口产业发展的特点与现状，发挥省会城市优势，借助省市招商推介平台，采用精准招商、定向招商等方式，举办知名医药企业海口行活动。活动邀请19家国内知名医药企业参会，其中上市公司13家，涵盖医药流通、医疗器械和医药制造等领域。现场签约汤臣倍健药业有限公司、西安东盛集团有限公司、老百姓大药房连锁股份有限公司、湖南康立医药物流有限公司、一心堂药业集团股份有限公司、江苏鱼跃科技发展有限公司6家知名医药企业，并对签约项目提供“保姆式”跟踪服务，指导协助企业以解决工商注册、人才落户、纳统、企业购车购房、政策兑现等相关事宜。

【工业科技创新】2019年，海口市有高新技术企业总数411家，增长49.5%，占全省73.3%，主要分布于机械制造、电子信息、互联网、农副产品深加工、生物医药等领域，其中规模以上高新技术工业企业58家。规模以上高新技术工业企业实现工业总产值302.75亿元，比上年增长

4.6%，占全市规模以上工业总产值的54.5%。年内，海南椰岛酒业发展有限公司、海南联塑科技实业有限公司、海南林恒制药股份有限公司等6家工业企业获批为国家知识产权优势企业。新增4家省级工程技术研究中心，拟筹建3个院士工作站。全市工业拥有市级及以上重点实验室28家（省级8家、市级20家）、市级及以上技术研发中心52家（国家级3家、省级28家、市级21家）、3个院士工作站。

【重点工业项目建设】2019年，海口市制造业固定资产投资下降8.9%。全市5000万元以上投资额的工业项目共58个，计划总投资额176亿元，累计完成投资86亿元，2019年完成投资24亿元，其中综合保税区9个项目完成投资5.6亿元，高新区43个项目完成投资15亿元，桂林洋开发区2个项目完成投资0.6亿元。年内投资额过亿元的企业有康宁（海南）光通信有限公司、海南威特电气集团有限公司、海南椰果饮料有限公司、海南雄塑科技发展有限公司、海口市制药厂有限公司5家企业。

（潘冬春 薛鸿雅）

运输设备制造业

【概况】2019年，海口市运输设备制造业重点企业有一汽海马汽车有限公司、全兴工业（海南）有限公司、海南明芳机械有限公司、海南钧达汽车饰件股份有限公司、海南联顺金属工业有限公司、海南瑞德夏工业有限公司、海南宇龙机械科技有限公司、海南元创机械有限公司、六和机械工业（海南）有限公司、海南台丰交通器材有限公司10家，比上年减少8家。全年完成工业总产值4.9亿元，比上年下降79.1%，降幅比扩大31.3个百分点；工业销售产值5.7亿元，下降78.1%；产销率117.4%；出口交货值1.5亿元，下降89.8%。汽车产量361辆，下降98.3%。

【一汽海马汽车有限公司】2019年，有整车工厂3个，发动机工厂1个，技术中心（整车研发中心、发动机研发中心）2个，整车年产能15万辆，发动机年产能20万台，直属员工1000多人，2个零部件工业园入驻22家配套企业。年内受国内政策法规和国际外贸环境的制约与影响，生产经营情况非常严峻。全年生产汽车361辆，总产值1.76亿元，工业增加值0.04亿元；销售汽车0.21万辆，比上年下降90.2%；主营业务收入3.85亿元，下降81%；利税0.27亿元。公司实施两个战略：品类战略和出口战略。品类战略为打造新品类车型二胎七座车型7X；出口战略是以“一带一路”及海南自贸区（港）建设为契机，依托海南省桥头堡的区位优势，大力开拓“一带一路”沿线市场，推动企业逐步朝外向型企业转型。4月，海马S7被中东权威质量认证机构ISQI评定为四星级车型。4月16日，海马8S亮相第十八届上海国际车展。7月8日，搭载海马1.6TGDI发动机的海马8S上市。11月4日，有中国汽车发动机行业“奥斯卡”之称的“中国心”2019年度十佳发动机名单揭晓，海马8S搭载的海马1.6TGDI发动机入选“中国心”2019年度十佳发动机。入选的1.6TGDI发动机是海马自主研发的“HAIMA BOOST BLUE 深蓝动力”的第二代发动机。11月22日，“二胎七座车”海马7X参加第十七届广州车展。年内，一汽海马汽车有限公司研发中心在研项目有七座多功能家轿车型和氢能源汽车，至2019年，累计申请国内专利325项，累计申请国外专利42项。

【汽车零部件配套企业】2019年，海口市汽车配件规模以上企业有9家，主要为一汽海马汽车有限公司提供配件，部分企业也向岛外整车车企提供汽车配件，主要产品有发动机、车架、车门、座椅、空调、音响等。全年9家规模以上企业完成工业总产值3.1亿元，下降51.6%，零配件企业正增长的仅2家，其余企业负增长均超过50%。

（潘冬春 薛鸿雅）

食品饮料及农副产品加工业

【概况】2019年，海口市食品及农副产品加工业实现小幅增长，其中烟草制品业、食品制造业和农副产品加工业实现正增长，饮料业负增长。行业39家重点企业全年累计完成工业总产值122亿元，比上年增长3.3%；工业销售产值123.4亿元，增长5.1%；产销率101.1%；出口交货值7.6亿元，增长1.4%。

【酒和饮料制造业】2019年，海口市酒和饮料制造业有海南椰岛酒业发展有限公司等规模以上企业12家，主要产品有饮料酒、白酒、啤酒、奶茶、咖啡、汽水、功能饮料、矿泉水等。规模以上企业完成工业总产值10.2亿元，比上年下降11.3%，企业涨跌各半。

【食品制造业】2019年，海口市食品制造业有椰树集团等规模以上企业10家，主要产品有椰汁、热带果汁、椰果、牛奶、酸奶、饼干、糖果、蛋糕、面包、月饼和食盐等。规模以上企业累计完成工业总产值39.5亿元，比上年增长10.3%。其中，正增长的有6家，负增长的有4家。

【农副产品加工业】2019年，海口市农副产品加工业有海南裕泰科技饲料有限公司等规模以上企业15家，完成工业总产值40.4亿元，比上年增长0.7%。15家规模以上企业中，保持增长的有9家，下跌的有6家。农副产品加工业主要集中在水产加工业和饲料加工业，其中水产品加工业有海南蔚蓝海洋食品有限公司等6家规模以上企业，主要加工产品有罗非鱼、带鱼、马头鱼、金线鱼、马鲛鱼、鱿鱼、海鳗鱼片、马头鱼片、墨鱼片、凤尾虾、去头虾和寿司虾等。下半年以来受美国加征关税影响，产值增速持续下行，年末累计出口交货值7亿元，同比持平；加工量累计3.8万吨，下降8%。饲料加工业有海口双胞胎饲料有限公司等6家规模以上企业，主要生产加工鸡料、鱼料、虾料和猪料等。受非洲猪瘟影响，饲料加工业产值增速由升转降，完成产值25.2亿元，下降13.7%；加工量累计86.8万吨，下降11.7%。

【烟草加工业】2019年，海口市烟草加工业只有海南红塔卷烟有限责任公司1家规模以上企业，主要生产红塔烟、椰王烟和三沙烟等。全年完成工业总产值31.8亿元，比上年增长6.6%；产量23.6万箱，增长0.4%。产量受中烟集团调控，与上年同期基本持平。年内，企业积极调整产品结构，暂停生产五类烟，加大一类、三类和四类烟产量。其中，一类烟占比7%，比上年提高3个百分点；二类烟占比8%，下降2个百分点；三类烟64%，提高3个百分点；四类烟占比22%，提高3个百分点；五类烟占比0%，下降6个百分点。

（潘冬春 薛鸿雅）

医药制造业

【概况】2019年，海口市共有药品生产企业80家，医药工业从业人数2.2万人。其中，规模以上企业48家，比上年增加3家。医药企业产值上亿元的有34家，与上年持平，其中产值20亿元以上的企业有3家，比上年增加1家。全市共有药品批准文号2677个。有20家医药工业企业的41个品种销售收入超过（不含税）亿元，比上年增加2个品种，销售收入147.6亿元，占行业销售收入63.4%。其中，销售收入10亿元以上的品种3个，比上年增加1个；5亿元~10亿元的品种8个，比上年增加1个；

2019年海口市医药产业主要经济指标一览表

表24

序号	指标名称		单位	数量
一	企业总数		家	80
	其中	正常生产	家	58
		规模以上	家	48
		欧盟和美国FDA认证	家	5
		上市公司	家	4
		新三板上市公司	家	2
二	全市共有药品批准文号		个	2677
	其中	当年新获取的药品批准文号	个	25
三	当年全部完成总产值		亿元	254.33
	其中	规模以上总产值	亿元	252.29
四	产值亿元以上的企业		家	33
	其中	40亿元以上企业	家	1
		10亿元~40亿元企业	家	6
五	全市医药工业从业人员		万人	2.2

1亿元~5亿元的单品种30个，与上年持平。有8家制药企业完成出口交货值1.1亿元，增长92%，共有30多个药品出口近20个国家和地区，其中齐鲁制药（海南）有限公司、海南普利制药股份有限公司出口增长较快。新开拓的国际市场有：齐鲁制药（海南）有限公司的他达拉非出口美国、吉非替尼出口欧洲、注射用奥沙利铂出口马来西亚；海南普利制药股份有限公司的注射用阿奇霉素出口加拿大、注射用伏立康唑和注射用左乙拉西坦出口美国。海南海灵化学制药有限公司、海南先声药业有限公司、海南普利制药股份有限公司、海南葫芦娃药业集团股份有限公司和澳美制药（海南）有限公司等企业增长迅速。行业48家重点企业全年累计完成工业总产值252.29亿元，增长9.1%；销售产值233.6亿元，增长6.8%；产销率92.6%；出口交货值1.1亿元，增长92%。48家重点企业实现正增长的有32家，负增长的有16家，比上年增加6家。

【医药制造业科技创新】2019年，海口市制药企业新获得药品批准文号25个（化药4类7个、原化药6类18个）。至年底，全市14个品规通过一致性评价。海南葫芦娃药业集团股份有限公司的“小儿肺热咳喘颗粒的制备方法”发明专利获第二十一届中国专利奖优秀奖。海南皇隆制药股份有限公司的药物释放技术海南省工程研究中心、海南海灵化学制药有限公司的微生物分析鉴定工程技术研究中心、齐鲁制药（海南）有限公司的小分子靶向药物的研制及产业化工程研究中心等3个项目获批海南省工程技术研究中心。（潘冬春 薛鸿雅）

机电电子及金属制品业

【概况】2019年，海口市机电电子及金属制品业有海南金盘电气有限公司、海南威特电气集团有限公司、海南椰树制罐工业有限公司、康宁（海南）光通信有限公司、海南美亚电缆厂有限公司、海南宝通实业公司、海口高新区宏邦机械有限公司、共享钢构有限责任公司海南英利新能源有限公司、海南立昇净水科技实业有限公司、海南金鹿农机发展股份有限公司11家规模以上企业，产品主要有镀锌板、工程机械、变压器、配电柜、电缆、光纤、光缆、电子通信设备、净水设备、拖拉机等。机电电子及金属制品业总体实现小幅增长。其中，电气机械和器材制造业、金属加工业小幅下降，专用设备制造业平稳增长，电子设备制造业增长较快。出口虽然保持增长势头，但由于美国加征的关税有一部分转嫁给出口企业，企业利润大幅下降。行业11家规模以上企业全年完成工业总产值66.4亿元，比上年下降1.1%，其中7家企业产值实现正增长，4家企业负增长；销售产值66.9亿元，下降6.3%；产销率100.8%；出口交货值7.4亿元，增长24.2%。

【电气机械和器材制造业】2019年，海口电气机械和器材制造业有海南金盘智能科技股份有限公司、海南威特电气集团有限公司、海南美亚电缆厂有限公司、康宁（海南）光通信有限公司和海南英利新能源有限公司5家规模以上企业，完成工业总产值51.2亿元，比上年下降3%；变压器产量1253万千伏安，下降2.8%；光纤产量3188万千米，增长11.9%；太阳能光伏电池片产量54.6万千瓦，增长406%。

【专用设备制造业】2019年，海口专用设备制造业有海南立昇净水科技实业有限公司、海南金鹿农机发展股份有限公司和海口高新区宏邦机械有限公司等3家规模以上企业。3家规模以上企业累计完成工业总产值3.7亿元，比上年增长2.8%。

【金属制品业】2019年，海口金属制品业有海南椰树制罐工业有限公司和共享钢构有限责任公司2家规模以上企业，完成工业总产值5.7亿元，比上年下降3.3%；产品产量2.5万吨，增长4.5%。

【电子设备制造业】2019年，海口电子设备制造业有规模以上企业1家，即海南宝通实业公司，完成工业总产值5.6亿元，比上年增长16.6%。企业逐步恢复正常生产经营。

【机电电子及金属制品业科技创新】2019年海南威特电气集团有限公司共投入6324多万元用于新产品开发及工艺技术改进，完成矿物绝缘电缆、SCB13干式变压器、变压器综合配电箱等一批新产品、新技术的研究开发；申请10项实用新型专利，授权7项实用新型专利。

（潘冬春 薛鸿雅）

其他工业行业

【化工制品业】2019年，海口市化工制品业有海南云海民爆有限责任公司、海南京润珍珠生物技术股份有限公司2家规模以上企业。主要产品有乳化炸药、膨化硝酸铵炸药和化妆品，完成工业总产值1.81亿元，比上年下降1%；销售产值1.68亿元，下降34.4%；产销率92.8%。

【印刷塑料及纸制品业】2019年，海口市印刷塑料及纸制品业有海南万达包装制造有限公司、中钞华森实业公司（原海南华森实业公司）、海南昱华纸品科技有限公司、海南宝岛实业有限公司、海南现代彩印包装有限公司、海南广鑫印务股份有限公司、海口永发印刷厂有限公司、海南拍拍看信息网络技术有限公司、海南赛诺实业有限公司、海南莱仕普卫浴有限公司、海口中南瓶胚有限公司、海口成兴塑胶有限公司12家规模以上企业，产品或业务包括发票、小额货币、书籍、二维码、塑料包装膜、塑料包装板材和塑料饮料瓶等，以及各类产品包装物的生产。全年完成工业总产值9.6亿元，比上年增长4%；销售产值9.6亿元，下降0.3%；产销率100.1%。

【建材行业】2019年，海口市建材行业有海南盛亨混凝土有限公司、海南智海混凝土有限公司、海南兆诚混凝土有限公司、海南广胜新型建材有限公司、海南海玻工程玻璃有限公司、海口海岛混凝土有限责任公司、海南华盛混凝土有限公司、海南林洋混凝土有限公司、海南恒宝混凝土工程有限公司、海南华森建材销售有限公司、海南胜凯建材有限公司、海南承丰钢化玻璃有限公司12家规模以上企业，产品以商品预拌混凝土和混凝土预制件、新型墙体材料为主，同时还包括建筑用节能玻璃等。因受房地产市场因素提振，12家规模以上企业全年完成工业总产值27.38亿元，比上年增长22.5%；销售产值27.53亿元，增长21.6%；产销率100.6%。

【水电气供应业】2019年，海口市水电气供应业有海南电网有限责任公司海口供电局、海南民生管道燃气有限公司、中海油管道燃料化学（海南）有限公司、海口威立雅水务有限公司、海口开源水务资产管理有限公司、海口永庄水务有限公司6家规模以上企业，产品以城市生产、生活用自来水、天然气和电力的供应为主。全年完成工业总产值61.08亿元，比上年增长4.96%；销售产值60.92亿元，增长4.9%；产销率99.7%。其中3家供水龙头企业的自来水供应总和2.16亿吨，增长5.1%；管道燃气供应量1.39亿立方米，增长0.1%；售电量86.13亿千瓦时，增长11%。

（潘冬春 薛鸿雅）

建筑业

【概况】 2019年，海口市住建设局办理三级建筑企业资质许可354项次（省住建厅仅下放三级资质许可）。全市具有资质等级的建筑业企业单位145个，比上年增长1.4%；从业人员5.2万人，增长4%；实现增加值117.07亿元，增长4.5%。本市资质内建筑企业实现利润总额14.32亿元，增长12%；上缴税费23.72亿元，增长8%。全市建筑业总产值258.64亿元。

【建筑质量安全监管】 2019年，海口市住建设局监督建筑工程项目437项，总建筑面积3462.66万平方米，工程总造价1007.73亿元；所监督的项目共有17个入选海南省“绿岛杯”优质样板工程，27个获得“椰城杯”市优质样板工程。所监督的长滨路等六条综合管廊荣获中国施工企业管理协会颁发的2018—2019年度国家优质工程奖。在9月住建部组织开展的全国建筑市场和工程质量安全监督执法检查中，所监管的项目整体可控，得到检查组的肯定。年内，市住建局先后印发《工程质量安全手册（试行）》《房屋市政工程安全生产标准化指导图册》《全国建筑市场和工程质量安全监督执法检查迎检工作方案》，并严格按照方案开展质量安全检查。开展“安全生产月”“质量月”活动，在滨江海岸三期项目举办2019年海口市建筑施工安全标准化现场观摩会。加强建设用砂使用环节联合检查、预拌混凝土专项监督检查、建设工程质量检测机构专项检查、消防安全检查等工作，通过一系列的宣贯会、警示会，专项检查等方式，强化企业建立健全安全生产责任意识，有效促进建筑安全生产形势稳步好转。

【建筑工程扬尘防治】 2019年，海口市住建局严格落实市区主要路段和市容景观道路、机场、码头、车站、广场及省市重点工程周边的施工工地管

2019年海口市按行业分的建筑施工企业生产情况统计表

表25

指　标	单位	合计	房屋和土木工程	#房屋工程	#土木工程	#铁路道路	水利港口	建筑安装	建筑装饰	其他建筑
建筑业总产值	万元	2586421	2118217	1901961	216256	91587	3290	257079	121443	89682
在外省完成的产值	万元	52817	23457	15199	8258	1512		15367	13393	600
#建筑工程产值	万元	2131746	1923265	1734669	188596	90332	2944	69419	57990	81072
安装工程产值	万元	344632	112961	88920	24041	1255	346	181425	41636	8610
其他产值	万元	110043	81991	78372	3619			6235	21817	
竣工产值	万元	1245797	1081272	953377	127895	72001	7107	107614	1296	55615
施工面积	平方米	18892990	17765211	13577579	4187632	1158		117611		1010168
#新开工面积	平方米	5165639	5087777	3723647	1364130			23000		54862
竣工面积	平方米	3380565	3204843	3163349	41494	588		37436		138286
年末自有机械设备净值	万元	21713	15471	15107	364	1270	480	4183	2053	6
年末自有机械设备总台数	台	3364	2396	2360	36	21	1	763	198	7
年末自有机械设备总功率	千瓦	145856	140250	138135	2115	1320	90	3930	1626	50
计算劳动生产率的平均人数	人	56890	47086	43614	3472	844	103	3789	4379	1636

（资料来源：市统计局）

理“六个100%”，重点项目、主要街道、主要路段施工工地安装扬尘自动喷雾系统和扬尘噪音在线监测设备，把施工扬尘污染控制纳入建筑企业信用管理系统。加强工地主要硬化道路的尘土清理、对进出工地车辆安排专人管理；对堆存土堆采用密目式防尘网遮盖；有效利用冲洗平台、抑尘炮、喷淋系统等设施做好防扬尘工作，严禁项目工地内使用冒黑烟的工程机械。

【装配式建筑发展】2019年，海口市住建局编制《海口市装配式建筑专项规划（2018—2022）》《海口市装配式建筑工程质量安全管理办法（试行）》《海口市装配式建筑商品房项目容积率奖励实施细则》《海口市发展装配式建筑2019年工作计划》，大力支持装配式建筑发展。年内，琼山区椰博小学项目被评为海南省装配式示范项目。海口市装配式建筑面积共91.2万平方米。

【建筑招投标管理】2019年，海口市住建局全部完成建设工程招投标备案监管工作。全年完成备案204项，备案合同金额331亿元。其中，公开招标196项，备案金额307亿元；邀请招标8项，备案金额24亿元。完成前期物业协议选聘或招标备案工作61项，其中邀请招标40项、协议选聘21项。

【建筑节能】2019年，海口市住建局围绕“生态文明、平台建设、自主创新、产业升级、提升服务、创新机制”等主题，继续深化建筑节能的转型升级，实现建筑能效提升，推动节能建筑向绿色建筑转变、高能耗建筑向低能耗建筑转变、单体绿色建筑向绿色建筑城区（小区）转变、绿色建筑设计向绿色建筑运营转变、绿色建筑后评估向绿色建筑产业转变。全年，全市竣工验收项目建筑面积1091.96万平方米，竣工验收绿色建筑面积504.32万平方米。其中，政府投资公益性建筑面积11.48万平方米、大型公共建筑面积82.57万平方米、保障性住房建筑面积42.37万平方米、其他建筑面积379.38万平方米，绿色建筑占新建建筑比例为46.23%。

【建筑设计改革创新试点工作启动】

为推动建筑设计传承和创新，住房和城乡建设部决定自2019年4月起至2020年底，在海口开展“彰显城市特色、践行绿色理念”建筑设计改革创新试点工作。开展此次试点工作的意义在于，通过学习借鉴先进建筑设计理念、引入优秀建筑师，形成体现绿色环保、地域特色、人文精神的建筑创作共识，推动高起点、高标准、高品质地设计、建设一批建筑样板，并在此基础上探索创新建筑创作方法、管理制度等，为从源头上破解“千城一面”难题提供可复制可推广的经验。2019年5月13日，海口市召开“彰显城市特色、践行绿色理念”建筑设计改革创新试点工作会议，正式启动建筑设计改革创新试点工作。海口市成立试点工作领导小组，并邀请中国工程院院士、中国建筑设计研究院名誉院长崔愷等21名国内顶尖建筑专家组成建筑大师工作营，为海口城市建筑设计出谋划策、把脉问诊。试点工作主要有四项任务：开展建筑设计创新，完善建筑设计管理机制，探索完善配套政策，培养建立建筑师创作队伍。

【工程建设项目审批制度改革】2019年，海口市住建局制定重点项目服务季活动工作方案，主动为省市重点项目实施的各环节提供指导服务，加快行政许可审批效率，受理事项按时办结率和提前办结率均达100%，全年共受理审批事项7540宗；对工程建设项目审批制度改革，印发《海口市工程建设项目审批制度改革实施方案》，将原审批事项96项减至66项；印发《工程建设八类项目审批流程图》，其中政府投资项目审批用时72个工作日，一般社会投资项目审批用时55个工作日，已推行极简审批改革的园区和“五网”区域项目审批时限压缩至57个工作日以内。经对比，海口市改革后的审批用时领先于南京、广州、厦门等先进城市；初步建成覆盖市、区两级的工程建设项目审批管理系统，完成与国家、省审批管理系统对接；落实施工许可告知承诺制审批，1个工作日内批完，至年底，按告知承诺制审批已核发施工许可证70个。

【建筑工程施工许可试行告知承诺制审批】2019年，海口加快推进建筑工程施工许可审批制度改革，构建诚实守信建筑市场。6月26日，全省首张“建筑工程许可告知承诺制”许可证在海口发放。建筑工程施工许可试行告知承诺制审批，试行期一年。施工许可部门1个工作日内办结施工许可。建设单位按照施工图纸内容组织施工单位进行施工前应办理施工许可。房屋建筑及其附属设施的建造、装修装饰和与其配套的线路、管道、设备的安装，以及城镇市政基础设施工程等已经办理用地批准手续的项目，在办理施工许可时，可试行告知承诺制审批。实行“告知承诺制”审批意味着政府的管理思路从“重审批轻监管”转变为“轻审批重监管”，加强事中事后监管。

2019 年海口市入选海南省“绿岛杯”优质样板工程项目一览表

表 26

序号	工程名称	工程地址	建设单位	施工单位	监理单位	勘察单位	设计单位
1	金隅大成西溪里二期（南区）	海甸二东路南边	海口大成置业有限公司	中商联合泰盛建筑集团有限公司	海南航达工程建设监理有限公司	海南深勘勘察设计有限公司	中元国际（海南）工程设计研究院有限公司
2	海口长流起步区 2402 地块	长滨三路与长滨东一街交汇处	海南英大房地产开发有限公司	中国建筑第八工程局有限公司	海南君诚工程监理有限公司	深圳市勘察研究院有限公司	深圳东大国际设计有限公司
3	海航豪庭二期 A08 地块项目	国兴大道	海南海岛临空产业集团有限公司	中国建筑第六工程局有限公司	北京赛瑞斯国际工程咨询有限公司	武汉地质工程勘察院	中国建筑设计研究院中旭建筑设计有限公司
4	青年路小区经济适用房和幼儿园（12 班）	青年路（晋江电站）	海南电网有限责任公司海口供电局	海南第二建设工程有限公司	海南君诚工程监理有限公司	北京航天勘察设计研究院有限公司	广东弘业建筑设计有限公司
5	五源河公寓二期（C、D 地块）工程施工 4 标 51 号楼	滨海大道南面长流起步区	海口投源实业开发有限公司	海南第三建设工程有限公司	广东鼎耀工程技术有限公司	海南水文地质工程地质勘察院	海南柏森建筑设计有限公司
6	华盛·中央公园国际公寓 2 号楼及地下室	长流起步区 1702 地块	海南峰森房地产开发有限公司	江苏省华建建设股份有限公司	海口百佳兴工程监理有限公司	海南省建筑设计院	海南省建筑设计院
7	爱琴海 ABCD 栋住宅楼及地下室	长秀路 5 号	海南佳业房地产开发有限公司	泰兴一建建设集团有限公司	海南卓众工程监理有限公司	海南水文地质工程地质勘察院	海南柏森建筑设计有限公司
8	滨海国际（2701）地块 B2、B3 住宅楼	新埠岛	海南金海晟投资有限公司	中国建筑第四工程局有限公司	海南君诚工程监理有限公司	海南地质综合勘察设计院	广州大学建筑设计研究院
9	天海居	海甸岛五西路北侧	海口市国运置业发展有限公司	海南万泰建筑工程有限公司	海南珠江工程监理有限公司	海南长勘勘察设计有限公司	海口市城市规划设计研究院
10	东方·天澜滙（续建）1 号、2 号、4 号楼	民生东路 10 号	海南东方瑞迪投资有限公司	海南建设工程股份有限公司	重庆联盛建设项目管理有限公司	海南深勘勘察设计有限公司	海南南方建筑设计有限公司
11	中海锦城（二期、四期）	椰海大道南侧	海口中海兴业房地产开发有限公司	中国建筑第二工程局有限公司	海南省建设工程顾问监理有限公司	深圳市工勘岩土集团有限公司	海南省建筑设计院
12	海鑫郦都一期	海口国家高新区，东边至药谷 9 号路南段、西面至药谷 1 号路、南面至药谷 5 号路	海口国家高新区发展控股有限公司	海南第五建设工程有限公司	海南航达工程建设监理有限公司	海南水文地质工程地质勘察院	海南柏森建筑设计有限公司
13	远大购物广场 A 区	秀英区长流镇长滨四路	远大置业（海南）有限公司	中国建筑第五工程局有限公司	海南时利和建设项目管理有限公司	深圳市勘察测绘院海南分院	湖南大学设计研究院有限公司

续表 26

序号	工程名称	工程地址	建设单位	施工单位	监理单位	勘察单位	设计单位
14	海口市灵山西片区旧改项目 A-08 地块 9 号、10 号楼（商品房）	灵山镇 A-08 地块	海口绿地鸿翔置业有限公司	上海绿地建筑工程有限公司	北京国金管理咨询有限公司	深圳市勘察测绘院海南分院	海南省建筑设计院
15	63790 部队海口经济适用房一期工程	滨江西路	中国人民解放军 63790 部队	海南第一建设工程有限公司	海南中外建工程管理有限公司	海南地质综合勘察设计院	万地联合（厦门）工程设计有限公司
16	颐养公社·阳光城 0502 地块 18 号楼	长滨西二街与长滨六路交汇处	海南成美医疗投资有限公司	山河建设集团有限公司	深圳市建星项目管理顾问有限公司	中国有色金属工业西安勘察设计研究院	海南柏森建筑设计有限公司
17	海口市五源河片区棚户区（城中村）改造项目—文体中心项目一期—C08 地块体育场项目	长滨路东侧	海口市城建集团有限公司（代建单位：海口绿地五源置业有限公司）	上海绿地建筑工程有限公司	重庆赛迪工程咨询有限公司	海南水文地质工程地质勘察院	上海联创建筑设计有限公司

2019 年度海口市“椰城杯”建设施工优质样板工程项目一览表

（排名不分先后）

表 27

序号	工程名称	施工单位	建设单位	监理单位	设计单位	参建单位
1	海口寰岛实验学校初中部	甘肃省第八建设集团有限责任公司	海南寰岛实业发展有限公司	北京佳益工程咨询有限公司	中机十院国际工程有限公司	
2	海口市五源河片区棚户区（城中村）改造项目—文体中心项目一期—C08 地块体育场项目	上海绿地建筑工程有限公司	海口市城建集团有限公司 代建单位：海口绿地五源置业有限公司	重庆赛迪工程咨询有限公司	上海联创建筑设计有限公司	1. 浙江中南建设集团钢结构有限公司 2. 上海华晖装饰工程有限公司
3	海口长流起步区 2402 地块	中国建筑第八工程局有限公司	海南英大房地产开发有限公司	海南君诚工程监理有限公司	深圳市东大国际设计有限公司	
4	海南椰岛（集团）股份有限公司保健酒易地扩建、技改项目	海南建设工程机械施工有限公司	海南椰岛（集团）股份有限公司	海南泓信源项目管理有限公司	弘宇建筑设计有限公司	
5	海南省农垦总医院全科医生临床培养基地建设项目	中际城市建设有限公司	海南医学院第二附属医院 代建单位：金中天建设集团有限公司	福建省泉州建研工程建设监理有限公司	海南南方建筑设计有限公司	金中天（深圳）装饰有限公司
6	颐养公社·阳光城 0502 地块 18 号楼	山河建设集团有限公司	海南成美医疗投资有限公司	深圳市建星项目管理顾问有限公司	海南柏森建筑设计有限公司	
7	鲁能·海蓝椰风五期	北京建工四建工程建设有限公司	海南英大房地产开发有限公司	四川元丰建设项目管理有限公司	海南中电工程设计有限公司	
8	海航豪庭二期 A08 地块	中国建筑第六工程局有限公司	海航地产集团有限公司	北京赛瑞斯国际工程咨询有限公司	中旭建筑设计有限责任公司	
9	东方·天澜滙（续建）	海南建设工程股份有限公司	海南东方瑞迪投资有限公司	重庆联盛建设项目管理有限公司	海南南方建筑设计有限公司	

续表 27

序号	工程名称	施工单位	建设单位	监理单位	设计单位	参建单位
10	海长流四期 6 号、7 号楼	龙元建设集团股份有限公司	海南天泓基业投资有限公司	上海宝冶工程管理有限公司	海南珠江建筑设计院有限公司	
11	滨海国际（2701）地块	中国建筑第四工程局有限公司	海南金海晟投资有限公司	海南君诚工程监理有限公司	广州大学建筑设计研究院	
12	中海锦城（二期、四期）	中国建筑第二工程局有限公司	海口中海兴业房地产开发有限公司	海南省建设工程顾问监理有限公司	海南省建筑设计院	
13	青年路小区经济适用房和幼儿园（12 班）	海南第二建设工程有限公司	海南电网责任有限公司海口供电局	海南君诚工程监理有限公司	广东弘业建筑设计有限公司	
14	爱琴海 ABCD 栋住宅楼及地下室	泰兴一建建设集团有限公司	海南佳业房地产开发有限公司	海南卓众工程监理有限公司	海南柏森建筑设计有限公司	
15	海口长流起步区 0402、0405 地块（1 号、2 号、5 号、6 号、7 号、8 号楼）	中国建筑一局（集团）有限公司	海南英大房地产开发有限公司	海南君诚工程监理有限公司	大地建筑事务所（国际）	
16	金隅大成西溪里二期（南区）	中商联合泰盛建筑集团有限公司	海口大成置业有限公司	海南航达工程建设监理有限公司	中元国际（海南）工程设计研究院有限公司	中建联华（海南）建设有限公司
17	海域阳光二期 5 号、6 号楼	龙元建设集团股份有限公司	海南阳光美基投资开发有限公司	海南中外建工程管理有限公司	海南华磊建筑设计咨询有限公司	
18	信达·银海御湖（一期）	海南万泰建筑工程有限公司	琼海信达置业有限公司	海南金华宇工程监理有限公司	辽宁北方建筑工程设计院有限公司	
19	伟业·椰海尚城	高创建工股份有限公司	伟业控股海南地产有限公司	广州广保建设监理有限公司	海南华磊建筑设计咨询有限公司	
20	海鑫郦都一期	海南第五建设工程有限公司	海口国家高新区发展控股有限公司	海南航达工程建设监理有限公司	海南柏森建筑设计有限公司	
21	五源河公寓二期项目施工 4 标 51 号、52 号楼	海南第三建设工程有限公司	海口投源实业开发有限公司	广东鼎耀工程技术有限公司	海南柏森建筑设计有限公司	
22	楠滨华庭北区 C 栋	海南省农垦建工集团有限公司	海南乾润实业有限公司	海南橡城建设工程监理有限公司	上海中福建设设计院 有限公司	
23	四季华庭三期—阳光华府 1–4# 楼	泰兴一建建设集团有限公司	海南金邦实业有限公司	海口鲁班建设工程监理有限公司	海南元正建筑设计咨询有限公司	
24	海口市灵山西片区旧改项目 A–08 地块 1 号、2 号、3 号、4 号、5 号、6 号、7 号、8 号、9 号、10 号楼	上海绿地建筑工程有限公司	海口绿地鸿翔置业有限公司	北京国金管理咨询有限公司	海南省建筑设计院	
25	63790 部队海口经济适用房一期工程	海南第一建设工程有限公司	中国人民解放军 63790 部队保障部运输营房处	海南中外建工程管理有限公司	万地联合（厦门）工程设计有限公司	
26	天海居	海南万泰建筑工程有限公司	海口市国运置业发展有限公司	海南珠江工程监理有限公司	海口市城市规划设计研究院	
27	海口市海甸三路改造工程	中国建筑一局（集团）有限公司	海口启悦城市建设有限公司	海南辰光项目管理有限公司	中铁第四勘察设计院集团有限公司	

（王　健）

（编辑：吴坤涛）

商贸流通

【概况】2019年，海口市商务局按照“稳增长、抓招商、扩消费、调结构、促改革”的工作思路，抓好招商引资、促进总部经济、会展业转型、扩大消费等各项工作，商务经济取得较好成绩。全年海口市商品市场供应充足，货源丰富，海口市社会消费品零售呈现平稳上涨的态势。全市社会消费品零售总额823.94亿元，比上年增长4.7%。年内，批发业零售额87.24亿元，增长4%；零售业销售额632.32亿元，增长4.6%；住宿业营业额49.99亿元，增长1.8%；餐饮业营业额103.34亿元，增长8.2%。

【消费市场活力激发】2019年，海口市商务局制定贯穿全年的《海口市2019年拉动和促进消费实施方案》和《海口市2019年拉动和促进新型消费活动项目实施计划》，出台《海口市百日大行动促进消费工作措施》；通过“美食＋购物嘉年华”、特色餐饮海南鸡饭创新发展论坛暨海南鸡饭十大金牌名店评选、“嗨翻海口夜市美食之旅”及海口夜市消费美食文化节、“台虎啤酒阳光直飞海口”、启动海口市创建、培育国际美食之都项目等活动，拓展消费领域、培育新型消费模式、激活多种消费业态，挖掘释放消费内在潜力，增强促进经济增长的内生动力。 （王瑞贝）

【生活必需品市场监测】2019年，海口市商务局全力做好猪肉监测、蔬菜监测等重要生活必需品监测工作并取得明显成效。在保供稳价工作中为农产品批发市场发布调运信息、价格信息和天气情况，以便企业及时掌握市场动态，统筹蔬菜调运工作，确保蔬菜市场供应充足；在全市猪肉市场供应的监测工作中，汇总猪肉需求，一旦市场猪肉供应短缺，及时与省商务厅和市发改委保持紧密联系进行猪肉投放，保障海口市猪肉供应；密切海口市粮油米面蛋奶等生活必需品的监测，商务部重要生活必需品监测系统27家（批发企业8家，农贸市场9家，超市10家），常态报送频率为周报，报送率保持100%，一旦发现脱销断档现象，立即指导企业补货，维护市场商品稳定。

【城乡农贸市场升级改造】2019年，海口市完成红旗、旧州、新华果副农贸市场3家农贸市场升级改造。主要对交易大厅、市场蔬菜区、肉类区、水产品区、熟食区、检测室、卫生间等区域进行改造，场地环境干净卫生、建筑设施达到《海南省农贸市场升级改造工程验收标准》，为消费者提供整洁舒适购物环境。改造面积1万平方米，辐射人口达10万人。

【农产品流通领域保供稳价机制创新】

2019年，海口市商务局引进龙头农产品流通企业——北京新发地农产品股份有限公司，通过交流学习，为海口市农产品流通领域开放开创新的里程。开设蔬菜服务网点，解决为民服务最后一公里的问题。年内，市菜篮子集团运营的末端销售网点有215个，菜篮子直营门店46家；平价菜供货合作网点25个，集装箱临时网点39个，52个菜篮子社区蔬菜直销车点位，加盟网点5家。在48家农贸市场里布设有107个“菜篮子”平价菜直营摊位。中秋国庆两节期间，组织3家蔬菜批发企业、2家生猪销售企业、1家农贸市场协会及41家农贸市场自发倡议让利于民，对销售的猪肉与本地市民喜好的蔬菜，按照市发改部门监测的销售价格下调15%～20%销售。

（符倩碧）

【非洲猪瘟期间市场肉类供应】2019年4月21日，海口市发生非洲猪瘟疫情。市商务局全面贯彻落实市委、市政府保供稳价有关要求，分别于4月23日和5月8日，组织召开非洲猪瘟期间保供稳价工作部署会，密切关注市场供应情况，加强对海口市猪肉供应的监测。据监测，非洲猪瘟发生后1个月内，由于疫情较为严重，海口市生猪存栏急剧下降，每日猪肉供应量约只有500头。其间市商务局指导市菜篮子集团和海南罗牛山股份有限公司等大型猪肉供应商做好猪肉调运工作。自6月起，猪肉供应开始持续增加，每日供应约1200头。同时，积极协调省商务厅申请投放省级储备冻猪肉，共申请4批次923吨省级储备冻猪肉。

【海口夜市】2019年，海口夜市营业

海口夜市让人们的生活更丰富。摄于2019年8月7日 （苏弼坤 摄）

额5.3亿元，比上年增长30%，共吸引市民游客1000万人次。年内，市商务局开展“嗨翻夜海口夜市美食之旅”“海口夜市美食文化节”等活动，其间客流量增长15%以上。为响应海口跨年狂欢季活动，12个夜市针对岛内外游客推出优惠项目，其中华晨宇演唱会期间，夜市营业额850万元，到夜市消费人数27万人次，许多从外地来的明星粉丝纷纷到夜市消费。但海口夜市发展也存在噪音、同质化、卫生清理不及时等诸多不足。12月5日，市政府领导在《八成民众支持海口夜市建设四方面建议促夜市高品质发展——海口夜市经济调研》上做出重要批示。为此，市商务局召集4个区商务局和各夜市经营者召开促进夜市高品质发展座谈会，对存在的问题进行梳理，听取各夜市的诉求，对夜市未来的发展决定采取以下措施：研究出台海口市夜市建设管理办法；加大对夜市的推广宣传力度；协调夜发联指导夜市合理规划发展。

（方亦高）

【海口市城市共同配送试点典型经验全国推广】2019年，商务部办公厅印发《关于复制推广城市共同配送试点经验的通知》，提出复制推广城市共同配送试点经验，海口市等地16条典型经验上榜。2012—2014年，商务部会同财政部在海口市等22个城市开展城市共同配送试点。试点工作开展后，海口市商务局积极探索创新共同配送模式，构建布局合理、运行有序、绿色环保的城市共同配送服务体系，取得积极成效，形成海口典型经验。加强组织领导，成立由分管市领导任组长、各相关部门参加的领导小组，建立各司其职、各尽其责、通力配合的工作机制；制定《海口市城市共同配送车辆管理规范》等6项技术规范，完善地方标准体系；根据商贸领域配送需求，依托“一带双核三轴”物流发展战略，规划建设城市共同配送三级网络布局；建设海南罗牛山冷链物流园等一批冷链物流基地，打造安全、环保、节能、高效的冷链物流载体。 （曾丽娥）

“菜篮子”工程建设

【概况】2019年，海口市认真贯彻落实省“菜十条”和市政府“十六条”措施，出台《海口市2019年“菜篮子”工程建设工作要点》，部署全市菜篮子年度工作。农业部门持续抓好常年蔬菜生产，扩大本地蔬菜种植；商务部门加强产销对接，建立调运储备供应调节机制；市菜篮子产业集团不断拓展平价菜销售网点，增加“惠民菜”投放；发改部门和各区政府加强市场监测与巡查监管；市场监管部门加强执法检查，实行检打联动，全力做好农产品质量安全监管工作；宣传部门加强组织正面宣传引导，及时发布准确信息，引导市民合理消费。全年，市委副书记、市长丁晖召开10次菜篮子调度会议研究部署落实省政府“菜十条”有关要求，实地调研4次，就菜篮子基地的种植、抗击非洲猪瘟，稳定供应“放心猪肉”、平价菜进小区网点、平价菜网点通电等工作进行多次指挥调度，部署推进。据国家发改委公布数据显示，2019年海口市15种蔬菜平均零售价格为4.23元/斤，在全国36个大中城市排名第5位。重大节日期间，据监测，中秋期间19种蔬菜零售均价3.81元/斤，比节前下降13.41%，比上年同期下降3.54%；黑猪、白猪零售均价31.19元/斤、25.85元/斤，比节前分别下降14.2%、15.4%。国庆期间14种基本蔬菜零售均价3.51元/斤，比节前零售均价4.35元下降19.31%；黑猪、白猪零售均价28.28元/斤、23.12元/斤，比节前分别下降15.32%、16.30%。全市蔬菜供应充足、价格平稳。

（林晓婵 吉晓宇）

【市场菜价】2019年，海口市农贸市场蔬菜价格明显上涨。监测的15个蔬菜品种14升1降，平均零售价格为每斤（下同）4.03元，比上年上涨10.41%。其中，涨幅较大的有土豆、蒜薹、圆白菜和白萝卜，分别上涨18.88%、16.72%、15.84%和15.21%。

从每月情况看，海口市蔬菜价格呈先降后涨在高位波动走势。其中，1—2月，海口市蔬菜价格持续微幅下降。平均零售价格分别为3.83元、3.80元，环比分别下降0.78%、0.78%。主要原因是2018年12月，海口市受多股冷空气影响，持续低温阴雨天气，导致本地蔬菜生产受损，市场菜价出现上涨。2019年元旦期间再次受强冷空气影响，1月中下旬海口市天气总体良好，菜农积极性较高，加上蔬菜生产旺季蔬菜种植面积增大，产量高，菜价逐步回落，但从1月整体来看，菜价下降幅度较小。2月受节日效应影响，菜价出现上

涨，但涨幅不大。节后蔬菜需求减弱，价格逐步回落。但元宵节后，随着返乡人员基本返岗，以及学校开学带动市场需求增加，市场蔬菜价格止跌回涨。整体上，2月菜价微幅下降。

3—4月海口市蔬菜价格呈持续上涨走势，15种蔬菜平均零售价格分别为4.02元、4.19元，环比分别上涨5.79%、4.23%，价格高居不下，且同比涨幅较大，较往年反常。主要原因是2月底以来，岛外进岛蔬菜批发价格呈波动上涨走势，如监测的4月10日凤翔批发市场15种蔬菜均价2.19元，比2月25日均价1.61元上涨36.02%。加上3月本地田头收购价也出现上涨，导致3月菜价不降反升。进入4月以来，随着本地蔬菜上市增多，本地蔬菜价格明显回落，但受全国蔬菜价格普遍上涨影响，进岛蔬菜价格下降幅度不大，造成海口市蔬菜价格仍有所偏高。

5—9月，15种蔬菜平均零售价格分别为4.28元、4.18元、4.13元、4.17元、4.35元，环比有升又降，分别上涨2.39%、下降2.34%、1.2%、上涨0.97%、4.32%。主要原因是自5月海口市进入传统的蔬菜生产淡季，近几个月高温、暴雨天气频繁，不利于本地蔬菜生产、种植。特别是7月初受热带低压、7月底受台风“韦帕”、8月底受台风“杨柳”、9月初台风“剑鱼”影响，琼州海峡均出现短暂停航，进岛蔬菜批发价格出现明显上涨，强风雨导致本地部分蔬菜生产基地被淹，本地蔬菜供应有所减少，导致近几个月市场蔬菜价格呈上涨趋势。

10—12月，蔬菜价格呈先降后涨走势。15种蔬菜平均零售价格为3.74元、3.90元、3.95元，环比分别下降10.53%及上涨4.28%、1.28%。10月蔬菜价格下降主要原因有：国庆节期间海口市对市场蔬菜开展倡议价格活动，菜价出现明显下降；是9月中旬至10月以来，海口市天气总体良好，本地蔬菜上市量逐渐增多，带动市场菜价下降。进入11月以来，受多股冷空气影响，进岛蔬菜批发价格及本地蔬菜收购价格出现一定的上涨，导致11—12月蔬菜价格有所偏高。

（陈琪　黄秋喜）

【叶菜价格指数保险】2019年，海口市继续开展叶菜价格指数保险工作，财政补贴菜农投保保费90%，菜农自缴10%。全年累计投保面积5920公顷，保费共1737.45万元，涉及农业企业与农户超过8000户次。全年出险面积约2800公顷，理赔金额1806.98万元。（洪其宁）

【“菜篮子”末端销售渠道拓宽】为解决市民“买菜难、买菜贵、买菜远”等问题，2019年春节期间，海口市菜篮子产业集团在全市设置59个“菜篮子”临时直销点。同时持续对“菜篮子”网点运营进行优化，构建“菜篮子门店＋农贸市场菜篮子直营摊位＋菜篮子社区平价菜便民网点＋菜篮子社区蔬菜直销车”的销售网络，至年底共有215个末端销售网点，其中进小区网点95个，增强“菜篮子”末端网点作为市场蔬菜价格调控的主要抓手的作用。按照“15分钟便民生活圈”的要求，基本覆盖海口建成区内主要街道、社区。市菜篮子集团拓展线上销售渠道，与美团平台合作，实现外卖的门店19家，增加线上销售覆盖面积。全年，菜篮子末端网点蔬菜采购调运投放总量1.08万吨。（吴英珍　陈敬）

【“一元菜”等惠民政策措施实施】海口市建立常年“一元菜”供给机制，搭起市委、市政府与困难群众之间的“菜篮子”桥梁，日常有供应至少3个品种“一元菜”，在特殊天气及节假日会适时增加“一元菜”品种，保障困难群体吃上新鲜、优质、放心、实惠的蔬菜，让市民“菜篮子”拎得更轻。“一元菜”主要品种有外地大白菜、莲花白、南瓜、白萝卜等，同时注重提升质量，满足市民对多样化、高品质的需求，进一步提升惠民菜的为民办实事的效果。2019年，“一元菜”投放量4240吨，“基本菜”投放量3600吨。（吴英珍）

【菜篮子蔬菜种植基地建设】2019年，海口市菜篮子产业集团自有蔬菜保供基地总面积440.8公顷，其中菜篮子大荒洋蔬菜种植基地181公顷、菜篮子七水洋蔬菜种植基地242.3公顷、菜篮子林昌蔬菜种植基地17.5公顷。其中，林昌基地于10月引进合作企业开垦整地，年内未耕种使用。而受菜篮子大荒洋、七水洋蔬菜种植基地部分地块进行高标准农田建设和红岭灌渠田间工程施工等影响，部分地块不能正常耕种使用，因此两

2019年9月11日起，海口市菜篮子集团43家社区平价菜便民网点逐步开放营业，平价菜网点覆盖率进一步提高（市菜篮子集团　供）

个基地在年底完成整地并安排种植353公顷，产量579万公斤。

【菜篮子蔬菜种植基地合作】2019年，海口市为加快推进菜篮子蔬菜种植基地建设，市菜篮子产业集团引入合作种植企业9家，年产蔬菜579万公斤，增加种植南瓜、辣椒、茭白、毛豆等蔬菜品种。在琼州海峡经济带建设及一体化发展合作中，市菜篮子产业集团与湛江的蔬菜种植公司继续开展叶菜合作种植，全年完成叶菜种植400余公顷，产出各类叶菜230万余公斤。（盛小彬）

【蔬菜应急调运储备机制建立】在重大节假日及异常天气前夕，海口市积极协调企业对接岛内外大型蔬菜基地，加大蔬菜调运储备力度，保障新鲜蔬菜供应，满足市民对蔬菜的需求。2019年，市商务局落实海口市3000吨蔬菜储备项目。为做好保供稳价工作，市菜篮子集团坚持“一元菜”长效机制，保证“一元菜”供应不断档。为做好“云菜入琼”的相关工作，针对云南蔬菜开展储备调运工作，将云南蔬菜基地作为重点合作目标，并与当地蔬菜生产企业签订战略合作协议，同时通过多品种打包式采购竞价新模式，持续从云南蔬菜基地采购多种优质蔬菜共1277.03吨，以解决夏秋淡季等特殊时段的蔬菜供应问题。（吴英珍）

【春节蔬菜保供稳价】2019年，海口市农业农村局为保障元旦及春节期间海口市蔬菜供给，稳定价格，在全市范围内扶持种植快菜866.67公顷，以实际种植面积为准，实行物化补贴，平均每亩物化补贴标准为200元，共物化补贴266万元。春节至元宵期间在田供应面积1666.67公顷，产量1.84万吨，日上市量1025吨。种植春节期间特殊需求蔬菜91.29公顷，其中甜菜11.89公顷，水芹24.21公顷，蒜苗48.11公顷，香菜7.08公顷，保障春节期间充足供应。（谷利丽）

【放心猪肉供应】2019年，在非洲猪瘟防疫期间，为做好海口市非洲猪瘟防控工作，同时根据《海南省省级冻猪肉储备应急保供投放实施方案》和省、市领导关于海口市冻猪肉投放的相关指示精神，让广大市民在非洲猪瘟防疫期间吃到放心肉、健康肉，4月27日起，市菜篮子产业集团旗下13家直营门店开始供应“放心猪肉”等生猪产品。所供应的“放心猪肉”涵盖排骨、猪脚等14类生猪产品，且配备“两证两章”（动物产品检疫合格证、肉品品质检验合格证、动物检疫验讫印章、肉品品质检验验讫印章）和非洲猪瘟病毒检测结果（报告），所有产品明码标价，并通过门店价格公示牌进行公示，受到广大市民欢迎和好评。6月2日，市菜篮子集团接管西秀茂亦屠宰场，中秋、国庆节假日期间，积极响应政府号召，针对生猪屠宰户采取以下减免等措施：生猪到场检测、生猪栏内检测与屠宰费用全部免除；增派检测人员负责检测，同时增加多台PCR检测仪器以便提高检测效率；加大宣传力度，安排专人对生猪运输户与猪肉批发商细心讲解并签订《“菜篮子”保供稳价从我做起承诺书》；建议生猪运输户与猪肉批发商按照“倡议书”指导价进行末端售卖；要求白条批发商准确填写生猪去向表细化到市场摊位号，保证国庆生猪销售补贴（白猪50元/头，黑猪200元/头）落到实处，确保海口市场猪肉供给、民心稳定、平稳价格。全年供应“放心猪肉”581.3吨，放心猪肉的价格普遍低于市场售价，如排骨、后精瘦肉、五花肉的价位低于农贸市场10%以上。

【“菜篮子”产品检测】2019年，海口市市场监管局每天出动5辆食品快检车对农贸市场、超市果蔬、水产品、面制品、肉类等进行农药残留、二氧化硫、硼砂、甲醛、瘦肉精等项目检测。全年共检测25224批次，20批次不合格，合格率99.92%。监督海南凤翔蔬菜批发市场共抽检蔬菜44545批次，销毁阳性蔬菜113批次，约6672公斤，合格率99.75%；抽检水果14329批次，销毁阳性水果4批次，约1050公斤，合格率99.97%。市菜篮子产业集团成立检测中心，全年共检测果蔬16355批次，合格率99.7%；检测猪肉32批次，合格率100%。（吉晓宇　陈宋明）

2019年11月17日，海口市菜篮子平价菜便民网点开通政府储备冻猪肉当天预约、次日自提业务，方便更多市民就近购买冻猪肉（市菜篮子集团 供）

【海口市菜篮子公益性大型农副产品批发市场建设】至2019年，海口市公益性大型农副产品批发市场项目一期的1栋交易大棚（2号楼）和4栋交易厅（3号、4号、5号、7号楼）均完工，11月18日完成竣工验收。项目二期园区室外道路工程完成总工程量的95%，房建工程完成其总工程量的89%，累计完成投资约4.18亿元。项目一、二期配套工程完成其总工程量的88%，一、二期配套工程完成投资额约2.5亿元，完成总投资额的76.69%。项目三期建筑面积约27万平方米，投资额约12亿元（不含土地费用），原已列入2019年政府投资（新建）项目，按照省市政府引进龙头企业合作建设运营的要求，正在由市农业农村局牵头引进龙头企业合作建设运营。（林晓君）

【“菜篮子工程”宣传】2019年，海口市通过报纸、电视、广播等平台，重点从产、供、销等方面入手，多角度、全方位对本市的“菜篮子”情况进行宣传，刊（播）发《迎中秋、国庆，海口“菜篮子”量足价稳》《海口菜篮子公益性大农批春节前运营》等多篇稿件，在粤桂琼12家党报12个整版聚焦海口市菜篮子产业集团发布《坚持“以人民为中心”，扛起“菜篮子”保供稳价责任担当》。在传统媒体宣传的同时，充分利用新媒体传播优势，通过《海口新闻联播》《海口新闻》《热带播报》等微信公众平台对相关报道进行推送。在年内保供稳价及特殊恶劣条件期间，每天在《海口日报》发布菜价信息，海口广播电视台每日滚动发布菜价信息；组织《海口日报》及海口广播电视台的“热带播报”“直播12345”栏目等结合自身实际，在进行社区宣传活动的同时，协助宣传海口市贯彻落实省“菜十条”的新政策、新措施。

（林晓婵）

粮油流通

【概况】2019年4月，原海口市粮食局整体划转海口市发展和改革委员会，加挂海口市粮食和物资储备局牌子，实行一套人马两块牌子运转。年内，市发展和改革委员会（海口市粮食和物资储备局）（简称“市发改委”），不断推进供给侧结构性改革，统筹推进粮食储备、战略物资储备和粮食产业高质量发展，持续加强储备粮管理，适应军粮保障供应体制改革，抓实粮食流通监管，促进粮食各项工作有效开展，实现全市粮食供求平衡和粮食市场供应及价格基本稳定。

2019年，海口市粮油供给和总需求基本平衡，粮食产量继续下降，粮食供给主要依靠省外购进和少量进口，粮食市场流通有序，省会粮食集散地优势继续凸显。粮食、食用植物油及油料自给率分别约8.5%和8.4%。全市粮食年需求总量244.2万吨，比上年增加6.3万吨，增长2.6%。其中消费总量132万吨，减少7.7万吨，下降5.5%（口粮45.3万吨，减少0.7万吨，减少1.5%；饲料用粮86.2万吨，减少6万吨，减少6.5%）。全市粮食年供给总量250.1万吨，增加10.8万吨，增长4.5%。其中，产量10.4万吨，减少1.7万吨；省外购进182.9万吨，进口3.7万吨。全市社会食用植物油及油料需求总量9.2万吨，减少0.3万吨，下降3%。其中，口油3.6万吨，减少0.1万吨，下降2%；销售3万吨。食用植物油及油料供给总量9.3万吨，减少0.1万吨，下降1%。其中产量0.78万吨，省外购进8.5万吨，与上年基本持平；省内市县外购进0.5万吨。

【粮油流通监管】2019年，海口市开展涉粮企业“双随机”抽查3批次，抽查16家企业。市发改委对“双随机一公开”抽查事项进行全覆盖检查，加强事中事后监管，并通过现场指导、督促整改检查发现的问题，营造守法诚信的粮食市场环境。深入推进粮食流通领域“放管服”改革，按照有关要求，进一步简化粮食收购许可审批程序，开展粮食收购资格许可上门服务。开展夏秋粮收购专项检查，检查企业21家，确保涉粮企业履行国家粮食收购政策；组织开展“五要五不准”秋粮收购专项检查，重点检查收购企业是否执行粮食收购标准、是否存在坑害粮农问题。经检查发现，海口市夏、秋粮收购市场总体正常，没有出现“卖粮难”问题，没有发现坑害粮农问题，本地产稻谷价格进一步下降。年内，海口市粮油产品质量监测站作为海南省各市县中唯一的国家级粮油产品质量检测站，利用国家和地方资金约1500万元，实施实验室改造提升，进一步提升检测和监测能力，获评国家首批“粮食安全宣传教育基地”称号。

【粮食储备管理】2019年，海口市完成省下达的8.2万吨地方粮食和1000吨成品油储备任务。年内，市发改委牵头组织召开市级储备粮管理专题会议19次，严格执行《海口市市级储备粮管理暂行办法》规定，通过海口国家粮食交易中心公开竞价采购、销售市级储备粮各8批次。

建立健全储备粮异地储备管理制度。为进一步规范市级储备粮异地储备管理工作，市发改委牵头市财政局、中国农业发展银行海口市琼山支行研究制定《海口市市级储备粮异地储备管理暂行办法》，并于8月印发实施。

深化粮食产销区合作，增强区域粮食安全保障能力。在原有与抚州、景德镇、常德等5个产粮城市签订产加储销战略合作协议基础上，再与山东省滨州、德州、聊城3个城市粮储局签订城市间产加储销战略合作协议，协调对接两地产销粮食企业深入合作，市级储备粮滨州和德州异地储备落地，进一步提升“海岛”粮食安全。

统筹做好海口市政策性粮食库存数量和质量大清查工作。建立由市政府分管副市长为召集人，市发展和改革委员会、市财政局、市统计局、市农业农村局、中国农业发展银行海口市琼山支行等相关部门共同参与的大清查协调机制，同时设立协调机制制办公室，明确相关各部门的职责分工；制定《海口市政策性粮食库存数量和质量大清查实施方案》，细化大清查实施方案内容，统筹安排大清查各个阶段工作；成立大清查工作领导小组，明确市级大清查协调机制办公室相关工作人员的职责，统筹做好大清查检查工作；为了促进大清查发现问题整改落实，制定《海口市政策性粮食库存数量和质量大清查质量检验发现问题整改督办表》和《海口市政策性粮食库存数量和质量大清查发下现问题整改督办表》等大清查整改问题计划表，并列表挂墙，实时督办。整改一项标记一项，实时跟进问题整改进度，确保将整改工作落到实处。

开展储备粮监督检查工作。完成粮食库存实物和安全生产季度专项检查，重点检查库存实物的数量、质量等情况和承储企业的保管账、统计账、财务账是否做到三账相符，定期开展库存粮食质量抽样检验，确保市级储备粮数量真实和质量完好。重点检查承储企业安全储粮、安全用电、化学药剂管理、粮食机械设备管理、储备粮安全防汛等内容，确保库区的安全。

【粮食应急供应体系建设】2019 年，海口市发改委进一步完善粮食应急供应网络。全市建成 92 个粮食应急供应（代销）网点和 5 个粮食应急加工网点，确保当海口市粮食市场发生突发情况，能及时委托粮食销售点跟上形势发展，按合同代销粮食，维护社会稳定。组织修订《海口市突发公共事件粮食市场应急预案》，为与正在修订的《海南省粮食应急预案》保持一致，待《海南省粮食应急预案》印发后报市政府印发实施。

【“放心粮油”工程建设】2019 年，海口市发改委持续推进“放心粮油”工程建设，新评建 1 家“放心粮油”配送中心企业，全市扶持建设放心粮油配送中心和示范点共有 6 家，2 家企业获得首批 13 万元“放心粮油”奖励资金。海口市优质粮油供应体系进一步完善，地方优质粮油供给骨干体系逐步形成。

【粮食基础设施建设】2019 年，海口市全面贯彻落实中央关于军民融合发展的战略精神，构建海南省“军民通用、平战结合”的军粮供应保障体系，加快推进海南省军民融合军粮综合保障基地（西区）项目建设。总投资超 9000 万元现代化、智能化军民两用军粮综合服务基地完成前期有关工作，项目建成后将服务海口、文昌、定安、屯昌、澄迈驻军。年内，加大储备粮仓库维修改造资金的支持力度推进粮仓维修改造，市财政局下达国有粮食企业仓库屋顶防水、库区线路改造等维修改造各阶段项目资金 700 万元，优先用于市国有粮食企业“危仓老库”等仓储设施的维修改造项目，确保市级储备粮储存安全。

（滕仰合　莫　媪）

供销合作

【概况】2019 年，海口市供销社下属基层社 30 家、企业 11 家。年内，全系统商品总销售 6.45 亿元，比上年减少 11.3%；利润总额 192 万元，增长 12.9%；所有者权益 820 万元，下降 3%。市供销社协助海南省供销社、海口市政府举办 2019 年“冬交会”工作，邀请 10 名全国各地农业经营企业参加冬交会，为海口冬季农产品运销开拓市场。

【为农服务中心】2019 年，海口市供销社继续建设完善为农服务中心，不断提高农业社会化服务水平。6 月 30 日永兴为农服务中心开业，7 月 6 日大致坡为农服务中心开业。为农服务中心由市供销社全资企业海口销万家农产品运销有限公司运营与支撑，组建专业团队，搞好经营服务，更好地为农民提供产前、产中、产后服务。同时，植入各种业态，完善建设农业社会化服务平台，开展农资配送、配方施肥、统防统治、农机服务等业务，加强与各类市场主体合作，牵头成立产销联盟等合作形式，助推产业升级，努力实现农产品种植规模化、标准化，助力品牌化建设。年内，通过为农服务中心，采取电话咨询和现场指导等高效、便民的沟通方式，为农民提供农业科技、农产品病虫害防治、蔬菜种植技术等方面咨询 1800 人次；共举办 15 期新型农民专业技能培训，参加培训农民 841 人次。

【基层供销社改革】2019 年 12 月，海口市供销社秀英片区中心社挂牌成立，片区中心社的主要工作职责是：指导所辖片区基层供销社党建、党风廉政、安全生产及人、财、物管理等工作。通过成立片区中心社，将片区内分散的乡镇供销社联合集中起来，解决各基层社长期分散割据、各自为战的格局，集中人力物力推进各基层社危房改造，规范财务管理，增加各单位收入，逐步解决拖欠职工养老保险问题。

【社有资产经营管理】2019 年，海口市供销社继续要求各基层社按照“一社一策”的思路盘活资产，恢复经营，夯实发展基础，重塑供销社社会形象。东山供销社项目在前期筹备及完善相关报建手续的前提下，在依法依规建设中。

【农民合作经济组织建设】2019 年，海口市供销社领办 2 家专业合作社，分别是海口财世方种养专业合作社和农丰惠农蔬菜种植专业合作社。通过技术、培训、配肥、示范，帮助当地合作社社员提高种植技术及经济效益；举办大坡镇百香果种植大户座谈会及产品推介会，推广百香果种植技术；建立锦塘、铁龙等本地叶菜种植示范基地，通过标准化大棚示范种植，引导、促进、规范农业生产标准化，逐步实现规模化，助力品牌化建设，种出好产品，卖出好价钱。

【消费扶贫活动】2019年，海口市乡村振兴与脱贫攻坚战指挥部办公室印发《2019年海口市消费扶贫小组工作方案》《海口市“爱心扶贫大集市”百场百家活动实施方案》《海口市2019年全国扶贫日爱心扶贫大集市活动方案》等文件，深入推进“爱心扶贫大集市”百场百家系列活动。作为海口市脱贫攻坚消费扶贫的牵头单位，市供销社联合海南省供销社开展海垦广场、海南大学、海南师范大学、华中海南附中、琼台师院、海南艺术学校等扶贫赶集活动专场，销售总额60多万元；组织国家扶贫日（10月17日）活动，分别在海南师大、琼台师范、华中师大附中、海南艺术学校开展扶贫日爱心集市专场活动，当天共销售扶贫农产品11.8万元，受益贫困户718户；开展“爱心扶贫集市进社区”活动，设立府城东门农贸市场及秀英小街农贸市场扶贫摊位，通过组织各市县贫困户农产品进城异地销售，扩充农产品品类，体现海口的省会担当；设立大坡、大致坡2个贫困户农产品销售网点，建立贫困户农产品信息数据系统；举办全市性消费扶贫培训会1场，有效地指导消费扶贫工作；按时统计上报各类消费扶贫线下销售数据。年内，全市共举办各类消费扶贫集市84场，销售总金额212.85万元，受益贫困户1806户。（韦海晶）

烟草专卖

【卷烟销售】2019年，海口市烟草专卖局（公司）强化对经济形势的分析研判，精准实施“总量控制、稍紧平衡、增速合理、贵在持续”调控方针，着力在“巩固、增强、提升、畅通”上下功夫，经济运行稳中向好。卷烟销量稳步增长，占全省总销量的44.18%；卷烟结构持续优化，实现单箱含税批发销售收入3.87万元，增长2.7%；紧俏品牌价格坚挺，顺销品牌价格平稳，未出现价格倒挂现象。全年销售卷烟20.23万箱，比上年增长1.43%；上缴税金12.12亿元，增长2.38%。

【烟草市场管理】2019年，海口市烟草专卖局（公司）加强与公安、海关、邮政的沟通协作，全力构建“海陆空”全方位假私烟封堵拦截屏障，建立管控机场、港口等重要部位的联合执法检查站各一个，重拳打击各类涉烟违法犯罪行为。全年查处涉烟案件1224宗，案值5万元以上案件48宗，含部督案件1宗、国标案件2宗、省标案件3宗；查获“三烟”（假烟、走私烟、非法渠道经营的卷烟）1891.3万支，案值4047.57万元。深入推进全流程“不见面”审批模式，稳步推行“一窗受理”服务，简化行政审批事项流程，缩短新户入网办理时限，全年办理新户入网8167户，增长71.37%。全年接听处理热线举报投诉3120件，办结率100%，全面实现“30分钟热线响应”以及“两个零逾期”目标。不断强化内部专卖管理全过程监督，持续强化“隐形大户”“休眠户”“差异户”治理工作，对违法违规的卖烟大户责令整改，全年共查处隐形大户3072户、差异户2052户、休眠户923户，有效净化片区卷烟市场环境。

【卷烟营销网络建设】2019年，海口市烟草专卖局（公司）全力做好“三沙”等自有品牌卷烟的市场培育工作，围绕“上柜率”等核心指标，打好工商协同、宣传推广、品牌布局“组合拳”，不断提升自有品牌的市场接受度和认同感，海南自有品牌卷烟销量增长18.5%。同时，充分发挥创新品类卷烟带动作用，进一步拓宽雪茄卷烟市场，满足市场上的多元需求，雪茄烟、细支烟、中支烟及爆珠烟销量均增长20%以上，品牌培育成效显著。全面推动卷烟营销网络提质升级，统筹开展卷烟零售终端、零售户自律互助小组、文明吸烟环境建设，全年建成高级终端43户、中级终端200户、初级终端500户、雪茄终端2户、合作终端18户；组建自律互助小组1561组，覆盖零售户22163户， 覆盖率82.47%；建设文明吸烟区10个、吸烟点707个，为引导消费者文明吸烟、美化市容市貌发挥积极作用。加强物流管理，“甩箱式”烟草物流配送系统试点工作进展顺利、态势良好，琼北物流一体化运转保障能力明显增强，全年完成卷烟分拣35.62万箱、卷烟存储35.32万箱、卷烟配送20.23万箱。

（高晨韵）

邮 政

【邮政网络建设】2019年，海口市邮政管理局辖区投递邮路570条，投递邮路总长度约10885千米。其中，城市投递邮路524条，投递邮路长度约7194千米；农村投递邮路46条，投递邮路长度约3691千米。

【邮政业务】2019年，海口市邮政行业业务收入（不包括邮政储蓄银行直接营业收入）累计完成15.51亿元，比上年增长11.93%；业务总量累计完成13.82亿元，增长22.11%。其中，邮政服务业务总量完成3.55亿元，增长0.11%。

【村邮站运行管理】2019年，海口市248个村邮站运营正常，有47个村邮站开办拓展服务功能，占全市村邮站总数的18.95%，提供代收代缴、机票代售、网络代购、保险、助农服务等邮政便民服务。全年累计投送信件印刷品7.54万件，投送包裹汇款通知单0.14万件，投送报纸刊物79.65万份，代收代缴3.72万笔，代理服务总金额486.52万元。

【邮政普遍服务和特殊服务监管】

2019年，海口市邮政管理局对海口市邮政普遍服务营业场所、法定业务开办情况、信报箱设置、邮票发行监督等实施监督检查，共开展监督检查243人次，其中普遍服务营业场所合标检查106人次（视频巡查11人次）、安全生产检查7人次、投递检查36人次（视频巡查8人次）、仿印邮票专项检查6人次、邮票专项检查18人次、“扫黄打非”检查23人次、村邮站检查34人次、非普遍服务场所检查7人次、安全生产检查6人次。下发责令整改通知书9份，下发处罚通知书1份。全市邮政特邀监督员检查132次，反馈监督报132份，走访用户406人次。无申请撤销邮政普遍服务营业场所和停止办理或限制办理邮政普遍服务营业场所，完成邮政营业场所信息备案10起。开展平信寄递服务质量提升行动，对辖区邮箱（筒）开箱情况及平常信件送达情况进行时限测试，20个邮政网点共寄出平信106封，接收平信106封，同城信件次日送达比例为100%，收寄日戳合格率97.16%，投递日戳合格率99.05%，按时开箱率95%。加强邮票印制销售监督检查，组织社会监督员共同开展《已亥年》特种邮票、《“五四”运动一百周年》《粤港澳大湾区》等重大题材纪特邮票发行检查。

【邮政公司业务管理】2019年，海口市函件业务总数完成328万件，比上年增长1.12%，其中国内函件完成326.5万件。汇票完成0.88万件，下降60%。包件完成186.71万件，下降16.89%。特快专递完成144.42万件，增长20.01%。订阅报纸累计完成3858万份，下降6.37%。邮储平均余额82.25亿元，增长4.24%。集邮业务完成207.81万枚，下降27.91%。累计开发便民服务站420家，其中，村邮站100家，邮掌柜安装242家。完成建设南宝路等5个揽投网点场地改造工程，极大提高邮政服务的能力。

【快递业务】2019年，海口市快递服务企业业务量完成5687.19万件，比

2019年4月4日，海南省邮政管理局到海口邮区指导邮政机要火灾处置应急演练并对海口邮区中心局进行安全生产检查（市邮政管理局 供）

上年增长14.17%；业务收入累计完成10.78亿元，增长9.36%。其中，同城业务量累计完成1288.99万件，下降31.02%；异地业务量累计完成4393.19万件，增长41.38%；国际及港澳台地区业务量累计完成5.01万件，下降6.39%。

【快递市场监管】2019年，海口市有合法快递企业分支机构260家，备案末端网点236家。全年，市邮政管理局共检查企业218家次，检查人数523人次，责令改正26起，依法查处违反邮政法律法规行为17起（其中邮政行业安全监管类案件15起、快递业务经营许可类1起、普遍服务标准1起），处罚金13.45万元。完成快递企业经营许可申请协查12件，受理快递业务经营许可分支机构变更申请45次，完成末端网点备案和变更140家次，完成29家快递企业快递业务经营许可年度报告审核等工作。做好行业监管执法工作，开展包括收寄验视、实名收寄、过机安检、快递末端网点违规收费清理整顿、快递业务许可专项治理、反恐禁毒、扫黄打非以及元旦、春节、“两会”、博鳌论坛、国庆70周年庆祝活动、军运会、进博会等节庆和重要活动期间的专项检查。扎实开展海口市邮政业禁毒三年大会战各项行动、寄递渠道涉枪涉爆隐患集中整治、扫黄打非、汛期安全防范、防震减灾、防范台风“韦帕”等专项行动。

【快递绿色包装应用】2019年，海口市邮政管理局联合多部门出台《海口市推进电子商务与快递物流协同发展实施方案》，协调市商务局等出台《海口市促进跨境电子商务及国际快件产业发展暂行办法》，组织座谈会2次、培训3次。超额完成“9571”工程标准，海口市359个网点参考国家局标准设置包装废弃物回收装置，城区设置回收装置的比例100%，未二次包装的电商件比例87%，电子运单使用率98.6%，可循环中转袋使用比例94.68%，在快递邮政全过程中实现绿色化无污染。通过大力推动以上4个指标达到国家局的标准，同时可回收周转箱与降解绿色塑料袋应用不断扩大，工作总循环次数168.74万次，58个普遍服务营业场所全部设置包裹回收箱，有153台新能源车辆用于城市配送。

【邮政民生实事落实】2019年，海口市实现乡镇政府所在地党报当日见报率和建制村直接通邮率100%。落实建制村投递服务信息化监管工作，应用移动端APP监测投递员投递情况，下发17期工作简报，248个建制村直接通邮率100%。服务乡村振兴和精准脱贫，海口市邮政农村电商服务点数量629个，全年农特产品进城配送量374吨，农特产品交易额299万元，带动快递包裹4.8万件，带动快递包裹业务收入107.3万元。引导海南顺丰公司投入自有航空全货机，推动通过快递将“海口火山荔枝”地理商标品牌推向全国，做好2019海口火山荔枝月活动。芒果、菠萝蜜等农特产品通过快递销往全国，督促寄递企业做好销售过程服务保障工作。推动邮政综合服务平台建设，以“互联网+公安政务+邮政服务”模式，推动市邮政企业在现有邮政网点办理车管业务的基础上，升级推出“警医邮”便民服务，实现交警、医院、邮政三方资源优势互补，开办“警医邮”网点增加至20家。实施“放心安全消费工程”，联合工商、消防、食药监、烟草等部门开展“3·15”主题系列活动，打击假冒烟草2000多条。做好非洲猪瘟疫情防控工作和“双品网购节”寄递服务保障工作。进一步推动海口市快递业实名收寄系统信息化工作，加强对实名收寄工作监管、检查、督导，开展邮件快件实名收寄专项整治行动，切实提升全市实名收寄信息化水平，全市实名收寄信息化比率稳定在99%以上。

（严宇霞）

会展业

【概况】2019年，海口市商务局合理布局全年的展会活动，全力推动会展业从十二大重点产业中脱颖而出。全年举办规模以上会议和展览活动324场。其中规模以上会议290场（千人以上会议50场、国际性会议17场），会议和论坛的整体质量和影响力显著提高，“2019自由贸易园区发展国际论坛”“2019全球绿色经济峰会”“2019年第三届中国国际医疗健康产业高峰论坛”“第五届南海国际妇幼健康高峰论坛”“2019深海能源大会”“中国数字健康医疗大会”等均是颇具影响力的1000人以上会议；规模以上展览面积81万平方米。会展业综合收入128亿元，比上年增长6.6%。推进海南会展中心二期建设，完成9场岛外促销活动。

【规模以上展览】2019年，海口举办的规模以上展览共34场，展览面积81万平方米，其中展览面积1万平方米以上展览15场。有影响的展会活动主要有：2019首届海口国际新能源汽车展览会、2019第十届中国国际创意设计推广周、第四届海南新能源汽车及电动车展览会、2019第七届中国（海南）国际动漫游戏博览会、首届海南岛（国际）艺术生活展、第四届海南新能源汽车及电动车展览会、海南世界休闲旅游博览会、海南国际旅美食博览会、海南房车露营博览会、中国（海南）国际热带农产品冬季交易会、第三届海南国际健康产业博览会等定期举办的本地品牌展览。年内，培育中国（海南）国际正品年货博览会、中国（海南）国际进口食品饮料博览会、缤纷海南奥莱生活展等主要展会，展览营业收入4.4亿元，综合收入36亿元。

2019年在海口市举办的展览面积1万平方米以上展览活动一览表

表28

序号	展览名称	展览时间	举办地点	展览面积（平方米）	主要展览内容	成果
1	2019首届海口国际新能源汽车展览会	1月10—13日	海南国际会展中心	50000	主要展示纯电动车，混合动力车、电池、电机、电控、应用轻量化材料、充电桩等	有50家企业近200款车型参加展会，同期举办10余场高端论坛
2	2019第十六届海南国际汽车展览会	3月14日—17日	海南国际会展中心	50000	主要展示进口品牌豪车、合资品牌、自主品牌在内等近100多个汽车品牌的汽车	现场销售总订单量约6800台，总成交金额约12.26亿元
3	2019海南国际孕婴童产业博览会暨海南妇女儿童公益服务博览会	4月20—22日	海南国际会展中心	10680	主要展示母婴用品、车床汽座、月子医疗、早教育儿、儿童玩具、幼教用品等	现场成交额约950万元，本次展会首次采用展店联动销售模式，带动约1200万元门店销售
4	第一车展—2019年中国海南国际汽车博览会暨第二届海南国际新能源汽车车展	6月13—16日	海南国际会展中心	50000	主要展示传统车型、新能源车型、高科技装置、体验设备等	奔驰、沃尔沃、林肯、讴歌、大众、英菲尼迪、宝马、比亚迪新能源、奇瑞新能源、北汽新能源、几何汽车、欧拉新能源、腾势新能源等国内外近百个品牌参展

续表 28

序号	展览名称	展览时间	举办地点	展览面积（平方米）	主要展览内容	成果
5	2019 海南国际数字娱乐博览会暨海南金龙奖国际动漫游戏展	7 月 5—7 日	海南国际会展中心	16000	主要展示游戏、动漫、文学、电竞等多元文化娱乐设备	网易、盛趣、多益、快看、华立、漫友、阅文、天闻角川等数十家企业参展，同时邀请国内外 50 多位嘉宾出席和表演
6	2019 海南日报报业集团金秋车展	9 月 5—8 日	海南国际会展中心	50000	主要展示豪车、机车、新能源汽车、房车、功能车、改装车等	奥迪、林肯、广汽丰田、东风标致、一汽马自达、长安马自达、红旗、一汽丰田、讴歌、WEY、英菲尼迪、宝马、雷克萨斯、奔驰、沃尔沃、凯迪拉克、蔚来、小鹏、JEEP 等 100 多个品牌参展
7	2019 第七届中国（海南）国际动漫游戏博览会	10 月 1—4 日	海南国际会展中心	16000	主要展示游戏、动漫、文学、电竞等多元文化娱乐设备	
8	第四届海南新能源汽车及电动车展览会	10 月 25—27 日	海南国际会展中心	35000	主要展示新能源汽车整车及零部件、充电基础设施及配套电网设备、自动驾驶和智能网联汽车、汽车后市场服务等	现场购车、订货、协议投资金额约 12 亿元
9	2019 第三届海南国际健康产业博览会	11 月 8—10 日	海南国际会展中心	25000	主要展示国际医疗旅游、药品器械、健康食品、休闲运动、南药资源等	订单量达 3580 多个，签约合作项目 12 个，意向成交金额 12 亿元
10	2019 海南世界休闲旅游博览会	11 月 22—24 日	海南国际会展中心	25000	主要展示休闲度假旅游、康养旅游、会奖旅游、医疗旅游、休闲运动旅游、主题公园等	共销售旅游产品 9700 万元，达成合作意向金额 4.7 亿元
11	2019 第二十届国际旅游岛欢乐节海南国际旅游美食博览会	11 月 22—25 日	海南国际会展中心	25000	主要展示国际食品、饮料、肉类、海鲜、乳制品、啤酒、烘焙、茶叶咖啡、巧克力、红酒、酒店、餐饮等	现场交易额 1.3 亿元，达成意向签约额 4.5 亿元
12	2019 第十一届中国（海南）国际海洋产业博览会	11 月 29 日至 12 月 1 日	海南国际会展中心	30000	主要展示海洋科技与信息、深海旅游、深海能源及海工装备等	俄罗斯、美国、加拿大等国家和地区约 240 余家企业参展，其中有武船重工、宝石机械、航天三院等世界 500 强企业，达成近 9 亿元的意向协议
13	2019 年中国（海南）国际热带农产品交易会	12 月 12—15 日	海南国际会展中心	80000	主要展示优质农产品、农业生鲜产品及加工产品、农产品物流及包装技术、农业装备等	现场销售额 1.8 亿元，现场农产品订单及市县农产品订单累计 774.5 亿元
14	2019 年海南国际房车（汽车）露营休闲旅游博览会	12 月 27—29 日	海口世纪公园	30000	主要展示房车、木屋、户外装备、低空飞行、露营商品、海洋旅游装备等	现场成交额逾 5600 万元，意向成交额 3.2 亿元
15	2019 缤纷奥莱生活展	2019 年 12 月 27 日至 2020 年 1 月 4 日	海南国际会展中心	20000	主要展示进口酒类、高端饮品、综合类进口食品、名酒名茶、老字号地方特产、食品饮料、节日礼品、品牌服装、品牌箱包鞋履百货等	现场销售总成交金额约 2000 万元

【会展业扶持】2019年，为促进海口会展业发展壮大，充分发挥财政资金导向和激励作用，市商务局修订出台《海口市会展业发展专项资金管理办法》（简称《办法》）。根据该《办法》，海口市财政预算安排扶持会展业发展专项资金，由市商务局、市财政局共同管理。专项资金主要支持：规模大、社会效益好、有发展潜力需要重点支持的会展项目；符合本市产业特色、社会经济效益明显、影响力强的国际性、全国性专业会展项目的引进；全市会展业的宣传推广、招商推介、人才培育及引进、统计评估以及行业合作交流等扶持会展业发展的基础性公共支出；市政府另行确定支持的会展项目。年内，按照《海口市扶持会展业发展若干规定》，对符合奖励扶持政策的规模性会展活动约200场，投入奖励资金约7000万元。

【第四届中国国际饭店业大会】2019年11月28—30日在海口市举办，由中国饭店协会、海口市人民政府主办。本届大会以“筑梦新时代，国际新海口”为主题，融合主论坛、主题年会、培训交流班、饭店业绿色发展大会、亚洲名厨大赛、表彰交流大会、交流晚宴等配套活动。共2000多人参会，其中国际嘉宾60余人。大会期间，举行2019海南餐饮增收与模式创新峰会，邀请餐饮阿米巴管理等领域专家，共同研讨餐饮热点话题，为海南餐饮企业搭建餐饮行业新技术、新管理、新理念、新营销等方面的分享平台。同时，还举办海南省智慧酒店发展论坛，以“智慧你的酒店，塑造真正宾至如归的服务体验”为主题，探讨智慧酒店为酒店运营带来的机遇和智慧酒店改造升级的趋势，诠释新时期会听、会看、会说、会思考智慧酒店全新概念；举办的2019中国绿色饭店年会，以“可持续发展与绿色收益”为主题，盘点总结绿色饭店国标新评分体系实施一年来，在标准可操作性、引导性和实效性等方面的实践成果与优秀典范。大会权威发布《2019全国住宿业绿色发展白皮书》、2019绿色领跑者TOP100大数据和优秀案例，客观展现住宿业绿色发展新趋势。

【深海能源大会】2019年11月28日，2019（第五届）深海能源大会（装备展）在海口召开，由海南省人民政府、中国工程院和中国海洋石油集团有限公司共同主办。本届大会以“加强科技创新，开发深海能源”为主题，下设7个分论坛，内容涵盖深海能源开发工程技术与装备、深海能源勘探与开发、新型船舶与深海海洋平台、深海钻完井技术、油气数字化和智能化、青年论坛、DEC-Upstream国际日等议题。近千名嘉宾参会，共同探讨深海能源开发技术发展新趋势，剖析解读油气能源高质量发展的转型意义，探索中国深海能源合理高效的开发利用之路。在主论坛上，自然资源部海洋战略规划与经济司副司长沈君，国家能源局油气司副司长杨雷，中国工程院原副院长、中国工程院院士杜祥琬等围绕推动海洋可再生能源利用与发展，加快海洋油气开发、促进能源高质量发展，能源观的创新引领能源转型等主题作主旨报告。会议期间，还举办中国海油2019年“井控周”系列活动，其中，大型深水油气钻采装备展以实物为主，而且多数装备是首次对外公开展出。

【第十三届中国冷链产业年会】2019年12月5—6日在海口召开。由中国物流与采购联合会、海南省发展和改革委员会主办，中国物流与采购联合会冷链物流专业委员会、全国物流标准化技术委员会冷链物流分技术委员会承办。本届年会以“蓄势·拥抱变化”为主题，围绕多变环境下冷链物流如何坚守本质，夯实根基，做到顺应时代发展潮流，共同发展等行业发展话题做深入探讨。共有7场专题论坛，30多个行业热门话题，60位业内专家分享。有500多企业、1000多人参会，其中甲方企业占比37%，物流企业占比45%，技术设备企业占比15%，其他占比3%。

【第十五届全球橡胶大会】2019年12月12日在海口举行。由海南省政府指导，国际橡胶研究与发展委员会、国际橡胶研究院、省农业农村厅、海口市政府、三亚公共外交研究院主办。来自25个国家的领导官员、企业负责人、业内专家学者等近600人参加会议。本次大会是全球橡胶大会首次在中国举行。大会以“天然橡胶业2.0－重大革新游戏规则”为综合主题，面向全球市场，涵盖天然胶业上、中和下游产业链，致力于提供高端讨论的平台，探讨影响国际橡胶和橡胶制品市场层面的关键因素和发展战略。国际橡胶研究与发展委员会、马来西亚打州投资促进局、三亚公共外交研究院就“全球橡胶大会”落户中国，推动建立“全球热带农业发展促进中心”等项目，进行战略合作签约。

（李　伟）

【第二十二届中国（海南）国际热带农产品冬季交易会】2019年12月12—16日，第二十二届中国（海南）国际热带农产品冬季交易会（以下简称冬交会）在海南国际会展中心举办。本届冬交会以“开放合作、绿色发展、乡村振兴”为主题，共设展馆（区）34个，总面积约8万平方米。其中，室内展馆（区）30个，面积3.69万平方米；室外展区4个，面积4.31万平方米。展区包括“一带一路”沿线国家展区、国际农产品品牌馆、农业产业扶贫展销馆、中国农业品牌馆、农业装备展区、美食街、品牌宣传街、网红品牌街等。有来自32个国家和国内18个省区的2700多家企业、5300多名客商参加展会。其中，海口馆设计紧扣“开发合作、绿色发展、乡村振兴”主题，共分十大农业品牌、产业扶贫开发、新鲜瓜果蔬菜、农产品加工、渔业产品等展区和美丽乡村VR体验区、农产品订单洽谈区，开展全方位的展示展销

2019年12月12日，第二十二届中国（海南）国际热带农产品冬季交易会在海南国际会展中心举办 （石中华 摄）

和洽谈合作，共有50多家农业企业、农民合作社携带200多种农产品参展。

冬交会期间，海口市打造“冬交会海口时间”，举办一系列活动。举办海口乡村振兴项目招商暨品牌农产品合作推介活动。12月12日下午在海南国际会展中心多功能厅举行。邀请农业领域研究院士、专家、来自“一带一路”沿线国家农业相关机构、全国各地线上线下大宗采购平台、金融机构、供销社代表等齐聚海口，围绕冬种瓜果蔬菜、特色种植业、现代渔业、农旅融合项目进行招商推介，打造海口乡村振兴项目招商盛会。组织海口冬种瓜果蔬菜及美丽乡村产业投资考察活动。12月13—14日，由农业领域相关院士、专家、农业产业投资企业代表等组成海口美丽乡村考察组，实地考察美兰区、龙华区、秀英区、琼山区的美丽乡村产业项目；由全国各地线上线下大宗采购商、供销社代表等组成海口冬种瓜果蔬菜考察组，实地考察海口冬种瓜果蔬菜基地项目，进一步落实投资内容。举办海口十大品牌农产品、扶贫产品、其他特色农产品产销推介活动。12月12—16日，组织海口十大品牌农产品、扶贫产品及其他特色农产品经销商、种植农户代表、扶贫典型人物在外场举行专场推介活动，并通过网络直播的形式进行全网推介，打造海口特色农产品带动扶贫的典型案例。举办系列签约活动。12月12日下午，在冬交会现场举办海口冬种瓜果蔬菜产销签约活动；就琼台水产种苗基地、琼台农产品加工园区、现代渔业产业园区等举行海口—琼台农业合作项目签约仪式；举行琼山区政府与甘肃临洮县政府蔬菜合作签约等农业相关合作项目的签约仪式。“冬交会海口时间”公共宣传展示活动，通过现场氛围营造、《海口日报》专版宣传、海口农业宣传片推广等，全面展现海口冬种瓜果蔬菜、水产养殖、热带花卉种植、乡村旅游等产业发展成果。冬交会期间，主办方还成功举办2019年海南农产品品牌推介活动、第十五届全球橡胶大会、2019供销合作社改革发展论坛、华南贫困地区农产品产销对接活动、专业买卖家洽谈会、海南农产品网上交易暨专业采购团洽谈签约仪式、2019国家战略与热带农业峰会、农业投资项目招商推介会、2019美丽乡村博鳌国际峰会、海南优质水产品推介活动、市县农产品品牌推介会等16项重点活动。

12月16日，冬交会闭幕。冬交会期间，超过57万人次逛展，比上年增加4万多人次；现场农产品订单及市县农产品订单累计774.5亿元，增加2.13亿元；签订农业投资项目41个，增加9个；专业观众约7500人，增加500人；现场销售额1.8亿元，基本与上年持平，其中海口乡村振兴项目招商与品牌农产品合作推介活动现场订单签约9.5亿元，全市共签订农产品订单48.9亿元，增长8.1%。现场签约合作项目16个，其中12个投资项目，计划投资金额25.8亿元，增长11%；4个合作框架协议，在渔业养殖、渔业科研和瓜果菜种植供应等方面开展合作。本届冬交会呈现出三大亮点：市场化运作搭建专业购销平台，除公益性展馆外，其余专业展馆均实行市场化运作布展，展会共吸引32个国家和地区的2700多家企业、5300多名客商参加展会；国际化办展助力农业对外合作，本届冬交会首次设置主宾国展区和“一带一路”沿线国家馆；扶贫农产品促进消费扶贫，展会设置农业产业扶贫展销馆，由华南贫困地区农产品展销区和海南19个市县扶贫农产品展区组成。此外，首次设立“专业观众日”，会场仅对注册成功的专业观众、参展商、买家、媒体、嘉宾等开放，打造舒适安静的会场环境，全面优化参展体验。 （谷利丽）

物流业

【物流货运运行基本情况】2019年，海口物流业发展较快，规模不断扩大。全年货运总量为1.2亿吨，比上年增长9.1%。海口港口（含马村港）货运吞吐量5216.9万吨，增长4%，占全省60%；港口集装箱吞吐总量197.2万标准箱，增长6.8%，占全省75.8%。

【物流货运企业】2019年，海口市拥有货运物流企业法人单位1362家，第三方物流企业约占规模以上物流企业的10%。国家A级以上物流企业23家，占全省70%以上，物流支柱企业规模加快扩大。海口集聚多家海南物流企业省域总部、货代公司、快递企业。

【物流基础设施建设及配套服务】

2019年，海口市不断完善物流基础设施及配套服务。利用美兰空港、海口港、粤海铁路、公路设施，依托商贸发展的优势，结合海口市创建物流枢纽城市、电子商务示范城市、开展供应链试点城市等试点建设，着力发展面向岛内外市场的物流体系，完善货物集疏运体系，重点推进美安物流枢纽（园区）和美兰临空产业生态城、快递分拨中心等大型物流基础设施建设，引导物流企业集聚化、集群化发展；支持美兰机场二期扩建工程建设，进一步建立和完善国际旅客和货物中转服务设施体系。年内，重点建设美兰临空物流园区和美安物流园区。罗牛山集团有限公司桂林洋冷链中心建成2万平方米冷库，投入运营后社会效益和经济效益较好；美兰临空产业园区按照建设自贸区（港）要求开展规划，至年底，已有顺丰、圆通、菜鸟、中通等企业签约拟进驻；新南北通物流中心新场地正在办理用地农转用手续，同时拟启动供地前期工作；海口美安综合物流园项目一期基础设施工程及场地平整全部完成，区内道路动工建设，正在进行产业招商及项目建设。对接国内外沿海城市拓展航运业务，与厦门港务集团、泉州安通物流公司等多家航运物流企业开展合作业务，海口港与马来西亚巴生港结为友好港，加入中马港口联盟。不断优化通关环境，引导物流和船务公司与一带一路沿线东南亚国家互联互通，适时开通集装箱外贸航线，发展内外贸同船业务，探索发展海口与湛江港、虎门港、黄埔港、厦门港之间的内外贸同船业务，拓展海口港外贸中转业务。

【物流配送末端建设】至2019年底，海口辖区内有邮政及快递企业41家，有邮政网点58家，快递网点324处，乡镇网点覆盖100%，有乡镇及村级网点86处，村邮站248家。全市城市邮政包裹按址投递到户率100%，乡镇5千克以下包裹按址投递到户率100%，行政村投递到村邮站率100%。全市248个村邮站运营正常，有47个村邮站开办拓展服务功能，占全市村邮站总数的18.95%，承接电子商务进农村示范县项目数249个，邮乐购站点累计建设629个。基本实现覆盖城乡的邮政、快递物流服务体系。

【物流信息化建设】2019年，海口市加快建设完善海港、空港、铁路、公路等国际运输服务基础设施，依托大数据、物联网、云计算等信息技术，推动运输服务贸易创新发展。持续推动琼州海峡绿色通道制度，协调做好瓜果蔬菜运输过海服务。加快“互联网+物流”公共信息平台建设，4月25日，由海南南北通互联科技有限公司研发的“南北通综合智慧物流线上平台”上线发布会在海口南北通物流园综合楼多功能大厅举行。平台拟打造一个以大数据支撑、网络化共享、智能化协作的互联网、物联网深度融合的现代智慧供应链体系、综合智慧物流线上平台。该平台的投入运营，让海南本土智慧物流成为现实。

【现代物流业发展扶持】2019年，海口市交通港航局统筹推进全市现代物流业发展。在美安综合物流园、临空物流园、云龙产业园中优先规划物流用地，重点保障物流产业的用地；11月15日举办“知名交通运输物流企业海口行活动”，开展点对点招商，达成3个合作意向，签约资金共1.03亿元；协调推进顺丰海南国际生鲜港重点项目、圆通速递海南区域管理总部及航空枢纽基地项目开工建设，促进中通快递集团海南省（海口）智能科技电商快递产业园及航空基地与菜鸟智能骨干网项目签约，主动对接丰树集团、苏宁、德邦等企业做好现代物流项目储备。年内，除海口行活动中签约项目外，另有12家物流企业报送项目需求。继续落实扶持航运、航空和货物以及现代物流业发展的相关政策；扶持集装箱货运企业做大做强，鼓励企业淘汰落后产能，更新置换老旧车辆，促进集装箱货运企业健康有序发展。做好道路货运企业财政扶持补贴资金发放工作，申报补发31家企业2017年货运补贴2087万元。结合行业发展新情况，新版《海口市促进航运业稳定发展办法》于7月26日由市政府发布实施，重点加强对水路货运周转量进行补贴和奖励，加大对集装箱外贸航线和外贸出口重箱的扶持，加大对中转尤其是外贸中转集装箱的补贴。　（黄壮锋）

生活服务业

【住宿餐饮业】2019年，海口市有限额以上住宿业法人单位143个，其中旅游饭店单位77个，从业人员1.64万人，营业额32.98亿元。限额以上餐饮业法人单位42个，其中正餐服务单位39个、快餐服务单位3个，从业人员5773人，营业额11.94亿元。餐饮企业迎合市场逐步调整经营结构，限额以上住宿餐饮企业逐步转变经营理念，适应消费市场，调整菜品价格，开发面向市民的大众化菜品。7月19日，海口国际食尚美食消费季开幕式暨海口“国际美食之都”授牌仪式在海口日月广场举行，世界中餐业联合会向海口市颁发“国际美食之都”证书和牌匾。同时，为期3个月的海口国际食尚美食消费季活动启幕。其间，打造琼菜、湘菜、西餐、火锅、品牌酒店、休闲6个美食文化节，均为期1个月，共召开6次主题开幕式，印制6个美食文化节主题海报，联合海口飞特自媒体制作消费季专属小程序二维码，215家海口市重点酒店餐饮企业共346家门店和大型商业综合广场共同策划、开展促销活动，参与人数341.3万人次，活动交易额7.98亿元。其中，琼菜美食文化节，39家企业共65家门店参与，吸引65.1万人次消费，交易额1.85亿元；西餐美食文化节，39家企业共70家门店参与，吸引57.2万人次消费，交易额1.1亿元；湘菜美食文化节，30家企业共69家门店参与，吸引59万人次消费，交易额1.23亿元；品牌酒店美食文化节，17家重点品牌酒店参与，吸引43万人次消费，交易额达1.3亿元；火锅美食文化节，45家企业共80家门店参与，吸引61.9万人次消费，交易额1.21亿元；休闲美食文化节，45家休闲餐饮企业参与，吸引55.1万人次消费，交易额1.29亿元。（方亦高）

【家庭服务业】2019年，海口市商务局印发《关于征集2018年度海口市家庭服务业发展扶持奖励项目的通知》，经企业申报、第三方机构评审、项目公示等程序，确定6家企业符合2018年度海口市家庭服务业发展扶持奖励政策，扶持奖励资金共58.6万元。做好商务部“家政服务信用信息平台”应用的各项工作，加快海口市家政企业和家政服务人员基础信息录入，全年录入平台的家政企业84家，家政服务人员4765人，实现资源共分享。（蔡丽萍）

【社会养老服务】截至2019年底，海口市有社会力量举办或经营的养老机构13家，床位数3511张，从业人员316人，入住老年人944人。有9家养老服务机构内设立医疗机构。5月，海口市被国家发改委批准为城企联运普惠养老第一批试点城市，海口市金福源老年公寓和海南普亲老龄产业发展有限公司被批次为城企联动合作企业。（张奕）

【再生资源回收】2019年，海口市商务局依据《海口市商业网点总体规划(2016—2030年)》中再生资源回收网点规划要求，持续引导各区抓好一级社区回收站设置，共设有76家。依据再生资源回收行业整治方案和再生资源回收管理制度、回收站设置规范、回收站卫生安全管理制度等系列配套规范制度，跟踪指导各区废品收购站建设和管理。年内，商务部出台规定，商务部门不再对再生资源回收经营者进行备案，市场监督管理部门推送登记信息到相关部门。年底，商务部业务系统统一平台公告海口市再生资源回收经营者246家。（符倩碧）

中介服务业

【拍卖业】2019年3月，海口市商务局对海口市的拍卖企业进行年度审验工作。截至5月24日，全市共有65家拍卖企业按省厅的年审通知要求提交相关年度审验材料，65家拍卖企业年审结论均为合格。年审结果显示：2018年全市正常营业的拍卖企业有65家，拍卖企业从业人员440人，其中拍卖师117人。全年拍卖成交场次346场，比2017年下降14.77%；拍卖成交额34.02亿元，下降28.49%，其中文化艺术品成交额87.15万元，委托公物成交额2413.09万元，房地产成交额26.22亿元，其他标的成交额7.51亿元；佣金额3720.26万元，下降22.63%；缴纳税金657.6万元，增长19.56%。（蔡丽萍）

【人力资源服务机构】2019年，海口市共有在册管理的经营性人力资源服务机构214家，从业人员近2万人，人力资源行业年产值31亿元。全年共为近3万家用人单位，120万人次提供服务，促进约21万人次实现就业再就业。

【律师】2019年，海口市有市直管42家律师事务所，律师工作人员793人，共担任法律顾问1474家。全年律师参与刑事诉讼辩护及代理2225件，代理民事诉讼案件12644件、经济诉讼案件350件、行政诉讼案件924件，办理非诉讼法律事务1319件、仲裁业务422件、法律援助案件1501件，代写法律事务文书1125件，解答法律咨询5789人次。

【公证】2019年，海口市有3家公证处，其中椰海、椰城公证处为市直管，南海公证处为合作制。全市共引进四级公证员1名，培养实习公证员2名。全年办理公证文书24432件。共办理涉外公证2076宗，其中涉外民事案件1936宗，涉港澳台案件140宗。（巫煌星）

【会计代理】2019年，海口市加大国家会计法律法规及规章制度的宣传，加强会计人员技术资格管理、代理记账机构管理和会计人员继续教育工作。全年全市通过会计信息采集的从业人员有17891人，通过全国会计技术职称考试的初级（助理会计师）有398人、中级（会计师）210人、高级会计师24人。有58家从事代理记账业务的企业取得代理记账许可证书，有77家单位获建账登记合格证书，130家单位通过建账年检复核。（董笑然）

【广告】截至2019年底，海口市共有广告业企业6785家，占全省广告业主体的60%，从业人员8.1万人，年营业额97.5亿元。全市全年对违法广告立案50宗，结案28宗，罚没613.81万元，销案9宗。共检查小额贷款公司、投融资中介机构679家，检查各类电子显示屏223块次、各类广告810条次，依法列入经营异常名录8家。

（谭静）

（编辑：杜惠珍 王美芳 蒋伊）

综 述

【概况】2019年，海口市金融业实现增加值220.39亿元，比上年末增长1.9%。金融业增加值占全省比重56%，占全市GDP比重13.2%。至年末，海口辖区有银行金融机构29家资产管理公司分公司4家，证券期货经营机构85家，保险公司经营机构119家，基金公司29家。年末，全市金融机构本外币各项存款余额4949.35亿元，增长1.02%。其中，住户存款余额1859.3亿元，增长7.62%；非金融企业存款1743.11亿元，下降8.6%。全市金融机构本外币各项贷款余额6220.53亿元，增长9.12%。其中，中长期贷款余额4534.11亿元，增长7.35%；短期贷款余额1155.64亿元，增长4.04%。

【小微信贷产品】2019年，为满足小微企业灵活多样的金融需求，缓解小微企业融资难、融资贵问题，农业银行海南省分行联合省税务局因地制宜推出“纳税e贷”，于10月17日正式上线。建行海南省分行创新推出小微快贷、云税贷、抵押快贷、“建行惠懂你”APP、个体工商户快贷、跨境快贷－退税贷、跨境快贷－信保贷等一系列适合小微企业和个体工商户的特色信贷产品。平安银行海口分行成功完成与海南省税务局银税互动系统对接，为当地优质诚信纳税的中小微企业提供免抵押、免担保的高效授信产品“税金贷”。民生银行海口分行推出“超值贷”“云快贷”等丰富小微贷款及结算产品。海口农商行为海口市的小微企业、个体工商户量身定制“宏业贷”“盛业贷”等信贷产品。苏南村镇银行创立“商易贷”“粮油贷”等7个小额贷款产品。

【涉农信贷产品】2019年，海口市进一步完善和优化涉农信贷产品。华夏银行海口分行支持农产品种植等行业的小微企业融资需求优先提供信贷资金支持。制定工作方案，引导经营单位开展涉农贷款业务。邮储银行海口市分行推出农保担贷款等信贷产品。持续加强“三农”领域金融服务，深化与各类支农平台、商会、协会合作，做到专人、专业、专注服务“三农”。新增评定三门坡镇红明居、演丰镇苏民村、大坡镇东昌居、石山镇施茶村和永兴镇永德村委会5个小额贷款“信用村”，对信用村的信用户批量发放信用贷款。海口联合农村商业银行推出“房抵贷”“融易贷”等产品。海口苏南村镇银行因地制宜，推出“罗非鱼产业链信贷”“香树富农贷”“农资产业链贷款”“花卉保—花农种植户贷款”等系列特色业务产品，其中“农资产业链贷款”主要以核心的农资经销商为依托，为其下游的农资终端店提供金融服务，是解决农资产业链条上融资、金融服务的整体金融服务方案。

【农民小额贷款贴息】2019年，海口市累计发放农民小额贷款44576.89万元，完成省下达农民小额贷款26092万元年度任务的170.85%，共发放5432户。其中，10万元～50万元农民小额贷款累计发放22984.56万元；10万元以下农民小额贷款累计发放21592.33万元。累计贴息4149户、721.86万元。

【金融产业发展规划和政策扶持】2019年9月28日、9月30日，海口市分别颁布实施《海口市金融业发展规划》（以下简称《规划》）《海口市促进金融业发展的若干措施》（以下简称《措施》）。《规划》立足于海南自由贸易试验区阶段，同时又前瞻性地对标世界先进自贸港金融创新发展的要求，提出海口市金融业发展“2+2”金融产业布局。《措施》按照“服务规划落地、国内最优”的原则，在金融机构入驻、高管个人所得税、企业上市等方面出台一系列具有竞争力的政策措施，吸引资金、企业、人才等金融要素在海口聚集。年内，加大对金融机构的扶持力度，对上市融资企业给予奖励，累计发放奖励资金740万元，其中新三板、四板挂牌奖励240万元，区域性总部、新增营业网点奖励500万元。

【自由贸易账户开立】开立自由贸易账户（简称“FT账户”），系中央给予海南金融创新的一项具体举措。2019年1月1日，海南FT账户正式上线，至年末，中行海南省分行、浦发银行海口分行、工行海南省分行、光大银行海口分行等 10 家银行在海口开办 FT 业务，共为 4546 家海口企业开立 19088 个 FT 账户。即期结售汇、跨境汇款、经常项下的跨境收款、进口信用证、进口押汇等业务顺利开展，FT 项下人民币贷款累计近 10 亿元，美元存款余额 1028 万元，欧元存款 145.8 万元。FT 账户服务对海口外贸易业务的促进作用日渐凸显。

【金融招商引资】2019 年，海口市采取走出去、请进来，专项招商以及博鳌亚洲论坛，金融高峰论坛招商等多形式加大金融招商力度，取得一定成效。2 月，渤海银行海口分行正式营业；4 月，全国第一家由保险资金出资的远见不动产信托基金金融企业落户海口；7 月，凤凰金融总部迁址至海口；9 月，全国第一家投资型村镇银行兴福村镇银行在海口市成立运营；10 月，海南国际能源交易中心在海口正式启动运营，海南省登记结算公司落地海口；11 月 9 日，市政府举行共享海南自贸区（港）知名金融企业海口行活动，阿联酋宾扎耶德集团、香港尚乘集团、新创建资产管理、新视野环球资本、泰康养老保险股份有限公司等 12 家知名金融企业集体落户海口。（吴淑晓）

银行业

【概况】2019 年，海口辖区有银行金融机构 29 家（政策性银行分行 3 家，国有银行分行 5 家，股份制商业银行分行 9 家，外资银行分行 1 家，邮政储蓄银行分行 1 家，城市商业银行 1 家，农村信用社 1 家，农村商业银行 2 家，村镇银行 1 家，村镇投资银行 1 家，农村资金互助社 1 家，法人财务公司 2 家，财务公司分公司 1 家），资产管理公司分公司 4 家，证券期货经营机构 85 家，保险公司经营机构 119 家，基金公司 29 家。至年末，海口银行业资产总额 7975.54 亿元，比年初增加 78.56 亿元，比上年增长 1%，其中各项贷款余额 6221.33 亿元，比年初增加 542.87 亿元，增长 9.6%。负债总额 8157.91 亿元，比年初增加 193.85 亿元，增长 2.4%，其中各项存款 4840.3 亿元，比年初增加 108.57 亿元，增长 2.3%。

【风险防范】2019 年，海南银保监局引领辖内银行业做好风险防控工作。强化信用风险防控。扩大联合授信试点范围，扩大联合授信试点范围，针对在全省 3 家银行机构有融资且融资余额 20 亿元以上的企业，将其纳入联合授信试点，进一步化解多头授信风险。加大不良资产处置力度，运用清收、核销、重组、批量转让、资产证券化等多种方式拓宽不良资产处置渠道。多渠道处置高风险机构。坚持不懈治理市场乱象，开展股权和关联交易、信贷管理、违规涉企服务收费等专项检查以及“巩固治乱象成果促进合规建设”专项治理。根据不同区域、不同房企的风险分化特征，细化房地产开发贷款压力测试，对房地产领域投放资金集中度过高的机构进行窗口指导。开展案件警示教育活动，督促机构加强内部管理、规范员工行为、增强合规经营和案件防控意识。深入开展扫黑除恶专项斗争，加大“打财断血”、追缴“黑财”力度。

【服务实体经济】2019 年，海南银保监局引领辖内银行业保险业以服务海南自贸区（港）建设为主线，发挥信贷资金、保险资金优势，支持保障海南省“三大领域”“五大平台”“十二个重点产业”等重点项目领域，全年对省内重点项目提供授信 1100 余亿元，提供风险保障 500 余亿元。着力改进完善小微和民营企业金融服务，建立多层次的普惠金融服务体系，全年小微企业贷款余额 1516.30 亿元，比上年增长 10.54%，推动实现小微企业贷款“两增两控”等目标任务。着力服务乡村振兴和助力脱贫攻坚，引导辖内银行业保险业下沉服务重心，实现行政村银行业基础金融服务全覆盖、乡镇保险服务全覆盖，全年金融精准扶贫贷款余额 209.65 亿元、增长 25.73%，涉农贷款余额 1604.23 亿元、增加 52.37 亿元，连续两年完成涉农贷款持续增长的工作目标。做好金融支持非洲猪瘟疫情联防联控稳价工作，提供高效信贷服务，完善生猪保险政策，全年发放生猪贷款 35 亿元，承保育肥猪 144 万头、能繁母猪近 10 万头。

【银行业服务海南自贸区（港）建设】

2019 年，海南银保监局推动辖内银行业保险业深化改革创新，推动建立中国特色现代金融企业制度，加强党对金融工作的集中统一领导，部分法人银行机构中将党的领导写入公司章程。引导全国首家投资管理型村镇银行——海南兴福村镇银行在海口开业。推动试点海南自由贸易账户（FT 账户），年末海南 FT 账户共开立主账户 1.21 万户，共发生资金流动 138.24 亿元，业务实现全省全覆盖；成功发行海南省人才租赁住房第一期资产支持专项计划，为全国首单省级人才租赁住房 REITS（房地产投资信托基金）；推进全国首单知识产权供应链资产证券化，并在上海证券交易所成功挂牌，募集资金 4.7 亿元。

【银行消费者权益保护】2019 年，海南银保监局扎实做好 31 家银行机构消费者权益保护考评工作，将银行机构消费者权益保护考核评价作为非现场监管手段，推动机构建立消费者权益保护工作体制机制，形成有特色的金融文化。坚持以投诉处理为抓手，及时传导监管压力，针对消费者强烈反映的贷款管理、信用卡管理、暴力催收等热点难点问题，督促银行保险机构加强投诉处理，妥善解决消费者合理诉求。完善“12378”投诉热线管理，在原有 1 条投诉热线的基础上，新增 1 条热线线路。开展辖内银行机构营业场所销售行为存在问题专项治理工作、银行机构信贷类客户消费者权益保护情况现场检查。开展银行业和保险业2019年“3·15”消费者权益保护教育宣传周、2019年金融知识宣传月等活动，宣传银行保险知识，解答消费者疑问，活动覆盖69家银行业金融机构1568个营业网点和25家保险机构499个营业网点。

【外汇收支】2019年，受宏观经济形势不景气和中美贸易战的影响，海南省涉外收付款大幅下滑，逆差扩大；银行结售汇总额略有增加、逆差缩小。全年全省涉外收付款总额147.10亿美元、比上年下降27.7%。其中，涉外收入44.53亿美元、下降24.28%，对外付款102.57亿美元、下降29.0%，涉外收付逆差58.04亿美元、下降32.3%。全省结售汇总额100.24亿美元，增长1.26%。其中，结汇17.69亿美元、增长12.37%，售汇82.54亿美元、下降0.84%，逆差64.85亿美元、下降3.92%。

（王旨　夏凡）

【全国首家投资管理型村镇银行设立】

2019年，由常熟银行发起设立的投资管理型村镇银行落户海口。4月8日，中国银保监会批复同意常熟银行筹建兴福村镇银行股份有限公司(以下简称“兴福村镇银行”)。兴福村镇银行是全国首家获批的投资管理型村镇银行，是一家独立法人机构，实缴注册资本金13.8亿元。根据《中国银监会关于开展投资管理型村镇银行和“多县一行”制村镇银行试点工作的通知》，投资管理型村镇银行是新型银行牌照，既可以服务当地实体经济、支持小微企业发展，又可在全国范围内开展村镇银行并购，实现业务空间拓展。兴福村镇银行的成立，能够提高海口市“三农”和小微企业的金融供给，进一步增强海口市金融市场活力；此外，兴福村镇银行作为一家全国性总部的法人银行，不仅能够管理现有常熟银行自有30家“兴福系”村镇银行，还可以在全国范围内对1621家村镇银行进行并购，发挥更大的规模效应和品牌效应。

（吴叔晓）

【中国人民银行海口中心支行】2019年，中国人民银行海口中心支行贯彻落实稳健货币政策，扎实推动海南自贸区（港）金融改革创新，稳步提升金融服务水平，有效防范化解区域金融风险，各项工作取得较好成效。综合运用多种货币政策工具，着力为全省实体经济发展创造良好的货币金融环境。充分发挥普惠金融定向降准、支小再贷款、再贴现等货币政策工具正向激励和宏观审慎评估（MPA）逆周期调节作用，有效解决辖区民营、小微企业融资难、融资贵问题。至年末，全省单户授信总额1000万元以下小微企业贷款余额138.47亿元，较年初增加42.17亿元；全省小微企业贷款加权平均利率5.9%，下降1.3个百分点。推动LPR在金融机构贷款定价的运用，至年末，全省金融机构新增贷款LPR运用占比64.9%。LPR运用逐步打破贷款利率隐性下限，助推实际贷款利率稳步下降，全省金融机构发放人民币一般贷款加权平均利率为6.4%，下降4个百分点。坚持“房住不炒”的信贷调控定位，有效发挥省级市场利率定价自律机制约束作用，督促银行严格限定消费贷款用途和贯彻落实差别化住房信贷政策，确保海南自贸区（港）房地产市场平稳有序运行。至年末，海南房地产开发贷款余额1162.51亿元，下降1.8%。积极推广扶贫再贷款发放新模式，引导金融机构加大对贫困地区普惠金融供给力度，推动金融精准扶贫工作取得明显成效。至年末，全省金融扶贫贷款（含已脱贫人口贷款）余额227.88亿元，增长34.1%。

开展海南自贸区（港）政策研究和制定工作，协助省委完成《海南自由贸易港总体方案》《海南自由贸易港政策与制度体系建议》中金融部分的起草工作，并按照省委要求制定《海南自贸港金融政策和制度实施方案》《海南自贸港金融服务业对外开放负面清单》，协助总行起草的《支持海南自贸港建设的金融政策框架》。推动海南自由贸易账户体系上线运行并在全省推广应用，成为全国第二个上线自由贸易账户体系的省份。创新开展海南自贸区（港）资金流信息监测系统建设，实现全天候、实时性、交易级对进出岛“每一分钱”的精准监测，该项工作在国务院第六次大督查工作中作为全国32项典型经验做法之一受到通报表扬。制定出台《推进中国（海南）自由贸易试验区外汇管理改革试点实施细则》，及时推出11项外汇改革创新业务，自贸区（港）内企业贸易、跨境投融资便利化水平进一步提升。推进国债发行试点改革工作，首次在海南省三沙市销售国债，实现“送债入岛”目标和国债惠民产品在南海一线的前沿哨所落地扎根。拓宽资产证券化融资渠道，指导辖区海南农垦集团和工商银行海南省分行分别成功发行全国首单土地租金资产证券化产品和成功设立全国首单省级人才租赁住房REITs。在全国率先开展金融知识普及教育示范基地建设，已建成海口、三亚、琼中、文昌4家基地，拟定教育示范基地建设标准，为总行制定全国标准提供决策参考。

落实国务院“放管服”工作要求，改善辖区营商环境。全面取消企业银行账户许可，企业开户办理流程实现“极简”；联合税务部门创新开发应用对外付汇税务备案电子化系统，企业办理对外付汇税务备案时间由原来的2~3天缩短为几分钟；及时上线外汇政务服务网上办理平台，实现外汇业务网上办理；创新推进临高、白沙金融机构异地开户存取款试点，大幅降低金融机构异地存取款的“脚底成本”。顺利完成ACS系统升级换版和一键式灾备切换上线，大力推进移动支付便民示范工程建设，有序推广跨行清算系统（IBPS）手机号码支付功能，实现移动支付在公交、医院、菜市场、食堂等民生领域应用全覆盖，辖区支付便利化水平大幅提升。牵头制定全国首创的《服务来华入境游客使用移动支付的创新方案》，显著提升辖区非居民支付便利化水平。创新开展小微企业退税“直退”，简化退税办理流程，开辟绿色办理通道，保障小微企业及时享受国家减税政策红利。稳步推进二代货币发行系统上线试点，进一步畅通残损人民币回收渠道和强化普通纪念币发行全流程监督，琼海博鳌镇和三亚现金服务示范区被总行分别评为“优秀”“良好”等级，辖区人民币的整洁度和现金发行服务水平稳步提升。顺利完成二代征信系统上线运行，强化征信自助查询机具部署，推广应用“互联网+”征信查询渠道，辖区居民征信查询便利化水平显著提升，至年末，征信自助查询比例超过98%。在全国率先联合地方金融监管部门签订《金融消费权益保护监管合作备忘录》，推动纳入“查处分离”改革全国首批试点单位，辖区金融系统行政执法规范化水平和金融消费权益保障能力明显提高。

多措并举防范化解各类金融风险，有效维护辖区金融稳定大局。牵头省金融监管部门开展金融风险大排查，全面摸清全省金融风险真实底数，完成《海南省金融领域主要风险点报告》。协助省政府制定《海南省防范化解重大金融风险攻坚战实施方案》，全方位强化对辖区金融风险多发、易发领域的分析监测，做到对金融风险的及时预警。按照总行部署要求，集中力量配合总行做好包商银行风险化解和海航集团流动性风险处置工作，获得总行肯定。探索跨境资金流动的穿透式监管，提高外汇业务专项现场检查频率，全面梳理和监测海航系、华信系重点关注企业内保外贷业务，加大外汇违规业务处罚力度，有效防范资金跨境流动风险。强化综合执法检查，组织开展打击电信网络新型违法犯罪、离岸公司和地下钱庄转移赃款、虚开骗税、非法集资和传销、黑恶势力等专项行动，严厉打击非法集资、非法逃汇、违法违规金融广告、乱办金融、假币犯罪等严重扰乱市场行为的非法金融活动，有效维护辖区经济金融秩序。

（王　旨　夏　凡）

【国家开发银行海南省分行】 2019年，在海南省内设立海口、三亚2家营业网点，员工人数186人（其中海口157人）。贷款余额1779亿元（其中海口地区758亿元），存款余额105亿元（其中在海口地区26亿元）。年内累计向海南经济建设的重点领域和薄弱环节投放资金233亿元，其中海口地区156亿元，引导资金41亿元。与海口市政府相关部门和相关企业对接，成功支持美兰机场二期、海口垃圾焚烧发电、海口市农副产品配套道路及长堤路综合改造工程PPP等省、市重点项目，实现新增授信4亿元，当年实现贷款发放7亿元。在绿色信贷、保障性住房、助学贷款方面实现贷款发放逾14亿元。通过“一对一”座谈和集中宣介等方式，推动6家金融机构纳入转贷款合作准入名单，向海南银行、海口联合农商行、海南农商行3家金融机构发放转贷款10.09亿元，为429家小微企业提供融资支持。

【中国农业发展银行海南省分行】

2019年，海口地区有省分行营业部和海口市琼山支行2个分支机构，有从业人员52人。至年末，两家机构累计投放贷款34.58亿元，贷款余额224.84亿元，各项存款余额65.7亿元。支持海南翔泰渔业、海南肿瘤医院、海口火山石斛产业园等一批事关海南自贸区（港）建设的省市重点项目建设；全力保障政策性储备粮油供应，利用“海南粮食安全全产业链合作平台”支持的市场化粮食购进量，占海南粮食市场份额（供给）41%；坚持让利于农，贷款利率平均低于海南同业金融机构100多个基点。利用核心企业资源，创新办贷模式，创新运用供应链金融业务模式延伸支持民营小微企业发展，稳步推动传统和新型抵押担保方式组合运用；创新运用农村承包土地经营权、林权、国有农用地使用权、浮动抵押、知识产权等新型担保方式，有效解决小微企业办贷过程中风险防控、抵押物落实困难、担保难问题。年内，2家分支机构新增13家中小微企业客户，累计发放贷款8.5亿元，对全部中小微企业（包括存量客户和新增客户）发放贷款21.9亿元。

【工商银行海南省分行】 至2019年末，海口地区有网点52家，自助银行98家，从业人员1823人。海口地区各项贷款（含票据）余额554.7亿元。重点支持海口美兰机场、华能海口电厂项目、国投总部经济项目、华能总部经济项目、海口港口整合项目、海口铁路改造项目等一批省市重点项目。给予8781家企业信用贷款授信68亿元，单个客户最高授信200万元，客户不需要审批即可提款，较好地支持区域中小微企业的发展。银保监会口径普惠贷款余额25.17亿元，比上年增长49.6%，人行降准口径普惠贷款余额24.37亿元，增幅36.4%。2月，FT账户系统投产上线，至年末账户数量10660户，开户企业3193家，开办业务涵盖结算、融资、结售汇及存款等多个业务品种。在资产证券化领域实现2个“全国首单”，分别是全国首单人才租赁住房REITs和首单土地承包金ABS，是全省唯一一家全程参与这两单业务交易安排和管理的银行，农垦土地承包金ABS是年内全国工行系统内首单主动管理型ABS业务，较好的发挥创新引领的作用。

【农业银行海南省分行】 至2019年末，海口地区有营业网点62家，从业人员1555人，年末各项存款余额444.02亿元、各项贷款余额445.62亿元。海口城区各项存款市场份额18.94%，各项贷款市场份额19.37%。全年共对接洽谈自贸重点项目139个；跟踪有融资意向项目18个，融资需求202.85亿元，其中，已批授信7户99.6亿元，用信金额53.94亿元。在推广“银税通”“工商物业置业贷”“微捷贷”“数据网贷”“抵押e贷”等小微专属特色产品基础上，联合省税务局创新推出“纳税e贷”，为海口地区79家小微企业客户发放贷款4093万元。加大对创业创新型小微企业服务收费减免优惠力度，免收贷款承诺费等7项承诺类费用，免收常年财务顾问等12项顾问类费用，取消工程造价协作顾问费等14项费用，下调异地转账等17项结算类收费，降低企业经营成本。向248家海口区域内的小微企业支持5.16亿元贷款。对海南辖内烟草经销商开展“烟商e贷”业务，海口地区发放43笔，金额660万元。年内，结合网点转型，开展“转型服务提升年”主题活动，龙华支行营业部被评为2019年银行业文明规范服务五星级网点。

【中国银行海南省分行】至2019年末，海口地区有营业网点42家，其中海口城区管辖支行4家、分行营业部1家，从业人员1324人。海口地区人民币贷款余额527.9亿元，人民币存款余额（含理财）635.7亿元。全年本外币贷款新增75.6亿元，重点支持金牛岭等3个公园PPP改造项目，西环铁路、海南电网等“五网”基础设施建设，以及海口永庄水务、北大附小附中等民生教育，华能供应链、国投贸易等大宗商品贸易企业，观澜湖新城等旅游项目，港航控股、金盘电气等重点企业建设。实现海南自由贸易（FT）账户首发及多项业务首发，全国首单沪琼FT账户联动业务入选海南自贸区制度创新案例，2019年FT主子账户、累计一线和二线划转金额的市场份额分别为56.98%、89.96%、82.83%。开立全省首个外国领馆账户——柬埔寨王国驻海口总领事馆人民币基本存款账户。实现海南国际投资和国际贸易两个“单一窗口”的业务首发，叙做海南自贸区外汇管理改革试点的首笔资本项目外汇收入支付便利化业务。整合设立普惠金融事业部，支持民营企业和普惠金融发展，至年末，民营企业贷款余额突破200亿元，普惠型小微企业、定向降准口径贷款分别比上年增长53%和49%。探索推进个贷业务转型，年末，海口个贷余额209.4亿元，新增38亿元。

【建设银行海南省分行】至2019年末，海口地区设有44个分支机构、48个营业网点，从业人员1614人。年末一般性存款余额582.83亿元；各类贷款余额680.52亿元，其中小微企业贷款余额33.63亿元。年内，持续加大信贷支持海口地区实体经济发展力度，主动对接已落地海南的政府洽谈项目，主要涉及贸易融资、智慧物流、能源等行业企业。落实减费让利政策缓解小微企业融资贵问题，在执行监管政策基础上进一步扩大小微企业服务收费减免范围，并先后创新推出小微快贷、云税贷、抵押快贷、“建行惠懂你”APP、个体工商户快贷、跨境快贷－退税贷、跨境快贷－信保贷等系列适合小微企业和个体工商户的特色信贷产品和服务。支持国际贸易“单一窗口”建设，着力优化口岸营商环境。顺利上线自由贸易账户体系，成为第一家采用“总－分”管理模式的金融机构。

【海南银行】至2019年末，在海口地区设有5个营业网点，从业人员510人，各项存款余额175亿元，各项贷款余额141亿元，比上年增长32.41%，总资产536.7亿元，增长43.71%。公司金融方面，发放自贸区（港）建设主导型项目优惠贷款2.48亿元，对四大园区11户企业授信25.5亿元。消费金融方面，打造特色鲜明的旅游消费金融服务体系，年末储蓄存款余额较年初增加18.76亿元，增幅72.91%；个人贷款余额6.08亿元，增幅150%；全年发放线上贷款53.87亿元。被中国地方金融研究院评为2018年度中国地方金融十佳支持小微企业银行，至年末，海口地区小微贷款余额14.66亿元，存量客户496户。探索供应链产业链金融商票贷等信贷方案，开展“商圈贷”业务或“租金贷”业务，探索开展“经销贷”“种植贷”网贷业务；与蚂蚁金服合作开展“双链通”业务；与北京华艺嘉合作开展“物流网点贷”业务。打造“椰”系列金融产品体系，研发并上线现金管理项下委托贷款、金椰商易通、酒店客房夜权质押贷款、旅游订单融资、旅游景区收费权质押贷款、旅行社周转贷款、营运车辆保单质押贷款7款公司类产

2019年4月11日，海南省委深改办（自贸区）在海口召开中国（海南）自由贸易试验区制度创新案例（第二批）新闻发布会，发布5项自贸区试验区制度创新成果，中国银行海南省分行的“全国首单沪琼自由贸易账户联动业务”成功入选

（市金融办 供）

2019年6月5日，中国光大银行海口分行与海南省旅文厅、光大银行信用卡中心共同打造的首届"魅力海南旅游节"在海口启动，启动仪式后三方签署融旅协议（市金融办 供）

品；普惠金融条线研发并上线"创业担保贷""商圈贷""园企贷""景区贷""酒店贷""商票贷"6款新产品；推出福费廷、进出口信用证、进出口押汇等22款国际业务产品；投产全省首款开放式净值型理财产品、海智通系列、闪e贷等特色消费金融产品。

【光大银行海口分行】至2019年末，下辖20家支行（其中海口地区12家）、13家社区支行（其中海口地区8家），有正式员工660名。资产总额393亿元，一般存款余额371亿元，各项贷款余额252亿元，全年实现净利润5.48亿元，各项主要业务指标在当地股份制商业银行中稳居第一，不良贷款率1.02%，在海南当地处于较低水平。有国标小微客户数11672户，国标小微企业贷款余额85.24亿元，增速17.9%，高于全行各项贷款的平均增速。申贷获得率99.13%，高于上年同期水平。服务小微企业的规模及客户数均保持较好的增长。其中，单户授信金额1000万元以下（含）普惠金融贷款余额30.76亿元，信贷计划完成率195%；单户授信金额1000万元以下普惠金融客户总数11543户，较好的完成普惠金融"两增两控"目标。落地海南首家跨境电子商务支付项目、成功上线FT账户、利用信用卡品牌优势创办"魅力海南旅游节"，助力海南国际旅游消费中心建设。

【招商银行海口分行】至2019年末，设有6家综合支行、1家零售专业支行，1家小微支行，正式员工314人。全年存款余额166.59亿元，各项贷款余额115.44亿元。先后为120多家企事业单位提供各类融资460亿元，零售客户总量39.4万户，对公客户总数1.24万户。年末，银监口径下小微贷款余额6.46亿元，增速36.86%，高于各项贷款同比增速4.44%；有零售小微客户数1061户，零售小微贷款余额5.81亿元，增速31.75%。供应链贷款方面，采用供应链自助贷线上随借随还方式；房产抵押类业务方面，配套"小企业抵押贷"，实现房地产付款代理投放。开出"农民工工资保函"5笔，金额近1亿元，首笔"线上保函"落地。融创实现理财资金投放8亿元，落地全国首单农垦系统资产证券化业务1.6亿元，资产业务中新兴融资增长5亿元，推动复地集团、保利房地产供应链商票贴现业务，累计贴现放款1691万元。零售金融方面推出智慧云按揭系列产品，完成行内客户经理O2O移动作业和房贷无纸化申请、完成全线上的消费信贷产品。

【南洋商业银行海口分行】海南省内唯一一家外资银行，设有1个网点，员工42人。至2019年末，存款、贷款余额分别为37.12亿元、17.17亿元。对实体企业发展的支持主要集中在造纸、石油炼化、采矿及医药制造行业，共涉及8家客户，授信金额10亿元，年内投放7亿元。制定个性化金融服务方案，为中小微企业提供专业便利的服务，缓解中小微企业融资难的问题，年内有3户民营医药制造企业核定授信额度6500万元，投放5500万元。发挥外资优势，打造跨境金融特色，为省内进出口客户提供多种便捷服务，共为6家企业提供跨境融资服务，总授信金额9.8亿元，投放4亿元。

【中信银行海口分行】至2019年末，有分支行营业网点12个（综合性网点10家，小微支行2家）、自助网点2个，员工360余人，存款总额114亿元，贷款余额70亿元。成立小微企业专门机构，加强普惠产品创新，推出票据贷、政采贷等标准化产品，创新推出物流e贷车险分期业务，服务物流配套服务的业务机构和以车辆为主要运营资产的普惠小微企业。推出"银票e贷"等便利化融资产品，通过"信e链""中企云链"等金融服务，满足民营、小微企业灵活多样的融资需求。坚持落实监管"两禁两限"收费管理要求，对于融资过程中的抵押登记费、押品评估费统一由银行承担，降低企业融资成本，助力小微企业发展。年末，民营企业贷款余额49.82亿元；小微企业贷款余额1.19亿元。上线FT账户，成为海南省首批采取"总分"模式的银行。获2019年度银行外汇业务合规与审慎经营评估"A类银行"评级。

【华夏银行海口分行】至2019年末，

设置营业部、文华支行、海秀支行3家经营机构，员工161人。一般性存款余额45.21亿元，各项贷款余额39.71亿元，对公客户1327户，个人客户26229户。为加快普惠金融结算产品落地，推出以支付为核心的一站式综合服务平台“华夏缴费通”业务，有效解决消费端和管理端长期以来在缴费过程中遇到的各类管理和支付痛点，成功在海口多家幼儿园和物业公司上线。推出通过手机银行和个人网银渠道发行的夜间理财产品“夜利呀”“发财夜”。全年共为36户小微企业提供融资金融服务，金额1.9亿元。引导经营单位开展涉农贷款业务，年末，涉农贷款余额4853万元（其中普惠型涉农贷款余额为4853万元）超计划1753万元。支持妇女创业就业发展，以现有的金融产品为重点营销手段，向民营企业、个体经营户中的女性经营者加大宣传支持力度，年末，对女性创业者提供金融支持3笔，金额1.21亿元。

【渤海银行海口分行】2019年1月17日正式对外营业，设1家营业网点，员工55人。年末，本外币一般性存款余额18.05亿元，本外币各项贷款余额23.25亿元。制定多项扶持中小微企业举措，加大中小微企业贷款的营销力度，优化小微企业授信业务流程，落实完善小微企业贷款尽职免责机制，给予内部资金转移优惠机制，保证在服务小微企业时执行低成本的利率优惠政策，建立差异化的利率定价机制，严格落实费用减免的相关规定。至年末，为中小微企业提供的贷款为22.15亿元、表外授信4.85亿元，服务中小微企业客户数15户。与恒大地产集团合作，推出“恒发贷”业务，为恒大地产集团供应链融资业务，用于恒大地产集团下属控股子公司开立的电子商业承兑汇票持有人办理贴现，该贴现申请人需符合小微企业标准。

【邮储银行海口市分行】至2019年末，设有自营网点23个（含2个农村网点），员工398人。全口径个人人民币存款余额126.71亿元，其中邮储银行海口市分行自营个人人民币存款余额43.5亿元；公司存款余额21.76亿元。三农贷款结余12.9亿元；消费贷款结余56.55亿元；小企业贷款结余10.8亿元。以需求为基础，完善服务体系，加快金融创新，小微企业贷款利率同比下降11.1%。发放小微企业贷款近1800笔，金额超17亿元。开展银企座谈会、贷款推荐会10余场，为会员单位提供金融服务，发放贷款2.34亿元；深化银担、银保合作关系，推出担保公司贷款、保证保险贷款、农保担贷款等信贷产品，全年发放贷款2.48亿元。持续加强“三农”领域金融服务，深化与各类支农平台、商会、协会合作，发放小额贷款近1600户，金额超2.8亿元。新增评定三门坡镇红明居、演丰镇苏民村、大坡镇东昌居、石山镇施茶村和永兴镇永德村委会5个小额贷款“信用村”，对信用村的信用户批量发放信用贷款，累计为“信用村”农户发放小额贷款近6000万元。

【海口联合农村商业银行】至2019年末，设19个部门，有8家营业网点，员工257人。一般性存款65.18亿元，各项贷款46.55亿元，资产规模102.23亿元。成功引入海南旺达信用担保公司、海南信联盛投资担保公司、海口市担保公司、海南华衡担保投资有限公司，进一步解决客户抵押品价值不足和银行面临较高违约风险的难题。为了更好地服务小微、涉农客户，年内相继出台“房抵贷”“融易贷”等产品。至年末，小微贷款余额15.91亿元，户数355户；涉农贷款余额1.31亿元，户数47户；小微条线民营企业贷款余额2.94亿元，户数61户；公司条线民营企业贷款余额38.93亿元，重点支持长影海南“环球100”（一期）等项目。

【海口市农村信用合作联社】至2019年末，有营业网点25个，从业人员372人，存款余额187.43亿元，贷款余额136.17亿元。依托信贷营销小组给中小微企业等客户提供主动、优质的信贷服务。坚持信贷分工，督促各社重点营销500万元以下和50万元以下的贷款，推进信贷业务和贷款结构转型，将信贷资金更大比例地投放到小微领域。

【海口农村商业银行】2019年，新增营业网点1家，共有营业网点65家，实现海口市行政区域全覆盖，员工948人，各项存款余额433.82亿元，贷款余额343.51亿元。至年末，民营企业贷款余额199.18亿元，有贷款余额户数275户。在新发放公司类贷款中，民营企业贷款占比96.39%。为海口市的小微企业、个体工商户“量身定制”“宏业贷”“盛业贷”“闪贷”和“随心贷”等信贷产品，准入门槛低，只要经营满1年即可申请，融资成本低。融合互联网技术，推出“线上授信、线上用信”的“一小通”顺贷，审批速度快，推行小微企业流动资金贷款的无还本续贷政策，减轻企业还款压力。年末，小微企业余额112.21亿元，其中普惠小微企业贷款余额16.92亿元，增速30.56%，有贷款余额户数2447户，新发放普惠小微贷款平均利率8.046%。年内，获得“中国银行业社会责任百佳评估特殊贡献网点奖”，总行获人民银行“2018年度综合评价A级机构”，获评“海南省企业100强”第19名。

【海口苏南村镇银行】至2019年末，设网点3家，有正式员工54人，资产总额12亿元，贷款余额97898万元，其中小微企业（含小微企业主）贷款8.48亿元，比上年增加2.02亿元；涉农贷款2.76亿元，增加5205万元。小微企业贷款占全行总贷款的86.64%，总户均120万元。开展业务转型工作，成立小微金融部，创立“商易贷”“粮油贷”“随信贷”“快乐贷”等7个小额贷款产品，共发放小微贷业务436笔，金额1.94亿元，户均贷款45万元，其中抵押贷款占到全部贷款金额65%。在涉农信贷业务上，结合本地情况，推出“罗非鱼产业链信贷”“香树富农贷”“农资产业链贷款”“花卉保—花农种植户贷款”等系列特色业务产品。其中“农资产业链贷款”主要以核心的农资经销商为依托，为其下游的农资终端店提供金融服务，是解决农资产业链条上融资、金融服务的整体金融服务方案。

（吴叔晓）

【海口市金融控股有限公司】2019年，公司及下属平台新增业务量17.55亿元，其中担保业务完成15.93亿元，累计业务规模207亿元。年末担保责任余额14.77亿元，资本金放大倍数6.71倍。新增贷款为企业新增产值约53亿元，多创税收约1亿元，稳定和增加就业约2万个；累计为受惠企业新增产值约620亿元，为地方创造税收约15亿元，稳定和增加就业岗位逾22万个。公司实现合并收入5997万元，实现合并利润总额4181万元。共获得市中小企业发展专项资金、省担保代偿资金补贴173.41万元。

渠道建设　2019年合作银行总数21家，授信总额达70亿元。邮储银行、交通银行、海南银行三大主力合作银行业务占比保持稳定增长，授信额14.5亿元；实现与农行的重新合作，与海口联合农商银行、海口农商银行首次实质性业务合作取得突破，“支小支农”力度加大。

业务创新　2019年，商票贷、农保贷等新业务品种实现批量操作，流程更加顺畅，业务规模较上年大幅提升；推进“双链通”区块链业务，并向省地方金融监督管理局进行申报；积极拓宽中小企业融资渠道，与省市知识产权管理部门、科工信局合作研发的“知识产权质押融资”初步成型。

风险防控　2019年，公司风险管理以“去存、控增、努力降低不良贷款余额”为主题，在风险管理过程中注重新增不良的第一时间介入，处置及提前化解项目风险，积极通过司法手段回收债权，公司担保代偿率低于行业平均水平。公司不良资产批量转让工作取得阶段性进展，为公司资产质量的进一步提升奠定良好的基础。

国企改革　2019年，公司治理结构进一步完善，国资委外派监事会到位，下属担保公司董事会、监事会、经营管理层以及工会进行换届和调整。在混改方面，以结果为导向委托中国通用咨询投资有限公司提供引战混改全过程咨询及服务，先后与国内外多家公司进行洽谈，同时借助建设自贸区（港）政策，自行接触大量意向投资者；与邵氏集团等意向投资人就供应链融资业务合作进行深度对接及洽谈。

（马国新）

证券期货

【概况】至2019年末，海口市有沪深证券交易所上市公司25家，挂牌交易的股票27只（其中A股25只，B股2只），总股本439.38亿股，总市值1978.14亿元。在25家上市公司中，主板上市19家，中小板3家，创业板3家。上市公司2019年年报显示，全市25家上市公司中，17家公司盈利，8家公司亏损；年末上市公司总资产3962.77亿元，净资产1369.8亿元；全年实现营业收入1412.17亿元，归属母公司股东的净利润-6.36亿元。年内，有1家公司实现在全国中小企业股份转让系统挂牌，7家公司申请终止挂牌，共有挂牌公司22家，总股本26.42亿股。22家挂牌公司2019年年报显示，16家公司盈利，6家公司亏损；年末总资产143.46亿元，归属于挂牌公司股东的净资产80.78亿元；全年实现营业收入48.81亿元，归属于挂牌公司股东的净利润0.43亿元。

海口市企业在境内证券市场累计筹资189.59亿元，比上年增长53.7%。其中4家公司发行公司债券募集144.19亿元；4家挂牌公司实现股权再融资，融资1.20亿元；3家公司发行资产支持证券募集44.20亿元。

海口市有证券公司2家，即金元证券股份有限公司和万和证券股份有限公司；证券公司分公司30家；证券营业部37家。万和证券股份有限公司获批新设证券分支机构6家。有期货公司2家，即金元期货股份有限公司和华融期货有限责任公司；期货分公司2家；期货营业部10家。具有证券投资咨询业务资格的机构有3家，其中专营证券投资咨询机构1家、兼营证券投资咨询机构2家。具有证券期货从业资格的会计师事务所分所9家，具有证券期货从业资格的资产评估机构分公司6家。

海口市在中国证券基金业协会完成备案的私募基金管理人29家。其中，证券投资基金6家，私募股权、创业投资基金22家，其他私募投资基金1家。29家私募基金管理人总计备案基金产品26只，管理基金规模33.37亿元。

年内，海口市2家证券公司为投资者开立资金账户72.45万户、证券账户111.25万户，分别增长2.7%、3.1%；客户托管资产总额1192.09亿元，增长28.6%。2家证券公司全年代理买卖证券总额17491.36亿元，增长21.8%；营业收入13.13亿元，增长6.3%；净利润2.92亿元，增长61.3%。全市证券公司分支机构为投资者开立资金账户121.68万户、证券账户192.97万户、基金账户46.78万户，分别增长9.3%、11.2%、24.9%；客户托管资产总额968.13亿元，增长23.5%。全市证券公司分支机构全年代理买卖证券总额10455.96亿元，增长17.2%；营业收入4.35亿元，增长20.8%；净利润0.56亿元，增长600%。

海口市2家期货公司客户权益总额10.31亿元。2家期货公司全年代理成交量2357.06万手，增长14.5%；代理交易额15216.46亿元，增长8.0%；营业收入11281.16万元，增长263.7%；净利润910.23万元，上年同期为-4714.58万元。全市期货公司分支机构客户权益总额6.07亿元。期货公司分支机构全年代理成交量 961.79 万手，增长 27.4%；代理交易额 4784.91 亿元，增长 11.8%；营业收入 1005.39 万元，下降 33.5%；净利润 –812.36 万元，上年同期为 –662.46 万元。

【证券期货市场监管】2019 年，海南证监局优化增量调整存量，大力推动提高上市公司质量。强化持续监管。持续跟踪上市公司信息披露、媒体报道、市场传闻、投诉举报等重点情况，综合运用审核、约谈、问询、走访、调研等监管手段，精准掌握公司动态，提前研判违法违规风险。加强现场检查。检查内容覆盖非经营性资金占用、违规担保、商誉减值、流动性风险等重点领域，并向会计师事务所、评估机构等中介机构执业情况延伸检查。依法处置现场检查和日常监管中发现的违法违规行为，全年对辖区上市公司及其相关方现场检查 39 家次，约谈 149 人次，现场督导 15 家次，发监管关注函或风险提示函 27 份。以强化公司治理为契机，提高上市公司发展的内生动力。召开辖区上市公司规范运作警示教育培训，督促实际控制人、董监高等“关键人”强化主体责任意识。开展新任董监高等“关键人”警示教育，上好“监管第一课”，增强新任董监高规范意识。举办上市公司业绩网上集体说明会，通过集中回应投资者关切倒逼市场主体持续加强内部控制和信息披露工作。以企业辅导培育为抓手，从源头提高上市公司质量。建立后备科创企业清单，走访调研科技创新型企业，现场解决企业发展实际困难。联合省金融局、上交所召开推动企业赴科创板上市培训会、座谈会，将科创板政策知识送进后备上市企业。以产业整合为重点，支持上市公司通过并购重组做优做强。充分发挥资本市场并购重组主渠道作用，引导辖区重点产业上市公司集聚资源做强主业。强化监管引导，推动中介机构归位尽责。以问题和风险为导向，加强对年报审计、并购重组、投资咨询、资管、公司债券、私募基金等重点领域的检查和举报线索核查，全年开展中介机构现场检查 45 家次，采取监管措施 9 条，进一步压实中介机构责任。加强政策宣导，传导监管压力。走访调研中介机构 28 家次，组织培训座谈 10 场次，加强监管形势及政策宣讲，引导中介机构勤勉尽责，践行“合规、诚信、专业、稳健”的文化理念。服务监管大局，着力提高稽查执法效能。改进案件调查组织管理，统筹调配执法资源，集中力量清理积案、推进重点案件，案件查办效率进一步提高。查办案件 21 起，其中主办案件 13 起，协查案件 5 起，线索核查 3 起；办结案件 19 起。强化稽查执法全链条环节的联动，稽查提前介入日常监管，在现场核查、线索分析、立案会商、信息共享等方面加强监管协作，提升线索发现处理能力。加强释法说理，强化执法效果。

【证券期货市场风险防控】2019 年，海南证监局强化风险研判，绘制风险监测全景图，分类施策，切实防范化解重点领域风险。加强对辖区市场风险的综合分析和动态监测，细化上市公司风险监测指标，定期调整风险分类，通过区分风险，把资源配置到风险最大的领域。摸清风险底数，建立涵盖证券期货经营机构、私募基金、咨询机构、交易场所等领域在内的全面风险管理台账，加强预研预判并动态更新。强化监管协同，形成风险防控合力。增强与省政府相关部门信息共享和监管协作。推动省地方金融监督管理局召开股票质押风险处置协调会。与市场监管、地方金融监管部门建立打击非法集资机制、私募基金监管协作和信息共享机制，共同打击辖区非法证券期货活动。与省地方金融监督管理局联合地方交易场所开展现场检查，指导制定风险化解方案，推动风险化解工作。做好风险核查，积极防范股票质押、公司债券违约、地方交易场所等领域风险。

【证券投资者合法权益保护】2019 年，海南证监局组织开展“走近科创你我同行”“科创板投教行”“辨真伪·识风险 做理性私募投资者”等一系列专题宣传；发动海南本地高校参加《股东来了》投资者权益知识竞赛；广泛动员地方媒体、投资者、机构参加“5·15 全国投资者保护宣传日”活动。创新投保方式，切实提升保护力度。完善辖区证券期货纠纷多元化解机制建设，联合省高级法院发布证券期货纠纷特邀调解组织及特邀调解员名册。创新小额速调等机制建设，推动辖区证券期货法人机构基于自愿原则签署小额速调协议；加强多元纠纷调解宣传，与省高级法院联合转发证监会和最高人民法院共同评选的调解十大案例；利用经营机构接触投资的优势宣传和引导投资者选择调解方式化解矛盾纠纷。拓宽投教渠道，有效扩大影响面。推进投资者教育纳入国民教育体系，与省教育厅联合印发通知，引导海南各市县教育局、各中小学校、相关市场机构充分了解证券期货知识普及教育的背景意义；通过开展证券期货系列公益讲座活动，组织中小学师生赴投资者教育基地开展实训、培训等方式，推进证券期货知识进校园。联合省教育厅、人行海口中心支行联合签署《推进金融知识纳入国民教育体系工作合作备忘录》并印发通知，将金融知识纳入海口部分学校高中阶段教育课程，提升学生金融素养，培养金融风险意识和诚信意识。指导海南橡胶，依托中国天然橡胶博物馆，改造和扩建投教基地，打造全国首家集证券、期货元素，投资者教育与爱国主义教育相结合，交易所和上市公司共建共治共享的国家级投教基地。

【服务实体经济发展】2019 年，海南证监局构建综合监管体系，形成发展合力。服务地方资本市场加快发展。联合省委组织部举办海南省领导干部金融研修班，帮助地方领导干部利用资本市场促进地方发展；围绕提高上市公司质量、加快后备企业培育、促进私募基金行业发展、化解系公司风险等向省领导及省政府有关部门建言献策。营造资本市场良好发展环境。推动制定海南资本市场发展规划和提高上市公司质量行动计划；推动建立发展和利用资本市场的工作协调机制，加强与省相关职能部门、行业主管部门、司法机关、金融监管部门协作，共同推动资本市场领域改革发展和风险防范处置；推动海口市出台促进资本市场发展的相关政策；支持辖区上市公司、新三板挂牌公司、拟上市企业等共6家公司入选省政府第一批重点扶持企业范围。资本市场创新服务海南全面深化改革开放。推动海南首个20号胶期货交割仓库顺利获批，以及特色期货品种20号胶的期货合约成功挂牌交易；推动全国首单省级人才租赁住房不动产信托投资基金、国有土地承包金资产证券化产品、奇异世纪知识产权供应链资产支持证券成功发行。

（冼少云）

保 险

【保险业经营】2019年，海口市保险市场共有海保人寿保险股份有限公司、法人保险公司1家，保险公司省级分公司24家，其中财产险分公司12家、人身险分公司12家。保险公司职工3674人，保险营销员2.28万人。各保险公司实现原保险保费收入137.15亿元，比上年增长13.39%。其中，财产险公司原保费收入50.26亿元，增长16.6%；人身险公司原保费收入86.89亿元，增长11.62%。各保险公司累计提供风险保障13.11万亿元。全年原保险赔付支出42.29亿元，增长9.07%。其中，财产险公司赔款支出25.7亿元，增长12.9%；人身险公司赔付支出16.59亿元，增长3.61%。年末保险公司总资产286.79亿元，比年初增加40.31亿元。

【保险业支持海南自贸区（港）建设】2019年，海南银保监局推动“放管服”取得积极进展，海南成为全国首个将保险中心支公司一级行政许可事项纳入备案管理的自贸区，分支机构设立由原先筹建和开业2道审批环节精简为3个工作日完成备案，机构改建、迁址和高级管理人员任职资格管理流程时限由原先20个工作日压缩至3个工作日。金融市场主体逐步完善，泰康养老保险海南分公司已获批筹。制度创新取得新突破，天然橡胶价格（收入）保险机制在全省范围落地实施，在全国率先将关税保证保险制度应用于境外游艇入境关税担保领域。不断丰富金融产品，在环境高风险领域建立环境污染强制责任保险制度；进一步优化南繁制种水稻保险条款费率、扩大责任范围，新开发秋季制种水稻保险产品；在建设工程质量方面引入房屋建筑工程质量潜在缺陷保险，增强风险保障。

【保险业服务实体经济】2019年，海南银保监局印发关于改善和优化民营企业和小微企业金融服务的若干意见以及进一步加强民营企业金融服务的通知等文件，引导银行保险机构加强产品创新、深化“银税互动”、开展“百行进万企”、推进减费让利等工作，“政银保”累计为140家小微企业提供1.48亿元贷款支持，“农保贷”为73家农村专业合作社、涉农民营企业提供8212万元贷款支持，民营企业贷款保证保险累计服务企业主3629人次，提供5.82亿元融资支持。保险扶贫承保654.48万人（户）次，提供风险保障13848.22亿元。推动海南省城乡居民大病补充高额医疗保险产品与基本社保相衔接，将城乡居民医疗保障水平从45万元提升至100万元，惠及10万余人。做好金融支持非洲猪瘟疫情联防联控稳价工作，扩大生猪保险保障范围，推出商业性非洲猪瘟扑杀保险、附加仔猪养猪保险及生猪目标出栏价格保险等新产品，开展畜禽成本价格保险试点，保险机构承保育肥猪143.9万头、能繁母猪9.4万头，银行机构发放生猪贷款6401户、35.15亿元。推进海南天然橡胶“保险＋期货”项目国家级贫困县全覆盖，累计为近18.09万户胶农提供风险保障10.48亿元，橡胶价格（收入）保险为8.1万户胶农提供风险保障10亿元，实际赔付5.3亿元。支持海南生态文明建设，环境污染强制责任保险首批试点的5家企业全部投保。

【保险消费者权益保护】2019年，海南银保监局强化对保险机构的考核督导，压实公司投诉处理主体责任，督促保险机构将投诉处理工作纳入各级机构经营考核指标体系。严厉打击损害保险消费者权益的违法违规行为。根据消费者投诉、舆情监测等日常监管情况，对损害保险消费者合法权益的个案进行重点检查，重点查处保险机构拒不依法履行保险赔偿义务、欺骗消费者、隐瞒保险合同重要内容等行为。组织开展银行业和保险业2019年“3·15”消费者权益保护教育宣传周、2019年金融知识宣传月等活动，推动银行保险机构大力宣传银行保险知识，解答消费者疑问，针对违法违规“校园贷”、电信网络诈骗、销售误导案件频发等情况，重点宣传违法违规话术辨别知识、非法集资和金融诈骗防范知识等，帮助社会公众提高金融素养，辖内银行保险机构参与宣传人员数约3.78万人次，累计开展活动4486次，发放资料约341万册，受益社会公众约305万人次。

【中国平安人寿公司海南省分公司】2019年，创新健康管理服务，客户使用线上健康管理服务70.8万人次，为约15.4万海南客户提供约43万次智慧客服服务体验，提供约3万次空中客服服务体验，较好的提升服务效率，“闪赔”案件的平均结案时效11.4分钟，最快赔付时效为2.23分钟。全年原保险保费收入33.7亿元，比上年增长10.6%，其中个险保费收入26.4亿，占总保费的78.3%，增长9.2%。个险代理人6902人。为42.7万客户提供5538亿元的风险保障，全年赔付支出3.37亿元、理赔9343笔，有效发挥了寿险社会保障的职能。

【中国人民财产保险公司海南省分公司】2019年，保费收入21.73亿元，增速8.5%，市场份额28.06%；承保利润突破亿元大关，下辖33家经营单位均实现账面盈利。公司的天然橡胶价格（收入）保险、关税保证保险入选海南省创新案例，首单长期护理保险在海口创新落地，主动服务城乡居民大病保险项目，服务民生取得实效。推动生猪价格保险、名贵树木保险、菠萝种植保险、果树及果实保险、黄秋葵保险、商业性秋季水稻气象指数保险等多个农业保险产品创新，兜底保障农户收益。积极开展科技应用，上线推广电子保单、电子投保单、人保分、验车人系统4项新技术，提升线上化处理率；发挥无人机航拍和卫星遥感技术在农险查勘工作中的应用，实现全省各市县“三农助手”APP的覆盖。与海南省交警总队深入合作，设立劝导站20个，开展电动车巡查和快处快赔。落实保险精准扶贫，天然橡胶价格（收入）保险覆盖全省4万多农户，瓜菜价格指数保险涵盖品种22个，扶贫攻坚成效明显，被评为“海南省金融系统脱贫攻坚先进单位”。

【中国平安财产保险公司海南省分公司】2019年，整体保费收入21.01亿元，市场份额27.1%，为近60万客户提供1.87万亿元风险保障。其中，车险保费收入14.7亿元，市场份额34.4%。推出“信任赔”理赔服务，通过AI大数据画像，为广大“安全驾驶”的车主提供车险理赔信任额度；通过一站式保险综合服务平台“平安E企宝”，为团体客户提供保单、理赔和风险管理等服务；首席承保海南建筑施工安责险，助力海南省房屋市政工程领域安全生产管理水平提升。连续7年入选“海南省100强企业”，为海南地区广大人民群众和企事业单位提供全面的风险保障和专业的理赔服务，助力海南自贸区(港)建设。

【中国人寿保险公司海南省分公司】2019年，公司下辖22个分支公司，82个农村营销服务部，在海口市设5个城区专业化支公司、1个综合类支公司。总保费收入18.8亿元，比上年增长14.46%。积极开展扶贫保险、大病保险等服务，全年理赔（不含大病保险业务）5.7万人次，赔款金额2.36亿元，扶贫保险承保覆盖率90%，赔付金额5542万元，累计赔付3.62万人次，率先推出“海南省城乡居民大病补充高额医疗保险”服务。首年期交占长险首年保费的比重同比提升7.22个百分点，十年期及以上首年期交保费占首年期交保费比重同比提升18.57个百分点。

【中国太平洋财产保险公司海南省分公司】2019年，保费收入15.2亿元，其中，车险业务实现保费收入7.24亿元，非车险业务实现保费收入4.74亿元，农险业务实现保费收入3.22亿元。发挥保险业优势服务海南自贸区（港）建设，为中石化炼化及文明东越江通道等项目提供风险保障；推进天然橡胶“保险＋期货”试点项目，参与中央调研组在海南的天然橡胶生产和保险调研工作，提出“按日实际产量和当日价差核算赔付金额，由胶企参与统计胶农实际产量”的创新思路；与海南省工信厅签署产融合作协议，在新材料研发和应用以及人才引进保障计划等领域丰富保险服务体系；创新驱动业务发展，首创行业代步车“凹凸租车”服务，为客户提供优质的太保特色服务。自2011年起，连续9年获得“海南省百强企业”称号；被评为2019年反洗钱A级单位及纳税A级单位。

【海保人寿公司】2019年是海保人寿公司第一个完整经营年度，公司与20余家互联网保险平台建立业务合作关系，深入合作渠道包括水滴保险、慧择保险、蜗牛保险、蚂蚁保险等几大头部平台，打造及时雨、芯爱、倍加尔保、永乐等网红重疾产品。持续加深与海南省内银行合作力度，四季度布局三亚地区经营。全年实现保费收入11.74亿元，其中原保险保费收入4.84亿元，再保险保费收入6.90亿元，持有期年化综合投资收益率6.84%，累计完成56款新产品开发工作。

【中国太平洋人寿保险公司海南省分公司】2019年，公司落地集团转型2.0发展战略，强化客户经营，不断提升内控管理水平，个险业务标保达成5.77亿元，达成率91.67%，系统排名同比提升19位；营销人力2701人，比上年增长6.3%；团险业务承保利润114.78万元，增长123.4%。积极投身民生保障，促成乘意险项目为全省600万人次保驾护航，渔民险项目为2.8万渔民送去人均52万元、共145.6万元的保障。推动实现理赔服务“极简、极速、有温度”，全年赔付人数1800余人，增长5%；赔付理赔款4363万元，增长46.15%，客户从申请理赔至赔款到账仅1.29天。围绕保险知识普及、业务发展、客户服务、诚信建设等内容加大宣传，获得2018—2019年度海南省保险宣传工作先进单位、总公司2019年品牌宣传管理优胜奖等称号。

【中国人寿财险海南省分公司】2019年，加大非车险发展资源投入，加快“全民营销”落地，EA门店创新成效突出，全省13家EA门店保费收入3910万元，保费占比14.12%。车险续保率在全系统排名第一，实施经营单位负责人月度问责制。全年保费收入2.77亿元，比上年增长15.93%，高于行业增速1.43%；公司市场份额3.57%，提升3.57%。经营整体继续保持盈利，综合成本率93.70%，经营效率保持稳定，在保持业务增长的同时守住承保盈利底线；实现承保利润1513.08万元，连续5年实现承保盈利。

（王 旨）

（编辑：王美芳）

房地产业

房地产市场

【概况】2019 年，海口市坚决遏制房价上涨，把解决人民群众住房问题作为出发点和落脚点，防止房价大起大落，建立海口市房地产市场长效管控机制，推动房地产市场平稳健康发展。全年完成房地产开发投资 480.73 亿元，比上年下降 21.1%，占固定投资额的 43.3%；房地产建安投资完成 386.93 亿元，下降 5.2%；房地产税收占比 34.6%（地方留存占比 36.4%）。商品房规划报建面积 316.93 万平方米，下降 24%；商品房施工报建面积 1201.29 万平方米；商品房实际销售面积 440.56 万平方米，实际销售额 677.82 亿元。办理房地产开发企业三级资质许可 18 项、四级资质许可 17 项、暂定资质许可 262 项。

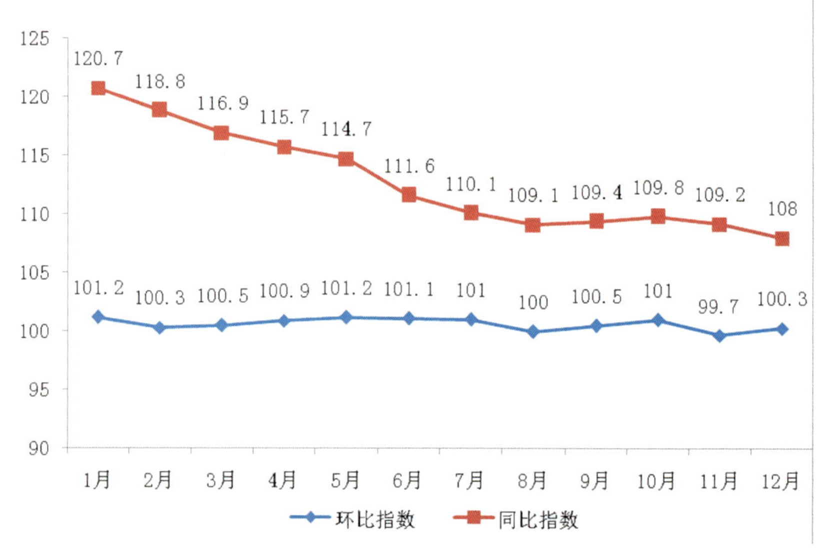

2019 年海口市新建商品住宅价格分月指数走势图

2019 年 8 月 20 日，海口市城投公司代建的新大洲教师住宅小区项目交付使用

（市城投公司 供）

【房地产开发投资】2019 年，海口市房地产开发投资共完成 480.73 亿元，比上年下降 21.1%。其中住宅投资 352.7 亿元，下降 15.89%；办公楼投资 27.53 亿元，增长 24.91%；商业营业用房投资 51.99 亿元，下降23.72%；其他投资 48.53 亿元，下降 51.66%。

【房地产价格】2019 年，海口市继续实施严格的限购、限售等调控措施，房价走势总体平稳，新建商品住宅价格稳中有涨。从环比来看，新建商品住宅环比价格指数 1—12 月涨幅分别为 1.2%、0.3%、0.5%、0.9%、1.2%、1.1%、1%、0、0.5%、1%、-0.3%、

0.3%。全年波动幅度较小，稳定在 -0.3%～1.2%之间，1 月、5 月环比涨幅 1.2%为全年最高点；受第四季度市场新建商品住宅供应量增加的影响，11 月环比下跌 0.3%。从与上年相比来看，1—12 月，海口新建商品住宅销售价格比上年涨跌幅分别为 20.7%、18.8%、16.9%、15.7%、14.7%、11.6%、10.1%、9.1%、9.4%、9.8%、9.2%、8%，涨幅总体呈逐渐下降趋势，原因是受全域限购政策影响，购房群体以本地人和新海南人为主，加上限价政策调控，购房群体逐渐回归理性，比上年涨幅逐渐收窄，至 12 月降至 8%。

2019 年 12 月 28 日，全都二期楼盘开盘现场　（吴　菲　摄）

【商品房销售】2019 年，海口市商品房销售 512.49 万平方米，比上年增长 17.78%；商品房均价 15331.01 元 / 平方米，下降 2.2%。商品住房销售面积 412.82 万平方米，其中岛外人员购买商品住房面积 49.49 万平方米，占比 11.99%；岛内人员购买商品住房面积 363.33 万平方米，占比 88.01%。批准预售商品房 646.89 万平方米，增长 32.19%。二手房交易面积 151.81 万平方米，增长 6.11%；交易均价 9314.95 元 / 平方米，增长18.76%。

【二手房市场】2019 年，海口市二手房共销售 15274 套，销售总面积 151.81 万平方米，增长 6.11%；销售收入 141.41 亿元，销售均价 9314.95 元 / 平方米。有二手房经纪从业人员 1089 人，经纪企业 363 家，经纪机构门店 363 个。

【房地产市场调控】2019 年，海口市出台管控政策，落实国家及省有关房地产调控精神。1 月 5 日，海口市人民政府出台《关于严格落实琼办发文件〔2018〕29 号文件精神进一步稳定房地产市场的通知》，暂停向法人单位（含个体工商户）出售商品商品住宅、对办公用房做为居住使用的行为进行限制、管控同一购房人在同一项目购买办公用房、严格管控擅自调高房价等措施。市住建局完成《海口市房地产市场调控长效机制研究》报告，进一步调整房地产区域结构，加强房地产市场风险评估防范。严控商品住宅价格、严格购房人资格审查。进一步加强商品房销售价格备案管理，3 月起，市住建局和市发改委建立联席会议制度，严格审查商品房价格备案，从源头上遏制房价上涨。年内，海口市房价指数基本平稳，特别是 11 月、12 月在全国 70 个城市指数涨幅排位中处在中等偏后。严格执行限购令，不断加强对购房人资格的管控。市住建局和多部门建立购房人信息查询联动机制，严把省市相关规定限购条件关口。年初建立购房资格网上审核制度，系统上审核，减少人为因素。同时，为了更加科学合理严控房价，市住建局牵头会同市发改委（物价）、市税务局及专业机构研究，共同研究制定海口市新建商品住宅备案指导价方案，对不同区域、不同配套、不同规模档次、不同成本的商品住宅项目进行科学合理定价，从中长期稳定海口市房价。为贯彻落实中共中央办公厅国务院办公厅印发《关于建立房地产市场平稳健康发展城市主体责任制的通知》要求，根据海口市经济社会发展水平、人口规模和结构变化、住房供求关系等因素，按照稳地价、稳房价、稳预期的要求，制定《海口市促进房地产市场平稳健康发展工作方案》，待报经省政府同意后上报国务院备案并组织实施。

【房地产市场监管】2019 年，海口市按照住建部和省委、省政府加强房地产市场整治活动工作要求，连续开展多批次监督活动，防范炒作和哄抬房价行为。市住建局成立以局长为组长、多部门组成的工作专班，制定《海口市落实开展打击侵害群众利益违法违规行为治理房地产市场乱象专项行动工作方案的通知》《2019 年海口市住房租赁中介机构乱象暨房地产市场专项整治工作方案》，组织全市房地产开发企业和中介机构针对通知内容开展自查；对从事住房租赁中介机构和人员情况进行摸底和登记，对违法违规行为严肃惩处，并予以媒体曝光，形成强大震慑力。全年共检查 235 个房地产项目，约谈开发企业 36 家，先后对 21 家涉嫌违法违规的开发企业，经调查核实后移交市综合行政执法局进一步调查处理；租房租赁方面约谈中介机构 83 家，发现问题处以责令整改中介机构 45 家，将 5 家中介机构二手房违规交易移送市综合行政执法部门进行行政处罚，公开曝光24起中介机构违法违规典型案例，处理房产投诉举报约1万件。3月20日，印发《关于规范新建商品房买卖合同网签备案管理的通知》，规范海口市新建商品房买卖合同网签备案行为，要求房地产企业商品房销售当月认购当月网签；6月18日、10月23日，分别印发《关于进一步规范商品房销售行为的通知》《关于进一步加强商品房销售管理的通知》，要求严禁房地产企业商品房销售过程中捆绑销售行为，不得捆绑车位、装修包等产品进行销售；严禁商品房销售过程中要求（或变相要求）购房者选择二次装修或升级装修；严禁以任何形式收取购房指标费等购房合同约定价格之外的费用。从源头上遏制违规销售行为的发生，进一步规范商品房销售行为，保持海口市房地产市场平稳健康运行。

【房地产中介机构监管】2019年8月，为进一步规范和完善房地产经纪机构备案管理，海口市建立房地产中介机构网上服务和管理平台，实现房地产中介机构网上办理备案，全年共备案371家。10月，根据省住建厅关于开展全省住房租赁中介机构乱象暨房地产市场专项整治的工作要求，市住建局成立工作领导小组，通过检查和整治，纠正和查处住房租赁中介机构违法违规行为，取缔“一批黑中介”。在专项整治活动中，随机对全市83家中介门店进行检查，对45家存在违法违规行为的中介机构和从业人员，责令限期整改，对21家未按规定整改及3家无证经营的中介机构进行曝光，并移交给市综合行政执法局及市市场监督管理局查处。做好12345政府服务热线关于中介机构管理咨询、投诉等工作，全年受理中介机构工单952件，工单按时办结率100%。通过现场巡查、走访群众、投诉处理等方式，发现中介机构违规问题6宗，依法进行查处后，将其违规行为线索移交至各职能部门进一步查处。针对海口某房地产经纪有限公司隐瞒真实价格信息赚取差价违法违规行为的典型案例，组织协调市综合行政执法局、市税务局、市市场监督管理局等部门2次开会研究调查情况及确定处理意见，并通过媒体将其违规行为进行曝光。同时，委托专业法律机构修订地方性法规《海口市房地产中介服务管理办法》，制定《海口市二手房屋交易资金监管暂行办法》《海口市房地产中介诚信评价管理办法》规章，其中《海口市二手房屋交易资金监管暂行办法》，经向社会公开征求意见后正在修改报审阶段；年内还完成《海口市房地产中介服务管理办法》《海口市房地产中介诚信评价管理办法》前期调研工作。

【停缓建房地产项目处置】2019年，海口市根据《全省停缓建房地产项目处置工作方案》要求，市住建设局牵头协调指导海口市停缓建房地产项目处置工作。年内全市23个停缓建房地产项目中复工6个，其余项目基本落实处置工作方案并按处置计划积极推进中。（王　健）

房屋管理

【房屋安全管理】2019年，海口市房屋安全管理站全年受理审查D级危险房屋鉴定文书215件，均已及时公布并函告房屋所在区属房屋安全行政管理部门。年内，全市有D级危房215宗，总建筑面积51899.24平方米。

【房屋产籍管理】2019年，海口市住建部门共测绘备案197个项目、1593栋949万平方米。受理购房资格42593件；新建商品房备案受理房屋宗数32141套，面积约344万平方米，总金额219亿元。全市窗口网签受理房屋约11948套，面积115万平方米，总金额109亿元。通过网上备案中介机构256家。全年受理白蚁防治预备案134宗，面积850万平方米；竣工备案142宗，面积730万平方米。

【历史遗留办证】2019年，海口市出台《关于解决房屋不动产权证办理历史遗留问题的若干意见》，共完成遗留申请项目（宗数）2137件，总建筑面积约394万平方米，新受理遗留项目79个；共召开联席会议共5期，办结48件申办遗留项目，办结总面积7.41万平方米。（王　健）

物业管理

【概况】2019年，海口市有住宅小区2978个，其中，有物业服务企业管理的小区1727个，单位自管小区713个，“三无”小区538个；累计成立住宅小区业主委员会382个。

【住宅专项维修资金管理】2019年，海口市住建局住宅专项维修资金专户归集资金额2.5亿元；共办理住宅专项维修资金使用审核及拨付资金680.48万元；2019年度全市住宅专项维修资金新增利息增值收益5760.73万元。

【物业服务管理】2019年，海口市住建局出台《海口市物业服务企业信用信息管理办法（试行）》。制定《海口市物业服务行业专项整治工作方案》，针对物业管理服务活动中存在13类情形，将开展物业服务行业扫黑除恶及物业管理“乱象”整治等工作结合起来，受理物业涉黑涉恶线索举报126件，完成线索排查113件。为维护业主合法权益，加强小区公共事务管理，推动智慧社区建设，组织推进海口市12345+业主决策系统平台建设，并在海悦国际、海岸塞拉维、琼苑广场、世纪海岸等4个试点小区投入试运行。依据《关于加快推进“三无”小区业主管理工作小组成立的指导意见（试行）》，推进成立“三无”小区业主管理工作小组438个。

（王　健）

（编辑：吴坤涛）

市场主体

【概况】2019 年，海口市新增市场主体 9.54 万户，其中新增民营经济市场主体 9.28 万户。年末，市场主体存量 38.92 万户，占全省 41.83%，比上年增长 19.87%。其中企业 17.1 万户，占全省 57.95%，增长 18.37%；个体户 21.6 万户，占全省 34.87%，增长 21.35%；农民专业合作社 2207 户，占全省 13.85%，下降 2.82%。企业类型中，内资（非私营）企业 1.47 万户，增长 8%；外资企业 1830 户，增长 9.45%；私营企业 15.45 万户，增长 19.61%；港澳台商投资企业 678 户。市场主体存量三大产业结构比（户数）由上年同期 2.5∶8.5∶89 调整为 2.2∶7.9∶89.9。

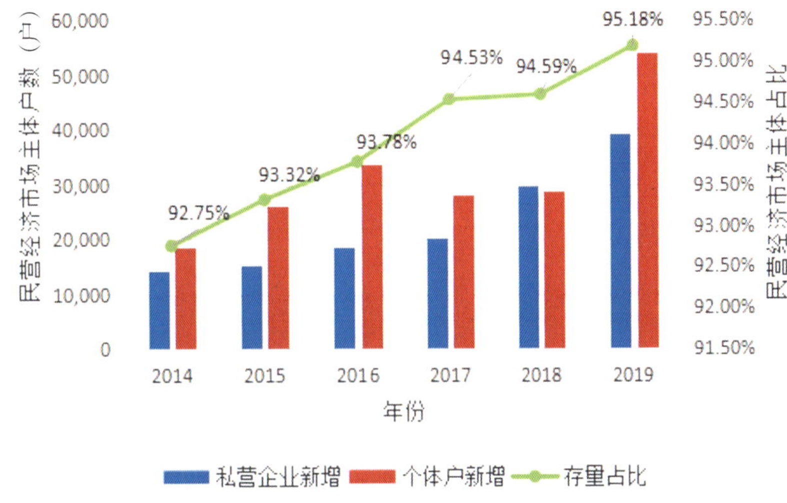

2014—2019 年海口市民营经济市场主体占比情况图

【民营经济市场主体占比逐年增大】2019 年，海口市新增民营经济市场主体 9.28 万户，占新增市场主体总量的 97.26%，较上年提升 2.67 个百分点，增长 58.31%。其中，私营企业 3.89 万户，增长 31.92%；新登记个体工商户 5.39 万户，增长 87.38%。民营经济市场主体占比逐年增大，至 2019 年底，私营企业和个体户市场主体存量占市场主体总量的 95.18%，较 2014 年提升 2.43 个百分点。

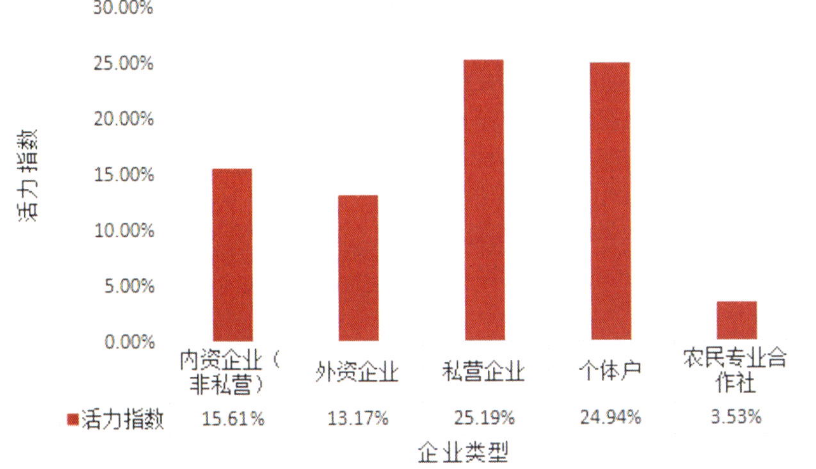

2019 年海口市各类市场主体创业活力情况图

【市场主体创业活力持续增强】2014—2019 年，海口市市场主体创业活力指数持续增强，2019 年市场活力指数 24.51%，比 2014 年提升9.2 个百分点。2019 年，私营企业和个体户创业活力分别为 25.19%、24.94%，高出总体 0.68、0.43 个百分点。

【外商投资企业增长缓慢】2014 年，海口市商事制度改革以来，外商投资企业存量增长缓慢。至 2019 年底，有外商企业 1830 户，占全省

2014—2019 年海口市外商企业存量情况一览表

表 29

年　份	2014	2015	2016	2017	2018	2019
外商企业存量（户）	1799	1844	1641	1446	1672	1830
存量同比增长率（%）	—	2.50	-11.01	-11.88	15.63	9.45
外商企业新增（户）	77	76	122	89	204	241

50.68%，仅比 2014 年 1799 户多 31 户。其中，2016—2017 年出现负增长，2017 年较 2014 年外商企业存量减少 300 多户。2018 年，新增外商企业户数出现拐点，每年新增均超过 200 家，且新增户数有所上升，外商投资热情有所提升。2019 年，新增外商企业 241 户，比上年增长 18.14%，是 2014 年的 3.13 倍。

（谭　静）

发展质态

【概况】2019 年，海口市的民营经济总体发展质量明显提升。年内，全市完成固定资产总投资 1110.88 亿元，其中民间投资完成 653.81 亿元，占总投资 58.86%，占比高于全国和全省（全国 57%，全省 54%）；全市税收收入 458.63 亿元，其中民营企业税收 335.7 亿元，占税收 73.2%；民营企业税务登记约 21.18 万户。

【产业分布】2019 年，海口民营经济涉足领域分布广泛。在 36 个主要工商行业中，22 个行业中的民营经济在海口市场占有率超过 70%。分产业来看，第二产业中，纺织服装、农副食品加工制造等轻工行业中，市场占有率 80%以上；第三产业中，房地产、文体娱乐、餐饮住宿以及建筑安装业中，以服务收入为税基的民营企业收入均超过行业税收收入的 60%。

【民营经济发展存在问题】2019 年，海口市民营经济发展虽取得长足的进步，但也暴露出一些“掣肘”“跛脚”的问题需要加强和改进。支柱产业发展不平衡不充分。虽然当前海口正在大力推进产业转型升级，进一步降低对房地产的依赖。但从年度的营收税收贡献来看，房地产“一业独大”的状况还没有得到根本性的改变，农业、旅游业、现代服务业、高新技术产业等发展仍然相对滞后。同时，与国际国内先进企业相比，一些大型企业在创新能力、品牌影响力、国际化营销能力等方面还有许多赶超空间。新兴业态势头强劲但配套不足。随着各类大型文娱体育项目不断落户海口，以“粉丝经济”为代表的旅游文化产业逐步壮大、崛起。但由于在交通、餐饮、免税购物等方面配套尚不完备，导致不少“粉丝”体验不佳，消费吸引力不强，于城市未留下深刻印象，于经济未产生辐射带动作用。征信体系不完善影响制约企业的融资发展。海口市大部分中小企业大多采取家族式管理模式，缺乏规范的现代企业治理结构、健全的财务制度和内部控制制度，企业自身信用建设意识不足，外部融资成本高。此外，小规模、低额度的担保机构体系建设不够完善，担保能力有限，难以满足中小企业未来发展的融资需求。信用体系建设不完备，信息采集困难、信用市场混乱，进一步推高加重融资成本。现代企业经营管理有待进一步提高。部分民营企业现代经营管理制度不健全，决策机制不够科学，企业发展意识、创新能力和市场竞争力不强。一些企业缺乏中长期规划，缺少创新意识和商标、品牌意识，企业规模难以做强做大。一些非公企业主综合素质不高，企业发展思路不清，发展目标定位不明确，企业发展投资存在盲目性、冲动性和随意性，小富则安心态较重，缺乏核心竞争产品，难以发展壮大。

（周吉玉）

发展环境

【民营经济专门服务机构建立】2018 年 11 月 28 日，海口市成立服务民营经济专门机构，办公室设在市发改委，并通过《海南日报》《海口日报》、政府门户网站，公开办公地点、联系电话等信息并增设咨询端口。2019 年，结合海口市机构改革，在市发改委增设民营经济服务科，是全省发改系统内唯一单设的专门机构，负责统筹本市扶持民营经济发展的服务工作，协调帮助企业解决相关问题。

【民营经济发展政策环境】2019 年，海口市完善服务民营经济政策和机制。9 月 26 日，市政府办出台《关于建立海口市服务民营经济发展联席会议制度的通知》；10 月 29 日，市委、市政府联合印发《关于进一步促进民营经济健康发展的若干政策措施的通知》，从进一步精简审批、全面优化政务服务、进一步放宽市场准入、进一步减轻企业税费负担、进一步加大信贷支持力度等 9 个方面，提出 32 条促进民营经济发展的有关措施。推进依法行政制度规范化，修订印发《海口市扶持会展业发展若干规定》和《海口市加快工业发展若干规定（修订稿）》等规范性文件；制定相关配套举措，出台《海口市工程建设项目审批事项及审批流程》《海口市知识产权运营服务体系建设专项资金管理办法》《海口市优化营商环境行动计划（2019—2020 年）》等一系列政策文件。

延伸阅读：《关于进一步促进民营经济健康发展的若干政策措施》（简称《措施》）

共 9 个方面：进一步精简审批，全面优化政务服务；进一步放宽市场准入，拓宽民营经济发展领域；进一步减轻企业税费负担，降低民营企业生产经营成本；进一步加大信贷支持力度，切实解决民营企业融资难融资贵；进一步健全民营企业公共服务体系，构建“亲”“清”新型政商关系；进一步推动民营企业创新发展，支持民营企业做优做强；支持民营企业培养和引进人才，增强民营企业发展后劲；完善司法执法体系，切实保护民营企业的合法权益；完善政策执行方式，充分发挥政策效应。

根据《措施》，海口将进一步精简审批，全面优化政务服务。实现企业设立登记、印章刻制、申领普通发票、企业社会保险登记等流程3个工作日内办结；已由税务机关现场采集法定代表人信息的纳税人申领普通发票，主管税务机关应当自申请之日起1个工作日内办结或即时办结等。依法调整施工许可为备案，推进投资审批便利化。在“多规合一”框架下全面实施“极简审批”，对审批事项和评估事项进行精简，推行备案管理和告知承诺制。在2019年底前，将工程建设项目平均审批时限压缩至60个工作日内。将“证照分离”改革事项扩大至130项，扩大旅游、农业、医疗健康等重点产业领域改革事项范围。2019年内建成政务“一网通办”总门户，政务服务事项网上可办率不低于90%，办件量提高至50%以上，实现100个高频涉企行政审批事项“最多跑一次”。将严格实施新版市场准入负面清单，在市场准入、审批许可、经营运行、招投标、军民融合等政策执行上一视同仁，不对民间资本设置附加条件。同时，鼓励民营房地产企业转型发展，通过多种形式参与国有企业改制重组，支持民营房地产企业整合医疗、养老、教育等资源，向城市生活配套服务企业转型，向旅游业、现代服务业、高新技术产业等“十一个重点产业”领域发展。

《措施》提出，要进一步减轻企业税费负担，降低民营企业生产经营成本。到2021年12月31日，对国家级、省级科技企业孵化器、大学科技园和国家备案众创空间自用以及无偿或通过出租等方式提供给在孵对象使用的房产、土地，免征房产税和城镇土地使用税；对其向在孵对象提供孵化服务取得的收入，免征增值税。要进一步加大信贷支持力度，切实解决民营企业融资难融资贵问题。推动银行机构实现单户授信总额1000万元以下（含）的小微企业贷款同比增速不低于各项贷款同比增速，有贷款余额的小微企业户数不低于上年同期水平。设立海口市中小微企业融资担保基金，为中小微企业提供常态化融资担保服务。对企业发行债券融资进行奖励，提供发债增信资金支持。

根据《措施》，海口还将实施企业自主研发经费奖励，在落实国家对企业研发经费税前加计扣除政策基础上，再给予支持。全市科技型企业研发投入总量排名前10位的，对每个企业一次性奖励10万元；企业研发投入占营收的比例排名前10位的，对每个企业一次性奖励10万元。建立高新技术企业培育库，对迁入海口的规模以上国家高新技术企业给予50万元奖励，力争到2022年海口高新技术企业总数在2018年基础上实现倍增。

【城市营商环境优化】2019年，海口市创新“极简审批”模式。海口国家高新区将项目审批时限从152天缩至26天，审批效率提升80%以上。建立“企业秘书”制度。海口国家高新区为园区133家企业、80个在建项目重新安排企业秘书，均由部门局长和副局长等干部担任，并实行每周“一调度、一汇报、一统筹、一现场和难件转办”举措，自8月23日开始实施至年底，共下现场近400人次，协调并转办问题近100个。积极深化商事改革。实施全程电子化（网上）办理工商登记；压缩企业开办时间，海口市企业开办时间在国务院要求的8.5天的基础上缩减至5天；在全省率先试行“企业名称自主申报”，逐步推行市场主体自主申报登记制；工商注册同城通办，“二十证合一”升级为“三十一证合一”。实行简易注销改革，简易注销时间压缩到7天，较国家规定的20天大幅度缩短。建立“12345+营商服务”模式。充分发挥“12345”热线的作用，建立“四个一”（一个专席受理、一个值班长协调、一个联席会议处置、一套督查督办制度跟进处置）措施，自2018年10月开始运作，至2019年底，“营商服务”专席共联系服务企业132家，走访企业48家，受理企业诉求508件，解决478件，解决率94.09%。“12345+营商服务”模式已向全省推广。推进建设工程项目审批制度改革。探索工程建设项目审批制度的“容缺受理、容缺审查”工作模式，取消设计变更备案等17项不合理的工程建设审批事项，实现建设工程项目审批再提速50%以上。推进全流程互联网“不见面审批”改革。不见面审批的1575个事项全部上线运行，占全市1753个事项的89.85%。推进“一窗受理，集成服务”。针对规划、住建等9个部门的70个建设项目审批事项，启动“一窗”受理。其中“不动产登记”纳入“一窗受理”后，承诺办结时限由19个工作日压缩为3个工作日，提速84%，精简申报材料82%。

【海口名列全省民营经济发展软环境评价第一】2019年10月，海南省工商联发布的《海南省民营经济发展软环境2018年度评价报告》中，海口市总分名列全省第一。此次评价围绕“政策落实”与“涉企服务”两条主线，构建“政策环境、法治环境、政务环境、市场环境、社会环境”五大环境共34个三级指标组成的民营经济发展软环境系统框架。评价显示，海口市政府在宣传贯彻涉及民营经济发展重大政策和涉及民营企业生产经营紧密相关型政策等方面措施得力，落实政策基本完整；在社会文化环境打造、治安治理水平、教育投入支持等方面工作措施得当。

【民营企业服务平台建设】2019年，启动“海口市政企直通服务平台”建设，于12月前完成并向成员单位开放。推荐服务机构参与国家和海南省中小企业公共服务平台认定和复核，至年底，全市有国家级中小企业公共服务示范平台2家，占全省100%；省级示范平台2家。

【中小企业减税降费】2019年，海口市共组织税收收入458.6亿元。税收管辖范围内落实减税降费政策共减免46.9亿元，小型微利企业政策受惠面100%。新出台的降费政策减免（降低企业养老保险单位缴费比例减免）9.98亿元，涉及缴费人4.8万户次；2018年到期后在2019年延续的降费政策减免（继续阶段性降低工伤保险费率减免）8148万元，涉及缴费人4.8万户次。同时，组织专人从后台提取数据对小型微利企业是否实行按季度申报预缴企业所得税进行核实，梳理未实行按季度申报预缴企业所得税的小型微利企业名单后进行整改。通过多种媒体宣传、开展政策培训、定期走访企业等方式宣传新个税法相关政策，印制发放宣传资料共7万份。

【民营企业融资服务】2019年，海口市民营办协调金融机构做好信贷服务，协调省"一行两局"（即人民银行海口中心支行，海南银保监局和海南证监局）做好政银企融资服务，22家银行机构共为218家企业签约协议贷款1874亿元。协调商业银行主动提供金融服务，中小微企业贷款余额2342.37亿元，比上年增长4.77%，申贷获得率94.4%，增长1.16%。搭建"政府+银行+企业"新模式，海口市"政保贷"的政府风险补偿金累计注入2.9亿元。落实"两禁两限"（除银团贷款外，商业银行不得对小微型企业贷款收取承诺费、资金管理费，严格限制对小微型企业收取顾问费、咨询费等费用）规定，确实降低企业融资费用。用好FT账户，全市有10家银行共为4546家海口企业开立19088个FT账户，全面支持各项跨境资金交易业务的开展。

2019年10月17日，海口市中级法院和市工商联共同组织召开民营企业家座谈会，倾听企业司法需求 （市中级法院 供）

【民营经济发展服务指导】2019年，海口市整合党政企资源，建立联席会议制度，下设联席会议办公室，办公室设在市发改委民营科。9月26日，市政府办公室印发《关于建立海口市服务民营经济发展联席会议制度的通知》，并把市委统战部和市工商联作为副召集人和办公室副主任单位，形成海口市服务民营经济的合力。年内，该制度覆盖52家市直单位。推动民营企业服务平台建设。市委分别召开民营经济座谈会、发展实体经济座谈会，市政府先后3次召开专题会议研究部署服务民营经济工作；市人大出台《海口市人大常委会关于优化营商环境的决定》；市政协多次召开企业家委员专题座谈会，并就助力民营企业发展开展专题课题研究，完成《破解海口民营经济发展瓶颈的对策研究》；市民营办召开4次专题协调会解决企业诉求难点问题；11月26日，市委副书记、市长丁晖主持召开海口市服务民营经济发展联席会议第一次全体会议，听取海口市服务民营经济工作开展情况，相关联席会议成员单位围绕解决民营企业问题、创新服务民营经济措施、促进民营新兴产业发展等问题，进行深入讨论研究。

【民营企业诉求解决】2018年11月至2019年12月，海口市民营办成立以来，共受理45家民营企业在行政审批、土地规划、融资等方面的163项诉求，其中解决98项（占总数60.1%），正在持续推进36项（占总数22.1%），依法规停止办理不合理诉求29项（占总数17.8%）。单独或联合市工商联、12345热线等部门走访企业近百家次，现场解决企业生产和项目建设问题。

【民营企业司法服务与保障】2019年，海口市坚持依法执法和保护并重，市中级法院印发《关于为民营企业健康发展提供司法服务和保障的意见》，并联合市工商联组织召开民营企业家座谈会，倾听企业司法需求。设立涉民营企业绿色立案通道，对经济困难的民营企业做好诉讼费缓、减、免工作。结合扫黑除恶专项斗争，加大对破坏民营经济健康发展的犯罪活动的打击力度，切实增强民营企业的安全感。妥善审理涉民营企业民商事案件，最大限度减少诉讼给经营活动带来的负面影响。

（邝素雀）

（编辑：蒋 伊）

综 述

【概况】2019年，海口市交通建设完成投资1.95亿元。年内，实施农村公路六大工程建设，海口机场地下空间控制性工程项目完成投资1.02亿元，海口公交专用道示范段（一期）工程完工并投入使用，三江农场美成大道损毁修复工程、三江农场南洋水库三防路改造工程完工验收，省道S320翁美线海口三仙公路、三江农场村道小巷硬化、三江农场乡村道路、2019年农村公路养护工程等项目推进中。全年公路运输开行客运线路175条，海口港开通内贸班轮支干线近30条，铁路运营里程1332.96千米，有58家航空公司在海口美兰国际机场执飞297条航线。交通运输完成旅客运输量10141.93万人次，货物运输量14969.08万吨，分别比上年增长0.28%和25.39%；旅客周转量881.08亿人千米，货物周转量1292.73亿吨千米，分别增长2.6%和149.08%。

2019年海口市交通工程项目建设一览表

表30

序号	项目名称	建设规模及主要内容	开工时间	项目概算总投资（万元）	2019年		
					至年底完成投资情况		至年底工程形象进度
					累计完成投资额（万元）	占比（%）	
1	交通基础设施扶贫攻坚战农村公路建设项目	项目包括六大类工程，其中第一类自然村通硬化路工程958.862千米；第二类窄路面拓宽工程355千米；第三类县道改造工程2.63千米；第四类生命安全防护工程363千米；第五类危桥改造工程47座；第六类旅游资源路工程132千米	2017年5月	143293	131462.21	91.70	农村公路六大工程自然村通硬化路主体工程累计完成948.7千米，完成率98.94%；窄路面拓宽主体工程337.22千米，完成率95.01%；县道改造主体工程2.63千米，完成率100%；生命安全防护主体工程327.12千米，完成率90.13%；危桥改造主体工程46座，完成率97.87%；旅游资源路主体工程98.57千米，完成率74.53%
2	省道S320翁美线海口三仙公路项目	起点位于三门坡镇海榆东线（国道223），长大公路及现状谭仙公路十字交叉路口，向西经谭文墟，终点位于新民墟与定安县仙沟镇分界处环形交叉口。按二级公路标准进行改建，全长22.92千米，路基宽12米，主要对路基 、路面等进行改建	2016年10月	9924.58	290	3	K0+000~K13+000段已完成路基水稳摊铺及底、面层沥青摊铺，浇筑混凝土路肩累计完成14000米。K13+000~K22+920段中已完成沥青底层摊铺，挡墙完成100%，暗沟完成91%，暗沟压顶完成89%，土路肩平整完成100%,完成9.92千米面层沥青摊铺

续表 30

序号	项目名称	建设规模及主要内容	开工时间	项目概算总投资（万元）	2019 年		
					至年底完成投资情况		至年底工程形象进度
					累计完成投资额（万元）	占比（%）	
3	海口市公交专用道示范工程（二期）	建设范围为：海甸五西路至龙昆南路（海口东站）路段、海港路–海秀路至海府路（五公祠）路段、滨海大道万绿园至秀英港路段等 3 个路段，共 28.5 千米。建设内容：沿线道路的改造、公交站台的改建、交通标志标线及交通监控设备的完善和提升。主要建设内容：道路工程、交通工程、排水工程、智能交通信息化工程等	2019 年 9 月	13250.17	1288	10	新建 6 个港湾式公交站台施工进度：海甸五西路–龙昆南路段完成 6 个站台的模板安装、混凝土浇筑等工作，占比 80%。交通工程标志牌施工情况：完成全线 28.5 千米建设范围内标志牌基础浇筑共 99 个，占比 97%。交通工程除线画线工作施工进度：①完成滨海大道路段、海港—海秀—海府路路段、海府路（五公祠—东湖）路段共 9600 米除线；完成单幅（海港路口—万绿园方向）300 米画线样板，海府路画线 700 米；完成海甸五西路段公交专用道内文字清除。3 毫米彩色薄层施工进度：完成海府路（五公祠路口处）200 米试验段铺设，完成海甸五西路单幅约 1.7 千米铺设
4	海口机场地下空间控制性工程项目	一座车站及部分区间，项目仅为必要的土建预留和设备条件预留；车站位于美兰机场二期扩建停车楼下部，与停车楼主体合建；地下一层为站厅层，地下二层为站台层；车站长度为 359.2 米，区间包括车站东西两侧共 42 米，工程合计 401.2 米；包括车站基坑围护，土石方、主体结构、桩基础、临时过道封堵、综合接地等工程，及 2 处地下连接通道，预留盾构井，消防水池及楼梯等内容。总面积约为 23016.79 平方米	2018 年 11 月	24864.45	14624.89	70	100%完成停车楼与 T2 航站楼连接通道工程主体结构，负二层主体结构，负一层主体结构，夹层主体结构；盾构井完成 20%；盾构井、消防水池、停车楼与 T2 航站楼连接通道装修等尚未完成
5	海口东站站前广场改造提升工程	高铁海口东站站前广场改造提升工程位于海口高铁东站周边片区，主要建设内容为：地下出租车场改造、地下通道装修提升、交通枢纽大楼改造、地面交通优化、导向系统升级等	2019 年 8 月	2440	1500	61.50	项目完成全部工程量，于 12 月 31 日完成项目初步验收

续表 30

序号	项目名称	建设规模及主要内容	开工时间	项目概算总投资（万元）	2019 年		
					至年底完成投资情况		至年底工程形象进度
					累计完成投资额（万元）	占比（%）	
6	三江农场美成大道损毁修复工程	对美成大道在不破除原路面的基础上进行拓宽改造，建设长度为 3855 米，改造拓宽后路面宽度为 7 米，建设标准为四级公路	2019 年 1 月	259.64	189.6	73	完成项目竣工验收
7	三江农场南洋水库三防路改造工程	南洋水库三防路改造工程位于南洋水库附近，主要建设内容为道路工程，计划对省道隆三线南洋水库入口至南洋水库村道和水库周边道路进行拓宽改造长度为 855 米，改造后路面宽度为 7 米。水库周边道路段改造长度为 870 米，改造拓宽后路面宽度为 5 米，建设标准为四段公路	2019 年 1 月	115.54	85.2	73.70	完成项目竣工验收
8	三江农场村道小巷硬化工程	主要建设为道路工程、排水工程、照明工程，包括对农场内五个区（新埠洋管理区、三江湾管理区、新美管理区、新马管理区、新成管理区）65 个村庄道路进行硬化，道路全长 51.126 千米，宽 0.8~3.5 米，道路总面积 112906 平方米，以及完善新美管区，新成管区村庄的道路排水设施，并新建新成管区沟边村村内道路路灯	2019 年 1 月	3153.69	1141.64	36.20	完成道路硬化约 60 万平方米，完成沟边村道路路灯建设，完成 80% 的道路清表及级配，形象进度70%
9	三江农场乡村道路建设项目	新埠洋等 5 个管理区 50 条乡村公路硬化工程，道路全长 22623.5 米，宽 3.5 米	2019 年 3 月	1606.82	691.88	43	完成道路建设 15836 米，形象进度 70%

【交通规划编制】海口市交通港航局结合国家支持海南全岛建设自贸区（港）相关政策和江东新区的新总规，推进交通领域规划“三修三编”工作，即对《海口市城市轨道交通线网规划（含建设规划）》《海口市综合交通体系规划（含枢纽规划）》《海口市城市公共交通场站专项规划》进行修编，其中《海口市城市轨道交通线网规划（含建设规划）》于9月30日获市政府批复，形成远景规划5条市区线+3条市域线，线网总规划332千米。启动《海口市县道公路网规划（2019年—2035年）》《海口市驾校中长期发展规划（2019年—2035年）》《江东新区总体规划（2018—2035）综合交通专项规划》编制工作。

【春运】2019年春运时间为1月21日至3月1日，共40天。海口市道路（班线客运）、水路、航空、铁路共发送旅客1262.65万人次，同比增长0.83%。

水路运输：海口辖区港口投入2120艘次船运营，同比增长17.65%；进出港旅客352.39万人次，减少6.22%，其中出港旅客187.57万人次、减少7.3%，进港旅客164.82万人次、减少5.3%。进出港车辆72.4万辆次、减少4.47%，进港车辆36.2万辆次、减少3%，出港车辆36.2万辆、减少5.9%。

航空运输：美兰机场共值飞航班21509架次，同比增长0.28%；进出港旅客352.03万人次，增长3.11%，其中进港旅客171.65万人次、增长6.6%，出港旅客180.38万人次、增长0.45%。

道路客运：班线客运总班次5.38万个，同比增长6.47%；总客运量99.6万人次，增长5.56%。其中，省际班次3356个，增长0.06%，省际客运量12.93万人次，增长5.64%。

铁路运输：海南铁路公司春运期间发送旅客459.08万人，同比增长11.73%，其中环岛高铁共发送旅客425.2万人次，同比增长2.7%（其中环岛高铁东段发送旅客318.04万人次，同比增长3.1%，运行列车1299对；环岛高铁西段发送旅客107.17万人次，同比增长11.8%）。粤海客列运进出岛过海旅客338847人次，同比减少4.7%，运行列车200对。

【交通关口防控非洲猪瘟疫病】2019年，海口市交通港航局配合市防疫指挥部开展非洲猪瘟防控工作，关口前移一线轮流值守，设立港区检查卡口3个，设立路上交通要道检查卡口5个，各大交通枢纽站点全面布控，连续奋战52个昼夜，打好防扩散阻击战。共出动人员0.86万人次，在全市水路、道路通道卡口共拦车检查3.5万辆，发现和查扣运输生猪或猪肉制品的货运车109辆。此外，按照工作职责，利用车载LED屏、场站等形式全面开展防控非洲猪瘟宣传工作。

【汽车驾驶员培训管理】2019年，海口市共有驾校63家（一级驾校6家、二级驾校28家、三级29家），驾培机构备案教练员3050人，备案教练车2425辆。根据《中华人民共和国道路运输条例》（2019年修订）和《机动车驾驶员培训管理规定》，以及《海南省道路运输局关于试行海南省驾驶培训监管服务平台与公安互联网交通安全综合服务管理平台对接管理的通知》等相关要求，进一步规范海口市驾驶机构计时培训管理工作；继续全面放开驾驶员培训经营许可，取消前置审批和全省的规划限制。全年共培训驾驶员道路运输从业资格证1.47万人，其中普货运输1224人、旅客运输782人、危险品运输268人、押运员531人、出租车运输6891人。客、货从业资格驾驶人员继续教育培训人员1.04万人次。

【机动车维修管理】2019年，海口市按照《国务院关于取消一批行政许可等事项的决定》要求，取消机动车维修经营许可，改为备案制。全市共有备案汽车维修企业709家，其中一类维修企业30家、二类维修企业126家、三类维修企业553家。市交通港航局制定《海口市汽车维修检测行业聘用专家实施细则》（简称《细则》），聘任35名专业技术人员并组建海口市汽车维修检测行业专家库，主要承担对海口市汽车综合性能检测机构的能力进行评审和监督检查，对海口市汽车维修质量纠纷进行调查和技术鉴定分析认定等工作。该《细则》的出台标志着海口市维修检测行业在综检行业评审和维修质量纠纷调解工作方面将有据可循。全面推进海口市汽车维修行业电子健康档案系统联网建设工作。年内，海口市为贯彻落实交通运输部关于汽车维修电子健康档案系统联网建设工作要求和省道路运输局工作部署，加快汽车维修行业诚信体系建设，打造公平、透明、优胜劣汰的汽车维修消费环境，维护广大车主和维修业户合法权益，全面推动汽车维修行业进行联网工作。至年底，全市共有185家一二三类汽车维修维修业户完成汽车维修电子健康档案系统联网，入网车辆55.63余万辆，累计上传维修信息214万余条。

【交通运输运营秩序整治】2019年，海口市交通管理部门联合公安、交警、城管、海事等多部门，陆续开展平安交通、打非治违、非法营运、市内公交出租、异地营运出租车、班线车站外揽客、非法载客电动自行车、超载超限、非法采砂等多项整治行动。专门成立客运和货运专业队，重点开展客运市场和货运市场各类专项整治工作，取得较好成效。成立客运和货运专业队后，支队查扣非法营运车辆数量上升近17%；处罚超限货物源头数量占全省处罚总量近80%，得到海南省治理非法超限超载车辆办公室的表扬。全年共查处各类交通违法违规案件4690宗，其中非法营运车辆174宗（含未经许可擅自从事客运经营162宗、普通货物运输3宗、危险品货物运输5宗、普货从事危险品运输4宗），使用电动自行车违规进行营业性旅客运输3387宗，班线车及旅游包车违规经营71宗，海口市出租车违规经营384宗，异地出租车违规经营169宗，驾驶员无从业资格证360宗，其他145宗。配合交警、公路局查处超限超载违规车辆138辆次和非法改装货车72辆，处罚允许超限超载车辆出站货运源头点86家次，处理移交超限车757宗，抄告757宗，强制货车卸货2.8万吨；配合公安开展打击“两非”行动，公安拘留拉客仔201人次；联合查处违规运砂船舶4艘；配合港务公安捣毁“黑票点”1处。全年各类案件处罚金额1068.2万元，移交法院强制执行案件101宗，涉及行政处罚539.5万元。开展网约车平台集中约谈2次，查处滴滴公司违法行为案件7起，清理不合规网约车辆14861辆，对涉事驾驶员及平台公司均处以3万元顶格处罚。（黄壮锋）

公路

【概况】2019年，海口市有东站、西站、总站、港口站、美兰机场站5个汽车客运站。有道路旅客运输企业31家，营运客车2244辆，总客位80035个；营运货车13018辆，总吨位16.85万吨（单位企业运货车7438辆，总吨位12.35万吨；个体户运货车5580辆，总吨位4.5万吨）；有普通货运车12081辆，总吨位15.89万吨；有危险货物运输企业28家，车辆937辆，总吨位9558吨。全年共开行客运线路175条，其中新增跨市线路一条；跨省线路75条，日发班次67.3个；跨市线路100条，日发班次429.4个；乡镇班车31条，日发班次124个。公路旅客运输2504万人次，比上年下降1.73%；旅客周转量26.16亿人千米，下降3.66%；公路运输货物运输量5334万吨，增长14.02%，货物周转量46.12亿吨千米，增长7.34%。

【公路、桥梁】2019年，海口市有公路6392.2千米，其中国道217.6千米（含高速公路），省道123千米，县道27条268.7千米；乡道83条521.31千米；村道7636条4725.5千米。有公路桥梁217座，其中由秀英区管养41座、龙华区管养18座、琼山区管养81座、美兰区管养64座、地方公路管理站管养15座、第二地方公路管理站管养11座、市政管养2座。至年底，全市6212条4884.64千米农村公路完成路面硬化，247个行政村（除北港不具备与外界公路连通条件）全通水泥路。实施农村公路六大工程建设，至年底，完成自然村通硬化路主体工程948.7千米；窄路面拓宽主体工程337.22千米；县道改造主体工程2.63千米；生命安全防护主体工程327.12千米；危桥改造主体工程46座；旅游资源路主体工程98.57千米；完成投资13.15亿元。

【农村客运】2019年，海口市有农村客运经营企业5家（国有企业2家，民营企业2家，股份制企业1家），客运线路30条，经营车辆232辆。其中，农村客运班线线路（市区到镇）22条，车辆165辆；乡镇公交（镇到村、村到村）线路8条，客运车辆37辆。11月28日，投放30辆“村村通”微型小客车，采取预约响应区域运营，设立三门坡镇、甲子镇、大致坡镇、东山镇、龙泉镇、演丰镇为接驳换乘点，完成248个建制村100%通客车任务。全年农村客运客运量653.6万人次。

【公路管理养护】2019年，海口市大力开展“四好农村路”（建好管好护好运营好农村路）建设，不断完善“四好农村路”高质量发展各项规章制度，先后制定《海口市贯彻落实〈海南省人民政府关于进一步促进“四好农村路”高质量发展的若干意见〉工作方案》《海口市农村公路管理养护实施路长制工作方案》等工作方案。市交通港航局下属地方公路管理站、第二地方公路管理站和4个区公路站对全市的农村公路进行管养工作，管养公路7636条，总长5901.3千米；完成常养县道270.88千米的养护工作。年内，省管县道移交14条168.382千米（X140美红线1.774千米、X141演曲线5.424千米、X142浮美线12.95千米、X144烈谭线5.112千米、X145长道线13.982千米、X146红眼线17.44千米、X147灵东线11.085千米、X149铁新线26.736千米、X150文长线14.56千米、X151府那线23.264千米、X152长甲线4.633千米、X153涤永线11.678千米、X154大中线13.512千米、X155碧东线6.232千米）。

【海文大桥通车】海文大桥原称铺前大桥，是连接海口市与文昌市的跨海通道，位于铺前湾海域，2019年3月18日建成通车，将文昌市铺前镇到海口市的路程由原来的1小时30分钟缩短至20分钟。通车仪式上，被正式命名为海文大桥。海文大桥西起文昌市后沟村，上跨铺前湾海域、北港岛，东至海口市江东大道；全长5.597千米，其中跨海大桥长约3.959千米，主桥长460米。引桥桥梁总长3499米，跨越断裂带引桥全长581米；文昌侧引桥全长1113米，其中水上部分引桥长300米，陆上部分引桥长813米；海口侧引桥全长1805米，其中水上部分引桥长约1050米，陆上部分引桥长约755米。主梁梁高3.3米，宽37.3米，塔高151.8米；桥面为双向六车道一级公路，设计速度为80千米/小时，总投资26.7亿元。全桥全线采用双向六车道一级公路标准建设，设计速度80千米/小时，桥梁宽度32米，造型为“文”字形，寓意“文耀海天”。是海南省有史以来投资规模最大、桥塔最高、跨度最长的独塔双索面钢箱梁斜拉桥，也是国内防震、抗风级别最高和唯一跨越地震活动断层的跨海大桥。作为海南省重点交通项目“一桥六路”中的“一桥”，是“海澄文”一体化经济圈的重要交通控制性工程，中国（海南）自由贸易试验区海口江东新区首个完工通车的重大交通基础设施，也是海口江东新区的东部门户。

（黄壮锋）

【定海大桥海口连接线通车】2019年4月，海口东山镇北侧至定海大桥北岸引道相接路段实现通车。路线全长12.12千米，设计速度采用60千米/小时，一般路段采用二级公路标准建设，双向两车道，路基宽度16米；终点衔接路段采用一级公路标准建设，双向四车道，路基宽23米。定海大桥连接线项目的建成意义重大，不但可以解决海口、定安两岸周边10个乡镇30万群众的交通难题，将多个乡镇连成四通八达的交通网络，同时也解决了东线高速每逢节假日严重堵车的问题；此外，对开发利用南渡江两岸的土地资源，繁荣城乡经济，缩小区域经济发展差距，搞活商品流通也将起到重要的促进作用。

（王美芳）

【绿色通道管理】海口市设置秀英港和南港2个绿色通道管理工作站，实行每日24小时轮流值守，加强对进出岛绿色通道运输车辆的监管，并为过海绿色通道车辆核发“海南省鲜活农产品道路运输证”，凡领证车辆可享受优先购票、优先上船、优先过海“三优惠”政策。市交通管理部门配合市菜篮子工程管理办做好应急运力调配和保障畅通工作。2019年，出岛绿色通道运输车辆共38.71万车次，761.78万吨。（黄壮锋）

水路

【概况】2019年，海口港有秀英港、新海港、马村港3处港区，有码头泊位（指生产性泊位，下同）47个，其中秀英港区泊位20个（万吨级泊位5个），新海港区19个泊位（万吨级泊位），马村港区泊位8个（万吨级泊位）。

在海口市注册登记的航运企业共39家，其中水路运输企业19家（普通货物运输企业10家，化学危险品运输企业4家，客运企业5家），水运辅助企业20家（经营国内船舶管理业7家，经营国内船舶代理和货物运输代理业13家）。水运企业共有122艘营运船舶，198.55万总吨、291.63万载重吨、40262标准箱、1317车位、26162客位。其中，普通货船61艘，164.56万总吨、276.21万载重吨；油船11艘，4.84万总吨、8.53万载重吨；液化气体船2艘，4577总吨、3726载重吨，舱容4704立方米；客船48艘，28.69万总吨、6.51万载重吨。

全年，在海口市注册的水路运输企业共完成旅客运输962万人次，比上年增长3.44%；旅客周转量3.29万人千米，增长2.04%。完成水路运输货物运输8408万吨，增长36.36%；货物周转量1209.73万吨千米，增长187.3%。年内，海口港区货物吞吐量1.11亿万吨，增长3.1%。其中，海口秀英港区货物吞吐量6118.8万吨，增长16.9%；新海港区货物吞吐量2976.7万吨，下降17.8%；南港货物吞吐量2004.7万吨，增长5.2%；马村港区货物吞吐量566.5万吨，增长24.2%。全年集装箱吞吐量197.2万标准箱，增长6.8%。其中，进口集装箱吞吐量99.9万标准箱，增长9.7%；出口集装箱吞吐量97.3万标准箱，增长4.1%。旅客进出港1512.9万人次，下降0.08%。其中，进港735.1万人次，下降0.6%；出港777.8万人次，增长0.5%。滚装汽车吞吐量337.7万辆，增长2.6%。其中，进港汽车吞吐量168.8万辆，增长1.9%；出港汽车吞吐量168.9万辆，增长3.2%。

【港口基础设施建设】2019年，海口市根据城市发展规划，秀英港区业务正在逐步向新海、马村港区搬迁，开展新海港三期泊位建设、马村通用码头、集装箱码头规划。9月9日，市自然资源和规划局发布《海口市新海港临港生态新城综合规划》公示。根据公示，新海港临港生态新城综合规划范围北起滨海、南至海榆西线，西起港区、东至粤海大道，总面积11.24平方千米，其中港区面积3.17平方千米，城区面积8.07平方千米。新海港及临港生态新城的发展定位为：一枢纽、三中心、两地。“一枢纽”即海南陆岛综合交通枢纽，“三中心”即海口市港航现代服务中心、购物中心、休闲娱乐中心，“两地”即海口市全域旅游集散地和精品旅游目的地。

【水运市场管理】2019年，海口市交通港航局开展国内水路运输行业年度核查工作，共核查企业39家，其中水路运输企业19家，水运辅助业20家，船舶122艘，198.55万总吨、291.63万载重吨。核查的19家水路运输企业中，有18家水运企业由于经营资质保持良好、专职管理人员配备齐全、运力规模符合要求，年度核查被评定为合格；1家市内内河旅游企业由于机务专职管理人员资质不符合要求，被责令进行限期整改。核查的20家水运辅助企业中，包括经营国内船舶管理业7家，经营国内船舶代理和货物运输代理业13家，没有发现违法、违规经营行为，年度核查均被评为合格。年内，按照秀英港14号危险品泊位监管工作要求，开展安全生产行业监管，加强对到港的各类运输船舶进行日常运政检查，落实秀英港14号危险品泊位现场装卸作业监管工作，督促港口企业开展危险源排查和安全隐患排查工作并要求企业按月报送风险隐患排查表。全年核查14号泊位危险品航次共514航次。

【航运补贴】2019年，海口市政府发布实施新版《海口市促进航运业稳定发展办法》，进一步推动全市自贸区（港）建设，稳固全市北部湾枢纽港地位，巩固原政策实施取得的显著成效，通过政策支持全市航运企业稳步发展，持续推动航运产业良性循环和健康发展。6月，完成2017年度航运奖励补贴资金发放工作，补贴航运企业13家，发放航运补贴超8700万元。通过航运补贴政策持续推动全市航运产业良性循环和健康发展，助力海南自贸区（港）建设，优化全市航运营商环境。

【海口港港口章程发布】海口市交通港航局曾于2012年组织编制《海口港港口章程》并对外发布。经历2018年抗雾保运工作后，修改海口港雾航标准，于2019年9月完成《海口港港口章程》修编工作，调整发布海口港港口概况、港口组织及其管理事项等，对海口港信息及时更新，为进出海口港的船舶提供更好更准确的信息服务。

（黄壮锋）

【海南港航控股有限公司】2005年1月24日挂牌成立，由对海口港集团公司和海南省海运总公司的国有资本权益及马村港岸线资源进行三港重组而成。2006年3月13日，公司由海南省政府国有资产监督管理委员会移交海口市政府国有资产监督管理委员会管理。2018年10月29日，公司重归海南省政府国有资产监督管理委员会管理。2019年11月27日，公司完成股权重组工作，隶属中国远洋海运集团有限公司管理。公司组织机构健全，股东会下设党委会、董事会、监事会，经营层受董事会管理，下设12个部门、5个共享中心、30家下属公司。经营范围包括港口装卸、仓储、水上客货代理服务，集装箱运输，外轮理货，产业租赁，港口工程建设，旅游项目开发，轻工产品加工，为船舶提供岸电、燃物料、淡水和生活供应，代理人身意外险、货物运输险（仅限分支机构经营）、物流服务、港口服务、建筑材料加工和销售、船舶服务等业务，是海南省最大的国有港航企业。所辖港口有秀英港、马村港、新海港、洋浦港4个港口。有客滚船和高速客船共20艘、港作船7艘，各类主要生产机械设备412台，仓库10万平方米，生产用堆场99万平方米。运营海口至海安、海口至北海、海口滨海游及西沙生态旅游航线；国内集装箱航线有海口至全国沿海各港口30多条班轮航线，洋浦至上海、营口、钦州、南沙9条班轮航线；外贸集装箱航线有海口经香港中转至世界各地的国际班轮。此外，还开通海口至越南、泰国、柬埔寨、印尼、菲律宾，洋浦至新加坡、胡志明、仰光、吉大、林查班等国际班轮航线。2019年，公司资产总额110亿元，员工3800多人。所辖港口货物吞吐量10708.8万吨，比上年增长9.7%，占全省港口的54%。其中集装箱吞吐量248.6万标准箱，增长16.3%，占全省港口的92.8%；轮渡旅客吞吐量1022.9万人次，下降2%，车辆吞吐量364.1万车次，增长2%，分别占全省港口的67%和77.9%。

（陈　彬）

海事管理

【概况】2019年，海口海事局辖区进出港船舶7.76万艘次，比上年增加9.3%；货物吞吐量1亿吨，增加8.18%；集装箱吞吐量193.8万标箱，增加24.07%。全年辖区发生水上交通小事故4起，下降42.86%；死亡0人，沉船0艘，下降100%；直接经济损失65万元，下降96.6%。年内，海口海事局完成海南首届皮划艇横渡琼州海峡挑战赛、中国家庭帆船赛、2019海南亲子活动季风筝冲浪赛等水上赛事安保工作；配合开展“两会”期间海底电缆保障，获评海南省“护缆行动”先进集体；获海南局安检技能比武团体一等奖、个人一等奖和二等奖；通航交管党支部被评为省直机关2017—2019年度先进基层党组织和省直机关党建示范点；“舟·桥”文化品牌获得全国交通运输优秀文化品牌，指挥中心获得2017—2018年度全国青年文明号，青年志愿者服务项目获得海南省志愿服务项目大赛金奖。

【琼州海峡客滚船安全监管】2019年，海口海事局以《海上滚装船舶安全监督管理规定》和琼州海峡客滚运输班轮化实施为契机，推动船舶安检新模式改革，开展琼州海峡客滚船安全监管质量提升行动，提升琼州海峡客滚船安全监管水平。与湛江海事局联合开展琼州海峡客滚船现场监督差异化管理标准课题调研，优化现场监管新模式，确立安全检查新标准。组织举办“携手共创安全 构建海峡通途”首届琼州海峡客滚运输安全文化论坛，探索新时代琼州海峡客滚运输安全发展方向。持续开展琼州海峡定线制调整相关工作，研究应对南山港开港后客滚运输安全管理措施。推进典型事故案例“双进”（进渔村、进航运企业）、水上交通安全知识进校园进渔村进企业、客滚船员警示教育等活动，提升客滚运输从业人员安全意识。辖区全年进出港客滚船5.59万艘次、比上年增长9.6%，运送旅客1497.52万人次、车辆308.8万辆，分别降低4.1%和6.8%。共开展客滚船安检100艘次，发现并整改安检缺陷441项。未发生客滚船等级事故，客滚运输安全平稳有序。

【平安水上交通建设】2019年，海口海事局全力保障春节、清明及新中国成立70周年庆典等重点时段的水上交通安全。完成安全生产风险防控和隐患排查治理百日行动。利用信息化手段动态监控船舶进出港轨迹，查处15艘存在进出港虚假报告违法行为运砂船，处罚11.7万元。保持打击载运危险货物船舶瞒报谎报等违法行为的高压态势，查处谎报、瞒报违法行为5起，保障危险品水上运输安全。研究司法移送工作机制，向海南省公安厅港航公安局移送首例涉嫌犯罪案件。优化渡口分级管理模式，推动地方政府完成东和渡口撤渡工作，完善航道、锚地等港口配套设施。全力支持新海港区汽车滚装码头相关港口建设项目的实施，主动服务保障海口市郊列车安全抵达海口。

【通航管理】2019年，海口海事局联合市农业农村局、市交通港航局、海口海岸警察支队等单位组织开展碍航渔网整治行动11次，累计清理港池

2019 年 12 月 24 日，海口海事局在秀英港 4 号锚地举行客滚船大型综合应急演练（汪 蓓 摄）

渔排 227 个、渔船 365 艘，碍航渔网 62 张。全年共开展海上和内河巡航任务 1267 次，航行时间 2597 小时，航程 2.16 万海里，分别比上年提高 54.9%、14.65%、4.9%。

【船舶防污及危险品管理】2019 年，海口海事局推进水污染和大气污染防治，跟进船舶污染物接收转运处置联单制度实施，落实船舶压载水、沉积物管理监督和大气污染排放控制区管理要求，服务航运绿色发展。开展防治船舶污染专项整治行动，利用新型便携式燃油快速检测设备开展现场检查，查处 1 起超标使用燃油违法行为。

【水上安全专项活动】2019 年，海口海事局推进长期脱管船专项整治，强化现场巡查和电子巡查力度，督促落实扣押船管理责任，配合地方政府开展南渡江停泊船只处置工作。建立砂类货物运输船舶安全监管联动机制，规范辖区砂类货物运输船舶进出港报告秩序，创新建立港口货物作业数据共享机制。

【水上应急救助】2019 年，海口海事局全力配合上级开展 2019 年琼州海峡客滚船大型应急救助综合演练。成功处置“11·20”“圣弘 6”和“11·22”“琼临渔 W20260”2 起船舶火灾事故。持续开展“危险品船舶船—岸应急联合演练评比示范活动”，组织开展海口港秀英港区 14 号泊位滚装危险品船舶和马村港危险品船舶船岸应急联合演习，全面梳理溢油应急设备库管理工作，提升辖区防污染应急能力。举办 2019 搜救志愿者培训班，扩大志愿者队伍，构建搜救力量常态化规范化管理模式。严格落实“四早”（早动员、早部署、早检查、早落实）要求，成功组织防御“韦帕”“杨柳”“剑鱼”3 个台风，防台期间无事故无伤亡。全年共组织救助行动 16 次，成功救助遇险人员 181 人次，救助成功率 98.9%。

【海事服务】2019 年，海口海事局优化政务办理机制，因时因工采取“容缺受理”“错峰办证”“并联管理”等便民服务举措，聚焦民众需求，提升服务效能。深化“单一窗口”“口岸大通关”建设，优化联合登轮检查制度，推广进出口岸申报网上办理，推动实现海事、交通、船检三部门船舶证书信息共享。落实“放管服”改革，深化“一站式”窗口服务，推动海事政务服务融入地方政务服务平台，研究落实“不见面审批”等便民措施，落实政务办理减时间、减层级、减材料服务举措，丰富“五零”（服务沟通“零距离”、业务办理“零等待”、服务工作“零差错”、服务质量“零差错”、廉政问题“零容忍”）服务品牌内涵。全年共办理政务审批事项 3095 项，发放游艇驾驶员证书 244 本、内河船员适任证书 40 本。

（曹 锐）

铁路

【概况】2019 年，海南铁路有限公司完成旅客发送 3099.2 万人次，比上年增长 4.1%（环岛高铁发送 2966.3 万人次、增长 4.4%，普客发送 132.9 万人次、下降 4.1%；发送货物 1140.3 万吨，增长 6.5%；铁路轮渡运送过海散客 277.24 万人次、汽车 74.98 万辆次，分别增长 8.24% 和 7.53%）；铁路旅客运输周转量 56.64 亿人千米，减少 2.85%；铁路货物运输量 1185.2 万吨，增长 9.9%；铁路货物运输周转量 21.58 亿吨千米，增长 7.6%。其中，环岛高铁海口地区发送旅客 1165 万人次；海口火车站发送普速旅客 91 万人次；铁路轮渡南港运送散客 135.4 万人次，过海汽车 34.3 万辆次，货物列车 934 趟次共 17.6 万吨，旅客列车 33590 趟次共 1165 万人次。组织实施并启用环岛高铁“铁路 e 卡通”刷码进、出站功能，进一步提升运输组织效率，实现运输效益持续增长。完成更新改造投资 2.3 亿元、共 164 项。

【铁路运输主要行车设备】2019 年，海南铁路有限公司管内有普速铁路、高速铁路和琼州海峡铁路轮渡，铁路运营里程共 1332.96 千米。普速铁路：广东省境内的湛江至海安铁路（湛海线）119.54 千米、海南省境内海口至三亚市天涯镇铁路（海南西环货线）356.69 千米；海南省境内昌感至八所（昌八支线）铁路 9.36 千米；海南省境内汊河至石碌（叉石支线）铁路 11.86 千米。共营业线里程 497.45 千米。高速铁路：海南环岛高铁东段营业线里程308.11千米；海南环岛高铁西段营业线里程345.21千米；东西段联络线1.74千米，天涯联络线0.44千米。共营业线里程655.51千米。铁路轮渡：由铁路北港（位于海安）、铁路南港（位于海口）及粤海铁1～4号4艘客滚船组成，海上航距约12.5海里（换算铁路营业里程180千米），负责琼州海峡火车过海运输和普通旅客（散客）、汽车过海运输。

【海南铁路公司管内运营】2019年，海南铁路有限公司管内客运运营线路由海南环岛高铁、海南西环货线、湛海线（湛江至海安南）组成，货运运营线路由海南西环货线、湛海线(湛江至海安南)、叉石支线、昌八支线组成。共有53个站（所），其中高铁车站（所）30个，普铁车站（所）20个，高普共线车站3个（海口、东方、崖州）。高铁车站（含高普共线车站）办理客运业务27个；普铁车站（含高普共线车站）办理货运业务11个，办理客货运业务1个。海南铁路每天开行跨海普速客车5对；环岛高铁动车组周一至周四开行34对(其中东段20对、环岛14对)，周五至周日开行36.5对（其中东段21、环岛15.5对）。

【铁路重点工程建设】2019年，海南铁路有限公司扎实推进建设任务。新建西环铁路项目完成投资8100万元，完成新建海南东环铁路和新建海南西环铁路项目竣工决算，完成新建海南西环铁路消防验收、环水保验收（自主）等专项验收，并已基本具备正式验收（国验）条件。重点配合推进利用海南西环高铁和货线三亚至乐东段开行公交化旅游化列车改造工程项目和湛海高铁轮渡工程有关前期工作。有力推进“海南环岛高铁海口至美兰机场段开行市郊列车”改造项目，并成功开通运营。南、北港停车场和北港安检站建成投产。完成环岛高铁线路安全保护区标桩验收移交以及管内高铁、普铁安全保护区划定公告。

【海口市郊列车运营服务】2019年，海南铁路有限公司全力推进海南环岛高铁海口至美兰机场段开行市郊列车改造项目，致力于开发海口市郊列车客流潜力。7月1日，海口市郊列车开通运营。为做好海口市郊列车运营工作，海南铁路有限公司改进服务，优化市郊列车各站乘降组织流线、完善各项静态标志、引导标志，组织开展问卷调查，进一步掌握旅客出行需求；加强营销，充分利用车站、城际动车组列车广播功能增加市郊列车相关宣传，增加出站口自动售票机，做好进岛列车中转换乘组织，协调政府部门加强交通接驳、附近酒店走访、机场宣传等。海口市郊列车全年共开行7914.5对列车，旅客发送量71.7万人次，日均3896人次。

【铁路运输安全基础管理】2019年，海南铁路有限公司全面强化源头治理，以确保高铁和旅客列车和轮渡安全为重点，深入开展高铁外部环境集中整治大会战以及施工作业、劳动等安全专项整治，完成隐患整治725处，成功经受住4个台风和多轮强降雨考验；强化关键盯控，突出高铁、旅客和轮渡安全，加强关键时段、关键设备、关键环节的风险防控，确保全年各重要时期的铁路安全稳定。深入推进环岛高铁 “强基达标、提质增效”工程；持续推进海南西环货线安全优质标准线建设，安全发展基础进一步夯实。健全保障体系，全面加强安全管理制度建设，建立“1+7”（“1”是指将安全生产责任制有效落实这1条主线贯穿于整个管理体系；“7”是指管理体系包含安全生产责任制、安全管理、安全培训、安全投入、监督检查、应急管理、持续优化等7个方面的管理制度）安全管理体系和安全生产责任制体系；加强安全教育培训，自办培训班5次、培训300余人次；协调推进海南省铁路安全立法相关工作，纳入海南省2020年立法计划。连续安全生产846天，实现安全年。

【车船检修维护】2019年，海南铁路有限公司持续推进车船设备质量管理。前移整治机车常态化，整治机车1204台次，处理活件3239条，其中整治机车重大质量隐患205个，实现1个无机破一百天，5个无机破月，质量责任一般D21类事故、机破、线上不良、临修分别比上年下降66.7%、52.9%、54.1%和21.4%；轮渡、车辆系统实现设备全年无故障。扎实开展设备春、秋整治，完成春鉴春整机车43台，春鉴优良率90.9%；秋季整治机车51台；完成动车组秋整和15套红外线设备的春、秋季整治。全年投入大修更改资金2726.76万元，完成设备大修更改34项，完成配属及支配机车大修12台，中修10台，完成了铁2号、铁4号坞修。

【铁路客运服务】2019年，海南铁路有限公司做好客运服务，加快“广铁U彩”服务品牌建设，开展为军服务月活动，专设进人进站通道，完善引导服务揭示。春运首日，在海口东站开展军人依法优先为军服务月的启动仪式。开展“达标塑形”和服务质量专项整治活动，规范服务用语和仪容仪表标准，通过举办服务培训班，加强服务技巧及案例学习，职工服务技巧得到显著提升。启用在客运管理信息系统，大幅提升处理重点旅客预约、旅客遗失物品、旅客投诉工单效率。全年共获旅客表扬信4878件，比上年增长21.6%。（曾　勇）

航　空

【机场运营】2019年，海口美兰国际机场推进以“提升运行效率为核心的机场保障管理体系”建设，实现航班正常工作从管理框架向管理体系的转变，夯实航班正常性工作基础。依托运管委平台，充分发挥各成员单位会商协同决策机制等方面作用，做好运行管理及航班保障工作，确保机场运行安全平稳，航班正常率大幅提升，为推动民航高质量发展做出积极努力。同时，坚持硬件设施完善和软实力提升双措并举，以打造智慧机场、无损机场、绿效机场为目标，通过计划管理、培训管理，督办及绩效考核杠杆，有效推进年度各项重点工作。年内，过站航班上桥率 90.02%，比上年提升 0.92%。全年航班放行正常率 86.41%，上升 3.37%，位列全国 21 家协调机场第 12 名；圆满实现安全通航 20 年任务，凭单条 4E 级跑道，生产运营数据再创新高；完成飞机起降架次（剔除训练架次）16.4 万架次、货邮行吞吐量 32.24 万吨、旅客吞吐量 2421.66 万人次，分别下降 0.08%、0.72%和增长 0.39%，其中国际及地区旅客吞吐量为 140.14 万人次，增长 22.02%。年度旅客吞吐量再次突破 2000 万人次，基本完成全年运输生产任务，旅客吞吐量排名位居国内民航机场第 17 位。全年，航空旅客运输量 3616.93 万人，下降 0.8%；航空旅客运输周转量 795 亿人千米，增长 3.3%；航空货物运输量 41.88 万吨，增长 3.7%；航空货物运输周转量 15.29 亿吨千米，增长9.1%。

【机场基础设施建设】海口美兰国际机场交通枢纽中心占地面积约 1.05 万平方米，集合高铁、公交、出租车、城际快线、机场巴士等多种公共交通，实现海陆空一体化无缝对接。2019 年，开通城际班线 5 条、公交线路 6 条，机场大巴线路 3 条，共保障旅客 338.3 万人次出行。美兰机场联合指挥体系建设项目。位于航空旅游城，项目占地面积 800 平方米，于 12 月 30 日验收，项目的建设将为美兰机场一期、二期数字化指挥体系提供硬件、软件支持。

【新航线开通】2019 年，海口美兰国际机场全力拓展国际航空市场，助推海南自贸区（港）建设工作。全年共有 58 家航空公司在美兰机场执飞 297 条航线（未包含临时及备降航线），其中新增航线 76 条。通航城市 149 个（未包含临时及备降航点），新增通航城市 19 个，其中国内通航城市 10 个，即佛山、榆林、岳阳、扬州、兴义、庆阳、乌兰浩特、牡丹江、二连浩特、秦皇岛；国际通航城市 9 个，即大阪、阿拉木图、曼德勒、西哈努克、古晋、清州、胡志明、河内、釜山。东盟十国航线累计覆盖率

2019 年海口美兰国际机场新开航线一览表

表 31

国内：67 条	海口 = 汕头 = 长沙	海口 = 徐州 = 大连	海口 = 烟台 = 哈尔滨	海口 = 烟台 = 营口
	海口 = 佛山	海口 = 湛江 = 贵阳	海口 = 贵阳 = 西宁	海口 = 长沙 = 宁波
	海口 = 温州 = 长春	海口 = 天津 = 长春	海口 = 桂林 = 西宁	海口 = 遵义 = 兰州
	海口 = 长沙 = 长春	海口 = 毕节 = 成都	海口 = 吕梁 = 沈阳	海口 = 南宁 = 西昌
	海口 = 汕头 = 石家庄	海口 = 南昌 = 榆林	海口 = 庆阳 = 兰州	海口 = 信阳
	海口 = 淮安 = 天津	海口 = 南宁 = 济南	海口 = 十堰 = 哈尔滨	海口 = 百色 = 西安
	海口 = 南昌 = 乌鲁木齐	海口 = 武汉 = 北京	海口 = 郑州 = 重庆	海口 = 宜昌 = 呼和浩特
	海口 = 十堰 = 太原	海口 = 西安 = 长春	海口 = 榆林 = 呼和浩特	海口 = 南昌 = 海拉尔
	海口 = 南昌 = 北京	海口 = 南昌 = 长春	海口 = 合肥 = 呼和浩特	海口 = 烟台 = 牡丹江
	海口 = 郑州 = 包头	海口 = 兴义 = 天津	海口 = 贵阳 = 成都	海口 = 二连浩特 = 哈尔滨
	海口 = 临汾 = 呼和浩特	海口 = 桂林 = 西安	海口 = 武汉 = 乌兰浩特	海口 = 汕头 = 天津
	海口 = 忻州 = 哈尔滨	海口 = 温州 = 哈尔滨	海口 = 银川 = 呼和浩特	海口 = 秦皇岛 = 哈尔滨
	海口 = 岳阳 = 西安	海口 = 徐州 = 哈尔滨	海口 = 淮安 = 青岛	海口 = 宁波 = 太原
	海口 = 扬州 = 天津	海口 = 武汉 = 大连	海口 = 延安	海口 = 日照 = 长春
	海口 = 西宁 = 乌鲁木齐	海口 = 南昌 = 大连	海口 = 惠州 = 长沙	海口 = 湛江 = 柳州
	海口 = 郑州 = 大连	海口 = 合肥 = 哈尔滨	海口 = 惠州 = 衡阳	海口 = 榆林
	海口 = 汕头 = 西安	海口 = 郑州 = 榆林	海口 = 连云港 = 沈阳	—
国际及地区航线：9 条	海口 = 阿拉木图	海口 = 大阪	海口 = 釜山	海口 = 古晋
	海口 = 河内	海口 = 胡志明市	海口 = 曼德勒	海口 = 清州
	海口 = 西哈努克			

100%，其中国际及地区航线36条、新开通国际及地区航线9条，航线网络覆盖包括澳大利亚、日本及东南亚等在内的20个国家及地区共35个热点城市，全年国际地区客流量140.14万人次，增长22.02%。此外，新增海口至大阪、曼德勒、岳阳、兴义等多个国内外新航点，航线网络不断完善、辐射范围不断扩大。至偏远地区航班直飞工作也取得明显进展，实现海口至长春、沈阳、呼和浩特、银川、兰州等僻远地区的航班直飞。

【机场安全管理】2019年，海口美兰国际机场对标“四型机场”（平安机场、绿色机场、智慧机场、人文机场）建设要求，以安全信息促进风险识别预警和动态管控，以标准制手册为生产运行安全制度保障，以安全监察督促核心风险治理措施落地，以班组建设为三基建设着力点，以法定自查兜住安全合规运行底线，再辅以主动报告机制搭建良好的安全文化氛围，为美兰机场二期投产运营筑牢安全基础。设立专职安保管理机构，全年投入安全经费约1900万元。共检查航班6.79万架次、旅客1066.5万人次、行李2427.2万件次、货邮631.8万件次，查获违禁物品2549件。同时开展航空安保测试4944项，应急演练60项，安保培训87项，安保检查710次，专项监察11期，背景排查29757人次，思想动态排查6011人次，尿检抽检和DNA采集384人次，进一步提升美兰机场空防安全水平。年内，美兰机场在民航局37家大型机场运行安全保障能力评估中均保持前15名，其中三季度在全国37家千万级以上机场中排名第一；获得民航局公安局及中南地区管理局重大活动保障先进集体称号。

【机场品牌建设】2019年，海口美兰国际机场通过大规模的硬件改造完善服务功能，通过智能化的技术应用以及文化元素的融入不断提升旅客感受；创新保障流程，发挥高效协同联动作用，大幅提高航班放行正常率；启用“机场3.0”智能化旅客信息服务平台、增加无纸化通关、智能问询、自助值机等各类自助设备及人工智能、生物特征识别等新技术，实现出港旅客的全自助通关及差异化安检，提升航站楼运行效率和旅客出行体验；设置“同城同质同价”柜台、菜单的形式，有效满足旅客对餐饮的基本需求；举办“唐宝儿童公益快闪”“歌唱祖国 全民K歌”及“写对联、包饺子、送鲜花、品特色小吃”等活动，丰富旅客的候机时光。全年未发生严重服务差错（含）及以上的服务质量事件，未发生重大投诉及重大舆情事件，服务运行秩序良好。美兰机场凭借着精益求精的服务，顺利蝉联内地首家SKYTRAX五星级机场，获得ASQ“2018年度亚太区最佳机场（1500—2500万规模组）”“2018年度全球最佳环境及氛围营造机场（1500—2500万规模组）”“2018年度全球最佳基础设施及最便利机场（1500—2500万规模组）”“民航服务质量重点攻坚专项行动先进单位”及“海南省2018用户满意企业”等行业重量级奖项。全年共获得省部级（含）以上奖项62项，其中重量级国际奖项10项，国家级奖项8项，省市及行业内奖项44项。

【绿色机场建设】2019年，海口美兰国际机场加快绿色机场建设，从规划、新技术应用、碳足迹管理三方面着手，通过中水回用、桥载设备替代APU、中央空调节电改造等逾10项技术举措，全年节约用电逾1057万度，节约航油约5465吨，节水回用约43万吨，其中安装的700多块智能表，实现能源实时监控，通过对监控数据的分析、诊断，每年可节约电100多万千瓦时、水4万多吨。连续第3年被评为“节水型先进企业”。

【智慧机场建设】2019年，海口美兰国际机场启动大数据平台建设，制定数据标准，充分论证规划具体建设内容以及业务场景可行性；完成安保全流程项目首批设备安装，加快推进全流程的测试验证。1月23日，“机场3.0”智能化旅客信息服务平台项目正式上线，为旅客提供更高效和人性的航旅服务体验。9月30日，3C联合指挥中心进入实施建设阶段；国内、国际及港澳台航线实现无纸化通关服务全覆盖，加快开展5G网络覆盖以及应用部署的测试工作。年内，荣获“五星级停车服务机场”“停车智能化十佳机场”双项大奖。

【美兰机场二期扩建项目飞行区工程收尾】美兰机场二期扩建项目于2015年11月18日正式动工，项目总投资144.68亿元，是海南重点工程项目，项目建成后将整合航空、铁路、公路等多种交通方式，构建高效便捷的交通换乘体系，打造成为海南重要的陆海空立体交通节点，推动江东新区总部经济、临空产业发展。2019年9月18日，美兰二期扩建指挥部组织召开飞行区工程竣工验收工作动员大会。至年末，飞行区工程进入收尾阶段，开始分步完成道面、助航灯光、站坪照明、围界安防等9项专业工程竣工验收准备工作。

【美兰机场与海南医学院第二附属医院签署“医疗联合体”】为更好地给广大进出岛旅客提供优质的医疗服务，2019年1月4日，海口美兰国际机场急救中心与海南医学院第二附属医院成功签署医疗联合体合作协议。以海南医学院第二附属医院为核心、主要用于提升美兰机场的应急救护能力的“医疗联合体”成立，后续双方将按照协议内容开展人才培养、巡回医疗、急救转诊、分级诊疗等医疗合作。

（颜灵峰）

（编辑：王美芳）

城乡发展

城乡规划

【概况】2019年，海口市自然资源和规划局（简称“海口市资规局”）坚持高点定位，启动国土空间总体规划编制，抓好重点片区控规、重要专项规划及村镇规划编制，持续优化国土空间开发格局。加强城市设计和风貌管控，抓好规划审批服务，为城市建设发展提供有力的规划保障。全年完成片区控规修编和调整13个，编制省级产业园区规划5个，指导各区完成行政村规划编制160个，核发建设工程规划许可证530宗。

【国土空间规划编制】2019年，海口市资规局启动《海口市国土空间总体规划（2020—2035）》编制工作，印发《海口市国土空间总体规划编制工作方案》，明确指导思想、总体要求、总体原则、工作内容、成果体系、进度安排。开展技术数据收集工作，“双评价”“双评估”形成初步成果，战略研究、现状评价、“三线”划定、重点片区和政策研究五大方面十二项专题研究正在高效推进。

【控规编制】2019年，海口市资规局完成新埠岛、海秀、城西、海甸岛、府城、南渡江西岸、滨江新城、长流起步区、金贸、大同、金沙湾、新海港及西海岸南片区等13个片区控规修编和调整，其中城西、大同、府城、金贸4个片区控规修编于12月12日获市政府批准。

【专项规划编制】2019年，海口市资规局推进药谷、云龙、狮子岭、海马工业园、复兴城互联网信息产业园5个省级产业园区的规划编制工作，其中药谷、云龙、狮子岭编制完成并通过专家评审，海马工业园、复兴城互联网信息产业园开展规划方案编制。启动《海口市地下空间开发利用规划深化及重点片区方案设计》编制。开展东环高铁线海口段公交化列车站点及周边地区研究、绕城高速增设联络通道、海口美兰机场综合交通策划与概念规划方案研究等交通优化研究工作，为海口市交通规划提供重要参考依据。编制《物流产业发展规划》，形成初步方案。

【村镇规划编制】2019年，海口市资规局制定《海口市进一步推进村庄规划编制（修编）实施方案》，指导各区开展村庄规划的编制。全年完成160个行政村规划编制（含140个美丽乡村建设规划），从中选取8个行政村作为村庄规划编制试点工作。至年底，编制完成主城区外镇域总体规划12个、镇区控制性详细规划12个。根据5月28日自然资源部印发的《关于全面开展国土空间规划工作的通知》要求，海口市不再新编和报批城市（镇）总体规划，待国土空间规划编制完成后，将根据国土规划内容对镇区控制性详细规划进行完善。

【江东新区规划编制】2019年，海口市资规局遵循“世界眼光、国际标准、海南特色、高点定位”，高质量推动江东新区规划编制，形成“1+6+13+16”的规划架构。5月25日，省政府批复《海口江东新区总体规划（2018—2035）》；7月22日，市政府批复《海口江东新区起步区控制性详细规划》《海口江东新区起步区城市设计》和《海口江东新区起步区地下空间详细规划》，离岸创新创业组团、国际综合服务组团、国际文化交往组团、国际高教科研组团4个功能组团的规划方案通过专家评审。

【城市设计】2019年，海口市为全国第一个“彰显城市特色、践行绿色理念”建筑设计改革创新试点城市。市资规局加强城市设计和风貌管控，组建建筑大师工作营，引入优秀建筑师，将海口划分为12个片区，聘请12位知名建筑师担任片区责任建筑师，借鉴先进建筑设计理念，推动高起点、高标准、高品质设计、建设一批建筑样板，对分管片区内的海岸带、河流两侧、主干道、大型公园等重要景观地段的项目设计方案提出指导意见。全年共为162宗、916.4万平方米建筑设计方案出谋划策、把脉问诊。

资料链接：城市体检

2019年4月，海口市被住建部定为首批城市体检评估试点的11个城市之一，海口市政府办公室印发《2019年海口市城市体检工作方案的通知》。根据住建部要求，城市体检工作围绕城市人均环境品质展开，重点从生态家居、城市特色、交通便捷、生活舒适、多元包容、安全韧性、城市活力等7个方面进行客观分析评价。同时，开展社会满意度调查，从人民群众的主观感受反映城市的人居环境水平。市住建局牵头组织中国城市规划设计研究院和市直有关单位对海口重点发展地区、典型城中村和老旧社区、城市“双修”（城市更新）等进行实地调研，为体检工作收集资料和基础数据。组织6场工作座谈会，并启动基础数据收集工作。先后发函各单位收集城市体检基础数据，开展城市体检问卷调查，9月6日形成《海口市城市体检报告》并上报住建部。

通过体检显示：海口在生态宜居方面优势明显，生态环境质量保持优良状态，生态环境治理成效明显。但水生态环境质量还存在差距，公园绿地分布不均衡，部分地区绿地可达性低。同时，海口在城市特色、交通便捷两个方面评价良好，但也面临挑战。首先，城市风貌特色塑造和历史文化保护工作稳步推进，但市民对城市的文化认同感不足，需要不断加强历史文化保护传承、提升城市魅力；其次，城市交通设施条件和运行效率有所改善，但公共交通明显存在短板，需要同时加强交通规划与道路基础设施建设。海口城市发展的主要短板在城市活力、多元包容、生活舒适3个方面。此外，在社区医疗、养老、托幼服务设施方面的短板较为明显，住房保障水平也有待进一步提升。针对体检结果，海口市启动城市体检信息平台建设，研究制定城市品质提升项目库。（王 健）

【规划审批服务】2019年，海口市资规局建筑设计方案预审、建设工程规划许可采取容缺受理、限期承诺等方式审批，大幅提高审批效率。全年核发建设工程规划许可证530宗、总建筑面积1317万平方米，比上年增长21.4%。

【规划批后管理】2019年，海口市资规局因公共利益及执行省、市政策性文件的需要，完成国兴220千伏变电站、椰博小学、京茂花园、农垦二小、招商局集团海南区域总部基地、天玉加油站、保利秀英港1号地块15号楼、海南兆京实业、海南先声药业公司等15宗的控规调整。落实“两个确保”百日大行动和政府固定资产投资需要，对下洋瓦灶片区C0501-1地块、药谷工业园区B1701地块等6个项目开展控规修改。为落实省政府《关于加强土地宏观调控提升土地利用效益的意见》《关于鼓励存量商品住宅用地转型利用和解决有关历史遗留问题的实施意见》和《关于支持产业项目发展规划和用地保障的意见》相关精神，开展20余宗“工改商”“工改办”规划修改工作。

【重点项目规划审批服务】2019年，海口市资规局完成江东新区哈罗公学等7个教育项目、省第五人民医院等5个医疗项目、国际社区等10余个重点项目规划选址。批准招商局海南区域总部、白驹大道改造及东延长线工程、海南国际会展中心二期等17个项目规划许可。

【农宅规划报建管理】2019年，海口市资规局开展农房报建督导及农房建设规划报建管理调研，加快农宅报建工作。全年共受理农宅报建3056宗，发证2985宗。疏理宅基地发证遗留问题1117宗，并分类制定处理方案。

【海口临空经济区控制性详细规划】2019年8月7日，海口市政府批复《海口临空经济区控制性详细规划》。海口临空经济区规划范围50.5平方千米，规划建设用地总面积37.6平方千米，城市建设用地面积15平方千米，就业人口规模10万人。临空经济区控制性详细规划的特色有：推动临空经济高质量发展。聚焦“三大两新”功能，集中发展自贸物流（大物流）、航空服务（大航服）、新兴消费（新消费）、商务会展（新商展）功能，预留战略保障（大保障）功能空间，重点推动自贸物流、跨境电商、飞机维修、航空总部、航空金融、会展贸易、市场交易、新兴消费等产业发展。科学构建临空经济区空间布局，推动港、产、城、景融合发展。形成“一廊两区两片，绿链花田湖院”的总体空间结构，对标国际空港发展先进经验，采用“人”“货”“航”多元化、均衡型的空港地区功能布局模式；符合临空产业发展的空间需求，科学确定十三类业态空间布局，打通产业链条，形成集约高效的产业集群效应。处理好临空经济区建设与机场发展的关系，确保“留足50年的发展空间”；统筹兼顾机场远期用地空间拓展与临空经济、自贸港建设近期岸线资源利用，科学划定空间发展边界，预控战略留白空间，采用高度混合的土地开发模式，确保近远结合、弹性适应，机场与临空经济区融合发展。

【海口市城西片区控制性详细规划（修编）】2019年12月12日，海口市政府批复《海口市城西片区控制性详细规划（修编）》。城西片区规划范围为东至龙昆南路，西到丘海大道，南至椰海大道以南1600米处，北邻南海大道，总规划面积为15.5平方千米。功能定位为集高新技术产业、高等教育产业为主导，居住、物流、生活服务相配套的新型综合区；产业发展定位为海口市重要的高新技术产业和高等教育产业基地。本次规划形成两带、两轴、两心、四组团的结构布局。本次规划利用区内现有的优势资源，对现有部分产业进行调整和整合，结合现有产业积极转型契机，打造科技商务、活力人文、宜居生活、开放共享的产学研一体化城区；同时，进一步梳理现状道路交通体系，加强公共服务设施及基础设施的配套建设，着力构建生态城西、魅力城西、和谐城西。

【海口市大同片区控制性详细规划（修编）】2019年12月12日，海口市政府批复《海口市大同片区控制性详细规划（修编）》。大同片区位于海口市中心城区，规划范围东至海府路，西至龙昆北路，北至龙华路与广场路，南至西沙路与蓝天路，规划总用地面积约336公顷。规划功能定位为海口市公共中心重要组成部分，海口市综合性的传统人文与风貌商住区。规划形成“一心、两轴、三区”的空间结构，“一心”即商业服务中心；“两轴”即海秀路—海府路发展轴、龙昆北路景观轴；“三区”为一园两湖区、综合商贸区、配套生活区。本轮控规修编要点为：统筹各类配套设施布局，强化对各类公共服务设施的管控。本次规划的公共服务设施（A）较原控规增加5.55公顷，交通配套设施（S4）较原控规增加0.63公顷，市政配套设施（U）较原控规增加0.30公顷；教育设施部分，初中较原控规增加1所，小学较原控规增加3所。优化用地布局，减少居住用地，增加绿地与广场用地，规划居住总用地面积约117.77公顷，较上版规划减少17.81公顷，规划绿地与广场用地26.87公顷，较原控规增加6.6公顷。完善内通外达的道路系统，形成“两横一纵”主干路系统，路网密度达到2.2千米/平方千米，次干路网密度达到2.3千米/平方千米，支路网密度达到3.8千米/平方千米。

【海口市府城片区控制性详细规划（修编）】 2019年12月12日，海口市政府批复《海口市府城片区控制性详细规划（修编）》。府城片区规划范围位于海口中心城区的中南部，北起红城湖路，南至海口南部生态绿带，东起琼州大道路，西至龙昆南路、迎宾大道，该片区总用地面积1283.3公顷，规划人口规模20万人。功能定位为：以文化、商贸、居住为主的综合型片区。发展为：海口传统城市文化发展轴的重要节点，海口高铁、公交、公共汽车的门户及交通枢纽，海口美舍河湿地公园的主要空间载体，海口府城历史街区所在地，海口府城文教与商贸集聚区，“绿色、健康、宜居”社区。强化城市设计及风貌管控。要根据城市设计及风貌管控的要求，塑造特色鲜明的府城片区，对凤翔国际商贸聚集创新区、高铁商贸片区、府城历史街区、旧城区四种类型的重点城市地段提出城市空间设计引导。

【海口市金贸片区控制性详细规划（修编）】 2019年12月12日，海口市政府批复《海口市金贸片区控制性详细规划（修编）》（以下简称《规划》）。金贸片区规划范围为北至滨海大道、东至龙昆北路、南至海秀路、西至双拥路，总用地面积约582公顷，功能定位为以中国（海南）自由贸易试验区先行示范为前提，以海口市公共中心重要组成部分为基调，建设海口市现代服务业基地、集商务办公、商业休闲、旅游服务、居住配套为一体的城市特色风貌区。《规划》形成“一心、四轴、四区”的总体规划结构，打造都市商住区、综合商贸区、综合居住区、传统生活区等四大功能区。《规划》合理划定空间边界，采用高度混合的土地开发模式，确保近远结合、弹性适应，应对未来政策需求，构建高效便捷的交通系统，加强公共服务设施及基础设施的配套建设，塑造国际门户特色风貌。

（司楠楠）

【第五届土地利用—交通整体规划国际会议】 2019年5月17—19日在海口星海湾豪生大酒店召开，由中国交通运输协会与武汉理工大学联合主办，海口市人民政府支持，市会展局（市贸促会）、加拿大土木工程师协会、国际中国规划学会、世界交通运输研究学会、世界交通与土地利用研究学会协办。有中国和美国、英国、加拿大、印度、日本、澳大利亚、荷兰、智利、斯里兰卡、巴基斯坦、也门、加纳等10多个国家400多位交通规划界的专家学者参会。中外专家围绕土地利用—交通整体规划这一主题进行交流，探讨土地—交通整体规划的中国化道路。会议安排4场分论坛，分别涉及空间布局、综合交通系统构建、整体规划模型和整体规划决策机制4个方面内容。借助本次会议，海口市邀请中外专家以海口市规划建设为话题，举办圆桌讨论会，创造性地把学术交流与应用实践结合起来，借助中外专家的智慧，提升海口市规划设计的研究水平。这对海口市尤其是海南自由贸易试验区重点先行区域—江东新区的建设意义重大，有助于海口市及江东新区的规划对标全球一流标准，做到高起点、高水平、高标准，实现空间有效利用、交通合理布局、人与自然和谐共处、建筑物与生态环境深度融合。（李伟）

市政工程建设

【概况】 2019年，海口市政府投资项目计划中市住建局作为市政项目责任单位的项目共159个，总投资约513.27亿元。至年底，开工项目59个，累计完成建安工程投资额约95.52亿元；正在加紧推进前期工作项目100个。

【地下综合管廊工程建设】 2019年8月1日，《海口市城市地下综合管廊管理办法》施行。年内，海口市严格按照住建部批准的《海口市地下综合管廊试点实施计划》推进地下综合管廊试点项目建设，批复3年（2015—2018年）试点计划总长度43.24千米，共22个项目。调整后的3年试点实际总长度43.81千米，共24个项目。至年底，累计建成综合管廊主体长度41.73千米。其中，2015年项目基本完工；2016年项目廊体完成96%，安装工程完成72%；2017年项目廊体完成91%，安装工程完成17%。结合管线需求，已有入廊管线包括燃气、污水、供水、电力和通信5大类，新增入廊管线56千米。按出台的《海口市地下综合管廊有偿使用收费指导意见》，明确入廊收费标准和收费办法。与六大管线单位及首开美墅湾等用户单位签订《海口市地下综合管廊有偿使用合同书》，合同金额316万元，已收取入廊费及运维费316万元。年内，海口市在全国第一批10个试点城市中取得优秀成绩，

获得住建部、财政部对试点综合评价排名靠前城市给予的1.2亿元奖励。

【市政工程项目建设】2019年，海口市推动重点项目建设，江东新区起步区路网、临空经济区基础设施配套建设项目等14个江东新区项目按计划开工建设，总投资118亿元，年底累计完成投资31亿元；加快推动断头路建设，为民办实事的断头路江东南五街B段延长线、英才小学滨江分校周边路网完工，育才路（学院路至苍峄路）建设工程实现通车。

【市政道路贯通工程】根据海口市2019年政府投资计划，海口市断头路按区域划分可分为城西片区、大英片区断头路网、坡博片区和滨濂片区、丁村片区、金贸片区、南渡江西岸片区等片区的断头路网。市住建局作为责任单位推进的各片区断头路项目43个，总长39.71千米，总投资59.24亿元，建安投资39.6亿元。年内，顺达路（机场北路南段）项目、长流起步区路网（二期）工程等8个断头路项目开工建设，其中江东南五街B段延长线、海口市英才小学滨江分校周边路网工程项目完工，育才路（学院路至苍峄路）建设工程实现通车目标，友谊路（中段）、文坛路—美苑路贯通工程等35个断头路项目正加紧推进前期工作。（王　健）

【海口湾畅通工程】全长19.6千米，其中海甸溪北岸西起恒大美丽沙天寰湾，东至横沟河；海甸溪南岸东起横沟河，西至丽晶路。项目分三期建设，一期美兰区示范段长2.15千米，投资1.28亿元，位于美兰区海甸溪北岸（恒大美丽沙天寰湾—世纪大桥）；一期龙华区示范段长度4.49千米，投资4.08亿元，位于龙华区海甸溪南岸（龙珠湾—世纪公园—钟楼公园）。二期美兰段长7.2千米，投资4.34亿元，项目位于海甸溪南北岸，其中北岸西起世纪大桥、东至横沟河；南岸东起横沟河、西至人民桥节点公园西侧。三期龙华段长7千米，项目西至丽晶路，东至龙珠湾桥。海口湾畅通工程是海口市重大民生工程，建设目标为打造优质滨水公共开放空间，提升城市规划与建设品质，将其建设成为吸引市民游客的最美城市客厅，承载市民服务功能、彰显城市活力的国际化卓越港湾；在建设过程中突出以人为本的理念，以满足市民需求为导向，将生态环境建设融入城市更新，坚持还绿于民，还海于民，还景于民，让老百姓共享最好的空间资源。主要建设内容有：慢行通、跑步道、骑行道三道贯通、防洪堤整治、道路交通整治、景观环境改造、生态环境整治、配套设施建设及17个驿站建设。2019年7月18日启动一期示范段施工，10月1日三道贯通，12月31日完工；二期于10月18日动工建设。（蔡勇斌）

海口湾畅通工程长堤路段。摄于2019年（海旅集团 供）

【白驹大道及东延长线】为海南自贸区及江东新区成立后的第一条城市主干路，省市重点项目，是海口市中心区连接CBD总部区的东西向交通干道，是展现江东新区美好形象的重要窗口。项目的建设将缓解海口市东部连接外城区的交通压力，对江东新区建设起到重要推动作用。项目西起于白驹大道与琼山大道交叉口，沿线走向沿现状白驹大道东延2.3千米至大昌路口后，继续东延4.7千米至小燕尾村附近，然后往北偏移与在建江东大道二期相交，并继续北延至现状桂林洋防潮堤。道路全长8.63千米，其中前2.32千米为现状白驹大道改造工程，6.31千米为新建道路工程。项目规划道路红线宽60米，两侧各控制20～50米绿化带。工程建设内容包括道路工程、桥涵工程、排水工程、交通工程、智能交通、照明工程、电力沟工程及景观绿化工程等，总投资19.97亿元，于2018年12月28日开工建设，至2019年底累计完成投资额11.6亿元。

【椰海大道改造完成】2019年10月1日，椰海大道改造完成并全线通车。椰海大道在海口的交通网络中处于重要位置，位于海口中心城区南部，沟通长流组团、中心组团和江东组团，规划为全市“四横七纵”（“四横”为海秀路、椰海大道、南海大道、海甸五路—江东大道，“七纵”为粤海大道、绿色长廊、丘海大道、龙昆路、琼山大道、海府路、滨江大道）。快速路网之一，是海口市东西向的一条重要交通主干道。全长27千米，起止点分别为白驹大道、粤海大道，

2019年10月1日，海口椰海大道改造完工全线通车　（张俊其 摄）

红线宽度60米。

椰海大道工程历时3年。2016年，启动椰海大道地下综合管廊建设，至2018年春节前后地下综合管廊主体工程基本完工。由于地下综合管廊建设过程中交通导改需要，对原道路产生一定破坏，根据海口市政府的工作部署，市市政管理局2018年底启动椰海大道道路改造工程。该次完成的道路改造（新建）共有2段，以丘海大道为界，分别为椰海大道（龙昆路到规划长天路）改造工程及椰海大道延长线工程。其中，椰海大道（龙昆路到规划长天路）改造工程，东至龙昆南路，西至规划长天路，全长10千米。改造以恢复既有原有道路横断面为基础，对道路路面、排水、照明、监控、道路交通组织进行改造优化。主要改造内容包括，道路破损板块破除重建、路面病害处理后加罩沥青，对管道缺失或者破损的地下雨污水管网进行恢复或者重建，对全线照明工程进行提升，对全线交通工程予以恢复重建、完善，对中央绿化带和机非隔离带回填绿化种植土。椰海大道延长线项目起止点为琼山大道至白驹大道，全长2744米，全线沥青混凝土路面设计，并有3座新建桥梁。主要建设内容包括道路、桥梁、排水、交通、照明及绿化工程。道路设计行车速度60千米/小时，是2018年开通江东大道二期后，第二条主城区连接江东新区的骨干网络，可有效缓解国兴大道的拥堵，疏解白驹大道拓宽工程的交通压力。基于椰海大道承担海口乃至全省货物运输通道的重要功能，有着“多轴数、重轴载、高轮压”的特点，首次在道路改造中应用橡胶沥青应力吸收层，以提升道路的抗车辙、抗裂、抗疲劳性能。此外，椰海大道全线采用“一体式防沉降井盖”，有效解决传统普通井盖遭受碾压之后发生下沉、松动，导致行车颠簸、噪音扰民等问题。

【市政项目房屋征收】2019年，海口市完成文明东越江通道项目（江西段）、省机关海府大院周边市政道路—和平南横巷项目、美兰段海口湾畅通工程项目、未来产业园项目、五岳路项目、中外运配套路项目、红城湖湖心岛项目、友谊国际广场西侧规划路（国贸二横路）项目、金巷路延长段市政道路工程项目、海口市金盘实验学校南侧12米规划路工程项目、滨涯北路（海濂路至海瑞后路段）市政道路项目、海口市邮件处理中心市政配套道路项目、美兰机场二期扩建项目涉及佳华电力小区等13个市政房屋征收项目征收补偿概算的审核工作，共征收158户、房屋面积6.01万平方米、土地面积8.34万平方米，核定概算金额5.02亿元。（王　健）

【市政工程项目管理】2019年，海口市住建局规范工程巡查制度，建立市政项目现场日常巡查机制，对排查出的问题，立即下发整改通知书，限期落实，并对整改的效果进行追踪监督形成台账记录。经巡查，发现美兰机场二期周边路网、省机关海府大院周边市政道路项目—和平南横巷等41个项目均存在拆迁量巨大或征拆难度大，影响项目进展情况；41个项目用地涉及占用耕地、湿地和林地、基本农田等非建设用地及规划调整等问题，转用手续尚未审批，严重影响项目施工。市住建局就以上排查出来的问题多次发函项目辖区政府、市资规部门协调加快相关工作。全年监督检查项目共419项次，下发整改通知书205份，提出综整改问题1817条，下发停工通知书2份，约谈企业5家，上报违法违规21起，记不良行为4宗。履行好责任单位工作职责，统筹市政项目建设，从项目前期、征拆、资金申拨、施工等各环节进行协调；提前谋划推进重点项目建设，多次组织江东新区起步区路网、临空经济区基础配套设施项目等前期设计研究论证，从经济、技术、对环境的影响、施工难易程度和施工工期等因素综合考虑，为重点储备项目实施提供技术支撑，为项目前期工作推进和早日落地实施创造条件。（王　健）

【海口市城市建设投资有限公司】

2019年，实现营业收入15亿元、利润总额1.47亿元，完成固定投资56.09亿元，各类房地产实现销售（合同金额）30亿元。资产总额926.78亿元。获得全国城投系统2018年度全国城投信息工作先进单位、海南省企业100强、市国资委2018年度企业负责人业绩考核为A级等荣誉；公司负责的海口市档案馆新馆建设工程获得“2019年度海南省优质结构工程”。

2019年，公司设置13个部室，下辖11家子公司：海南德润科教投资有限公司、海口投源实业开发有限公司、海南寰城地产开发有限公司、海口辉邦项目管理有限公司、海口凯域资产管理有限公司、海口德悦实业开发有限公司、海口成邦项目管理咨询有限公司、海口火山口公园投资有限公司、徐闻德城置业有限公司、海南万辰工业有限公司、海口绿智工程管理服务有限公司。

政府投资项目　完成固定投资56.09亿元（其中政府投资项目完成投资44.34亿元，自营性房地产项目完成投资11.75亿元），达成固投目标。高标准推进94个、总投资额超357亿元社会民生项目建设（市政74个，房建20个；新建16个，续建20个，前期58个）。年内，6个项目提前完工，12个项目按期完工，2个教师保障性住房按时交付使用。

房地产运营　6个房地产在售项目实现销售（合同金额）30亿元；写字楼、铺面等实收租金5036.8万元；物业管理收入2428.29万元。此外，以持有的"永秀花园"1035套房源作为目标资产，助力海南省人才租赁住房REITs产品正式发行并挂牌。

融资及业务拓展　以融资租赁方式先期申请融资5.5亿元，为助力自由贸易区（港）、江东片区建设提供资金保障。拓展业务，成功竞得长滨路5宗地块及海口金融中心项目地块；实施跨区域发展，助推公司在广东徐闻的滨海新城项目纳入国家PPP项目库管理，徐闻房地产项目实现开发建设。

深化国企改革　年内，完善国有资本投资运营公司方案，待市政府审批；准备凯域公司混改工作。将子公司业务同质化，明晰类型及法人治理结构。实施薪酬改革，总部实行宽带薪酬制度，子公司实行经营业绩考核及绩效薪酬制度。（黄云霞　沈韵雯）

【海口市城建集团有限公司】2019年，完成营业收入6.61亿元，完成国资委考核目标106%；利润总额2028万元，完成国资委考核目标113%。全年代建项目累计完成建安投资12.73亿元，市场化项目完成投资2.77亿元，完成全年目标。年内，承建的市民游客中心项目获得国家优质工程奖；《海秀快速路（二期）项目—可行性研究报告》等6个项目成果分获2019年度海南省优秀工程咨询成果一、二、三等奖。

国企改革　贯彻市国资委关于集团下属企业监理公司混改分两步走的思路，审议通过公司制改制方案并报市国资委报备，混合所有制改革方案经市国资委审议通过并报市政府审批。市政建设工程公司混合所有制改革稳步推进，聘请咨询机构完成改革方案初稿编制。同时，集团完成原质监站下属海口科航建设工程质量检测中心、海口市建设工程施工图设计文件审查服务中心、海口琼山建宏建筑工程质量检测中心、海口城建建筑质量安全鉴定中心4家企业的接收管理工作。组建"海口市生态环境建设投资有限公司"，打造砂石交易平台，将各类砂石纳入平台管理，发挥国企的主导，进一步拉长集团产业链条。

政府代建项目　代建项目总投资12.73亿元。年内，临空经济区基础设施配套路网（一、二期），云美大道南延线、空保一横路，江东大道（二期）生态长廊建设工程，海口迈雅河区域生态修复项目等一批江东新区重点项目开工建设。环岛花园翠岛桥拆除重建工程项目、灵桂路（一期）项目、龙岐棚户区改造基础设施项目等分别于7月、9月、12月陆续完工。

自营项目　在稳步推动主营业务的同时，不断探索新兴业务渠道，优化集团产业链。金都二期项目12月28日开盘销售177套，桂林洋9.2公顷土地项目取得限价商品房土地证，通过规划调整盘活名下海甸片区1.93公顷存量公共设施土地，参与云龙6公顷装配式建筑建材生产基地建设。拓展砂石贸易、商品混凝土、建筑固废处理等项目，参与临空经济区建设，打造园区综合运营商。集团下属的海口空港飞机维修公司完成公司注册，并开工建设美兰空港一站式飞机维修基地（一期）项目，年内完成投资2.4亿元，超额完成市国资委的考核目标。

应急项目　完成市委、市政府交付的各项应急项目任务。1月18—30日，集团完成南港码头进出港道路应急改造工程，缓解进出岛交通压力。用时3个月，至4月完成南渡江岸线占地92.97万平方米的生态修复任务。用时1个月，至11月，完成市民游客中心地下室改造工程，确保市政务中心按时搬迁，正常办公。12月，紧急援助海旅集团，仅用13天时间完成人民剧场吊顶立柱外观优化、贵宾上下车停车区及贵宾室入口的优化等收尾工作，确保12月31日跨年音乐会顺利举行。（包俊斌）

【海口市地下综合管廊投资管理有限公司】2019年，公司以"全面深化国企改革，推动企业战略转型"为总基调，以管廊项目建设、地下空间开发为主业，以充电桩、应急产业为培育方向，探索管廊相关产业，在做足"管廊文章"上下功夫。全年完成营业收入471.06万元，利润总额285.58万元，净资产收益率1.15%，资产负债率控制在85.97%以内。至年底，海口地下综合管廊国家试点项目累计开工24条，累计形成廊体42.66千米。年内，海口市地下综合管廊因试点工作成绩优异，获财政部2019年奖励资金1.2亿元；海口管廊工程获2018—2019年度"国家优质工程奖"；海口市地下综合管廊项目入选全国第三批PPP示范项目；11条管廊项目获省优质结构奖，占总获奖数量的48%；5条管廊项目获海南省安全文明"标准化"工地奖。

重点项目建设　完成1.17千米管廊主体建设，完成投资（产值）1.55亿元。完成长滨路、长滨十七街、海涛西路、海秀路、长秀大道（西段）、天翔路第一批6条2015年开工管廊试点项目竣工预验收；启动经一路、海涛东路、长秀大道管廊运营工作；实现入廊管线里程56千米。

战略调整　引入外部战略咨询机构编制公司发展战略规划，形成《海口市地下综合管廊投资管理有限公司战略规划（2020—2025年）》。面对新环境和新变化，公司将逐步向以"传统基础设施建设、新型基础设施建设和城市运营服务”为核心主业的现代城市运营商方向转型，向集团化、多元化方向发展。

相关产业探索　公司在做好海口地下综合管廊国家试点项目收尾及验收工作的基础上，持续推动海口世纪公园地下人防项目和金牛岭地震应急避难场所项目前期工作。逐步丰富投资业务清单，形成汽车充电桩、移动式建筑垃圾处置及预制装配式建筑材料、应急主题公园等多个项目的可行性研究报告，其中充电桩产业通过专家组评审。（陈　刚）

棚户区改造

【回迁商品房建设】2019 年，海口市住建局制定和完善棚户区改造政策措施，建立健全工作保障机制。修订《海口市棚户区回迁商品房项目土地出让补充条件》及《海口市棚户区回迁房项目土地政府组团回购合同》。全年全市共出让棚改安置用地 20 宗，面积 36.97 公顷，建设规模 160 万平方米；开工建设安置房 15898 套，共 167 万平方米；完成棚改项目竣工选房 5740 套共 59 万平方米，交房 1298 套共 15 万平方米。

【棚改项目房屋征收】2019 年，海口市棚改项目辖区区政府开展对 6 个棚改项目进行房屋征收工作。

面前坡村棚改项目。征收范围四至为东至龙昆南路、南至昌茂花园小区、西至南沙路、北至海秀快速路；项目位于龙昆南路西侧、海口市 CBD 核心区西部延伸线南侧、金牛岭公园与红城湖公园 1 千米服务半径范围内；规划总面积 29.83 公顷，涉及征收房屋面积 64 万平方米。至年底，累计完成房屋征收比例99.45%，完成土地征收比例 99.79%。

坡博坡巷村项目。征收范围四至为东至龙昆南路、南至南海大道、西至南沙路及豪苑路、北至现代花园小区；项目位于海口南站北侧；项目规划范围 100.9 公顷、涉及征收土地面积 71.5 公顷，征收房屋面积 178 万平方米。至年底，累计完成房屋征收比例 97%，完成土地征收比例74.19%。

红城湖片区棚户区（城中村）改造项目。位于琼山区国兴街道办、府城街道办，东起海府路，西至龙昆南路，北起国兴大道，南至红城湖路。征收土地面积 64.17 公顷，涉及道客社区、北官社区、米铺社区和塔光农工贸，征收房屋面积约 126.37 万平方米。后经市政府调整，塔光片区及红城湖小区调整出征收范围，新增大英五街西段、规划九路、道客二路、规划十五路部分路段列入红城湖片区项目一并征收。调整后的征收土地面积 62.63 公顷，房屋面积为 127.17 万平方米。新增征收路段正在开展前期准备工作。至年底，累计完成房屋征收比例 92.95%，完成土地征收比例 57.45%。

夏瑶二期项目。位于琼山区国兴街道办事处辖区下洋新村，其范围为东起美舍河西岸，西至海府路，南临海南省林业机械厂，北接夏瑶一期项目南端界线的合围区域。涉及征收土地面积 3.37 公顷，房屋面积 6.97 万平方米。至年底，累计完成房屋征收比例 100%，完成土地征收比例96.31%。

新琼片区棚户区改造项目。位于美兰区海口江东组团、琼州大道西侧，东至琼山大道，南至规划路（与和风家园项目接壤），西至南渡江，北至规划路，紧邻南渡江。规划改造范围 68.96 公顷，涉征建筑面积 56.21 万平方米，人数 7443 人，居民 3900 户。至年底，累计完成房屋征收比例 97.59%，完成土地征收比例 53.83%。

白沙坊二期项目。征收范围四至为东至海口市白沙街道办事处板桥经济联合社用地；南至规划路；西至白龙路；北至滨江路（以规划红线为准），规划改造范围共 19.99 公顷，涉征房屋面积 33.42 万平方米，居民 1608 户，人数 7248 人。至年底，累计完成房屋征收比例 91.62%，完成土地征收比例 65.07%。

【棚改资金管理】2019 年，海口市住建局主动对接棚改项目承接主体、金融机构、项目代建单位和市区政府相关部门，做好棚改资金的计划、申拨、审核、监督等管理工作，保证棚改项目征收补偿、棚改项目基础设施建设等资金需求。在满足项目需求的前提下，合理分配征收补偿款、政府配套资金、中央及省级专项补助资金、购买服务款的拨付比例和使用额度，确保棚改资金专款专用。全年审核拨付棚改项目征收补偿资金 11.46 亿元，审核拨付棚改项目政府购买服务款 30.27 亿元，审核拨付棚改片区基础设施项目资金 7911 万元，确保资金拨付及时、拨付合规、监管到位。（王　健）

水　务

【概况】海口市水务局属市政府组成部门，2019 年内设 5 个正科级科室，局属单位 11 个，其中 4 个副处级单位，分别是市水政监察支队、市水资源管理中心、市供排水管理处、市堤防工程建设管理中心；7 个正科级局属单位，分别是市河长制办公室、市南渡江引水枢纽工程管理处、市永庄水库管理所、市松涛罐区水利工程管理处、市供排水水质监测站、市排水收费所、市供排水水质监测站。

2019 年，海口市水务局贯彻落实“节水优先、空间均衡、系统治理、两手发力”的治水方针，把握“水利工程补短板、水利行业强监管”新时期水利改革发展总基调，突出抓好水网水系规划、水体治理、全面推行河湖长制、整治河道非法采砂、健全供水和污水处理设施建设等各项工作任务，落实最严格水资源管理，推进水生态文明建设，提升水安全保障能力。年内，国务院办公厅印发的《关于对 2018 年落实有关重大政策措施真抓实干成效明显地方予以督查激励的通报》中，对海口市环境治理工程项目推进快，重点区域大气、重点流域水环境质量明显改善做法予以表扬，并给予5600万元的奖励。海口市获评全国黑臭水体治理示范城市称号，中央给予4亿元的支持；6月11日省环保厅印发的《关于通报2018年度水污染防治工作考核结果的函》中，海口成绩位居第一，被评为优秀；2018—2019年水利建设质量工作成绩显著，被省水务厅通报表扬。市水务局被人社部、水利部评为全国水务系统先进集体；被海口市人民政府评为创建国际湿地城市先进单位。

【水务发展规划】2019年，海口市水务局为落实最严格水资源管理考核制度要求，组织编制《海口市水资源综合规划》和《海口市地下水保护规划》。为系统地解决海口城乡供水问题，整体提升海口城乡供水一体化服务水平，先后编制完成《海口市优化供水报装营商环境实施方案》《海口市城镇供水快速响应实施方案》《海口市2019年农村饮水安全脱贫攻坚工作方案》《海口市农村饮水工程运行管理暂行办法》。按照“厂—网—河”统筹考虑、集中和分散就地处理相结合的原则，重新谋划布局海口市一批污水处理和污水管网项目，并组织编制《海口市城镇污水处理及再生水利用设施建设“十三五”规划》《海口市镇域供排水规划》，为加快污水处理设施建设提供科学依据。同时，为使江东新区水安全保障工作能够得到有序推进，与省水务厅联合邀请水利部水利水电规划设计总院编制《海口江东新区水安全保障方案》，市水务局编制《海口市江东新区污水设施专项工作方案》等配套方案，优化江东新区水资源配置格局，保障新区水安全。

【水环境综合整治】2019年，海口市水务局组织开展南渡江海口段河道整治工程，恢复南渡江海口段水生态环境。年底完成南渡江秀英和龙华段生态修复工程（一期），共复绿面积91.22万平方米，投资3084.48万元。完善和提升水体运维和考核工作水平，完成国家黑臭水体示范城市申报及推进工作。纳入全省考核的18个城镇内河湖污染水体全部达标；纳入国家考核的19条21处黑臭水体全部消除黑臭，消除比例100%，超额完成国家下达的任务。

【水质监管】2019年，海口市水务局外出采样1142次，采集样品2983个，取得检测数据33829个，占年计划目标28500个的118.7%。出厂水水质综合合格率100%，管网水综合合格率100%，供水水质安全得到保障。其中，永庄水库、南渡江龙塘饮用水水源地水质监测项目29项，每月监测一次，共取得监测数据3968个；城镇污水处理厂水质监管监测，对白沙门污水处理厂（一期）、白沙门污水处理厂（二期）进出水水质每周监测2次，对桂林洋污水处理厂、长流污水处理厂、龙塘污水处理厂、狮子岭污水处理厂（一期）、狮子岭污水处理厂（二期）、云龙产业园污水处理厂、金牛湖污水处理站、美舍河3个污水处理站进出水水质每周监测一次，共取得监测数据17868个；城市供水水质监督监测，每月对4个水厂及13个管网点进行水质抽查采样检测，共取得监测数据3518个；市政污水处理厂脱水污泥监测，对白沙门污水处理厂（一期）、白沙门污水处理厂（二期）、桂林洋污水处理厂、长流污水处理厂、龙塘污水处理厂、狮子岭污水处理厂（一期）、狮子岭污水处理厂（二期）、云龙污水处理厂、金牛湖污水处理站脱水污泥监测，共取得监测数据403个；污水提升泵站水质监测，对海甸泵站、疏港泵站、美舍河泵站、新埠岛泵站、金贸泵站、秀英沟泵站、桂林洋1号和2号泵站采样监测，监测频率为每月1次，取得监测数据1336个；市水务局管辖中型水库水质检测，共取得监测数据469个；美舍河—沙坡水库考核断面水质监测，取得监测数据1782个；对河长制水体进行水质监测，共取得监测数据1211个；海南英利排水监测，采集水样52个，取得检测数据468个；临时增加的供、排水水质监测工作任务，共取得检测数据2806个。

【城市供水】2019年，海口市水务局编制印发《海口市镇域供水规划》，保证镇域供水经济社会效益。全年，原水供应总量2.51亿立方米，比上年增长1.4%；自来水供应总量2.46亿立方米，增长0.31%，较好地完成全年供水任务。

【城市排水】2019年，海口市有泵站21座，其中污水提升泵站13座、排涝泵站6座、补水泵站2座。市排水泵站管理所负责各泵站的泵站设施、设备的运行管理、养护维修及市区污水提升输送、河湖沟补水、雨天排涝运行管理工作。其中，海甸、疏港、美舍河等污水泵站共提升输送污水30272万立方米；滨海、国兴、白水塘、海甸五西路等排涝泵站共排涝1033万立方米；中心区水网动力工程河口路补水泵站向红城湖、美舍河等市内河湖沟输送清水10852万立方米。全部泵站清理栅渣垃圾1572立方米。全年泵站设备、设施维修维护592万元。

【供水工程建设】2019年，海口市供水工程主要有永庄水厂（三期）、琼山大道及周边给水管道工程（一期）、椰海大道（琼山大道—规划四路）给水管道工程等。共投入资金11676.23万元，完成DN200～DN1200供水管道铺设18.62千米。启动江东高品质饮用水水厂工程、新埠岛供水管网改造、大致坡水厂原水管网改造工程，永庄水厂（三期）扩建工程完成形象进度60%。

【污水处理】2019年，海口市水务局开展中央环保督察反馈问题整改工作，按“流域统筹、区域治理、近远结合、分步实施”的方式改造和新建一批城镇污水处理设施及管网项目，其中白沙门污水处理厂（一期）、白沙门污水处理厂（二期）、长流污水处理厂、云龙污水处理厂及龙塘污水处理厂等5座提标改造工程均按照时序要求在2019年完成整改任务。为确保海口市城镇污水处理工作全面实现“全收集、全覆盖、全处理”的工作目标，启动建设（续建）海口市长堤路水质净化设施及湿地公园建设工程、桂林洋污水处理厂改扩建工程、海口市丁村污水处理厂项目、江东新区地埋式水质净化中心（一期）以及14个镇域污水处理厂及配套管网工程项目建设，共新建污水处理厂18座，计划新增污水处理能力8.5万吨/日。全年处理处置污泥5.91万吨，处理污水1.98亿吨，污水处理率97.3%。

【南渡江引水工程】2019年，南渡江引水工程累计完成投资35.76亿元，占项目总投资36.21亿元的98.75%。1月3日，西部供水线路工程（美安科技新城供水线路工程）全线贯通；6月23日，永庄至沙坡水库连通工程完工。南渡江引水工程子项五源河生态修复工程（五源河国家湿地公园一期）设计概算2.13亿元，累计完成投资2.23亿元，占设计概算投资的104.7%，年底基本完成建设并对外开放。

【农村饮水工程】2019年，海口市加大资金投入力度，整合各级资金6690.5万元，用于农村饮水工程建设和维修，主要建设完成机井24口、水塔15座、配备除铁设备8套、消毒设备40套及管网铺设约19万米等配套设施，惠及农村人口20余万人。

【病险水库加固】2019年，海口市水务局完成海口市岭后水库防渗加固处理，项目总投资1754.78万元，5月完工，为区域的社会经济的发展提供防洪安全保障。

【江海堤防建设】2019年，海口市开工建设海口江东新区防潮堤与海岸带生态修复工程（起步区段）项目；建设完成南渡江海口市综合治理新坡至东山段防洪工程、海南省海口市南渡江流域土地整治重大工程南渡江左岸片区农田排涝工程、南渡江左岸片区农田排涝工程等8个排涝泵站之外线接入工程等3个项目，防洪排涝工程体系进一步完善。其中，南渡江海口市综合治理新坡至东山段防洪工程总投资6.62亿元（其中建安投资4.41亿元），年内完成建安投资，于1月28日竣工验收；海南省海口市南渡江流域土地整治重大工程南渡江左岸片区农田排涝工程总投资4.36亿元（其中建安投资2.35亿元），年内完成建安投资，于7月20日完工；南渡江左岸片区农田排涝工程等8个排涝泵站之外线接入工程概算总投资为7120万元（其中建安投资4198.69万元），年内完成建安投资，于12月24日竣工验收。

【重点水利项目建设】2019年3月18日，开工建设机场二期场外排水项目，项目总投资8.8亿元，主要建设明渠、箱涵、顶管等工程及倒虹吸、清淤等附属工程。路径总长8904米，其中顶管路径1768米（含井），明渠路径996米（含14米未计入总长）、箱涵路径6238米（含84米未计入总长）。建设后，有效解决美兰机场一期西侧目前无法解决排放的涝水、美兰机场二期扩建区域的涝水、高铁区域的涝水及周边部分区域的涝水。至年底，完成项目进度60%。10月18日开工建设海口市江东新区起步区水系（道孟河、芙蓉河）综合治理工程（示范段）项目，项目总投资7.21亿元，主要建设内容为：对道孟河进行治理，治理长度2.1千米；对芙蓉河进行治理，治理长度1.815千米；主要包括生态河道、挡潮闸、河道蓝线管理、景观工程等，将河道沿线断断续续的湿地以及坑塘连通活化，建设红树林公园，打造多目标共赢的生态文明治水理念。至年底，项目总进度为7.6%。

【农业水价综合改革】2019年，海口市新增开展农业水价综合改革试点2782.67公顷（其中2018年366.67公顷，2019年2416公顷），年度落实及统筹安排农业水价综合改革专项资金3155万元，分解下达资金并印发《海口市农业水权交易管理暂行办法》，初步摸索建立农业水权制度。成立5个用水服务中心，完成200余条沟渠清淤及硬化，安装180套计量设施，颁发562本水权证，各试点灌区受益群众1578户，改革初显成效。

【节水管理】2019年，海口市水务局开展以“坚持节水优先，强化水资源管理”为主题的节水宣传活动，全年完成节水建设项目规划报建148件，施工备案125件，竣工验收118件。同时，严格落实“三同时”报建审批制度和社会服务承诺制度，完成工作达标率100%，无用户投诉或违诺违纪现象。全年完成17个在建生产建设项目的水土保持现场监督检查工作。编制撰写《海口市计划用水管理办法》并组织实施征求意见建议；编制《海口市2019年度用水节水计划》；完成2018年城市节水工作数据收集编制并上报住建部；组织编报水资源数据平台项目的搭建工作；完成2018年度“节水型单位”申报、评选及表彰等工作，评选出30家节水型单位、21家节水型企业、19家节水型小区。

【河道采砂管理】2019年，海口市水务局强化打击非法采砂工作，做好打击“砂霸”“保护伞”“蚂蚁搬家”式非法采砂、整治砂石乱堆放、采砂坑塘生态修复等工作，确保按时按质整改到位。至年底，开展重点非法采砂河段巡查或执法巡查19274次，出动执法人员7.08万人次，立涉砂刑事案件15件，刑事拘留犯罪嫌疑人91名；查处涉砂行政案件25件，行政拘留16人；查扣各类非法采砂工具177辆；查处超载运输车1778辆；清理非法堆、洗、售砂点590个。据“12345”非法采砂投诉件统计，全年投诉件281件，比上年投诉总量减少2310件，减少比例接近90%，打击非法采砂工作取得明显成效。

【水政监察执法】2019年，海口市水

政监察支队以重点河段巡查和河湖专项巡查为工作重点，开展各类执法活动。全年巡查139次，派出车辆139辆次、巡查人员662人次，立案查处各类水事行政处罚案件2宗，罚款5.5万元，协办行政诉讼和行政强制案件各1件，移送涉嫌行政处罚违法案件线索5条，受理“12345”热线、电话举报、领导交办等各类办件20余件，协助开展美舍河、五源河等流域水体80余个排水点的排查等工作。

【松涛灌区海口水利工程管理】2019年，海口市松涛灌区水利工程管理处完成白莲东干渠与黄竹分干渠共40.5千米的应急疏通清理等工作，确保灌区生产用水正常。全年，松涛灌区完成供补水量9016.7万立方米，其中农业用水2532.3万立方米，永庄水库生活用水4050.5万立方米，羊山水库和沙坡水库生态用水2433.9万立方米，合理调度灌区补水用水，确保灌区农业生产用水、生活用水、生态用水正常。

【南渡江引水枢纽工程管理】2019年，海口市南渡江引水枢纽工程管理处科学制定全年用水计划，保证南渡江灌区灌溉面积3866.67公顷农田全年的灌溉用水，全年农业灌溉用水量622.5万立方米，帮助灌区大部分农田解决缺水干旱等问题。龙塘水源保护站指派专人负责龙塘一级水源保护区范围日常巡查，及时清理水上漂浮物，重点保障城区原水供应；制订《海口市南渡江管理处防洪应急预案》，对闸门的启闭设备进行操作性检查，运行人员现场实地操作，发现问题及时处理，保证排洪工作顺利进行；实行汛期24小时值班制。台风“杨柳”和“剑鱼”期间，南渡江龙塘大坝上游水位没有超出警戒水位，最高水位12.18米，距离警戒水位还有0.32米，为做好防风、防汛工作，值班人员每小时观测一次水位，为上级做好受灾地区人民群众的转移提供了可靠的数据。

【永庄水库管理】2019年，海口市永庄水库管理所组织协调从松涛水库补水4050.5万立方米，向永庄水厂供水5004.8万立方米，确保永庄水厂正常生产用水需求，为城市居民生活用水和工农业用水提供稳定保障。为做好永庄水库饮用水源保护区水环境卫生管理工作，防止各类水污染事件发生，修订《永庄水库水源地保护区巡查管理制度》，成立4人一组的巡查小组，每日对水源一、二级保护区周边水环境进行常态化巡查，外聘环卫公司对库区0.89平方千米处水域进行卫生清理，更新安装水库摄像头15个，实现陆地和监控环境两手抓举措，保证库区源水水质安全，杜绝各类水污染事件发生。全年水库出动环境巡查小组1400人次，进行水域清洁，及时打捞清理库区水面漂浮的垃圾和死禽畜等杂物366车，有效保障水库水环境的管理安全，为市民生活用水提供保驾护航。（周运芳）

【海口市水务集团有限公司】前身为成立于1958年的海口市自来水公司。2006年9月28日，经市国资委批准，市自来水公司与市白沙门污水处理厂合并重组为海口市水务集团有限公司（简称“市水务集团”）。2007年4月6日，市水务集团注册成立海口第一水务有限公司，并于8月23日以9.33亿元出让该公司49%股权的方式，溢价3倍引入法国威立雅水务战略投资；10月24日成立海口威立雅水务有限公司，注册资本6.3亿元，市水务集团控股51%。改制招商后，市水务集团实行战略扩张。2007年3月，收购海南省松涛水利工程管理局持有松海公司16.65%的股权，同年9月收购海南省农业厅经济对外合作中心持有松海公司41.7%的股权。2008年开始受市国资委委托管理资不抵债的原海口琼山自来水总公司，经过4年多的时间完成其债务、资产、业务及人员重组，统一海口供水市场。2009年6月在市国资委支持下，市水务局将所持有松海供水公司的16.65%股权无偿划归市水务集团，完成海南松海联合供水公司100%的股权控制。先后收购、接管云龙产业园、新坡镇、大致坡镇3个镇域水厂和桂林洋污水处理厂、龙塘污水处理厂、狮子岭一、二期污水处理厂、云龙污水处理厂、金牛湖污水处理厂6座小型污水处理厂。至2019年，业务由最初单纯的供水不断延伸，成为集制水、供水、供管网建设维护、营业抄收、设备制造、水质监测、工程设计、施工、污水处理及投融资为一体的企业。有8家全资子公司、1家全资孙公司、1家控股子公司、5家参股子公司，在职员工1600人；资产总额21亿元，净资产12亿元，净资产收益率（含少数股东权益）6.61%；营业总收入7.19亿元，实际利润总额1.33亿元，分别比上年增长22.67%、2.87%；日均供水量60万吨，供水服务面积265平方公里，服务人口150多万人；日均污水处理量33万吨。

重点项目　于2018年启动的海口市农村生活污水治理项目（涉及17个行政村、117个自然村，投资2.7亿元），至2019年建成污水治理设施2376座，设施覆盖率73%，受益村民2.28万人。2019年建设的海口市农村生活污水治理项目（一期），涉及56个行政村、472个自然村，投资额8.35亿元，8月，开工建设其中涉及的秀英南山等34个自然村，开工率39.08%。海口五源河国家湿地公园项目二期完成地块清表，开展石方破除及土方回填工作，项目部现场指挥部完成建设，椰海栈道独立柱毛石混凝土基础浇筑完成9个；累计完成投资4046万元，占总投资的19.08%。海口市永庄三期扩建工程项目开工建设，开展回流调节池和前贮泥池池基坑开挖、池壁外墙抹灰、V型滤池施工、稳压配水井至絮凝池工艺管道安装等；累计完成投资8912万元，占总投资的55.9%。龙昆沟北雨水排涝泵站项目项目完成EPC招标，初步设计完成评审。江东新区临时一体化污水处理设施项目完成实施方案设计。海甸岛片区清污分流及排水防涝工程一期完成前期代理合同签订，项目取得规划设计条件复函、项目用地国土意见、可行性研究报告批复和EPC招标工作。海口市南渡江引水工程完成投资1.7亿元，累计完成投资34.95亿元，占总投资的96.53%。

国有产权处置转让　集团公司本部完成9辆公务用车网络公开竞价转让处置，累计账面价值7.29万元、评估价值13.7万元、成交价值27.98万元；报废报损的国有资产累计账面价值2.93万元、报废残值收益1.29万元。（柳家盛）

供电

【概况】2019年，海口地区电网保持安全稳定运行。海口供电局全年化解电网风险19项、设备风险180项，未发生电网事故、较大及以上设备事故，设备事故和障碍总数比上年下降15.4%。电力设施被盗案发数与上年持平，外力破坏导致的主、配网线路跳闸总数分别下降37.5%和下降5.3%。年内，由于夏季历史性高温天气，海口电网负荷四创新高，最高达177.09万千瓦，比上年增长11.35%。全年完成售电量86.13亿千瓦时，增长10.97%；综合线损率3.11%，降低1.02个百分点，连续4年电费回收率完成100%，第三方客户满意度83分，位居全省第一。全市客户平均停电时间减少至8.93小时/户，下降4.33%。海口供电局先后获南方电网公司“科技创新先进集体”“计划发展先进集体”等称号。

【电网建设和改造】2019年，按照网格化规划思路，海口供电局高质量地完成“十三五”配电网规划滚动修编工作，为“十四五”智能配电网规划工作实现良好开局奠定坚实基础。按照“高标准、高起点、高水平”的要求，组织完成《江东新区智能电网专项规划》，并上报市政府纳入江东新区各层级规划中，为后续变电站的选址选线及建设提供重要的规划依据。中低压配网方面，全年完成1284项可研编制，项目总投资约6.3亿元，项目储备进一步加大。与各级政府高效联动、形成合力，协调推进13条市政配套电缆沟全部开工建设，完成率90%以上；建成投产809个主配网项目，项目投产数再创新高，全市电网建设投资7.5亿元，其中演丰所机场新村3号低压台区新建工程获南方电网公司优质工程奖，110千伏铁桥站、道云村台区两个工程获海南电网公司优质工程奖。按照“一村一册”完成205个城中村配网专项规划，并以滨濂村为试点推进城中村配网改造。重点项目推动有力，有效解决项目青苗赔偿阻工等问题，220千伏永玉II回线路和35千伏甲子升压110千伏线路等长期施工受阻历史遗留项目取得突破性进展。

【供电安全生产】2019年，海口供电安全生产态势持续向好，采用安全生产风险管理体系理念落实745项风险防控措施责任，闭环管控180项电网风险，未发生四级及以上电力安全有责任事件。全年变电设备故障停运5起，与上年持平；输电线路跳闸16次，下降37.5%，其中主网输电线路连续两年树障零跳闸；配网线路跳闸89条次，下降3.26%，配网线路跳闸率2.62次/百公里·年。海口电网在全省率先完成变电站智能机器人巡检项目，有效提升电网智能化水平。

【电力供应与保障】2019年，海口供电局全面做好“新中国成立70周年”“文昌卫星发射”“博鳌论坛”特级保供电工作闭环管控。制定各专业领域检查表单和排查计划，细化检查项目，明确整改时间节点要求，常态化、标准化开展保供电安全检查，发现问题92项，整改率100%；进一步强化安全生产主体责任，并通过抓重点、抓关键、抓薄弱环节，及时排查整治各类问题隐患，有效管控安全生产事故事件发生；运用安全生产管理微信群定时发布保供电信息，实时把握保电工作动态；落实各级领导人员在岗值班制度，细致开展保供电值班值守工作。圆满完成博鳌亚洲论坛年会、庆祝中华人民共和国成立70周年、跨年演唱会、海南省欢乐节，以及“两会”、党代会等138项保电任务，累计保电天数288天次，共投入4068人次，出动应急发电车、电源车145辆次，确保供电工作万无一失。

【行业用电】2019年，海口辖区完成售电量86.13亿千瓦时，比上年增长10.97%。客户总数39.75万户。其中：第一产业，客户数4994户，全年用电量11631.81万千瓦时，占全部售电量的1.35%，增长4.89%；第二产业，客户数11028户，用电量157285.75万千瓦时，占全部售电量

2019年海口供电局各供电所售电量一览表

表32

供电所	售电量（万千瓦时）	供电所	售电量（万千瓦时）
龙华所	214844.62	演丰所	29259.94
秀英所	181082.58	石山所	24402.83
美兰所	123521.88	灵山所	44732.27
琼山所	84658.37	东山所	6171.91
长流所	97212.45	大坡所	2718.47
云龙所	6967.40	新坡所	2179.97
龙桥所	19383.56	大致坡所	4812.08
旧州所	2823.82	三门坡所	5377.16
红旗所	2380.72	三江所	8844.40

的 18.26%，下降 0.26%；第三产业，客户数 41167 户，用电量 531320.59 万千瓦时，占全部售电量的 61.69%，增长 12.86%。居民生活用电，客户数 340309 户，全年用电量 161085.45 万千瓦时，占全部售电量的 18.7%，增长 17.91%。其中，城镇居民 141476 户，用电量 112163.35 万千瓦时，增长 21.63%；乡村居民 198833 户，用电量 48922.1 万千瓦时，增长10.19%。

【电力营销及管理】2019 年，海口供电局电费回收完成 100%，连续 4 年实现全部电费颗粒归仓。优化业务部门内部协同、简化业务流程，业扩报装效率同比去年有明显提升，实现快报快送。建立海口市重点项目用电业务服务跟踪机制，售电量增长 10.97%，增供扩销成效明显。按期完成 50 个抄表到户小区改造及结算工作。起草《关于推进海口市住宅小区抄表到户的实施意见》，有序推动全市住宅小区抄表到户工作，提高海口市住宅小区本质用电安全水平，新兴业务实现稳步推进。加强线损过程管控，做到指标分解、预控、分析与考核，以线损异常率为切入点，以异常督办单形式对各单位异常、高损线路台区进行销号管理，综合线损率完成 3.11%，在省会供电局中处于领先水平。

【供电科技创新】2019 年，海口供电局推进科技创新和先进技术应用，推广智能化监控设备、大数据、智能识别、移动 APP 等新装备新技术。研究探索现场工作机器人、无人机视频监督等工作新模式，提升现场安全监管效能。推动配网设备运维向“装备智能化、运行智慧化”转型，配网线路巡视由“人巡”向“人巡 + 机巡”模式的转变，设备健康水平由“深藏不露”向“一目了然”转变；应用电缆振荡波测试仪、电缆路径可视化系统实现地下电缆精益化、智能化、可视化管理。2019—2020 年海口供电局科技项目主要有 10 项，分别为基于可见光图像处理技术的电力线路高精度数字化通道管理及应用研究、架空线路故障综合监测装置及区段定位系统试点应用、客户用电自助比对终端装置试点应用、沿海地区铁塔防锈蚀新技术的研究试点应用、一种输电线路固定式接地装置试点应用、架空输电线路山火监测预警技术成果转化、绞合式碳纤维导线运行特性研究、10 千伏户外分接箱可触摸电缆头新型接地装置试点应用、安全带防登塔坠落保护“平安环”试点应用、电缆模注熔接接头技术试点应用，共投资 577.25 万元。年内，海口供电局 2 人获海南电网公司 7S 管理劳动竞赛一等奖，5 人获海南电网公司科技创新“金点子”一等奖。

【电力营商环境优化】2019 年，海口市政府出台《海口市优化电力营商环境制度创新实施方案（试行）》，办电业务进驻政务中心服务大厅并在椰城市民云 APP 上线，业扩 22 项业务实现线上办理全覆盖，101 个业扩项目实现“一次都不跑”。海口供电局主动靠前服务 50 个省、市重点项目，对 133 个重点引进项目提前电源规划布点。落实国家降电价政策，延伸业扩投资界面，全面推行小微企业低压供电，为客户节约办电成本近 7000 万元。在海南省率先成立海口配网调度服务指挥中心，强化服务调度、配网调度协同处置，“95598”诉求处理及时率 99.89%，“12345”办件回访满意率 97.33%。完成迎接国家发改委营商环境测评工作，海口“获得电力”与珠海、佛山、东莞并列，获南方能源监管局“银牌城市”评价。同时，落实办电“简单、快捷、透明、免费”要求，制定《海口供电局关于进一步提升供电服务水平优化电力营商环境执行方案》，从流程、时限、成本等八大方面制定 60 条具体改进措施，并通过 12 次优化电力营商环境会议解决 26 项客户难点、痛点问题。进一步简化办电流程、压缩办电时间、降低接电成本，提高供电质量，改善用电营商环境。

【供电节能减排】2019 年，海口供电局下达 11 个充电桩业扩配套项目，总投资 1089.66 万元，贯彻落实海口市委、市政府节能降耗工作部署，在输配电业务中开展专业节能降耗工作，降低电力损耗。同时，以线损分线、分台区统计分析为抓手，围绕线损精益化管理，以降低分线分台区线损异常率为目标，以小促大，全面消除线损率超过 11%的 10 千伏线路和超过 20%的台区，完成 10 千伏线路、台区线损异常率小于 5%，异常处置率大于 95%，综合线损率 3.11%的目标，创历年最优成绩。追补故障计量装置电量 1560.44 万千瓦时，完成降损及陈欠电费回收目标。

【供电抗风救灾】2019 年，海口供电局吸取历年台风教训，落实“灾前防、灾中守、灾后抢”策略，及时组织编制 2019 年防风防汛暨迎峰度夏重点工作计划表，制定 57 项重点工作，督促各相关专业部门按计划和时间节点全部落实。开展防风防汛暨迎峰度夏安全生产大检查工作，从安全责任落实、应急管理、防风防汛准备等十方面，全方面排查各基层生产单位存在的问题和不足，对于重大事项和问题采取挂牌督办。全年发现存在隐患 140 处，全部完成整改，海南电网公司督查发现 45 项问题，全部完成整改。年内，海口地区受第 4 号台风“木恩”（热带风暴级）、第 7 号台风“韦帕”（热带风暴级）、第 12 号台风“杨柳”（热带风暴级）和 14 号台风“剑鱼”（热带风暴级）影响时，海口供电局应急办严格按照防风防汛指引的要求，及时跟踪气象和水文信息，研判台风趋势并发布预警，及早部署“灾前防、灾中守和灾后抢”的各项工作，指导各相关部（室）、基层单位全面排查设备安全隐患，开展输配电线路树障清理，加固杆基及修复受损拉线，做好低洼变电站的排水防涝，清点应急物资和装备，组建应急队伍等工作，最大程度减少灾害带来的影响提供保障。并在第一时间同步市政府启动台风三级响应，局应急指挥中心启动与市三防办和海南电网公司应急指挥中心的视频值班，各级人员迅速到岗到位，人员24小时轮流值班；组织应急抢修队伍，共38支810人，车辆98辆，抢修力量布点主要是集中在故障和需要支援的区域，完成2288.4万元应急物资储备工作。面对年内4次台风的袭击，海口电网未遭受重大损失，未发生因树障导致的电杆倒、断杆情况，在整个抗灾复电过程，未发生一起安全事故，实现主城区一天内恢复供电，农村地区3天内恢复供电。

（张有权）

供 气

【管道燃气管网建设】2019年，海南民生管道燃气公司在海口管道天然气管网及配套工程上累计投资10.4亿元，其中管网资产10亿元，管网总里程1735千米。燃气管网覆盖海口市主城区的90%，东抵桂林洋高校区、西达粤海大道、南至云龙产业园、北到海甸岛碧海大道。

【管道燃气供应】2019年，海南民生管道燃气公司天然气供应能力为2亿标准立方米/年，管道燃气销售量13562万标准立方米；居民用户合同签约户数近59万户，工商用户超过3150户。

【瓶装液化气供应】2019年，海口市瓶装液化气总储气能力2715吨，供气总量3.88万吨。有二级液化石油气灌装站20家，三级燃气分销网点110家，其中居民家庭29.61万户，年销售气总量3.87万吨。

【安全用气管理】2019年，海口市市政管理局定期组织燃气行业联合安全检查，特别是在春节、博鳌论坛、党代会、国庆节等重要活动时期，组织开展专项检查。全年检查47家二级液化石油气充装站和汽车加气站，发现隐患311处，均整改完成。开展燃气黑网点专项整治，查获5家燃气无证经营网点，查扣112个燃气瓶。开展对海口市内燃气井盖及户外广告及招牌电力安全的隐患排查工作，强化燃气突发事件的具体应对措施，通过建章立制的方式提高执法水平，强化管理，保障燃气安全运营。

（海南民生燃气公司）

【海口市能源集团有限公司】海口市国资委重点监管的国有独资企业。1992年6月26日，成立海口市煤气管理总公司，承担海口城市管道燃气工程开发、管网输配、规划设计和经营管理任务。2007年8月19日，更名为海口市燃气集团公司，注册资金1.673亿元。2019年3月27日，改制更为现名，注册资金2亿元。公司股权结构为国有独资。公司本部设有9个职能部室；下属企业16家，其中全资子公司6家，控股子公司4家，参股企业6家。经营业务主要由燃气能源、道路运输、资产租售板块组成。燃气能源：长期参股多家燃气企业，燃气相关资产占总资产的56.22%，盈利较好。道路运输：公司经营1家控股客运企业和2家全资出租车运输企业，拥有客运车辆210辆，涉及海南班线车、包车、出租车业务。资产租售：公司自有燃气管网、房产租售业务是稳定的经济来源，拥有可租售房产9865万平方米。

2019年，在推进公司化改制的同时，全面深化内部改革，重新梳理各板块制度；实施薪酬与绩效考核挂钩的管理机制；对下属公司实行财务集中管理；对经营欠佳的下属企业，通过减亏退出、扩大经营范围及人事等改革举措，以实现扭亏增效的目的。在继续做好主要经营业务，利用海南全域旅游契机扩大旅游客运业务、更新出租车上线运营的同时，围绕建设清洁海南、绿色海南的指导思想和公司规划，拓展发展项目，重点推进清洁能源发展，主动对接央企，先后与启迪投资、中旅集团、中国建设投资集团、中交集团、三峡电能、大唐能源电能等近10家央企对接洽谈合作，并与相关企业签订合作意向或框架协议。年内，分别与与央企大唐海南公司、中建投制冷公司推进天然气发电合作项目、节能智慧冷库合作项目建设。全年实现营业收入3539万元，资产总额3.52亿元，净资产3.28亿元。

（钟生兵）

城市公共交通

【概况】2019年，海口市新开通10条公交线路，优化调整33条公交线路；公交线网规模183条，其中常规公交线路117条、公交快线9条、旅游公交线路4条、定制公交线路47条、夜间公交线路4条、公交专线1条、双层旅游观光巴士线路1条；公共汽电车线路网总长度297千米，公交线路总里程3291.5千米。推广应用新能源巡游出租车，全市公交车2122辆，其中清洁能源与新能源车型1851辆、占比87.23%；新一轮巡游出租车运力更新全部为纯电动车，清洁能源与新能源占比100%。

【公交候车亭建设】2019年，海口市公交线路优化调整共更换线路图3231张，迁移及建设临时站牌240个，迁移及拆除候车亭20座，更换顶棚24块，增加便民座椅35座，更换大灯箱玻璃及面板220块，增加安全隔离护栏172座，制作市郊列车站牌换乘导向标志图132张，可移动导向标志牌12座。全市共有候车亭914座，临时站牌656个。

【公交智能化建设】2019年6月，海口“城市大脑”公交优化子项目建成上线，公交优化项目具体实现数据总览、客流分析、线路分析、站点分析和线路优化5个功能模块。数据总览给出海口公交的整体情况：包括公交车辆总数、线路总数、站点总数、平均车速，客运量的实时变化，公交出行需求最高的5个区域，上座率最高的5条线路以及最低的5条线路。客流分析模块对整个海口市民的出行时空分布规律进行展示：分析出公交、驾车等不同出行方式的占比，从工作日、非工作日、早高峰、晚高峰多个代表性时间特征角度，得出客流的出发、到达的量化分析展示，并通过出行时间、出行方式和出行距离的占比分析，给出市民出行的需求特点。线路分析模块分析了所有线路站点的刷卡量、周转量、满载率，可以方便地观察到线路的站点分布、各站点上下车人数，以及站间的行车速度；并从公交客流匹配，线路运行时间、速度等运行效率角度，对线路运营状况进行分析。最后，从客运周转量和满座率这些运营效率角度，评估线路运营服务的价值，并给出针对性的改善建议。站点分析模块主要是从站点的角度分析同一站点，不同线路的相互关联情况。用于评价站点的换乘便利性和市民的换乘需求情况。可通过自主圈选区域，观察该区域的所有站点，了解观察区域的站点覆盖率、出行人次、各个站点的出行人数，支持站点布局优化决策。线路优化模块根据以上模块数据分析结果，自动算出线路的优化建议方案，得出建议站点和优化效果的预评估，供市交通港航局参考决策。至年底，海口市实现全市公交车辆具备电子支付功能、公交实时位置查询、公交车到站时间查询等信息化建设。

【公交场站建设】2019年，海口市有公交场站30座，公交车停车位1384个，用地面积30.8万平方米，覆盖海口市4个辖区、高新区及桂林洋高校区等。公交车辆进场率65%。年内建成市域列车秀英站南侧、北侧公交场站及市郊列车城西站南侧公交场站3座，用地面积4.49万平方米；租用公交停车充电场地4个（长天路、苍东村、大样村、省第五人民医院），用地面积5.81万平方米。

【公交专用道示范工程项目】2019年，海口市公交专用道示范段（一期）工程完成建设范围为龙昆南路、龙昆北路、甸昆路、海甸五西路、南

2019年3月26日，海口首条纯电动双层观光公交专线试运行　（苏弼坤 摄）

海大道（龙昆南至城西站路口）、世纪大桥6个路段，7月1日正式启用，全长12.1千米，涉及25个公交站点、50余条公交线路全部调整至公交专用道全时段通行，在公交专用道使用时间为早晚高峰时段（7:00—9:00，17:00—19:00），节假日除外。公交专用道示范段（二期）工程建设范围包括：海甸五西路至龙昆南路（海口东站）路段、海港路—海秀路至海府路（五公祠）路段、滨海大道万绿园至秀英港路段、南海大道豪苑路至龙昆路等4个路段，共28.5千米。9月18日，龙昆南路沿线的6个港湾式公交站台改造工程开工建设，至年末，改造工程进入收尾阶段。

【首条纯电动双层观光公交专线试运行】2019年3月26日，海口市公交集团在新海港客运站举行海口首条纯电动双层观光公交专线试运行仪式，15辆双层观光巴士投放试运行。规划的观光路线起讫站为新海港到花卉大世界。途经路段依次为：天翔路—滨海大道—长堤路—滨江路—新大洲大道—滨江路（花卉大世界西门）；途经主要景点：五源河湿地公园、假日海滩、万绿园、钟楼、骑楼老街等。

【出租车运营】2019年，海口市有14家出租车企业，其中国有企业2家，股份制企业5家，民营企业7家。全市有出租汽车2956辆，其中常规出租车2530辆、电召车200辆、纯电动车226辆，新能源、清洁能源化100%。

【巡游和网络预约出租汽车行业管理】2019年，海口市先后出台《海口市网络预约出租汽车运力规模动态调控实施方案》（5月14日执行）、《海口市网络预约出租汽车经营服务管理实施细则（修订）》（3月15日执行）、《海口市租赁小客车运力规模动态调整实施方案》（6月19日执行）等相关规章制度，引导和规范行业健康发展。自2018年海南省小客车保有量调控政策实施后至2019年，海口市对12家企业发放分时租赁纯电动小客车备案证，备案其他指标车辆18850辆，发放备案证明78份，备案其他指标车辆6476辆；3家网约车企业进行现场审核，核发网约车指标3000辆。

【共享汽车】2019年，海口市有海南威马智行汽车租赁有限公司、环球车享（海口）汽车租赁有限公司、海南延信汽车销售有限公司3家租赁车企业，备案车辆指标数3020辆，投放运营的车辆2324辆。

【海口市郊列车通车运营】2019年7月1日，海南环岛高铁海口至美兰段市郊列车投入运行。该列车全段约38千米，从东往西设置美兰、海口东、城西、秀英、长流、海口6个车

2019年7月1日，海口市郊列车试运行首发仪式在海口站举行　（苏弼坤 摄）

站。共有7列CRH6F-A型动车组，7组列车有7种海口最具代表性的元素：木棉花、蜂虎鸟、水菜花、三角梅、水蕨菜、椰子树、白鹈鹕；车厢内采用2+2硬质座椅，花形多杆立杆扶手。列车采用2动2拖编组形式，既可单列运营，也可重联成为8辆编组运行。运行最高时速160千米/小时，车辆最大载客量860人。项目开通运行后，日常开行列车50对，周末开行61对，行车间隔高峰时段10分钟、全日平均18分钟。至年底，海口市郊列车共开行7665对，日均42对，发送旅客69.42万人。为实现市郊列车与地面公交的无缝衔接。从6月29日起，海口公交集团新开通80路、81路等9条公交线路和优化调整63路、66路等8条公交线路。接驳公交线路实施后，6个市郊列车站点周边的公交线网规模为66条，公交线路数增加34.7%。其中站内始发公交线路40条，占比60.6%，全面实现市郊列车与地面公交线路的无缝衔接，满足市民多样化交通出行需求。《人民日报》以《海口市郊列车首次利用高铁》为题，点赞海口市域列车高铁公交化。文章中指出，开通运营的海口市郊列车是国内首条利用高铁开行的列车；是海口市盘活铁路闲置资源，利用环岛高铁海口段富余运力和老旧站点，缓解城区交通压力的重大惠民工程。

【高铁海口东站站前广场改造提升工程】 2019年6月开工建设。改造内容为优化海口东站范围内的迎宾大道、凤翔西路、丁村一横路的交通组织，改造站前广场出租车场，改造地下过街通道基础设施，以及相关配套的装修提升改造和导向标识提升改造等。主要建设工程有：装饰装修工程、安装工程、道路工程、交通工程、排水工程、照明工程、绿化工程。项目概算总投资2440万元，至年底基本完工。（黄壮锋）

【海口市公共交通集团有限公司】 2019年，围绕做优做精公交服务和企业管理转型两条主线，推进公交优先发展战略，持续深化公交改革，改善公交服务质量，推动企业经营降本提效，公交发展态势明显向好转变。年末，有公交车2122辆，公交线路143条，线路长度3178.79千米，公交年运营里程1.36亿千米；有出租车1143辆，出租年运营里程1.73亿千米。全年累计完成演唱会、端午节、高考等大型活动和重大节假日公交保障活动14场，开通临时公交专线120余条次，调配公交运力3200余辆，调派稽查及线管人员1200余人次，运送市民游客49万人次。公司“智慧站牌”项目获得2019年交通行业“十佳上云”优秀案例奖。

公交线网优化调整　实施公交优先发展战略，公交出行分担率提高3个百分点以上。年内，更新投放新能源公交车15辆；新开通公交线路10条，其中观光1号线1条、市域列车接驳线路9条；优化调整公交线路34条，其中市域列车接驳线路8条，超额完成年度为民办实事任务，有效提升公交线路的运行效率、直达性和换乘便捷性。

公交专用道建设　7月1日，开通市区首条海甸五西路—龙昆南路公交专用道示范段。10月18日，第二批公交专用道示范工程海府路—海秀西路、滨海大道—海港路两条公交专用道开工建设。年内，公交专用道示范段开通12.8千米（单向），重点加大途经公交专用道公交线路早、晚高峰期车辆发班密度，且单日高峰期发班趟次较之前提高15.8%，运送乘客人数增幅6.5%，有效提升公交通行效率和承运能力，提高市民公交出行效率。

公交场站建设运营　通过合作开发、租赁、改造、代建等方式，逐步扩大市公交场站规模。年内，获得市政府划拨滨涯、丘海延长线等场站建设用地，新建成公交场站7个，面积8.8公顷，其中接收政府投资建设海口火车站、秀英站、城西站、长流站4个市郊列车配套公交场站。与社会资本合作建成大样村、长天路及苍东村3个充电场站，解决240辆公交车停放发班充电问题。

海口、澄迈主城区公交资源共享　推动“海澄文”交通一体化大步迈进，完成澄迈县公交线路调研摸底、评估，并抽调公交运力22辆，完成澄迈1路、2路、10路公交线路接收运营工作，有效促进海口、澄迈两地主城区公交资源的共享和协调发展。

公交信息化建设　再升级公交智能调度系统，做到公交线路和公交车全覆盖；出台《公交智能调度管理制度》，实现发班管理更加科学，智能公交框架成型。全面开通公交移动支付系统，支持IC卡、银联卡、微信、支付宝等多种支付方式，并扩展支付金额自选功能，支付率逐步上升。实时公交再扩容。在“椰城市民云”“海口公交”公众号、“高德地图”等平台新投放电子站牌34座。5月立足海口市“城市大脑”系统上线公交优化模块，方便市民公交出行。公交大数据有突破。完成所有大巴公交车客流采集设备安装，实时收集数据，通过大数据、云计算等科技手段，将信息技术与公交运营服务理念融合，助力市民智慧出行。

公交凡人善举　全年公司一线发生好人好事2726件，日均7.5件。国家、省、市新闻媒体对公司及员工报道1501篇次，电视台采访294人次，其中人民网、新华网、央视微博、人民日报微信、新华社微信等央媒报道125篇次，先后有8名公交司机被央视报道点赞6次，特别是公交司机面对车厢扒窃行为果断制止，受到央视专题报道，弘扬社会正气，传播公交正能量。年内，公交新月出租司机吴妍梅被全国妇联授予“全国三八红旗手”称号，龚银州获“全国模范退役军人”称号，刘筱杰获海南省“见义勇为先进分子”称号，冯推波等3名一线司机被评为海口市“道德模范”，吴海新、陈元龙获2019年度“海口好人”称号，3个集体4名个人获海南省“用户满意服务明星”，3名个人获海南省2019“十位安全文明标兵驾驶人”称号。（林师武）

园林绿化

【概况】2019年海口市机构改革，将市城市管理委员会的园林和环境卫生管理职责、市园林管理局的职责、市环境卫生管理局的职责整合，组建市园林和环境卫生管理局（简称“市园林环卫局”），3月29日成立，内设8个正科级机构。

2019年，海口市园林环卫部门创新管理体制机制，在机构改革运转、推进“放管服”改革、建立园林长效管理机制、开展园林项目规划建设等方面开展一系列卓有成效的工作，完成各项园林绿化任务。全年完成补植草皮15.6万平方米、花灌木7.1万平方米、椰子树118株、乔木1430株、三角梅1429株。各节日共摆放时花493.5万盆、各色三角梅9.04万盆。全市绿化覆盖面积8004公顷，绿化覆盖率41%。其中建成区绿化面积7128公顷，绿地率36.5%，公园绿地面积1958公顷，人均公共绿地面积12平方米。有公园19个，公园面积922.7公顷。6月，“海口园”项目在第十二届中国（南宁）国际园林博览会室外展园综合竞赛中，被组委会评为专项“优秀设计展园”“优秀施工展园”“优秀植物配置展园”“优秀建筑小品展园”。9月，海口市被评为“全国绿化模范城市”。

【园林工程建设】2019年，海口市园林环卫局加快园林工程项目建设，推进为民办实事力度，在完成海口市万绿园改造及美舍河凤翔湿地公园PPP项目的基础上，推进海口市政府投资园林工程规划建设项目实施，项目包括：南片区一期水系生态修复工程、海秀快速路垂直绿化项目、北师大附中附小海口学校配套路网绿化带绿化项目、菜篮子公益性大型农副产品批发市场周边绿化工程、琼山大道（新大洲大道—白驹大道）市政化改造配套绿化工程、龙昆南延长线（龙昆南互通—椰海大道）市政化改造配套绿化工程、海甸溪沿岸改造及美化绿化工程、老城区小游园建设－大同沟椰子岛、金牛岭公园改造项目、海秀公园（一期）项目、南海大道毁绿占绿专项整治等。

【市政园林绿化养护】2019年，海口市园林环卫局规范市政绿地日常养护管理工作，推进园林绿化精细化管理，提升海口市园林绿化养护管理水平，确保园林绿化景观整洁优美。全年组织市公共绿化管理所完成道路绿地及小游园全面施肥1200余吨，浇水约100万吨，清理杂草257.2万平方米、绿化带草坪修剪427.3万平方米，修剪花灌木274.5万平方米；清理落叶369.5万平方米，清运绿化垃圾21486车；组织乔木、花灌木病虫害防治，其中花灌木打药248.6万平方米，乔木打药1086株次，棕榈科植物椰心叶甲防治25.9万株次（含外包及社会其他单位数量）；修剪树木28.3万株（其中修剪乔木8.23万株，椰子树等棕榈科树木20.07万株）。加大城市管理力度，依法打击和有效遏制占绿毁绿行为，结合海口市开展黄土露天专项整治工作和南海大道毁绿占绿专项整治工作，组织实施市政道路绿地、绿地小游园及公园黄土裸露补植工作，全年共完成补植草皮15.6万平方米、花灌木约7.1万平方米、椰子树118株、乔木1430株、三角梅1429株。

【公园管理】2019年，海口市园林环卫局做好公园环境整治，完善公园基础设施，营造市民休闲、游憩、锻炼的服务环境。组织各公园对园区内受损的基础设施进行拆除、清理及修复，共修复供水设施280多处，供电设施320多处，圆凳、护栏、健身器材等园林设施140多处，公厕设施280多处。对市民举报凤翔公园存在乱摆乱卖、噪音扰民等管理乱象问题，制定凤翔公园夜间排班巡查工作方案，通过市、区相关部门1个多月的联合行动，取得显著的整治工作效果。根据凤翔公园管理实际，建立健全长效管理机制，让园林环卫、城管、街道等部门按照组织分工形成合力管理，遏制乱象反弹，打造环境优美、干净整洁、秩序井然的公园环境，使凤翔湿地公园成为海口市的品牌公园。

【群众性义务植树】2019年，海口市园林环卫局在全市开展“植绿、爱绿、护绿”活动，推进海口市生态文明建设。3月植树月活动期间，开展全民义务植树暨园林绿化法规宣传，3月12日（植树节）组织市区3500多名干部群众在滨江西隔离绿化带、新坡镇等7个地点开展“3·12”植树节群众性义务植树活动，在城区种植红花紫荆、黄花风铃等景观树1380株，完成绿化面积1.1万平方米；在农村种植椰子、槟榔等经济树苗8800株，完成造林面积7公顷。

【节日及会议摆花】2019年，在元旦、春节、国庆等节日及博鳌亚洲论坛年会期间，海口市共摆放时花493.5万盆、各色三角梅9.04万盆，其中市政主干道路、重要节点摆栽鲜花430.8万盆、三角梅8.5万盆；万绿园、金牛岭公园、人民公园节日摆花及日常鲜花更换62.7万盆，三角梅0.54万盆。

【古树名木保护管理】2019年，海口市在2018年完成海南省第二次古树名木资源普查和挂牌工作的基础上，根据古树名木每木一档的建档规范，组织古树名木普查技术服务单位做好建成区古树名木及古树后续资源的档案整理、电子管理系统信息录入、建立数据库，开展古树健康评估，将古树名木每木资料、古树名木图片、古树后续资源图片等印制成册；组织建成区大树普查并完成1640株大树（树龄：50～79年）的资料建档工作。执行《海口市古树名木保护管理规定》，与各区园林局签订《2019年度古树名木保护管理责任书》，落实属地化管理责任制，切实加强古树名木保护管理工作。海口市主城区共有古树名木461株，分属21科32属35种。

【园林第三方考核机制】2019年，海口市园林环卫局根据《海口市园林绿地养护管理质量标准》要求，聘请第三方考核机构对全市6个园林PPP企业进行管养情况考核，每周不少于2次，每周形成周报，月成报告，季度汇总成考核通报并作为各园林PPP企业付费依据。对局属市公共绿化管理所外包绿化管养进行监督，将检查发现的问题进行反馈督办。

（何启英 郭运勇 黄名锋）

城市管理

【概况】2019年海口市机构改革，将市市政管理局的职责、市城市管理委员会的市政管理和综合行政执法职责整合，组建海口市市政管理局，为海口市人民政府工作部门，加挂市综合行政执法局牌子。2月2日成立，内设9个正科级职能机构，下属海口市城市管理督察支队、海口市数字化城市管理指挥监督中心、海口市排水管道养护所、海口市工程维修公司。

2019年，海口市市政管理局结合海南省自由贸易试验区和中国特色自由贸易港建设，深入推进城市管理执法监督，市政道路、积水点改造建设和市政设施日常管养等各项工作。出台《海口市城市道路（街区化）设计导则》《海口市城市道路附属设施设置导则》《海口市背街小巷及公共场所市容环境卫生专项整治方案》《海口市露天烧烤专项整治方案》《海口市渣土车整治考评工作方案》《海口市城市管理督察考评实施细则》《海口市城市管理督察考评奖惩办法》等文件，进一步理顺城市管理体制机制。推进城市管理各项工作，全年完成市政路面维护面积94.5万平方米，整治占道经营71956宗，拆除违法建筑3813宗90.29万平方米，防违控违411宗10.81万平方米。先后获得省住建厅2019年第三季度全省城乡环境综合整治督查考评第一名，住建部全国“强基础、转作风、树形象”专项行动表现突出单位等多项荣誉。

【市政设施养护】至2019年底，海口市市管市政道路228条，长度409.2千米，总面积1893.7万平方米（其中车行道1230.7万平方米，人行道365万平方米，分车带298万平方米）；涵洞63座，路灯22936杆（38886盏），箱变262台，配电箱308套。全年累计投入维修人员5万余人次，施工作业车辆1.73万辆次，维修共铣刨沥青路面41.33万平方米、摊铺沥青路面42.63万平方米、修复混凝土路面4500平方米、修补路面坑洞2.91万平方米；修复人行道砖6.52万平方米、路沿石6691.3平方米；检修路灯1.21万盏，更换灯具4269套、电缆1.26万米，检修配电箱2531台次、排查线路故障1223处；清疏市政下水道1197.24千米；清理进水井4.75万座；清理检查井2960座；清理淤泥3.22万立方米；维修井盖5882座；高压水冲车疏通管道19536米；巡检路程约58.08万千米。

【市政桥梁维修养护】2019年，海口市桥管公司正式接管桥梁144座，管养总长度59.2千米，总面积109.75万平方米，其中隧道1座、通道1座，立交桥9座、道路桥梁100座、高架桥1座、步行景观桥4座、人行天桥28座。全市桥梁合格率提高到98.75%，桥梁检测率与规范基本相同步，桥梁设施的完好率达到90%以上，灯具亮化率达到99%以上，桥梁设施完好率达到97.5%。

【城际快线市政配套设施一期建设】2018年11月开工建设，为海南环岛高铁海口至美兰段开行市郊列车（城际快线）市政配套设施一期项目，总投资1.25亿元。2019年6月30日建成海口站、长流站、秀英站和城西站4个站点的停车场，共666个停车位，公交首末站4个，公交站台18个；打通城西站南站房东侧（四季华庭小区附近）的断头路；新建及更换46块地面指引标识贴和29个立式导视标识牌；更换LED灯具1003具，提升南海大道（龙昆南至永万路）的灯光亮度，增补南海大道（秀英高铁站至永万路）和长流站附近路灯灯杆35杆；修复各站点周边人行道550

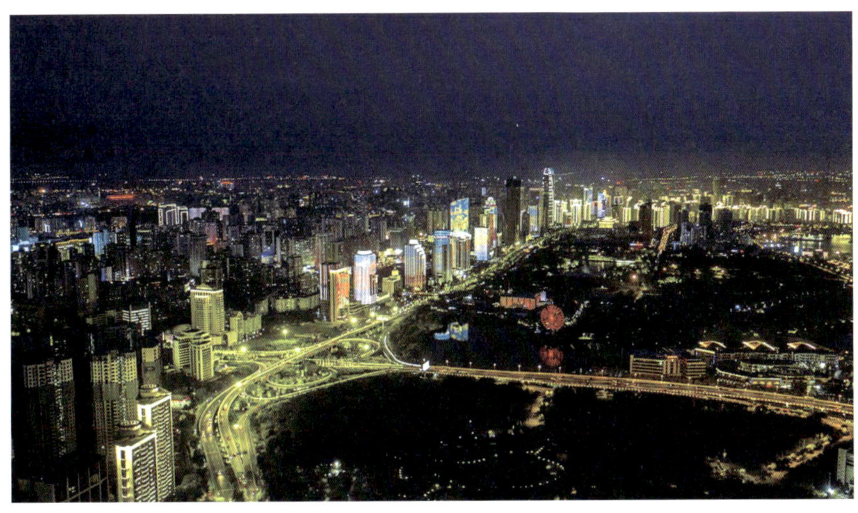

滨海大道万绿园段城市景观亮化工程。摄于2019年　（市市政局 供）

平方米，修复路面约3.59万平方米。项目完工，保障7月1日市郊列车开通试运行。

【景观亮化工程】2019年，海口市市政管理局做好城市更新“亮化”提升工程，项目一期二阶段（龙昆路以及国兴大道等片区）完成龙昆路片区105栋楼宇和滨海立交—南大立交桥体亮化。项目一期全部完工并通过竣工验收。亮化一期（一、二阶段）全部进入运维期。（朱珮珮）

【三角池片区改造】三角池片区（二期）综合环境整治项目是持续贯彻落实海口关于城市更新的部署要求，作为一期的延续，实现东西湖景观闭合，项目于2018年12月10日启动，2019年6月10日向市民开放。三角池片区（二期）综合环境整治项目建设范围共13公顷，涉及改造的建筑23栋，改造立面5.77万平方米，建筑面积8.07万平方米，可视范围内风貌协调区建筑立面整治面积12.53万千米。景观环境整治规划设计涉及延米长度2.09千米（大同路、广场路、纪念碑广场、公园路、西湖岛头道路沿街建筑至滨湖边界），总占地面积5.67公顷。交通设计部分长度1.1千米，含2处交叉口，总占地面积约3公顷。（肖雯爱）

【占道经营整治】2019年，海口市市政管理局制定《海口市背街小巷及公共场所市容环境卫生专项整治方案》，开展背街小巷、公共场所和农贸市场及周边市容秩序专项整治，会同数字化城管指挥监督中心、各区综合执法局加大巡查力度，重点以农贸市场周边为重点突破口，对农贸市场周边存在流动摊贩、占道经营现象立行立改，同时加强管控，采取“勤管理”“抓重点”“防反弹”等多种手段相结合的方式，强化综合治理长效管控，有效遏制店外经营、占道经营、流动摊贩等违规行为反弹回潮。全年“门前三包”累计整治12.12万宗，教育劝导9.8万宗，处罚2.32万宗；占道经营累计整治7.2万宗，教育劝导6.33万宗，处罚8630宗。

【违法建筑整治】2019年，根据海口市“两违”整治指挥部的工作部署，海口市各区自行组织拆违行动。自10月21日起，开展连续10周的集中拆违行动，通过重拳打击违法行为和直属中央、省、市等12家媒体超过120篇全方位的报道，初步形成震慑效果和舆论氛围，有效遏制违建之风。集中拆违行动共拆除3813宗90.29万平方米。

【违建分类处置】2019年，海口市上报省图斑销号违法建筑53116宗，占地面积666.34公顷，违建面积1088.84万平方米。其中，整体拆除2890宗，占地面积51.75公顷，违建面积56.55万平方米；补办手续25321宗，占地面积353.57公顷，违建面积772.75万平方米；其他方式处置24880宗，占地面积260.84公顷，违建面积259.19万平方米；没收方式处置25宗，占地面积0.19公顷，违建面积0.35万平方米。

【“两违”整治】2019年，海口市打造以《海口市防控和处置违法建筑若干规定》为核心的治理制度体系，市两违指挥部办公室印发《海口市违法建筑整治工作四级巡查规定》《海口市违法建筑处置程序规定》《海口市拆违控违联动协作暂行办法》《海口市整治违法用地、违法建筑风险评估办法》《海口市整治违法用地、违法建筑应急处置预案》《海口市违法用地违法建筑专项整治考评实施方案》等法规规章制度。在市委、市政府的高位推动下，全市拆除和处置、新增防控、农房报建率等综合排名均位居全省第一。全年拆除违法建筑3813宗90.29万平方米，防违控违411宗10.81万平方米，上报省系统图斑销号53116宗，占地面积666.34公顷，违建面积1088.84万平方米，数量和面积均超过省下达的拆除和处置存量违建60%任务目标；加强引导农房依法报建，指导各区将农宅用地和规划报建串联审批改为并联审批，实行“一窗受理”“一表申请”制度，报建审批时间由原来的数月压缩至20天左右，农宅报建报建量有较大提升。全年农宅报建受理3056宗，发证2985宗，批建76.75万平方米，分别比上年增长40.4%、38.4%和71.2%。

【“数字城管”建设】2019年，海口市数字化城市管理指挥监督中心对背街小巷市容环境卫生、公共场所控烟及“两违”专项整治工作进行常态化考评，同时违法建筑信息监控系统在完成省下发的卫星影像图斑核实任务和对核实的疑似违法建筑进行分类处置任务时，发挥积极的作用。全年海口市数字化城市管理智慧监督中心督促各区完成省2019年01期图斑的核查录入工作，并将数据对接至省“两违”台账系统，全市上报省“两违”台账系统9.81万宗。为落实国务院及住房和城乡建设部对行政执法全过程记录的有关要求，市数字化城市管理指挥监督中心建设完善“海口市城市管理行政执法系统”，该系统支持现场取证、现场文书制作、移动审批和执法辅助查询，实现移动执法办案和办案全过程的廉政监控，提高海口市执法工作规范性。年内，全市3个行政区城管委、桂林洋开发区、市督察支队均为执法队员配备“执法通”设备，市数字化城市管理指挥监督中心组织各区城管执法队员参加执法系统调度台及执法通手机终端的相关操作培训，并要求各区定期录入执法案件。

【“海口城市管家”平台服务】2019年，“海口城市管家”微信公众号推送与市民日常生活息息相关的各类信息，在恶劣天气及应急事件中及时发布各类有关服务信息，为市民的安全出行和生活提供全方位的便民服务。全年“海口城市管家”活跃用户有38332人，信息发布量10万条，用户点击次数78.44万次。同时，“海口城市管家”公众号还受理公众举报投诉，为市民参与城市管理提供平台。根据举报投诉信息，市数字化城市管理指挥监督中心（海口城市管家）及时电话告知各职能单位处置并通过数字城管系统派发办件督办。全年“海口城市管家”公众号共受理市民举报投诉1198宗，处置1020宗，处置率85.14%。

【广告招牌管理】2019年，海口市市政管理局牵头各区相关部门开展重点商圈与重要道路广告牌匾整治。全年拆除广告牌匾914块，面积4.79万平方米，其中：秀英区拆除267块，1.15万平方米；龙华区拆除119块，1.33万平方米；琼山区拆除129块，7539.32平方米；美兰区拆除399块，1.55万平方米。需拆除整治的高立柱广告牌178座、天桥广告6座，全部拆除完毕。

【中心城区积水点改造】2019年，海口市完成丘海大道海瑞桥积水点、勋亭路积水点改造、南航司令部机关大院西区排水改造等项目。南海大道（药谷段）积水点改造、市政排水井盖一体化改造（一期）项目、大同沟八灶闸门重建工程、琼州大道等94条市管道路悬挂式防坠落格板安装项目和检查井井筒、井室修复加固项目（一期）等正在按时间节点有序推进中。

【清污分流和排水防涝建设】2019年，海口市范围内完成龙昆沟北雨水排涝泵站项目工程形象进度28%；完成龙昆沟流域清污分流及排水防涝工程（一期）初步设计及概算，其中龙华路（一中至滨河路段）项目进场施工。6月1日起，市市政管理局承接城市排水行政许可工作，该项审批进驻市政府服务中心行政审批窗口统一受理，各项工作运转顺畅。至年底，共核发排水许可证94份，其中永久许可证44份、临时排水许可证50份，办结率100%，无逾期办理事项。

【“智慧排水”建设】2019年，海口市城区道路易积水点监控系统扩建项目完成竣工验收。该系统可对市内道路积水水位进行实时监测、水淹报警、远程传输。对降雨强度及对城市道路水淹情况形成演进模型，通过建立历史数据库，分析气象预报、降水强度、积水范围、排水系统之间的必然联系，对未来城市规划，未来城市道路积水的影响提前做出相应预案，减少生产、生活、经济和生命财产损失。年内，海口市政排水信息化管理系统完成开发，对排水业务全时段监控及量化，实现工作全流程可视化管理，辅助办件的派发和指挥调度。12月，美舍河物联网板块完成初步验收，美舍河智慧排水监控管理系统项目整合纳入海口城市大脑2018年示范项目建设，提升市政排水信息化智能化管理水平。（朱珮珮）

环境卫生

【概况】2019年，海口市园林环卫局围绕建立环卫长效管理机制、开展城乡环境卫生综合整治和环卫基础设施规划建设等方面开展工作，加快推进环卫项目建设，实施规范化施工和加强环卫作业质量管理，取得明显成效。全年完成建成区3540万平方米道路，2536万平方米河、湖及61.6万米海岸线和公共厕所清扫保洁工作；收运和处理生活垃圾121.19万吨、餐厨垃圾10.65万吨、粪渣4.83万吨，无害化处理率100%。

【环卫基础设施建设】2019年，海口市园林环卫局为提高海口市生活垃圾减量化、资源化和无害化处理水平，加快推进白水塘存量垃圾治理项目、颜春岭垃圾填埋场应急整治工程项目、1200立方米/日的垃圾渗滤液处理站二期项目扩建工程，完成颜春岭垃圾渗滤液处理站氧化塘修缮工程项目，启动建设1800吨/日的焚烧发电厂三期项目，并向社会公开征集颜春岭垃圾填埋场环境治理和生态修复方案，以全面提升颜春岭垃圾填埋场治理水平。

【道路和水域保洁】2019年，海口市园林环卫局落实道路清扫保洁“五定标准”和“两扫三保”制度，做好城区主次干道、车站、码头、机场及繁华商业街区等地的清扫保洁，同时对部分偏僻次要道路，合理调剂人员及机扫设备，做好路段清扫保洁工作，特别是及时加强雨后的冲洗工作，做到无垃圾堆积，路见本色；推行道路机械化清扫等低尘作业方式，合理高效组合使用现有洒水车、洗扫车等现有机械设备，人机结合对路面进行冲、洗、扫作业，建成区机扫率

83%，一、二级道路的机械化清扫率100%。各区环卫服务企业按照《海口市人民政府办公厅关于印发全市城镇内河（湖）水污染治理实施情况整改方案的通知》要求，成立水域环卫专门队伍，配备必要的设施设备，落实水域保洁“五定”（定等级、定区域、定标准、定人员、定处罚）的细化管理，对水域环境卫生进行排查整治，全面打捞清理江、河、湖、海、沟两岸的建筑垃圾及水浮莲、生活垃圾，特别是把假日海滩、观海台、白沙门公园等景观地带和龙昆沟、大同沟、南渡江入海口、美舍河等人员流动密集水域地带作为管理重点，加大打捞保洁力度，及时发现和清理水面垃圾，确保水域卫生干净清洁。

【生活垃圾处理】2019年，海口市园林环卫局进一步加大城乡环境卫生工作力度，各区环卫PPP一体化管理向农村延伸，实现城乡生活垃圾收运体系全覆盖，全年收运生活垃圾121.19万吨。生活垃圾处理采取“焚烧为主，填埋为辅”方式，其中焚烧处理85.67万吨，填埋处理35.52万吨，无害化处理率100%。

【垃圾分类初显成效】2019年，海口市园林环卫局为全面贯彻落实垃圾分类制度的要求，持续推进垃圾分类工作，建立大件垃圾收运体系，配置大件垃圾收运车22辆，通过指定投放点、预约上门、“12345”热线办件等方式开展大件垃圾收运作业；建立互联网＋再生资源回收模式，建立资源回收微信公众号，小区居民通过注册、完善信息、呼叫回收、积分奖励等环节，完成垃圾分类后可回收物的分类收运处置，初步形成互联网＋再生资源回收模式；稳步推进垃圾分类处理设施建设，加快推进处理能力400吨/日的餐厨废弃物无害化处理厂扩建项目，规划厨余垃圾处理和可回收物资源化分选中心项目。在秀英区海秀街道、龙华区滨海街道、琼山区凤翔街道、美兰区和平南街道开展垃圾分类示范区建设。垃圾分类工作取得初步成效，通过垃圾分类进入再生资源回收渠道的可回收物约100吨/日，餐厨废弃物收运处理量约400吨/日，大件垃圾处理量约40吨/日，垃圾分类回收利用率近15%。

【建筑垃圾资源化利用】2019年4月，海口西秀建筑资源再生利用项目实现投产运行，配套设置建筑垃圾临时收纳点7处，基本覆盖海口市主城区并向周边村镇延伸。全年共收运建筑垃圾16.07万吨，加工处理建筑垃圾16.07万吨，主要再生产品机制砂16.07万吨，建筑垃圾得到资源化利用。

【废旧家具分类处置】2019年5月，位于秀英区长流镇的废旧家具处置场投入运行，占地面积0.4公顷，建有800平方米的钢结构厂房，配置1套大件垃圾破碎机，采用机械拆卸破碎方式，日处理废旧家具等大件垃圾约20吨。实行全天候开放免费接纳大件垃圾，担负着全市大件垃圾消纳处置任务，全年接纳处理废旧家具3758.4吨。

【餐厨废弃物统一收运无害化处理】2019年，海口市餐厨废弃物收运无害化处理特许经营企业海南澄迈神州沼气有限公司配有56辆餐厨收运车，向海口餐饮单位配发1.67万个餐厨垃圾专用收集桶，并对全市所有餐饮单位产生餐厨废弃物进行统一收集、无害化处理。全年收运餐厨废弃物10.65万吨，全部无害化处理。非洲猪瘟疫情期间，通过增加收运班次和延长末端处置作业时间等措施，基本实现餐厨废弃物全量收集、无害化处理。

【农村垃圾专项治理】海口市是全省最早实施农村垃圾社会保障的城市。至2019年，全市4个区、共19个镇（注：长流、西秀、城西3个镇已列为主城区管理）2个居、206个行政村、2325个自然村，有环卫工人3283名、各种环卫车2631辆、各种垃圾桶约19185个、小型生活垃圾转运站24个、生活垃圾收集亭2697个，投入费用27786.44万元/年，生活垃圾产生量603吨/日。主要采用“户分类、村收集、镇转运、市处理”处理模式，农村生活垃圾收集点覆盖率100%，无害化处理率95%以上，达到省政府提出的生活垃圾治理工作目标。

【“厕所革命”】2019年，海口市园林环卫局根据市“厕所革命”三年行动方案工作要求，全部完成全市农村2019年度农村公厕新（改）建工作。其中，琼山区1座、美兰区3座、龙华新建5座、改建4座、秀英区10座，完成三年行动方案中的56%。

【环卫第三方考核机制】2019年，海口市园林环卫局根据《海南省城乡环境卫生标准》和市政府《关于印发海口市环卫作业质量考核办法（2017年修订稿）的通知》要求，聘请第三方考核机构对全市4个环卫PPP企业城区作业质量进行考核，每周不少于2次考核，形成周报，月成报告，季度汇总成考核通报并作为各环卫PPP企业付费依据。市、区量分权重占比为40%和60%。根据《海口市农村环境卫生管理办法》和《农村生活垃圾治理专项督查考评工作方案》的要求，聘请第三方考核机构每日抽查环卫PPP企业农村作业质量，每月形成考核报告，按先后排名顺序通报各区政府，并督办整改落实，力争每月全覆盖考核1次全市所有自然村。通过公开招标委托第三方专业机构对海口市垃圾末端处理进行监管考核，范围包括海口市垃圾焚烧发电厂、海口市垃圾填埋场、餐厨垃圾及粪渣处理厂、垃圾渗滤液处理厂。主要考核内容为末端处理设施的规范运行管理、环保达标排放、安全生产指标等，并形成监管考核工作月报，确保垃圾处理末端企业各项工作科学、规范，全面达到国家规定的各项指标和规范要求。 （何启英 郭运勇 黄名锋）

【环卫 PPP 项目监管】2019 年，海口市环境发展有限公司继续强化对环卫项目的监督管理，加强对海口市京环城市环境服务有限公司、海口龙马环卫环境工程有限公司、海口玉禾田环境服务有限公司、海口市京兰城市环境服务有限公司等 4 家环卫 PPP 项目公司的投资、履约及日常经营情况的监管。制定并落实《环卫 PPP 项目公司工作例会制度》，每两个月组织召开一次环卫 PPP 项目公司董事长工作例会，了解项目公司经营情况，协助解决运营过程遇到的问题。年内，京环公司、京兰公司实现扭亏为盈，至此完成 4 家项目公司盈利的目标。此外，市环境发展有限公司与北京环境有限公司分别组建海口京玉环境服务有限公司、海口京美环境服务有限公司，承接琼山、美兰区乡镇道路公共区域的清扫保洁，并开展以琼山区红旗镇和美兰区演丰镇作为乡镇生活垃圾分类资源化项目的试点工作。

（段芷薇）

乡村振兴

【概况】2019 年 2 月 20 日，海口市委办公厅、市政府办公厅联合印发《海口市选派乡村振兴工作队实施方案》，海口市委从市区机关、事业单位、国有企业、双管单位中选派 826 名乡村振兴工作队员到全市所有镇、行政村开展工作。被选派的乡村振兴工作队员在经过两天半的学习培训后，分赴 22 个镇、248 个行政村报到并开展工作。之后，市、区乡村振兴工作队管理办公室相继成立，承担起工作队日常管理职责，同时完善运转机制，明确职责任务，加强对工作队的选派和管理，并为工作队队员到镇村开展工作提供必要的生活保障。为督促乡村振兴工作队队员迅速到岗履职、进入角色、开展工作，市委组织部成立 4 个检查组深入各区对乡村振兴工作队在村在岗情况进行专项检查。3 月 29 日，为进一步落实海口市乡村振兴、脱贫攻坚和农村人居环境整治任务，整合各方力量，凝聚乡村振兴、脱贫攻坚和农村人居环境整治合力，落实乡村振兴和农村人居环境整治各项工作，坚决打赢脱贫攻坚战。市委在统筹市打赢脱贫攻坚战指挥部力量的基础上，成立市乡村振兴和打赢脱贫攻坚战指挥部。指挥部下设办公室。办公室设综合协调组、市委乡村振兴和脱贫攻坚战督查组、乡村振兴组、脱贫攻坚组、农村人居环境整治组、宣传组 6 个组。5 月 22 日，市委办下发《关于统筹乡村振兴驻村人员队伍开展新时代文明实践工作的通知》，决定充分整合乡村振兴驻村人员队伍，开展新时代文明实践中心试点建设工作，以乡村振兴工作队为主体，组成农村新时代文明实践工作队伍。这是海口市进一步推进新时代文明实践中心试点建设工作，打通宣传群众、教育群众、关心群众、服务群众“最后一公里”的重大举措。

2019 年 2 月 18 日，海口市选派乡村振兴工作队动员大会暨培训会议召开 （敖日丹 摄）

海口市乡村振兴工作队队员进村后，围绕抓基层组织建设，实现班子队伍好；抓精准脱贫攻坚，实现小康建设好；抓“百镇千村”建设，实现美丽乡村好；抓“三清两改一建”实现人居环境好；抓乡村特色项目，实现产业发展好；抓精神文明创建、实现农民风貌好；抓党建引领治理，实现共治格局好；抓农村“五网”建设，实现基础设施好；抓村级集体经济，实现资产增值好；抓致富产业发展，实现农民增收好等“十抓十好”工作目标，扎实开展乡村振兴驻村工作。各乡村振兴工作队抓“百镇千村”建设，采取多种方式，撬动社会资本参与，引导村通过盘活资源等方式加大项目投入，打造“一镇一业、一村一品”；协调督促落实各级财政补助资金及时到位，指导以自营、入股、合作的方式盘活农村集体土地资源和其他资产，发展壮大农村集体经济；抓清理农村生活垃圾、清理农村生活污水、清理畜禽粪污及农业生产废弃物、改造农村厕所、改造村庄道路、建立长效机制“三清两改一建”工作，推动创建一批国家（省级）卫生镇、卫生村；引导镇、村做好乡村建筑风格等方面规划，组织开展农村生活垃圾分类和资源化利用示范村创建，让村庄的面貌焕然一新。同时，还在扫黑除恶、非洲猪瘟防控等工作中发挥重要的作用。海口市研究制定

2015—2019 年海口市农村基本情况统计表

表 33

指　　标	单位	2015 年	2016 年	2017 年	2018 年	2019 年
农村乡镇	个	22	22	22	22	22
村民委员会	个	249	245	248	248	248
自然村	个	2203	2204	2195	2129	2227
村民小组	个	2757	2751	2740	2666	2683
乡村户数	户	182006	192760	194728	190026	205293
# 农业户	户	156419	161919	157151	156836	
乡村人口	人	772972	791293	793458	780600	807021
# 农业人口	人	661276	644738	587864	615951	
乡村实有劳动力合计	人	413096	417543	422899	429309	430349
按性别分						
男劳动力	人	214644	218207	218492	222578	222279
女劳动力	人	198452	199336	204407	206731	208070
按行业分						
农林牧渔业劳动力	人	215504	216081	220937	222698	206579
工业劳动力	人	33677	35026	34046	29014	27392
建筑业劳动力	人	31281	33058	33392	33284	32056
交通运输和邮电劳动力	人	12838	12893	14370	13570	13178
商业、饮食业劳动力	人	38303	39045	39432	43464	45228
其他劳动力	人	38442	32576	34245	37259	46241

（资料来源：市统计局）

《坚持和加强农村基层党组织领导扶持壮大村级集体经济的实施方案》，努力消除集体经济空壳村、薄弱村。乡村振兴工作队驻村后，把加强以村党组织为核心的村“两委”班子建设作为首要任务，带班子，抓制度，不断凝聚合力，激发活力。

乡村振兴工作队主动融入新时代文明实践中心试点建设工作。各乡村振兴工作队指导并组织志愿者队伍到镇、村开展“传、帮、带”活动，宣传讲文明树新风内容。依托脱贫致富电视夜校平台开展“唱响新时代，打赢脱贫战”主题歌唱活动以及夜校集市、夜校“红领巾班”等活动，提升群众参与度和满意度。启动第三轮 100 个党群活动中心建设，成立 248 支新时代文明实践乡村振兴志愿服务队，助力新时代文明实践活动。12 月 26 日，央视《新闻联播》以《海南：驻村工作队助力乡村振兴》为题，点赞海口市乡村振兴工作队下到基层，通过帮助村民发展集体经济，改变落后面貌，提高村民收入的动人事迹。

（杜惠珍）

【农村重点改革深化】2019 年，海口市推动农村集体产权制度改革，完成农村集体成员身份认定，全面铺开经营性资产股份制改革，探索建立农村产权综合交易市场。推进农村承包地“三权分置”，促进农村土地有序流转。出台鼓励流转抛荒地发展乡村特色产业试点指导意见，发展壮大村集体经济。科学合理划分市与区财政事权和支出责任，落实区经济社会发展主体责任，提高基本公共服务供给效率，促进市、区两级政府更好履职尽责，减少市级部门代区级决策事项，调动区政府的积极性，发挥区政府经济社会主阵地作用，更好地满足发展需求。

（陈利君）

【农村集体产权制度改革】2019 年，海口市稳步推进农村集体产权制度改革工作，出台《海口市农村集体资产管理办法（试行）》《海口市农村集体资产权属界定及价值评估管理办法（试行）》《海口市农村集体经济组织实物资产清查移交办法（试行）》《海口市农村集体不良资产及债务核销处置办法（试行）》等。完成琼山区农村集体产权制度改革第二批国家级试点工作。共完成 8 个镇（街）的 79 个村（居）、942 个组共 1021 个集体经济组织农村集体产权制度改革工作任务。共核实集体经济组织资产 11.68 亿元，资源性资产 4.75 万公顷；确认集体经济组织成员 18.32 万人；

完成16个村（组）的经营性资产股份合作制改革，成立4个股份经济合作联合社和12个股份经济合作社，完成率100%，没有经营性资产的1005个村（组），全部成立经济合作联合社或经济合作社。10月31日，中央农村集体产权制度改革督导组督查琼山区农村集体产权制度改革工作，认为琼山区作为农村集体产权制度改革国家级试点，工作扎实有效，改革成果显著。全面完成清产核资工作，全市2998个集体经济组织完成农村集体资产清产核资工作。全市核实集体资产总额89亿元（其中经营性固定资产总额17.51亿元，非经营性固定资产总额71.49亿元），农村集体土地面积14.93万公顷；清查核实货币资金总额34.6亿元。此外，建立资产登记、保管制度和集体经济组织成员登记备案等制度。（谷利丽）

【农村土地流转】2019年，海口市各类流转耕地252宗，涉及面积271.57公顷，全都出租。流转价格低的200元/亩·年，高的达到9000元/亩·年，流转年限最高不超过30年。土地流转趋势趋于集中化、规模化，初步形成技术服务、股份合作（含土地入股）、利润返还、保底收购等多种利益联结模式，新型农业经营主体与农户的利益联结机制得到进一步完善。

（谷利丽）

【传统村落保护】2019年，海口市政府出台《海口市推进民宿发展工作实施方案》，市住建局加快推进乡村民宿备案证申报窗口开设，做好传统村落保护。指导各区建立保护规划管理体系，落实传统村落保护责任制，并制定传统村落保护整体实施方案；完善传统村落名录，全部建立传统村落档案。全市完成44个传统村落的信息录入，共有13个村庄入选国家传统村落保护名录。

【农村危房改造】2019年，省下达海口市的农村危房改造指标243户，年内全部完成，实现开工率、竣工率、入住率均为100%预定目标。财政资金共到位1093.5万元，其中中央资金364.5万元、市级配套729万元，已全部拨付至各区财政局。

【省级美丽乡村创建】2019年，海口市贯彻《海南省人民政府关于印发海南省美丽乡村建设三年行动计划（2017—2019）的通知》和《海口市美丽乡村建设三年行动计划（2017—2019）》等文件要求，为更好地完成省级美丽乡村创建任务，启动2019年计划内的31个美丽乡村建设，龙华区和琼山区同步启动新增的7个美丽乡村建设任务；完成2019年前启动建设而未完成的72个美丽乡村建设任务。结合《海南省美丽乡村建设标准》《海南省美丽乡村建设考核办法（试行）》的建设考核要求，7月5日印发实施《海口市2019年美丽乡村建设攻坚实施方案》。根据市委、市政府“三定”方案的工作部署，5月14日该项工作移交市农业农村局。至12月底，海口市省级美丽乡村创建完成建设规划编制121个，规划完成率85%，尚未完成21个。年末，有41个行政村建设完成并获得省美丽乡村建设领导小组评定星级（其中计划内的39个，计划外的2个），有103个行政村未建设完成（其中包括2019年前启动建设的72个行政村和2019年计划建设的31个行政村），行政村美丽乡村授牌率29%。至年底，累计建成142个美丽乡村示范村，建成一批不同功能定位的海口特色乡村旅游片区，重点打造若干个美丽乡村休闲旅游区。

（王 健）

2019年6月27日，参加全省“厕所革命”、扶持壮大村级集体经济、乡村治理现场推进会的与会代表参观海口市秀英区石山镇美富村的终端污水处理工程

（苏弼坤 摄）

【农村人居环境整治】2019年，海口市上下共同推动农村人居环境整治，取得一定的成效。在全省农村人居环境整治第三方暗访中，海口市农村生活垃圾清理工作排名第一。全省“农村厕所革命”“乡村治理”“农村产权制度改革”现场会在海口市召开，省委副书记李军对海口市“厕所革命”粪污集中处理模式和清掏模式分别做出两次重要批示，号召全省学习。龙华区仁坡村农村人居环境整治经验得到农业农村部、省农业农村厅的一致好评，成功经验刊登在海南要情工作信息简报以及农业农村部《农民日报》公众号。

构建机制，高位推动。成立农村人居环境整治工作领导小组，下设办公室，办公室下设村庄规划编制、镇墟污水处理、农村生活污水处理、生活垃圾处理及垃圾围坝清理、农村公厕建设、农户厕所改造、畜禽粪污及农业生产废弃物处理和资源化利用、村庄道路建设、美丽乡村创建、农村文明建设、综合协调考核和督导检查12个专项工作组。制定《海口市农村人居环境整治三年行动方案(2018—2020年)》，出台《海口市推进农村人居环境整治村庄清洁2019年行动方案》《海口市农村人居环境整治夏季战役实施方案》《海口市农村人居环境整治标准》《海口市“厕所革命”半年攻坚行动方案》《海口市“美丽乡村，我的家”农村环境卫生评选实施方案》《海口市农村环境卫生集中大整治半年行动方案》等推动农村人居环境整治的政策措施。

推进“三清两改”整治工作。根据农村人居环境整治三年具体任务安排，围绕“清理农村生活垃圾、清理农村生活污水、清理禽畜粪污和农业生产废弃物、改造农村厕所、改造农村道路”抓好整治。建立健全农村垃圾治理体系。海口市农村生活垃圾收运处置体系基本建成，并按不低于《城市环境卫生质量标准》三级道路清扫保洁质量要求，加强乡镇环境卫生保洁质量。全市19个镇（长流、西秀、城西3个镇已列为主城区管理）2个居生活垃圾清扫、保洁、收集、运输、处置等工作，全部以企业PPP环卫一体化模式管理，全面推向市场化。主要采用“户分类、村收集、镇转运、市处理”处理模式，农村生活垃圾收集点覆盖率100%，无害化处理率95%以上，达到省政府提出的生活垃圾治理工作目标。加快推进农村生活污水治理。启动农村生活污水治理设施建设全覆盖工程，推广生活污水分类处理模式。将原来的“管网+一体化设施”的集中治理模式调整为4种处理模式，分别是村庄集中处理模式、分散处理模式、纳入城镇排水管网处理模式、大集中+小分散处理模式，并完成“一村一策”制定。至年底，57个行政村开工建设，建成污水治理设施4125套，覆盖455个自然村，覆盖率27%。清理畜禽粪污及农业生产废弃物。畜禽养殖分区治理以及农业生产废弃物资源化利用。海口市禁养区内畜禽规模养殖场及养殖专业户需关停总数799家，其中规模养殖场69家，养殖专业户730家，完成率100%。建成1个市级病死畜禽无害化处理中心。开展生物降解地膜示范试验，免费给农民发放生物降解地膜160卷，开展示范试验面积10.67公顷。全年农膜回收率84.3%；农药包装废弃物回收率85.93%；秸秆综合利用率83.9%；畜禽养殖废弃物综合利用率81.63%；畜禽规模养殖场粪污处理设施装备配套率79.61%；大型畜禽规模养殖场粪污处理设施装备配套率100%，超额完成省政府各项考核指标。推进沼气和有机肥补贴试点。将沼气建设补贴试点项目列入2019年海口市生态循环农业综合建设项目实施方案统筹实施，安排财政补助资金378万元用于建设3个300平方米大中型沼气工程及综合配套设施项目。共安排297.5万元采购有机肥对886.67公顷种植基地开展物化补贴试点工作。推进农村“厕所革命”。全市农村“厕所革命”半年攻坚新建户厕任务数为3182户，实际建设3192户，于12月23日全部完工。改造农村道路。实施农村公路六大工程自然村通硬化路主体工程，开工率100%。

开展村庄清洁行动和农村厕所粪污末端处理两个试点工作。村庄清洁行动。在全市开展“美丽乡村，我的家”卫生评比活动，评出100个“文明卫生村”、1000户“文明卫生户”，由市乡村振兴和脱贫攻坚战指挥部进行表彰，10月11日全市农村人居环境整治暨“美丽乡村，我的家”卫生评比现场推进会在龙华区新坡镇美仁坡村召开。农村厕所粪污利用市场化处理模式试点。以秀英区石山镇施茶村为试点，由秀英区环卫一体化中标单位玉禾田公司作为实施主体，在施茶村开展农户厕所清淘清运试点。试点阶段，区政府对玉禾田公司清淘清运购买服务，农民暂不付费；注重资源化利用，利用施茶村委会早年废弃矿坑及环保督查期间辖区搬迁企业4个废弃不锈钢储油罐等“两废”建设石山镇厕所清掏粪肥循环储存示范点，占地面积0.13公顷，可收储粪污约330立方米，可收储近600户农厕一年的粪水量；此外，秀英区引导玉禾田公司对粪污实施资源化处理，除清理粪污运往沼气站发电外，还利用粪水进入储存罐经过发酵形成农作物肥料的原理，将粪污有效转化为有机肥，确保粪污清掏工作在做好粪水收储转运的同时不产生二次污染，并且得到有效利用。（王闻隆）

【农村扶贫实现年度目标】 2019年，海口市按照“一确保、一巩固、一提升、一延伸”的工作目标，进一步夯实帮扶责任，落实各项帮扶政策，加快推进项目建设，着力查摆脱贫攻坚突出问题，全面落实各项整改，较好地实现年度目标。全年公告脱贫退出359户879人，完成省下达任务量的105.9%，较好地实现“确保现行标准下存量贫困人口全部脱贫”的目标。对全市农村常住人口142060户590256人进行全面排查，特别是针对2014年、2015年脱贫户，集中力量补齐帮扶工作和政策落实的短板，实现村庄社会公共事业有发展、村庄集体经济有壮大，脱贫群众收入持续稳定增长，全年无返贫人口，较好地完成“巩固现有脱贫成果，争取返贫率降至最低”的目标。开展基层党组织软弱涣散整治专项行动，对排查出的50个农村软弱涣散基层党组织制定整治方案，调整优化村党组织书记10名，调整优化村“两委”干部18名，基层组织堡垒作用进一步增强。聚焦能力提升，强化政策业务培训，全年培训人数2万人以上，打通政策落地“最后一公里”，较好地完成“提升基层党组织战斗堡垒作用和帮扶干部能力水平”的任务。坚持质量提升，紧盯家庭人均纯收入5000元以下，且有返贫和致贫风险的脱贫户和一般群众，开展脱贫监测户和边缘户识别工作，严格标准和程序，反复核查甄别，识别“两类人群”50户174人，全部纳入返贫和新增贫困监测，有效防范脱贫攻坚期后大面积出现返贫和新增贫困的风险，为下一步将帮扶政策向收入略高于建档立卡贫困人口的边缘人群延伸奠定工作基础。

2019年海口市机构改革，组建海口市扶贫工作办公室，将市委农村工作领导小组办公室的扶贫开发、老区建设促进等职责划入，作为市政府工作部门，加挂市老区建设促进会办公室牌子。市扶贫工作办公室内设综合科、扶贫开发科、统计监督科和社会扶贫科（老区工作科）。

【扶贫“三保障”工作】2019年，海口市抓好底线任务，解决“三保障”存在突出问题。

义务教育保障　落实控辍保学。按双线责任制要求，层层签订控辍保学责任书。经排查全市农村贫困家庭6~15岁适龄儿童没有因贫失学辍学，此外对13名身体残疾无法上学但有学习接受能力的学生开展送教上门，因残因病5人返回学校随班就读，因伤暂缓入学1人，对17名身体重度残疾没有学习能力的学生办理免入学。落实贫困家庭学生教育补助。全年补助资金全部及时足额保障到位，其中春季学期完成发放6104人758.575万元，秋季学期发放6582人1477.09万元。落实学生关爱体系建设。全市各级各类学校建立全覆盖的建档立卡贫困家庭学生、农村低保家庭学生、特困供养学生“一对一”“一对多”关爱帮扶体系，积极开展帮扶关爱活动，建立关爱体系台账。

基本医疗保障　落实参合参保和家庭医生签约服务。全市农村贫困人口11337户30873人（含农村低保对象、特困人员）全参保，实现基本医保、大病保险全覆盖。组建161支家庭医生团队与农村贫困人口签约，实现签约服务应签尽签。落实大病专项救治和慢性病规范化管理。全年专项救治25种大病223户225人，规范管理28种慢性病2751户2825人，全市贫困人口大病救治率和慢性病规范管理率均达100%。落实报销比例达标。全年慢性病门诊报销补偿9157人606.32万元，住院补偿4521人次4786.17万元。建档立卡户慢性病门诊和住院经“一站式”即时结算后实际报销补偿比分别为91.35%和90.47%，特困人员慢性病门诊和住院实际报销补偿比均为100%。落实医疗机构能力建设。市域内各定点医疗机构实现“先诊疗后付费”和“一站式”即时结算；214个村卫生室均配备村医，完成配备电脑、打印机及新农合系统网络搭建工作；新农合28种慢性病门诊治疗用药下放至基层。

住房安全保障　落实农村四类重点对象房屋安全大排查。排查重点对象12116户，并建立到户工作台账。排查疑似危房户546户，243户列入年度危改计划，303户以其他方式予以解决。落实住房改造进度。全年完成住房改造537户，其中完成省下达改造任务243户，计划外改造任务294户，竣工率、入住率、补助资金支付率均达到100%。落实住房改造标准。经全面排查，未发现改造面积超标、超标准发放补贴和大额举债建房的情况。落实质量安全管理。市住建部门组织技术人员对危房改造建设进行现场指导，每户巡查不少于3次，其中基础验槽、砌体工程、楼板浇筑3个环节必须巡查到位并建立巡查记录。

【农村饮水保障】2019年，海口市加强农村饮水保障工作，农村饮水水质检测全覆盖。投入资金918万元用于水质检测，对全市有脱贫攻坚任务的村庄水质进行检测，并加大末梢水的水质检测密度，共出具水质检测报告5431份，检测达标率100%。同时，做好回访工作，确保水量、水质、用水方便程度、供水保证率4个指标全部达标。强化供水工程管理。全面落实“三个责任”，强化镇、村日常管护责任，成立专人管理队伍，确保每一处供水工程配备管理人员。全年培训农村饮水管理员2042人次，并指导督促加强净水消毒设备管理，落实定期消毒制度执行，建立设备管理台账1548份。加强农村饮水安全资金保障。落实资金6283万元用于农村供水工程巩固提升和完善修复、净水消毒设备更换装配等，进一步普惠农村人口，确保饮水安全。

【产业扶贫政策落实】2019年，海口市积极推广产业龙头和合作社带动发展种桑养蚕、红橙、莲雾等扶贫产业发展的模式和经验做法。在上年委托第三方对全市所有产业扶贫项目进行风险评估的基础上，再次组织产业项目全面排查清理整顿，有效防范产业扶贫风险。加大产业扶贫资金投入力度。充分发挥财政专项扶贫资金对于减贫带贫稳定脱贫的引导和支撑作用，加大产业项目资金在中央、省级财政专项扶贫资金中的占比，调整后全年投入产业扶贫资金3600.14万元，占比达到56.78%。落实产业发展项目全覆盖目标。通过直接帮扶、委托帮扶和股份合作等模式，落实3546户16417人产业帮扶；继续推广“五带动全覆盖”，培育带动经营主体36家，带动2655户贫困户发展产业化经营；尊重群众意愿扶持发展一批家庭散种散养产业项目，实现每个有劳动能力的建档立卡贫困家庭至少有1项稳定增收的主业。落实“三特”及庭院经济示范村建设。全市建设特色产业示范村8个，规模165.4公顷，带动370户贫困户和一批一般户，预期年收入164万元；建设特色农产品8个，规模4000公顷，带动3263户贫困户（低保户）和10381户一般户，预期年收入56364万元；建设特色产业扶贫示范基地11个，带动1199户贫困户；建设8个庭院经济示范村带动126户困难群众和304户一般户，发展规模达到216公顷。落实产业发展指导员和科技特派员制度。全市选聘257名产业指导员，网格化管理3814户贫困户；选派22名科技特派员并落实1万元工作经费，每个贫困村安排1名科技特派员并落实开展结对帮扶。落实产业奖补政策。对2018年度家庭经营性收入达到4000元以上的1119户贫困户，兑现发放奖励111.9万元；及时优先落实贫困户非洲猪瘟补偿政策，全市128户受影响的建档立卡户补偿资金全部足额发放到位。多措并举解决“一股了之”“一发了之”的问题。按省进一步解决产业扶贫“一股了之”“一发了之”“一分了之”问题七项措施，组织贫困户4353户次到带动企业参观，定期向贫困户报告产业经营情况，引导经营主体在技术、种苗、销路、培训、就业等方面加大带动的力度，提高群众知晓和参与度；对已签订41个项目协议进行审核完善，明确股金过渡给村集体和本金不能发；178个村委会制定差异化分配方案，并不断完善根据贫困户日常表现对股权收益进行“二次分配”等方式方法，解决“一股了之”取得初步成效；对于“一发了之”的问题，通过科技扶贫专家、产业指导员和田教授加强生产跟踪服务管理，加强扶贫物资发放后的跟踪管理。

【就业扶贫政策落实】2019年，海口市建档立卡户中有劳动能力人数10414人，已就业8414人，就业率80.8%；全年新增贫困劳动力就业人数297人，实现“零就业”家庭动态清零的目标。开展贫困人员就业情况大排查。跟踪掌握就业扶贫信息系统内19158名贫困人口就业基本情况、就业状况和培训意愿，并按季度做好数据动态更新管理。开展岗位对接和技能培训。组织450家用人单位到基层开展“送岗位下乡”、小型岗位对接、招聘会等岗位对接活动30场，累计提供就业岗位13082个；开展技能培训54期，培训贫困劳动力979人次。建设扶贫车间和按需开发公益类岗位。建成就业扶贫车间7个、就业扶贫基地3个，带动贫困劳动力194人实现就近就地就业；筹措护林员公益岗位100个，用于安置就业困难贫困人口和受非洲猪瘟影响家庭的转产转业。落实外出务工奖补等奖励政策。发放贫困劳动力外出务工奖励及交通补助190.28万元，惠及781人；发放扶贫基地奖励120.71万元，惠及贫困劳动力人数94人；发放特设扶贫公益性岗位补贴129.02万元，惠及贫困劳动力人数97人。培树创业致富典型。持续开展“创业脱贫致富之星”典型评选活动，评选王成功等脱贫创业致富先进典型30名，并按就业扶贫奖励政策给予每人5000元的奖励。

【金融扶贫政策落实】2019年，海口市建立规模为500万元的风险补偿金，规范和推动扶贫小额信贷工作，实现应贷尽贷。全年完成扶贫小额信贷518户，贷款金额560.08万元，新增扶贫小额信贷覆盖率11.72%；全市扶贫小额信贷累计完成3817户，贷款金额5110.1万元，覆盖率达86.35%，超额完成省规定新增覆盖率2%的年度目标。严格做好按时还贷和贷款资金用途监管，至年底，全市扶贫小额信贷逾期贷款仅存1笔金额1万元，逾期率为0.05%，无户贷企用等违规使用的情况。

【综合保障扶贫政策落实】2019年，海口市将符合条件的农村贫困人口全部纳入低保、特困范围。全市建档立卡贫困户纳入低保对象535户1529人，其中新增83户255人，按政策给予未脱贫户中重病、重残17户19人单独纳保；纳入特困人员117户118人，其中新增纳入11户11人。符合条件的低保对象、特困人员全部建档立卡。因“三保障”未解决的低保对象、特困人员9户10人全部纳入建档立卡贫困户，按缺什么补什么落实帮扶政策。落实贫困人口基本养老金政策，由市区两级财政共同负担代缴符合条件对象11701人参保所需资金234.02万元。对符合条件的建档立卡贫困人口给予临时救助，全年累计帮扶610户210人，发放临时救助金12.21万元。落实残疾人扶持措施。全年共发放残疾人两项补贴18482人3862.55万元，向残疾贫困学生和贫困残疾人子女发放教育补贴60余万元，安排11名残疾人实现就业。此外全市296名失能、半失能特困人员全部通过入住敬老院或签订第三方协议落实照料护理政策。

【实施消费扶贫】2019年，海口市深入推进“爱心扶贫大集市”“爱心扶贫集市进社区”活动。组织开展海垦广场、海南大学、海南师范大学、华中海南附中、琼台师院、海南艺校等扶贫赶集专场，销售总额约62万元，直接受益贫困户1656户；举办各类消费集市81场，销售总金额206.9万元。推动单位和个人爱心消费扶贫。据统计，单位集体消费31.1万元，个人以购代捐消费199.2万元。发挥电商带动消费扶贫。依托永兴、新坡电商扶贫中心，完善村级电商服务站建设，培育一批贫困户开设网店、微店，推出“社交电商+乡村旅游”等模式，开展“乡村趣味运动会”等农旅结合活动，推动“人流向乡村、物流向城市”，促进优质扶贫农产品产业化、商品化。永兴、新坡电商扶贫中心和11个村级服务站全年线上线下销售额1078.86万元。

【老区建设】2019年，海南省下达海口市革命老区建设资金2166万元，其中提前批革命老区转移支付资金1274万元，第二批892万元。海口市根据资金到位情况、资金使用要求和老区建设实际，制定资金分配方案并报市政府批准，将资金下达各区，由区扶贫办具体负责资金项目的实施管理，其中分配给秀英区330万元、龙华区350万元、琼山区910万元、美兰区576万元。建设革命老区建设项目59个，其中秀英区4个、龙华区20个、琼山区16个、美兰区19个。涉及4个区8个镇22个村委会和40个自然村，主要为老区村庄实施乡村道路、饮水工程、休闲文化场所、太阳能路灯、停车场及地面铺装工程等建设项目。至年底，项目全部竣工，全市支出1974.5万元，支出率91.16%。

【脱贫攻坚项目库建设】2019年，海口市规范项目库建设管理，严格按“村申请、镇初审、行业部门审查、区审定、省市备案”的项目入库流程，做好新增项目入库管理。自3月起，按省扶贫办要求，逐月做好项目库动态管理工作，经动态调整后入库项目2096个，资金规模9419.03万元。做好资金分配和项目计划安排。全年安排项目708个，其中产业类项目109个，基础设施类项目44个，教育补助类项目325个，医疗补助类项目124个，技术培训类项目102个，其他项目4个，年度实施项目全部是入库项目，提升资金项目安排精准度。

【扶贫资金分配与使用监管】2019年，海口市投入各类财政专项扶贫资金6341万元，资金投入与脱贫攻坚和巩固提升任务相匹配，其中市级财政安排专项资金870万元，连续3年实现逐年增长。强化资金使用管理。以执行资金支出进度考核通报制度推进扶贫项目建设进展，建立财政专项扶贫资金支出每工作日报送制度，将全市扶贫资金分为产业和设施帮扶、危房改造、教育帮扶、电商扶贫、整村推进和基础设施建设等，分类统计各项扶贫资金支出使用情况。发挥财政、审计监管监督职能，强化资金监管。开展扶贫物资采购、财政资金一卡通、公共工程建设管理、产业项目实施等领域专项治理，确保资金安全高效使用。

【驻村帮扶】海口市“十三五”贫困村11个定点扶贫单位分别是市交通运输和港航管理局（挂点秀英区东山镇城西村）、市委外事工作委员会办公室（挂点秀英区东山镇马坡村）、国家税务总局美兰区税务局（挂点龙华区新坡镇仁里村）、市委宣传部（挂点龙华区龙泉镇美定村）、市中级人民法院（挂点琼山区甲子镇琼星村）、市市场监督管理局（挂点琼山区三门坡镇清泉村）、市公安局（挂点琼山区旧州镇旧州村）、市园林和环境卫生管理局（挂点琼山区旧州镇雅秀村）、海口国家高新技术产业开发区工作委员会（挂点琼山区云龙镇云岭村）、市统计局（挂点美兰区大致坡镇昌福村）、美兰区人力资源和社会保障局（挂点美兰区灵山镇爱群村）。11个定点帮扶单位通过“帮思想、帮门路、帮技术、帮资金”等方式展开定点扶贫工作，多方筹集资金协助定点村委会完善基础设施建设，帮扶当地困难群众发展生产脱贫致富，使当地村庄的村容村貌有较大的改观，农民生活质量明显提升。驻点村庄便民设施得到较大改善。据统计，2016—2019年，在项目建设方面，各定点帮扶单位自投帮扶项目共40个，其中2019年15个；引进帮扶项目共28个，其中2019年7个。带动社会多方力量协助帮扶。在资金投入方面，2016—2019年，各帮扶单位自投帮扶资金共1541万元，其中2019年353万元；引进帮扶资金共1099万元，其中2019年107万元。进一步促动驻点村经济发展，较好地辐射带动村民增加收入。2016—2019年，在消费扶贫方面，组织购买贫困地区农副产品金额共63万元，其中2019年36.9万元；帮助销售贫困地区农副产品金额共62万元，其中2019年40万元；消费扶贫带动贫困人口数累计831人，其中2019年301人。帮助贫困人口转移就业。2016—2019年，累计转移贫困人口369人，其中2019年50人。

【结对帮扶】2019年，海口市按要求抓好工作例会制度、工作台账制度、工作报告制度及工作督导制度，强化驻村工作队和帮扶责任人的管理，发挥驻村工作队和帮扶责任人的作用。按照“领导挂点、单位包村、干部包户”的机制，市四套班子主要领导分别挂点四个区，31名市领导挂点各镇，236家结对帮扶单位包村帮扶814个自然村，1038名帮扶责任人包户帮扶2638户贫困户，把脱贫攻坚帮扶工作分解到具体的领导、具体的单位、具体的个人身上。在此基础上，压实“区包乡镇、乡镇包村”的工作机制，区三套班子领导挂点19个镇184个行政村，以有脱贫攻坚任务的乡镇、行政村、自然村为单位，划定脱贫攻坚作战区域，设立基层三级战斗队，4个区、20个镇设立脱贫攻坚大队20个、人数486人；在有脱贫攻坚任务的村委会设立脱贫攻坚中队，中队队数194个、人数2069人；脱贫攻坚小队队数1037个、人数4002人，脱贫攻坚战斗队人数共6312人。以此形成分工明确、责任清晰、各方力量有效整合、攻坚压力传导到位的工作格局。组织培训学习。为了让帮扶责任人更熟悉、理解、掌握扶贫工作政策和业务，全市组织7次帮扶责任人的培训，3000人次参加。开展考核评定。结合帮扶责任人工作职责和考勤、进村入户、参加夜校、帮扶成效等情况，对帮扶责任人的帮扶工作表现和帮扶成效进行评价，并将优秀帮扶责任人报送至市脱贫攻坚指挥部参与评选，其中有1人获省级以上表彰，有256人获市县级表彰。落实保障措施。帮扶责任人因工作需要，往返发生的误餐补助费和交通补助，由派出单位按照相关管理规定予以报销，同时要求各派出单位为帮扶责任人购买不低于 300 元的人身意外伤害保险。

【扶贫培训】2019 年，海口市将《习近平扶贫论述摘编》纳入理论中心组学习内容，全市各级党委（党组）共开展理论学习 200 余场次。开展 800 余场次习近平总书记“4·13”重要讲话和中央 12 号文件精神基层宣讲、2190 场次“万名党员进万村讲万场”基层宣讲，受众 13.65 万人次。开展岗位对接和技能培训。组织 450 家用人单位到基层开展“送岗位下乡”、小型岗位对接、招聘会等岗位对接活动 30 场，累计提供就业岗位 13082 个。开展技能培训 54 期，培训贫困劳动力 979 人次。按照“市培训到区镇，镇培训到村”，全市组织 4 期“创优保优”专题培训，培训人数 1500 余人，各区镇村逐级培训，实现人员全覆盖。（许杰峰 李 霖）

【海口市统筹城乡发展（集团）有限公司】承担海口市统筹城乡示范镇规划编制、土地开发利用、基础设施建设、产业孵化培育、公共服务配套等职责，并负责镇域范围内村庄综合整治和改造、生态环境恢复保护和利用工作。下属海口美丽村庄投资有限公司、海口统发地产开发有限公司、海口统发苗木花卉有限公司、海口惠益工程项目管理有限公司、海口统发惠农投资管理有限公司、海口统发水务有限公司 6 家全资子公司；员工 128 人。2019 年，承接政府代建项目 26 个，总投资 36.12 亿元。

项目建设与招商引资　开展招商引资，包装策划的《江东新区陆海统筹提升滨海生态功能示范项目》入选国家发改委、财政部 2019—2020 外国政府贷款项目规划——法国开发署贷款项目清单，意向贷款金额 5000 万欧元，助力海口“国际湿地城市”建设。引进央企中国建筑旗下建材领域旗舰企业中建西部建设股份有限公司合作建设海口绿色建材产业园，为江东新区建设提供环保建材，项目总投资 1.5 亿元。联合海南发展控股有限公司共同出资打造演丰瑶城美丽乡村项目，总投资 1.7 亿元，年内完成投资 0.82 亿元。形成可复制可推广的具有海南自由贸易试验区和自由贸易港特色的美丽乡村新模式。利用政府储备地建设演丰苗木收储示范基地，种植苗圃面积 5.33 公顷，为海口市园林绿化做好苗木储备。完成海口市椰海大道（龙昆南至长天路段）绿化一期项目全部建设内容，回填土方 4 万立方米，种植椰子树 4800 株，铺设草坪 11.5 万平方米，埋设给水管网 30 千米。实施长滨路北段两侧绿化整治和海口人民剧院周边景观提升工程。

优质产业培育孵化　借鉴秀英区施茶石斛合作社的成功模式，加大对羊山地区石斛产业投资力度，打造琼山区龙塘镇新民石斛园和龙华区遵谭永昌石斛园，3 个区石斛园总面积 38.67 公顷，总投资 2296.7 万元。全年石斛产量 1.73 万千克，年产值 1384 万元，年平均用工 1.02 万人次。打造琼山区三门坡清泉村黑山羊标准化养殖基地，累计投资 249.62 万元，全年黑山羊存栏量 998 只。为提高黑山羊产业效益，引进中国热带农业科学院全面开展战略合作，打造完整产业链。高标准建设海口东山现代农业产业示范园，通过技术培训推广、标准示范引领、互联网电商平台拉动等方式，打造园区 + 企业 + 农户的产业发展模式，逐步形成一产带动、促进三产的综合农业示范园区。该园区项目被列入市政府举办的“2019 海峡两岸（海南）民宿大会暨海口美丽乡村合作推广活动”重点推介项目之一。

水体治理工程　2019 年实施美兰区演丰河、南洋河、罗雅河、永庄水库—秀英沟连通等一批中小河流治理工程，总投资 2.78 亿元，至年底累计完成投资 2.07 亿元；实施 4 个区 14 个镇域污水及配套管网工程，总投资 15.27 亿元，至年底累计完成投资 7.52 亿元。推进“蓝色海湾”整治项目，完成中央环保督查和国家海洋督查整改项目（双督查项目）——海口湾灯塔酒店便道及景观桥墩拆除，改善海口湾海洋生态环境。

服务棚户区改造　全年支付棚改项目资金 348.28 亿元，保障海口市城市更新和棚户区改造项目顺利实施。按照市政府工作部署，接收全市剩余安置房 113 套，总面积 1 万平方米。配合龙华区政府完成清理棚改征收房屋 108 套，总面积 1.5 万平方米；商铺 10 套，总面积 2669.29 平方米。

政府储备地巡查管护　完成市土地储备整理中心下达的 629 宗、总面积 5866.67 公顷的储备地巡查管护任务。制止违法占用政府储备地行为 20 起，涉及地块面积 414.87 公顷。协调 4 个区政府完成 12 宗地块、面积 14.73 公顷储备地清场工作。

（陈珊珊）

（编辑：吴坤涛 杜惠珍）

生态环境

环境质量

【环境空气质量】2019年，海口市环境空气质量继续保持优良水平，有效监测天数363天，其中环境空气质量指数（AQI）一级优天数271天，二级良天数69天，超二级天数23天，环境空气质量优良率（AQI≤100的天数）93.7%。全市空气质量综合指数为2.47，二氧化硫（SO_2）、二氧化氮（NO_2）、可吸入颗粒物（PM10）和细颗粒物（PM2.5）平均浓度分别为5微克/立方米、13微克/立方米、32微克/立方米和17微克/立方米。一氧化碳（CO）24小时平均第95百分位是0.9毫克/立方米；臭氧（O_3）日最大8小时平均第90百分位数是144微克/立方米。

全年降水pH范围为3.61～7.15，降水pH年均值为5.25，比上年下降0.12；酸雨率33.5%，下降2.3个百分点。酸性最大的一次降水出现在秀英海南医院监测点。

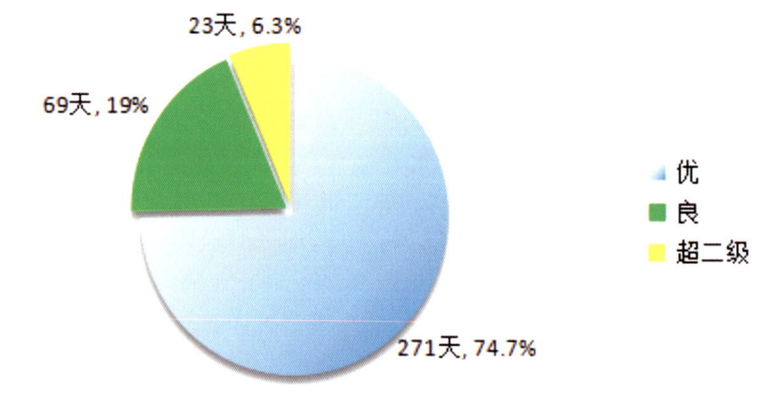

2019年海口市空气质量各级别分布示意图

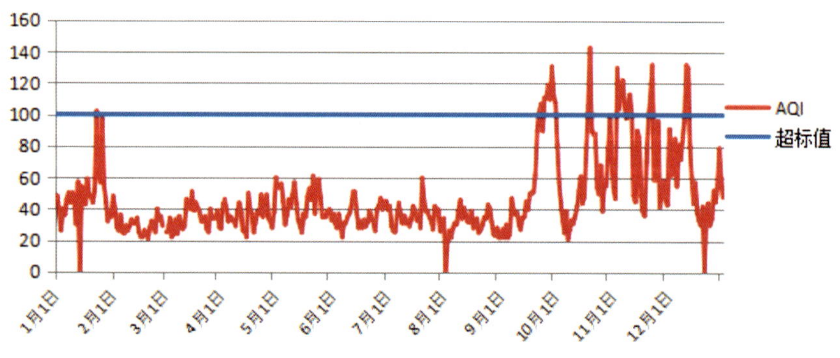

2019年海口市AQI值变化趋势图

降尘年均值为3.3吨/（平方公里·月），上升0.4%，清洁对照点年均值为2.2吨/（平方公里·月），各月均未出现超标情况。全市降尘年均值小于国家推荐降尘评价标准〔清洁对照点监测值加上3吨/（平方公里·月）即5.2吨/（平方公里·月）〕。

【水环境质量】2019年，海口市水环境质量总体良好，南渡江龙塘段、永庄水库等城市集中式饮用水源地水质、国家控制的水质监测断面水质和近岸海域海水水质达标率均为100%。

集中式生活饮用水水源地　城市集中式生活饮用水水源地分为地表水集中式生活饮用水水源地和地下水集中式生活饮用水水源地，监测点位分别为龙塘水厂、永庄水库和秀英水厂。2019年，龙塘水厂水质达到《地表水环境质量标准》（GB 3838-2002）Ⅲ类标准，永庄水源地水质达到《地表水环境质量标准》（GB 3838-2002）Ⅱ类，秀英水厂海榆中线1号车间、秀英水厂省医院12号—2井、秀英水厂镇海9号车间水质均达到《地下水质量标准》（GB/T 14848-2017）Ⅲ类标准，达标率为100%；海口市典型乡镇和农村集中式饮用水水源地监测点位共18个，其中地表水型水源地点位6个和地下水型水源地点位12个。6个地表水全部达标，12个地下水中1个点位达标，11个点位水质超标，水质达标率38.9%，超标因子均为总大肠菌群、菌落总数。

地表水　全市纳入国控及省控地

表水考核断面8个，5个国控断面水质均达到相应的水质控制目标，其中南渡江龙塘和演州河河口等2个监测断面的水质达到《地表水环境质量标准》（GB 3838–2002）Ⅲ类标准；后黎村、儒房和农垦橡胶所一队等3个监测断面水质达到《地表水环境质量标准》（GB 3838–2002）Ⅱ类标准；8个省控断面均达到相应的水质控制目标，其中5个为国控断面，群益村和巡崖村等2个监测断面水质达到《地表水环境质量标准》（GB 3838–2002）Ⅲ类标准；福美村水质达到地表水Ⅱ类标准。

近岸海域　春季，海口市一类海水海域占近岸海域面积的45.33%，二类海水海域占54.67%。夏季，一类海水海域占近岸海域面积的64.30%，二类海水海域占35.70%。春夏两季，对海口市近岸海域开展海水质量监测，监测要素包括水温、溶解氧、pH、盐度、化学需氧量、无机氮、活性磷酸盐、悬浮物、石油类、重金属和叶绿素-a等。14个近岸海域监测点位水质均达到《海水水质标准》（GB 3097–1997）规定的相应环境功能区标准或年度水质管理目标。

2019年海口市城市饮用水源地水质达标情况一览表

表34

饮用水源地	类型	水质目标	水质状况	达标情况
龙塘水厂	地表水	Ⅲ类	Ⅲ类	达标
永庄水库	地表水	Ⅲ类	Ⅱ类	达标
秀英水厂 （海榆中线1号车间）	地下水	Ⅲ类	Ⅲ类	达标
秀英水厂 （省医院12号-2井）	地下水	Ⅲ类	Ⅲ类	达标
秀英水厂 （镇海9号车间）	地下水	Ⅲ类	Ⅲ类	达标

2019年海口市农村饮用水源地水质达标情况一览表

表35

饮用水源地	类型	水质目标	水质状况	超标因子	达标情况
凤潭水库	地表水	Ⅲ类	Ⅱ类	–	达标
岭北水库		Ⅲ类	Ⅱ类	–	达标
九尾水库		Ⅲ类	Ⅱ类	–	达标
新坡镇 地表水型水源地		Ⅲ类	Ⅲ类	–	达标
东昌农场 白石溪河		Ⅲ类	Ⅲ类	–	达标
甲子镇高黄水库		Ⅲ类	Ⅲ类	–	达标
永兴镇	地下水	Ⅲ类	Ⅳ类	总大肠菌群、菌落总数	超标
红旗镇		Ⅲ类	Ⅳ类	总大肠菌群、菌落总数	超标
遵谭镇		Ⅲ类	Ⅴ类	总大肠菌群、菌落总数	超标
旧州镇		Ⅲ类	Ⅳ类	总大肠菌群	超标
灵山镇东和村		Ⅲ类	Ⅳ类	总大肠菌群	超标
云龙镇		Ⅲ类	Ⅴ类	总大肠菌群、菌落总数	超标
石山镇		Ⅲ类	Ⅴ类	总大肠菌群、菌落总数	超标
西秀镇		Ⅲ类	Ⅳ类	总大肠菌群	超标
龙桥镇		Ⅲ类	Ⅰ类	–	达标
龙泉镇		Ⅲ类	Ⅴ类	总大肠菌群、菌落总数	超标
龙塘镇		Ⅲ类	Ⅳ类	总大肠菌群	超标
三江镇		Ⅲ类	Ⅳ类	总大肠菌群、菌落总数	超标

2019 年海口市国控、省控地表水考核断面及其他河流水质达标情况一览表

表 36

序号	水体名称	断面名称	断面类别	水质目标	水质状况	超标因子	达标情况
1	南渡江	后黎村	国控、省控	Ⅲ类	Ⅱ类	–	达标
2		龙塘	国控、省控	Ⅲ类	Ⅲ类	–	达标
3		儒房	国控、省控	Ⅱ类	Ⅱ类	–	达标
4		群益村	省控	Ⅲ类	Ⅲ类	–	达标
5		福美村	省控	Ⅱ类	Ⅱ类	–	达标
6	南渡江	演州河河口	国控、省控	Ⅲ类	Ⅲ类	–	达标
7	文昌河	农垦橡胶所一队	国控、省控	Ⅲ类	Ⅱ类	–	达标
8	巡崖河	巡崖村	省控	Ⅲ类	Ⅲ类	–	达标
9	演丰东河	演丰东河入海口	其他河流	Ⅳ类	Ⅲ类	–	达标
10	演丰西河	演丰西河入海口	其他河流	Ⅳ类	Ⅳ类	–	达标
11	罗雅河	罗雅河入海口	其他河流	Ⅳ类	Ⅲ类	–	达标
12	荣山河	荣山乡	其他河流	Ⅳ类	劣Ⅴ类	氨氮	超标

2019 年海口市近岸海域水质达标情况一览表

表 37

序号	点位名称	监测类别	水质目标	水质状况	达标情况
1	天尾角	国控	二类	一类	达标
2	三联村	国控	二类	一类	达标
3	铺前湾	国控	二类	一类	达标
4	海口湾	国控	二类	一类	达标
5	桂林洋	省控	二类	二类	达标
6	假日海滩	省控	二类	二类	达标
7	秀英港	省控	三类	二类	达标
8	海口湾旅游度假区	省控	二类	二类	达标
9	新海港区	省控	二类	二类	达标
10	东寨港红林	省控	二类	二类	达标
11	环岛	市控	三类	二类	达标
12	荣山寮	市控	三类	二类	达标
13	南港	市控	二类	二类	达标
14	海口倾废区	市控	四类	二类	达标

2019 年海口市 4 类声环境功能区等效声级统计表

表 38

类型	功能区	昼间平均等效声级 /dB（A）	标准 昼间 /dB（A）
1 类区	居住文教区	49.4	55
2 类区	居住、商业、工业混杂区	55.0	60
3 类区	工业区	59.4	65
4a 类区	交通干线两侧区域	67.8	70

【声环境质量】2019 年，海口市功能区昼间平均等效声级基本符合《声环境质量标准》（GB 3096—2008），区域环境昼间噪声总体水平为三级（一般），道路交通昼间强度等级为二级（较好）。

城市功能区声环境 全市功能区声环境质量点位共 4 个，其中 1 类区、2 类区、3 类区 4 个季度噪声值均符合国家标准；4 类区第 1、第 4 季度噪声值符合国家标准，其他两个季度噪声值略高于国家标准（70 分贝）。与上年相比，4 类声环境功能区昼间平均等效声级基本保持稳定。

区域环境噪声 全市区域环境噪声昼间平均等效声级为 55.4 分贝，总体水平为三级（一般），下降 0.7分贝，低于 60.0 分贝的国家三级标准。

城市道路交通噪声 全市交通噪声昼间平均等效声级为 68.9 分贝，强度等级为二级（较好），下降 0.2 分贝，低于 70.0 分贝的国家二级标准。

【土壤环境质量】2019 年，海口市土壤环境质量总体保持良好，建设用地和农用地土壤环境安全得到基本保障。建设用地方面：开展重点行业企业用地土壤污染状况调查，完成 45 家重点行业企业用地基础信息采集；开展 8 家重点行业企业用地初步采样调查，落实 10 家土壤污染重点监管企业土壤和地下水自行监测。农用地方面：完成耕地土壤质量类别划分，其中优先保护类耕地、安全利用类耕地及严格管控类耕地占比分别为 72.67%、27.3%和 0.03%。其他方面：持续推进农药减量、化肥减量、农药投入品污染治理、废弃农膜回收和耕地土壤酸化改良控制。（姚　瑶）

水资源保护

【饮用水源地保护】2019 年，海口市持续整治城市饮用水水源保护区，对已经整改完成的环境问题加强事后督查，将水源环境专项整治列为常态工作，完善长效管理机制，巩固整治成果。开展饮用水水源环境状况评估，南渡江龙塘、永庄水库 2 个城市饮用水水源地的水质达标率 100%。开展水质监测，每月对饮用水水源地水质进行监测，并将监测结果在局门户网站发布。根据国家有关法律法规和《饮用水水源保护区划分技术规范》（HJ 338—2018），4 月经省政府同意，调整龙塘饮用水水源保护区区划。开展龙塘饮用水水源地、永庄水库饮用水水源地环境应急演练， 通过规范应急事件的处理程序和方法，提升环境监察、监测队伍快速反应、协调联动的能力。

【农村生活污水治理】2019 年，海口市实施农村生活污水治理项目包括 2018 年、2019 年一期和 2019 年二期，除江东片区外，共涉及 211 个行政村、1793 个自然村，计划总投资约 40 亿元。至 2019 年底，建成污水治理设施 4009 套，覆盖 55 个行政村 419 个自然村，农村生活污水治理完成率为 26.07%。受益农户 1.4 万户，农村人居环境质量得到有效改善；完成龙塘、永庄、南渡江（定安）水源地保护区农村生活污水治理，饮水安全得到进一步保障。其中，2018 年农村生活污水治理项目基本完工，涉及 17 个行政村、117 个自然村，完成污水处理设备安装 2603 套；2019 年一期项目涉及 56 个行政村、472 个自然村，有 308 个自然村开工建设，完成污水处理设备安装 1406 套；二期项目涉及 151 个行政村、1204 个自然村，完成初设及概算批复等前期工作，正在开展招投标工作。

（姚　瑶）

【鸭尾溪治理】鸭尾溪是美兰区海甸岛中部横沟河左岸的一个分支，呈东西向横贯海甸岛，鸭尾溪向东和南渡江相连，西接五西路排洪沟，长 2.3 千米，集水面积 3.05 平方千米。治理前积淤严重，水质黑臭，影响周边生活环境。根据鸭尾溪水体质量和污染特点，结合工程目标及项目特征，通过摸排周边管网现状，深入调查黑臭成因，制定科学系统的治理方案，通过控源截污、内源治理、补水活水、生态修复四个措施对鸭尾溪进行了整治。2016 年，海口市政府对鸭尾溪进行综合治理，2017 年底基本完成消除黑臭水体治理任务，水质达到地表水 V 类标准。2019 年 4 月，启动鸭尾溪湿地生态系统建设工程，从修复生态廊道、激活滨水空间、构建亲水岸线等方面对鸭尾溪进行景观提升。年内工程完工并对外开放，鸭尾溪呈现出水清、岸绿、景美、人水和谐的景象。

【水土保持】2019 年，海口市水务局完成国务院、省政府对海口市 2019 年最严格水资源管理考核。全年换发取水许可证 13 个，封自备井 5 个，征收水资源费 745 万元。完成生产建设水土保持方案审批 231 宗，完成生产建设项目水土保持设施竣工验收85 宗，征收水土保持补偿费 1552 万元。

（周运芳）

【湾长制工作】2019年7月4日，海口市湾长制领导小组办公室印发《海口市2019年“湾长制”试点工作要点》；9月29日，市政府办公室印发《海口市湾长巡查制度》《海口市“湾长制”试点工作督查考核细则》《海口市“湾长制”试点工作联合执法制度》《海口市海洋污染物联防联控制度》《海口市“湾长制”试点工作会议制度》《海口市“湾长制”试点工作信息共享制度》《海口市“湾长制”试点工作信息报送制度》7项配套制度；11月1日起实施《海口市湾长制规定》，在全国率先创新建立“湾长制”地方立法长效机制。实现全市“湾长制”全覆盖，共落实市、区、镇（街道）级湾长56名、社区网格员136名和专业网格员28名。各级湾长多次实地巡查责任湾段，督促解决巡查发现的涉海问题；以“6·8”海洋日、“欢庆新中国成立70周年”为契机，开展形式多样海洋环境保护宣传活动，让市民深入了解“湾长制”和重视海洋生态工作，共同打造岸绿景美的水生态环境。

（姚 瑶）

【河湖长制实施】2019年，海口市水务局编制印发《海口市2019年河湖长制工作要点》，将乡村小微水体纳入河长制湖长制管理范围，打通河湖长制的“最后一公里”，助推乡村振兴战略工作开展。海口市河长制工作领导小组办公室出台《关于加强农村河湖管理的通知》，以问题为导向，开展“清四乱”（清理整治河湖管理范围内乱占、乱采、乱堆、乱建等问题）专项河湖管理保护行动，全面加强农村河湖管理。发挥河湖环境考核奖惩机制作用，将河湖长责任制考核列入全市监督考核内容，启动自然资源资产离任审计和自然资源资产负债表编制，突出监督考核作用。根据“同一平台、同一服务、统一调度、统一考核”的指导思路，将原来“3+1”升级为“1+N”模式，完成海口市河湖湾长制信息化管理平台升级，在全省率先完成476个水体实现动态化管理，形成覆盖全市、协调互动、便捷高效、保障有力的政府服务体系。实行美舍河“河长制＋网格化”的河湖网格化管理模式，提升河湖管护工作的精细度。（周运芳）

土地资源保护

【耕地保护】2019年，海口市资规局完成江东新区总体规划建设占用永久基本农田的调整补划工作，调出永久基本农田15.01平方千米，在海口市内补划2.02平方千米，其余12.99平方千米在其他市县补充。开展永久基本农田储备区划定工作，划定面积382.23公顷。开展2018年耕地质量等别更新评价与监测工作。完成海口绕城公路美兰机场至演丰段等9个项目涉及占用耕地的耕作层剥离利用方案评审论证。开展储备补充耕地核查，印发整改工作方案并将整改情况报市政府。（司楠楠）

【土地整理与复垦】2019年，海口市完成琼山区甲子镇召马土地复垦、甲子镇福昌土地复垦、红旗镇永荫村土地开发整理、秀英区长流镇琼华村旱改水耕地提质和长流镇美楠村旱改水耕地提质等5个项目的竣工验收。实施的1个土地整理项目即海口市三江农场基本农田建设项目完工并完成合同段验收。风圯土地复垦项目完成90%的工程量。

【社会资本参与土地复垦】2019年9月19日，由海口市环境发展有限公司与海南润堉土地整治有限公司（简称“润堉公司”）共同出资成立的海南中环土地整治有限公司完成工商注册，注册资本5000万元。其中，润堉公司以货币出资3000万元，占项目公司60%的股权；市环发公司以货币出资2000万元，占项目公司40%的股权。公司具体业务包括：土地整理、复垦，田园综合体开发，农业技术开发、技术咨询，农作物种植、加工与销售，并从事土地综合整治项目的投资、融资、运营维护等。公司成立后启动首个项目即琼山区红旗镇大山村仁让土地开发整理项目，总规模78.13公顷，总投资5060万元，建成后将新增水田43.8公顷，旱田改水田13.93公顷。9月30日项目开工，是海南省第一个引进社会资本参与的耕地开垦项目。至年底完成形象进度88%。

（司楠楠 段芷薇）

海洋资源保护

【蓝色海湾整治行动】2019年，海口市组织申报“蓝色海湾整治行动”项目。4月13日，海口市“蓝色海湾整治行动”实施方案在北京通过财政部和自然资源部的联合评审，成功获选“蓝色海湾整治行动”全国10个城市其中之一，获得2.31亿元的中央财政资金支持，整治期限为2年。项目包括西海岸生态整治与修复、海口湾生态整治与修复、东寨港国家自然保护区生态修复3个子项目。通过对海口西海岸实施岸线整治与修复工程，构建基于海滩养护的生态海堤，在提升区域抵御海岸侵蚀、台风、风暴潮等海洋灾害能力的同时，显著改善海湾生态环境，有力促进滨海旅游业发展，实现人们对“洁净沙滩”的美好环境需求；通过岸线修复、湿地修复、海洋生物资源恢复、水文动力及冲淤环境恢复、海口湾海域生态修复效果管控等方式，显著改善海口湾及周边海域海洋生态环境，恢复重要海洋生物资源及其生境，实现海湾沿岸居民和游客对“滩净湾美”美好环境需求；在东寨港，海口将在保护好现有东寨港红树林资源的基础上，改善红树林生态系统结构与功能，完善候鸟栖息生境，提高红树林生态服务功能价值，维持和保护东寨港港湾生物多样性和生态系统完整性，建成国内红树林生态文明教育基地和海南生态旅游目的地，让东寨港红树林更好地服务全国。年内，3个子项目正在按计划推进。

【海洋环境保护】2019年，海口市生态环境局开展全市的海洋生态环境监管工作。重点开展海口市的入海污染物总量控制研究工作；加强全市重点海域的监视监测能力建设，实现对全市重点海域海洋环境状况的有效监管；完成对全市重点入海排污口和入海河流的监视监测任务，及时掌握入海污染信息。有效督促各责任单位按照工作要求开展近岸海域污染防治工作，桂林洋污水处理厂改造升级后日处理能力得到较大提升、美安科技城污水处理厂正在加快推进建设，完成畜禽养殖区和调整和水产养殖滩涂规划等工作，农村面源污染得到有效控制。协调海口海警局理顺海洋环境保护执法协作机制，确保海洋环境保护执法过渡顺畅。完成全市入海排污口的摸排建档和合法排污口的备案，北控水务集团海南有限公司长流污水处理厂、北控水务集团（海南）有限公司白沙门污水处理厂、海口威立雅水务有限公司白沙门污水处理厂完成备案手续。开展非法、不合理入海排污口的清理整治工作。海口湾重要入海污染源龙昆沟和电力沟纳入全市黑臭水体整治体系，龙华区采取截污控源、内源治理等综合治理工作，消除黑臭的建设内容完成，入海水质得到较大改善，群众满意度得到较大提升。同时龙华区还开展水面长效保洁工作加强水上保洁队伍管理力度，实行专项整治与长效保洁并举的工作机制；美兰区和龙华区各存在的一个非法入海排污口也进行封堵。组织市湾长制事务中心推进“湾长制”试点工作，在全国率先制定并施行《海口市湾长制规定》。做好涉海项目的海洋环境影响评价审批工作，受理3个涉海项目的海洋环评审批工作。开展各类专题研究，《海口市海洋灾害风险评估与区划》《海口市入海污染物总量控制研究》通过专家审查验收。

【海洋执法】2019年，海口市资规局对全市830平方千米海域、136千米海岸线开展海上巡查12次、陆上巡查80多次，查处违法案件3宗，征缴罚款14万元。每季度对12个无居民海岛和1个有居民海岛进行一次全面巡查，全年完成海岛巡查4批次，未发现破坏无居民海岛行为。

（司楠楠）

森林资源保护

【森林资源管理】2019年，海口市林业局以保护发展森林资源目标责任制为抓手，强化森林资源保护管理。督促各区严格按照保护和发展森林资源目标责任制的要求，抓好本辖区的森林及湿地资源保护管理。抓好2019年度海口市林业生态修复和湿地保护专项行动，完成“四边”复绿及老残林更新改造、山体（矿坑）恢复治理、退塘还湿（还林）和再造红树林、湿地保护宣传等工作任务。完成2018年度森林督查违法图斑查处整改工作，整改率98.79%；完成2019年森林督查图斑现场核查工作并开展2019年森林资源管理“一张图”年度更新工作。督促各公益林管护责任单位抓好2018年度公益林管护存在问题的整改落实工作，督促美兰区农业农村局落实公益林卫片检查图斑现场核查工作，以及研究启动公益林监测评价工作。将全市100名生态护林员的资金下达各区，人员选聘工作全面完成。抓好“绿卫2019”森林执法专项行动及打击非法采砂专项整治行动，协助有关部门开展违建问题清查整治等工作。优化营商环境，做好行政审批工作。全年共办理各类行政审批许可事项6.41万件，其中审批林木采伐（采挖）2094宗，面积1088.57公顷；审批建设项目使用林地23宗，面积202.03公顷。

【植树造林】2019年，海口市完成造林绿化合格面积2040.78公顷（未包括市绿委办上报的城镇绿化面积），占省里下达的考核指令性计划（866.67公顷）的235.5%，占考核性任务（466.67公顷）的437.4%。在完成造林合格面积2040.78公顷中，按造林类型分：人工造林面积541.77公顷，更新造林面积1432.85公顷，四旁植树面积66.15公顷；按造林区域项目分：海防林基干林带（含补植补造）面积102.57公顷，通道绿化221.09公顷，河流水库绿化186.92公顷，村庄绿化面积273.68公顷，生态经济兼用林面积1256.51公顷。

【森林病虫害防治】2019年，海口市林业局开展春、秋季两次森林病虫害防治检疫宣传工作，不断提高广大群众的防护意识。以生物防治为主持续开展椰心叶甲防治工作，全年繁殖释放寄生蜂6039万头，喷药防治景观道路椰子树椰心叶甲椰子织蛾虫害1.2万株，椰心叶甲椰子织蛾疫情得到有效的遏制，棕榈科植物长势良好。完成2018—2019年度86.27公顷薇甘菊防治验收工作，部署开展并完成2019—2020年度72公顷薇甘菊第一轮第二轮防治工作，遏外来有害生物薇甘菊扩散蔓延态势。组织花卉企业开展红火蚁防控60公顷，红火蚁疫情得到有效控制。加强产地检疫和调运检疫工作。共办理花卉、苗木产地检疫155宗955.13公顷；调运检疫3.71万车次，签发检疫要求书7076份。

【野生动物保护】2019年，海口市林业行政执法支队多措并举做好野生动物保护工作。加强野生动物资源保护的宣传力度。利用每年3月的“爱鸟周”和8月“野生动物宣传月”活动开展走乡村进校园系列宣传活动，普及野生动物知识。此外，还通过报纸、广播等宣传媒体，向全市广大群众宣传保护野生动物的相关知识，大力提高公众的保护意识。积极开展病危和受伤野生动物的救护工作。利用海南热带野生动植物园这个平台成立海口市陆生野生动物救护中心，收容救护执法机关、其他组织和个人移送的野生动物和野外发现的受伤、病弱、饥饿、受困等需要救护的野生动物。全年共救护和收容野生动物521只（条）。严厉打击破坏野生动物资源的违法犯罪行为。全年共外出执勤检查约380车次、1430人次，受理“12345”政府热线、市民举报或求助254次。其中，野生动物救护185件，立案查处非法经营野生动物案件9宗，罚款2.51万元；共没收或接收陆生野生动物1357条（只），经专业鉴定，512只陆生野生动物送海口市野生动物救护中心养殖，649只野生动物放归大自然，196只无害化处理。

（岑明多）

湿地保护修复

【概况】2019年，海口市林业局牢固树立和全面践行“绿水青山就是金山银山”的生态理念，着力抓好湿地保护修复，持续巩固提升海口国际湿地城市创建成果。全市湿地资源空间格局为：一轴（南渡江流域）、一带（近海与海岸带）、两区（东寨港红树林、羊山地区湿地资源价值核心区）、多点（凤潭水库、铁炉水库等散点分布的重要湿地斑块）。至2019年，海口湿地面积29093.09公顷，有滨海湿地、河流湿地、湖泊湿地、人工湿地等4个湿地类及11个湿地型，湿地率达12.7%。1月，海口市获首届“生态中国湿地保护示范奖”；6月，市林业局获第八届SEE生态奖。五源河和美舍河湿地公园正式获批国家湿地公园。7月，湿地保护管理三级网络体系入选中国（海南）自由贸易试验区第四批10项社会治理类制度创新案例之一。

【湿地公园建设】2019年，海口市林业局加快推进海南海口五源河、美舍河、潭丰洋、响水河、铁炉溪、三十六曲溪、三江红树林湿地公园建设。年内，海口五源河国家湿地公园一期建设基本完成，二期于6月开工建设；海口美舍河国家湿地公园建设基本完成；海口三江红树林省级湿地公园完成项目建议书批复，公园内部分区域启动退塘还林（湿）工作；潭丰洋省级湿地公园完成项目勘察测量和施工设计招标等，龙华区启动潭丰洋

2019年1月18日，世界湿地日中国主场宣传活动在海口举办

（市湿地保护管理中心 供）

自然学校建设；完成响水河、铁炉溪、三十六曲溪省级湿地公园可研批复以及勘察、设计招标等工作，迈雅河区域生态修复项目于12月开工建设。

【湿地公园验收】2019年3月15日，五源河和美舍河国家湿地公园（试点）获省级验收通过。5月24日，国家林业和草原局考察验收组开展五源河和美舍河国家湿地公园（试点）实地验收。12月25日，五源河和美舍河湿地公园获批国家湿地公园。

【湿地宣教】2019年，海口市林业局做好世界湿地日中国主场宣传活动等3场全国性湿地保护工作会议筹备工作，开展形式多样的湿地保护宣教活动30余场次。持续推进湿地学校创建工作，创建白沙门湿地保护志愿服务站及海口市丁村小学、海口市琼山第十一小学、海南华侨中学观澜湖学校4所湿地学校，全市累计创建湿地学校10所。以摄影大赛提升民众湿地保护意识，组织开展湿地摄影擂台赛和首届蜂虎摄影大赛，提高公众对蜂虎鸟类的保护意识。编写出版《阿水的湿地旅行日志》（低年级版）、《家在红树林》（少儿版）、《红树林边的小渔村》（青少年版）等，12月18日，在2017—2019年度海南省优秀精神产品（海南省“五个一工程”）表彰座谈会上，《阿水的湿地旅行日志》获得“优秀作品奖”。在中国林学会公布的自然教育优质活动课程和优质书籍读本征集结果中，《阿水的湿地旅行日志》获得“自然教育优质书籍读本”称号。

【湿地保护监测】2019年，海口市林业局委托海口畓蓄湿地研究所开展海口五源河和美舍河国家湿地公园监测工作。通过监测发现，五源河国家湿地公园分布有野生维管束植物96科318属427种，野生脊椎动物25目66科154种，其中国家Ⅱ级重点保护野生动物如红原鸡、褐翅鸦鹃、虎纹蛙等多达11种；在五源河的城市河段，还生存着国家二级保护植物——水蕨；“三有”（国家保护的有益的或者有重要经济、科学研究价值的陆生野生动物）蜂虎小鸟明显增多，同时发现国家二级保护动物花鳗鲡等。美舍河国家湿地公园内共有野生维管束植物99科243属301种，有水菜花、水蕨、普通野生稻3种国家Ⅱ级保护植物，是国内野生水菜花的主要分布区；有野生脊椎动物24目57科137种。

【五源河下游蜂虎保护小区建设】2019年4月，海口市政府批复同意

建立五源河下游蜂虎保护小区。自此，海口湿地保护小区从45个增加到46个，成为除金沙湾蜂虎湿地保护小区外的第二个以蜂虎为保护对象的湿地保护小区。五源河下游蜂虎保护小区位于五源河国家湿地公园下游西侧，东临五源河湿地公园，南至田罗村，西至长滨路，北邻滨海大道，总面积约8.4公顷，主要为保护栗喉蜂虎和蓝喉蜂虎“三有”小鸟。为进一步了解五源河蜂虎的种群数量及环境变化对蜂虎的影响，秀英区湿地保护管理中心与海口畓楂湿地研究所共同在这里开展鸟类监测及巡护。该保护小区建成后，吸引越来越多的蜂虎小鸟栖息繁殖，成为市民游客观赏蜂虎小鸟的最佳胜地。

【海口五源河湿地教育中心成立】2019年10月15日，海口五源河湿地教育中心在海口五源河国家湿地公园揭牌成立。由海口市湿地保护管理中心、秀英区湿地保护管理中心、红树林基金会与海口畓楂湿地研究所共同推动成立，是全国“湿地教育中心项目”的首批3个示范项目之一，是全省首个依托国家湿地公园设立的湿地教育中心，也是海口在探索保护地与社会组织共建湿地教育中心的一次管理模式和运营机制的创新，为海南乃至全国的湿地自然教育工作提供示范。致力于打造湿地自然教育创新样板，通过教育中心平台开展面向学校、机关企事业单位、社会公益组织等湿地类课程，向市民群众宣传和普及湿地保护知识。全年共开展海口市林业局党日活动、秀英区总工会党日活动、长流中学党日活动以及市民导览员培训活动等10余场次。

【“美舍河湿地”等6个商标注册成功】2019年，海口成功注册“美舍河湿地”“潭丰洋湿地”“三江红树林湿地”“三十六曲溪湿地”“铁炉溪湿地”“羊山田洋”6个商标，有效期为2019年6月7日至2029年6月6日。这是海口市首批公共资源湿地类商标，标志着海口将开启湿地规范化管理和合理利用新篇章。

【世界湿地日中国主场宣传活动在海口举行】2019年1月18日在海口五源河国家湿地公园举行。2019年世界湿地日主题为：湿地——应对气候变化的关键。世界湿地日中国主场宣传活动在海口举行，旨在宣传海口市在保护湿地方面所取得的显著成效，向国内外嘉宾展现海口湿地之美。活动现场发布《中国国际重要湿地生态状况白皮书》；为海口市湿地保护管理局、上海崇明东滩鸟类国家级自然保护区、广州海珠国家湿地公园3家单位颁发首届“生态中国湿地保护示范奖”。活动最后，全体人员徒步到海口五源河国家湿地公园现场参观并开展湿地保护公益活动，以实际行动宣传和保护湿地，让更多的市民群众了解湿地、爱护湿地、保护湿地。

【沿海湿地保护网络培训班暨湿地保护网络年会】2019年10月17日在海口举行。活动由国家林草局湿地管理司、海南省林业局、保尔森基金会主办，海口市人民政府承办，中国湿地保护协会、海南省野生动植物保护管理局、海口市林业局、老牛基金会、红树林基金会（MCF）协办。主题为“滨海湿地保护与修复”。国家林草局、沿海11省（区、市）的湿地保护专家与管理人员以及国内外知名专家近200人参加。与会代表围绕滨海湿地保护修复前沿与热点问题，湿地生态系统管理以及国内外滨海湿地修复案例等议题进行交流和探讨，旨在推动滨海湿地修复水平和管理能力。10月18日，在海南东寨港国家级自然保护区开展现场参观，并于下午闭会。

【中国湿地学校网络年会海口开幕】2019年11月28日，2019年中国湿地学校网络年会在海口开幕，来自日本、韩国等国家和地区及全国各地湿地学校、相关湿地保护区和湿地保护组织代表近180人参加。与会嘉宾齐聚椰城总结湿地教学经验，探讨生态教育主题，为进一步做好“湿地学校文章”建言献策。开幕式上为新加入的26所“湿地学校”举行授牌仪式，海口市美兰区白沙门湿地保护志愿服务站、市丁村小学、市琼山第十一小学、海南华侨中学观澜湖学校被国际湿地（中国湿地学校网络委员会）正式授予“湿地学校”称号。秀英区创建湿地学校案例在大会上进行分享。11月29日分别到海口市五源河学校和海南东寨港国家级自然保护区实地参观，并结束所有议程。（吴淑邦）

2019年10月15日，海口五源河湿地教育中心在海口五源河国家湿地公园揭牌成立（市湿地保护管理中心 供）

东寨港保护区演丰博度片区退塘还林后，养殖塘内种上了红树植物。摄于2019年
（东寨港保护区管理局 供）

海南东寨港国家级自然保护区管理

【概况】2019年，海南东寨港国家级自然保护区总面积3337.6公顷，其中核心区1635公顷、缓冲区1167.1公顷、实验区535.5公顷。区内拥有红树林植物19科35种，占全国红树林植物树种的97%，记录的鸟类216种、软体动物115种、鱼类119种、蟹类70多种、虾类40多种，是迄今为止中国红树林自然保护区中连片面积最大、保育最好、资源最丰富、树种最多的自然保护区。年内，海南东寨港国家级自然保护区管理局（简称“东寨港保护区管理局”）开展保护区资源保护、生态修复、退塘还林等工作，共种植红树林10.47公顷，完成退塘59.07公顷。保护区因造林绿化成绩突出，被全国绿化委员会评为全国造林绿化模范单位。

【退塘还林】为做好中央环保督察对东寨港国家级自然保护区整改工作，2019年，海口市政府投入1.7亿元用于演丰博度片区养殖塘的退塘还林工作。至年底，完成退塘59.07公顷，其中种植海莲、桐花树、水黄皮等红树植物23.33公顷，区域生态环境得到改善。

【生态修复】2019年，东寨港保护区管理局采取多种措施对保护区内生态脆弱的地带和区域开展修复工作。在罗豆片区开展生态修复，种植红树林10.47公顷；推动“海南东寨港国家级自然保护区生态修复项目”的实施建设，清理三叶鱼藤180公顷；开展红树林苗木培育，培育各类红树林小苗65万株，大苗9.5万株，为生态修复提供充足种苗。开展生态修复、保护培育红树植物，在野外试种濒危植物红揽李420株。

【东寨港保护区资源保护】2019年，东寨港保护区管理局在保护区内推行“林长制”保护管理模式，开展巡护巡查1382次，参与人数3742人次；开展禽流感监测1178次，参与人数2447人次；联合森林公安机关以及市、区海洋等有关部门开展专项执法行动，出动执法人员243人。

【东寨港保护区生态宣传】2019年，东寨港保护区管理局多渠道广辐射做好生态保护宣传工作。配合中央电视台等媒体对保护区生态文明建设成效进行宣传报道，全年共刊发报纸文章或播出电视节目20多篇（期）；举办大型生态宣教活动，组织举办中韩青年志愿团海洋生态环保实践活动、2019年度“爱鸟周”、义务植树造林等多场大型生态宣教活动。（苏鋈淦）

环境综合整治

【污染源普查】2019年，海口市第二次全国污染源普查工作以数据质量为核心，通过与第四次全国经济普查清查名录、三农普、“散乱污”企业排查清单与基本单位名录、全省危险废物经营单位等多项数据库进行名录核实比对，完善普查数据的全面性；通过加强与环境统计数据的对比分析、利用环境监管数据审核、专家会审等措施，提高普查数据的可比性；通过4个辖区对普查数据自审、交叉互审、国家和省级普查办抽样核查、现场核查等多种方式，做到问题逐项整改、举一反三，确保普查数据的真实性和准确性。至12月31日，完成国家污染源普查任务对象共2455个，其中工业源1693个，农业源166个，集中式污染治理设施30个，生活源455个，移动源111个。同时为进一步摸清海口市的环境状况，了解各类污染源的数量、行业和地区分布，了解污染物产生、排放状况以及污染防治设施、污染治理水平等情况，市生态环境局建立海口市污染源档案和信息数据库，并根据数据库进行数据利用开发。

【大气污染防治】2019年2月1日，海口市人民政府办公厅印发《海口市加强大气污染防治“六个严禁两个推进”工作实施方案》，市大气污染防治指挥部办公室印发《海口市打赢蓝天保卫战2019年工作实施方案》《海口市2019年大气环境强化整治工作方案》等文件，成立海口市“六个严禁两个推进”专项工作指挥部，加快推进“六个严禁两个推进”工作，强化督查督办力度，推进全市大气污染防治重点任务顺利完成。开展禁止燃放烟花爆竹工作。市政府制定《关于加强2019年春节元宵节期间烟花爆竹安全管理工作的通告》，划定海口市禁止燃放烟花爆竹区域，确保2019年春节元宵节期间海口市环境空气质量持续保持一级优，较好地实现“禁放区基本不燃放烟花爆竹、非禁放区少燃放烟花爆竹”的工作目标。全市空气质量连续16天达到一级优（2月4—19日），优秀率100%，为近年同期最高，主要污染物细颗粒物PM2.5和可吸入颗粒物PM10浓度与上年同期相比显著下降，为实施六项污染物自动监测以来除夕至元宵节环境空气质量最好的一年。发布《关于禁止露天焚烧秸秆及垃圾的通告》，明确禁止焚烧垃圾秸秆的种类、范围及处罚规定等，实行全市域禁烧；发布《关于禁止露天烧烤的通告》，划定禁止露天烧烤的区域，规定建成区内禁止露天烧烤和建成区外严格控制露天烧烤，进一步加强露天烧烤的管理。市政府办制定出台《海口市进一步加强建筑工地扬尘治理专项行动方案》，按照“六个100%”要求，建立施工扬尘治理长效机制。开展老旧柴油车提前淘汰和中重型柴油车污染治理，共受理淘汰补贴2828件，提前完成年度淘汰任务。组织开展非道路移动机械摸底调查和编码登记工作，对完成登记的机械发放环保号牌和信息采集卡，开展海口市非道路移动机械销售企业检查，打击销售不达标机械行为。提升全市机动车排放标准水平，从7月1日起，对新生产、进口、注册登记和转入海口市的轻型机动车，同步实施“国六”机动车排放标准。推行道路机械化清扫等低尘作业方式，人机结合对路面进行冲、洗、扫作业，提高城区道路机械化清扫率。建成区机扫率达到83%，一、二级道路机械化清扫率100%。全天候全时段开展渣土车整治活动，重点打击“黑渣土车”私拉乱倒和沿途遗撒现象，全年查处渣土运输车未遮盖、遮盖不严、渣土运输车未持渣土转运证等违法行为共487宗，罚款40.73万元，暂扣运输证11宗。开展

2019年11月18日，海口市生态环境局为完成机械信息上传申报的海南圣天基础工程有限公司的旋挖钻机发放海口首块环保号牌　（市生态环境局 供）

重点行业挥发性有机物综合整治工作，对工业涂装、包装印刷、油品储运销等重点行业排查，完成132家重点行业挥发性有机物综合整治情况排查。推广安装油烟净化设施，全市城区内餐饮单位餐饮油烟净化设施安装率98.5%，其中中型及以上餐饮单位（包括用餐人数300人以上的学校食堂、机关及企事业单位食堂）餐饮油烟净化设施安装率100%。

【水污染防治】2019年，海口市生态环境局开展水环境质量定期跟踪监测，每月定期发布水环境质量监测信息，及时、准确地掌握海口市水环境质量现状。持续推进海口市城镇内河（湖）水污染整治。30条城镇内河（湖）水体达标率89.6%，满足《海南省水污染防治工作计划》提出的83%考核要求。完成长流污水处理厂、云龙污水处理厂、龙塘污水处理厂、白沙门（一期）污水处理厂、白沙门（二期）污水处理厂5座运营污水处理厂“一级A排放标准”的提标改造工程及桂林洋污水处理厂改扩建项目，启动丁村污水处理厂、长堤路水质净化设施及湿地公园建设项目、滨江西污水处理厂、江东新区地埋式水质净化中心（一期）工程，并持续推进14个镇域污水处理厂及配套管网工程。执行船舶污染物接收转运处置联单制度，开展船舶非法排污专项检查，查处污染物处置不全违法行为，对超标排放污染物的航运企业全部进行从重处罚。推进南渡江流域水污染防治工作，建立南渡江生态补偿机制，海口市与澄迈县签订《南渡江流域上下游横向生态保护补偿协议》，与定安县签订《南渡江上下游（左右岸）横向生态保护补偿协议》；开展南渡江水环境联防联控工作，会同白沙、琼中、儋州等6市县联合印发《南渡江流域水环境综合监管执法协作机制》，成立南渡江流域水环境综合监管执法协作工作领导小组。开展加油站地下油罐防渗改造工作，全市100座加油站完成改造98家，停产1家，正在改造1家。

【土壤污染治理】2019年，海口市根据《海南省土壤污染状况详查实施方案》要求，协助省生态环境厅开展农用地土壤状况详查点位核实与调整、质量控制等相关工作，核实农用地土壤污染状况详查点位共531个，并填写海南省农用地土壤污染状况详查农产品点位调查表，调查范围覆盖海口4个市辖区22个乡镇。按照省生态环境厅《海南省重点行业企业用地土壤污染防治状况调查工作方案》要求，完成45家重点行业企业用地的基础信息采集和质量控制工作，完成

10个非正规垃圾填埋场的土壤基础信息调查。印发《海口市2019年田间清洁行动方案》，开展测土配方施肥、实施化肥零增长行动，以及农作物病虫害防控水平、实施农药零增长行动等一系列的田间清洁行动。重点对享受政府专项资金扶持的企业，制定考核目标和奖罚机制，划定承包回收区域，实行包片回收责任制等项工作措施，以实现减少农药、化肥的使用量，实施化肥、农药零增长。积极采取物化补贴—有机肥方式来促进化肥农药减施，全年安排297.5万元采购有机肥对886.67公顷种植基地开展物化补贴试点工作。结合基层农技推广体系改革和建设项目，在云龙镇、红旗镇等5个乡镇开展耕地保护与质量提升和化肥减量增效技术宣传培训9期，向种植户讲解化肥减量、耕地保护的重要意义，强调种植要增施有机肥、按照测土配方进行施肥，在培肥地力的同时，进一步提高肥料利用率，以减少化肥施用量。开展缓解农田残膜污染、推广降解膜行动，组织开展田间清洁大行动中，对周边田园废弃的农用地膜、育苗盘、喷滴灌带和农药包装物均进行清理。探索开展废弃物清理补贴试点工作，统筹安排200万元开展1046.67公顷范围的农业生产废弃物清理补贴项目试点工作。

【污染源动态管理】2019年，海口市根据《海南省生态环境厅关于开展2018年度环境统计年报工作的通知》要求，全面完成全市4个区工业源、农业源、城镇生活源、机动车、集中式污染治理设施及环境管理情况的环境统计调查。2018年度海口市纳入环境统计年报的企业共有138家，其中工业源企业101家，农业源企业11家，城镇污水处理厂24家，危险废物（医疗废物）集中处理厂2家。同时，确定重点排污单位，根据环境保护部《关于印发〈重点排污单位名录管理规定（试行）〉的通知》相关规定，加强对重点排污单位的监督管理，有效控制和减少污染物排放，促进环境质量改善。市生态环境局编制《2019年海口市重点排污单位名录》，2019年全市重点排污单位共56家，其中水环境重点排污单位33家、大气环境重点排污单位18家、土壤环境重点排污单位10家，其他重点排污单位3家。

【固体废弃物处置】2019年，海口市坚持减量化、无害化、资源化为原则，全面加强危险废物规范化管理，严格执行工业固废和危险废物申报登记、危险废物转移审批和危险废物经营许可制度，固体废物得到有效监管和安全处理处置。全市工业固体废物产生量7.24万吨，其中处置量7252.36吨，综合利用量6.53万吨，全市工业固体废物综合利用率为90.28%。工业危险废物产生量9479.21吨，危险废物利用量3.33吨（其中利用往年贮存量0.91吨），危险废物处置量9568.64吨（其中处置往年贮存量279.34吨），危险废物贮存量187.89吨，工业危险废物处置利用率100%。主要工业危险废物产生排名前5位的为无机氰化物废物，废药物、药品，废有机溶剂与含有机溶剂废物，其他废物，染料、涂料废物，工业危险废物产生量排在前5位的企业为海南英利新能源有限公司二期、海南英利新能源有限公司一期、海南中和药业股份有限公司、中钞华森实业公司、海口市制药厂有限公司，工业危险废物产生量占全市工业危险废物产生总量的89.64%。海口市医疗卫生机构医疗废物产生量和处置量均为2797吨，医疗废物100%集中无害化处置，各类医疗卫生机构均按要求，将产生的医疗废物统一交由医疗废物集中处置单位——海南益丰达医疗卫生用品有限公司高温焚烧处置。

海口市、区两级对照《危险废物规范化管理指标体系》27项指标标准规范，对全市186家危废产生、经营单位进行危险废物规范化管理现场交叉执法检查。重点对全市44家危险废物年产生10吨以上重点监管单位开展规范化管理现场抽查考核评分。其中，37家产废单位中有36家达标、1家基本达标，合格率99.2%；7家经营单位全部达标，合格率100%。全市立案查处涉危废环境违法行为39宗，处罚金额75.15万元。其中，涉废铅酸电池非法转移7宗，共查扣废铅酸电池95.28吨。

【核与辐射安全监管】2019年，为深入贯彻落实《国家生态文明试验区（海南）实施方案》，进一步理顺海口市机构改革后各级政府部门和有关单位核与辐射安全管理工作职责，市生态环境局草拟《海口市人民政府关于加强核与辐射安全管理工作的意见》。与市卫生健康委员会联合印发《关于做好辐射安全管理工作的通知》，督促海口市涉核技术利用医疗机构落实辐射安全管理主体责任，进一步建立健全辐射安全保卫制度。全年出动执法人员90人次，检查核技术利用单位108家次，未发现重大辐射安全隐患。（姚　瑶）

节能减排

【主要污染物总量减排】2019年，海南省生态环境厅下达海口市2019年的化学需氧量、氨氮、二氧化硫、氮氧化物计划排放量分别为10899吨、3414吨、1854.9吨、10161.9吨。海口市生态环境局通过推进现有污水处理厂提标改造和改扩建、加强重点排污企业的监管、推进移动源污染治理工作等具体措施，经核算，2019年海口市化学需氧量、氨氮、二氧化硫、氮氧化物排放总量分别为9082吨、3374吨、1618吨、10052.7吨，主要污染物减排量控制在省下达的年度减排指标范围内。（姚　瑶）

【节能降耗】2019年，海南省政府给海口市下达的“十三五”能耗总量和强度“双控”目标为：能耗强度降低11%，能耗增量137.34万吨标准煤。

年内，海口市全社会能耗为514.72万吨标煤，增长5.47%；GDP单耗下降1.84%（年度目标是单位GDP能耗下降1.8%，力争下降2.0%），累计完成81.8%。年内，市科工信局按照评审要求完成固定资产投资项目节能报告专家评审工作，共组织评审项目8个，均通过评审。完成省重点用能单位节能目标责任评价考核的工作，考核16家单位，工业企业9家，其中海南电网有限责任公司等5家为超额完成等级，其他4家均为完成等级；交通运输企业6家，海口美兰国际机场有限责任公司为超额完成等级，其他5家均为完成等级；医院1家，为完成等级。

【新能源汽车推广】2019年，海口市推广新能源汽车7145辆，“十三五”期间累计推广新能源汽车19064辆，完成“十三五”规划推广量的224%。全年落实新能源汽车中央补贴257万元（一汽海马2016年度销售车辆），地方补贴1462万元（其中省、市补贴各占一半），补贴车辆624辆。

（曾令钤）

【充电基础设施建设】2019年初，海南省发改委印发《海南省2019年充电基础设施工作计划的通知》，明确海口市全年工作任务，需新建各类充电桩11961个，其中公共桩1502个；12月19日印发《关于报送2019年电动汽车充电基础设施建设完成情况的函》，明确住宅小区停车位只要预留充电接口，具备直接安装充电桩的，便可纳入建设数量统计，换电站可按实际换电能力与充电桩进行折算统计。年内，海口市新建设各类充电桩5815个（含全市住宅小区预留充电接口2470个），其中公共充电桩2537个（含全市3个换电站按实际换电能力折算公共充电桩117个），完成全年公共充电桩建设任务的168.91%，公共充电桩建设超额完成省下达的全年工作目标。至年底，全市累计完成建设各类充电桩8303个，其中公共充电桩4273个。（陈利君）

环境监管

【市生态环境局组建】2019年，海口市完善生态保护机制，将市生态环境保护局的主要职责，市发展和改革委员会、市科学技术工业信息化局的应对气候变化和减排相关职责，市国土资源局的监督防止地下水污染职责，市水务局的编制水功能区划、排污口设置管理、流域水环境保护职责，市农业局的监督指导农业面源污染治理职责，市海洋和渔业局的海洋环境保护等职责整合，组建市生态环境局，作为市政府工作部门，于3月27日挂牌成立。内设机构10个，下属单位6个。

【环境规划】2019年，海口市生态环境局按照省生态环境厅的部署，开展海口市区域空间生态环境评价暨“三线一单”编制试点工作。在生态保护红线、环境质量底线和资源利用上线划定的基础上，将海口市全域划分为优先保护、重点管控和一般管控三类单元，其中将陆域划分为182个、海域空间划分为17个环境管控单元，并针对环境管控单元提出环境准入要求。《海口市区域空间生态环境评价暨“三线一单”成果》（阶段性成果）通过省生态环境厅组织的中期评估和阶段性验收。

【环境影响评价】2019年，海口市生态环境局严把项目环境准入，优化项目选址选线，强化污染防治和生态保护措施，保护各类环境敏感目标，维护公众环境权益。严把环保审批关，提高环保准入门槛，充分发挥环评审批“控制闸”作用。优化营商环境，对G15高速路、文明东越江隧道等重点项目，采取提前介入，专人跟踪，开通快速绿色通道，3日内办结等服务工作。全年共完成环评审批45个、否决不符合环保审批条件的项目2个。

【环保监察执法】2019年，海口市环境监察局规范重点行业排放污染物行为，营造海南自由贸易区（港）建设良好的生态环境，开展辐射安全监督检查、危险化学品安全综合治理、危险废物处置行业安全生产专项整治、打击非法采砂专项整治、加强“散乱污”企业综合整治、环境监察稽查、环境执法大练兵等15项环境综合整治专项活动。在执法中加大处罚力度，强化“严惩重罚”，严厉查处环境违法行为，全市生态环境部门立案处罚183宗，罚款2588.9万元。采取“双随机”抽查模式对全市行政辖区16家省控及以上重点排污单位、12家三等甲级以上医院进行抽查，共抽查企业54家次，覆盖率100%，并及时将随机抽查情况向社会公开。市区两级环保部门参加京津冀地区大气污染防治专项督查58人次、入长江排污口排查13人次、海南省环境执法交叉检查17人次，较好地完成督查检查工作任务。3月21日，海口市环境监察局被生态环境部评为2018年环境执法大练兵市级单位表现突出集体；12月5日，市生态环境局被海南省生态环境厅评为2019年生态环境保护执法大练兵市级单位表现突出集体；12月，市环境监察局被海南省生态环境厅评为2019年环境执法大练兵市级单位表现突出集体，并向生态环境部推荐。

【环境监测】2019年，海口市有空气自动监测站11个（国控站点6个，省控站点2个，市控站点3个）；水质自动监测站7个（国家级水质自动监测站5个，地方水质自动监测站2个），为环境管理决策提供数据支撑。年内，市生态环境局共编制各类监测报告345份，获取各类监测有效数据138160个，编制《2018海口市环境质量报告书》和《2018年海口市环境质量公报》。在海口市生态环境局门户网站和环保官方微博发布各类环境质量信息，满足公众需求。在4个区政府、高新区、东寨港自然保护区设置LED显示屏发布当日环境空气质量信息，在市政府门户网站启动城镇内河（湖）水质监测和信息发布工作，方便市民了解海口市各类环境质量信息。为解决群众投诉热点问题，摸清污染源头，租用VOC（挥发性有机化合物）监测设备进行走航监测，重点对周边工业企业VOC排放情况进行摸底，为海口市污染防治和突出环境问题的有效解决提供有力的技术支撑。完成环境空气质量日报、预报365期，水质自动监测周报52期，海滨浴场周报53期，污染源简报12期、环境质量月报12期，水环境质量月报12期，环境质量公告（含季报）12期。年内，海口市海洋环境监测中心加强对辖区陆源入海排污口邻近海域、海水养殖区和重点海洋功能区域及重点围填海建设项目的监测力度。全年对海口近岸海域各海洋功能区域、重点入海排污口邻近海域、主要在建围填海工程及重点海水养殖区等功能区域实施3次专项监测，6月和8月分别对东寨港红树林陆源入海水质进行2次专项监测工作，编写监测通报78份。结合《海口市陆源入海污染源排查方案》，开展陆源污染物排海环境风险隐患排查工作，对海口辖区内主要陆源入海污染源（包括养殖排水口、入海河流、排污河、泄涝排洪口、入海直排口、污水海洋处置工程）进行安全排查工作，巡查排放口56个区域。完成海域使用统一配号工作共3个项目3宗证书，分别为海口南海明珠大桥（临时栈桥）项目、海口市北港岛保护与开发利用示范项目、海口市东海岸海洋牧场示范基地建设项目。配合本级海域管理部门，对海口湾畅通工程(美兰段)(龙华段）用海项目、南渡江航路开挖工程、秀英5000吨级油码头等项目开展权属核查工作，根据《海南省经济特区海岸带保护与开发管理实施细则（送审稿)》规定，对邦辉金沙湾路网项目、雅居乐金沙湾项目等18个项目开展海岸带向陆200米范围核查工作，绘制图件25幅。

【中央环保督察】2019年，海口市充分发挥市环保督察整改工作领导小组办公室的统筹协调作用，督促各区、各单位按照整改方案和时间节点推进中央生态环保督察整改工作。中央第四环境保护督察组进驻海南省督察期间，转交海口市办理群众举报件33批，共633件，全部办结；督察情况反馈涉及海口市的21个共性问题，各单位均按照整改方案确定的各项措施开展整改并稳步推进，5个个性问题中“海口市常委会未研究生态环保工作”“鸭尾溪污染”“桂林洋污水处理厂二期项目仍未开工，开发区生活污水外排导致大排沟水质黑臭”3个问题完成整改，“葫芦岛项目导致海口湾生态环境破坏”“南海明珠、如意岛项目涉嫌化整为零、违规审批”2个问题按照整改任务、时间开展整改。《海南省贯彻落实中央第四环境保护督察组督察反馈意见整改方案任务分工》和《海南省贯彻落实中央第四环境保护督察组督察反馈意见整改措施清单任务分工》中，整改期限为2019年底，由海口市牵头的事项共5项，其中“桂林洋污水处理厂改扩建项目建成并投入使用”“环境网格化监管”2项完成并申请销号，其余3项整改进度较慢，分别是：总体规划各开发边界总规控规编制（修编）、葫芦岛项目生态环境修复、完成禁养区内养殖场（水产）的清退。配合第二轮中央生态环保督察工作。7月14日，中央第三生态环境保护督察组进驻海南，对海南开展为期1个月的生态环境保护督察。海口市生态环境保护局对接省环保督察整改办，协调海口市各部门全力以赴配合中央生态环境保护督察工作，较好的完成交办的任务：快速整改督察组移交案件，中央第三生态环境保护督察组共移交海口市910个信访件，至12月31日，办结416件，办结率45.7%，其中重点件45件，办结28件，办结率62.2%。因白沙门污水处理厂臭气污染投诉329件，占比36.2%，责令整改173家，立案处罚32家，共处罚金177.5万元；中央环保督察组直接向海口市调阅的资料有8批，海口市按照督察组的要求，严格报送程序，所有调阅材料均按要求按时报送；做好边督边改舆论宣传，做到中央第三生态环境保护督察组移交群众举报案件整改落实新闻报道工作第一时间响应、第一时间处理、第一时间反馈，对省生态环境保护督察工作领导小组办公室转办的30件媒体网民曝光海口市生态环境保护问题案件进行快速有效办理，并及时将办理结果反馈。

【生态海口建设】2019年，海口市生态环境局牵头推进国家生态文明建设，全面统筹推进示范市创建工作，针对每项创建指标进行了细化量化，强化责任分工，对创建目标、任务、实施步骤等作出明确的安排，并借助中央环保督察整改工作契机，展开覆盖全市范围的生态环境突出问题排查和整改工作，以此推动生态环保责任落实，进一步健全生态保护机制。9月23日，市政府印发《海口国家生态文明建设示范市创建专项规划（2019–2025)》，全面加快海口创建国家生态文明建设示范市步伐。年内，海口创建国家生态文明建设示范市指标达标率100%，成为全省唯一纳入第三批国家生态文明建设示范市县公示名单的城市。

【环保宣传教育】2019年，海口市生态环境局开展环保教育宣传工作，弘扬生态文明理念。全年开展13场主题宣传活动，60余场次环保宣传教育活动，发送宣传资料5万余册，宣传物品8000余份。加强环保“双微”平台建设，环保海口官方微博粉丝50.94万，编辑发布信息1565篇；海口环保官方微信粉丝有2455，编辑发布信息1321篇；答复反馈网友咨询投诉100余次。全年开展环保设施和城市污水垃圾处理措施向公众开放活动18场次，参观人数600余人。开展公众对生态文明建设满意度、知晓度、参与度以及一次性消费品使用情况调查工作，调查结果显示公众对生态文明知识的总体知晓度为94.24%，对海口市生态文明建设总体满意度为98.84%，公众对生态文明建设的参与度为95.28%；68.29%的公众认为一次性消费品呈下降趋势。

（姚　瑶）

（编辑：吴坤涛）

综 述

【概况】2019年，海口市推进创新驱动发展战略，扶持高新技术产业发展，优化企业创新发展环境，通过"政策引导"和"平台建设"等一系列举措，增强企业创新能力，促进海口市经济和社会的协调发展。年内新增高新技术企业140家，全市高新技术企业总数414家，占全省的73%；3个单位的项目获国家科技进步奖二等奖；拨付2376万元奖励扶持认定通过的高新技术企业及高新技术产品、创新创业载体建设、电子农务专项项目；成功引进字节跳动、薪火相传、未来集市、58到家、汤臣倍健、鱼跃医疗等31家企业，为海口市经济发展注入新动力。

【科技扶持】2019年，海口市政府出台《关于鼓励科技创新的若干政策及实施细则》，着力引导企业加大研发投入，推动科技成果转化，增强企业核心竞争能力。年内，市科工信局组织开展2018年度海口市众创空间的绩效评价考核工作，其中4家为优秀、11家为良好、7家为合格、4家不合格，兑现2019年度创新创业载体建设奖励资金110万元。编写《海口市电子农务专项资金项目申报指南》，实现农村科技工作的项目化、制度化和规范化管理。通过组织电子农务资金项目申报，对每个项目提供不高于15万元的资金扶持，加大对新技术新品种的引进推广，发展壮大科技扶贫示范村产业发展，促进农民增收增产。全年有11个电子农务专项资金项目，共兑现电子农务专项资金项目前期资金55万元。

【科技奖励】2019年，海南爱科制药有限公司参与的"依替米星和庆大霉素联产的绿色、高效关键技术创新及产业化"，中国热带农业科学院热带作物品种资源研究所和海南大学参与的"中国特色兰科植物保育与种质创新及产业化关键技术"项目获得国家科技进步奖二等奖。海南葫芦娃药业集团股份有限公司的"小儿肺热咳喘颗粒的制备方法"获得第二十一届中国专利优秀奖。海口市共有25个项目获2019年度海南省科学技术奖，其中自然科学奖8项（特等奖1项、一等奖1项、二等奖4项、三等奖2项），技术发明奖1项（二等奖1项），科学技术进步奖15项（一等奖4项、二等奖6项、三等奖5项），国际科学技术合作奖1项。

2019年海口市获国家科技进步奖项目一览表

表39

编 号	项目名称	主要完成人	主要完成单位	
J-202-2-04	中国特色兰科植物保育与种质创新及产业化关键技术	兰思仁 刘仲健 曾宋君 尹俊梅 罗毅波 石京山 宋希强 何碧珠 彭东辉 黄瑞宝	福建农林大学，**中国热带农业科学院热带作物品种资源研究所**，中国科学院华南植物园，遵义医科大学，中国科学院植物研究所，**海南大学**，福建连城兰花股份有限公司	二等奖
J-235-2-03	依替米星和庆大霉素联产的绿色、高效关键技术创新及产业化	陈代杰 李继安 袁耀佐 胡东辉 林惠敏 王海东 廖廷秀 戴俊 张会敏 陈舟舟	上海交通大学，上海医药工业研究院，常州方圆制药有限公司，江苏省食品药品监督检验研究院，河南仁华生物科技有限公司，**海南爱科制药有限公司**，内蒙古普因药业有限公司	二等奖

2019年海口市获海南省科学技术奖项目一览表

表40

序号	项目名称	主要完成单位	主要完成人	等次
	自然科学奖（8项）			
1	海南莎草科资源研究及其分类学修订	中国热带农业科学院热带作物品种资源研究所，海南大学，中国热带农业科学院环境与植物保护研究所	刘国道　杨虎彪　虞道耿　罗丽娟　李晓霞　王祝年　王清隆　张　瑜　李欣勇　郇恒福	特等奖
2	太阳能利用高性能电极材料的精细设计	海南大学，清华大学	李建保　罗　强　林　红	一等奖
3	橡胶树内生生物资源研究与创新应用	中国热带农业科学院热带生物技术研究所	谭德冠　马　帅　付莉莉　胡小文　韩冰莹　张家明	二等奖
4	非线性系统的混沌控制及疾病防控研究	海南软件职业技术学院，淮阴师范学院，海南师范大学	桂占吉　王玮明　王凯华　蔡永丽　史红波　陈兰荪	二等奖
5	基于分子自组装构建功能新材料	海南大学，山东大学，中国科学院大连化学物理研究所	高艳安　郑利强　鲁　辉　格日乐　王　畅	二等奖
6	四种热带药用资源的基础与转化研究	海南医学院，河南中医药大学	李永辉　高炳淼　郭　涛　张俊清　田建平	二等奖
7	随机生物种群模型动力学性质的研究	海南师范大学	祖　力	三等奖
8	新发/突发传染病病原预警、快检平台的构筑及基因组学研究	海南医学院，北京大学首钢医院	牛莉娜　邬　强　胡守奎	三等奖
	技术发明奖（1项）			
	项目名称	主要完成单位	主要完成人	
9	甘蔗高效转基因育种技术研发及基因资源挖掘	中国热带农业科学院热带生物技术研究所	张树珍　王文治　冯翠莲　赵婷婷　杨本鹏　王俊刚	二等奖
	科学技术进步奖（15项）			
	项目名称	主要完成单位	主要完成人	
10	热带主要经济作物种植园酸化土壤改良技术与应用	中国热带农业科学院橡胶研究所，中国热带农业科学院南亚热带作物研究所，中国热带农业科学院热带作物品种资源研究所，海南天然橡胶产业集团股份有限公司	吴　敏　吴炳孙　韦家少　何　鹏　石伟琦　罗　微　魏志远　黄　飞　马海洋　吴文冠	一等奖
11	立体网络安全及管控关键技术研究与大规模应用	海南大学，三沙海兰信海洋信息科技有限公司，西安电子科技大学	曹春杰　李太君　邓家先　杨光照　杨　力　叶　俊　郭　祯　王隆娟　姚姜源　李德顺	一等奖
12	海南省中药资源全面调查、系统收集保存与繁育利用	中国医学科学院药用植物研究所海南分所，中国热带农业科学院热带作物品种资源研究所，海南医学院，海南香树沉香产业集团股份有限公司，海南碧凯药业有限公司，海南九芝堂药业有限公司	魏建和　杨新全　曾　琳　郑希龙　李榕涛　王清隆　朱　平　杨　云　曾　渝　何明军	一等奖
13	激光微创外科新方法新设备关键技术的系列研究	中国人民解放军总医院海南医院，深圳市雷迈科技有限公司，海南省肿瘤医院	王春喜　杜　毅　于浩天　余书勇　曾　晶　李志刚　邱海霞　徐明月　顾　瑛　韩丽娜	一等奖

续表 40

序号	项目名称	主要完成单位	主要完成人	等次
14	卵形鲳鲹规模化繁育和健康高效养殖技术研究与产业化应用	海南大学，中国水产科学研究院南海水产研究所，三亚市海洋与渔业监测中心，临高海丰养殖发展有限公司，海南青利水产繁殖有限公司，海南海壹水产饲料有限公司	周永灿　林黑着　骆　剑　孙　云 钟鸿干　周传朋　黄　海　杨　薇	一等奖
15	南海生物礁碳酸盐台地发育演化与油气成藏系统	中国科学院深海科学与工程研究所，中国科学院海洋研究所，中海油海南能源有限公司，中国石油天然气股份有限公司杭州地质研究院	吴时国　王　彬　姚　哲　董冬冬 裴健翔　吕福亮　廖　晋　杨志力	二等奖
16	海南岛海陆风演变特征及其引发的中尺度对流天气预报技术研究	海南省气象台，南京信息工程大学，中国气象科学院	郭冬艳　苗峻峰　冯　文　梁钊明 林建兴　冯　箫　李　勋　蒋贤玲	
17	海南村镇小流域山洪灾害防御关键技术	海南省水文水资源勘测局，珠江水利委员会珠江水利科学研究院	范光伟　陈成豪　李龙兵　王珊琳 赵旭升　杨　跃　林尤文　王高丹	
18	海南省类鼻疽临床流行病学研究及其应用	三亚市人民医院，中国疾病预防控制中心传染病预防控制所，海南医学院第一附属医院	陈　海　朱　雄　郑　宵　林　容 黎元莉	
19	全国名中医林天东学术思想、临床经验的传承与推广	海南省中医院，海南省食品检验检测中心，中国医学科学院药用植物研究所海南分所，海南睿天名医传承中医有限公司	林天东　唐　菲　刘洋洋　邢益涛 吴维炎　林学英　卓进盛　林佩芸	
20	热带花卉采后处理关键技术研究与应用	海口海关热带植物隔离检疫中心	潘英文　林明光　陈施明　王安石 韩　松　周　慧	三等奖
21	天然橡胶价格波动及其风险管控	中国热带农业科学院橡胶研究所	刘锐金　魏宏杰　杨　琳　莫业勇 何长辉　伍　薇	
22	海南省台风活动预测技术研究与应用	海南省气候中心	吴胜安　吴　慧　朱晶晶　邢彩盈 胡德强　张亚杰	
23	海南岛闪电活动监测应用及研究	海南省气象灾害防御技术中心	劳小青　余　海　周方聪　张廷龙 高　燚	
24	天麻钩藤饮君药有效成分抗高血压机制及制剂开发与应用	海南医学院，中国人民解放军联勤保障部队第九六〇医院（原中国人民解放军第八十八医院），山东第一医科大学第二附属医院（原泰山医学院附属医院）	刘　卫　林明琴　刘永强　张　许 庄勤武　吴传亮	
	国际科学技术合作奖（1 项）			
	候选项目 / 人	国籍	国内合作单位	
25	国际热带农业中心		中国热带农业科学院热带作物品种资源研究所，中国热带农业科学院热带生物技术研究所，中国热带农业科学院环境与植物保护研究所	

【高新技术企业】2019年，海口市新增高新技术企业140家，总量414家，比上年增长51%，占全省566家高新技术企业的73%，实现3年翻一番，其中电子信息企业186家，生物医药企业82家，高技术服务企业82家，先进制造与自动化企业17家，资源与环境企业21家，新材料企业15家，航空航天企业4家，新能源与节能企业7家。全市高新技术工业企业工业总产值314.1亿元，占全省高新技术工业企业工业总产值56.9%，高新技术企业营业收入416.4亿元，占全省高新技术工业企业营业收入56.3%。对2018年高新技术企业认定通过的企业及高新技术产品进行奖励，共发放高新技术产业发展项目资金2221万元。

2019年9月，美国硅谷高科技人才代表团一行5人访问海口，在海南师范大学国家大学科技园内考察交流（市外国专家局 供）

【科技交流与合作】2019年，海口市开展与国内外的科技合作交流，学习借鉴先进经验。市科工信局组织市科技工作管理人员、科技企业和科技园区负责人到北京、上海等地考察学习，强化对接交流。8月13日，由海口国家高新区、海口国家高新区孵化器运营管理有限公司、新加坡佳士科技创新工场与武汉光电工研院共同发起创建的“新加坡—海口国家高新区国际创新创业中心”在新加坡揭牌。这是海南省首个具有招商引资、项目共同孵化、人才引进多功能研发孵化、科技成果转移转化等多项功能的海外离岸孵化器。海口国家高新区与南非金雅迪国际创新服务中心共建“南非创新合作中心”，组织海口国家高新区南非院士科学家项目路演暨签约活动，来自南非的10名知名科学家分别带来声呐探测技术、金属部件高速3D打印系统、选择性透光农用薄膜等10个项目进行路演，达成3个项目合作意向。

【科技人才队伍建设】2019年，海口市科工信局落实人才激励政策，提高人才专业素质水平，充分调动高校、企业人才的积极性，激发人才队伍的活力，加快建设开放的人才引进奖励管理使用流动机制，重奖在科技创新中做出突出贡献的科技人员。对企业专业技术人员进行补贴，有48家企业1145名专业技术人才符合条件，补贴390.6万元；对企业高管进行奖励，有31家企业211名高管符合条件，奖励573.41万元。举办2019年工业工程系列专业技术资格评审会，同意56名专业技术人员晋升中级职称，32名专业技术人员晋升初级职称。兑现省、市互联网产业发展专项资金中个人所得税奖励、社保补贴、住房补贴等人才奖励1031.69万元。同时，做好人才落户推荐，全年推荐20家企业20名人才落户。实施人才住房保障，推荐1名高层次人才（领军人才）入住人才公寓，审批5名外籍人才申领住房补贴，吸引中外人才长居海口。（黄丹丹）

科技平台

【概况】2019年，海口市新增国家级科技企业孵化器1家、省级重点实验室8家、省级工程技术研究中心27家、省级众创空间2家、备案市级众创空间5家，依托中国热带农业科学院热带生物技术研究所等单位筹建省级院士工作站49家。年末，拥有市级及以上重点实验室79家（国家级1家、省级43家、市级35家），市级及以上技术研发中心94家（国家级4家、省级66家、市级24家），省级院士工作站28家，市级以上科技企业孵化器、众创空间总数43家。

【创新创业载体建设】2019年，海口完成海南省质量管理公共服务平台等5家市级众创空间的备案工作，新增省级众创空间2家。海口国家高新区孵化器获批为国家级科技企业孵化器，成为海南省第二家获批的国家级科技企业孵化器。至年底，海口市有创新创业载体43家，其中政府重点打造的有复兴城互联网创新创业园、海南数据谷、海口国家高新区孵化器3家，高校自主建设的有海南师范大学国家科技园1家，企业自主创办的有海南互联网+众创中心等40余家，有137家次园区企业获得省互联网天使投资基金和社会资本投资28亿元以上。

2019年海口市新增省级重点实验室一览表

表41

序号	实验室名称	申报单位
1	海南省食品营养与功能食品重点实验室	海南大学
2	海南省热带生态循环农业重点实验室	中国热带农业科学院环境与植物保护研究所
3	海南省热带特色花木资源生物学重点实验室	海南大学
4	海南省南繁生物安全与分子育种重点实验室	中国热带农业科学院热带生物技术研究所
5	海南省计算机科学与应用重点实验室	海南师范大学
6	海南省热带园艺作物品质调控重点实验室	海南大学
7	海南省农林环境过程与生态调控重点实验室	海南大学
8	海南省热带脑科学研究与转化重点实验室	海南医学院

2019年海口市省级以上科技企业孵化器一览表

表42

序号	孵化器名称	申报单位	级别
1	高新区孵化器	海口国家高新区孵化器运营管理有限公司	省级、国家级
2	复兴城互联网创新创业产业园	海南复兴城产业园投资管理有限公司	省级
3	海南数据谷	海南数据谷投资发展有限公司	省级
4	江东电子商务产业园	海口恒正实业有限公司	省级
5	海南灵狮创意产业投资有限公司	海南灵狮创意产业投资有限公司	省级

2019年海口市省级及以上众创空间一览表

表43

序号	名　　称	申报单位	级别
1	海口车库咖啡	海口车库咖啡孵化器运营管理有限公司	省级、国家级
2	海口市青年电商创客空间	海南行一教育科技有限公司	省级
3	海口国家大学科技园众创空间	海南师范大学科技园管理有限公司	省、国家级
4	海南互联网＋众创空间（海口中心）	海南日报责任有限公司	省级、国家级
5	海口市新华信息产业孵化园	海口市新华信息产业孵化园	省级、国家级
6	海南省科协科技成果转移孵化基地	海南星德瑞科技成果转化有限公司	省级
7	海口科技创新服务中心创业孵化基地	海口伯睿科技创新服务中心有限公司	省级
8	海创公社众创空间	海南壹联邦实业有限公司	省级
9	漫游谷众创空间	海南天成宏业互联网投资有限责任公司	省级
10	三人咖啡众创空间	海南众创投资服务有限公司	国家级
11	海口国家高新区阳光众创梦工厂	海南阳光智国网络科技有限责任公司	省级
12	海口滨海国际中小企业总部基地众创空间	海南莱茵河商业管理有限公司	省级
13	玉螺众创空间	海南玉螺企业管理有限公司	省级
14	海南智谷智慧产业园	海南海商智谷产业园运营管理有限公司	省级
15	仝君孵化器	海南仝君管理咨询有限公司	省级
16	智汇教育众创空间	海南智慧游数字技术有限公司	省级
17	树懒管家众创空间	海南树懒科技有限公司	省级
18	聚能科技创新创业空间	海南聚能科技创新研究院有限公司	省级
19	创享汇众创空间	海南创享汇产业园管理有限公司	省级

【科技扶贫示范点建设】2019 年，海口市科工信局抓好科技扶贫示范村（户）创建工作。根据海南省科技厅科技扶贫示范“百村千户”创建工作要求，制定《海口市科技扶贫示范村（户）创建工作实施方案》，分别在 4 个行政区内遴选出第一批次 4 个科技扶贫示范村和 25 户科技扶贫示范户进行创建，其中秀英区示范村 1 个、示范户 5 户，龙华区示范村 1 个、示范户 5 户，琼山区示范村 1 个、示范户 10 户，美兰区示范村 1 个、示范户 5 户。年底，第一批科技扶贫示范村（户）创建工作完成。（黄丹丹）

2019 年 8 月 26 日，海口市科工信局在秀英区东山镇城西村开展“海口市科技特派员农业科技服务之瓜果种植技术培训”（刘婷艳 摄）

科技成果

【概况】2019 年，海口市新增技术登记企业 27 家，受理的技术合同 314 件，合同成交总金额 55928 万元，其中技术交易额 53331 万元，企业可减免税收 1599 万元。通过省级认定的高新技术项目和产品累计有 404 个（高新技术项目 149 个，高新技术产品 255 个）。

【科技成果转化】2019 年，海口市出台《海口市人民政府关于鼓励科技创新的若干政策及实施细则》，鼓励支持企事业单位科技成果转化，加强科技成果转化平台建设。鼓励企业申报省级科技计划项目，年内，海口市高等院校、科研单位和企业获省级科技计划立项支持 180 项，获批项目资金 8174.2 万元，占全省重点专项资金的 85%。海南葫芦娃药业集团股份有限公司的“小儿肺热咳喘颗粒的制备方法”获得第二十一届中国专利优秀奖。至年底，全市通过省级认定的高新技术项目和产品共有 404 个（高新技术项目 149 个，高新技术产品 255个）。

【技术合同认定登记】2019 年，海口市科工信局提升政府创新服务水平，积极做好项目认定前期及后续服务工作。简化认定登记工作流程，在网上公布政策内容、申报条件、详细流程及具体要求，压缩审批时限，进一步提高审批效率。全年新增技术登记企业 27 家，受理的技术合同 314 件。其中，技术开发 269 件、技术转让 10 件、技术服务 35 件；合同成交总金额 5.59 亿元，其中技术交易额5.33 亿元，企业可减免税收 1599 万元。

【农业科技创新与推广】2019 年，海口市农业农村局与省农科院、海南新发地现代农业发展有限公司、海口统历岭蔬菜种植专业合作社合作，在瓜类、豆类、叶菜等蔬菜上展示黄蓝板、植物免疫诱导等绿色防控技术 52 公顷。在云龙镇、红旗镇、三门坡镇、新坡镇、龙泉镇、城西镇、东山镇、永兴镇建立有机肥替代化肥示范点，示范面积 190 公顷。建立科技示范基地 3 个和农民田间学校 3 所。完成 240 户科技示范户和 4 名特聘农技员筛选，统一印制科技示范户门牌及手册。与海口优图科技有限公司合作建设“海南农技通”公共微信平台，为农技员、农户网上学习专业知识、发布工作信息、咨询有关专业问题等提供平台。在云龙镇、红旗镇、三门坡镇、大坡镇、新坡镇、龙泉镇、东山镇、永兴镇、城西镇举办技术培训班 42 期，培训农技员及农民 1673 人次。在云龙镇、红旗镇开展第十五届科技活动月农业科技下乡活动，组织热作、植保、土肥、瓜菜、信息技术等专业的专家 29 人次在现场坐诊，展示病虫害等图谱 24 张次。在龙泉镇、东山镇、三江镇、甲子镇开展 2+X、钙肥、硼肥肥效及校正试验等 6 个苦瓜和水稻肥效试验，确定相关养分适宜的施用量，为高产、经济、环保施肥提供科学依据。在云龙镇、甲子镇等镇开展水稻病虫害统防统治工作，防治面积 1000 公顷。

【科技下乡服务】2019 年，海口市科工信局组织开展农业科技培训。全年各区分别组织荔枝栽培和电商创业、猪流行疫病防治技术等 22 场培训，通过组织电子农务和农业科技培训，采取现场授课与参观学习相结合方式，对电子农务信息员进行培训，向农民传授先进种植养殖技术。开展科技特派员贫困村全覆盖工作。根据《海南省打赢脱贫攻坚战指挥部关于做好科技特派员贫困村全覆盖工作的通知》要求，市科工信局以“农业科技 110”服务站为依托，选派 24 名科技特派员结对帮扶贫困村，实现全市22个贫困村（“十二五”至“十三五”时期的总数）科技特派员全覆盖。全年共组织全市科技特派员入村科技服务3000余次，有效帮助农户实现增产增收。组织开展科技普及活动。通过开展科技“三下乡”、科技活动月等活动，在秀英区西秀镇、石山镇，龙华区龙泉镇，琼山区甲子镇、红旗镇，美兰区演丰镇免费向参加农户发放科普、农业、林业、热作、水产、畜牧技术等宣传资料2万多份，为群众答疑解惑，约2000人参加活动，培训当地农民及贫困户约300人。同时，引导镇村居民注册椰城市民云，通过市民云了解掌握海口市科技政策和工作动态。创建第一批4个科技扶贫示范村和25个科技扶贫示范户。组织开展2019年电子农务专项资金项目申报，立项11个。

（黄丹丹）

2019年12月20日，海口商标受理窗口启动仪式在滨海公园路1号海口市政府服务中心一楼举行，标志着国家知识产权局商标局海口商标受理窗口正式启动

（市市场监管局 供）

知识产权服务

【概况】 2019年，海口市认真贯彻实施国家知识产权发展战略，逐步健全知识产权工作体系，提升知识产权申请数量和质量，加快推动知识产权工作步入城市发展的主干道，知识产权创造、运用、管理和服务水平显著提高，为提升城市创新驱动发展能力提供有力支撑。全年全市专利申请总量6451件，专利授权总量3017件，每万人有效发明专利拥有量9.83件；实施“专利消零”工程，帮助68家“零专利”企业共申请专利404件，获授权136件。海南葫芦娃药业专利获得第二十一届中国专利奖；海口国家高新技术产业开发区获批国家知识产权示范园区，龙华区获批国家知识产权强县工程试点县（区）；海南华

2019年海口市专利申请量统计表

表44 单位：件

月份	专利类型			合计	在三种专利申请中					合计
	发明	实用新型	外观设计		个人	大专院校	科研单位	工矿企业	机关团体	
1	137	361	87	585	112	76	37	346	14	585
2	74	169	28	271	69	32	13	153	4	271
3	62	324	35	421	55	26	42	294	4	421
4	134	241	72	447	90	86	21	243	7	447
5	128	391	52	571	91	89	47	341	3	571
6	124	384	46	554	158	73	32	269	22	554
7	130	378	48	556	72	87	37	350	10	556
8	125	435	41	601	79	55	43	413	11	601
9	114	263	40	417	68	34	45	257	13	417
10	116	350	41	507	81	52	36	329	9	507
11	169	429	44	642	174	57	27	375	9	642
12	215	623	41	879	153	79	39	602	6	879
合计	1528	4348	575	6451	1202	746	419	3972	112	6451

2019 年海口市专利授权量统计表

表 45 单位：件

月份	专利类型			合计	在三种专利申请中					合计
	发明	实用新型	外观设计		个人	大专院校	科研单位	工矿企业	机关团体	
1	32	124	36	192	32	40	19	99	2	192
2	12	112	35	159	30	16	16	96	1	159
3	33	112	37	182	45	27	18	82	10	182
4	32	180	57	269	63	33	10	157	6	269
5	28	199	51	278	51	16	13	190	8	278
6	29	181	41	251	39	29	23	154	6	251
7	45	180	40	265	47	51	16	142	9	265
8	23	188	26	237	36	32	16	149	4	237
9	34	190	35	259	39	31	34	144	11	259
10	28	179	40	247	41	34	19	152	1	247
11	31	206	51	288	62	41	19	158	8	288
12	30	324	36	390	46	44	38	253	9	390
合计	357	2175	485	3017	531	394	241	1776	75	3017

侨中学获得首批全国中小学知识产权教育示范学校，海口市第一中学获得第四批全国中小学知识产权教育试点学校。

【专利申请与授权】2019 年，海口市专利申请 6451 件，比上年增长 31.9%，占全省 69.4%；专利授权 3017 件，增长 35%，占全省 68.2%，其中发明专利 357 件、实用新型专利 2175 件、外观设计专利 485 件，分别增长 9.2%、46.7%、14.4%。PCT 国际专利申请 22 件，占全省 88%。全市有效发明专利 2264 件，占全省 71.9%，每万人有效发明专利拥有量 9.83 件。

【专利执法】2019 年，海口市知识产权管理部门组织专利常态化执法巡查 50 多次，出动人员 200 多人次、执法车辆 50 多车次，检查会展、商场、中小微商铺等企业 200 多家次，排查各类商品数百万件，查处专利违法案件 47 宗，结案率 100%。处理专利侵权纠纷案 4 宗。知识产权市场环境和秩序明显改善。

【知识产权创造与运用】2019 年，海口市制定出台支持知识产权质押融资政策，引导和扶持科技型中小企业通过知识产权质押融资获得所需资金。鼓励金融机构加大开展知识产权融资服务，拓宽企业融资渠道，提高企业知识产权运用能力。年内，有 8 家企业通过专利质押获得融资金额约 4.39 亿元，2 家企业通过商标质押获融资金额 1.03 亿元。在德国纽伦堡国际发明展上，海口市第一中学参赛团队所携的“自动寻光花盆”“小型智能隧道旋挖机”“磁力锁防盗门”以及“智能四合一水杯”4 个参赛项目共获一金三银。（陈慧芳）

气象科技

【气象业务运行】2019 年，海口综合观测站高空业务设备稳定运行率 99.68%，较上年下降 0.32%；到报率 99.54%，下降 0.64%；探空高度 29240 米，雷达综合测风高度 28103 米，雷达单独测风高度 20189 米，略低于上年平均值，全部完成业务技术指标；海口站地面业务应传文件数 8760 份，设备稳定运行率、到报率 100%，提升 0.01%，数据可用率保持 100%。地面高空综合业务评分 96.97 分，酸雨观测、日照数据及辐射观测到报率均为 100%。琼山站应传文件数 8760 份，设备稳定运行率、到报率和数据可用率均为 100%，地面气象观测质量 100 分；农气观测错情率为 0.0‰，土壤湿度观测和水库水情监测运转正常。8 月 1 日起，海口市气象局取消日照人工观测业务，光电式数字日照计自动观测数据作为正式观测记录，转入正式业务运行。9 月 24 日，完成 TCYⅡ1 型酸雨自动观测系统设备安装及调试工作。

【气象防灾减灾】2019 年，海口市气象局按照“政府主导、部门联动、社会参与”的指导思想，做好气象监测、预报、预警和服务工作，发布气象灾害预警信号 309 期，气象预报预警信息 200 余万条。加强气象法律法规和气象科普宣传，深入社区、学校、乡村开展气象宣传 11 次，发放气象法律法规和科普宣传资料 15000

2019 年 3 月 20 日，海口市气象局在市第四中学，围绕 2019 年世界气象日主题“太阳，地球和天气”开展气象科普讲座　（邱雯娴 摄）

份，举办科普讲座 5 次，制作气象科普图文作品一套 50 幅。9 月 30 日，在流水坡、君尧、电力村、下洋社区和甲子村委会建成 5 个气象科普示范社区，指导铁桥、泰华社区申报全国综合减灾示范社区。“新型能见度观测设备提升琼州海峡通航气象服务保障能力”优秀科普作品被省气象局推送参加 2019 年气象科技活动周南京主场活动。

【气象灾害预警平台建设】2019 年 1 月 29 日，海口市气象局完成琼州海峡气象监测预警项目第一期工程建设，在海口新海港、秀英港和徐闻北港建成 3 个激光能见度监测站并投入使用，该项目的建设填补琼州海峡大雾的监测空白，进一步提升海峡气象服务保障能力。12 月 24 日，市气象监测预警中心项目用地置换为西海岸南片区控规报批成果 G2601 地块范围，拟用地面积约 2 公顷，用地性质为科研用地。至 12 月底，海口市决策气象服务平台进入试运行阶段；政务信息整合资源管理平台完成建设任务70%。

【气象保障服务】2019 年，海口市气象局围绕服务经济社会发展和保障人民安全福祉等中心任务提供优质高效的气象服务保障，完成春运、台风“杨柳”“剑鱼”“木恩”和热带风暴“韦帕”等气象服务保障工作，共发布《重要气象信息快报》43 期、《重大气象信息服务专报》172 期，其中春运 37 期、非洲猪瘟 86 期、海口国际马拉松 7 期，第十届环海南岛国际大帆船赛专题天气预报 20 期等，建立完善海口城市积涝预报预警服务平台，多渠道发布城市内涝预警 43 期等，跟踪做好市区短时临近定量分区降水预报。建成能见度激光雷达，在春运期间，根据能见度雷达监测发布 3 个港口 8 次分区域精细化大雾预警信号，为海峡调度抢运提供决策依据。

【“三农”气象服务】2019 年，海口市气象局根据中国气象局乡村振兴战略和脱贫攻坚的具体部署，加快推进现代气象为农服务体系建设，完成海口短时临近决策系统升级、海口市农业气象服务保障系统、基层气象防灾减灾“六个一”业务平台建设及全市台风、暴雨、低温、高温灾害风险区划及大坡镇、甲子镇、云龙镇等 10 个乡镇台风、暴雨、低温、高温精细化灾害风险区划编制等工作，继续加强与省农科院蔬菜所的合作交流，每周制作发布一周天气预报和瓜菜农事建议。同时，针对全市主要的“菜篮子”生产基地以及蔬菜调运工作开展台风、海上大风、大雾、强冷空气等精细化气象服务，为全市水稻、莲雾、荔枝、蔬菜种植生产开展专项气象服务，并积极开展农作物气候适应性分析和农产品气候品质认证等工作。4 月 29 日至 6 月 15 日，适时开展人工增雨抗旱作业，投入人力 82 人次，出动增雨作业车 24 辆次，开展人工增雨作业 11 次，发射炮弹 29 枚，取得较好的增雨效果。

【气象社会管理】2019 年，海口市气象局加强对防雷减灾、施放气球安全、气象信息发布、气象探测环境保护等方面的管理工作。对海口市登记在册的 144 家加油（气）站、爆破公司等易燃易爆场所及观澜湖旅游度假区（含新城疯狂水上乐园等）和长影环球 100 奇幻乐园等 4 个旅游景区开展防雷安全专项检查，责令整改防雷安全隐患 13 家，建立危险化学品“一企一档”防雷安全档案 144 份。此外，开展施放气球专项巡查 8 次，未发现有非法施放系留气球现象，开展气象探测环境执法 1 次。

（钟文婷）

（编辑：吴坤涛 赵华锋）

教 育

综 述

【概况】2019年，海口市共有5所新建公办中小学建成投入使用，设立一中南海分校，新增学位1.22万个；新扩建的4所公办幼儿园投入使用，新增学位1260个。上海世外附属海口学校以及哈罗公学项目开工建设，北师大海口附属学校小学部开学招生，进一步满足老百姓日益增长的优质教育需求。年内，市教育主管部门通过改造办公室、功能室和分流腾班，努力减少现有大班额存量，66人以上超大班额数全部消除，超额完成年度的义务教育阶段消除大班额专项工作目标任务。启动公办中小学空调配置安装项目，计划3年内覆盖全市公办中小学，2019年投入6500万元完成20所学校的空调安装工程。投入7267万元的教育信息化一期工程完成建设，覆盖全市319所中小学校、部分中职学校和幼儿园，为迈向教育信息化2.0时代打下坚实基础。投入2636万元建设中小学校游泳池21个，部分投入使用。

2019年，有114所民办幼儿园申请并通过普惠性民办幼儿园的认定，全市共有197所普惠民办幼儿园，在园幼儿3.5万人，完成普惠性民办幼儿园在园幼儿占比30%以上的工作目标。《2019年秋季海口市小学初中入学信息联合审核工作方案》落地实施，实现一站式审核，初审由原来的1个月缩短到10天。稳步有序推进中职学校布局调整。联合市委编办等11个部门建立健全校外培训机构治理联席会议工作制度，各区基本完成校外培训机构治理工作，全市证照齐全的合法培训机构总数348家。建立健全社区教育市、区、乡镇（街道）和村（社区）四级办学网络，在海口旅游职业学校挂牌成立海口市社区教育指导中心。

在全国范围先后引进687名教师，其中副高级以上专业技术职称人才16名，有效提升海口市师资力量。多名教师获得教育部荣誉表彰，卢国仁获全国模范教师称号，王嫣雪获全国优秀教师称号，许燕云入选教育部“乡村优秀青年教师”培养奖励计划。全面推进公办学校食堂“透明厨房”建设，50所学校完成建设任务，2所学校食堂获“省级示范学校食堂”称号。年内，有16所学校被评为国家级、省级校园足球特色学校（国家级7所，省级9所）；制定出台《海口市2019—2020年学校美育工作改革与发展实施方案》，3所学校被省教育厅授予“2018—2020年度海南省中小学美育示范学校”；3所学校被湿地国际中国办事处专家授予“湿地学校”称号；12所学校被授予“海南省毒品预防教育示范学校”。市教育局先后被授予“海南省‘七五’中期先进集体”“海南省‘三区’优秀支援单位”“海口市创建国际湿地城市工作先进单位”“海南省边远乡村教学点小学教师培训项目先进单位”，教师队伍建设优秀案例被推选为“全国教师队伍建设十大优秀案例”，海口市滨海第九小学获全国教育系统先进集体等。

2019年12月21日，“共享海南自贸区（港）发展机遇 知名教育企业海口行”推介活动举行。现场，海口市教育局与上海四季教育培训有限公司等3家机构签订合作框架协议

（市教育局 供）

【教育经费投入】2019年，海口市教育投入41.2亿元。其中，投入12亿元用于北师大海口附校（初中部、小学部）、康安学校（含幼儿园）、长滨小学、坡巷小学、新海学校（迁建）、英才小学滨江分校、长彤学校、新一轮增加学位改扩建项目等建设项目，投入9094万元用于新投入使用学校的设备配备及其他学校的设备采购及运行维护等项目；投入6500万元为全市20所公办学校（6所高中及14所中考考点）1199间教室安装2398台空调；投入1.25亿元用于公办幼儿园建设、改善公办幼儿园办学条件、支持企事业单位集体办园、普惠性幼儿园奖补、学前教育助学券、乡镇公办幼儿园保运转等支持学前教育发展项目；投入2.41亿元全面免除义务教育学校学杂费、教科书费和作业本费，并落实国家各项学生资助政策。

【教育督导】2019年，海口市开展中小学（幼儿园）办学（园）水平督导评估、各种教育专项督导以及全国义务教育质量监测。全市共有省级规范以上学校（含省普通高中一级学校）41所。加强学前教育督导评估，对申报省、市级（市示范、市一级）的44所幼儿园开展过程性督导；完成1所幼儿园申报省示范园的评估。完成27所申报市级幼儿园的督导评估工作，终结性评估认定为省示范幼儿园1所、市示范幼儿园10所、“市一级”幼儿园15所。完成对4个区80个样本校四年级、八年级学生语文、艺术课程的教育质量监测工作。开展中小学开学专项检查督导、校园欺凌专项督导、幼儿园办园行为督导评估和“小学化”治理、消除义务教育学校“大班额”等专项督导工作。跟踪督办完成省政府对海口市各区第三轮县级政府教育工作督导评估的整改工作。

【国家各项学生资助政策落实】2019年，海口市落实学前贫困家庭幼儿教育资助金资助4592人次，发放298.48万元；“三免一补”落实工作，投入资金2.41亿元全面免除义务教育学校学杂费、教科书费和作业本费，补贴义务教育阶段贫困寄宿生生活费486万元，受助学生8438人次；普通高中国家助学金资助3944人次发放382.5万元，免除1116人次建档立卡等家庭经济困难学生学费、课本费、作业本费和住宿费86.52万元；落实中等职业学校国家助学金资助学生2958人次，发放金额295.8万元，免学费项目资金完成划拨4972.7万元；涉农免住宿费教材费26.55万元；完成2019年贫困大学新生资助活动（爱心助学活动和计生奖励项目），爱心资助贫困家庭大学新生146人资助金73万元，计划生育特困家庭子女大学新生奖励48人24万元；完成生源地信用助学贷款办理工作，共向3130名大学生发放助学贷款2197.72万元。完成教育精准扶贫攻坚战，向建档立卡贫困家庭学生、农村低保和特困供养学生发放特惠性金资12347人次2168.68万元。

【教育对口帮扶】2019年，海口市教育研究培训院按照蹲点帮扶方案组织教研员继续深入美兰实验小学和海景学校蹲点帮扶。按照“专家指定授课内容——年级全体教师独立备课——教师抽课说课——专家点评提升——学校教师第二轮抽课上课——专家二次点评提升”的方式聚焦课堂，全员参与。全年语文、数学、英语三科的帮扶专家深入美兰实验小学和海景学校诊课90余节，研讨交流50余次，开展微型讲座20余次、大型专题讲座9次。5月18—19日，受定安县教育教学研究中心委托，组织由9个学科，近30位教研员、骨干教师、学科专家组成的帮扶专家团队赴定安县，为定安中考把脉。

3月，市教育局组织28位海南特级教师、学科带头人（工作坊领衔专家）作为指导专家的调研评估队伍，对24所中小学校幼儿园和24个学科（领域）工作坊开展为期4周的深度现场调研评估活动，深入了解海口市各项教师研训活动开展的实际效果，查摆各校各幼儿园校（园）本研训和市级各类研训活动中存在的问题，做到精准施训。利用优质教学资源辐射帮扶24所农村中小学幼儿园基地校（园）建设。

6—10月，重点打造农村基地校（园）建设，充分挖掘各级基地校的优质资源，研发“田园课程”，借助乡村教师培训项目推动16所农村小学幼儿园基地校（园）建设，引领农村学校开设富有特色的“田园课程”，全面推进农村学校文化及教师队伍建设，促进义务教育的均衡发展，参训总人数1223人。

10—12月，遴选100名中小学校长组成中小学“种子”校长工作坊，参与2019年教育部—中国移动（海南省）中小学校长网络研修项目，对省内12个中西部市县开展教育帮扶活动：通过“送培进校”诊断式培训及网络研修开展帮扶指导，强化农村中小学校长办学治校水平和实施素质教育能力，大力推进实践性培训，为校长创造更多的自主选学的机会，提升培训的针对性，确保按需施训；通过培训，进一步加大培训模式改革创新力度，有效利用“送培进校”诊断式培训，提高中西部地区中小学校长对学校办学的自我诊断与发展规划能力，提升培训的实效性。参与该项目总人数1048人（含100名辅导团队成员）。11—12月，协助中国教师研修网实施“国培计划”——海南省乡村中小学教师送教下乡为期2个月的培训活动，借助海口市骨干教师工作坊团队的力量对全市农村中小学教师开展送教到校活动，受惠教师8530人。

【教师队伍建设】2019年，海口市教育局在全市公（民）办普通中小学、幼儿园、特殊教育机构、中等职业学校教师中开展师德师风建设提升工程活动，引导广大教师不忘初心、牢记使命，全面践行新时代教师职业行为十项准则，打造一支政治素质过硬、业务能力精湛、育人水平高超的高素质教师队伍。年内，海口市滨海第九小学获“全国教育系统先进集体”荣誉称号，市第一中学卢国仁教师获“全国模范教师”荣誉称号，海南华侨中学王嫣雪教师获“全国优秀教师”荣誉称号，龙华区新谭小学许燕云教师入选教育部“乡村优秀青年教师”培养奖励计划；受海南省教育厅表彰的全省优秀教师和全省优秀教育工作者有13名。5月，开展“海南省第四届中小学教坛新秀”选拔活动，在拟推荐的33名教师中有25名获得“海南省第四届中小学教坛新秀”的称号。联合市文明办在全市教师中开展评选2018—2019学年度“百名最美教师”活动，组织广大教师学习国内师德楷模及全市“最美教师”的先进事迹，大力宣传身边的师德先进典型。继续开展“万名教师访万家”活动，密切家校联系。严肃查处违反师德行为，层层落实禁止违反师德师风行为，落实“一票否决”制度。

为加强乡村教师人才队伍建设，4个区招录乡村小学定向免培生9名，乡镇幼儿园定向免培生23名。为补充并加强师资力量，市教育局先后公开招聘教师5次，共503名。其中，面向全国招聘中小学幼儿教师209名，面向全国公开选调骨干教师78名、公费师范生9名，“聚四方之才”招聘校长2名、教师132名，北师大海口附校和人大附中海口实验学校自主招聘73名。4个区面向全国公开招聘教师498名，其中秀英区175名，龙华区200名，琼山区41名，美兰区82名。通过顾问指导、“候鸟”服务、短期兼职、退休返聘等柔性引进外籍教师6名、校外兼职教师11名。2019年，有444名教师获得初级教师资格，403名教师获得中级教师资格，306名教师获得高级教师资格。深化教师管理制度改革，制定《海口市中小学和幼儿园教师“市（区）管校聘”管理改革实施方案》《海口市教师绩效考核奖励分配改革实施方案》《海口市教师退出教学岗位实施办法》报市政府审定。

【教育基础设施建设】2019年，海口市教育局全面实施“一校两园”和“第二轮增加学位”项目建设，加快学前教育工程、重点项目以及为民办实事项目建设。椰博小学、英才学校扩建项目、长滨小学、坡巷小学和长彤学校投入使用，新增公办义务教育学位1.04万个。琼山区铁桥幼儿园、港湾幼儿园、秀滨幼儿园和美兰区中心幼儿园4所新扩建公办幼儿园如期竣工，新增公办学前教育学位1260个；白沙门小学、新埠中心小学、海联中学、府城中学、琼山十二小和农垦三小六个“第二轮增加学位”项目相继开工建设，建成后可新增公办义务教育学位3510个。根据2019年度“为民办实事”工作计划，如期完成海口市公办学校教室空调全覆盖工程（一期）工程建设。结合市棚户区改造项目进程，基本完成坡巷、龙岐和新海学校建设，新增公办义务教育学位5980个。继续协助有关单位编制各改造片区配建学校设计任务书，办理配建学校的规划许可等前期手续。下洋瓦灶片区海口实验中学扩建、面前坡片区九年一贯制学校、坡博片区九年一贯制学校、盐灶八灶九年一贯制学校、红城湖片区九年一贯制学校、琼山二中四小扩建、新海片区九年一贯制学校等办理项目前期工作。

2019年海口市教师队伍基本情况统计表

表46　　单位：人

类别		全市			市直属			秀英区			龙华区			琼山区			美兰区		
		专任教师	其他岗位	小计	专任教师	其他岗位	小计	专任教师	其他岗位	小计	专任教师	其他岗位	小计	专任教师	其他岗位	小计	专任教师	其他岗位	小计
公办学校	中学	6258	364	6622	3277	243	3520	566	16	582	798	29	827	756	42	798	861	34	895
	小学	8281	163	8444	827	21	848	1362	8	1370	2066	56	2122	2038	25	2063	1988	53	2041
	幼儿园	779	41	820	304	31	335	132	0	132	117	8	125	139	2	141	87	0	87
	职业教育	588	126	714	588	126	714	0	0	0	0	0	0	0	0	0	0	0	0
	特殊教育	136	24	160	136	24	160	0	0	0	0	0	0	0	0	0	0	0	0
	合计	16042	718	16760	5132	445	5577	2060	24	2084	2981	93	3074	2933	69	3002	2936	87	3023
民办学校	中小学	3241	1290	4531	1565	871	2436	349	205	554	435	0	435	431	186	617	461	28	489
	幼儿园	8995	5304	14299	110	62	172	2717	1913	4630	2424	0	2424	1941	1863	3804	1803	1466	3269
	职业教育	430	127	557	430	127	557	0	0	0	0	0	0	0	0	0	0	0	0
	合计	12666	6721	19387	2105	1060	3165	3066	2118	5184	2859	0	2859	2372	2049	4421	2264	1494	3758
公办民办合计		28708	7439	36147	7237	1505	8742	5126	2142	7268	5840	93	5933	5305	2118	7423	5200	1581	6781

【学校安全管理】2019年，海口市、区职能部门落实学校安全工作职责和任务，组织各区教育局及市直属学校、幼儿分管安全工作的领导和相关人员共180名进行学校安全应急管理知识培训。组织全市学校保安员150名参加岗位能力培训工作。加强学校及周边安全综合治理，加大日常监督、管理频次和力度，并将学校周边一定范围划定为学校学生安全管理区域，加强区域内交通管理、治安防控、校园及周边环境综合治理等，开展各类职能部门联合检查督查共35次。全面落实中小学校（幼儿园）人防、物防、技防“三防”建设和安全管理各环节、各岗位职责，形成完整安全管理制度体系。开展安全生产隐患大排查大整治，全市各学校共组织人员1.34万人次，排查出安全隐患182项，排查出的问题落实闭环管理，全部按要求落实整改。市、区各中小学在学科教学和综合实践活动课程中渗透公共安全教育内容，多途径、多方式开展防溺水、交通、消防、食品安全、疾病预防、特种设备安全、中毒、伤害、性侵害、反欺凌、反校园暴力、反恐怖行为等安全教育活动。市教育局、市交通局、市交警支队密切协作，规范校车审验及安全管理，完善校车台账，落实校车安全主体责任；在上学、放学时间段，加大对学校门口及周边路段交通秩序管控和巡逻管控。根据《海口市防冲撞设施建设试点实施方案》，和市反恐办联合推进防冲撞硬隔离设施建设工作，先后指导海南华侨中学、海口实验中学、湖南师大附中海口学校、海口市第十一小学等21所中小学校完成防冲撞硬隔离设施建设。中小学幼儿园自2017年开始实施“明厨亮灶”工程以来，至2019年全市941家学校（幼儿园）食堂实现全覆盖。自2018年海口延伸实施“互联网+明厨亮灶”工程，至2019年覆盖超500家学校（幼儿园）食堂。2019年5月，正式将“信用+溯源”模式纳入海口中小学校食品追溯信息化管理工程，在29所市直属公办学校的32个食堂试点食材追溯，通过建立食品安全信用信息数据库、市场经营主体信用档案和“信用红黑名单”制度，充分保障海口师生食品安全。落实暑期学生安全工作内容，开展中小学生防范暑假溺水与交通安全工作宣传。联合市政法委等部门加大对校园周边环境的整治力度，对校园周边200米内开展综合整治，辖区派出所每天安排警力在学校周边巡逻，防范校园暴力突发事件。健全未成年学生权利保护机制，严禁体罚、性骚扰、性侵害等侵害未成年学生人身健康的违法犯罪行为出现，防范、调查与处理的制度机制得到进一步完善。和市公安局创新提出“护校安园联盟”理念，创建由各级教育部门、学校教职工、学生家长、保安员、校园周边企事业单位、摊贩、商户、村（居）委会、镇街等社会各界力量和公安机关治安、交警、城警等警种组成的“护校安园联盟”，保障校园师生人身财产安全。

2019年，海口市教育局与市公安局联合成立“护校安园联盟”，保障校园师生安全

（市公安局 供）

【校车安全管理】2019年，海口市有411辆校车在交警部门备案。具有校车驾驶证的驾驶员628人。市教育局、市交通港航局、市交警支队密切协作，规范校车审验审批及安全管理，完善校车台账，落实校车安全主体责任。加强安全检查，督促各学校抓紧申请办理校车标牌，完善校车安全管理台账，加强师生交通安全教育，引导家长不雇用无资质的车辆和驾驶人运送学生。各部门到学校讲授交通安全课360多场次，发放电动车“九不准”教育卡片9676张，组织接近2万人次加大校园周边路段的巡逻管控和整治力度。特别是在上学、放学时间段，加大对学校门口及周边路段交通秩序管控和巡逻管控。交警、交通、教育等部门开展校车安全专项整治5次，深入80多所学校开展校车安全隐患排查，检查校车260多辆，审验校车驾驶人280多名。出动警力480多人次，警车270多台次，未发现驾驶人准驾资格不符、驾驶证件过期等情况；在校车运行线路检查过程中，发现20多处急弯陡坡、临水临崖等危险路段，缺少防撞护栏、防撞墙和减速带提示警告标识标牌等安全设施，并及时协调相关部门完善。对排查工作中发现行驶路线不符合校车停靠标准要求3台，并及时要求相关学校整改完善。

【教育信息化建设】2019年，海口市教育信息化（一期）项目基本建成，全市319所中小学校、教育科研单位通过千兆光纤接入海口市电子政务网教育子网，并通过教育子网连接互联网，由市教育局统筹解决学校互联网宽带资费。建有校园网的学校比例100%，学校普通教室配备多媒体教学设备比例为100%。建成海口市教育资源库，为全市中小学教师提供优质课件132万个、试题288万道、图书期刊15万册、论文18万篇以上。

（李之乔）

基础教育

【概况】2019年，海口市有各类中小学校及幼儿园1114所（不含中等职业学校），其中幼儿园811所，小学198所（含教学点），初中75所（含九年制学校），普通高中29所（含12年制学校、完全中学、高级中学），特殊教育学校1所。全市中小学在校生人数34.13万人，其中小学生21.87万人，初中生8.39万人，普通高中学生3.87万人；在园幼儿11.72万人。

【学前教育】2019年，海口市共有幼儿园811所，其中公办性质幼儿园55所、经认定的普惠性民办幼儿园189所、其他民办幼儿园567所。在园幼儿总数11.72万人，其中公办幼儿园在园幼儿1.53万人，占比13%；普惠性民办幼儿园在园幼儿3.5万人，占比30%；其他民办幼儿园在园幼儿6.69万人，占比57%。

4月30日，十六届市政府第62次常务会议审议通过《海口市普惠性民办幼儿园认定及管理办法》，进一步向普惠性民办园倾斜更多的资金和政策支持。年内共有114所民办幼儿园申请并通过普惠性民办幼儿园的认定，完成普惠性民办幼儿园在园幼儿占比30%以上的工作目标。中央、省级财政学前教育发展专项资金将全部用于普惠性民办幼儿园的奖补和扶持，2018年和2019年共下达奖补资金1462万元，2019年分配给符合条件的189所普惠性民办幼儿园奖补资金4799.31万元。组织开展“我是幼儿园教师”为主题的学前教育宣传月活动，各区教育局和幼儿园以主题开放日、家长讲座等形式组织开展“我是幼儿园教师”主题学前教育宣传月活动，取得良好成效。

【义务阶段教育】2019年，海口市加快实施“一校两园”工程，不断扩大公办学位供给。2019年秋季，海口市长彤学校、长滨小学、英才学校滨江分校、坡巷小学、椰博小学投入招生，龙岐小学建设主体工程完工，上海世外附属海口学校、白驹学校椰海分校开工建设。引进优质教育资源，大力推进北师大初中部和小学部的建设，初中部8月建成，小学部12月动工建设，秋季小学部招生（暂在初中部上课）。3月18日，海口市人民政府、上海均瑶世外教育科技（集团）有限公司以及上海临港经济发展（集团）有限公司，在海南自由贸易试验区建设项目（第三批）集中开工和签约仪式上正式签订《海口市人民政府与上海均瑶世外教育科技（集团）有限公司、上海临港经济发展（集团）有限公司委托管理合作协议书》，海口市政府出资建设上海世外附属学校，委托上海均瑶世外教育科技（集团）有限公司实施管理。实施中小学生游泳教育，游泳培训中小学生38247人，通过考核人数26706人。年内，海口市小学适龄儿童入学率100%，初中入学率100%，义务教育巩固率99.4%。

全市小学28887名六年级毕业生参加小学学业质量监测，报考率99.8%，考生人数增加201人。学业质量监测科目为语文、数学和英语三

2019年海口市各级各类学校和在校学生情况统计表

表47

类别	学校（所）				在校生（人）	
	全市学校		市管			
			公办学校	民办学校		
特殊教育学校	1		1		661	
中职学校	27		4	23	17422	
普通中学	12年制学校	13	2	11	普通高中	38747
	完全中学	13	11	2		
	高级中学	3		3		
	9年制学校	44	15	29	初级中学	83919
	初级中学	31	29	2		
小学	完全小学	153	143	10	小学	218656
	教学点	45	45			

个学科，各科满分均为100分；继续保留学生问卷调查，用以了解学生家庭教育、作业负担、对学科教师的评价、对课堂教学的评价等情况。经统计，全市总合格率61.8%， 总优秀率37.6%，总平均分216.1分，总低分率3.2%。

全市23587名考生参加中考，报考率97.4%，比上年增加0.62%；优秀率（688.5分以上）18.63%，增加2.66%；及格率（486分以上）61.8%，增加0.94%；低分率（243分以下）10.59%，减少0.15%。700分以上高分段人数有3659人，占全省700分以上人数（8101人）的45.16%，整个成绩分布呈正偏态分布。

【义务教育阶段消除大班额专项工作】2019年秋季招生前，海口市大班额班数共1896个，占全市总班数（6135个）的30.9%。其中：超大班额班数321个（市直属学校7个、秀英区7个、龙华区85个、琼山区222个）；大班额班数1575个（市直属学校200个、秀英区200个、龙华区481个、琼山区332个、美兰区362个）。为加快海口市义务教育阶段消除大班额进程，6月，市教育局召开各区教育局局长、市直属学校校长关于消除义务教育大班额工作会议，要求各学校摸准数据，按照“一区一案”“一校一策”的要求制定方案。市教育局建立解决大班额问题工作台账，对大班额实行销号管理，确保消除工作按时间节点完成；统计将班额降到55人后需要教师数和教室数，着手改造教室和招聘教师；秋季开学前完成拆班降额任务。8月，市政府召开专题会议，研究消除义务教育学校大班额有关问题。会议明确，2019年秋季全市大班额占比控制在12%以下，2019年底全市大班额占比控制在10%以下，各区大班额占比不得超过13%；起始年级不得有56人以上班级；不得有65人以上超大班额班级。

各区及市直属学校开展大班额集中摸排，摸清各校、各年级班额底数，建立消除大班额工作清单，形成工作台账，实行动态监管和调控。结合本区本校实际，按照“一区一案”“一校一案”工作要求，制定详细的、可行的消除大班额工作方案：改造办公室、功能室和腾出教室共169间，其中市直属学校21间、秀英区11间、龙华区77间、琼山区29间、美兰区31间；搭建临时板房57间，其中市直属学校5间、秀英区8间、龙华区8间、琼山区25间、美兰区11间；借用校区，金盘实验学校借用坡巷小学6个班、一中南海分校2个班；调整班级，对存在大班额问题的年级进行调整，每班人数控制在55人内；毕业消除，全市共有小学毕业班646个、初中毕业班519个，其中小学有208个、初中有102个大班额班级，毕业共可消除大班额310个；分流腾班，龙峰小学、市二十八小、美苑小学等学校利用新建的龙岐小学、英才小学滨江分校整年级分流，腾出教室分班消除大班额。全市通过拆分班的方式，新增班级数226个。

严格招生，严控起始年级班额。严格执行海口市中小学招生政策，执行城区义务教育公办学校招生联审联查制度，落实“阳光招生”；严格执行招生计划，各校严禁起始年级出现56人以上大班额。

规范转学，减少学籍无序流动。严格执行海南省中小学学籍管理规定，规范转学条件和审核程序，规范中小学生学籍管理系统操作程序，凡是学籍系统显示转入年级存在大班额的现象，学校一律不得接收转学学生。

新建学校，增加学位供给。年内共有5所新建公办中小学建成投入使用，新增学位1.038万个；加快新建学校建设进度，继续加快第二轮改扩建学校进度（共7所），可新增小学学位3060个，初中学位1050个。

增加投入，保障各区师资力量。为满足新增学位的师资需求，海口市、区两级启动教师招聘工作，保障师资力量，确保秋季开学和消除大班额工作顺利完成。2019年秋季全市公开招聘687人，其中市直属学校318人、秀英区80人、龙华区150人、琼山区57人、美兰区82人。为确保消除大班额工作顺利推进，各区政府加大投入，强化经费保障，通过调剂资金、调整预算等方式确保改造基础设施、添置教学设施设备、教师工资等经费。

增加优质教育资源，推进均衡发展。积极探索“区管校聘”和集团化办学等教育综合改革，逐步缩小区域、校际办学差异。同时，优化中小学校布局调整。委托规划院编制《海口市中小学校布局规划（2018–2035）》，科学规划义务教育学校布局。中职学校布局调整，将市第一职业中学改制为义务教育学校，新增1200个初中学位。

2019年秋季开学后，全市大班额下降到309个（占比4.62%），66人以上超大班额数全部消除，实现起始年级无56人以上大班额，超额完成年度的义务教育学校大班额专项工作目标任务。

【普通高中教育】2019年秋季，经海口市批准设立的海南江东高级中学开始招收高中学生。全市招收高一新生14526人，高中阶段教育毛入学率91%。开展基于新高考背景下的全市课堂教与学方式转变的教学教研活动，进行课堂研究，推进教学改革，提高课堂效率。主要按照“大走班”“套餐中走班”和“分层小走班”三种走班模式进行走班。学生走班管理实行“三位一体”，即建立行政班班主任、教学班教师和成长导师“三位一体”的管理体系，明确各自的责任边界、互动方式。全市高考考生共有11058人，其中文科考生3585人、理科考生6915人、艺术考生387人、体育考生171人。高考成绩在800分以上的人数有100人，增加16人；700分以上的人数1230人，增加18人。A批上线率65.81%，减少2.39%。

【民办教育】2019年，海口市共有68所民办中小学校，其中小学17所，初中（含九年制学校）34所，普通高中（含12年制学校）17所。民办学校在校生6.1万人，其中小学生3.22万人、初中生1.42万人、普通高中学生1.46万人。市、区教育行政部门组织开展对全市所属68所民办中小学校年度检查。海口哈罗学校项目加紧建设，项目由哈罗外籍人员子女学校及哈罗礼德学校组成。此外，不断规范民办教育培训机构市场秩序，营造更加公平、有序、和谐的市场环境。在全省率先开展民办教育培训机构专项整治工作，全市摸底排查457家，经全面治理，全市有证照齐全的培训机构共348家。

【中小学招生】2019年，海口市在小学初中招生入学信息审核工作中创新采用联审联批工作机制，公安部门审核户籍、亲属关系、居住证等信息，资规部门审核不动产权证、房产证等信息，住建部门审核购房合同备案信息，人社部门审核社保信息，4个区政府负责组织镇（街）审核祖宅等其他信息，4个区房屋租赁管理所负责审核房屋租赁证信息，教育部门负责审核学籍情况（初中），必要时联合相关部门、镇（街）、学校审核。通过优化审核责任标准、规范审核程序、审核内容、标准及时间，提高审核的准确性、权威性。同时加强对审核工作监管指导。审核过程中，安排专人对审核行为进行实时监管，及时纠正一些不够规范的审核行为，确保严格执行联审联批政策。

全市小学一年级计划招收838个班、招生38737人，其中公办学校招收652班30707人、民办学校招收186个班8030人。实际招生人数40984人，其中公办学校34799人、民办学校6185人。在小学一年级招生计划中，城区公办计划招收400个班19888人，网上登记人数25323人，实际招生人数27200人，超计划7312人。

初中一年级计划招收593个班28946人，其中公办学校招收443个班22183人，民办学校招收150个班6763人。实际招生人数28717人，其中公办学校23416人，民办学校5301人。在初中一年级招生计划中，城区公办计划招收345个班17370人，网上登记人数17242人，实际招生人数为19093人，超计划1723人。

高中一年级计划招生15014人，其中公办学校招收8594人，民办学校招收6420人。中外合作计划招收4个班120人。实际招生人数14526人，其中公办学校8164人，民办学校6362人。

【德育教育】2019年，海口市教育局探索研学旅行教育新模式，把研学旅行纳入学校教育教学计划，促进研学旅行与学校课程有机融合，提高学校开展研学活动的积极性。联合市旅游文体局、团市委等单位加强研学旅行基地建设，考察推荐天羽飞行训练基地、农垦博物馆、桂林洋森林公园3处场馆，涉及国情教育、国防科工、优秀传统文化、自然生态4个板块。按照海南省教育厅等部门印发的《关于推进中小学生研学旅行的实施意见》，联合市财政局建立以奖代补的经费保障机制，2019年奖补资金584.79万元，为各学校组织研学旅行提供有力保障。组织实施中小学生推优评优工作，共评选出886名市级三好学生，617名市级优秀学生干部。

【体育艺术教育】2019年，海口市有16所学校被评为国家级、省级校园足球特色学校（国家级7所，省级9所）；3所学校被评为海南省第二批中小学美育示范学校；创建市级美育名师工作室2所，分别为美术学科海南华侨中学尹文涛老师、音乐学科滨海九小杜文君老师；创建市级美育示范学校5所，分别为海口市第二中学、海口市琼山中学、北师大海口附校、侨中观澜湖学校、海口中学。

制定出台《海口市2019—2020年学校美育工作改革与发展实施方案》。2019年起，全面加强和改革学校美育工作，各级各类学校开齐开足美育课程。到2020年，初步形成中小幼美育相互衔接、课堂教学和课外活动相互结合、普及教育与专业教育相互促进、学校美育和社会家庭美育相互联系的现代化美育体系。主要任务是：开足开齐美育课程、加强美育师资队伍建设、深化学校美教学改革、传承中华优秀传统文化、搭建美育实践活动平台、加育强对外文化艺术教育交流6个方面。组织开展艺术素质测评工作，测评结果纳入学生综合素质评价体系和教育质量评估体系，记入学生成长档案，作为综合评价学生发展状况的内容及学生中考和高考录取的参考依据。

7月24日，在海口金时水上运动城举办2019年海口市第一届中小学生游泳比赛；10月13日，在市琼山华侨中学高中部举行2019年海口市中学生篮球赛开幕式，参赛队伍62支，队员744人；11月16—17日，在市第一中学举行海口市中学生田径比赛，全市29所学校43个代表队，共730名学生参加52个项目的比赛；成立海口市帆船帆板训练基地，选拔市滨海小学、海南华侨中学

2018—2019年义务教育阶段非海口市户籍学生在校情况统计表

表48

年度	在校生总人数（人）	非本市户籍在校生占比（%）	跨省在校生（人）	跨省在校生占比（%）	跨市在校生（人）	跨市在校生占比（%）
2018	281525	41.14	43692	15.52	72126	25.62
2019	302575	40.77	45190	14.93	78199	25.84

初中部、海港学校、二十七小学为训帆船帆板训练试点学校，1000余名学生利用暑假开展体验活动。9月，在全市范围内开展“欢乐杯”师生优秀美术书法摄影品展，展示作品共800件，其中学生作品600件，老师作品200件。举办中小学生校园歌手、舞蹈和器乐比赛，共评出354个获奖作品，其中一等奖98个、二等奖132个、三等奖124个，优秀指导教师87人，优秀创作奖1个。

（李之乔）

特殊教育

【特殊教育学校建设推进】海口市在“十三五”规划中要求，在2020年底前，在所辖的4个区分别兴建1所以招收智障学生为主的特殊教育学校，以补特殊教育学位不足，智障学生就读难的短板。至2019年，秀英区特殊教育学校建设处于项目选址阶段；龙华区特殊教育学校建设项目列入龙华区“十三五”规划中，正在选址建设；琼山区与位于区内的孤独症儿童（南方）康复基地初步形成合作办学意向，孤独症儿童（南方）康复基地土地面积约2.67公顷，有学生70名，通过合作扩大办学规模，为更多的智障类儿童少年服务；美兰区正在规划利用已撤并学校改建特殊教育学校。

【残疾学生随班就读服务体系完善】2019年，海口市教育部门落实“一人一案”措施，按照市残联提供的本市适龄残疾儿童少年数据库比对，对未入学的适龄残疾儿童少年根据其实际情况，通过在特殊教育学校就读、普通中小学校随班就读、儿童福利机构（含未成年人救助保护机构）特教班就读、送教上门等多种方式，“零拒绝”“全纳入”，解决未入学适龄残疾儿童少年就学问题。进一步完善以随班就读为主体、以特殊教育学校为骨干、以送教上门为补充，全面普及残疾儿童少年义务教育的特殊教育体系。先后在琼山龙塘中心小学、遵谭中心小学分别建设特殊教育的资源教室，对无法进行随班就读的学生，充分发挥特殊资源教育的作用，送教上门。东山中心小学等15所乡镇中心学校分别立项建设1间特殊教育资源教室，至年底，各项目建设工作均在推进中。

【“送教上门”服务】2019年，海南（海口）特殊教育学校成立特殊教育扶贫工作领导小组，对教育扶贫残疾儿童少年送教上门服务。学校对18名建档立卡户家庭进行实地考察，登记造册，建立“一对一”关爱帮扶对子，开展生活指导、学习辅导、心理疏导。对其中不能到校就读的3名适龄重度残疾儿童少年送教上门，每月“送教上门”不少于1次，每次上课不少于2个小时。龙华区教育局组织区辖义务教育阶段学校对无法到校就读的残疾儿童少年实行“送教上门”服务，有26名残疾儿童少年因残疾程度严重无法到校随班就读，由学校“送教上门”。

【国家各类特殊教育资助政策落实】2019年，海口市完善特殊教育学校经费保障机制，按义务教育阶段特殊教育学校生均公用经费标准8000元/人/年发放生均公用经费。加大对残疾学生的资助力度，落实特殊教育学校所有寄宿生每生每年2000元生活费补助政策。鼓励社会力量举办特殊教育机构、早期康复机构，如海口雨润特殊儿童教育培训中心的50名残疾学生、海口市天翼特教育培训中心的160名残疾学生均由美兰区教育局按规定向残联申请发放相应的补助。

【海南（海口）特殊教育学校】为海口市仅有的特殊教育学校。2019年，有听障、视障、智障、脑瘫、自闭症等多类残疾学生661人，教职员工197人。学校抓好课堂教学改革，强化校本教研，根据学科特点，各学科组开展校内学科的研讨课、示范课、专题学术讲座、教学个案评估课、同课异构教学研讨课、智慧教室应用学习和新课标学习等。继续做好“师徒结对子”工作，发挥4个骨干教师工作室（聋教育李艳文数学工作室、李雅玲教育康复工作室、陈颖培智主题教学工作室、冼曼玲班主任工作室）的引领作用和各级骨干教师的“传、帮、带”的作用。全校教师撰写教学反思1542篇，其中优秀教学反思116篇。继续开展“万名教师访万家”教师家访活动，加强家校联系，开展“送教上门”服务活动，为3位极重度、无法到校上学的智障孩子上门辅导。年内，启聪部中学生参加海南省中等职业学校技能大赛，与普通中职学校学生同台竞技，取得2个三等奖的好成绩。学校不断拓宽残疾学生就业之路，开设视障教育《中医康复保健》专业职业高中班，填补省内视障教育无高中的空白。2019年，有37名中职毕业生毕业，其中6人升入大学就读，2名智障、21名听障学生就业，其中听障类学生就业率100%。何琳丹等8位教师参加2019年海南省特殊教育课堂教学录像评比，分获微课类一、三等奖；孙天岐等6位教师参加全省第二十六届中小学信息化比赛，分获微课类二、三等奖。教师侯丽华被评为海南省“优秀教师”、李雅玲被评为海口市“最美教师”。

（李之乔）

中等职业教育

【概况】2019年，海口市有市管中等职业学校27所，其中正常办学的中等职业学校20所（公办学校4所，民办学校16所）。因布局调整，海口市第一职业中学、海口市中医药学校暂停招生，有5所学校暂停办学。在校中职学生17422人，专业教师1018人（其中公办588人、民办430人）。全市各类中职学校开设专业55个，其中省级示范专业5个、市级示范专业20个，有示范实训基地11个。有国家级重点中等职业学校3所，分别是海口旅游职业学校、海口市高级技工学校、海口市第一职业中学。各中职学校坚持“产教融合、校企合作”的办学模式， 实行“定额招生、订单培养、定岗就业”，不断深化和完善产教融合、校企合作，办学效益显著。全市中职学校与省内外287家企业合作，合作专业约50个，毕业生数5910人，就业率连续多年达到95%，稳定率超过80%。全年举办各类职业技能培训70多种，年培训量近7.1万人次。

【示范性中职学校与专业建设】2019年，海口市有国家级重点中等职业学校3所，分别是海口旅游职业学校为“国家中等职业教育改革发展示范校”；海口高级技工学校为“国家级重点技工学校、中等职业教育改革和发展示范学校建设校、国家中等职业教育改革发展示范学校”；海口市第一职业中学为“国家级重点职业学校”。

海口旅游职业学校坚持集团化办学，坚持在集团模式下校企多元化合作发展，集团有成员单位31家。作为海南省第一批职业教育改革及招生试点项目的试点学校，继续与海南经贸职业技术学院联合开办“3+2”旅游外语分段试点班（38人），新增联合开办“3+2”中餐烹饪与营养膳食分段试点班（40人），高星级饭店运营与管理分段试点班（50人），合计128人；与海南政法职业学院联合开办会计“3+2”分段试点班（40人）、计算机应用分段试点班（40人）各一个专业，合计80人，第三届“3+2”中高职大专班转段成功。依据教育部关于人才培养方案制定的指导意见，修订中餐烹饪与营养膳食专业、导游专业、旅游外语3个中职专业人才培养方案。在教育厅的政策引导下，和后段合作院校共同制定酒店管理“3+2”、会计“3+2”、计算机运用“3+2”、中餐烹饪与营养膳食“3+2”人才培养新方案。专业调整，符合市场需求，深受学生、家长的欢迎。

海口市高级技工学校应对自由贸易区（港）建设需求，对专业设置进行动态调整，新开设航空服务专业、新能源汽车专业、新能源装备技术、无人机等专业；计算机专业、汽车运用与维修专业、电子应用技术专业、电气自动化专业进行结构调整，制定各专业的人才培养方案，加大专业建设所需的设备和资金投入。

【中职教育技能竞赛】2019年，海口市中职学校在全国职业院校技能大赛、海南省职业院校技能大赛中再创佳绩。在全国职业院校技能大赛中，海口市第一职业中学、海口市高级技工学校分别获团体赛三等奖；在全省职业院校技能大赛中共获得奖项86个（个人项目78个、团体项目8个），其中一等奖19个（个人项目14个、团体项目5个），二等奖28个

2019年海口市民办中职学校师生情况统计表

表49　　单位：人

学校名称	教师	毕业生	招生	在校生
海南医药职业技术学校	10	101	0	11
海南南方民民族艺术学校	24	100	312	793
海南同文外国语职业学校	20	195	0	398
海南城市工程技术学校	12	181	0	249
海南城市职业技术学校	46	286	822	1294
海南文理中专技术学校	12	257	0	161
海南欧鼎商业艺术学校	57	513	542	1754
海南省歌舞团附属芭蕾舞蹈学校	12	11	34	177
海南省民航职业学校	28	0	316	790
海南科技经贸学校	12	37	0	78
海口立有美术职业技术学校	44	283	292	966
海南荟艺舞蹈学校	13	10	0	112
海南金盘中等职业技术学校	15	595	0	568
海南雅典职业技术学校	28	0	419	534
海南华健幼师职业学校	38	544	213	922
海口经济学院附属艺术学校	59	20	826	1553
合计	430	3133	3776	10360

2019年海口市公办中职学校师生情况统计表

表50　　单位：人

学校名称	教师	毕业生	招生	在校生
海口市第一职业中学	150	729	0	1240
海口旅游职业学校	165	1152	1313	3419
海口市高级技工学校	235	760	983	2282
海口市中医药学校	38	136	0	121
合计	588	2777	2296	7062

（个人项目25个、团体项目3个），三等奖41（个人项目35个、团体项目6个）。

【中职教学与研究】2019年，海口市中职学校坚持服务发展，促进就业的办学方向，以《国家职业教育改革实施方案》的文件精神为指导，抓住"中职校教学工作诊断"工作的契机，规范学校办学行为，深化教学改革与创新，提高教师教育教学水平，提升人才培养质量。探索中等职业教育培养目标、专业设置、教学过程等方面的有效衔接，形成对接紧密、特色鲜明、动态调整的职业教育课程体系。深化产教融合、校企合作，推进工学结合、知行合一，提高人才培养的针对性、实效性。健全质量评价体系，重点评价学习者的职业道德、技术技能水平和就业质量，完善学校、行业、企业、研究机构和社会组织共同参与的质量评价机制。依托"椰城职教大讲堂"和"教师微型研修"两个项目，开展多主题、多层次、多形式的教师研修活动，提升中职教师专业素养。采取现场集中研修和网络在线研修相结合的混合研修形式，研修内容涵盖职教政策解读、教学改革与创新、德育与班主任工作、教育科研、专业建设等，全年组织"椰城职教大讲堂"专题研修10场，受训教师775人次；"教师微型研修"线上课程三门，受训教师666人次。在市属各中职学校继续落实《海口市课堂教学指导意见》，组织全市中职学校教学观摩月，5所中职校提供的25堂公开课，吸引省、市中职学校的教师跨校观摩235人次。选取优秀课例送教下校，帮扶薄弱中职民办学校。教研员与送教教师、点评专家组成送教团队，将两节优秀课例分别在立有美术职校、同文外国语职校、华健幼师职校，采取借班上课的形式，进行现场教学展示和课后教学研讨，有效促进薄弱民办学校教师课堂教学水平的提高。开展课题研究，促进教学教研成果转化，推广课题研究成果经验。教研员主持的两项省级课题均获结题"优秀"，其中《"互联网+"背景下教师混合式研修策略研究》受邀在第五届中国教育创新成果公益博览会上展示交流，得到大会的肯定。据初步统计，海口市中职学校师生参与省级以上各类评比活动中，教师获奖52项，学生获奖25项。

【中职生就业】2019年，海口市教育局采取加强政策宣传、提升就业创业意识、推进与高新区企业合作、着力搭建就业平台、推行顶岗实习制度等有效举措，全力做好中职学校毕业生就业创业工作。年内，全市20所中等职业学校共有5910人毕业（公办学校2017人，民办3893人），毕业率100%；就业人数5765人，就业率97.55%；直接就业人数4410人，占毕业生总数74.62%。

（李之乔）

高等教育

【概况】2019年，海口地区共有普通高等教育学校11所，成人高校1所。在校生总数16.82万人（含全日制在校生15.11万人），其中全日制留学生2223人，全日制博士生562人，全日制硕士生7649人，全日制本科生82953人，全日制专科生57722人；专任教师7581人（博士学历1844人，硕士学历2820人）。校舍面积476.15万平方米，教学科研仪器设备价值21.15亿元；图书馆藏图书1275.42万册，占地面积986.71万平方米。其中，桂林洋大学城共有高校4所，在校生5.01万人（含全日制在校生4.8万人），专任教师1199人，校舍面积152.35万平方米，教学科研仪器设备值17100.95万元，馆藏图书217.9万册，占地面积342.1万平方米。

3月30日，海南大学"一带一路"研究院揭牌。5月29日，海南经贸职业技术学院、海南医学院、琼台师范学院等7所海口地区高校赴台湾参加第二届琼台高职教育论坛。6月23—24日，第五届中国"互联网+"大学生创新创业大赛海南赛区竞赛在海南大学举办，海南省级高校创新创业教育联盟同时在海大揭牌成立。海南大学、海口经济学院、海南经贸职业技术学院获得大赛优秀组织奖；海南大学、海南经贸职业技术学院获集体奖；海南大学获特别贡献奖。9月，德威公学签约落户海口。

年内，部省合建海南大学一流学科取得阶段性进展。海南大学完成《海南大学一流学科建设实施方案》《海南大学综合改革方案》《海南大学一流本科建设规划》等编制工作，支持实行人员总量管理和综合预算改革试点，动物和植物学进入ESI全球前1%，农业科学等3个学科接近ESI全球前1%。增设4个博士后科研流动站，大幅提升研究生培养规模，获批立项108项国家自然、社会科学基金项目，绿色智慧岛省部共建协同创新中心入选2019年度省部共建协同创新中心。海南大学教授骆清铭当选中国科学院院士。陕西师范大学对口支援海南师范大学，经教育部批准，于4月签订对口支援合作协议。海南师范大学出台《全面落实对口支援工作的实施方案》《全面落实对口支援工作2019年度计划》等相关政策，不断推动学校内涵建设和办学水平提升。海南医学院更名为医科大学工作取得新进展，顺利完成博士点首次招生，将学院更名为海南医科大学增补列入《海南省“十三五”高等学校设置规划》，并经省高评委评议通过以省政府名义函报教育部审批，加快办学整体水平。海南经贸职业技术学院进入“中国特色高水平高职学校和专业建设计划”名单。海南科技职业学院经教育部批准更名为海南科技职业大学，并顺利完成首次本科层次职业教育试点招生。省教育厅出台《海南省新增博士硕士学位授予单位和学位授权点立项建设规划（2019—2023）》，省级规划立项建设新增三亚学院、海口经济学院2所学位授予单位，立项建设博士点35个，硕士点78个。海南大学等4所高校获批5个教育部重点实验室。海南师范大学获批中西部高等学校新入职教师国培示范项目。

2019年海口地区普通高等教育学校基本情况统计表

表51

序号	学校名称	学校类型	在校生（人）										专任教师（人）	校舍面积（平方米）	教学科研仪器设备（万元）	图书（万册）	占地面积（平方米）
			专科生	本科生	硕士生	博士生	留学生	函授专科	函授本科	业余专科	业余本科	在职人员攻读硕士					
1	海南大学	综合大学		33168	6164	426	458		15		1605	1285	2181	1347386	91723	329.44	3444735
2	海南师范大学	师范院校		19497	889	126	467	579	1887	9	186		1058	802921	31340	216.49	1322693
3	海南职业技术学院	综合大学	8756				468			442			331	173262	7421	96.32	688034
4	海南政法职业学院	政法院校	5253										195	113048	6737	54.108	145826
5	海南经贸职业技术学院	财经大学	10261				204						322	296720	4583	65.5	688000
6	海南工商职业学院	财经大学	8637										375	189814	5257	54.85	410042
7	海南体育职业技术学院	体育院校	679										58	94268	1847	6.15	167223
8	海南医学院	医药院校	2590	8992	596	10	571			4211	4200		1099	388516	23877	104.87	404137
9	海口经济学院	财经院校	6256	15536			10	1691	237				877	661407	12518	152.4	1156700
10	琼台师范学院	师范院校	6350	3557			45	30	27	426	309		519	312031	12283	101.14	711293
11	海南科技职业大学	职业大学	8940	2203									566	382133	13878	94.15	728445
合计			57722	82953	7649	562	2223	2300	2166	5088	6300	1285	7581	4761505.44	211464.79	1275.418	9867128.21

（王　波）

【桂林洋大学城】即桂林洋高校区，位于海口桂林洋经济开发区。2005年9月8日开工奠基，规划建设用地666.67公顷。2006年10月，琼台师范高等专科学校和海南经贸职业技术学院2个校区的近1万名师生第一批进驻。2008年初，省财政追加安排桂林洋高校区建设资金5000万元，专项用于桂林洋高校区建设；是年秋季，海南师范大学成为第二批入驻大学城的高校。至2019年，桂林洋大学城共入驻海南师范大学、海南经贸职业技术学院、海口经济学院、琼台师范学院4所高校，有在校生5.01万人（含全日制在校生4.8万人），专任教师1199人，校舍面积152.35万平方米，教学科研仪器设备值17100.95万元，馆藏图书217.9万册，占地面积342.1万平方米。（王 波）

【海南大学】国家“211工程”重点建设大学之一，为教育部、财政部、农业农村部和海南省共建高校，国家卓越工程师教育培养计划高校，中国政府奖学金留学接收高校，海南省唯一拥有国家级重点学科、博士授权点、博士后工作站、免试推荐研究生资格的高校。有儋州、海甸、城西、观澜湖（在建）4个校区，主校区海甸校区位于海口市人民大道58号。有32个学院（部）。2019年有全日制在校学生4万多人，其中普通本科生3.3万多人，硕士研究生6000多人，博士研究生400多人，国际学生400多人。专任教师2000多人，其中高级职称教师1200多人，具有博士学位教师1000多人。有中国科学院院士1人，长江学者、杰青、万人计划领军人才等国家级人才10人。

学校突出“热带、海洋、旅游、特区”四大特色，学科涵盖哲、经、法、文、理、医、农、工、管、艺十大门类。“作物学”入选“双一流”建设学科名单，建设有“热带农业”学科群、“文化旅游”学科群、“南海海洋资源利用”学科群3个优势特色学科群，3个国家重点学科（含1个培育学科）、12个省级特色重点学科、6个博士后科研流动站、10个一级学科博士点、32个一级学科硕士点、17个硕士专业学位类别、71个本科专业。学校实施开放办学战略，达成合作的境外院校、国际科研机构和高校联盟184所（个），分别来自37个国家和地区。与美国亚利桑那州立大学合作设立“海南大学亚利桑那州立大学联合国际旅游学院”。入选教育部第二批来华留学示范基地，建成国际学生教育“学士—硕士—博士”完整的培养体系。

【海南师范大学】有龙昆南（位于海口市龙昆南路99号，主校区）、桂林洋（位于海口桂林洋开发区）2个校区，占地面积约206.67公顷，是省部共建高校、海南省重点大学、中宣部批准的首批部校共建新闻学院高校。有21个学院（其中本科教学学院19个），65个本科专业，4个博士学位授权一级学科，16个硕士学位授权一级学科，9个硕士专业学位授权点。2019年有在校生2万多人。有专任教师1000多人，其中教授225人，副教授306人。有院士、青年拔尖人才、享受国务院政府特殊津贴专家等国家级人才约40人。获批国家级实验教学示范中心1个、国家级人才培养模式创新实验区1个、国家专业综合改革试点专业1个、国家级特色专业6个、国家级卓越教师培养计划改革项目1个。有到琼留学生预科学院，与北京师范大学等多所高校建立合作关系，与美国新墨西哥大学等73所大学和教育机构建立合作关系，与俄罗斯圣彼得堡国立电影电视大学合作举办广播电视编导本科教育项目，与台湾屏东大学等10所大学开展学生互换、学分互认项目合作，与马来西亚世纪大学共建孔子学院。建有国家大学科技园，办理工商注册手续入孵企业210家；培育高企5家；与高校科研院所建立产学研合作关系的企业53家。

【海口经济学院】2008年经教育部批准成立的海南省第一所独立设置的民办本科高校。占地面积120公顷，下设中广天择传媒学院、好莱坞华都影视学院、旅游与民航管理学院、创新创业学院等15个二级学院及公共外语教学部、公共体育教学部2个教学部。开设47个本科专业和19个专科专业，涵盖经济学、管理学、文学、工学、艺术学、教育学等6大学科门类；2012年5月通过学士学位授予权评审，成为学士学位授予单位；面向全国27个省、市、自治区招生。有国家专业综合改革试点项目1个、省级重点（培育）学科1个、实验教学示范中心3个、教学团队8个、特色专业5个、精品课程41门、精品视频公开课1门。2016年被教育部评为“全国首批创新创业50强高校”，被民政部授予“全国社会组织培训基地”；2017年，被共青团中央确定为“全国大学生创业示范园”，同时被海南省教育厅确定为示范应用型本科试点建设高校和立项建设硕士学位授予单位。

学校实行董事会领导下的校长负责制。2019年，有全日制在校生2万多人，其中本科生1万多人。有教职工1300多名，其中专任教师800多名，具有高级职称教师257名，聘请校外教师452名。教师中享受国务院特殊津贴专家2名，其他全国、省级各类优秀教师（专家）18人。聘请20多名年轻的博士后为兼职教授、30多名国内知名专家学者为客座教授。先后与海南航空、深圳航空、海南电视台等多家企事业单位和有关政府部门建立良好的合作关系，为大学生的实训实习和就业搭建平台。

（王美芳）

【自学考试】2019年，海口市继续开展全民终身学习活动。举办2019年海口市全民终身学习活动周，开展职业技能进社区、进学校等系列项目，在逐步建立健全终身教育体系方面取得初步的成效。上半年，自学考试报名总人数24599人，设13个考点，

1929 场次；下半年考试人数 21314 人，共设 9 个考点，1355 考场。高职（专科）升本科及 3+2 考试报名总人数 3281。同等学力人员申请硕士学位考试报名总人数 1584 人。海南省教师资格证春季考试报名总人数 11140 人，设 6 个考点 305 个考场；秋季报名考试总人数 22747 人，共设 13 个考点 679 个考场。

（李之齐）

教学科研

【概况】2019 年，海口市教学科研工作围绕“创新教研形式，提高教研实效，增强服务意识”的工作思路，以履行教研职能为导向，以课堂教学改革为中心，以新高考改革推进和“三考”备考工作为重点，以服务教师发展为抓手，以提高教学质量为目标，创新教研形式，推进教科研工作转型，增强研究、指导和服务意识，切实提高教科研工作的针对性和实效性，有计划、有重点地开展各项工作，取得较好的成绩。

【校本培训】2019 年，海口市依托 69 所中小学幼儿园区域化集群式基地培训组长学校，在深入挖掘本校的优质研训资源基础之上，融合其他兄弟学校的优势，充分调动学校优秀骨干教师队伍的力量，积极探索适应海口市教师队伍专业全面发展的区域性集群式教师培训管理模式，构建全方位、全学科的培训课程体系。每月 5 日、15 日将各基地校研发的通识课程和学科实践课程及时挂网，让教师们根据个人需要选修，满足个性化需求，有效地解决“工学”矛盾，促进基地校（园）的校本研究。全年参训教师约 4.7 万人次。5 月 11 日，开展以“聚焦立德树立，深化课程育人内涵，促进教学方式变革”为主题的校本培训活动。来自全市各区教研室正副主任、各学校校长、分管教学的副校长、教研主任、幼儿园园长和业务园长、各区学科教研员、区域基地组长校学科组长、幼儿园区域组长学校五大领域骨干教师 751 人参加培训活动。全年各区域组长校（园）和各学校、幼儿园开展的二级三级培训教师 3 万人次。

【教育课题研究】2019 年 1 月 15 日，海口市教育局组织学校申报全国教育科学“十三五”规划 2019 年度课题。组织省级课题 2019 年申报、开题、结题和中期检查工作，上半年，有 49 项课题申请结题。3 月 19 日，召开各区、市直属中小学校主管课题研究人员的工作会，推动小课题研究，上半年共有 35 项小课题立项。5 月 16 日，组织教育科学 2019 年市级课题结题评审工作，共评出优秀等级课题 3 项、合格等级课题 12 项、不合格等级课题 2 项。7 月初，开展省教育科学规划课题中期检查工作，对 2016—2018 年期间获省教育科学规划办立项的尚未开展中期检查的各类课题，重点是 2018 年度立项的各类课题，进行中期检查。9 月 15—16 日，对市直属中小学报送的 33 个小课题进行集中结题鉴定，评出 4 个优秀、8 个良好、16 个合格、5 个不合格等级的小课题。11 月，组织 42 项立项的“十三五”规划 2019 年度省市级课题开展开题工作，并依时收集整理所有课题开题报告书、美篇或简报等材料上报省规划办；组织市级课题立项评审、发放立项通知书、督促开展开题论证工作。开展基础教育成果培育，12 月，组织开展省教育科研基地校的申报工作，最终海南侨中被确定为科研基地校（全省共 10 所）；组织开展第三届基础教育成果培育项目的申报工作，共有 37 项课题申报，其中 26 项课题入选。

【常规教研】2019 年，海口市教研室根据新课改精神，围绕《海口市课堂教学指导意见》，推进课堂教学改革。全年各学科教研员共到 320 所学校下校听课指导 2000 多节课。全市中小学 28 个学科共开展 200 多次教研活动，其中以专题形式开展的教研活动有 120 多项。开展基于新高考背景下的全市课堂教与学方式转变的教学教研活动。举办各种形式的课堂教学研究课、观摩课、展示课和示范课等活动，要求广大教师要在留白、引导、放手、舍得、反馈、矫正、学得等方面做好文章，引领教师进行课堂研究，推进教学改革，提高课堂效率。加强过程监管，扎实开展“一师一优课，一课一名师”活动。3 月 16 日，下发《关于开展 2019 年度“一师一优课、一课一名师”活动的通知》，对活动提出明确的要求，并将晒课、上传和推优录像课的任务分配到各区和直属中小学。154 所学校参加晒课。共推荐优课 163 节参加评审，其中获部级优课 42 节，占全省优课 26.8%；获省级优课 111 节，占全省优课 21.8%。各学科教研员以“提高课堂教学有效性”和“提升教师教学能力”为中心，开展一系列研讨主题培训活动。如高中英语的“文本深层阅读课同课异构（学科教师上课）+（同行观摩、议课、评课）+ 讲座（教研员）”的研讨培训模式等。此外，邀请各类校外专家为教师进行培训。

【新教材培训】2019 年，海口市教育局为了推进新教材的使用，上半年举办道德与法治，小学、初中数学，小学，初中语文，中学历史等学科统编教材的培训，共有 10 多个培训专题。3 月 18—22 日，组织小学语文、小学道德与法治、初中语文、初中道德与法治、初中历史等三科五个学段的教师参加由人民教育出版社举办的 2019 年春季义教统编三科教材网络培训会。9 月初，组织小学英语教师参加海南省 2019 年秋季《海南国际旅游岛少儿英语》教材培训活动；组织教师参加 2019 年秋季义务教育阶段新教材培训活动及教育部义务教育

丰富的教材内容让孩子在学校接受更优质的教育。摄于2019年9月2日

（苏弼坤 摄）

语文、道德与法治、历史、小学科学等学科统编教材培训暨高中、初中、小学英语新教材培训。通过对新教材解析及教学实施建议，正确理解把握统编教材在全面融入社会主义核心价值观方面的编写思路。11—12月，举办小学数学三年级教材培训、小学水平测试质量分析暨如何上好整理复习课、外研版小学英语五年级上册教材分析、语文简约课堂主题研修、高中英语课外阅读研讨观摩培训会等培训。

【课堂教学评比】2019年上半年，海口市教育局举办全市小学道德与法治课堂教学，小学科学自然观察和实验操作技能，中小学心理健康课堂教学，初中、高中生物优质课，高中英语课堂教学，高中语文课堂教学等评比暨观摩活动，共评出一等奖20人、二等奖38人、三等奖54人。下半年，举办小学、初中英语学科优质课评比，高中数学青年教师优秀课评比，小学音乐课堂教学评比，初中、高中物理青年教师课堂教学大赛活动。海口市选送1人参加全国小学数学“数学文化”说课评比获一等奖；选送2人参加第十三届全国小学英语教师教学基本功大赛之录像课评比，分获一、二等奖；小学英语获全国同步课堂优秀教学设计和案例评比一等奖1名，二等奖2名；高中语文在第八届全国高中语文教师基本功大赛中，获课例评比一等奖7名、二等奖6名，论文评比一等奖12名、二等奖15名、三等奖7名，最佳教学设计奖1名。小学道德与法治、中学生物、高中思想政治、小学数学、高中英语、初中数学、高中信息技术、高中通用技术、中小学心理健康等学科共选送22人参加省级各类教学评比，获一等奖13名、二等奖5名、三等奖4名；初中化学获省级课堂教学评比一等奖1名、二等奖2名。全市有26人次获全国优秀指导教师称号。

【教学教研改革】2019年，海口市各学科教研员充分利用好研网教研平台，上传教学课件、教学设计、重大活动的录像视频及报告视频，扩充内容，建设平台。同时，借助网络直播研训活动。通过微信公众号（教师微研修平台）将开发的教师移动培训专题推送至教师手机端，进行研训，全年共推出6个职教专题，1690人次教师参加移动学习。开展丰富多彩的英语活动，营造学习外语的环境。随着海南自贸区（港）的建设，中小学英语学科利用学科优势，把英语教学教研与自贸区（港）的建设结合起来。从3月30日起，指导部分高中、初中、中职以及小学承办每周六举行的海口市民游客中心英语角活动，至年底，成功举办28期。举办海口市2019年中小学生四个组别（中职校组、高中组、初中组、小学组）的英语才艺展示评比活动，11月完成总决赛，并于12月22日在海口市民游客中心进行海口市中小学生英语才艺展示大赛优秀节目会演暨颁奖大会。举办海口市第一届中小学“枫叶杯”英语演讲比赛四个学段的复赛和总决赛。打造特色教研，促进全学科全面发展。举办《壮丽七十年·绘大美海口》为主题的海口市第二十届“欢乐杯”师生优秀美术书法摄影作品展活动，共收到作品800件，其中学生作品600件、教师作品200件。开展琼剧艺术进校园的活动，举办“琼剧艺术进校园”教学成果综合展示活动，传承发展海南乡土音乐。开展“椰城职教大讲堂”专题研修活动，共开展8场专题研修活动，8位来自省中职教学一线的骨干教师、教研人员陆续在大讲堂与学员分享教育教学经验，全省各中职学校教师参训近千人次，参训学校28所，专题内容涵盖师德师风、职教新政解读、专业建设、信息化教学、教育科研、教师心理健康、教师的人文素养等。开展海口市幼儿园自主游戏与游戏分享专题系列化培训活动，通过系列培训，全面贯彻《3-6岁儿童学习与发展指南》精神，融合先进的教育教学理念和教学方法，促进蒙特梭利园所之间的沟通与交流，探索和交流让如何幼儿在游戏中主动、自主、探索性的学习，并从课程根基、课程目标、课程结构、课程实施、课程评价、课程保障等方面如何更好地实施幼儿园的课程文化。

【教学视导】2019年，为进一步规范学校教学教研管理，强化对教学教研工作的指导，全面提升教育教学质量，海口市教育研究培训院成立“教学常规管理组”“校本研训管理组”

“课堂教学观察组”3个视导组，于3月27—29日，40多位视导组专家成员采用“听、查、看、访、导”等形式，对学校进行教学专项视导。全方位了解学校校园文化建设、教学常规管理、研训工作管理、课程教学领导力、课堂教学、德育等工作执行情况。单是课堂教学一项，15个学科就听77节课。获得大量第一手材料，从中发现问题，分析原因。3月29日召开反馈会，向视导学校及市直属初中学校部分领导和教师当面反馈，为视导学校教学教研以及教学管理方面诊断、把脉，给出分项视导意见，提出工作改进建议，并将形成的《海口四中（初中部）教学常规管理视导反馈报告》《海口四中（初中部）教学研训管理视导反馈报告》《海口四中（初中部）课堂教学观察视导反馈报告》和15个学科的单科反馈报告发送给视导学校，改进课堂教学、改进教学管理。6月20日，市教育局下发《关于对全市义务教育学校开展教学常规管理专项视导工作的通知》，将2019—2020年定为“教学常规管理强化年”，以全面覆盖的方式，对全市义务教育学校（不含乡村教学点）开展教学常规管理专项视导工作。10月上旬，市教育研究培训院分三个大组开启海口市教学视导工作。至12月底，共听课2000多节，集中反馈14场，全部完成2019年下半年14所中小学校的视导工作。同时，组织学校申报海南省教学常规管理示范校，海口市有21所入选海南省首批中小学校教学常规管理样本校。

2019年海口市基础教育获省级以上教研成果统计表

表52　　单位：项

项目		获奖等次					
		国家级			省级		
		一等奖	二等奖	三等奖	一等奖	二等奖	三等奖
教师获奖情况	教学论文、案例、课件、录像课	12	12	9	49	32	34
	教学成果、课堂教学、基本功	2	1		16	12	
	指导教师奖	26	—	—	—	21	—
学生获奖情况	作文大赛、科技创新大赛、学科联赛、学艺竞赛（书法、舞蹈摄影等）	7	8	9	13	19	21

2019年海口市职业教育获省级以上教研成果统计表

表53　　单位：项

项目		获奖等次					
		国家级			省级		
		一等奖	二等奖	三等奖	一等奖	二等奖	三等奖
教师获奖情况	教学论文、案例、课件、录像课	—	4	—	5	6	7
	教学成果、课堂教学、基本功	5	1	4	7	8	5
	指导教师奖	11	19	—	—	—	—
学生获奖情况	作文大赛、科技创新大赛、学科联赛、学艺竞赛（书法、舞蹈摄影等）	2	2	2	7	4	8

（李之乔）

（编辑：杜惠珍）

公共文化

【概况】2019年，海口市有文化馆（群艺馆）5个，图书馆5个，乡镇（街道）文化站43个，社区综合文化服务中心164个，文化活动室337个。年内，市旅游文体局加快推进公共文化基础设施均等化发展，实施文化惠民工程，做强做优品牌文化活动，推动社区文化、广场文化建设，基本形成区、街道、社区、农村文体设施全覆盖的格局，公共文化服务水平进一步提升，群众文化生活进一步丰富。全年共开展精品文艺演出24场次，送文艺演出、琼剧下乡等活动180场次。市群众艺术馆组织创作的广场舞蹈《黎族彩环舞》赴银川参加全国32家电视台联合转播的“2019年少数民族春晚”录制。代表海南省组织《黎族彩环舞》《请到天涯海角来》的演员参与2019年央视春晚主会场的演出节目《点赞新时代》。

【海口图书馆】2019年，海口图书馆设有综合阅览厅、报刊阅览厅、报刊资料库、多功能影视厅、少儿图书阅览厅、特藏文献阅览、图书外借、电子阅览室、政府信息公开查询区等服务窗口，内设办公室、报刊阅览部、图书流通部、文献编目部、社会服务部、网络资讯部、全国文化信息资源共享工程海口市级支中心等机构。进馆读者共28.16万人次，其中报刊阅览17.64万人次，报刊资料查阅复印2866人次，地方文献及古籍查阅344人次，流通借阅6.68万人次，流通外借图书12.43万册次，电子阅览室阅览1.61万人次，一楼大厅阅报栏、歌德电子书借阅机、博看期刊借阅机、少儿多媒体图书触控一体机读者阅览及下载电子资源等1.9万人次。年内，开展“书香盈岁月，新桃换旧符”免费赠送书写春联活动、2019年海口市文化科技卫生“三下乡”活动、“我与图书馆的情缘”主题征文活动、“4·23世界读书日活动”暨“第十三届科技活动月”活动等品牌阅读推广活动8场、组织培训学习7场次，范围辐射海口全市各大乡镇，受众范围遍及幼少青中老。

【海口市博物馆】公益一类事业单位，属地方综合博物馆，位于流芳路2号，占地面积11322平方米，建筑面积4800平方米，展厅面积2154平方米。现有馆藏文物8449件（套），其中珍贵文物217件（一级文物9件，二级文物60件，三级文物148件）。基本陈列有《失落的遗存—古代建筑与生活工具展》《见证千年—海口不可移动文物展》《穿越时空—馆藏文物展》。2019年，免费接待游客32万人次，含未成年人3.2万人次。年内，组织策划《水月镜花——金上京历史博物馆馆藏铜镜精品展》《文房玉·闺阁金——明清江南地区时尚生活展》《苏子东坡——吴泽浩国画展》《丝绸之路上的琉璃——吕新文藏品展》《感恩回馈——蒙发祥作品展》《穿越时空——馆藏文物展》《珠崖寻踪——海口溯源近现代史馆》《墨彩琼州——符史雄书画作品展》《见证千年——海口不可移动文物展》《失落的遗存——古代建筑构件与生活工具展》《庆祝中华人民共和国成立70周年——“绿水青山就是金山银山”王彦程林业生态藏品展》《延寿长相思——安康博物馆馆藏秦汉瓦当展》，以及《民国政要——海南石刻遗墨展》走进陕西安康，共13个自办和引进展，为广大游客提供一批优秀的展品展览。

【海口市群众艺术馆】2019年，海口市群众艺术馆发挥文化馆公共文化服务的主体作用，组织创编优秀广场舞蹈作品《黎族彩环舞》赴银川参加全国32家电视台联合转播的“2019年少数民族春晚”录制；代表海南省组织《黎族彩环舞》《请到天涯海角来》的演员参与2019年央视春晚主会场的演出节目《点赞新时代》，极具海岛风情和黎族民俗特色的精彩舞蹈表演赢得全国观众的一致好评。年内，组织馆内文艺团队参加海南省万人大合唱比赛荣获成人混声组银奖；参加第十六届海南省东西南北中广场文艺会演暨第二届海南原创广场舞大赛，所选送创编原创广场舞《黎家丰收乐》获得“表演一等奖”和“最佳编导奖”。每周末定期举办“周末群艺舞台”公益性演出活动，免费演出“相声大会”“琼剧驻场演出”等专题活动上百场，特别是“琼剧驻场演出”活动，为广大传统琼剧爱好者提供经常免费观赏传统琼剧的机会，参加活动市民累计上万人次。开展“海

海口湾演艺中心。摄于2019年9月18日　　（海旅集团 供）

口市蒲公英少儿朗诵音乐舞蹈美术比赛”“海口市琼剧（业余）演唱比赛”“海口市老、中、青歌手演唱比赛”“海口市广场舞大赛”和“全国文化遗产日”民间民俗展演活动。尤其是每年一届的海口市“蒲公英”少儿艺术比赛作为海口市群众文化活动的“品牌”之一，至2019年连续举办18届，比赛场次累计近上百场，历届参赛人数共上万人次，不但吸引大批中、小学、幼儿园的少儿艺术爱好者参与其中，更成为海口市少儿艺术活动的一大盛事，取得良好的社会效益。　　（郑郁凰）

【海口湾演艺中心建成使用】海口湾演艺中心由原海口市人民大会堂改造而成。海口市人民大会堂是海口市内少数几个能够承担大型会议、重要活动、精品演出、惠民演出的场所之一。自1999年9月建成启用以来，一直未对主体结构进行正常维修保养，加之海南潮湿的气候，建筑单体老化严重，出现诸多问题，严重影响建筑正常使用。2018年12月28日，以原海口市人民大会堂为核心进行升级改造。2019年12月20日完工。项目改造建设内容包括建筑改造面积3.06万平方米，剧场室内改造翻新座位1397个，配置现代化的舞台机械、灯光、音响、视频及其他演出设备，改造后保留原有的双层看台。配套项目地下停车库和周边景观工程建设包括地面、地下停车场及广场绿化、景观照明，其中地上停车位320个，地下两层停车场建筑面积2.69万平方米，停车位596个等。地下车库与周围环境工程于3月24日开工。12月31日，国际音乐大师谭盾创作并指挥交响乐作品《敦煌·慈悲颂》开启海口湾演艺中心演出的序幕。改造后的海口湾演艺中心成为一座集歌剧、音乐剧、交响乐以及大型综艺晚会等多种演出功能为一体的综合性剧院。　　（蔡勇斌）

【公共文化服务】至2019年底，海口市共有4个区文化馆、图书馆，43个镇（街道）综合文化站，164个社区综合文化服务中心，347个文化室，实现了区、街道、社区、农村文化设施全覆盖。基本建立起以市群艺馆、图书馆为重点，区文化馆、图书馆为桥梁，乡镇（街道）综合文化站为基础，行政村文化室（农家书屋）为支点的公共文化服务网络设施。年内，市旅游文体局引进《猫》《暗恋桃花源》《恋爱的犀牛》等舞台剧和《理查德·克莱德曼钢琴音乐会》《马克西姆古典跨界钢琴演奏会》《龚琳娜二十四节气古诗词音乐会》等演出24场次，吸引观众2.4万人，推动海口演出市场的健康发展。为丰富海口市民文化生活，提高市民文化品位，引进《大话西游》《风华绝代》作为2019精品惠民演出剧目。

【文化下乡】2019年，海口市旅游文体局先后开展2019年海口市文化科技卫生“三下乡”暨文艺进万家活动、2019年迎新春双拥晚会、“春动椰城 筝舞蓝天”2019年迎春风筝放飞活动、2019“文明祭祀扫墓 保护绿水青山”文艺演出活动等20场群众性文艺演出活动。从“送文化下乡”到“种文化于乡”，演出地点从市区到乡镇，惠及群众近10万人，推动文化惠民活动常态发展。以政府采购形式公开招投标开展琼剧惠民演出工作，共投入72万元，在4个区开展60场琼剧惠民演出。

【第十四届海口万春会】2019年2月4日（除夕）至2月19日（正月十五），在万绿园及美舍河凤翔湿地公

2019年2月19日（元宵节），海口市民在万绿园龙珠湾海域观赏无人机灯光秀　　（石中华 摄）

园开展系列活动，主题为“追梦新时代，活力新海口”。6天精彩持续不断，为市民游客呈现涵盖文艺演出、优秀传统文化展演、新春正能量、新春灯展等丰富多彩的文化活动，充分满足不同人群的文化品位。

从大年初一至正月十五，主会场有6场主题丰富的文艺演出、6场优秀传统文化演出、新春正能量区6天不同电音秀及健身互动，以及主会场海口万绿园104组新春灯展和分会场美舍河凤翔湿地公园33组、14项亮化灯展，为广大市民游客烹制一道道文化大餐，营造出喜庆、祥和、开放、文明、健康的春节氛围。据不完全统计，参与人数约90万人次。

【海口仲夏文艺季】2019海口仲夏文艺季活动分为第七届海口国际青年实验艺术节、优秀传统文化传承主题活动两大板块。4月30日开始举办。活动期间，在海口日月广场开展为期15天的国际青年艺术主题展和中华优秀传统文化主题展览，在海口日月广场喷泉广场和骑楼老街开展8场艺术展演，在海口日月广场知和行书局开展3场国际青年交流会，在海南大学和琼台师范高等专科学校开展4场中华优秀传统文化课堂，在海口海南戏院开展2场中华优秀传统展演活动，共20余场文化艺术主题活动，约辐射120万市民游客。此次活动邀请多位国内外从事音乐、绘画、装置、书法、花艺、古琴等领域的艺术家和文艺工作者，在海口展示优秀文化艺术作品，从各个维度交流不同的艺术理念，营造浓厚的文化艺术氛围，为市民送上丰富的文化大餐。6月1日，持续33天的2019海口仲夏文艺季闭幕。

【基层文艺队伍建设】2019年，海口市基层文艺队伍人才建设工作持续推进。全市共有545支群众性文艺团队，主要包含广场舞、竹竿舞、八音队、麒麟舞队、公仔队、合唱队、琼剧业余队等当地群众喜好的演出团体。秀英区有211支，其中广场舞3支、八音队4支、麒麟舞队203支、公仔队1支；龙华区有204支，其中广场舞128支、合唱队18支、八音队15支、公仔戏3支、琼剧6支、京剧1支、文化馆馆办队伍20支、其他文艺队伍13支；琼山区有49支，其中广场舞41支、八音队8支；美兰区有81支，其中广场舞30支、八音队15支、合唱队3支、公仔队18支、琼剧团15支。全年文化馆、图书馆组织开展基层文化队伍培训20余次，安排10余人参加省级基层文化队伍培训，组织公益性讲座10余次，充分发挥市文化馆公共文化服务职能和业务指导作用，提升基层文艺骨干人才素养，推进海口市公共文化服务建设。

【社区文化建设】2019年，海口市旅游文体局以节庆活动为抓手，全面深化文旅融合新内涵，结合传统节日深入海口市各大社区街道开展“年味海口”文创艺术活动、2019“我们的节日”系列活动、2019海口市“弘扬劳模精神 共建美丽新海口”文艺晚会活动等近50场主题文艺演出，吸引市民游客观众数十万人。

【海口跨年狂欢季】2019年，海口市旅游文体局结合海南国际旅游消费年及欢乐节，策划以海口跨年狂欢季为主题的系列旅游消费活动。海口跨年狂欢季活动以“跨年+时尚+旅文+消费”为主线，推出九大欢乐盛典、九大狂欢活动、九大欢乐打卡地、九大文体活动、九大美食盛宴、九大话剧展演、九大主题博览会、九大休闲体育系列活动、九大好燃去处等80余项“心动海口，欢乐跨年”活动。时间从11月1日开始，一直到2020年2月。通过引进谭盾“慈悲诵”新年音乐会、帆船大奖赛、华晨宇火星音乐会、湖南台跨年演唱会、光景如诗·骑楼等178场文艺演出和体育赛事活动，发动旅游饭店、旅游景区和购物商圈紧贴各项活动捆绑促销，促进文旅融合，扩大影响和带动消费，取得初步成效。其中，11月15—17日华晨宇演唱会有近12万人观看。演唱会期间，西海岸片区和部分市内酒店出租率达100%；主要景区如冯小刚电影公社接待人数有显著性增长，共3.38万人次，同比增长11.16%；美兰机场免税和日月广场免税合计销售额4480万元，远大购物中心销售额384.9万元，万达广场销售额266万元，新城吾悦广场销售额808万元。12月31日，在五源河体育场举办的湖南卫视跨年演唱会共吸引近4万名现场观众狂欢迎新年。票房收入4730万元，免税店、商场销售额6732.44万元。基于全国海量10亿+用户的绿色实时收视数据显示，湖南卫视跨年全时段全域全国民观众制霸领先，收视四网全域第一（全国网收视率1.43/8.76%，全国网城域收视率1.89/10.72%，欢网收视率1.44/19.18%，酷云收视率3.78/18.8%）。同时，湖南卫视跨年演唱会的社交媒体热度也强势霸屏，全平台86个热搜，其中新浪微博50个热搜，话题量高达119.5亿，讨论量2204.9万，累计电视观众近1亿人次，对海口的城市形象宣传起到较大的促进作用。

【海口观澜湖国际音乐节】2019年7月26日，2019海南国际旅游岛音乐产业发展论坛暨海口观澜湖国际音乐节在海口举行。有来自中国、美国、英国、白俄罗斯、加拿大等国内外的音乐大师参加。音乐节活动持续至8月1日，主要内容有：1场大型论坛、11场大师讲座、7场音乐会、2场欢乐户外活动。活动搭建了国内音乐发展和国际音乐文化交流的平台，将逐步成为海内外文化艺术沟通的桥梁和纽带，为推动全省音乐事业健康发展、促进音乐文化交流发挥积极作用。

【冼夫人文化节】2019年3月12—18日（农历二月初六至二月十二日），第十八届海口冼夫人文化节举行，主会场设在龙华区新坡镇冼夫人纪念

2019年3月12—18日，第十八届海口冼夫人文化节举行。图为在新坡镇举行的“装军巡游”活动（苏弼坤 摄）

馆、冼夫人文化广场、冼夫人文化舞台，龙华区其他分会场设在城西镇、遵谭镇和中山街道得胜沙社区。冼夫人文化节历时7天，举办50多场精彩的民俗和文体活动，约20万人次市民游客参与。

（郑郁凰）

文学艺术

【概况】2019年，海口市文学艺术队伍不断壮大，创作成果丰厚，各文艺家协会会员积极参加各类文艺赛事，取得优异成绩。全年出版文学书籍14部，创作音乐、舞蹈、戏曲、影视作品40余部（首），创作和展出书画摄影作品2700余幅，参加各类文艺演出3500余人次。其中，战胜主持拍摄的微电影《蜕变》获得由中国电视艺术家协会主办的第七届亚洲微电影艺术节“好作品奖”，周毅创作的《远航》《云悠悠 龙哟哟》在由中国舞协主办的第十届“小荷风采”全国舞蹈展演活动中获“小荷之星”“小荷之家”荣誉称号，裴英杰创作的歌曲《亲爱的祖国请你放心》获中国音协音乐文化促进会征歌赛金奖。

【文学创作】2019年，海口市作协会员创作文学作品267篇（首）。其中，小说有张品成中篇小说集《白羽毛》，王丽莹小说集《夏至之夜》《图书馆奇遇》，李门长篇小说《情荡红尘》，章之乐合作出版传记小说《两院仙藤》；诗歌散文有高霞诗集《我在家乡等你》，彭桐诗集《夸下海口——诗歌勾勒的椰城影像》，李恒诗集《海之荣光》，李吾平诗集《孤独之光：律师诗集》，曾万紫散文集《幸福是奋斗出来的》；出版的作品有肖冰的《家道·饰界》，陈勇的《南下学子在行动——新中国第一代大学生赴海垦参加橡胶事业建设纪事》《苏联专家在海南农垦（1951—1959）》，冯所海、冯健英联合出版的《冼夫人旧州史话》。

年内，张品成小说《少年方志敏》获首届方志敏文学奖，长篇小说《神钓》获第三届南海文艺奖文学奖。王丽莹小说《香豌豆的春天》选入高中语文教材。王辉俊小说《关闭的重门》获中国金融作协“金融人的故事”短篇小说征文二等奖。包世旺散文《缅怀战友》获“中国知青作家杯”全国征文大赛一等奖。陈波来散文诗集《山海间》获海南省第三届南海文艺奖，组诗《韩国味道》获由韩国驻华大使馆韩国文化院主办的第二届“诗意韩国”诗歌比赛二等奖，诗歌《入海口》获由海南省台办主办的2019两岸诗会“我为海南写首诗”一等奖，诗歌《在勒克瑙吃嚼烟》获由世界诗人协会主办的第39届世界诗人大会（印度）汉语诗歌三等奖。乐冰编剧的舞台剧《更路传奇》获第三届海南省文艺奖。乐冰散文诗组章《国》获国际诗词协会、国际诗歌网等主办的“见证中国崛起”庆祝中华人民共和国成立70周年中国作家诗文大赛银奖，组诗《来自海口的风》获海南省台湾事务办公室等主办的2019两岸诗会——“我为海南写首诗”征文活动优秀奖。陈航在泸州市政府和中国作协《诗刊》社等主办的第三届诗酒文化大会“诗意浓香”全球征文大赛中获校园组·现代诗铜奖；梁振伦家庭被国家新闻出版署评为第三届全国书香之家。

【音乐】2019年，海口市音协荣誉主席裴英杰创作的歌曲《亲爱的祖国请你放心》获中国音协音乐文化促进会征歌赛金奖。黄远舫与词作家郑南合作的《绝美风景线》获“唱响海南”全国歌曲创作征集优秀奖。周毅创作歌曲《黎族彩环舞》获得海南省第三届“南海文艺奖”音乐类奖项。李豪组建的海口音协少儿管弦乐团获第六届香港国际音乐节2019音乐比赛管弦乐团小学组海南地区一等奖；6月，该乐团创作的《绒花》节目在海南广播电视总台少儿频道《我爱我的祖国——2019年海南省“六一”儿童节大型文艺会演》上获“最具人气优秀节目”称号。10月3日，由市音协选送，卢海曼老师带领7名选手在重庆谢家湾小学参加中国音乐学院第八届考级大赛全国声乐总决赛，3人获得三等奖、4人获优秀奖，卢海曼获“优秀园丁”奖，选手们同时还参加中央电视台“传唱中国”大型青少年电视音乐节目录制。

【舞蹈】2019年，周毅创作的《远航》《云悠悠 龙哟哟》在由中国舞协主办的第十届“小荷风采”全国舞蹈展演活动中获“小荷之星”“小荷之家”荣誉称号；创作的广场舞《喜娘》在2019第二节海南原创广场舞大赛中荣获一等奖。海口市舞协创作舞蹈

《黎族丰收乐》获“第二届海南原创广场舞比赛”表演一等奖、最佳编导奖；改编舞蹈《春雨来到咱苗村》获“第二届海南原创广场舞比赛”表演三等奖。

【戏曲】2019 年 12 月 21 日，在海南第四届大致坡琼剧文化节中，王佳、郑邦武、吴清铭荣获折子戏大赛一等奖，刘玮玮荣获新声代大赛青年组二等奖，黄剑荣获新声代大赛中老年组优秀奖，会员单位海口琼山区琼山琼剧演艺有限公司获琼剧大赛原创奖，黄剑荣获琼剧大赛组织奖，会员单位海口市琼剧演艺有限公司获琼剧大赛专业组二等奖。1 月，海口市曲艺家协会创作节目快板说唱《决战》、小品《明察暗访》在由海南省文联和省扶贫办联合主办的“爱心扶贫晚会”上演出；4 月，市曲艺家协会创作小品《谢绝采访》在由省旅文厅举办的“党在我心中”惠民晚会上演出。全年，市戏剧家协会开展 200 多场次琼剧下乡演出。

【美术】2019 年，海口市美协在微信公众号平台共推出各种艺术展览、文化交流等活动的网络微信链接 20 期，利用微信公众平台对艺术展览、文化交流的活动进行广泛的传播。7 月 19 日，与《环球首映》杂志合作，创建该杂志的艺术空间栏目，每期在艺术空间栏目中推出 4 ~ 6 位协会美术家的作品。年内推出的艺术家有王锐、易武、李生琦、符史雄、林鸿平、王英姿、王娟、富粒粒、王阳、韩有亮 10 位，推出美术作品有国画、油画、版画、水彩、漆画共 82 幅，为海口画家搭建一个良好的展示平台。

年内，王锐油画作品《瑞金的春天》入选中国非遗文化艺术基金会、中国美术馆主办的中国文化遗产美术作品展；油画作品《黄山烟云》受国家文物局、中国美术馆邀请，参加“山川之美——中国世界文化与自然遗产美术展”，该作品分别在马耳他中国文化中心与埃及开罗中国文化中心展出。9 月，王锐、吴一丹的水彩《村口》、王家儒的油画《流金岁月》、黄克勤的综合材料作品《南海·碧波之晨》、卢向玲的国画《海南，花鸟序》、杨彬的国画《回望南园》入选每五年一届的第十三届全国美术作品展。9 月 10 日，在“我与共和国共奋进 海南省庆祝中华人民共和国成立 70 周年美术作品展暨迎接第十三届全国美展（第六届省展）”中，王锐的油画作品《海南的阳光》、丁孟芳的油画作品《南海故事》获特别荣誉奖；王锐、吴一丹水彩的作品《村口》、林先动的水彩作品《南海渔翁之二》、梁峰的油画作品《椰城春早》、黄克勤的综合材料作品《南海·碧波之晨》、卢向玲的国画作品《海南，花鸟序》、杨彬的国画作品《回望南园》、卢丹的国画作品《热土》获金奖；周铁利的油画作品《乡村系列之二》、林先动的油画作品《南海渔翁》、陈雄的油画作品《新船》获银奖；韩有亮的油画作品《椰城春早》、王义辉的水彩《休渔季》获铜奖。12 月 18 日，林先动的水彩《南海渔翁》、卢向玲的国画《海南，花鸟序》、杨彬的国画《回望南园》荣获第三届海南省美术类文艺奖。

【书法】2019 年 4 月，中国书法家协会授予海口市书协“同书同心·祖国新春好”书法文化惠民暨“送万福进万家”志愿服务公益活动先进集体称号，授予吴青山先进个人称号。9 月 3 日，海口市秀英区书协副主席唐敏文的楷书、行书 2 幅作品入展由中国文学艺术界联合会、中国书法家协会主办的第十二届全国书法篆刻展。

【摄影】2019 年，海口市摄影家协会组织在海口市美德村、龙桥镇、旧州镇等地举办摄影文艺志愿服务活动 6 场次，组成海口市摄影家协会党支部红色摄影采风小分队分别到龙华、秀英、琼山、美兰 4 个区开展“不忘初心，牢记使命”——追寻红色记忆主题摄影活动。5 月 22 日，主办第一届以栗喉蜂虎和蓝喉蜂虎为拍摄主题的摄影赛。5 月 30 日，与省市摄协、省航摄协联合举办海口湿地摄影擂台赛。8 月 21 日，主办“新时代文明实践在琼山”摄影作品征稿活动。9 月 9 日，承办大型活动“中国女摄影家看海口”全国摄影大展。10 月 13 日，市摄协顾问胡亚玲举办《海南节庆》个人摄影作品展。年内，开展 17 场“椰树大讲堂”摄影讲座以及各类摄影讲座交流会，协会副主席吴

2019 年 9 月 9 日，“中国女摄影家看海口”全国摄影大展采风活动启动仪式在海口市美兰区新时代文明实践中心举行。图为女摄影家们合影照　（市宣传部 供）

乾山荣获海南省摄影十佳称号。

【影视】2019 年 8 月 1—31 日，由海口市电影电视艺术家协会副主席战胜为出品人拍摄电影《水上疍家》；12 月 8 日，战胜主持拍摄的微电影《蜕变》，获得由中国电视艺术家协会主办在云南临沧举行的第七届亚洲微电影艺术节“好作品奖”。年内，由市电影电视艺术家协会为指导单位，战胜作为出品人、总策划拍摄微电影《鬼岛老人》；由市电影电视艺术家协会出品，战胜担任编剧、制片人，曲艺家协会秘书长唐胡担任主摄像，拍摄微电影《蜕变》《儿子的梦》，其中《蜕变》于 4 月 20 日在海南广播电视总台公共频道播出；由战胜参与编剧的电影《梦圆帕米尔》获国家电影局公示备案、立项，同意拍摄。

【《椰城》杂志】2019 年，《椰城》杂志聚焦稿件质量，与名家约稿，出刊 12 期，累计发表各类作品 400 余篇，以本岛乡土作品和本地作者文章为主，发行范围遍及全国各地。年内举办两场全国征文大赛活动。其中，2017 年 9 月至 2019 年 3 月 30 日举办“遇见海口·最美时光”散文有奖征文大赛，2019 年 9 月 9 日至 10 月 17 日举办“我和我的祖国——庆祝新中国成立 70 周年”全国征文大赛，活动分别评选出一、二、三等奖及优秀奖若干名。1 月 6 日，在海口市归园田·清舍酒店文艺厅举办椰城文学沙龙启动仪式，共有岛内外 50 多名诗人作家、朗诵艺术家及音乐家等参加。全年分别以迎春诗歌朗诵会、“春暖花开　诗意生活”座谈会、“迎七一”欢庆新中国成立七十周年诗歌朗诵会、李门长篇小说《情荡红尘》分享会为主题举办 4 期《椰城》文学沙龙。设立椰城杂志社微信公众号，线下活动和线上宣传相结合，逐步提升椰城杂志社的知名度和影响力。

2019 年 9 月 28 日，海口市文艺界献礼中华人民共和国成立 70 周年暨海口轻音乐团首演大型音乐会在海口广播电视台举行（市文联 供）

【文艺界献礼中华人民共和国成立 70 周年大型音乐会】2019 年 9 月 28 日，由海口市委宣传部主办，市文联、海口广播电视台联合承办的以“传承民族精品文化，开创时代特色音乐”为主题的海口市文艺界献礼中华人民共和国成立 70 周年暨海口轻音乐团首演活动大型演出，在海口广播电视台演播厅举行。音乐会编排 13 个节目，演出在合唱《共和国从这里走来》中拉开序幕，歌曲《天下乡亲》《追寻》《放歌三沙去巡航》《为你而来》以及影视金曲联奏尽情抒发新中国成立 70 年来椰城人民一心向党、听党话、感党恩、跟党走的真挚情感。

【琼州文化大讲堂】2019 年 3 月 10 日，由海口市文联指导，海口日报社、市作家协会、海南家和文化研究中心联合主办的“记得住历史，看得见乡愁”公益系列活动“琼州文化大讲堂”启动。全年共进行 10 场次 12 位专家学者的登台讲授，讲授主题分别为《用心对接传统》《阅读引领人的发展》《宋代谪琼宰相·茶与沉香传奇》《海南电影现状和我们的努力》《千年文豪苏轼的智慧与爱》《〈诗经〉里的诗与歌》《中国巾帼英雄第一人的爱与传奇》《文学如何助人更好生存》《海瑞与海南文化》《〈诗经〉之古远丰美》，现场听众共 2000 多人次。

（沈音钊　林凯哲）

文化遗产保护

【概况】2019 年，海口市旅游文体局扎实推进文物保护与利用工作，多措并举推进非物质文化遗产保护传承，文物保护单位基础数量增加，覆盖率稳步提升，优秀民间传统技艺得到进一步弘扬和传播。海口市成功申报 3 处列入全国重点文物保护单位，新界定市级文物保护单位 25 处。至年底，全市共有各级文物保护单位 151 处 155 点。市文博系统全年接待游客 134.4 万人次，其中免费参观人数64.2 万人次。中共琼崖一大旧址在省市“不忘初心，牢记使命”主题教育活动中发挥重要作用，6 月入选第三批“全国关心下一代党史国史教育基地”。

2019 年海口市各级文物保护单位一览表（151 处）

表 54

级别	序号	名称	类别	时代	位置	公布批次	公布时间
全国重点文物保护单位（10 处 11 点）	1	珠崖岭城址	古遗址	汉 – 唐	琼山区龙塘镇博抚村东珠崖岭	第七批国保	2013 年 3 月 5 日
	2	丘濬墓	古墓葬	明弘治八年（1495）	秀英区海秀镇水头村丘海大道 81 号	第四批国保	1996 年 11 月 20 日
	3	海瑞墓		明万历十七年（1589）	龙华区滨涯村丘海大道 39 号	第四批国保	1996 年 11 月 20 日
	4	五公祠	古建筑	宋—清	琼山区海府路 169 号	第五批国保	2001 年 6 月 25 日
	5	丘濬故居		明洪武二年（1369）	琼山区府城街道金花路三巷 9 号	第四批国保	1996 年 11 月 20 日
	6	琼山侯家大院		清	琼山区旧州镇岭南村委会包道村	第八批国保	2019 年 10 月 7 日
	7	秀英炮台	近现代重要史迹及代表性建筑	清光绪十七年（1891）	龙华区世贸南路 3 号秀英村北	第六批国保	2006 年 5 月 25 日
	8	中共琼崖第一次代表大会旧址		民国 15 年（1926）	龙华区解放西路竹林里 131 号	第五批国保	2001 年 6 月 25 日
	9	琼海关旧址		民国 26 年（1937）	龙华区得胜沙路 4 号	第七批国保	2013 年 3 月 5 日
	10	琼崖工农红军云龙改编旧址		民国 27 年（1938）	琼山区云龙镇云龙墟海榆南路 9–1 号	第八批国保	2019 年 10 月 7 日
	11	（山严）塘陂、亭塘陂水利工程	其他	宋明至今	龙华区龙泉、龙桥及琼山区龙塘三镇	第八批国保	2019 年 10 月 7 日
海南省文物保护单位（56 处）	12	琼山城墙	古遗址（3 处）	宋—清	琼山区府城街道东门路、忠介路 57–1 号	第二批省保	2009 年 5 月 8 日
	13	五里官道		明	龙华区遵谭镇东谭村委会涌潭村	第三批省保	2015 年 11 月 24 日
	14	旧州城遗址		唐	琼山区旧州镇旧州村	第三批省保	2015 年 11 月 24 日
	15	唐胄墓	古墓葬（14 处）	明嘉靖十九年（1540）	琼山区云龙镇陶公山（土地为龙华区龙泉镇五一村委会卜史村集体所有）	第一批省保	1994 年 11 月 2 日
	16	周仁浚墓		宋	龙华区龙桥镇玉荣村	第三批省保	2015 年 11 月 24 日
	17	张岳崧墓		清道光二十三年（1843）	琼山区甲子镇青云村委会文头村	第三批省保	2015 年 11 月 24 日
	18	薛远墓		明	龙华区城西镇薛村	第三批省保	2015 年 11 月 24 日
	19	吴贤秀墓		唐元和四年（809）	美兰区演丰镇美兰墟博度村龙窝坡	第三批省保	2015 年 11 月 24 日
	20	吴氏古墓群		清	龙华区龙泉镇育大村	第三批省保	2015 年 11 月 24 日
	21	韦执谊墓		唐	龙华区龙泉镇新联村委会雅咏村	第三批省保	2015 年 11 月 24 日
	22	韦四公、韦九公墓		明	龙华区龙泉镇儒图村	第三批省保	2015 年 11 月 24 日
	23	王居正墓		南宋绍兴二十一年（1151）	琼山区凤翔街道那央村委会新谭村	第三批省保	2015 年 11 月 24 日
	24	曾鹏墓		明	龙华区新坡镇仁里村	第三批省保	2015 年 11 月 24 日
	25	蔡氏古墓群		宋—清	龙华区遵谭镇东谭村委会涌潭村	第三批省保	2015 年 11 月 24 日

续表 54

级别	序号	名称	类别	时代	位置	公布批次	公布时间
海南省文物保护单位（56 处）	26	黄篪墓	古墓葬（14 处）	宋	秀英区长流镇博抚村列楼岭	第三批省保	2015 年 11 月 24 日
	27	李氏古墓群		宋、元	秀英区石山镇美傲村	第三批省保	2015 年 11 月 24 日
	28	梁云龙墓		明万历三十四年（1606）	琼山区旧州镇雅秀村委会雅蔡村	第三批省保	2015 年 11 月 24 日
	29	儒符石塔	古建筑（23 处）	宋	秀英区石山镇儒符村东南、石山至道堂公路西侧	第一批省保	1994 年 11 月 2 日
	30	常住宝塔		元	秀英区长流镇新民村	第二批省保	2009 年 5 月 8 日
	31	府城鼓楼		明—清	琼山区府城街道文庄路鼓楼街 30–1 号	第一批省保	1994 年 11 月 2 日
	32	琼台书院奎星楼		清乾隆十八年（1753）	琼山区府城中山路海南琼台师范学院内	第一批省保	1994 年 11 月 2 日
	33	天后宫		元—清	龙华区中山路 87 号	第二批省保	2009 年 5 月 8 日
	34	琼山县学宫大成殿		清	琼山区府城街道文庄路 5–1 号	第二批省保	2009 年 5 月 8 日
	35	西天庙		清	龙华区义兴街 73 号	第二批省保	2009 年 5 月 8 日
	36	起云塔		清	琼山区那央村委会朱良村	第二批省保	2009 年 5 月 8 日
	37	曾氏宗祠		清	桂林洋经济开发区迈德村	第三批省保	2015 年 11 月 24 日
	38	登龙坊		清	秀英区长流镇博抚村	第三批省保	2015 年 11 月 24 日
	39	黄忠义公祠		清道光十一年（1831）	琼山区府城镇文庄路尚书直街 12–1 号	第三批省保	2015 年 11 月 24 日
	40	进士邦伯坊		明	秀英区东山镇高田村	第三批省保	2015 年 11 月 24 日
	41	李德盛民宅		清	秀英区石山镇儒豪村	第三批省保	2015 年 11 月 24 日
	42	吴典故居		清乾隆十三年（1748）	琼山区府城街道草芽巷	第三批省保	2015 年 11 月 24 日
	43	吴氏民居		清宣统二年（1910）	琼山区府城街道金花路四巷 6 号	第三批省保	2015 年 11 月 24 日
	44	许氏宗祠		清	秀英区东山镇大坡村	第三批省保	2015 年 11 月 24 日
	45	表厥宅里门坊		清	琼山区龙塘镇龙富村委会玉成村	第三批省保	2015 年 11 月 24 日
	46	关康庙		清	美兰区海甸街道新安社区东南角	第三批省保	2015 年 11 月 24 日
	47	卜宅村节孝坊		清	龙华区新坡镇仁里村委会卜宅村	第三批省保	2015 年 11 月 24 日
	48	邱氏祖宅		清	龙华区中山路 63 号	第三批省保	2015 年 11 月 24 日
	49	应奎坊		明	龙华区新坡镇仁里村委会卜宅村	第三批省保	2015 年 11 月 24 日
	50	郑存礼故居		清	琼山区府城街道达士巷 20 号	第三批省保	2015 年 11 月 24 日
	51	王海萍故居		清	秀英区长流镇堂善村	第三批省保	2015 年 11 月 24 日
	52	宋徽宗“神霄玉清万寿宫诏”碑	石刻（2 处）	北宋宣和元年（1119）	琼山区海府路 169 号五公祠院内	第一批省保	1994 年 11 月 2 日
	53	丘浚祭抱元境神碑		明	琼山区龙塘镇三联村委会国仓村	第三批省保	2015 年 11 月 24 日

续表 54

级别	序号	名称	类别	时代	位置	公布批次	公布时间
海南省文物保护单位（56处）	54	镇琼炮台	近现代重要史迹及代表性建筑（13处）	清光绪十一年（1885）	龙华区滨海大道28号滨海公园内	第二批省保	2009年5月8日
	55	敦笃亭		清宣统三年（1911）	美兰区灵山镇福同村琼文公路2.5公里处	第三批省保	2015年11月24日
	56	铁桥		民国29年（1940）	琼山区府城滨江街道铁桥村	第二批省保	2009年5月8日
	57	冯白驹故居		1951年	琼山区云龙镇长泰村委会长泰村	第一批省保	1994年11月2日
	58	秀英港		民国25年（1936）	秀英区滨海大道102号	第三批省保	2015年11月24日
	59	凤栖堂		民国23年（1934）	琼山区板桥路海南中学内	第三批省保	2015年11月24日
	60	林鸿高围楼		民国11年（1922）	美兰区三江镇三江村委会罗梧村	第三批省保	2015年11月24日
	61	海口钟楼		民国18年（1929）	龙华区原海口儿童公园内	第三批省保	2015年11月24日
	62	海口中山纪念堂		民国15年（1926）	龙华区文明西路19号	第三批省保	2015年11月24日
	63	福兴楼		民国5—7年（1916–1918）	秀英区石山镇施茶村委会美社村	第三批省保	2015年11月24日
	64	耆年硕德坊		民国12年（1923）	秀英区永兴镇美梅村	第三批省保	2015年11月24日
	65	毋忘“九·一八”国耻纪念碑		民国20年（1931）	琼山区府城街心公园内	第三批省保	2015年11月24日
	66	原琼海关税务司官邸		清光绪二十四年（1898）	龙华区盐灶路1号海关宿舍区内	第三批省保	2015年11月24日
	67	荣堂村	其他（1处）	南宋	海口市秀英区石山镇北面	第三批省保	2015年11月24日
海口市文物保护单位（85处88点）	68	珠崖郡治遗址（待考证）	古遗址（6处）	汉（待考证）	龙华区遵谭镇东谭村委会卜创村	原琼山市第三批	1998年3月11日
	69	东寨港琼北地震遗址		明万历三十三年（1605）	美兰区东寨港西排湾	原琼山县第一批	1986年9月17日
	70	琼台福地遗址		明万历四十五年（1617）	琼山区府城街道文庄路关帝巷街18号	原琼山市第三批	1998年3月11日
	71	达士巷古道		明	琼山区府城街道马鞍街与云露路之间	原琼山市第三批	1998年3月11日
	72	北胜街古道		明	琼山区府城街道新城路北胜街	原琼山县第一批	1986年9月17日
	73	埠头村码头遗址		唐—民国	琼山区旧州镇旧州村委会埠头村	海口市第四批	2019年10月18日
	74	何兴墓	古墓葬（15处）	南宋	琼山区龙塘镇潭口村委会永昌村	原琼山市第三批	1998年3月11日
	75	唐震墓		南宋	秀英区永兴镇道心村北狮子岭飞地工业开发区	原琼山市第三批	1998年3月11日
	76	许子伟墓		明	琼山区云龙镇长泰村委会永创村	海口市第三批	2012年3月28日
	77	林杰墓		明	龙华区新坡镇仁里村村委会云庵村	海口市第三批	2012年3月28日
	78	荀氏太夫人墓		元	秀英区西秀镇荣山村西南侧	海口市第三批	2012年3月28日
	79	陈公墓		明	琼山区新大洲大道280号海南政法职业学院内	原琼山市第三批	1998年3月11日

续表 54

级别	序号	名称	类别	时代	位置	公布批次	公布时间
海口市文物保护单位（85 处 88 点）	80	吴元猷故居及墓	古墓葬（15 处）	故居：清嘉庆十五年（1810 年）；墓：清光绪六年（1880）	故居：美兰区灵山镇大林管区道郡村；墓：美兰区三江镇眼镜塘村委会排市村	原琼山市第三批	1998 年 3 月 11 日
	81	陈得平故居及墓		故居：清嘉庆二十年（1815）；墓：1925 年	故居：琼山区红旗镇苏寻三村委会泮边村；墓：琼山区红旗镇红明农场云龙作业区 63 队咸宜村	原琼山县第二批	1992 年 10 月 4 日
	82	张英佐墓		元	琼山区云龙镇西南方向三公里处的陶公山昌莫墓地	海口市第四批	2019 年 10 月 18 日
	83	林暹墓		南宋	琼山区旧州镇白石岭东侧	海口市第四批	2019 年 10 月 18 日
	84	陈辉斗墓		清	秀英区西秀镇好俗村西北	海口市第四批	2019 年 10 月 18 日
	85	林氏古墓群		五代十国—宋	琼山区凤翔街道办迈瀛村西南面	海口市第四批	2019 年 10 月 18 日
	86	钟芳墓		明	秀英区东山镇钟宅坡村旁	海口市第四批	2019 年 10 月 18 日
	87	钟明显墓		宋	秀英区石山镇荣堂村村前金鸡岭	海口市第四批	2019 年 10 月 18 日
	88	李珊墓		明	龙华区城西镇薛村教育里 8 号旁	海口市第四批	2019 年 10 月 18 日
	89	邢氏祖祠	古建筑（40 处）	清道光十六年（1836）	琼山区府城街道文庄路尚书直街 12-1 号	原琼山市第三批	1998 年 3 月 11 日
	90	王国宪故居		清咸丰三年（1853）	琼山区府城街道达士巷 33-35 号	原琼山市第三批	1998 年 3 月 11 日
	91	定福灶君庙		清光绪十三年（1887）	琼山区府城街道北官村北街 40 号	原琼山市第三批	1998 年 3 月 11 日
	92	陈继虞故居		清光绪十六年（1890）	琼山区三门坡镇文蛟村委会蛟头村	原琼山市第三批	1998 年 3 月 11 日
	93	海忠介公庙		清	琼山区三门坡镇青草村	原琼山县第二批	1992 年 10 月 4 日
	94	蔡有开公祠		清	龙华区遵谭镇东谭村委会涌潭村	海口市第三批	2012 年 3 月 28 日
	95	梁氏合族宗祠		清	龙华区新坡镇梁沙村	海口市第三批	2012 年 3 月 28 日
	96	冼太夫人庙		明—清	龙华区新坡镇新坡街镇政府南侧	原琼山县第二批	1992 年 10 月 4 日
	97	冯氏宗祠		清	琼山区甲子镇青云村	海口市第三批	2012 年 3 月 28 日
	98	翰香书院		清	龙华区龙泉镇翰香村	海口市第三批	2012 年 3 月 28 日
	99	三槐书院		清	秀英区西秀镇好俗村	海口市第三批	2012 年 3 月 28 日
	100	净禅院		清	龙华区龙桥镇挺丰村委会王廷村	海口市第三批	2012 年 3 月 28 日
	101	王后庙		清	秀英区西秀镇好俗村	海口市第三批	2012 年 3 月 28 日
	102	贞寿坊		清	琼山区甲子镇民昌村委会木兑村	海口市第三批	2012 年 3 月 28 日
	103	林宜华故居		清	美兰区灵山镇蓝美村	海口市第三批	2012 年 3 月 28 日
	104	曾对颜故居		清	桂林洋经济开发区迈德村	海口市第三批	2012 年 3 月 28 日
	105	明经第		清	桂林洋经济开发区迈德村	海口市第三批	2012 年 3 月 28 日
	106	续龙石桥		清	龙华区新坡镇光荣村委会月塘村	海口市第三批	2012 年 3 月 28 日
	107	三合井		明	琼山区府城街道马鞍街	海口市第三批	2012 年 3 月 28 日
	108	钟芳井		明	琼山区府城街道达士巷 10 号	海口市第三批	2012 年 3 月 28 日
	109	龙岐村伏波庙		宋—清	美兰区蓝天街道龙岐村	海口市第三批	2012 年 3 月 28 日
	110	西湖娘娘庙		明—清	秀英区永兴镇永秀村	海口市第三批	2012 年 3 月 28 日

续表 54

级别	序号	名称	类别	时代	位置	公布批次	公布时间
海口市文物保护单位（85处88点）	111	挺秀坊	古建筑（40处）	明	秀英区长流起步区市政府第二办公区南侧挺秀公园内	海口市第三批	2012年3月28日
	112	龙尾桥		清	美兰区演丰镇边海行政村林市村	海口市第三批	2012年3月28日
	113	白沙门中村天后宫		元—清	美兰区海甸街道办事处白沙门社区白沙门中村	海口市第三批	2012年3月28日
	114	竹根井		明	琼山区府城镇攀丹村	海口市第三批	2012年3月28日
	115	吴太史公桥		清	琼山区美元村北面200米处	海口市第四批	2019年10月18日
	116	迈宝双井		明	秀英区石山镇马鞍岭施茶村东南面约300米	海口市第四批	2019年10月18日
	117	神王祖庙		明—清	秀英区长流镇长丰村委会道盖村	海口市第四批	2019年10月18日
	118	养生井		始建年代待定，清代重修汲道	龙华区遵谭镇卜创村西	海口市第四批	2019年10月18日
	119	张岳崧启蒙学堂		清	琼山区甲子镇群星村委会土良村	海口市第四批	2019年10月18日
	120	国仓村石桥		明	琼山区龙塘镇三联村委会国仓村南面美味山下	海口市第四批	2019年10月18日
	121	坡上村关公庙		清	美兰区灵山镇新琼村委会坡上村	海口市第四批	2019年10月18日
	122	儒本村四眼井		清	秀英区永兴镇儒本村	海口市第四批	2019年10月18日
	123	加乐湖村张氏宗祠		清	琼山区三门坡镇乐来村委会加乐湖村	海口市第四批	2019年10月18日
	124	昌学村节孝牌坊		清	龙华区龙桥镇廷丰村委会昌学村北部	海口市第四批	2019年10月18日
	125	白沙门上村天后宫		清	美兰区海甸岛白沙门上村666号	海口市第四批	2019年10月18日
	126	玉安村瞭望塔（台）		清	秀英区石山镇玉安村东北部	海口市第四批	2019年10月18日
	127	荣山村冼夫人庙		清	秀英区西秀镇荣山村西侧	海口市第四批	2019年10月18日
	128	西洲书院		始建于明代，后重修	琼山区国兴街道办上丹社区	海口市第四批	2019年10月18日
	129	三清观大型石雕像	石刻（2处）	宋、明	琼山区红城湖路北街村三清观北街2-1号	原琼山市第三批	1998年3月11日
	130	石室仙踪摩崖石刻		明	琼山区凤翔街道办迈瀛村西北	海口市第四批	2019年10月18日
	131	林文英烈士殉难处纪念碑及林文英烈士纪念亭	近现代重要史迹及代表性建筑（22处）	民国8年（1919）	琼山区府城街道文庄路101号工人文化宫大门旁	原琼山县第一批	1986年9月17日

续表 54

级别	序号	名称	类别	时代	位置	公布批次	公布时间
海口市文物保护单位（85 处 88 点）	132	中山亭	近现代重要史迹及代表性建筑（22 处）	民国 14 年 1925	琼山区府城街心公园内	原琼山县第二批	1992 年 10 月 4 日
	133	中共琼崖特委、海口市委旧址（云氏会馆）		民国 17—18 年（1928—1929）	龙华区义兴街 178 号	海口市第二批	1989 年 12 月 5 日
	134	约亭		民国 22 年（1933）	美兰区大致坡镇琼文街 31 号	原琼山县第二批	1992 年 10 月 4 日
	135	罗牛山革命烈士纪念碑		1952 年	美兰三江镇苏寻三村委会东坡湖村琼文路 111 号	原琼山县第二批	1992 年 10 月 4 日
	136	华南公路工程修建烈士纪念碑		1954 年（2002 年重建）	秀英区永兴镇海榆中线 266 号 10 公里处	海口市第一批	1985 年 8 月 20 日
	137	罗经盘革命烈士纪念碑		1957 年	秀英区永兴镇美目村 1 号海榆中线与永兴遵谭公路交叉处	原琼山县第二批	1992 年 10 月 4 日
	138	大水革命烈士陵园		1957 年	琼山区三门坡镇大水村 28 号	原琼山县第二批	1992 年 10 月 4 日
	139	冯白驹将军纪念亭		1988 年	龙华区公园北路海口人民公园内	海口市第二批	1989 年 12 月 5 日
	140	白石溪地区革命烈士纪念碑		1990 年	琼山区大坡镇白石溪东昌农场场部玉溪路 15 号	原琼山县第二批	1992 年 10 月 4 日
	141	苏寻三乡人民革命纪念亭		1991 年	美兰三江镇苏寻三村委会东坡湖村琼文路 113 号	原琼山县第二批	1992 年 10 月 4 日
	142	海瑞故居		1992 年	琼山区府红城湖路 67 号	原琼山市第三批	1998 年 3 月 11 日
	143	刘秋菊纪念园		1991 年	琼山区那梅村琼山中医院南侧琼州大道 178-1 号	原琼山县第二批	1992 年 10 月 4 日
	144	钟锦泉故居		清宣统三年 1911 年	美兰区灵山镇福同村	海口市第三批	2012 年 3 月 28 日
	145	玉柳村炮楼		民国 9 年间（1920 年代）	琼山区龙塘镇仁庄村委会玉柳村	海口市第三批	2012 年 3 月 28 日
	146	安华楼		民国 19 年（1930）	秀英区石山镇三卿村	海口市第三批	2012 年 3 月 28 日
	147	琼山县苏维埃政府旧址		民国 20 年（1931）	秀英区永兴镇苍英村	海口市第三批	2012 年 3 月 28 日
	148	胡文虎游泳池		民国 25 年（1936）	琼山区龙昆南路 99 号海南师范大学校园内	海口市第三批	2012 年 3 月 28 日
	149	海南革命烈士纪念碑		1954 年	龙华区人民公园内	海口市第三批	2012 年 3 月 28 日
	150	解放海南岛战役烈士陵园		1983 年	龙华区金牛岭公园内	海口市第三批	2012 年 3 月 28 日
	151	昌明村炮楼		民国时期	秀英区长流镇棠昌村委会昌明村口	海口市第四批	2019 年 10 月 18 日
	152	原海南医院旧址		民国时期	龙华区龙华路与长堤路交汇处	海口市第四批	2019 年 10 月 18 日

【文物保护和利用】2019年，海口市文物局完成丘濬墓、秀英炮台陈列布展、一大旧址展陈改造提升、五公祠陈列展览和景区改造、五公祠两岸景观提升和围墙改造一期工作。启动明昌塔陈列布展、一大旧址和海口钟楼改造提升前期工作。2月，海口钟楼免费对外开放；12月16日，秀英炮台结束布展工作，新建展馆对外开放。琼海关旧址立面修缮、府城鼓楼修缮、邢氏祖祠修缮、镇琼炮台修缮、中山纪念堂修缮、元诰赠正一品太夫人云荀氏婆墓园修缮以及琼山学宫大成殿小型博物馆建设项目有序实施。2月，海口市聘请国家一级编剧、作家刘和平为海瑞文化项目总顾问，指导海瑞文化公园建设。延长海口市博物馆、五公祠、海口钟楼等文博单位夜间开放时间。《海南省人民政府关于公布海南省全国重点文物保护单位、省级文物保护单位保护范围的通知》《海南省旅游和文化广电体育厅 海南省自然资源和规划厅关于公布全国重点文物保护单位、省级文物保护单位建设控制地带的通知》分别于6月14日和8月5日公布，对海口市珠崖岭城址、五公祠、海瑞墓等66处67点文物保护单位的具体保护范围和建设控制地带进行详细界定。

【非物质文化遗产保护传承】2019年，海口市旅游文体局组织开展2019年海口市非遗展演活动，以“非遗保护·中国实践”为主题，推出5大板块16场非遗展演活动，历时近2个月，演出范围遍及海口市各大乡镇，影响范围覆盖城乡。通过非遗大舞台、海口市非物质文化遗产展览、市民体验等丰富多彩的文化活动，传递非遗内在价值。组织拍摄海口市非遗项目纪录片和微视频，推进海口市非物质文化遗产保护传承，广泛传播、弘扬优秀民间传统技艺，提高非物质文化遗产在广大市民中的影响力。推荐黄庆萍等11位省级非遗项目的市级传承人为省级非遗项目传承人候选人；完成第四批市级非物质文化遗产项目名录的征集收录工作。至2019年底，海口市非物质文化遗产名录中，有国家级项目7个、省级项目10个、市级项目2个；国家级代表性传承人1名、省级代表传承人8名、市级代表性传承人42名。

2019年海口市非物质文化遗产保护名录一览表

表55

保护级别	数量（项）	名　称
国家级非物质文化遗产保护名录	7	传统美术1项：《海南椰雕》 传统音乐1项：《海南八音器乐》 传统戏剧3项：《琼剧》《海南公仔戏》《海南斋戏》 民间信仰2项：《海口天后祀奉》《冼夫人信俗》
省级非物质文化遗产保护名录	10	传统舞蹈2项：《海南虎舞》《海南麒麟舞》 传统技艺7项：《海南粉烹制技艺》《海南龙塘雕刻艺术》《传统浅海捕捞技艺》《土法制糖技艺》《海南黄花梨家具制作工艺》《鹿龟酒酿泡技艺》《琼式月饼制作技艺》 传统节日1项：《府城元宵换花节》
市级非物质文化遗产保护名录	2	传统舞蹈2项：《海南狮舞》《海口龙舞》

2019年海口市非物质文化遗产代表性项目及传承人一览表

表56　　单位：人

序号	项　目	国家级传承人数	省级传承人数	市级传承人数	小计
1	琼剧	1	1	1	3
2	海南公仔戏	0	1	4	5
3	海南斋戏	0	0	4	4
4	海南八音器乐	0	1	4	5
5	海南椰雕	0	1	4	5
6	海口天后祀奉	0	0	3	3
7	冼夫人信俗	0	2	1	3
8	海南虎舞	0	0	2	2
9	海南麒麟舞	0	0	4	4
10	海南粉烹制技艺	0	1	2	3
11	海南龙塘雕刻艺术	0	1	1	2
12	传统浅海捕捞技艺	0	0	0	0
13	土法制糖技艺	0	0	2	2
14	海南黄花梨家具制作工艺	0	0	2	2
15	鹿龟酒酿泡技艺	0	0	2	2
16	琼式月饼制作技艺	0	0	1	1
17	府城元宵换花节	0	0	0	0
18	海南狮舞	0	0	4	4
19	海口龙舞	0	0	1	1
合计		1	8	23	32

即将完工的明昌塔。摄于2019年12月25日 （苏弼坤 摄）

【明昌塔重建工作】“美舍河文物+旅游工程”一期（明昌塔）项目总体规划用地为26804.1平方米，其中明昌塔占地面积5377.35平方米。项目总投资9920.7万元。明昌塔建筑平面呈正八边形，主体结构采用钢筋混凝土结构，轴线高程从5.40米到11.25米塔基高程，塔基规划设计起点高于明昌祖庙现状8.63米，塔身高33米，总高度按规制不计塔刹。地下空间层高6米，其中首层5.4米，二层至六层层高以0.3米递减，六层高3.9米，七层层高5.1米。附属建筑有文昌阁、东西配殿、先师殿、敬事亭、山门和连廊。其中，文昌阁建筑面积312.63平方米，建筑高度18.8米；东西配殿建筑面积62.72平方米，建筑高度8.14米；先师殿建筑面积240.63平方米，建筑高度13.87米。2019年4月，市旅游文体局启动明昌塔陈列布展工作。该项目主要建设内容涉及明昌塔文物征集（租借）、布展设计、文物布展及装饰装修工程，可研批复价为2339.84万元，采用EPC模式实施。12月，明昌塔主体建设完工。

（郑郁凰）

新闻出版

【图书出版】2019年，海口出版图书3942种，其中初版1626种、重印2316种。总印数6714.91万册（张），其中初版1239.57万册（张）、重印3673.32万册（张）、租型1802.01万册（张）。总印张523172.43千印张，其中初版137060.92千印张、重印272141.12千印张、租型113970.39千印张。定价总额11.32亿元。

【电子音像出版】2019年，海口出版电子制品3种，为文学艺术类的只读光盘（CD-ROM），比上年下降40%；数量1500盒（张），下降90.05%。出版录音制品16种，下降11.11%；数量1.14万盒（张），下降61.65%。出版录像制品29种，增长314.29%；数量2.95万盒（张），增长73.53%。

【报纸出版】2019年，海口出版报纸13种，其中省级报纸10种、海口市出版报纸3种。13种报纸中，综合类报纸3种，专业类报纸8种，生活服务类报纸1种，文摘类报纸1种。全市报纸平均期印数59.74万份，总印数1.59亿份，总印张470411.88千印张，定价总额2.15亿元。

【期刊出版】2019年，海口出版期刊42种。按期刊性质分：综合期刊1种，哲学、社会科学期刊14种，自然科学、技术期刊14种，文化、教育期刊10种，文学、艺术期刊3种。全市期刊平均期印数32.85万份，总印数533.14万份，总印张37269.73千印张，定价总额6594.55万元。

（彭宏军）

【海口日报社】2019年，海口日报社全面贯彻落实习近平新时代中国特色社会主义思想，发挥《海口日报》、海口网、新媒体的作用，纸媒、网媒、两微一端全媒体发力，聚焦主题主线，围绕市委、市政府中心工作和民生服务，精心策划宣传专版和专栏，打造精品版面，讲好海口故事，传播海口声音，展示海口形象。年内，《海口日报》获得腾讯年度正能量奖，海口网获得“2018—2019中国新闻网站‘最具公信力’50强”称号，海口网官方微信获得中国互联网行业最高规格的品牌大奖——2018—2019中国新闻网站“最佳微信公众号50强”称号。

有10件新闻作品获得第二十九届海南新闻奖。一等奖：《海口党员干部都有一本“口袋书”》，作者张树广、宋亮亮，编辑赵晓龙。二等奖：《在重大主题报道中展现地方党报的新气象新作为》，作者张树广；《设计更独特 观景更舒适三角池公园 扶手为民倾斜15度》，作者曹马志，编辑吴跃、赵晓龙；《七夕特别策划 | 迟来的婚纱照藏着爱情里最美的模样》，作者余加亮、赵越、郑春祥；《中巴之战》，作者黄一冰，编辑羊位高。三等奖：《“最美小鸟”爱上海口五源河》作者龙易强，编辑赵晓龙；《“减负松绑”利于激发干部活力》，作者谢松波，编辑文关福；《跟着“百姓河长”去巡湖》，作者余加亮，编辑张志红；《H5-来自海口的2018—请查收》，作者赵越、丁婉靖、陈欢、程忆翎、余加亮；《海口日报2018年10月3日一版》，作者赵晓龙。

重大主题宣传报道　2019年，海口日报社先后推出“在习近平新时代中国特色社会主义思想指导下—新时代新作为新篇章”“壮丽70年奋斗新时代”“我为加快推进海南自由贸易港建设作贡献”“喜看海南自由贸易试验区建设新变化”“携手共建美丽海口”“新时代文明实践在海口”“城市更新”“关注”“民生”等20多个专版专栏，围绕市委、市政府加快推进江东新区建设，高标准高质量抓好“一区三片五路”景观提升，落实“两个确保”百日大行动、保供稳价、重点项目攻坚、打好防范化解重大风险攻坚战、统筹推进脱贫攻坚和乡村振兴、加快生态修复和保护、精细化管理城市、社会文明大行动、扫黑除恶专项斗争、新时代文明实践中心建设等重点任务，精心策划专题和系列报道，多角度、全方位反映海口推动高质量发展的创新实践和典型经验，展示市委市政府抢抓时代机遇，实现跨越发展的可喜变化。

专题报道　2019 年，海口日报社推出的“壮丽 70 年 奋斗新时代 美好新海口”系列特刊大型宣传活动，结合海南经济发展，刊出《海南记忆》《海南成长》《海南见证》《海南使命》四大主题新闻策划报道。全面运用全媒体发展成果，综合采取多种形式、多样载体、多维视角，展示新中国成立 70 年来海口发展的光辉历程、伟大成就、宝贵经验，唱响礼赞新中国、奋进新时代昂扬旋律。推出的“城市美、产业兴”系列报道，配合全国调解工作会议在海口召开策划的“关注全国调解会议”主题报道，围绕“跨海跨年久久不见海口见”海口跨年狂欢季活动刊发的宣传推广，突出亮点和鲜明特色。配合全市主题教育工作，开辟“不忘初心、牢记使命”专栏，办好“我是共产党员”栏目，为海口开展“不忘初心、牢记使命”主题教育营造良好的舆论氛围。

【媒体融合】2019 年，海口日报社加快以移动优先的媒体融合工作，成立 7 个融媒体工作室。加快无线海口 APP 的升级改造，打造全新的“南端”新闻客户端。其中，海口网推出的《守护海口蓝天白云！禁止燃放烟花爆竹，从你我做起》微信文章阅读量突破 10 万人次；新媒体部、教育事业部的微推稿《海口面向全国公开招聘 325 名教师》《海口中小学划片范围确定》《中招第一批次录取分数线公布》阅读量分别达到 6.5 万人次、5.7 万人次、5.4 万人次，引发大量网民的关注。（陈文婷）

【新闻出版管理】2019 年，海口市委宣传部开展“扫黄打非”工作，检查印刷厂 113 家次，立案查处 10 家，罚款 2.1 万元；检查出版物市场 263 家次，立案查处书店、文具店、商行、个人等类型案件共 23 起，移交 1 起，缴涉案出版物 843 册，没收违法所得 2617.67 元，罚款 2.7 万元。加强印刷业行业监管，通过微信工作群对印刷企业进行政策法规和安全工作的宣传，并组织 51 家二类印刷企业 70 人参加全省印刷行业法规培训班；委托市文化市场综合行政执法支队对印刷企业进行日常巡查与重点监管，查处违规经营企业。依法依规开展行政审批，审批新设立印刷企业 5 家，变更事项 7 家，换证 1 家。推进全市软件正版化工作，组织全市党政机关、参公事业单位相关工作人员 115 人参加软件正版化培训。推进全民阅读活动，完成 4 个区 244 个农家书屋补充更新出版物工作，支持工作经费 49.23 万元。（彭宏军）

广播影视

【概况】2019 年，海口广播电视台拥有综合、生活娱乐、城乡经济 3 个电视频道，综合广播 FM101.8、旅游交通广播 FM95.4、音乐广播 FM91.6、生活广播 FM104.4 等 4 个广播频率，1 个国家一类新闻资质网站海广网，2 个资讯类手机客户端海广 V 豆、嗨皮 V 直播，以及各个品牌栏目的微信公众号。年内，海口广播电台三套自办电视节目有线网播出总时间约 21891 小时 31 分钟，5 个无线发射电视频道共完成无线信号发射总时间约 28213 小时 50 分钟，广播全年度安全播出 29200 小时。旗下有“海口新闻联播”“热带播报”“播报第一站”“椰城纠风”“看法”“海南华侨”“公益海南”“海口大讲堂”“直播 12345”“直播城市管家”“新闻早七点”“海口新闻”“矢弓快评”“城市新动力”等电视、广播品牌栏目。对《海口市郊列车运行首发特别节目》《2019 年第十八届精功（国际）模特大赛总决赛》《“传承最美乡音” 2019 第四届大致坡琼剧文化节红毯仪式 + 颁奖晚会》等重大事项进行直播。

【广播电视节目】2019 年，以庆祝新中国成立 70 周年为主线，配合各级党委和政府，海口广播电视台统一部署开展《壮丽 70 年 奋斗新时代》等多个大型主题宣传。最海口融媒体平台推出《人民记忆：70 年 70 城·记住海口》《我和我的祖国》创意闪唱 MV、《海口与中国——励志之城》等视频，引发热烈反响。深入开展“不忘初心 牢记使命”主题教育，开设“不忘初心 牢记使命”专栏，全年播出约 300 余期，播发千余篇报道。时政新闻“新闻早七点”报道海口资讯超 2600 条、海南省内资讯 2200 余条、国内资讯 2200 余条。结合脱贫攻坚、乡村振兴等重点工作，开展系列报道，先后推出“打赢脱贫攻坚战”“聚焦新时代文明实践”“乡村振兴——打赢脱贫攻坚战”等专栏。电视社会新闻开设“社会文明大行动”专栏，做好“媒体 + 执法”相关报道。针对“两个保障”百日大行动，开设“全力以赴抓‘两个确保’”专栏；“直播城市管家”推出“海南自贸区建设一年间”主题报道；同时，海广网相同主题专栏累计发稿不少于 90 条 / 篇。围绕“海口市扫黑除恶专项活动”阶段性成果，相继推出扫黑除恶新闻专题和访谈节目，如“热带播报”栏目的《扫黑除恶进行时》《扫黑除恶纪事》专栏、《海口会客厅》访谈节目、“看法”栏目的《扫黑除恶》宣传片等。聚焦社情民生，推出“海口会客厅”“公益海南”“热带播报”等民生栏目。开展 4 年的“热带播报”青芒无障碍影院公益活动，惠及海南 7.2 万的视力残疾人。问政栏目已形成“椰城纠风”“直播 12345”等品牌。“海口大讲堂”推出《余莉开讲之品读〈群书治要〉》《郭文斌解读〈弟子规〉》等节目，传播优秀的中华传统文化。同时，还推出《红色档案——解密琼崖隐蔽斗争史》《海口市域列车进行曲》特别节目。有11件作品获第29届海南新闻奖，电视专题片《用生命护航的南海救助人——黄环汉》获中国新闻奖三等奖。25件作品获2018年度海南省广播电视优秀节目奖，广播剧《大爱人间》获得第十五届中宣部“五个一工程奖”。

【广电行业管理】2019年，海口广播电视台始终把加强行业管理作为广电规范化建设的重点内容，出台一系列规章制度强化管理。编播宣传方面，出台《海口广播电视台错别字处罚办法》《海口广播电视台防御超强台风应急预案》《海口广播电视台节目播出管理处罚条例》《海口广播电视台节目档案入库管理制度》等制度。经营监管方面，出台《海口广播电视台广告实务置换管理规定（试行）》《海口广播电视台广告发布审查管理规定（试行）》《海广视台字〔2019〕59号业务运营费管理办法（最新修订版）》等制度。行业管理方面，市旅游文体局对广播电视广告播放进行指导监管；管理广播电视节目传送、有线电视和移动电视业务；监督管理广播电视安全播出和网络安全；指导协调广播电视系统设施保护工作；实施广播电视无线电管理及广播电视专用频率管理工作；指导协调广电领域专业技术资格、职业资格管理工作和职业技能鉴定。

【节目编播与技术创新】2019年，海口广播电视台利用电视转播车，完成户外直播共11场次，大型活动直播约910分钟，录制大型节目近60场次，约7200分钟，每周直播节目达到18.5小时。针对广电技术创新发展需要，举办各种新设备，新媒体，融媒体等技术讲座、培训20多场次，不断提高全台技术人员的专业技能。

【安全播出与技术管理】2019年，海口广播电台三套自办电视节目有线网播出总时间约为21891小时31分钟，5个无线发射电视频道共完成无线信号发射总时间约为28213小时50分钟。在“春节”“全国两会”“博鳌年会”“建国70周年”等重要安全播出保障期及重要保障时段，加强技术值守，防范网络攻击，确保重保期的安全播出。101.8MHz、95.4MHz、91.6MHz、104.4MHz四个频率日播80小时，全年度安全播出29200小时，均未出现重大安全播出事故和重大事件。年内，制定《海口广播电视台广告发布审查管理规定》，建立起三级广告发布审查机制，明确责任主体及广告发布许可内容，做到广告合同签订及广告播出发布有规可依，从源头上进行查堵，严控违法违规广告上线播出。

【广电基础设施建设】2019年，海口广播电台完成二期高清电视播控系统的安装调试、完成新旧机房播控系统、新机房与中国有线、中国电信IPTV信号传输链路的割接，以及各节目部门的网络素材传输链路铺设，启用高清电视播控系统用标清格式对外播出。完成发射机房、总控机房和直播间的UPS配电改造工作，提高广播节目的播出安全。高清化改造项目持续推进，电视高清播控系统、4K超高清转播车、广播全媒体直播车、数字微波车等系统项目交付使用。（郑郁凰）

【数字影院经营管理】2019年，海口市审批4家新建影院，年审31家，变更法人等事项3家，处理12345热线投诉28人次，群众满意率100%。11月7日，在爱奇艺创意中心召开海口市“电子影票及检票”项目推广会，在全市31家数字影院开展“电子影票及检票”试点工作。年内，全市开业电影院有33家、屏幕237块，营业面积12万多平方米，从业人员600多人，其中IMAX电影院有7家，同时可容纳观众3.4万人观影。全年海口数字影院观影人数900多万人次，总票房收入3亿元。

【电影作品创作】2019年，由海口市委宣传部和盛世星光影业联合出品的电影《你是最美》拍摄完成；由央视出品的《丽人保镖》第二季共4部电影全部在海口取景拍摄，《无毒岛2》等正在拍摄中；《东极岛》《党籍》《石头花》《大撤侨》《记者的故事》等一批在海口取景拍摄电影正在筹拍之中。

【公益电影放映】2019年，海口市不断完善电影公共服务，落实城乡电影数字化放映工程，广泛开展公益电影放映活动，全年共放映公益电影3200场次，超额完成省电影局下达任务，获得省电影发行放映协会通报表彰。为64名老放映员发放生活补助44.85万元。（张 峻）

史志工作

【党史资料征集与研究】2019年，海口市委党史研究室组织征集《中国共产党海口历史大事记》资料，完成《中共海口历史大事记》(1950—1978)终审稿；提前完成2018年度留存党史资料征集工作，定期组织专人对9名离退休老干部进行口述采访，完成口述资料5篇；完成《海口红色交通站》初稿。完成《我们见证海南建省办经济特区三十周年——海口发展史》编纂工作，通过对海口市市政、教育、社科、旅游、环卫等相关行业，以及民生所关注的路网、光网、电网、气网、水网等各行各业相关人士进行口述采访，整理成可读性文章，每篇文章8000~10000字，留存海口各行各业在海南建省30年间的发展史料。

【党史编修】2019年，海口市委党史研究室完成《中国共产党海口历史（第二卷）》（1950—1978）送审稿的编纂工作。启动《中国共产党海口历

2019 年 7 月，经海口市委党史研究室认定挂牌的解放战争时期高山村地下交通站旧址 （市委党史研究室 供）

史(第三卷)》（1978—2012）编写工作，完成大纲和初稿的编写。每季度按时出刊《海口党史》内刊，每期印刷 3800 册。编辑印刷《海口党委工作纪事（2018)》，全书 80 多万字。

【党史育人】2019 年，海口市委党史研究室继续开展革命遗址立标工作，将演丰镇作为红色旅游规划试点，到美兰区演丰镇进行实地调研，深入挖掘演丰镇革命遗址史料。年内完成滨濂村党总支成立旧址、山尾海上交通联络站旧址、解放军加强团在卜创港登陆旧址、攻打塔市民团盐警队遗址、黄秀仙被捕旧址、桂林洋文君小学交通站遗址、解放战争时期高山村地下交通站旧址等 7 个革命遗址的认定挂牌，进一步丰富演丰地区旅游红色基因，宣传和传承琼崖革命精神。

（周琪雄）

【志书编纂】2019 年 9 月下旬，《海口市志（1997—2010)》通过省志办终审验收，11 月底市政府批准出版。年内，《秀英区志》《琼山区志》《龙华区志》《美兰区志》通过省志办终审验收。其中《美兰区志》完成印刷招标及第二次排版工作。《秀英区志》《琼山区志》《龙华区志》获各区政府批准同意出版。正在编纂的 5 本名镇志中，《长流镇志》通过市地志办复审，《云龙镇志》于 11 月中旬召开初稿评议会，《石山镇志》《遵谭镇志》《演丰镇志》完成初稿，琼山区旧州镇包道村为名村志编纂试点工作对象，开展资料收集工作。《海口公安志》完成审核，进入出版印刷环节。《骑楼老街志》于 11 月启动编修工作。

【年鉴编纂】2019 年 1 月，海口市委、市政府启动《海口年鉴（2019)》编纂工作。11 月，由南海出版公司出版。全书着重反映 2018 年海口市的基本情况，设 33 个类目，130 万字。年内 4 个区年鉴 2019 卷完成出版工作。至此，海口市完成海南省市县（区）综合年鉴“一年一鉴、公开出版”的年鉴全覆盖“两全目标”。年内，《海口年鉴（2018)》在全国地方志优秀成果（年鉴类）评比中获得地市级地方综合年鉴二等奖。

【地方志资料年报】2019 年，海口市基本完成 2018 年度、2013 年度资料年报征集，加快推进 2019 年度和 2014 年度的资料年报征集工作。

【地方志开发利用】2019 年，海口市地志办充分发挥地方志存史、育人、资政的作用，服务地方经济和社会发展。为中国人民公安大学学术调研团开展公安史研究提供第一轮《海口市志》《琼山县志》和地情书籍参考，为市住建局编制《海口市人民防空方案》提供防空、地质、地震、市区基本情况等资料，协助市民政局收集海口政区历史沿革情况，协助提供美兰区灵山镇大林村委会道郡自然村历史文化相关资料等。《海口年鉴（2018)》出版后，及时将该书分送市级领导及省内外新到海口任职的领导干部人手 1 本，分送各承编单位 3 本、每个区 50 本、市教育局 60 本（含各市属学校），为有关领导干部了解地情、科学决策提供参考。以海口市政府门户网站为平台，把《海口年鉴（2018)》上传至“认识海口”栏目，为社会群众读鉴、用鉴提供方便。将《海口年鉴（2018)》赠送相关图书馆，并邮寄至各省市（县）兄弟单位交流，发挥年鉴存史、宣传等作用。梳理政务服务事项，将“专业志、部门志、区年鉴、区志、镇志、村志等志书编纂工作指导服务”“对市辖区志、镇志、村志及计划公开出版的市级专业志、部门志进行审核”“地方志及各类地情资料的调阅查询服务”三项政务服务事项纳入海口市行政审批综合信息平台，提升网上政务服务能力。

【其他地方志工作】2019 年，海口市地志办组织撰写论文《推进智慧党建路径探索》参加全省史志系统庆祝中华人民共和国成立 70 周年征文活动。完成《中国城市年鉴（2019)》《海南年鉴（2019)》海口篇稿件撰写任务。完成《市长 2018 年工作纪事》编辑印刷，《市长 2019 年工作纪事》编辑工作接近尾声。 （李 敏）

档案管理

【概况】2019年，海口市档案馆馆藏包括文书档案、民国档案、会计档案、审计档案、基建档案、规划专业档案、住房公积金贷款档案、清房档案、工人介绍信存根档案、知青档案等共13.8万卷、12.9万件。全年共征集到实物档案43件；接收文书档案6卷、827件，会计档案104卷；接收海口市政府办等单位的政府公开信息纸件信息5821件，机读信息8166条。6月28日，海口档案新馆项目顺利封顶，项目概算总投资8566.07万元。

【档案信息化建设】2019年，海口市数字档案馆项目完成档案数字化加工180万页，完成率90%；硬件设备待海口市档案馆新馆投入使用后即可安装，档案管理系统开发基本完成。

【档案利用】2019年，海口市档案馆共接待档案利用者1300人次；调阅档案资料12213卷（件）次；提供利用档案资料3751卷（件）次；复印、打印、摘录档案资料15451页。

【档案信息资源开发】2019年，海口市档案馆编印《海口市人民政府公报》12期，向社会公布市政府、市政府办公室的各种公开规章制度，决定、决议、通知，以及市里有关人事任免事项。撰写《2019年海口大事记》4.37万字；印制《丁晖市长2018年工作画册》。（麦春鸣）

【工程项目档案管理】2019年，海口市城建档案馆接收302个工程项目的竣工档案，档案长度291米，12949卷，出具档案验收意见书175份。接收建设系统业务管理档案长度约为21.56米，共1232个项目。档案馆现有工程档案项目6517个，总卷数160746卷，总长度3730米；声像档案有数码照片86370张，馆藏纸质照片25849张，录像284个小时。（王健）

【档案指导监督】2019年，海口市106个机关、企事业单位，其中99个单位完成文书档案归档任务，归档率93%。为规范海口市第二次全国污染源普查档案管理，确保档案完整、准确、系统、安全和有效利用，市档案局与市生态环境局联合印发《关于印发〈海口市第二次全国污染源普查档案管理办法（试行）〉的通知》和《关于印发〈海口市第二次全国污染源普查档案检查验收标准〉的通知》，对污染源普查档案归档范围、保管期限、整理规范、保管条件等提出明确要求。

【档案行政执法】2019年，海口市档案局对中共海口市委党校、市科工信局、市中级人民法院等8家单位进行档案执法监督随机抽查，抽查结果基本符合档案管理要求。完成市场监管执法抽查事项比例100%，完成其他行政执法抽查事项比例100%。

【档案工作目标管理达标定级考评】2019年，海口市档案局对海南威特送变电工程有限公司、中信银行海口分行进行档案工作目标管理达标定级指导，并对两家公司进行考评，同意认定该两家公司为档案工作目标管理省一级单位。

【档案职称评审】2019年，海口市档案局组织开展档案职称评审。全市共有70人申报参评，经专家评委评定，评出馆员21名、助理馆员42名、管理员3名。（麦春鸣）

文化产业

【概况】2019年，海口市旅游文体局开展招商引资工作，加快推进文体重点项目建设，提升重点文体项目市场运营水平，产业规模不断扩大，产业链条不断完善。全市有新闻出版业规模以上企业8家，广播、电影、电视和录音制作业规模以上企业13家，文化艺术业规模以上企业3家，体育业规模以上企业2家，娱乐业规模以上企业3家。创意产业园发展日趋向好，海口文化产业园累计注册企业161家，带动就业600余人。五源河体育场等优质文体项目建设促进文体产品提质增效。全年，海口文化产业增加值完成69.84亿元，比上年增长8.7%，占全省文化产业比重41.3%。

【文化产业招商引资】2019年，海口市政府签约中国旅游龙头企业凯撒世嘉旅游文化发展集团。11月3日，“共享自贸区（港）发展机遇旅游文化企业海口行”专场招商推介会召开，海口市政府及市旅游和文化广电体育局、市商务局、市市场监督管理局以及13家旅游文化企业负责人等出席。会上，市旅游文体局与南方光原文化有限公司签订战略合作协议，在“文娱、电竞、文旅”三大合作纬度的资源优势上强强联合，共建海口文化旅游生态融合示范区；市市场监督管理局为落地海口的海南宝甄文化科技有限公司现场办理工商登记注册手续，并颁发营业执照。11月28日，海南同盛世嘉免税集团有限公司注册，注册资金2亿元。12月5日，海南凯撒世嘉旅文发展集团有限责任公司作为第二总部成功注册，注册资金3亿元。（郑郁凰）

【影视产业政策扶持】因2016年5月1日起施行的《海口市扶持影视产业发展暂行规定》在2018年5月1日过期，2019年，市委宣传部牵头修订《海口市促进影视产业发展若干规定》，12月2日，市政府第86次常务会议原则通过。新的《规定》主要特点有：政策扶持面覆盖影视全产业链、全流程；扶持力度空前，最高扶持金额500万元；创新扶持举措，一些条款在全国属首次推出；符合自贸区（港）建设的产业定位；突出影视

服务保障，成立海口市椰城影视产业服务中心专门开展影视服务保障工作，为影视企业提供保姆式、管家式服务。 （张 峻）

【海口文化产业园】2019年，海口文化产业园累计注册企业161家，知名企业12家，包括阿里巴巴文娱集团南方总部、爱奇艺创意中心、完美世界、映客、世纪影游、北京启泰远洋、阿里文娱基金、云锋基金等企业。完成影视拍摄项目立项104部，其中电影56部，电视剧13部，网剧15部，纪录片13部，专题片7部。已在全国院线放映的影视作品有：冯小刚导演执导的电影《芳华》、孟奇导演执导的电影《娘子军传奇》、吴有音执导的电影《南极之恋》等。全年园区产值5.6亿元，税收5786万元，带动就业人数600余人。

【海口市婚庆旅游产业协会成立】

2019年11月20日，海口市婚庆旅游产业协会成立大会在海口举行，逾200名婚庆行业代表出席大会。市婚庆旅游产业协会建立了长影环球100、海口国家帆船基地公共码头、南国威尼斯、冯小刚电影公社、骑楼老街等多家婚庆旅拍基地，开展“予礼中国”中式婚礼培训、Vera Ho & Kelvin婚纱旅拍摄影摄像专题分享会等主题活动，行业人才素养不断提升。

（郑郁凰）

文化市场管理

【概况】2019年海口市机构改革中，将市旅游发展委员会的职责，市文化广电出版体育局的文化、广播电视、体育管理等职责整合，组建市旅游和文化广电体育局（简称“市旅游文体局”），作为市政府工作部门，不再保留市旅游发展发展委员会、市文化广电出版体育局。市旅游文体局机关内设科室12个。基层直属单位共19个，其中副处级事业单位4个，分别是市文物局（参公）、市文化市场综合行政执法支队（参公）、海口帆船帆板训练基地、市文化艺术传播研究中心；正科级事业单位12个，分别是市旅游质量监督管理所（参公）、市群众艺术馆、海口图书馆、市体工队、市体校、市五公祠管理处、中共琼崖一大旧址管理处、市历史文化街区管理处、海瑞墓管理处、市博物馆、丘海故居管理处、丘濬墓管理处；下属企业3家，分别是市演艺有限公司、市琼剧演艺有限公司、市电影公司。

2019年，海口市有歌舞娱乐场所99家，网吧175家，电子游戏厅24家，电影院34家。年内，市文化市场综合执法部门共检查各类文化经营场所5077家次，立案调查各类违法违规案件88件，办结案件82件，行政处罚违规企业81家，吊销许可证3家次，没收各类非法物品5263件，罚款23.75万元。

【出版物市场监管】2019年，海口市文化市场综合执法支队检查印刷厂125家次，立案查处11家，罚款3万元，没收违法所得1900元。检查出版物市场309家次，立案查处书店、文具店、商行、个人等类型案件共24起，移交1起，缴涉案出版物843册、非法彩经4400余张，没收违法所得2617.67元，罚款2.7万元。

【网吧市场监管】2019年，海口市文化市场综合执法支队检查网吧3814家次，责令整改99家次，立案查处19家，罚款16.1万元，吊销“网络文化经营许可证”3家。

【游艺娱乐场所监管】2019年，海口市文化市场综合执法支队检查歌舞娱乐场所448家次，责令整改41家次，立案查处8家；检查电子游艺场所89家，立案查处1家，罚款1万元；查处未办理“娱乐场所经营许可证”擅自从事娱乐场所经营活动的早餐店、母婴用品店等商铺4家。

【卫星电视地面接收设施监管】2019年，海口市旅游文体局牵头组织开展4次全市境外卫视接收专项整治行动，共出动执法人员126人次、执法车辆59台次，检查安装卫星地面接收设施的宾馆酒店32家、商铺20家、小区34个、宗教场所5处。发现和查处非法安装、使用卫星地面接收设施和其他违法行为的酒店4家，个人用户1家，暂扣5个卫星电视锅、10个高频头、9个解调器等一批非法卫星电视接收设备。

【文化市场专项整治】2019年，海口市旅游文体局开展打击未成年人上网等专项整治活动，大力整治文化市场，切实维护文化市场经营秩序。将日常监管和视频监管相结合，不断发挥文化市场视频监管作用，实时监控文化场所经营情况，同时建立快速应急执法机制，做到发现问题及时出击。全年共出动执法人员2301人次、执法车辆904辆次，检查企业3388家次，受理举报127起，办理各类案件82宗；行政处罚50家，罚款41.31万元。发放各类宣传教育资料1.4万多份，执法覆盖率和普法覆盖率均为100%。

【文体广电事项行政审批】2019年，海口市旅游文体局行政审批办严格按照市审改办和市司法局的审核要求，对行政审批事项进行清理，确保进驻市政府政务中心审批办的16项事项均是依法设立，并通过全国旅游监管服务平台，市旅游文体局官网、政务中心网站向社会公开16项行政审批服务事项的目录、受理情况、审批情况等。全年审批办结行政审批服务办件229件，其中印刷企业变更办件2件，广电年审办件1件，二级运动员技术等级称号审批（不含足球项目）办件26件，运动员人数76人。旅行社设立变更注销等相关审批办件200件，按时办结率100%。

（郑郁凰）

（编辑：李 敏 蒋 伊）

卫生健康

综 述

【概况】2019年海口市机构改革，将市卫生和计划生育委员会、市爱国卫生运动委员会办公室的职责，市民政局的老龄事业管理职责，市安全生产监督管理局的职业安全健康监督管理职责整合，组建市卫生健康委员会（简称“市卫健委”），作为市政府工作部门，加挂市爱国卫生运动委员会办公室牌子。内设15个正科级科室，分别是：办公室、组织人事科、规划发展与信息化科、法规和监督科、体制改革科、行政审批办公室、健康产业科（市健康产业发展局）、疾病预防控制科（职业健康科）、医政医管科、基层卫生健康科、卫生应急办公室、妇幼健康科、人口监测与家庭发展科（老龄健康科）、中医药科（市中医药管理局）、爱国卫生指导科—爱卫科。下属单位14个，分别为：市人民医院、市中医医院、市妇幼保健院、市120急救中心、市疾病预防控制中心、市卫生监督局、市中医药学校、市医疗保健局、市老龄工作委员会办公室、市第三人民医院、市第四人民医院、市计划生育服务中心、市口腔病防治所（自收自支）、上海市第六人民医院海口骨科与糖尿病医院（不设行政级别）。党组织挂靠单位2个：市计划生育协会和市红十字会。

2019年，海口市全力推进“健康海口”建设。抓重点、补短板、强弱项，健全贫困群众医疗兜底保障制度，深化创新医药卫生体制改革，引导医疗资源下沉，强化“三医联动”，聚焦群众看病就医“烦心事”，不断提升百姓医疗健康获得感、安全感和幸福感。全市卫生机构数1081家（不含部队医院），实有床位19017张，卫生技术人员27610人，其中执业（助理）医师9601人，平均每万人拥有医师41人。

【医疗机构诊疗量】2019年，海口市总门急诊量为1696.88万人次，总住院量53.66万人次，全市卫生机构实有床位19017张，病床使用率80.75%。门诊病人人次均诊疗费用266.9元、住院病人人均住院费用13591.4元。其中，市人民医院门急诊人数110.18万人次，比上年增长5.35%；住院病人4.9万人次，增长1.58%；病床使用率80%，增长1.8%。市中医医院门急诊人数29.45万人次，增长19.28%；住院病人1.55万人次，增长1.36%；病床使用率70.7%，增长0.1%。市妇幼保健院门急诊人数50.44万人次，增长7.04%；住院病人2.56万人次，增长2.04%；病床使用率93.61%，增长1.56%。市第三人民医院门急诊人数43.47万人次，增长4.5%；住院病人2万人次，增长1.3%；病床使用率86%，下降4.63%。市第四人民医院门急诊人数42.92万人次，增长5.33%；住院病人1.65万人次，增长5.65%；病床使用率65.91%，下降13.21%。市骨科与糖尿病医院门急诊人数2.11万人次，增长30.1%；住院病人1049人次，增长68.42%；病床使用率33.50%，下降10.28%。

（何定培）

【卫生基础设施建设】2019年，海口市5家医疗机构双回路电源建设、海口市疾控中心公共卫生服务能力提升项目竣工并投入使用。博爱社区卫生服务中心危房拆除重建工程“5·18”开工；海口市人民医院国际医疗部建设项目开工建设；完成海口江东新区市第三人民医院及市妇幼保健院分院项目规划选址、用地预审、用地规划许可证办理，并启动征地工作；市第二人民医院项目因规划用地调整，另选址实施。筹建2019年为民办实事项目2个，分别是基层医疗卫生机构标准化建设配套项目和妇女儿童保健与公共卫生服务保障能力提升项目。其中，基层医疗卫生机构标准化建设配套项目共268个项目全面开工，完成年度目标；按期完成妇女儿童保健与公共卫生服务保障能力提升项目。年内，由海口市医疗健康产业投资发展有限公司承担政府投资医疗卫生项目的前期代理项目8个，施工代建的在建项目13个，总投资6.21亿元，累计完成投资2.27亿元。

上海市第六人民医院海口骨科和糖尿病医院新建综合楼建设改造项目2018年12月28日海南自由贸易试验区海口市建设第二批集中开工项目，位于秀英区长秀路3号，项目总投资2.31亿元，总建筑面积2.99万

2019年海口市医疗卫生机构、床位、人员统计表

表57

机构分类	医疗机构（家）	实有床位数（张）	在岗职工（人）							
			合计	乡村医生	卫生员	卫生技术人员				
						小计	执业（助理）医师		注册护士	药师（士）
								执业医师		
总　计	1081	19017	33803	0	0	27610	9601	9054	13729	1337
一、医院	64	16388	23789	—	—	19348	6299	6168	10222	978
综合医院	31	10714	16506	—	—	13673	4567	4495	7272	639
中医医院	5	1814	2376	—	—	1988	687	674	962	169
中西医结合医院	1	25	81	—	—	57	11	10	28	5
专科医院	27	3835	4826	—	—	3630	1034	989	1960	165
二、基层医疗卫生机构	981	1558	6508	—	—	5488	2339	1965	2455	266
社区卫生服务中心（站）	118	915	2357	—	—	2096	732	614	1100	105
卫生院	26	591	1361	—	—	1128	395	291	425	121
村卫生室	237	0	361	250	26	85	68	24	17	0
门诊部	97	52	1155	—	—	936	446	401	390	33
诊所、卫生所、医务室	503	0	1274	—	—	1243	698	635	523	7
三、专业公共卫生机构	31	1071	3485	—	—	2762	962	920	1052	93
疾病预防控制中心	6	0	597	—	—	438	222	203	37	6
专科疾病防治院（所、站）	2	0	102	—	—	52	26	16	16	5
健康教育所（站、中心）	6	0	57	—	—	24	16	15	4	1
妇幼保健院（所、站）	6	1067	2095	—	—	1805	605	600	778	77
急救中心(站)	2	4	183	—	—	114	43	39	70	1
采供血机构	1	0	274	—	—	198	23	20	130	1
卫生监督所(中心)	6	0	73	—	—	63	0	0	0	0
计划生育技术服务机构	5	0	104	—	—	68	27	27	17	2
四、其他卫生机构	2	0	21	—	—	12	1	1	0	0
临床检验中心（所、站）	1	0	18	—	—	12	1	1	0	0
其他	1	0	3	—	—	0	0	0	0	0

续表 57

机构分类	在岗职工（人）								
	卫生技术人员						其他技术人员	管理人员	工勤技能人员
	检验技师	影像技师	技师（士）		其他				
				检验师		见习医师			
总　计	1053	400	1453	1053	1489	163	1169	1997	2751
一、医院	678	343	1021	678	828	109	864	1466	2111
综合医院	448	236	684	448	511	30	556	773	1504
中医医院	79	18	97	79	73	23	108	108	172
中西医结合医院	2	2	4	2	9	4	11	6	7
专科医院	149	87	236	149	235	52	189	579	428
二、基层医疗卫生机构	123	46	169	123	258	33	126	243	375
社区卫生服务中心（站）	50	18	68	50	91	18	51	123	87
卫生院	45	18	63	45	124	10	49	24	160
村卫生室	0	0	0	0	0	0	0	0	0
门诊部	28	10	38	28	29	4	18	86	115
诊所、卫生所、医务室	0	0	0	0	14	1	8	10	13
三、专业公共卫生机构	241	11	252	241	403	21	179	281	263
疾病预防控制中心	110	3	113	110	60	1	27	78	54
专科疾病防治院（所、站）	5	0	5	5	0	0	5	9	36
健康教育所（站、中心）	2	0	2	2	1	0	6	24	3
妇幼保健院（所、站）	80	8	88	80	257	18	110	101	79
急救中心(站)	0	0	0	0	0	0	5	29	35
采供血机构	29	0	29	29	15	0	22	14	40
卫生监督所(中心)	0	0	0	0	63	0	0	8	2
计划生育技术服务机构	15	0	15	15	7	2	4	18	14
四、其他卫生机构	11	0	11	11	0	0	0	7	2
临床检验中心（所、站）	11	0	11	11	0	0	0	4	2
其他	0	0	0	0	0	0	0	3	0

注：机构个数不含部队医院

2019 年海口市各级医疗卫生机构门诊、住院服务统计表

表 58

机构分类	总诊疗人数（人次）	门诊病人次均诊疗费用（元）	入院人数（人次）	住院病人人均住院费用（元）	出院人数（人次）	死亡（人）	编制床位（张）
总　计	17560560	266.9	536601	13591.4	536329	1345	19428
一、医院	9851411	377.3	472358	14633.6	472254	1324	16246
综合医院	7438801	368.5	348245	15096.6	348200	1022	9998
中医医院	1014058	278.8	45817	13322.0	45907	157	1821
中西医结合医院	12611	675.3	491	12016.3	490	0	50
专科医院	1385941	493.0	77805	13349.5	77657	145	4377
二、基层医疗卫生机构	6133060	75.9	12090	2215.3	12092	2	1584
社区卫生服务中心(站)	2433843	83.4	7498	3007.6	7468	2	922
卫生院	1672567	58.9	1877	2266.6	1909	0	662
村卫生室	377016	0.0	—	0.0	—	—	—
门诊部	386403	344.1	2715	0.0	2715	0	0
诊所、卫生所、医务室	1263231	0.0	0	0	0	0	0
三、专业公共卫生机构	1576089	260.2	52153	6770.2	51983	19	1598
专科疾病防治院（所、站）	90877	19.3	0	0	0	0	0
妇幼保健院（所、站）	1456810	280.3	52153	6770.2	51983	19	1598
急救中心（站）	28402	0.0	0	0	0	0	0
四、其他机构	0	0	0	0	0	0	0

平方米，其中地下部分 7005 平方米。建设内容为建设 1 栋地上 12 层、地下 2 层综合楼及附属建筑，主要包括土建工程、安装工程、安全技术防范系统、医院专用系统工程以及室外配套工程等。至 2019 年底，该项目地下室主体工程完成 70%。

海口市妇女儿童保健与公共卫生服务保障能力提升项目　2019 年为民办实事项目，4 月启动。项目位于文坛路 6 号市妇幼保健院医疗大楼，总投资 1.27 亿元，装修改造总面积 3810.57 平方米，建设内容主要包括海口市危重孕产妇救治中心、海口市危重新生儿救治中心、筹建人工辅助生殖中心以及建设出生缺陷防控实验室等。至年底基本完工，累计完成投资 8300 万元。

海口市秀英区基层医疗卫生机构标准化建设项目　将提升海口市基层医疗卫生体系的医疗技术现代化、标准化水平，打造“15 分钟城市健康服务圈、30 分钟乡村健康服务圈”。2019 年 1 月启动，5 月陆续开工建

续表 58

机构分类	实有床位（张）	实际开放总床位（床日）	平均开放病床（张）	实际占用总床位（床日）	出院者占用总床位（床日）	病床使用率（%）
总　计	19017	6202881	16994	5008851	4644182	80.75
一、医院	16388	5430206	14877	4601208	4286292	84.73
综合医院	10714	3570610	9782	3226147	3073630	90.35
中医医院	1814	605082	1658	429241	427580	70.94
中西医结合医院	25	9125	25	2147	2143	23.53
专科医院	3835	1245389	3412	943673	782939	75.77
二、基层医疗卫生机构	1558	418950	1148	125482	77136	29.95
社区卫生服务中心(站)	915	258069	707	91729	62038	35.54
卫生院	591	160881	441	33753	15098	20.98
村卫生室	—	—	—	—	—	0
门诊部	52	0	0	0	0	0
诊所、卫生所、医务室	0	0	0	0	0	0
三、专业公共卫生机构	1071	353725	969	282161	280754	79.77
专科疾病防治院（所、站）	0	0	0	0	0	0
妇幼保健院（所、站）	1067	353725	969	282161	280754	79.77
急救中心（站）	4	0	0	0	0	0
四、其他机构	0	0	0	0	0	0

设，服务面积511.5平方千米，惠及38万常住人口。总投资2亿元，年内累计完成投资6000万元。总建筑面积5.25万平方米，建设内容包含8个子项目，含西秀镇、永兴镇2家卫生院异地选址新建，石山镇、海秀镇社区、海港社区、东山镇、长流镇、美安6家卫生院装修改造功能提升及周转房新建项目。（何定培　李　婷）

【卫生事项行政审批】2019年，海口市卫健委受理各类行政审批办件共3235件。其中，执业医师资格认定43件，消毒产品生产企业卫生许可25件，医疗机构发布广告审查69件，外国医师来华短期行医审批8件，医师执业许可1323件，护士执业许可1405件，供水单位许可证核发37件，公共场所卫生许可145件，麻醉药品和第一类精神药品购用印鉴卡审批8件，医疗机构执业登记4件，医疗机构执业许可证变更26件，托幼机构卫生保健合格证审批15件，母婴保健技术服务机构执业许可30

件，放射诊疗建设项目职业病危害放射防护预评价及竣工验收3件，病残儿医学鉴定6件，医疗机构执业许可证年审41件，从事病媒生物预防控制经营服务许可37件，省卫健委新设置的医疗机构征求意见10件。组织各类医疗机构现场考核共59家，其中麻醉药品购用印鉴卡审批13家、医疗机构年审校验9家、医疗机构执业登记验收6家、医疗机构执业许可证变更4家、母婴保健技术服务执业许可17家、省卫健委新设置的医疗机构规划勘查10家。（何定培）

医药卫生体制改革

【公立医院改革】2019年，海口市持续加强现代医院管理制度建设。按照《海南省关于加强公立医院党的建设工作意见》精神，推进实行党委领导下的院长负责制，院级党组织发挥把方向、管大局、作决策、促改革、保落实的领导作用，支持院长依法依规独立行使职权，完善公立医院领导班子和领导人员特别是主要负责人监督约束机制。人事薪酬制度改革不断深化。重点抓好市第三人民医院试点工作，委托海南立信长江会计师事务所对市第三人民医院财务收支及在编人员薪酬情况进行专项审计，市第三人民医院制定完成《海口市第三人民医院2019年内部绩效考核与薪酬分配实施方案（试行）》《海口市第三人民医院绩效考核分配方案及实施细则》等，核定市第三人民医院2019年度院长及副院长年薪和全院绩效工资总量。逐步探索建立适应海口市医疗行业特点的公立医院薪酬制度。

【分级诊疗制度建设】2019年，海口市卫健委继续推进分级诊疗制度建设。

专科联盟加速发展　推进解放军总医院海南医院帮带市第三人民医院，促进军民深度融合发展；研究制定并与解放军总医院海南医院签订相关医疗卫生业务帮带协议，启动挂牌海口市第三人民医院与解放军总医院海南医院建立紧密型医疗联合体及胸痛中心、卒中中心。在市人民医院挂牌成立国家心血管病中心高血压专病医联体海口分中心，以高血压防控为切入点，不断探索并推进慢病管理模式，有效遏制心脑血管疾病的发生发展，减轻家庭与社会负担，为基层群众提供优质化的预防、保健和治疗服务。同时，牵头建立海南省康复医学联盟。骨科与糖尿病专科联盟进一步深化，以上海第六人民医院海口骨科与糖尿病医院作为海南省糖尿病专科医疗联合体牵头单位，共与27个单位签订医联体协议，建立双向转诊流程，对转诊病人提供优先接诊、优先检查、优先住院等服务，定期派人协助医联体单位开展临床带教、业务指导、教学查房等业务，实现医联体内检查结果互认。至12月底，专家团队在海口、临高、万宁、儋州、乐东等地医院进行教学查房、会诊、学术讲座、手术演示义诊等活动，其中学术讲座参7次，会诊疑难病例5例，前往成员单位手术2例。举办第二、第三期《国家基层糖尿病防治指南（2018年版）》等相关知识培训班。在院内、学校、海口西站、企业、部队开展7次大型义诊活动，接待就诊患者1500余人。严格执行首诊制度和双向转诊制度，接受基层医院上转病人20人次。

探索推进远程医疗服务　按照《关于印发“互联网+医疗健康”创新发展实施方案》文件精神，积极推进远程医疗服务诊疗中心建设。实现在市人民医院与演丰卫生院等美兰区基层医疗机构链接远程诊疗会诊、影像诊断等；在市第三人民医院建立远程诊疗中心，上可链接解放军总医院海南医院等国内知名医院，对下可链接云龙卫生院、旧州卫生院等基层医疗机构。远程医疗服务稳步推开，逐步形成“城市与乡镇”远程医疗服务体系，不断提高医疗质量和医疗安全。

【医疗联合体建设】2019年，海口市政府办公室出台《海口市区域医疗联合体建设的指导意见》，统筹规划区域医疗联合体建设，按照属地管理原则，以行政区为服务区域，分别与秀

2019年3月29日，海口市人民医院医疗集团在市人民医院挂牌成立（市卫健委 供）

英、龙华、琼山、美兰4个区内基层医疗卫生机构联合，自行组建以医疗集团、医疗共同体、专科联盟、远程医疗协作等形式的区域医疗联合体，促进医联体内各医疗机构形成服务共同体、责任共同体和利益共同体。医疗集团建设稳步实施。3月29日，“海口市人民医院医疗集团”在市人民医院挂牌，并与美兰区政府签订合作协议，主要是以市人民医院为主体，承担美兰区区域内办医主体责任，整合所有辖区内基层医疗卫生机构，实行行政、人员、资金、业务、绩效、药械等统一管理，打破区域内医疗卫生机构间业务分离、资源分割的壁垒。拟订《海口市人民医院医疗集团组织结构图》，起草《海口市人民医院医疗集团人员管理办法》，启动基层医务人员的培训，建立涵盖所有基层药师的微信群，搭建交流、学习平台，促进各级药师之间对接、带领开展业务学习、交流和合理用药指导等。同时利用全市卫生信息系统平台，连接市人民医院与演丰卫生院等基层双向转诊系统。继续巩固龙华区政府与海南医学院第一附属医院签订合作协议。秀英区、琼山区也统筹借鉴此经验做法，积极组建推进区域医疗联合体，年内秀英区政府与海南省人民医院研究制订建立紧密型医联体合作框架协议书。

【药品保障制度】2019年，海口市破除“以药养医”，全面取消药品加成，切实降低患者药品费用。辖区内省、市两级公立医院及部队医院全部取消药品加成改革，实现取消药品加成政策全覆盖，并实施同城同价的医疗服务价格。至年底，市区属6家公立医院取消药品加成减少的药品收入1.2亿元，调整医疗服务价格增加收入6693.64万元，财政投入补助1978.02万元，群众减少医药费用（让利百姓）5337.21万元。

【实施医疗控费管理】2019年，海口市继续将公立医院控制医疗费用作为年度重点工作任务给予推进，通过海南省医改监测信息管理系统对医疗费用相关数据实时动态监测，并定期通报。至年底，市区属6家公立医院医疗总费用增幅平均7.97%（符合国家规定10%以内的目标要求），比上年的–0.99%上升8.96%；药占比（不含中药饮片）平均29.86%（控制在国家30%左右的目标要求），与上年持平；百元医疗收入消耗的卫生材料费平均16.39元（控制在国家20元以下的指标要求），比上年的15.18元提高1.21元。（何定培）

疾病防控

【概况】至2019年12月31日，海口市共报告法定传染病20种39324例，发病率1708.03/10万，无甲类传染病报告；传染病及时报告率为98.79%。9月，全市出现多点暴发的本地登革热疫情，防控形势极为严峻。经积极有效地落实各项综合防控措施，疫情防控效果显著，疫情最严重的秀英区在短短20天后无新发病例，10月16日后全市未出现本地登革热暴发疫情，截至12月19日，本次疫情所有疫点经评估后解除应急处置工作。

【免疫规划】2019年，海口市冷链运转正常。全市累计入册人数36568人，免疫规划疫苗接种820625针次，免疫规划疫苗基础免疫及加强免疫接种率均达到98%的目标要求。及时、规范处置疫苗针对传染病和疑似预防接种异常反应。发生腮腺炎暴发疫情2起，均进行规范处置；全年无脊灰、白喉、乙脑等病例发生，其他疫苗针对传染病发病率均控制国家规定指标之内；此外共报告336例AEFI病例，无疫苗质量事故和接种事故，无严重异常反应和死亡病例发生。开展流动人口查漏补种月专项活动，全市共摸底0～7岁儿童13480人，共发现漏种儿童9636人，补种9331人，补种率96.8%。开展麻腮风补充免疫工作，共对93544名学生进行麻腮风补充免疫，接种率87.92%。

【公共卫生监测】2019年，海口市卫生管理部门共监测市辖公共场所214间次，合格率82.71%；对市管辖医院、乡镇卫生院等医疗机构开展消毒质量监测工作，共监测53间次，合格率78.85%；医院污水监测42间次，合格率83.33%。完成城市与农村饮用水卫生监测任务，共监测水样364份，其中城市饮用水120份、农村安全饮水工程饮用水138份、乡镇集中式供水96份、大型市政供水出厂水饮用水放射性监测10份。此外还监测全市各类供水单位285家，监测水样411份。开展食品安全风险监测，共监测各类食品821份，监测食源性疾病病例2627例，及时规范处置食源性疾病事件（食物中毒）24起，流行病学调查率100%。

【健康教育】2019年，海口市深入贫困家庭针对性地开展健康教育，有序推动落实贫困村健康促进三年攻坚行动。开发制作健康教育宣传品共12种9.5万份、宣传资料18种122万份；通过多种形式广泛开展健康科普宣传，与电视台合作拍摄并播放科普公益广告、在市内70个公交站亭设置宣传栏以及利用约800辆公交车车载媒体开展健康科普宣传、“海口健康教育”微信公众号发布健康宣传信息829篇、创办《健康海口》期刊并累计出版4期、微博推送174条宣传信息；开展世界无烟日、世界地贫日、计划免疫宣传日、全国营养周等各种大型卫生主题咨询活动共9场，同时深入学校、镇街、社区等场所举办健康巡讲活动33场。

【急性传染病防治】2019年，海口市卫健委开展重点传染病的监测与控制工作，累计监测各种重点传染病

2019年6月12日，海口市卫生防疫人员在秀英区石山镇美鳌村开展疟疾媒介监测工作 （市卫健委 供）

5998份，其中霍乱监测1186份；手足口病监测258份；流感监测2275份；职业暴露人群高致病性禽流感常规监测100份、外环境标本监测120份；鼠疫监测1189份；登革热疑似病例监测847份，布病主动监测23份；狂犬病暴露人群监测24561例；各区每月分别对辖区固定点、流动点和控制点开展媒介伊蚊布雷图指数监测，累计完成调查264个村13200户。全年报告突发公共卫生事件11起，其中流感1起、水痘2起、诺如病毒感染性腹泻2起、流腮2起、登革热4起，累计报告发病人数526人，均为轻症病例；另外发生疑似或散发疫情191起。所有疫情均得到有效的控制，没有出现疫情蔓延，及时报告率和调查处理率均达100%，预警信息及时处理率99.07%。

【登革热防治】2019年8月28日，海口市秀英区报告首例本土登革热病例，五源河地区和书场村随后出现暴发疫情，之后其余地区亦出现小规模暴发，全市累计报告本地登革热病例251例。面对严峻的登革热疫情防控形势，全市各级各部门迅速行动。加强组织领导，强化联防联控机制，主要领导亲自现场指挥、包干领导驻点片区值守，并将登革热防控工作和责任措施层层分解落实到辖区属地单位和个人，全力做好每个疫点的应急处置工作。创新防控模式，强化科学指导措施，如秀英区建立“网格化＋组合式＋挂图作战”的防控作战模式，市卫健委及时制定发布《海口市登革热防控技术方案》《登革热疫情处置工作指引》《雨天消杀灭蚊防控工作指引》《学校等半封闭管理疫点后续管理指引》等具体性规范。加强病例排查，强化疫点人员管控。市疾控中心及时开展可疑病例的主动搜索、排查、流行病学调查和采样检测，各级各类医疗卫生机构坚持做好发热病例零报告和日报告制度，对登革热病例感染性疫点及时采取管控措施，加强对出入人员情况登记和体温检测，有效的限制疫点疫区人员的流动性。加大消杀力度，强化环境综合整治，全市累计消杀面积19.77亿平方米，发放灭蚊烟片23.29万盒、杀虫气雾剂10.32万瓶，翻盆倒罐清除各类积水64.07万处，清理卫生死角20.97万宗，清运各类垃圾约174.84万吨。加强媒介监测，强化效果评估反馈。市卫健委组织数十支媒介应急监测队伍，每日分片区、分地段地持续对全市各疫点核心区和警戒区开展登革热媒介应急监测和评估工作，督促辖区举一反三地针对存在问题进行逐项整改。各区、各部门广泛开展登革热防治知识宣传教育，充分利用电视、报纸、网站和新媒体等手段，加强正面宣传和引导，并通过发放和张贴登革热防治知识宣传单、宣传画到各社区、各单位，广泛宣传普及防蚊灭蚊、预防登革热的防治知识，积极营造人人动手、群防群控的良好防控氛围。加强防控督查，市、区两级指挥部每日下到辖区对重要点位的环境卫生综合整治情况、媒介伊蚊滋生情况等内容进行检查，各级卫生监督机构每日对辖区医疗机构开展监督执法，同时强化跟踪落实整改。由于各项综合防控措施落实及时有效，全市疫情防控效果显著，疫情最严重的秀英区在疫情发生后的20天后无新发病例，11月12日起全市无本土及输入新发病例。经专家评估，海口市于12月19日结束疫情应急处置工作，疫情防控工作获得省长沈晓明、副省长王路和国家督导组专家的充分肯定和表扬。

【结核病防治】2019年，海口市接诊初诊疑似肺结核患者1078例，报告肺结核患者和疑似肺结核患者总体到位率82.68%；新发现并登记活动性肺结核患者1024例，其中病原学阳性率37.99%，密切接触者筛查率104.3%，新病原学阳性患者耐药筛查率82.87%；上年新登记的883例活动性肺结核患者完成治疗663例，成功治疗率75.08%；耐多药肺结核高危人群筛查率为94.44%。开展对学校结核病病人的处置和密切接触者筛查，全市共报告学校散发结核病人120例，全部按规范要求进行处置。

【麻风病、性病、精神病防治】2019

年，海口市报告性病8250例，孕产妇梅毒筛查人数32013人，阳性110例，梅毒孕妇及新生儿治疗覆盖率及定期随访率100%；暗娼、男同性恋、吸毒者三类高危人群梅毒检测7246例，筛查阳性病例均给予干预治疗。未发现新的麻风患者，全市累计发现麻风病人1176例，康复疗养区收治住院病人28人。年内，全市在册登记严重精神障碍患者9574人，报告患病率4.21‰，在管患者9512人，管理率85.67%，规范管理率77.78%；随访面访人数7915人，面访率82.67%；服药人数3758人，服药率74.46%。紧急处置有伤害自身、危害他人安全行为的疑似或确诊精神障碍患者住院治疗40例，门诊治疗免费服用基本药物患者4251人，住院收治定点单位共228人，完成3级以上严重精神障碍患者危险评估、复核诊断508例，3级以上患者76人。

【艾滋病防控】2019年，海口市共发现HIV阳性265例，其中HIV179例、AIDS86例，全年报告死亡45例。在传播途径方面仍以性传播为主，占新发病例的97.36%，其中同性传播133例，异性传播125例。开展艾滋病监测、干预检测工作。共干预艾滋病高危人群8.27万人次，检测7511人次，发现HIV阳性124人，干预覆盖率均达到国家要求。此外共检测监管场所羁押人群1.25万人。推进社区美沙酮药物维持治疗工作。至年底，美沙酮门诊累计入组人数3276人，正在治疗435人，2019年治疗人数642人，日平均服药人数360人，年维持率85.13%。

【寄生虫病、地方病防治】2019年，海口市完成碘缺乏病监测任务，共监测居民食用盐、人群尿碘等标本2400份；基层医疗单位共完成疟疾“三热”病人监测4549例，及时有效处置医疗机构报告的疟疾病例及疑似病例12例，其中确诊2例。

【慢性非传染性疾病防治】2019年，海口市龙华区、秀英区创建国家级慢病综合防控示范区通过省级考核评估。年内，全市报告死亡病例6312例（277.8/10万）、心脑血管病例7611例（401.98/10万）、肿瘤9879例（434.8/10万）；哨点医院报告伤害病例7424例。完成老年人、高血压患者、糖尿病患者管理人数分别为8万人、12.42万人、5.88万人。

【职业病防治】2019年，海口市完成各类职业健康体检9262人；对接触重点职业危害因素工作人员的职业健康体检结果进行复核，共94家企业6875人次；完成120家工厂企业职业危害因素的检测工作。放射诊疗机构放射防护基本情况调查共完成73家；医院放射防护及设备性能监测工作完成18家，开展放射工作人员外照射个人剂量监测2212人次，完成20个放射诊疗建设项目职业病危害放射防护评价及指导。

（何定培）

基层卫生

【概况】2019年，海口市开展基层医疗卫生机构标准化建设、卫生人才队伍建设、国家基本公共卫生服务项目、国家基本药物制度、家庭医生签约服务等各项工作，取得一定成绩。全市共有卫生院24家，社区卫生服务中心27家，社区卫生服务站92个，村卫生室249间，基本形成“15分钟城市健康服务圈、30分钟乡村健康服务圈”。

【基层医疗卫生机构标准化建设】

2019年，海口市基层医疗卫生机构标准化建设工作领导小组办公室制定印发《海口市基层医疗卫生机构标准化建设项目实施方案》，成立以分管副市长为组长的领导小组，定期组织召开调度会推进项目工作。市基层医疗卫生机构标准化建设工作领导小组办公室制定印发《海口市基层医疗卫生标准化建设导则》，并成立卫生计生专家组指导工作。召开基层医疗卫生机构标准化建设项目质量管理提醒谈话工作会；聘请第三方机构到各区按照建设导则进行质量督导，并召开调度会解决近期督导过程中发现的

龙华区遵谭卫生院综合楼装修项目完工。摄于2019年　（市卫健委 供）

问题，推动建设进度。年内，全市共有268个基层医疗卫生机构标准化建设项目全部开工，开工率100%；至年底完工项目244个，完工率91.04%。配套购置的设备完成招投标工作，与中标商签订供货合同。资金支出方面，省财政厅拨付海口市基层医疗卫生机构标准化建设资金2.22亿元，市财政局全部拨付到各区。至年底共支出2.51亿元，其中省财补助资金支出2.09亿元，省财补助资金支出率93.91%。

【国家基本公共卫生服务】2019年，海口市卫健委与市财政局联合印发《关于做好2019年国家基本公共卫生服务项目工作的通知》，并组织实施。2019年基本公共卫生服务补助经费标准为人均60元，中央、省、市财政补助资金1.33亿元全部下拨至4个区。全市城乡常住居民电子健康档案建档202.45万人，电子健康档案建档率89.1%，其中农村建档立卡贫困人口、城乡低保五保人口全部建立健康档案。开展举办国家基本公共卫生服务培训班，约800人次参加培训。

【国家基本药物制度】2019年，海口市继续做好基层医疗机构实施国家基本药物制度监测和数据上报工作。全市公立基层医疗卫生机构基本药物使用率72.15%。年内，国家基本药物制度中央财政预算补助经费1099万元、省级财政预算补助经费448万元、市级财政预算补助经费1665万元全部拨付到各区。

【家庭医生签约服务】2019年，海口市各镇卫生院与乡村医生共同组建家庭医生签约服务团队，规范开展服务；通过广播、电视、宣传单、微信等方式宣传健康知识和传播健康生活方式，普及健康素养基本知识；市卫健委制定印发《海口市卫生健康委员会关于建档立卡贫困慢病人口家庭医生签约服务工作方案的通知》，将全市贫困慢病人口纳入慢病规范化管理，做到应签尽签。至年底，全市组建351个团队，常住人口签约率29.05%；重点人群签约率约54.93%，其中建档立卡农村贫困人口、低保五保签约率100%。有161支家庭医生团队为农村贫困人口11599户31174人服务，其中患28种慢性病2774户2935人，实现家庭医生团队签约服务100%。重点加强对已签约的高血压、糖尿病、结核病、严重精神障碍等4种慢病贫困人口的规范管理与健康服务。

【城乡医疗对口支援】2019年，海口市卫健委制定印发《海口市年度城乡医院对口支援工作实施方案》，确定市属5家二级以上医院对口帮扶全市所有镇卫生院等基层医疗机构，并采取分片包干的方式，开展对口帮扶。全年共安排10批144名医务人员开展对口帮扶。通过对口帮扶，促进城市优质医疗卫生资源下沉到基层，提升基层医疗机构服务能力和水平，进一步满足人民群众医疗服务需求。

【基层卫生队伍建设】2019年，海口市政府办公厅印发《海口市改革完善全科医生培养与使用激励机制实施方案》，加强全科住院医师规范化培训基地建设，巩固完善全科继续医学教育；全面提高全科医生职业吸引力，改革完善全科医生薪酬制度，完善全科医生聘用管理办法，拓展全科医生职业发展前景，鼓励社会力量举办全科诊所，增强全科医生职业荣誉感；改革完善全科医生管理和服务模式，完善全科医生执业注册管理，完善家庭医生签约服务管理，完善全科医生绩效考核制度。至年底，全市有全科医生348人（含全科助理医师58人），平均每万人口拥有全科医生1.53人。加强基层各类卫生人才培训。市卫健委共组织522人次参加省级培训。其中，3人参加省全科医生转岗培训；67人员参加海南省基层医疗卫生机构医疗设备检验操作人员培训；25人参加海南省残疾人家庭医生签约指导机构骨干人员培训；15人参加海南省基层卫生人才能力提升培训；109人参加"优质服务基层行"培训；12人参加县乡村人才能力提升临床医师培训；251人参加县乡村人才能力提升村卫生室人员培训；14人参加县乡村人才（卫生健康行政管理人员）能力提升培训；26人参加县乡村人才（基本公共卫生服务项目资金管理）能力提升培训。制定印发《海口市2019年基层卫生人才能力提升培训项目实施方案》，分批组织各基层医疗机构医务人员、乡村医生等252人到市属各二级医院进修。已组织145名基层卫生人才参加培训，涉及内科、中医、妇产、检验、放射等17个专业。

【优质服务基层行】2019年，海口市卫健委印发《海口市开展"优质服务基层行"活动实施方案》和《海口市开展社区医院试点工作实施方案》，成立以主要领导为组长、分管领导为副组长的海口市"优质服务基层行"和"社区医院试点"工作领导小组，并由市医学会牵头组建专家组，为活动开展提供技术支持。全市33家基层医疗卫生机构参加2019年"优质服务基层行"活动，各区上报达到基本标准的7家，不合格的26家；通过市级复核达到基本标准的1家，即秀英区长流中心卫生院。长流镇卫生院被国家卫健委列入"优质服务基层行"表扬名单，云龙镇卫生院被《健康报》评为"优质服务基层行"能力提升亮点机构。（何定培）

妇幼保健

【概况】2019年，海口市各级妇幼保健机构依托"一法两纲"，坚持"以保健为中心、以保障生殖健康为目

2019年7月25日，海南首家国家级临床医学分子实验室落户海口市妇幼保健院 （市卫健委 供）

的，保健与临床相结合，面向群体、面向基层和预防为主”的妇幼卫生工作方针，围绕“两纲”“两规”相关妇幼卫生目标，努力降低孕产妇死亡率和5岁以下儿童死亡率，提高妇女儿童健康水平，推进妇幼卫生各项工作任务的全面落实。全市孕产妇住院分娩率99.996%；孕产妇产检率98.67%；孕产妇系统管理率86.27%；孕产妇中、重度贫血患病率0.57%；孕产妇死亡率0/10万；妇女常见病筛查率80.48%；婚前医学检查率11.17%；婴儿死亡率2.41‰，5岁以下儿童死亡率3.10‰；7岁以下儿童健康管理率93.80%；3岁以下儿童系统管理率86.96%；6个月内母乳喂养率68.34%；低出生体重儿百分比3.89%；5岁以下儿童低体重率3.32%。开展国家免费孕前优生健康检查项目，孕优任务数3400对，完成3440对，完成省下达任务数的101.18%；开展孕期地中海贫血筛查项目，地贫筛查任务数3万对，完成3.37万对，完成省下达任务数的112.36%；开展城乡妇女常见病及“两癌”检查项目，妇女常见病及宫颈癌任务数3.5万人，筛查35039人，完成省下达任务数的100.11%；乳腺癌任务数4000人，筛查6872人，完成省下达任务数的171.8%。完成学生眼疾病筛初筛18.15万人，完成率100.78%，超额完成省下达目标任务。

【孕产妇及儿童保健】2019年，海口市早孕建册25025人，早孕建册率92.59%；产检22937人，产后访视22043人，产后访视率89.92%。新生儿活产24514人，孕产妇死亡0人，孕产妇死亡率0/10万，5岁以下儿童死亡率3.10‰；7岁以下儿童健康管理163338人，管理率93.8%；3岁以下儿童系统管理65053人，系统管理率86.96%；新生儿访视22047人，访视率89.93%。

【艾滋病、梅毒和乙肝母婴阻断】2019年，海口市孕产妇艾滋病、梅毒和乙肝检测率均达到100%；感染艾滋病孕产妇及所生儿童采取预防母婴传播干预率100%，感染梅毒孕产妇及所生儿童采取预防母婴传播干预率82.47%，感染乙肝孕产妇及所生儿童采取预防母婴传播干预率检测率99.98%。

【新生儿相关疾病筛查】2019年，海口市机构活产数共44589人，新生儿遗传代谢性疾病筛查数44133人，新生儿遗传代谢性疾病筛查率为98.97%，达纲要目标及工作方案要求；新生儿听力筛查数43907人，新生儿听力筛查率98.47%，达纲要目标及工作方案要求。

【国家级临床医学分子实验室落户海口】2019年7月25日，由海口市妇幼保健院与广州达瑞生物科技有限公司合作共建的临床医学分子“国家地方联合工程实验室”“海口转化医学研究基地”在市妇幼保健院挂牌，标志着海口出生缺陷综合防治服务体系正式迈入“国家队”行列。临床医学分子诊断国家地方联合工程实验室是由中山大学达安基因股份有限公司牵头组建，2011年经国家发改委批准成立，截至2019年成功研发包括SARS、手足口病、登革热等分子在内的诊断试剂。通过临床医学分子诊断等技术，对一些携带基因缺陷的胚胎可以做到早发现、早应对，避免更多有出生缺陷的婴儿出生。（何定培）

【海南现代妇幼医院项目】2019年3月18日集中签约，海口市卫健委与海南现代医疗集团合作共建海南现代妇幼医院。项目选址位于秀英区永万路西侧，总投资10亿元，总建筑面积约8万平方米，总床位编制470张。海南现代妇幼医院将按国际化标准规划、设计、施工及管理，建设成为国际化、智能化、高端一流的具有医疗、教学、科研能力的三级甲等妇幼保健机构和JCI国际医疗质量认证标准医院。10月18日，举行开工奠基仪式，年内项目建设按计划稳步推进。

（何定培）

爱国卫生

【概况】2019年，海口市全面落实与海南省政府签订的《海南省2019年卫生（健康）创建目标责任书》中的各项工作任务，开展国家卫生城市成果巩固、国家卫生镇与省级卫生镇村创建、健康城市健康乡村建设、病媒生物防制、农村改厕、爱国卫生运动和健康教育等工作，受到海南省爱卫会通报表彰。年内，市爱国卫生运动委员会以庆祝新中国成立70周年为契机，结合全国第31个爱国卫生月活动，先后印发《海口市开展“清洁家园 喜迎国庆”的爱国卫生活动》和《海口市开展“清洁家园、灭蚊防病”爱国卫生活动》，开展环境综合整治、推进无烟环境建设和公共场所禁止吸烟执法等形式多样、内容丰富的爱国卫生活动，广泛宣传爱国卫生知识。制作1个LED屏和2个固定广告宣传牌宣传1个月，制作爱国卫生宣传栏、展板403块，海报59023张，各类公益广告202条，印发宣传单/册5万份。

【国家卫生城市成果巩固】2019年，海口市社会文明大行动指挥部印发《海口市巩固提升国家卫生城市成果工作方案》，完成国家卫生城市成果巩固自查，国家卫生城市复审申报资料、病媒生物防制通过省级考核鉴定，国家卫生城市复审通过省级暗访和技术评估等。

【健康城市健康乡村建设】2019年，海口市爱国卫生运动委员会印发《海口市2019年健康城市健康乡村建设工作方案》，启动一批健康机关、健康企业、健康学校、健康医院、健康社区等“健康细胞”繁殖工程建设。全市健康城市建设试点初见成效，演丰、云龙、新坡3个省级健康镇建设和10个省级健康村建设试点形成在全市可推广的模式。开展控烟工作，创建无烟政府机关33家，无烟医院实现全覆盖。5月31日在海口市京华城中心广场，开展第32个主题为“烟草和肺部健康”的世界无烟日宣传活动。完成《海口市控制吸烟条例(草案)》的立法调研工作。

【卫生村镇创建】2019年，海口市云龙镇、演丰镇创建国家卫生镇通过申报资料、暗访、技术评估、综合评审和公示，由海南省爱卫会向全国爱卫办推荐为“国家卫生乡镇”。永兴、红旗等2个镇被命名为“海南省卫生镇”，全市累计建成省级卫生镇16个。32个行政村被命名为“海南省卫生村”，累计建成省级卫生村71个(行政村)。22个单位被命名为“海南省卫生先进单位”，累计建成省级卫生先进单位530个。25个单位获“海口市卫生先进单位”称号，累计建成市级卫生先进单位965个。

【农村改厕】2019年，海口市加大农村改厕力度。3月，海口市爱国卫生运动委员会印发《海口市2019年农村改厕项目管理实施方案》；9月，市政府办公室印发《海口市推进农村“厕所革命”半年攻坚战行动方案》。为减轻农民负担，市、区两级财政对农村改厕持续补贴，由1600元/户提升至4800元/户。全年完成3192户农村改厕，超额完成年计划的3000户任务，实现全市农村改厕工作全覆盖。

【病媒生物防制】2019年，海口市完成全市鼠、蚊、蝇、蟑螂、臭虫、蜱虫的每月种群密度和季节消长监测工作，并组织开展白蛉密度监测；完成全市2000余只白纹伊蚊成蚊、2700只家蝇对常用卫生杀虫剂的抗药性监测工作，为全市病媒生物防制工作提供科学依据和数据基础。市爱国卫生运动委员会印发《海口市2019年病媒生物防制工作方案》，继续以市场化运作实施病媒生物防制工作，实行市、区、镇（街）、社区四级监管。年内，建成区病媒生物防制通过省级考核鉴定，持续巩固达标成果；演丰、云龙等15个镇（墟）鼠、蚊、蝇、蟑螂的密度达到国家病媒生物密度控制的水平标准C级要求。针对10月发生的“登革热”疫情，市爱卫会开展环境卫生综合爱国卫生运动，全民动员，联防联控，采取清理蚊虫滋生地与化学杀灭相结合的措施。共发动干部群众9722人次，清理病媒生物滋生地3318处、卫生死角6303个，清洁水体4653处，清运垃圾4301.9吨；出动专业防制人员3988人次、消杀器械1085台次，放置，灭鼠药物7226千克，喷洒灭蚊药物2539.2千克，安装毒鼠屋11769个、防蚊闸1001个，清理大中型滋生地923处，促进布雷图指数大幅下降，控制了“登革热”疫情的蔓延。

（刘全玉）

卫生监督

【食品卫生监测】2019年，海口市卫健委印发《2019年海口市卫生健康部门食品安全风险监测工作实施方案》《2019年海口市卫生健康部门创建国家食品安全示范城市食品污染及有害因素监测工作方案》《2019年海口市食品安全风险监测质量管理方案》和《海口市食源性疾病监测点工作手册》，与海南省人民医院、海南医学院第一附属医院、海南医学院第二附属医院、省中医医院、省妇幼保健院、市人民医院、市妇幼保健院、市中医医院、市第三人民医院、市第四人民医院10家医疗机构签订食源性疾病监测目标责任书，加强宣传教育，推进食品卫生监测工作。市、区疾病预防控制中心按时保质完成国家和省级143份食品中化学污染物和有害因素监测与180份微生物及其致病因子的样品采样、样品交接、样品检测和数据录入上报工作，同时完成市卫健委500份创建国家食品安全示范城市食品安全风险监测任务。共审核161家监测点上报的2627例病例，监测食源性疾病的发病情况，采集标本518份，其中阳性病原学标本97份，均及时送检复核。食品安全事故流行病学调查率100%，并严格按规范报告有关行政部门和省疾控中心。指导和开展接报的34起疑似食源性疾病事件流行病学调查和处置。

【公共场所卫生监督】2019年，海口市继续推行公共场所卫生监督量化分级管理制度，全市住宿、游泳、美容美发、沐浴等4类场所发证单位3959家，实施量化分级管理3844家，其中住宿场所952家、游泳场所174家、美容美发场所2478家、沐浴场所240家。4类公共场所量化分级管理完成率分别为100%、100%、96.01%、95.23%；被评定为A级单位470家、B级单位1341家、C级单位2007家，26家单位因关键项目不符合要求被责令限期整改，对确定卫生信誉度等级的单位颁发公示牌向社会公示。全年，市卫生监督部门出动卫生监督执法人员9655人次、车辆2977辆次，监督检查各类公共场所4163家次，覆盖率97.2%；下达卫生监督意见书3869份，提出整改意见1.27万条，落实1.26万条。经营单位建档率100%，从业人员持健康证上岗率98.2%。共受理群众举报投诉案件191宗，全部按要求及时现场核实并将处理情况向投诉人或政府服务热线反馈，调查处理及时率100%，群众满意率98.2%。开展住宿场所卫生专项整治工作。组织市、区两级卫生监督机构开展以住宿业为主的公共场所专项卫生监督执法工作，共出动卫生监督员1538人次、监督车辆464辆次，监督检查各类住宿经营单位952家次，下达卫生监督意见书747份共1889条，责令整改单位1506家，追踪落实整改单位1496家；立案查处违法单位22家，其中警告22家、罚款20家、罚金5.95万元。开展夏季游泳场所、集中空调通风系统卫生专项监督监测工作。自4月下旬至8月底，组织开展游泳场所及针对使用集中空调通风系统公共场所的专项卫生执法监督专项行动，共监督检查游泳场所155家次、集中空调通风系统使用单位56家次，泳池水质采样检测152家（含兼营单位）、集中空调通风系统采样7家。开展“巩卫”公共场所卫生专项整治工作。组织以“四小”行业为重点的公共场所卫生专项整治，监督各类公共场所3041间次。围绕卫生许可证、从业人员健康合格证、卫生监督信息公示、室内外环境卫生、卫生设施设备、室内控烟等环节进行拉网式检查；同时针对市社会文明大行动指挥部督查及“回头看”发现的162家共424宗问题，对标对表逐一指导整改，并及时反馈，问题整改率95.2%。此外，完成复审省级技术评估重点场所资料收集整理任务。

【传染病防治监督】2019年，海口市、区卫生监督部门共出动卫生监督执法人员3417人次、车辆1251辆次，监督检查各级各类医疗机构1512家次，共立案查处各类违法案件39宗，警告37家，罚款5家，罚款4.6万元，下达不良执业行为记分通知书39份。

【职业卫生和放射卫生监督】2019年，海口市共出动卫生监督执法人员568人次、监督车辆277辆次，监督检查放射诊疗机构、职业健康体检机构、职业病诊断机构及工厂企业等各类监管对象238家次，下达卫生监督意见书192份，提出整改意见314条。

【学校卫生监督】2019年，在日常性的学校卫生监督中，海口市卫生监督部门监督检查各类学校464间次，下达卫生监督意见书482份，提出监督意见1284条，落实1159条。在学校春、秋季开学之际，开展对辖区大中专业院校、中小学校及托幼机构的专项监督检查，共监督检查各类学校241家次，针对检查中发现的存在问题，监督员现场下达卫生监督意见书责令其进行整改。

【生活饮用水监督】2019年，海口市卫生监督部门检查乡镇（街道）353个次，检查村落236个次，共检查供水单位1485家次，发出卫生监督意见书1125份，提出卫生监督意见3199条，落实整改意见2108条，建立监管档案单位数1581家。对东山自来水厂进行立案查处，处罚款5000元。

【消毒产品卫生监督】2019年，海口市强化监督、严格执法，进一步规范消毒产品生产经营行为。全市有消毒产品生产企业36家，消毒产品经营单位约450家。组织开展抗（抑）菌制剂专项整治行动共出动卫生监督人员70人次、车辆15辆次、监督生产企业13家（其中正常生产企业9家），检查正常生产的抗（抑）菌产品24种，核查产品卫生安全评价报告24份，下达卫生监督意见书13份共45条。

【医疗机构监督】2019年，海口市、区卫生监督部门共监督检查各级各类医疗机构2219家次、母婴保健技术服务机构和计划生育服务机构56家次。全市共立案查处医疗服务各类违法案件174宗，警告90家，罚款107家，吊销执业许可证1家，暂停执业活动5人，没收违法器械271件，没收违法药品91件，没收违法所得6.44万元，共罚款51.2万元。

【打击非法行医】2019年，海口市、区卫生监督执法部门监督检查各类各级医疗机构914家次，立案查处无证非法行医及非医师行医案件32宗，没收违法所得64418元，没收药品271件，没收器械67件，罚款29.15万元，停止非法行医活动场所32家次，移送公安机关2人。

【重大活动卫生监督】2019年，海口市、区卫生监督部门先后承担省、市“两会”“2019年春运”“第十届环海南岛国际帆船赛”“博鳌亚洲论坛年会”“2019年全市公务员录用笔试考点”和“2019年普通高考和基础会考”等13宗重大活动公共卫生安全保障工作。其间，累计出动监督人员732人次、监督车辆194辆次，监督指导承办接到单位218家次，责成活动承办单位签订公共场所卫生安全责任承诺书157份，现场快速检测公共场所空气质量1156项次，泳池水质214份，水质现场快速检测24份144项次，签订饮用水安全责任书11份，下达监督意见书17份，提出整改意见109条，追踪落实整改到位109条，确保各项重大活动的公共卫生安全。（何定培）

中医事业

【中医医院建设】2019年，海口市开展市国际中医中心项目建设征地工作。完成市中医医院门诊7楼中医国际诊疗中心、楼顶标志牌、门诊入口及人行广场以及门诊二楼名中医工作室、11间产房功能室、影像功能科、胃镜中心改造；开展三楼妇科名中医工作室、五楼针灸康复科的名中医馆项目改造，对三楼的2间妇科诊室、五楼的3间诊室及五楼针灸科的诊疗大厅、走廊进行中医特色风格的改造，重新更改布局，营造中医养生氛围，提升综合能力。

【中医科研与人才培训】2019年，海口市中医医院获批海南省科技厅自然科学基金项目3项、海南省卫生和健康委员会行业科研项目5项。年内，省自然基金课题结题1项，厅局级课题结题3项，市级课题结题1项。发表学术论文62篇，其中SCI期刊2篇、中文核心期刊9篇、中国科技期刊45篇、省级期刊6篇。接收各医学院校医疗专业实习医师89名、见习医学生1471人次（不含护理专业），严格按照各院校教学大纲开展临床实践教学工作。在培住院医师规范化培训学员151人，其中中医专业89人、中医全科专业59人、中医助理全科医生3人；开展院级学术讲座共124场次，参加人数8856人次。举办1个国家级和18个省级继续项目培训班，参加培训学员2566人次。选派医疗技术骨干32人次到省内外进修学习，300余人次参加省内外短期学习培训或学术活动。加强全国第六批中医药专家学术经验继承项目、海南省基层老中医药专家学术经验继承项目、全国中医临床特色技术传承骨干人才培养项目、全国中医药创新骨干人才培训项目、全国西学中人才培养项目、海南省西学中人才培养项目的建设。推广中医药适宜技术的应用，为基层培养中医药人才，承办海口市2019年基层卫生技术人员中医药知识与技能培训班及海口市2019年基层中医药知识与技能提高班，培训基层医务人员282人次。组织选手参加海南省第二届住院医师临床技能大赛，获得中医组第一名；参加第二届海南省中医青年医师急救技能大赛，获得团体第一名，并获得多项个人单项奖；参加第七届海南省紧急医学救援急救技能大赛，获得团体三等奖，并获得个人单项奖第一名及团体项目第三名；参加广州中医药大学教师教学查房竞赛，获得三等奖。

【中医服务能力建设】2019年，海口市中医医院中医国际诊疗中心共接待20余批包括“海口—莫斯科航线”专题游的近500名前来免费体验中医药康养服务的俄罗斯客人；接待蒙古国医疗团队的参观考察，并对将来的合作进行洽谈。10月21日接待泰国、尼泊尔两国的高校校长团，体验中医药文化的博大精深。11月14日，市中医医院联合海南师范大学国际教育学院在中医国际诊疗中心举办签约及揭牌仪式，成立中医文化交流基地。全市有83.33%的镇卫生院能提供6类以上中医药服务，92.86%的社区服务中心能提供6类以上中医药服务，71.65%的村卫生室能提供4类以上中医药服务，90.32%的社区卫生服务站能提供4类以上中医药服务。

【特色中医活动】2019年7月1日，海口市卫健委举办中医中药中国行——以“传播中医药健康文化、提升民众健康素养”为主题的宣传活动，通过中医养生操表演、中医药知识展览展示、医疗健康义诊、中医针灸、艾灸等中医项目体验、科普资料发放等方式，提升群众中医药健康文化素养，提高群众中医治疗与预防保健意识。10月，举办第三届中医养生节，主要活动有专家义诊、传统中医疗法体验、中医养生操示范、康养保健咨询、膏方产品图展等。活动借助上海中医药大学附属岳阳中西医结合医院医疗资源和团队，引入该院特色膏方，创新发展中医特色健康旅游服务，打造海口中医药特色专科品牌，更好地满足患者需求，开创医院中医药发展新局面。11月8日，市中医医院参加海南省健康产业博览会，展示药酒、药膳、中药香囊、足浴包等特色产品。11月15日，由市卫健委主办、市中医医院承办的中医中药中国行走基层宣传活动在美兰区大致坡镇举行。活动旨在借助上海岳阳医院优势中医资源，推出系列群众参与和喜爱的中医药健康惠民活动，将中医药健康知识，中医药保健服务送进村镇、社区、送到居民身边，让中医药发展成果进一步惠及广大城乡居民。现场活动有养生操八段锦表演、中医药知识问答、中医体质辨识及养生保健咨询、传统中医疗法体验等，设有传统中医义诊专场，共有12名专家为群众看诊。（何定培）

医疗卫生合作

【引进国内优质医疗资源】至2019年，海口市相继引进优质医疗资源落户海口，在高端医疗、养生保健、特需医疗服务、互联网医疗、人才培养、学科建设、临床科研等方面开展深层次合作，满足国内外游客和岛内居民多层次、多样化的医疗服务需求，全面提升海口医疗健康产业综合服务能力和保障水平。

引进设立海口市骨科与糖尿病医院，品牌效应初显，创造“三个第一”，第一次实现骨科、糖尿病“大病不出岛”目标；第一次出现岛外患者慕名入岛看病手术治疗，岛外住院者占 34.40%，岛外手术占 32.95%；骨科机器人手术 2018 年 19 台、2019 年 25 台，超过上海总院，全国第一。2019 年门诊总接待量 2.11 万人次，手术量 964 次，入院 1409 人次。项目二期建设按计划稳步推进。与复旦大学附属华山医院开展合作，建立友好医院，设立专家工作站。通过华山医院的专家指导，有效地促进市人民医院医疗水平的提高、学科建设的完善和综合管理能力的提升，为人民群众提供就近获得优质医疗服务的便利。至 2019 年 12 月，华山医院共派出专家 298 人次到市人民医院工作，其中会诊和疑难病例分析 2502 人次，门诊接诊 1586 人次，教学授课 253 节次，开展疑难手术 95 台，并指导多个学科的建设发展。与上海中医药大学附属岳阳中西医结合医院签订合作协议，整体托管市中医医院，全面引进其中医优势学科及管理团队，长期为国外游客开展中医诊疗服务，提高海口中医药服务的国际影响力。全年共接待俄罗斯游客 20 余批，近 500 余名国外客人前来体验中医药康养服务以及治疗疾病，市中医医院接待外国游客已常态化。为加快引进岳阳医院优势中医医疗资源和管理模式，市政府规划建设海口市国际中医中心项目。成功举办医学高峰学术论坛。自 2017 年 4 月，市卫健委与上海六院签署合作举办学术论坛的协议，并确定论坛永久落户海口后，至 2019 年论坛成功举办 3 届，每届规模近 800 人，先后有院士 7 人和逾千名全国骨科领域的知名专家和学者出席。

【医疗项目招商引资】2019 年，海口市卫健委通过举办专场招商推介会、上门一对一精准招商等多种方式共对接企业、组织近 50 家，签约项目 9 项：与海南现代医疗集团、北京弘润天源基因生物技术有限公司、北京安杰玛化妆品有限公司、擎安医疗科技国际控股集团、爱尔眼科医院集团、深圳宝能投资集团、西安诚域互联网医疗有限公司、基蛋生物科技股份有限公司、陕西医智诺信息科技有限公司、上海五信投资管理有限公司签订框架协议，签约投资额共 56.5 亿元；意向项目 3 项，即与中南大学、武汉大学健康学院、上海瑞戈医院投资管理有限公司的合作项目。

【医疗健康产业发展】2019 年，海口市卫健委不断加大招商引资力度，引进优质医疗资源，积极为民营医疗健康企业服务，推进医疗健康产业稳步发展。全年海口市医疗健康产业值 105 亿元，比上年增长 15.38%，增加值约 14 亿元，超额完成 2019 年医疗健康产业增加值超过 10%的绩效考核职能目标任务。

（何定培）

医政管理

【概况】2019 年，海口市继续深入开展“进一步改善医疗服务行动计划”活动。通过开展系列活动，进一步强化医疗机构的内部管理，优化医院服务流程和便民惠民服务措施，提升医疗服务水平，改进医疗服务质量，提升人民群众的就医感受。开展临床路径管理工作，进一步优化医疗服务流程，规范医护人员的医疗行为，提高医疗质量，减少不合理的检查、治疗、用药，降低总体治疗费用；进一步加强临床用血管理，不断提升临床合理用血水平，确保血液安全。市卫健委委托海南省医学会组织专家组从社会满意、管理有效、资产运营、发展持续、医联体建设等方面对市属 6 家公立医院进行院长绩效考核。组织专家对市属民营医疗机构开展综合质量考核，对考核情况进行通报，推进海口市民营医疗机构健康、可持续发展。

【医疗技术创新】股骨头缺血性坏死是一个世界性难题，采取的有效治疗为人工髋关节置换。为解决人工髋关节置换带来创伤大、费用高，假体的使用寿命等缺陷，2019 年，海口市骨科与糖尿病医院采用新技术——吻合血管的游离腓骨移植重建股骨头血运术破解难题。

【首例“达芬奇”机器人手术】2019 年 1 月 3 日，海南省首例“达芬奇”机器人胰头十二指肠切除术，也是海南省地方医院第一台“达芬奇”机器人手术在海口市人民医院顺利完成，这是海南微创外科发展的里程碑式的大事，标志着海南省机器人手术系统在腹部外科的应用达到国内先进水平，标志着海南省微创肝胆外科进入新时代。全年共完成 35 例“达芬奇”机器人手术。

知识链接：“达芬奇”机器人手术具有明显优势，其突破人手的局限，在原来手伸不进的区域，机械手可以在 360 度的空间下灵活穿行，完成转动、挪动、摆动、紧握等动作，比人手更灵活，且机械手上有稳定器，防止人手可能出现的抖动现象，避免了手术中因手抖动划伤神经和血管的意外，机器人最擅长的是复杂精细的外科手术，让手术更加顺利。

【医疗机构药事管理】2019 年，海口市各医院加强临床抗菌药物合理使用，严格执行抗菌药物分级管理制度，建立抗菌药物遴选和定期评估制度，加大抗菌药物临床应用相关指标控制力度，定期开展抗菌药物临床应用监测与评估，加强细菌耐药监测。市人民医院每季度对抗菌药物使用量和使用金额前10名医师和药品进行用药检查考评，并进行全院公示，对不合理使用率超过50%抗菌药物予以暂停使用。市保健院每季度对抗菌药物使用量进行合理性用药检查考评，并将考评结果在院内公示，对使用药品超标的医务人员进行诫勉谈话，对药品比例超标的科室停发主任及超标医师绩效，对不合理使用率超过50%的抗菌药物予以暂停使用。

【医院感染管理】2019年，海口市卫健委成立海口市医院感染管理质量控制工作领导小组及海口市医院感染质量控制小组，负责全市卫生健康系统医院感染管理工作的管理、检查、指导、考评等工作；组织专家组对市属医疗机构院内感染管理工作进行考核评估，并对考核情况进行通报；举办海口市医疗机构医院感染管理知识培训班，对全市院感管理人员进行培训。各医院也高度重视医院感染管理工作，设立医院感染管理组织，配置专职人员，积极参与业务查房，加强对医院感染重点部门、重点环节的管理，把医院感染的医疗安全隐患消除在萌芽状态，最大限度地降低发生医院感染的风险。（何定培）

【药品和医疗服务价格管理】2019年，海口市医疗保障局结合市属公立医院临床业务需求，选取并指导第三方机构对市人民医院的医疗服务项目价格测算成本，开展现场调研和专家论证等工作，确定和完善963项公立医疗机构医疗服务价格项目。开展国家和省下达的药品集中带量采购使用和试点扩围任务有关数据采集、2019年度基本医疗保险医疗服务利用调查、医保定点医疗机构协议管理和支付方式改革、医疗机构调查摸底等工作，专题调研特需门诊服务项目、“美沙酮维持治疗”门诊及收费情况等。推进医保支付方式改革，医保经办机构实行普通住院的总额预算管理、日间病房的定额管理、精神病种按住院床日付费、门诊特殊病种的定额管理等复合式医保支付方式改革，将慢性病用药范围下放基层医疗机构，满足群众就近就医需求。

（王基庆 于蕾）

【社会资本办医引导扶持】2019年，海口市积极引进社会资本办医，在医疗机构准入方面，全面取消对社会办医疗机构的类别、规模、数量、地点等限制，实行市场调节的审批管理方式。无论是哪种类别的医疗机构，只要符合医疗机构的基本标准，均同意其准入。鼓励社会资本以多种形式进入医疗养生、医疗旅游、医疗科研、康复诊疗、中医药服务等领域，培育业态完整的医疗健康产业链。鼓励社会资本举办康复医院、老年病医院、护理院和其他高端医疗服务机构，以及举办妇科、儿科、骨伤科、肛肠科等非营利中医专科医院，发展中医特色的康复医院、护理院，支持提供中医特色的老年病等服务，对社会资本举办中医诊所采取备案制。鼓励社会力量举办全科诊所，建立专业协作团队，为居民提供医疗、公共卫生、健康管理等签约服务。引导社会办医向规模化、多层次、多样化方向发展，加快打造一批具有竞争力的品牌服务机构。支持社会力量举办独立设置的医学检验、病理诊断、医学影像、消毒供应、血液净化、安宁疗护等专业机构，面向区域提供相关服务，不断满足广大人民群众多层次、多元化的健康需求。全年共审批社会办各种类别的医疗机构24家。

【继续医学教育及科研工作】2019年，海口市卫健委进一步加强继续教学分审核工作，规范全市继续医学教育管理，做好继续医学教育服务工作。海口市申报省级的40个卫生健康行业科研项目全部立项；组织参加继教培训班79期，国家级、省级培训班25期，培训人数4.1万人次。

【医学人才队伍建设】2019年，海口市卫健委对标海南自贸区（港）建设标准和要求，着力构建引人、留人、用人平台和机制，加快建立海口卫生健康人才高地，深入推动全市医药体制改革发展。3月，发布40个紧缺卫生专业技术人员目录，为人才延揽计划和人才队伍建设提供科学指引。研究制定《关于引进“千名医学人才和百名银发精英”实施方案》，自“5·13”实施百万人才进海南行动计划以来，全市卫生健康系统引进卫生专业人才647人，其中高级专家34人；柔性引进3个专家团队，其中市人民医院引进复旦大学附属肿瘤医院乳腺科教授吴炅等7人专家团队，市骨糖医院引进上海第六人民医院罗劲松、江潮胤等27名专家团队，市第四人民医院引进北京安贞医院教授张英川等8人专家团队。

（何定培）

（编辑：杜惠珍 赵华锋）

体育

群众体育

【概况】2019年，海口市投入904.78万元改善基层公共体育设施，新增全民健身路径136套1224件，并在世纪公园建设5座太阳能健身驿站（海口首个太阳能健身驿站），每个健身驿站配有顶棚、健身器材、蓝牙音响，打造海口智能体育公园，以及在海口市民游客中心安装跑步车等11台室内健身器材，供市民锻炼。全年共举办34个600余场次的群众性体育活动，直接参与活动的人员约5万人。新成立市级单项体育协会7家（救生、体操、拳击、啦啦操、击剑、橄榄球、健身秧歌）、市级注册体育俱乐部2家，共有市级体育协会48家、市级注册体育俱乐部16家。新增357名三级社会体育指导员，已注册社会体育指导员6313人，全市每千人口拥有社会体育指导员约2.71人。

【全民健身运动】2019年，海口市旅游文体局广泛开展各类全民健身活动。开展自主体育品牌赛事活动。3月8日至4月21日，整合全市体育资源，举办全民健身运动推广季，共开展运动项目11种、253场次。助推“体育+旅游”融合发展，海口马拉松赛共有1.6万名选手参赛；举办海口市足球联赛，设置甲级、超级两个级别赛，甲级联赛有20支球队参赛，超级联赛有12支球队参赛；举办海口市篮球联赛，共24支球队参赛。开展沙滩运动和水上运动。举办2019海口沙滩趣味运动会2场、2019迎春沙滩气排球文化活动、2019年海口沙滩障碍跑公益活动、2019海口全民沙滩橄榄球公益嘉年华活动、2019海口全民帆船帆板体验活动、“扬帆起航，我们都是追梦人”2019年海口毕业季亲水旅游主题活动、2019海口毕业季之皮划艇桨板欢乐海滩趣味活动、2019海南沙滩运动嘉年华海口分会场系列活动。广泛开展群众性体育活动。举办2019春节“农民杯”九人传统排球赛、2019海口少儿3V3街头篮球比赛、2019第十一届海口市直机关羽毛球混合团体赛等34个群众性体育活动，激发群众健身热情。组织参加省级体育比赛。组队参加2019年海南省全民健身运动会（海口获得优秀组织奖和体育道德风尚奖）、2019年海南省农民男子九人排球赛（海口卫冕冠军）。

【海口马拉松赛】2019年3月3日开跑。全程42.195千米，半程21.0975千米，共1.6万名选手参赛，其中包括27名来自14个国家的外籍运动员。2019海口马拉松赛继续延用往届海马经典赛道，穿越海口最美自然风景线，途经凤翔湿地公园、椰海大道、滨江路、白沙门公园、世纪大桥、万绿园、国家帆船帆板基地、西秀海滩、海南国际会展中心等海口重点景观区域。比赛设全程马拉松、半程马拉松和欢乐跑3个项目，增设特别奖项“市民奖”，旨在鼓励本地选手参赛。比赛首次携手三亚国际马拉松打造2019嗨跑节，通过海口马拉松和三亚国际马拉松两大赛事，打造

2019年9月23日，海口市在琼山区云龙镇举行“庆祝中华人民共和国成立70周年暨中国农民丰收节”体育比赛
（苏弼坤 摄）

中国马拉松的“海南时间”。2019 嗨跑节于 3 月 2—10 日举办，以海口马拉松、海南（三亚）国际马拉松双赛事为核心，成功完成两场马拉松赛事，获嗨跑节奖牌。此外，同时报名参与海口三亚双站马拉松，且成绩排名前三的团队分获价值 3 万元、2 万元、1 万元的奖励。

【海口市足球联赛】1996 年创办，2000 年至 2010 年一度中断。从 2011 年开始，恢复举办，每年一届。2019 年海口市足球联赛设置甲级、超级两个级别赛，共进行 82 场比赛。其中，甲级联赛于 2018 年 12 月 26 日至 2019 年 1 月 24 日在海口世纪公园举行，有 20 支球队参赛，共进行 48 场比赛，赛事在决出各项奖项的同时，冠、亚军一同取得 2020 超级联赛的参赛资格；超级联赛于 4 月 13 日至 5 月 26 日在五源河体育场举行，有 12 支球队参赛，共进行 34 场比赛。

【海口市篮球联赛】2019 年 6 月 22 日至 8 月 5 日每晚 18:30 ~ 22:00，在广场路市灯光球场举行，有 24 支球队参赛，共进行 92 场比赛，比赛分为常规赛（赛会制）和季后赛。现场观众超过 11 万人，直播平台观看人数 12 万余人。海口市篮球联赛自 1998 年创办以来，每年一届，从未间断，是海口唯一没有中断过的联赛。

（郑郁凰）

竞技体育

【概况】2019 年，海口市成功引进、举办海南琼中国际青少年足球邀请赛海口文化交流活动、2019 海口马拉松赛、蜈支洲岛杯 2019 年第十届环海南岛国际大帆船赛、2019 年第三届“一带一路”杯海口国际沙滩足球邀请赛、2019CFA 中国之队·海口国际青年足球锦标赛、2019 年中国大众帆板巡回赛暨第 6 届国际旅游岛帆板大奖赛（海南·海口站）、2019 中国帆船年度盛典系列活动、2019 全国沙滩排球巡回赛总决赛活动、2019 第七届海口国际沙滩马拉松赛 9 个大型体育赛事活动。年内，组队参加第二届全国青年运动会，海口 64 名体育健儿获得 5 金 3 银 2 铜以及 5 个第四、2 个第五、1 个第六、2 个第七、1 个第八名的成绩，创造海口市参加全国综合性大赛的最高比赛成绩；参加第二届北部湾城市运动会，海口 132 名运动员收获 11 金 11 银 6 铜，位居奖牌榜首位，并以 616 分获得团体总分第一名，获得团体总分奖和体育道德风尚奖；组队参加 2019 年全国举重各个赛事中共获得 29 个冠军，14 个亚军，14 个季军；海口帆船帆板队参加 5 场全国性帆板比赛获得 11 金 9 银 4 铜，1 场省级帆船帆板比赛获得 2 金 5 银。海口被授予优秀帆船城市奖和沙排最佳赛区奖；组队参加 2019 年海南省青少年锦标赛共获得金牌 117 枚，银牌 74 枚，铜牌 71 枚，7 个项目获体育道德风尚奖，取得全省金牌总数、奖牌总数、总积分第一的优异成绩。市艺术团代表海南赴郑州参加第十一届全国少数民族传统体育运动会获“表演项目一等奖”，实现海南在全国民族运动会表演项目一等奖“三连冠”。

2019 年 11 月 30 日，2019 第七届海口沙滩马拉松比赛在海口假日海滩举行

（石中华 摄）

【市体育运动学校】2019 年，海口市体育运动学校有 176 名运动员在海南省参加注册，共有在校注册运动员 105 名，在训运动员 238 名、教练员 18 名（外聘 2 名）。在全国比赛中共获得金牌 11 枚、银牌 6 枚、铜牌 11 枚，6 项第四名、9 项第五名。其中，在 8 月 8—18 日山西太原举办的第二届全国青年运动会上，共派出 64 名运动员参加 6 个运动竞技项目比赛，获得 5 金 3 银 2 铜以及 5 个第四、2 个第五、1 个第六、2 个第七、1 个第八名的成绩。参加海南省各单项少年锦标赛，共获金牌 117 枚，银牌 74 枚，铜牌 71 枚，第四名 48 个，第五名 33 个，第六名 23 个，第七名 18 个，第八名 13 个，7 支运动队获体育道德风尚奖。

【市体育工作队】海口市体育工作队仅有 1 个举重队，举重队为省市合办的队伍。2019 年，举重队有运动员 31 名，教练员 8 名（其中省队 5 名，市队 3 名）。在全国举重各类赛事中获金牌 31 枚，银牌 13 枚，铜牌 13 枚，第四名 10 个，第五名 3 个，第六名 5 个，第七名 5 个。

【中国帆船年度盛典】2019 年 11 月 14 日，2019 中国帆船年度盛典在海口开幕，海口被中国帆船帆板协会授予“优秀帆船城市奖”。2019 中国帆船年度盛典共有6项活动，包括中国帆船帆板运动协会年会（中帆协各专项委员会会议、中帆协执委会会议、中帆协代表大会）、中国帆船城市交流会、中国帆船年度颁奖典礼暨中国帆船荣誉殿堂、中国家庭帆船赛总决赛、国家队备战东京奥运会测试赛暨2019中国帆船联赛、首届世界帆联龙骨帆船世界锦标赛，近1万人直接参与赛事活动。其中，11月15—17日，以“全民健身 活力中国”为主题的2019中国家庭帆船赛总决赛在海口假日海滩举办，12座城市的100个普通家庭300余名选手参赛。11月16日，2019中国帆船年度颁奖典礼暨中国帆船荣誉殿堂在海口万豪酒店举行。共设有11个奖项，分别是年度最佳女运动员、男运动员、教练员、船队，年度国家队集体贡献奖、个人贡献奖，优秀帆船城市奖、合作赛区，梅沙教育全国青少年帆船联赛贡献奖、年度国内优秀航海赛事、中国家庭帆船赛推广奖以及媒体贡献奖。国家帆船帆板队男子帆板RS：X级选手毕焜、女子帆板RS：X级选手卢云秀分获年度最佳男、女运动员；国家帆板队原主教练王立荣登中国帆船荣誉殿堂，成为继郭川后，中国帆船荣誉殿堂第二人。

【全国沙滩排球巡回赛总决赛海口开赛】2019年11月28日至12月1日，在海口经济学院举行，海口被授予沙排最佳赛区奖。其间举办2019年中国排球协会沙滩排球产业发展研讨会、2019中国排球协会沙滩排球年度颁奖盛典。共有81支队伍160多名运动员参赛，创国内举办成年组沙排赛人数之最。海南派出海南队和海口队共14名运动员参赛。2019年度全国沙滩排球巡回赛共举办10站分站赛，是历史上赛事规模最大的一年，全国沙滩排球巡回赛总决赛吸引包括全运会冠军、亚洲冠军参赛，几乎囊括当年国内所有顶尖沙滩排球运动员。

【“一带一路”杯海口国际沙滩足球邀请赛】2019年4月26—28日，2019年第三届“一带一路”杯海口国际沙滩足球邀请赛在白沙门公园沙滩足球场举办，中国、葡萄牙、捷克、英格兰4支沙滩足球国家队参赛。经过角逐，葡萄牙国家队以三战全胜的战绩夺得本次邀请赛的冠军，英格兰队获得亚军，中国队获得季军。精彩的赛事吸引广大海口市民及足球爱好者到场观赛，平均每天比赛现场观众近1000人次。现场还设有一系列沙滩足球基础知识有奖问答和沙足体验项目，供现场观众、青少年足球爱好者体验足球热情，享受足球乐趣。

【海口国际青年足球锦标赛】2019年7月18—22日，2019CFA中国之队·海口国际青年足球锦标赛在海口五源河体育场举行，中国U15、马来西亚U15、朝鲜U15、伊朗U15四支球队参赛，共1.5万多名球迷到场观看。最终马来西亚U15国家队夺得赛事冠军，朝鲜U15国家队、伊朗U15国家队、中国U15男子足球选拔队分获二至四名。赛事采取公益形式，中小学生免费观看本次赛事活动，以此激发海南青少年参与足球运动的热情，进一步推动海南省青少年足球运动发展。

【参加第二届北部湾城市运动会】2019年12月6—16日在广西玉林市举行。海口市派出159人（运动员132人）的体育代表团参加足球、篮球、气排球、羽毛球、乒乓球、网球、中国象棋、围棋9个项目的比赛，共获11金11银6铜，位居奖牌榜首位，并以616分获得团体总分第一名获得团体总分奖和体育道德风尚奖。在第二届北部湾城市运动会闭幕会上，海口市副市长王磊接过会旗，海口将于2021年承办第三届北部湾城市运动会。（郑郁凰）

体育设施

【概况】2019年，海口市共有体育场地4777个，比上年减少29个；面积848.51万平方米，增加45.23平方米。按年末全市常住人口232.79万人计算，人均体育场地面积3.64平方米，减少0.24平方米。年内，投入908.79万元，在全市新增全民健身路径136套1224件，在世纪公园新建5座太阳能健身驿站（海口首个太阳能健身驿站），在海口市民游客中心安装11台室内健身器材。

【体育设施建设】2019年3月，五源河健身场地改造提升工程开工建设。

海口市国家帆船基地公共码头灯塔工程。摄于2019年8月31日（海旅集团 供）

继续建设海口市国家帆船基地公共码头和中国足球（南方）训练基地。至年底，中国足球（南方）训练基地有4片11人制天然草球场建成使用，其余20片处于在建未验收状态。海口市国家帆船基地公共码头，水上主体工程、二期的陆域部分干仓、维修车间基础工程、灯塔建设完工，游客中心地下一层正在建设中。完成海口湾国家海洋公园帆船帆板公共游艇码头改建工程。

【海口帆船帆板训练基地】2019年，申请中央集中彩票公益金支持地方体育事业专项资金购置有关设备。购置90个汗蒸房分别安装于运动员房间及康复室内；购置无动力跑步机、动态平衡模拟训练器、数字化腿屈伸离心训练器等训练器材43件，保障运动队训练需求。接待国家队、四川队、上海队、海南队、海口队等帆船帆板冬训运动员前来进行冬季训练。全年，海口帆板队（为基地成立的运动队，属于后备人才队伍，主要承担“全国青年运动会”帆船帆板项目竞赛及向省帆船帆板队输送高水平后备人才的任务）共参加7场比赛，获得12金17银10铜。其中，参加6场全国性帆板比赛，获得10金12银7铜；参加1场省级帆船帆板比赛，获得2金5银3铜。

【海口五源河文体中心】2019年，海口五源河体育场举办王力宏、莫文蔚、华晨宇等8场演唱会，直接为海口带来超过20万人次的岛内外游客，票房收入近3亿元，带动间接消费约6亿元，极大带动了海口的住宿、餐饮、购物等旅游消费。6月12日，五源河文体中心二期体育馆项目开工建设，完成固投纳统额6.18亿元，超额完成年度目标任务；游泳馆项目初步设计基本编制完成，网球馆完成项目立项、用地选址等。

【海口湾国家海洋公园帆船帆板公共游艇码头改建工程】至2019年底，海口市完成海口湾国家海洋公园帆船帆板公共游艇码头改建工程，有游艇浮码头泊位610个，其中18×6米帆船泊位69个、9×3米环海大帆船泊位152个、15×4米游艇泊位56个、20×6米游艇泊位50个。完成600余游艇码头泊位及相应配套措施建设，项目投资约5.8亿元。（郑郁凰）

体育产业

【概况】2019年，海口市体育产业增加值5.29亿元，比上年下降12.4%，占全省比重27.4%。年内先后建成中国足球（南方）训练基地一期、国家帆船帆板训练基地等一系列产业配套设施，完成文体产业的功能定位和产业布局。围绕扩大文体旅游消费，办好女子沙排全国总决赛、沙滩马拉松赛等体育、赛事活动。探索发展电子竞技产业，指导成立海口电子竞技产业协会，指导举办NEST2019全国电子竞技大赛大众公开赛海南站、腾讯《欢乐斗地主》TDT全民星选拔赛等一系列活动。

【体育产业招商引资】2019年，海口市旅游文体局举办“知名企业海口行”专场招商推介会，推荐海口观澜湖旅游园区旅游、文化、体育、医养项目参加海南自贸区（港）政策及重点招商项目发布会。对接复星集团、深圳市天荣投资有限公司等知名企业，洽谈引进“F1H2O”主题水上乐园、国际摩联（F1H2O）中国总部、U.I.M.F1摩托艇世界锦标赛事等项目。

【体育产业扶持】2019年9月，海口市旅游文体局拨付海南体育之窗文化传播有限公司（五源河体育场运营方）五源河体育场刚性运营成本补助750万元，并指导该公司研究出台《五源河体育场大型商业活动服务指南》。

【冬训产业发展】2019年，中国足球（南方）训练基地接待北京国安、上海申鑫、新疆天山雪豹、四川安纳普尔那、河北华夏幸福、天津天海等足球俱乐部冬训。1—4月，海口帆船帆板训练基地接待国家队、四川队、上海队、海南队、海口队等帆船帆板冬训运动员326人；10—12月，接待国家队、四川队、上海队、海南队、海口队等帆船帆板冬训运动员345人（海南队与海口队为常驻队伍）。

【体育队伍建设】2019年，海口市新增357名三级社会体育指导员，已注册社会体育指导员6313人，按照2019年海口市常住人口232.79万人计算，海口市每千人口拥有社会体育指导员约2.71人。年内新增76名二级运动员、53名二级羽毛球裁判员，全市共有二级运动员988人，

【体育社会团体】2019年，海口市新成立海口市救生协会、市体操协会、市拳击协会、市啦啦操运动协会、市击剑运动协会、橄榄球协会、市健身秧歌协会7个市级体育协会，以及1个市级体育俱乐部海口红蓝足球俱乐部。全市有市级体育协会48个、体育俱乐部15个、区级体育协会3个。

【海南琼中国际青少年足球邀请赛海口文化交流活动】2019年1月24—25日在海口举行。来自泰国、印度尼西亚、巴西、澳大利亚和白俄罗斯等国家的5支青少年球队与海口市教育局组织的5支中国青少年球队进行友谊赛交流，约有140名运动员参加。活动内容有国际青少年足球海口友谊赛、中国传统文化及非物质文化遗产展演、参观观澜湖足球基地、巴萨球馆、冯小刚电影公社以及海口骑楼老街。其中，中国传统文化及非物质文化遗产展演活动中设置了“舞龙体验”活动、竹竿舞体验活动及传统手工DIY活动，吸引众多国内外青少年体验中国传统文化活动，促进外国朋友更加深入了解中华优秀传统文化。

2019年海口籍举重运动员比赛获奖情况一览表

表59

姓 名	性别	竞赛名称	举办时间	举办地点	赛项	成绩
张 莉	女	全国举重U19锦标赛	3月3—10日	江苏无锡	87公斤级	抓举第五名，挺举第六名，总成绩第五名
邓汉鹏	男	全国举重U19锦标赛	3月8—15日	江苏无锡	55公斤级	抓举第六名，总成绩第七名
吴琼跃	男	全国举重U19锦标赛	3月8—15日	江苏无锡	55公斤级	挺举第七名，总成绩第七名
梁 文	男	全国举重U19锦标赛	3月8—15日	江苏无锡	61公斤级	抓举第三名，总成绩第七名
胡鑫柱	男	全国举重U19锦标赛	3月8—15日	江苏无锡	102公斤级	抓举第二名，挺举第一名，总成绩第一名
邓小芳	女	全国举重U17锦标赛	3月18—23日	湖南湘西	49公斤级	抓举第三名，挺举第五名，总成绩第三名
张 莉	女	2019年全国女子青年举重U19锦标赛暨二青会举重18–19岁预赛	3月	江苏无锡	84公斤级	第五名
胡鑫柱	男	2019年全国男子青年举重U19锦标赛暨二青会举重18–19岁预赛	3月	江苏无锡	102公斤级	第一名
吴琼跃	男	2019年全国男子青年举重U19锦标赛暨二青会举重18–19岁预赛	3月	江苏无锡	55公斤级	第七名
梁 文	男	2019年全国男子青年举重U19锦标赛暨二青会举重18–19岁预赛	3月	江苏无锡	61公斤级	第七名
邓汉鹏	男	2019年全国男子青年举重U19锦标赛暨二青会举重18–19岁预赛	3月	江苏无锡	55公斤级	第六名
綦育健	男	2019年全国男子青年举重U17锦标赛暨二青会举重15–17岁预赛	3月	湖南吉首	89公斤级	第六名
谷 峰	男	中国开化“钱江源国家公园杯”2019年全国男子举重锦标赛全国举重积分赛第一站	4月	浙江开化	109公斤级	第四名
黄 洁	女	2019海南省少年女子举重锦标赛	5月	海南五指山	49公斤级	第二名
叶芷芸	女	2019海南省少年女子举重锦标赛	5月	海南五指山	55公斤级	第二名
王海玲	女	2019海南省少年女子举重锦标赛	5月	海南五指山	49公斤级	第一名
陈 诺	男	2019海南省少年男子举重锦标赛	5月	海南五指山	55公斤级	第一名
莫业承	男	2019海南省少年男子举重锦标赛	5月	海南五指山	49公斤级	第一名
符 歌	男	2019海南省少年男子举重锦标赛	5月	海南五指山	61公斤级	第一名
吴毓康	男	2019海南省少年男子举重锦标赛	5月	海南五指山	67公斤级	第一名
陈尉熙	男	2019海南省少年男子举重锦标赛	5月	海南五指山	44公斤级	第一名

续表 59

姓 名	性别	竞赛名称	举办时间	举办地点	赛项	成绩
张 莉	女	第二届全国青运会举重比赛	8 月 3—10 日	山西太原	87 公斤级	第一名
邓小芳	女	第二届全国青运会举重比赛	8 月 3—10 日	山西太原	49 公斤级	第二名
胡鑫柱	男	第二届全国青运会举重比赛	8 月 11—16 日	山西太原	102 公斤级	第一名
梁 文	男	第二届全国青运会举重比赛	8 月 11—16 日	山西太原	61 公斤级	第四名
邢天仕	男	2019 海南省少年男子举重锦标赛	5 月	海南 五指山	49 公斤级	第三名
符生裔	男	2019 海南省少年男子举重锦标赛	5 月	海南 五指山	49 公斤级	第四名
陈益坚	男	2019 海南省少年男子举重锦标赛	5 月	海南 五指山	55 公斤级	第二名
钟志成	男	2019 海南省少年男子举重锦标赛	5 月	海南 五指山	55 公斤级	第一名
邓汉鹏	男	第二届全国青运会举重比赛	8 月 11—16 日	山西太原	55 公斤级	第四名
吴琼跃	男	第二届全国青运会举重比赛	8 月 11—16 日	山西太原	55 公斤级	第六名
邓汉鹏	男	2019 年全国男子第二青会举重比赛	8 月	山西太原	55 公斤级	第四名
梁 文	男	2019 年全国男子第二青会举重比	8 月	山西太原	61 公斤级	第四名
胡鑫柱	男	2019 年全国男子第二青会举重比赛	8 月	山西太原	102 公斤级	第一名
张 莉	女	2019 年全国女子第二青会举重比赛	8 月	山西太原	85 公斤级	第一名
吴琼跃	男	2019 年全国男子第二青会举重比赛	8 月	山西太原	55 公斤级	第六名
杨心怡	女	全国 U 系列冠军赛	9 月 2—6 日	浙江江山	45 公斤级	抓举第四名，挺举第三名， 总成绩第四名
梁 文	男	全国 U 系列冠军赛	9 月 18—22 日	贵州遵义	61 公斤级	抓举、挺举、总成绩第三名
金锦超	男	全国 U 系列冠军赛	9 月 18—22 日	贵州遵义	96 公斤级	抓举第三名，挺举第四名， 总成绩第三名
王翠婷	女	2019 年全国举重 U 系列冠军赛	9 月	浙江江山	U14 组 59 公斤级	抓举、挺举、总成绩第三名
许建花	女	2019 年全国举重 U 系列冠军赛	9 月	浙江江山	U17 组 59 公斤级	抓举、挺举、总成绩第三名
包惠荧	女	2019 年全国举重 U 系列冠军赛	9 月	浙江江山	U17 组 59 公斤级	抓举、挺举、总成绩第四名
胡鑫柱	男	2019 年全国举重 U 系列男子冠军赛	9 月	贵州遵义	103 公斤级	第二名
吴琼跃	男	2019 年全国举重 U 系列男子冠军赛	9 月	贵州遵义	56 公斤级	第一名
梁 文	男	2019 年全国举重 U 系列男子冠军赛	9 月	贵州遵义	61 公斤级	第三名
邓汉鹏	男	2019 年全国举重 U 系列男子冠军赛	9 月	贵州遵义	55 公斤级	第二名
綦育健	男	2019 年全国举重 U 系列男子冠军赛	9 月	贵州遵义	89 公斤级	第三名
杨心怡	女	2019 年全国举重 U 系列女子冠军赛 U17 组	9 月	浙江江山	45 公斤级	第四名
金锦超	男	2019 年全国举重 U 系列男子冠军赛 U19 组	9 月	贵州遵义	96 公斤级	第一名

2019年海口籍沙滩排球、高尔夫球、足球、田径运动员比赛获奖情况一览表

表60

项目	姓名	性别	竞赛名称	举办时间	举办地点	赛项	成绩
沙滩排球	吴邦键	男	2019年全国青年U15沙滩排球锦标赛暨二青会预赛（海口站）	4月1—4日	海南海口	男子乙组	第一名
沙滩排球	符传权	男	2019年全国青年U15沙滩排球锦标赛暨二青会预赛（海口站）	4月1—4日	海南海口	男子乙组	第一名
沙滩排球	陈泽慧	女	2019年全国青年U15沙滩排球锦标赛暨二青会预赛（海口站）	4月1—4日	海南海口	女子乙组	第三名
沙滩排球	莫欣欣	女	2019年全国青年U15沙滩排球锦标赛暨二青会预赛（海口站）	4月1—4日	海南海口	女子乙组	第三名
沙滩排球	符传权	男	2019年全国青年U15沙滩排球锦标赛暨二青会预赛（沈阳站）	6月12—16日	辽宁沈阳	男子乙组	第一名
沙滩排球	许绩攀	男	2019年全国青年U15沙滩排球锦标赛暨二青会预赛（沈阳站）	6月12—16日	辽宁沈阳	男子乙组	第一名
沙滩排球	吴邦键	男	2019年全国青年U15沙滩排球锦标赛暨二青会预赛（沈阳站）	6月12—16日	辽宁沈阳	男子乙组	第三名
沙滩排球	吴英朝	男	2019年全国青年U15沙滩排球锦标赛暨二青会预赛（沈阳站）	6月12—16日	辽宁沈阳	男子乙组	第三名
沙滩排球	常俊凯	男	第八届中俄青年运动会	6月15—23日	俄罗斯萨马拉	男子甲组	第三名
沙滩排球	陈　义	男	第八届中俄青年运动会	6月15—23日	俄罗斯萨马拉	男子甲组	第三名
沙滩排球	符传权	男	2019年全国青年U系列沙滩排球锦标赛暨二青会预赛（乌海站）	6月20—23日	内蒙古乌海	男子乙组	第一名
沙滩排球	许绩攀	男	2019年全国青年U系列沙滩排球锦标赛暨二青会预赛（乌海站）	6月20—23日	内蒙古乌海	男子乙组	第一名
沙滩排球	吴邦键	男	2019年全国青年U系列沙滩排球锦标赛暨二青会预赛（乌海站）	6月20—23日	内蒙古乌海	男子乙组	第二名
沙滩排球	吴英朝	男	2019年全国青年U系列沙滩排球锦标赛暨二青会预赛（乌海站）	6月20—23日	内蒙古乌海	男子乙组	第二名
沙滩排球	符传权	男	第二届全国青运会沙滩排球比赛	8月8—10日	山西太原	男子乙组	第一名
沙滩排球	许绩攀	男	第二届全国青运会沙滩排球比赛	8月8—10日	山西太原	男子乙组	第一名
沙滩排球	吴英朝	男	第二届全国青运会沙滩排球比赛	8月8—10日	山西太原	男子乙组	第四名

续表 60

项目	姓名	性别	竞赛名称	举办时间	举办地点	赛项	成绩
沙滩排球	吴邦键	男	第二届全国青运会沙滩排球比赛	8 月 8—10 日	山西太原	男子乙组	第四名
沙滩排球	常俊凯	男	第二届全国青运会沙滩排球比赛	8 月 8—10 日	山西太原	男子甲组	第五名
沙滩排球	陈　义	男	第二届全国青运会沙滩排球比赛	8 月 8—10 日	山西太原	男子甲组	第五名
高尔夫球	王　梓	男	第二届全国青运会高尔夫球比赛	6 月 24—30 日	山东烟台	男子乙组个人	第一名
高尔夫球	刘恩骅	男	第二届全国青运会高尔夫球比赛	6 月 24—30 日	山东烟台	男子乙组个人	第二名
高尔夫球	李林强	男	第二届全国青运会高尔夫球比赛	6 月 24—30 日	山东烟台	男子甲组个人	第二名
高尔夫球	李林强	男	第二届全国青运会高尔夫球比赛	6 月 24—30 日	山东烟台	男子甲组团体	第三名
高尔夫球	罗绍钧	男	第二届全国青运会高尔夫球比赛	6 月 24—30 日	山东烟台	男子甲组团体	第三名
高尔夫球	利祖毅	男	第二届全国青运会高尔夫球比赛	6 月 24—30 日	山东烟台	男子甲组团体	第三名
高尔夫球	王　梓	男	第二届全国青运会高尔夫球比赛	6 月 24—30 日	山东烟台	男子乙组团体	第一名
高尔夫球	刘恩骅	男	第二届全国青运会高尔夫球比赛	6 月 24—30 日	山东烟台	男子乙组团体	第一名
高尔夫球	吴祖旭	男	第二届全国青运会高尔夫球比赛	6 月 24—30 日	山东烟台	男子乙组团体	第一名
高尔夫球	刘恩骅	男	第二十五届全国青少年高尔夫球锦标赛	7 月 22—30 日	安徽黄山	男子甲组个人	第一名
高尔夫球	刘恩骅	男	2019 中国业余公开赛	11 月 26—28 日	海南海口	男子个人	第一名
高尔夫球	刘恩骅	男	2019 海南高尔夫球公开赛暨国际业余高尔夫球锦标赛	11 月 29 日至 12 月 1 日	海南儋州洋浦	男子个人	第一名
高尔夫球	王　梓	男	2019 海南高尔夫球公开赛暨国际业余高尔夫球锦标赛	11 月 29 日至 12 月 1 日	海南儋州洋浦	男子个人	第三名
高尔夫球	刘恩骅	男	2019 中国（海南）青少年高尔夫球精英赛	12 月 5—8 日	海南儋州洋浦	男子个人	第一名
田　径	黄小雪	女	第二届全国青运会田径比赛	8 月 10—15 日	山西太原	女子七项全能	第三名
足　球	冯行捷等 20 人	男	第二届全国青运会足球比赛	8 月 10—15 日	山西大同	男子足球 17—18 岁组	第七名

2019年海口籍帆板帆船运动员比赛获奖情况一览表

表61

项目	姓 名	性别	竞赛名称	举办时间	举办地点	赛项	成绩
帆板	杨 冠	男	2019年全国帆板锦标赛（GAASTRA级）	5月22—29日	深圳大梅沙	长距离（男子FUN组）	第二名
帆板	高诗琦	女	2019年全国帆板锦标赛（GAASTRA级）	5月22—29日	深圳大梅沙	长距离（女子FUN组）	第二名
帆板	王钰鑫	女	2019年全国帆板锦标赛（GAASTRA级）	5月22—29日	深圳大梅沙	长距离（女子FUN组）	第三名
帆板	刘 思	男	2019年全国帆板锦标赛（GAASTRA级）	5月22—29日	深圳大梅沙	长距离（男子青年组）	第一名
帆板	邢世影	女	2019年全国帆板锦标赛（GAASTRA级）	5月22—29日	深圳大梅沙	长距离（女子青年组）	第二名
帆板	洪翠紫	女	2019年全国帆板锦标赛（GAASTRA级）	5月22—29日	深圳大梅沙	长距离（女子青年组）	第四名
帆板	邓经科	男	2019年全国帆板锦标赛（GAASTRA级）	5月22—29日	深圳大梅沙	场地赛（男子FUN组）	第二名
帆板	高诗琦	女	2019年全国帆板锦标赛（GAASTRA级）	5月22—29日	深圳大梅沙	场地赛（女子FUN组）	第二名
帆板	刘 思	男	2019年全国帆板锦标赛（GAASTRA级）	5月22—29日	深圳大梅沙	场地赛（男子青年组）	第三名
帆板	邢世影	女	2019年全国帆板锦标赛（GAASTRA级）	5月22—29日	深圳大梅沙	场地赛（女子青年组）	第六名
帆板	邓经科	男	2019年全国帆板锦标赛（GAASTRA级）	5月22—29日	深圳大梅沙	障碍赛（男子FUN组）	第二名
帆板	邢世影	女	2019年全国帆板锦标赛（GAASTRA级）	5月22—29日	深圳大梅沙	障碍赛（女子青年组）	第六名
帆板	刘 思	男	第二届全国青年运动会帆板比赛	7月24日—31日	广东阳江	帆板男子嘉仕堡Pro级	第四名
帆板	邓经科	男	第二届全国青运会帆板比赛	7月24—31日	广东阳江	帆板T293级混合团体赛	第四名
帆板	吴 军	男	第二届全国青运会帆板比赛	7月24—31日	广东阳江	帆板T293级混合团体赛	第四名
帆板	高诗琦	女	第二届全国青运会帆板比赛	7月24—31日	广东阳江	帆板T293级混合团体赛	第四名
帆板	王钰鑫	女	第二届全国青运会帆板比赛	7月24—31日	广东阳江	帆板T293级混合团体赛	第四名
帆板	邓经科、吴军、高诗琦、王钰鑫	男女混合	2019年第二届全国青年运动会帆板比赛	7月24—31日	广东阳江	帆板T293级混合团体赛	第四名
帆板	刘 思	男	2019年全国青年帆板冠军赛	7月24—31日	广东阳江	男子嘉仕堡Pro级（场地赛）	第四名
帆板	邓经科	男	2019年全国青年帆板冠军赛	7月24—31日	广东阳江	男子T293级（场地赛）	第二名
帆板	吴 军	男	2019年全国青年帆板冠军赛	7月24—31日	广东阳江	男子T293级（场地赛）	第五名
帆板	吴 军	男	2019年全国青年帆板冠军赛	7月24—31日	广东阳江	男子T293级（障碍赛）	第一名
帆板	邓经科	男	2019年全国青年帆板冠军赛	7月24—31日	广东阳江	男子T293级（障碍赛）	第七名
帆板	刘 思	男	2019年全国青年帆板冠军赛	7月24—31日	广东阳江	男子GAASTRA PRO级（障碍赛）	第四名

续表 61

项目	姓 名	性别	竞赛名称	举办时间	举办地点	赛项	成绩
帆板	洪翠紫	女	2019 年全国青年帆板冠军赛	7 月 24—31 日	广东阳江	女子 GAASTRA PRO 级（障碍赛）	第八名
帆板	吴 军	男	2019 年全国青年帆板冠军赛	7 月 24—31 日	广东阳江	男子 T293 级（长距离赛）	第五名
帆板	邓经科	男	2019 年全国青年帆板冠军赛	7 月 24—31 日	广东阳江	男子 T293 级（长距离赛）	第六名
帆板	邓经科	男	2019 年全国帆板冠军赛	10 月 18—25 日	宁波东钱湖	男子 T293 级 场地赛	第二名
帆板	吴 军	男	2019 年全国帆板冠军赛	10 月 18—25 日	宁波东钱湖	男子 T293 级 场地赛	第三名
帆板	李孟挺	男	2019 年全国帆板冠军赛	10 月 18—25 日	宁波东钱湖	男子 GaastraPro 长距离赛	第一名
帆板	李孟挺	男	2019 年全国帆板冠军赛	10 月 18—25 日	宁波东钱湖	男子 GaastraPro 场地赛	第三名
帆板	邓经科	男	2019 年全国帆板冠军赛	10 月 18—25 日	宁波东钱湖	男子 T293 级 长距离赛	第一名
帆板	吴 军	男	2019 年全国帆板冠军赛	10 月 18—25 日	宁波东钱湖	男子 T293 级 长距离赛	第五名
帆板	邓经科	男	2019 年全国帆板冠军赛	10 月 18—25 日	宁波东钱湖	男子 T293 级 障碍赛	第二名
帆板	吴 军	男	2019 年全国帆板冠军赛	10 月 18—25 日	宁波东钱湖	男子 T293 级 障碍赛	第四名
帆板	李孟挺	男	2019 年全国帆板冠军赛	10 月 18—25 日	宁波东钱湖	男子 GaastraPro 障碍赛	第一名
帆板	邓经科	男	2019 年海南省青少年帆船帆板锦标赛	10 月 28 日至 11 月 3 日	海南海口	男子 RS：X 级场地赛	第一名
帆板	李孟挺	男	2019 年海南省青少年帆船帆板锦标赛	10 月 28 日至 11 月 3 日	海南海口	男子 RS：X 级场地赛	第三名
帆板	张万交	女	2019 年海南省青少年帆船帆板锦标赛	10 月 28 日至 11 月 3 日	海南海口	女子 RS：X 级场地赛	第二名
帆板	许 峰	男	2019 年海南省青少年帆船帆板锦标赛	10 月 28 日至 11 月 3 日	海南海口	男子 T293 场地赛	第二名
帆板	符秀美	女	2019 年海南省青少年帆船帆板锦标赛	10 月 28 日至 11 月 3 日	海南海口	女子 T293 场地赛	第二名
帆板	吴 军	男	2019 年海南省青少年帆船帆板锦标赛	10 月 28 日至 11 月 3 日	海南海口	男子 RS：X 级障碍赛	第一名
帆板	邓经科	男	2019 年海南省青少年帆船帆板锦标赛	10 月 28 日至 11 月 3 日	海南海口	男子 RS：X 级障碍赛	第三名
帆板	张万交	女	2019 年海南省青少年帆船帆板锦标赛	10 月 28 日至 11 月 3 日	海南海口	女子 RS：X 级障碍赛	第二名
帆板	许 峰	男	2019 年海南省青少年帆船帆板锦标赛	10 月 28 日至 11 月 3 日	海南海口	男子 T293 障碍赛	第四名
帆船	符芳语	女	2019 年海南省青少年帆船帆板锦标赛	10 月 31 日至 11 月 6 日	海南海口	激光雷迪尔级场地赛	第二名
帆船	符芳语	女	2019 年海南省青少年帆船帆板锦标赛	10 月 31 日至 11 月 6 日	海南海口	激光雷迪尔级长距离赛	第三名
帆板	邓经科	男	2019 全国帆板锦标赛（T293 级）	11 月 4—11 日	四川邛海	男子 T293（U17）级场地赛	第一名

续表 61

项目	姓 名	性别	竞赛名称	举办时间	举办地点	赛项	成绩
帆板	吴　军	男	2019 全国帆板锦标赛（T293 级）	11 月 4—11 日	四川邛海	男子 T293（U17）级场地赛	第二名
帆板	杨　冠	男	2019 全国帆板锦标赛（T293 级）	11 月 4—11 日	四川邛海	男子 T293（U17）级场地赛	第六名
帆板	邓经山	男	2019 全国帆板锦标赛（T293 级）	11 月 4—11 日	四川邛海	男子 T293（U17）级场地赛	第八名
帆板	黄雨姿	女	2019 全国帆板锦标赛（T293 级）	11 月 4—11 日	四川邛海	女子 T293（U17）级场地赛	第六名
帆板	吴　军	男	2019 全国帆板锦标赛（T293 级）	11 月 4—11 日	四川邛海	男子 T293（U17）级长距离赛	第一名
帆板	邓经科	男	2019 全国帆板锦标赛（T293 级）	11 月 4—11 日	四川邛海	男子 T293（U17）级长距离赛	第二名
帆板	杨　冠	男	2019 全国帆板锦标赛（T293 级）	11 月 4—11 日	四川邛海	男子 T293（U17）级长距离赛	第六名
帆板	黄雨姿	女	2019 全国帆板锦标赛（T293 级）	11 月 4—11 日	四川邛海	女子 T293（U17）级长距离赛	第四名
帆板	杨　洋	女	2019 全国帆板锦标赛（T293 级）	11 月 4—11 日	四川邛海	女子 T293（U17）级长距离赛	第六名
帆板	邓经科	男	2019 全国帆板锦标赛（T293 级）	11 月 4—11 日	四川邛海	男子 T293（U17）级障碍赛	第一名
帆板	吴　军	男	2019 全国帆板锦标赛（T293 级）	11 月 4—11 日	四川邛海	男子 T293（U17）级障碍赛	第二名
帆板	杨　冠	男	2019 全国帆板锦标赛（T293 级）	11 月 4—11 日	四川邛海	男子 T293（U17）级障碍赛	第六名
帆板	王壹国	男	2019 全国帆板锦标赛（T293 级）	11 月 4—11 日	四川邛海	男子 T293（U17）级障碍赛	第七名
帆板	许　峰	男	2019 全国帆板锦标赛（T293 级）	11 月 4—11 日	四川邛海	男子 T293（U17）级障碍赛	第八名
帆板	杨　洋	女	2019 全国帆板锦标赛（T293 级）	11 月 4—11 日	四川邛海	女子 T293（U17）级障碍赛	第六名
帆板	邓经科	男	2019 全国翻波板锦标赛	12 月 5—12 日	广东汕头	男子 T293 级场地赛	第一名
帆板	吴　军	男	2019 全国翻波板锦标赛	12 月 5—12 日	广东汕头	男子 T293 级场地赛	第四名
帆板	杨　冠	男	2019 全国翻波板锦标赛	12 月 5—12 日	广东汕头	男子 T293 级场地赛	第八名
帆板	李孟挺	男	2019 全国翻波板锦标赛	12 月 5—12 日	广东汕头	男子 Gaastra Pro 级长距离	第三名
帆板	邓经科	男	2019 全国翻波板锦标赛	12 月 5—12 日	广东汕头	男子 T293 级长距离	第四名
帆板	吴　军	男	2019 全国翻波板锦标赛	12 月 5—12 日	广东汕头	男子 T293 级长距离	第八名
帆板	李孟挺	男	2019 全国翻波板锦标赛	12 月 5—12 日	广东汕头	男子 Gaastra Pro 级障碍赛决赛	第三名
帆板	邓经科	男	2019 全国翻波板锦标赛	12 月 5—12 日	广东汕头	男子 T293 级障碍赛决赛	第一名
帆板	吴　军	男	2019 全国翻波板锦标赛	12 月 5—12 日	广东汕头	男子 T293 级障碍赛决赛	第三名
帆板	杨　冠	男	2019 全国翻波板锦标赛	12 月 5—12 日	广东汕头	男子 T293 级障碍赛决赛	第七名

（郑郁凰）

（编辑：李　敏）

人口家庭

【人口构成】2019年末，海口市有常住人口232.79万人。户籍人口182.89万人，其中男性93.91万人，女性88.98万人；城镇人口110.09万人，乡村人口72.8万人。据人口变动情况抽样调查结果显示：1~14岁人口占总人口17.02%，15~64岁人口占总人口74.49%，65岁及以上人口占总人口8.49%。

【家庭状况】2019年，海口市有总户数58060户。根据2019年海口市城乡一体化住户调查样本600户居民家庭抽样调查结果显示：从家庭规模来看，城镇住户中，1人户占6.8%，2人户占16.3%，3人户占29.5%，4人户占26.1%，5人户占11.3%，6人及以上户占10.0%；农村住户中，1人户占6.8%，2人户占20.4%，3人户占16.8%，4人户占27.3%，5人户占14.6%，6人及以上户占14.1%。人均抚养比小幅上升。城镇常住居民中人均抚养比为50.3%，农村常住居民人均抚养比为51.3%，分别比上年提高1.0个和2.9个百分点。拥有家用汽车的数量增加。年末，城镇居民家庭平均每百户拥有家用汽车45辆，农村居民家庭有15.4辆，分别增长27.8%和0.7%。家用电器拥有数量增多。年末，城乡每百户居民家庭中，城镇居民家庭拥有电冰箱97.9台，农村居民家庭有82.3台，分别增长1.3%和7.2%；城镇居民家庭拥有洗衣机95.2台，农村居民家庭有57.7台，分别增长0.7%和14.3%；城镇居民家庭拥有空调181.2台，农村居民家庭有70.3台，分别增长11.2%和34.4%；城镇居民家庭拥有热水器98.4台，与上年持平，农村居民家庭有86.5台，增长4.0%。通信设备拥有量增加。每百户城镇居民家庭拥有移动电话274.9部，农村家庭302.1部，分别增长1.4%和2.9%。居住条件有所改善。城镇常住居民人均住房建筑面积30.7平方米，与上年持平；农村常住居民人均住房建筑面积33.5平方米，增加0.3平方米，增长0.9%。

【人口监测与家庭发展】2019年，海口市继续实施全面两孩政策，调整工作重心，立足转型服务，强化举措，落实各项人口监测和家庭发展工作任务。截至9月30日（人口计生统计年度为每年10月1日至下一年度9月30日，下同），全市总人口233.15万人，出生人数2.82万人，其中男孩1.51万人，女孩1.31万人，人口出生率12.19‰，政策外多孩率3.69%，出生人口性别比115.03（以女婴数为100），三项主要指标整体保持良好发展态势。秀英区被中国计划生育协会评为国家第四批计划生育基层群众自治示范县（区）。

（何定培）

【婚姻及收养登记】2019年，海口市民政局组织全市各区婚姻登记处到济南市、深圳市学习婚姻登记管理先进经验，启动全市婚姻登记场所规范化建设试点。全年办理婚姻登记2.34万对。其中，涉外结婚登记364对，涉外离婚登记66对，补领涉外结婚证21对，补领涉外离婚证17对；国内结婚登记1.42万对，国内离婚登记5136对，补领国内结婚证3119对，补领国内离婚证468对。办理弃婴收养登记30件、解除收养登记1件，登记合格率100%。

（张　奕）

【计划生育政策与利益导向】2019年，海口市全面落实计划生育家庭奖励扶助政策。做好国家“三项制度”（农村计划生育家庭奖励扶助制度、计划生育家庭特别扶助制度、长效节育措施奖励制度）奖励扶助目标人群信息核查、信息录入、资金需求测算发放等工作，严格执行“三审三公示”程序，全年兑现各类奖扶资金2448.91万元。其中，落实特扶570人（死亡家庭341人，伤残家庭219人）、奖扶1618人的扶助金；落实农村二女户长效节育措施奖励174人、计划实施生育特殊困难家庭日常护理补贴417人、计划生育特殊困难家庭特殊护理补贴大病住院90人。落实未成年独生子女购买人身意外保险1.95万人；审核确认全市城镇特困户独生子女、农村特困两女户子女参加应届普通高考被大学录取的63人。推进特殊家庭联系人制度、就医绿色通道、家庭医生签约服务“三个全覆盖”，全年共制发“计划生育特殊家庭绿色通道卡”566张，凭卡可享受辖区内二级以下（含二级）公立医院对其开放的快捷绿色通道就医服务。按照“属地就近方便”的原则，由镇（街）村（居）指定1名医生和所属计生特殊家庭签订服务协议，签约率100%，并提供常见病、多发病的诊治和慢性病规范化治疗指导等基本医疗服务，满足计生特殊家庭成员就近就医及多样化健康服务需要。

【计生家庭医养结合】2019年，海口市探索有利于计划生育家庭的医养结合模式。年内，全市有医疗机构1078家，其中设立老年病科的机构3家，占总数0.28%；养老服务机构36家，全部与医疗服务机构签约，其中内设医疗机构的18家，占50%。全市有秀英区西秀卫生院、龙华区龙桥养老院、琼山区云龙卫生院、美兰区三江养老院4个省级医养结合试点单位，全年投入工作经费300万元。其中秀英区西秀卫生院结合医疗特点，开展计生家庭医养结合工作，共为641名特困、高龄、孤寡及空巢家庭老人提供无偿上门送时服务7.3万小时。

【全面两孩政策实施】2019年，海口市稳妥实施全面两孩政策。指导基层定期核查、清查计划生育基础信息，做好计划生育各项指标统计。加快人口信息化建设，及时更新维护“金人工程”全员人口信息统筹管理系统人口信息，加强卫健、民政、公安、教育等部门信息的融合与互通。落实计划生育信息互联互通，应用计划生育统计监测系统，完成12个月的人口统计报表汇总上报国家工作。改革生育登记服务制度，全面落实网上办事、一站式服务和承诺制等便民措施务。截至9月30日，全市完成生育登记2.35万人，其中网上登记人数8060人，网上登记率34.24%。一、二孩出生2.67万人，办理生育登记2.41万人，登记率90.2%；按照审批程序落实办理再生育568例。

【优生优育服务】2019年，海口市推进“健康海口”建设，规范人口计生技术服务，拓展服务内容，满足群众“生得起、生得好、生得健康”的需求。市卫健委组织举办全市计划生育服务转型能力提升培训班，加强药具业务培训，开展药具知识宣传倡导，支持协助各区计划生育服务站开展孕前优生健康检查，邀请市电影公司开展以“预防地中海贫血，降低出生缺陷”为主题的电影放映活动，促进各区计生服务机构之间业务交流和技术服务人员水平提高。全年为4309对（农业人口2654对、非农人口1655对，其中女方35岁以上447人）夫妇提供免费孕前优生健康检查，完成年度工作任务的126%。地中海贫血筛查8618人，地贫基因送检2222人，检出1102人为地中海贫血基因携带者。其中101对夫妇均携带地中海贫血基因，可能出生中间型和重型地中海贫血患儿的夫妇分别为33对和11对；产前诊断19人，检出重型地中海贫血胎儿2人，阻断重型地中海贫血胎儿2人，做到地中海贫血重点对象随访、产前诊断和重型阻断率100%。

【母婴设施建设】2019年，海口市卫健委强化督查指导，继续推进母婴设施建设。按照“谁管理、谁建设”的原则，继续要求各单位严格落实主体责任，加大推进母婴设施建设力度。对符合建设母婴室条件而未建的单位督导劝建，对不符合标准的母婴室要求加快改造完善。通过网络、微信公众号、社区宣传栏等平台，广泛宣传建设和维护母婴设施的必要性和重要性，推广母婴设施服务，普及母婴设施安全使用知识。同时，动员各镇（街）、开发区利用主题宣传日及平时的宣传活动，向群众发放母婴知识小册子，增强辖区群众母婴知识知晓率，引导群众科学母乳喂养。年内，琼山区在市妇幼保健院新建1间标准的母婴室，美兰区在名门广场、桂林洋国家热带农业公园游客中心和海南省第五人民医院等场所新建3间标准化母婴室。全市符合条件建设母婴设施的单位70个，已建设63个，配置率90%；机场、火车站、汽车站等交通枢纽配备率100%。

【人口计生村（居）民自治】2019年，海口市以推动新时期计生基层群众自治工作深入开展为抓手，健全村（居）“两委领导负总责、协会承做当骨干、依法建章定制度、群众参与做主人”的工作机制，在巩固提升已创建的人口计生基层群众自治示范镇、示范村（居）的基础上，深入开展计生基层群众自治工作标准化、规范化示范村（居）创建活动。全市累计27个村（居）被授予“全国人口计生基层群众自治工作示范村（居）”称号，年内开展示范计生村（居）民自治点创建村（居）361个，占全市村（居）总数的78%。

【“两非”监督检查】2019年，海口市多措并举开展综合治理出生人口性别比偏高工作。落实“政府主导、部门配合、齐抓共管、综合治理”的联动工作机制，常态化开展综合治理；建立完善区域协作机制，执行案件移交协办等制度，加大对辖区内医疗机构和个体诊所的明察暗访和“两非”（非医学需要的胎儿性别鉴定和人工终止妊娠）行为打击力度。加大“两非”案件曝光力度，积极营造舆论氛围，形成高压态势，震慑犯罪分子，警示教育广大群众自觉抵制“两非”行为。加强监督检查各医疗保健机构，对所有开展B超业务的医疗保健机构均要求在B超室内安装“电子眼”摄像头，严格实施监控管理。监督检查各医疗保健机构制作设立“禁止非医学需要的胎儿性别鉴定和选择性别的人工终止妊娠行为”的警告牌和公布举报电话。全年市、区卫生监督执法机构共出动卫生监督执法人员9271人次，车辆4164辆次，共监督检查各级各类医疗机构2219家次、母婴保健技术服务机构和计划生育服务机构 56家次；全市共立案查处医疗服务各类违法案件174宗，警告90家，罚款107家，吊销执业许可证1家，暂停执业活动5人，没收违法器械271件，没收违法药品91件，没收违法所得6.44万元，罚款51.2万元。 （何定培）

【殡葬管理】2019年，海口市全面启动绿色殡葬改革，严格执行火葬政策，将惠民殡葬补贴覆盖全市户籍居民。全年累计发放补贴资金114.6万元。开展绿色殡葬宣传月，实现绿色殡葬宣传制度化，2次联合市文明办向全市党员干部和市民群众发出文明祭扫和绿色殡葬倡议书。开展“文明祭扫整治”“经营性公墓问题整治”以及“全国殡葬领域突出专项整治回头看”系列专项行动。建立海口市殡葬改革联席会议制度，出台《海口市推行绿色殡葬五年行动方案（2019—2023年）》；大力推进殡葬基础设施建设，基本完成“1+4”项目（海口市人文生态纪念园和4个区区级公益性公墓项目）建设选址。全年火化量3200具，比上年增长4.8%，火化率提升至30%。清明节期间做好安保服务工作，累计接待祭扫群众24.9万人次，车辆5.35万台次，实现“零差错、零事故、零伤亡”的工作目标。 （张 奕）

劳动就业

【概况】2019年，海口市机构改革中，将市人力资源和社会保障局（简称“市人社局”）的公务员管理、专业技术人才管理，军官转业安置，城镇从业人员和城镇居民基本医疗保险、生育保险等职责，分别划入市委组织部、新组建的市退役军人事务局和市医疗保障局。机构改革后，市人社局内设10个科室，下属海口市社会保险事业局、海口市人力资源开发局（市就业局）、海口市农村社会养老保险局、海口市人事劳动仲裁院、海口市劳动保障监察支队、海南省海口技师学院（海口市高级技工学校）、海口市职业培训和技能鉴定管理中心、海口市人事劳动保障信息中心、海口市创业小额贷款担保中心9个单位。

2019年，海口市就业形势总体稳定。全市城镇新增就业3.85万人，完成年任务的116.61%；农村富余劳动力转移就业7156人，完成年计划的102.22%；城镇登记失业人员再就业1.29万人，完成年计划的101.63%；就业困难对象实现就业、再就业2443人；12月末城镇登记失业率1.75%，控制在全年的目标3%以内。全年拖欠工资案件数量、涉及劳动者人数、涉及工资金额比上年分别下降81%、70%、60%。年内，海口市在全省保障农民工工资支付考核中被评为A级；市劳动保障监察支队被评为“全国人力资源社会保障系统2017—2019年度优质服务窗口”；海口市先后被评为“全国推行厂务公开工作先进市”和“海南省推行厂务公开工作先进单位”；椰树集团、金鹿实业公司、海南华侨中学被评为“全国厂务公开民主管理工作先进单位”，椰岛股份公司、海南港航控股有限公司、华闻传媒集团公司、齐鲁制药（海南）公司、海南红塔卷烟公司等10多家单位被评为“海南省厂务公开民主管理工作先进单位”，8家企业被评为省第四批海南省模范劳动关系和谐企业。

【就业服务】2019年，海口市开展人力资源市场岗位供需对接活动，共召开现场招聘会91场，累计5540家企业参加，提供就业岗位11.03万个，进场求职人数3.13万人次，收到简历17.08份，达成就业意向6347人，拟录率37%。开展以“促进转移就业 助力脱贫攻坚”为主题的春风行动，组织专场招聘会5场次，招聘企业211家，提供就业岗位5285个；入场求职者3015人次，其中贫困劳动力164人；共427人签订初步就业双边意向书，其中贫困劳动力23人，实际实现就业58人；实现市内就地就近转移就业人数730人，其中贫困劳动力36人；实现县外省内转移就业人数74人；提供公共就业创业服务人数3015人；免费发放岗位信息宣传单、各类政策法规宣传资料7850

2015—2019年海口市从业人员年末人数统计表

表62 单位：人

指 标	2015年	2016年	2017年	2018年	2019年
一、就业人员	1684317	1650537	1751574	1851477	1718470
1. 城镇国有单位	153296	151453	158588	146918	158878
2. 城镇集体单位	7079	7061	5877	5919	4141
3. 城镇其他经济类型单位	331245	355644	357087	353262	367831
4. 城镇私营单位	611794	549852	582442	680273	551691
5. 城镇个体	194245	214371	267351	281501	261523
6. 乡村	373335	372156	380229	383604	374406
二、按三次产业分					
第一产业	301355	289067	285562	277391	232650
第二产业	283841	273673	275274	279952	260274
第三产业	1099121	1087797	1190738	1294134	1225546

备注：从2011年起职工、其他从业人员均含农垦单位数（下同）

（资料来源：市统计局）

2019年11月24日，海南省2020届高校毕业生校园巡回专场招聘会启动。图为海口分会场海南大学招聘现场（市人社局 供）

份。加强高校毕业生就业见习管理，新增见习岗位工种128个，可接纳见习人员666人。

【高校毕业生就业】2019年，海口市全力服务高校毕业生就业创业。开展高校毕业生就业信息实名登记，完成实名登记毕业生4016人。开展高校毕业生“就业服务月”活动，举办毕业生就业创业指导系列活动10场、跨省巡回招聘活动4场、巡回招聘海口分会场招聘会4场。年内新增就业见习基地26家，全市有就业见习基地74家；全年发布岗位需求883个，在岗就业见习人员844人，发放见习补贴2514人次327.1万元。在海南大学等高校组织开展就业配套服务活动，宣传与解答海口市人才引进落户和住房补贴政策、就业创业政策、创业小额贷款政策等。依托创业孵化基地搭建高校毕业生创业服务平台。年内，经市人社局与市财政局联合认定正常运营的创业孵化基地分别为海口市新华信息产业孵化园、创业村江东电子商务产业园、海南工商创业孵化基地。

【就业困难人员援助】2019年，海口市人社局通过举办“就业援助月”等专项服务活动，为就业困难人员、农民工、戒毒康复人员等重点群体提供岗位对接、就业指导、政策宣传、创业咨询、创业项目推介等一系列服务。共走访就业困难人员526人，登记认定未就业困难人员195人，帮助就业困难人员实现就业128人（其中残疾就业困难人员2人），帮助就业困难人员享受政策人数285人，招用就业困难人员并享受扶持政策的企业15家。

【农村富余劳动力转移就业】2019年，海口市人社部门通过“春风行动”等活动及多项帮扶举措，开展就业扶贫工作，实现农村富余劳动力转移就业7156人，超额完成年计划。指导各区摸底调查建档立卡贫困户，掌握其就业创业及培训意愿情况，采取有效措施实行精准就业帮扶。全年全市建档立卡贫困户4374户1.94万人，有劳动能力人数1.17万人，已就业8295人，其中新增就业297人，贫困劳动力2 7人。3月，制定出台《海口市贯彻落实省人社厅开发就业扶贫公益专岗指导意见的实施方案》，确保海口市所有具备劳动能力的建档立卡零就业贫困家庭至少有1人实现就业。按照适度和多渠道的原则，开发各类就业扶贫公益岗位97个，部署整改就业扶贫工作。开展“创业脱贫致富之星”评选活动，从备选的40名建档立卡贫困人员中择优选出30名2019年海口市“创业脱贫致富之星”，每人发放奖励金5000元，合计15万元。

【创业服务】2019年，海口市人社局落实《海口市创业担保贷款实施办法》，推进创业带动就业。对符合创业担保贷款申报条件的个人发放最高额度由原来的10万元提至15万元，贷款期限延长至三年，第一年及第二年由财政给予全额贴息。落实税费减免政策。对符合有关规定的建档立卡贫困人口、登记失业人员、毕业年度内高校毕业生等重点群体创业就业，按国家规定最高限额标准予以税收优惠。开展毕业生就业创业指导系列活动2场、跨省巡回招聘活动2场，巡回招聘海口分会场招聘会2场。开展创业培训，助推大学生等重点群体创业就业。全年开办培训班105个，其中创业培训班88个、创业实训班17个，培训学员3050人，发放创业培训补贴364.8万元。举办创业大赛、青年服务技能大赛等活动，营造大众创业良好氛围。成功举办2019年第十届“海创杯”海南创业大赛（初赛）海口市赛区选拔赛，选送35个优秀项目参加2019年第十届“海创杯”海南创业大赛全省复赛、决赛，获得省内企业组一等奖、三等奖，扶贫组二等奖。

【职业技能培训与鉴定】2019年，海口市落实职业技能提升行动，开展职业技能培训107场、培训4818人，开展创业培训105场、培训3036人。坚持以培训带动鉴定，鉴定与培训相结合，开展职业技能鉴定考核142场，1.6万人参加，有5210人获得职业资格证书，其中获得初级职业资格958人、中级职业资格4252人；有5873人获得专项能力证书。

【和谐劳动关系构建】2019年，海口市开展各项专项行动，维护劳动者合法权益。开展清理整顿人力资源市场秩序专项行动。市人社局、市市场监督管理局联合执法，检查112家用人单位，特别专项检查全市备案的83家人力资源服务机构的营业执照证件、经营活动情况和直接招用劳动者情况，共行政处罚3家企业，罚款3.8万元。开展根治欠薪夏季专项行动。组织检查人员135人，公布重大欠薪违法案件2件，列入欠薪“黑名单”2条，立案2件；协调解决案件34件，补发农民工工资人数184人，补发工资及赔偿金额503.01万元；移送公安机关1件。开展根治欠薪冬季攻坚行动。立案6件，办结6件，期限内结案率100%；协调解决案件103件，为422名农民工追回工资885.02万元，立案数、涉及人数、追回工资金额比上年分别下降81%、69%、55%；移送公安机关3件，其中1件撤诉，2件办结。全市企业劳动合同签订4.31万户，劳动合同签订率96%；签订工资集体合同881份，覆盖企业1.24万家，涵盖职工31.21万人，建制率85%。全市推行厂务公开民主管理制度单位6571家，覆盖企业1.99万家，其中已建工会规模以上国有及其控股企业、集体企业推行厂务公开率98%，已建工会规模以上非公有制企业推行厂务公开率91%。

【农民工合法权益保障】2019年，海口市共查处工资类违法案件45件，为308名劳动者（主要是农民工）追偿被拖欠工资等待遇515.7万元，全年拖欠工资案件数量、涉及劳动者人数和涉及工资金额比上年分别下降81%、70%、60%。市人社部门通过《海口日报》向社会公布4批8起重大劳动保障违法行为案件，涉及8家企业和1名自然人，并及时向省人社厅推送重大违法案件。开展企业劳动保障守法诚信评价，评定公布7家A级企业、3家B级企业、2家C级企业。向省人社厅和市发改委认定推送3家拖欠农民工工资企业，均被列入劳动保障监察“黑名单”和诚信失信“黑名单”。通过12345海口智慧平台反映的农民工诉求，以问题为导向，对农民工劳动维权类办件进行数据分析，及时掌握全市欠薪投诉热点和区域、项目工地，加强科学研判预警，为决策提供依据，做到早排查、早部署、早稳控，把问题解决在初始状态。

【人事劳动争议调解与仲裁】2019年，海口市仲裁机构立案1317宗，结案1212宗，结案率92%。共调解裁决用人单位向劳动者支付经济补偿金和赔偿金、工资、补缴社保费、二倍工资、加班费等1651万元，维护争议当事人合法权益。（莫祥壮）

收入消费

【概况】2019年，海口城乡居民收入继续保持平稳增长态势，全体居民人均可支配收入33815元，比上年名义增长8.4%。其中，城镇居民人均可支配收入38977元，增长7.9%；农村居民人均可支配收入16116元，增长8.3%。全体居民人均生活消费支出23787元，增长11.2%。其中，城镇居民人均生活消费支出26974元，增长10.4%；农村居民人均生活消费支出12860元，增长13.4%。

延伸阅读：海口上榜美好生活城市榜单

2019年2月22日，央视财经频道播出《中国经济生活大调查（2018—2019）“美好生活”数据发布之夜》，公布2018—2019年度美好生活指数最高的10个省会城市和直辖市榜单，海口和广州、南京等城市一同上榜，获评全国“十大美好生活城市”。至此，海口已5次上榜美好生活城市榜单。这个美好生活城市榜单，是基于《中国经济生活大调查》面向10万中国家庭的入户问卷调查结果形成的。该调查的主旨，是全面了解中国市民在个人生活和工作、政府行政和公共服务、经济发展、社会发展、文化发展、生态环境等方面的满意度，以及在获得感、安全感、幸福感三个维度上对于美好生活的感受，并以此为基础形成“中国美好生活城市排行榜”等权威调查数据。据美好生活城市调查报告显示，海口市美好生活指数为103.61，高于全国平均美好生活指数102.75，在海口生活很美好成为市民的广泛共识。其中，海口市民感到非常幸福的、非常有获得感的数据均高于全国水平。

【城镇常住居民收入】2019年，海口城镇居民人均可支配收入继续呈上涨趋势，高出全省平均水平2960元，位居全省第二位，比上年名义增长7.9%，扣除价格因素实际增长4.5%。4大项收入均呈上涨态势，其中工资性收入、经营净收入、财产净收入及转移净收入分别为26656元、3942元、3625元、4754元，涨幅分别为6.8%、7.4%、10.4%、12.4%。工资性收入对可支配收入增长的贡献率60%，仍然是城镇居民增收的主动力。

【农村常住居民收入】2019年，海口市农村居民收入比上年增长8.3%，扣除价格因素影响，实际增长4.8%，总量名列全省第四，高出全省平均水平1003元。在农村居民人均可支配收入的四项构成中，其中工资性收入、经营净收入、财产净收入及转移净收入分别为8831元、4972元、591元、1722元，涨幅分别为9.5%、5%、7.7%、12%。

【城镇常住居民支出】2019年，海口城镇居民人均生活消费支出26974元，增加2542元，比上年增长10.4%，扣除价格因素影响，实际增长6.9%。其中，交通通信类、生活用品及服务类、教育文化娱乐类、医疗保健类支出快速增长，分别增长15.8%、14.4%、14.0%、13.2%；其次是居住类、食品烟酒类、衣着类支出和其他用品和服务类，分别增长9.5%、8.8%、1.3%和0.9%。

2019年海口市分城乡居民收支变化统计表

表63

指标名称		2019年水平（元）	2018年水平（元）	2019年比2018年增加（元）	增长率（%）
全体居民	人均可支配收入	33815	31205	2610	8.4
	（一）工资性收入	22631	21033	1598	7.6
	（二）经营净收入	4175	3918	257	6.6
	（三）财产净收入	2940	2650	290	10.9
	（四）转移净收入	4069	3604	465	12.9
	人均生活消费支出	23787	21394	2393	11.2%
	（一）食品烟酒	8372	7634	738	9.7%
	（二）衣着	918	896	22	2.5%
	（三）居住	5384	4905	478	9.8%
	（四）生活用品及服务	1164	1006	157	15.6%
	（五）交通通信	2700	2305	395	17.1%
	（六）教育文化娱乐	3030	2651	379	14.3%
	（七）医疗保健	1652	1443	209	14.5%
	（八）其他商品和服务	569	555	14	2.4%
城镇居民	人均可支配收入	38977	36137	2840	7.9
	（一）工资性收入	26656	24952	1704	6.8
	（二）经营净收入	3942	3671	271	7.4
	（三）财产净收入	3625	3285	340	10.4
	（四）转移净收入	4754	4229	525	12.4
	人均生活消费支出	26974	24432	2542	10.4
	（一）食品烟酒	9272	8522	750	8.8
	（二）衣着	1069	1055	14	1.3
	（三）居住	6213	5672	541	9.5
	（四）生活用品及服务	1302	1138	164	14.4
	（五）交通通信	3102	2679	423	15.8
	（六）教育文化娱乐	3467	3041	426	14.0
	（七）医疗保健	1867	1649	218	13.2
	（八）其他商品和服务	682	676	6	0.9
农村居民	人均可支配收入	16116	14886	1230	8.3
	（一）工资性收入	8831	8066	765	9.5
	（二）经营净收入	4972	4734	238	5.0
	（三）财产净收入	591	549	42	7.7
	（四）转移净收入	1722	1537	185	12.0
	人均生活消费支出	12860	11343	□1517	13.4
	（一）食品烟酒	5287	4696	591	12.6
	（二）衣着	399	368	31	8.4
	（三）居住	2541	2369	172	7.3
	（四）生活用品及服务	689	570	119	20.9
	（五）交通通信	1321	1066	255	23.9
	（六）教育文化娱乐	1530	1359	171	12.6
	（七）医疗保健	913	760	153	20.1
	（八）其他用品和服务	180	155	25	16.1

备注：往年部分数据因核算方法调整有所变动

【农村常住居民支出】2019年，海口农村居民人均生活消费支出12860元，增加1517元，比上年增长13.4%，扣除价格因素影响，实际增长9.8%。其中，交通通信类、生活用品及服务类、医疗保健类支出快速增长，分别增长23.9%、20.9%、20.1%；其次是其他用品和服务类、教育文化娱乐类、食品烟酒类、衣着类、居住类，分别增长16.1%、12.6%、12.6%、8.4%、7.3%。

【居民消费价格总水平】2019年，海口市居民消费价格总水平（CPI）比上年上涨3.3%，涨幅较上年同期扩大0.9个百分点，比全国平均水平高出0.4个百分点，比全省水平低0.1个百分点，涨幅在全国36个大中城市排名第4位。从构成来看，食品价格上涨9.6%，非食品价格上涨1.4%；消费品价格上涨4.2%，服务价格上涨1.7%。能源价格下降3.7%，居住（扣除自有住房）价格下降0.2%。

【居民消费价格月同比指数】2019年，海口市居民消费价格各月比上年均呈涨势，走势与全国基本一致，呈前低后高。最低涨幅出现在2月、3月，上涨1.7%；最高涨幅出现在11月，上涨5.9%；除3月、4月、10月涨幅略低于全国平均水平，其余月份均高于全国。1—2月寒假、春节期间，受供求关系影响，价格分别上涨2.5%、1.7%。3—5月，受食品、服务、工业品价格上涨的推动影响，比上年涨幅逐月扩大，分别上涨1.7%、2.2%、3.3%。6月，由于食品、服务价格趋稳，总指数涨幅比上年有所回落，上涨2.9%。7—12月，受肉禽价格持续上扬以及部分服务价格上涨影响，总指数比上年大幅度上涨，连续6个月涨幅在“3”以上，分别上涨3.5%、3.7%、3.5%、3.3%、5.9%、5.5%。

【居民消费价格月环比指数】2019年，海口市居民消费价格从环比看，月环比指数以涨为主，涨幅在-1.3%~2.1%间波动。1—2月，受节日因素影响，环比分别上涨0.8%、1%。3月，由于春节效应减退，环比下降1.3%，为全年最大降幅；4月环比下降0.2%。5月、7月、8月、10月，环比分别上涨0.9%、0.6%、1.2%、0.2%。11月，受食品价格上涨影响，环比上涨2.1%，为全年最大涨幅。6月、9月、12月环比持平。

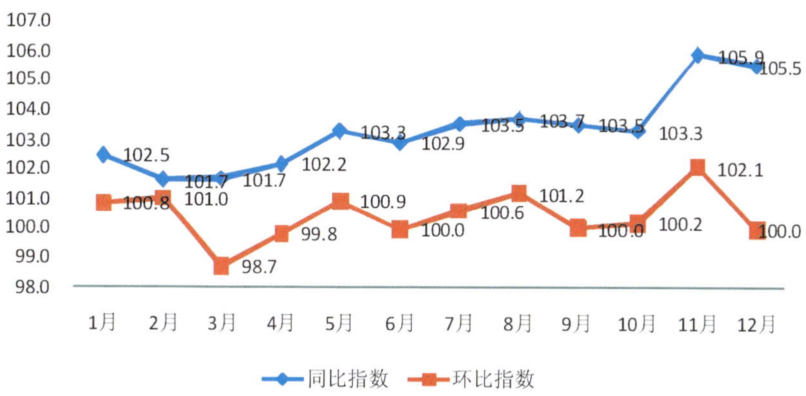

2019年海口市居民消费价格分月指数走势图

2019年海口市与全省CPI主要商品类别价格指数对比表

表64

项目	海口	全省
居民消费价格	103.3	103.4
食品烟酒	107.5	108.1
衣着	102.7	102.1
居住	101.4	101.1
生活用品及服务	101.0	101.0
交通和通信	98.8	99.1
教育文化和娱乐	101.7	101.4
医疗保健	101.4	101.5
其他用品和服务	105.4	104.1

【八大类商品及服务价格】2019年，海口市居民消费八大类商品及服务价格以涨为主，呈“七涨一降”态势。其中，其他用品和服务上涨5.4%、食品烟酒上涨7.5%、衣着上涨2.7%、教育文化和娱乐上涨1.7%、居住上涨1.4%、医疗保健上涨1.4%、生活用品及服务上涨1.0%；交通和通信下降1.2%。与上年同期涨幅相比，食品烟酒、其他用品和服务价格涨幅高于上年，衣着、居住、生活用品及服务、教育文化和娱乐、医疗保健价格涨幅低于上年，交通和通信价格由涨转降。

食品价格为CPI上涨的主要拉动力。食品调查的14小类呈“十三升一跌”，涨幅居前的有畜肉类、干鲜瓜果类、薯类、禽肉类、菜、蛋类，分别上涨23.6%、17.4%、13.3%、9.1%、6.6%、4.6%，合计影响总指数上涨约2.2个百分点。主要受3个因素影响：因猪瘟疫情，肉禽蛋价格“水涨船高”，全年猪肉价格比上年上涨34.3%。4月，海南发生非洲猪瘟疫情，受此影响，养殖户补养殖积极性受挫，加上生猪养殖周期较长，生猪供应进一步紧缺，自5月起结束连

2015—2019年海口市人民物质文化生活状况统计表

表65

指　标	单　位	2015年	2016年	2017年	2018年	2019年
收　入						
城镇居民人均可支配收入	元	28535	30775	33320	36137	38977
农村居民人均可支配收入	元	11635	12679	13763	14886	16116
职工平均工资	元	57455	62030	68037	77632	85121
消　费						
城镇居民人均消费支出	元	21809	23780	26110	24432	26974
#食品支出	元	7609	8396	9167	8522	
*恩格尔系数	%	34.9	35.3	35.1	34.9	
农民人均生活费支出	元	8428	9262	10142	11343	12860
储　蓄						
城乡居民储蓄存款年末余额	亿元	1262.06	1445.49	1555.56	1706.46	1838.69
人均储蓄余额	元	56773	64427	68463	74120	78985
住　房						
城镇人均住房面积	平方米	30.10	30.12	30.16	30.67	30.70
农村人均住房面积	平方米	32.20	32.60	32.80	33.20	33.50
邮　电						
每百人拥有固定电话机	部	11.30	11.27	11.94	9.03	14.21
城建设施水平						
家庭用燃气普及率	%	62	72	83	91	92
人均日生活用水量	升	217.07	210.59	210	215	218
人均拥有道路面积	平方米	15.72	17.10			
人均公共绿地面积	平方米	12.80	12.10	12.30	12.50	12.50
文化教育卫生						
城市每百户拥有彩色电视机	台	100	101	101	97	97
农村每百户拥有彩色电视机	台	104.4	107.2	107.6	104.5	106.1
学龄儿童入学率	%	100	100	100	100	100
每万人拥有在校大学生	人	677.28	659.51	645.20	657.97	700.64
每万人拥有在校中专生	人	439.32	427.45	431.46	410.19	314.37
每万人拥有在校中学生	人	460.44	519.50	534.42	555.51	577.44
每万人拥有在校小学生	人	807.20	837.77	862.35	901.68	939.92
每万人拥有中（西）医师	人	37.52	46.87	54.65	39.22	41.24
每万人拥有医院床位	张	55.65	55.97	56.60	62.85	70.40

（资料来源：市统计局）

2019 年海口市居民消费价格指数统计表

（以上年价格为 100）

表 66　　单位：（%）

类 别 及 名 称	2019 年
居民消费价格指数	103.3
食品烟酒类	107.5
#食　　品	109.6
#粮　　食	100.6
食 用 油	101.1
菜	106.6
#鲜　　菜	106.9
畜 肉 类	123.6
禽 肉 类	109.1
水 产 品	101.8
蛋　　类	104.6
烟　　酒	99.9
衣着类	102.7
#服　　装	102.4
服装材料	95.1
鞋　　类	104.9
居住类	101.4
生活用品及服务类	101.0
交通和通信类	98.8
教育文化和娱乐类	101.7
医疗保健类	101.4
其他用品和服务类	105.4

（资料来源：市统计局）

续 25 个月的负增长，转为快速上涨，最大涨幅在 11 月，猪肉价格比上年上涨 114.1%。受其影响，羊肉、鸭、鸡、牛肉、蛋类价格呈替代性上涨，分别上涨 12.8%、10.6%、9.4%、4.9%、4.6%。由于极端天气，鲜瓜果价格大幅上涨。年初，全国大范围遭遇异常天气，致使上半年苹果、梨、荔枝等水果上市量减少，导致鲜瓜果供求关系紧张。7 月起，应季水果陆续上市，鲜瓜果价格环比由升转降，但因前期涨幅过大，全年价格仍呈涨势，比上年上涨 20.3%。受高温及台风天气影响，本地鲜菜生长运输受限；另外，由于 11 月冷空气影响，豆角、丝瓜等冬季蔬菜上市量减少，菜类比上年上涨 6.6%，其中鲜菜上涨 6.9%。

衣着、居住、教育文化和娱乐合计影响总指数上涨约 0.6 个百分点，分别上涨 2.7%、1.4%、1.7%。主要受 3 个因素影响：服装材料价格上涨，衣着类上新价格提高；受需求拉动影响，出游、观影、租房等需求增加，导致居住、教育文化和娱乐价格有所上涨；人工成本逐年增加，办学成本上升，部分幼儿园、私立中小学上调学费。

政策实施效果凸显，交通和通信价格由升转降，下降 1.2%，其中交通下降 1.1%，通信价格下降 1.4%。主要受 3 个因素影响：电信继续贯彻落实国家提速降费的有关要求，下调上网费用价格；《海南省人民政府办公厅关于轻型汽车执行国家第六阶段机动车排放标准的通告》规定海南国六排放标准实施时间为 2019 年 7 月 1 日，随新国标车型陆续上市及 2030 年海南进入清洁新能源车时代等政策作用，部分车型价格有所下调；全年成品油价格 14 次上调 7 次下调，交通工具用燃料下降 5.3%。

（焦怡茵　王德润　林秀茹　林乔　张向敏）

社会保险

【概况】2019 年 3 月，海口市在机构改革中，将市人力资源和社会保障局的城镇从业人员和城镇居民基本医疗保险和生育保险、市卫生和计划生育委员会的新型农村合作医疗、市发展和改革委员会的药品和医疗服务价格管理、市民政局的医疗救助等职责整合，组建海口市医疗保障局，作为市政府工作部门。海口市医疗保障局为主管全市医疗保障工作的市政府工作部门，正处级，内设 5 个科室。

2019 年，海口市完成城镇从业人员基本养老保险待遇 15 年连调任务，月人均养老金增加 142 元；城镇居民基本医疗保险缴费财政补助标准，由原来每人每年 490 元提高到 520 元。9 月 1 日起，取消建档立卡贫困人口大病保险 22 万元封顶线。进一步简化医疗费用报销补偿程序，做好新农合、大病医疗保险和医疗救助“一站式”即时结算服务。10 月 1 日起，合并实施生育保险和职工基本医疗保险。

【城镇从业人员养老保险】2019 年，海口市城镇从业人员基本养老保险在职参保人数 52.24 万人，养老退休人数 12.32 万人（企业单位退休人数 10.245 万人，机关事业单位退休人数

2.075万人）；城镇从业人员养老保险基金收入56.09亿元，支出36.39亿元，滚动结余56.11亿元。全年企业单位退休人员符合调整9.77万人，月调整增加基本养老金1258万元，月人均增加129元，调整后企业单位退休人员人均养老金2415.86元/月。

【职工基本医疗保险】2019年，海口市职工基本医疗保险参保人数和缴费人数（不含省本级）分别为69.44万人、52.64万人，共32.48万人次享受职工基本医保待遇；生育保险参保人数和缴费人数（不含省本级）分别为58.28万人、43.18万人，共3.45万人次享受生育保险待遇。10月1日起合并实施生育保险和职工基本医疗保险。全年全市职工基本医疗保险基金（含生育保险基金）收入27.8亿元，支出19.4亿元，年末基金滚存结余27.1亿元。

【城乡居民养老保险】2019年，海口市参保人数33.81万人，其中应缴费人数23.04万人，实际缴费人数21.48万人，参保缴费率93.23%。基金总收入8.43亿元，其中征缴收入8187.29万元，各级财政补助7.24亿元，含被征地农民养老保险费4.6亿元。基金总支出2.88亿元，累计结余17.8亿元。年内，建档立卡、低保对象、特困人员等贫困人员符合城乡居民养老保险参保条件人数累计2.83万人，参保率100%；符合政府代缴条件1.98万人，完成政府代缴率100%；对符合待遇领取条件的8428人，按城乡居民基本养老保险待遇标准178元/月·人发放养老待遇，发放率100%。

【城镇居民医疗保险】2019年，海口市城镇居民医保参保人数为45.33万人，完成率103%；城镇居民医疗保险基金收入3.41亿元，支出3.05亿元，滚存结余4.76亿元。城镇居民医疗保险筹资标准由670元/人提高至740元/人，其中个人缴纳220元/人，各级财政补助从490元/人提高至520元/人。全年享受城镇居民医疗保险待遇的住院人数、门诊特病人数分别为3.12万人、7514人。12月18日起，海口市落实城乡居民大病补充高额医疗保险，凡已参加城镇居民/新农合基本医保的居民，只要购买大病补充高额医疗保险，便可享受最高100万元的医疗保障。该保险产品保费每人每年25元，总保额55万元，保障范围为参保人参保年度内发生的符合城乡居民基本医保报销范围内的住院和特殊病种门诊的合规费用，累计45万元以上至100万元（含100万元）的部分，100%赔付。

【新型农村合作医疗】2019年，海口市新型农村合作医疗参合人数59.73万人，应参合率98.3%。新农合基金收入4.37亿元、支出4.44亿元（含大病保险），年末基金滚存结余3.11亿元。新农合筹资标准由670元/人提高至740元/人，其中个人缴纳220元/人，各级财政补助520元/人。进一步完善城乡居民大病保险制度，筹资标准由55元/人提高至70元/人。从9月1日起，取消建档立卡贫困人口大病保险22万元封顶线。全年全市139.03万人次享受新农合医疗费用报销补偿，补偿金额3.67亿元。其中，住院补偿4.93万人次，补偿金额2.95亿元；门诊统筹补偿128.62万人次，补偿金额4432.04万元；正常分娩2403人次，补偿金额235.81万元；慢性病门诊补偿5.23万人次，补偿金额2534.17万元。全市累计建档立卡农村贫困患者“一站式”结算住院补偿1108人次，医保报销金额1097.02万元，住院实际补偿比例90.72%。

【失业保险】2019年，海口市落实失业保险支持企业稳定岗位返还，护航企业渡难关。共受理32家企业申领2018年度稳岗补贴，发放29家企业稳岗补贴140万元，涉及稳岗措施人数4355人；受理215家企业申领2018年度稳岗返还，发放131家企业稳岗补贴301万元，涉及稳岗措施人数1.57万人。做好失业保险金发放工作，全年新增领取失业保险金人数7849人，为8.14万人次代缴医疗保险4710万元。全年在册领取失业金1.3万人，新增办理失业人员申领失业保险待遇7737人，年末失业保险参保51.28万人，发放失业保险金8.21万人次1.34亿元。全市失业保险基金收入2.21亿元，支出2亿元，滚存结余2.97亿元。

【机关事业单位人员养老保险】2019年，海口市机关事业单位退休人员2.07万人，符合调整2.01万人，月调整增加基本养老金405万元，月人均增加201元，调整后机关事业单位退休人员人均养老金5636.51元/月。

【被征地农民社会养老保险】2019年，海口市累计落实100个被征地参保项目的缴费补贴，涉及征地面积2666.67公顷，涉及参保对象8万人，涉及到账金额10.31亿元。

【工伤保险与劳动能力鉴定】2019年，海口市建筑业按项目参加工伤保险新增248家。全市城镇从业人员工伤保险参保人数52.58万人；工伤保险基金收入8547.35万元，支出5610.64万元，滚存结余4.52亿元。全年人社部门进行工伤认定1371件，劳动能力鉴定306件。

【离退休人员养老金发放】2019年，海口市通过媒体或制作宣传册等手段，通知离退休人员进行养老金领取资格认证。全市离退休人员12.32万人，认证率98.61%。全年全市发放离退休人员养老金金额48.97亿元，其中拨付2200名离退休人员丧葬费和抚恤金1.78亿元。

【社保基金监管】2019年，海口市各项社会保险基金（含城镇从业人员养老保险、机关事业单位人员养老保险、工伤保险，不含城镇从业人员医疗保险、城镇居民医疗保险）收入71.55亿元，支出52.07亿元，当年结余19.48亿元，历年累计结余63.24亿元，社保基金整体运行安全平稳。年内，通过委托第三方机构、智能审核系统筛查、随机抽样、现场调查医院病例、完善群众举报投诉线索处理流程相结合的做法，开展打击欺诈骗保专项治理，全覆盖检查辖区397家定点医疗机构。全年全市查处医疗保险违规申报扣款金额466万元，并向社会通报定点医疗机构违反医保协议行为处理结果，规范医保定点医疗机构诊疗行为，确保医保基金安全平稳运行。

【社保卡发行】2019年，海口市落实中央、省社保卡"一卡通"改革要求，运用社保卡"一卡通"管理服务模式。推进社保卡在就医服务、公交出行、财政惠民补贴资金发放等其他政府公共服务管理领域的应用。对接海口市公交集团研究社保卡在城市公交领域应用，启动社保卡在公安酒店住宿登记应用环境改造试点工作。全年全市新增制发社保卡9.58万张，累计制发社保卡140.97万张。

（莫祥壮 王基庆 于 蕾）

社会救助

【民政救助】2019年，海口市稳步开展城乡低保救助工作。分别将城市低保标准由原来的520元/人·月提高到610元/人·月，农村低保标准由原来的460元/人·月提高至540元/人·月，特困供养标准由原来的600元/人·月提高至800元/人·月。全市有城乡低保对象7009户1.53万人，全年累计支出城乡低保金7555.66万元。其中，城镇1951户3274人，支出城市低保金1937.72万元，累计救助城市低保对象41032人次；农村5058户1.21万人，累计支出农村低保金5617.94万元，累计救助农村低保对象15.19万人次。市民政局印发《海口市农村低保专项治理行动方案》，在全市民政系统组织开展农村低保中的腐败问题、作风问题专项治理，重点加强排查"漏保""错保""保人不保户""人情保""关系保"、违反规定行政性纳入低保、农村低保经办服务中作风腐败、低保制度与扶贫开发政策衔接不紧密，以及财政供养与民政、村（居）低保经办人员（近亲属）违规享受低保等问题，并督促各区民政部门整改落实，共备案121名村（居）委会干部、低保经办人员近亲属享受低保情况。

有效落实民政救助工作。做好特困供养工作，全市有特困人员3003人，全年累计支出特困人员救助供养资金3174.4万元。累计救助临时救助对象4197人次，支出临时救助资金334.81万元。开展价格临时补贴工作。自5月起，连续8个月落实困难群众物价补贴发放，累计发放14.54万人次602.44万元，其中低保对象12.26万人次505.42万元，特困人员2.29万人次97.02万元，确保困难群众基本生活水平不因物价上涨而降低。国庆、元旦及春节期间，市政府分别对低收入困难群体发放主要食品市场价格上涨一次性补贴100元/人，共发放5.49万人次549.43万元，其中低保4.62万人次462.07万元，特困人员8736人次87.36万元。

开展"两项制度衔接"工作，助力脱贫攻坚。年内全市符合社会救助兜底保障对象有652户1647人，其中符合条件纳入低保的建档立卡贫困户535户1529人，累计支出低保金565.48万元。（张 奕）

【医疗救助】2019年，海口市城乡医疗救助基金收入999.05万元、支出1784.1万元，年末基金滚存结余3007.98万元。全年从城乡医疗救助基金中支出769.26万元，用于资助特困供养人员、最低生活保障对象、农村建档立卡贫困人口等参加城乡居民医保；住院救助4758人次，资金支出865.26万元，其中对建档立卡农村贫困患者医疗救助1066人次，资金支出144.56万元；门诊救助2.15万人次，资金支出149.58万元。

（莫祥壮 于 蕾）

【慈善救助】2019年，海口市通过助孤、助残、助老、助医、扶贫济困等系列慈善救助活动，为社会救助保障查漏补缺，惠及更多困难群体。8月24日，在海口万绿园启动以"人人慈善 爱满椰城"为主题的2019海口市"中华慈善日"系列活动。全年全市累计募集善款863.95万元，实施14个慈善救助项目，支出1119.58万元。开展迎新春送温暖慰问活动，共发放8.1万元慰问金和2.3万多元慰问品；开展"星空闪耀、爱不孤独"第十二个世界自闭症日活动，向自闭症儿童培训机构和家长捐赠价值9.92万元的教具和用品；开展"关爱特困单亲母亲"资助项目，支出善款116.4万元；开展"关爱特困残疾人"资助项目，为海口市500户特困残疾人家庭每户救助2000元，共发放资助金100万元；开展"慈善拥军情·爱心进军营"项目，捐赠90万元资助海口市300名驻市士兵贫困家庭；开展"贫寒学子成才工程"助学项目，累计捐资124.6万元，受助学生309人；开展"精准扶贫—万人光明行"救助项目，为112位白内障患者免费实施手术治疗，免费金额5.6万元；开展道德模范、身边好人奖励及帮扶项目，奖励帮扶2018年市文明办组织开展的"我推荐、我评议身边好人"活动评选出的30名"海口好人"及1名"中国好人"，共3.5万元；开展"救急难"临时救助项目，救助总金额50.7万元，救助罹患重病绝症、遭遇突发灾害的急需救助人员30名；捐赠86.9万元助推长者饭堂项目建设；开展“情系失聪老人慈善送新声”项目，捐赠总额18.52万元，为132名老人配备助听器；开展“让琼剧唱响敬老院”活动，投入8.48万元，惠及550名老人；开展“百名最美教师”慰问活动，慰问金120万元；开展定向扶贫，先后投入577.6万元。

【流浪乞讨人员救助】2019年，海口市加大流浪乞讨人员主动救助力度，市救助管理站全年救助各类人员1257人次，跨省护送37人次。根据不同季节救助工作特点，有针对性开展“寒冬送温暖”专项救助活动，免费为救助管理站4家定点医院362名精神病患者发放御寒衣物362件，御寒被子362床，发放等额食品物资295元/人；开展持续5个月的“夏季送清凉”专项救助行动，累计出动人员530人次，为高温下无家可归、流浪乞讨人员免费供应绿豆汤、矿泉水、防暑降温药品。（张 奕）

社会福利

【儿童福利】2019年6月1日起，海口市城市困境儿童每月困难生活补贴由原来620元提高至710元，农村困境儿童每月困难生活补贴由原来560元提高至640元。9月，全市199名孤儿月养育标准由原来的散居孤儿900元和集中供养1300元分别提高至1050元、1450元，全年发放孤儿生活保障金309.41万元。市社会福利院实施“孤儿医疗康复明天计划”项目和“养治康教置”项目，共服务7308人次。其中，“孤儿医疗康复明天计划”项目是由福利彩票公益金提供资金运转的慈善医疗项目，为福利院孤残儿童提供先天性手术、康复资助、全科病种救治和健康体检；“养治康教置”项目是由护理员、医生、护士、康复治疗师、教师、社工等不同专业人员共同参与，使养育、治疗、康复、教育、社会安置一体化融入孤残儿童日常生活中。全年开展10次爱心开放日，接待社会爱心来访人数约4270人。（张 奕）

【老年福利】2019年，海口市有60岁以上户籍老年人口28.82万人，其中80岁以上高龄老人4.19万人，占老年人口14.54%。100岁以上老年人385人。其中，男性69人，占17.92%；女性316人，占82.08%；女性最高年龄116岁，男性最高年龄112岁。

老龄优待政策　2019年，海口市继续实施高龄补贴政策，共为4.19万名80岁以上高龄老年人发放长寿补贴6180万元，累计发放补贴4.2亿元。全年办理老年优待证1.8万张，其中60～64岁蓝卡1171张，65～69岁绿卡6882张，70岁以上红卡9875张。累计办卡量12.76万张，其中70岁以上全免卡9.27万张，65～69岁半价优惠卡3.5万张。为5232名60岁以上特困老人和低保老人购买老年人意外伤害综合保险，投保金额3.4万元，全为政府补助金额。

老年健康服务　2019年，海口市有养老服务机构36家，其中设立医疗机构的有海南省托老院、海口市社会福利院、琼山区东昌居敬老院、海口市普亲惊蛰老年养护有限公司第一、第二养护中心、海口振东（米铺）老年公寓、海口椰岛之家老年公寓、海口椰岛之家老年公寓演丰分院、海南山海疗养院、海南乐成恭和苑健康服务有限公司、海南颐养公社、海口市金福源老年公寓12家，占36.4%。对照《海口市2019年养老院服务质量建设专项行动实施方案》要求，督导检查和考评养老机构开展医疗服务，医养结合机构、医疗卫生机构服务质量及老年人健康管理等情况，提升全市医养结合服务能力。推进城乡社区医养融合试点工作发展。抓好社区医养结合，建成龙华区西湖社区健康和医养服务中心、琼山区居家和社区养老服务中心、美兰区新时代文明实践中心健康体验馆、美兰区新安社区日间照料中心和流水坡社区日间照料中心5家社区医养结合综合服务中心。抓好机构医养结合，安宁疗护试点取得初步成效，海南省托老院被国家卫健委列为2019年度全国医养结合规范化与标准化探索典型单位。开展安宁疗护基线调查，按时按量完成培训及调查任务。开展家庭医生签约服务，全年全市65岁及以上老年人应签约人数15.72万人，已签约9.22万人，签约率58.7%。

居家养老服务　2019年，海口市新增4个镇开展居家养老服务，实现全市22个镇全覆盖。政府出资为2400名低保、高龄、空巢、孤寡、失独等特殊困难老年人提供无偿上门服务。同时，开展居家养老服务配套工作。建立社区居家养老“12349”求助信息服务平台，分批次为特困老年人发放3574部专用手机，提供方便、快捷的信息服务，形成“随叫随到”的居家养老服务圈。建设和发挥老年人日间照料中心作用，为老年人提供娱乐、康复、用餐、日托等服务，不断满足老年人多样化养老服务需求。

（潘 侃）

【残疾人福利】2019年，海口市有持证残疾人25198人。有4040名残疾人领取困难残疾人生活补助，14500名残疾人领取重度残疾人护理补贴，2876名残疾人享受居家托养补贴，对符合政策的17人全部分给予单独纳保，有634名残疾人得到康复救助，1498名残疾人学生及残疾人子女学生得到资助，147名残疾人得到扶持发展生产，30家盲人按摩店得到扶持，1600户残疾人家庭得到无障碍改造。全年发放扶残助残资金4631.4万元。

残疾人社会保障　市残联继续落实困难残疾人生活补贴和重度残疾人护理补贴制度，共有4040名残疾人领取困难残疾人生活补贴，14500名残疾人领取重度残疾人护理补贴；为2876名智力、精神和重度肢体、视力残疾人提供居家托养服务，发放补贴397.39万元；为持证的15455名一、二级重度残疾人购买商业保险，保费共121.4万元；协同市慈善总会，为500名贫困残疾人发放资助金150万元。

残疾人康复　组织“3·3全国爱耳日”宣传教育等残疾预防活动，开展残疾人精准康复服务。加强精神残疾人服务管理，配合卫生部门做好贫困精神障碍患者免费服药和住院救助项目，自筹资金为66名精神残疾人提供住院救助；为504名残疾儿童提供康复救助；联合省残疾人康复指导中心开展“关爱残疾人，精准康复进乡镇”宣传教育及辅助器具适配活动，共为残疾人配发辅助器具64件。

残疾人培训就业　开展“就业援助月”系列活动，举办2场残疾人专场招聘会，达成就业意向25人。为应届高校残疾人毕业生就业创业提供有效的服务和支持，建立健全就业困难残疾人登记认定制度和“一对一帮扶”援助制度，推荐各类残疾人就业70多人次。举办5期农村残疾人青壮年文盲扫盲培训班暨残疾人实用技术培训班，共培训残疾青壮年243名。对全市3627家小微企业进行免征残疾人就业保障金审核，为1596家用人单位办理按比例安排残疾人就业审核，对按比例安排残疾人就业的用人单位进行公示，提高用人单位按比例安排残疾人就业积极性，为2019年超比例安排残疾人就业的21家用人单位发放奖励金30.06万元。扶持盲人按摩店30家，扶持资金60万元，帮助92名盲人按摩人员就业。对自主创业就业的3名残疾人进行扶持，扶持资金14.4万余元。

残疾人扶贫　对未脱贫的118户138名贫困残疾人重点保障，一人一档，开展入户走访，制订精准服务方案，在残疾人家庭无障碍改造、辅助器具适配、精准康复、就业帮扶、扶持发展生产、农村实用技术培训和文盲扫盲培训等方面优先扶持，帮助残疾人如期脱贫。扶持全市147户农村建档立卡贫困残疾人、低保残疾人和低收入残疾人发展生产，扶持资金73.5万元。（孙　皓）

【养老服务体系建设】2019年，海口市持续完善以居家为基础、社区为依托、机构为补充的养老服务体系，有效增加社会均等化养老服务供给，不断提高为老年人服务保障能力，积极应对人口老龄化。加大养老服务设施建设。投资6305.6万元完成市社会福利院老年人福利院项目建设，建筑面积17473平方米，增加养老服务床位400张；升级改造特困人员救助供养机构，提升照护能力；实施新建小区配建养老设施有关规定，疏解腾退闲置设施优先用于养老设施建设。加强养老服务智能化建设。升级改造“12349”社区居家养老服务求助信息平台，打造“一站式”智慧养老体验中心，全面打造“互联网+”居家和社区智慧养老服务平台。构建“三边四级”养老服务体系。通过构建市级指导、区级统筹、街乡落实、社区参与的四级居家养老服务网络，实现老年人在其周边、身边和床边就近享受居家养老服务。全年全市有36家养老服务机构，78家日间照料中心，各类养老床位8597张，新增2家养老机构，每千人拥有养老床位31.02张。深入开展医养结合工作。健全医疗卫生机构与养老机构合作机制，推进社区卫生服务站和医务人员与社区、居家养老深度融合。与老年人家庭和计划生育家庭老人建立签约服务关系，定期上门走访，为老年人提供连续性的健康管理服务和多层次、多样式的医疗健康服务，打造社区一刻钟养老服务圈。大力开展养老院服务质量建设专项行动，着力解决9类突出问题，推进全市养老机构服务质量水平再上新台阶。加大对养老机构的资金支持，向16家养老机构拨付120.63万元补贴资金，安排404万元支持普亲第二老年人养护院二期、金福源老年公寓西海岸院区2个项目建设，有效降低养老企业建设运营成本。5月，海口市被国家发改委批准为城企联动普惠养老第一批试点城市，金福源老年公寓和海南普亲老龄产业发展有限公司被批准为城企联动合作企业。

【长者饭堂】2019年，海口市将长者饭堂建设列入年度为民办实事事项，面向全体常住老年人，以保障纯老、独居、孤寡、高龄、失独、失能等特

2019年6月28日，琼山区国兴街道文坛社区长者饭堂揭牌　（市民政局　供）

殊困难老年群体为重点，逐步向全市推广，基本形成“城区社区10～15分钟、外围城区20～25分钟”服务网络。运营由政府、企业（社会组织）、社区共同合作，采取“政府补一点、企业让一点、个人出一点、慈善捐一点”的方式，让长者饭堂以“保本微利”标准达到互利共赢，以实现自我造血和可持续发展，逐步推进助餐服务的专业化、市场化、规模化，建设符合海口实际的老年助餐服务体系。全市累计建成长者饭堂49家，市区两级累计投入资金2800余万元，其中城区社区长者饭堂25家，农村社区长者饭堂24家（含桂林洋2家），实现城乡社区全覆盖。长者饭堂午餐标准为“两荤（含半荤）一素一饭（粥、面）一汤”套餐，城区社区16元/份，农村社区15元/份；非本市户籍的老年人不享受政府财政助餐补贴。

【福利彩票】2019年，为控制彩票市场风险，财政部会同民政部、国家体育总局对快速开奖游戏和体彩高频游戏进行调整，调控措施于2月11日起执行。主要变更内容为“快2”游戏每局间隔时间延长，游戏单注投注金额缩小，销售终端每个销售厅不得配备超过1台，销售场所每日销量超过1.5万元的，需书面上报上级核查；继续限制“中福在线”发展规模，不再审批新销售厅；每日人均消费不得超过规定金额。全年海口市销售福利彩票556亿元，比上年下降45%。

（张　奕）

住房保障

【概况】2019年，海口市建立健全引进人才及本地中低收入群体住房保障体制机制，出台《海口市引进人才住房保障实施细则》《海口市公共租赁住房保障管理办法（2019年修订）》，编制《海口市引进人才住房保障实施方案》《海口市人才住房配租配售管理办法》，进一步完善住房保障政策。高效快捷发放引进人才住房补贴。创新设立引进人才“一站式”平台并简化流程，实现通过线上线下服务平台申请。年内，受理申请1227人，发放补贴814人，发放资金426.2万元。通过政府投资新建、保障性住房和存量商品房转化等方式，筹集人才住房房源总数8376套，全力保障人才安居需求；启动并推进药谷人才房开工建设。及时高效发放公租房补贴，增强中低收入家庭幸福感、获得感。全年发放货币补贴5869户，共2447.6万元，超额完成省住建厅下达海口市公租房住房租赁补贴发放计划户数，完成率179%。年内，累计完成128户集资房产权比例审核。

【公共租赁住房保障管理办法修订】根据住建部工作指导意见要求，进一步加大租赁补贴发放工作力度，实现城镇住房保障从实物配租与租赁补贴相结合逐步转向以租赁补贴为主、租赁补贴保障范围从城镇低保、低收入住房困难家庭逐步扩大到城镇中等偏下收入住房困难家庭覆盖。海口市对于2015年12月30日颁发的《海口市公共租赁住房保障管理办法》进行修订，2019年3月20日颁发《海口市公共租赁住房保障管理办法（2019修订）》，4月1日起施行，原《海口市公共租赁住房保障管理办法》同时废止。修订后的《海口市公共租赁住房保障管理办法》明确，本市公共租赁住房保障是指按照规定的条件通过提供公共租赁住房或发放租赁住房货币补贴方式，解决本市住房困难家庭住房问题的住房保障制度。

【住房保障准入审核及实施保障】2019年，海口市受理政府统筹建设保障性住房申请5779户，审核通过3569户。其中，受理低收入公租房申请144户，审核通过102户；受理公租房申请5635户，审核通过3467户。全年全市完成公共租赁住房配租546套，发放公共租赁住房租赁货币补贴家庭5869户、1.71万人，共2447.6万元。

【老旧小区自主改造】2019年，海口市落实国家、省对老旧小区改造的有关要求，制定海口市2019年、2020年老旧小区改造计划，并在年内启动试点改造工作。年内，市住建部门组织各区完成7个小区的“体检”、改造方案编制工作，制定《海口市城镇老旧住宅小区整治改造实施意见》上报市政府审议。对具有明显棚户区特征的国有建设用地上老旧小区，制定《海口市老旧住宅区自主改造试点工作指导意见》，并将原市化工二厂生活区、嘉兴园小区、海秀镇政府宿舍小区、龙珠新城、太阳能小区、海南农垦中学（教职工生活区）、海房新村、恒福居小区、万福新村等12个项目纳入改造试点，引导业主自行拆除重建改造。

（王　健）

社会事务

【概况】2019年海口市机构改革中，将市民政局的老龄事业管理，退役军人优抚安置、拥军优属拥政爱民工作、医疗救助、救灾救济等职责分别整合到新组建的市卫生健康委员会、市退役军人事务局、市医疗保障局、市应急管理局。

2019年，海口市民政局建立健全基层社会治理制度，推进基层治理工作创新发展，出台《海口市村（居）民委员会依法履职和协助政府工作事项清单》《关于加强和完善城乡社区治理的实施意见》。完善养老服务基础设施，促进养老服务事业发展，在全市设立社区居家养老服务站211个，78家日间照料中心投入运营，升级改造33个日间照料中心和农村敬老院。年内，海口市民政局被国务院第二次全国地名普查领导小组

2019 年 2 月 22 日，海南省大社区综合服务试点工作现场会在海口召开，各市县参会代表到美兰区流水坡社区考察学习海口市城乡社区建设情况 （市民政局 供）

办公室评为先进集体；市社会福利院经海南省质量监督管理局推荐，被列为国家级标准化试点单位。

【基层政权建设和社区治理】2019 年，海口市持续推进和完善社区治理制度建设。出台《海口市村（居）民委员会依法履职和协助政府工作事项清单》，梳理明确村（居）民委员会 18 项法定职责事项、49 项协助基层政府工作事项，厘清基层政府和基层自治组织权责边界，推进全市村（居）民委员会减负增效。出台《中共海口市委海口市人民政府关于加强和完善城乡社区治理的实施意见》，为各区、各职能部门下沉资源，推进社区治理提供政策依据和根本遵循，提升全市城乡社区治理法治化、科学化、精细化水平和组织化程度。贯彻全省大社区综合服务试点现场会会议精神，推行大社区综合服务新模式，建设秀英区长流镇美德村、琼山区凤翔街道桂林社区 2 个大社区综合服务中心项目。持续优化社区公共服务供给。围绕构建社区“十大服务”体系，开展社区功能提升试点，建成首批 11 个社区服务功能提升示范社区，基本实现“一社区一品牌、一社区一特色”试点目标。围绕当前乡村治理中的难点问题、重点工作引导群众自治。开展村规民约、居民公约清理规范工作，对违反国家法律、法规、损害村（居）民合法权益条款予以修改或删除，推动将乡村振兴、脱贫攻坚、农村人居环境整治、扫黑除恶等内容纳入村规民约；针对薄养厚葬、“等靠要”等突出问题制定抵制和约束性条款，推进移风易俗，推动健全自治、法治、德治相结合的基层治理机制；向省民政厅推荐石山镇施茶村、海秀镇水头村、凤翔街道儒逢村 3 个优秀村规民约范例。8 月 27—28 日，举办村民委员会主任培训班，将社区治理、村务公开、扫黑除恶专项斗争等作为重点培训内容，共培训 248 人。加大村（居）禁毒工作宣传教育。开展“播放百场电影，印发万份资料”工作，委托海南银龙社区电影院线有限公司播放禁毒影片 51 场，向各镇（街）、村（居）发放《海南经济特区禁毒条例》5000 余本、禁毒宣传折页 2.5 万份，营造浓厚禁毒宣传氛围。

【社区网格化管理】2019 年，海口市社区网格员通过“社服通”移动终端在全市范围内开展基础信息集中采集，共采集、核实、更新人口基础信息 178.56 万人，房屋 102.92 万间。全年网格员通过微联动 APP 直接上报“12345”热线办件 1577 件，网格内部联勤联动办件 1301 件，网格内部自治办件 9.75 万件，累计总处置办件 10.05 万件。核实调整全市社区网格，其中主城区划分成 2305 个网格，配备社区网格员 1589 名，农村区域划分 2174 个网格，配备农村网格员 697 名，实现城乡网格化服务管理“一体化”。组织开展网格员业务培训，全年培训 3000 人次。邀请专家对全市 202 名网格员进行社会工作专业培训，15 名网格员通过社会工作师执业资格考试。开展一系列“高龄老人、医疗救助、社保卡发放、失业救助、残疾帮扶”等网格门边服务事项，为市民办理、发放社保卡 2.29 万张。印发 1 万份宣传海报，参与扫黑除恶宣传累计 7 万人次。配合相关职能部门开展“扫黑除恶” 宣传教育活动共 40 多场次，印发宣传海报 1.5 万份，组织开展禁毒宣传教育 100 多场，参与各级部门组织的禁毒宣传活动 1500 多场次，发放各类禁毒宣传资料 4 万多份。参与相关部门消防安全知识宣传活动 500 多场次，发放安全知识宣传资料 2 万多份，张贴海报 8000 余份。发动全市 1500 多名社区网格员参与“登革热”防控，每天 24 小时轮流到各工地、各小区入户宣传、巡查和开展爱国卫生劳动。

【社会组织管理】2019 年，海口市本级社会组织有 890 家，其中社会团体 362 家，民办非企业单位 528 家。培育扶持社会组织健康发展。市民政局推动市级社会组织孵化基地建设，完成前期选址和方案设计工作。着眼社会组织能力提升，举办社会组织培训班 2 次，培训 200 余人次。加强社会组织事中事后监管，346 家社会组织通过年度检查；推行“双随机一公开”监管方式，对社会组织开展“双随机一公开”执法检查。广泛引导和动员社会组织参与脱贫攻坚，组织 41 家社会组织、爱心企业单位参与“新春扶贫 爱暖椰城”2019 新春大型扶贫慰问等一系列活动。

【地名管理】2019年，海口市进一步提高地名规范化管理水平。年内，市民政局完成65条新建道路命名、全国第四轮市县级行政界线联合检查以及624块村牌、275块路牌的设置安装工作；开展地名信息录入工作，促进地名普查成果转化，被国务院第二次全国地名普查领导小组办公室评为先进集体。与民政部地名研究所签订战略合作协议，启动海口市地名提升计划和地名标识升级改造试点，探索推进符合海南自贸区（港）需要的地名工作新格局。（张 奕）

民族宗教事务

【概况】2019年，海口市有少数民族47个，少数民族常住人口4.12万人，占全市常住人口的2.3%，少数民族流动人口约16万人。以少数民族为法人代表注册的企业有1144家，少数民族个体工商户1754家。全市有佛教、道教、伊斯兰教、天主教、基督教五大宗教，宗教活动场所33处（佛教12处、道教2处、伊斯兰教1处、天主教1处、基督教17处）；有基督教聚会点10个，其中“以会带点”4个，“委托管理”6个；有宗教团体3个，即市佛教协会、市天主教“两会”和市基督教“两会”；有宗教教职人员90人，宗教信徒约1.76万人。

【城市民族团结进步创建活动】2019年4月，海口市开展民族团结进步创建宣传月活动，通过悬挂横幅、张贴海报、发放宣传资料和文艺演出等方式，分别进美兰区黎乡人家餐馆和龙华区马大胡子美食汇等企业，进海南南方民族艺术学校和海南国兴中学，进龙华区海垦街道金牛路社区、琼山区国兴街道米铺社区和美兰海甸街道新安社区，广泛开展城市民族团结进步政策法规知识宣传活动。共发放《民族知识读本》《海南省实施〈民族区域自治法〉若干规定》《海南省散居少数民族权益保障规定》《中国公民民族成分登记管理办法》《民族成分学习资料汇编》《海口市城市民族团结进步宣传画册汇编》等宣传资料7000余份。

12月26—30日，在琼山区培龙市场福地美吃街举办海口市第七届城市民族团结进步展示会，有26家少数民族企业参展。通过为少数民族企业搭建信息沟通、产品展销、合同签约、合作发展平台，促进各民族企业的发展。年内，美兰区海甸街道新安社区被国家民委命名为第七批全国民族团结进步创建活动示范单位；海南南方民族艺术学校副校长陈彩英被评为国务院第七次全国民族团结进步模范个人，并受邀参加中华人民共和国70周年国庆阅兵观礼。

【少数民族特色活动】2019年3月29日，海口市在美兰区新时代文明实践中心举行2019年海南黎族苗族传统节日“三月三”海口分会场活动，全市各族群众、海南南方民族艺术学校师生、黎族苗族同胞代表共300余人参加。9月6—10日，全国第十一届少数民族传统体育运动会在河南省郑州市举行，海口从海南南方民族艺术学校中选拔优秀的少数民族运动员代表海南省参加民族健身操项目比赛，获得三等奖。

【海口市佛教协会成立】2019年6月28日，海口市佛教协会成立大会在红燕堂酒店报告厅举行。经过预备会议选举，中国佛教协会副会长，海南佛教协会会长印顺大和尚当选为海口市佛教协会会长。海口市佛教界代表人士55人参加会议，省委统战部派员到会表示祝贺，市委统战部副部长、宗教局局长到会并为市佛教协会揭牌。

【宗教事务管理】2019年，海口市民族事务局推动将党的民族宗教理论政策纳入各级党委理论学习中心组学习和市委党校教学内容，邀请中央社会主义学院理论教研部民族宗教教研室主任为全市处级以上领导干部作题为《新时代宗教工作》的专题辅导报告。协商市委组织部和市委党校在2019年海口市公务员初任培训班中开展“用中国特色社会主义宗教理论指导宗教工作实践”专题教学。进一步提高全市干部对新时期宗教工作的认识，提升基层党组织和领导干部的宗教工作能力。9月，在市中改院举办全市宗教工作“四级”网络信息员培训班，市、区、镇（街）、村（居）共500余人参加，邀请省委党校教授高杨为全体宗教工作“四级”网络信息员授课，提高基层宗教工作信息员的能力素质，加强信息收集的能力。

【服务民族宗教界群众】2019年，海口市民族事务局将民族成分确认的申请受理工作交由市政务中心民生窗口“一窗受理”，实行网上审批。全年共办理民族成分确认6份，办理海南省中招少数民族考生民族审核131份。在美兰区举办苗绣技能培训班，为民族特色手工艺品制作人员提供学习平台，提升创作、制作水平。拨付10万元用于支持佛教龙泉寺、湖中寺和基督教白石溪聚会点的场所维修。举办宗教活动场所消防安全生产培训1期，参加培训人员共120人次。向全市各宗教团体、各宗教活动场所、宗教界人士及信教群众发放新修订《宗教事务条例》以及《宗教法律法规和政策汇编》等宣传资料共1万余册。

（梁昌鹏）

（编辑：赵华锋 王美芳）

应急管理

综 述

【概况】2019年，海口市应急管理局协助处置各类突发事件369起，其中事故灾难199起，公共卫生事件17起，自然灾害9起，社会安全事件144起，上报应急值班信息344期。11月，海口市与湛江市等7市签订《应急联动框架协议》。年内，市应急管理局累计出动80余人次，协调做好全国调解工作会议、2019“奔跑海南”环岛全民健跑（海口站）活动、2019中国（海南）国际热带农产品冬季交易会、2019—2020湖南卫视跨年演唱会、长影环球100跨年音乐节、2019缤纷海南奥莱生活展等12项大型活动的应急保障工作。

【应急救援机构组建】2019年，海口市以安全生产、防灾减灾、应急救援、宣传教育为工作主线，不断推进新时代应急管理事业改革发展。结合机构改革，重新调整安全生产、三防、抗震救灾、应急、森林防火、综合减灾等六大指挥部（委员会）组成部门和人员，明确各成员单位的工作职责、工作流程，进一步提升全市突发事件应急处置和保障能力。将市安全生产监督管理局的职责、市人民政府办公厅的应急管理、市公安局的消防管理、市民政局的救灾、市国土资源局的地质灾害防治、市林业局的森林防火、市水务局的防汛防风防旱管理、市海洋和渔业局的海洋预报减灾、市民防局的地震管理等职责，以及防汛防风防旱、减灾、抗震救灾、森林防火等指挥部的职责整合，组建市应急管理局，作为市政府工作部门，加挂市地震局牌子；保留市安全生产委员会，具体工作由市应急管理局承担；不再保留市安全生产监督管理局、市民防局；市人民政府办公室不再挂市应急管理办公室牌子。机构改革后，海口市应急管理局内设办公室、组织人事科、应急指挥科、政策法规和事故调查科、综合减灾和火灾防治科、防汛防风防旱和海洋减灾科、防震减灾管理科、安全生产综合协调科、安全生产监督科（行政审批办公室）9个科室，有5个财政全额预算管理事业单位，其中正处级事业单位1个（海口市公共安全联动指挥中心），正科级事业单位4个（海口市地震设防中心、海口市地震监测中心、海口市安全生产宣传教育中心、海口市安全生产执法监察大队）。

【应急救援体系建设】2019年，根据海口市机构改革实际，海口市突发公共事件应急委员会办公室印发《关于认真组织开展应急预案修编工作的通知》《关于印发2019年度应急预案演练活动方案的通知》，指导各区、各应急委成员单位修编专项应急预案5份、完成专项应急预案演练12场次，并组织参加海南省防风减灾综合救援军地联合演练、海南省大面积停电事件应急救援联合演练。举办全市紧急信息报送专题会议，与市“110”“119”“120”指挥中心建立信息联

2019年5月11日，海口市应急管理局在市民游客中心开展“提高灾害防治能力 构筑生命安全防线”防灾减灾宣传活动 （市应急管理局 供）

动机制，不断拓宽突发事件信息报送渠道。市应急管理局制定《应急值班暂行规定》，建立365天24小时应急值班。11月，海口市与粤桂琼7市签订《应急联动框架协议》。全年全市有应急队伍41支（含社会救援队伍6支），登记造册应急特种车辆400余辆。其中，市消防救援支队作为全市的综合应急救援主力军，有执勤人员860余人，执勤车辆140余辆，舟艇27艘。

防灾减灾

【概况】2019年，海口市综合减灾委员会发挥部门联动作用，多次组织相关部门和专家深入社区宣传、培训、指导综合减灾示范社区创建工作。年内，龙华区滨海街道泰华社区被评为国家级综合减灾示范社区，是海口市机构改革后大应急管理格局下的第一个国家级综合减灾示范社区。全市能够提供避灾场所428处，其中秀英区77处、龙华区124处、琼山区115处、美兰区112处。

【地震监测】2019年，海口市有4个专业地震监测台网，分布在龙华区、秀英区、美兰区，全部实现视频监控管理。同时，建成地震数据接收中心，在市地震局原有4个地震观测子台的基础上，新增加海口周边14个省级测震台的监测资料。不断加强各地震台站的观测环境和监测设施保护，并将其依法纳入保护范围。抓好台站设备的日常运作及维护，坚持365天不间断检测、传递、分析、处理监测数据，为地震预测分析提供可靠、准确资料。市地震局秀英监测站水位、海口演丰地震观测台GNSS与强震动、金盘地震观测台测震与海口龙华强震台强震动仪器的运行率和资料完整率98%以上。开展群测群防。建立镇防震减灾助理员制度和行政村地震群测群防联络员制度，在48个村庄挂牌成立地震宏观观测站，成立区、镇、村三级地震群测群防工作队伍，建成海口地震监测工作专业台站与群测群防相结合的体系。同时，加强群众性的地震宏观观测，组织各区镇防震减灾助理员、村联络员、街道办事员开展地震群测群防、宏观观测知识培训，提高群测群防联络员专业技能。

【地震防御】2019年，海口市抗震救灾指挥部印发《2019年海口市防震减灾重点工作任务分解表》，将防震减灾工作纳入全市年度综合考评体系实施考核。根据《海口市2019年建设工程抗震设防执法检查工作方案》，市应急管理局联合省地震局、市住建局、市图审中心、市教育局、市市政管理局等多个部门开展建设工程抗震设防要求执法检查，重点检查年内新建的学校、医院、商场、体育场等15个人员密集场所抗震设防要求执行情况，确保全市建设工程基本能落实国家相关标准抗震设防要求。借鉴雄安新区地震地质灾害探测模式，开展江东新区地震安全调查项目活断层精细探测与场地适宜性评价。做好海口市活动断层流动监测，配合省地震局监测海口市地震断裂带。推进江东新区综合减灾规划编制。创建防震减灾科普示范学校，年内，海口市美苑小学、城西中学、琼山第二小学、第十六小学被认定为国家防震减灾科普示范学校，海口市东山中学、琼山东门第一小学、琼山第九小学、新坡中学被认定为省级防震减灾科普示范学校。

【森林防火】2019年，海口市未发生森林火灾和人员伤亡事故。全市森林火灾防范形势总体保持平稳。全年处置野外非涉林火情38起，火场过火总面积0.93公顷，出动车辆114辆次，扑火队员494人次；森林火灾起数、野外火情起数、火场过火面积分别比上年下降100%、28.3%、81.1%。通过出动宣传车、张贴森林防火通告、悬挂宣传横幅、标语、设置宣传警示牌、发放防火宣传手册和防火宣传单，以及利用媒体平台推送微文等方式进行防火宣传；在清明节期间开展“文明祭祀扫墓，保护绿水青山”文艺巡回演出活动12场次。在高火险期和国庆节等重要时期和节点派出16个督查组，深入各区（开发区）、镇和农林场全面督导检查森林防灭火责任落实等工作落实情况。在高火险期及开展秋冬季森林防灭火工作专项检查暨打击森林火灾违法行为专项行动期间，累计每天组织480人开展野外火源巡查巡护，临时增派巡护员1876人次加大巡护密度。举办全市森林防火指挥员和森林消防队伍业务骨干培训班，市、区、镇三级各类森林消防队伍业务骨干等120余人参加。修订完善《海口市森林火灾应急预案》，开展森林消防实战演练，市专业森林消防队和秀英区应急森林消防队6支队伍70名队员参加。

【防汛防风防旱】2019年，海口市根据机构改革后各单位职能的转变，及时调整市三防指挥部46个成员单位，修订完善重点防洪抢险地区、低洼地、渔船、水库等基础信息。全年启动防风Ⅳ级应急响应4次、Ⅲ级应急响应3次，成功组织防御第4号台风“木恩”、第7号台风“韦帕”、第12号台风“杨柳”、第14号台风“剑鱼”和第22号台风“麦德姆”。年内，受台风等自然灾害影响，全市40个镇（街）受灾，受灾人口3894人，紧急转移人口1978人；农作物受灾面积864.43公顷，房屋损坏33间，直接损失1528.54万元。针对在4月部分乡镇出现的旱情，市应急管理局通过开展送水进村行动，协调气象部门择时进行人工增雨，有效缓解因旱情导致的灾情。

（杨丽 张星明 李敦升 黄妙丹 冯琼花 康国鸿 王乙嵋）

安全生产监督管理

【概况】2019年，海口市坚持“标本兼治、综合治理、源头管控、系统建设”原则，抓重点、强创新、补短板、促协同，推进重点行业领域安全风险防范和隐患排查治理，强化改革发展和应急管理基础建设，安全生产形势持续稳定向好。全年全市发生各类生产经营性安全事故60起，死亡41人，受伤59人，直接经济损失944.2万元。事故起数、死亡人数、受伤人数分别比上年下降18.9%、2.4%、7.8%，直接经济损失增加4.6万元，上升0.5%，事故四项指标呈“三降一升”态势。在60起生产经营性安全事故中，工矿商贸行业事故18起，占事故总起数30%，死亡14人，占死亡总人数34.1%；生产经营性道路交通事故42起，占事故总起数70%，死亡27人，占死亡总人数65.9%。

【安全生产执法检查】2019年，海口市安全生产委员会办公室实施全覆盖、各方位、多层次地督导检查全市各级行业主管部门和自身监管的烟花爆竹、非煤矿山、危险化学品等行业企业，对存在安全隐患的企业下达责令整改指令书，将安全隐患消除到位，督促企业完善安全生产管理制度，落实安全生产主体责任。全年市应急管理局外出执法检查176（家）次，下达责令整改30份、现场检查记录176份，处罚6家企业共130万元，其中工贸行业2家、危险化学品4家。制定《2019年海口市安全生产执法检查计划》，合理确定抽查频次，治理多头检查、重复检查。完成对95家企业双随机抽查，31项监管事项100%全覆盖。

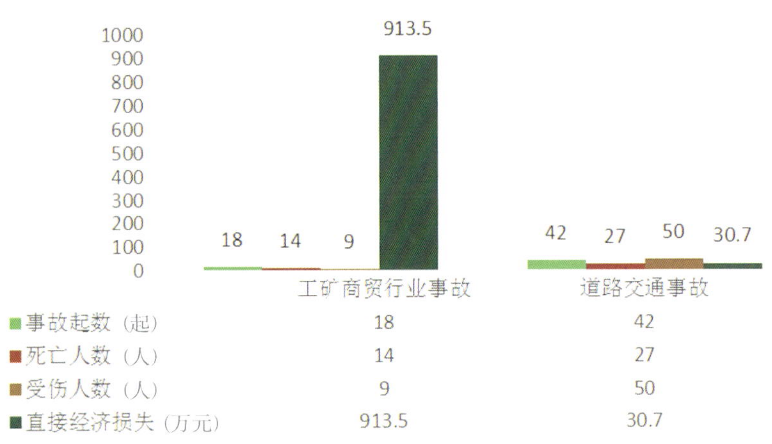

	工矿商贸行业事故	道路交通事故
事故起数（起）	18	42
死亡人数（人）	14	27
受伤人数（人）	9	50
直接经济损失（万元）	913.5	30.7

2019年海口市生产安全事故情况统计图

【安全生产风险隐患百日整治行动】2019年，海口市安全生产委员会办公室以“防风险、迎大庆、保平安”为主线，7—10月围绕危险化学品、道路交通、水上交通、铁路交通、建筑施工、非煤矿山、烟花爆竹、民爆、旅游、消防、特种设备、渔业船舶、农业机械、长输管线、水电油气等重要行业领域，开展拉网式安全生产风险隐患百日整治行动。共开展执法行动9437人次，排查整改隐患3181项，经济处罚161家，罚款318.03万元，停产整顿55家，列入黑名单4人。

【安全生产集中整治】2019年，海口市安全生产委员会办公室为加强岁末年初特别是元旦、春节、“两会”等重要时段安全工作，严格落实各项安全防范责任和措施，消除安全隐患，防范和减少生产安全事故，确保全市安全生产形势持续稳定，在全市范围开展安全生产集中整治。12月，共派出执法检查人员3338人次，检查企业单位1646家次，排查整改问题隐患1107项，处理违法违规行为10起，罚款19.1万元。

【高铁环境安全整治】2019年，海口市成立以副市长为组长，由市安全生产委员会办公室牵头，市市政管理局、市铁路护路联防办公室、海南铁路有限公司等15家单位为成员的市高铁环境安全隐患集中整治工作领导小组，协调推进高铁环境安全整治工作。市、区、镇各级政府协调联动，建立统一高效的协调管控机制，市级统筹、属地负责、海南铁路公司配合，排查和拆除高铁沿线安全保护区和有关控制区范围内的安全隐患及违法建筑，提前18天完成省下达海口市的102项问题隐患整改并验收销号，同时按照《海南省高速铁路环境安全整治“双段长”工作责任制实施意见》的通知要求，建立长效管理机制，防止高铁沿线安全隐患问题反弹。

【烟花爆竹专项整治】2019年，海口市开展烟花爆竹专项整治执法及安全大检查。共出动巡查执法人员2.48万人次，对全市批发企业检查4轮次，排查商铺、集贸市场等场所7640余家次，打击取缔非法经营行为120余宗，整治安全隐患1330余处，收缴烟花1250余箱（盒）、爆竹4190余箱（件），罚款20.3万余元，劝诫在禁放区内商铺向烟花爆竹批发企业退货3500余件，发现制止非法燃放烟花爆竹1840余起。大幅度压缩零售网点，全市烟花爆竹零售网点实行总量控制，各区发证总量大幅度减少，全年发证总数不到上年的40%。加大禁燃禁放和限放宣传力度，在执法巡查的同时向市民发放宣传材料6.92万余份，张贴海报、宣传标语1.42万余张，悬挂横幅620余条，营造移风易俗的新风尚。

【全环节禁毒安全监管】2019年，海口市开展禁毒三项重点工作督查检查。市、区应急管理局共出动执法人员1145人次，检查易制毒化学品经营企业162家次，检查易制毒化学品使用企业36家，其中查处整改隐患企业108家次，督促整改隐患108项。加强非药品类易制毒化学品流向监管，确保货品流向清晰可查，重点检查醋酸酐、麻黄碱、溴素和苯基-1-丙酮等禁毒物品，未发现违法违规案例。检查调研售卖α-苯乙酰基乙酰胺、苯乙腈和γ-丁内酯3种化学品情况，未发现辖区危化品经营企业售卖此类产品。8—9月，市应急管理局联合市公安局专项检查各区非药品类易制毒化学品经营企业和使用单位，重点包括非药品类易制毒化学品的经营、储存、运输等，累计检查36家易制毒企业和18家使用单位。12月，对第二类非药品类易制毒化学品企业开展安全生产检查和宪法宣传周活动，对全市易制毒化学品经营企业进行安全隐患诊断排查和风险分级管控，督促易制毒化学品企业建立健全内控制度。牵头成立海口市易制毒化学品企业协会，设立易制毒化学品信息员和安全员，建立易制毒日常监管制度和流失追溯制度，发挥行业协会监管作用。

【重大危险源管理】2019年，海口市应急管理局开展危险化学品重大危险源辨识评估分级工作。根据国家新标准《危险化学品重大危险源辨识》(GB28218-2018)，委托专家对全市危险化学品生产、储存企业、烟花爆竹仓库、液氨制冷企业共15家企业辨识评估分级，辨识出8家重大危险源企业（三级1家，四级7家），10个重大危险源单元。委托专家对全市危险化学品生产、储存企业、液氨制冷企业、加油站共122家企业开展安全风险隐患排查，发现整改55家企业282处隐患。举办2期危险化学品安全培训，开展危化行业应急救援2次，检查危险化学品企业122家，下达整改通知45份，处罚120万元。

【安全风险分级管控】2019年，海口市应急管理局委托国家安全生产监督管理总局职业安全卫生研究中心对全市103家危险化学品从业单位实施现场事故隐患排查和安全风险评估诊断分级工作。全市97家加油站安全风险等级均为四级（蓝色级），4家危化存储单位、2家危化生产单位安全风险等级均为三级（黄色级）。

【安全生产标准化建设】2019年，海口市应急管理局开展安全生产标准化工作。年内，33家企业经审核符合安全生产标准化公示条件并完成制证工作。根据《关于简化企业创建安全生产标准化工作的指导意见》要求，全年收到1家企业申请评审单位，审核符合条件后在门户网站公示。全市有安全生产标准化达标评审组织单位4家，评审单位11家。

【安全生产宣教】2019年，海口市安委办组织市安委会成员单位、各有关企业在本行业领域开展安全生产教育培训，共举办17场市级层面安全生产相关专题培训。5月11日，开展海口市防灾减灾大型宣传日活动，1000名市民参与。6月16日，举办"安全生产月"宣传咨询日活动，市安委办组织省、市安委会成员单位及企业代表600余人参加活动，设立40余个安全生产宣传咨询台，发放宣传材料19种1.76万册，5300余人参加。在海口广播电视台"海口新闻联播"栏目下方滚动播出安全生产月格言警句字幕，同时在FM101.8综合广播频率整点时段循环播放持续1个月。在《海口日报》大篇幅刊登安全生产法律法规宣传解读文章。与海口广播电视台合作，播放安全生产公益广告及安全生产宣传片。通过公交车、出租车电子显示屏等媒介播发公益广告50多条，海口市党政网发布"安全生产月"信息10余条。创建安全生产宣传教育中心抖音官方账号，通过抖音APP新媒体，制作以安全生产、应急管理知识为主题的抖音视频在手机平台推送宣传。利用公交车候车亭持续开展3个半月安全生产知识公益宣传。开展安全生产宣传教育"七进"之进农村活动，到村镇举办文艺演出2场，为1500余名农民群众奉上安全文化盛宴。

（王文帅 唐仲文 宋文军 海陆滨 朱启铭 吴淑华 韩龙帆 陈习之 王乙嵋）

消防救援

【概况】2019年4月28日，根据新修订的《中华人民共和国消防法》，海口市消防救援支队将原承担的消防设计审查、消防验收及备案抽查等工作职能移交市住房和城乡建设局。12月31日，根据中共中央《深化党和国家机构改革方案》和应急管理部消防救援局相关要求，海口市消防救援支队及其所辖大队和基层消防救援站挂牌。机构改革后，市消防救援支队设6个大队、12个基层消防救援站。

【消防体系与安全环境建设】2019年，海口市消防救援支队深化消防执法改革，防范化解重大消防安全风险，推进"放管服"改革、夯实火灾防控基础、提升灭火救援能力。年内，市政府将全市570个"三无"小区消防设施整治和6个小型消防站建设纳入为民办实事项目，投入近8000万元构建消防救援快速响应圈和改善全市火灾高危场所消防安全环境。至年底，6个小型消防站建成投入执勤；龙华、秀英、琼山3个区共完成430个"三无"小区消防设施整治；4个区政府投入320万元，购置1.4万具简易防毒面具、4.3万个独立式感烟报警器在群租楼、"九小"场所免费发放、安装，基本实现火灾高风险区域全覆盖，缓解困扰老旧高层建筑和城中村火灾隐患问题。建成并投入使用海甸消防救援站1个，大园路、龙昆南路、白沙门、仓东村、爱力大厦、五源河和银湖路小型消防站7个，启动海陆消防站项目建设和1000吨级近海消防船采购，新增采购举高喷射破拆车等7辆消防车、1.21万件（套）器材装备、新增建设市政消火栓200个。全国首例通过政府购买服务形式成建制招录的146名政府专职消防队员，进驻全市基层消防救援站参与灭火抢险救援执勤任务。完成博鳌亚洲论坛2019年年会、国庆70周年、文昌卫星发射和省、市“两会”等重大消防安全保卫任务256次，调派消防车802辆次，执勤指战员4812人次，全市未发生有人员伤亡的火灾事故。

2019年10月14日，海口市消防救援支队处置琼山区花卉大世界火灾事故（市消防救援支队 供）

【社会消防管理】2019年，根据《中华人民共和国消防法》明确规定住房和城乡建设主管部门负责消防设计审查、消防验收及备案抽查工作。海口市消防救援支队将原承担的消防设计审查、消防验收及备案抽查等工作职能移交至市住房和城乡建设局；大力推进“双随机、一公开”和公众聚集场所消防安全告知承诺制消防监管改革，通过全市“一张审批网”和在线政务服务平台，鼓励群众网上递交申请、上传材料，消防部门网上推送电子证照，实现公众聚集场所告知承诺事项“不见面”管理，让群众足不出户办理消防业务；主动对接市场监管部门，建立商事登记信息共享机制，市场监管部门及时将公众聚集场所设立、变更登记信息，通过政务信息共享交换平台推送至消防部门，消防部门依法实施监管。

【火灾防控】2019年，海口市消防救援支队顺应互联网、大数据时代发展趋势，推动将消防工作纳入海口“城市大脑”建设体系。通过政府购买服务等形式，在友谊阳光城、日月广场、希尔顿酒店、美兰国际机场4个大型人员密集场所试点建设城市消防远程监控系统；选取海口市山高村、金华村、书场村、千家社区4个火灾风险较高的城中村开展“智慧消防”试点。将全市43个镇（街）、68个公安派出所、459个村（居）委会、7655名网格员纳入“12345+网格化”视频网络管理平台，实现安全监管全面覆盖、隐患排查内外联动、资源信息共享互用的安全技术防范体系。培育建成小型消防站11个、政府专职站7个、企业专职站4个，配齐人员装备，强化调度联动，将消防管理触角延伸到最基础单元。将社会单位消防违法行为纳入社会征信平台，在部分单位试行兼顾风险防范和灾后救济的新型保险，消防工作由单纯政府管理向多元协同治理转变。

【灭火救援】2019年，海口市消防救援支队适应“大应急”“全灾种”的职能转变，根据特勤站、类型灾害事故相对密集区域的消防站和社会联动力量分布特点，组建高层建筑、城市大型综合体、石油化工、水域救援、地震救援等5支专业应急救援队伍和集物资供给、装备维保、餐饮服务、露营住宿为一体的战勤保障队伍，与遍布全市的居民社区、企业单位小（微）型消防站及供水、供电、交通清障、工程运输等社会应急联动力量一道构建小（微）站先行、专业站主战、战勤站保障和社会联动力量后援的消防综合应急救援体系。成功处置“7·12”新温泉大上海俱乐部、“9·19”金盘物流仓储、“10·10”正大豪庭和“10·14”花卉大世界等火灾事故。全年共接处警2436起，其中共发生火灾531起，比上年上升5.9%；无人员伤亡，直接经济损失887.6万元，下降38.7%。出动消防车4675辆次，出动警力2.3万人次，抢救被困人员344人，疏散被困人员695人，抢救财产价值2.9亿元。

【消防宣传】2019年，海口市消防救援支队依托“消防宣传进万家”活动，在社区内部、居民小区设置固定消防宣传栏；在公众聚集场所安装户外宣传视频；利用社会单位户外电子显示屏，滚动发布火灾预警信息、典型火灾案例、消防安全知识和消防公益广告。利用抖音、微信、微博和今日头条等新媒体，定期发布、推送“小火快逃、浓烟关门”等简单易懂、便于传播的消防安全宣传常识和公益短片2097条，浏览总量62万余次，积累粉丝40万人。向中央及省市媒体报送全市火灾救援实况，制作8期访谈类节目《火线消防》，每天定时在广播电台FM101.8频段播报《海口消防之声》节目，并在《直播12345》中每周播出1期消防专栏。全年全市消防救援实况在央视上稿43篇，应急管理报上稿18篇，其他省级媒体上稿量501篇。在全国消防救援队伍形象宣传片评比中，制作的《我的习惯，你的平安》消防宣传短片，获得应急管理部消防救援局评比一等奖。

（吴健宇）

卫生应急

【概况】2019年，海口市卫健委进一步深化院前急救体系改革与发展，不断加强应急能力建设，建设水上医疗救援培训基地，建立水上医疗救援队伍，开展应急知识培训宣传和应急演练。完成自动体外除颤仪（AED）、智能救援培训岛的投放及宣传普及培训工作，做好卫生应急保障和台风、登革热疫情等突发公共事件处置工作，较好地保障人民群众生命健康和城市运行安全。

【卫生应急管理体系建设】2019年，海口市卫健委完善卫生应急组织领导，建立重大节假日和防台等重要时期24小时专人值班和领导带班制度。依据工作实际，建立动态修订机制，修订《海口市登革热防治应急处置预案》《防汛防风卫生应急预案》《2019年国庆节期间医疗卫生救援应急预案》《2019年春节期间医疗卫生救援应急预案》《2019年春运工作卫生保障方案》《2019年博鳌亚洲论坛年会 医疗卫生保障工作方案》《2019年高考、基础会考期间医疗卫生保障工作方案》《2019年海口马拉松医疗保障工作方案》8个方案预案。对标自由贸易区（港）建设，制定出台《海口市120急救中心运行经费保障实施方案》和《海口市120急救中心人员薪酬实施方案》，为加强全市院前急救体系建设提供遵循。

【卫生应急能力建设】2019年，海口市卫健委完成市120急救中心指挥调度系统升级改造，实现分级调度、移动监护无线传输和院前急救医疗信息化，成功指导3例院外分娩和6例CPR（心肺复苏）案例。为提高网络医院急救能力，协调市120急救中心给市人民医院、市第三人民医院、第四人民医院、海南省第五人民医院、海南省肿瘤医院共下拨11辆救护车。组织4个区的20家乡镇卫生院595名专业医护人员参加自动体外除颤器（AED）使用培训；建设水上医疗救援培训基地，配套水上医疗救援队伍装备建设，引入国际标准化训练课程，培训专业水上医疗人员和航空医疗救援人员，建立约30人的市水上医疗救援队伍。组织全市各级医疗卫生健康机构135人进行消防知识、演练培训；组织委属5家医疗机构参加“海澄文”人民防空指挥协同暨重要经济目标防护演练、海口市较大道路交通安全事故应急演练，应急救援和处置能力得到提升。

【社会急救能力建设】2019年，海口市卫健委完成全市AED230台和10台智能救援培训岛的投放任务；完成自动体外除颤仪宣传普及培训活动，开展AED培训893场，培训5.2万人；继续开展“急救微课堂”，全年开展58期，培训1656人；在海南华侨中学等地建立起8家急救安全屋，为周边居民搭起一道生命安全网。

【突发公共卫生事件应急处置】2019年，海口市卫健委组建医疗卫生应急队伍，做好物资储备、医疗救治和卫生防疫等应急处置工作，完成防御“韦帕”“杨柳”“剑鱼”等台风的卫生应急工作。9月5日至12月30日，针对海口市发生的本土登革热疫情，按照《海口市登革热疫情卫生应急预案》落实卫生应急响应工作内容，加强疫情调查监测、督导检查、报告和分析，及时、有效处置，较好地完成疫情防控工作。全年共处置各类公共卫生突发事件16起。

【重大活动医疗保障】2019年，海口市卫健委完成马拉松、省市“两会”、博鳌亚洲论坛年会、湖南卫视跨年演唱会，以及高考、中考、公务员考试、全国法律职业资格考试等102次重要活动的医疗卫生保障工作。

【院前急救工作】2019年，海口市120急救中心共受理电话12.59万次，派车数3.02万次，有效出车数2.48万次，共接诊病人1.43万人次，现场救治率98.24%。其中，危重症患者1435人次，危重症抢救成功率85.88%；心肺复苏322人次，心肺复苏成功23例，心肺复苏成功率7.14%。处理突发事件27次，事故受伤人数136人，死亡15人，共派出急救车68辆次，参与急救人员204人次，事件应急处理及信息上报均符合要求。

（何定培）

（编辑：赵华锋 杜惠珍）

区情概览

秀英区

【概况】 2019年，秀英区下辖长流、西秀、海秀、石山、永兴、东山6个镇，秀英、海秀2个街道，70个行政村、24个居民社区。土地面积498.36平方千米，常住人口40万人，户籍人口35.89万人。全区地区生产总值250亿元，比上年增长7.5%；社会消费品零售总额300.44亿元，增长4.6%；固定资产投资422.63亿元（不含秀英区辖区范围内的高新区、综合保税区项目），下降10.9%；地方一般公共预算收入14.7亿元，增长4.8%。全区居民人均可支配收入31257元，增长8.4%；城镇常住居民人均可支配收入35717元，增长8.2%；农村常住居民人均可支配收入16293元，增长8.1%。

全区农业总产值28.82亿元，比上年下降0.9%。全区以深化农业供给侧结构性改革为主线，着力发展现代高效生态农业，引导涉农企业和农民以"公司+合作社+种植大户""合作社+基地+农户"等模式，大力发展"菜篮子"生产。完成2670公顷田洋高标准农田改造，建成马坡洋万亩蔬菜产业园和统历岭常年蔬菜基地，新建罗经南蓝山菜篮子基地，成为海口市重要"菜篮子"基地和冬季蔬菜生产基地。继续实施品牌农业战略，举办火山荔枝月乡村采摘游活动，促进乡村旅游提质增效和农民增收。新建胜嵘石斛种苗培育产业园等一批现代特色农业物联网产业园。永兴电商扶贫中心线上销售总额超1.5亿元，带动贫困户销售1000多万元，孵化贫困户网点112家，涌现出一批电商脱贫明星户。东山镇城西村被新纳入海口市科技扶贫示范村创建行列，5户农民成为科技扶贫示范户。

全年完成工业总产值328.78亿元，增长0.7%，其中规上工业企业（年主营业务收入在2000万元以上的企业）74家，完成产值306.7亿元，增长0.5%；实现工业增加值78.97亿元，增长3.9%，其中规上工业实现增加值72.69亿元，增长4.1%。

实施"东西双港"（秀英港、新海港）驱动，加快建设新海生态临港新城，启动新海港三期项目建设，不断提升港口运载能力。与海南银行签订战略合作协议；与海南众利恒黎药科技有限公司、海南胜嵘生物科技有限公司签订框架合作协议，投资额10亿元。引进中冶天工集团、海南成美国际医院等项目落户秀英。年内，全区新增市场主体10854户，增长86.1%；完成企业投资项目备案93个，计划总投资407.71亿元。至年底，落户秀英区各类建设项目402个（省重点项目13个），计划总投资499亿元。海口国际免税城、招商局海南区域总部等7批35个落户秀英区的海南自贸区建设项目实现集中开工。定海大桥连接线、椰海大道延长线建成通车。海口湾国家海洋公园帆船帆板公共游艇码头改建工程基本竣工，600余个游艇码头泊位及相应配套措施投入使用；海口国家帆船基地公共游艇码头各类水上运动训练及赛事顺利开展。

以落实乡村振兴战略为契机，制定《海口市秀英区扶持发展特色民宿产业实施方案》，安排专项资金鼓励扶持区内更多特色民宿发展。推出"11家秀英最美民宿，别'宿'一帜"微视频，向广大游客详细介绍辖区特色民宿，提供吃住玩全方位信息。年内，建成精品民宿11家，接待游客34.57万人次，增长18.14%；总营业收入1657.76万元，增长19.33%。全区举办各类展会88场次，吸引49.27万人次参加。全区接待旅游总人数686.63万人次，增长23.89%；旅游总收入5.16亿元，增长8.63%（仅统计4个A级旅游景区和5个椰级和规模型乡村旅游点，不含酒店业）。

推进百镇千村建设和"美丽海南千百工程"建设。统筹推进石山、永兴、东山3个特色小镇建设，完成45个行政村、245个自然村和石山镇美安墟村镇规划修编。启动农村交通三年（2019—2021）改善计划，建设旅游资源路，改造农村危桥。年内追加投入省、市、区资金4000多万元，加快补齐"厕所改造"、农村污水收集和处理设施短板，突击抓好农村环境卫生整治，推进环卫一体化向农村覆盖。建立海口市首个农村生活污水处理站，实施海口市首个农村厕所清掏试点工作，安装878户农村污水处理生物罐，建设2703个农户厕所。启动5个美丽乡村示范点、276个自然村生活污水治理项目，共建3

个镇域污水处理厂。建立6个镇级环卫机构和垃圾收运处理体系，实现生活垃圾收运全覆盖。石山镇群榜村等12个美丽乡村建设完成。创建巩固美社村、三卿村、冯塘村等一批特色美丽乡村和昌道文创艺术村、官良古法豆腐村、美富家风传承村等美丽乡村，全区文明生态村总数315个，占自然村（322个）总数的97.8%。

全年民生支出15.7亿元，占地方一般公共预算支出的80%以上。新增就业5500人，下岗失业人员再就业1611人，农村富余劳动力转移就业1900人，创业担保贷款扶持创业80人。发放各类低保、救助金3575.4万元，惠及1.6万人。完成6家社区长者饭堂和2家敬老院建设，为633名老人提供无偿上门服务9.9万小时。被征地农民参加社会养老保险2.4万人，补贴3.2亿元。拆除危险房屋114处，配租公共租赁住房1755户，发放租赁补贴67.8万元。长滨小学等3所学校开学（园）招生，增加学位4520个，消除城区学生员额超级大班问题。投资改善美安小学等多所学校基础设施建设，投入1.76亿元，迁建新海学校、购置教学设备。发放教育扶贫特惠性资助金516.57万元，惠及2895人次，贫困家庭适龄学生义务教育阶段辍学率为零。全区有各类全日制中小学校59所，在校学生37224名；幼儿园143所，在校园幼儿23072名。投入1.52亿元推进78个基层医疗卫生机构标准化建设。有直属医疗机构245个，住院医疗床位365张。117个基层医疗卫生机构全面实施国家基本药物制度和基本公共卫生服务，15分钟医疗卫生服务圈覆盖全区城乡居民。国家级慢性病综合防控示范区建设通过国家专家调研评估。形成以文化馆、图书馆为重点，联动区镇村三级公共文化服务网络，开展文化惠民活动140余场。投入333.31万元，为建档立卡贫困人口1554户7322人、低保对象1027户2388人、特困人员704户706人缴交医疗保险、大病保险，实现贫困人口参保全覆盖。至年底，全区建档立卡贫困户全部精准脱贫退出，共退出1554户7322人，其中2019年退出102户211人。贫困发生率从“十三五”初期的4.23%下降至0，取得脱贫攻坚战完全胜利，全区消除绝对贫困，在2019年海口市脱贫攻坚大比武中获得第一名。

【秀英区城市更新融入文化基因】 2019年，秀英区深入挖掘当地文化资源，在开展“城市更新”工程中，积极融入文化基因，以海南特有的本土文化为底蕴，以老码头、海洋文化为载体，修建具有寓意着码头文化音符的“拉帆出海”“打鱼归来”等文化雕塑，以简朴的传统灰色素为基调，对沿街的建筑物外立面进行升级改造；每栋建筑上建起铁锚、船舵等海洋文化符号，以增进文明城市亲和力为目的，注入海洋文化元素，让曾经“灰头土脸”的寻常巷陌增添“文艺范儿”，从而提升片区的文化品位，让居民“记得住乡愁”。

【第四届海口火山自行车文化节】 2019年1月12日，秀英区政府、人民网海南频道主办的第四届海口火山自行车文化节在秀英区石山镇开幕。来自全国各地的3000多名骑友参赛和助阵，数万名市民游客前往观看。开幕式上举行海南各自行车俱乐部与秀英区文旅局战略签约仪式。现场除专业的山地自行车赛和公路自行车赛外，还开展内容丰富的活动，举办“爱心扶贫集市”和美食节。火山自行车文化节使石山周围优美的生态环境、火山文化、传统古村落得到挖掘传播，乡村旅游、土特产品、特色民宿等丰富多彩的人文资源和自然资源得到全面推广。

【寻尝里美俗夜市开业】 2019年3月27日，海口市第一家综合夜市——秀英区寻尝里美俗夜市开业。寻尝里夜市位于美俗路与秀英大道交会处，周边商业发达，常住人口密集，交通便利。包含秀英美俗夜市街和寻尝里美食观光街两部分，占地2万多平方米，可同时容纳5000人就餐。寻尝里夜市主动为周边低就业、难就业群体自主创业提供互帮互助公益餐车等便利条件，帮助弱势群体走上社会、融入社会、自我发展。在国庆黄金周期间，寻尝里美俗夜市举办“食全秀英，食美寻尝里”国庆美食吃货节，为游客奉上精彩的文艺表演，并陆续发放10万元代金券，促进消费，打造特色夜市品牌。共吸引客流近5万人，实现营业收入375万元。

2019年1月12日，第四届海口火山自行车文化节在秀英区石山镇举行
（郑峻敬 摄）

【石山派出所被公安部命名为首批100个“枫桥式派出所”】秀英区石山镇是全国重点镇、海南十大文化名镇之一、海南省首个互联网农业小镇，也是典型的城乡接合部。辖区有12个行政村（社区）、79个自然村、4万余人。面对错综复杂的治安情况，石山派出所学习借鉴“枫桥经验”，依靠和发动群众，坚持预防、全面排查、就地化解、高效稳控，把矛盾纠纷化解在基层的同时，有效提升治安环境。2019年11月28日，公安部首批100个“枫桥式公安派出所”命名揭晓，海口市公安局秀英分局石山派出所获得全国首批“枫桥式公安派出所”称号，是海南省唯一上榜的单位。

（杜翠华）

龙华区

【概况】2019年，龙华区辖5个镇，6个街道，51个行政村，303个自然村，78个社区。土地面积302.75平方千米，常住人口68.51万人，户籍人口50.61万人。全区地区生产总值765.91亿元，比上年增长7.5%。其中，第一产业增加值9.64，下降0.8%；第二产业增加值138.70亿元，增长2.4%；第三产业增加值617.57亿元，增长8.8%。常住人口人均生产总值11.24万元，增长6.3%。三次产业结构比为1.3∶18.1∶80.6。社会消费品零售总额244.4亿元，增长4.8%；地方一般公共预算收入30.35亿元，增长19%；完成固定资产投资220.64亿元，下降3.1%。城镇常住居民人均可支配收入40102元，增长8.1%；农村常住居民人均可支配收入15985元，增长8.1%。

深化农村集体产权制度改革，完成421个村集体经济组织清产核资工作。发展农村集体经济，新增17个村集体经济组织，成功落地龙泉镇美定村食用菌种植等6个村集体产业项目。推进农业供给侧结构性改革，与中国热带农业科学院签订战略合作协议，启动新坡百果园、农村产业项目规划、农产品检测等3个合作项目，推动“农业＋科技”，构建起“政产学研用”平台；推动“农业＋旅游”，围绕潭丰洋湿地，重点发展旅游、光伏、鹧鸪茶种植、黑山羊养殖等集体产业，完成湿地自然学校建设，带动生态旅游发展；推动“农业＋互联网”，建成全省首个区、镇、村三级联动电商服务中心，实现销售额57万元。全年实现农业总产值15.13亿元，增长0.1%。

完成工业总产值171.54亿元，比上年下降5.4%，其中规模以上工业产值157.59亿元，下降6.1%。全区工业六大行业生产呈现“四增两降”的发展态势。增长的行业主要是金属制造业、电气机械和器材制造业、食品饮料业和电力行业；下降的行业主要是汽车制造业和医药业。

旅游产业向精品化、多元化发展，生态休闲购物体验游、亲子游深受市民游客喜爱。全年接待游客933.48万人，增长5.6%；旅游总收入105.82亿元，增长7.55%。打造海口湾外滩餐吧酒吧街等夜间经济新地标，海口湾、骑楼老街、观澜湖等成为消费热点街区。文化产业繁荣发展，引进明月陈梦影业等30家知名文化企业，企业总数161家，注册资本金27.32亿元。发挥服务业聚集优势，推进国际旅游消费年活动，发展假日经济、夜间经济和周末经济。骑楼老街业态调整初见成效，全年接待市民游客210万人次，增长16.7%。复兴城、观澜湖成为省重点园区。金融产业聚集发展，全市25家保险公司全部落户龙华区，27家银行总部有19家在辖区内，金融保险业增加值占全市的72.3%。互联网产业加快发展，复兴城互联网信息产业园新引进企业200家、增长34%，税收13.23亿元、增长3倍。海南智能物联产业基地、物联网应用创新基地、5G应用联合实验室、智能物联产业联盟等4个机构在复兴城互联网创新创业园揭牌。滨海国际电子商务产业园入选国家电子商务示范基地。总部经济快速发展，阿里巴巴海南公司等5家企业被认定为海南省总部经济企业，蚂蚁金服海南公司等3家企业成为新增亿元企业。华润万象城N次方公园开业为国贸商圈注入新活力，龙湖天街等新型商业综合体顺利开工，培育新商圈和增长点。举办国际电音节、电子竞技联赛等20多项精品活动，给市民游客带来“吃住行游购娱”一体化消费体验。

全年全区重点推进项目216个，计划总投资1262.07亿元，年度计划投资227.91亿元，全年完成投资220.64亿元，占年度计划的96.81%。推动红星美凯龙等17个项目集中开工，加快推进166个在建项目。推进面前坡、坡博坡巷等片区征拆，棚改项目再提速，全年棚改供地49.73公顷，其中挂牌出让41.13公顷。抢抓自贸区（港）建设机遇，引进符合高质量发展要求、符合龙华实际的产业项目和市场主体，全年对接服务复星集团南方总部等客商考察洽谈60余批次，引进海南绿建投资有限公司等投资项目12个，其中总部经济5个，意向投资额35.23亿元，外资1000万美元。

深化“放管服”改革。在审批上做减法，在全市率先启动“一枚印章管审批”，将24个单位205项行政许可、其他权力、行政确认事项划转至区行政审批服务局；区级审批事项申报材料从901项精简至768项，办事时长压缩至法定办理时限的25%。在政务服务上做加法，全市率先实行“大一窗”受理，全面推行“互联网+政务”，24项多级联动事项网上办理。

持续完善城市路网，东沙至金地路、三叶西路等6条市政道路通车，启动滨涯北路、白水塘2号规划路建设。“两违”整治加大力度，拆违650宗12.66万平方米，控违193宗3.17万平方米，认定“一户一宅”3209宗，完成年度图斑销号任务。落实垃圾分类和减量工作，在29个小区试点生活垃圾分类工作，在32个转运站设置可回收垃圾收集点，投放20个垃圾分类智能回收站，全年垃圾减量7500吨。植树造林46.67公顷。建设三叶东路等街心绿地，启动东西湖三角池（二期）建设。对滨海公园、复兴城等周边补植复绿，新增绿地面积3572平方米。改造提升小街小巷221条1.8万米。开展老旧小区调查摸底，龙珠新城等6个小区纳入自主改造试点。推动海口湾畅通工程建设，如期实现龙华示范段4.49千米全线贯通，海口湾夜景成为新的网红打卡点。

开展“十村示范、百村整治”农村人居环境整治，把52个村居分类、分步、梯度打造。城乡环卫一体化全覆盖，农村垃圾收集覆盖率100%。完成14个自然村、启动20个自然村农村生活污水治理。深化“厕所革命”，改厕1293户，完成改造任务的125%。加快推进龙桥镇昌荣村、昌学村等6个美丽乡村建设。全区完成55户182人的高质量减贫任务，年度人均纯收入9346.4元，有效保障已脱贫409户1793人不返贫。发放教育特惠性资助金427.4万元，资助贫困家庭学生2456人次。开展健康扶贫医疗保障兜底工作，贫困人口参合率、慢性病签约服务、大病专项救治均达100%，不让贫困户发生因病致贫、因病返贫现象。完成167户农村危房改造，农村困难群体预警帮扶系统试运行。

全年民生支出26.2亿元，比上年增长12%，占地方一般公共预算支出的86.9%。新增就业10307人，失业人员再就业4134人，农村富余劳动力转移就业1292人。为低保对象、困境儿童等困难群体发放保障救助资金2636.76万元，兜底保障困难群众的基本生活。为80岁以上老人发放高龄补贴4万余人次1030万元；各镇街实现长者饭堂助餐服务试点全覆盖。改扩建坡巷小学、农垦二小等6所学校，增加学位3300个，超大班额全部消除，大班额从566个下降到68个；在海瑞学校、市二十六小学等12所学校开展课后四点半服务，解决1.49万学生接送问题。改扩建农垦机关幼儿园、滨涯幼儿园，启动博义、高坡、滨海等3所幼儿园建设，增加学位2250个。实现在编在岗教师“同级同待遇”，临聘教师“同工同酬”。全区有公办中小学（含乡镇教学点）48所，学生62609人；民办中小学10所，学生10199人。开展基层医疗机构标准化建设，打造中山、滨海街道社区健康服务中心，试点社区医养融合服务。创建国家级慢性病综合防控示范区，提高全民慢性病综合防控能力。年内，全区有医疗卫生机构329个，病床数7312张。

【新坡镇仁里村获评全国第九批“一村一品”示范村镇】2019年9月，农业农村部公布第九批“一村一品”示范村镇名单，认定海南省6个村镇为第九批全国“一村一品”示范村镇，海口市龙华区新坡镇仁里村（石斛）名列其中。仁里村是“十三五”贫困村，下辖11个村民小组，全村以传统农业、特色产业种植为主。近年，仁里村坚持以党建为引领，深挖集体经济发展潜力，发展石斛种植、光伏发电、农旅发展等集体经济项目，带动村民走集约化规模化发展道路。

【新坡镇农丰村发展经验获央媒点赞】

龙华区新坡镇农丰村曾是一个空心村，全村的环境卫生较差，村里没有产业，年轻人基本都外出打工。2019年初，乡村振兴驻村工作队到农丰村后，与村党支部班子一起经过摸索调研，决定立足本村资源，成立合作社，发展蔬菜种植产业。同时，村党支部开始号召村里外出的致富能人、青壮年等返乡创业。合作社成立后，从耕地、播种到销售都实现专业化，还推出自己的蔬菜品牌，打造田间到餐桌的直供模式。经过半年多的努力，全村蔬菜直销海口15个小区，村集体经济产业销售近60万元，村里还进行环境整治，村容村貌也焕然一新。12月，央视新闻联播以《海南：驻村工作队 助力乡村振兴》为题，点赞新坡镇农丰村发展经验。

【国贸大院党建引领基层治理案例获评全国城市基层党建创新案例优秀案例】在由中国浦东干部学院、人民网、中国共产党新闻网、中国组织人事报社和组织人事报社自2018年8月始面向全国开展城市基层党建创新典型案例征集评选活动中，龙华区报送的《党建引领聚民心 三无小区焕生机》国贸大院党群活动中心案例，经过初评、复评等程序，从约全国4000个案例中脱颖而出，作为全省2个典型案例之一，入围266个候选案例的最终评选。2019年12月27日，获评为“全国城市基层党建创新案例优秀案例”。国贸大院位于海口市龙华区金贸街道龙华南社区，院内有5个党支部，123名党员。该案例是龙华区打破行政隶属壁垒，充分调动国贸大院原有5个党支部123名老党员，发挥党支部战斗堡垒作用，让基层党员参与到社区治理和服务中去，以解决小区居民关心的突出问题为突破口，积极探索党建引领城市基层治理的有效案例。

【“乐购消费季 闪亮夜龙华”活动启动】为响应省委省政府开展海南国际旅游消费年活动的号召，推进海南文体旅游产业融合，促进龙华区旅游消费，2019年11月8日，“乐购消费季 闪亮夜龙华”启动暨“惠享龙华”小程序上线仪式在海口吾悦广场举行。该活动汇聚龙华辖区数十家大型商超、夜市、旅游度假区等共同参与，各商家均推出丰富多彩的应季活动及诸多促进消费的惠民举措。活动发布龙华辖区内11个大型商圈与5家观光夜市近期的丰富活动、优惠举措等内容。为更加方便市民游客用“指尖”了解龙华区消费特色元素和各大商家促销信息，还特别推出“惠享龙华”微信小程序，专为此次龙华区“乐购消费季”量身打造，涵盖龙华辖区内的大部分商家的位置、电话等相关信息，同时相应推出商家的促销活动，基本涵盖了龙华区吃、住、行、游、购、娱等消费推荐和优惠。

（符英诗）

琼山区

【概况】2019年，琼山区辖国兴、府城、凤翔、滨江4个街道，龙塘、云龙、红旗、三门坡、大坡、甲子、旧州7个镇，红明、东昌2个居，37个社区和74个行政村。土地面积928.63平方千米，常住人口52.37万人，户籍人口40.92万人。全区生产总值214.89亿元，按可比价格计算，比上年增长7.5%。其中第一产业增加值23.57亿元，第二产业增加值41.27亿元，第三产业增加值150.05亿元，分别下降0.4%和增长4.2%、10.2%。三次产业结构为11.0：19.2：69.8。常住人口人均生产总值41261元，增长6.3%；户籍人口人均地区生产总值53028元，增长5%。固定资产投资总额132.29亿元，下降7.3%，其中不含云龙产业园的固定资产投资总额129.59亿元，下降6.4%；社会消费品零售总额72.27亿元，增长5%；来源地一般公共预算收入51.6亿元，增长10.4%。城乡居民人均可支配收入31957元，增长8.1%。城镇常住居民人均可支配收入36697元，增长7.8%；农村常住居民人均可支配收入16127元，增长8.5%。

全区农业总产值39.13亿元，按可比价格计算，下降0.4%。胡椒、荔枝、常年蔬菜、热带花卉等传统优势产业发展势头强劲。大坡胡椒种植面积增至4533.33公顷，热带花卉种植面积突破2666.67公顷；常年蔬菜种植面积625.11公顷，年产量3.6万吨。油茶、柠檬、青金橘、牛大力等新品种种植规模不断扩大，富硒有机稻米“琼山福稻”上市售卖。“一镇一业”发展格局基本形成。云龙淮山、大坡胡椒和三门坡荔枝通过国家农产品地理标志评审，新增甲子牛大力、甲子绿头鸭2个国家地理标志证明商标，以及三厨、牧榕鸡2个国家级著名商标，全区农业品牌效益不断扩大。大坡胡椒加工厂环保生产线实现运行，万颂壹（海南）食品科技有限公司上线冻干加工技术，农产品深加工产业升级提质。成功举办荔枝节、海口三角梅花展等大型农旅活动，红旗本立村民宿投入经营，海口三角梅农庄获评省四椰级乡村旅游点。全区工业总产值50.78亿元，按可比价格计算，增长0.2%，其中规模以上工业总产值完成40.32亿元，下降0.6%。

深入推进“一窗受理”“全城（一网）通办”等“放管服”改革，完善三级政务服务体系建设，持续优化营商环境，采取多种形式开展招商。全区旅游接待人数463万人次，旅游总收入7.09亿元，分别增长10.4%和11.1%，创琼山区旅游消费历史新高。依托日月广场，以跨年演唱会系列活动为契机，推出红色、绿色、古色三大主题4条线路，吸引游客到访，日月广场免税店成为新的消费热点。成功打响新海府粥城等美食品牌，福地美食街、兴丹路美食街等地成为网红打卡点，夜市经济逐步形成。

全年列入“确保全省经济持续健康发展、确保各项改革政策全面落实”百日大行动期间重点推进的项目共124个，总投资约1022亿元，年度计划投资119亿元，累计完成投资129.65亿元，占年度计划投资的109%。全区124个重点项目建设扎实推进。坚持对标自贸港建设精准招商，全区企业信息库纳入企业73家。全国首家投资管理型村镇银行兴福村镇银行落户辖区营业。成功引进牧原实业等3家全国农业龙头企业，与海南银行、建设银行海南分行等5家企业签订战略合作协议，推进海口保利凤翔湿地国际文化艺术中心等涉及高新技术、农文旅、总部经济等领域的8个招商项目落地工作。

完成红城湖、响水河等4个黑臭水体治理，拆除11家占河道、河坝经营的餐饮店。完成16个美丽乡村建设前期工作，完成554.6千米自然村通硬化路和130.5千米窄路面拓宽主体工程，改造危桥30座，农村交通基础设施得到进一步完善。完成1216户农村“厕所革命”建设任务，建设63座小型水库防护墙。实施农田水利建设项目23宗，增加高效节水灌溉面积316公顷。开展农村饮水提质增效工程，解决93个村庄3万多人的饮水难题。全区1990户建档立卡贫困户、8684人全部脱贫，贫困发生率从2014年的5.77%降为0；整村推进贫困村10个，全部脱贫出列。

全年民生支出19.8亿元，占地方一般公共预算的73.2%。承诺的21件为民办实事事项全部完成。完成城镇新增就业岗位7312个，城镇登记失业率控制在3%以内。落实居民住房保障，发放低收入公共租赁住房货币补贴1119户，补贴金额415万元。启动运营琼山区社区和居家养老服务中心等3家日间照料中心，长者饭堂实现城乡全覆盖。设立39个平价菜网点，实现500户以上大型小区平价菜进驻全覆盖，群众“菜篮子”得到保障。全区教育投入7.38亿元，其中“两免一补”工作共拨付4559.96万元。铁桥幼儿园、椰博小学竣工投入使用，大坡中学、府城中学等13个单位获得“2019年全国中小学中华优秀传统文化传承学校”等称号。2019年秋季，琼山区公民办幼儿园223所，在园幼儿27823人，公民办小学学校56所，在校学生46459人（含9所九年一贯制学校、9个教学点），公民办初中学校18所，在校中学生11321人（含9所九年一贯制学校）。全区医疗卫生机构数317个，病床数442个。建成数字文化馆和图书馆总分馆，新建16间村级文体活动室，组织琼剧下乡和送电影下乡145场次。实施“12345+网格化”织密基层民心网，接收办件5.73万余件，办理率100%，按时办结率99.63%。全面推进依法治区，办理各类法律援助案件915件，受理矛盾纠纷2253宗，调解成功率98.7%。

【琼山区新时代文明实践出新成效】2019年，琼山区探索实行“1+365”试点模式，孵化培育志愿服务项目480余个，打造“习总书记对我说”“田螺计划”“益·老爸茶”等一批群众参与度高、口碑好、影响力大的品牌项目，开发“琼山区新时代文明实践中心”微信小程序，开展志愿服务3500余场。《人民日报》以《用活群众语言讲好全会精神》为题点赞琼山“益·老爸茶”宣讲，《人民日报》微信公众号、《时事报告》《思想政治工作研究》报道试点工作成效，央视戏曲频道《戏曲采风》栏目14分钟专题播出琼山区新时代文明实践主题琼剧《美美的土墨村》。

【琼山区农房报建极简办法出台】 2019年，琼山区在海口市率先出台《海口市琼山区农村宅基地建房管理实施办法》，简化报建流程，提高报建效率。全区全年审批核发“乡村规划许可证”1258宗，比上年增长103.2%。探索垦区个人建房管理制度，使琼山区在农房报建管理及其制度创新等工作走在全市前列。

【农村房地一体及集体建设用地确权不动产登记颁证试点工作开展】 2019年，琼山区在全市率先开展农村房地一体及集体建设用地确权不动产登记颁证试点工作。9月，云龙镇卜禄村村民在全市率先取得首批农村宅基地房地合一不动产权证书，确保享有的宅基地和集体建设用地使用权及房屋所有权得到法律的确认和保护，为农民增加财产性收入提供产权保障。至12月底，一体登记换发不动产登记证682宗。

【琼山扶贫扶智经验成全省样板】 琼山区作为海口市脱贫攻坚主战场，至2019年底，全区建档立卡贫困户1992户8586人全部脱贫，贫困发生率从5.7%降至0；整村推进贫困村10个，已全部脱贫出列。在省级脱贫攻坚大比武中，甲子镇考核排名第一；在省级第三方评估检查中，三门坡镇谭文村、清泉村和甲子镇民昌村取得高分。“电视夜校+N”将琼山扶贫扶智经验作为样板在《脱贫攻坚电视夜校》播出。

【树德村被授予“国家森林乡村创建工作样板村”称号】 2019年，在全国绿化委员会、国家林业和草原局举行的创建国家森林乡村颁奖典礼上，琼山区大坡镇树德村被授予“国家森林乡村创建工作样板村”称号，是海南省唯一获此荣誉称号的乡村。树德村主要以种植胡椒、青橘、火龙果和林下养殖为主，依托村内塔昌红色革命文化广场、革命历史丰碑、烈士纪念亭及周边白石溪风景区、明湖水庄等景区，发挥农业及旅游资源优势，构建旅游发展聚集体，推动红色文化旅游发展，并积极引导休闲农业与乡村旅游发展建设，助力乡村振兴。

【红城湖公园南岸开园】 2019年2月12日，红城湖公园全面施工改造，建设休闲广场、环湖健身跑步道、散步道、滨水栈道、公厕等，实现重构红城湖滨水景观、增加生态系统多样性、人与自然和谐共生的目标。10月1日，海口红城湖公园南岸进行试开园，对市民游客开放的公园南岸共有1.1千米，有3处市民广场，分别是南岸广场、南岸金花广场及南岸入口休闲广场。海口红城湖公园区域总面积38.64公顷，其中水域面积29.41公顷，环湖岸线步道总长2.5千米，公园定位为海口市综合公园（城市内湖修复湿地）。

（符智臣　李启燕）

美兰区

【概况】 2019年，美兰区辖白龙、白沙、博爱、海甸、蓝天、海府路、人民路、新埠、和平南9个街道办事处和灵山、演丰、三江、大致坡4个镇，57个社区、53个行政村，736个自然村，811个村民小组，桂林洋、罗牛山、三江3个农场和冲坡岭热带作物场（区管）位于区内。土地面积567.09平方千米，常住人口71.91万人，户籍人口55.48万人。全年实现地区生产总值426.8亿元，比上年增长7.5%。其中，第一产业增加值20.6亿元，下降0.7%；第二产业增加值47.7亿元，增长3.6%；第三产业增加值358.5亿元，增长8.9%；常住人口人均生产总值59680元，增长15.9%。三次产业结构为4.8：11.2：84。固定资产投资完成255.1亿元（含飞机购置费7.6亿元），扣除不可预料的飞机购置因素影响，增长0.5%；社会消费品零售总额206.83亿元，增长4.7%；全区公共财政预算总支出41.16亿元，增长13.6%，其中地方一般公共预算支出28.62亿元、增长31.7%。农村常住居民人均可支配收入16129元，增长8.3%；城镇常住居民人均可支配收入36843元，增长7.8%。

2019年10月1日，红城湖公园南岸建成向市民开放　（张俊其　摄）

全区农业总产值32.2亿元，与上年持平。水稻种植2146.67公顷，蔬菜种植面积166.67公顷（含复种）；出栏猪15.9万头、牛0.15万头、羊1万只、禽类330.97万羽、禽蛋5738.34吨；花卉种植3000公顷；水产养殖总面积1600公顷（不包含要退养面积733.33公顷），海洋经济水产品总产量3.18万吨。工业经济有所突破，新增大华汽修、海南凯健制药等3个规模以上工业项目。工业总产值62.3亿元，增长9%。有规模以上工业企业29家，规模以上工业总产值50.68亿元，增长10.6%，占全部工业总产值的81.3%；规模以下工业总产值11.62亿元，增长3.1%，占全部工业总产值的18.7%。

做好江东新区范围内项目征拆及跟踪服务工作，121个项目征地累计签订协议面积225.87公顷，53个重点项目加快建设。美兰空港一站式飞机维修基地等24个集中开工项目顺利推进，顺丰海南国际生鲜港、临空经济区安置房及基础设施配套建设等6个临空经济区项目全面开工，美兰机场二期飞行区完工并启动竣工验收，椰海大道东延长线建成通车，白驹大道改造及东延长线工程、文明东越江通道等先导性项目进展迅速。启动仲恺村、瑶城村等江东新区美丽乡村示范项目。

43个纳入海南自贸港建设集中开工项目加快推进，完成投资80.7亿元，占全年投资计划的96.8%；省重点项目9个，完成投资68.4亿元、占全年投资计划的104.9%。招商对接洽谈一批产业项目，顺丰项目启动开工，圆通、菜鸟等前期手续办理，渤海银行、融创公司等企业顺利落户区内。产业发展转型升级，第三产业增加值完成358.5亿元，占GDP比重84%，增长8.9%，对GDP贡献率94.1%。总部经济发挥重要支撑作用，8家辖区总部企业纳税6.89亿元。互联网产业发展迅速，江东电子商务产业园和海南数据谷产业园新引进企业42家、增长23.3%，营业收入完成40亿元、增长8.7%。消费潜能不断释放。全面推进海南国际旅游消费年工作，策划各大商贸企业开展促销活动18场，海大南门夜市、东湖夜市、潮立方夜市等夜市品牌逐步打响，有效推动旅游消费经济的快速增长，全年销售额0.6亿元。

巩固提升87个水体治理成效，完成鸭尾溪湿地生态系统建设，完成海岸线陆域200米Ⅰ类生态红线范围内62.4公顷、南渡江沿岸64.07公顷水产养殖池塘清退，完成0.86公顷林地生态修复和复绿，积极配合推进美舍河国家湿地公园和三江红树林省级湿地公园建设。加快区内2019年第一期农村污水治理项目建设，8个行政村、74个自然村群众受益。保持“两违”整治管控高压态势，共拆除与处置违建17186宗、面积328万平方米。2019年国土卫片连续3个季度没有违法用地图斑，是全市唯一大幅下降的辖区。新建公厕3座、生活垃圾转运站5座、生活垃圾分类屋1562座。造7条易积水路，铺设排水管网1260米；投入800万元对14条小街小巷进行提升改造。试点开展垃圾分类工作，选定41个小区和单位以及和平南街道开展试点，7座智慧垃圾分类屋已投入使用。继续推进7个棚改续建项目，上贤（沙亮）、流水坡滨江新苑A区安置房建成交房。

推动农村集体经济发展，农村集体产权制度改革完成905个村组清产核资工作。完成编制36个美丽乡村建设规划并启动，创建30个文明生态村，开工建设4个行政村、15个自然村农村污水处理项目，实施9个农村饮水工程建设，完成美良崇德至三江旅游资源路建设15.74千米，完成小街小巷改造约9500平方米，完成农村公路硬化25条14.8千米。完成农村改厕934户。新建4家农村文体活动室，完成18家行政村文体活动室配套建设，完成危房改造51户。投入专项扶贫资金1003万元，完成235个脱贫攻坚项目，完成建档立卡户40户131人精准脱贫，实现全区存量建档立卡贫困人口全部脱贫。创建“田教授”扶贫实训基地，创建“党建+扶贫”模式，涌现出“莲雾书记”“地瓜书记”“蜜橙书记”“蚕书记”等一批扶贫先进典型。

全年民生支出累计完成17.8亿元，占地方一般公共预算支出的82.0%。实施为民办实事事项11项。城镇新增就业人数10323人，下岗失业再就业人数4190人，农村劳动力转移就业人数1825人；城镇登记失业率控制在3%以内。开展55个被征地项目农民养老保险工作，发放缴费补贴8193万元。稳步推进社区居家养老服务工作，为421名老年人提供6万多小时无偿上门服务。“一校两园”项目顺利推进，英才小学滨江分校、龙岐小学及区中心幼儿园基本建成并投入使用。面向社会公开招聘小学专任教师66名，投入4000多万元用于各中小学校园改造及教学设备购置。投入教育扶贫资金222.91万元，受益学生677人。区属市第七中学、第九中学等学校智慧课堂教学取得成效，同步课堂实验项目获得国家教学成果二等奖，市第七中学获得国家级毒品预防教育示范学校称号，美兰区被省教育厅提名为全国“基于教学改革、融合信息技术的新型教与学模式”实验区。开展以海口市人民医院为主体、演丰中心卫生院等医疗机构为基点的医联体试点工作。对全部6家乡镇卫生院、1家区管医院和45家村卫生室进行标准化建设，完成5家标准化母婴室建设，进一步夯实公共卫生服务基础。

【“‘田教授’扶贫互助计划”志愿服务项目获国家级省级奖项】2019年11月，美兰区志愿服务项目——“‘田教授’扶贫互助计划”在2019年度全国青年社会组织“伙伴计划”优秀项目中被评为三星项目，在2019年海南省志愿服务项目大赛上获得金奖。该项目是从贫困户中推选出种养方面的能手，以及部分热心奉献、愿意免费教授种养技能的劳动致富带头人，任其为“田教授”志愿者，定期组织贫困户到田间地头集中学习，由“田教授”志愿者免费为贫困户传授种养技能。截至6月，美兰区共推荐32名“田教授”，涵盖养牛、养羊、养猪、养咸水鸭以及种富贵竹、莲雾、丝瓜等方面的能手。

【流水坡社区调解室“三室联动”调解机制获司法部肯定并向全国推广】 2019年5月9日，司法部在海南省海口市召开全国调解工作会期间，美兰区流水坡社区调解室作为海南省司法厅社区“三室联动”调解示范点，迎接司法部及中央和全国各地的司法行政工作者的参观考察。“三室联动”调解机制在基层的试行得到司法部的充分肯定并向全国推广。“三室”，是指调解室、警务室、法律顾问室。流水坡社区依托“三室联动”，对不构成违反治安管理的民间纠纷，警务室可直接委托或联合调解室展开调解，调解室处理疑难纠纷时邀请警务室与法律顾问室共同参与，填补社区治安调解与人民调解衔接空白。“三室联动”机制让调解员的调解优势、社区民警的执法优势、法律顾问的专业优势同时发力，优势互补，大幅提升调解效力。在社会治理实践中，流水坡社区人民调解委员会牢牢把握“枫桥经验”关于“矛盾不上交，就地化解”这一核心，充分用好“三室联动”的调解新机制，最大限度地把矛盾纠纷解决在基层、消灭在萌芽状态，推动“枫桥经验”在辖区内落地生根。近3年时间，共调解纠纷65宗，其中调解成功64宗，调解成功率98.46%。

【美兰区创新社区治理模式出成效】 2019年，美兰区以参与式预算改革为抓手，与新时代文明实践试点工作相结合，投入2250万元在8个试点镇街、24个村居，开展新时代文明实践微实事试点工作，实施275个群众关注度高、受益面广、急需落地的公共服务项目，切实解决市民群众最关心的难点问题，受益群众约15.6万人。12月，美兰区“微实事”创新社区参与式预算改革实践入选第六批中国（海南）自由贸易试验区社会治理类制度创新案例。

【演东村新时代文明实践中心试点经验获中央文明办全国推介】 2019年，中央文明办向全国推介海口等地新时代文明实践中心试点经验。作为海南唯一入选的乡村，演东村建立新时代文明实践站，围绕群众需要，运用“一整合三服务”的方式宣传群众、教育群众、凝聚群众。统筹整合资源。建设新时代文明实践站，设置长者乐园等12个功能场所；成立宣讲志愿服务队等8支队伍，做到日日有服务、周周有活动。发挥服务功能。村新时代文明实践站成立2支医疗志愿服务队，开展医疗保健等志愿服务。同时，为村里的孩子组织开展丰富多彩的主题活动。此外，还配置文体等各类功能室。发挥互助功能。将空巢老人、贫困户等弱势群体作为新时代文明实践站的重点服务对象，量身定制环保与养老相融合和“田教授”互帮互助2个志愿服务项目。发挥聚心功能。村新时代文明实践站的党员政策宣讲队以“流动课堂”为载体，生动化、具象化学习宣传习近平新时代中国特色社会主义思想；组织开展“新时代文明实践之星”等评选活动，引导每家每户弘扬家庭美德。中央文明办强调，演东村等地新时代文明实践的做法富有启发作用，专门介绍，供各地借鉴。

【鸭尾溪湿地生态系统建设工程完工对外开放】 鸭尾溪位于海甸岛中部，曾是住建部和环保部公布的黑臭水体之一，并且是重度黑臭。2016年下半年开始，海口将鸭尾溪纳入水环境综合治理项目，采用“PPP+EPC+监管”模式，对鸭尾溪进行综合治理，通过控源截污、河道清淤、生态修复等一系列系统化的治理措施，于2017年底基本完成消除黑臭水体治理任务，水质达到地表水V类标准，2018年治理成效受央媒等多家媒体报道点赞。2019年4月，美兰区启动鸭尾溪湿地生态系统建设工程，从修复生态廊道、激活滨水空间、构建亲水岸线等方面对鸭尾溪进行了景观提升。修复后的鸭尾溪，呈现出水清、岸绿、景美，人水和谐的景象。7月1日，海口鸭尾溪湿地生态系统建设工程1号段完工并开始对外开放。

（陈碧雅）

（编辑：王美芳）

治理后的鸭尾溪湿地公园。摄于2019年7月28日 （张俊其 摄）

新任市领导简介

杨昌生　1969年5月出生，江苏东台人，在职研究生学历，经济学硕士学位，1992年5月加入中国共产党，1993年8月参加工作。1989年9月至1993年8月在扬州大学师范学院英语专业学习；1993年8月至1996年3月任南京市雨花台区雨花镇工办科员；1996年3月至1998年3月任南京市雨花台区人事局综合科科员；1998年3—11月任南京市雨花台区雨花镇镇长助理；1998年11月至2000年8月任南京市雨花台区雨花镇副镇长、党委委员（其间：1998年9月至2000年7月在东南大学研究生课程进修班学习）；2000年8月至2001年4月任南京市雨花台区宁南街道办事处副主任、党工委委员；2001年4月至2003年3月任南京市雨花台区赛虹桥街道工委副书记、办事处副主任（其间：2001年9月至2002年12月在江苏省委党校政治经济学在职研究生学习；2002年9—12月在南京市委党校第十四期中青班学习）；2003年3月至2004年2月任南京市雨花台区雨花新村街道工委副书记、办事处主任；2004年2月至2005年9月任南京市雨花台区铁心桥街道工委副书记、办事处主任；2005年9月至2008年8月任南京市雨花台区铁心桥街道工委书记、人大工委主任；2008年8月至2011年6月任南京市雨花台区雨花软件园工委书记；2011年6—9月任南京市雨花台区委常委、统战部部长、雨花软件园工委书记；2011年9月至2012年4月任南京市雨花台区委常委、统战部部长，中国（南京）软件谷管委会副主任、工委委员；2012年4月至2015年1月任南京市雨花台区委常委，中国（南京）软件谷管委会副主任、工委委员；2015年1月至2016年4月任南京市雨花台区委常委、中国（南京）软件谷管委会副主任、工委委员，挂职任淮安市政府党组成员，宁淮现代服务业集聚区工委书记、管委会主任（挂职3年）；2016年4月至2018年3月任南京市雨花台区委常委，挂职任淮安市政府党组成员，宁淮现代服务业集聚区工委书记、管委会主任（挂职3年）；2018年3—6月任南京市雨花台区委常委；2018年6月至2019年10月任南京市委巡察组专职组长；2019年10月任南京市委巡察组专职组长，海口市委委员、常委，海口市人民政府副市长、党组成员（挂职2年）

（曾　丹）

冯　琳　1972年7月出生，海南海口人，在职研究生学历，管理学硕士学位，1997年6月加入中国共产党，1994年7月参加工作。1990年9月至1994年7月在华中理工大学数量经济专业学习；1994年7月至1998年12月任海口市发展计划局科员（其间：1996年9月至1998年9月在中国人民大学经济学院政治经济学专业研究生课程班学习）；1998年12月至2001年12月任海口市发展计划局副主任科员；2001年12月至2005年8月任海口市发展计划局（发展和改革局）产业科科长；2005年8月至2006年11月任海口市政府台湾事务办公室（市委台湾工作办公室）主任（副处级）；2006年11月至2012年3月任海口市委统战部副部长、市委台湾工作办公室（市政府台湾事务办公室）主任（副处级）〔其间：2008年9月至2010年8月在天津大学管理学院管理科学与工程专业学习，获硕士研究生学历，管理学硕士学位；2010年4月至2011年9月任海口市龙华区常委（挂职锻炼）〕；2012年3—7月任海口市委统战部副部长（兼）、市委台湾工作办公室（市政府台湾事务办公室）主任；2012年7月至2013年12月任海口市委台湾工作办公室（市政府台湾事务办公室）主任；2013年12月至2016年2月任海口市美兰区委副书记（正处级）、政法委书记；2016年2月至2018年3月任海口市美兰区委副书记、区人民政府区长；2018年3月至2019年1月任海口市美兰区委书记；2019年1月任海口市人大常委会副主任、党组成员，中共海口市美兰区委书记。

（王振仲）

王　磊　1967年10月出生，河南柘城人，大学学历，法学博士学位，1994 年 12 月加入中国共产党，1989 年 7 月参加工作。1985 年 9 月至 1989 年 7 月在北京大学法律系法学专业学习；1989 年 7 月至 1991 年 5 月任职于国家工商局条法司（其间：1989 年 10 月至 1990 年 10 月在江苏省徐州市工商局锻炼）；1991 年 5 月至 1993 年 9 月任国家工商局条法司科员；1993 年 9 月至 1995 年 10 月任国家工商条法司副主任科员；1995 年 10 月至 2001 年 12 月任国家工商局法规司法规处、听证处主任科员；2001 年 12 月至 2005 年 12 月任国家工商总局外资局注册指导处副处长（其间：2001 年 9 月至 2005 年 7 月在北京大学法学院经济法学专业学习，获得法学博士学位；2002 年 8 月至 2003 年 7 月在美国美利坚大学法学院学习，获得法学硕士学位）；2005 年 12 月至 2010 年 6 月任国家工商总局外资局注册指导处处长；2010 年 6 月至 2014 年 11 月任中国工商行政管理学会副秘书长；2014 年 11 月至 2019 年 5 月任国家工商总局（国家市场监督管理总局）企业注册局（外商投资企业注册局）副局长；2019 年 5—6 月任国家市场监督管理总局登记注册局（小微企业个体商户专业市场党建工作办公室）巡视员（其间：2018 年 6—9 月在海南省工商行政管理局挂职任副局长、党组成员；2018 年 9 月至 2019 年 6 月在海南省市场监督管理局挂职任党组成员、副局长）；2019 年 6—7 月为海口市人民政府副市长人选 ；2019 年 7 月任海口市人民政府副市长、党组成员。

沈继奔 1968 年 8 月出生，安徽颍上人，研究生学历，经济学博士，理论经济学博士后，研究员，博士后导师，中国社科院研究生院、北京大学等院校兼职教授（研究员），1998 年 3 月加入中国共产党，1990 年 8 月参加工作。1987 年 9 月至 1990 年 7 月在辽宁石油化工大学财务会计专业学习；1990 年 8 月至 1993 年 9 月任中石化安庆石化总厂计财处干部；1993 年 9 月至 1996 年 7 月在中国人民大学财政金融学院投资经济学专业硕士研究生学习；1996 年 9 月至 1999 年 7 月在中国社会科学院研究生院国民经济学专业博士研究生学习（其间：1997 年 7—11 月挂任重庆市建设委员会主任助理；1997 年 12 月至 1998 年 8 月挂任重庆市计划委员会副主任）；1999 年 7 月至 2000 年 3 月任国家开发银行稽核评价局、综合计划局干部；2000 年 3 月至 2001 年 6 月任国家开发银行财务会计局综合处副处长；2001 年 6—9 月任国家开发银行财会局财务计划处副处长；2001 年 9 月至 2003 年 3 月任国家开发银行财会局财务计划处处长；2003 年 3—9 月任国家开发银行政策研究室正处级行员；2003 年 9 月至 2006 年 8 月任国家开发银行政策研究室研究三处处长（其间：2001 年 9 月至 2004 年 7 月在中国社会科学院经济研究所理论经济学科从事博士后研究工作，获博士后证书）；2006 年 8—10 月任国家开发银行综合计划局综合处处长；2006 年 10 月至 2007 年 3 月任国家开发银行综合计划局宏观形势分析处处长；2007 年 3 月至 2009 年 4 月任国家开发银行综合计划局综合处处长；2009 年 4 月至 2011 年 3 月任国家开发银行规划局方法与制度处处长；2011 年 3 月至 2016 年 6 月任国家开发银行规划局高级策略规划经理（副局级）（其间：2011 年 6—8 月在中共中央党校中央国家机关分校学习；2013 年 7 月至 2014 年 9 月挂任山东临沂市政府党组成员、副市长，2014 年参加中国人民银行研究系列专业技术职称评审获得正高级研究员技术职称）；2016 年 6 月至 2018 年 1 月任国家开发银行研究院副院长、金融研究发展中心副主任（副局级）；2018 年 1 月至 2019 年 10 月任国家开发银行研究院副院长（副局级）；2019 年 10 月任国家开发银行研究院副院长（副局级），海口市人民政府副市长、党组成员（挂职 2 年）。 （曾 丹）

郭燕红 1963 年 10 月出生，女，北京市人，大专学历，1992 年 3 月加入中国共产党，1985 年 9 月参加工作。1982 年 9 月至 1985 年 7 月在中国人民警官大学学习（大专）；1985 年 7 月至 1992 年 10 月为北京昆仑饭店干部；1992 年 10 月至 1994 年 12 月任北京亚洲锦江大酒店财务部经理助理、副经理；1994 年 12 月至 1995 年 4 月任海南寰岛泰得大酒店总经理助理；1995 年 4 月至 2002 年 6 月任海南寰岛泰得国际酒店管理有限公司（海南寰岛泰得酒店物业管理有限公司）董事、副总经理，海南寰岛泰得大酒店董事、副总经理、党委副书记（其间：1996 年 9 月至 1998 年 7 月在中国社会科学院国际贸易专业研究生班学习）；2002 年 6—12 月任海南寰岛泰得国际酒店管理有限公司（海南寰岛泰得酒店物业管理有限公司）董事、副总经理，海南寰岛泰得大酒店董事、总经理、党委副书记；2002 年 12 月至 2008 年 5 月任海南寰岛泰得国际酒店管理有限公司（海南寰岛泰得酒店物业管理有限公司）董事、总经理，海南寰岛泰得大酒店董事、总经理、党委副书记；2008 年 5 月至 2013 年 12 月任海南省接待办公室主任、党组书记；2013 年 12 月至 2015 年 1 月任海南省政府副秘书长、办公厅党组成员，省接待办公室主任、党组书记；2015 年 1 月至 2018 年 8 月任海南省政府副秘书长、办公厅党组成员，省接待办公室主任（正厅级）、党组书记；2018 年 8—9 月任海南省接待办公室主任（正厅级）、党组书记，省政府办公厅党组成员；2018 年 9 月至 2019 年 2 月任海口市政协党组书记、提名为海口市政协主席候选人；2019 年 2 月任海口市政协主席、党组书记。

张 霁 1960年5月出生，陕西汉中人，大学学历，法学学士学位，1989年6月加入中国共产党，1983年7月参加工作。1979年9月至1983年7月在西北政法学院法律专业学习，获法学学士学位；1983年7月至1992年11月先后任陕西汉中地区人事局科员、副科长；1992年11月至1993年3月任海口市土地管理局副主任科员；1993年3月至1995年5月任海口市土地管理局土地监察科副科长；1995年5月至1998年7月任海口市土地管理局征地办公室主任、局长助理；1998年7月至2001年10月任海口市国土海洋资源局土地监察科科长；2001年10月至2004年4月任海口市国土海洋资源局法规监察科科长、海口市土地储备中心负责人（代理）；2004年4月至2005年9月任海口市国土环境资源局法规监察科长；2005年9月至2009年5月任海口市国土环境资源局党组成员、副局长；2009年5至2010年7月任海口市政府国有资产监督管理委员会党委委员、副主任；2010年7月至2011年8月任海口市政府副秘书长、办公厅党组成员；2011年8—10月任海口市政府副秘书长（正处级）、办公厅党组成员；2011年10月至2015年9月任海口市秀英区委副书记，区人民政府区长；2015年9月至2019年1月任海口市秀英区委书记；2019年1—2月任海口市政协党组成员，秀英区委书记，提名为海口市政协副主席候选人；2019年2月任海口市政协副主席、市政协党组成员，秀英区委书记，中共海口市第十三届委员会委员。

陈 洪 1972年9月出生，海南临高人，在职研究生学历，公共管理硕士、工商管理硕士学位，民盟盟员，1995年7月参加工作。1991年9月至1995年7月在南开大学汉语言文学专业学习；1995年7至1997年7月任海南省黄金宝石总公司职员；1997年7至1998年4月任海南省椰树集团办公室秘书科负责人、椰树员工持股会理事会办公室主任；1998年4月至1999年5月任海南省椰树集团办公室副主任；1999年5月2007年3月任海南省椰树集团办公室主任，董事会秘书（其间：2006年3月至2008年6月在中南财经政法大学MBA专业学习）；2007年3—12月任海口市水务集团有限公司总经理助理兼集团行政综合部负责人；2007年12至2011年12月任海口市水务集团有限公司副总经理（其间：2008年7月至2010年2月在琼山区旧州镇挂职副镇长；2010年8至2011年12月在美国犹他大学公共管理专业学习）；2011年12月至2012年6月任海口市水务集团有限公司副总经理，民盟海口市委会副主委（兼）；2012年6月至2017年9月任海口市水务集团有限公司董事、总经理，民盟海口市委会副主委（兼）；2017年9月至2019年1月任海口市人大常委会副秘书长（正处级），民盟海口市委会副主委（兼）；2019年1—2月任民盟海口市委会副主委（兼），提名为海口市政协副主席候选人；2019年2月任海口市政协副主席，民盟海口市委会副主委（兼）。

（刘林海）

先进人物

龚银州 1965年3月出生，湖北咸宁市人，中共党员，海口市第十六届人民代表大会代表，海口公交新月汽车公司驾驶员。作为一名出租车司机，在近20年出租车驾驶生涯中，一直恪守着出租车司机的职业操守，文明行车、礼貌待客、热情服务，在广大的司机和乘客中，有着良好的社会影响，同时为海口出租车行业树立良好的窗口形象。他热心公益事业，2012年11月23日自发组织成立“爱心车队”，利用每个周日上午在省人民医院门口为“老弱病残孕”等乘客提供接送服务。先后获得“全国出租租赁汽车行业抗击‘非典’先进驾驶员”“建功立业标兵”“文明使者”“道德模范”等称号。在2012年省工会开展“海马汽车工会杯”劳动竞赛活动中工作成绩突出，被评为优秀驾驶员。他带领的爱心车队获“全国工人先锋号”称号。2019年获“全国模范退役军人”称号。

蔡 铁 1967年7月生，现任中国工商银行股份有限公司海口海甸支行工程师，海口市政协常委、民盟海口市委会委员、民盟琼山区总支主委、海南民盟省委文化专委会委员。从2007年起连任三届政协委员，共提交158件提案及多份社情民意，每年的海口市“两会”期间，他因提交提案数量最多，被多家媒体称为“提案王”。13年来，一件件关注民生、为老百姓说话的提案见证他对职责的坚守和对信仰的坚持，也赢得市民送他的“民生委员”的荣誉。2019年，人民政协报、人民政协网发起“致敬70年·寻找最美基层政协委员”活动，经过层层投票筛选，蔡铁获评为“全国优秀基层政协委员”。

吴妚梅 1969年8月出生，女，海南海口人，中共党员，海口公交新月汽车有限公司出租车驾驶员。她十年如一日，悉心照顾多位与自己非亲非故的流浪老人。不论是在工作还是生活中，当遇到一些身体不适或者身患残疾的弱势群体时，总是会发自内心地提供帮助。她不仅身体力行，还带动家人和身边的朋友一起做好事，做善事。由于表现突出，2011年被评为“坚守底线——平凡的良心”中国年度人物，2012年被省总工会评为优胜驾驶员，2012年12月被全国老龄办、民政部、教育部、国家广电总局、共青团中央、全国妇联和中国关工委等七部门评为“全国孝亲敬老之星”；2013年先后被评为“全国孝亲敬老之星”“海口市十大社区雷锋”“海南省道德模范”“全国职业道德标兵”，获“全国五一劳动奖章”；2015年5月被评为“全国劳动模范”；2017年1月被评为“海南省三八红旗手”；2019年3月被评为2018年度“全国三八红旗手”。

王嫣雪　女，1972年1月出生，河南南阳人，中共党员，汉语言文学专业，本科学历。1992年9月参加工作，2003年经海口市面向全国招聘，由河南省南阳市三中调入海南华侨中学任教高中语文至今。2007年8月被评定为中学高级教师，2016年被海南省政府评为特级教师，2018年3月被评为正高级教师，11月被评为海口市拔尖人才。自2003年到海南华侨中学工作15年间，连续担任10年班主任，带过5届高三实验班，担任过8年语言课题组组长；从2008年开始连续8年任全省教师教育教学能力测试评委、高中语文小组组长、全省高级职称评审小组组长。2014年10月主持研究海南省教育科学“十二五”规划立项课题——《高中文言文语感培养策略探究》，经过1年努力，课题顺利结题并获得专家鉴定为优秀，研究成果在全省推广。近5年来，一直担任海南华侨中学语文科组长及高三备课组长，团队建设成效显著，2014年被评为“全国五一巾帼标兵岗”，2015年被认定为省高中语文学科课程培育基地。她热爱教育事业，坚持26年在教育教学一线任教；她积极参与校内师徒结对帮扶活动，推动青年教师快速成长并脱颖而出。2019年9月被评为“全国优秀教师”。

冯月娥　1975年10月出生，女，海南海口人，海口龙马环卫公司二片区国贸段督查员。2002年1月加入龙华区环卫行业。当时的环卫作业不论是清扫工具或是路段卫生都与现今存在着很大的差距，需要人工花费大量的时间与精力进行保洁，但她利用清扫工具对路段进行全方面保洁，使市容环境保持干净整洁。在任职国贸段督查员后，为保证辖区内外环境质量，她经常从早到晚上不停地来回巡查，走街串巷，顾不上吃饭、休息，孜孜不倦地践行着岗位工作职责，对每一个角落环境卫生的保洁质量都仔细查看，生怕漏掉一点点的问题。正是有了她这样“爱较真”的环卫督察员，环境卫生问题才不会积少成多，海口的环境卫生面貌才会更加的靓丽整洁。2013年，被海南省妇女联合会评为“海南省三八红旗手”。2019年3月获2018年度“全国巾帼建功标兵”称号。

徐　宏　1976年8月出生，女，山东烟台人，九三学社海口市委员会社员，大学本科，海口广播电视台新闻综合频道总监（社会新闻部主任、原双创频道总监）。她在海口“创卫创文”期间带领团队勇挑重担，20天打造“双创”频道，创下每天18个小时滚动新闻直播的纪录；同时用多种形式助推海口“创卫创文”工作获得成功，“双创”频道的工作获得社会各界的广泛点赞，起到很好的带动作用。她不断创新报道形式和手法，提升学习贯彻十九大精神、城市更新、湿地保护、社会文明大行动等新闻的报道力度和影响力，陆续推出《喜迎十九大》《湿地保护》等百余个策划；向央视传递海口正能量，2017—2018年她所带领的团队共向央视供稿470余条，被采用90余条；围绕主旋律组织及执行多场有影响力的活动，如：“益起向善·全民公益”、海口火山荔枝月、湿地志愿保护、扶贫电视夜校集市系列活动等几十个品牌活动；先后拍摄制作《一带一路》《文明创建的坚实脚步》《勇攀文明新高地》等多部海口市重大专题片，获得较好的社会效果。发起骆驼助学计划公益活动，连续5年资助40名农民工孩子上学，并开展热播贫困大学生助学活动等。先后获得2015年度海口市“三八红旗手”标兵、第22届海南省五四青年奖章、2015年度获中国传媒行业颁发的“影响中国传媒”领军人物、2015—2017海口市“双创”先进个人等荣誉称号。2019年3月被评为2018年度“全国巾帼建功标兵”。

卢国仁　1976年10月出生，广东茂名人，中共党员，1999年8月参加工作，大学本科学历，海口市第一中学高级教师。他连续多年带高三毕业班，并且取得优秀的教学成果，在19年班主任工作生涯中，他信奉的信条是“没有爱就没有教育”，他身体力行，用爱开启学生的心灵，用自己的道德标准影响学生。从教至今，他资助多名家庭贫困学生，使他们感受到温暖，获得学习的动力。自中学时代起，他一直从事青年志愿者服务活动。从1997年开始，一直参加无偿献血。2008年10月1日加入中国造血干细胞捐献者资料库。2012年9月，与湖南一位男性患儿骨髓配型成功，并于2013年5月23日成功捐献造血干细胞。在闲暇之余，他一家三口经常参加“爱心家庭”活动，用自己的爱心温暖着结对的孤儿，让孤儿能享受到父母亲的爱，找到家的感觉。他曾多次被学校评为优秀班主任、十佳教师、十佳班主任。2013年9月被评为“海南省十佳师德标兵”，2016年被评为“海口市优秀共产党员”，多次被评为“海口市第一中学优秀党员”，2017年当选为海口市第十三届党代表，2018年9月被评为海口市“最美教师”，2019年1月被评为“海口市道德模范”。2019年9月被评为“全国模范教师”。

刘　智　1985年3月出生，湖南湘潭人，中共党员，2006年6月入警，现任海口支队红岛派出所所长，一级警司警衔。从警10余年来，一直在基层一线工作。工作中，提出案件侦查“走出信息、访出线索、露头就打、紧咬不放、一查到底”的工作思路，完成各级公安机关下达的指标任务。在任美兰区海甸街道禁毒办的主任和派出所所长期间，推进“无毒社区”的创建工作和对社康社戒吸毒人员的帮扶，组建多个“六位一体”的社区戒毒帮扶小组，提出对接无缝化、管理网格化、帮教精准化、服务亲情化的工作思路，参与社区戒毒、康复人员智能化信息平台和信用积分管理的工作研讨和试行。2018年12月，海甸街道禁毒办被国家禁毒委评为“全国社区戒毒康复智能精准化管理试点”，向全国推广先进经验。全省三年禁毒大会战活动开展以来，他带领着全所民警成功破获序号为“2017-372”“2018-267”2起公安部毒品目标案件，带破“2017-64”省级毒品目标案件。他力推“枫桥”模式，结合辖区实际情况，制定“三步走”工作法，促进矛盾调解工作开展。针对治安管理工作，提出“五查、四管、三用”的工作方法，并创新建立网格化警务模式，建立“大网套小格、一级包一级，横向到边、纵向到底”的管理网络。同时，将基础公安工作与群众路线紧密结合，依托“红岛AB”双层微信平台，将辖区23家宾馆、旅店、旅业式出租屋从业人员与治安耳目全面整合，打造最低成本、最全覆盖、最快反映的情报信息网络，多层次、多角度、全方位搜集各类情报信息。由于工作成绩突出，先后荣立个人二等功1次、个人三等功3次，2014年被评为公安部边防局爱民固边模范人物，2015年被评为“海南边防总队十大边防卫士”，2016年被评为公安部边防局执法先进个人，2017年被海口市政府评为禁毒三年大会战第一阶段先进个人，2018年被海南省政府评为“海南优秀法治人物”，2019年被公安部评为“全国最美基层民警”。

汤　璇　1988年2月出生，女，安徽蚌埠人，中共党员，现为海南省海口市秀英区人民法院民事审判庭法官助理。她协助办理民事、执行案件年均300余件，以强烈的责任心和出色的业务能力，得到领导同事以及广大当事人的好评。在审判执行工作中，以女性特有的柔情和细腻关注妇女、儿童等弱势群体，协办涉及外嫁女土地补偿、申请执行扶养费等案件近千宗，得到广大妇女心理上的信任和工作上的认可。在执行局工作期间，针对追索抚养费、外嫁女土地补偿款、离婚财产纠纷等案件，积极适用法律，优先扣划支付，为生活条件困难的女性和儿童申请国家司法救助和法院贫困帮扶。主动利用休息时间对女性离婚后的财产分割和子女扶养问题进行调研，关注相关社会热点。2017年撰写的《肖某农村集体经济组织成员权益案》入选第二届全国依法维护妇女儿童权益十大案例。2019年被评为“全国维护妇女儿童权益先进个人”。

（苏岐勇　李之乔　邢利山　林师武　李　艳）

2019年海口市获“庆祝中华人民共和国成立70周年”纪念章劳动模范名单一览表

表67

序号	姓　名	出生年月	性别	民族	政治面貌	所获荣誉	授予主体	授予年份
1	陈兰妹	1932年4月	女	汉	中共党员	全国劳模	国务院	1959
2	吴雪梅	1936年11月	女	汉	中共党员	全国劳模	国务院	1959
3	滕昭蓉	1946年4月	女	汉	中共党员	全国先进工作者	国务院	1989
4	林润霞	1936年11月	女	汉	中共党员	全国先进工作者	国务院	1989
5	何照芳	1950年7月	男	汉	中共党员	全国劳模	国务院	1989
6	王光兴	1939年7月	男	汉	中共党员	全国劳模	国务院	1989/1995
7	韩玉玲	1940年12月	女	汉	中共党员	全国先进工作者	国务院	1995
8	李康华	1957年8月	男	汉	中共党员	全国劳模	国务院	1995
9	梁基业	1947年2月	男	汉	中共党员	全国劳模	国务院	1995
10	傅映柏	1940年8月	女	汉	中共党员	全国先进工作者	国务院	2000
11	卢修学	1949年8月	男	汉	中共党员	全国劳模	国务院	2000
12	邱国雄	1955年11月	男	汉	中共党员	全国劳模	国务院	2000
13	蔡爱春	1937年9月	男	汉	中共党员	全国劳模	国务院	2000
14	王录学	1968年12月	男	汉	中共党员	全国先进工作者	国务院	2005

续表 67

序号	姓　名	出生年月	性别	民族	政治面貌	所获荣誉	授予主体	授予年份
15	史克珊	1945 年 1 月	男	汉	中共党员	全国先进工作者	国务院	2005
16	麦烈新	1946 年 2 月	男	汉	群　众	全国劳模	国务院	2005
17	王明善	1966 年 7 月	男	汉	中共党员	全国劳模	国务院	2005
18	郭　夏	1965 年 4 月	男	汉	中共党员	全国劳模	国务院	2005
19	王　海	1966 年 1 月	男	汉	中共党员	全国优秀党务工作者	中共中央	2006
20	温黎明	1976 年 4 月	男	汉	中共党员	2008 年全国抗震救灾劳模（全国劳模）	国务院	2008
21	张陈慧	1971 年 8 月	男	汉	中共党员	全国劳模	国务院	2010
22	叶　茂	1959 年 1 月	男	汉	中共党员	全国劳模	国务院	2010
23	吴　师	1975 年 3 月	男	汉	中共党员	全国劳模	国务院	2010
24	覃碧霞	1957 年 11 月	女	汉	九三学社社员	全国劳模	国务院	2010
25	周圣锦	1958 年 7 月	男	汉	群众	全国劳模	国务院	2010
26	王　禹	1971 年 9 月	男	汉	中共党员	全国劳模	国务院	2010
27	林海涛	1961 年 5 月	男	汉	中共党员	全国优秀党务工作者	中共中央	2011
28	吴妳梅	1969 年 8 月	女	汉	中共党员	全国劳模	中共中央 / 国务院	2015
29	潘　琅	1966 年 1 月	男	汉	中共党员	全国劳模	中共中央 / 国务院	2015
30	蔡建家	1969 年 12 月	男	汉	中共党员	全国劳模	中共中央 / 国务院	2015
31	李　辉	1972 年 6 月	女	汉	中共党员	全国劳模	中共中央 / 国务院	2015

（吴　敏）

省级以上专家人才

钟春燕　1962 年 3 月出生，女，浙江海宁人，无党派人士，1982 年 7 月参加工作，研究生学历，硕士学位。现为海南椰国食品有限公司总裁、研究员。第十二届全国人大代表、中华全国商业联合第十二届执行委员会委员、海南省第六届人大常委会教科文卫工作委员会委员、海南省工商联（总商会）副会长、海南省科学技术协会第五届执委、中国化学会纤维素专业委员会委员、中国热带农业科学院特聘研究员、海南省“杰出人才”，2019 年被选为国家科学技术部的创新人才推荐计划科技创新创业人才。主要从事生物材料研究工作，发明“将椰子水发酵制作的食用纤维及生产方法”“细菌纤维素凝胶面膜”等 5 项专利成果先后获得第九届、第十一届、第十二届、第十五届、第十九届“中国专利优秀奖”；发明“两步发酵法生产可食用纤维素”等 2 项专利成果获由国家知识产权局和世界知识产权组织联合授予的第十四届、第十六届“中国专利金奖”；发明专利“聚乙二醇改性生物纤维素凝胶”获第二十届“中国专利奖银奖”。

2019年海口市入选第一批“南海系列”育才计划人选名单（115名）一览表

表68

序号	姓 名	所在单位	从事专业
南海名家4人（全省147人）			
1	杨国帅	海口市人民医院	神经内科
2	陈学博	海口市文化艺术传播研究中心	雕塑创作
3	钟江华	海口市人民医院	心血管内科
4	高 峰	海口市人民医院	心血管内科
南海名家青年项目9人（全省185人）			
1	王德立	中国医学科学院药用植物研究所海南分所	药用植物研究
2	刘洋洋	中国医学科学院药用植物研究所海南分所	药用植物研究
3	刘德裕	海口市人民医院	口腔医学
4	杜永秀	海口市人民医院	口腔医学
5	李香营	海口市人民医院	放射
6	杨晓阳	海口市人民医院	内科
7	陈建强	海口市人民医院	影像诊断
8	雷 涌	海南金盘智能科技股份有限公司	干式变压器研究与制造
9	陈旭玉	中国医学科学院药用植物研究所海南分所	药用植物研究
南海英才69人（全省104人）			
1	丁宗妙	海南香树沉香产业股份有限公司	中药材沉香健康医药领域
2	万 田	海南数字部落信息科技有限公司	软件开发
3	卫军红	海口威旭隆装饰工程有限公司	艺术设计
4	马 剑	海南尊旅在线信息技术有限公司	新兴服务业
5	王书红	海南中翰红日诚税务师事务所	新兴服务业
6	王虹韵	海南一鸿实业发展有限公司	生物健康
7	王晓东	海口微讯网络科技有限公司	微信第三方平台开发、电商领域
8	王浩亮	海南达斯琪数字科技有限公司	裸眼3D智能炫屏发展、互联网科技项目天使投资
9	王章敏	海南信熙电子科技有限公司	信息电子技术
10	孔庆显	海南海润生物科技股份有限公司	经济
11	左 勇	海南微氪生物科技股份有限公司	生物科技
12	龙 湍	海南波莲水稻基因科技有限公司	农业

续表 68

序号	姓名	所在单位	从事专业
13	邢　明	天涯社区网络科技股份有限公司	互联网行业
14	邢　磊	海南银风科技集团有限公司	互联网 + 教育
15	吕细群	海口诚佳美塑料包装有限公司	会计
16	伍曾利	海南云皓生物科技有限公司	食品医药制造
17	刘玉村	海南桑乐新能源科技股份有限公司	新能源
18	刘启兵	海南中济医药科技有限公司	生物医药
19	刘晓峰	海南美年大健康医院有限公司	生物健康
20	羊学裘	海南天涯人力资源管理服务有限公司	人力资源服务
21	安保光	南波莲水稻基因科技有限公司	植物组织培养
22	许　乐	海南领投信息科技有限公司	产品研发
23	许　观	海南航观电子科技有限公司	产业互联网
24	许信孔	海南鑫北斗科技有限公司	互联网应用设计
25	许夏鑫	海南康途商旅服务有限公司	前沿信息
26	孙　鹏	海南火吧时代科技有限公司	前沿信息
27	李　波	海南云端环境咨询有限公司	水土保持
28	李小平	海南易乐物联科技有限公司	前沿信息
29	李修来	海南海锐众创科技有限公司	前沿信息
30	李新鹏	海南波莲水稻基因科技有限公司	分子生物学与农作物育种
31	何秀英	海南宝秀节水科技股份有限公司	销售、预算
32	何瑞文	海南龙拓网络科技有限公司	前沿信息
33	邹臻杰	海南易建科技股份有限公司	信息服务
34	冶凤玲	海南追梦科技有限公司	计算机 IT 行业
35	宋小毛	璞锦环境工程（海南）有限公司	环境工程
36	张　鹏	海南亿康水处理工程有限公司	污水处理、水质深化处理
37	张家铭	海南航众科技有限公司	前沿信息
38	陈　欢	广州三环专利商标代理有限公司海口分公司	知识产权管理
39	陈　康	海口汉普知识产权代理有限公司	新兴服务业
40	陈　鋆	海南飞行者科技有限公司	前沿信息

续表 68

序号	姓名	所在单位	从事专业
41	陈汉斌	海南壹联邦实业有限公司	新兴服务业
42	林　敏	海南思香源食品有限公司	建筑装饰
43	林　斌	海南信荣橡胶机械有限公司	智能制造、新材料
44	林永刚	海口亿游网络科技有限公司	网游设计
45	林先德	海口科博瑞信息科技有限公司	互联网应用软件
46	林明哲	海南旅居云创科技有限公司	互联网软件开发企业信息化分析与建模领域
47	林明瑜	海南正邦信息科技有限公司	网络 测评
48	林遍地	慧人人力资源（海南）股份有限公司	互联网及人力资源
49	欧荣东	海南岛购电子商务有限公司	互联网 + 农业
50	郑成滨	海口影动创意文化传媒有限公司	新兴服务业
51	赵玉明	海南椰乡村实业有限公司	新兴服务业
52	胡连芹	海南绿藻世界生物科技有限公司	生物健康
53	袁　媛	海南省蓝波新能源科技有限公司	新能源与绿色照明、数学建模
54	徐登云	海南儒艺交通规划勘察设计有限公司	公路工程
55	高芬芬	海南天天健瑞儿母婴服务有限公司	企业管理
56	郭红星	海南三元星生物科技股份有限公司	生物健康
57	唐立超	海南易建科技股份有限公司	信息技术
58	黄文明	海南三友海洋科技有限公司	海洋生态修复
59	黄红违	海南盛果科技开发有限公司	生态环境与新能源
60	黄灵锐	海南中坚电缆有限公司	高性能电线电缆研究制作及管理
61	曹同军	海南仝君管理咨询有限公司	企业教练
62	谌立雄	智海王潮传播集团	会展业
63	曾　翔	海南波莲水稻基因科技有限公司	农业生物技术
64	曾纪锴	海南森祺制药有限公司	生物制药
65	温正堂	海南甘霖农业科技发展有限公司	现代农业
66	谢昭辉	海南美亚电缆厂有限公司	电线电缆
67	赖志斌	海南科力千方科技有限公司	现代交通
68	潘正斐	海南合瑞制药股份有限公司	药物研发
69	魏西雨	双鹤药业（海南）有限责任公司	生物制药
		南海工匠 13 人（全省 91 人）	
1	于杨青	海南荣胜雕刻发展有限公司	工艺美术师
2	马小花	海南椰岛酒业发展有限公司	品酒师

续表 68

序号	姓名	所在单位	从事专业
3	王少玲	海南椰岛酒业发展有限公司	品酒师
4	王孙文	海南新艺宝家具有限公司	工艺美术师
5	王明珍	海南明珍古典家具有限公司	中国古典家具制作
6	邓兰萍	海南海茶协文化传播有限公司	茶艺
7	吴孔德	海南大伟雕艺有限公司	工艺品雕刻工
8	周凤炎	海口龙华周氏兄弟工艺品店	工艺品雕刻
9	黄海桃	海口市龙华小学	美术教师
10	黄黎祥	海口龙华阿祥珍材雕刻工作室	木雕
11	符集玉	海南降香缘花梨生态林业开发有限公司	艺术品鉴定
12	潘正森	海口泰昌制冰有限公司泰子道酒店	中式烹调
13	邹 鸿	海南柴艺坊艺术品有限公司	雕刻
南海乡土人才 20 人（全省 166 人）			
1	王 琼	海口市美兰区三江镇茄芮村	农业
2	吴 师	海口师霖农业开发有限公司	农业
3	吴 虹	海南吉虹云裳文化传媒有限公司	服装业
4	吴岳军	海口市龙华区龙泉镇美仁坡村	农业
5	余慧勤	海南王品农业科技开发有限公司	农业（水果行业）
6	沈 琼	海口鑫凤銮农业开发有限公司	农牧渔业、生态循环
7	张光成	海南享尚岛生态环境科技有限公司	农业
8	陈统奎	海南艳阳下农业开发有限公司	种植业
9	洪光益	海口统历岭蔬菜种植专业合作社	农业
10	郭 霖	火山有礼（海南）品牌运营有限公司	农业
11	符传遥	海南村里吧吧实业有限公司	乡村旅游
12	梁法高	海口海农协蔬菜产销专业合作社	蔬菜产销
13	程 秋	海南时食农业科技发展有限公司	热带农业
14	曾文莹	海南南国绿洲生产资料有限公司	农业
15	蒙美生	海南牧隆生态农业有限公司	农业
16	裴漫玲	海南天涯驿站旅游项目开发有限公司	农业、旅游业
17	苏文珍	海南洪都商业管理有限公司	农业
18	姚佩君	海南正和职业培训学校	职业培训
19	符伟洋	海南海椰生态农业开发有限公司	农业
20	李 龙	我的田（海南）农业信息科技有限公司	农业

（王飘飘）

（编辑：杜惠珍）

组织机构及负责人名录

中国共产党海口市委员会

书　记　何忠友（11月始）
副书记　丁　晖　鲍　剑
常　委　鞠　磊　王艳萍（女）
　　　　林海宁　王忠云
　　　　冯汉芬（女）　易　鹏
　　　　杨昌生（10月始）
秘书长　林海宁
副秘书长　吴　畏　刘川海（7月止）
　　　　　刘　旭　罗　浪
　　　　　张栢宁（12月始）

海口市人民代表大会常务委员会

主　任　杜立文
副主任　方中里　揭晓强　叶　霞
　　　　郑国建　盛　林
　　　　冯　琳（1月始）
秘书长　王小峰
副秘书长　欧阳卉然
　　　　　肖成武（7月始）
　　　　　陈　洪（2月止）
　　　　　高　虹（4月始）
　　　　　陈业胜（7月止）

海口市人民政府

市　长　丁　晖
副市长　鞠　磊
　　　　任清华（女，土家族，7月止）
　　　　王　磊（7月始）　文　斌
　　　　冯鸿浩　龙卫东
　　　　邓海华（挂职，9月止）
　　　　杨昌生（挂职，11月始）
　　　　沈继奔（挂职，11月始）
秘书长　邓立松
副秘书长　黄　燕（女）
　　　　　王品文（兼，3月始）
　　　　　陈　力（兼）　李　革
　　　　　杜欣能
　　　　　蔡　斌（挂职，12月始）
　　　　　陈彩华（挂职，12月始）

中国人民政治协商会议海口市委员会

主　席　王云霞（女，2月止）
　　　　郭燕红（2月始）
副主席　王传荣（女）　刘辉平
　　　　冯鸿浩（1月止）　符　军
　　　　厉　春　李顺华（7月止）
　　　　冯玉英（女）
　　　　张　霁（2月始）
　　　　陈　洪（2月始）
秘书长　韩云秋（女）
副秘书长　詹尊南　罗宗标

中国共产党海口市纪律检查委员会

书　记　冯汉芬
副书记　杨卫国　曾照宇（2月止）
　　　　林耀平　王海坚
常　委　王　克　左　娟（女）
　　　　林道诗　杨　柏
　　　　张此明（6月始）
　　　　冯　军（女，1月止）

海口市监察委员会

主　任　冯汉芬
副主任　杨卫国　曾照宇（2月止）
　　　　林耀平　王海坚
委　员　林道诗　杨　柏
　　　　张此明（6月始）　柯　伟

市委部门

市委办公室
主　任　林海宁（兼）
市委组织部
部　长　王艳萍（兼）
常务副部长　陈全能
市委宣传部
部　长　王忠云（兼）
常务副部长　林榕明
市委统一战线工作部
常务副部长　谭忠庭
市委政法委员会
书　记　鲍　剑（兼）

常务副书记　肖惠珠

市委政策研究室

主　任　刘　旭

市委全面深化改革委员会办公室

主　任　鞠　磊（兼）

常务副主任　杨善华

市委外事工作委员会办公室

主　任　吴家宏

市委机构编制委员会办公室

主　任　庄儒勇

市直属机关工作委员会

书　记　林海宁（兼）

常务副书记　陈　超

市委保密和机要局

局　长　刘　旭

市委党史研究室

主　任　符　中

市委党校

校　长　鲍　剑（兼）

常务副校长　王天意

市人大常委会各工作委员会（部门）

市人大社会建设委员会

主　任　郑国建

市人大常委会财政经济工作委员会

主　任　郑　峰

市人大会常委会法制工作委员会

主　任　严音莉（女，7月止）

市人大会常委会城市建设与环境资源工作委员会

主　任　吴　琼

市人大会常委会教科文卫工作委员会

主　任　朱宗英（女）

市人大常委会华侨外事民族宗教工作委员会

主　任　黎永伟

市人大常委会内务司法工作委员会

主　任（空缺）

市人大常委会农村工作委员会

主　任　林　养

市人大常委会办公室

主　任　王小峰

市人大会常委会选举任免联络工作室

主　任　王振华

法院、检察院

市中级人民法院

党组书记　李　庆（5月始）

院　长　陈文平（1月止）

李　庆（7月任代院长）

市人民检察院

党组书记、检察长　李思阳

保税区、开发区

海口综合保税区管理委员会

工委书记　韩　斌

主　任　刘辉平

海口国家高新技术产业开发区管理委员会

工委书记　鞠　磊（兼）

主　任　林一民

海口桂林洋经济开发区

工委书记　林道坚

主　任　董承华

市辖区三套班子

中共秀英区委

书　记　张　霁

副书记　柳战良（4月始）

常　委　吴腾越　冯　军（1月始）

梁同坤

钟红霞（女，4月止）

胡余亨　郭　政（7月始）

效志强　丁　影（挂职，女）

冼　道（挂职，12月始）

秀英区人大常委会

主　任　刘小琴（女）

副主任　吉　军　符仍辉（4月止）

崔海萍（女）　李传家（6月止）

黄奕军（6月始）

秀英区人民政府

副区长　吴腾越　杨树坤

黄奕军（6月止）

陈安妮（女）　戴洪泽

李传家（6月始）　李　铭

王录学（挂职）

张庆昌（挂职，11月止）

许　琰（挂职，10月始）

中共龙华区委

书　记　凌　云　（女）

副书记　刘　健

常　委　邢为坚　蒋海涛（女）

吴　馨　李　明　梁双喜

舒　琳（挂职）

叶占波（挂职，12月始）

龙华区人大常委会

主　任　李会文

副主任　黄世城　刘芳芳（女）

郭登良　符锡安

龙华区人民政府

区　长　郭　刚

副区长　陈正参　李美健　林　山

陆乙源　王才华　龙　健

王　啸（挂职，10月始）

中共琼山区委

书　记　陈昊旻

副书记　王和娇（女）　覃　俊

常　委　王明夫（5月始）

钟红霞(女，4月始)

郑维利（12月止）

段福生　仇志明

琼山区人大常委会

主　任　吴光亮

副主任　李　坚　王康福（5月止）

方慧玲（女）　蒙　莽

琼山区人民政府

区　长　王和娇（女）

副区长　王明夫　周启轩　冯　柳

秦立双（女）　杨大炎

高晓斌（挂职）

郑　妮（挂职，女，5月止）

常英伟（挂职，12月止）

梁　明（挂职，8月始）

张　伟（挂职，12月始）

中共美兰区委

书　记　冯　琳

副书记　周　健　符　曜

常　委　李新亮

朱贵权　郑　艳（女）

王业民　王家强

何　浪　（挂职）

美兰区人大常委会

主　任　李春明

副主任　刘慧义　王祥建

张秀颜（女）　林志刚

美兰区人民政府

区　长　周　健

副区长　程守学　符朝阳
杨柳芳（女）　李晓峰
熊巧玲（挂职）
李　庚（挂职）
宋延巍（挂职）
王　辉（挂职）

市政府部门

市人民政府办公室（金融办公室、海防办、档案局）
党组书记、主　任　邓立松
市发展和改革委员会（国民经济动员办公室、粮食和物资储备局）
党组书记、主　任　黄　舸
市自然资源和规划局（海洋局、测绘地理信息局）
党组书记　韩艺师
局　长　龙舒华
市旅游和文化广电体育局
党组书记　富天放（女，3月止）
王如龙（3月始）
局　长　富天放（女，3月始，6月止）
市生态环境局
党组书记、局长　佟吉强
市农业农村局
党组书记　李世高
局　长　陈　芳
市科学技术工业信息化局（科技信息动员办公室、外国专家局、大数据发展局）
党组书记　刘立武（6月止）
朱　军（7月始）
局　长　刘立武（6月止）
朱　军（9月始）
市商务局（总部经济办公室、口岸办公室、会展局）
党组书记　董孟清
局　长　蔡　俏
市财政局
党组书记、局长　伍振湘
市人力资源和社会保障局
党组书记、局长　朱韶雄
市教育局
党组书记　汪　娟
局　长　厉　春
市卫生健康委员会（爱国卫生运动委员会办公室）
党组书记、主任　曾昭长

市公安局
党委书记、局长　易　鹏
海岸警察总队（筹备组）海口支队
支队长　侯槎平
市司法局
党组书记　林　明
局　长　陈建军
市民政局
党组书记、局长　淡利锋
市政务管理局（审批服务局）
党组书记、局长　吴秋云
市市场监督管理局（知识产权局、药品监督管理局）
党组书记　符　勇
局　长　潘永强
市住房和城乡建设局（人民防空办公室、房屋征收局）
党组书记　王旭明
局　长　王旭明（3月止）
冯本彦（3月始）
市市政管理局（综合行政执法局）
局　长　陈积卫（3月始）
市园林和环境卫生管理局
党组书记　刘　建（6月止）
局　长　裴克波（3月始）
市交通运输和港航管理局（交通战备办公室）
党组成员、副局长　李友强
市水务局
党组书记、局长　程守学
市林业局（湿地保护管理局）
党组书记、局长　冯　勇
市退役军人事务局（拥军优属拥政爱民工作领导小组办公室）
党组成员、副局长　陈勇帆
市应急管理局
党组书记　张伟斌
局　长　王晓龙
市消防救援支队
支队长　汤　坚
政治委员　徐宗勇
市审计局
党组书记、局长　冯　明
市统计局
党组书记、局长　王善来
市医疗保障局
党组书记、局长　富天放（女，6月始）

市扶贫工作办公室（老区建设促进会办公室）
党组书记、主任　吴　优
市江东开发办公室
主　任　冯鸿浩（兼）
副主任　杨善华
市国有资产监督管理委员会
主　任　陈朝芳
市信访局
党组书记、局长　陈　力
市政府研究室
党组书记、主任　柳战良（5月止）
市供销合作社联合社
党委书记、主任　温文
市地方史志办公室
主　任　欧少珍
市档案馆
馆　长　张小敏
市信息中心
主　任　林　峰
海南东寨港国际级自然保护区管理局
局　长　辜绳福

政协海口市委员会工作部门

政协海口市委员会办公室
党组书记、主任　韩云秋
政协海口市委员会提案法制委员会
主　任　黄新春
政协海口市委员会经济科技城建委员会
主　任　李永胜
政协海口市委员会教文卫委员会
主　任　陈文说
政协海口市委员会港澳台侨委员会
副主任　金　云
政协海口市委员会督查研究室
主　任　李　明

民主党派、工商联

民革海口市委员会
主　委　林　青
民盟海口市委员会
主　委　厉　春

民建海口市委员会
主　委　叶　霞
民进海口市委员会
主　委　刘心红
农工党海口市委员会
主　委　张玉霞
致公党海口市委员会
主　委　陈毓芬
九三学社海口市委员会
主　委　王俊刚
台盟海口市委员会
主　委　周朝东
市工商业联合会（总商会）
党组书记　唐火根
主　席　刘文民

群众团体

市总工会
党组书记、主席　方中里（兼）
团市委
党组书记、团市委书记　王丹靖
市妇联
党组书记、主席　徐应新
市科协
党组书记、主席　徐　伟
市侨联
党组书记、主席　陈文培
市社科联
党组书记　董光海
专职副主席　杨瑞金
市台联
专职副会长　吴　柳
市青联
主　席　郭　政（7月止）
市文联
党组书记　潘善武
主　席　陈素珍（兼）
市残联
党组书记、理事长　蔡志森
市红十字会
党支部书记　杨国平
专职副会长　罗　平
市贸促会
党组书记、会长　韩　青

驻市部属、省属与双管单位

海口海事局
党组书记、局长　周荣忠（5月止）
陈翰冰（5月始）
国家税务总局海口市税务局
党委书记、局长　王辉若
市邮政管理局
党组书记、局长　殷　雨
市气象局
党组书记、局长　吴海峰
国家统计局海口调查队
党组书记、队长　彭桂洁
市烟草专卖局（公司）
局长（经理）　李　云
海口海关
党组书记、关长　马元林（7月止）
施宗伟（7—10月）
党委书记、关长　施宗伟（10月始）
中国人民银行海口中心支行
党委书记、行长　曹协和
海南证监局
党委书记 局长　杨宗儒
海南银保监局
党委书记、局长　谭震祥（3月止）
傅平江（3月始）

新闻和文化系统

市广播电视台
党委书记、台长　陈积流
海口日报社
党委书记、社长　张树广
市文物局
局　长　王大新
海口图书馆
馆　长　罗昌华
市群众艺术馆
馆　长　吴圣彪

企　业

市城市建设投资有限公司
总经理　马传壮
市水务集团有限公司
党委书记、董事长　邓新兵
市城市建设集团有限公司
党委书记、董事长　符明全
市公共交通集团有限公司
党委书记、董事长　王燕雄
海口国家高新区发展控股有限公司
党委书记、董事长　龙翔春
市统筹城乡发展（集团）有限公司
党委书记　陈　忠
董 事 长　谢辉文
市地下综合管廊投资管理有限公司
党委书记、董事长　李　欣
市菜篮子产业集团有限责任公司
党委书记、董事长　王　敏
市三江农场发展控股有限公司
党委书记、董事长　陈　辉
市国有资产经营有限公司
党委书记、董事长　徐海波
海口旅游文化投资控股集团有限公司
党委书记、董事长　杨晓峰
市金融控股有限公司
党委书记、董事长　王治平
市医疗健康产业投资发展有限公司
党委书记、董事长　黄　山
市环境发展有限公司
党委书记、董事长　章　黔
市能源集团有限公司
党委书记、董事长　祁　勇
海南电网公司海口供电局
党委书记　王浚哲（12月止）
陈　东（12月始）
局　长　陈　东
海南港航控股有限公司
党委书记、董事长　王善和
海南铁路有限公司
党委书记、董事长　陈向前
海口美兰机场
党委书记、董事长　王　贞
中国电信海口分公司
党委书记、总经理　陈建阳
中国移动通信集团海南有限公司海口分公司
党委书记、总经理　文日东
中国联合网络通信有限公司海口市分公司
党委书记、总经理　林树华

（编辑：杜惠珍）

重要文献

在市委十三届十次全会暨市委经济工作会议上的报告

（2020 年 1 月 13 日）

何忠友

一、2019 年海口各项事业取得新进步

2019 年是新中国成立 70 周年，是海南全面深化改革开放的关键之年。一年来，市委常委会坚持以习近平新时代中国特色社会主义思想为指导，深入学习贯彻党的十九届四中全会精神，深入学习贯彻习近平总书记“4·13”重要讲话和中央 12 号文件精神，认真落实省委七届六次、七次全会精神，团结带领全市上下实干担当、攻坚克难，保持经济社会持续健康发展，江东新区规划建设加快推进，改革开放迈出重要步伐，生态环境质量不断改善，人民群众获得感幸福感安全感得到提升，党的建设进一步加强，全市各项事业取得新的进展，努力在海南自由贸易试验区和中国特色自由贸易港建设中扛起海口担当。

一年来，我们主要抓了以下工作：

（一）持续深入学习贯彻习近平新时代中国特色社会主义思想，做到学思用贯通、知信行合一。坚持把学习贯彻习近平新时代中国特色社会主义思想作为首要政治任务，推动学习往深里走、往心里走、往实里走，全市党员干部进一步增强“四个意识”、坚定“四个自信”、做到“两个维护”。深入学习贯彻党的十九届四中全会精神和习近平总书记“4·13”重要讲话、中央 12 号文件精神，认真学习贯彻省委七届六次、七次全会精神，聚焦学懂弄通做实的目标，开展大学习、大宣传、大培训，召开 7 次市委理论学习中心组学习会议，举办习近平总书记“4·13”重要讲话和中央 12 号文件精神等培训班、讲座、报告会 591 期，参训人员 5 万余人次，市委常委班子成员带头深入党建联系点开展专题宣讲，组织市委宣讲团到基层宣讲，做到深学细悟、内化于心、外化于行。全市党员干部更加深刻认识习近平总书记亲自谋划、亲自部署、亲自推动的重大国家战略的重大意义，进一步增强了政治责任感和历史使命感；更加深刻领会海南要争创新时代中国特色社会主义生动范例的历史使命，更加深刻理解把握海南“三区一中心”战略定位，进一步激发了投身海南自贸试验区、自贸港建设的热情；进一步坚定了中国特色社会主义制度自信，进一步深刻把握了坚持和完善中国特色社会主义制度、推进国家治理体系和治理能力现代化的总体要求和目标任务，进一步强化了把中国特色自由贸易港建设得更好、为推进国家治理体系和治理能力现代化贡献智慧和力量的信心决心。扎实开展“不忘初心、牢记使命”主题教育，紧扣学习贯彻习近平新时代中国特色社会主义思想这一主线，聚焦“不忘初心、牢记使命”这一主题，贯彻“守初心、担使命，找差距、抓落实”的总要求，市委常委班子带头抓好学习教育、调查研究、检视问题、整改落实，抓好“双学双争”“双访双看”“双重温双对照”“双整治双提升”等自选动作，整治政策落实难、侵害群众利益、“庸懒散虚”等突出问题，央视《新闻联播》以《海口：以学促改、塑优营商软环境》为题点赞海口。全市广大党员干部学习贯彻习近平新时代中国特色社会主义思想取得新成效，更加认识到习近平新时代中国特色社会主义思想蕴含着强大的真理力量，是引领新时代、领航中华民族伟大复兴的精神旗帜；进一步坚定了对马克思主义的信仰、对中国特色社会主义的信念，自觉在思想上政治上行动上同以习近平同志为核心的党中央保持高度一致；进一步增强了守初心、担使命的思想自觉和行动自觉，更加认识到牢记为中国人民谋幸福、为中华民族谋复兴的初心使命方能行稳致远；进一步增强了斗争精神，勇当先锋、做好表率，干事创业、担当作为的精气神得到提振，推动了改革发展各项工作；进一步自觉同人民想在一起、干在一起，群众最急最忧最盼的一些问题得到有效解决，找差距、抓落实和突出问题专项整治成效明显；进一步深化了对全面从严治党的认识，保持了为民务实清廉的政治本色，涵养了风清气正的政治生态。

（二）全面加强党的建设，推动全面从严治党向纵深推进。落实新时代党的建设总要求和新时代党的组织路线，强化抓好党建是最大政绩理念，扛起主责、抓好主业、当好主角，把党建设得更加坚强有力，确保全面深化改革开放正确方向。坚持把政治建设摆在首位，加强市委常委会自身建设，旗帜鲜明讲政治、顾大局、守规矩，认真汲取张琦违纪违法案件深刻教训，坚定不移推进全面从严治党。自觉扛起举旗帜、聚民心、育新人、兴文化、展形象的使命任务，落实意识形态工作责任制，加强意识形态阵地建设管理，扎实抓好新时代文明实践中心试点工作，文化体育事业发展步伐加快，海口知名度和影响力进一步提升。全面完成党政机构改革，统筹抓好各领域党建工作，把每一个基层党组织都打造成坚强的战斗堡垒，党建引领江东新区建设等各项工作取得新成效，国贸大院治理案例被评为全国城市基层党建创新案例优秀案例。认真落实新时代好干部标准，提升干部高素质专业化水平，从严从实监督管理干部，打造忠诚干净担当的干部队伍。担负起管党治党责任，深入推进党风廉政建设和反腐败斗争，深化政治监督，有力保障了中央决策和省委部署及市委工作安排的贯彻落实。严格落实中央八项规定及其实施细则精神，推动中央“基层减负年”和省委“政策落实年”

落地见效。严肃查处美兰区龙岐村棚改项目腐败案等一批违纪违法问题，不敢腐的震慑持续加强，不能腐的笼子进一步扎牢，不想腐的自觉进一步增强。加大群众身边的腐败和作风问题惩治力度。为敢于担当者担当，建立为受到不实举报干部澄清正名和查处诬告陷害行为工作机制，有效保护干部工作的积极性。

（三）突出抓好江东新区规划建设，全面深化改革开放取得新成效。围绕打造社会主义现代化的先锋区、自贸港建设的新标杆和 美好新海南的示范区，扎实推进江东新区规划建设，“1+6+13+16”规划编制体系基本成型，为各项建设描绘了规划蓝图；把“高起点高标准高质量”的要求贯穿于每项具体工作，白驹大道改造及东延长线等一批先导性项目，以及国际能源交易中心、美兰空港一站式飞机维修基地等产业项目加快建设，江东新区初具形象；围绕构建“临空经济 + 服务经济 + 生态经济”开放型、创新型产业体系，扎实推进招商引资，中国银行、大唐集团等一批企业和项目落地，产业发展有了项目和企业依托；创新管理机制，成立江东新区管理局，探索实行“法定机构 + 市场运作”的治理服务模式，让园区说了算。在体制改革创新方面先行先试，对标法治化、国际化、便利化的营商环境和公平开放统一高效的市场环境，持续深化“放管服”改革，优化营商环境，带动创新创业活力迸发；以制度创新为核心，无税不申报等 5 项制度入选 全省制度创新案例，以制度创新引领全面深化改革开放新格局加快形成；统筹推进国企、司法、行政执法、知识产权保护等重点领域改革，发展的内生动力进一步激发。实行更加积极主动的开放战略，国际友好城市增至 41 个，遍布全球五大洲 33 个国家；柬埔寨王国驻海口总领事馆顺利开馆，成为新中国成立后外国在琼设立的首家总领事馆，对外开放进一步扩大。

（四）贯彻新发展理念，推动经济高质量发展。坚持发展第一要务，落实高质量发展要求，以供给侧结构性改革为主线，沉着应对经济下行压力，聚焦“三大领域”，围绕“十二大重点产业”，转方式、调结构、促发展取得新成效。积极开展“两个确保”百日大行动，椰海大道改造提升等项目建成投入使用；海秀快速路二期、龙昆南延长线市政化改造工程等项目加速推进，经济发展基础不断夯实。围绕建设现代化经济体系，做大做强医药产业，加快发展互联网产业，提升旅游业发展质量，巩固全省金融中心地位，发展壮大会展业，保持房地产市场平稳健康发展，加快布局现代物流业，打响热带特色高效农业品牌，产业结构进一步优化升级。园区集聚效应不断放大，海口综保区进入全国百家综合保税区外贸 28 强，高新区获评国家知识产权示范园区。深入开展海南国际旅游消费年活动，推出“跨海·跨年久久不见海口见”海口跨年狂欢季活动，离岛免税、夜市经济、乡村旅游等成为消费热点亮点。

（五）践行绿色发展理念，深化生态文明建设。良好生态环境是海南的核心竞争力，我们牢固树立绿水青山就是金山银山的理念，走出一条人与自然和谐发展的路子。严格抓好中央生态环保督察反馈问题的整改，加大水环境治理力度，纳入国家考核的黑臭水体全部消除黑臭，纳入全省考核的城镇内河湖污染水体全部达标，水环境治理被国务院作为典型经验通报表扬，获中央财政 4 亿元奖补。抓好造林绿化，关停禁养区畜禽养殖场，深入推进农村卫生厕所改造，抓好生活垃圾无害化处理，大力推进大气污染专项整治，海口环境空气质量位居全国 168 个重点城市前列。健全生态文明建设长效机制，加大环境监测和执法力度，建成全国首个环境振动自动监测站，严厉查处环境违法行为，全市环境质量进一步提升。

（六）坚持共建共治共享，加强城市管理社会治理。人民城市人民建，人民城市为人民，坚持“像绣花一样精细”管理城市，提升城市管理社会治理能力，确保人民安居乐业、社会安定有序。巩固创文创卫成果，不断提升城市形象和文明程度。海口湾畅通工程示范段建成，丘海大道海瑞桥等 6 个积水点完成改造，提前一年实现建制村 100% 通客车目标；“智慧城市”建设积极推进，5G 商用正式启动，海口湾片区首推建筑师负责制，建筑设计改革创新试点工作取得新进展，城市品位不断提升。创新发展新时代“枫桥经验”，全国调解工作会议和全省综治中心、雪亮工程、网格化管理“三位一体”新机制建设现场会在海口召开，石山派出所获评全国首批“枫桥式公安派出所”，琼山区被评为全国“七五”普法中期先进区。社区矫正落细落实，连续五年无脱管、漏管情况。信访总量、群众到省到市集体访等指标均 下降，基层社会治理新格局加快构建。把维护政治安全摆在首位，圆满完成全国“两会”、博鳌论坛年会、新中国成立 70 周年大庆安保维稳任务。刑事案件立案数为 12 年来最低，命案连续 5 年全破。扫黑除恶专项斗争深入推进，打掉的团伙数、抓获团伙成员数等指标均排名全省第一，得到中央第十八扫黑除恶督导检查组肯定。第一轮禁毒三年大会战顺利收官，获评全国禁毒示范创建工作先进城市，平安海口建设不断深化。

（七）注重保障改善民生，不断增进人民群众福祉。让老百姓过上好日子是我们一切工作的出发点和落脚点。我们始终坚持以人民为中心，着力解决好人民群众最关心最直接最现实的利益问题，提升公共服务水平，让人民群众得到更多实惠。坚决打赢精准脱贫攻坚战，连续两年获“全省脱贫攻坚大比武”第一名，全市存量建档立卡贫困人口全部脱贫。扎实做好稳就业工作。深化教育改革，推动教育优先发展。提高医疗卫生服务质量和水平，跨省异地就医住院医疗费用直接结算加快推进。登革热疫情有效处置，得到国家卫健委肯定。秀英区获评第三批全国健康促进区。按照兜底线、织密网、建机制的要求，健全社会保障体系，被国家发改委列入城企联动普惠养老第一批试点城市。落实"菜篮子"市县长负责制，做好非洲猪瘟疫情防控，全力抓好保供稳价，"菜篮子"工程扎实推进。

（八）发挥党总揽全局、协调各方的领导核心作用，扎实推进社会主义民主政治建设和群团工作。坚持加强党对人大、政协、统一战线工作和群团组织的领导，广泛凝聚共识、形成合力。支持人大及其常委会依法履职，发挥地方立法作用，制定全国首部湾长制地方性法规，率先在全省作出《关于优化营商环境的决定》，加强对经济运行、生态文明建设、民生社会事业等方面的监督，依法治市步伐进一步加快。加强和改进对政协工作的领导，召开市委政协工作会议，支持政协依照章程履职尽责，支持成立区级政协联络机构，在43个镇（街）建立政协委员联系点，围绕优化营商环境、现代服务业创新发展等开展协商议政、课题调研、视察监督。巩固和发展最广泛的爱国统一战线，为海南自贸试验区、自贸港建设提供了广泛力量支持。紧紧围绕增强"政治性、先进性、群众性"，更好发挥工会、共青团、妇联等群团组织作用，积极引导科协、社科联、侨联、台联、残联、贸促会、红十字会、计生协会等人民团体发挥作用，凝聚起改革发展的强 大合力。推动党校、党史研究、民族宗教、统计、老干、气象等工作取得新进展。坚定不移贯彻习近平强军思想和新时代军事战略方针，支持国防和军队建设，连续十次蝉联"省双拥模范城"荣誉称号。

在总结成绩的同时，我们也清醒地认识到，工作还存在不少差距和不足。主要是：深入学习领会习近平新时代中国特色社会主义思想，特别是习近平总书记"4·13"重要讲话和中央12号文件精神方面还有差距；对自贸试验区、自贸港政策的理解和落实方面还有差距；思想大解放、改革大突破方面还有差距；抓落实的责任、动力机制方面还有差距；在使市场在资源配置中起决定性作用和更好发挥政府作用、激发市场主体活力方面还有差距。这些问题，我们在今后的工作中将有针对性地认真加以改进。

二、坚持以习近平新时代中国特色社会主义思想为统领，奋力开创海口改革发展新局面

2020年是全面建成小康社会和"十三五"规划收官之年，是海南自由贸易试验区和中国特色自由贸易港建设关键之年，是"十四五"规划谋篇布局之年，对海口全面深化改革开放具有重要里程碑意义，做好今年各项工作至关重要。

做好今年全市工作的总体要求是：始终以习近平新时代中国特色社会主义思想为指导，全面贯彻党的十九大和十九届二中、三中、四中全会、中央经济工作会议精神，坚决贯彻党的基本理论、基本路线、基本方略，按照省委七届七次全会和省委经济工作会议的具体部署，紧扣全面建成小康社会目标任务，突出高质量发展，坚持稳中求进工作总基调，坚持新发展理念，坚持以供给侧结构性改革为主线，坚持以改革开放为动力，加快推动高标准高质量建设海南自由贸易试验区、全力推动海南自由贸易港建设，坚决打赢三大攻坚战，全面做好稳就业、稳金融、稳外贸、稳外资、稳投资、稳预期工作，统筹推进稳增长、促改革、调结构、惠民生、防风险、保稳定工作，确保经济持续健康发展和社会大局稳定，确保全面建成小康社会和"十三五"规划圆满收官，不断将全面从严治党引向深入，充分发挥省会中心城市的带头、引领和示范作用，在海南自由贸易试验区和中国特色自由贸易港建设中扛起海口担当，以实际成效增强"四个意识"、坚定"四个自信"、做到"两个维护"。

建设海南自由贸易试验区和中国特色自由贸易港，是习近平总书记亲自谋划、亲自部署、亲自推动的重大国家战略。我们要进一步提高政治站位，把习近平总书记"4·13"重要讲话和中央12号文件精神作为指导全面深化改革开放的根本遵循和行动纲领，持续深入学、全面系统学，真正掌握精髓要义，真正学懂弄通做实，进一步增强政治责任感和历史使命感，牢牢把握历史机遇，观大势、谋全局、抓大事，坚决在全省经济社会发展大局中体现海口担当，坚决在海南自贸试验区、自贸港建设中体现海口担当，以实实在在的行动和成效，体现对党的绝对忠诚，体现增强"四个意识"、坚定"四个自信"、做到"两个维护"。

中央经济工作会议做出了我国经济稳中向好、长期向好的基本趋势没有变的重大判断，提出了今年经济社会发展的总体要求、主要预期目标、宏观政策取向，部署了坚定不移贯彻新发展理念、坚决打好三大攻坚战、确保民生特别是困难群众基本生活得到有效保障和改善、继续实施积极的财政政策和稳健的货币政策、着力推动高质量发展、深化经济体制改革等六个方面的重点工作，为我们做好当前及今后一个时期的经济工作明确了方向和重点。省委经济工作会议认真分析了全省经济形势，确定了今年经济社会发展的目标任务，部署了全力推动实施海南自由贸易港建设总体方案，坚定不移贯彻新发展理念，坚持"全省一盘棋、全岛同城化"、推动区域和城乡协调发展，优化营商环境、持续激发市场主体活力，切实注重民生、全面建成小康社会等五个方面的重点工作。我们要坚决把思想和行动统一到习近平总书记重要讲话精神上来，统一到中央决策和省委部署上来，保持定力、坚定信心，牢牢把握重大历史机遇，加快推动高质量发展。

关于今年的经济工作，丁晖同志将作具体部署，请大家认真抓好落实。这里，我重点强调五个方面的工作。

（一）把加快推进自贸港建设作为首要任务，实现早期安排、争取早期收获。海南自贸港建设是国家重大战略，要体现中国特色、符合中国国情、符合海南发展定位。要坚持中国特色，坚持用习近平新时代中国特色社会主义思想统领海口一切工作，不断增强“四个意识”、坚定“四个自信”、做到“两个维护”；坚持把党的领导贯穿于全面深化改革开放的全过程，坚定不移走中国特色社会主义道路，确保改革开放的社会主义方向；牢记打造全面深化改革开放试验区、国家生态文明试验区、国际旅游消费中心、国家重大战略服务保障区战略定位，争创新时代中国特色社会主义生动范例。要坚持开放为先，实行更加积极主动的开放战略，加快建立开放型经济新体制，推动形成全面开放新格局；坚持大胆试、大胆闯、自主改，加快形成法治化、国际化、便利化的营商环境和公平开放统一高效的市场环境，实行高水平贸易和投资便利化政策，打造更高层次、更高水平的开放型经济，打造开放新高地；坚持主动参与经济全球化，加强同“一带一路”沿线国家和地区开展多层次、多领域的务实合作，打造成为我国面向太平洋和印度洋的重要对外开放门户、21世纪海上丝绸之路重要战略支点。要坚持以制度创新为核心，在自贸港的制度体系和运作模式方面创新，推动营商环境跻身全球前列；在内外贸、投融资、财政税务、金融创新、出入境等方面探索更加灵活的政策体系、监管模式和管理体制；在人才培养、引进、使用上大胆创新，使海南成为人才荟萃之岛、技术创新之岛。海口经济要面向世界，发展开放型经济，在形成对外开放门户和战略支点上体现海口担当；海口产业要面向世界，在发展旅游业、现代服务业和高新技术产业中体现海口担当；海口思维要面向世界，如果思维只立足于发展内源型经济，海口就是岛屿型经济；如果思维面向世界，发展开放型经济，海口就是前沿、门户、支点。

自贸港建设是今年全省经济工作的重点、焦点、亮点。我们要按照省委、省政府的部署，突出重点、瞄准焦点，提前谋划、主动对接，围绕用好用足政策、园区建设等做好承接，深入开展“我为加快推进海南自由贸易港建设作贡献”活动，实现早期安排、争取早期收获。

*一是抓好政策承接。*紧密对接省直部门，认真谋划做好承接自贸港政策早期安排的各项准备工作，确保政策一出台，第一时间推动政策的承接和落地实施。积极支持海关监管基础设施建设，在完善进出岛人流、物流、资金流信息管理系统上，争取海口率先进入实战状态。海南自贸港总体方案出台后，要抓紧做好政策解读，组织学习培训、宣传宣讲，推动广大党员干部学习政策、理解政策、用足用活政策，坚决避免有了政策不会用、用不好。继续抓好民营资本进入金融业、飞机船舶融资租赁等其他自贸试验区施行30条政策尽快落地见效。

*二是抓好园区承接。*按照“六个做扎实”的要求，把江东新区、高新区、综保区、观澜湖、复兴城等重点园区四至范围、功能定位、准入清单、园区配套、行政管理、监管模式做扎实，打造自贸港做大流量的“量点”和突出实效的“亮点”。创新园区管理机制，理顺领导体制；围绕园区的功能定位和产业发展方向，实施“一园一策”，明确放权事项，让“项目进园区、园区说了算，有权能定事、有钱能办事”；完善园区基础设施、公共服务配套，吸引高端资源要素和人才集聚；园区要扛起发展的责任，制定年度发展目标，做实环评、用地用林用海等前期工作，强化项目策划、储备，确保早期安排相关政策一公布就有一批高质量项目落地。坚持长远和综合相结合，制定和完善园区各专项规划，形成统一、完备、协同的规划体系。高起点高标准高质量建设江东新区，加快重大基础设施建设，完善公共服务配套，抓好一批科技含量高、市场前景好、税收贡献大的产业项目，夯实园区产业基础，建设社会主义现代化的先锋区、自贸港建设的新标杆和美好新海南的示范区。

*三是抓好监管承接。*必须把自贸港建设早期安排中的困难想在前、估计充分，提早做好防范，制定周密的风险管控措施，第一时间落实到具体园区、具体企业、具体项目上。要完善国家安全风险、贸易风险、税收风险、金融风险、数据流动风险、事中事后监管等六类风险防控体系，健全完善部门联动、风险识别、风险预警、应急响应和风险处置在内的一整套风险防控机制，配合落实海关全面监管各项措施，加强进出岛社会管理信息化平台建设，提升人流物流资金流信息流管理水平。

*四是抓好调法承接。*认真梳理总体方案有关早期安排涉及要调整的地方性法规、政府规章以及规范性文件，提出需要调整的法规条款，推动建立一套高效管用的调法调规程序和工作机制，争取自贸港总体方案、早期安排确定后，及时做出相应的调整、修订、清理，并做好相关承接工作，确保自贸港建设法治先行。

*五是深入开展“我为加快推进海南自由贸易港建设作贡献”活动。*按照省委统一部署，精心组织、扎实开展活动。全市各级党员干部要发挥模范带头作用和“关键少数”头雁效应，围绕比贯彻新发展理念、比加快高质量发展、比制度创新、比责任落实、比推进项目建设开展“五比”活动，争创一流业绩，引导广大群众树立主人翁意识和责任意识，发挥每个人的聪明才智，立足自身岗位，履职尽责、建功立业。

（二）坚定不移贯彻新发展理念，推动经济社会高质量发展。新时代抓发展，必须更加突出新发展理念。实现第一个百年奋斗目标，进而为实现第二个百年奋斗目标而努力，必须保持经济社会发展良好态势。要树立全面、整体的观念，遵循经济社会发展规律，适应我国发展进入新阶段、社会主要矛盾发生变化的必然要求，紧紧扭住新发展理念推动发展，把注意力集中到解决各种不平衡不充分的问题上，决不能再回到简单以国内生产总值增长率论英雄的老路上去，决不能再回到以破坏环境为代价搞所谓发展的做法上去，决不能再回到粗放式发展的模式上去，重大政策出台和调整要进行综合影响评估，切实抓好政策落实，坚决杜绝形形色色的形式主义、官僚主义。要把坚持贯彻新发展理念作为检验各级领导干部的一个重要尺度，引领全市上下真正做到崇尚创新、注重协调、倡导绿色、厚植开放、推进共享，推动海口实现高质量发展。

一是坚持崇尚创新。新时代，海南经济特区要成为改革开放的重要窗口、试验平台、开拓者、实干家，必须坚持把创新作为引领发展的第一动力，必须把创新摆在发展全局的核心位置，让创新贯穿经济社会发展各领域和全过程，让创新在全社会蔚然成风。着力推动思想观念创新、工作运行机制创新，培育发展新空间、构建产业新体系和发展新体制。要以改革创新精神，用足用好海南自贸港政策，发挥出政策的最大效益，转化为现实的发展成果。要整合资源、创造优势，瞄准全球产业链、供应链和价值链的分工和配置，瞄准在各个领域尖端领军以及最需要自贸港政策优势的企业，瞄准全省打造旅游、互联网、热带特色高效农业、现代物流业千亿产业方向，开展上门招商、精准招商、专业招商，引进一批创新驱动企业和项目，依托龙头企业，引进、带动一大批上下游企业发展，做好“无中生有”“有中生新”的文章，形成产业集聚效应，为创新驱动发展和自贸港建设注入新动能。

二是坚持注重协调。中华人民共和国成立70年来，我们党领导人民创造了世所罕见的经济快速发展奇迹、社会长期稳定奇迹“两大奇迹”。在当前“三期叠加”影响持续深化，经济下行压力加大的情况下，必须把协调作为持续健康发展的内在要求，必须正确处理发展和稳定的关系，不断增强发展整体性，保持社会和谐稳定。要着力推动区域协调发展，落实“全省一盘棋、全岛同城化”理念，发挥带头、引领、示范作用，实施基础设施一体化、产业发展协同化、生态保护整体化、公共服务同城化，打造“海澄文”协调发展增长极。要着力推动城乡协调发展，发挥好农村地区作为自贸港建设广大腹地的优势，推进乡村振兴战略，深入推进“美丽海南百镇千村”建设、农村人居环境整治及“厕所革命”，加快补齐乡村基本公共服务和“五网”基础设施短板，促进城乡共同繁荣。要着力推动物质文明和精神文明协调发展，培育和践行社会主义核心价值观，扎实推进新时代文明实践中心建设；深入挖掘和宣传美德模范，发挥典型引领作用，营造人与人和谐相处的良好社会环境，在全市形成见贤思齐、正气张扬、守望相助、善举遍城的生动局面，汇聚全面深化改革开放的正能量。

三是坚持倡导绿色。落实“绿水青山就是金山银山”“保护生态环境就是保护生产力，改善生态环境就是发展生产力”的理念，始终把生态保护放在优先位置，坚定走生产发展、生活富裕、生态良好的文明发展道路，着力保护生态环境，培育生态产业，发展生态经济，实现经济发展与生态建设和谐共赢。坚持以最严谨的规划、最严格的措施、最严厉的处罚、最严肃的问责，坚决打好污染防治攻坚战，抓好中央环保督察和国家海洋督察反馈问题整改，持续开展生态环境六大专项整治，确保生态环境只能更好、不能变差，为建设全国生态文明试验区作贡献。大力培育生态型服务型产业体系，坚守生态底线，对高耗能、破坏生态的产业和项目一律说“不”，推动以“绿色”为底色的旅游业转型升级，加快构建以观光旅游为基础、休闲度假为重点、文体旅游和健康旅游为特色的旅游产业体系，推进中共琼崖“一大”旧址、骑楼老街等创建4A级旅游景区，提升火山口世界地质公园等景区品质，夯实观光旅游基础；精心策划海口电竞旅游节等一批有影响力的大型文化体育活动，依托海口市国家帆船帆板基地公共码头发展冲浪、帆板等海上运动，以冯小刚电影公社为依托发展影视文化游，加快发展文体旅游和休闲度假旅游；发挥海口生态、气候优势和医药健康产业、全省优质医疗资源集聚优势，对接利用好博鳌国际医疗旅游先行区政策优势，培育健康旅游新业态；发展乡村旅游，推动全域旅游发展，使绿水青山产生巨大生态效益、经济效益、社会效益。

四是坚持厚植开放。开放也是改革，以开放促改革、促发展，是我国发展不断取得新成就的重要法宝。新时代，中国开放的大门不会关闭，只会越开越大。我们要坚持开放为先，实行更加积极主动的开放战略，发展更高层次的开放型经济，推动形成全面开放新格局。实行高水平的贸易和投资自由化便利化政策，深化旅游业、现代服务业、高新技术产业对外开放，积极引进国际优质资本和智力资源，采用国际先进理念进行旅游资源保护和开发，提升旅游消费国际化水平；瞄准国际先进水平，大力推进旅游、教育、医疗健康、运输、文化体育娱乐、保险、服务外包、中医药等服务贸易的双向开放政策和便利化措施，加快服务贸易创新发展，推动生活性服务业向高品质和多样化升级，推动生产性服务业向专业化和价值链高端延伸；探索建立符合国际惯例的科技创新体制和科技合作体制，着力发展生物医药、互联网、新一代信息技术产业、数字经济和高端装备制造等高新技术产业，培育发展新动能。进一步扩大对外开放，主动融入粤港澳大湾区、北部湾城市群发展战略，深化与港澳台地区在教育、现代医疗、热带农业和海洋资源保护与开发等领域的合作。扩大国际交流与合作，办好“第十三届海口—东盟国家驻广州总领馆对话会”，深化海口与东盟国家的互动交流，扩大海口海外“朋友圈”。

五是坚持推进共享。为人民谋幸福，是中国共产党人的初心。人民对美好生活的向往，就是我们的奋斗目标。要坚持以人民为中心，始终把人民利益摆在至高无上的地位，尽力而为、量力而行，着力提高保障和改善民生水平。坚决打赢精准脱贫攻坚战，聚焦脱贫攻坚决战决胜、全面收官阶段，巩固提升脱贫成效，确保取得全面胜利。着力提升民生事业发展水平，健全养老、托育服务体系，重视解决好“一老一小”问题；按照兜底线、织密网、建机制的要求，实施好“全民参保计划”，完善养老、助残、助学、慈善等社会救助体系，健全特殊困难妇女儿童关爱帮扶机制，推进养老保险制度等改革，扎实做好社会保障工作；坚持教育优先发展，提高教育质量，加大教育投入，加快中小学校和幼儿园建设，力争普惠性幼儿园覆盖率提高到 80%，公办园在园幼儿占比达到 50%；加强基层卫生人才培养，统筹推进医疗、医保、医药“三医联动”改革，缓解群众看病难、看病贵；发展文化体育事业，推出更多文化精品，讲好“海口故事”；抓好交通秩序整治、城市公交、农村饮水安全等工作；抓实“菜篮子”工程，“种、养、调”结合，多措并举保供稳价，让老百姓的“菜篮子”越拎越轻。

（三）完善和强化“六稳”举措，确保经济社会平稳。中央经济工作会议提出，全面做好稳就业、稳金融、稳外贸、稳外资、稳投资、稳预期“六稳”工作，确保经济运行在合理区间。这既明确了我们经济工作的重心所在，也凸显当前经济形势的复杂性。做好“六稳”工作，对我们形成保持经济平稳运行的合力、推动经济高质量发展、确保实现全年发展目标任务具有十分重要的意义。

一是千方百计做好就业工作。就业是最大的民生，稳就业是“六稳”的基础。坚持稳定就业总量，改善就业结构，提升就业质量。落实和完善高校毕业生、农民工等重点群体就业政策，加强退役军人就业保障，对就业困难人员实行托底帮扶。建立促进创业带动就业、多渠道灵活就业机制，加大小微企业创业担保贷款支持力度。支持企业等社会力量参与职业教育和就业培训，大力抓好职业技能提升和转岗转业培训，积极解决技能人才短缺问题。

二是狠抓社会投资这个“牛鼻子”。要抓好项目建设，扩大有效投资，保持经济持续稳定增长，推动转型升级和高质量发展。把扩大社会投资作为稳投资的主要目标，打破社会资本特别是民 间资本参与公共服务等领域建设的障碍和壁垒，放宽行业准入，扩大投融资渠道，落实减税降费政策，激发社会投资潜力和活力，引导资金投向供需共同受益、具有乘数效应的先进制造、民生建设、基础设施短板等领域，促进产业和消费“双升级”。实施政府投资绩效管理，让政府投资在各领域发挥最大效益；发挥政府投资的撬动作用，围绕重点园区基础设施、老旧小区改造等，继续保持重大基础设施投资力度。谋划、引进一批具有牵引力的重大产业项目，突出工业项目投资，强化项目管理，做到“谋划一批、储备一批、实施一批、竣工一批”，全力培育财源，推动税收增长。

三是把外贸、外资作为重要突破口。外贸、外资是我们的短板，也是最大的潜力所在，更是自贸港建设的重要目的所在。要瞄准世界 500 强、全球行业领军企业和知名品牌企业开展点对点招商，培育跨境电商、保税物流、融资租赁等外贸新业态新模式，做大外贸量。加大与“一带一路”沿线国家和地区的交流合作力度，建设 21 世纪海上丝绸之路的文化、教育、医疗、农业、旅游等交流平台，探索互办文化年、旅游年、艺术节。

四是把金融工作的重点放在服务实体经济和防控金融风险。深入贯彻落实中央金融政策，积极引导金融机构把为实体经济服务作为工作的出发点和落脚点，持续加大对旅游业、现代服务业和高新技术产业的支持力度，切实解决民营企业特别是中小企业融资难问题。鼓励引导企业上市，加快多层次资本市场建设。建立支持科技型企业融资担保损失补偿机制和保费补偿机制，分担小微企业和科技型企业融资风险。大力发展普惠金融，全力做好金融扶贫工作，优化农村金融网点布局。抓好清理拖欠民营企业、中小企业账款工作。加强对重大风险的识别和系统性金融风险的防范，严厉打击逃废债等行为，严厉打击洗钱、恐怖融资等金融犯罪活动。

五是做好稳预期各项工作。稳预期，就是稳市场、稳人心。积极引导社会各界和广大干部群众深刻认识我们有党的坚强领导和中国特色社会主义制度的显著优势、有改革开放以来积累的雄厚物质技术基础、有超大规模的市场优势和内需潜力、有庞大的人力资本和人才资源，只要坚定信心、同心同德，一定能战胜各种风险挑战，不断激发市场活力和干事创业热情。深入做好自贸港建设的宣传发动，提升对海南自贸港建设广阔前景预期的信心，形成人人参与的浓厚氛围。对标对表习近平总书记“4·13”重要讲话和中央 12 号文件精神，紧扣海南自贸港建设发展需要和全市人民对美好生活的期盼，着眼长远、统筹兼顾，充分发扬民主、凝聚各方智慧，科学编制“十四五”时期经济社会发展规划，绘好“十四五”发展蓝图。

六是从严从紧管好财政支出。认真落实政府过紧日子的要求，坚持“以收定支”，有保有压，加强预算绩效管理，精打细算，做到花钱要见效，有效多安排、低效多压减、无效要问责。切实保障重点领域支出需求，保工资、保运转、保基本民生，大力压减非刚性、非重点项目一般性支出和“三公”经费。坚决取消不必要的项目支出，从严控制新增项目支出。规范政府举债融资行为，妥善化解债务存量，遏制隐性债务增量，做好地方债务风险防范工作。

（四）依靠改革优化营商环境和市场环境，激发市场主体活力。紧紧围绕加快打造法治化、国际化、便利化的营商环境和公平开放统一高效的市场环境，对标对表世界银行营商环境评价指标体系，对接国际投资贸易规则，发挥市场在资源配置中的决定性作用，更好发挥政府作用，以一流的营商环境和市场环境激发创新创业活力。

*一是深化“极简审批”改革。*时间就是金钱，效率就是生命。审批时间对市场主体就是制度成本，审批时间越长，制度成本越 高。我们要对标对表世界一流的自由贸易港，在重点园区深入推行“极简审批”，进而在全市铺开，最大限度降低企业制度性交易成本。要深化“放管服”改革，开展“只进一扇门”试点工作，实现“一枚印章审批、一个大厅办事、一支队伍服务、一个平台保障”的行政审批运行机制，为企业提供高效服务。建立外国人服务单一窗口和综合网络平台，推行外事服务“一窗通办”，以便捷高效的服务吸引各类外国人才来海口就业创业。

*二是深化国资国企改革。*抢抓自贸港建设重大契机，做强做优做大市属国有企业，不断增强活力、影响力、抗风险能力。坚持市场取向，突出问题导向，服务发展大局，因企施策，合力攻坚，坚持“引进来”和“走出去”，瘦身健体提质增效，加大国企国资改革力度，推进从管资产到管资本转变，增强国有企业活力，提高国有资本效率，防止国有资产流失。充分发挥国有企业各类人才积极性、主动性、创造性，激发各类要素活力，为全市经济社会发展作出更大贡献。

*三是深化投融资体制改革。*平等对待各类投资主体，放宽放活社会投资，充分挖掘社会资金潜力。创新政府投融资体系，减少、归并专项资金，用市场化手段提高政府资金使用效益。探索建立投融资“互联网＋政务服务”模式，用好投资项目在线审批监管平台，实现一门受理、网上办理、信息共享、在线监管。做大国有企业和融资平台，实行园区产城融合发展和滚动式开发。

*四是优化民营经济发展环境。*帮助民营经济解决发展中的困难，让民营经济创新源泉充分涌流，让民营经济创造活力充分迸发。落实《关于进一步促进民营经济健康发展的若干政策措施》，探索设立服务民营企业发展专项基金，大力促进民营经济发展。完善落实领导干部联系帮扶企业等制度，着力构建“亲”“清”新型政商关系。加强新时代民营经济统战工作，吸引更多市场主体落户。

（五）加强城市和社会治理，推进治理体系和治理能力现代化。建设海南自贸港，确保人民安居乐业，离不开共建共治共享的社会治理，要切实加强党委对城市和社会治理的统筹谋划和组织领导，不断提高社会治理社会化、法治化、智能化、专业化水平。

*一是抓好法治海口建设。*法治是国家治理体系和治理能力的重要依托。加强党委对立法工作的领导，用好用足地方立法权，深化立法协商和立法评估，积极构建适应海南自贸港建设需要的地方法规体系，提高依法执政、依法行政能力。深入推进司法体制综合配套改革，推进执法司法规范化建设。持续推进法治政府建设和政务公开，落实重大行政决策合法性审查和党委政府法律顾问制度。积极开展全民普法行动。全市各级党政机关和每一位领导干部、每一位工作人员都要增强法治观念、法律意识，坚持有法必依，善于运用法治方式开展工作，让人民群众在日常生产生活中都能感受到公平正义。

*二是深化平安海口建设。*把维护国家政治安全摆在首位，严密防范严厉打击敌对势力渗透颠覆破坏活动，筑牢省会政治安全防线。深化禁毒“八严工程”，建成戒毒所二期工程，深入开展新一轮禁毒三年大会战。严厉打击整治电信网络诈骗、两抢一盗、黄赌毒等违法犯罪，加大“打财断血”“打伞破网”力度，推动扫黑除恶专项斗争取得新突破。严格落实安全生产责任制，全面提升自然灾害防治能力，深入开展安全生产集中整治、道路交通三年攻坚战等专项整治，突出对建筑施工、消防、旅游、道路交通、危险化学品等重点领域安全监管，坚决遏制重特大生产安全事故发生。加强应急管理体制建设，抓好对重大灾害、安全事件的一体化联动管理。

*三是创新基层社会治理。*加强社区治理体系建设，推动社会治理重心向基层下移。深入开展社会治安防控体系建设及标准化城市创建活动，深化创建“枫桥式公安派出所”活动，巩固提升综治中心、雪亮工程、网格化管理“三位一体”新机制建设成果，争创全国市域社会治理现代化示范城市。深入实施“家家幸福安康工程”，开展“最美家庭”评选活动。加大矛盾纠纷排查调处力度，努力将矛盾化解在基层和萌芽状态。

*四是精细化管理城市。*深入开展社会文明大行动，巩固提升全国文明城市和国家卫生城市创建成果。加快城市“五化”，提升城市品位。坚持疏堵结合、标本兼治，引导群众依法报建、有序建设，保持“两违”整治力度。加快“智慧城市”建设，依托“海口城市大脑+12345 海口智慧平台＋大数据”，加强联勤联动，提供“最海口”的公共服务。搭建海口综合执法和“智慧市政”信息化平台，加快推进 5G 组网建设，推行社会治理大数据平台建设和信息化技术应用，为城市精细化管理提供信息化支撑。

三、坚定不移推动全面从严治党向纵深发展，为海口全面深化改革开放提供坚强的政治保证

全力推动海南自贸港建设、实现“三区一中心”的战略目标，关键在

党委，关键在落实党要管党、全面从严治党。要认真落实新时代党的建设总要求，把全市各级党组织建设得更加坚强有力，为海口改革发展提供坚强的政治保障和组织保障。

（一）始终把政治建设摆在首位。坚持以习近平新时代中国特色社会主义思想统领海口一切工作，把不忘初心、牢记使命作为加强党的建设的永恒课题和全体党员、干部的终身课题常抓不懈，不断增强“四个意识”、坚定“四个自信”、做到“两个维护”。坚持用马克思主义中国化最新成果统一思想、统一意志、统一行动，把习近平新时代中国特色社会主义思想特别是习近平总书记“4·13”重要讲话和中央12号文件精神的学习作为各级理论中心组学习、党校干部培训的首要任务，推动各级党员干部切实学懂弄通做实。严守党的政治纪律和政治规矩，严格党内政治生活，坚决防止“七个有之”，坚决反对搞两面派、做“两面人”，始终对党绝对忠诚，面对大是大非敢于亮剑，面对矛盾敢于迎难而上，面对危机敢于挺身而出，面对失误敢于承担责任，面对歪风邪气敢于坚决斗争。贯彻执行民主集中制，发挥好党委把方向、谋大局、定政策、促改革的能力和定力，确保中央决策和省委部署不折不扣落到实处。严格落实意识形态工作责任制，加强海口融媒体中心等阵地建设，牢牢掌握意识形态工作领导权管理权主动权。加强基层党组织建设，把每一个基层党组织打造成坚强的战斗堡垒。

（二）打造忠诚干净担当干部队伍。严格落实新时期好干部标准，突出政治标准，把对党绝对忠诚作为培养选拔任用干部的首要任务。要强化责任意识，海南自贸港建设，没有旁观者，没有局外人，人人都是主角，全市党员干部群众作为自贸港建设的亲历者、推动者、参与者，要从自身做起，人人争当实干家、不当评论家，争当实践者、不当观察员，为自贸港建设凝聚正能量、作出新贡献。深化强区扩权，推动各区更好发挥主观能动性，调动积极性，为海口全面深化改革开放扛起应有的担当。要紧盯从决策形成到落地见效的每一个环节，层层压实责任，落实“五个一”的机制，做到每项工作都有一名市级领导主抓、一个责任落实部门、一套实施方案、一个目标管控机制、一个效果评估机制，并实行红、黄、绿挂牌管理制度，以责任制促落实、保成效。要强化担当意识，越是任务艰巨繁重越需要领导机关和领导干部奋勇当先、实干担当。在加快推进自贸港建设的进程中，全市各级党组织和广大党员干部要弘扬“敢闯敢试、敢为人先、埋头苦干”的特区精神和“扎根守土、坚韧不拔、无私奉献”的椰树精神，练就担当作为的硬脊梁、铁肩膀、真本事，万众一心加油干，全力推进自贸港建设。树立重实干重实绩的鲜明用人导向，建立健全正向激励体系，坚持有为才有位，对那些勇挑重担、善解难题、工作业绩出色、发展贡献突出的干部，要高看一眼、厚爱一分，优先提拔、及时重用，以用人导向催生动力，激发全市上下见贤思齐、竞相作为。

（三）驰而不息正风肃纪反腐。严格落实党委主体责任、纪委监督责任，把全面从严治党要求落到实处。坚持把政治监督摆在首位，深化政治巡察，持续推动中央巡视和省委巡视发现问题的整改落实，实现巡察全覆盖。全市各级党员领导干部要坚决从党中央对张琦涉嫌严重违纪违法问题进行纪律审查和监察调查一案中吸取教训，清楚认识中央坚定不移惩治腐败的决心和意志，真正管好自己、管好亲属、管好身边工作人员。要特别注重防范廉政风险，在工程项目建设中要守住廉洁底线，决不允许在工程项目上暗箱操作、搞假投标、搞围标串标，决不允许工程项目层层转包，决不允许把建设工程搞成人情工程，决不允许领导干部插手工程、打招呼。一体推进不敢腐、不能腐、不想腐，集中整治漠视侵害群众利益问题；加强对权力集中、资金密集、资源富集部门和行业的日常监督，推进纪委监督与组织人事、巡察、审计监督的贯通，加强重大公共工程项目和土地项目的监督，强化扶贫、涉黑涉恶、生态环境、民生等领域专项监督，深化党务、政务、财务、村务等领域办事公开制度建设；经常性开展示范教育、警示教育，筑牢拒腐防变的思想防线和制度防线。

能够亲身参与中国特色自由贸易港建设这一重大国家战略，是我们最大的幸运和荣耀！人生能有几回搏，我们要只争朝夕、不负韶华、不负新时代，实干担当、奋发作为，以“赶考”的姿态答好全面深化改革开放的“答卷”。让我们更加紧密团结在以习近平同志为核心的党中央周围，持续深入学习贯彻习近平总书记“4·13”重要讲话和中央12号文件精神，在省委的坚强领导下，不忘初心、牢记使命，以“一天当三天用”的干劲，奋力开创新时代海口新局面，坚决扛起海南自由贸易试验区和中国特色自由贸易港建设的海口担当！

政府工作报告

——2020年5月26日在海口市第十六届人民代表大会第六次会议上

海口市市长　丁　晖

一、2019年工作回顾

2019年是新中国成立70周年，是海南全面深化改革开放的关键之年。一年来，我们坚持以习近平新时代中国特色社会主义思想为指导，认真落实党中央、国务院和省委、省政府决策部署，深入贯彻习近平总书记“4·13”重要讲话和中央12号文件精神，在市委的坚强领导下，奋力抢抓海南自由贸易试验区、中国特色自由贸易港建设历史性机遇，全面深化改革开放，全力应对困难挑战，实干担当、精准施策，全市经济社会保持平稳健康发展良好态势。实现地区生产总值1671.9亿元、增长7.5%，高于全省1.7个百分点；地方一般公共预算收入185.3亿元，增长9.1%；固定资产投资1110.9亿元，下降15.4%；社会消费品零售总额785.6亿元，增长4.7%；城镇和农村常住居民人均可支配收入分别为38977元和16116元，分别增长7.9%和8.3%；居民消费价格同比上涨3.3%。

过去的一年，我们充分发挥省会城市带头、引领和示范作用，自觉站在国家战略和全省大局上想问题、办事情，紧扣中心、砥砺前行，在海南自贸港建设中扛起了海口担当。

（一）着力打基础、筑平台，江东新区建设蹄疾步稳

基础工作深入推进。紧扣“两区一标杆”[1]发展定位，坚持谋定后动，把每一寸土地都规划清楚再建设，高标准完成“1+6+13+16”[2]规划体系编制。成立江东新区管理局，探索实行“法定机构 + 市场运作”模式，面向全球招聘人才。争取省政府出台九条高含金量政策[3]，《海口江东新区条例》纳入省人大立法计划。持续强化建设管控，拆除违建26.1万平方米，征收土地3418亩。

基础设施加快建设。建立“五网”基础设施项目库，入库项目241个，全年新开工25个、完成投资145亿元。总部经济区、临空经济区建设全面启动，白驹大道改造及延长线、江东污水处理厂和“两河一堤”[4]等工程开工建设，文明东越江通道工程过半，哈罗公学主体封顶，美兰机场二期飞行区竣工验收，椰海大道延长线建成通车。景观规划设计、地标建筑布局和“五化”[5]建设同步推进。

基础产业精准导入。围绕构建“临空经济 + 服务经济 + 生态经济”的开放型、创新型产业体系，以总部经济为引领，制定出台项目遴选、用地指标、产业监管等制度，中国银行、大唐集团、兖矿集团、山东能源等一批世界500强企业率先入驻总部经济区，美兰空港“一站式”飞机维修基地、顺丰（海南）国际生鲜港等4个项目开工建设，完成首例国际客户飞机入境维修。美兰空港综合保税区启动申报。

（二）着力促改革、推创新，发展动能活力不断增强

营商环境不断优化。深入开展营商环境评估评价，制定实施优化营商环境行动计划。建立制度创新项目库，无税不申报等5项成果入选全省制度创新案例。

持续深化“放管服”[6]改革，“一窗受理”[7]事项达93.8%，建成全市一体化在线政务服务平台，“一网通办”[8]能力显著提升。商事主体全程电子化登记，实行企业极简注册注销。推出企业秘书、建筑工程施工许可告知承诺审批，工程建设项目审批事项从96项减至66项，政府投资、一般社会投资项目审批用时分别压缩到72个和55个工作日。101个用电报装项目实现“一次不跑”，高、低压客户平均接电时间分别缩减60%和40%。市场主体全年新增9.5万户、增长54.4%，总量占全省41.8%。完善“一站式”线上公共服务平台，“椰城市民云”汇聚472个服务事项、注册用户突破130万。龙华试点“一枚印章管审批”改革，在全省率先打造政务服务24小时自助区。强化“双随机一公开”[9]监管，市场主体事中事后协同监管平台、新版信用信息共享平台上线运行。推出跨境电商商品“先入区、后检测”“抽样后即放行”等便利化措施，通关时效快于全国平均水平。扎实落实减税降费政策，全年减税降费57.4亿元。清理拖欠民营企业中小企业账款13.4亿元。

开放水平不断提升。成立国际投资促进局，举办海南自贸试验区集中签约和“知名企业海口行”等系列招商活动，签约引进项目137个，协议投资521亿元。新增外资企业162家、增长74.2%，实际利用外资6.7亿美元、增长164%。完成外贸进出口331.4亿元，占全省36.6%。落实“百万人才进海南行动计划”，吸引各类人才落户1.8万人、占全省68%，办理外国人工作许可1040人、居留许可4434人。落实免签新政，新开通9条国际航线，出入境旅客增长22%。柬埔寨驻海口总领事馆正式开馆，成为新中国成立以来首个驻琼领事机构。成功举办全球橡胶大会、中国（海南）国际入境旅游营销大会、第十二届海口—东盟国家驻广州总领事馆对话会等国际性活动，国际友好城市增至41个，海口“朋友圈”越来越广。

（三）着力调结构、稳增长，经济运行质量持续提升

投资结构优化升级。扎实开展“两个确保”[10]百日大行动，开工省重点项目25个、海南自贸试验区项目135个，投资额全省第一。椰树集团狮子岭生产基地、金盘科技数字化工厂等开工建设，海南国际会展中心二期、五源河体育馆、海秀快速路二期等加快建设，椰海大道改造等项目竣工。非房地产投资占比连续四年超过50%、达到57%，以房地产投资为主的固定资产投资拉动经济增长格局正发生根本性改变。

产业发展转型升级。高新技术企业新增140家，总数达到414家、占全省73%。新增省级重点实验室8家。医药产业过亿元药品达41个、增长5%，国际注册品种53个、增长3倍。园区建设步伐加快，综保区进出口总值排名全国综合保税区26名、较上年提升32位，高新区获评国家知识产权示范园区，复兴城、观澜湖纳入省重点园区。总部经济快速发展，中旅集团成为首家总部进驻海南的央企，中海油海南分公司注册成立，24家总部企业实现营收417亿元、纳税28.2亿元。引进字节跳动、滴滴等知名企业，互联网企业超过3300家，完成营收357亿元、增长9.8%。新引进渤海银行等金融机构15家，海南国际知识产权交易中心、海南国际热带农产品交易中心开业运营，海南国际能源交易中心交易额突破百亿，金融业完成增加值220.4亿元，全省金融中心地位进一步巩固。会展业综合收入128亿元、增长8%。滨海国际电商产业园入选国家电子商务示范基地，全市电子商务网络交易额1415亿元、占全省70%。跨境电商进口报单15.8万票，较上年增长15倍。海口港区口岸汽车整车进口991辆。房地产市场保持总体稳定，商品房销售面积441万平方米、增长12%。现代物流业加快布局，商贸服务型国家物流枢纽承载城市、全国供应链创新与应用试点城市建设成效初显。

消费供给拓展升级。全方位助力海南国际旅游消费年活动，精心组织乐购嘉年华、跨年狂欢季，全年举办跨年演唱会、新年音乐会、全国沙滩排球巡回赛总决赛等重大文体赛事活动38场次。推动博物馆、图书馆等夜间开放，鼓励商圈延长营业时间，打造12家“最海口”夜市，海口湾、观澜湖等热点街区掌灯“夜海口”，夜间经济得到快速发展，成为夜间消费支付三大活跃城市之一。整合推出旅游、航空、文娱、免税购物等组合营销套餐，以大流量、大IP活动为牵引，以“吃住行游购娱”全链条协同配合为支撑的文旅消费模式，带来新的岛外消费人流，全年接待国内外过夜游客2358.7万人次、增长4.4%；旅游总收入320.6亿元、增长7.5%，免税品销售额突破30亿元、增长40%。

（四）着力补短板、抓整治，城乡人居环境更加美好

城市品质持续提升。深入推进社会文明大行动，“创文创卫”成果不断巩固。启动国土空间总体规划编制，五大产业园区[11]完成控规编制。首推片区建筑师负责制[12]，成立建筑大师工作营，成为全国第一个建筑设计改革创新试点城市。海口湾演艺中心投入运营，明昌塔复建落成，海口湾畅通工程示范段建成开放，“最美城市客厅”初具雏形。完成东西湖三角池二期、红城湖公园改造提升，建成一批街心公园。龙昆南延长线市政化改造完工，白龙南地下通道建成通车，市域列车开通运营。110千伏铁桥输变电工程建成投产，新一轮农网改造升级提前一年完工。主城区排水防涝能力提升项目加快推进，消除6个城区积水点。5座污水处理厂提标改造完工，桂林洋污水处理厂建成运营。5G商用服务率先启动，成为全国首批开通5G的城市之一。棚改回迁用地出让20宗，启动万福新村等12个老旧小区改造试点。完成14条主干道路、6个重点商圈广告牌匾整治。分类处置违法建筑“一户一宅”认定，拆除违法建筑90.7万平方米，打掉违建项目57栋；查处违法用地3157宗，闲置土地、批而未供土地存量分别下降52.3%和20.4%，“两违”整治综合评分全省第一。首个综合性“城市大脑”初步建成，“5+N”智慧城市治理机制基本建立，在全国率先使用“AI+信号灯”[13]系统，获第九届中国智慧城市建设进步奖。

乡村振兴持续发力。开展农村人居环境整治三年行动，农村生活垃圾收集全覆盖。完成农村卫生厕所改造18.2万户、覆盖率99.4%。启动14个镇域污水厂建设，建成农村污水治理设施3885个、覆盖451个自然村。开展“燃气下乡”试点，314个村实现“气代柴薪”。63个农村饮水工程惠及群众20余万人。率先在全省完成县道路网布局规划，提档升级农村公路150公里，建制村100%通客车。自然村4G信号全覆盖，光纤覆盖率98.7%。改造菜田3.2万亩，建成高标准农田2.4万亩。推出7条精品线路，新建8家乡村民宿、32个特色乡村旅游点。秀英冯塘村、美兰山尾头村入选“全国乡村旅游重点村”，琼山树德村获评“国家森林乡村创建工作样板村”；累计5个村入选“中国传统村落”，54个村被评为海南省“星级美丽乡村”。着力打造海口火山荔枝、火山石斛等特色农产品品牌，累计核准国家地理标志证明商标14个。南渡江流域土地整治工程通过验收。稳步推进美兰农村集体产权制度改革试点，完成2998个集体经济组织清资核产。深化乡风文明建设，创建“星级文明户”480户。

生态保护持续深化。坚决落实中央生态环保督察问题整改，办结转办件882件、办结率96.9%。建成全国首个环境振动自动监测站，在全省率先启动环境监测体系建设专项规划。持续开展生态环境“六大专项整治”[14]，纳入国家考核的19条21处黑臭水体全部消除黑臭，纳入全省考核的18个城镇内河湖污染水体全部达标，被评为“全国黑臭水体治理示范城市”，获中央财政4亿元奖补。推进“蓝色海湾”生态整治与修复，近岸海域水质达标率保持在93%以上。新建充电桩5815个，推广新能源汽车7145辆，主城区禁燃烟花爆竹成效显著，空气质量稳居全国168个重点城市前列。五源河、美舍河国家湿地公园通过国家林草局验收。造林绿化3.06万亩，获评“全国绿化模范单位”。加强南渡江保护，取缔关闭非法采砂点3处。西秀建筑垃圾资源化利用厂建成投产。出台全国首部“湾长制”地方法规，搭建“1+N”河湖湾长制信息化管理平台，在全省率先实现476个水体动态化管理。签订南渡江流域上下游横向生态保护补偿协议，建立健全采矿权管理和矿山地质环境恢复治理机制，强化领导干部自然资源资产离任审计，生态文明建设长效机制进一步健全。

（五）着力惠民生、强保障，人民生活水平不断改善

脱贫攻坚精准精细。建立稳定脱贫长效机制，359户879人存量建档立卡贫困人口全部脱贫，全年零返贫。“两不愁三保障”[15]政策全面落实，发放教育特惠性资助金2236万元、资助贫困家庭学生1.3万人次，贫困患者慢性病门诊、住院医疗费用实际报销补偿比例分别达到91.5%和90.5%，完成农村四类重点对象危房改造537户，农村饮水安全实现全检测、全达标。投入财政专项扶贫资金6341万元，实施贫困村整村提升工程21个，发展村集体经济项目34

个，发放扶贫小额贷款 5110 万元。成立 11 个村级电商扶贫服务站。新增贫困劳动力就业 297 人。龙华仁里村入选“全省首批旅游扶贫示范村”。海口连续两年在全省扶贫开发年度考核中拔得头筹。

民生事业落细落小。全年民生支出 186 亿元，增长 7.8%。就业形势稳定，城镇新增就业 3.85 万人，年末城镇登记失业率 1.75%，低于控制目标。城镇职工基本养老金实现“14 连增”，城乡低保标准分别提高到 610 元 / 人 / 月和 540 元 / 人 / 月，特困供养标准提高到 800 元 / 人 / 月。设立 211 个社区居家养老服务站，建成 49 家城乡社区“长者饭堂”，惠及超过 20 万老年人，入选城企联动普惠养老第一批试点城市。城镇居民医保和新农合筹资标准提高至 740 元，29 家定点医疗机构连接跨省异地结算平台，跨省异地就医直接结算覆盖全国。强力治理拖欠农民工工资，案件数下降 79%。完成棚改安置 810 户，发放住房租赁补贴 5869 户。筹集人才房 8376 套，首批急需紧缺人才入住人才公寓。落实“菜篮子”市（县）长负责制，有效防控非洲猪瘟，广泛开展“肉菜倡议价”活动，常年蔬菜种植产量突破 30 万吨，蔬菜、肉类和综合食品等价格指数涨幅全省最低。“一校两园”建设持续推进，9 所公办中小学校（幼儿园）建成开学、新增学位 1.38 万个，大班额从 2046 个降至 309 个，超大班额[16]全部消除。在全省率先实施公办中小学校教室空调全覆盖，249 所城乡学校、28.4 万学生受益。市人民医院国际医疗部启动建设，268 家基层医疗卫生机构标准化建设全部开工，秀英获评“全国健康促进区”。全市上下通力协作、联防联控，迅速消除登革热疫情。文体事业繁荣发展，《大爱人间》获全国“五个一工程”[17]优秀作品奖，夺取全国性体育赛事冠军 38 个。

社会治理有力有序。全国调解工作会议和全省综治中心、雪亮工程、网格化管理“三位一体”新机制建设现场会在海口召开，秀英石山派出所被命名全国首批“枫桥式公安派出所”。美兰“微实事”社区参与式预算改革实践入选省社会治理类制度创新案例。琼山被评为“全国七五普法中期先进区”。全市调处矛盾纠纷 6792 宗，成功率 97%。受理法律援助案件 6950 件，避免和挽回经济损失 7799 万元。全年信访总量下降 9.9%。禁毒三年大会战成果丰硕，获评“全国禁毒示范创建工作先进城市”。扫黑除恶专项斗争深入推进，累计打掉涉黑涉恶犯罪团伙 59 个，刑事案件立案数下降 7.1%、实现“三连降”，为 12 年来最低，命案连续 5 年全破，社会治安保持平稳向好态势。构建城市社区功能“十大服务”体系[18]，建成 11 个社区功能示范点。构建“大应急”管理工作格局，防灾减灾能力增强，安全生产形势总体稳定。连续十次蝉联“省双拥模范城”。新时代文明实践中心试点加快推进，“美舍河变形计”项目获评中国青年志愿者优秀项目奖，12345 市民服务智慧联动平台荣获“全国工人先锋号”和“全国巾帼文明岗”称号。

（六）着力转作风、提效能，政府自身建设得到加强

过去一年，我们坚持以政治建设为统领，扎实开展“不忘初心、牢记使命”主题教育。自觉接受人大、政协监督，提请市人大常委会审议法规议案 2 件，制定、修改、废止政府规章 12 件，209 件人大代表建议、351 件政协提案全部办复。推行行政执法公示、执法全过程记录和重大执法决定法制审核“三项制度”，依法行政工作连续 12 年排名全省第一。强化财政资金使用绩效管理，加大重点民生资金和项目审计，保持反腐高压态势，查处了一批违纪违法案件。坚定不移纠“四风”，认真落实“基层减负年”部署，倡导工作视频会议常态化，政府发文减少 31%，“三公”经费下降 10.9%。深化国资国企改革，处置 7 家“僵尸企业”。完成政府系统机构改革，政府职能配置更加科学、运转更加高效。

各位代表，过去一年的成绩来之不易，这是省委、省政府和市委坚强领导、科学决策的结果，是市人大、市政协有效监督、鼎力支持的结果，也是全市上下团结拼搏、共同奋斗的结果！迈入新的一年，一场突如其来的全球性新冠肺炎疫情，给全市人民生命健康安全和经济社会稳定运行带来严重冲击。在严峻挑战面前，全市各级各部门坚决贯彻习近平总书记“坚定信心、同舟共济、科学防治、精准施策”的防控总要求，坚决落实省委、省政府部署，把守护好全市人民的生命安全和身体健康作为最大的责任，坚持关口前移防输入、集中管理抓救治，排查摸底无死角、抓严抓细防扩散，“三港一站”累计查验进岛旅客 154 万人、车辆 51.9 万辆，全市 2879 个小区、2348 个村实行封闭管理，1.4 万名党员干部职工、社区网格员和小区物管人员入户排查 77.4 万户，开展健康服务 1.56 万人，成功在较短时间内遏制住疫情蔓延势头；出台支持中小企业应对疫情 15 条、旅游企业复工复产 17 条和新型农业经营主体渡难关 12 条等政策措施，快速推进企业复工复产，战疫工作取得阶段性胜利。

在这场没有硝烟的疫情防控人民战争中，全市党员干部职工闻令而动、舍小家顾大家，医务工作者逆行冲锋、舍身忘我，全体市民识大体顾大局、主动配合，广大海内外琼籍侨胞守望相助、万里驰援，全市上下众志成城，铸就了抵御疫情、护佑生命的铜墙铁壁，涌现出了一大批无私奉献、敢于担当的先进典型，奏响了和衷共济、勠力同心的时代赞歌。在此，我代表市人民政府向奋战在疫情防控一线的广大党员、干部和群众，特别是医务工作者、社区工作者、公安干警、志愿者和新闻工作者，向积极参与抗击疫情的驻市部队、武警官兵，向自觉服从、主动投身疫情防控斗争的全体市民，表示崇高的敬意！向支援支持我市疫情防控的社会各界和港澳台同胞、海外侨胞，表示诚挚的感谢！向过去一年为全市经济社会发展作出贡献的海口人民和广大建设者，向人大代表、政协委员，各民主党派、工商联和人民团体，向中央、省驻市单位，向情系家乡的广大海外侨胞、关心支持海口发展的国内外友人，表示衷心的感谢！

过去一年，尤其是这场疫情防控的大战和大考，让我们更加清醒地看到，全市经济社会发展还存在许多短板和问题：一是受疫情冲击，经济不确定性增多，旅游业、制造业、房地产业部分企业经营困难加剧，经济下行压力持续加大。二是新经济新业态新模式培育有待提速，人才等创新要素保障不足，实现高质量发展任重道远；三是营商环境精细化管理服务水平有待提升，企业和群众直观感受度还不够高。四是城乡发展不平衡，卫生、教育、养老、水利、交通等基础设施欠账较多，优质公共服务供给和应急能力水平需要进一步提高。五是形式主义、官僚主义现象依然存在，抓落实不力、执行力不强等瓶颈问题亟待解决，“四风”问题和腐败案件仍时有发生。对于这些问题，我们将充分检视、正确对待，采取有力措施认真加以解决。

二、2020年工作任务

2020年是全面建成小康社会和“十三五”规划的收官之年，是海南自贸港建设的关键之年。我们将坚持科学统筹疫情防控和经济社会发展，确保“十三五”规划圆满收官，高标准谋划“十四五”规划和未来发展新篇章，在成绩成效中增强信心，在变化变局中抢抓机遇，在逆境逆势中砥砺奋进，在苦干实干中决战决胜，交出全力应对疫情防控、全面建成小康社会和加快推进海南自贸港建设“三个大考”的合格答卷。

今年政府工作的总体要求是：以习近平新时代中国特色社会主义思想为指导，全面贯彻党的十九大和十九届二中、三中、四中全会精神，坚决贯彻党的基本理论、基本路线、基本方略，增强“四个意识”、坚定“四个自信”、做到“两个维护”，紧扣全面建成小康社会目标任务，紧扣加快海南自贸港建设，在常态化疫情防控前提下，坚持稳中求进工作总基调，坚持新发展理念，坚持以供给侧结构性改革为主线，坚持以改革开放为动力推动高质量发展，坚决打赢三大攻坚战，扎实做好“六稳”[19]工作，全面落实“六保”[20]任务，确保经济持续健康发展和社会大局稳定、“十三五”规划圆满收官，确保完成决战决胜脱贫攻坚目标任务、全面建成小康社会。

今年经济社会发展的主要预期目标是：地区生产总值增长6.5%左右，地方一般公共预算收入增长6.5%左右，固定资产投资增长8.7%，社会消费品零售总额增长8.5%，城镇和农村常住居民人均可支配收入分别增长8%和8.2%，居民消费价格涨幅控制在3.8%以内，城镇登记失业率3%以内，确保完成省下达的节能减排降碳控制目标，确保完成省制定的高标准高质量发展指标体系提升任务。

各位代表，在严峻形势和挑战面前，今年确定的经济社会发展目标是一个自我加压、起跳摸高的目标，是一个逆势而上、竞进作为的目标。非常时期须有非常之为。完成既定目标，必须把思想和行动进一步统一到习近平总书记“4·13”重要讲话和中央12号文件精神上来，深入贯彻新发展理念；统一到加快推动海南自贸港建设的工作部署上来，深度学习、深度调研、深度创新、深度落实，确保取得早期收获；统一到以超常规的认识、举措和行动争取超常规实效的工作要求上来，在推动经济高质量发展中争创新速度、争作新贡献。

（一）以超常规意识勇夺“双胜利”，统筹推进疫情防控和经济社会发展

坚持目标导向和问题导向相结合，进一步夯实常态化疫情防控，千方百计把时间抢回来、损失补回来、影响的工期夺回来。

毫不懈怠抓防控。强化底线思维，慎终如始抓紧抓实抓细常态化疫情防控，动态完善防控策略和应对举措。继续坚持“四早”[21]方针，严把机场、“三港一站”[22]等关口，加强入境人员和重点地区来琼人员闭环防控，加强无症状感染者筛查，坚决做到外防输入、内防反弹。全面落实主体责任，织密学校、工地、商场超市、农贸市场、景区景点等重点区域防控体系，不断巩固来之不易的防控成果。广泛开展“四爱”卫生健康大行动，普及健康知识，倡导文明健康生活方式。

共克时艰稳企业。稳企业就是保就业、保民生。落实好中央、省市应对疫情各项扶持政策，完善“企业大走访＋政府联络员”制度，实施“减租减息减税减费减支”专项行动，多途径支持中小微企业和个体工商户复工复产、复商复市。设立中小企业融资担保基金，建立中小微企业融资风险分担机制和保费补偿机制，搭建企业综合融资服务平台，确保小微企业融资成本不高于2019年。及时兑现政府奖补政策。建立行政事业收费和政府性基金目录清单，全年为企业减负30亿元以上。牢固树立过紧日子思想，控制压减一般性支出10%，“三公”经费再压减3%，盘活存量国有资产20亿元以上，把更多资金用于帮扶市场主体健康发展。

全力以赴扩投资。抢抓“新基建”[23]投资机遇，围绕新能源汽车充电设施、5G基站、智慧园区、智慧口岸、城市轨道交通等领域，抓紧谋划生成一批重大项目。梳理投资500万元以上项目清单，建立“要素跟着项目走”集成机制，提高资源配置效率。推行“标准地”[24]出让，降低产业用地成本。强化政府投资年度计划与本级预算衔接，用好用足2亿元项目前期经费资金池。加快推进工程建设项目审批制度改革，扩大环评告知承诺制审批改革试点范围，在重点园

区试行企业承诺前提下容缺办理施工许可。

释放内需促消费。落实好全省旅游业疫后重振计划，整合各方资源，打造高性价比旅游优惠套餐。开展“海南人游海口”“五月的海风”系列活动，联合乡村旅游景点发放消费券，利用“一码通”拓宽消费渠道。扩大旅游演艺和文创产品消费。放大离岛免税购物政策效应，力争离岛免税销售额增长20%以上。培育钻石珠宝高端消费市场。优化盘活小客车过期及未使用指标，对购买新能源汽车给予综合倾斜。大力发展“夜经济”，鼓励建设无人售货门店、24小时便利店和“深夜食堂”，升级和打造一批特色街区、乡村夜市示范点。创新线上线下互动服务模式，推动传统市场向“新批发+新零售”转型。

补齐短板保长效。加快谋划建设公共卫生与防疫基础设施补短板项目，加快完善重大疫情防控体制机制，健全公共卫生应急管理和救治体系。加大综合性医院建设力度，启动市人民医院西院区、市中医医院国际中医中心等规划建设。积极推进突发公共卫生事件应急管理中心建设，优化公共卫生和疾病防控资源配置。

（二）以超常规速度加快园区建设，扛起打造自贸港核心引擎的大局担当

产业园区是海南自贸港建设的重要平台，是海口高质量发展的主战场。按照“六个做扎实”[25]的要求，完善园区管理体制和组织构架，落实省市行政审批权限下放，实施基建提速、土地收储、效益倍增“三大计划”，抓好政策、园区、监管、调法“四项承接”，让“项目进园区、园区说了算，有权能定事、有钱能办事”，真正把园区打造成自贸港做大流量的“量点”和突出实效的“亮点”。

推进江东新区高质量建设。所有规划、所有项目全面对标“两区一标杆”要求，精耕细作，绝不留历史遗憾。完善片区控规和专项规划，推动重点建筑设计全球招标比选。加快总部经济区和临空经济区基础设施建设，推动南渡江新跨江通道、地下综合管廊、高品质直饮水、智能电网等项目开工。完善公共配套，加快国际社区建设。统筹征地拆迁与村民安置，年内完成土地收储4000亩，启动3个集中安置小区建设。聚焦总部经济、金融会展、服务贸易、航空维修、空港物流、融资租赁等重点领域加大产业招商，确保年内500家企业注册、100家企业签约、20家企业摘牌拿地，总部经济营收超过330亿元。加快海南国际能源交易中心、海口金融中心、顺丰（海南）国际生鲜港等项目建设，确保美兰空港一站式飞机维修基地竣工投产。推动美兰空港综合保税区获批实施。

推进高新区提档升级。深化美安生态科技新城与上海临港园区合作，加快“园中园”开发建设和产业招商。盘活存量资源，加快狮子岭、港澳开发区和“海口药谷”国科园片区转型升级。坚持创新驱动，加快培育科技研发总部、重点实验室和第三方检测等科创产业，集聚发展制药、医疗器械、传感器等高新技术产业，在打造高端研发制造基地、大院大所研发平台、科技创新创业项目上重点突破，力争新增注册企业360家以上，实现工业总产值240亿元。

推进综保区创新发展。拓展跨境电商、平行进口汽车、期货交割、免税品、国际文化艺术品、融资租赁、流通加工、冷链物流等新业态。完善跨境电商线上公共服务和线下园区平台功能，探索设立“境内海外仓”，加快智能仓储物流分拨中心建设。依托园区企业产业链、供应链，引进一批高附加值的加工制造项目。对接国际最高水平开放形态的货物出入境监管模式，推进贸易便利化、自由化，力争进出口总值突破100亿元，实现园区营收500亿元。

推进复兴城扩区赋能。加快西海岸互联网基地建设。加强与国家部委、高等院校和国际机构的对接合作，争取一批国家科技专项、试点示范应用、国际合作项目和企业落地。开展离岸数据中心、国际金融、数字文创、离岸数据服务外包等国际业务，广泛运用大数据、云计算、人工智能、区块链等新技术，培育打造具有国内领先优势的数字经济，力争园区企业实现营收300亿元。

推进观澜湖要素聚合。支持观澜湖度假区申报创建5A级旅游景区，全方位延伸“旅游+”产业链，鼓励国际化演艺经纪机构和团队、教育机构、画廊、现代艺术馆等入驻，引进原创文旅大型实景演出、室内沉浸式旅游、国际品牌商户和国际性文体赛事等旅游吸引物，打造集影视制作、国际演艺、体育赛事、创意艺术、商业购物为一体的现代旅游产业园区。

（三）以超常规气魄推进制度创新，扛起深化改革开放的使命担当

紧扣自贸港建设所需，以开放倒逼改革，推进体制机制集成创新，让市场主体信心更足、资源配置效率更高、政府治理效能更好。

推动压实政策落地。对标加快海南自贸港建设进程的要求，抓紧制定各类目录清单，梳理调整地方性法规、政府规章及规范性文件，做好政策承接和先行先试。抓好其他自贸试验区施行30项政策落地见效，逐项具体化、项目化、清单化。提前完备风险管控措施，配合做好海关监管基础设施建设，健全完善涵盖部门联动、风险识别、风险预警、应急响应和风险处置的风险防控机制。推进实施三年制度创新系统规划，力争年内形成10项首创性成果并入选全省案例。

建设一流营商环境。以贸易自由和投资自由为重点，在市场准入、产权保护、金融开放、航空航运、企业服务等方面积极探索。全面落实国务院《优化营商环境条例》，严格执行外商投资准入前国民待遇加负面清单管理制度，进一步放开民营企业市场准入，设立服务民营企业发展专项基金。完善总部经济跟踪服务，推行“12345+营商服务”机制，确保引得来、留得住、发展得好。持续提升开办企业、办理建筑许可、纳税、跨境贸易、获得用水用气等便利化水平，力争8项指标达到全国一流水平。继续深化“一网通办”“一窗通办”，企业开办时间再压缩10%。扩大“极简审批”[26]实施范围，推进“证照分离”改革全覆盖、电子营业执照互认互通、“一业一证”等改革试点，实行园区市场准入承诺即入制。启动集成式全新政务服务中心建设，组建市行政审批局，全面推进“一枚印章管审批”[27]改革。持续升级“椰城市民云”，24小时在线办理不动产登记。推行政务服务“好差评”[28]。完善产权保护制度。实施监督执法正面清单制度，探索包容审慎监管，建立轻微违法免罚制度。加快发展离岸创新创业，规划建设国家级人力资源服务产业园，通过团队引才、项目引才、产业引才，大力引进高精尖和急需紧缺人才，让各类人才在海口各尽其用、各展其才。

完善资源配置机制。加快国土空间总体规划编制，依托“多规合一”综合信息管理平台，实施用地、用海、用林归口统一管理和规划用地“多审合一”“多证合一”。坚持完善“增存挂钩”[29]、存量商品住宅用地处置盘活和转型利用等机制，确保闲置土地、批而未供土地下降15%。创新用地制度，实施“只征不转、只转不征、不征不转”[30]“先租后让、租让结合”[31]和点状供地[32]、混合用地、弹性年期[33]等灵活用地政策。在部分重点区域探索开展地块设计和价格“双招标”。强化城市经营，推动项目建设和土地收储同频共振。系统梳理城市资源资产，开展资产证券化试点。稳步推进市政设施管养、园林绿化市场化改革。完善政府投资项目代建模式，改革公立医院、公立学校、科研单位等基础设施建设机制。建立项目全周期监管评价体系，将投资强度、产出指标、投产达产期限和转让限制等约束性指标纳入土地出让合同。实施“一企一策”落实评估，严格兑现政府、企业“双向承诺”。创新政府投融资机制，减少、归并专项资金，提高政府资金使用效益。探索建立投融资“互联网+政务服务”模式，用好投资项目在线审批监管平台。筹建知识产权运营公共服务平台，完善知识产权质押融资机制。开展国企改革三年行动，年内启动市属二级及以下全民所有制企业公司制改制，推动2家国有企业混合所有制改革。组建国资运营平台，推进“资源资产化—资产资本化—资本证券化”。深化城市综合行政执法改革，在全省率先实现“一支队伍管执法”。继续深化“强区扩权”，释放区级发展活力。

拓展对外开放空间。抢抓海南空域精细化改革机遇，持续加密国际直达航线，完成美兰机场二期建设，启动三期前期工作，打造面向太平洋、印度洋的航空门户枢纽。深化与“一带一路”沿线国家和地区的经贸往来和人文交流，承接更多外国驻华领事馆和国际组织机构、境外商务办事处落地。对接粤港澳大湾区，创建产业合作园区。聚焦“三个瞄准”[34]，建立百企项目、千亿投资台账清单。出台招商引荐人奖励制度，大力开展线上招商、委托招商、以商招商，继续组织“知名企业海口行”。探索利用海外窗口公司开展国际招商，力争实现新设外资企业、实际利用外资“双翻番”。提升口岸开放水平，优化拓展国际贸易“单一窗口”应用，开设特定商品快速通关专用窗口，实施货物贸易与服务贸易“双向驱动”，力争外贸进出口增长10%。完善外国人才服务管理机制，推行外国人才服务“一卡通”和外事服务“一窗办理”。

（四）以超常规能力加快产业升级，扛起经济高质量发展的责任担当

把握自贸港政策，聚集创新要素，在深化供给侧结构性改革上持续用力，调结构、转动能、扩增量，加快开放型经济发展。

培育壮大高新技术产业。探索利用原产地规则，加快培育发展医药、新能源汽车、飞机保税维修、集成电路、智能传感器和高端装备制造等高精尖产业，引进一批创新驱动企业和项目，力争新增高新技术企业160家、市级以上科技创新平台10家，工业总产值增长10%。支持建设新药创制公共技术服务平台，推进重大新药创制国家科技重大专项科研成果转移转化试点，保持医药产业较快增长势头。支持电气、农产品加工等产业龙头做大做强，推动金盘科技、葫芦娃药业等企业上市。巩固海洋经济创新发展示范城市创建成果，推动一批重大蓝色产业项目落地。大力发展数字经济，积极谋划区块链、第三代半导体、下一代人工智能等未来产业，引进一批智能物联、数字经济平台型企业，实施一批金融信息、健康医疗、智慧旅游等大数据应用项目，以新经济推动海口产业发展再出发。

推动旅游业提质升级。聚焦海南国际旅游消费中心建设，重点培育邮轮游艇、医疗康养、文化体育等产品。加快中共琼崖“一大”旧址、石山火山群国家地质公园、海南热带野生动植物园等景区景点改造提升，推动长影环球100打造高端娱乐品牌，争取在引进知名主题乐园上取得重要突破。启动南海明珠国际邮轮港建设，鼓励境外邮轮公司在海口注册、设立总部或分支机构。扩大国家帆船帆板基地开放，丰富市民游客“玩海”体验。加快全球消费精品展示中心、国际免税城等项目建设，吸引世界顶级消费品牌进驻。发展“公园+首店”新零售，打造高端品牌集聚地、时尚产品首发地和新零售体验地。加快乡村旅游、民宿经济发展，打造一批精品研学游、乡村游线路。支持秀英区创建全域旅游示范区。加快公共场所外语标识标牌规范建设。加强与知名国际旅行商、客源市场主流媒体和国内重点入境旅行社合作，拓展国际市场。

加快发展现代服务业。深入实施服务贸易先导性行动计划，推动服务贸易创新发展，培育一批税收超亿元楼宇。鼓励央企扩大海口业务。创新发展金融业，鼓励社会资本设立民营银行、金融租赁公司、消费金融公司等金融机构，推进海南国际文化艺术品交易中心、海南国际清算所挂牌，力争自贸港金融政策在海口率先落地。建成海南国际会展中心二期，办好世界新能源汽车大会、中国绿公司年会。加快推进国家物流枢纽承载城市、国家电子商务示范城市和共同配送试点城市建设，大力发展商品仓储、干支联运、分拨配送和金融、结算、供应链管理等服务。继续引进国内外优质医疗资源，推进康养医疗产业发展。加快桂林洋高校区规划建设，吸引一批国内外知名高校落户。引进国际化规划、建筑、仲裁、知识产权、商务咨询等专业服务机构，大力培育时尚设计、工业设计、建筑设计、影视动漫、数字出版等文化创意产业。支持新业态新模式发展，促进平台经济、共享经济健康成长。

（五）以超常规韧劲提升城市品质，扛起省会引领的示范担当

对标国际化，瞄准国内一流，下足绣花功夫，系统优化城市功能，全面提升城市发展能级。

强化交通枢纽地位。以“港通路通财通”为纽带，深化粤港澳、北部湾区域合作。建设综合交通运输体系，加快秀英港搬迁，推动马村港集装箱泊位建设。整合港航资源，加快琼州海峡港航一体化，推动湛江至海口高铁建设。加快“海澄文”一体化建设，推进G15沈海高速（海口段）、文临高速、三永公路、绕城高速二期、海榆东线拓宽、新海港客运综合枢纽等项目建设。积极推进市域列车东西延伸，着手谋划环岛高铁（城区段）改线和火车南站改扩建。完善快速骨干路网，推动机场大道、长天路延长线建设，推进南渡江大道、琼州大道快速化改造，海秀快速路全线贯通。

着力提升城市品质。开展城市设计国际咨询，编制重点片区开发建设导则。建立城市品质提升项目库，清单化推进城市更新改造。突显滨江滨海特色，高标准规划南渡江最美岸线，启动南渡江右岸堤岸改造与生态修复工程，加快建设西海岸“万绿园”，全面完成海口湾畅通工程。推进骑楼建筑历史文化街区保护修缮，高水平打造海口文化地标。加快五源河文体中心场馆建设，科学布局省艺术中心、美术馆、科技馆、海口戏院、演艺新空间剧场等一批标志性、现代化的公共文化设施。加快红城湖、面前坡巷等棚户区建设，启动99个老旧小区改造。加快5G组网布局，开发一批“5G+AI”商业应用场景。推进海口垃圾焚烧发电厂三期、天然气发电厂建设，完善205个城中村电力配网。新建改造13条市政道路，启动30个交通拥堵节点疏导，新增公交专用道30公里。开工建设美安、滨江西和美兰空港污水处理厂。完善“15分钟便民生活圈”，建设420个连锁品牌便利店。推进以城市大脑[35]二期为核心的一批城市新基建信息化项目建设，大力治理电动自行车乱象，提升城市精细治理水平。

加强生态文明建设。以最坚决态度完成中央环保督察反馈问题整改，确保生态环境只能变好、不能变差。加大建筑道路扬尘、秸秆焚烧、挥发性有机物排放等污染防治，确保空气质量保持全国领先。夯实“河（湖）长制”“湾长制”，开展河湖“清四乱”[36]，全面消除劣V类水体。推进海上环卫试点。强化湿地生态保护和修复，实施“林长制”，创建省级森林城市。加强环境监测体系建设，持续抓好主要污染物减排、畜禽粪污资源化利用、饮用水水源地保护和农业面源污染整治，强化土壤污染风险管控和治理修复。加快城镇管网清污分流，抓好农村生活污水治理设施“建、管、用”。深入开展“两违”清理整治，完成存量分类处置。加快充电桩建设，确保总体车桩比在3:1以下。启动颜春岭垃圾填埋场生态修复治理，实施白水塘等大型生活垃圾转运站升级改造。加快装配式建筑推广应用。强力推进“禁塑”[37]和生活垃圾分类，让绿色生活方式成为新时尚。

（六）以超常规力度实施乡村振兴，扛起城乡融合的发展担当

正视和解决城乡发展不平衡、农村发展不充分的问题，把乡村振兴战略作为新时代“三农”工作总抓手，让农业有奔头、农民有盼头、农村有看头。

决战决胜脱贫攻坚。加强脱贫攻坚与乡村振兴有效衔接，扎实抓好中央脱贫攻坚专项巡视“回头看”和考核反馈问题整改。建立返贫和新增贫困监测长效机制，稳定实现“两不愁三保障”。推进扶贫项目挂牌督战，加大产业扶贫力度。开展贫困劳动力零就业家庭清零专项行动。实施“电商扶贫”，开展消费扶贫“春风大行动”。强化项目绩效监管，确保财政扶贫资金高效安全。

各位代表，摆脱绝对贫困只是第一步，在全面小康路上，我们将斗志不降、力度不减，坚决确保不漏一户、不落一人，坚决落实“四个不摘”[38]，帮助贫困群众摘了穷帽再拔穷根，让每一名贫困群众生活越过越好！

大力促进农民增收。继续调优种植结构，扩大粮食生产，推动冬季瓜菜、常年蔬菜、热带林果等规模发展，构建“一镇一业一品”格局。严格落实5万亩常年蔬菜基地保有面积，推进龙湾复垦土地农光互补、美安蔬菜产业园等项目建设。加快新希望、牧原等现代化养猪场建设和罗牛山养猪场技改，力争全年出栏生猪60万头。发展林下经济，推出一批林禽养殖、林菌种植等示范项目。升级改造沙上渔港，推动现代水产科技示范园建设。着力培育农业龙头企业，延伸农产品加工产业链。实施“科技助农”战略，加快新品种、新技术试验推广。加大火山系列农产品培育推介，以品牌拓规模、以规模促增收。做好农产品产销对接，积极搭建线上营销平台。深化供销社综合改革，搭建农业社会化服务体系。加强农村专业人才队伍建设，大力培育懂技术、会管理、善经营的高素质“新农民”。

加快美丽乡村建设。有力有序推进新一轮村庄规划编制。加强镇村建筑风貌管控，简化农房报建程序，报建率提高到80%。加强古村落保护修缮和开发，新建一批守望乡愁的美丽乡村。围绕“三清两改一建”[39]，持续加大农村人居环境整治。开展全域土地综合整治试点，整体推进农用地、建设用地整理。实施新一轮撂荒地复垦，建设高标准农田3.9万亩。完成南渡江引水工程，启动龙塘大坝枢纽改造。综合整治农村水系，疏通水利“毛细血管”。消除偏远地区通信盲区，新建7座乡镇供水厂，改造升级县道50公里，铺设乡镇燃气主管道30公里。实施“爱心路灯”工程，让全市农村群众告别摸黑出行。全面推开农村集体产权制度改革，筹建农村集体产权综合交易平台。加快农村“三块地”改革[40]，在城中村、城郊村探索集体经营性建设用地入市。推进宅基地与集体建设用地房地一体化登记。强化基层民主建设，创新乡村治理，建立农村小微权力清单、“村民说事”等制度，更好实现共建共治共享。

（七）以超常规作风增进民生福祉，扛起实干为民的宗旨担当

坚持民有所呼、我有所应，把更多可支配财政收入用于民生事业，解决好群众最关心、最直接、最现实的问题。

加大公共服务供给。推进教育均衡发展，加快13所中小学校新改扩建，增加学位1.5万个；拓展公办学前教育资源，新增公办幼儿学位3.85万个，确保公办园就读幼儿比例达到50%、普惠性幼儿园覆盖率提高到80%。试点中小学校人事制度改革。引导各区组建校车公司，启动校内午餐午休、课后延时服务试点等“暖心工程”，为千家万户分忧解难。加强乡镇寄宿制中心学校建设。持续引进培养“好校长好教师”，落实“一校一外教”试点。加快发展职业教育、特殊教育，积极开展重度残疾儿童送教计划，让教育普惠各类社会群体。扩大按人头医保总额预付的新型医联体改革，协调推进“三医”联动、医疗信息共享。完成基层卫生机构标准化建设，在全省率先建成“15分钟城市健康服务圈、30分钟乡村健康服务圈”。加快基层数字图书馆建设。继续完善社区体育公园、市民健身场所配套建设，推动机关、学校体育场地周末对外开放，规划建设27片社会足球场，让群众文体活动就近就便。持续推进大社区综合服务中心建设。实施商品住宅全装修质量分户验收制度，落实新建住宅小区配套公共服务设施机制，加快推进小区用电“抄表到户”。加强产品质量检验检测，让人民群众买得放心、吃得安心、用得舒心。

织密扎牢社会保障。坚持就业优先，大力开发设置非营利性公共管理和社会公益服务新岗位，做好高校毕业生、退役军人等重点群体就业创业服务，新增城镇就业3.5万人。建立统一的城乡居民基本医疗保险制度，推进医疗保险、大病保险、医疗救助等“一站式”结算。鼓励社会力量参与农村社区居家养老，改造升级7家农村敬老院，完善提升4个区级居家和社会养老服务中心，新建7家老年人日间照料中心。加大群众住房保障，转化限价商品房1400套，开工建设安居型商品住房5000套。开业运营大型农产品批发市场，推进“菜篮子”集采直供体系建设试点。制定落实“菜篮子”责任制26条措施[41]，着力将蔬菜自给率提高到70%以上，让老百姓轻松拎起“菜篮子”。做好农村留守儿童、妇女、老人关爱工作，强化生活困难群众基本保障，落实好社会救助、退役军人待遇政策。

全面深化社会治理。建立健全信用承诺制度，加强社会组织自律诚信，构建社会诚信体系。深入开展社会文明大行动，推进新时代文明实践中心延伸覆盖。争创全国市域社会治理现代化示范城市，支持秀英创建“全国农村社区治理实验区”，支持龙华创建“国家安全发展示范区”，支持琼山大园社区开展“众·智”社会治理现代化试点。加快社会组织培育孵化基地建设，制定出台政府购买公共服务指导性目录。争创全国双拥模范城“九连冠”。扎实开展全国第七次人口普查。完善立体化信息化智能化社会治安防控体系，纵深推进扫黑除恶专项斗争，全力打好新一轮禁毒三年大会战。抓好应急物资日常储备，完善城市应急管理体系。深入推进道路交通、消防等重点行业领域安全生产三年专项整治。全面推进绿色殡葬改革，加快“1+4”公墓规划建设。拓展“12345+”平台功能，提升热线快速响应联动处置。完善矛盾纠纷调处机制，依法及时解决群众合理诉求。全面推广“业主决策平台”，破解小区业委会成立难题。深入实施“幸福安康工程”，开展“最美家庭”评选活动。

继续做好保密、气象、档案、史志、科协、社科联、工商联、老龄、慈善、对台、侨务、民族宗教等各项工作，充分发挥工会、共青团、妇联、残联等人民团体的桥梁纽带作用。

各位代表，科学前瞻编制好“十四五”规划，是今年的一项重要工作。我们将对标对表习近平总书记“4·13”重要讲话和中央12号文件精神，紧扣海南自贸港建设需要，紧扣全市人民对美好生活的期盼，立足市情、着眼长远、统筹兼顾，凝聚各方智慧，科学确定“十四五”时期经济社会发展的重要目标，争取一批重大产业项目、重大基础设施项目和重大惠民生、补短板的社会建设项目纳入国家、省“十四五”规划，为海口高质量发展奠定基础。

三、全面提升政府治理能力现代化水平

恪守为人民服务宗旨，转观念提站位、转职能提效能、转作风提本领，以高效治理更好满足人民新期待。

（一）建设法治政府。积极创建“全国法治政府建设示范市”，落实重大行政决策合法性审查和政府法律顾问制度，探索开展重大行政决策目录试点，完善重大行政决策公众参与制度。加强政府立法，全面清理制约市场主体公平竞争的规章和规范性文件。实时归集行政处罚数据，严格约束行政执法自由裁量权。推进行政复议相对集中改革，规范行政应诉工作。加强政务诚信建设，着力提升政府公信力。

（二）建设责任政府。扎实开展“我为加快推进海南自由贸易港建设作贡献”活动，进一步健全抓落实的目标体系、工作体系、政策体系、评价体系，建立“五个一”目标责任[42]、“三色”过程管控[43]、“五比”效果评估[44]和容错纠错等工作机制，激励干部担当作为。强化部门协作，提升政府执行力。加强公职人员分类分级培训，提升解决实际问题的能力和水平。坚决贯彻中央八项规定精神，持续整治文山会海、痕迹主义，更好地把干部干事创业的手脚从形式主义、官僚主义的桎梏、“套路”中解脱出来，给基层腾出更多时间精力抓落实。

（三）建设智慧政府。实施智慧城市和数字政府建设行动，推广掌上政府、指尖服务、刷脸办事。强化电子政务服务、大数据管理的有机融合和高效协同，上线更多“移动办”的行政审批和智慧民生服务，打造“不打烊”的政务服务品牌。筹划建立“教育云”，推动市内优质资源开放共享。搭建城市综合执法和“智慧市政”信息化平台，开展违法行为非现场执法、递进处罚，强化公共安全、市场监管等领域的智慧监测预警、动态监管和联动执法。

（四）建设阳光政府。强化权力运行监督，依法接受市人大及其常委会的监督，自觉接受市政协的民主监督，主动接受社会和舆论监督。扎实推进全面从严治党，强化政府制度建设与执行，加大公共资金、国有资源资产监管力度，开展土地利用和工程招投标专项整治，推进公共工程和土地出让项目跟踪监督全覆盖。全面实施财政预算绩效管理。强化审计常态化“经济体检”作用和结果运用。加强廉政风险防控，坚决惩治腐败、纠治不正之风。

各位代表，时序更替，梦想前行，中国特色自由贸易港建设催人奋进！让我们更加紧密地团结在以习近平同志为核心的党中央周围，在省委、省政府和市委的坚强领导下，不忘初心、牢记使命，只争朝夕、不负韶华，奋力开创新时代海口高质量发展新局面！

名词解释

[1] 两区一标杆：社会主义现代化的先锋区、建设美好新海南的示范区和中国特色自由贸易港建设的新标杆。

[2] “1+6+13+16”规划体系：1个总体规划、6个重点片区规划、3个重点专项规划和16项前期研究。

[3] 九条高含金量政策：2019年7月，由海南省人民政府印发的《关于支持海口江东新区发展的措施（试行）》。

[4] 两河一堤：道孟河、芙蓉河和防潮堤。

[5] 五化：净化、绿化、美化、亮化、彩化。

[6] 放管服：简政放权、放管结合、优化服务。

[7] 一窗受理：实体办事大厅整合构建综合政务服务窗口，将原来分散在各个部门的服务窗口集中整合到各个综合窗口，实现“前台综合受理、后台分类审批、统一窗口出件”的服务模式。

[8] 一网通办：依托一体化在线政务服务平台，通过线上线下相结合，为办事群众和企业提供统一信息发布、统一接件受理、统一进度查询、统一出件管理、统一评价反馈全流程服务。

[9] 双随机一公开：随机抽取检查对象，随机选派执法检查人员，抽查情况及查处结果及时向社会公开。

[10] 两个确保：确保全省经济持续健康发展，确保改革开放各项政策全面落实。

[11] 五大产业园：海口江东新区、海口国家高新技术产业开发区、海口综合保税区、海口观澜湖旅游度假区、复兴城互联网信息产业园。

[12] 建筑师负责制：聘请城市设计编制机构、知名专家作为第三方，与城乡规划主管部门共同负责建筑设计方案的审查。

[13]AI：人工智能（Artificial Intelligence）的英文缩写。

[14] 六大专项整治：违法建筑整治、城乡环境综合整治、城镇内河（湖）水污染治理、大气污染防治、土壤环境综合治理、和林区生态修复和湿地保护。

[15] 两不愁三保障：不愁吃、不愁穿，义务教育、基本医疗、住房安全有保障。

[16] 超大班额：中小学“36-45人”为正常班额，“46-55人”为偏大班额，“56-65人”为大班额，“66人以上”为超大班额。

[17] 五个一工程：由中宣部组织的精神文明建设评选活动，即：一部好戏剧、一部好电视剧（片）、一部好图书、一部好理论文章、一部好电影。该活动自1992年起每年进行一次。

[18]“十大服务”体系：指社区就业、救助、养老助残、卫生计生、文体教育、综治维稳、流动人口、人居环境、便民利民、社会组织和志愿等服务。

[19] 六稳：稳就业、稳金融、稳外贸、稳外资、稳投资、稳预期。

[20] 六保：保居民就业、保基本民生、保市场主体、保粮食能源安全、保产业链供应链稳定、保基层运转。

[21] 四早：早发现、早隔离、早报告、早治疗。

[22] 三港一站：即秀英港、新海港、南港和火车站。

[23] 新基建：2020年4月，国

家发改委明确“新基建”的范围，主要包括以5G、物联网、工业互联网、人工智能、云计算、区块链、数据中心为主信息基础设施，以智能交通、智能能源为主的融合基础设施，以重大科技、科教、产业技术创新为主的创新基础设施。

[24] 标准地：指在城镇开发边界内具备供地条件的区域，对新建工业项目先行完成区域评价、先行设定控制指标，并实现项目动工开发所必需的通水、通电、通路、土地平整等基本条件的可出让的国有建设用地。

[25] 六个做扎实：四至范围、功能定位、准入清单、园区配套、行政管理、监管模式等做扎实。

[26] 极简审批：指采取“规划代立项”、以区域评估取代单个项目评估、优化项目服务、推行承诺制度、建立“准入清单”、实行联合验收、建立诚信档案、实施退出机制等措施。

[27] 一枚印章管审批：指把本级部分或全部行政审批事项，统一划入行政审批局，由行政审批局依法履行审批职责，审批通过后加盖行政审批局印章，不再盖原行业主管部门的审批印章，最大限度方便群众办事。

[28] 政务服务“好差评”：评价主体在办理各类政务服务事项过程中，对政务服务机构、平台和工作人员的服务质量做出评价。

[29] 增存挂钩：根据各地处置闲置土地和批而未供土地情况，对新增建设用地计划指标进行奖励或核减。

[30] 只征不转、只转不征、不征不转：“征”即征地，把集体土地变为国有土地；“转”即土地用途的转变，把农用地和未利用地转为建设用地。

[31] 先租后让、租让结合：企业先租赁土地，等达到约定的条件后，再办理土地出让手续。

[32] 点状供地：将项目用地分为永久性建设用地和生态保留用地，其中永久性建设用地建多少供多少，剩余部分可只征不转，按租赁、划拨、托管等方式供项目业主使用。

[33] 弹性年期：根据产业发展周期、用地单位经营水平及有关产业政策合理确定出让年期，最高不超过30年。

[34] 三个瞄准：瞄准全球产业链、供应链和价值链的分工和配置，瞄准在各个领域尖端领军以及最需要自贸港政策优势的企业，瞄准全省打造旅游、互联网、热带高效农业、现代物流业千亿产业方向。

[35] 城市大脑：是支撑未来城市可持续发展的全新基础设施，利用实时全量的城市数据资源全局优化城市公共资源，即时修正城市运行缺陷，实现城市治理模式突破、城市服务模式突破、城市产业发展突破。

[36] 清四乱：乱占、乱采、乱堆、乱建。

[37] 禁塑：2020年2月，海南省人民代表大会常务委员会第44号公告公布《海南经济特区禁止一次性不可降解塑料制品规定》。

[38] 四个不摘：摘帽不摘责任、摘帽不摘帮扶、摘帽不摘政策、摘帽不摘监管。

[39] 三清两改一建：清理农村生活垃圾、生活污水、畜禽粪污及农业生产废弃物，改造农村厕所、村庄道路，建立长效机制。

[40] 农村“三块地”改革：农村土地征收、集体经营性建设用地入市、宅基地制度改革。

[41] “菜篮子”责任制26条措施：指市委市政府出台的《海口市落实“菜篮子”责任制二十六条措施》，主要包括建设稳固“菜篮子”生产基地、优化流通体系建设、提高流通环节管控水平、完善应急机制、落实奖补扶持等措施。

[42] “五个一”目标责任：每一项工作任务有一名市级领导主抓、一个责任落实部门、一套实施方案、一个目标管控机制、一个效果评估机制。

[43] “三色”过程管控：把握关键管理环节，抓住过程控制节点，实行挂牌管理制度，绿牌为按计划节点顺利进行、黄牌为滞后提醒、红牌为严重滞后警告。

[44] “五比”效果评估：比贯彻新发展理念、比高质量发展、比制度创新、比责任落实、比项目建设。

2019年海口市法规规章与规范性文件目录一览表

表69

序号	法规名称及公布日期
1	《海口市志愿服务条例》（海口市人大常委会第31号公告 2019年6月6日）
2	《海口市湾长制规定》（海口市人大常委会第34号公告 2019年10月10日）
3	《海口市人民代表大会常务委员会关于废止〈海口市禁止生产和销售假冒伪劣商品条例〉的决定》（海口市人大常委会第35号公告 2019年11月21日）
序号	政府规章名称及公布日期
1	《海口市人民政府关于修改〈海口市地价管理办法〉等6件政府规章的决定》（海口市人民政府令第109号发布 2019年5月7日）
2	《海口市人民政府关于废止〈海口市农村宅基地管理办法〉等3件政府规章的决定》（海口市人民政府令第110号发布 2019年5月7日）
3	《海口市城市地下综合管廊管理办法》（海口市人民政府令第111号发布 2019年6月28日）
4	《海口国际投资促进局设立和运行规定》（海口市人民政府令第112号发布 2019年10月4日）
5	《海口市地下综合管线管理办法》（海口市人民政府令第113号发布 2019年12月16日）
序号	政府规范性文件名称及公布日期
1	《海口市人民政府关于印发〈海口市国有土地上房屋征收补偿安置暂行办法〉的通知》（海府〔2019〕2号 2019年1月7日）
2	《海口市人民政府关于加强2019年春节元宵节期间烟花爆竹安全管理工作的通告》（海府〔2019〕17号 2019年1月18日）
3	《海口市人民政府关于印发〈海口市引进人才住房保障实施细则〉的通知》（海府〔2019〕20号 2019年2月12日）
4	《海口市人民政府办公厅关于印发〈海口市海洋牧场管理暂行办法〉的通知》（海府办〔2019〕14号 2019年3月6日）
5	《海口市人民政府关于印发〈海口市公共租赁住房保障管理办法（2019年修订）〉的通知》（海府〔2019〕31号 2019年3月20日）
6	《海口市人民政府关于解决房屋不动产权证办理历史遗留问题的若干意见》（海府〔2019〕32号 2019年3月20日）
7	《海口市人民政府关于2019年清明节期间群众祭扫管理工作的通告》（海府〔2019〕34号 2019年3月29日）
8	《海口市人民政府办公室关于印发鼓励民航业发展财政补贴实施办法的通知》（海府办〔2019〕20号 2019年3月29日）
9	《海口市人民政府关于印发〈海南海口羊山荔枝种植系统农业文化遗产管理暂行办法〉的通知》（海府〔2019〕44号 2019年4月26日）
10	《海口市人民政府关于修改〈海口市人民政府办公厅关于印发我市主城区个人住宅规划建设管理办法的通知〉等6件市政府规范性文件的决定》（海府〔2019〕45号 2019年5月8日）

续表 69

序号	政府规范性文件名称及公布日期
11	《海口市人民政府关于废止〈海口市人民政府关于印发我市农村宅基地建房管理办法的通知〉等2件市政府规范性文件的决定》（海府〔2019〕46号 2019年5月8日）
12	《海口市促进海洋经济创新发展若干规定》（海府〔2019〕52号 2019年5月22日）
13	《海口市人民政府关于印发海口市加快工业发展若干规定（修订稿）的通知》（海府〔2019〕55号 2019年5月29日）
14	《海口市人民政府关于2019年高考和会考期间环境噪声管理的通告》（海府〔2019〕56号 2019年5月30日）
15	《海口市人民政府关于禁止和严控露天烧烤的通告》（海府〔2019〕59号 2019年6月21日）
16	《海口市人民政府办公室关于海口市小微型客车租赁行业健康发展的实施意见》（海府办规〔2019〕1号 2019年7月9日）
17	《海口市人民政府关于印发〈海口市人民政府关于鼓励科技创新的若干政策〉及实施细则的通知》（海府规〔2019〕1号 2019年7月19日）
18	《海口市人民政府关于印发〈海口市促进航运业稳定发展办法〉的通知》（海府规〔2019〕2号 2019年7月26日）
19	《海口市人民政府办公室关于印发〈海口市政府扶持小微企业助保金管理办法〉的通知》（海府办规〔2019〕2号 2019年8月5日）
20	《海口市人民政府办公室关于印发〈海口市市级储备粮管理暂行办法〉的通知》（海府办规〔2019〕3号 2019年8月5日）
21	《海口市人民政府关于印发〈海口市促进金融业发展若干措施〉的通知》（海府规〔2019〕3号 2019年9月29日）
22	《海口市人民政府关于禁止在海口市南渡江龙塘大坝枢纽改造工程建设征地范围内新增建设项目和迁入人口的通告》（海府规〔2019〕4号 2019年10月14日）
23	《海口市人民政府办公室关于印发〈海口市扶持会展业发展若干规定（2019年10月修订）〉的通知》（海府办规〔2019〕4号 2019年10月18日）
24	《海口市人民政府办公室关于印发〈海口市知识产权运营服务体系建设专项资金管理办法〉的通知》（海府办规〔2019〕5号 2019年11月13日）
25	《海口市人民政府关于建立消防救援队伍职业保障机制的通知》（海府规〔2019〕5号 2019年11月25日）
26	《海口市人民政府办公室关于加强和改进永久基本农田保护工作的通知》（海府办规〔2019〕6号 2019年12月11日）
27	《海口市人民政府关于禁止露天焚烧秸秆和垃圾的通告》（海府规〔2019〕6号 2019年12月17日）
28	《海口市人民政府关于海南西环既有铁路（普速）线路安全保护区海口段有关事项的公告》（海府规〔2019〕7号 2019年12月17日）
29	《海口市人民政府办公室关于促进生猪产业转型升级保障市场供应的实施意见（暂行）》（海府办规〔2019〕7号 2019年12月23日）

（巫煌星）

（编辑：杜惠珍）

2019年海口市新增百岁老人一览表

表70

序号	长者姓名	性别	民族	户籍登记机关（派出所）	所在基层组织名称（村/居）	备注
1	伍国宽	男	汉	荣山派出所	秀英区西秀镇博养村委会	新增
2	郑辉业	男	汉	荣山派出所	秀英区西秀镇荣山村委会	新增
3	张奷兰	女	汉	荣山派出所	秀英区西秀镇荣山村委会	新增
4	邝道宽	男	汉	西秀派出所	秀英区西秀镇博养村委会	新增
5	童奷二	女	汉	长流派出所	秀英区长流镇美李村委会	新增
6	邝奷小	女	汉	长流派出所	秀英区长流镇美德村委会	新增
7	林引姑	女	汉	长流派出所	秀英区长流镇堂善村委会	新增
8	洪子梅	女	汉	长流派出所	秀英区长流镇长丰村委会	新增
9	吴友孝	男	汉	长流派出所	秀英区长流镇康安村委会	新增
10	严来发	男	汉	海秀派出所	秀英区海秀镇业里村委会	新增
11	王来益	女	汉	海秀派出所	秀英区海秀镇永庄村委会	新增
12	育至娦	女	汉	石山派出所	秀英区石山镇和平村委会	新增
13	陈翀群	女	汉	石山派出所	秀英区石山镇扬佳村委会	新增
14	陈金敬	女	汉	石山派出所	秀英区石山镇扬佳村委会	新增
15	陈天祥	男	汉	石山派出所	秀英区石山镇施茶村委会	新增
16	梁琼兰	女	汉	石山派出所	秀英区石山镇福安村委会	新增
17	王桂梅	女	汉	石山派出所	秀英区石山镇道育村委会	新增
18	苏桂玉	女	汉	石山派出所	秀英区石山镇福安村委会	新增
19	陈以福	男	汉	石山派出所	秀英区石山镇安仁村委会	新增
20	王转玉	女	汉	石山派出所	秀英区石山镇建新村委会	新增
21	陈才达	男	汉	永兴派出所	秀英区永兴镇博强村委会	新增
22	陈爱凤	女	汉	东山派出所	秀英区东山镇东溪村委会	新增
23	陈爱金	女	汉	东山派出所	秀英区东山镇马坡村委会	新增
24	李琼兰	女	汉	东山派出所	秀英区东山镇永华村委会	新增
25	王爱兰	女	汉	东山派出所	秀英区东山镇东山村委会	新增
26	曾玉荣	女	汉	东山派出所	秀英区东山镇光明村委会	新增
27	黄奷南	女	汉	秀英派出所	秀英区秀英街道书场村委会	新增
28	陈桂荣	女	汉	龙泉派出所	龙华区龙泉镇占符村委会	新增
29	黄经恩	男	汉	龙泉派出所	龙华区龙泉镇占符村委会	新增
30	吴中豪	男	汉	龙泉派出所	龙华区龙泉镇富伟村委会	新增
31	王玉琼	女	汉	龙泉派出所	龙华区龙泉镇雅咏村委会	新增
32	蔡桂芳	女	汉	龙泉派出所	龙华区龙泉镇市井村委会	新增
33	王泽函	男	汉	龙泉派出所	龙华区龙泉镇国扬村委会	新增
34	洪会兰	女	汉	新坡派出所	龙华区新坡镇新村村委会	新增
35	周月花	女	汉	新坡派出所	龙华区新坡镇光荣村委会	新增

续表 70

序号	长者姓名	性别	民族	户籍登记机关（派出所）	所在基层组织名称（村 / 居）	备注
36	黄恒义	男	汉	新坡派出所	龙华区新坡镇新坡墟	新增
37	冯美兰	女	汉	新坡派出所	龙华区新坡镇新坡村委会	新增
38	梁金英	女	汉	新坡派出所	龙华区新坡镇群益村委会	新增
39	林声坤	男	汉	新坡派出所	龙华区新坡镇仁里村委会	新增
40	林生锦	男	汉	新坡派出所	龙华区新坡镇仁里村委会	新增
41	黄涧旋	女	汉	滨海派出所	龙华区滨海街道滨海居委会	新增
42	吴非敏	女	汉	滨海派出所	龙华区滨海街道滨海居委会	新增
43	余金章	男	汉	滨海派出所	龙华区滨海街道滨港居委会	新增
44	王妹大	女	汉	龙桥派出所	龙华区龙桥镇龙桥村委会	新增
45	陈妚伍	女	汉	龙桥派出所	龙华区龙桥镇三角园村委会	新增
46	陈彩云	女	汉	中山派出所	龙华区中山街道人和坊居委会	新增
47	何二嫂	女	汉	中山派出所	龙华区中山街道竹林居委会	新增
48	王禄膺	女	汉	中山派出所	龙华区中山街道竹林居委会	新增
49	刘妚二	女	汉	中山派出所	龙华区中山街道竹林居委会	新增
50	钟银玉	女	汉	海垦派出所	龙华区海垦街道秀英村居委会	新增
51	王爱玉	女	汉	遵谭派出所	龙华区遵谭镇咸东村委会	新增
52	陈文华	男	汉	大坡派出所	琼山区大坡镇大坡村委会	新增（2018 年未报）
53	陈金英	女	汉	大坡派出所	琼山区大坡镇福昌村委会	新增
54	陈月娥	女	汉	东昌派出所	琼山区大坡镇东昌居 8 队居民小组	新增
55	张吴姩	女	汉	凤翔派出所	琼山区凤翔街道三峰社区	新增
56	陈妚五	女	汉	凤翔派出所	琼山区凤翔街道五岳村委会	新增
57	蒙妚逊	女	汉	云露派出所	琼山区府城街道甘蔗园社区	新增
58	韩容花	女	汉	忠介派出所	琼山区府城街道文庄社区	新增
59	谭乾英	女	汉	红明派出所	琼山区三门坡镇红明居工建海榆路	新增
60	王琼花	女	汉	红明派出所	琼山区三门坡镇红明居龙盘管区洪喜村四队	新增
61	陈春梅	女	汉	红旗派出所	琼山区红旗镇合群村委会	新增
62	王玉珠	女	汉	甲子派出所	琼山区甲子镇民昌村委会	新增
63	杜菊英	女	汉	龙塘派出所	琼山区龙塘镇龙塘社区	新增
64	蒋月庄	女	汉	龙塘派出所	琼山区龙塘镇新民村委会	新增
65	梁月英	女	汉	龙塘派出所	琼山区龙塘镇龙光村委会	新增
66	王月香	女	汉	龙塘派出所	琼山区龙塘镇三联村委会	新增
67	占淑文	女	汉	龙塘派出所	琼山区龙塘镇文道村委会	新增
68	王玉彩	女	汉	龙塘派出所	琼山区龙塘镇龙富村委会	新增
69	王春英	女	汉	龙塘派出所	琼山区龙塘镇仁庄村委会	新增
70	杜爱清	女	汉	龙塘派出所	琼山区龙塘镇仁庄村委会	新增

续表 70

序号	长者姓名	性别	民族	户籍登记机关（派出所）	所在基层组织名称（村 / 居）	备注
71	蔡泽纯	男	汉	三门坡派出所	琼山区三门坡镇文蛟村委会文多村	新增
72	赵玉琼	女	汉	三门坡派出所	琼山区三门坡镇文岭村委会桃村	新增
73	蔡夫文	男	汉	三门坡派出所	琼山区三门坡镇文蛟村委会文多村	新增
74	王爱梅	女	汉	云龙派出所	琼山区云龙镇云岭村委会	新增
75	王爱香	女	汉	滨江派出所	琼山区滨江街道东门社区	新增
76	王奷南	女	汉	滨江派出所	琼山区滨江街道北冲溪社区	新增
77	黄庆兰	女	汉	三江派出所	美兰区三江镇三江居	调整
78	陈南珊	女	汉	博爱派出所	美兰区博爱街道振龙居委会	调整
79	许玉英	女	汉	博爱派出所	美兰区博爱街道振龙居委会	调整
80	陈周氏	女	汉	博爱派出所	美兰区三江镇三江居委会	调整
81	吴秀凤	女	汉	桂林洋派出所	美兰区桂林洋经济开发区永卫村居委会	调整
82	刘秋香	女	汉	桂林洋派出所	美兰区灵山镇美伦村	调整
83	长棍奷	女	汉	灵山派出所	美兰区灵山镇大昌村委会	调整
84	陈见梅	女	汉	灵山派出所	美兰区灵山镇东和村委会	调整
85	谢奷妹	女	汉	白龙派出所	美兰区白龙街道五贤居委会	调整
86	吴秀花	女	汉	三江派出所	美兰区三江镇	调整
87	符容花	女	汉	三江派出所	美兰区三江镇	调整
88	杨俊福	男	汉	演丰派出所	美兰区演丰镇塔市村委会	调整
89	吴秀梅	女	汉	演丰派出所	美兰区演丰镇美兰村委会	调整
90	张月英	女	汉	白龙派出所	美兰区白龙街道美舍居委会	调整
91	陈奷荣	女	汉	博爱派出所	美兰区博爱街道三亚居委会	调整
92	头尾奷	女	汉	灵山派出所	美兰区灵山镇桥东村委会	调整
93	莫礼谦	男	汉	白龙派出所	美兰区白龙街道五贤居委会	新增
94	云汝英	女	汉	大致坡派出所	美兰区大致坡镇民乐居委会	新增
95	韦爱连	女	汉	大致坡派出所	美兰区大致坡镇大榕村委会	新增
96	吴奷兰	女	汉	三江镇派出所	美兰区三江镇苏寻三村委会	新增
97	洪凤南	女	汉	新埠派出所	美兰区新埠街道新埠居委会	新增
98	孔玉琼	女	汉	桂林洋派出所	美兰区桂林洋经济开发区青合村	新增
99	黄雪凤	女	汉	桂林洋派出所	美兰区桂林洋经济开发区振南村	新增
100	郑旧二	女	汉	白沙派出所	美兰区白沙街道白沙坊居委会	新增
101	黄淑凤	女	汉	白沙派出所	美兰区白沙街道白龙坊居委会	新增
102	陈丽霞	女	汉	和平南派出所	美兰区和平南街道琼苑居委会	新增
103	王寡梅	女	汉	灵山派出所	美兰区灵山镇新管村委会	新增
104	专月江	女	汉	灵山派出所	美兰区灵山镇红丰村委会	新增
105	周梁姑	女	汉	灵山派出所	美兰区灵山镇东湖村委会	新增
106	黄才玉	女	汉	灵山派出所	美兰区灵山镇东平村委会	新增
107	李爱兰	女	汉	演丰派出所	美兰区演丰镇演海村委会	新增
108	蒋习龙	男	汉	演丰派出所	美兰区演丰镇塔市村委会	新增
109	陈凤英	女	汉	演丰派出所	美兰区演丰镇塔市村委会	新增
110	谭惠梅	女	汉	演丰派出所	美兰区演丰镇演东村委会	新增
111	吴三娘	女	汉	海甸派出所	美兰区海甸街道沿江居委会	新增
112	王鸡母	女	汉	海甸派出所	美兰区海甸街道福安居委会	新增
113	李秀珍	女	汉	海府派出所	美兰区海府街道南宝居委会	新增

统计资料

海口市国民经济主要指标统计表

表 71

指　　标	单　位	2015 年	2016 年	2017 年	2018 年	2019 年
一、人口						
年末常住人口	万人	222.30	224.36	227.21	230.23	232.79
年末户籍人口	万人	164.80	167.03	171.05	177.61	182.89
二、年底社会从业人员	万人	168.43	165.05	175.16	185.15	171.85
# 职工人数	万人	49.16	49.53	49.94	48.26	49.68
三、地区生产总值(含农垦)	亿元	1143.19	1303.14	1421.17	1535.55	1671.92
四、工业总产值(当年价)	亿元	537.67	540.29	542.49	628.06	621.43
五、农业总产值(当年价)	亿元	93.20	103.83	101.04	103.51	117.59
六、运输邮电						
社会货物周转量	亿吨公里	708.73	669.68	460.17	519.42	1292.73
社会旅客周转量	亿人公里	513.75	641.84	737.99	858.09	881.08
港口货物吞吐量	万吨	8209.90	8866.93	10112.78	10764.90	11197.56
邮电计费业务总量	亿元	70.57	121.31	123.06	224.44	347.88
七、固定资产投资总额	亿元	1012.05	1271.73	1415.50		
基本建设	亿元	555.65	720.63	812.25		
房地产开发	亿元	456.39	551.09	603.25	609.42	480.73
八、国内商业						
社会消费品零售总额	亿元	613.51	673.30	742.72	787.25	823.94
九、外经外贸						
1. 新签协议合同	宗	35	51	46	93	162
# 外商协议合同	宗	35	51	46	93	162

续表 71

指 标	单 位	2015 年	2016 年	2017 年	2018 年	2019 年
协议合同总投资	亿美元	12.70	10.47	6.13	30.84	463.43
# 外商合同投资	亿美元	3.16	3.93	5.74	20.68	432.62
实际利用外资	亿美元	2.91	0.36	0.29	2.54	6.72
# 外商直接投资	亿美元	2.91	0.36	0.29	2.54	6.72
2. 外贸进出口总值	亿美元	43.40	39.20	31.10	50.88	48.12
进口总值	亿美元	33.77	31.30	22.90	40.75	35.65
出口总值	亿美元	9.63	7.90	8.20	10.13	12.47
十、旅游						
接待国内外过夜旅游人数	万人次	1225.20	1329.19	2033.56	2258.56	2358.69
# 入境旅游者	万人次	12.20	13.65	18.19	26.13	29.12
旅游总收入	亿元	160.06	181.24	265.99	298.11	320.61
旅游外汇收入	万美元	4084.27	4503.55	5938.29	8193.40	10002.31
十一、财政						
财政收入	亿元	290.63	330.94	385.19	450.42	475.53
其中：上划中央、省收入	亿元	179.12	215.44	259.82	280.54	290.19
地方财政收入	亿元	111.50	115.51	125.36	169.88	185.34
地方财政支出	亿元	170.93	200.30	198.32	238.25	265.86
十二、金融						
金融机构年末存款余额	亿元	3962.82	4851.25	5318.03	4842.53	4866.22
# 城乡居民年末储蓄存款余额	亿元	1262.06	1445.49	1555.56	1706.46	1838.69
金融机构年末贷款余额	亿元	3656.03	4178.05	4538.22	4858.20	5330.02
十三、职工工资						
在岗职工工资总额	亿元	282.26	303.84	333.84	379.52	417.60

续表 71

指　　标	单　位	2015 年	2016 年	2017 年	2018 年	2019 年
# 国有单位	亿元	113	120	133	146	163
在岗职工平均工资	元	57455	62030	68037	77632	85121
# 国有单位	元	74332	81334	86713	100770	108391
十四、人民生活						
城镇居民人均可支配收入	元	28535	30775	33320	36137	38977
城镇居民人均消费支出	元	21809	23780	26110	24432	
农村居民人均可支配收入	元	11635	12679	13763	14886	16116
农民人均生活消费支出	元	8428	9262	10142	11343	
十五、物价指数(以上年为 100)						
商品零售价格指数	%	100.20	100.90	101.70	102.37	102.41
居民消费价格指数	%	101.20	103.00	103.30	102.44	103.31
十六、教育卫生文化						
普通高等学校在校学生数	人	150559	147969	146597	151485	163103
中等职业学校在校学生数	人	76547	74350	76158	74867	73182
普通中学学校在校学生数	万人	10.24	11.66	12.14	12.79	13.44
小学在校学生数	万人	17.94	18.80	19.59	20.76	21.88
图书出版量	亿册	0.98	0.62	0.49		
杂志出版量	亿册	0.24	0.0006			
报纸出版量	亿印份	3.49	0.68			
卫生机构病床数	张	15373	15767	16062	16926	19017
卫生技术人员数	人	26055	30060	34061	26129	27610
# 执业医师（助理医师）	人	8341	10517	12417	9030	9601

注：1. 农业总产值从 2011 年起含农垦数

2. 邮电计费业务总量从 2010 年起按 2010 年不变价计算

3. 地方财政收入和地方财政支出从 2007 年起不含基金口径

4. 从 2012 年开始财政收入改为全口径公共财政预算收入

海口市国民经济主要指标占全省比重统计表

（2019 年）

表 72

指　　标	单位	全　省	海口市	海口市占全省比重（%）
一、年末常住人口	万人	944.72	232.79	24.6
年末户籍人口	万人	937.03	182.89	19.5
#城镇人口	万人	378.37	110.10	29.1
二、从业人员	万人	586.12	171.85	29.3
三、国内生产总值（当年价）	亿元	5308.93	1671.92	31.5
第一产业	亿元	1080.36	71.18	6.6
第二产业	亿元	1099.03	275.99	25.1
第三产业	亿元	3129.54	1324.75	42.3
四、工农业总产值（当年价）				
工业总产值	亿元	2415.98	621.43	25.7
农业总产值	亿元	1689.40	117.59	7.0
五、运输邮电				
社会旅客周转量	亿人公里	983.80	881.08	89.6
港口货物吞吐量	万吨	19839.00	11197.56	56.4
邮电计费业务总量	亿元	899.09	347.88	38.7
固定电话数	万户	171.09	61.67	36.0
六、房地产开发投资额	亿元	1336.18	480.73	36.0
七、社会消费品零售总额	亿元	1951.11	823.94	42.2
八、外贸口岸进出口总值	亿元	905.90	331.38	36.6
进口总值	亿元	562.19	245.04	43.6
出口总值	亿元	343.71	86.33	25.1
九、实际利用外资	亿美元	15.20	6.72	44.2

续表 72

指　　标	单位	全　省	海口市	海口市占全省比重（%）
十、接待国内外过夜旅游人数	万人次	6824.51	2358.69	34.6
# 入境旅游者	万人次	143.59	29.12	20.3
十一、地方财政收支				
地方一般预算收入	亿元	814.14	185.34	22.8
地方一般预算支出	亿元	1858.60	265.86	14.3
十二、人民生活				
职工工资总额	亿元	811.35	417.60	51.5
职工平均工资	元	84656	85121	100.5
城镇居民人均可支配收入	元	36017	38977	108.2
农村居民人均可支配收入	元	15113	16116	106.6
城乡居民储蓄存款余额	亿元	4495.25	1838.69	40.9
十三、物价				
零售物价指数	%	102.5	102.41	99.9
居民消费价格指数	%	103.4	103.31	99.9
十四、教育卫生				
在校生				
普通高等学校	万人	20.74	16.31	78.6
中等职业学校（含中师\技工学校）	万人	13.29	7.32	55.1
普通中学	万人	54.15	13.44	24.8
小学在校学生	万人	85.31	21.88	25.6
卫生机构数	个	5435	1081	19.9
# 医院	个	530	64	12.1
卫生技术人员数	人	67695	27610	40.8
# 执业医师	人	23929	9601	40.1
病床位	张	49764	19017	38.2

2005—2019年海口市三次产业对全省生产总值增长的贡献统计表

（含农垦）

表73　　　　单位：百分点

年 份	地区生产总值	第一产业	第二产业	#工业	第三产业
2005	37.4	10.6	25.6		59.6
2006	30.6	8.5	24.9		48.2
2007	23.7	0.1	12.5		42.9
2008	31.2	9.6	-0.7		46.1
2009	35.1	12.2	22.2		49.9
2010	41.7	7.8	29.8		54.8
2011	31.8	7.9	19.2		45.6
2012	30.4	9.0	23.0		42.2
2013	35.7	8.0	26.8		46.4
2014	38.6	-4.0	13.6	0.9	66.8
2015	34.6	2.2	22.8	19.6	47.1
2016	32.3	4.8	28.2	20.1	39.3
2017	34.3	6.4	41.5	106.6	45.1
2018	32.5	3.9	23.9	25.0	40.7
2019	40.2	-3.3	19.3	14.6	54.7

注：本表格按不变价格计算

35个大中城市主要经济指标统计表

（2019年）

表74

城市名称	生产总值（亿元）	规模以上工业增加值增长率（%）	社会消费品零售总额（亿元）	进出口总额（亿元）
北京	35371.30	3.10	12270.10	28663.50
长春	5904.10	6.20	5904.10	995.80
长沙	11574.22	9.10	5247.03	2002.03
成都	17012.65	7.80	7478.40	5822.70
大连	7001.70	16.10	3948.70	4352.78
福州	9392.30	8.70	5120.26	—
广州	23628.60	5.10	—	9995.81
贵阳	4039.60	6.30	1380.41	—
哈尔滨	5249.40	2.50	—	251.50
海口	1671.93	3.20	785.58	331.38
杭州	15373.00	5.10	6215.00	5597.00
合肥	9409.40	8.60	3234.51	2221.20
呼和浩特	2791.46	2.30	1646.53	124.30
济南	9443.40	4.20	5162.20	1103.30
昆明	6475.88	4.80	3056.57	—
兰州	2837.36	2.00	1454.94	119.41
南昌	5596.18	8.50	2369.33	1061.77
南京	14030.15	7.00	6135.74	4828.15
南宁	4506.56	1.00	2307.41	747.79
宁波	11985.10	6.40	4473.70	9170.30
青岛	11741.31	0.60	5234.20	5925.60
上海	38155.32	0.40	13497.21	34046.82
深圳	26927.09	4.70	6582.85	29773.86
沈阳	6470.30	2.80	4479.60	1072.80
石家庄	5809.90	1.30	3545.40	1178.80
太原	4028.51	4.50	1952.81	1119.56
天津	14104.28	3.40	5516.05	7346.03
乌鲁木齐	3413.26	1.70	1389.19	512.64
武汉	16223.21	4.40	7449.64	2440.20
西安	9321.19	6.90	—	3243.06
西宁	—	6.50	592.59	26.38
厦门	5995.04	8.60	1731.85	6412.89
银川	—	6.00	—	157.60
郑州	11589.70	6.10	4671.52	4129.91
重庆	23605.77	6.20	8667.34	5792.78

注：各大中城市主要经济指标为快报数

续表 74

城市名称	外商直接投资（亿美元）	固定资产投资额增长率（%）	房地产开发投资增长率（%）	城市居民人均可支配收入（元）	农村居民人均可支配收入（元）
北京	142.10	–2.40	–0.90	67756.00	—
长春	3.30	–19.00	12.60	37844.00	15455.00
长沙	63.74	10.10	11.20	55211.00	32329.00
成都	80.40	10.00	14.90	45878.00	24357.00
大连	8.70	–19.80	3.30	46468.00	19974.00
福州	9.40	9.00	25.90	47920.00	21320.00
广州	71.43	16.50	14.80	65052.00	28868.00
贵阳	17.80	1.50	19.30	38240.00	17275.00
哈尔滨	3.30	7.30	6.10	40007.00	18238.00
海口	6.72	–15.40	–21.10	38977.00	16116.00
杭州	61.30	11.60	10.70	66068.00	36255.00
合肥	33.92	9.00	1.90	45404.00	22462.00
呼和浩特	—	5.20	0.60	49397.00	18974.00
济南	22.40	12.60	9.70	51913.00	19454.00
昆明	6.49	2.80	13.90	46289.00	16356.00
兰州	—	–4.70	–5.83	38095.00	13605.00
南昌	37.72	10.20	2.50	44136.00	19498.00
南京	41.01	8.00	6.20	64372.00	27636.00
南宁	--	9.90	32.10	37675.00	15047.00
宁波	23.60	8.10	7.30	64886.00	36632.00
青岛	58.40	21.60	21.50	54484.00	22573.00
上海	190.48	5.10	4.90	73615.00	33195.00
深圳	78.09	18.80	15.90	62522.00	—
沈阳	16.50	13.20	17.90	46786.00	18124.00
石家庄	16.20	6.20	–14.20	38550.00	15853.00
太原	0.97	10.20	31.30	36361.80	18377.38
天津	47.32	13.90	12.50	46119.00	24804.00
乌鲁木齐	0.07	2.00	–16.80	42667.00	21448.00
武汉	123.09	9.80	6.70	51706.00	24776.00
西安	70.57	1.10	–2.10	41850.00	14588.00
西宁	—	2.60	–0.40	34846.00	12577.00
厦门	134.16	9.00	1.70	59018.00	24802.30
银川	2.00	–6.20	–6.70	38217.00	15282.00
郑州	44.05	2.80	2.80	42087.00	23536.00
重庆	23.65	5.70	4.50	28920.00	15133.00

续表 74

城市名称	地方财政一般预算收入（亿元）	金融机构人民币存款余额（亿元）	金融机构人民币贷款余额（亿元）	居民消费价格总指数（%）
北京	5817.10	164349.49	73575.94	102.3
长春	420.00	12597.70	13076.90	102.9
长沙	950.23	—	—	102.9
成都	1483.00	38593.00	35131.00	102.8
大连	692.80	14163.80	11997.50	102.4
福州	668.08	1534.97	2141.30	102.5
广州	1697.21	56701.75	46155.78	103.0
贵阳	417.26	11936.17	14057.59	102.7
哈尔滨	370.90	12250.50	12053.00	102.6
海口	185.34	4866.22	5330.02	103.3
杭州	1966.00	—	—	103.1
合肥	745.99	—	—	102.9
呼和浩特	203.12	5876.37	8513.82	102.6
济南	874.20	18303.20	17624.20	103.3
昆明	630.03	14909.26	17854.43	102.3
兰州	233.23	8834.46	12028.51	102.2
南昌	476.08	11980.04	13864.69	102.8
南京	1580.03	34671.17	32991.93	103.1
南宁	370.93	10718.32	13918.31	103.4
宁波	1468.50	20290.86	21774.23	103.0
青岛	1241.70	17283.00	17332.00	103.3
上海	7165.10	123330.06	73823.66	102.5
深圳	3773.21	79552.35	55998.20	103.4
沈阳	730.30	18691.30	16619.20	102.4
石家庄	569.10	14956.80	11341.90	102.7
太原	386.62	12663.72	13707.47	102.7
天津	2410.25	30699.80	34874.04	102.7
乌鲁木齐	472.46	8862.68	7795.39	102.0
武汉	1564.12	27980.43	30569.52	103.2
西安	702.55	23066.85	22264.12	102.7
西宁	101.79	4020.89	5347.69	102.5
厦门	768.32	11095.90	11041.60	103.0
银川	154.70	4013.77	5150.67	102.2
郑州	1222.53	23356.13	25364.33	103.1
重庆	2134.90	37953.11	36233.20	102.7

说 明

一、本索引依照国家标准《索引编制规划（总则）》GB/T22466—2008的相关规则进行编制。

二、本索引分为主题索引、图索引和表格索引。

三、主题索引中文标目按汉语拼音音序排列，同音字按笔画数从少到多排列；数字和字母开头的标目排在前面。标目后的数字表示内容所在的页码，数字后的英文字母a、b、c分别表示该页码的左、中、右栏。标目后有多个页码的，则表示相关信息在这些页码中均出现。

四、图索引，以图照题名或部分题名为标目。出处页码的表示方式分两种情况：卷首图在表示页码的数字之后加“前”字；正文部分则仅标注所在页码，不标分栏。索引以标目字的汉语拼音音序排列。数字和字母开头的款目排在前面。

五、表格索引，以表格题名为标目，仅标注所在页码，不标注分栏。索引按照表格在全书中的先后顺序排列。

主题索引

0–9

A

B

C

D

E

F

G

H

K

L

M

N

S

T

W

X

Y

Z

图索引

0–9

A

B

C

D

F

G

H

J

K

L

M

N

Q

R

S

T

W

Z

表格索引